# ༄༅། །དབུ་མ་རྩ་བའི་འགྲེལ་པ་བུདྡྷ་པཱ་ལི་ཏ།།

# Buddhapālita-mūla-madhyamaka-vṛtti

# 《中觀根本論釋・佛護論》

佛護論師（470-540/550）造
蔣揚仁欽 譯註

# 目錄——Contents

# 譯序兼導讀

中觀思想的鼻祖聖者龍樹（Nāgārjuna, 150-250）的著作《中觀根本慧論》（或俗稱《中論》）乃《心經》及《金剛般若波羅蜜經》等般若經的最初論著。此論中，除了第十五品的第七偈引用了一次《迦旃延經》外，全論二十七品皆依邏輯推理之途徑，安立空性的定義、目的、正確的解讀[1]爲何等內容，實踐了「依法不依人」——佛法的信仰應當依據法理而非僅依誰說——的創舉。這本由論師佛護（Buddhapālita, 470-540/550）所造的《佛護論》[2]正是《中論》的註釋之一。

《佛護論》一直被大學士宗喀巴（1357-1419）等西藏學術界人士視爲中觀應成及中觀自續兩大派系的分歧源。首先，中觀自續的創宗者清辨（又名「分別明」Bhāviveka, 500-578）反駁了《佛護論》的觀點，而該反駁後被論師月稱（Candrakīrti, 600-650）嚴厲否定，從而明晰建立了應成及自續二派差異的里程碑。

即便在二十一世紀的今天，仍可在古譯的漢文大藏經中，宛如親眼目睹西元七世紀時清辨對佛護的駁斥，讀到如此珍貴

1 安立空性的定義就是安立無自性，並非否定一切的存在，或是主張什麼都沒有。宣說空性目的是斷除一切煩惱的根本——自性執著。空性的正確解讀就是緣起或是觀待施設。

2 譯者取其論名《佛護論》，但葉少勇取其論名《佛護釋》。

的紀錄。波羅頗蜜多羅（Prabhākaramitra, 565-633）翻譯的清辨論師之《般若燈論釋》（T.30.1566.52c.12）云：

「釋曰：『諸法無有從自體起，彼起無義故，生無窮故。』彼不相應，此義云何？以不說因及譬喻故，又不能避他說過故，此破顯示顛倒成就過。」

譯成白話文是：中論釋——佛護釋——說：「諸法非自生，其生無意義、其生無窮盡故。」這種說法實不應理。為什麼這麼說呢？因為三個理由：一、此中並未說明正因及譬喻的緣故。二、此說不能去除他宗之過的緣故。三、此破或反駁之中，已顯示了成就正釋——「諸法有法，無自生，生有意義、會止盡故」釋——的顛倒之過的緣故。

在這篇重要的文獻中，尤其是第一個理由，顯而易見地分隔了佛護論師的推理論式——應成（ཐལ་འགྱུར།），以及清辨論師的推理論式——因相（གཏན་ཚིགས།），且隱約埋下該二派名為「應成」及「自續」的種子。

應成的推理論式作：「諸法之生有法，應成無意義、無窮盡，是自生故。」其特徵如：一、不需譬喻。二、正量不須成立其宗——諸法之生（有法）是無意義、無窮盡（所立法）。三、正量不須成立其宗法——諸法之生（有法）是自生（因相）。四、其論式主要以反駁他宗為目的，故有「按照敵方的說法，應成此過、應成彼過」的推理。

陳那（Dignāga, 480-540）派系主張的正確因相之推理論式：「諸法之生有法，非自生，有意義、窮盡故。如苗之生。」其特徵是，一、需譬喻。二、正量須成立其宗——諸法之生（有法）非自生（所立法）。三、正量須成立其宗法——諸法之生（有法）是有意義、窮盡（因相）。四、其論式主要以立宗爲目的，並非找出敵方矛盾之處。

事實上，佛護論師如是採用應成的論式並非毫無依據，因爲龍樹大學士早在《中論》裡，總共運用了應成的推理（ཐལ་འགྱུར། 或 ཐལ་བར་འགྱུར།）高達十八次。[3]譯者認爲，根據清辨論師的第一反駁理由，即「此中並未說明正因及譬喻」，已經明確了一點，即清辨論師應該受到當代陳那這位偉大佛教邏輯家的深刻影響，從而否定了佛護論師對數論派的自生主張之駁斥。

不僅是推理論式的不同，在清辨論師圓寂之後，月稱論師更將已故清辨論師所使用的因相取名爲「自續因相」（རང་རྒྱུད་ཀྱི་གཏན་ཚིགས།）。爲此，月稱論師曾在《顯句論》[4]中嚴厲指責道：

---

3 藏譯的《中論》裡，出現（ཐལ་འགྱུར། 或 ཐལ་བར་འགྱུར།）的推理共有十八處，即《中論》的第二品之第四偈（2.4）/ 2.5 / 2.10 / 2.11 / 4.2 / 5.1 / 8.6 / 15.11 / 17.16 / 17.23 / 20.7 / 21.14 / 21.16 / 24.13 / 24.31 / 25.4 / 27.11 / 27.12。

4 該論的漢譯，葉少勇取其論名為「明句論」，譯者在《覺燈日光》中採「明顯句論」之譯名。基於由明性法師首譯該論時取其論名為「顯句論」的考量，譯者決定於本論中亦以「顯句論」作為其論名。

「因爲不立他宗，凡是中觀師由自續推理者，皆不應理！」[5] 月稱論師如此指責的依據是源於聖者龍樹的《迴諍論》第三十偈：「若我宗有者，我則是有過，我宗無物故，如是不得過。」以及龍樹的心子聖天大學士（Āryadeva, 三世紀）的《四百論》第十六品第二十五偈：「有非有俱非，諸宗皆寂滅，於中欲興難，畢竟不能申。」

從此可見，月稱所破之宗與自續兩者之間有著密不可分的緊密關聯。「自續」謂自己相續中的執宗現量或比量，這也是爲什麼十一世紀的喀什米爾大學者勝喜（Jayananda）曾在解釋自續因相時說：「有關自續因相之宗：若以正量成辦周遍時，以自續作爲理由而成立因相及宗者。」[6]爲能釐清自續因相的定義，首先必須確認清楚月稱所要破除之宗爲何。總之，自從月稱論師嚴正否定清辨對佛護的反駁開始，便正式形成了現今所謂的「自續派」及「應成派」的兩大派系。

根據大學士佛護的觀點，《中論》以及其釋《佛護論》都一致破除自性，而且其破除之理便是觀待施設，也是聖者龍樹所言的緣起，[7]這正是月稱論師爲何大力讚賞《佛護論》的

---

5 Candrakīrti, *Dbu ma rtsa ba'i 'grel pa tshig gsal,* 13：དབུ་མ་པ་ཡིན་ན་ནི་རང་གི་རྒྱུད་ཀྱི་རྗེས་སུ་དཔག་པར་བྱ་བ་རིགས་པ་ཡང་མ་ཡིན་ཏེ། ཕྱོགས་གཞན་ཁས་བླངས་པ་མེད་པའི་ཕྱིར་རོ། །

6 Jayananda. *Dbu ma la 'jug pa'i 'grel bshad,* 294：རང་རྒྱུད་ཀྱི་གཏན་ཚིགས་ཀྱི་ཕྱོགས་ལ། གལ་ཏེ་གཏན་ཚིགས་དང་། བསྒྲུབ་པར་བྱ་བ་དག་ལ་ཚད་མས་ཁྱབ་པ་གྲུབ་ན་དེའི་ཚེ་རང་རྒྱུད་སྒྲུབ་བྱེད་དུ་འགྱུར་བ་ཡིན་ལ།

7 龍樹聖者在《中論》二十四品的十八偈中，也將緣起解讀為觀待施設（བརྟེན་ནས་

主要原因。從而可知，根據月稱論師的立場，所破之宗就是「自性」！《中論》第十五品第二偈：「由自性造作，如何能應理？自性非造作，且不待他法。」佛護論師於此偈的解釋中，又是如何定義所破的自性？佛護論師說：「觀待因與緣、依賴他者、觀待他法者，皆非由自己的體性而至極成立。此故，自性之說豈能應理？」[8]「自性」二字是簡寫，其確切之義是：自己之力所形成的作用或體性，這與《六祖壇經》的「歸依自性三寶」中的「自性」不同。雖是相同的「自性」之詞，其義相差甚大。後者意指自心覺性中的三寶，即要皈依的三寶並非只有外在的三寶，更要涵蓋自心覺性的三寶。

誠如上述月稱論師引用的聖者龍樹之《迴諍論》說：「若我宗有者，我則是有過，我宗無物故，如是不得過。」在中觀的思想家中，如三論宗的代表人物釋吉藏（549-623）等諸多學者一致認爲，中觀就是只破不立。但以邏輯的角度而言，只破不立及毫不作意是不可能成立的。因爲只破，則會形成一個「只破」的所立點，猶如專注「毫不作意」時，則會形成一個作意、專注的點——「毫不作意」。

---

གདགས་པ།），只不過後由佛護論師反覆提醒，更加明晰強調該義的正確解讀。「眾因緣生法」偈中鳩摩羅什大師將其譯成因緣，但考慮到因緣只能遍及有為法，不能遍及無為等諸法，再者，藏文中因緣與緣起的用詞及內義也大相逕庭，譯者堅持使用緣起一詞，更為準確。

8 རྒྱུ་དང་རྐྱེན་ལ་ཡང་ལྟོས་པར་འགྱུར་བ་དེ་ནི་གཞན་ལ་རག་ལས་པས་གཞན་ལ་ལྟོས་པ་རང་གི་བདག་ཉིད་ཀྱིས་རབ་ཏུ་མ་གྲུབ་ཡིན་པས་ངོ་བོ་ཉིད་ཅེས་བྱ་བར་ཇི་ལྟར་འཐད་པར་འགྱུར།

爲證明《佛護論》亦破自性的同時亦立名言有——就以世間通俗的說法而說的存在，譯者於下述摘取幾段《佛護論》中的重要文句。

所破之宗爲自性的摘要段落如下：

一、在解釋《中論》第四品第八偈（4.8）時，此論說：「離空之一切回覆皆不成爲答覆。」[9]其中的要義是，遠離自性空的答覆或主張自性的答覆則非自宗的答覆。

二、釋《中論》9.12時，此論說：「倘若以一切行相觀察見等之前、現時同俱，以及見等之後，都無法以自力至極成立『彼是此』……」[10]其中的要義是，自性的正確解讀是「以自力成立」。

三、釋《中論》10.16時，此論說：「如是，以自性所成的我、事物等，於諸多行相之中皆不合理……」[11]其中的要義是，若依自性角度詮釋任何有、無、是、非，皆不應理。依自性角度所釋之無與無不同：前者之無是不觀待任何因緣，依事物自己之力而無。後者之無，是觀待因緣而無。

---

9 སྟོང་པ་ཉིད་མ་ཡིན་པས་ལན་འདེབས་ཤིང་སྨྲ་བར་བྱེད་པ་དེའི་ཚེ་དེ་དག་ཐམས་ཅད་ནི་ལན་བཏབ་པ་མ་ཡིན་ནོ།

10 ད་ལྟར་ལྷན་ཅིག་དང་། ལྟ་བ་ལ་སོགས་པ་དག་གི་ཕྱི་དུས་རྣམ་པ་ཐམས་ཅད་དུ་བཙལ་ན། དེ་འདིའོ་ཞེས་རང་གིས་རབ་ཏུ་གྲུབ་པ་མེད་པ་…

11 དེའི་ཕྱིར་དེ་ལྟར་ངོ་བོ་ཉིད་ཀྱིས་བདག་དང་དངོས་པོ་རྣམས་རྣམ་པ་དུ་མར་མི་འཐད་པ་ན་…

安立名言有的摘要段落如下：

一、釋《中論》14.7時，此論說：「自方道：緣起的體性即是觀待他者而施設相異法，故根據世間名言而立相異法。」[12]其中的要義是，緣起的正確解讀就是觀待施設，所以相異法的確存在於世間通俗的說法、名言之中。

二、釋《中論》十六品末時，此論說：「說緣起者方能成立輪迴、涅槃、束縛及解脫！」[13]其中的要義是，中觀並非只破不立。唯有安立緣起，方能成立生死解脫的論述。

三、釋《中論》十九品開端時，此論說：「自方道：薄伽梵之所以開示三時是基於世間名言而說。」[14]其中的要義是，佛說是非善惡以及三時等皆是依據世間通俗的說法、依據名言而安立。

亦破自性亦立名言，兩者兼具的摘要段落如下：

---

12 བཤད་པ། རྟེན་ཅིང་འབྲེལ་པར་འབྱུང་བ་ནི་བདག་ཉིད་འདི་ལྟ་བུ་ཡིན་ཏེ། གང་གི་ཕྱིར་རེ་ཞིག་གཞན་ལ་བརྟེན་ནས་གཞན་ཞེས་བྱ་བ་དེའི་ཕྱིར་འཇིག་རྟེན་གྱི་ཐ་སྙད་ཀྱི་དབང་གིས་གཞན་ཡིན་ནོ་ཞེས་སྨྲོའོ། །

13 རྟེན་ཅིང་འབྲེལ་པར་འབྱུང་བ་སྨྲ་བ་ཉིད་ལ་ནི་འཁོར་བ་དང་མྱ་ངན་ལས་འདས་པ་བཅིངས་པ་དང་ཐར་པ་ཞེས་བྱ་བ་དག་འགྲུབ་བོ། །

14 བཤད་པ། བཅོམ་ལྡན་འདས་ཀྱིས་འཇིག་རྟེན་གྱི་ཐ་སྙད་ཀྱི་དབང་གིས་དུས་གསུམ་བསྟན་པ་མཛད་ཀྱི། །དེ་ཁོ་ནར་ནི་དུས་གསུམ་མི་འཐད་དོ། །

一、釋《中論》4.9時，此論總結：「當解說空性、無自性時，某人以非空性而問難、諍論的話，如前述，所舉因相與其宗皆相同，故於自宗不成過。雖然該二偈——4.8 / 4.9——的內義相同，但隨以不同角度再詮釋。應知結合此二偈文於諸品，方能成辦一切要義。」[15]其中的要義是，若以自性詮釋任何立場，我說無宗；若以無自性詮釋任何立場，我說於自宗無過。應先分清有與自性有、無與自性無的差別之後，依此推理運用至其他二十七品，方能成辦一切《中論》的要義。

二、釋《中論》8.12時，此論說：「我不說沒有作者與作業，我是說應當斷除對於係屬造作及非造作的周遍觀執。我承許作者與作業皆爲依賴而被施設。」[16]其中的要義是，破除自性的作者與作業時，並非否定作者與作業的存在，因爲的確存在作者與作業！如何確定其存在？佛護論師說，作者與作業皆爲依賴而被施設。

三、釋《中論》12.2時，此論說：「自方道：不該解釋爲沒有痛苦。我豈非已說：『（12.2.b）則非爲緣起』？

---

15 སྟོང་པ་ཉིད་ཀྱི་དངོས་པོ་ངོ་བོ་ཉིད་མེད་པ་ཉིད་དུ་རྣམ་པར་བཤད་པའི་ཚེ་གང་ཞིག་སྟོང་པ་ཉིད་མ་ཡིན་པས་སྐྱོན་འདོགས་ཤིང་རྩོད་པར་བྱེད་པ་དེའི་དེ་དག་ཐམས་ཅད་ཀྱང་སྔ་མ་ཁོ་ན་བཞིན་དུ་བསྒྲུབ་པར་བྱ་བ་དང་མཚུངས་པའི་ཕྱིར་སྐྱོན་བཏགས་པ་མ་ཡིན་ཏེ། དེ་ནི་དོན་གཅིག་པ་ཁོ་ན་ཡིན་མོད་ཀྱི། གནས་སྐབས་གཞན་གྱི་ཚེ་བྲག་གིས་ཡང་བསྟན་ཏོ། །ཚིགས་སུ་བཅད་པ་འདི་གཉིས་ནི་རབ་ཏུ་བྱེད་པ་ཐམས་ཅད་ཀྱི་ཁོངས་སུ་གཏོགས་པར་བལྟ་བར་བྱ་སྟེ། ཐམས་ཅད་དུ་གྲུབ་པའི་ཕྱིར་རོ། །

16 ཁོ་བོ་ནི་བྱེད་པ་པོ་དང་ལས་དག་མེད་པ་ཉིད་དུ་མི་སྨྲའི། ཁོ་བོས་དེ་དག་གི་བྱ་བ་ཡིན་པར་གྱུར་པ་དང་། མ་ཡིན་པར་གྱུར་པ་ཡོངས་སུ་རྟོགས་པ་སྤངས་པ་དེ་བྱས་ཏེ། ཁོ་བོ་ནི་བྱེད་པ་པོ་དང་ལས་དག་བརྟེན་ནས་གདགས་པར་འདོད།

我說痛苦是緣起，卻不說苦是由自作、由他作、由自他二者作，以及無因而生。」[17]其中的要義是，雖有痛苦，但痛苦非自性有。

四、釋《中論》14.7時，此論說：「因爲觀待毛織物而說瓶子是相異，當觀待毛織物、依賴毛織物。無法由己至極成立的緣故，瓶並非相異性。」[18]其中的要義是，就以觀待施設的角度而言，事物的確存在；就以自性或由己至極成立的而言，事物的確不存在。

五、釋《中論》15.6時，此論說：「我等因升起緣起太陽而如實觀見諸事物皆無自性。我等見眞實義故，唯有如此我等的解脫才能合理。」[19]其中的要義是，自宗並非破除事物本身，而是破除事物的自性，其破除之理是緣起。唯有透過安立緣起、破除自性，方能解脫。

六、釋《中論》17.27時，此論說：「我等說身因——

17 བཤད་པ། སྡུག་བསྔལ་མེད་དོ་ཞེས་དེ་སྐད་དུ་མ་ཟེར། ཁོ་བོས། དེ་ཕྱིར་བརྟེན་ནས་འབྱུང་མི་འགྱུར། །ཞེས་མ་སྨྲས་སམ། དེའི་ཕྱིར་ཁོ་བོ་ནི་སྡུག་བསྔལ་བརྟེན་ནས་འབྱུང་བར་སྨྲའི། བདག་གིས་བྱས་པ་དང་། གཞན་གྱིས་བྱས་པ་དང་། གཉི་གས་བྱས་པ་དང་། རྒྱུ་མེད་པ་ལས་བྱུང་ཞེས་ནི་མི་སྨྲའོ། །

18 །གང་གི་ཕྱིར་རེ་ལྡེ་ལ་ལྟོས་ཏེ་བུམ་པ་གཞན་ཞེས་བྱ་བ་ནི་རེ་ལྡེ་ལ་ལྟོས་པའི་ཕྱིར་དང་། རེ་ལྡེ་ལ་རག་ལུས་པའི་ཕྱིར་དང་། རང་ལས་རབ་ཏུ་མ་གྲུབ་པའི་ཕྱིར་བུམ་པ་ལ་གཞན་ཉིད་ཡོད་པ་མ་ཡིན་ནོ། །

19 ཁོ་བོ་ཅག་ནི་རྟེན་ཅིང་འབྲེལ་པར་འབྱུང་བའི་ཉི་མ་ཤར་བས་སྣང་བར་གྱུར་པའི་དངོས་པོ་རྣམས་ཀྱི་ངོ་བོ་ཉིད་མེད་པ་ཉིད་ཡང་དག་པ་ཇི་ལྟ་བ་བཞིན་དུ་མཐོང་བས་དེའི་ཕྱིར་ཁོ་བོ་ཅག་ཉིད་ལ་དེ་ཁོ་ན་མཐོང་བ་ཡོད་པས་ཁོ་བོ་ཅག་ཁོ་ན་ལ་ཐར་པ་ཡང་འཐད་དོ། །

業及煩惱——皆是緣起，故無自性。」[20]其中的要義是，生死者的身心來自業及煩惱，煩惱源於自性執著。還有，業及煩惱本身也是緣起，故無自性。

七、釋十六品末時，此論說：「他方道：如果沒有時間，也無因果及和合，還剩其他何法？所以你是主張無者。自方道：非也。你周遍執取時間等皆自性有，此不應理，事物等皆由施設而成立。」[21]其中的要義是，中觀學者應當分清無與自性無、有與自性有的差異。諸法並非無，而是自性無。所謂的中道是，僅依世間通俗的說法、名言上的角度而說諸法之有，卻不說諸法之自性有。

八、釋《中論》21.16末時，此論說：「於我等而言，事物皆是觀待施設，無自性，如幻化、陽焰、影像等。」[22]其中的要義是，中觀者並非不立任何理論。相反地，佛護論師以觀待施設的安立了破自性論，又說諸法存在如同幻化。

---

20 ཁོ་བོ་ཅག་གིས་ལུས་ཀྱི་རྒྱུ་ལས་དེ་དང་ཉོན་མོངས་པ་དེ་དག་རྟེན་ཅིང་འབྲེལ་པར་འབྱུང་བའི་ཕྱིར། ངོ་བོ་ཉིད་སྟོང་ངོ་། །

21 སྨྲས་པ། གལ་ཏེ་དུས་ཀྱང་མེད་རྒྱུ་དང་འབྲས་བུ་དང་ཚོགས་པ་ཡང་མེད་ན་གཞན་ཅི་ཞིག་ཡོད་དེ། དེ་ལྟ་བས་ན་དེ་ནི་མེད་པར་སྨྲ་བ་ཉིད་ཡིན་ནོ། །བཤད་པ། མ་ཡིན། ཇི་ལྟར་ཁྱོད་དུས་ལ་སོགས་པ་དག་ངོ་བོ་ཉིད་ལས་ཡོད་པར་ཡོངས་སུ་རྟོག་པར་བྱེད་པ་དེ་ལྟར་མི་འཐད་པར་ཟད་ཀྱི། དེ་དག་བརྟེན་ནས་གདགས་པར་ནི་འགྲུབ་པོ།།

22 ཁོ་བོ་ཅག་ལ་ནི་དངོས་པོ་ལ་བརྟེན་ནས་གདགས་པ་ངོ་བོ་ཉིད་སྟོང་པ་སྒྱུ་མ་དང་སྨིག་རྒྱུ་དང་གཟུགས་བརྙན་ལྟ་བུ།

> 九、釋《中論》22.16末時，此論說：「如來因觀待蘊體而被施設，不從己力而至極成立，故無自性。有情等也是觀待蘊體而被施設，絲毫不從己力至極成立，故同如來，有情亦無自性。因無自性，此《中論》說，（22.12）寂滅相中無，常無常等四；寂滅相中無，邊無邊等四。」[23]其中的要義是，諸法絕不自性而有——由自己之力而有其性——的唯一主因是觀待施設，其義即是緣起。依佛護論師的觀點，「緣」字謂依賴、觀待；「起」字乃施設而起、而有之義。龍樹大學士反駁自性的理由是緣起，佛護論師將其義深入解剖爲觀待施設，猶如無名指，因觀待小拇指而施設爲長，也因觀待中指而施設爲短。若不觀待，絕無自性長短可言。

倘若不能洞悉緣起性空的「起」字，或是「施設」之義，學習中觀思想極有可能走入只破不立的歧途。果眞如此，則將墮落否定一切的偏激斷邊，豈能安入中道？古譯大藏經中的「施設」一詞，以現代話來解釋時，有「認定」、「給予認定」、「施予設定」之義，在古譯中又稱「假名安立」。如大

23 གང་གི་ཕྱིར་དེ་བཞིན་གཤེགས་པ་ཕུང་པོ་རྣམས་ལ་བརྟེན་ནས་གདགས་པར་བྱ་བ་ཡིན་གྱི་རང་ལས་རབ་ཏུ་གྲུབ་པ་མེད་པ་དེའི་ཕྱིར་ངོ་བོ་ཉིད་མེད་དོ། །འགྲོ་བ་འདི་དག་ཀྱང་དེ་དང་དེ་དག་ལ་བརྟེན་ནས་གདགས་པར་བྱ་བ་ཡིན་གྱི་འདི་དག་ལ་རང་ལས་རབ་ཏུ་གྲུབ་པ་ཙུང་ཟད་ཀྱང་མེད་པས། དེའི་ཕྱིར་འགྲོ་བ་ཡང་དེ་བཞིན་གཤེགས་པ་བཞིན་དུ་ངོ་བོ་ཉིད་མེད་དོ། ངོ་བོ་ཉིད་མེད་དོ། ངོ་བོ་ཉིད་མེད་པའི་ཕྱིར་འདི་ལ་ཡང་། རྟག་དང་མི་རྟག་ལ་སོགས་བཞི། ཞི་བ་འདི་ལ་ག་ལ་ཡོད། མཐའ་དང་མཐའ་མེད་ལ་སོགས་བཞི། ཞི་བ་འདིལ་ག་ལ་ཡོད། ཅེས་བཤད་དོ།

小長短、你我桌瓶[24]等事物的作用絕非取決於事物本身的自性，反之，事物的作用完全取決於觀待何者後的「認定」。這種認定絕非只是給予某事物的名稱，而「假」是「借」的意思，也與眞假的「假」詞義無直接關聯，但爲避免初學者誤解，所以譯者更偏向採用「施設」一詞。

雖然佛護論師安立觀待施設的理論，但若將觀待施設本身執爲自性，這類有關自性的一切立場都在《佛護論》中徹底破除。佛護論師在解釋《中論》10.10時說：「他方道：什麼都沒有說，居然還扣上這些過咎？當我說彼等相互觀待時，你問，於彼等之中，何者先有？……自方道：雖然你執互相觀待而有，然而，既然不承許先有其中一者，如此，將不能合理成立互相觀待而有。……莫非你未曾聽聞往昔大學者們的亮言：彼等雖是相互觀待，但相互觀待不成立？」[25]此中的「不成立」指的是不成立相互觀待的自性，絕對不能直接解讀成「不成立相互觀待」。若不能分清有與自性有、無與自性無，自然

---

24 大小長短如無名指的例子。後者如觀待「非我的手在寫字」而施設為「我在寫字」產生了名言上的「我在寫字」的作用。同理，觀待「清理非桌子的桌面」而認定為「清理桌子」產生了名言上的「清理桌子」的作用。

25 སྨྲས་པ། ཅི་མ་སྨྲས་པ་ལ་སྐྱོན་དེ་ལྟ་བུ་འདོགས་པར་བྱེད་དམ། གང་གི་ཚེ་ཁོ་བོས་དེ་དག་ཕན་ཚུན་ལྟོས་ཏེ་འགྲུབ་པོ་ཞེས་སྨྲས་པ་དེའི་ཚེ་དེ་དག་ལ་དང་པོར་གྲུབ་པ་གང་ཡིན་ཞེས་བྱ་བ་དང་།...བཤད་པ། ཕན་ཚུན་ལྟོས་ཏེ་འགྲུབ་པར་རྟོག་ན་གང་ཡང་རུང་བ་དང་པོར་འགྲུབ་པར་མི་འདོད་དུ་ཟིན་ཀྱང་དེ་ལྟ་ན་ཕན་ཚུན་ལྟོས་པ་འགྲུབ་པར་མི་འཐད་དོ།...ཅི་ཁྱོད་ཀྱི་རྣ་ལམ་དུ་སྐྱེ་བོ་མཁས་པའི་ཁ་ནས་བརྗོད་པའི་ཚིག་དེ་དག་ནི་ཕན་ཚུན་ལྟོས་པ་དག་ཡིན་ལ། ཕན་ཚུན་ལྟོས་པ་དག་ནི་མི་འགྲུབ་པོ་ཞེས་བྱ་བ་དེ་སྔོན་ཆད་མ་གྲགས་སམ།

不知何者該破、何者該立，混淆不清，該理論毫無邏輯可言，怎能將其說成百千萬劫難遭遇、無上甚深微妙的中觀之法？

這種非有非無、只破不立，卻又自稱中觀的思路，聽起來很是談玄說妙、深不可測，但對於邏輯明晰的學士而言，如是玩弄文字，卻不能深入的理論，實在難以令當今的學者們接受。譯者就讀哈佛博士期間的主要導師范德康教授（Prof. Leonard van der Kuijp）曾說：「我們上中觀課時，老師說過，這個要不就是中觀，要不就是胡扯！（It is either Madhyamaka or nonsense!）」

當然，還有一派的中觀學者認為，一、開悟即解脫。二、般若經說：「不可言思般若度，不空不滅虛空體。」所以，空性是不可說的，一旦說出則非空性，妙法不能以語言文字安立。眾生根機不等，上根者拈來便是、觸處即通，何須藉由文字？三、上根者證悟的空性方屬甚深，中下之流只能透過投石探路，摸到門路。四、沒有福報無法了知空性，應當好好先學《菩提道次第廣論》（一般簡稱《廣論》）中說的依止善知識、暇滿義大等道次，透過累積福報，令其增上後，再來學習空性，方為正道。五、主張他空的學者們認為，如來藏乃諸法究竟，故而不空。

對此，譯者持有不同的觀點。

答一：光是開悟不會解脫。解脫靠的是戒定慧三學，絕非單一的慧學。開悟或通達究竟空性的正量有兩種，比量及現量。比度乃推理之義，經由推理而精通空性的正量在佛教量學中稱爲「證空比量」。唯有透過深厚的定學——奢摩他——以及其基礎戒學，從而生起證空毘婆舍那的同時，才能從資糧道轉至加行道。如是長期串習證空的比量後，境識的所能二相便會逐漸退失，直到完全消失爲止。此時便是現證空性的階段，也是從加行道初次進入見道之時。如是長期堅持才能從見道進入修道、從修道證得無學道，同時便是斷除最細微的煩惱種子之時，當下解脫、獲得涅槃。

答二：不認同下段邏輯與上段邏輯的因果關聯！某些人此生開悟不須藉由文字是因前世通達空性，具有如是深厚隨眠的緣故。但是，如果因爲少數善根者的不需要，進而推理更多的中下之流都不需要言思的話，這種邏輯是說不通的。當然，現證空性的當下感受確實只能意會，無法言思！畢竟人類的語言能力有限，不可言思的事例的確很多，像是在炎熱夏天暢飲涼爽可樂的口感，最多只能說是甜的、很讚，其口感實在無法形容，最終只能親身體驗，也算是不可言的一種。然而，果眞空性是不可言思的話，那麼佛陀如何透過說法令眾生開悟？難道整套大般若經皆不曾以言語安立空性？莫非聖者龍樹以沉默不語的方式成爲中觀鼻祖，無關其作品——中觀學術界的究竟依據《中論》？譯者深信，就如何利益普羅大眾的佛教徒之角度而言，無上甚深的微妙之法必須要建立在嚴謹的邏輯之上，再以簡潔清楚、不含糊的表達方式，包括主詞、受詞，以及清楚的是非有無等動詞，詮釋難以理解的奧義。微妙之處在於，每當遇到生活中的種種煩惱，一一皆被與之搭配的大教典中空性論述所印證而破除，油然而生的信仰。

眞懂不一定會善教！許多現證空性的大瑜伽師出定後，爲其子弟說法時，也會提及不可言思空性的觀點。當初見道位入定中，因遠離境識的所能二相，出定後回憶入定的感受爲何時，自然會產生一種「進入究竟空性的當下，絕無絲毫心識」的憶念，便持有空性是絕不可思的立場。然而，感覺上的沒有不一定是沒有！事實上，熟睡時並非沒有意識，當我們回憶熟睡的情況爲何時，因爲感覺不到有夢識，也是某種程度上的「不可思」，不是嗎？

設若在現證空性時毫無任何能證之量，豈能合理現證空性一說？按照這種邏輯，修到至高階段居然只是讓自己進入心境合一的狀態、遠離所能、彷彿植物人般的狀態，透過這種因果，豈能成辦一切遍知？

答三：也不認同中下之流不能證空、證悟空性只能拈來便是之說。只要努力學習大教典，堅持每日思考空性，反覆對照平日煩惱行相，終究會有證悟空性的一天。證悟空性不一定要前世證空引得今世的拈來便是，否則該證空的前世還得依賴上一前世的證空，如此推斷，將無止盡。

答四：空正見是洞悉眞相的知識，眾所周知，獲取知識的主因是學習！同理，能不能夠通達空性的主因是中觀教典的聞思修，並非如法侍奉上師、供養佈施、供水禮拜等次要順緣。像是橘子的主因是橘子的種子般，能夠通達空性的主因是：先多聞廣學中觀教典，再長期堅持以止觀二修思惟空性，後將其內容搭配著日常煩惱的行相互相比對。切莫捨本逐末、顛倒主因與順緣的次序！

若未曾以自身經驗嘗試過菩提心及空正見的甘味，豈能切身體會佛陀的悲智功德？既然未曾體會過佛陀的悲智功德，豈有基礎眞正做到視師如佛？再說，若未曾以自身嘗試菩提心及空正見的甘味，豈能體會此生暇滿之義大爲何？譯者在2012年出版的《覺燈日光》[26]一書譯序中曾說：「多年來，我的確看到許多修習《廣論》者，一直停留在依止善知識一節。看到他們在一個點上打轉十幾年，我不禁想：如果他們能夠利用這十幾年的時間，認眞觀修菩提心、種植大乘習氣，不知該有多好！」

應知現觀次第與生起次第的不同。雖說以生起次第而言，先有集諦，後有苦諦，但以現觀次第而言，佛卻先說苦諦，後說集諦。雖說日常師父在1992年創辦福智團體，但台灣研討廣論的第一班起源於內湖的湖山班，那年是1989年。同年也是父親帶著我跟格西朗望扎熙，一共三人離台求法的那一年。湖山班的研討地點原本是我們家的樓上佛堂，但爲方便大眾研

---

26 達賴喇嘛，蔣揚仁欽譯，覺燈日光。台灣：商周出版，2012。

討廣論，後由父母發心供養給日常師父。如果從那時算起，若能好好利用過去三十年的光陰，串習菩提心及空正見，且得其甘味的話，想必今日即便不去作意視師如佛或暇滿義大等內容，也會油然自發彼等的造作證量，毋庸置疑。總之，所有自認修行大乘的同修們，絕對要以菩提心及空正見作爲修行的核心，絕不能以福報不夠的荒謬藉口爲由，將已獲的成辦暇滿義大的殊勝教授從自己的指間流失，切記！

答五：若說橘子是觀待施設而有，但橘子的種子並非觀待施設而有，豈能應理？同理，既然如來是觀待施設而有，如來藏豈能不是觀待施設而有？

若說瓶子是觀待施設而有，但瓶子的空性並非觀待施設而有，豈能應理？若無事物，豈有其事物之特徵？同理，既然有情心識是觀待施設而有，有情心識的空性——如來藏（顯教觀點）——豈能不是觀待施設而有？

若說粗分根識是觀待施設而有，但細分意識並非觀待施設而有，豈能應理？若無粗分，豈有細分？同理，既然見增得皆是觀待施設而有，最細微的俱生原始之光明——如來藏（無上密的觀點）——豈能不是觀待施設而有？

正因上述的合理邏輯，《大般若波羅蜜多經》說諸法皆空，沒有例外，包括空性本身也無自性。此經云：「若菩薩摩訶薩，欲通達內空、外空、內外空……一切法空，不可得空，無性空、自性空、無性自性空。」[27]《中論》的24.19也說任何一法都無自性，沒有例外。這也是爲何《中論》的24.11呼籲中觀的學者務必千萬小心，否則將有抓蛇不成反被蛇咬之過。於此，佛護論師也說：「只有慧眼被無明大闇所覆蓋才能成立空性爲事物之見，但該無可救藥之見令諸藥師佛都無能爲力。」此段落中的「事物」便是「自性」，意指空性爲自性之見乃諸藥師佛都無可救藥之見！

記憶猶新，觀音尊者曾說，覺囊派的他空論的正確解讀應搭配密集金剛續典的論述，並非搭配《中論》的觀點。之所以能夠現起最細微的俱生原始之光明，是因他空——停止現起見、增、得等八十分別心——的緣故。此言乃聖者之大智慧！否則，最終的解決之道只能是否定《中論》，或立《中論》爲思惟矛盾、立場不清之論。

這本珍貴的《佛護論》中，也明顯記載了佛護論師的幽默感，以及佛護論師平易近人的另一面。下列幾段文句，是譯者從論中摘取佛護論師如何回應敵方立場的珍稀段落。

一、爲何你的孩子尚未誕生，你卻已因喪子哀悼而苦？[28]

二、你尚未娶妻卻想先認孩子的媳婦？[29]

---

27 T.5.220.13b.22

28 ཅི་ཁྱོད་བུ་མ་བཙས་པར་འཆི་བའི་མྱ་ངན་བྱེད་དམ།

29 ཅི་ཁྱོད་རང་གི་ཆུང་མ་མ་བླངས་པར་བུའི་ཆུང་མ་བླང་བར་སེམས་སམ།

三、若因改名而蒙昧你心，就不會認得自己孩子的面貌？[30]

四、莫非你要說，用尚未誕生孩子的財富來照顧孩子的母親？[31]

五、我雖沒判你死刑，但你明明腹部憋氣，卻伸手用力地搖擺，游泳於海市蜃樓的水池中，不是嗎？[32]

六、為何你想要得子而淫雙性人？[33]

七、難道你因無人引路而迷失於荒野之中？[34]

八、為何你被瀑流沖襲仍要抓緊無根之草？[35]

九、為何你要撲滅畫中之火？[36]

十、莫非你用火炬尋找太陽？[37]

十一、你何以灌水於已爛的樹根中？[38]

十二、你何以承許幻化之大象正在行走？[39]

---

30 ཅི་ཁྱོད་མིང་གཞན་དུ་བསྒྱུར་བས་སེམས་རྨོངས་ནས་རང་གི་བུ་ངོ་མི་ཤེས་སམ།

31 ཅི་ཁྱོད་བུ་མ་འབྱུང་བའི་ནོར་གྱིས་བུའི་མ་ཁ་དྲངས་པར་འདོད་དམ།

32 ཁྱོ་བོ་ནི་གསོད་པ་པོ་ཉིད་ལ་དབང་མི་འཇུག་ས་ཀྱི། ཁྱོད་ཉིད་ལག་པ་བརྐྱང་སྟེ་ཚིགས་ཆེན་པོར་གཡོབ་ཅིང་ཁོང་པ་དབུགས་ཀྱིས་བརྫངས་བཞིན་དུ་སྨིག་རྒྱུའི་ཆུ་ལ་རྐྱལ་བར་བྱེད་དམ།

33 ཅི་ཁྱོད་བུ་འདོད་ལ་མ་ནིང་ལ་སྤྱོད་དམ།

34 ཅི་ཁྱོད་ས་མཁན་མེད་པར་འབྲོག་དགོན་པར་འཁྱམ་མམ།

35 ཅི་ཁྱོད་ཆུ་བོ་ཤུགས་དྲག་པོས་ཁྱེར་བ་ན་རྩ་དྲུངས་ མྱུང་ལ་འཇུའམ།

36 ཅི་ཁྱོད་རི་མོའི་མེ་གསོད་པར་བྱེད་དམ།

37 ཅི་ཁྱོད་སྒྲོན་མས་ཉི་མ་ཚོལ་ལམ།

38 ཅི་ཁྱོད་ཤིང་ལྡོན་པ་རྩ་བ་རུལ་བ་ལ་ཆུ་ལྡུགས་པར་བྱེད་དམ།

39 ཅི་ཁྱོད་སྒྱུ་མའི་གླང་པོ་ཆེས་འགྲོ་བར་འདོད་དམ།

十三、爲何你要隨著流放者而走？[40]

十四、你居然會嫉妒雙性人？[41]

十五、爲何你正在騎馬卻不見馬？[42]

十六、你爲何尚未鋪墊牆基卻圍欄杆？[43]

十七、莫非你要以親友之情邀敵作證？[44]

根據葉少勇的著作、榮獲 2011 年中國全國優秀博士學位論文的《中論頌與佛護釋 —— 基於新發現梵文寫本的文獻學研究》[45]，直至 2005 年發現十一片貝葉的梵文版《佛護論》之前，學術界只能從月稱論師的《顯句論》中之《佛護論》引文進行梵文版《佛護論》的研究，[46]迄今爲止，這部論典未曾被翻譯成漢文，完整的《佛護論》只有藏譯。如今您手中這本中譯的《佛護論》則是依據藏譯的《佛護論》而譯校。

這本漢譯的主要依據是對勘本版（དཔེ་བསྡུར་མ།）的藏文《佛護論》，該版本是在 1994 年至 2008 年間，由位於北京的

---

40 ཅི་ཁྱོད་སྐྲོད་པར་བྱེད་པ་ཉིད་ཀྱི་རྗེས་སུ་འགྲོའམ།

41 ཅི་ཁྱོད་མ་ནིང་ལ་ཕྲག་དོག་ཟའམ།

42 ཅི་ཁྱོད་རྟ་ལ་ཞོན་བཞིན་ཉིད་དུ་རྟ་མ་མཐོང་ངམ།

43 ཅི་ཁྱོད་རྩིག་རྨང་མ་བྲིས་པར་སྤུ་ཤུ་འདོགས་པར་བྱེད་དམ།

44 ཅི་ཁྱོད་མཛའ་བཤེས་ཀྱི་བློས་དགྲ་བོ་དཔང་དུ་ལེན་ཏམ།

45 葉少勇，《中論頌與佛護釋 —— 基於新發現梵文寫本的文獻學研究》。上海：中西書局，2011。

46 葉少勇，《中論頌與佛護釋 —— 基於新發現梵文寫本的文獻學研究》, 1-2.

中國藏學出版社編纂而成，是目前最新的西藏大藏經完整版，也是當今美歐中日的藏學專家們，深入研究的主要參考資料。藏學的研究者們都知道，對勘本版的好處就是加上不同舊版的註釋，好讓研究者們有更多的選項思考。譯者在此也妥善利用了對勘本版賦予的方便。所以讀者們會在此書中看到如「根據北京版及奈塘版，在此應加ཀྱང་། 字」等腳註。

遺憾的是，即便是對勘本版，仍有少許辭不達意的段落未曾附加不同舊版的註釋，導致遲遲無法理解的難處。例如：

原文：སྔོན་པོ་ཉིད་ལོ་མ་མ་ཡིན་ཏེ། སྔོན་པོ་ཡལ་ན་ལོ་མ་ཡིན་པར་ཐལ་བར་འགྱུར་
བའི་ཕྱིར་རོ།

翻譯：青色並非樹葉，因爲將有青色褪色之時應成樹葉之過。

爲能解決理解上的障礙，又恐對原文的不尊重，譯者只能小心翼翼地與《佛法科學總集》[47]的編輯者拉朗巴格西們相互討論，最終共同決定於藏文中多加一個否定詞。如下：

原文修改後：སྔོན་པོ་ཉིད་ལོ་མ་མ་ཡིན་ཏེ། སྔོན་པོ་ཡལ་ན་ལོ་མ་མ་ཡིན་པར་ཐལ་
བར་འགྱུར་བའི་ཕྱིར་རོ།

翻譯：青色並非樹葉，因爲將有青色褪色之時
應成非樹葉之過。

47 達賴喇嘛監製／總集編著小組編著，蔣揚仁欽譯，《佛法科學總集》。台灣：商周出版，2017。

葉少勇的研究中也提到，《佛護論》的後五品與《中論無畏疏》[48]幾乎完全相同。一般研究認爲，藏譯時以《中論無畏疏》的最後五品補足《佛護論》之缺，或是以《佛護論》的最後五品補足《中論無畏疏》之缺，至今仍是個待定的疑點。[49]譯者發現，後五品的相同程度顯然不同。除了斷句外，二十三品只能說很相似，二十四品仍有少許不同，二十五及二十六品幾乎一樣，二十七品只有在最後一個段落多加一句「如作喜菩薩」。[50]確實，出自同一位譯者，由同一位印度班智達協助的兩個作品，其後三品的內容幾乎一樣的現象的確很匪夷所思。

這是一本令宗喀巴大師開悟的書！

於西元 1416 年創建哲邦寺的蔣揚曲吉扎西班丹（འཇམ་དབྱངས་ཆོས་རྗེ་བཀྲ་ཤིས་དཔལ་ལྡན, 1379-1449）撰寫了《至尊密傳》[51]（རྗེ་གསང་བའི་རྣམ་ཐར།），這是一篇有關至尊宗喀巴大師的祕密傳記。根據其文獻，藏傳佛教格魯派的創始者、大學士宗喀巴於

---

48 Ga las 'jigs med. *Dbu ma rtsa ba'i 'grel ba ga las 'jigs med.* [Bstan 'gyur Dpe bsdur ma print] Dbu ma, vol. Tsa. Pp. 83-269. Beijing: Krung go'i bod rig pa'i dpe skrun khang, 1994-2008.

49 葉少勇，《中論頌與佛護釋——基於新發現梵文寫本的文獻學研究》, 2.

50 Ga las 'jigs med. *Dbu ma rtsa ba'i 'grel ba ga las 'jigs med*, 255: དེར་ན་བྱང་ཆུབ་སེམས་དཔའ་དགའ་བྱེད་བཞིན་ནོ། །

51 'Jam dbyangs chos rje bkra shis dpal ldan. *Rje gsang ba'i rnam thar.* Dge lugs pa'i chos spyod phyogs bsgrigs. Pp. 279-287. Zi Ling: Mtsho sngon mi rigs dpe skrun khang, 1995.

某晚夢見龍樹大學士等五位論師，其中，佛護論師手持梵文的《佛護論》加持大師，醒後當天，大師因閱讀這部《佛護論》，以比量通達空性，得空正見。如彼傳云：

「佛子龍樹佛護尊，聖天以及月稱足，
自在瑜伽師龍覺，親自蒞臨恆相護。
……
佛子龍樹五父子，細談深奧緣起論，
其中佛護持梵本，加持故生聖意趣。」[52]

藏文《佛護論》中引用的《中論》是由究廬龍幢（ཅོག་རོ་ཀླུའི་རྒྱལ་མཚན།，八世紀）所譯，而當今普遍使用的藏譯《中論》是由巴扎日稱大譯師（པ་ཚབ་ལོ་ཙཱ་བ་ཉི་མ་གྲགས་པ།，1055生）根據《顯句論》再次校譯，從而形成不同版本的藏譯《中論》，不只關鍵用詞——如「自性」——紛紛不一以外，[53]某些品名居然也不相同。[54]為能後人方便研究，譯者將該二版本的不同之處記錄如下：

《中論》第一品第四偈的第四句 1.4.d / 《中論》第一品第

---

52 'Jam dbyangs chos rje bkra shis dpal ldan. *Rje gsang ba'i rnam thar*, 281 and 283.

53《佛護論》內引《中論》的ངོ་བོ་ཉིད། 後被巴扎日稱大譯師改為 རང་བཞིན་ཉིད།。

54 如《中論》的第十二品，《佛護論》中之品名為「觀苦品」，可是後被巴扎日稱大譯師名之為「觀自作或他作品」。

八偈的前三句 1.8abc / 1.2.a / 1.3.d / 《中論》第一品第十二偈整 1.12 / 1.5.b / 1.6.b / 1.7.c / 1.11.a / 1.13 / 1.14ab / 2.1.ab / 2.3.a / 《中論》第二品第四偈的第一句及第四句 2.4.ad / 2.5.c / 2.8.b / 2.9 / 2.11.a / 2.14.d / 2.16 / 2.17.b / 2.20.b / 2.23.a / 3.1.b / 3.2 / 3.3.bcd / 3.7.b / 4.2.c / 4.7.a / 4.8.a / 5.2.b / 5.7.a / 6.2.a / 6.4.c / 6.5.b / 6.6 / 6.7.bc / 6.8 / 6.9.c / 6.10.a / 7.2 / 7.3.c / 7.7 / 7.8.d / 7.10 / 7.11.d / 7.14.bcd / 7.15.a / 7.17 / 7.18.cd / 7.20.bc / 7.22.bd / 7.24.d / 7.25.d / 7.26.abd / 7.28 / 7.30.cd / 7.32.abd / 7.33.ab /8.2.bd / 8.3.c / 8.7.cd / 8.8.abc / 8.9.abc / 8.10.abc / 8.11.c / 8.12.ac / 9.2.b / 9.4.a / 9.6.c / 9.8 / 9.9.c / 9.12.b / 10.2.bd / 10.3.bc / 10.4.b / 10.5.ad / 10.6 / 10.7.d / 10.8.ac / 10.11.a / 10.13.cd / 10.15.b / 11.1.c / 11.2.a / 11.3.ab / 11.4.a / 11.5.bd / 11.6.d / 11.7 / 11.8 / 12.1.c / 12.3 / 12.4.d / 12.5.bd / 12.6 佛護論中未引用此偈 / 12.9.bc / 12.10.bc / 13.1.ab / 13.3.c / 13.4.d / 13.6.cd / 13.7.bd / 13.8.ab / 14.2.bd / 14.3.a / 14.5.bc / 14.6.bcd / 15.1.ad / 15.2.abc / 15.3.ac / 15.4.ac / 15.5.ab / 15.6.a / 15.7.bd / 15.8.a / 15.11.a / 16.4.c / 16.7.a / 16.8.abc / 16.10.d / 17.3.d / 17.6.d / 17.9.abc / 17.10.a / 17.11.ab / 17.12.a / 17.13.b / 17.14.ab / 17.15.ad / 17.16.b / 17.17.d / 17.18.abc / 17.19.a / 17.21.ab / 17.22.a / 17.25.ac / 17.28.ab / 17.31 / 17.32.ab / 18.4.b / 18.6.abd / 18.9.c / 18.10.c / 19.3.b / 19.5.ad / 19.6.a / 20.1.b / 20.2.b / 20.6.bd / 20.7.c / 20.8.a / 20.10.c / 20.16.c / 20.13.a / 20.14.a / 20.16.c / 20.18.d / 20.20.b / 20.21.d / 20.29.a / 21.2.c / 21.2.d / 21.4.b / 21.5.d / 21.6.d / 21.8 /

21.12.bcd / 21.16.ab / 21.18 / 21.19.a / 21.20.bd / 21.21.b / 22.1.abc / 22.2.bc / 22.3.d / 22.4.ac / 22.5.cd / 22.9.bd / 22.13 / 22.14.a / 22.16 / 23.1.d / 23.2.abc / 23.3.b / 23.4.cd / 23.6.b / 23.7.a / 23.8.b / 23.10.b / 23.11.ab / 23.12.bd / 23.13.bd / 23.14 / 23.17.bcd / 23.18.ab / 23.21 / 23.22.ac / 23.24.b / 23.25.b / 24.2.bc / 24.5.acd / 24.6.abd / 24.7.d / 24.8.c / 24.10.cd / 24.11 / 24.13 / 24.15.a / 24.16.a / 24.18.a / 24.21.d / 24.22.a / 24.23.ac / 24.24.abc / 24.25.ad / 24.26ad / 24.27.bd / 24.28.abd / 24.32.acd / 24.33.d / 24.34 / 24.36 / 24.37 / 24.38 / 24.40.b / 25.1.c / 25.2.cd / 25.3.d / 25.4.ac / 25.5.d / 25.6.c / 25.8.c / 25.9.b / 25.10.c / 25.11.d / 25.13.ab / 25.14.ab / 25.15.d / 25.17.cd / 25.18.c / 25.19.a / 25.21.a / 25.22.d / 25.23.cd / 26.3.d / 26.4.b / 26.5.c / 26.6.b / 26.8.b / 26.10.abc / 26.11.d / 27.1.abc / 27.2.b / 27.3.a / 27.6.b / 27.8.ad / 27.10.c / 27.12.ad / 27.13.ab / 27.16.c / 27.17.c / 27.18.bd / 27.19 / 27.24.b / 27.25.b / 27.26.a / 27.28.bd / 27.29.cd。

漢譯的《中論》也有不同的版本，最早期的是鳩摩羅什大師（344-413）翻譯的《中論》，也是目前大眾普遍使用的版本，再來就是大約一百五十年後，由波羅頗蜜多羅翻譯的《般若燈論釋》之引文《中論》。

凡購買這本《佛護論》的讀者，書後附贈漢譯《中論》。

爲顧及普遍使用者或已熟悉鳩摩羅什大師的漢譯版本，當鳩摩羅什大師的漢譯《中論》與藏譯《中論》的詞義差異不大時，譯者會保留鳩摩羅什大師的原譯，不做新譯。然而，倘若二者的偈頌內容針對某個重點法理的詮釋出現差異時，譯者會另做新譯。在本書後段的附錄中，讀者們可以看到三種不同版本的漢譯《中論》並列：一、鳩摩羅什大師翻譯的《中論》，以（鳩）註明在旁。二、蔣揚仁欽博士根據巴扎大譯師作品而翻譯的《中論》，以（蔣）註明在旁。三、蔣揚仁欽博士根據究盧大譯師作品而翻譯的《中論》，以（佛護引文）註明在旁，即佛護論中所引的《中論》。若無任何（鳩）、（蔣）、（佛護引文）的註明在旁，代表彼等漢譯詞義皆是相同，即保留鳩摩羅什大師的原譯文。如果只有（蔣）且無（佛護引文）的註明在旁，代表（蔣）及（佛護引文）的漢譯詞義相同，而且鳩摩羅什大師未曾翻譯過該偈文。

藏文的《佛護論》由梵直譯的緣故，頻繁出現缺乏主詞的動詞。如原文常用的 བཤད་པ། 及 སྨྲས་པ། 等動詞，其義雖同爲「說」，卻未交代是由誰而說的主詞。透過前後文的對照，譯者發現，除了在解釋《中論》23.7 的 སྨྲས་པ། 是自方立場外，其他 སྨྲས་པ། 都是他方立場，而 བཤད་པ། 都是用在闡述自方的立場。可能也是因爲從梵直譯的緣故，此論中的「彼」、「該」之類的用詞極多，卻未說明該詞指向的具體內容爲何。這正是藏譯的印度大論典甚爲難解的主因之一。如下文：

原文：།དེ་དང་ཕྲད་དུ་ཟིན་ན་ཡང་དེ་ལ་ཅིར་ཡང་མི་འགྱུར་ཏེ།
ངོ་བོ་ཉིད་ཀྱིས་ཀ་ཞེ་མེད་པའི་ཕྱིར་རོ། །

從藏直譯爲漢：即使可以遇到彼，但是彼也不會成爲任何一法，因爲自性有的老死不存在。

加上括號的譯文：即使（老死）可以遇到彼（其他因緣），但是彼（老死）也不會成爲任何一法，因爲自性有的老死不存在。

面對上述的問題，譯者決定直接在本文中多加括號。這樣一來，不只易於明辨自他雙方的立場、主詞的具體內容爲何，同時，也可保留對原文的尊重，令讀者們更加容易釐清此論的內義。又爲能方便將來其他譯師及學者們研究此論，最終譯者在與商周出版的協商之下，決定以藏漢對照的方式呈現這本《佛護論》。

從此書的著作風格，可以大膽推測佛護論師的思想跳躍極快，導致難以跟上佛護論師的邏輯腳步。譬如，當佛護論師觀察停留的自性爲何，進而破除停留的自性時，論師說：「若於停留中觀察停留的話，應成兩種停留，停留者也應成兩種。」只丟下了這段話，卻未多加其餘的補充說明。爲了幫助讀者們能自行讀懂，此處譯者參考了月稱論師的《顯句論》，解釋爲何會成兩種停留及兩種停留者之過，將其註解放置於該段落的腳註。不只月稱論師的《顯句論》，譯者還參考了無畏阿闍黎的《中論釋》[55]、宗喀巴大師的《正理海》[56]，以及根敦主巴的《寶鬘論》[57]等資料，期望能夠幫助讀者們解決這類的疑難。

還有另一類缺乏文獻依據的推論，如佛護論師只說：「於此，仍有其他過失：如果見者因見而見，應成三見。」卻未交代該三見是哪三者。爲使讀者容易釐清這類的問題，譯者只能依據藏字的文法推論三者可能爲何，並將補充註解放置該段落的旁邊。另外，當譯者遇到看似邏輯矛盾的段落，誠如此論中：「果與因既非相似，亦非不似。」譯者只能從上述的參考文獻中，尋找是否曾有任何學者針對此類矛盾做過合理解釋，並置註解在側。因此，若加腳註在某詞旁，則是對該詞的補充；若加腳註在某段落的符號旁，則是對該段落的補充。

除了現證空性外，所見皆見自性！無始以來，要不就是未曾聽聞空性教授，要不就是即便受教，卻隨惰性，與空正見擦肩而過，不願堅持修習，導致自性執著變得如此強硬及深厚。譯者在翻譯的過程中，慚愧地發現，雖說本人在理性上能

55 Ga las 'jigs med. *Dbu ma rtsa ba'i 'grel ba ga las 'jigs med.* [Bstan 'gyur Dpe bsdur ma print] Dbu ma, vol. Tsa. Pp. 83-269. Beijing: Krung go'i bod rig pa'i dpe skrun khang, 1994-2008.

56 Tsong kha pa Blo bzang grags pa. *Dbu ma rtsa ba'i thsig le'ur byas pa shes rab ces bya ba'i rnam bshad rigs pa'i rgya mtsho zhes bya ba bzhugs so.* Lhasa: Ser gtsug nang bstan dpe rnying 'tshol bsdu phyogs sgrig khang, 2009.

57 Dge 'dun grub pa. *Dbu ma rtsa ba shes rab kyi ngag don bshad pa rin po che'i phreng ba zhes bya ba bzhugs so. Collected Works of Dge 'dun grub pa*, vol. 6. Pp. 124-229. Lhasa: Ser gtsug nang bstan dpe rnying 'tshol bsdu phyogs sgrig khang, 2011.

以邏輯說服自己不應主張自性有，但在感性上，仍會立即自發地相應敵方立場——主張自性，時常不禁自主地深感敵方所說正是我心中所想。這種理性及感性的水火不容、互相矛盾，更加坐實了自性執著的根深柢固。眞不知是體內哪個染色體帶來如此頑固的自性執著？若眞由於基因或染色體讓我等自然執著自性，爲何又能以嚴謹的邏輯推論，令我等臣服於無自性的眞理之下？若無前世今生的無始輪迴，光憑當今科學，實在難以合理地詮釋這種理性與感性的矛盾現象。難怪觀自在菩薩於《心經》中不只一次提及五蘊皆空，還要針對眼、耳、鼻、舌、身、意等，一一破除其自性，不厭其煩、苦口婆心。

若有自性應成二過：一、應成找得到。二、應成不觀待。沒有任何事物可被找到，也未曾有過不觀待的任何事物。《中論》及《佛護論》破除自性時，更多時候所採用的方法是第一種，即「若是自性有應成找得到，但事實上卻無任何一法可以被找到，故無自性。」譯者的恩師之一格西扎巴格樂，他從小跟隨在旁的導師——寧瑪老和尚——曾說：「若能好好了解《中論》前兩品的理路脈絡，則能以同理洞悉整部《中論》。」如果讀者無暇從第一品完整學習《中論》的話，觀音尊者曾說：「先看《中論》的第二十六品，再看第十八品，再看第二十四品。」

破除自性的概念絕非只是理論上的成就，更是爲了幸福！透過廣泛的理由與範例，長期堅持思惟愛我執之過、愛他心之德，便能逐漸強大一度陌生的愛他心。同理，培養正面的情緒靠的是智慧以及長期的堅持，並非緊抓某事物的絕對性。然而，負面情緒的形成靠的是無始以來的慣性，而且一定來自錯覺，且其錯覺的基石定是自性的執著。有關此義，譯者在拙著《爲什麼學佛》[58]的後三篇中已做解釋，可供參考。

漢譯的《佛護論》也是緣起性空、觀待諸多因緣而被施設，此論絕非來自我一人之力。於此，譯者合掌且誠心感謝《佛護論》的所有協助文字整理者們，包括《佛法科學總集》的編輯者格西們，以及潤稿譯文、令其通順的專業主輯張圓笙、賴郁文、塗百瑜、黃維君，以及對照藏漢、給予意見的譯師釋如王及譯師陳泰璿。再次眞心地感謝您們！

爲能廣大流通此論，且不用爲了下一批結緣品的印刷而長久等候，譯者決定經由商周出版出版此書。譯者在《佛子行三十七頌》[59]的譯序已說：「除了自撰書籍外，如《覺燈日光》等尊者書籍的翻譯收入，末學都會捐贈供養、累積功德。」在此，譯者也會將《佛護論》的翻譯版權及版稅供養給觀音尊者。最後，願此譯書及捐贈功德不被自己所擁有，完全迴向給一切有情，願其早日成就無上菩提。尤其與此書有緣的所有讀

58 蔣揚仁欽，為什麼學佛。台灣：商周出版，2018年。

59 達賴喇嘛，蔣揚仁欽譯，達賴喇嘛開示佛子行三十七頌。台灣：商周出版，2016。

者們，皆能早日生起空性的正見，以通曉真理之智慧力發起非造作的菩提心、入般若波羅蜜乘、斷除煩惱，安穩走上充滿慈愛且具意義的人生大道。

譯者蔣揚仁欽（黃春元）
於北印度達蘭薩拉，西元 2019 年 5 月 1 日

༄༅། །རྒྱ་གར་སྐད་དུ། བུདྡྷ་པཱ་ལི་ཏ་མཱུ་ལ་མ་དྷྱ་མ་ཀ་བྲྀཏྟི།

梵文曰：Buddhapālita-mūla-madhyamaka-vṛtti

བོད་སྐད་དུ། དབུ་མ་རྩ་བའི་འགྲེལ་པ་བུདྡྷ་པཱ་ལི་ཏ།

藏文曰：《中觀根本論釋・佛護論》

# 第一品

# ——觀緣品——

དཀོན་མཆོག་གསུམ་ལ་ཕྱག་འཚལ་ལོ། །འཇམ་དཔལ་གཞོན་ནུར་གྱུར་པ་ལ་ཕྱག་འཚལ་ལོ། །སློབ་དཔོན་འཕགས་པ་ཀླུ་སྒྲུབ་ལ་ཕྱག་འཚལ་ལོ། །སློབ་དཔོན་བཙུན་པ་བུདྡྷ་པཱ་ལི་ཏ་ལ་ཕྱག་འཚལ་ལོ།

頂禮三寶，頂禮文殊童子，頂禮龍樹聖者，頂禮阿闍黎佛護大德。[1]

འདི་ལྟར་སློབ་དཔོན་རྟེན་ཅིང་འབྲེལ་པར་འབྱུང་བ་རྗེས་སུ་སྟོན་པར་བཞེད་པས། རྟེན་ཅིང་འབྲེལ་པར་འབྱུང་བའི་ཟབ་མོ་ཉིད་ཡང་དག་པ་ཇི་ལྟ་བ་བཞིན་དུ་གཟིགས་པས་ངོ་མཚར་དུ་གྱུར་པའི་ཐུགས་དང་ལྡན་པ། དད་པ་ལས་བྱུང་བའི་མཆི་མ་དཀྲུག་ཅེས་མཛད་པའི་སྤྱན་མངའ་བ། སྐུའི་སྤུ་ཟིང་ཞེས་མཛད་པ་དང་ལྡན་པས་ཐལ་མོ་སྦྱར་བ་དབུར་བཞག་སྟེ། དེ་བཞིན་གཤེགས་པ་རྣམས་ནི་ཆོས་ཀྱི་སྐུའོ་ཞེས་དོན་དམ་པ་སྟོན་པའི་ཚིགས་སུ་བཅད་པ་འདི་བརྗོད་པས་མདུན་དུ་འདུག་པ་དང་འདྲ་བར་བཞག་ནས། དེ་བཞིན་གཤེགས་པ་བླ་མ་དམ་པ་ལ། གང་གིས་རྟེན་ཅིང་འབྲེལ་པར་འབྱུང་། །འགག་པ་མེད་པ་སྐྱེ་མེད་པ། །ཆད་པ་མེད་པ་རྟག་མེད་པ། །འོང་བ་མེད་པ་འགྲོ་མེད་པ། །ཐ་དད་དོན་མིན་དོན་གཅིག་མིན། །སྤྲོས་པ་ཉེར་ཞི་ཞི་བསྟན་པ། །རྫོགས་པའི་སངས་རྒྱས་སྨྲ་རྣམས་ཀྱི། །དམ་པ་དེ་ལ་ཕྱག་འཚལ་ལོ། །ཞེས་རྒྱུ་སྔ་ན་ཡོད་པའི་ཕྱག་བཞེས་པ་མཛད་དེ།

如是，阿闍黎（龍樹，因）隨後將講述緣起，如實觀見深奧緣起，並具奇有證量。（龍樹阿闍黎）潸然落下由信所生的淚水且毛髮豎起，合掌置頂後，講說開示勝義之偈頌「如來即法身」；彷彿（此景）在前。頂禮如來及聖賢上師後，（龍樹

1 對於佛護的禮讚文，應由西藏譯師究盧龍幢（ཅོག་རོ་ཀླུའི་རྒྱལ་མཚན།, 八世紀）——藏譯佛護論的譯者——所撰。

阿闍黎）云：

何者因緣起，說寂離戲論：無滅亦無生，無斷亦無常，

無來亦無去，無異無一義。頂禮佛正覺，諸說中第一。

གང་གིས་དབང་ཕྱུག་དང་དུས་དང་རྡུལ་ཕྲན་དང་རང་བཞིན་དང་ངོ་བོ་ཉིད་ལ་སོགས་པར་སྨྲ་བ་སྤྲོས་པ་ཐིབས་པོར་འཁྲིམས་པའི་འཇིག་རྟེན་ལ། རྟེན་ཅིང་འབྲེལ་པར་འབྱུང་བ་ཞེས་བྱ་བ་དོན་དམ་པའི་བདེན་པ་མཆོག་ཏུ་ཟབ་པ། འགག་པ་མེད་པ་སྐྱེ་བ་མེད་པ། ཆད་པ་མེད་པ་རྟག་པ་མེད་པ། འོང་བ་མེད་པ་འགྲོ་བ་མེད་པ་དོན་ཐ་དད་མ་ཡིན་པ། དོན་གཅིག་མ་ཡིན་པ། སྤྲོས་པ་ཐམས་ཅད་ཉེ་བར་ཞི་བ་མྱ་ངན་ལས་འདས་པའི་གྲོང་ཁྱེར་དུ་འགྲོ་བ། ཞི་བ་ལམ་དྲང་པོ་འདི་བསྟན་པ། ཡང་དག་པར་རྫོགས་པའི་སངས་རྒྱས་སྨྲ་བ་རྣམས་ཀྱི་དམ་པ་དེ་ལ་ཕྱག་འཚལ་ལོ། །ཞེས་བྱ་བ་ཡིན་ནོ། །བཅོམ་ལྡན་འདས་ཀྱིས་ཕྱི་རོལ་པ་ཕས་ཀྱི་རྒོལ་བ་ཐམས་ཅད་བྱིས་པ་ཟླ་བ་འདྲ་བར་ཐུགས་སུ་ཆུད་ནས་འགྲོ་བ་ལོང་བ་ལག་ནོམ་བྱེད་པ་ལྟ་བུ་ལ་རྟེན་ཅིང་འབྲེལ་པར་འབྱུང་བ་བསྟན་པར་སློབ་དཔོན་གྱིས་ཡང་དག་པར་གཟིགས་པས་སྨྲ་བ་རྣམས་ཀྱི་དམ་པ་ཞེས་གསུངས་སོ། །འགག་པ་མེད་པ་ཞེས་བྱ་བ་ནི་འདི་ལ་འགག་པ་ཡོད་པ་མ་ཡིན་པའོ། །ཚིག་ལྷག་མ་རྣམས་ལ་ཡང་དེ་བཞིན་དུ་སྦྱར་བར་བྱའོ། །ཚིགས་སུ་བཅད་པ་དེ་ནི་མདོ་ལྟ་བུ་སྟེ། བསྟན་བཅོས་ལྷག་མས་དེ་རྣམ་པར་བཤད་པ་བྱེད་པར་འགྱུར་རོ། །དེ་ཡང་བརྗོད་པ་ལ་མངོན་པར་ཞེན་པའི་དབང་གིས་སྨྲོ་དེ་དང་དེས་བྱེད་པར་འགྱུར་གྱི་གོ་རིམས་ཇི་ལྟ་བ་བཞིན་དུ་ནི་མི་བྱེད་དོ།

於大自在、時間、微塵、自性、體性等諸言戲論籠罩之世間，何者[2]宣說：「緣起是勝義至上深奧。」（並且又

2 龍樹聖者。

云：）「無滅、無生、無斷、無常、無來、無去、非異[3]義、非一義、寂滅一切戲論、走向涅槃城邑」，以此顯示如斯寂靜康莊大道，（故而）頂禮圓滿正覺諸說中的第一。

薄伽梵了知一切外道敵論皆似童言，顯示緣起於如被（他人）以手牽領的盲闇眾生。此被（龍樹）阿闍黎所正視，故說：「諸說中第一」。

「無滅」謂無壞滅，餘句等亦如是解讀。此偈有如綱要，被諸餘論所釋。由詮欲力多門而釋；然而，講釋（該離八戲論之）次第，則不（需）如是（依照中論所言的次第）。

ཅི་སྟེ་རྟེན་ཅིང་འབྲེལ་པར་འབྱུང་བ་རྗེས་སུ་བསྟན་པ་ལ་དགོས་པ་ཅི་ཡོད་ཅེ་ན།

（龍樹阿闍黎）何故隨後講述緣起，其目的爲何？

བཤད་པ། སློབ་དཔོན་ཐུགས་རྗེའི་བདག་ཉིད་ཅན་གྱིས་སེམས་ཅན་རྣམས་སྡུག་བསྔལ་སྣ་ཚོགས་ཀྱིས་ཉེན་པར་གཟིགས་ནས་དེ་དག་རྣམ་པར་གྲོལ་བར་བྱ་བའི་ཕྱིར་དངོས་པོ་རྣམས་ཀྱི་ཡང་དག་པ་ཇི་ལྟ་བ་ཉིད་རབ་ཏུ་བསྟན་པར་བཞེད་པས་རྟེན་ཅིང་འབྲེལ་པར་འབྱུང་བ་རྗེས་སུ་བསྟན་པ་བརྩམས་ཏེ། ཡང་དག་མ་ཡིན་མཐོང་བ་འཆིང་། །ཡང་དག་

---

3 誠如《佛法科學總集‧上冊》的216頁「乙二、一與異」所說的內容，此文的「異」指的是個別之法，即是於分別心顯現其個別相，以及聲音發出其個別音。根據鳩摩羅什大師所譯的中論，大師將 ཐ་དད་（一與異的異）翻成異，也將 གཞན་（自他的他）翻成異，如鳩摩羅什翻譯的第十四品中的「異」幾乎都與 ཐ་དད་（一與異的異）無關。總之，在此論中將會時常見到「異」、「相異」、「相異法」、「相異」，以及「成異」等譯詞。除了最初單一的「異」字意指個別法以外，其他的譯詞應理解為不同於己性的其他法，或兩法之間的差別性。最後的「成異」也應解讀為「成為相異」而非「成為一與異的異」。

མཐོང་བ་རྣམ་པར་གྲོལ། །ཞེས་གསུངས་པའི་ཕྱིར་རོ།

（自方）答：具足大悲性之阿闍黎，觀見眾生遭諸苦所逼，爲令彼等脫離，承許廣示事物的如所有性，故隨即講述緣起，且云：「見非實束縛，見實得解脫」。

དངོས་པོ་རྣམས་ཀྱི་ཡང་དག་པ་ཇི་ལྟ་བ་བཞིན་ཉིད་གང་ཡིན།

何爲事物的眞正如所有性？

བཤད་པ། ངོ་བོ་ཉིད་མེད་པ་ཉིད་དེ། མི་མཁས་པ་གཏི་མུག་གི་མུན་པས་བློ་གྲོས་ཀྱི་མིག་བསྒྲིབས་པ་ནི་དངོས་པོ་རྣམས་ལ་ངོ་བོ་ཉིད་དུ་རྣམ་པར་རྟོག་ན་དེ་དག་ལ་འདོད་ཆགས་དང་ཞེ་སྡང་དག་སྐྱེད་པར་བྱེད་དོ། །གང་གི་ཚེ་རྟེན་ཅིང་འབྲེལ་པར་འབྱུང་བ་ཤེས་པའི་སྣང་བས་གཏི་མུག་གི་མུན་པ་བསལ་ཅིང་། ཤེས་རབ་ཀྱི་མིག་གིས་དངོས་པོ་རྣམས་ཀྱི་ངོ་བོ་ཉིད་མེད་པ་ཉིད་མཐོང་བ་དེའི་ཚེ་ན་གནས་མེད་པ་ལ་དེའི་འདོད་ཆགས་དང་ཞེ་སྡང་དག་མི་སྐྱེའོ། །འདི་ལྟ་སྟེ་དཔེར་ན་ལ་ལ་ཞིག་གཟུགས་བརྙན་གྱི་བུད་མེད་ལ་བུད་མེད་དོ་སྙམ་པའི་བློ་གྲོས་སྐྱེས་ནས་ཀུན་ཏུ་འདོད་ཆགས་སྐྱེད་དེ་དེ་དང་འབྲེལ་བའི་ཡིད་ཀྱིས་དེ་ལ་རྣམ་པར་རྟོག་པར་བྱེད་དོ། །གང་གི་ཚེ་ཡང་དག་པ་ཇི་ལྟ་བ་བཞིན་དུ་རྟོགས་པ་དེའི་ཚེ་ན་བུད་མེད་ཀྱི་བློ་གྲོས་མེད་པར་གྱུར་ཅིང་འདོད་ཆགས་དང་བྲལ་ནས་ཤིན་ཏུ་ངོ་ཚ་བ་སྐྱེས་ཏེ། རང་བཞིན་གྱི་སེམས་གནས་མེད་པ་ལ་འདོད་ཆགས་སྐྱེ་བ་ལ་འཕྱ་བ་དེ་དང་འདྲ་སྟེ་དེ་ལྟར་བཅོམ་ལྡན་འདས་ཀྱིས་ཀྱང་དགེ་སློང་དག་བུད་མེད་ལ་ནང་གི་བུད་མེད་ཀྱི་དབང་པོ་ཡང་དག་པར་རྗེས་སུ་མི་མཐོང་སྟེ། དགེ་སློང་དག་གལ་ཏེ་བུད་མེད་ཡིན་ན་ནང་གི་བུད་མེད་ཀྱི་དབང་པོ་ཡང་དག་པར་རྗེས་སུ་མི་མཐོང་ངོ་། །ཞེས་རྒྱ་ཆེར་བཀའ་སྩལ་ཏོ། དེའི་ཕྱིར་སློབ་དཔོན་འཕགས་པ་ལྷས་ཀྱང་། །སྲིད་པའི་ས་བོན་རྣམ་ཤེས་ཏེ། །ཡུལ་རྣམས་དེ་ཡི་སྤྱོད་ཡུལ་ལོ། །ཡུལ་ལ་བདག་མེད་མཐོང་ན་ནི། །སྲིད་པའི་ས་བོན་འགག་པར་འགྱུར། །ཞེས་གསུངས་སོ། །དེ་ལྟ་བས་ན་སློབ་དཔོན་གྱིས་དངོས་པོ་རྣམས་ཀྱི་ངོ་བོ་

ཉིད་མེད་པ་ཉིད་རབ་ཏུ་བསྟན་པའི་ཕྱིར་འདི་བརྩམས་སོ།

（自方）答：（事物的究竟眞相爲）無自性。被非善巧之愚痴黑闇覆蓋障蔽智慧之目，妄執事物等爲自性有，而生起貪瞋。何時以了知緣起的光明之力，去除愚痴黑闇，以智慧眼觀見諸事物等無自性，爾時[4]，無有（執）處，貪瞋便不起。

如是，又如某人生念，妄執影像女子爲女子，後起遍貪及其相屬之意。何時正確證悟如所有性，爾時無有（執）女之念，遠離貪欲，極爲驚歎。心不住自性將會損害貪的產生。同理，薄伽梵亦云：「諸比丘，不應觀女子具眞實內在女根；諸比丘，莫觀凡是女子皆具眞實內在女根。」做此廣說。

此故，阿闍黎聖天亦云：「識爲諸有種，境是識所行，見境無我時，諸有種皆滅。」[5]阿闍黎廣示諸事物皆無自性，故撰此（偈）。

འདིར་སྨྲས་པ། གང་གི་ཚེ་དེ་བཞིན་གཤེགས་པ་ཐམས་ཅད་མཁྱེན་པ་ཐམས་ཅད་གཟིགས་པ་ཐུགས་རྗེ་ཆེན་པོ་མངའ་བ་ཉིད་ཀྱིས་རྟེན་ཅིང་འབྲེལ་པར་འབྱུང་བ་དེ་དང་དེར་དེ་ལྟ་དེ་ལྟར་བཤད་ཅིང་རབ་ཏུ་བསྟན་ཟིན་ན། ཡང་དེ་རྗེས་སུ་རབ་ཏུ་བསྟན་པ་ལ་དགོས་པ་ཅི་ཡོད།

4 梵文論著時常使用「何時」及「爾時」的前後二詞，顯示其內容中的前因後果的關聯性。

5 《四百論》14.25（第十四品的第二十五個偈頌文）。

於此[6]，（他方）道：如來既已遍知、遍觀，（且）以具大悲之力，早已廣示種種緣起於種種（有情），再次廣示（緣起）的目的爲何？

བཤད་པ། དེ་བཞིན་གཤེགས་པ་ཉིད་ཀྱིས་རྟེན་ཅིང་འབྲེལ་པར་འབྱུང་བ་བཤད་ཅིང་རབ་ཏུ་བསྟན་པ་བདེན་མོད་ཀྱི། འོན་ཀྱང་འཇིག་རྟེན་གྱི་ཐ་སྙད་ཀྱི་དབང་གིས་སྐྱེ་བ་ལ་སོགས་པའི་བརྗོད་པ་དག་གིས་བཤད་ཅིང་རབ་ཏུ་བསྟན་པས། དེ་ལ་ད་ལྟར་ཉིད་ཀྱང་བརྗོད་པ་ཙམ་ལ་མངོན་པར་ཞེན་པའི་བློ་ཅན་ཁ་ཅིག་རྟེན་ཅིང་འབྲེལ་པར་འབྱུང་བ་མཆོག་ཏུ་ཟབ་པ་མ་རྟོགས་པ་ན། དངོས་པོ་རྣམས་ནི་ཡོད་པ་ཁོ་ན་ཡིན་ཏེ། གང་གི་ཕྱིར་དེ་དག་གི་སྐྱེ་བ་དང་འགག་པ་དང་འགྲོ་བ་དང་འོང་བ་དག་བརྗོད་པའི་ཕྱིར་རོ། །

（自方）道：雖然事實上如來已釋緣起，且已廣示，但隨世間名言之力，（自性）生等論述仍被廣說。於此，至今仍有某些妄執者僅憑（經論）的所詮，不知緣起的殊勝深奧，故說事物[7]是絕對存在的，因有諸法的生、滅、來、去等。

གང་ཞིག་ཡོད་པ་ལས་རྟག་པ་དང་ཆད་པ་དང་དེ་ཉིད་དང་གཞན་ཉིད་དུ་སེམས་པ་དག་བྱེད་ཀྱི། རི་བོང་གི་རྭ་ལ་སོགས་པ་མེད་པ་དག་ལ་དེ་དག་མི་འབྱུང་ངོ་སྙམ་དུ་སེམས་པ་དེ་དག་ལ་རྟེན་ཅིང་འབྲེལ་པར་འབྱུང་བའི་ངོ་བོ་ཉིད་རབ་ཏུ་བསྟན་པའི་ཕྱིར་སློབ་དཔོན་གྱིས་

6　此論中反覆出現「於此」、「如是」、「首先」等的用詞。「於此」就是「有關這個內容」的意思。

7　事物（དངོས་པོ།）一詞，可根據字句的前後文解讀為：一、存在的「事物」，如瓶柱。二、不存在的「自性」，如《中論》的「（1.3）若無自事物，他事物亦無」、第六品的「無有相異事物」及「無有同俱事物」等。讀者必須善巧地抉擇其義！

རིགས་པ་དང་ལུང་སྟོན་ཏུ་བཏང་བ་འདི་བརྩམས་སོ། །གཞན་ཡང་གང་ཁོ་ནའི་ཕྱིར་དེ་བཞིན་གཤེགས་པས་རྟེན་ཅིང་འབྲེལ་པར་འབྱུང་བ་བཤད་ཅིང་རབ་ཏུ་བསྟན་པ་དེ་ཁོ་ནའི་ཕྱིར་སློབ་དཔོན་གྱིས་རྗེས་སུ་རབ་ཏུ་བསྟན་པར་འཐད་ཀྱི། མ་བཤད་ཅིང་རབ་ཏུ་མ་བསྟན་པར་རྗེས་སུ་རབ་ཏུ་སྟོན་པར་ནུས་པ་དེ་གང་ཞིག་ཡིན། འདི་ལྟར་འཇིག་རྟེན་པའི་བསྟན་བཅོས་དག་ཀྱང་སྔོན་གྱི་སློབ་དཔོན་རྣམས་ཀྱིས་བཤད་ཅིང་རབ་ཏུ་བསྟན་པས་ད་ལྟར་ཉིད་ཀྱང་དེ་རྣམས་ཀྱི་སློབ་མ་དག་རྗེས་སུ་སྨྲ་བར་བྱེད་དོ། དེའི་ཕྱིར་སློབ་དཔོན་གྱིས་རྗེས་སུ་རབ་ཏུ་བསྟན་པར་རིགས་སོ།

有人因（執）有，而思常、斷、此性、相異性[8]；有人認爲彼法等皆不存在，（猶如）不存在的兔角等。爲能於彼（承許常邊或斷邊兩者）廣示緣起性，（龍樹）阿闍黎先依教理而撰此偈。

況且，如來已釋緣起，且已廣示，（龍樹）阿闍黎僅依此便可合理隨後廣示（緣起）；（若諸佛）未曾宣說、廣示，（龍樹阿闍黎的）豈能隨後廣示？世間論典亦是如此，（先）由往昔論師所說，且曾廣示，現今再由彼等弟子依之解說。故（龍樹）阿闍黎隨之廣示實爲合理。

འདིར་སྨྲས་པ། ཅིའི་ཕྱིར་འགག་པ་ལ་སོགས་པ་བརྒྱད་པོ་དེ་དག་འགོག་པར་བྱེད། འགག་པ་མེད་པ་སྐྱེ་མེད་པ། ཆད་པ་མེད་པ་རྟག་མེད་པ། ཞེས་བྱ་བ་དེ་ཙམ་ཞིག་བྱས་པས་མི་ཚོག་གམ།

8 「此性」謂以自性的角度認定「就是這個」；「相異性」謂以自性的角度認定「這個並非那個」或「那個迥異於這個」。

於此，（他方）道：爲何遮除滅等八者？難道不能僅說「無滅亦無生，無斷亦無常」？

བཤད་པ། དངོས་པོ་ངོ་བོ་ཉིད་སྨྲ་བ་དག་ཕལ་ཆེར་ཐ་སྙད་ཀྱི་དབང་གིས་བསྟན་པ་འགག་པ་ལ་སོགས་པ་བརྗོད་པ་བརྒྱད་པོ་དེ་དག་གིས་དངོས་པོ་ཡོད་པ་ཉིད་དུ་སྟོན་པར་བྱེད་པས་དེའི་ཕྱིར་འགག་པ་ལ་སོགས་པ་བརྒྱད་པོ་དེ་དག་ཉིད་འགག་པ་མཛད་དོ། །དེ་བཞིན་དུ་དེ་ཁོ་ན་སེམས་པར་བྱེད་པའམ། འགྱེད་པ་རྩོམ་པར་བྱེད་པ་གང་དག་ཅི་ཡང་རུང་བ་དེ་དག་ཀྱང་འགག་པ་ལ་སོགས་པའི་དོན་དེ་དག་ལ་བརྟེན་ནས་སེམས་པ་དང་རྩོམ་པར་བྱེད་དེ།

（自方）道：承許事物爲自性有者，多隨名言之力而詮釋「滅等八者的論述顯示了事物的絕對存在」。因此，（龍樹阿闍黎）斷除滅等八者。同理，無論是僅思該義，或反駁該義的任何一者，皆依賴滅等八者而做認同、反駁[9]。

འདི་ལྟ་སྟེ། རེ་ཞིག་ཁ་ཅིག་ན་རེ་དངོས་པོ་ཐམས་ཅད་ནི་སྐྱེ་བ་དང་འགག་པའི་ཆོས་ཅན་སྐད་ཅིག་མ་སྟེ་རྒྱུན་གྱིས་རྒྱུན་དུ་འབྱུང་ངོ་། ཞེས་ཟེར་རོ། །གཞན་དག་ན་རེ་ས་ལ་སོགས་པ་རྫས་དགུ་པོ་དག་རྟག་ཅེས་ཟེར་རོ། །ཡང་གཞན་དག་ནི་ཆོས་དང་ཆོས་མ་ཡིན་པ་དང་། གང་ཟག་ནམ་མཁའ་དང་། དུས་དང་གང་ཟག་དང་སྲོག་ཅེས་བྱ་བ་རྫས་དྲུག་པོ་དག་རྟག་ཅེས་བརྗོད་དོ། །དེ་བཞིན་དུ་ཕལ་ཆེར་སྲོག་དང་ལུས་གཉིས། མེ་དང་བུད་ཤིང་གཉིས། རྒྱུ་དང་འབྲས་བུ་གཉིས། ཡོན་ཏན་དང་ཡོན་ཅན་གཉིས། ཡན་ལག་དང་ཡན་ལག་ཅན་གཉིས་ནི་དེ་ཉིད་དང་གཞན་ཉིད་ཅེས་བྱ་བ་འགྱེད་པར་བྱེད་དོ།

9 「僅思該義」指認同滅等八者自性有的墮常邊者，「反駁該義」指否定滅等八者名言在的墮斷邊者。總之，常執與斷執兩者皆由滅等八者的顛倒執所生，故須解說滅等八者的緣起性空。

如是，有說：「一切事物爲生滅之有法、刹那性，因續流而續存。」有說：「地等九質皆是常法。」他人又說：「六質——法、非法、補特伽羅虛空、時間、補特伽羅、壽命——爲常。」兼以，彼等大多諍論「壽命與身體二者、火與柴二者、因與果二者、功德與具德者二者、支分與具支者二者，皆爲此性及相異性。」

དེ་བཞིན་དུ་ཁ་ཅིག་ན་རེ་ཡོན་ཏན་བྱ་བ་དང་ལྡན་པ་རྣམས་དང་རྟག་འཁོར་ལོ་ཞེས་ཟེར་རོ། གཞན་དག་ན་རེ་རྡུལ་ཕྲན་དང་ཡིད་གཉིས་ནི་མི་འགྲོའོ་ཞེས་ཟེར་རོ། །གཞན་དག་ནི་སྲོག་དང་གང་ཟག་གཉིས་འགྲོ་བ་དང་ལྡན་ཞེས་བརྗོད་དོ། །གྲུབ་ནས་གང་དུ་འགྲོ་བར་ཡང་འདོད་དོ། དེའི་ཕྱིར་དེ་ཁོ་ན་སེམས་པ་དང་འགྱེད་པ་རྩོམ་པའི་དབང་གིས་འགག་པ་ལ་སོགས་པ་བརྒྱད་པོ་དགག་པར་མཛད་དོ།

同樣的，有說：「德具作用及常輪。」或說：「微塵與意兩者不得行走[10]。」亦有說：「壽命及補特伽羅兩者得以行走。」（並）承許：「若能成辦（壽命及補特伽羅二者），隨處皆（可）行走。」藉由思惟該義與爲反駁（該義）之故，斷除滅等八者。

འདིར་སྨྲས་པ། ཅི་ན་ཅིའི་ཕྱིར་འགག་པ་སྔར་བཀག་པ། སྐྱེ་བ་ཕྱིས་བཀག སྐྱེ་བ་མེད་པ་སྔར་བརྗོད་པར་བྱ་བའི་རིགས་སྙམ་ན།

於此，（他方）道：爲何先遮滅，後遮生？實則應當先說

10 行走為直譯，具有「移動」的意思。

無生。

བཤད་པ། དེ་ནི་ཀླན་ཀར་མི་རུང་སྟེ། ཅིའི་ཕྱིར་ཞེ་ན། ཡི་གེ་ལ་མཁས་པ་རྣམས་ནི་བསྡུ་བ་ལ་སྦྱོར་བ་ལྷག་འོག་ངེས་པ་ཡོད་ཀྱི། གཞན་ལ་ནི་ངེས་པ་མེད་པའི་ཕྱིར་རོ།

（自方）道：無此過，何故？精通文字者撰文（時，）自有已定的先後順序，餘者則無決定。

འདིར་སྨྲས་པ། དེ་ལྟ་ན་ཡང་སྐྱེ་བ་ཡོད་ན་འགག་པར་འགྱུར་གྱི་མེད་ན་མི་འགྱུར་བ་གོ་རིམས་བཞིན་དུ་སྔར་སྐྱེ་བ་མེད་པ་ཞེས་བརྗོད་པར་བྱ་བ་ཁོ་ནར་འགྱུར་རོ། །

於此，（他方）道：雖是如此，有生方能成滅，無（生）則不成（滅）。（有關中論的講說）順序，（應）先只說無生。

བཤད་པ། གྲོགས་པོ་འདི་ལྟར་སྐྱེ་བ་སྔ་ལ་འགག་འཕྱི་འོ། །ཞེས་བྱ་བར་གང་གིས་ཁོ་བོ་ཅག་ཡིད་ཆེས་པར་འགྱུར་བའི་དཔེ་འགའ་ཞིག་རྗེ་ཀྱིས་ཤིག

（自方）道：朋友，請舉出相關事例，讓我相信先有生，後有滅。

སྨྲས་པ་ཐམས་ཅད་ཀྱང་དཔེ་ཡིན་ཏེ། ཇི་ལྟར་ཞེ་ན། རེ་ཞིག་སྐྱེ་འདི་དོན་མེད་གང་ཕྱིར་སྐྱེ་བ་ཡོད་ན་རྒ་ཤི་དང་། །ནད་དང་སྡུག་བསྔལ་བསད་དང་གཅིངས་ལ་སོགས་པའི་དགྲ་དག་ཡོད། །ཅེས་བྱ་བ་བཞིན་ནོ། །

（他方）道：（之前）所言一切皆是事例。何故？正所謂：「生如何無義？生故有老死，病苦及殺戮，束縛等諸敵。」

བཤད་པ། གང་ལ་འཆི་བ་ཡོད་པའི་སྐྱེ་བ་གང་ཡིན་པ་དེ་ལ་ཡང་འཆི་བ་སྔོན་དུ་འགྲོ་བ་ཁོ་ན་ཡིན་པ་སྙམ། གལ་ཏེ་དེ་འཆི་བ་སྔོན་དུ་འགྲོ་བ་མ་ཡིན་ན་ནི་འཁོར་བ་ལ་ཐོག་མ་

ཡོད་པར་ཐལ་བར་འགྱུར་བས། དེ་ཡང་མི་འདོད་དེ། དེའི་ཕྱིར་འཁོར་བ་ལ་ཐོག་མ་དང་ཐ་མ་མེད་པའི་ཕྱིར་སྐྱེ་བ་སྔ་ལ་འཆི་བ་ཕྱི་བའམ་འཆི་བ་སྔ་ལ་སྐྱེ་བ་ཕྱི་འོ་ཞེས་བྱ་བར་བརྗོད་པར་མི་ནུས་སོ། །འོག་ནས་ཀྱང་། གལ་ཏེ་སྐྱེ་སྔ་བ་སྔ་གྱུར་ལ། །ཀ་ཤི་འཕྱི་བ་ཡིན་ནེ། །ཀ་ཤི་མེད་པར་སྐྱེ་བ་དང་།[11] །མ་ཤི་བར་ཡང་སྐྱེ་བར་འགྱུར། །ཞེས་འབྱུང་ངོ་། །

（自方）道：（我）認爲，凡具死之生必須先有死，僅此而已。若非先有死，輪迴應有初始，然（我）不許（輪迴有始）。由於輪迴無始亦無終的緣故，不能主張「先有生，後有死」或「先有死，後有生」。（《中論》）後有云：「（11.3）倘若先有生，後有老死者，有生不老死，不死亦將生。」

སྨྲས་པ་འོ་ན། གལ་ཏེ་འཇིག་མང་སྐྱེ་བ་མེད་ན་དོན་མེད་དེ་མི་འབྱུང་། །ཤིང་སྐྱེས་མེད་ན་ནགས་མེད་རླུང་གིས་སྐྱོལ་བར་མི་འགྱུར་བཞིན། །ཞེས་བྱ་བ་འདིས་ནི་དཔེ་གཞན་ཡིན་ནོ། །

（他方）道：另有他例。正所謂：「倘若無生無故則不起多滅，如木不生雖有風動林不在。」

བཤད་པ། འདི་ལ་ཁྱད་པར་ཅི་ཡོད།

（自方）道：此中有何差異？[12]

11 同一句話，在這裡雖寫 །ཀ་ཤི་མེད་པར་སྐྱེ་བ་དང་།，但在第十一品時卻寫 །སྐྱེ་བ་ཀ་ཤི་མེད་པ་དང་།。不知這是印刷時候出的問題，還是翻譯時候的疏忽，所以很難想像究盧龍幢對此句的真實翻譯到底為何。

12 現在這個例子跟之前的例子——生如何無義？生故有老死，病苦及殺戮，束縛等諸敵——有何區別？

སྨྲས་པ། ཁྱད་པར་ནི་འདི་ཡིན་ཏེ། གང་གི་ཕྱིར་འདི་ལ་འགག་པ་སྔོན་དུ་འགྲོ་བའི་སྐྱེ་བ་མེད་དོ། འདི་ལྟར་ཤིང་ལྗོན་པ་གཞན་དུ་འགགས་ལ་འདིར་སྐྱེས་པ་མེད་པའི་ཕྱིར་རོ།

（他方）道：差異是不存在「先有滅，而有生」，如樹木於他處已滅、於此不生故。[13]

བཤད་པ། འདི་ལ་ཡང་ས་བོན་འགག་པ་སྔོན་དུ་འགྲོ་ལས་སྐྱེ་བས་དེ་ཡང་འགག་པ་སྔོན་དུ་འགྲོ་བ་ཁོ་ན་ལས་སྐྱེ་བ་ཡིན་ནོ། །

（自方）道：先有種子滅，（苗）才會生的緣故，只能先有滅才生。[14]

འདིར་སྨྲས་པ། དེ་ནི་མི་འདྲ་སྟེ། ཅིའི་ཕྱིར་ཞེ་ན། གཞན་ཁོ་ན་འགགས་ལ་གཞན་ཁོ་ན་སྐྱེ་བའི་ཕྱིར་ཏེ། འདི་ལྟར་འདི་ལ་ས་བོན་འགགས་ལ་མྱུ་གུ་སྐྱེའི་མྱུ་གུ་ཉིད་འགགས་ལ་མྱུ་གུ་ཉིད་མི་སྐྱེ་བས་དེའི་ཕྱིར་མི་འདྲའོ། །

（他方）道：並不相同。何故？（你說）只有他者（——種子——）已滅才生他者（——幼苗），如種子已滅才生幼苗。（但我說）苗已滅時，苗爲不生，故不同。

བཤད་པ། དེ་ནི་འདྲ་བ་ཁོ་ན་སྟེ། ཅིའི་ཕྱིར་ཞེ་ན། འདི་ལྟར་སྐྱེ་བ་དང་འཆི་བ་གཉིས་ཀྱང་གང་ཁོ་ན་ཤི་བ་དེ་ཉིད་སྐྱེ་བ་མ་ཡིན་པའི་ཕྱིར་ཏེ། གལ་ཏེ་གང་ཁོ་ན་འཆི་བ་

13 他宗說，不存在「先有滅、後有生」，因為這棵樹死後，再也不會有這棵樹的生，所以應要「先有生、後有滅。」

14 自宗說，必須「先有滅、後有生」，如先有種子的滅，才會有幼苗的生，所以應要「先有滅、後有生。」

དེ་ཉིད་སྐྱེ་བར་འགྱུར་ན་ནི་དེ་ལྷ་ན་རྟག་པའི་སྐྱོན་དུ་ཐལ་བར་འགྱུར་ཏེ། ལྷ་གང་ཡིན་པ་དེ་ཡང་ལྷ་ཁོ་ནར་འགྱུར་ལ། དུད་འགྲོ་གང་ཡིན་པ་དེ་ཡང་དུད་འགྲོ་ཁོ་ནར་འགྱུར་རོ། །དེ་ལྟ་ཡིན་ན་ལས་དང་ཉོན་མོངས་པས་བྱས་པའི་སྐྱེ་བ་དང་འགྲོ་བ་འཁྲུལ་པ་མེད་པར་འགྱུར་བས་དེ་ཡང་མི་འདོད་དེ། དེ་ནས་གང་ཁོ་ན་འཆི་བ་དེ་ཉིད་སྐྱེ་བར་འགྱུར་རོ། །ཞེས་བྱ་བ་དེ་བརྗོད་པར་མི་ནུས་པས་དེའི་ཕྱིར་དེའི་འདྲ་བ་ཁོ་ནའོ། །

（自方）道：絕對相同。何故？如是，僅就生死兩者而論，也非（解讀爲）「凡死爲生」。[15]如果眞是「凡死爲生」，將有常法之過。[16]（因爲，若爾則）凡天人唯是天人，凡畜生唯是畜生。（然）業與煩惱所成投生及其該道無有謬誤，故（我）不許該（論——你的所言）。（你）不能說「凡死爲生」，故爲相同，除此無餘。

འདི་ལ་གཞན་ཁོ་ན་འགག །གཞན་ཁོན་སྐྱེའོ་ཞེས་པ་གང་ཡིན་པ་དེ་ཡང་མི་རིགས་ཏེ། གལ་ཏེ་ས་བོན་དང་མྱུ་གུ་གཉིས་གཞན་ཉིད་ཡིན་པར་གྱུར་ན་དེ་གཉིས་ལ་རྒྱུ་དང་འབྲས་བུའི་ཐ་སྙད་ཀྱང་མེད་པར་འགྱུར་བ་ཞིག་ན་ཐ་སྙད་ཡོད་པས་དེའི་ཕྱིར་དེ་གཉིས་གཞན་ཉིད་མ་ཡིན་ནོ།

於此，（他方）道：唯遮他、唯生他。[17]（自方道：）此說不應理。若種子與幼苗兩者是他性，因與果的詞彙將不適

15 自宗說，「先有滅、後有生」不應該解讀為「先有此法的滅、後有此法的生」，所以不應解讀為「凡死為生」（但凡何者死去，即是該者之生）。

16 天道眾生的死去，不會帶來天道眾生的出生，果真如此的話，就會永遠成為天道的眾生。

17 「唯以自性而遮他性，唯以自性而生他性」為他宗。

用於此二之中。[18]然（該）詞彙確實存在的緣故，彼二並非他性。

གཞན་ཡང་འདི་ན་སྐྱེ་བ་པོ་དག་ས་བོན་བཏབ་ནས་བདག་གིས་ཤིང་ལྗོན་པ་འདི་བཙུགས། བདག་གིས་བུ་འདི་བསྐྱེད་དེ། ཤིང་ལྗོན་པ་འདི་ནི་བདག་གིའོ། །བུ་འདི་ནི་བདག་གིའོ་ཞེས་ཟེར་རོ། དེ་ལ་གལ་ཏེ་ས་བོན་དང་ཤིང་ལྗོན་པ་དང་བུ་དག་གཞན་ཉིད་ཡིན་པར་གྱུར་ན་འཇིག་རྟེན་གྱི་ཐ་སྙད་དེ་དག་མི་སྲིད་པར་འགྱུར་བ་ཞིག་ན་སྲིད་པས་དེའི་ཕྱིར་ས་བོན་དང་མྱུ་གུ་གཉིས་གཞན་ཉིད་དུ་བརྗོད་པར་མི་ནུས་ཏེ། འོག་ནས་ཀྱང་། གཞན་ནི་གཞན་ལས་བརྟེན་ཏེ་གཞན། །གཞན་མེད་གཞན་ལས་གཞན་མི་འགྱུར། །གང་ལས་བརྟེན་ཏེ་གང་ཡིན་པ། །དེ་ནི་དེ་ལས་གཞན་མི་འཐད། །ཅེས་འབྱུང་ངོ་། །

於此，反駁（道）：（世間人在）種子播下後，說「我種此樹」、「我生此」、「此樹是我的」、「此兒是我的」。

（自方道：）種子、樹木、孩子若成他性，世間將無該（法的）詞彙；然而，（該詞彙）存在的緣故，種子與幼苗兩者不能詮釋爲他性。（《中論》的）後（品）亦（云）：「（14.5）異因異而異，無異異非異，舉凡觀待彼，彼此皆非異。」

འདིར་སྨྲས་པ། དེ་ལྟ་ན་ཡང་ས་བོན་ཡོད་པ་ཉིད་ཡིན་ན་འགག་པར་འགྱུར་གྱིས་མེད་ན་མི་འགྱུར་བས་འདི་ཡང་སྐྱེ་བ་སྔ་ལ་འགག་པ་འཕྱི་བར་འགྱུར་རོ།

於此，（他方）道：雖是如此，只有種子存在才會壞滅；

18 種子與幼苗兩者皆是自性別別、自性有的他性，將無觀待作用，如何能有因果關聯？既無因果關聯，何來因果之說？

（種子）無則不滅，故此中也是先有生，後有滅。

བཤད་པ། འདི་ལྟར་ས་བོན་དེ་ལ་ཡང་ས་བོན་འགག་པ་སྔོན་དུ་འགྲོ་བ་ཡོད་དེ། ཅིའི་ཕྱིར་ཞེ་ན། འདི་ལྟར་མྱུ་གུ་ལས་ཀྱང་ཤིང་ལྗོན་པ་གཞན་མ་ཡིན་ལ་ཤིང་ལྗོན་པ་ལས་ཀྱང་ས་བོན་གཞན་མ་ཡིན་པའི་ཕྱིར་ས་བོན་འགག་པ་སྔོན་དུ་འགྲོ་བ་ལས་མྱུ་གུ་སྐྱེ་ལ། ས་བོན་ཡང་ས་བོན་འགག་པ་སྔོན་དུ་འགྲོ་བ་ལས་སྐྱེ་ཏེ། དེ་ལྟར་སློབ་དཔོན་འཕགས་པ་ལྷས་ཀྱང་། ས་བོན་དཔེ་ནི་ཇི་ལྟ་བར། །དེ་ལ་ཐོག་མ་ཡོད་མ་ཡིན། །དེ་ལྟར་རྒྱུ་དང་མི་ལྡན་ལས། །སྐྱེ་བའང་སྲིད་པར་མི་འགྱུར་རོ། །ཞེས་གསུངས་སོ། །དེའི་ཕྱིར་སྐྱེ་བ་དང་འགག་པ་གཉིས་ལ་སྔ་ཕྱིའི་རྣམ་པར་བཞག་པ་མེད་པས་ཅིའི་ཕྱིར་འགག་པ་སྔར་བཀག་ལ་སྐྱེ་བ་ཕྱིས་བཀག་ཅེས་བྱ་བ་དེ་ཀླན་ཀར་མི་རུང་ངོ་། དེ་གཉིས་ལ་སྔ་ཕྱིའི་རྣམ་པར་བཞག་པ་མེད་པ་དེ་ཉིད་རབ་ཏུ་བསྟན་པའི་ཕྱིར་སློབ་དཔོན་གྱིས་འདིར་འགག་པ་སྔར་གཟུང་བ་མཛད་ལ་སྐྱེ་བ་ཕྱིས་བརྟགས་སོ།

（自方）道：種子之前也先有種子壞滅。何故？幼苗並非迥異於樹木，樹木也非迥異於幼苗，所以先有種子壞滅才有幼苗的生。[19]種子之前也先有種子壞滅。阿闍黎聖天亦云：「如見種有終，然彼非有始，如是因不具，故生亦不起。」[20]

此故，生滅兩者不能安立先後的緣故，諍論「何故先遮滅，再遮生」實不應理。爲能廣示此二中無有先後，（龍樹）阿闍黎於此（禮讚文中）先提及滅，後提及生，（做

---

19 有了樹，才有樹果及樹的種子，再有樹的幼苗，故說樹苗與樹無有迥異。因此，新的樹種未生之前，先要有舊樹種子的「滅過程」。

20 《四百論》8.25。

此）觀察。

འདིར་སྨྲས་པ། རེ་ཞིག་ཇི་ལྟར་སྐྱེ་བར་བརྗོད་པ་ཐ་སྙད་ཙམ་ཡིན་པ་དེ་ལྟར་རབ་ཏུ་སྟོན་ཅིག །

於此，（他方）道：首先[21]，請示「生」如何僅屬名言？

བཤད་པ་ཏེ་（དང་）པོར་བསྟན་པར་བྱའོ། །

（自方）道：首先詮釋（何爲生義）。

བདག་ལས་མ་ཡིན་གཞན་ལས་མིན། །གཉིས་ལས་མ་ཡིན་རྒྱུ་མེད་མིན། །དངོས་པོ་གང་དག་གང་ན་ཡང་། །སྐྱེ་བ་ནམ་ཡང་ཡོད་མ་ཡིན། །འདི་ལ་གལ་ཏེ་དངོས་པོ་འགའ་ཞིག་སྐྱེ་བར་གྱུར་ན། དངོས་པོ་དེའི་སྐྱེ་བ་དེ་བདག་ལས་ལམ། གཞན་ལས་སམ། བདག་དང་གཞན་གཉིས་ལས་སམ། རྒྱུ་མེད་པ་ལས་འགྱུར་གྲང་ན། བརྟགས་ནས་རྣམ་པ་ཐམས་ཅད་ལས་མི་འཐད་དོ། །ཇི་ལྟར་ཞེ་ན། བདག་ལས་ཞེས་བྱ་བ་ནི་བདག་ཉིད་ལས་ཞེས་བྱ་བའི་ཐ་ཚིག་གོ །དེ་ལ་རེ་ཞིག་དངོས་པོ་རྣམས་བདག་གི་བདག་ཉིད་ལས་སྐྱེ་བ་མེད་དེ། དེ་དག་གི་སྐྱེ་བ་དོན་མེད་པ་ཉིད་དུ་འགྱུར་བའི་ཕྱིར་དང་། སྐྱེ་བ་ཐུག་པ་མེད་པར་འགྱུར་བའི་ཕྱིར་རོ། །འདི་ལྟར་དངོས་པོ་བདག་གི་བདག་ཉིད་དུ་ཡོད་པ་རྣམས་ལ་ཡང་སྐྱེ་བ་དགོས་པ་མེད་དོ། གལ་ཏེ་ཡོད་ཀྱང་ཡང་སྐྱེ་ན་ནམ་ཡང་མི་སྐྱེ་བར་མི་འགྱུར་བར་དེ་ཡང་མི་འདོད་དེ། དེའི་ཕྱིར་རེ་ཞིག་དངོས་པོ་རྣམས་བདག་ལས་སྐྱེ་བ་མེད་དོ།

（《中論》云：）

**1.1 非自非從他，非共非無因，事物何時處，其生終非有。**

21 此論常用「首先」一詞。該詞可以解讀為，先說、先破除、先安立，以及兩個選項當中，先釋初者等不同涵義。讀者應根據前後文了知其義。

於此，某事物生時，該事物之生是由自、由他、由自他兩者，或是由無因？觀察後，（上述）一切行相[22]皆不成立。爲何？言「由自」與言「由己性」是同義詞。

首先，事物等不從自身的己性而生，（否則）該生應成[23]無義故，（該）生應成無窮無盡故。如是，存在於自己的己性之事物等無須再生。若已有（事物）仍會再生，應永遠（復）生，然（我）不許（該義）。此故，首先（確認）諸事物非由自生。

གཞན་ལས་ཀྱང་སྐྱེ་བ་མེད་དེ། ཅིའི་ཕྱིར་ཞེ་ན། ཐམས་ཅད་ལས་ཐམས་ཅད་སྐྱེ་བར་ཐལ་བར་འགྱུར་བའི་ཕྱིར་རོ། བདག་དང་གཞན་གཉིས་ལས་ཀྱང་སྐྱེ་བ་མེད་དེ། གཉི་གའི་སྐྱོན་དུ་ཐལ་བར་འགྱུར་བའི་ཕྱིར་རོ། །རྒྱུ་མེད་པ་ལས་ཀྱང་སྐྱེ་བ་མེད་དེ། རྟག་ཏུ་ཐམས་ཅད་ལས་ཐམས་ཅད་སྐྱེ་བར་ཐལ་བར་འགྱུར་བའི་ཕྱིར་དང་། རྩོམ་པ་ཐམས་ཅད་དོན་མེད་པ་ཉིད་ཀྱི་སྐྱོན་དུ་འགྱུར་བའི་ཕྱིར་རོ། །དེ་ལྟར་གང་གི་ཕྱིར་དངོས་པོ་སྐྱེ་བ་རྣམ་པ་ཐམས་ཅད་དུ་མི་འཐད་པས་དེའི་ཕྱིར་སྐྱེ་བ་མེད་པས་སྐྱེ་བར་བརྗོད་པ་ནི་ཐ་སྙད་ཙམ་ཡིན་ནོ། །

（事物）亦不從他生。何故？所有（事物）應從一切而生故；亦不從自他兩者生，應成兩過故；亦不從無因生，所有（事物）應永遠從一切而生故，一切努力應成無意義故。如是，（以上述）一切行相不能成立事物之生，故無有生，言

22 一切行相乃直譯，意指從全面的角度。

23 「應成」顧名思義，指的是「應該成為」，該詞在這部論中時常使用。佛護論師以「應成」的推理邏輯而破他宗，故有後來的「應成派」。

「生」僅為名言。

སྨྲས་པ། དངོས་པོ་རྣམས་བདག་ལས་སྐྱེ་བ་མེད་དེ། འདི་ལྟར་མྱུ་གུ་དེ་ཉིད་ལས་ཇི་ལྟར་སྐྱེ་ཞེས་བཤད་པ་གང་ཡིན་པ་དང་། བདག་ལས་སྐྱེ་བ་མེད་ན་བདག་དང་གཞན་གཉིས་ལས་སྐྱེ་བ་དེ་ཡང་མི་རིགས་ཏེ། ཕྱོགས་གཅིག་ཉམས་པའི་ཕྱིར་རོ་ཞེས་བྱ་བ་དང་། འདི་ལྟར་རྒྱུ་མེད་པ་ལས་སྐྱེའོ་ཞེས་བྱ་བའི་ཕྱོགས་དེ་ནི་ཐ་ཚད་ཡིན་པས་དེ་དག་ནི་རེ་ཞིག་ཁས་མི་ལེན་ཏོ། །

（自方）道：事物等非從自己而生，如前已說幼苗如何從該性產生。若無自生，從自他二者而生亦不應理，一方失壞故。[24]首先，言「無因而生」為信口開河，不被承許。

དངོས་རྣམས་གཞན་ལས་སྐྱེ་བ་མེད་པ་ཁོ་ནའོ། །ཞེས་བྱ་བ་དེ་ངེས་པར་གཟུང་སྟེ་བཤད་པ་གང་ཡིན་པ་དེ་ལ་སྨྲ་བར་བྱ་སྟེ། རྐྱེན་རྣམས་བཞི་སྟེ་རྒྱུ་དང་ནི། །དམིགས་པ་དང་ནི་དེ་མ་ཐག །བདག་པོ་ཡང་ནི་དེ་བཞིན་ཏེ། །རྐྱེན་ལྔ་པ་ནི་ཡོད་མ་ཡིན། །ལྔ་པ་ཡོད་པ་མ་ཡིན་ཞེས་བྱ་བས་ནི་སློབ་དཔོན་ཁ་ཅིག་གིས་རྐྱེན་བཞི་པོ་འདི་ལས་གཞན་གང་དག་ཐ་སྙད་དུ་བརྗོད་པ་དེ་དག་ཐམས་ཅད་ཀྱང་རྐྱེན་བཞི་པོ་འདི་དག་ཏུ་འདུས་སོ། །ཞེས་ངེས་པར་འཛིན་པར་བྱེད་དོ། །དེ་རབ་ཏུ་བསྟན་པའི་ཕྱིར་རྒྱུ་ལ་སོགས་པ་རྐྱེན་བཞི་པོ་དེ་དག་དངོས་པོ་རྣམས་སྐྱེ་བར་འགྱུར་རོ། །གང་གི་ཕྱིར་རྐྱེན་བཞི་པོ་གཞན་དུ་གྱུར་པ་དེ་དག་ལས་དངོས་པོ་རྣམས་སྐྱེ་བར་འགྱུར་བ་དེའི་ཕྱིར་དངོས་པོ་རྣམས་གཞན་ལས་སྐྱེ་བ་མེད་པ་ཁོ་ནའོ། །ཞེས་བྱ་བ་དེ་བཟང་པོ་མ་ཡིན་ནོ། །

將釋諸法絕對不從他生，此理決定，亦當說明。（《中論》云：）

---

24 自生便是自他兩者而生的「一方」，此理被正理所損害，故做此說。

**1.2 四緣即如是，[25]因緣所緣緣，等無間增上，無有第五緣。**

因言「無有第五緣」，有些阿闍黎說：「迥異於此四緣的所有名言所釋，皆被此等四緣所攝」，做此決定。爲廣示該義，（承許）因等四緣生起諸事物。（他方認爲）由相異[26]四緣生起諸事物故，事物絕無從他而生之論並非善說。

བཤད་པ། གལ་ཏེ་ཁྱོད་ཀྱིས་རྒྱུ་ལ་སོགས་པ་རྐྱེན་བཞི་པོ་གང་དག་གཞན་ཡིན་པར་ཐ་སྙད་བཏགས་པ་དེ་དག་དངོས་པོ་རྣམས་ལས་གཞན་ཡིན་པར་གྱུར་ན་ནི་དངོས་པོ་རྣམས་གཞན་ལས་སྐྱེ་བར་ཡང་འགྱུར་བ་ཞིག་ན། དེ་དག་ནི་གཞན་ཡིན་པར་མི་འཐད་དོ། །ཇི་ལྟར་ཞེ་ན། དངོས་པོ་རྣམས་ཀྱི་རང་བཞིན་ནི། །རྐྱེན་ལ་སོགས་ལ་ཡོད་མ་ཡིན། །བདག་གི་དངོས་པོ་ཡོད་མིན་ན། །གཞན་གྱི་དངོས་པོ་ཡོད་མ་ཡིན། །

（自方）道：如果你認爲，因等四緣於名言中施設爲他——迥異於（其果）事物等，故諸事物由他而生。（然）不能成立彼等（——四緣——）爲他。爲何？（如《中論》云：）

**1.3 如諸法自性，不在於緣等，若無自事物，他事物亦無。**[27]

འདི་ལ་དངོས་པོ་ཡོད་པ་རྣམས་གཅིག་ལ་གཅིག་ལྟོས་ནས་གཞན་ཉིད་དུ་འགྱུར་བ་

25 有關 1.2.a，對勘本版的藏譯中論為：།རྐྱེན་རྣམ་བཞི་སྟེ་རྒྱུ་དང་ནི།，故與此中所引的偈頌文有所出入；可參考 Nāgārjuna. *Dbu ma rtsa ba'i tshig le'ur byas pa shes rab*, 3。

26 因四緣與果事物迥異的緣故，此稱「相異四緣」。

27 有關 1.3.d，對勘本版的藏譯中論為：།གཞན་དངོས་ཡོད་པ་མ་ཡིན་ནོ།，故與此中所引的偈頌文有所出入；可參考 Nāgārjuna. *Dbu ma rtsa ba'i tshig le'ur byas pa shes rab*, 3。

ནི་དཔེར་ན་ཙཻ་ཏྲ་ལས་གུབ་ཏ་གཞན་དུ་འགྱུར་ལ། གུབ་ཏ་ལས་ཀྱང་ཙཻ་ཏྲ་གཞན་འགྱུར་བ་ལྟ་བུ་ཡིན་ན། གནས་སྐབས་གང་ན་ས་བོན་ལ་སོགས་རྐྱེན་རྣམས་ཡོད་པའི་གནས་སྐབས་དེ་ན་མྱུ་གུ་ལ་སོགས་པ་དངོས་པོ་རྣམས་ཡོད་པ་མ་ཡིན་ཏེ། དེའི་ཕྱིར་རྒྱུ་ལ་སོགས་པ་རྐྱེན་རྣམས་ཡོད་པ་ན་མྱུ་གུ་ལ་སོགས་པ་དངོས་པོ་རྣམས་ཀྱི་རང་བཞིན་ཡོད་པ་མ་ཡིན་ནོ། དེ་རྣམས་ཀྱི་བདག་གི་དངོས་པོ་ཡོད་པ་མ་ཡིན་ན་རྒྱུ་ལ་སོགས་པ་དག་ཇི་ལྟར་གཞན་དུ་འགྱུར། དེ་ལྟ་བས་ན་རྒྱུ་ལ་སོགས་པ་རྐྱེན་རྣམས་མྱུ་གུ་ལ་སོགས་པ་དངོས་པོ་རྣམས་ལས་གཞན་ཉིད་ཡིན་པར་མི་འཐད་དོ། །དེའི་ཕྱིར་གཞན་གྱི་དངོས་པོ་མེད་པ་ཁོ་ནའི་ཕྱིར་དངོས་པོ་རྣམས་གཞན་ལས་སྐྱེའོ། །ཞེས་བྱ་བ་དེ་འཐད་པ་མ་ཡིན་ནོ། །རྐྱེན་ལ་སོགས་ལ། ཞེས་བྱ་བ་ལ་སོགས་པ་སྨོས་པ་ནི་གཞན་གྱི་གཞུང་ལུགས་ཀྱང་ངེས་པར་གཟུང་བའི་ཕྱིར་ཏེ། དེས་ན་གཞན་གྱི་གཞུང་ལུགས་དག་ལ་ཡང་དངོས་པོ་རྣམས་སྐྱེ་བ་མི་འཐད་པར་རབ་ཏུ་བསྟན་པ་ཡིན་ནོ། །

於此，存在的事物一者觀待另一者而成爲相異性。例如，杰達迥異於古達，古達迥異於杰達。[28]

何時存在種子等諸緣，爾時並無幼苗等事物。因此，因等諸緣存在時，並無幼苗等諸事物之自性。若彼（幼苗）等無自己的事物，[29]因等如何成爲他？[30]因此，（說）因等諸緣迥異於幼苗等諸事物，實不應理。

因爲絕無他事物，（故）不能成立諸事物由他生。言「（不在於）緣等」亦爲針對他宗而說。因此，他宗（許）生

28 杰達與古達皆為人名。

29 「自己的事物」謂「自己的自性」。

30 無自何有他？

起諸事物（之論述）亦不應理，（做此）廣說。

འདིར་སྨྲས་པ། གཟུགས་ལ་སོགས་པ་རྐྱེན་རྣམས་ཡོད་ན་རྣམ་པར་ཤེས་པ་སྐྱེ་བ་མ་ཡིན་ནམ།

於此，（他方）道：若有色等諸緣，為何別識[31]並非生（法）？

བཤད་པ། མ་ཡིན་ཏེ་དངོས་པོ་རྣམས་ཀྱི་སྐྱེ་བ་འདི་བརྟག་པར་བྱའོ། །ཁྱོད་རྣམ་པར་ཤེས་པ་མ་སྐྱེས་པ་རྐྱེན་གཞན་དུ་གྱུར་པ་དག་ལས་སྐྱེ་བར་འདོད་ན། རྣམ་པར་ཤེས་པ་མ་སྐྱེས་པ་ལ་བདག་གི་དངོས་པོ་ག་ལ་ཡོད། བདག་གི་དངོས་པོ་མེད་ན་གཞན་གྱི་དངོས་པོ་ཡང་ག་ལ་ཡོད། གཞན་གྱི་དངོས་པོ་མེད་ན་དེ་མྱུ་གུ་ལ་སོགས་པ་དང་མཚུངས་པ་ཡིན་ནོ། །

（自方）道：非也，（今）觀察此（義——）事物之生。

雖然你承許未生別識藉由他緣而生，但別識既然不生，豈有自事物？若無自事物，何來他事物？既無他事物，幼苗等（應）相同。

ཡང་ན་འདི་ནི་དོན་གཞན་ཡིན་ཏེ། དངོས་པོ་རྣམས་ཀྱི་རང་བཞིན་ནི་རྐྱེན་རྣམས་ལ་ཡང་ཡོད་པ་མ་ཡིན། གཉི་ག་ལ་ཡང་ཡོད་པ་མ་ཡིན་ནོ། །ཅིའི་ཕྱིར་ཞེ་ན། སྐྱེ་བའི་རྐྱེན་དུ

31 རྣམ་པར་ཤེས་པ། 譯為「別識」，別識與心王同義。識（ཤེས་པ།）與別識（རྣམ་པར་ཤེས་པ།）不同。前者較大，後者較小。前者含括心所及心王，後者與心王同義。同理，執色眼識與執色眼別識亦不相同，前者包括心所，後者僅是心王。別識的「別」譯詞源於梵文的前加字 vi 字，謂區別、分別。然而，就以一般而言，像藏文的前加字 རྣམ་པར། 不會附加其他意思般，梵文的前加字 vi 字也不會附加其他意思，這也是為何許多譯師們不會將「識」與「別識」做出區別。可參考《佛法科學總集・下冊》，58 頁，註釋 2。

བརྟག་པ་དོན་མེད་པ་ཉིད་ཀྱི་སྐྱོན་དུ་འགྱུར་བའི་ཕྱིར་ཏེ། འདི་ལྟར་གལ་ཏེ་དངོས་པོ་རྣམས་ཀྱི་རང་བཞིན་རྐྱེན་རྣམས་ལའམ། རྐྱེན་རྣམས་ལས་གཞན་པ་ལའམ། གཉི་ག་ལ་ཡོད་པར་གྱུར་ན། ཡོད་པ་ལ་སྐྱེ་བ་ཅི་ཞིག་བྱ་སྟེ། དངོས་པོ་རང་བཞིན་གྱིས་ཡོད་པ་རྣམས་ལ་ཡང་སྐྱེ་བར་བརྟག་པ་དོན་མེད་པ་ཉིད་དུ་འགྱུར་རོ། ཡོད་པ་ལ་རྐྱེན་རྣམས་ཀྱིས་ཀྱང་ཅི་ཞིག་སྟེ། རྐྱེན་དུ་བརྟག་པ་ཡང་དོན་མེད་པ་ཉིད་དུ་འགྱུར་རོ། །དེ་ལྟ་བས་ན། དངོས་པོ་རྣམས་ཀྱི་རང་བཞིན་ནི། རྐྱེན་ལ་སོགས་ལ་ཡོད་མ་ཡིན། །གང་རྐྱེན་ལ་སོགས་པ་ལ་ཡོད་པ་མ་ཡིན་པ་དེ་ནི་བདག་གི་དངོས་པོ་ཡོད་པ་མ་ཡིན་པ་སྟེ། དེ་དག་ལས་གཞན་དུ་ཡོངས་སུ་བརྟག་ཏུ་མེད་པའི་ཕྱིར་རོ། །བདག་གི་དངོས་པོ་ཡོད་མིན་ན། །གཞན་གྱི་དངོས་པོ་ཡོད་མ་ཡིན། །གཞན་གྱི་དངོས་པོ་མེད་ན་སུ་ཞིག་དངོས་པོ་རྣམས་གཞན་ལས་སྐྱེ་བའོ་ཞེས་སྨྲ་བར་རིགས།

或（觀）他義，即諸事物自性不在諸緣中，也不在兩者之間。[32]爲何？（若爾，）生緣的觀察將成無義之過。若諸法自性已存在於諸緣中、諸緣相異者中，以及兩者中，既然已有，生有何用？（你既已承許）諸事物以自性存在，（對你而言，）生的觀察應成無義。既然已有，緣有何用？緣的觀察應成無義。

此故，（《中論》云：）「（1.3.ab）如諸法自性，不在於緣等。」凡於緣等不在者，皆是於自事物中的不在者，除此外，並無周遍之觀。[33]（《中論》云：）「（1.3.cd）若無自事

32 「兩者」謂緣及非緣兩者。

33 「並無周遍之觀」謂全方位的正確觀是不存在的，意味著沒有其他的可能性。

物，他事物亦無。」若他事物也不存在，誰能將「諸事物從他生」之說合理化？

འདིར་སྨྲས་པ། དངོས་པོ་རྣམས་བདག་དང་གཞན་ལ་སོགས་པ་ལས་སྐྱེའོ་ཞེས་བྱ་བ་འདིས་ཁོ་བོ་ཅག་ལ་ཅི་བྱ་སྟེ། འདི་ལྟར་མིག་ལ་སོགས་པ་ནི་རྣམ་པར་ཤེས་པ་སྐྱེ་བར་བྱ་བའི་རྐྱེན་ཡིན་ནོ། །དེ་ཡང་ཇི་ལྟར་ཞེ་ན། འདིར་ལ་སྐྱེ་བའི་བྱ་བ་ནི་སྐྱེད་པ་དང་སྐྱེ་བ་དང་འབྱུང་བ་སྟེ་གཙོ་ཆེར་རྣམ་པར་ཤེས་པ་ལ་འཇུག་གོ །རྣམ་པར་ཤེས་པ་ནི་སྐྱེ་བ་ཡིན་ནོ། །འདི་ལྟར་མིག་ལ་སོགས་པ་ནི་རྣམ་པར་ཤེས་པ་སྐྱེ་བའི་བྱ་བ་དེ་སྒྲུབ་པར་བྱེད་པ་ཡིན་ཏེ། སྒྲུབ་པར་བྱེད་པ་ཡིན་པའི་ཕྱིར་རྐྱེན་ཡིན་ནོ། །དཔེར་ན་བཙོ་བའི་བྱ་བ་ནི་འཚེད་པ་དང་བཙེད་པ་སྟེ་གཙོ་ཆེར་འབྲས་ཆན་ལ་འཇུག་ཅིང་། འབྲས་ཆན་ནི་བཙོ་བ་ཡིན་ལ། མི་དང་སྣོད་དང་ཆུ་དང་མེ་དང་ཐབ་ལ་སོགས་པ་རང་རང་གི་བྱ་བ་བྱེད་པ་དག་ནི་བཙོ་བའི་བྱ་བ་དེ་སྒྲུབ་པར་བྱེད་པའི་རྐྱེན་དག་ཡིན་པར་མཐོང་བ་བཞིན་ནོ། །

於此，（他方）道：諸事物從自他而生與否的言論對我又有何用？（反正真相是：）眼等為別識之生緣。為何？生的作用有正生、將生，以及已生；（生者）主要指向別識，別識為生。眼等為產生別識作用的能成者，正因為是能成者，故為緣。譬如，「煮」謂烹、煮，主要指向熟米；熟米已被烹煮。人、鍋、水、火及爐等各別作用皆為烹煮緣的能成者，（該現象）被眼所親見。

འདིར་བཤད་པ། བྱ་བ་རྐྱེན་དང་ལྡན་མ་ཡིན།

於此，（自方道，《中論》）云：

## 1.4.a 作用不具緣，

འདི་ལ་ཁྱེད་ན་རེ་མིག་ལ་སོགས་པ་ནི་རྣམ་པར་ཤེས་པ་སྐྱེ་བའི་བྱ་བ་སྒྲུབ་པར་བྱེད་པ་ཡིན་པའི་ཕྱིར་རྣམ་པར་ཤེས་པའི་རྐྱེན་ཡིན་ལ། དེ་ཉིད་ཀྱང་རྣམ་པར་ཤེས་པ་ལ་འཇུག་གོ་ཞེས་ཟེར་བ་ནི་བྱ་བ་བརྟགས་ན་མི་འཐད་པས་མིག་ལ་སོགས་པ་དག་དེ་སྒྲུབ་པར་བྱེད་པ་ཡིན་པར་ག་ལ་འགྱུར།

於此，你說：眼等協助別識的生起作用，故爲別識之緣，即是所謂的「指向別識」[34]，做此觀察，（然而此觀）實不應理。眼等如何協助別識？

གལ་ཏེ་ཇི་ལྟར་ཞེ་ན། དེའི་ཕྱིར་བཤད་པ་འདི་ལ་སྐྱེ་བའི་བྱ་བ་ནི་རྣམ་པར་ཤེས་པ་མ་སྐྱེས་པའམ་སྐྱེས་པ་ལ་འཇུག་པར་འགྱུར་གྲང་ན། དེ་ལ་རེ་ཞིག་མ་སྐྱེས་པ་ལ་ནི་མི་འཇུག་སྟེ། གནས་པ་མེད་པའི་ཕྱིར་རོ། །འདིར་ལྟར་སྐྱེ་བའི་བྱ་བ་ནི་རྣམ་པར་ཤེས་པའི་གནས་ལ་འཇུག་གི གནས་མེད་པ་ལ་མི་འཇུག་པས་རྣམ་པར་ཤེས་པ་མ་སྐྱེས་པ་དེ་ཡང་མེད་པ་ཡིན་ལ། དེ་མེད་ན་སྐྱེ་བའི་བྱ་བ་དེ་ལ་གནས་པ་ཡོད་པར་ག་ལ་འགྱུར། རྣམ་པར་ཤེས་པ་སྐྱེས་པ་ལ་ཡང་སྐྱེ་བའི་བྱ་བ་མི་འཇུག་སྟེ། ཅིའི་ཕྱིར་ཞེ་ན། རྣམ་པར་ཤེས་པ་སྐྱེས་ཟིན་པའི་ཕྱིར་ཏེ། འདི་ལྟར་སྐྱེས་ཟིན་པ་ལ་ནི་ཡང་སྐྱེ་བ་མེད་དོ། །

（自方道：）所謂的「生起作用」是針對未生的別識還是已生的別識？首先，不應針對未生，不存在故。生起作用只會針對存在的別識，不會針對不存在者。未生別識既然不生、沒

34 上一段中提及「（生者）主要指向別識，別識為生。」這裡針對「指向別識」的內容做講解。

有的話，又怎麼會有生起作用？

生起作用也不會針對已生別識。爲什麼？因爲別識已經生起的緣故。已生則不需再生！

དེ་ལ་འདི་སྙམ་དུ་རྣམ་པར་ཤེས་པ་སྐྱེ་བཞིན་པ་ལ་སྐྱེ་བའི་བྱ་བ་ཡོད་པར་སེམས་ན།

（他方）想：正在生起的別識具有生起的作用。

དེ་ཡང་མི་རུང་སྟེ། ཅིའི་ཕྱིར་ཞེ་ན། སྐྱེས་པ་དང་མ་སྐྱེས་པ་མ་གཏོགས་པར་སྐྱེ་བཞིན་པ་མེད་པའི་ཕྱིར་རོ། སྐྱེ་བ་དང་མ་སྐྱེས་པ་གཉིས་ལ་སྐྱེ་བའི་བྱ་བ་མི་འཇུག་པར་ནི་བསྟན་ཟིན་པས་དེའི་ཕྱིར་སྐྱེ་བའི་བྱ་བ་མེད་དོ། །འདིས་བཙོ་བའི་བྱ་བ་ཡང་བསལ་ཏེ། དེ་ལྟ་བས་ན་བྱ་བ་རྐྱེན་དང་ལྡན་པ་མི་འཐད་དོ།

（自方道：）不應理。爲何？因爲除了已經生起及尚未生起外，沒有正在生起。前文已說，已經生起及尚未生起兩者（皆無生起作用），故生起作用並不存在。烹煮作用亦可依此（理）破除。此故，作用具緣不應理。

དེ་ལ་འདི་སྙམ་དུ་རྐྱེན་དང་མི་ལྡན་པའི་བྱ་བ་ཡོད་པར་སེམས་ན།

於該義，（他方）想：存在不具緣的作用。

བཤད་པ། རྐྱེན་དང་མི་ལྡན་བྱ་བ་མེད། །འདི་ལྟར་རྐྱེན་དང་མི་ལྡན་པའི་བྱ་བ་མེད་དོ། །གལ་ཏེ་ཡོད་པར་གྱུར་ན་རྟག་ཏུ་ཐམས་ཅད་ལས་ཐམས་ཅད་སྐྱེ་བར་འགྱུར་རོ། །དེ་ལྟ་ཡིན་ན་རྩོམ་པ་ཐམས་ཅད་དོན་མེད་པ་ཉིད་དུ་འགྱུར་བས་དེ་ཡང་མི་འདོད་དེ། དེའི་ཕྱིར་རྐྱེན་དང་མི་ལྡན་པའི་བྱ་བ་ཡང་མི་འཐད་དོ། །

（《中論》）云：

## 1.4.b 無緣無作用，

如是，沒有不具緣的作用。若有，所有（事物）應永遠從一切而生。若是如此，一切努力將無意義，故不許該義。因此，不具緣的作用也不應理。

འདིར་སྨྲས་པ། རེ་ཞིག་རྐྱེན་རྣམས་ནི་ཡོད་དོ། དེ་དག་ཡོད་པས་དངོས་པོ་འགྲུབ་པོ། དེ་གྲུབ་པས་སྐྱེ་བ་འགྲུབ་པོ། །

於此，（他方）道：首先，緣等存在；彼等有故，事物可被安立；安立彼故，生起可被安立。

བཤད་པ། བྱ་བ་མི་ལྡན་རྐྱེན་མ་ཡིན། །གང་དག་ལ་བྱ་བ་མེད་པ་དེ་དག་ནི་རྐྱེན་མ་ཡིན་ནོ། །ཇི་ལྟར་ཞེ་ན། མིག་ལ་སོགས་པ་ནི་སྐྱེ་བའི་བྱ་བ་སྒྲུབ་པར་བྱེད་པས་རྣམ་པར་ཤེས་པའི་རྐྱེན་དུ་འགྱུར་ན། སྐྱེ་བའི་བྱ་བ་དེ་མི་འཐད་པར་ནི་སྔར་རབ་ཏུ་བསྟན་ཟིན་ཏོ། །དེ་མེད་པའི་ཕྱིར་དེ་སྒྲུབ་པར་བྱེད་པ་ཡོད་པར་ག་ལ་འགྱུར། དེ་སྒྲུབ་པར་བྱེད་པ་མེད་པ་ཕྱིར་མིག་ལ་སོགས་པ་སྐྱེ་བར་བྱ་བའི་རྐྱེན་མ་ཡིན་ནོ། །སྐྱེ་བར་བྱ་བའི་རྐྱེན་མ་ཡིན་ན་ཇི་ལྟར་རྐྱེན་དུ་འགྱུར། ཅི་སྟེ་འགྱུར་ན་ནི་ཐམས་ཅད་ཀྱང་ཐམས་ཅད་ཀྱི་རྐྱེན་དུ་འགྱུར་རོ། །དེ་ལྟ་ཡིན་ན་ཐམས་ཅད་ལས་ཐམས་ཅད་སྐྱེ་བར་འགྱུར་བ་ཞིག་ན། དེ་ལྟར་ཡང་མི་འགྱུར་ཏེ། དེའི་ཕྱིར་བྱ་བ་དང་མི་ལྡན་པ་རྣམས་རྐྱེན་མ་ཡིན་ནོ། །

（自方道，《中論》）云：

## 1.4.c 無作用非緣，

無作用者皆非爲緣。爲何？（雖然你許）眼等協助（別識的）生起作用，故爲別識之緣，然如前廣示，生起的作用實不應理。因無有故，如何協助？無協助故，眼等不成生起（別識）之緣。既然不是生起之緣，如何成爲緣？如果是（緣），所有（事物）應成一切之緣。若如此，所有（事物）應從一切而生，然非如此，故不具作用者並非是緣。

སྨྲས་པ། ཅི་ཁོ་བོ་རྐྱེན་རྣམས་བྱ་བ་དང་མི་ལྡན་ནོ་ཞེས་སྨྲའམ། འདི་ལྟར་རྐྱེན་རྣམས་ནི་བྱ་བ་དང་ལྡན་པ་ཁོ་ན་ཡིན་ནོ། །

（他方）道：憑什麼（你指責）我（會認同）「緣等不具作用」？如是，緣等絕對具有作用。

བཤད་པ། བྱ་བ་ལྡན་ནམ་འོན་ཏེ་ན་[35]མ་ཡིན་ཞེས་བྱ་བའི་སྐབས་དེ་དང་སྦྱར་ཏེ་རྐྱེན་རྣམས་བྱ་བ་དང་ལྡན་པ་མ་ཡིན་ནོ། །བྱ་བ་རྐྱེན་དང་ལྡན་པ་མ་ཡིན་པ་དང་རྐྱེན་དང་མི་ལྡན་པ་མེད་པ་དེ་ནི་སྔར་ཏུ་བསྟན་པ་ཁོ་ན་ཡིན་ནོ། །བྱ་བ་མེད་ན་ཇི་ལྟར་རྐྱེན་རྣམས་བྱ་བ་དང་ལྡན་པར་འགྱུར། དེ་ལྟར་ན་གང་གི་ཕྱིར་བྱ་བ་དང་མི་ལྡན་པའི་རྐྱེན་ཀྱང་མི་འཐད་ལ། བྱ་བ་དང་ལྡན་པ་ཡང་མེད་པས་དེའི་ཕྱིར་རྐྱེན་དུ་རྣམ་པར་བརྟག་པ་ནི་དོན་མེད་པ་ཉིད་དོ། །

（自方道，《中論》云：

**1.4.d 然非具作用。）**[36]

---

35 對勘本版雖未多加註解，但ནམ། 應該是錯字，故將其改為ན་མ་ 二字。

36 根據四百論所引用的中論偈頌文，此句應為「豈具作用？然而何時？（བྱ་བ་ལྡན་ནམ་འོན་ཏེ་ནམ་ཡིན་ཞེས་བྱ་བའི་སྐབས་དེ་དང་སྦྱར་ཏེ།）」。但藏譯中論本文應直譯為「具作用然而（བྱ་བ་ལྡན་ཡོད་འོན་ཏེ་ན།）」； 可參考 Nāgārjuna. *Dbu ma rtsa ba'i tshig le'ur byas pa shes rab*, 4。根據月稱菩薩的《顯句論》（又稱《明顯句論》），此句應為「然非具作用（བྱ་བ་ལྡན་ཡོད་འོན་ཏེ་ན། །མ་ཡིན་ནོ་ཞེས་སྐབས་དང་སྦྱར་རོ།）」；可參考 Candrakīrti. *Dbu ma rtsa ba'i 'grel pa tshig gsal*, 69。根據漢文語法，「然而」二

此說：「豈具作用？然而不具。」做此結合，故緣等不具作用。如前已述，作用並非具緣，也非不具緣，僅此而已[37]。若無作用，緣等如何具足作用？此故，不成立不具作用之緣，亦不成立具有作用（之緣），[38]故觀緣相無義。

འདིར་སྨྲས་པ། ཅིའི་རྐྱེན་རྣམས་བྱ་བ་དང་མི་ལྡན་ནོ་ཞེའམ། བྱ་བ་དང་ལྡན་ནོ་ཞེས་བྱ་བ་མི་དགོས་པ་བསམ་པ་འདིས་ཅི་བྱ། གང་གི་ཕྱིར་རྣམ་པ་ཐམས་ཅད་དུ་རྒྱུ་ལ་སོགས་པའི་རྐྱེན་བཞི་པོ་དེ་དག་ལ་བརྟེན་ནས་དངོས་པོ་རྣམས་སྐྱེ་བས་དེའི་ཕྱིར་དེ་དག་དངོས་པོའི་རྐྱེན་ཡིན་ནོ། །

於此，（他方）道：爲何（你）認爲不一定要說：「緣等（定是）不具作用或具作用（二者之一）」？一切行相皆待因等四緣而生起事物，所以彼等（因緣）是事物之緣。

བཤད་པ། ཅི་ཁྱོད་ནམ་མཁའ་ལ་ཁུ་ཚུར་དག་གིས་བརྡེག་གམ། གང་གི་ཚེ་སྐྱེ་བའི་བྱ་བ་མེད་པ་ཁོ་ན་སྔ་དེ་མེད་པའི་ཕྱིར་རྐྱེན་རྣམས་མི་འཐད་དོ་ཞེས་སྔར་བསྟན་པའི་ཚེ་དེ་དག་ལ་བརྟེན་ནས་དངོས་པོ་རྣམས་སྐྱེ་བ་ཞེས་བྱ་བ་དེ་ཇི་ལྟར་སྨྲ་བར་འཐད།

（自方）道：你爲何拳打虛空？[39]前已述生的作用並不存

字不能作為此偈之末，故以《顯句論》的解釋作為此句的依據。

37 佛護論師常在解釋了某個段落後，採用「僅是」一詞，在此譯為「僅此而已」。意思是，這段話除了該義之外，不應有其他的解讀，「只能夠是這樣」的意思。

38 應將此文句解讀為「亦不成立具有自性的作用（之緣）」。

39 意指不可能發生的事，因為無為虛空不可能被拳所擊。

在，不存在故，不能成立緣等。此故[40]，又怎麼成立「事物皆生」的論述？

ཡང་གཞན་ཡང་། འདི་དག་ལ་བརྟེན་སྐྱེ་བས་ན། །དེ་ཕྱིར་འདི་དག་རྐྱེན་ཞེས་གྲགས། །ཇི་སྲིད་མི་སྐྱེ་དེ་སྲིད་དུ། །འདི་དག་རྐྱེན་མིན་ཇི་ལྟར་མིན། །

此外，（《中論》）亦云：

**1.5 待彼緣生故，彼等說爲緣；[41]乃至未生前，豈不名非緣？**

གལ་ཏེ་འདི་དག་ལ་བརྟེན་ནས་སྐྱེ་བས་རྐྱེན་ཡིན་ནོ་ཞེས་དེ་ལྟར་རྟོག་ན།

（他方）認爲：依賴彼等而生的緣故，（彼等）是緣。

ཇི་སྲིད་དུ་མི་སྐྱེ་བ་དེ་སྲིད་དུ་རྐྱེན་མ་ཡིན་ནོ་ཞེས་བྱ་བར་ཡང་ཅིའི་ཕྱིར་མི་བརྟག

（自方）：爲何（你）不觀（此）語——「何時（果）未生，爾時非爲緣。」

ཅི་སྟེ་སྔར་རྐྱེན་དུ་མ་གྱུར་པ་ཕྱིས་རྐྱེན་དུ་འགྱུར་བར་སེམས་ན།

若（他方）認爲：之前非爲緣，之後是緣。

དེ་ཡང་མི་འཐད་དེ། ཅིའི་ཕྱིར་ཞེ་ན། ཐམས་ཅད་ཀྱི་རྐྱེན་དུ་ཐལ་བར་འགྱུར་བའི་ཕྱིར་དེ་ཡང་མི་འདོད་དོ། །

40 因為緣等不能被成立，諸事物的生也不能被安立。

41 有關 1.5.b，對勘本版的藏譯中論為：།དེ་ཕྱིར་འདི་དག་རྐྱེན་ཅེས་གྲག，故與此中所引的偈頌文有所出入；可參考 Nāgārjuna. *Dbu ma rtsa ba'i tshig le'ur byas pa shes rab,* 4。

（自方道：）此不應理。爲何？應成一切緣，故不許彼說。

ཅི་སྟེ་རྐྱེན་མ་ཡིན་པ་དག་ཀྱང་གཞན་འགའ་ཞིག་ལ་ལྟོས་ནས་རྐྱེན་དུ་འགྱུར་ཏེ། དེས་ན་ཐམས་ཅད་ཀྱི་རྐྱེན་དུ་ཐམས་ཅད་ཐལ་བར་མི་འགྱུར་བར་སེམས་ན།

若（他方道：）非緣者等亦觀待他法而成爲緣，故非一切（事物）應成一切緣。

དེ་ལ་ཡང་དེ་ཉིད་དོ། །གང་ཡང་རྒྱུང་བ་ལ་ལྟོས་ནས་རྐྱེན་མ་ཡིན་པ་ཡང་རྐྱེན་ཉིད་དུ་འགྱུར་ན། རྐྱེན་ཉིད་དེ་ལ་ཡང་རྐྱེན་ཡོད་པར་འགྱུར་ཞིང་། དེ་ལ་ཡང་དེ་ལྟར་བསམ་དགོས་སོ། །ཐུག་པ་མེད་པའི་སྐྱོན་དུ་ཡང་འགྱུར་ཏོ། །

（自方道：）此（說）仍有彼（過）。應如是思惟：若觀待某法可令非緣爲緣，該緣也有其緣，將成無窮無盡之過。

གལ་ཏེ་གཞན་ཡང་གཞན་འགའ་ཞིག་ལ་ལྟོས་ནས་རྐྱེན་དེ་ཉིད་དུ་འགྱུར་ན། དེ་ཡང་གཞན་ལ་ལྟོས་ལ་དེ་ཡང་གཞན་ལ་ལྟོས་པས་ཐུག་པ་མེད་པར་ཐལ་བར་འགྱུར་བས་དེ་ཡང་མི་འདོད་དོ། དེའི་ཕྱིར་རྐྱེན་རྣམས་མི་འཐད་པ་ཁོ་ནའོ།

若他者亦觀待他法而成爲緣，該緣又觀待他者，彼法又觀待他者的緣故，應成無窮無盡。（我）亦不許彼說。此故，絕對不能成立緣等。

ཡང་གཞན་ཡང་། མེད་དམ་ཡོད་པའི་དོན་ལ་ཡང་། །རྐྱེན་ནི་རུང་བ་མ་ཡིན་ནོ། །མེད་ན་གང་གི་རྐྱེན་དུ་འགྱུར། །ཡོད་ན་རྐྱེན་གྱིས་ཅི་ཞིག་བྱ། །

（《中論》）亦云：

**1.6 無義或有義，彼緣不應理。[42]無故為何緣？有故何用緣？**

འདི་ལ་བརྟེན་ནས་འདི་སྐྱེའོ་ཞེས་པའི་འབྲེལ་པ་འདིས་དོན་འདིའི་རྐྱེན་འདིའོ་ཞེས་ཟེར་ན།

若（他方）道：由此而生此的相屬[43]（證明）此是此之緣。

འདིའོ་འདིའོ་ཞེས་བྱ་བའི་འབྲེལ་པ་དེ་ཡང་དོན་མེད་པའམ་ཡོད་པའི་རྐྱེན་ཉིད་དུ་བརྟག་གྲང་ན། དོན་མེད་པ་དང་ཡོད་པའི་རྐྱེན་འདིའོ་ཞེས་བྱ་བར་མི་རུང་ངོ་། །ཇི་ལྟར་ཞེ་ན། མེད་ན་གང་གི་རྐྱེན་དུ་འགྱུར། །ཡོད་ན་རྐྱེན་གྱིས་ཅི་ཞིག་བྱ། །དངོས་པོ་མེད་པའི་རྐྱེན་དུ་བརྟགས་ན་རྐྱེན་འདི་གང་གི་ཞེས་ཟེར་བ་ལ་ཇི་སྐད་བརྗོད་པར་བྱ། འདི་ལྟར་སྣམ་བུ་མེད་པའི་རྐྱེན་རྒྱུ་སྤུན་དག་ཡིན་ནོ་ཞེས་བསྟན་པར་མི་རིགས་སོ། །

（自方）問：由此而生此的相屬（證明）無義之緣[44]，或是有義之緣？無義之緣為此、有義之緣為此，皆不應理。為何？

（如《中論》云：）「（1.6.cd）無故為何緣？有故何用緣？」觀察無義之緣時，問是何者的緣，應如何解？若說毛線是無氆氌的緣，實不應理。

སྨྲས་པ། རྒྱུ་སྤུན་དག་ལས་སྣམ་བུ་འབྱུང་བས་ཕྱིས་འབྱུང་བའི་ཚུལ་གྱིས་རྒྱུ་སྤུན་དག་སྣམ་བུའི་རྐྱེན་ཡིན་པར་བསྟན་དུ་རུང་ངོ་། །

42 有關 1.6.b，對勘本版的藏譯中論為：།རྐྱེན་ནི་རུང་བ་མ་ཡིན་ཏེ། ，故與此中所引的偈頌文有所出入；可參考 Nāgārjuna. *Dbu ma rtsa ba'i tshig le'ur byas pa shes rab,* 4。

43 相屬乃關聯。

44 在此的有義與有同義，無義與無同義。

（他方）道：氆氇由毛線所生。因爲（氆氇在毛線之）後產生的緣故，「毛線是氆氇之緣」的論述是合理的。

བཤད་པ། ཅི་ཚོད་བུ་མ་འབྱུང་བའི་ནོར་གྱིས་བུའི་མ་ཁ་དྲངས་པར་འདོད་དམ། དངོས་པོ་མེད་པའི་རྐྱེན་མི་འཐད་དོ་ཞེས་སྨྲས་ཏེ། རྐྱེན་མི་འཐད་པས་དངོས་པོ་སྐྱེ་བ་བཀག་བཞིན་དུ་ཚོད་མ་འོངས་པའི་དངོས་པོ་སྐྱེ་བས་རྐྱེན་ཉིད་དུ་བསྒྲུབ་པར་འདོད་དོ། །

（自方）道：莫非你要說，用尚未誕生孩子的財富來照顧孩子的母親？

（某法）是無事物之緣（的說法）不應理，所以緣不被成立。明明事物之生被（理）所破斥，你（卻）因未來事物生起的緣故，承許緣可成立。

གང་གི་ཚེ་གང་དུ་དུས་ལ་ལར་ཡང་། དངོས་པོ་སྐྱེ་བ་མེད་པ་ལ། །མེད་ན་གང་གི་རྐྱེན་དུ་འགྱུར། །ཞེས་བྱ་བ་འདི་ཉེ་བར་གནས་པ་དེའི་ཚེ་དངོས་པོ་ཕྱིས་སྐྱེ་བར་འགྱུར་བ་དེ་ལ་ལྟོས་ནས་ཁྱེད་ཀྱི་རྐྱེན་འགྲུབ་པར་འགྱུར་བ་གང་ལ་ཡོད། དེ་ལྟ་བས་ན་དེ་ནི་ཁྱི་ནོར། །

正所謂「無論何時處，於無生事物，（1.6.c）無故爲何緣？」此（緣）趨近時，事物隨後生起。就以該（觀點）而言，你所成立的緣於何處存在？所以你的說法錯誤。

དེ་ལ་འདི་སྙམ་དུ་ཡོད་པའི་རྐྱེན་དུ་འགྱུར་སེམས་ན།

若（他方）認爲：是有（義）之緣。[45]

45 對方之所以這麼回覆是因為上述提及了「試問：『由此而生此』之相屬（證明）無義之緣，或是有義之緣？」

བཤད་པ། ཡོད་ན་རྐྱེན་གྱིས་ཅི་ཞིག་བྱ། །དངོས་པོ་ཡོད་པ་ལ་རྐྱེན་མི་འཐད་དོ། འདི་ལྟར་ཡོད་པ་ལ་ཡང་རྐྱེན་གྱིས་ཅི་ཞིག་བྱ་སྟེ། སྣམ་བུ་གྲུབ་ཅིང་ཡོད་པའི་རྐྱེན་རྒྱུ་སྤུན་དག་ཡིན་ནོ། །ཞེས་བསྟན་པར་མི་རིགས་སོ།

（自方）道：「（1.6.d）有故何用緣？」有事物之緣實不應理。如是，既已存在，緣又何用？指毛線是氆氌存在之緣，實不應理。

སྨྲས་པ། ཁོ་བོ་སྐྱེས་པ་ལ་ཡང་རྐྱེན་གྱི་བྱ་བ་ཡོད་དོ་ཞེས་མི་སྨྲ་སྟེ་འོན་ཀྱང་སྣམ་བུ་ཡོད་པའི་རྐྱེན་རྒྱུ་སྤུན་ཡིན་པར་ཐ་སྙད་འདོགས་པར་བྱེད་པས་སྣམ་བུ་དེའི་རྐྱེན་རྒྱུ་སྤུན་དག་ཡིན་ནོ།

（他方）道：我不說已生者也有緣的作用，但名言施設毛線是氆氌存在之緣，此故，毛線實屬氆氌之緣。

བཤད་པ། ཅི་ཁྱོད་རང་གི་ཆུང་མ་མ་བླངས་པར་བུའི་ཆུང་མ་བླང་བར་སེམས་སམ། དངོས་པོ་ཡོད་པ་སྐྱེ་བའི་རྐྱེན་མི་འཐད་པས་དངོས་པོ་སྐྱེ་བ་བཀག་བཞིན་དུ་ཁྱོད་སྣམ་བུ་སྐྱེས་པའི་རྐྱེན་སྟོན་པར་བྱེད་འདོད་ཀྱི། །འོ་ན་ནི་དངོས་པོ་སྐྱེ་བ་སྒྲུབ་པའི་ཕྱིར་ཇེ་སྒྲིམས་ཤིག་དང་དེའི་འོག་ཏུ་འདིའི་རྐྱེན་འདིའོ། །ཞེས་བྱ་བ་དེ་འཐད་པར་འགྱུར་རོ། དེ་ལྟ་བས་ན་དེ་ཡང་གྱི་ནའོ། །

（自方）道：你尚未娶妻卻想（先）認[46]孩子的媳婦？

事物存在之緣不合理故，明明正在遮擋事物之生，你卻想

46 直接翻譯是「領」字。謂自身尚未結婚之前，居然想幫未出生的兒子領兒媳婦。

說氆氇生起之緣。（你）致力成立事物之生，次合理化「此是此之緣」，彼皆錯誤。

འདིར་སྨྲས་པ། འདི་ལ་དངོས་པོ་རྣམས་ནི་མཚན་ཉིད་ལ་འགྲུབ་ལ། རྒྱུ་ནི་སྒྲུབ་པར་བྱེད་པའོ། །ཞེས་རྒྱུའི་མཚན་ཉིད་ཀྱང་བསྟན་པས་དེ་ལྟར་མཚན་ཉིད་ཡོད་པའི་རྒྱུ་ཡོད་དེ།

於此，（他方）道：事物等具有性相[47]「能成是因」，此說因之性相，故有具性相之因。

བཤད་པ། གང་ཚེ་ཆོས་ནི་ཡོད་པ་དང་། །མེད་དང་ཡོད་མེད་མི་འགྲུབ་པས། །ཇི་ལྟར་སྒྲུབ་བྱེད་རྒྱུ་ཞེས་བྱ། དེ་ལྟར་ཡིན་ན་མི་རིགས་སོ། །

（自方道，《中論》）云：

**1.7 諸法皆非有，非無非有無，「能成」何稱因？如是不應理。**[48]

འདི་ལ་ཆོས་གང་རྒྱུས་སྒྲུབ་པར་གྱུར་ན་དེ་ཡོད་པའམ་མེད་པའམ་ཡོད་མེད་ཅིག་སྒྲུབ་པར་འགྱུར་གྲང་ན།

於此，（他方道：）某法由因所成，故有、無，或有無（皆應）成立。

47 性相、名相，以及事例。譬如，無常為名相，剎那性為性相或定義，瓶子為事例。

48 有關 1.7.c，對勘本版的藏譯中論為：དེ་ལྟ་ཡིན་ན་མི་རིགས་སོ།，故與此中所引的偈頌文有所出入；可參考 Nāgārjuna. *Dbu ma rtsa ba'i tshig le'ur byas pa shes rab*, 4。

རྣམ་པ་ཐམས་ཅད་མི་འཐད་དོ། །དེ་ལ་རེ་ཞིག་ཡོད་པ་ནི་སྒྲུབ་པར་མི་བྱེད་དེ། སྐྱེས་ཟིན་པའི་ཕྱིར་རོ། །འདི་ལྟར་སྐྱེས་པ་ལ་ཡང་སྐྱེ་བས་ཅི་བྱ་སྟེ། ཅི་སྟེ་ཡོད་ཀྱང་ཡང་སྐྱེ་བ་ནི་ནམ་ཡང་མི་སྐྱེ་བར་མི་འགྱུར་བས་དེ་ཡང་མི་འདོད་དོ། །རྒྱུར་བསྟན་དུ་ཡང་མི་འཐད་དེ། འདི་ལྟར་ཡོད་པ་ལ་རྒྱུས་ཅི་བྱ། འདི་ལྟར་རེ་ཞིག་ཡོད་པ་ནི་སྒྲུབ་པར་མི་བྱེད་དོ། །ད་ནི་མེད་པ་ཡང་སྒྲུབ་པར་མི་བྱེད་དེ་མེད་པའི་ཕྱིར་རོ། །ཅི་སྟེ་མེད་ཀྱང་སྐྱེ་ན་ནི་རི་བོང་གི་རྭ་ཡང་སྐྱེ་བར་འགྱུར་རོ། །

（自方道：）皆不應理。首先，有不能成立，已生故。若已生者還須再生、既有者還須再生，應永遠一直生，不許該義。

（若言，1.7）示「因」亦不應理。對於既有者，因有何用？如是，首先，有不能成立，無亦不成立，因無有故。若無者能夠爲生，兔角亦應生。

གལ་ཏེ་དངོས་པོ་ནི་རྒྱུ་ལས་སྐྱེའོ་ཞེ་ན།

若（他方）道：事物從因而生。

མི་རུང་སྟེ། རྒྱུ་མི་འཐད་པའི་ཕྱིར་རོ། །འདི་ལྟར་དངོས་པོ་མེད་ན་གང་གི་རྒྱུར་ཅི་འགྱུར། ཡང་ན་ཅི་ཞིག་བྱས་ན་རྒྱུའི་རྒྱུ་ཉིད་དུ་འགྱུར། འདི་ལྟར་ཐམས་ཅད་དུ་དངོས་པོ་མེད། དེ་ལ་འདི་ནི་རྒྱུའོ། །འདི་ནི་མ་ཡིན་ནོ་ཞེས་བྱེ་བྲག་བསྟན་པ་དེ་ཡོད་པར་ག་ལ་འགྱུར། དེ་ལྟ་བས་ན་མེད་པ་ཡང་སྒྲུབ་པར་མི་བྱེད་དོ། །ད་ནི་ཡོད་མེད་ཀྱང་སྒྲུབ་པར་མི་བྱེད་དེ། ཡོད་པ་དང་མེད་པ་གཉིས་ལྷན་ཅིག་འབྱུང་བ་འགལ་བའི་ཕྱིར་དང་། སྐྱོན་སྔ་མར་ཐལ་བར་འགྱུར་བའི་ཕྱིར་རོ། །དེ་ལྟར་ན་ཡོད་མེད་ཀྱང་སྒྲུབ་པར་མི་བྱེད་དོ། །དེའི་ཕྱིར་དེ་ལྟར་བརྟགས་ན་གང་གི་ཚེ་དངོས་པོ་གྲུབ་པ་ཇི་ལྟར་ཡང་མི་འཐད་པ་དེའི་ཚེ། ཇི་ལྟར་སྒྲུབ་བྱེད་རྒྱུ་ཞེས་བྱ། །དེ་ལྟར་ཡིན་མི་རིགས་སོ། དེ་ལྟར་ཡིན་སྒྲུབ་པར་བྱེད་རྒྱུ་ཞེས་བྱ་བ་དེ་མི་རིགས་སོ། །

（自方）道：不應理，「因」不合理故。若無事物，怎能成爲某法之因？

或做何事因而能成因？事物皆不存在，怎能說「此是因」、「此非（因）」的別相？此故，無不能成立，有與無亦不被成立，因爲有與無兩者同時存在（的話，將有）相違（之過），且應有前過[49]故，有無亦不能成立。

如是觀察，無論如何事物皆不能立，故（《中論》云：）「（1.7.cd）能成何稱因？如是不應理。」將「能成」取名爲「因」實屬非理。

འདིར་སྨྲས་པ། དམིགས་པ་ནི་ཡོད་དེ། རྣམ་པར་ཤེས་པ་ལ་སོགས་པའི་གནས་སུ་གྱུར་པའི་ཕྱིར་རོ།

於此，（他方）道：所緣的確存在，因爲（所緣）是別識等之（所依）處。

བཤད་པ། ཡིན་པའི་ཆོས་ནི་དམིགས་པ་ནི། མེད་པ་ཁོ་ནར་ཉེ་བར་བསྟན། །འདི་ལ་དམིགས་པ་དང་བཅས་པར་ཞེས་བྱ་བའི་ཚིག་གི་ལྷག་མའོ། །ཡིན་པའི་ཆོས་འདི་དམིགས་པ་ཁོ་ན་ལས་དམིགས་པ་དང་བཅས་པར་ཉེ་བར་བསྟན་ཏོ། ཡིན་པའི་ཆོས་འདི་དམིགས་པ་མེད་པ་ཁོ་ན་ལས་ཁྱོད་ཀྱིས་རང་གི་བློ་དམིགས་པ་དང་བཅས་པ་ཞེས་བརྗོད་དོ། །ཇི་ལྟར་ཞེ་ན་འདི་ལ་དམིགས་པ་དང་བཅས་པ་ཞེས་བྱ་བ་དམིགས་པ་ཡོད་པ་ཞེས་བྱ་བ་ཐ་ཚིག་གོ ཆོས་ཡོད་པ་ནི་དམིགས་པ་དང་བཅས་པར་འགྱུར་གྱི་མེད་པ་ནི་མི་འགྱུར་རོ། །དམིགས་པ་

49 前過謂，成立有的過患，以及成立無的過患。

དང་བཅས་པའི་སྔོན་རོལ་ན་དམིགས་པ་མེད་པས་དེ་ནི་དམིགས་པ་མེད་པ་ཡིན་ནོ། །འདི་ལྟ་སྟེ། དཔེར་ན་ནོར་ཡོད་པ་ནི་ནོར་དང་བཅས་པ་སྟེ་ནོར་ཅན་ཞེས་བྱའོ། །འགའ་ཞིག་ཡོད་ན་ནོར་དང་བཅས་པར་འགྱུར་གྱི་མེད་ན་མི་འགྱུར་རོ། །ནོར་དང་བཅས་པའི་སྔོན་རོལ་ན་ནོར་མེད་པས་དེ་ནི་ནོར་མེད་པ་ཡིན་པ་བཞིན་ནོ། །དེའི་ཕྱིར་དམིགས་པ་མེད་པ་ཁོ་ན་ཡིན་པའི་ཆོས་འདི་ལ་ཁྱེད་རང་གི་རྣམ་པར་རྟོག་པས་དམིགས་པ་དང་བཅས་པར་རྟོག་པར་བྱེད་དོ། །

（自方道，《中論》）云：

**1.8.ab 細說係屬法，所緣僅唯無，**[50]

於此，此句「具所緣」有餘解，（你）細說此係屬法[51]唯是針對所緣，且具所緣，（然）此係屬法絕對無所緣，而你卻說自心具所緣。

爲何（係屬法絕無所緣）？因「具所緣」與「有所緣」同義。具法者乃具所緣者，非無所緣；具有所緣之前，無所緣故，無有所緣。比如，有財者乃具財者，即謂財主。若有（財富），即成具財，非無財富。具財之前，無錢財，並非具財。對此絕無所緣之法，你（卻）妄執爲具所緣。

---

50 對勘本版的中論偈頌文與此偈稍有不同，該文為：ཡོད་པའི་ཆོས་འདི་དམིགས་པ་ནི། མེད་པ་ཁོ་ན་ཉེ་བར་བསྟན།，漢譯為：「細說此有法，所緣僅唯無」。葉少勇將 1.8.b 譯成「即是（佛之）所解說」，此義不符佛護論及顯句論的解釋，因為在此的「細說」並非由佛，而是敵方所說。

51 此論中的「係屬」應解讀為「是」，並非「相屬」。如 A 係屬 B，就是「A 是 B」。這裡的係屬法指的是「係屬心心所之法」。

དེ་ལ་ཁོ་བོས་བཤད་པར་བྱ་སྟེ། དེ་ལྟར་ཆོས་ནི་དམིགས་མེད་ན། །དམིགས་པ་ཡོད་པར་ག་ལ་འགྱུར། །དེ་ལྟར་ཞེས་བྱ་བའི་སྒྲ་ནི་དྲི་བའོ། །ག་ལ་འགྱུར་ཞེས་བྱ་བ་གཏན་ཚིགས་བསྟན་པ་སྟེ། དེ་ལྟར་ཆོས་དམིགས་པ་མེད་པར་གྲུབ་ན་ཅིའི་ཕྱིར་དོན་མེད་པའི་དམིགས་པ་ལ་རྟོག་པར་བྱེད།

我將解說。（《中論》云：）

### 1.8.cd 如是法無緣，豈能有所緣？[52]

「如是」之詞爲提問。[53]言「豈能有」顯示因相[54]。若法無所緣，爲何要執念無義之所緣呢？

སྨྲས་པ། ཁྱོད་ཉིད་གཞུང་ལུགས་ཁོང་དུ་མ་ཆུད་པ་ཁོ་ནས་ལོག་པར་རྟོག་གི །ཁོ་བོ་ནི་དམིགས་པ་ཡོད་པ་ནི་དམིགས་པ་དང་བཅས་པ་སྟེ་ནོར་དང་བཅས་པ་བཞིན་ནོ་ཞེས་སྨྲའོ། །དེའི་དོན་ནི་འདི་ཡིན་ཏེ་ཆོས་གྲུབ་པ་ནི་གཞི་གང་གིས་སྒྲུབ་པར་བྱེད་པ་དེ་ནི་དེའི་དམིགས་པ་ཡིན་ཏེ། དེས་ན་དེ་དམིགས་པ་དང་བཅས་པ་ཞེས་ཉེ་བར་སྟོན་ཏོ། །

（他方）道：你不知教典，且顚倒理解。我說：「如具有財富般，有所緣、具有所緣。」彼義即此：法之所以成立，是由某事所成，故彼爲該（法）所緣，故該（法）具有所緣，做此細說。

---

52 對勘本版的中論偈頌文與此偈稍有不同，該文為：ཅི་སྟེ་ཆོས་ནི་དམིགས་མེད་ན།，漢譯為：「若法無所緣」。

53 這句話在藏譯的顯句論中為 ཅི་སྟེའི་སྒྲ་ནི་དྲི་བའོ།（「若」之詞為提問）。

54 因相與理由同義。只是因相以論式推論該宗，但理由不需要。

བཤད་པ། དེ་མི་འཐད་དེ། དེ་ལ་ཡང་བཤད་པར་བྱའོ། །དེ་ལྟར་ཆོས་ནི་དམིགས་མེད་ན། དམིགས་པ་ཡོད་པར་ག་ལ་འགྱུར། དེ་ལྟར་ཆོས་དམིགས་པ་མེད་དེ་ཡོད་པ་མ་ཡིན་ཞིང་མངོན་པར་མ་གྲུབ་ན་དམིགས་པ་ཡོད་པར་འཐད་པར་ག་ལ་འགྱུར། ཆོས་ཀྱི་དམིགས་པ་ཞེས་བྱ་བ་དེ་ཡང་མངོན་པར་མ་གྲུབ་པ་ཁོ་ནའོ། མངོན་པར་མ་གྲུབ་ཅིང་མེད་པ་དེ་ལ་དམིགས་པ་ཡོད་པར་ག་ལ་འགྱུར། དམིགས་པ་མེད་ན་ཇི་ལྟར་དམིགས་པས་ཆོས་སྒྲུབ་པར་བྱེད། དེའི་ཕྱིར་དམིགས་པ་ཡང་ཡོད་པ་མ་ཡིན་ལ། ཆོས་ཀྱང་དམིགས་པ་དང་བཅས་པ་མ་ཡིན་པ་ཁོ་ནའོ། །

（自方）道：此不應理，將做解說。「（1.8.cd）如是法無緣，豈能有所緣？」法不具所緣、無有彼（所緣），既非現有，[55]怎合理安立有所緣？法之所緣絕非現有，既非現有、無有，何來所緣？所緣不存在，所緣如何能成辦法？此故，不只所緣非有，法亦不具所緣，僅此而已。

འདིར་སྨྲས་པ། དངོས་པོ་གཞན་འགགས་མ་ཐག་པ་ནི་དངོས་པོ་གཞན་སྐྱེ་བའི་རྐྱེན་ཡིན་ནོ། །དེ་ནི་དེ་མ་ཐག་པ་ཞེས་བྱ་བ་སྟེ་དེ་ཡོད་དོ། །

於此，（他方）道：其他事物已經壞滅的同時，正是另個事物的生起之緣，即是所謂的「等無間」，彼（緣）存在。

བཤད་པ། ཆོས་རྣམས་སྐྱེས་པ་མ་ཡིན་ན། །འགག་པ་འཐད་པར་མི་འགྱུར་རོ། །དེ་ཕྱིར་དེ་མ་ཐག་མི་རིགས། །འགགས་ན་རྐྱེན་ཡང་གང་ཞིག་ཡིན། །དེ་ལ་རྩ་བ་འོག་མ་གཉིས། །འགགས་ན་རྐྱེན་ཡང་གང་ཞིག་ཡིན། །དེ་ཕྱིར་དེ་མ་ཐག་མི་རིགས། །ཞེས་

55 「現有」乃直譯，謂自性而有。

བསྟོར་བར་བལྟ་བར་བྱའོ། །ཀྱང་[56]ཞེས་བྱ་བའི་སྒྲ་ནི་འདིར་མ་སྐྱེས་པ་ལ་ལྟོས་པར་བལྟ་བར་བྱའོ། །དེ་ཡང་མ་སྐྱེས་པའི་སྒྲ་ལ་ལྟོས་ནས། འགགས་ན་རྐྱེན་ཡང་གང་ཞིག་ཡིན། །མ་སྐྱེས་པའི་རྐྱེན་གང་ཞིག་ཡིན། ཞེས་བྱ་བར་སྦྱར་རོ། །དེ་གཉིས་ནི་ཚིགས་སུ་བཅད་པ་སྦྱར་བའི་ཕྱིར་གོ་རིམས་བཞིན་མ་བྱས་སོ། །

（自方道，《中論》）云：

## 1.9 諸法若不生，則滅應非理，故無間非理，若滅緣亦何？

應知根本偈的後二句（順序）有誤，（應爲）「若滅緣亦何？故無間非理」。[57]應知言「亦」者，謂依無生（而解）。所謂「依賴無生」，意指（此句）可解讀爲「若滅緣亦何？無生緣爲何？」[58]爲使此偈頌兼容涵蓋此二（義），不依順序[59]而撰寫。

དངོས་པོ་གཞན་འགག་མ་ཐག་པ་ནི་དངོས་པོ་གཞན་སྐྱེ་བའི་རྐྱེན་ཡིན་ནོ་ཞེས་སྨྲས་

56 根據北京版及奈塘版，在此應加 ཀྱང་། 字。

57 若依藏文字面直譯，本句義很容易被誤解為「若滅緣亦何？故無間非理」的順序為誤。但《中論》本文中之順序並非如此，佛護論師為何強調其謬？為解此惑，以正確理解佛護論師所言之意趣，譯者參考了月稱菩薩的顯句論，論說：དེས་ན་འདི་སྐད་དུ། འགགས་ན་རྐྱེན་ཡང་གང་ཞིག་ཡིན། །དེའི་ཕྱིར་དེ་མ་ཐག་མི་རིགས། །ཞེས་འདོན་པར་འགྱུར་ཏེ།（此故，本句應讀為「若滅緣亦何？故無間非理」，可參考 Candrakīrti, *Dbu ma rtsa ba'i 'grel pa tshig gsal,* 68。）佛護論師在下個段落也說道：「諸法若不生，則滅應非理，若滅緣亦何？」可知月稱菩薩對此的解讀與佛護論師的原意相符。

58 既然已滅，緣又何用？同理，既然未曾生起，緣又是何者？

59 龍樹菩薩只用「亦」字包含了「無生」，並無先說「滅」再說「無生」，依順序撰寫。

པ་གང་ཡིན་པ་དེ་མི་འཐད་དོ། །ཅིའི་ཕྱིར་ཞེ་ན། འདི་ལྟར། ཆོས་རྣམས་སྐྱེས་པ་མ་ཡིན་ན། །འགག་པ་འཐད་པར་མི་འགྱུར་རོ། །འགགས་ན་རྐྱེན་ཡང་གང་ཞིག་ཡིན། །འགག་པ་ཞེས་བྱ་བ་ནི་མེད་པ་སྟེ། དེ་ལ་གལ་ཏེ་མྱུ་གུ་སྐྱེ་བའི་སྔོན་རོལ་དུ་ས་བོན་འགག་པར་འགྱུར་ན་ནི་ས་བོན་འགགས་ཏེ་མེད་ན་མྱུ་གུ་སྐྱེ་བར་འགྱུར་བ་གང་ཡིན་པ་དེའི་རྐྱེན་ཡང་གང་ཞིག་ཡིན། ཡང་ན་ས་བོན་འགག་པའི་རྐྱེན་ཡང་གང་ཞིག་ཡིན། ས་བོན་འགགས་ཏེ་མེད་པ་ཡང་ཇི་ལྟར་མྱུ་གུ་སྐྱེ་བའི་རྐྱེན་དུ་འགྱུར། མྱུ་གུ་མ་སྐྱེས་པའི་རྐྱེན་དུ་ས་བོན་འགག་པ་ཇི་ལྟར་འགྱུར། དེ་ལྟ་བས་ན་ས་བོན་འགགས་ནས་མྱུ་གུ་སྐྱེ་བར་རྟོག་ན་དེ་གཉི་ག་རྒྱུ་མེད་པར་ཐལ་བར་འགྱུར་ཏེ། རྒྱུ་མེད་པར་ནི་མི་འདོད་དོ། །

說他事物已滅的同時是另個事物的生起之緣，實不應理。為何？（《中論》云：）「（1.9.abd）諸法若不生，則滅應非理，若滅緣亦何？」言「滅」者謂無。

如果幼苗生起之前，種子經由壞滅，種子已滅、不在，何者是將生幼苗之緣？或何者又是種滅之緣？種子既已滅、不在，又如何成為幼苗生起之緣？壞滅種子如何成為未生幼苗之緣？

此故，若執種子滅已生起幼苗，該二[60]應成無因；（然而，我）不許無因。

སྨྲས་པ། གལ་ཏེ་མྱུ་གུ་སྐྱེས་མ་ཐག་ཏུ་ས་བོན་འགག་པར་འགྱུར་ན། དེ་ལྟ་ན་ཡང་དེ་མ་ཐག་འགྲུབ་སྟེ། འདི་ལྟར་མྱུ་གུ་སྐྱེས་མ་ཐག་ཏུ་ས་བོན་འགག་པའི་རྐྱེན་དུ་འགྱུར་བའི་ཕྱིར་རོ། །

（他方）道：若幼苗已生同時種滅，此（可）成立等無間

60 種滅及苗生。

（緣），因爲幼苗已生的當下，是種子的壞滅之緣。

བཤད་པ། དེ་ཡང་མི་འཐད་དེ། ཅིའི་ཕྱིར་ཞེ་ན། སྐྱེས་ནའང་རྐྱེན་དུ་ཇི་ལྟར་འགྱུར་ཏེ། གལ་ཏེ་མྱུ་གུ་སྐྱེ་ཞིང་མྱུ་གུ་སྐྱེ་བའི་བྱ་བ་མཐར་ཐུག་པའི་ཚེ་ས་བོན་འགག་པར་འགྱུར་ན་འགག་པ་དེའི་རྐྱེན་ཡང་གང་ཞིག་ཡིན་པར་འགྱུར། མྱུ་གུ་སྐྱེ་བའི་རྐྱེན་ཡང་གང་ཞིག་ཡིན་པར་འགྱུར་ཏེ། དེའི་ཕྱིར་དེ་ལྟ་ན་ཡང་དེ་གཉི་ག་སྔ་མ་བཞིན་དུ་རྒྱུ་མེད་པར་ཐལ་བར་འགྱུར་རོ། །

（自方）道：此不應理。爲何？既然已生，緣（有）何用？如果生起幼苗、生苗作用已經圓滿之際，種子壞滅，何者是該滅之緣？何者是生苗之緣？此故，如前已述，彼二應成無因。

ཅི་སྟེ་ས་བོན་འགག་བཞིན་པ་ན་མྱུ་གུ་སྐྱེ་བས་དེས་ན་རྒྱུ་མེད་པའི་རྐྱེན་དུ་མི་འགྱུར་བར་སེམས་ན།

如果（他方）認爲：幼苗於種子正滅時生起的緣故，不成無因之緣。

དེ་ཡང་མི་རིགས་ཏེ། ཅིའི་ཕྱིར་ཞེ་ན། གང་འགག་པ་དང་གང་སྐྱེ་བ་དེ་གཉི་ག་ཡང་ཡོད་པ་མ་ཡིན་ཏེ། མ་འགགས་[61]པའི་ཕྱིར་དང་། སྐྱེས་ཟིན་པའི་ཕྱིར་རོ། དངོས་པོ་གཉིས་ཡོད་ན། དེ་མ་ཐག་པའི་རྐྱེན་ཉིད་དུ་ཇི་ལྟར་འགྱུར། སྐྱེ་བ་དང་འགག་པ་གཉིས་དུས་གཅིག་ཏུ་རྟོག་ན་ཡང་དེ་མ་ཐག་པ་མི་འཐད་དེ། དུས་མཉམ་པའི་ཕྱིར་རོ། །དེའི་ཕྱིར་དེ་མ་ཐག་མི་རིགས། དེ་ལྟར་གང་གི་ཕྱིར་རྣམ་པ་ཐམས་ཅད་དུ་བརྟགས་ན་དེ་མ་ཐག་པ་མི་འཐད་དེ། དེའི་ཕྱིར་དེ་མ་ཐག་པའི་རྐྱེན་ཡོད་དོ་ཞེས་སྨྲས་པ་གང་ཡིན་པ་དེ་མི་འཐད་དོ། །ཡང་

61 原文為 འགག，但根據北京版及奈塘版，應改為 འགགས། 。

ན་འདི་ནི་དོན་གཞན་ཡིན་ཏེ། འདི་ལ་དངོས་པོ་རྣམས་མ་སྐྱེས་པ་ཞེས་བྱ་བ་དེ་ནི་སྔར་བསྒྲུབས་ཟིན་ཏེ། དེའི་ཕྱིར་དངོས་པོ་རྣམས་སྐྱེ་བ་མེད་པ་དེ་གྲུབ་པར་བྱས་ནས།

（自方道：）此亦非理。爲何？滅者及生者皆不應有，[62]以未滅故、以已生故。[63]若有該二事物，[64]如何成立等無間緣？雖然（你）認定生與滅兩者同時，但等無間不能成立，因同時故。此故，等無間實不應理。

如是觀察一切行相，等無間（亦）不應理。此故，凡說存在等無間緣者，皆不應理；或此（不應理義）可爲其他解讀，即前釋所立諸事物不生。所以，（應）了知諸事物皆爲不生。

བཤད་པ། ཆོས་རྣམས་སྐྱེས་པ་མ་ཡིན་ན། །འགག་པ་འཐད་པར་མི་འགྱུར་རོ། །དངོས་པོ་རྣམས་སྐྱེས་པ་མ་ཡིན་ཞིང་མེད་ན་འགག་པ་འཐད་པར་མི་འགྱུར་ཏེ། མེད་པ་ལ་ཅི་ཞིག་འགག་པར་འགྱུར། དེ་ཕྱིར་དེ་མ་ཐག་མི་རིགས། དེ་ལྟར་གང་གི་ཕྱིར་དངོས་པོ་འགག་པ་ཉིད་མི་འཐད་པ་དེའི་ཕྱིར་དེ་མ་ཐག་པ་མི་རིགས་སོ། །དེ་ནི་འགག་པར་རྟོག་ན་ཡང་དེ་མ་ཐག་པ་མི་རིགས་ཏེ། ཇི་ལྟར་ཞེ་ན། འགགས་ན་རྐྱེན་ཡང་གང་ཞིག་ཡིན། སྐྱེས་ནའང་རྐྱེན་དུ་ཇི་ལྟར་འགྱུར་ཏེ། དེའི་དོན་ནི་སྔར་རྣམ་པར་བཤད་ཟིན་ཏོ། །

（《中論》）云：「（1.9.ab）諸法若不生，則滅應非理。」若諸事物不生亦不存在，（其）滅則不應理。於無者，何來壞滅？此故，等無間不應理。如是，事物壞滅不能成立

62 雙方皆不應有緣的作用。

63 未滅與已生兩者無有前後順序，彼二之間不應有因緣關聯。

64 兩者為：未滅及已生。

故，等無間實不應理。（你）雖執壞滅，但等無間（也）不能成立。為何？「（1.9.d）若滅緣亦何？」既已生起，緣又有何用？此義先前已述。

འདིར་སྨྲས་པ། བདག་པོ་ཉིད་ནི་ཡོད་དོ། །བདག་པོའི་དངོས་པོ་ནི་བདག་པོ་ཉིད་དེ། དེ་ཡང་མདོར་བསྡུ་ན་གང་ཡོད་ན་གང་འབྱུང་བ་དང་། གང་མེད་ན་གང་མི་འབྱུང་བ་དེ་ནི་དེའི་བདག་པོ་ཉིད་དོ། །

於此，（他方）道：自性是存在的，自己的事物即是自性。總之，由何生何者，無某者便無某者，皆是自性。

བཤད་པ། དངོས་པོ་རང་བཞིན་མེད་རྣམས་ཀྱི། །ཡོད་པ་གང་ཕྱིར་ཡོད་མིན་ན། །འདི་ཡོད་པས་ན་འདི་འབྱུང་ཞེས། །བྱ་བ་དེ་ནི་འཐད་མ་ཡིན། །འདི་ལ་དངོས་པོ་རྣམས་ཀྱི་རང་བཞིན་མེད་པ་ཉིད་ནི་སྔར་ཡང་ཀུན་ཏུ་བསྟན་ཅིང་ཕྱིས་ཀྱང་རྒྱ་ཆེར་སྟོན་ཏོ། །དེའི་ཕྱིར་དེ་རབ་ཏུ་གྲུབ་པར་བྱས་ནས་དངོས་པོ་རང་བཞིན་མེད་པ་རྣམས་ཀྱིས་ཞེས་བྱ་བ་གསུངས་སོ། དེ་ལྟར་གང་གི་ཕྱིར་དངོས་པོ་རང་བཞིན་མེད་པ་རྣམས་ཀྱིས་ཡོད་པ་ཞེས་བྱ་བ་ཡོད་པའི་དངོས་པོ་མི་འཐད་པ་དེའི་ཕྱིར་གང་ཡོད་ན་འདི་ཡོད་པས་ཞེས་བརྗོད་པར་ནུས་པའི་དངོས་པོ་དེ་ཉིད་མེད་དོ། །འདི་ཡོད་པས་ཞེས་བྱ་བ་འདི་ལ་མེད་ན་འདི་འབྱུང་ཞེས་བྱ་བ་དེ་འཐད་པར་ག་ལ་འགྱུར། འདི་ཡོད་པས་འདི་འབྱུང་ཞེས་བྱ་བ་འདི་ལ་མི་འཐད་ན་གང་གི་བདག་པོ་ཉིད་དུ་ཇི་ཞིག་འགྱུར། དེའི་ཕྱིར་བདག་པོ་ཉིད་ཀྱང་མི་འཐད་དོ། །

（自方道，《中論》）云：

**1.10 諸法無自性，故無有有相，「有此故生此」，彼論不成立。**

前已遍示、後又廣示諸事物自性不存在。此故，（《中論》）廣立該（義）後說：「（1.10a）諸法無自性」。如是，因爲事物無自性，言「有」——存在的事物——實不應理。此故，能言「有某故生此」之事物不存在。於「有此故」之論述中，如何合理化「無故生此」？[65]如果「有此故生此」之論述不能成立，又如何能安立法的自性？此故，自性非理。

འདིར་སྨྲས་པ། རྐྱེན་གྱི་དངོས་པོ་རྣམས་འདི་ལྟར་གྲུབ་པར་བྱེད་དོ་ཞེས་བྱ་བ་དེ་སྨྲ་བར་མི་ནུས་མོད་ཀྱི། འོན་ཀྱང་རྐྱེན་རྣམས་ནི་ཡོད་པ་ཁོ་ན་ཡིན་ནོ། །ཅིའི་ཕྱིར་ཞེ་ན། དེ་དག་ལས་འབྲས་བུ་སྐྱེ་བའི་ཕྱིར་ཏེ། འདི་ན་ས་བོན་ལ་སོགས་པ་རྐྱེན་རྣམས་ལས་མྱུ་གུ་ལ་སོགས་པ་འབྲས་བུ་སྐྱེ་བར་མཐོང་སྟེ། དེའི་ཕྱིར་དེ་དག་ལས་འབྲས་བུ་སྐྱེ་བར་མཐོང་ནས་འབྲས་བུའི་རྐྱེན་ནི་འདི་དག་གོ་ཞེས་བྱ་བར་ཤེས་སོ། །

於此，（他方）道：（我）雖然無法說緣之事物等如是形成，但緣等絕對存在。爲何？由彼等生果故。實可見種子等諸緣生起幼苗等果，因親見由彼等生果，應知果之緣乃此等。

བཤད་པ། རྐྱེན་རྣམས་སོ་སོ་འདུས་པ་ལས། །འབྲས་བུ་དེ་ནི་མེད་པ་ཉིད། །རྐྱེན་རྣམས་ལ་ནི་གང་མེད་པ། །དེ་ནི་རྐྱེན་ལས་ཇི་ལྟར་སྐྱེ། །ཉིད་ཅེས་བྱ་བའི་སྒྲ་ནི་ཁོ་ན་ཞེས་བྱ་བའི་དོན་ཏོ། །སོ་སོ་བ་དག་ལ་ཡང་མེད་པ་ཁོ་ན་ཡིན་ལ། འདུས་པ་དག་ཡང་མེད་པ་ཁོ་ནའོ་ཞེས་བྱའོ། །

（自方道，《中論》）云：

65 「有此故生此」與「無此故生此」互相相違，承認了一方，將不能使另一方合理化。敵方雖說「有此故生此」，但立方破除了「有此」，故如此說。

**1.11 各緣和合中，[66]其果僅無有，緣等中若無，云何從緣生？**

「僅」字爲僅有之意。（1.11ab）不只個別（的緣）沒有（果），連和合（的緣）也絕對沒有（果）。

ཁྱོད་ཀྱིས་རྐྱེན་རབ་ཏུ་བསྒྲུབ་པའི་ཕྱིར་འབྲས་བུ་སྐྱེ་བར་བསྟན་པ་གང་ཡིན་པ་དེ་ཉིད་མི་འཐད་ན། རྐྱེན་འགྲུབ་པར་ག་ལ་འགྱུར་ཇི་ལྟར་ཞེ་ན། གང་གི་ཕྱིར་རྐྱེན་རྣམས་སོ་སོ་བ་དང་འདུས་པ་ལ་འབྲས་བུ་དེ་མེད་པ་ཉིད་ཡིན་པའི་ཕྱིར་ཏེ། རྐྱེན་རྣམས་སོ་སོ་བ་དང་འདུས་པ་ལ་མེད་པ་ཉིད་གང་ཡིན་པ་དེ་ཇི་ལྟར་དེ་དག་ལས་སྐྱེ་བར་འགྱུར། འབྲས་བུ་སྐྱེ་བ་མེད་ན་ཁྱོད་ཀྱིས་རྐྱེན་འགྲུབ་པར་གང་ལ་འགྱུར།

你爲能至極成立[67]緣（論）而說生果。既然彼（論）皆不成立，緣如何能立？於個別及和合的緣等，其果絕對不在；既然（果）絕對不在個別及和合的緣中，果如何從彼等而生？果若不生，你（說）緣如何能成立？

དེ་ལ་འདི་སྙམ་དུ་རྐྱེན་རྣམས་ལས་འབྲས་བུ་ཡོད་པ་ཁོ་ནར་སེམས་ན།

若（他方）認爲：果絕對從緣等而有。

དེ་ལྟ་ན་ཡང་རྐྱེན་འཐད་པ་མ་ཡིན་ཏེ། འདི་ལྟར་ཡོད་པ་ལ་རྐྱེན་གྱིས་བྱ་བ་མེད་དེ་སྐྱེས་ཟིན་པ་ཡང་སྐྱེད་མི་དགོས་པའི་ཕྱིར་རོ། །

66 有關 1.11.a，對勘本版的藏譯中論為：རྐྱེན་རྣམས་སོ་སོ་འདུས་པ་ལ།，故與此中所引的偈頌文有所出入；可參考 Nāgārjuna. *Dbu ma rtsa ba'i tshig le'ur byas pa shes rab,* 4。

67 至極成立為直譯，該義為「想方設法地成立」、「以諸多不同角度的理由而成立」，或是自性成立。

（自方道：）雖如此說，但緣不能成立。既有者沒有緣的作用，因爲已生無須再生。

ཡང་གཞན་ཡང་གལ་ཏེ་རྐྱེན་རྣམས་ལ་འབྲས་བུ་དེ་ཡོད་པར་གྱུར་ན། རྐྱེན་དུ་མའི་འབྲས་བུ་གང་ཡིན་པ་དེ་རྐྱེན་རེ་རེ་ལ་ཡོངས་སུ་རྫོགས་པར་ཡོད་པའམ། ཆ་ཤས་ཅིག་ཡོད་པར་འགྱུར་གྲང་ན། དེ་ལ་རེ་ཞིག་གལ་ཏེ་རེ་རེ་ལ་ཡོངས་སུ་རྫོགས་པར་ཡོད་པར་བརྟགས་ན་ནི་རྐྱེན་དུ་མར་མི་འགྱུར་ཏེ། རེ་རེ་ལ་ཡང་ཡོད་པའི་ཕྱིར་མི་ལྟོས་པར་རེ་རེ་ལས་ཀྱང་འབྲས་བུ་སྐྱེ་བར་ཐལ་བར་འགྱུར་རོ། །ཅི་སྟེ་རྐྱེན་རྣམས་ལ་འབྲས་བུའི་ཆ་ཤས་ཡོད་པར་བརྟགས་ན་ནི། དེ་ལྟ་ན་ཡང་མི་ལྟོས་པར་རེ་རེ་ལས་འབྲས་བུའི་ཆ་ཤས་སྐྱེ་བར་ཐལ་བར་འགྱུར་བས་དེ་ཡང་མི་འདོད་དེ། དེའི་ཕྱིར་རྐྱེན་རྣམས་སོ་སོ་བ་དང་འདུས་པ་ལ་འབྲས་བུ་དེ་ཡོད་པར་མི་འཐད་དོ།

此外，若諸緣中有果，問：「凡是多緣之果，[68]該果的整體（依賴的是）單一個別的緣？還是（果的）某部分具（緣）？首先，如果（你）觀執單一個別（的緣）就有（果的）整體，則非多緣，因爲單一個別（的緣）不須依賴（他者），每個單一（的緣）也可生果，應成（此過）。

如果（你）觀執緣等具有果之支分的話，（則）不須依賴（他者），每個單一（的緣）也可生起果的支分，應成（此過），故（我）不許。因此，個別的緣及和合的緣具果（之論）皆不應理。[69]

68 依賴多緣而產生的果。

69 自宗的反駁為，果的整體依賴一一個別的因，還是果的部分依賴一一個別的

ཅི་སྟེ་རྐྱེན་རྣམས་ལ་འབྲས་བུ་མེད་ཀྱང་རྐྱེན་རྣམས་ལས་སྐྱེ་སྟེ། འབྲས་བུ་སྐྱེ་བ་ལ་ལྟོས་ནས་ཁོ་བོའི་རྐྱེན་རབ་ཏུ་འགྲུབ་པོ་སྙམ་དུ་སེམས་ན།

若（他方）認爲：諸緣雖然不具果，但（果）從諸緣而生。從生果的角度，至極成立我的緣（論）。

དེ་ལ་བཤད་པར་བྱ་སྟེ། ཅི་སྟེ་དེ་ནི་མེད་པར་ཡང་། རྐྱེན་དེ་དག་ལས་སྐྱེ་འགྱུར་ན། །རྐྱེན་མིན་ལས་ཀྱང་འབྲས་བུ་ནི། །ཅིའི་ཕྱིར་ཞེ་ན་སྐྱེ་མི་འགྱུར། །འདི་ལ་འབྲས་བུ་ཡོད་པ་ལས་རྐྱེན་དང་རྐྱེན་མ་ཡིན་པའི་བྱེ་བྲག་ཏུ་འགྱུར་ན། འབྲས་བུ་དེ་ཡང་རྐྱེན་དང་རྐྱེན་མ་ཡིན་པ་དག་ལ་མེད་དོ། དེ་དག་ལ་མེད་བཞིན་དུ་གལ་ཏེ་རྐྱེན་རྣམས་ལས་འབྲས་བུ་སྐྱེ་ན་ནི་རྐྱེན་མ་ཡིན་པ་རྣམས་ལས་ཀྱང་ཅིའི་ཕྱིར་མི་སྐྱེ་སྟེ། འདི་ལྟར་རྐྱེན་དང་རྐྱེན་མ་ཡིན་པ་རྣམས་ལ་འབྲས་བུ་མེད་པར་མཚུངས་པ་ལས། རྐྱེན་རྣམས་ལས་ནི་འབྲས་བུ་སྐྱེ་ལ་རྐྱེན་མ་ཡིན་པ་རྣམས་ལས་ནི་མི་སྐྱེ་བ་ཞེས་བྱ་བ་དེ་ནི་ཡིད་ལ་བསམས་པ་ཙམ་དུ་ཟད་དོ། །དེའི་ཕྱིར་འབྲས་བུ་སྐྱེ་བ་མི་འཐད་དེ། འབྲས་བུ་སྐྱེ་བ་མེད་ན་རྐྱེན་འགྲུབ་པར་ག་ལ་འགྱུར།

於此，（自方道，《中論》）云：

**1.12 若謂果雖無，而從緣中出，是果何不從，非緣中而出？**[70]

---

因？前者不應理，因為只有單一的緣便可生果。後者不應理，將有「在不須依賴他者的情況下，單一的緣便可產生果的某部分」之過。此文的詞義雖說「x 具 y」但應理解為「x 依賴 y 而產生」或「x 具有產生 y 的潛能」，視前後文而定。

70 對勘本版的藏譯中論為：རྐྱེན་མ་ཡིན་པ་དག་ལས་ཀྱང་། །ཅི་ཡི་ཕྱིར་ན་སྐྱེ་མི་འགྱུར།（為何不能從，非緣等而生？），故與此中所引的偈頌文有所出入；可參考 Nāgārjuna. *Dbu ma rtsa ba'i tshig le'ur byas pa shes rab,* 4。雖然藏譯佛護論中引用的中論偈頌文，與鳩摩羅什大師的翻譯仍有少許的不同，但如譯者在譯序中已說明，當內容差別不太大時，盡量保留鳩摩羅什大師的原譯。

於此，從有果而分出緣及非緣的差別，果既無緣亦無非緣；既然沒有，果（仍）從諸緣而生的話，爲何不能從非緣而生？因爲緣及非緣同樣皆是無果。所以「果從諸緣而生，卻不從非緣而生」之論純屬臆造。此故，生果不應理。果若不生，如何成立緣？

འདིར་སྨྲས་པ། རྐྱེན་རྣམས་ལ་འབྲས་བུ་ཡོད་པ་དང་མེད་པའི་རྐྱེན་རྣམས་ལས་སྐྱེའོ། །ཞེས་ནི་མི་སྨྲའོ། །འབྲས་བུ་ནི་རྐྱེན་རྣམས་ལས་གྱུར་པའི་རྐྱེན་གྱི་བདག་ཉིད་རྐྱེན་ལས་བྱུང་བ་ཡིན་ནོ། །ཞེས་སྨྲའོ། །དེ་ལྟ་ཡིན་ནི་སྣམ་བུ་ནི་རྒྱུ་སྤུན་ལས་གྱུར་པ་རྒྱུ་སྤུན་གྱི་བདག་ཉིད་ལས་བྱུང་བ་ཡིན་པས། རྒྱུ་སྤུན་དག་ནི་སྣམ་བུའི་རྐྱེན་ཡིན་នོ། །

於此，（他方）道：（我）不說諸緣皆由有果之緣及無果之緣而生。（我）說果由緣變化、由緣性、由緣生。若爾，則氆氌從毛線而變化、由毛線性生。此故，毛線等因皆爲氆氌之緣。

བཤད་པ། འབྲས་བུ་རྐྱེན་ལས་བྱུང་ཡིན་ནོ། །རྐྱེན་རྣམས་རང་ལས་བྱུང་མ་ཡིན། །རང་བྱུང་མིན་ལས་འབྲས་བུ་གང་། །དེ་ནི་ཇི་ལྟར་རྐྱེན་ལས་བྱུང་། །འབྲས་བུ་རྐྱེན་ལས་གྱུར་པ་རྐྱེན་གྱི་བདག་ཉིད་ལས་བྱུང་བ་མ་ཡིན་པར་བརྟགས་ན། རྐྱེན་དེ་རྣམས་ནི་རང་ལས་གྱུར་པ་མ་ཡིན། རང་ཉིད་རབ་ཏུ་གྲུབ་པ་མ་ཡིན། རང་ཉིད་བདག་ཉིད་མ་ཡིན། རང་ལས་བྱུང་བ་མ་ཡིན་ཏེ་ངོ་བོ་ཉིད་མེད་པ་ཡིན་ནོ། །རྐྱེན་རང་ལས་གྱུར་པ་མ་ཡིན་པ། རང་ཉིད་རབ་ཏུ་གྲུབ་པ་མ་ཡིན་པ། རང་གི་བདག་ཉིད་མ་ཡིན་པ། རང་ལས་བྱུང་བ་མ་ཡིན་པ་ངོ་བོ་ཉིད་མེད་པ་དེ་དག་ལས་འབྲས་བུ་བྱུང་བར་རྟོག་ན་ཇི་ལྟར་རྐྱེན་ལས་བྱུང་བར་ཉེ་བར་བརྟགས་ན། འདི་ལྟར་གལ་ཏེ་རྒྱུ་སྤུན་དག་རང་ཉིད་རབ་ཏུ་གྲུབ་ན་ནི་རང་ལས་བྱུང་བར་ཡང་འགྱུར་བས། དེས་ན་སྣམ་བུ་རྒྱུ་སྤུན་དག་ལས་བྱུང་བ་ཞེས་བྱ་བ་དེ་ཡང་འཐད་པར་འགྱུར་བ་ཞིག་ན། གང་གི་ཚེ་རྒྱུ་དག་རང་ཉིད་རབ་ཏུ་མ་གྲུབ་པ་རང་ལས་བྱུང་བ་མ་ཡིན་

པ་ངོ་བོ་ཉིད་མེད་པ་སྟེ། རྒྱུ་དག་ལས་གྱུར་པ་རྒྱུ་དག་གི་བདག་ཉིད་རྒྱུ་ལས་བྱུང་བ་ཡིན་པ་དེའི་ཚེ། སྣམ་བུ་རྒྱུ་སྤུན་དག་ལས་བྱུང་ངོ། །ཞེས་བྱ་བ་དེ་ཇི་ལྟར་འཐད་པར་འགྱུར། སློབ་དཔོན་འཕགས་པ་ལྷས་ཀྱང་། སྣམ་བུ་རྒྱུ་ལས་གྲུབ་ཡིན་ན། རྒྱུ་ཡང་གཞན་ལས་གྲུབ་པ་ཡིན། །གང་ལ་རང་ལས་གྲུབ་མེད་པ། །དེ་ཡིས་གཞན་ནི་ཇི་ལྟར་བསྐྱེད། །ཅེས་གསུངས་སོ། དེ་ལྟར་གང་གི་ཕྱིར་རྐྱེན་རྣམས་རང་ཉིད་རབ་ཏུ་མ་གྲུབ་རང་ལས་བྱུང་བ་མ་ཡིན་ཞིང་ངོ་བོ་ཉིད་མེད་པ་དེའི་ཕྱིར་རྐྱེན་བྱུང་མ་ཡིན། འབྲས་བུ་རྐྱེན་ལས་བྱུང་བ་མ་ཡིན་ནོ། །

（自方道，《中論》）云：

**1.13 果從緣而生，緣非從己生，是果從非己，如何從緣生？**[71]

若觀果非從緣變化、非緣之自性所生，（可知）諸緣並非從己變化、絕無自性、非自本性及非由己生，故無自性。

（雖是）非從己變化、絕無自性、非自本性、非由己生及無自性，但若執由彼等生果，觀察如何從緣生起時，若能至極成立毛線等因之本性、從己生，由毛線等因而生氎毽之論方能合理，（然）因等絕無自性、不從己生、無自性、由因變化、由因性、由因而生，爾時，氎毽從毛線而生之論如何應理？

阿闍黎聖天亦云：「氎毽若從因，因亦從他有，從己不成故，如何從他生？」諸緣絕無自性，非從己生，無有自性。

---

71 對勘本版的藏譯中論為：འབྲས་བུ་རྐྱེན་གྱི་རང་བཞིན་ན། །རྐྱེན་རྣམས་བདག་གི་རང་བཞིན་མིན། །བདག་དངོས་མིན་ལས་འབྲས་བུ་གང་། །དེ་ནི་ཇི་ལྟར་རྐྱེན་རང་བཞིན།（果若是緣性，緣等無自性，果非從自事，彼何為緣性？），故與此中所引的偈頌文有所出入；可參考 Nāgārjuna. *Dbu ma rtsa ba'i tshig le'ur byas pa shes rab,* 4。

（如《中論》云：）

**1.14.a 故非從緣生，**[72]

（總之，）果非從緣而有。

དེ་ལ་འདི་སྙམ་དུ་འབྲས་བུ་རྐྱེན་མ་ཡིན་པ་ལས་བྱུང་བར་སེམས་ན།

於此，若（他方）認爲：果可從非緣而有。

བཤད་པ། རྐྱེན་མིན་ལས་བྱུང་འབྲས་བུ་ནི། །ཡོད་མིན། གང་གི་ཚེ་སྣམ་བུ་རྒྱུ་སྤུན་ལས་བྱུང་བར་མི་འཐད་པ་དེའི་ཚེ་སྣམ་བུ་རྩི་རྐྱང་ལས་བྱུང་ངོ་། །ཞེས་བྱ་བ་འཇིག་རྟེན་དང་འགལ་བ་འདི་ཇི་ལྟར་འཐད་པར་འགྱུར། དེའི་ཕྱིར་འབྲས་བུ་རྐྱེན་མ་ཡིན་པ་ལས་བྱུང་བ་ཡང་མེད་དོ། །

（自方道，《中論》）云：

**1.14.b 非緣不生果，**[73]

說氊氀不應從毛線而有，卻只從顏料而生，與世間（所言）相違，如何應理？此故，絕非「果從非緣而生」。

---

72 對勘本版的藏譯中論為：དེ་ཕྱིར་རྐྱེན་གྱི་རང་བཞིན་མེད།（故非從緣性），故與此中所引的偈頌文有所出入；可參考 Nāgārjuna. *Dbu ma rtsa ba'i tshig le'ur byas pa shes rab,* 4。

73 對勘本版的藏譯中論為：རྐྱེན་མིན་རང་བཞིན་འབྲས་བུ་ཡིན། །ཡོད་མིན།（非緣性無果），故與此中所引的偈頌文有所出入；可參考 Nāgārjuna. *Dbu ma rtsa ba'i tshig le'ur byas pa shes rab,* 4。

སྨྲས་པ། རྐྱེན་རྣམས་ནི་ཡོད་པ་ཁོ་ན་ཡིན་ཏེ། ཅིའི་ཕྱིར་ཞེ་ན། རྐྱེན་དང་རྐྱེན་མ་ཡིན་པ་ངེས་པའི་ཕྱིར་རོ། །འདི་ན་རྐྱེན་དང་རྐྱེན་མ་ཡིན་པ་ངེས་པ་མཐོང་སྟེ། འབྲུ་དག་ལས་འབྲུ་མར་ཁོ་ན་འབྱུང་གི་མར་ནི་མི་འབྱུང་ངོ་། ཞོ་ལས་ནི་མར་ཁོ་ན་འབྱུང་གི་འབྲུ་མར་ནི་མི་འབྱུང་ངོ་། །བྱེ་མ་དག་ལས་ནི་དེ་གཉི་ག་མི་འབྱུང་ངོ་། །འདི་ལྟར་གང་གི་ཕྱིར་འདི་དག་ནི་འདི་རྐྱེན་ཡིན་ནོ། །འདི་དག་ནི་འདིའི་རྐྱེན་མ་ཡིན་ནོ་ཞེས་བྱ་བ་དེ་ཡོད་པས་དེའི་ཕྱིར་རྐྱེན་འགྲུབ་པོ། །

（他方）道：諸緣絕對存在。爲何？因爲決定有緣與非緣，絕對能見緣與非緣（之別）。譬如，米只產米油，不產奶油；（牛）奶只產奶油，不產米油；沙子不產兩者。如是，「彼等爲此緣、彼等非此緣」存在，故緣成立。

བཤད་པ། འབྲས་བུ་མེད་པས་ན། རྐྱེན་མིན་རྐྱེན་དུ་ག་ལ་འགྱུར། །འདི་ལ་ཁྱོད་ཀྱིས་འབྲུ་མར་ལ་སོགས་པ་འབྲས་བུ་འབྱུང་བ་དང་། མི་འབྱུང་བ་རྐྱེན་དང་རྐྱེན་མ་ཡིན་པར་ངེས་པའི་རྒྱུར་སྨྲས་པ་ནི་འབྲས་བུ་སྐྱེ་བ་མི་འཐད་དོ་ཞེས་སྔར་བསྟན་ཟིན་ཏེ། འབྲས་བུ་དེ་མེད་ན་འདི་དག་ནི་འདིའི་རྐྱེན་མ་ཡིན་ནོ། །འདི་དག་ནི་འདིའི་རྐྱེན་ཡིན་ནོ། །ཞེས་བྱ་བ་དེ་འཐད་པར་ག་ལ་འགྱུར། འབྲས་བུ་ལ་ལྟོས་ནས་དེ་གཉིས་སུ་འགྱུར་ན་འབྲས་བུ་དེ་ཡང་མེད་དོ། །འབྲས་བུ་མེད་པས་ན་རྐྱེན་མ་ཡིན་པ་དང་རྐྱེན་དུ་ག་ལ་འགྱུར། དེ་ལྟ་བས་ན་འབྲས་བུ་ཡང་མི་འཐད་ལ་རྐྱེན་དང་རྐྱེན་མ་ཡིན་པ་དག་ཀྱང་མེད་དོ། །འབྲས་བུ་དང་རྐྱེན་དང་རྐྱེན་མ་ཡིན་པ་དག་མེད་པས་སྐྱེ་བར་བརྗོད་པ་ནི་ཐ་སྙད་ཙམ་དུ་གྲུབ་པོ། །

（自方道，《中論》）云：

**1.14.cd 以果無有故，何有緣非緣？**

你說以會不會產生米油等果、決定緣與非緣之因。（然而，）前已說生果不成。既然無果，「彼等非此緣、彼等爲此緣」之論如何應理？該二[74]皆依賴果而有，果不存在、無果故，何來非緣及緣？此故，果不能成立，緣及非緣亦不存在。既無果、緣、非緣，所謂的「生」僅是名言！

རྐྱེན་བརྟག་པ་ཞེས་བྱ་བ་སྟེ་རབ་ཏུ་བྱེད་པ་དང་པོའོ།། །།

第一品——觀緣品——終。

74 緣與非緣之論。

# 第二品

# ——觀已去、未去、跨步[1]品——

སྨྲས་པ། ཁྱེད་ཀྱིས་སྐྱེ་བ་མེད་པའི་རིགས་པ་འདི་རྗེས་སུ་རབ་ཏུ་བསྟན་པས་ཁོ་བོའི་ཡིད་སྟོང་པ་ཉིད་ཉན་པ་ལ་ངོ་མཚར་སྙིང་པོ་ཅན་དུ་བྱས་ཀྱིས། ཇི་ལྟར་འཇིག་རྟེན་གྱི་[2] མངོན་སུམ་གྱི་འགྲོ་བ་དང་འོང་བ་མི་འཐད་པ་དེ་ཇེ་སྨྲོས་ཤིག །

（他方）道：你已廣示無生之理，令我心聽聞奇有空性具足意義。然而，爲何否認現前世間來去？請一一說明。

བཤད་པ། རེ་ཞིག་སོང་ལ་འགྲོ་མེད་དེ། །མ་སོང་བ་ལའང་འགྲོ་བ་མེད། །འདི་ལ་གལ་ཏེ་འགྲོ་བ་ཞིག་ཡོད་པར་གྱུར་ན། དེ་སོང་བ་ལའམ། མ་སོང་བ་ལ་ཡོད་པར་འགྱུར་གྲང་ན། དེ་ལ་རེ་ཞིག་སོང་བ་ལ་ནི་འགྲོ་བ་མེད་དོ། འགྲོ་བའི་བྱ་བ་འདས་ཟིན་པའི་ཕྱིར་རོ། མ་སོང་བ་ལ་འགྲོ་བ་མེད་དེ། །འགྲོ་བའི་བྱ་བ་མ་བརྩམས་པའི་ཕྱིར་རོ། །

（自方道，《中論》）云：

**2.1.ab 已去無行走，未去亦無行，**[3]

如果行走存在，其（行走）存在於已去之中，還是未去之中？已去之中無行走，因行走的動作已結束故；未去之中無行走，行走的動作未開始故。

སྨྲས་པ། དེ་ནི་དེ་བཞིན་ཏེ། སོང་བ་དང་མ་སོང་བ་ལ་འགྲོ་བ་མེད་མོད་ཀྱི། འོན་ཀྱང་བགོམ་པ་ལ་འགྲོ་བ་ཡོད་དོ། །

1 此論內，引文《中論》的「去」及「行」皆與行走同義。

2 根據北京版及奈塘版，改為 གྱི། 字。

3 對勘本版的藏譯中論為：རེ་ཞིག་སོང་ལ་མི་འགྲོ་སྟེ། །མ་སོང་བ་ལའང་འགྲོ་བ་མིན།（已去不行走，未去亦非行），故與此中所引的偈頌文有所出入；可參考 Nāgārjuna. *Dbu ma rtsa ba'i tshig le'ur byas pa shes rab,* 5。

（他方）道：是理（──上述義──）的確如是。行走雖不在於已去及未去之中，然而跨步[4]（中）行走是存在的。

བཤད་པ། སོང་དང་མ་སོང་མ་གཏོགས་པར། །བགོམ་པ་ཤེས་པར་མི་འགྱུར་རོ། །སོང་བ་དང་མ་སོང་བ་མ་གཏོགས་པར་བགོམ་པ་ཅི་ཞིག་ཡོད་དོ། །ཤེས་པར་མི་འགྱུར་རོ། །ཇི་ལྟར་ཞེ་ན། འདི་ལྟར། ཤེས་པར་མི་འགྱུར་རོ། །ཞེས་བྱ་བ་ནི། གཟུང་དུ་མེད་པས་ཏེ་མི་འཐད་དོ་ཞེས་བྱ་བའི་ཐ་ཚིག་གོ །དེ་ལྟར་གང་གི་ཕྱིར་སོང་བ་དང་མ་སོང་བ་མ་གཏོགས་པར་བགོམ་པ་གཟུང་དུ་མེད་པ་ཁོ་ན་སྟེ་མི་འཐད་པ་དེའི་ཕྱིར་མེད་པ་ཁོ་ན་ཡིན་པས་འགྲོ་བ་མེད་དོ། །

（自方道，《中論》）云：

**2.1.cd 離已去未去，不得知跨步。**

除了已去及未去，無從得知如何有跨步。為何？「不得知」謂「不可得」，意為不應理。除了已去及未去，跨步不可得；（無法被已去及未去所攝的跨步）實不應理，（其）不存在故，無行走。

སྨྲས་པ། བགོམ་པ་ཁོ་ན་ཡིན་ཏེ། དེ་ལ་འགྲོ་བ་ཡོད་དོ། ཇི་ལྟར་ཞེ་ན། གང་ན་གཡོ་བ་དེ་ན་འགྲོ །དེ་ཡང་གང་གི་བགོམ་པ་ལ། །གཡོ་བ་སོང་མིན་མ་སོང་མིན། །དེ་ཕྱིར་བགོམ་ལ་འགྲོ་བ་ཡོད། །འདི་ལ་ཁྱོད་ཀྱི་འགྲོ་བ་མེད་པའི་གཏན་ཚིགས་སུ་འགྲོ་བའི་བྱ་བ་

4 跨步為直譯。鳩摩羅什大師翻為「去時」，葉少勇翻為「正行處」。月稱論師於顯句論中說，言「跨步」謂「正在行走」之義（བགོམ་པ་ཞེས་བྱ་བ་ནི་འགྲོ་བཞིན་པ་ཞེས་བྱ་བའི་དོན་ཏོ།）。可參考 Candrakīrti, *Dbu ma rtsa ba'i 'grel pa tshig gsal*, 75。

འདས་ཟིན་པ་དང་མ་བརྩམས་པ་བསྟན་པ་དེའི་ཕྱིར། གང་ན་གཡོ་བ་དེ་ན་འགྲོ །ཞེས་བྱ་འདི་འབྱུང་བར་འགྱུར་ཏེ། དེ་ཡང་གང་གི་བགོམ་པ་ལ་གཡོ་བ་དེ་དམིགས་པ་ནའོ། །གང་གི་ཞེས་བྱ་བ་ནི་འགྲོ་བ་པོའི་ཞེས་བྱ་བའི་ཐ་ཚིག་གོ །དེ་ལྟར་གང་གི་ཕྱིར་གཡོ་བ་ནི་སོང་བ་ལ་མེད། མ་སོང་བ་ལ་ཡང་མེད་ཀྱི་བགོམ་པ་ལ་ཡོད་པ་དེའི་ཕྱིར་གང་ན་གཡོ་བ་ཡོད་པ་དེ་ན་འགྲོ་བ་ཡོད་དོ། །དེ་ལྟར་འགྲོ་བ་ཡོད་པས་བགོམ་པ་ལ་འགྲོ་བ་ཡོད་དོ། །

（他方）道：（行走）僅爲跨步，[5]於彼（——跨——）中有行走。爲何？

**2.2 動處則有去，何者跨步中，無已去未去，故跨步有行。**

（他方續道：）對於你否認行走的因相——行走的動作已過、尚未開始——做說明：「（2.2.a）動處則有去。」（緣取）何者的跨步便是緣取了移動。「何者」意指行走者。移動雖不存在於已去及未去之中，卻存在於跨步之中，所以何處有移動，該處便有行走。如是，行走存在的緣故，跨步具有行走。

བཤད་པ། བགོམ་ལ་འགྲོ་བ་ཡོད་པར་ནི། ཇི་ལྟ་བུར་ན་འཐད་པར་འགྱུར། །གང་ཚེ་འགྲོ་བ་མེད་པ་ཡི། བགོམ་པ་འཐད་པ་མེད་ཕྱིར་རོ། །འདི་ལ་ཁྱོད་འགྲོ་བ་དང་ལྡན་པས་བགོམ་པར་འདོད་ལ་དེ་ལ་འགྲོ་བ་ཡོད་དོ་ཞེས་ཟེར་ན་འདི་ལ་འགྲོ་བའི་བྱ་བ་ནི་གཅིག་ཏུ་ཟད་ལ། དེ་ནི་བགོམ་པ་ཞེས་བྱ་བ་དེ་ལ་ཉེ་བར་སྦྱར་བས་དེའི་ཕྱིར་འགྲོ་བ་ཞེས་བྱ་བ་དེ་

5 雖然佛護論中並未談及「僅為跨步」的主詞為何，但顯句論中卻有說道：བགོམ་པ་ལ་ནི་འགྲོ་བ་ཡོད་པ་ཉིད་དེ།（跨步中絕對有行走），所以譯者將行走解讀為「僅為跨步」的主詞。可參考 Candrakīrti, *Dbu ma rtsa ba'i 'grel pa tshig gsal,* 75。

ནི་འགྲོ་བའི་བྱ་བ་དང་བྲལ་བས་འགྲོ་བ་མེད་པར་ཐལ་བར་འགྱུར་རོ། །དེ་ཡང་མི་འཐད་དེ། འདི་ལྟར་འགྲོ་བ་མེད་པར་ཇི་ལྟར་འགྲོ་བར་འགྱུར། དེ་ལ་གང་གི་ཚེ་འགྲོ་བ་ཞེས་བྱ་བ་དེ་འགྲོ་བའི་བྱ་བ་དང་བྲལ་བས་མི་འཐད་པས་དེའི་ཚེ་བགོམ་པ་ལ་འགྲོ་བ་ཡོད་པར་ཇི་ལྟར་འཐད་པར་འགྱུར།

（自方）道：

**2.3 跨步中有去，如何能應理？何時無行走，跨步不應理。**[6]

於此，若你（認爲）因行走存在，承許（行走）爲跨步，又說於跨步中具有行走，（然）行走的作用僅能爲一，當此（——行走的作用——）與跨步結合的話，「行走」將與行走的作用分離，[7]應成無有行走，（故）此論亦不應理。

若無行走，怎有走動？因爲「行走」遠離行走的作用不應理，所以如何合理地安立跨步中有行走？

ཡང་གཞན་ཡང་། བཤད་པ། གང་གི་བགོམ་ལ་འགྲོ་ཡོད་པ། །དེ་ཡི་བགོམ་ལ་འགྲོ་མེད་པར། །ཐལ་བར་འགྱུར་ཏེ་གང་གི་ཕྱིར། །བགོམ་པ་ཁོང་དུ་ཆུད་ཕྱིར་རོ། །གང་གི་བློ་ལ་སྙོན་དེར་གྱུར་ན་མི་ཉུང་ངོ་སྙམ་པས་འགྲོ་བ་ཞེས་བྱ་བ་དེ་འགྲོ་བ་དང་ལྡན་པས་འགྲོ་བར་སེམས་པ་དེའི་ཡང་འགྲོ་བ་འགྲོ་བ་ཞེས་བྱ་བ་དེ་ལ་ཉེ་བར་སྦྱར་བ་བྱས་པས་བགོམ་པ་

---

6 關於 2.3.a，對勘本版的藏譯中論為：བགོམ་ལ་འགྲོ་བ་ཡིན་པར་ནི། （跨步中為去），故與此中所引的偈頌文有所出入；可參考 Nāgārjuna. *Dbu ma rtsa ba'i tshig le'ur byas pa shes rab, 5*。

7 因為行走的作用只有一者，所以其作用應該結合於跨步還是行走？如果該作用與跨步結合，將與行走分離，這樣一來，行走將無作用，故無行走。

ཉེ་འགྲོ་བ་མེད་པ་འགྲོ་བ་དང་བྲལ་བ་གྲོང་དང་གྲོང་ཁྱེར་ལྟ་བུར་ཐལ་བར་འགྱུར་ཏེ། དཔེར་ན་གྲོང་འགྲོ་ཞེས་བྱ་བ་དེ་བཞིན་དུ་བགོམ་པ་ཡང་ཐལ་བར་འགྱུར་བས་དེ་ཡང་མི་འདོད་དེ། དེའི་ཕྱིར་བགོམ་པ་ལ་འགྲོ་བ་ཡོད་དོ། །ཞེས་བྱ་བ་དེ་ཇི་ལྟར་ཡང་མི་འཐད་དོ། །

此外，（《中論》）云：

**2.4 跨步中有行，然其中卻無，應成是如此，通達跨步故。**[8]

某人認爲，若有其過[9]不應理，故（在此闡）說「行走」才具有行走；想走之意圖亦將行走（的作用）結合於「行走」。[10]所以，跨步應成無行走、遠離行走，如同（相互分離之）城鎮。

如同「走去城鎮」，則推論跨步（去城鎮）也應成立，此不應理故，無論如何不能成立跨步中有行。[11]

---

8 有關 2.4.ad，對勘本版的藏譯中論為：གང་གི་བགོམ་པ་ལ་འགྲོ་བ།（跨步中有行），以及 བགོམ་ལ་འགྲོ་བ་ཡིན་ཕྱིར་རོ།（跨步中行故）故與此中所引的偈頌文有所出入；可參考 Nāgārjuna. *Dbu ma rtsa ba'i tshig le'ur byas pa shes rab,* 5。

9 上一段由自宗指明對方立場的過失。

10 雖然直譯為「將行走結合於行走」，但該義甚難理解。故於此處參考根敦主巴（1391-1471）的中論釋文，書名為《中觀根本慧論語義詮釋・寶鬘論》（དབུ་མ་རྩ་བ་ཤེས་རབ་ཀྱི་ངག་དོན་བཤད་པ་རིན་པོ་ཆེའི་ཕྲེང་བ་ཞེས་བྱ་བ་བཞུགས་སོ།）—— Dge 'dun grub pa. *Dbu ma rtsa ba shes rab kyi ngag don bshad pa rin po che'i phreng ba zhes bya ba bzhugs so,* 133-134。 最終決定譯為：將行走的作用結合於行走。

11 2.4.abc：雖然敵方說跨步中有行走的作用，但行走的作用只有一個，而且該作用結合於行走並非跨步，所以於跨步中並無行走的作用，應成如此。2.4.d：敵方又說，可依「走去城鎮」的事例通達「跨步去城鎮」，所以跨步中的確有行走的作用。這也不應理，如前已言，行走的作用只有一個，該作用結合於行走

ཅི་སྟེ་སྐྱོན་དེར་གྱུར་ན་མི་རུང་ངོ་སྙམ་པས་འགྲོ་ཞེས་བྱ་བ་དེ་དང་བགོམ་པ་ཞེས་བྱ་བ་དེ་གཉིས་ཀ་ཡང་འགྲོ་བ་དང་ལྡན་པར་སེམས་ན།

如果認爲有其過不應理，做是念：行走與跨步兩者皆具行走（的作用）。

དེ་ལ་སྐྱོན་འདི་ཡོད་དེ། བཤད་པ། བགོམ་ལ་འགྲོ་བ་ཡོད་ན་ནི། །འགྲོ་བ་གཉིས་སུ་ཐལ་འགྱུར་ཏེ། །གང་གིས་བགོམ་པ་དེ་དང་ནི། །དེ་ལ་འགྲོ་བ་གང་ཡིན་པའོ། །བགོམ་པ་འགྲོ་བ་དང་ལྡན་པ་ལ་འགྲོ་བར་བརྟགས་ན། འགྲོ་བ་གཉིས་སུ་ཐལ་བར་འགྱུར་ཏེ། འགྲོ་བ་དང་ལྡན་པས་བགོམ་པ་ཞེས་བྱ་བར་འགྱུར་བ་དང་། དེ་ལ་འགྲོ་བ་ཞེས་བྱ་བའི་འགྲོ་བ་གཉིས་པར་བརྟག་པའོ། འགྲོ་བ་གཉིས་སུ་ནི་མི་འདོད་པས་དེའི་ཕྱིར་དེ་ཡང་མི་འཐད་དོ། །

（自方道：）這種說法[12]有下述過失。（《中論》）云：

**2.5 若跨步有行，應成二種行，何處誰跨步，[13]於此皆行走。**

如果因爲「跨步具有行走（的作用）」而觀執行走，應成兩種行走，即是觀爲：（一、）具有行走（作用）的「跨步」，二、走去該處的「行走」。（我）不承許兩種行走，故此（說）不應理。

---

並非跨步。

12 該論為：你於上述所言──行走與跨步兩者皆具行走的作用。

13 有關 2.5.c，對勘本版的藏譯中論為：གང་གིས་དེ་བགོམ་འགྱུར་བ་དང་།（由誰而跨步），故與此中所引的偈頌文有所出入；可參考 Nāgārjuna. *Dbu ma rtsa ba'i tshig le'ur byas pa shes rab,* 5。

དེ་ལ་སྐྱོན་གཞན་འདི་ཡང་ཡོད་དོ། ། རྐྱང་པ། འགྲོ་བ་གཉིས་སུ་ཐལ་འགྱུར་ན། །འགྲོ་བ་པོ་ཡང་གཉིས་སུ་འགྱུར། །གང་ཕྱིར་འགྲོ་པོ་མེད་པར་ནི། །འགྲོ་བ་འཐད་པར་མི་འགྱུར་ཕྱིར། །འགྲོ་བ་གཉིས་སུ་ཐལ་བར་འགྱུར་ན་འགྲོ་བ་པོ་ཡང་གཉིས་སུ་ཐལ་བར་འགྱུར་ཏེ། ཅིའི་ཕྱིར་ཞེ་ན། གང་ཕྱིར་འགྲོ་པོ་མེད་པར་ནི། འགྲོ་བ་ཐད་པར་མི་འགྱུར་ཕྱིར། །གང་གི་ཕྱིར་འགྲོ་བ་པོ་ཡོད་ན་འགྲོ་བ་ཡང་ཡོད་ཀྱི། འགྲོ་བ་པོ་སྤྱངས་ན་འགྲོ་བ་མེད་པ་དེའི་ཕྱིར་འགྲོ་བ་གཉིས་སུ་ཐལ་བར་འགྱུར་ན། འགྲོ་བ་པོ་ཡང་གཉིས་སུ་ཐལ་བར་འགྱུར་བས་དེ་ཡང་མི་འདོད་དེ། དེའི་ཕྱིར་དེ་ལྟར་སྐྱོན་དུ་མ་ཡོད་པས་བགོམ་པ་ལ་འགྲོ་བ་མེད་པ་ཉིད་དོ། །གང་གི་ཕྱིར་སོང་བ་དང་མ་སོང་བ་དང་བགོམ་པ་ལ་འགྲོ་བ་མི་འཐད་པ་དེའི་ཕྱིར་འགྲོ་བ་མེད་པ་ཁོ་ནའོ། །

於此，另有過失。（《中論》）云：

**2.6 若有二去法，則有二去者，以離於去者，去法不可得。**

若有兩種行走，應成兩種行者。爲何？「（2.6.cd）以離於去者，去法不可得」，有行者才有行走；若無行者，則無行走。所以，若有兩種行走，應成兩種行者，然而（我）不承許此（論）。

此（論述）具有諸多過患的緣故，跨步中絕對無行走。因爲已去、未去，及跨步都具有行走，實不應理。因此，行走根本不存在。

འདིར་སྨྲས་པ། སོང་བ་དང་མ་སོང་བ་དང་བགོམ་པ་ལ་འགྲོ་བ་མི་འཐད་དུ་ཟིན་ཀྱང་། འགྲོ་བ་པོ་ལ་བརྟེན་པའི་འགྲོ་བ་ཡོད་པ་ཉིད་དེ། འདི་ལྟར་འགྲོ་བ་པོ་ལ་འགྲོ་བ་དམིགས་པའི་ཕྱིར་རོ། །

於此，（他方）道：雖（說若云）於已去、未去，及跨步之中都具有行走，實不應理。然而行走依賴著行者而存在，因爲於行者之中可以緣取行走。

བཤད་པ། གལ་ཏེ་འགྲོ་པོ་མེད་གྱུར་ན། །འགྲོ་བ་འཐད་པར་མི་འགྱུར་ཏེ། འགྲོ་པོ་མེད་པར་གྱུར་ན་འགྲོ་བ་འཐད་པར་མི་འགྱུར་བར་ནི་སྔར་བསྟན་ཟིན་ཏོ། །གལ་ཏེ་འགྲོ་བ་པོ་མེད་པར་གྱུར་ན་འགྲོ་བ་འཐད་པར་མི་འགྱུར་ན་གང་འགྲོ་བ་པོ་ལ་བརྟེན་ཅིང་འགྲོ་བ་པོ་ལ་འདུག་པའི་འགྲོ་བ་དེ་གང་ཡིན།

（自方道，《中論》）云：

**2.7.ab 若離於去者，去法不可得，**

之前已述，沒有行者，行走不能成立。沒有了行者，將不能安立行走，（那麼）依賴行者、與行者有關的行走是什麼？

སྨྲས་པ། གང་འགྲོ་བ་པོ་ལ་འདུག་པའི་འགྲོ་བ་གཞན་འགྲོ་བ་པོ་ལས་ཐ་དད་དུ་གྱུར་པ་ཡོད་དོ་ཞེས་ནི་མི་སྨྲའོ། །འདི་ལྟར་འགྲོ་བ་གང་དང་ལྡན་པས་འགྲོ་བ་པོ་ཞེས་བྱ་བར་འགྱུར་བ་དེ་ཡོད་དོ་ཞེས་སྨྲའོ། །

（他方）道：（我）不承許「與行者有關的行走」[14]迥異於行者。如是，具有行走，故名爲行者，這是存在的。

འདིར་བཤད་པ། འགྲོ་བ་མེད་ན་འགྲོ་བ་པོ། །ཡོད་པ་ཉིད་དུ་ག་ལ་འགྱུར། །གལ་ཏེ་

14　「與行者無關的行走」及「與行者有關的行走」兩種中，後者與行者相異的立宗並非他方的主張。

རྟེན་ཅུང་ཟད་ཀྱང་མེད་པའི་འགྲོ་བ་ཞིག་རབ་ཏུ་གྲུབ་པར་གྱུར་ན་ནི་དེ་དང་འགྲོ་བ་པོའམ། འགྲོ་བ་པོ་མ་ཡིན་པ་ལྷན་པར་ཡང་འགྱུར་གྲང་ན། ཐ་དད་པར་གྱུར་པ་རྟེན་མེད་པའི་འགྲོ་བ་ནི་འགའ་ཡང་མེད་དེ། དེས་ན་ཐ་དད་པར་གྲུབ་པའི་འགྲོ་བ་མེད་པར་ཁྱོད་ཀྱིས་འགྲོ་བ་ལྡན་པས་འགྲོ་བ་པོར་འགྱུར་བ་ཡོད་པ་ཉིད་དུ་ག་ལ་འགྱུར་འགྲོ་བ་པོ་མེད་ན་ཡང་སུ་ཡི་འགྲོ་བར་འགྱུར་ཏེ། དེ་བས་ན་འགྲོ་བ་མེད་དོ། །

於此，（自方道，《中論》）云：

**2.7.cd 以無去法故，何得有去者？**

問：（你）至極成立毫無所依之行走，[15]其（存在）於行者之中，還是非行者之中？

已成相異[16]、無所依[17]的行走絕對不存在。明明沒有相異的行走，你卻（說）行走存在，故有行者，（此說）如何能立？既無行者，將是誰的行走？因此，行走不存在。

སྨྲས་པ། སྤྲོས་པ་འདིས་ཅི་བྱ། གང་ལ་ལྟོས་ནས་འགྲོའོ། །ཞེས་བྱ་བ་དེ་འགྲོ་བ་ཡིན་ནོ། །

（他方）道，何必多說。正所謂「觀待何法而行走」[18]，這就是行走。

15 如果，這種毫無自性依據的行走被你想方設法地去推理。

16 迴異於行者的行走。

17 無所依是直譯，意指沒有自性基礎的行走。

18 就像依賴拐杖而行走都是有目共睹的事實，所以行走是存在的。

འདིར་བཤད་པ། གལ་ཏེ་འགྲོ་པོ་ཞེས་བྱ་བ་དེ་ཉིད་རབ་ཏུ་གྲུབ་པར་གྱུར་ན་ནི་དེས་ན་འགྲོ་བ་ཡང་རབ་ཏུ་འགྲུབ་པར་འགྱུར་གྲང་ན། དེ་རབ་ཏུ་མི་འགྲུབ་པས་འགྲོ་བ་རབ་ཏུ་འགྲུབ་པར་ག་ལ་འགྱུར། ཇི་ལྟར་ཞེ་ན། འདི་ལ་འགྲོ་བ་ཞིག་ཡོད་ན་འགྲོ་བ་པོའམ། འགྲོ་བ་པོ་མ་ཡིན་པ་འགྲོ་གྲང་ན། འདིར་བཤད་པ། རེ་ཞིག་འགྲོ་པོ་མི་འགྲོ་སྟེ། །འགྲོ་བ་པོ་མིན་འགྲོ་པོ་མིན། །འགྲོ་པོ་འགྲོ་པོ་མིན་ལས་གཞན། །གསུམ་པ་གང་ཞིག་འགྲོ་བར་འགྱུར། །དེ་བས་ན་འགྲོའོ་ཞེས་བྱ་བ་ཉིད་མི་འགྲུབ་པོ། །ཅིའི་ཕྱིར་ཞེ་ན། མི་འཐད་པའི་ཕྱིར་རོ། །ཇི་ལྟར་ཞེ་ན། རེ་ཞིག་འགྲོ་པོ་འགྲོའོ་ཞེས། །ཇི་ལྟར་འཐད་པ་ཉིད་དུ་འགྱུར། །འགྲོ་བ་མེད་ན་འགྲོ་བ་པོ། །ནམ་ཡང་འཐད་པར་མི་འགྱུར་རོ། །འདི་ལ་འགྲོ་བ་པོ་འགྲོའོ། །ཞེས་བྱ་བ་ལ། འགྲོ་བའི་བྱ་བ་གཅིག་པུ་ཞིག་ཡོད་པ་དེ་ནི་འགྲོ་ཞེས་བྱ་བ་དེ་ལ་ཉེ་བར་སྦྱར་བས་དེས་ན་འགྲོ་བ་པོ་ནི་འགྲོ་བ་དང་བྲལ་ཏེ། གུབ་ཏ་དང་ཅཻ་ཏྲ་བཞིན་དུ་མིང་ཙམ་དུ་གྱུར་པར་ཐལ་བར་འགྱུར་བས་དེ་ཡང་མི་འདོད་དོ། །དེའི་ཚེ་གང་གི་ཚེ་འགྲོ་བ་མེད་ན་འགྲོ་བ་པོ་ནམ་ཡང་འཐད་པར་མི་འགྱུར་དེའི་ཚེ་འགྲོ་བ་པོ་འགྲོའོ་ཞེས་བྱ་བ་དེ་ཇི་ལྟར་འཐད་པ་ཉིད་དུ་འགྱུར།

於此，（自方）道：至極成立行者故，至極成立行走（的論述實不應理，因爲）其（行者）絕不成立，如何至極成立行走？爲何？若存在行走，請問：是行者（行走），還是非行者行走？於此，（《中論》）云：

**2.8 去者則不去，不去者不去，[19]離去不去者，無第三去者。**

19 有關 2.8.b，對勘本版的藏譯中論為：འགྲོ་བ་པོ་མིན་འགྲོ་བ་མིན།（不去者不去），故與此中所引的偈頌文有所出入；可參考 Nāgārjuna. *Dbu ma rtsa ba'i tshig le'ur byas pa shes rab*, 5。

因此，不成立行走。爲何？不應理故。爲何？（如《中論》）云：

**2.9 若言去者去，如何能應理？ 若離於去法，去者不可得。**[20]

於此，行者行走時，唯一的行走作用與「行走」結合的緣故，行者將與行走分離，應如古達與杰達，應成唯名而已，所以（我）不承許此（論）[21]。因爲沒有行走，永不成立行者，如此，行者行走如何應理？

ཡང་གཞན་ཡང་བཤད་པ། གང་གི་ཕྱོགས་ལ་འགྲོ་བ་པོ། འགྲོ་བ་དེ་ལ་འགྲོ་མེད་པའི། །འགྲོ་པོ་ཡིན་པར་ཐལ་འགྱུར་ཏེ། །འགྲོ་པོ་འགྲོ་བར་འདོད་ཕྱིར་རོ། །གང་གི་ཕྱོགས་ལ་སྔོན་དེར་གྱུར་ན་མི་ཧྭང་ངོ་སྙམ་པས་འགྲོ་བ་པོ་འགྲོ་བ་དང་ལྡན་པས་འགྲོ་པོ་སྙམ་པ་དེ་ལ་ཡང་འགྲོ་བ་པོ་ཞེས་བྱ་བ་དེ་ལ་འགྲོ་བའི་བྱ་བ་ཉེ་བར་སྦྱར་བ་བྱས་པས་འགྲོ་བ་མེད་པའི་འགྲོ་བ་པོ་ཡིན་པར་ཐལ་བར་འགྱུར་བ་སྟེ། འགྲོ་བ་པོ་འགྲོ་བ་འདོད་པའི་ཕྱིར་འགྲོ་བ་མེད་པར་འགྲོའོ་ཞེས་བྱ་བ་དེར་ཐལ་བར་འགྱུར་རོ། །ཞེས་བྱ་བའི་ཐ་ཚིག་གོ །དེ་ནི་མི་འཐད་དེ། འགྲོའོ་ཞེས་བྱ་བ་དེ། འགྲོ་བ་མེད་པར་ཇི་ལྟར་འགྱུར་རོ། །

此外，（自方道，《中論》）又云：

**2.10 「去者具去法」，謂此則應成，離去之去者，說去者去故。**

20 有關 2.9，對勘本版的藏譯中論為：།གང་ཚེ་འགྲོ་བ་མེད་པར་ནི། །འགྲོ་པོ་འཐད་པར་མི་འགྱུར་ན། །རེ་ཞིག་འགྲོ་པོ་འགྲོའོ་ཞེས། །ཇི་ལྟར་འཐད་པ་ཉིད་དུ་འགྱུར།（若離於去法，去者不可得，若言去者去，云何有此義？），故與此中所引的偈頌文有所出入；可參考 Nāgārjuna. *Dbu ma rtsa ba'i tshig le'ur byas pa shes rab,* 5。

21 行者行走之論。

如果認爲有其過不應理，做是念：行者具有行走（的作用），故（爲）行者。

行者與行走的作用結合，應成無行走之行者，因爲（你）承許行者具有行走（的作用）。[22]如此，應成無行走（作用）之行走，（因其二應成之過）皆是同義，（然而此論）不應理，因爲行走如何能無行走（的作用）？

ཅི་སྟེ་སྐྱོན་དེར་གྱུར་ན་མི་རུང་ངོ་སྙམ་པས་འགྲོ་བ་པོ་ཞེས་བྱ་བ་དང་། འགྲོ་བ་པོ་ཞེས་བྱ་བ་དེ་གཉི་ག་ཡང་འགྲོ་བ་དང་ལྡན་ནོ་ཞེ་ན།

如果（他方）認爲有其過不應理，做是說：行者與行者兩者[23]皆具行走。

དེ་ལ་ཡང་སྐྱོན་འདི་ཡོད་དེ། བཤད་པ། གལ་ཏེ་འགྲོ་པོ་འགྲོ་འགྱུར་ན། །འགྲོ་བ་གཉིས་སུ་ཐལ་འགྱུར་ཏེ། །གང་གིས་འགྲོ་པོར་མངོན་པ་དང་། །འགྲོ་པོར་གྱུར་ནས་གང་འགྲོ་བའོ། །འགྲོ་བ་པོ་འགྲོ་བ་དང་ལྡན་པ་ལ་འགྲོ་བར་བརྟགས་ན་འགྲོ་བ་གཉིས་སུ་ཐལ་བར་འགྱུར་ཏེ། འགྲོ་བ་གང་དག་ལྡན་པས་འགྲོ་བ་པོ་ཞེས་བྱ་བར་མངོན་པ་དང་། དེ་འགྲོ་བ་གང་ལ་ལྟོས་ནས་འགྲོའོ་ཞེས་བྱ་བར་འགྱུར་བའོ། །འགྲོ་བ་གཉིས་སུ་ནི་མི་འཐད་དེ། འགྲོ་

---

22 唯一的行走作用只與行者結合的話，將不結合於行走。既然行走不須觀待行走的作用，具有行走作用之行者則不須觀待行走，如此一來，應成無行走之行者，因為你許行走作用只與行者結合的緣故。

23 直譯甚難理解，但月稱論師於顯句論說：འགྲོ་བ་མེད་པའི་འགྲོ་པོ་ཡིན་པར་ཞེས་བྱ་བའི་ངག་འདིའི་འགྲོ་བ་པོ་ཞེས་བྱ་བའི་སྒྲ་ནི་འགྲོ་བའི་བྱ་བ་འདིའི་དོན་ལ་འཇུག་གོ །ཅི་སྟེ་འགྲོ་བ་པོ་འགྲོའོ་ཞེས་གཉི་ག་ཡང་། འགྲོ་བ་དང་ལྡན་པར་འདོད་དོ་ཞེ་ན། 。此故，譯者認為，第一個行者是「無行走之行者」，第二個行者是言「行者行走」之行者。可參考 Candrakīrti, *Dbu ma rtsa ba'i 'grel pa tshig gsal,* 80.

བ་གཉིས་སུ་ཐལ་བར་གྱུར་ན་སྔ་མ་བཞིན་དུ་འགྲོ་བ་པོ་ཡང་གཉིས་སུ་ཐལ་བར་འགྱུར་བས་དེ་ཡང་མི་འདོད་དེ་དེ་ལྟ་བས་འགྲོ་བ་པོ་འགྲོའོ་ཞེས་བྱ་བ་དེ་མི་འཐད་དོ། །ད་ནི་འགྲོ་བ་པོ་མ་ཡིན་པ་ཡང་མི་འགྲོ་སྟེ། གང་གི་ཚེ་འགྲོ་བ་པོ་འགྲོ་པོ་ཞེས་བྱ་བ་དེ་མི་འཐད་པ་དེའི་ཚེ་འགྲོ་བ་པོ་མ་ཡིན་པ་འགྲོ་བ་དང་བྲལ་བའང་འགྲོ་བའོ། །ཞེས་བྱ་བ་དེ་ཇི་ལྟར་འཐད་པ་ཉིད་དུ་འགྱུར། དེ་ལྟ་བས་ན་འགྲོ་བ་པོ་མ་ཡིན་པ་ཡང་མི་འགྲོའོ། །

（自方）道：也有（下述）這類過失。（《中論》）云：

**2.11 若去者有去，[24]應成兩種去：由去成去者，由去者成去。**

有關行者具有行走，若觀察行走，行走應成兩種：因存在某行走而被顯爲行者，及依賴某行走而爲行走。[25]

（有）兩種行走實不應理。如前已述，若（有）兩種行走，應成兩種行者，然（而我）不承許該（論）。因此，行者行走實不應理。

此時，非行者亦不行走，因爲行者行走都不應理，非行者、離行走（之）行走，如何應理？因此，非行者不行走。

དེ་ལ་འདི་སྙམ་དུ་འགྲོ་བ་པོ་ཡིན་པ་དང་འགྲོ་བ་པོ་མ་ཡིན་པ་འགྲོ་བར་སེམས་ན།

（他方）認爲：係屬行者及非行者（都在）行走。

24 有關 2.11.a，對勘本版的藏譯中論為：གལ་ཏེ་འགྲོ་པོ་འགྲོ་གྱུར་ན།，故與此中所引的偈頌文有所出入；可參考 Nāgārjuna. *Dbu ma rtsa ba'i tshig le'ur byas pa shes rab*, 5。

25 兩種行走為：透過某行走的動作而稱為「行者的行走」，以及透過某行走的動作而稱為「行走的行走」。

བཤད་པ། འགྲོ་པོ་འགྲོ་པོ་མིན་ལས་གཞན། །གསུམ་པོ་གང་ཞིག་འགྲོ་བར་འགྱུར། །འགྲོ་བ་པོ་དང་འགྲོ་བ་པོ་མ་ཡིན་པ་ལས་གཞན་པ་གསུམ་པ། འགྲོ་བ་པོ་ཡིན་པ་དང་འགྲོ་བ་པོ་མ་ཡིན་པ་གང་འགྲོའོ་ཞེས་བྱ་བར་འཐད་པ་ཞིག་གང་ཞིག་ཡིན། དེ་ལྟ་བས་ན་མེད་པའི་ཁོ་ནའི་ཕྱིར་འགྲོ་བ་པོ་ཡིན་པ་[26]དང་འགྲོ་བ་པོ་མ་ཡིན་པ་ཡང་མི་འགྲོའོ། །དེ་ལྟར་གང་གི་ཕྱིར་འགྲོ་བ་པོ་དང་། འགྲོ་བ་པོ་མ་ཡིན་པ་དང་། འགྲོ་བ་པོ་ཡིན་པ་དང་། འགྲོ་བ་པོ་མ་ཡིན་པ་འགྲོའོ། །ཞེས་བྱ་བ་དེ་མི་འཐད་པ་དེའི་ཕྱིར། འགྲོའོ་ཞེས་བྱ་བ་དེ་རབ་ཏུ་མི་འགྲུབ་བོ། འགྲོའོ་ཞེས་བྱ་བ་དེ་མེད་ན་འགྲོ་བ་རབ་ཏུ་འགྲུབ་པར་ག་ལ་འགྱུར།

（自方）道：「（2.8.cd）離去不去者，無第三去者。」除了行者及非行者外的第三者──所謂的「係屬行者與非行者」[27]──具有行走，如何應理？

（第三者）根本不存在，係屬行者與非行者不行走。行者、非行者、係屬行者與非行者（之）行走，實不應理，故行走絕對不能成立。若無行走，如何至極成立行走？

འདིར་སྨྲས་པ། འགྲོ་བ་པོ་དང་། འགྲོ་བ་པོ་ཡིན་པ་དང་། འགྲོ་བ་པོ་མ་ཡིན་པ་འགྲོའོ། ཞེས་བྱ་བ་མི་འཐད་དུ་ཟིན་ཀྱང་། གུབ་ཏ་འགྲོའོ། །ཅཻ་ཏྲ་འགྲོའོ་ཞེས་བྱ་བ་དེ་ལ་འགྲོའོ་ཞེས་བྱ་བ་འཐད་དོ། །

於此，（他方）道：行者、係屬行者，以及非行者皆有行走，實不應理，但「古達行走」、「杰達行走」（等）行走論

---

26 根據北京版及奈塘版，改為འགྲོ་བ་པོ་ཡིན་པ།。

27 於此論中，會反覆看到「係屬甲與非甲」的用詞，其義是指：也是甲的同時，亦屬非甲。

（應當）合理。

བཤད་པ། དེས་ནི་ཅི་ཡང་སྨྲས་པ་མ་ཡིན་ཏེ། གྱུབ་ཏ་ལ་བརྟེན་ན་ཅི་གྱུབ་ཏ་འགྲོ་བ་པོར་གྱུར་ནས་འགྲོའམ། འོན་ཏེ་འགྲོ་བ་པོ་མ་ཡིན་འགྲོའམ། འོན་ཏེ་འགྲོ་བ་པོ་ཡིན་པ་དང་། འགྲོ་བ་པོ་མ་ཡིན་པ་ཞིག་འགྲོ་ཞེས་བྱ་བ་འདི་གསལ་བ་མ་བྱས་སམ། དེ་ལྟ་བས་ན་འདི་ནི་ཕྱི་ནའོ། །

（自方）道：你所說的完全（不合理）。（當古達行走的現象）觀待古達時，古達轉爲行者後而行走呢？還是非爲行者（而）行走呢？（我）難道沒有破除係屬行者及非行者（的）行走論嗎？是故，（你的觀點）實爲荒謬。

འདིར་སྨྲས་པ། འགྲོ་བ་ནི་ཡོད་པ་ཁོ་ནའོ། །ཅིའི་ཕྱིར་ཞེ་ན། འགྲོ་བའི་བྱ་རྩོམ་པ་ཡོད་པའི་ཕྱིར་རོ། །འདི་ལ་སོང་བ་དང་མ་སོང་བ་དང་བགོམ་པ་ལ་འགྲོ་བ་ཡོད་དོ། །ཞེས་བྱ་བ་དེ་བརྗོད་པར་མི་ནུས་སུ་ཟིན་ཀྱང་། གང་གི་ཚེ་སྡོད་པ་ལསའགྲོ་བ་དེའི་ཚེ་ན་སྡོད་པའི་བྱས་པ་འདས་མ་ཐག་ཏུ་འགྲོ་བའི་བྱ་བ་འཇུག་པར་འགྱུར་བས་དེ་ལྟ་བས་ན་བྱ་བ་རྩོམ་པ་ཡོད་པས་འགྲོ་བ་ཡོད་པ་ཁོ་ནའོ། །

於此，（他方）道：行走絕對存在。爲何？因爲可發起行走的作用是存在的。雖然不成（立）該（論）——已去、未去，及跨步皆存在行走，（然而因爲）從停留[28]（而）行走，結束停留作用的同時，（正是）趨入行走的作用、發起（行走的）作用之時，所以，行走絕對存在。

28 鳩摩羅什大師譯為「住」，葉少勇譯為「駐立」，明性法師也譯為「住」。此論中說，該詞為行走的相反詞，所以譯者決定譯為「停留」。

བཤད་པ། ཅི་ཁྱོད་མིང་གཞན་དུ་བསྒྱུར་བས་སེམས་རྨོངས་ནས་རང་གི་བུ་ངོ་མི་ཤེས་སམ། ཁྱོད་དོན་དེ་ཉིད་ལ་བློ་ཕྱི་མས་བརྗོད་པ་གཞན་གྱིས་བརྗོད་ཀྱི་འགྲོ་བའི་བྱ་བ་རྩོམ་པ་ཡོད་པར་ཡོངས་སུ་བརྟག་པ་གང་ཡིན་པ་དེ་ཡང་སོང་བའམ་མ་སོང་བའམ། བགོམ་པ་ལ་ཡོད་གྲང་ན། དེ་ལ་གཏན་ཚིགས་སྔར་བསྟན་པ་དག་ཉིད་ཀྱིས་བཤད་པ། སོང་ལ་འགྲོ་བའི་རྩོམ་མེད་དེ། །ཅིའི་ཕྱིར་ཞེ་ན། འགྲོ་བའི་བྱ་བ་འདས་ཟིན་པའི་ཕྱིར་རོ། །མ་སོང་བ་ལའང་འགྲོ་རྩོམ་མེད། །ཅིའི་ཕྱིར་ཞེ་ན། འགྲོ་བའི་བྱ་བ་མ་བརྩམས་པའི་ཕྱིར་རོ། །བགོམ་ལ་རྩོམ་པ་ཡོད་མིན་ན། །ཅིའི་ཕྱིར་ཞེ་ན། བགོམ་པ་མེད་པའི་ཕྱིར་དང་། འགྲོ་བ་གཉིས་སུ་ཐལ་བར་འགྱུར་བའི་ཕྱིར་དང་། འགྲོ་བ་པོ་གཉིས་སུ་ཐལ་བར་འགྱུར་བའི་ཕྱིར་རོ། །གང་དུ་འགྲོ་བ་རྩོམ་པར་བྱེད། །ཅེས་བྱ་བའི་ལན་དེ་ད་སྨྲོས་ཤིག །དེ་ལྟ་བས་ན་འགྲོ་བའི་རྩོམ་པ་མེད་དོ། །རྩོམ་པ་མེད་ན་འགྲོ་བ་ཡོད་པར་ག་ལ་འགྱུར།

（自方）道：若因改名而蒙昧你心，就不會認得自己孩子的面貌？對於該義，你因（某）後發的想法，做其他解釋。[29]

周遍[30]觀察所有發起行走作用，問：其（發起行走）存在於已去、未去，還是跨步之中？於此，依前示因相而釋。（《中論》云：）

### 2.12.a 已去中無發，

爲何？因爲行走的作用已經過去了。

29 因由藏文直譯，可能不太好理解後半段。在此可參考葉少勇由梵版《佛護論》所譯的文句——葉少勇，《中論頌與佛護釋——基於新發現梵文寫本的文獻學研究》, 24：「那你豈不是因換了名字而心智迷惑，不識自己兒子的面容？你以後一觀點，以另一種說法，說的仍是這個（同樣的）意義！」

30 全面、全方位。

**2.12.b 未去中無發，**

爲何？因爲行走的作用尚未發起。

**2.12.c 跨步中無發，**

爲何？無跨步故，應成兩種行走及應成兩種行者。

**2.12.d 何處當有發？**

現在，請（你）回覆（上述的問題）。此故，不存在發起行走；若無發起，如何存在行走？

འདིར་སྨྲས་པ། འགྲོ་བ་ནི་ཡོད་པ་ཁོ་ནའོ། །ཅིའི་ཕྱིར་ཞེ་ན། བགོམ་པ་དང་སོང་བ་དང་མ་སོང་བ་ཡོད་པའི་ཕྱིར་ཏེ། གང་གི་ཕྱིར་འགྲོ་བ་དང་ལྡན་པའི་ཕྱིར་བགོམ་པ་ཞེས་བྱ་བ་ཡིན་ལ། འགྲོ་བ་མཐར་ཕྱིན་པ་ནི་སོང་བ་ཞེས་བྱ་བ་ཡིན། འགྲོ་བའི་བྱ་བ་མ་སོང་བ་ལ་ལྟོས་ནས་མ་སོང་བ་ཞེས་བྱ་བ་ཡིན་པས་ན་དེ་ལྟ་བས་ན་བགོམ་པ་དང་སོང་བ་དང་། མ་སོང་བ་ཡོད་པའི་ཕྱིར་འགྲོ་བ་ཡོད་དོ། །

於此，（他方）道：行走絕對存在。爲何？因有跨步、已去及未去。因爲具有行走而說跨步、因爲究竟行走而說已去、因未成行走作用而說未去。總之，因有跨步、已去及未去的緣故，存在行走。

བཤད་པ། ཅི་ཕྱིད་ནམ་མཁའ་འདི་ལ་ལྷུང་བར་བསྐྱོད་དམ། གང་གི་ཚེ། འགྲོ་བ་རྩོམ་པའི་སྔ་རོལ་ན། །གང་དུ་འགྲོ་བ་རྩོམ་འགྱུར་བ། །བགོམ་པ་མེད་ཅིང་སོང་བ་མེད། །འདི་ལ་འགྲོ་བ་རྩོམ་པའི་སྔ་རོལ་སྔོད་པར་གྱུར་པ་ན་གང་དུ་འགྲོ་བ་རྩོམ་པར་འགྱུར་བའི་

བགོམ་པ་ཡང་མེད་ཅིང་། སོང་བ་ཡང་མེད་དོ། །འགྲོ་བ་རྩོམ་པ་མེད་ན་བགོམ་པ་འགྲོ་བ་དང་ལྡན་པར་ག་ལ་འགྱུར། འགྲོ་བ་དང་ལྡན་པ་མེད་ན་འགྲོ་བ་མཐར་ཕྱིན་པ་ཡོད་པར་ཡང་ག་ལ་འགྱུར།

（自方）道：你是否於虛空中站立行走？[31]（《中論》云：）

**2.13.abc 發起行走前，發去之跨步，及已去皆無，**

於此，發起行走之前正在停留，將要發起行走至某處的跨步不存在以外，已去也不存在。若無發起行走，跨步中如何具有行走？既無具有行走，如何存在究竟行走？

འདིར་སྨྲས་པ། མ་སོང་བ་ནི་ཡོད་དེ། དེར་འགྲོ་བ་རྩོམ་པར་འགྱུར་རོ། །

於此，（他方）道：未去是存在的，於其發起行走。

བཤད་པ། མ་སོང་འགྲོ་བ་ག་ལ་ཡོད། །འདི་ལ་སྡོད་ཅིང་མི་བསྐྱོད་པ་གང་ཡིན་པ་དེ་ནི་མ་སོང་བ་སྟེ། དེ་ལ་ནི་རྩོམ་པ་མེད་དོ། །གང་གི་ཚེ་སྐྱོད་པར་བྱེད་པ་དེའི་ཚེ་ན་ནི་གོ་སྐབས་གང་དུ་སྐྱོད་པར་བྱེད་པ་དེ་མ་སོང་བ་མ་ཡིན་ནོ། །དེའི་ཚེ་མ་སོང་བའི་གོ་སྐབས་གང་ཡིན་པ་དེ་ལ་ནི་བསྐྱོད་པ་མེད་དོ། །དེ་ལྟ་བས་ན་མ་སོང་བ་ལ་འགྲོ་བའི་རྩོམ་པ་གང་ལ་ཡོད། དེ་ལྟར་བརྟགས་ན། འགྲོ་རྩོམ་རྣམ་པ་ཐམས་ཅད་དུ། །སྣང་བ་མེད་པ་ཉིད་ཡིན་ན། །སོང་བ་ཅི་ཞིག་བགོམ་པ་ཅི། །མ་སོང་ཅི་ཞེས་རྣམ་པར་བརྟག །གང་གི་ཚེ་དེ་ལྟར་རྣམ་པ་ཐམས་ཅད་ཀྱིས་རྣམ་པར་བརྟག་པ་ན་འགྲོ་བའི་རྩོམ་པ་སྣང་བ་མེད་པ་ཉིད་ཡིན་པ་དེའི་ཚེ་

31 謂荒謬的言論，因為無為虛空不能被行走。

ཁྱོད་ཀྱི་སོང་བ་ཡང་ཅི། བགོམ་པ་ཡང་ཅི། མ་སོང་བ་དེ་ཡང་ཅི། ཞེས་རྣམ་པར་བརྟག

（自方道，《中論》）云：

**2.13.d 未去何有行？**

於此，凡是正在停留、無有移動者，皆爲未去，於此中並無（行走的）發起。何時行走，爾時正屬移動之時，並非未去。凡屬未去之時，彼時無有行走。因此，於未去中如何發起行走？如是觀察，（如《中論》云：）

**2.14 若去發諸相，是無有相故，觀相何已去、跨步及未去。**[32]

以一切相而觀察時，行走之發起是無相的緣故，怎能觀察什麼是你的已去？什麼是跨步？什麼是未去？

སྨྲས་པ། རེ་ཞིག་མ་སོང་བ་ནི་ཡོད་དོ། །

（他方）道：首先，非去是存在的。

བཤད་པ། ཅི་ཁྱོད་བུ་མ་བཙས་པར་འཆི་བའི་སྐྱ་དན་བྱེད་དམ། ཁྱོད་སོང་བ་མེད་པར་མ་སོང་བ་ལ་རྟོག་གོ། །འདི་ལྟར་སོང་བའི་གཉེན་པོ་ནི་མ་སོང་བ་དེ་ཡིན་ན། དེ་ལ་གལ་ཏེ་སོང་བ་ཉིད་མེད་ན་ཁྱོད་ཀྱི་མ་སོང་བ་ཡོད་པར་ག་ལ་འགྱུར།

（自方）道：爲何你的孩子尚未誕生，（你）卻已（因喪

32 有關 2.14.d，對勘本版的藏譯中論為：།མ་སོང་ཅི་ཞིག་རྣམ་པར་བརྟག，故與此中所引的偈頌文有所出入；可參考 Nāgārjuna. *Dbu ma rtsa ba'i tshig le'ur byas pa shes rab*, 6。

子）哀悼而苦？

既無去，你（卻）執非去；去的反方爲非去，若無去，如何能有你（說）的非去？

སྨྲས་པ། གལ་ཏེ་གཉེན་པོ་མེད་པས་སོང་བ་མེད་ན་འོ་ན། འགྲོ་བ་འགྲུབ་པོ། །ཅིའི་ཕྱིར་ཞེ་ན། མི་མཐུན་པའི་ཡོད་པའི་ཕྱིར་ཏེ། འདི་ལྟར་འགྲོ་བའི་མི་མཐུན་པ་སྡོད་པ་ཡོད་དེ། དེ་བས་ན་མི་མཐུན་པ་ཡོད་པའི་ཕྱིར་འགྲོ་བ་ཡོད་པ་ཁོ་ནའོ། །

（他方）道：（雖說）因無反方而無去。然而，行走（卻）可成立。爲何？因爲有不同方[33]的存在。如是，既有行走的不同方（——停留），存在（其）不同方的緣故，行走絕對存在。

བཤད་པ། གལ་ཏེ་སྡོད་པ་ཡོན་ན་ནི་འགྲོ་བ་ཡང་ཡོད་པར་འགྱུར་གྲང་ན། སྡོད་པ་མི་འཐད་པས་འགྲོ་བ་ཡོད་པར་ག་ལ་འགྱུར། ཇི་ལྟར་ཞེ་ན། འདི་ལ་གལ་ཏེ་སྡོད་པ་ཡོད་པར་གྱུར་ན། འགྲོ་བ་པོའི་འམ། འགྲོ་བ་པོ་མ་ཡིན་པའི་ཡིན་གྲང་ན། དེ་ལ། རེ་ཞིག་འགྲོ་པོ་མི་སྡོད་དེ། །འགྲོ་བ་པོ་མིན་སྡོད་པ་མིན། །འགྲོ་པོ་འགྲོ་པོ་མིན་ལས་གཞན། །གསུམ་པ་གང་ཞིག་སྡོད་པར་འགྱུར། །དེ་ལྟ་བས་ན་སྡོད་པ་ནི་མེད་པ་ཁོ་ནའོ། །ཅིའི་ཕྱིར་ཞེ་ན། མི་འཐད་པའི་ཕྱིར་རོ། །ཇི་ལྟར་ཞེ་ན། བཤད་པ། རེ་ཞིག་འགྲོ་པོ་སྡོད་དོ་ཞེས། །ཇི་ལྟར་འཐད་པ་ཉིད་དུ་འགྱུར། །འགྲོ་བ་མེད་ན་འགྲོ་བ་པོ། །ནམ་ཡང་འཐད་པར་མི་འགྱུར་རོ། །འདི་ལ་འགྲོ་བ་དང་ལྡན་པས་འགྲོ་བ་པོར་འགྱུར་བས་འགྲོ་བ་མེད་ན། འགྲོ་བ་པོར་མི་འཐད་པ་

33 不同方為直譯。在此「不同方」為行走的不同方——謂行走的反方。如此論於下段云：འགྲོ་བ་ལོག་པ་ནི་སྡོད་པ་ཞེས་བྱ་བ་ན་འགྲོ་བ་དང་སྡོད་པ་མི་མཐུན་པ་དེ་གཉིས་གཅིག་ན་ལྷན་གཅིག་འདུག་པ་མེད་དོ།（行走的反方謂「停留」，停留與行走兩者為不同方、無法於一時處同俱。）

ཉིད་དོ། །འགྲོ་བ་ལོག་པ་ནི་སྡོད་པ་ཞེས་བྱ་བ་ན་འགྲོ་བ་དང་སྡོད་པ་མི་མཐུན་པ་དེ་གཉིས་གཅིག་ན་ལྷན་གཅིག་འདུག་པ་མེད་དོ། །དེའི་ཕྱིར་དེ་ལྟར་རེ་ཞིག་འགྲོ་བ་པོ་སྡོད་དོ་ཞེས་བྱ་བ་དེ་ཇི་ལྟར་འཐད་པ་ཉིད་དུ་འགྱུར། དེ་ནི་འགྲོ་བ་པོ་མ་ཡིན་པ་ཡང་མི་སྡོད་དེ། ཅིའི་ཕྱིར་ཞེ་ན། འགྲོ་བ་མེད་པའི་ཕྱིར་རོ། །འདི་ལ་འགྲོ་བ་ལོག་པ་ནི་སྡོད་པ་ཞེས་བྱ་བ་ན་འགྲོ་བ་པོ་མ་ཡིན་པ་ནི་འགྲོ་བ་དང་བྲལ་བའི་ཕྱིར་སྡོད་པ་ཉིད་ཡིན་པས་དེ་ལ་ཡང་སྡོད་པས་ཅི་ཞིག་བྱ། སྡོད་པ་དེ་ལ་ཡང་སྡོད་པར་བརྟག་ན། སྡོད་པ་གཉིས་སུ་ཐལ་བར་འགྱུར་བ་དང་། སྡོད་པ་པོ་ཡང་གཉིས་སུ་ཐལ་བར་འགྱུར་བས་དེའི་ཕྱིར་འགྲོ་བ་པོ་མ་ཡིན་པ་ཡང་མི་སྡོད་དོ།

（自方）道：若言「因爲存在停留，行走亦（應）存在」的話，（然）停留非理故，何來行走？爲何？於此，如果停留是存在，（該動作是來自）行走者，還是非行走者呢？

首先，行走者不應停留。（如《中論》云：）

**2.15 去者則不住，不去者不住，離去不去者，何有第三住？**

此故，停留絕對不存在。爲何？不應理故。爲何？（如《中論》云：）

**2.16 謂行者停留，如何能應理？若無有行走，行者永非理。**[34]

34 有關 2.16，對勘本版的藏譯中論為：གང་ཚེ་འགྲོ་བ་མེད་པར་ནི། །འགྲོ་པོ་འཐད་པར་མི་འགྱུར་ན། །རེ་ཞིག་འགྲོ་པོ་སྡོད་དོ་ཞེས། །ཇི་ལྟར་འཐད་པ་ཉིད་དུ་འགྱུར།（無有行走時，行者非理故，謂行者停留，如何能應理？），故與此中所引的偈頌文有所出入；可參考 Nāgārjuna. *Dbu ma rtsa ba'i tshig le'ur byas pa shes rab*, 6。

因爲具有行走，方爲行者；若無行走，行者將不應理。行走的反方爲停留，停留與行走兩者爲不同方，不會並存。因此，行者停留如何應理？

非行者亦不停留。爲何？無行走故。於此，行走的反方爲停留，非行者爲遠離行走，故爲停留。此外，何爲停留？若於停留中觀察停留的話，應成兩種停留，停留者也應成兩種。[35] 因此，非行者亦無停留。

དེ་ལ་འདི་སྙམ་དུ་འགྲོ་བ་པོ་ཡིན་པ་དང་། འགྲོ་བ་པོ་མ་ཡིན་པ་སྡོད་པར་སེམས་ན།

於此，如果（他方）認爲：「係屬行者與非行者」（應會）停留。

བཤད་པ། འགྲོ་པོ་འགྲོ་པོ་མིན་ལས་གཞན། །གསུམ་པ་གང་ཞིག་སྡོད་པར་འགྱུར། འགྲོ་པོ་དང་འགྲོ་བ་པོ་མ་ཡིན་པ་ལས་གཞན་པ་གསུམ་པ་འགྲོ་བ་པོ་ཡིན་པ་དང་། འགྲོ་བ་

35 雖然於此論中並無清楚交代如何成為兩種停留，但於月稱論師的《顯句論》中卻說道：གནས་པ་གཅིག་གིས་ནི་འགྲོ་བ་པོ་མ་ཡིན་པར་འགྱུར་ལ། གཞན་གྱིས་ནི་སྡོད་པར་འགྱུར་རོ་ཞེས་གནས་པ་གཉིས་སུ་ཐལ་བར་འགྱུར་བའི་ཕྱིར་གནས་པ་པོ་ཡང་གཉིས་སུ་ཐལ་བར་འགྱུར་བས།（一種停留者將成非行者，另者將成「停留」，此故，應成兩種停留，停留者也應成兩種。）可參考 Candrakīrti, *Dbu ma rtsa ba'i 'grel pa tshig gsal*, 83。所以，停留有兩種：一、非行者的停留。二、停留中的停留。對於第二種的停留，宗喀巴大師更明確地說到，該停留應理解為「成為停留者後的再次停留」。可參考宗喀巴大師的《正理海》── Tsong kha pa Blo bzang grags pa. *Dbu ma rtsa ba'i thsig le'ur byas pa shes rab ces bya ba'i rnam bshad rigs pa'i rgya mtsho zhes bya ba bzhugs so.* Vol 1, 143：འགྲོ་བ་པོ་མིན་པ་ཡང་སྡོད་པ་མིན་ཏེ་ལྷས་བྱིན་འགྲོ་བ་པོ་མིན་པ་ནི་སྡོད་པ་ཡིན་ན་དེ་ལ་སྡོད་པ་གཞན་གྱིས་ཅི་ཞིག་བྱ། འདི་ཡང་བྱ་བ་རང་མཚན་གྱིས་གྲུབ་ན་སྡོད་པ་པོར་གྲུབ་ཟིན་ནས་སླར་ཡང་སྡོད་པར་འགྱུར་དགོས་པའི་སྐྱོན་ནོ།（非行者也不停留。非行者天授若已停留，何須其他停留？如果作用自相存在的話，將有「成為了停留者之後，還須再次停留」之過。）

པོ་མ་ཡིན་པ་གང་སྡོད་དོ་ཞེས་བྱ་བར་བརྟགས་པ་དེ་གང་ཞིག་ཡིན། དེ་ལྟ་བས་ན་མེད་པ་ཁོ་ནའི་ཕྱིར་འགྲོ་བ་པོ་ཡིན་པ་དང་། འགྲོ་བ་པོ་མ་ཡིན་པ་ཡང་མི་སྡོད་དོ། །

（自方）道：「（2.15.cd）離去不去者，何有第三住？」為何執除了行者與非行者以外的第三者——係屬行者及非行者——停留？其絕無故，係屬行者及非行者亦不能停留。

ཡང་གཞན་ཡང་། འགྲོ་བ་ལོག་པ་ནི་སྡོད་པ་ཞེས་བྱ་བ། ལྡོག་པ་དེ་ཡང་བགོམ་པ་ལས་སམ། སོང་བ་ལས་སམ་མ་སོང་བ་ལས་ལྡོག་པར་འགྱུར་གྲང་ན། དེ་ལ། བགོམ་ལས་ལྡོག་པར་མི་འགྱུར་ཏེ། །སོང་བ་དང་མ་སོང་ལས་ཀྱང་མིན། བགོམ་པ་ལས་སྡོད་པ་མི་འགྱུར་ཏེ། །ཅིའི་ཕྱིར་ཞེ་ན། འདི་ལྟར་འགྲོ་བ་དང་ལྡན་པའི་ཕྱིར་བགོམ་པ་ཡིན་ལ། འགྲོ་བ་ལོག་པ་ནི་སྡོད་པ་ཡིན་པས་སྡོད་པ་དང་འགྲོ་བ་མི་མཐུན་པ་དེ་གཉིས་ཅིག་ན་མི་སྲིད་པས་དེའི་ཕྱིར་རེ་ཞིག་བགོམ་པ་ལས་ལྡོག་པར་མི་འགྱུར་ཏེ། དེ་ནི་སོང་བ་དང་མ་སོང་བ་ལས་ཀྱང་སྡོད་པར་མི་འགྱུར་ཏེ། ཅིའི་ཕྱིར་ཞེ་ན། འགྲོ་བ་མེད་པའི་ཕྱིར་རོ། །འདི་ལྟར་འགྲོ་བ་ལོག་པ་ནི་སྡོད་པ་ཡིན་ན། འགྲོ་བ་ནི་སོང་བ་དང་མ་སོང་བ་ལ་མེད་དེ། འགྲོ་བ་མེད་ན་འགྲོ་བ་ལྡོག་པ་ག་ལ་ཡོད། འགྲོ་བ་ལྡོག་པ་མེད་ན་སྡོད་པ་ག་ལ་ཡོད། དེ་ལྟ་བས་ན་སོང་བ་དང་། མ་སོང་བ་ལས་ཀྱང་ལྡོག་པར་མི་འགྱུར་རོ། །

此外，行走的反方稱停留。問：彼反方（——停留——）是由跨步、已去，還是未去而成反方？（如《中論》云：）

**2.17.ab 已去及未去，跨步皆無住，**[36]

36 有關 2.17.b，對勘本版的藏譯中論為：།སོང་དང་མ་སོང་ལས་ཀྱང་མིན།，故與此中所引的偈頌文有所出入；可參考 Nāgārjuna. *Dbu ma rtsa ba'i tshig le'ur byas pa shes rab*, 6。

於此，（停留）不（應）由跨步而成反方。爲何？具有行走，故爲跨步。行走的反方爲停留，不同方的停留與行走兩者不可能於（同）一（時處存在），故先排除（停留）因跨步而成反方。停留也非由已去及未去（而成反方）。爲何？無行走故。[37]

如是，行走的反方爲停留，於已去及未去之中無行走。既無行走，行走的反方怎能存在？若無行走的反方，怎會有停留？因此，（其）反方也非從已去及未去而有。

འགྲོ་བ་དང་ནི་འཇུག་པ་དང་། །ལྡོག་པ་ཡང་ནི་འགྲོ་དང་མཚུངས། །ཇི་ལྟར་འགྲོ་བ་པོ་མི་སྡོད་དེ། སྡོད་པ་དང་། འགྲོ་བ་གཉིས་མི་མཐུན་པའི་ཕྱིར་རོ། །ཞེས་བཤད་པ་དེ་བཞིན་དུ་སྡོད་པ་པོ་ཡང་མི་འགྲོ་སྟེ། སྡོད་པ་དང་འགྲོ་བ་གཉིས་མི་མཐུན་པའི་ཕྱིར་རོ། །ཇི་ལྟར་འགྲོ་བ་པོ་མ་ཡིན་པ་མི་སྡོད་དེ། སྡོད་པ་གཉིས་སུ་ཐལ་བར་འགྱུར་འི་ཕྱིར་རོ་ཞེས་བཤད་པ་དེ་བཞིན་དུ་སྡོད་པ་པོ་མ་ཡིན་པ་ཡང་མི་འགྲོ་སྟེ། འགྲོ་བ་གཉིས་སུ་ཐལ་བར་འགྱུར་བའི་ཕྱིར་རོ། །ཇི་ལྟར་འགྲོ་བ་པོ་ཡིན་པ་དང་། ཇི་ལྟར་འགྲོ་བ་པོ་མ་ཡིན་པ་མི་སྡོད་དེ། མི་སྲིད་པའི་ཕྱིར་རོ་ཞེས་བཤད་པ་དེ་བཞིན་དུ་སྡོད་པ་པོ་ཡིན་པ་དང་། སྡོད་པོ་པོ་མ་ཡིན་པ་ཡང་མི་འགྲོ་སྟེ། མི་སྲིད་པའི་ཕྱིར་རོ། །དེ་ལྟར་རེ་ཞིག་འགྲོ་བ་པོའི་སྡོད་པ་དང་། སྡོད་པ་པོའི་འགྲོ་བ་མཚུངས་པ་ཡིན་ནོ། །དེ་ནི་ཇི་ལྟར་འགྲོ་བའི་རྩོམ་པ་སོང་བ་དང་། མ་སོང་བ་དང་། བགོམ་པ་ལ་མི་འཐད་དོ་ཞེས་བཤད་པ་དེ་བཞིན་དུ་སྡོད་པའི་འཇུག་པ་ཡང་

37 停留與行走不可能於同一時處存在的話，停留如何能由跨步而被安立為行走的反方呢？因為停留要觀待行走後才能成為行走的反方，但停留的時候既無跨步，亦無行走，停留的觀待處將不存在。這樣一來，停留觀待什麼而成何法的反方？同理，停留也不能由已去及未去而成反方，因為行走不存在於已去及未去之中。

བསྡད་པ་དང་མ་བསྡད་པ་དང་། སྡོད་པ་ལ་མི་འཐད་དེ། དེ་ལྟར་ན་འགྲོ་བའི་རྩོམ་པ་དང་སྡོད་པའི་འཇུག་པ་མཚུངས་པ་ཡིན་ནོ། །ད་ནི་ཇི་ལྟར་འགྲོ་བའི་ལྡོག་པ་སོང་བ་དང་། མ་སོང་བ་དང་། བགོམ་པ་ལས་ལྡོག་པར་མི་འགྱུར་ཞེས་བཤད་པ་དེ་བཞིན་དུ་སྡོད་པའི་ལྡོག་པ་ཡང་གང་དུ་བསྡད་པ་དེ་ནས་མི་འགྲོ་སྟེ། འགྲོ་བ་མེད་པའི་ཕྱིར་རོ། གང་དུ་མ་བསྡད་པ་དེ་ནས་ཀྱང་མི་འགྲོ་སྟེ། འགྲོ་བ་མེད་པའི་ཕྱིར་རོ། །གང་དུ་བསྡད་པ་དེ་ནས་ཀྱང་མི་འགྲོ་སྟེ། །སྡོད་པ་དང་འགྲོ་བ་གཉིས་མི་མཐུན་པའི་ཕྱིར་རོ། །དེ་ལྟར་ན་འགྲོ་བའི་ལྡོག་པ་དང་། སྡོད་པའི་ལྡོག་པ་མཚུངས་པ་ཡིན་ནོ།

（如《中論》云：）

**2.17.cd 行趨及反法，皆同於去義。**

如言為何行者不停留？因為停留與行走兩者為不同方；同樣，停留者亦不行走，因為停留與行走兩者為不同方的緣故。

如言為何非行者不停留？應成兩種停留故；同樣，非停留者亦不行走，因為應成兩種行走故。

如言為何係屬行者不停留？為何非行者不停留？不可能故；同樣，係屬停留者與非停留者亦不行走，不可能故。

如是，行者之停留與停留者之行走相同。

如言發起行走、已去、未去及跨步皆不應理；同樣，趨入停留（的狀態）——已停留、尚未停留、正在停留——也不應理。

如是，發起行走與趨入停留（的狀態）相同。[38]

38 行走的發起是在行走前還是行走時？行走前無法發起行走，因為在這之前，行如言行走的反方非由已去、未去、跨步而成反方；同樣，停留的反方也非從某處停留後而行走，無行走故。何處無停留亦無行走，因無行走故；何處有停留也無行走，停留與行走為不同方故。

因此，行走的反方與停留的反方情況相同。[39]

འདིར་སྨྲས་པ། འགྲོ་བ་དང་འཇུག་པ་དང་། ལྡོག་པ་སོང་བ་དང་མ་སོང་བ་དང་། བགོམ་པ་ལ་ཡོད་དོ་ཞེའམ་འགྲོ་བ་པོ་དང་། འགྲོ་བ་པོ་མ་ཡིན་པ་དང་། དེ་ལས་གཞན་པ་ལ་ཡོད་དོ་ཞེས་བྱ་བ་དེ་ལ་བརྗོད་པར་མི་ནུས་སུ་ཟིན་ཀྱང་། ཅི་དྲའི་གོམ་པ་འདོར་བ་མཐོང་ནས། ཅི་དྲའི་འགྲོ་བ་པོ་ཞེས་བྱ་བར་འགྱུར་བས་དེའི་ཕྱིར་འགྲོ་བ་པོ་དང་འགྲོ་བ་ཡོད་དོ། །

於此，（他方）道：行走、趨入（停留的狀態）及（其）反方雖然不能存在於已去、未去及跨步中，或存在於行者、非行者及餘者[40]之中，但可見杰達跨步，杰達成為行走者故，行者及行走都存在。

---

走尚未存在，如同兔角。既然未有，行走的發起等同兔角的發起。行走時亦無行走的發起，既已行走，何須發起？同樣的，依上述的理由了知停留的趨入也應如此，既已停留何須趨入？停留之前，因無停留，何來停留的趨入？

39 因為在行走的過去際、現在際，以及未來際中都找不到行走，所以停留怎能成為行走的反方？如果仍然堅持的話，這種說法是根據行走的過去際、現在際，還是未來際？皆不應理。同理，在停留的過去際、現在際，以及未來際中皆找不到停留，所以行走怎能成為停留的反方？如果仍然堅持的話，這種說法是根據停留的過去際、現在際，還是未來際？皆不應理。

40 非行者與非非行者。

བཤད་པ། རེ་ཞིག་བརྗོད་པར་མི་ནུས་སུ་ཟིན་ཀྱང་ཞེས་བྱ་བ་དེ་ནི་ཐོངས་པའི་ཚིག་ཡིན་ནོ། །འོན་ཀྱང་གང་མཐོང་ནས་ཅི་ཏྲ་འགྲོ་བ་པོ་ཞེས་བྱ་བར་སེམས་པ་ཅི་ཏྲའི་གོམ་པ་འདོར་བ་གང་ཡིན་པ་དེ[41]། གོམ་པ་འདོར་བ་དེ་དང་ཅི་ཏྲ་གཅིག་པ་ཉིད་དམ་གཞན་པ་ཉིད་དུ་འགྱུར་གྲང་ན། དེ་ལ། འགྲོ་བ་དེ་དང་འགྲོ་བ་པོ། །དེ་ཉིད་ཅེས་ཀྱང་བྱར་མི་རུང་། །འགྲོ་བ་དང་ནི་འགྲོ་བ་པོ། །གཞན་ཉིད་ཅེས་ཀྱང་བྱར་མི་རུང་། ཇི་ལྟར་ཞེ་ན། གལ་ཏེ་འགྲོ་བ་གང་ཡིན་པ། དེ་ཉིད་འགྲོ་པོ་ཡིན་གྱུར་ན། །བྱེད་པ་པོ་དང་ལས་ཉིད་ཀྱང་། །གཅིག་པ་ཉིད་དུ་ཐལ་བར་འགྱུར། །གལ་ཏེ་འགྲོ་བ་གང་ཡིན་པ་དེ་ཉིད་འགྲོ་བ་པོ་ཡིན་པར་གྱུར་ན། དེ་ལྟ་ན་བྱེད་པ་པོ་དང་བྱ་བ་ཡང་གཅིག་པ་ཉིད་དུ་ཐལ་བར་འགྱུར་རོ། །དེ་ནི་མི་འཐད་དོ། བྱེད་པ་པོ་གང་ཡིན་པ་དེ་ཉིད་བྱ་བ་ཡིན་པར་ཇི་ལྟར་འགྱུར། ཅི་སྟེ་སྐྱོན་དེར་གྱུར་ན་མི་རུང་ངོ་། །སྙམ་པས་བྱེད་པ་པོ་དང་བྱ་བ་གཉིས་གཞན་པ་ཉིད་ཡིན་ནོ་ཞེ་ན། དེ་ལ་བཤད་པར་བྱ་སྟེ། གལ་ཏེ་འགྲོ་དང་འགྲོ་བ་པོ། །གཞན་པ་ཉིད་དུ་རྣམ་བརྟགས་ན། །འགྲོ་པོ་མེད་པའི་འགྲོ་བ་དང་། །འགྲོ་བ་མེད་པའི་འགྲོ་པོར་འགྱུར། །གལ་ཏེ་བྱེད་པ་པོ་དང་། བྱ་བ་གཉིས་གཅིག་པ་ཉིད་ཀྱི་སྐྱོན་མཐོང་བས་འགྲོ་བ་པོ་དང་། འགྲོ་བ་གཞན་པ་ཉིད་དུ་རྣམ་པར་བརྟགས་ན། དེ་ལྟ་ན་འགྲོ་བ་པོ་ལས་ཐ་དད་པར་གྱུར་པའི་འགྲོ་བ་གཞི་མེད་པ་རང་ལས་རབ་ཏུ་གྲུབ་པར་འགྱུར་བ་དང་། འགྲོ་བ་གཞི་མེད་པ་རང་ལས་རབ་ཏུ་གྲུབ་པར་གྱུར་ན་འགྲོ་བ་པོ་ཡང་འགྲོ་བ་དང་བྲལ་བ་མི་ལྟོས་པ་རང་ལས་རབ་ཏུ་གྲུབ་པར་འགྱུར་བ་ཞིག་ན། དེ་གཉིས་གང་ཡང་མི་འཐད་དེ་འགྲོ་བ་པོ་མེད་པར་འགྲོ་བ་དང་། འགྲོ་བ་མེད་པར་འགྲོ་བ་པོར་ཇི་ལྟར་འགྱུར།

（自方）道：首先，（你）說「雖不能詮釋」是詞窮。

（你）看到什麼而認定杰達爲行者？「杰達跨步」的跨步與杰達爲一性？還是爲相異性？於此，（《中論》云：）

41 根據北京版及奈塘版，改為 དེ། 字。

**2.18 去法即去者，是事則不然，去法異去者，是事亦不然。**

爲何？（如《中論》又云：）

**2.19 若謂於去法，即爲是去者，作者及作業，是事則爲一。**

如果行走成爲行者，作者與作業[42]應成爲一，（然）不應理；作者如何即爲作業？

如果認爲有其過不應理，做是念：作者與作業是相異性。於此，將做解說。（如《中論》云：）

**2.20 若謂於去法，有異於去者，[43]離去者有去，離去有去者。**

若由看到作者與作業爲一性的過患，而執行者與行走（彼此）相異，如是迥異於行者的行走應成無基至極成立己性[44]，如果行走已成無基至極成立己性，行者（將）與行走分離、（互）不依賴、至極成立己性；（然）二[45]者任一皆不應理，分離行者之行走、分離行走之行者，如何應理？

---

42 「作者」及「作業」為鳩摩羅什大師的譯詞，「作業」是「動作」的意思，「作者」是該動作的發起者。

43 有關 2.20.b，對勘本版的藏譯中論為：གཞན་པ་ཉིད་དུ་རྣམ་བརྟག་ན།，故與此中所引的偈頌文有所出入；可參考 Nāgārjuna. *Dbu ma rtsa ba'i tshig le'ur byas pa shes rab,* 6。

44 「無基至極成立己性」：即使沒有任何自性的基礎，卻要想方設法地成立自力而有的性質。

45 不依賴行者的行走及不依賴行走的行者。

འདིར་སྨྲས་པ། ཅི་ཁྱེད་གསོད་པ་པོ་ཉིད་ལ་དབང་འཛུགས་སམ། ཁོ་བོ་ནི་བྱེད་པ་པོ་དང་བྱ་བ་གཉིས་ཐ་དད་པར་[46]གྲུབ་པ་མེད་པའི་ཕྱིར། གཞན་པ་ཉིད་དུ་ཡང་མི་འདོད་ལ། བྱེད་པ་པོ་ཐ་དད་པའི་ཕྱིར་གཅིག་པ་ཉིད་དུ་ཡང་མི་འདོད་པས་དེའི་ཕྱིར་དེ་གཉི་ག་མེད་པར་ཡང་དེ་གཉིས་གྲུབ་བོ། །

於此，（他方）道：難道你在判（我）死刑？

我（認爲）不能成立作者與作業兩者爲異，故亦不承許（二者是）相異；[47]作者爲異故，亦不許爲一性。因此，二者（作者與作業）雖非（一性或異性），但是存在。

བཤད་པ། ཁོ་བོ་ནི་གསོད་པ་པོ་ཉིད་ལ་དབང་མི་འཛུགས་ཀྱི། ཁྱོད་ཉིད་ལག་པ་བརྐྱང་སྟེ་ཚིགས་ཆེན་པོར་གཡོབ་ཅིང་ཁོང་པ་དབུགས་ཀྱིས་བཟུངས་བཞིན་དུ་སྨིག་རྒྱུའི་ཆུ་ལ་རྐྱལ་བར་བྱེད་དམ། ཁྱོད་དེ་ཉིད་དང་གཞན་མ་གཏོགས་པ་མེད་པའི་ཕྱོགས་ལ་ཡོད་པའི་བློས་གནས་པར་བྱེད་ཀོ། །གང་དག་དངོས་པོ་གཅིག་པ་དང་། །དངོས་པོ་གཞན་པ་ཉིད་དུ་ནི། །གྲུབ་པར་གྱུར་པ་ཡོད་མིན་ན། །དེ་གཉིས་གྲུབ་པ་ཇི་ལྟར་ཡོད། །གལ་ཏེ་བྱེད་པ་པོ་དང་བྱ་བ་གཉིས་གཅིག་པ་ཉིད་དང་གཞན་པ་ཉིད་དུ་གྲུབ་པ་མེད་དེ་གཉིས་མ་གཏོགས་པར་རྣམ་པ་གཞན་གང་གིས་དེ་གཉིས་གྲུབ་པ་ཡོད་དེ་ཇི་སྐྱོས་ཤིག །དེ་ལྟ་བས་ན་དེ་ནི་བརྟགས་པ་ཙམ་དུ་ཟད་དོ། །

（自方）道：我雖沒判（你）死刑，但你明明腹部憋氣[48]，

46 根據北京版及奈塘版，去掉 འགྱུར། 字。

47 不能分開「行走的人」與「此人的行走」，所以不認同兩者是有區別的相異法。

48 葉少勇將這段話翻為：「屏住呼吸」，雖然較好理解，但會漏譯藏文的「明明（བཞིན་དུ་）」、「胃（ཁོང་པ་）」。葉少勇，《中論頌與佛護釋——基於新發現梵文寫本的文獻學研究》, 24。

卻伸手用力地搖擺，游泳於海市蜃樓的水（池）中，不是嗎？

除了同一性與相異性之外，無（他）宗，你的心卻住於其中。（《中論》云：）

**2.21 事物於一性，事物於異性，兩性皆非有，如何有二法？**

如果作者與作業兩者既非同一性亦非相異性，除此二（性）外，還有什麼其他可以成立二者（作者與作業）？請提出說明。因此，此（說）僅為執著。

འདིར་སྨྲས་པ། འཇིག་རྟེན་མངོན་སུམ་གྱི་དོན་འདི་གབ་གབ་ཀྱིས་གནོན་པར་ཇི་ལྟར་ནུས། ཡོང་ནི་གང་མེད་པས་འགྲོ་བ་པོ་མ་ཡིན་ནོ། །ཞེས་བྱ་བ་དང་། གང་ལ་ལྟོས་ནས་འདི་འགྲོ་བ་པོ་ཡིན་ནོ་ཞེས་བྱ་བ་དེ་ནི་འགྲོ་བ་ཡིན་ལ། དེ་ཡང་འགྲོ་བ་པོ་ཞེས་བྱའོ།

於此，（他方）道：用隱隱藏藏（的方法）如何對抗世間現前的眞相？（我）說無處有來，故無去者。又說依賴某法而言此為行者，（故）有行走，其（人）亦為行者。

བཤད་པ། ཙེ་ཁྱོད་བུ་འདོད་ལ་མ་ཉེར་ལ་སྨྱོད་དམ། ཁྱོད་འགྲོ་བ་པོ་མེད་པ་ལ་འགྲོ་བ་པོར་རྟོག་གོ། །འདི་ལྟར་བསྒྲོད་པར་བྱ་བ་ཞིག་ཡོད་ན་ནི་འགྲོ་བ་པོར་བརྟག་ཏུ་ཡང་རུང་གྲང་ན། གང་གི་ཚེ་འགྲོ་བ་པོར་བརྟགས་ཀྱང་བསྒྲོད་པར་བྱ་བ་མི་འཐད་པ་དེའི་ཚེ་ཙེ་ཡང་མི་ཕན་པ་ཡོངས་སུ་བརྟགས་པ་འདིས་ཙེ་ཞིག་བྱ། བསྒྲོད་པར་བྱ་བ་ཇི་ལྟར་མི་འཐད་ཅེ་ན། དེ་ནི་སོང་བ་ཡང་མ་ཡིན་མ་སོང་བ་ཡང་མ་ཡིན་ལ། བགོམ་པ་ནི་ཤེས་པར་མི་འགྱུར་རོ་ཞེས་བསྟན་ཟིན་ཏོ། །དེ་དག་ཅམ་དུ་དེ་འགྲོ་བས་འགྲོ་བ་པོ་ཡིན་གྲང་ན། དེ་ནི་མི་འགྲོ་བས་དེའི་ཕྱིར་འགྲོ་བ་པོར་བརྟགས་པ་ནི་དོན་མེད་པ་ཡིན་ནོ། །

（自方）道：爲何你想要得子而淫雙性人？

你執非行者爲行者。如是，有行走的動作，雖可執行者（的存在），但觀察行者時，行走的動作實不應理，爾時，（執著行者的存在）毫無益處，爲何如此周遍[49]執著？

行走的動作如何不應理？前文已經解釋過了，其既非已去，亦非未去，亦不能被理解爲跨步。某（人）行走，故爲行者；（然而，）不行走故，執爲行者實無意義。

འདིར་སྨྲས་པ། འགྲོ་བ་པོ་ཡིན་པས་འགྲོ་བ་ཉིད་འགྲོ་སྟེ། དཔེར་ན་སྨྲ་པོ་དག་ན་རེ་ཚིག་སྨྲའོ། །བྱ་བ་བྱེད་དོ་ཞེས་ཟེར་བ་བཞིན་ནོ། །

於此，（他方）道：如說「講者們講、（行動者）行動」般，（去者）是行者的緣故，行走爲走動。

བཤད་པ། འགྲོ་བ་པོའི་འགྲོ་བ་ལ་བརྟག་ན་ཡང་འགྲོ་བ་གང་གིས་དེའི་འགྲོ་བ་པོར་མངོན་པའི་འགྲོ་བ་དེ་ཉིད་དམ། དེ་ལས་གཞན་པ་ཞིག་འགྲོ་གྲང་ན། གཉི་ག་ཡང་མི་མཐོང་ངོ་། །ཇི་ལྟར་ཞེ་ན། འགྲོ་བ་གང་གིས་[50]འགྲོ་པོར་མངོན། །འགྲོ་བ་དེ་ནི་དེ་འགྲོ་མིན། །འགྲོ་བ་གང་དང་ལྡན་ན། ཅི་ཏེ་འགྲོ་བ་པོ་ཞེས་བྱ་བར་མངོན་པའི་འགྲོ་བ་དེ་ནི་འགྲོ་བ་པོ་དེ་འགྲོ་བར་བྱེད་པ་མ་ཡིན་ནོ། །ཅིའི་ཕྱིར་ཞེ་ན། གང་ཕྱིར་འགྲོ་བའི་སྔ་རོལ་མེད། །གང་ཞིག་གང་དུ་འགྲོ་བར་འགྱུར། །གང་ཕྱིར་འགྲོ་བ་གང་གིས་འགྲོ་བ་པོ་ཞེས་བྱ་བར་མངོན་པའི་འགྲོ་བ་འདི་སྔ་རོལ་ན་འགྲོ་བའི་སྔ་རོལ་ཏེ་དེའི་སྔ་རོལ་ན་འགྲོ་བ་པོ་མེད་དོ། དེ་དང་ལྡན་པ་ཁོ་ནའི་ཕྱིར་འགྲོ་བ་པོ་ཞེས་བརྗོད་པ་ཡིན་ཏེ། གང་ཞིག་གང་དུ་དཔེར་ན་གྲོང་དང་

49 想盡一切辦法堅定其執著。

50 根據北京版及奈塘版，修改為 གིས། 字。

གྲོང་ཁྱེར་ལྷ་བུ་ཐ་དད་པར་གྱུར་པས་འགྲོ་བར་འགྱུར་བ་ཡིན་ན་འགྲོ་བ་པོར་གྱུར་ནས་གང་འགྲོ་བར་འགྱུར་བའི་འགྲོ་བ་དེ་ནི་འགྲོ་བ་པོ་ལས་གྲོང་དང་གྲོང་ཁྱེར་ལྷ་བུར་ཐ་དད་པར་གྱུར་པ་མེད་དོ། །དེ་ལྟར་རེ་ཞིག་འགྲོ་བ་གང་གིས་འགྲོ་བ་པོ་ཞེས་བྱ་བར་མངོན་པའི་འགྲོ་བ་དེ་ནི་འགྲོ་བ་པོ་འགྲོ་བར་བྱེད་པ་མ་ཡིན་ནོ། །

（自方）道：若觀察行者之行走，其（行走是）安立行者的行走，還是其他的行走呢？兩者（我）都不見。[51]爲何？（如《中論》云：）

**2.22.ab 因去知去者，該去非爲去，**

何者具有行走？安立「行者杰達」的行走，實非行者的行走。爲何？（如《中論》云：）

**2.22.cd 去前無去者，去者去何處？**

由某行走而安立行者，行走之前，即是去前，在此之前

---

51 敵方說有了行走方知「行者」。自方駁：因有行走而安立為行者的「行走」並非行者的行走。為何？行走有二：即將成為行走的行走，及正在行走，然而，該行走兩者皆非。為何？該行走非為第一種行走，因為即將成為的行走，只存在於行走之前，行走之前無有行者，故無行走，故不應理。該行走也非為第二種行走。為何？因為該行走在前，行者在後，所以說：「因有行走而安立為行者」；行者之前，怎能會有正在行走呢？故不應理。其義可參考月稱論師的《顯句論》——Candrakīrti, *Dbu ma rtsa ba'i 'grel pa tshig gsal,* 87；宗喀巴大師的《正理海》——Tsong kha pa Blo bzang grags pa. *Dbu ma rtsa ba'i thsig le'ur byas pa shes rab ces bya ba'i rnam bshad rigs pa'i rgya mtsho zhes bya ba bzhugs so.* Vol 1, 150；根敦主巴的《寶鬘論》—— Dge 'dun grub pa. *Dbu ma rtsa ba shes rab kyi ngag don bshad pa rin po che'i phreng ba zhes bya ba bzhugs so,* 138。

無行者，因只具有其（行走）方稱「行者」。例如，城與鎮是相異，（可是）行者與將成行走的行走非爲相異，此與城鎮不同，因爲有了行走方有行者。如是，由某行走而安立爲行者的行走，並非行者的行走。

དེ་ལ་འདི་སྙམ་དུ་དེ་ལས་གཞན་པ་ཞིག་འགྲོ་བར་སེམས་ན།

於此，（他方）認爲：由他者而行走。

བཤད་པ། འགྲོ་བ་གང་གིས་འགྲོ་པོར་མངོན། །དེ་ལས་གཞན་པ་དེ་འགྲོ་མིན། །འགྲོ་བ་གང་དང་ལྡན་ན་ཅི་ཏྲ་འགྲོ་བ་པོ་ཞེས་བྱ་བར་མངོན་པ་དེ་ལས་གཞན་པའི་འགྲོ་བ་ཡང་འགྲོ་བ་པོ་དེ་འགྲོ་བར་བྱེད་པ་མ་ཡིན་ནོ། །ཅིའི་ཕྱིར་ཞེ་ན། གང་ཕྱིར་འགྲོ་པོ་གཅིག་པུ་ལ། །འགྲོ་བ་གཉིས་སུ་མི་འཐད་དོ། །གང་གི་ཕྱིར་འགྲོ་བ་པོ་གཅིག་པུ་ལ་གང་གི་འགྲོ་བ་པོ་ཞེས་བྱ་བར་མངོན་པ་དང་འགྲོ་པོར་གྱུར་ནས་གང་འགྲོ་བར་འགྱུར་བའི་འགྲོ་བ་གཉིས་མི་འཐད་པ་དེའི་ཕྱིར་དེ་ལས་གཞན་པའི་འགྲོ་བ་ཡང་འགྲོ་བ་པོ་འགྲོ་བ་བྱེད་པར་མ་ཡིན་ནོ། །དེས་ན་ཚིག་སྨྲོས། །བྱ་བ་བྱེད་དོ་ཞེས་བྱ་བ་ཡང་ལན་བཏབ་པ་ཡིན་ནོ། །

（自方道，《中論》）云：

**2.23.ab 因去知去者，[52]餘者皆不去，**

何者具有行走？迥異於安立行者杰達的行走也不是行者的行走。爲何？（如《中論》云：）

52 有關 2.23.a，對勘本版的藏譯中論為：འགྲོ་བ་གང་གི་འགྲོ་པོར་མངོན།，故與此中所引的偈頌文有所出入；可參考 Nāgārjuna. *Dbu ma rtsa ba'i tshig le'ur byas pa shes rab,* 6。

## 2.23.cd 於一去者中，不得二去故。

於單一行者中，無法合理具足兩種行走──安立行者（的行走）及有了行者之後的行走。因此，除了這（兩種行走）以外的行走也不是行者的行走。

因此，（我）已做了「（講者）講、（行動者）行動」的回覆。

འདིར་སྨྲས་པ། འགྲོ་བ་པོའི་བགྲོད་པར་བྱ་བ་གྲོང་དང་གྲོང་ཁྱེར་ལ་སོགས་པ་མ་ཡིན་ནམ།

於此，（他方）道：難道城鎮等並非行者所去之處嗎？

བཤད་པ། དེ་ལ་ནི་ལན་བཏབ་ཟིན་ཏེ། གྲོང་དང་གྲོང་ཁྱེར་ལ་བརྟེན་ནས། ཅི་དེ་གྲོང་དུ་སོང་བ་ལ་འགྲོ་བ་ཡོད་དམ་མ་སོང་བ་ལ་འགྲོ་བ་ཡོད་དམ་བགོམ་པ་ལ་འགྲོ་བ་ཡོད་ཅེས་བསམམས་ཟིན་པས་དེའི་ཕྱིར་དེ་ནི་ཀྱི་ནའོ། །ཡང་གཞན་ཡང་། །འགྲོ་པོ་ཡིན་པར་གྱུར་པ་ནི། །འགྲོ་རྣམ་གསུམ་དུ་འགྲོ་མི་བྱེད། །མ་ཡིན་པར་ནི་གྱུར་དེ་ཡང་། །འགྲོ་རྣམ་གསུམ་དུ་འགྲོ་མི་བྱེད། །ཡིན་དང་མ་ཡིན་གྱུར་པ་ཡང་། །འགྲོ་རྣམ་གསུམ་དུ་འགྲོ་མི་བྱེད། །དེ་ཕྱིར་འགྲོ་དང་འགྲོ་པོ་དང་། །བགྲོད་པར་བྱ་བའང་ཡོད་མ་ཡིན། འགྲོ་བ་པོ་ཡིན་པར་གྱུར་པ་ཞེས་བྱ་བ་ནི་འགྲོ་བ་པོ་གང་འགྲོ་བ་དང་ལྡན་པའོ། །དེ་མ་ཡིན་པར་གྱུར་པ་ཡང་ཞེས་བྱ་བ་ནི་འགྲོ་བ་པོ་གང་འགྲོ་བ་དང་བྲལ་བའོ། །ཡིན་པ་དང་མ་ཡིན་གྱུར་པ་ཡང་ཞེས་བྱ་བ་ནི་འགྲོ་བ་པོ་གང་འགྲོ་བ་དང་ལྡན་པ་ཡང་ཡིན་ལ་འགྲོ་བ་དང་བྲལ་བ་ཡང་ཡིན་པའོ། །འགྲོ་ཞེས་བྱ་བ་ནི་བགྲོད་པར་བྱ་བའི་ཐ་ཚིག་གི་གོ། །རྣམ་གསུམ་དུ་ཞེས་བྱ་བ་ནི་སོང་བ་དང་མ་སོང་བ་དང་བགོམ་པར་རོ། །དེའི་ཕྱིར་དེ་ལྟར་ཡང་དག་པའི་རྗེས་སུ་འབྲང་བའི་བློས་ཡོངས་སུ་བརྟགས་ན། འགྲོ་བ་པོ་ཡིན་པར་གྱུར་པ་ནི་བགྲོད་པར་བྱ་བ་རྣམ་པ་གསུམ་དུ་

འགྲོ་བར་མི་བྱེད་ལ། འགྲོ་བ་པོ་མ་ཡིན་པར་གྱུར་པ་ཡང་བགྲོད་པར་བྱ་བ་རྣམ་པ་གསུམ་དུ་འགྲོ་བར་མི་བྱེད་ཅིང་། འགྲོ་བ་པོ་ཡིན་པ་དང་མ་ཡིན་པར་གྱུར་པ་ཡང་བགྲོད་པར་བྱ་བ་རྣམ་པ་གསུམ་དུ་འགྲོ་བར་མི་བྱེད་པ་དེའི་ཕྱིར་འགྲོ་བ་དང་འགྲོ་བ་པོ་དང་བགྲོད་པར་བྱ་བ་མེད་དོ། །བྱ་བ་རྣམས་ཀྱི་ནང་ན་འགྲོ་བའི་བྱ་བ་གཙོ་བོ་ཡིན་པས། འགྲོ་བའི་བྱ་བ་ཡོངས་སུ་བརྟགས་ཏེ། ཇི་ལྟར་འགྲོ་བ་མི་འཐད་པ་རབ་ཏུ་སྒྲུབ་པ་དེ་བཞིན་དུ་བྱ་བ་ཐམས་ཅད་ཀྱང་མི་འཐད་པར་གྲུབ་པོ། །

（自方）道：於此，（我）已回覆。基於城鎮，（你）以爲行走存在於已去城鎮（的已去）之中，或行走存在於未去之中，還是行走存在於跨步之中？彼等皆爲謬誤。此外，（《中論》云：）

**2.24 決定有去者，不能用三去；不決定去者，亦不用三去；**

**2.25 去法定不定，去者不用三，是故去去者，所去處皆無。**

「（2.24.a）決定有去者」謂某行者具有行走。

「（2.24.c）不決定去者」謂某行者遠離行走。

「（2.25.a）去法定不定」謂行者既具行走，也離行走。

「去」是「行走」的意思。言「三」者，謂已去、未去及跨步。

因此，若以智慧如實周遍觀察時，「（2.24.a）決定有去者」謂（係屬行者的）行走不以三相而行走；「（2.24.c）不決定去者」謂（非行者的）行走不以三相而行走；「（2.25.a）去法定不定」謂（係屬行者與非行者的）行走不以三相而行走。

因此，行走、行者及行走的動作皆不（應）有。諸多動作中，行走的動作爲主，故（於此品）觀察行走，且至極成立行走如何不應理。同樣的，成立一切作用皆不應理。

སོང་བ་དང་མ་སོང་བ་དང་བགོམ་པ་བརྟག་པ་ཞེས་བྱ་བ་སྟེ་རབ་ཏུ་བྱེད་པ་གཉིས་པའོ།། །།

第二品——觀已去、未去、跨步品——終。

# 第三品

# ——觀入處[1]品——

འདིར་སྨྲས་པ། ཁྱེད་ཀྱིས་འགྲོ་བ་མི་འཐད་པ་དེ་རྗེས་སུ་རབ་ཏུ་བསྟན་པས་ཁོ་བོའི་ཡིད་སྟོང་པ་ཉིད་ཉན་པ་ལ་སྤྲོ་བར་བྱས་ཀྱིས། དེའི་ཕྱིར་ད་ནི་རང་གི་གཞུང་ལུགས་ལ་བརྟེན་པ་ཆུང་ཞིག་རྗེས་སུ་རབ་ཏུ་བསྟན་པའི་རིགས་སོ། །

於此，（他方）道：你廣示行走不應理，令我心歡喜聽聞空性。現今，於略習自宗典籍者，應當隨後廣示。

བཤད་པ། དེ་ལྟར་བྱའོ། །

（自方）道：自當如是解說。

སྨྲས་པ། ལྟ་དང་ཉན་དང་སྣོམ་པ་དང་། །མྱོང་བར་བྱེད་དང་རེག་བྱེད་ཡིད། །དབང་པོ་དྲུག་པོ་དེ་དག་གི །སྤྱོད་ཡུལ་བལྟ་བར་བྱ་ལ་སོགས། །ལྟ་བ་ལ་སོགས་པ་དེ་དག་ནི་དབང་པོ་དྲུག་ཏུ་བསྟན་ལ། དེ་དག་གི་སྤྱོད་ཡུལ་ནི་གཟུགས་ལ་སོགས་པ་དྲུག་པོ་དག་ཉིད་ཡིན་པར་བསྟན་ཏོ། །དེ་ལ་གཟུགས་ལ་ལྟ་བར་བྱེད་པས་ལྟ་བར་བསྟན་ལ། ལྷག་མ་རྣམས་ཀྱང་རང་རང་གི་ཡུལ་འཛིན་པར་བྱེད་པས་བསྟན་ཏོ། །དངོས་པོ་མེད་ན་གཟུགས་ལ་ལྟ་བར་བྱེད་པས་ལྟ་བ་ཞེས་བརྗོད་པར་མི་འཐད་དོ། །འདི་ལྟར་མེད་པས་ཇི་ལྟར་ལྟ་བར་འགྱུར། ཅི་སྟེ་ལྟ་ན་ནི་རི་བོང་གི་རྭས་ཀྱང་རུས་སྦལ་གྱི་སྤུ་སོགས་པར་འགྱུར་བ་ཞིག་ན་དེ་ནི་མི་འཐད་པས་དེའི་ཕྱིར་སྐྱེ་མཆེད་རྣམས་ཡོད་དོ། །

（他方道，《中論》）云：

**3.1 見聞以及嗅，品嘗以及觸，[2]意根等六之，行境所見等。**

「見等」顯示六根，彼等行境為色等六者。因為見色，故

---

1 又稱六處或六入。於此譯為「入處」。

2 有關 3.1.b，對勘本版的藏譯中論為：དབང་པོ་དྲུག་སྟེ་དེ་དག་གི，故與此中所引的偈頌文有所出入；可參考 Nāgārjuna. *Dbu ma rtsa ba'i tshig le'ur byas pa shes rab,* 7。

而言「見」，餘者[3]執取各自之境。

若無事物，言「見色故爲見」則不應理；既無如是（事物），如何能見？猶如兔角轉爲龜毛等，實不應理，故有入處。

བཤད་པ། གལ་ཏེ་གཟུགས་ལ་ལྟ་བར་བྱེད་པས་ལྟའོ་ཞེས་བྱ་བ་དེ་འཐད་ན་ནི། སྐྱེ་མཆེད་རྣམས་ཡོད་པ་འགྱུར་བ་ཞིག་ན་དེ་ནི་མི་[4]འཐད་དོ། །ཅིའི་ཕྱིར་ཞེ་ན། འདི་ལྟར། ལྟ་དེ་རང་གི་བདག་ཉིད་ན། །དེ་ནི་དེ་ལ་མི་ལྟ་ཉིད། །གང་ཞིག་བདག་ལ་མི་ལྟ་བ། །དེ་གཞན་དག་ལ་ཇི་ལྟར་ལྟ། །འདི་ལ་དངོས་པོ་རྣམས་ཀྱི་ངོ་བོ་ཉིད་ནི་རང་གི་བདག་ཉིད་ལ་མཐོང་ན་དེ་དང་ལྡན་པས་གཞན་གྱི་བདག་ཉིད་ལ་ཡང་དམིགས་པར་འགྱུར་ཏེ། དཔེར་ན་ཆུ་ལ་རླན་མཐོང་ན་དེ་དང་ལྡན་པས། ས་ལ་ཡང་དམིགས་པ་དང་། མེ་ལ་ཚ་བ་མཐོང་ན་དེ་དང་ལྡན་པས་ཆུ་ལ་ཡང་དམིགས་པ་དང་། སྣ་མའི་མེ་ཏོག་ལ་དྲི་ཞིམ་པ་ཉིད་མཐོང་ན་དེ་དང་ལྡན་པས་གོས་ལ་ཡང་དམིགས་པ་ལྟ་བུ་ཡིན་ན་དངོས་པོ་གང་རང་གི་བདག་ཉིད་ལ་མི་སྣང་བ་དེ་གཞན་གྱི་བདག་ཉིད་ལ་ཇི་ལྟར་དམིགས་པར་འགྱུར་ཏེ་། འདི་ལྟར་སྣ་མའི་མེ་ཏོག་ལ་དྲི་ང་བ་ཉིད་མ་མཐོང་ན་གོས་ལ་ཡང་དམིགས་པར་མི་འགྱུར་བ་ལྟ་བུའོ། །དེའི་ཕྱིར་གལ་ཏེ་ལྟ་བ་རང་གི་བདག་ཉིད་ལ་ལྟ་བར་བྱེད་ན་ནི་དེས་ན་གཟུགས་ལ་ལྟ་བར་བྱེད་པས་ལྟ་བའོ་ཞེས་བྱ་བ་དེ་འཐད་པར་འགྱུར་བ་ཞིག་ན་ལྟ་བ་ནི་རང་གི་བདག་ཉིད་ལ་ལྟ་བར་མི་བྱེད་དོ། །དེ་གང་རང་གི་བདག་ཉིད་ལ་ལྟ་བར་མི་བྱེད་པ་དེ་གཞན་དག་ལ་ཇི་ལྟར་ལྟ་བར་བྱེད་དེ། དེས་ན་གཟུགས་ལ་ལྟ་བར་བྱེད་པས་ལྟ་བའོ། །ཞེས་བྱ་བ་དེ་མི་འཐད་དོ། །སློབ་དཔོན་འཕགས་པ་ལྷས་ཀྱང་། །དངོས་པོ་ཀུན་གྱི་རང་བཞིན་ནི། །ཐོག་མར་བདག་ལ་སྣང་གྱུར་ན། མིག་ཉིད་ལ་ཡང་མིག་གིས་ནི། །ཅི་ཡི་ཕྱིར་ན་འཛིན་མི་འགྱུར། །ཞེས་གསུངས་སོ། །

3　如耳識、鼻識等。

4　根據北京版及奈塘版，多加 མི། 字。

（自方）道：若「見色故爲見」合理，入處應當存在，然該（論）實不應理。爲何？如是，（《中論》云：）

**3.2 觀見自體性，於此不能見，若不能見己，云何能見他？**[5]

於此，若能見諸法的體性、自己的自性，亦應能緣他者的體性。例如，見到水爲濕時，亦可緣地；見到火爲炙時，亦可緣水；若見荳蔻花之香氣時，亦可緣取衣服般。

然而，既然不能見諸法自己的體性，又如何能緣他者之體性？誠如不見荳蔻花之香氣時，亦將不能夠緣取衣服般。

此故，「見」（若能）觀見自己的體性，見色故爲見則屬合理，然而，「見」實不能觀見自己的體性；既然不能觀見自己的體性，又如何能觀見他者（的體性）？此故，見色故爲見實不應理。阿闍黎聖天亦云：「一切法本性，先應自能見，何故此眼根，不見於眼性。」[6]

སྨྲས་པ། མེ་བཞིན་དུ་ལྟ་བ་ལ་སོགས་པ་འགྲུབ་སྟེ། དཔེར་ན་མེ་ནི་སྲེག་པར་བྱེད་པ་ཡིན་ཡང་གཞན་དག་སྲེག་པར་བྱེད་པ་ཡིན་གྱི། རང་གི་བདག་ཉིད་སྲེག་པར་བྱེད་པ་ནི་མ་ཡིན་ནོ། །དེ་བཞིན་དུ་ལྟ་བ་ཡང་ལྟ་བར་བྱེད་པ་ཡིན་ཡང་གཞན་དག་ལ་ལྟ་བར་བྱེད་པ་ཉིད་

5 有關 3.2，對勘本版的藏譯中論為：།ལྟ་དེ་རང་གི་བདག་ཉིད་ནི། །དེ་ལ་ལྟ་བ་མ་ཡིན་ཉིད། །གང་ཞིག་བདག་ལ་མི་ལྟ་བ། །དེ་དག་གཞན་ལ་ཇི་ལྟར་ལྟ།（觀見自體性，於此並非見，若不能見己，云何能見他？），故與此中所引的偈頌文有所出入；可參考 Nāgārjuna. *Dbu ma rtsa ba'i tshig le'ur byas pa shes rab,* 7。

6 《四百論》13.16。

ཡིན་གྱི་རང་གི་བདག་ཉིད་ལ་ལྟ་བར་བྱེད་པ་ནི་མ་ཡིན་ནོ། །

（他方）道：如火般，見等應可成立。例如，火雖會燃燒，但（只）燒他者，不燒自己的體性。同樣的，見雖爲見，但會見他，不見自己的自性。

བཤད་པ། ལྟ་བ་རབ་ཏུ་བསྒྲུབ་པའི་ཕྱིར། །མེ་ཡི་དཔེ་ན་ནུས་མ་ཡིན། ནུས་མ་ཡིན་ཞེས་བྱ་བ་ནི་མི་ཚིག་པ་དང་། མི་ནུས་སོ་ཞེས་བྱ་བའི་ཐ་ཚིག་སྟེ། ཁྱོད་ཀྱིས་ལྟ་བ་རབ་ཏུ་བསྒྲུབ་པའི་ཕྱིར་མེའི་དཔེ་བྱས་པ་གང་ཡིན་པ་དེས་ནི་ལྟ་བ་རབ་ཏུ་བསྒྲུབ་པར་མི་ནུས་སོ། །ཅིའི་ཕྱིར་ཞེ་ན། འདི་ལ་བུད་ཤིང་བསྲེག་གོ་ཞེས་བྱ་མོད་ཀྱི། བུད་ཤིང་ལས་མེ་གུད་ན་མེད་པའི་ཕྱིར་ཏེ། དེ་བས་ན་མེ་ནི་རང་གི་བདག་ཉིད་སྲེག་པར་བྱེད་པ་ཉིད་ཡིན་གྱི་གཞན་དག་སྲེག་པར་བྱེད་པ་ནི་མ་ཡིན་ནོ། །ཅི་སྟེ་གཞན་པ་ཉིད་མ་ཡིན་དུ་ཟིན་ཀྱང་བུད་ཤིང་ནི་བསྲེག་པར་བྱ་བའོ། །མེ་ནི་སྲེག་པར་བྱེད་པའོ་ཞེས་རྟོག་ན། །ཁོ་བོས་ཀྱང་བུད་ཤིང་ནི་སྲེག་པར་བྱེད་པའོ། མེ་ནི་བསྲེག་པར་བྱ་བའོ། །ཞེས་སྨྲ་ལ་རག་གོ། །ཡང་ན་ཁྱད་པར་གྱི་གཏན་ཚིགས་བསྟན་པ་བརྗོད་དགོས་སོ། །སློབ་དཔོན་འཕགས་པ་ལྷས་ཀྱང་། མེས་ནི་ཚ་བ་ཉིད་བསྲེག་སྟེ། །ཚ་བ་ལ་ཡིན་ཇི་ལྟར་བསྲེག །དེས་ན་བུད་ཤིང་ཞེས་བྱ་མེད། །དེ་མ་གཏོགས་པར་མེ་ཡང་མེད། །ཅེས་གསུངས་སོ། །དེ་ལྟ་བས་ན་མེའི་དཔེས་ནུས་པ་མ་ཡིན་ནོ། །

（自方道，《中論》）云：

**3.3.ab 爲能極成見，火喻則不能，**[7]

7 有關 3.3.b，對勘本版的藏譯中論為：མེ་ཡི་དཔེས་ནི་ནུས་མ་ཡིན།（火喻則不能），故與此中所引的偈頌文有所出入；可參考 Nāgārjuna. *Dbu ma rtsa ba'i tshig le'ur byas pa shes rab*, 7。

「不能」應理解爲「不足」及「無法」。你爲能至極成立見（的自性），雖以火爲比喻，然（你所言）一切皆不能夠至極成立見（的自性）。爲何？於此，（你）雖說木柴被燒，然而，火若被滅，木柴則不（燃燒），故火絕對具燃燒自己的體性，而非燃燒他者。

若（你）執：雖然並非（燃燒）他者，但柴爲所燒，火爲能燒。我亦可說：柴爲能燒，火爲所燒。或是，須顯示個別之因相。[8]阿闍黎聖天亦云：「暖即是火性，非暖如何燒？故薪體爲無，離此火非有。」[9]此故，火喻無法（成立見的自性）。

འདི་ལ་ཁ་ཅིག་མེ་ནི་རང་གཞན་གྱི་བདག་ཉིད་དག་སྣང་བར་བྱེད་དོ་སྙམ་དུ་སེམས་པ།

於此，某方認爲火具明亮自己的體性。

དེས་ཀྱང་ནུས་པ་མ་ཡིན་ཏེ། མེ་ནི་ཇི་ལྟར་རང་དང་གཞན་གྱི་བདག་ཉིད་དག་སྣང་བར་བྱེད་པ་དེ་བཞིན་དུ་རང་གཞན་གྱི་བདག་ཉིད་དག་སྲེག་པར་ཡང་བྱེད་པའི་རིགས་སོ། །

（自方道：）火亦不能（明亮自己）。若火有明亮自他的體性，火燃燒自他的體性亦合理。

8 如同觀察行走，於已去、未去、正在去中皆不可得行走般，該個別之因相為：火若具有燃燒作用，試問：該作用存在於已燒、未燒，還是正在燒呢？已燒謂燃燒已過，未燒謂尚未燃燒，正在燒又有前後兩種階段，前階段為已燒，後階段為未燒，何處可得正在燒？

9 《四百論》14.16。

འོན་ཀྱང་གཞན་དག་སྲེག་པར་བྱེད་པ་ཉིད་ཡིན་གྱི་རང་གི་བདག་ཉིད་སྲེག་པར་བྱེད་པ་ནི་མ་ཡིན་නོ་ཞེ་ན།

然而，（他方）道：（火）只燒他者，不燒自己的體性。

དེ་ལྟར་ན་ཡང་མེ་ཇི་ལྟར་གཞན་དག་སྲེག་པར་བྱེད་ཀྱི། རང་གི་བདག་ཉིད་སྲེག་པར་མི་བྱེད་པ་དེ་བཞིན་དུ་ལྟ་བ་ཡང་གཞན་ཉིད་དག་ལ་ལྟ་བར་བྱེད་ཀྱི། རང་གི་བདག་ཉིད་ལ་ལྟ་བར་མི་བྱེད་དོ་ཞེས་བྱ་བ་དེ་ཇི་ལྟར་རུང་སྟེ། མེ་ཇི་ལྟར་རང་དང་གཞན་གྱི་བདག་ཉིད་དག་སྣང་བར་བྱེད་པ་དེ་བཞིན་དུ་ལྟ་བ་ཡང་ནི་གལ་ཏེ་ལྟ་བ་ཡིན་ན། རང་དང་གཞན་གྱི་བདག་ཉིད་དག་ལ་ལྟ་བར་བྱེད་དོ། །ཞེས་བྱ་བ་དེ་ལྟ་བུར་ཡང་ཅིའི་ཕྱིར་མི་འགྱུར། བདག་ཉིད་བདག་ཉིད་ལ་ལྟའོ་ཞེས་ཀྱང་ཟེར་ལ། དེ་བཞིན་དུ་འཇིག་རྟེན་ན་སྨྲ་བ་པོ་དག་བདག་ཉིད་ཀྱིས་བདག་ཉིད་འཛིན་ཏོ་ཞེས་ཀྱང་ཟེར་བས། དེའི་ཕྱིར་རང་གི་བདག་ཉིད་ལ་འཇུག་པའི་ཚིག་གིས་ན། ལྟ་བ་རབ་ཏུ་བསྒྲུབ་པའི་ཕྱིར་མེའི་དཔེས་ནུས་པ་མ་ཡིན་ནོ། །

（自方道：）話雖如此，然而，「如火只燒他者，不燒自己般，見也應只見他者，不見自己的體性」之言論如何應理？爲何不說：「如同火明亮自他的體性般，見亦（如是）。如果是見，（也應）觀見自他之體性」？如世間所謂「自己看到自己」、「演講者自己介紹自己」。此故，就以形容自我之詞，（便知）不能藉火喻至極成立見（的自性）。

ཡང་གཞན་ཡང་། སོང་དང་མ་སོང་བགོམ་པ་ཡིས། །དེ་ནི་ལྟར་བཅས་ལན་བཏབ་པོ། །ལྟར་བཅས་ཞེས་བྱ་བ་ནི་ལྟ་བ་དང་བཅས་པའོ། །གང་ཞེ་ན། མེའི་དཔེ་སྟེ། དཔེ་དང་ལྟ་བ་དེ་གཉི་ག་མཚུངས་པར་ལན་བཏབ་ཟིན་ཏོ་ཞེས་བྱ་བའི་ཐ་ཚིག་གོ། །གང་གིས་ལན་བཏབ་ཅེ་ན། སོང་བ་དང་། མ་སོང་བ་དང་། བགོམ་པ་དག་གིས་ཏེ། ཇི་ལྟར་སོང་བ་དང་། མ་སོང་བ་དང་། བགོམ་པ་བརྟག་པར་སོང་བ་ལ་ཡང་འགྲོ་བ་མེད། མ་སོང་བ་ལ་ཡང་མེད།

བགོམ་པ་ལ་ཡང་འགྲོ་བ་མེད་དོ། །ཞེས་བཤད་པ་དེ་བཞིན་དུ་མེས་ཀྱང་བསྲེགས་པ་ཡང་སྲེག་པར་མི་བྱེད། མ་བསྲེགས་པ་ཡང་སྲེག་པར་མི་བྱེད། ལྟ་བ་ཡང་བལྟས་པ་ལ་ཡང་ལྟ་བར་མི་བྱེད། མ་ལྟས་པ་ལ་ཡང་ལྟ་བར་མི་བྱེད། ལྟ་བ་ལ་ཡང་ལྟ་བར་མི་བྱེད་དོ། །དེ་ལྟར་མེ་ཡང་སྲེག་པར་མི་བྱེད་ལ། ལྟ་བ་ཡང་ལྟ་བར་མི་བྱེད་ན་ཅི་ཞིག་གང་གི་དཔེར་འགྱུར། དེའི་ཕྱིར་ཡང་ལྟ་བ་རབ་ཏུ་བསྒྲུབ་པའི་ཕྱིར་མེའི་དཔེས་ནུས་པ་མ་ཡིན་ནོ། །

此外，（《中論》云：）

**3.3.cd 去未去跨步，該觀答具見。**[10]

「具見」謂具有見也。指向何者？爲火喻也。（3.3.d）應理解爲（我）已答覆，喻、見兩者相同也。

由何（理）回覆？由已去、未去及跨步（之觀察而答）。如觀察已去、未去及跨步時，可釋：行走不存在於已去之中，亦不在於未去之中，於跨步之中亦無行走。同理，火不能燃燒於已燒之中，於未燒之中亦無燃燒；見不在於已見之中，見亦不在於未見之中，正在見之中亦無見。既然火不能燃燒，見不能見，何者爲何者之喻？此故，火喻不能至極成立見（的自性）。

ཡང་གཞན་ཡང་། གང་ཚེ་ཅུང་ཟད་མི་ལྟ་བ། །ལྟ་བར་བྱེད་པ་མ་ཡིན་ནོ། །ལྟ་བས་

10 有關 3.3.cd，對勘本版的藏譯中論為：སོང་དང་མ་སོང་བགོམ་པ་ཡིས། །དེ་ནི་ལྟ་བཅས་ལན་བཏབ་ནོ།，故與此中所引的偈頌文有所出入；可參考 Nāgārjuna. *Dbu ma rtsa ba'i tshig le'ur byas pa shes rab*, 7。

ལྟ་བར་བྱེད་ཅེས་བྱར། །དེ་ནི་ཇི་ལྟར་རིགས་པར་འགྱུར། །འདི་ལྟར་ཁྱོད་ཀྱིས་གཟུགས་ལ་ལྟ་བར་བྱེད་པས་ལྟ་བའོ་ཞེས་སྨྲས་པ་ནི་བྱེད་པ་པོ་ལ་བྱ་བའི་རྒྱུན་བརྗོད་ནས་ལྟ་བར་བྱེད་པས་ལྟ་བ་ཡིན་ནོ། །དེའི་ཕྱིར་ལྟ་བ་ཉིད་ན་ལྟ་བ་ཡིན་གྱི་མི་ལྟ་བ་ནི་མ་ཡིན་ནོ། །དེའི་ཕྱིར་གང་གི་ཚེ་ན་ལྟ་བ་ཉིད་ན་ལྟ་བ་ཡིན་གྱི་མི་ལྟ་བ་ན་མ་ཡིན་པ་དེའི་ཚེ་ལྟ་བར་བྱེད་པས་ལྟ་བའོ་ཞེས་བྱ་བ་དེ་སྐྱ་བ་ཇི་ལྟར་རིགས་པར་འགྱུར་ཏེ། འདི་ལ་གང་གིས་ལྟ་བར་བྱེད་དོ། །ཞེས་བྱ་དེ་རིགས་པར་འགྱུར་བ་ལྟ་བའི་བྱ་བ་གཉིས་པ་དེ་ག་ལ་ཡོད། ཅི་སྟེ་འདི་ལ་ལྟ་བའི་བྱ་བ་གཉིས་པ་མེད་བཞིན་དུ་ཡང་རབ་ཏུ་རྟོག་ན། དེ་ལྟ་བས་ན་ཡང་ལྟ་བ་གཉིས་སུ་ཐལ་བ་དང་། ལྟ་བ་པོ་ཡང་གཉིས་སུ་ཐལ་བར་འགྱུར་བས་དེ་ནི་མི་འདོད་དོ། །དེ་ལྟ་བས་ན་གཟུགས་ལ་ལྟ་བར་བྱེད་པས་ལྟ་བའོ། །ཞེས་བྱ་བ་དེ་མི་འཐད་དོ། །

此外，（《中論》云：）

**3.4 見若未見時，則不名爲見，而言見能見，是事則不然。**

如是，你認爲「見色故爲見」，詮釋了作業之緣（存在）於作者之中，而說「見故（能）見」。因此，見是見，非不見。因見僅是見，非不見，故謂「見故（能）見」如何應理？於此，何處能得「由何者觀見」中的第二個見作用？[11]於此，明明沒有第二個見作用，仍執（見的自性）的話，見應成兩種，見者也成兩種，（然我）不許該（論）。此故，見色故爲見實不合理。

11 見作用若有自性，當該作用結合於見者或眼識（作者）時，自然不能夠結合於「見」（作業）本身。此故，應成見本身不具有見的作用之過患。在此的二種見作用為：一、見之作者所擁有的見作用。二、見之作業所擁有的見作用。

ཅི་སྟེ་ཐལ་བའི་བྱ་བ་གཉིས་སུ་ཐལ་བར་འགྱུར་བའི་སྐྱོན་དེར་གྱུར་ན་མི་རུང་ངོ་། །སྙམ་ནས་ལྟ་བ་ཉིད་ལྟ་བའི་བྱ་བ་དང་ལྡན་པའི་ཕྱིར་ལྟ་བར་བྱེད་པས་ལྟ་བའོ་ཞེ་ན།

（他方）認爲：若有應成兩種（見）作用之過，實不應理。（故）說只有見具有見作用的緣故，見故（能）見矣！

དེ་ལ་བཤད་པ། ལྟ་བ་ལྟ་ཉིད་མ་ཡིན་ཏེ། ལྟ་བ་ལྟ་བར་བྱེད་པ་ཉིད་དོ། །ཞེས་དེ་ལྟར་རྟོག་ན་དེ་ཡང་མི་རིགས་པ་མ་ཡིན་ཏེ་ལྟ་བར་བྱེད་དོ། །ཞེས་བྱ་བ་དེ་ལ་ལྟ་བའི་བྱ་བ་མེད་པའི་ཕྱིར་རོ། །དེ་དེ་ལ་འདི་སྙམ་དུ་སྐྱོན་དེར་གྱུར་ན་མི་རུང་བས་ལྟ་བར་བྱེད་དོ། །ཞེས་བྱ་བ་དེ་ཉིད་ལྟ་བའི་བྱ་བ་དང་ལྡན་པར་སེམས་ན། དེ་ལྟ་བཤད་པ། ལྟ་བ་མིན་པ་མི་ལྟ་ཉིད། དེ་ལྟ་ན་ཡང་ལྟ་བའི་བྱ་བ་དང་བྲལ་བའི་ལྟ་བ་ནི་ལྟ་བ་མ་ཡིན་པར་འགྱུར་རོ། དེ་ལ་ལྟ་བ་མ་ཡིན་པ་ཇི་ལྟར་ལྟ་བར་བྱེད་དོ། ཞེས་བྱར་ནི་མི་རུང་སྟེ། འདི་ལྟར་ལྟ་བ་མ་ཡིན་པ་ཇི་ལྟར་ལྟ་བར་འགྱུར། ཅི་སྟེ་ལྟ་ན་ནི་སོར་མོའི་རྩེ་མོ་ཡང་ལྟ་བར་འགྱུར་བ་ཞིག་ན་མི་ལྟ་སྟེ། དེ་ལྟ་བས་ན་ལྟ་བ་མ་ཡིན་པ་ལྟ་བར་བྱེད་དོ་ཞེས་བྱ་བ་དེ་ཡང་མི་རུང་ངོ་། །

於此，（自方道，《中論》云：）

### 3.5.a 見不能有見，

若執見（業）爲見，則不應理，因爲（眼）見中無見的作用。[12]

於此，（另一方）認爲其過不應理，做是念：（眼）見中

12 見為見，有兩種理解：一、見的動作之中才有見的作用。二、如眼睛等見者之中才有見的作用。為使讀者容易理解，前者用「見（業）」，後者用「（眼）見」以便區分。

才有見的作用。[13]

（我）將做如是解說，（如《中論》）云：

**3.5.b 非見亦不見，**

話雖如此，遠離見作用之見並非見；既是非見，（眼）如何能見？實不應理。

如是，既然（眼）已不見，如何有見（業）？果眞可見，指尖也應能見，然不能見。此故，不見爲見亦不應理。

སྨྲས་པ། བྱ་བའི་རྐྱེན་འདི་ནི་བྱེད་པ་ལ་བརྗོད་པ་ཡིན་གྱི་བྱེད་པ་པོ་ལ་མ་ཡིན་པས། འདིས་ལྟ་བར་བྱེད་པས་ལྟ་བ་སྟེ། གང་ཞིག་ལྟ་བར་བྱེད་ཅེ་ན། ལྟ་བ་པོའོ། །

（他方）道：作業之緣應詮釋於作業之中，非於作者之中，此故，「見故（能）見」是由何而見呢？（答：由）見者（見）。[14]

---

13 此有二執。前執：見者——如眼等——之中並無見的作用，只有在見的動作之中才有見的作用。後執：見者若無見的作用，怎能稱為「見者」？將有如此過咎。故說：「見者——如眼等——之中才有見的作用」。

14 直譯的話，的確有理解上的困難，所以在此建議參考根敦主巴的《寶鬘論》。於該論中說，མིག་ལྟ་བའི་བྱེད་པ་པོ་མ་ཡིན་གྱི་བདག་གམ་རྣམ་ཤེས་ལྟ་བའི་བྱེད་པ་པོ་ཡིན་ནོ་ཞེ་ན།（若言：「雖然眼睛並非見之作者，然而我或別識卻是見之作者。」）——Dge ‘dun grub pa. *Dbu ma rtsa ba shes rab kyi ngag don bshad pa rin po che’i phreng ba zhes bya ba bzhugs so,* 141。總之，他方的立場為：見的作用應該結合於見的作業本身，而非見者眼睛。所以，當談及「由何而見」的時候，雖然不由作者——眼睛——所見，卻由見者——別識，或「我」——所見。

བཤད་པ། ལྟ་བ་ཉིད་ཀྱིས་ལྟ་བ་པོ་འང། རྣམ་པར་བཤད་པར་ཤེས་པར་བྱ། འདི་ལ། ལྟ་བ་རང་གི་བདག་ཉིད་ནི། །དེ་ནི་དེ་ལ་མི་ལྟ་ཉིད། །གང་ཞིག་བདག་ལ་མི་ལྟ་བར། །དེ་གཞན་དག་ལ་ཇི་ལྟར་ལྟ། །ཞེས་བྱ་བ་ལ་སོགས་པ་དག་གིས་ལྟ་བས་ལྟ་བར་བྱེད་དོ་ཞེས་བྱ་བ་དེ་བསལ་ཟིན་ཏེ། ལྟ་བས་བསལ་བ་དེ་ཉིད་ཀྱིས་ལྟ་བ་པོ་ཡང་བསལ་བ་ཉིད་དུ་ཤེས་པར་བྱའོ། །ཅིའི་ཕྱིར་ཞེ་ན། འདིར་དོན་གཞན་ཅུང་ཟད་མ་སྨྲས་པ་སྟེ། མིག་ལྟ་བ་པོ་ཉིད་ཡིན་ནོ་ཞེས་བྱ་བ་བཏང་སྟེ་བདག་ལྟ་བ་པོ་ཡིན་ནོ་ཞེས་སྨྲས་པ་འབའ་ཞིག་ཏུ་ཟད་པའི་ཕྱིར་རོ། །དེ་ལ་ལྟ་བ་ལ་ལྟ་བ་པོར་རྟོག་གམ་བདག་ལ་ལྟ་བ་པོར་རྟོག་ཀྱང་རུང་སྟེ་བསལ་བའི་གཏན་ཚིགས་དག་ནི་མཚུངས་སོ། །འདིར་སྐྱོན་གཞན་འདི་ཡང་ཡོད་དེ། ལྟ་བ་པོས་ལྟ་བས་ལྟ་བར་བྱེད་ན་ལྟ་བ་གསུམ་དུ་ཐལ་བར་འགྱུར་རོ། །

（自方道，《中論》）云：

**3.5.cd 由見論應知，見者亦同釋。**

於此，略有餘義尚未解說，即是破除眼爲見者、僅說我爲見者論。

於此，（《中論》）云：「（3.2）觀見自體性，於此不能見，若不能見己，云何能見他？」（此偈）破除了「見故（能）見」。因爲破除了見（的自性），應知見者（的自性）也被破除。爲何？不管執「（眼）見爲見者」，或是執「我爲見者」，破除（該論）的因相相同。

於此，仍有其他過失：如果見者因見而見，應成三見。[15]

---

15 「見者因見而見」的三見為：一、見之作用結合於見者。二、見之作用結合於「因見」之見。三、見之作用結合於「而見」之見。或是，一、見之作用結合

སྨྲས་པ། ལྟ་བས་ལྟ་བར་བྱེད་ཞེའམ་ལྟ་བ་པོས་ལྟ་བར་བྱེད་དོ་ཞེས་བྱ་བ་འདིས་ཁོ་བོ་ལ་ཅི་བྱ། ཡོད་ནི་བལྟ་བར་བྱ་བ་བུམ་པ་དང་སྣམ་བུ་ལ་སོགས་པ་དག་ཡོད་པ་ལ་གང་གིས་ལྟ་བར་བྱེད་པའི་ལྟ་བ་དེ་ནི་ཡོད་དོ། །

（他方）道：於我而言，「見故（能）見」或「見者見」又有何用。反正所見爲存在的瓶子及氆氌等，故有「由何者見」之見。

བཤད་པ། ཅི་ཁྱོད་ས་མཁན་མེད་པར་འགྲོག་དགོན་པར་འཐོམ་མམ། ཁྱོད་ལྟ་བ་པོ་མེད་པར་བལྟ་བར་བྱ་བ་དང་ལྟ་བ་ཡོད་པར་འདོད་ཀོ། མ་སྤངས་ལྟ་པོ་ཡོད་མིན་ཏེ། །ལྟ་བ་སྤངས་པར་གྱུར་ཀྱང་ངོ་། །ལྟ་པོ་མེད་ན་བལྟ་བྱ་དང་། །ལྟ་བ་དེ་དག་ག་ལ་ཡོད། །འདི་ལ་ལྟ་བ་ཉིད་ན་ལྟ་བ་པོ་ཡིན་གྱི་མི་ལྟ་ན་མ་ཡིན་ནོ། །ཞེས་སྨྲར་བསྟན་པ་དེས་ན་ལྟ་བ་དང་ལྡན་པའི་ཕྱིར་ལྟ་བ་པོ་ཡིན་པས་ལྟ་བ་པོ་ལྟ་བར་བྱེད་དོ། །ཞེས་བྱ་བ་དེ་མི་འཐད་དོ། །ལྟ་བའི་བྱ་བ་གཉིས་པ་[16]མེད་པའི་ཕྱིར་རོ། །དེ་ལྟར་རེ་ཞིག་ལྟ་བ་མ་སྤངས་ན་ལྟ་བ་པོ་མ་ཡིན་པས་ལྟ་བ་པོ་མེད་དོ། །ད་ནི་ལྟ་བ་པོ་མ་ཡིན་པ་ཡང་ལྟ་བར་མི་བྱེད་པ་ཉིད་དེ། ལྟ་བའི་བྱ་བ་དང་བྲལ་བའི་ཕྱིར་རོ་ཞེས་བསྟན་པ་དེ་བཞིན་དུ་ལྟ་བ་སྤངས་པར་གྱུར་ན་ཡང་ལྟ་བ་པོ་མེད་དོ། །དེ་ལ་ལྟ་བ་སྤངས་ཀྱང་རུང་མ་སྤངས་ཀྱང་རུང་སྟེ་ལྟ་བ་པོ་མེད་ན་ཁྱོད་ཀྱི་བལྟ་བར་བྱ་བ་དང་ལྟ་བ་ཡོད་པར་ག་ལ་འགྱུར། འདི་ལྟར་གང་གིས་ལྟ་བར་བྱེད་པས་བལྟ་བར་བྱ་བ་ཡིན་ན་གང་གིས་ལྟ་བར་བྱེད་པས་དེ་ནི་མེད་དོ། །དེ་མེད་ན་གང་གིས་ལྟ་བར་འགྱུར། མི་ལྟ་ན་བལྟ་བར་བྱ་བར་ཇི་ལྟར་འགྱུར། འགའ་ཞིག་གིས་གང་གིས་ལྟ་བར་བྱེད་པ་དེ་ནི་དེའི་ལྟ་བ་ཡིན་ན་གང་གིས་ལྟ་བར་བྱེད་པ་དེ་ནི་མེད་དོ། དེ་མེད་ན་གང་གིས་ལྟ་བར་འགྱུར་ཏེ། དེ་ལྟ་བས་ན་ལྟ་བ་པོ་མེད་ན་བལྟ་བར་བྱ་བ་དང་ལྟ་བ་མི་འཐད་པ་ཉིད་དོ། །དེའི་ཕྱིར་སྐྱེ་མཆེད་

於見。二、見之作用結合於眼。三、見之作用結合於我或別識。

16 根據北京版及奈塘版，改為 པ། 字。

རྣམས་ཡོད་པ་མ་ཡིན་ནོ། །

（自方）道：難道你因無人引路而迷失於荒野之中？你（居然）主張，（可以）在缺乏見者之下，仍存在所見及觀見。（《中論》云：）

**3.6 未斷無見者，斷見亦如是，以無見者故，何有見所見？**

（你說：）如前已述，見者在於見中，並非不見。此故，具見為見者。此故，言「見者見」。

（自方反：）實不應理，因無第二個見作用故。如是，若不斷見，非見者故，無見者。[17]非見者因遠離見之作用故，亦不能見。若已斷見，見者將無。於此，無論斷見也好，未斷也好，都無見者故，你的所見及見（的自性）又在何處？

如是，（你雖許）「何者見故，將成所見」，然而，何者見（之自性）的確不在，既不存在，由誰能見？既無見，豈有所見？

（雖言）：「何者觀見，將為此人之見」，然而，何者見

17 見者可為兩者：一、不斷見（不離見）或依賴見而立為見者。二、斷見或不依賴見而立為見者。若許依賴見而立為見者，試問：見者所依之「見」是已有的見，還是未有的見？見者不能依賴未有的見，因為未有的見如同兔角。見者也不能夠依賴已有的見；按照《顯句論》的說法而言，該論道：「既然已立，見者何須再依賴於見？已立不能再立。（གྲུབ་པར་གྱུར་ནས་ལྟ་བ་པོ་ཡང་ལྟ་བ་ལ་ལྟོས་པས་ཅི་ཞིག་བྱེད། གྲུབ་པ་ནི་སླར་ཡང་བསྒྲུབ་པར་བྱ་བ་མ་ཡིན་ནོ། ）」可參考月稱論師的《顯句論》——Candrakīrti, *Dbu ma rtsa ba'i 'grel pa tshig gsal,* 95。

（之自性）的確不在，既不存在，由誰能見？此故，既無見者，所見及見應不合理。此故，不存在入處。

སྨྲས་པ། སྐྱེ་མཆེད་རྣམས་ནི་ཡོད་པ་ཉིད་ཡིན་ཏེ། ཅིའི་ཕྱིར་ཞེ་ན། རྣམ་པར་ཤེས་པ་ཡོད་པའི་ཕྱིར་རོ། །འདི་ལྟར་རྣམ་པར་ཤེས་པ་དངོས་པོ་རྣམས་དམིགས་པར་བྱེད་པ་ནི་ཡོད་དོ། །དེ་ཡོད་པའི་ཕྱིར་སྐྱེ་མཆེད་རྣམས་ཀྱང་ཡོད་དོ། །

（他方）道：入處皆存在。爲何？有別識故。如是，存在別識緣取諸事物，入處也應存在。

བཤད་པ། བལྟ་བྱ་ལྟ་བ་མེད་པའི་ཕྱིར། །རྣམ་པར་ཤེས་ལ་སོགས་པ་བཞི། །ཡོད་མིན་ཉེ་བར་ལེན་ལ་སོགས། །ཇི་ལྟ་བུར་ན་ཡོད་པར་འགྱུར། །གང་གི་ཚེ་ལྟ་བ་པོ་མེད་ན་བལྟ་བར་བྱ་བ་དང་ལྟ་བ་མི་འཐད་དོ། །ཞེས་བཤད་པ་དེའི་ཚེ་གནས་མེད་པར་རྣམ་པར་ཤེས་པ་ཇི་ལྟར་ཡོད་པར་འགྱུར་ཏེ། འདི་ལྟར་བལྟ་བར་བྱ་བ་ལས་གཞན་ཅི་ཞིག་རྣམ་པར་ཤེས་པར་འགྱུར། ལྟ་བ་མེད་ན་རྣམ་པར་ཤེས་པ་ལྟོས་པ་མེད་པར་ཇི་ལྟར་ཡོད་པར་འགྱུར། ཅི་སྟེ་འགྱུར་ན་ནི་ལོང་བ་ལ་ཡོད་པར་འགྱུར་བ་ཞིག་ན་མི་འགྱུར་རོ། དེ་ལྟ་བས་ན་བལྟ་བར་བྱ་བ་དང་ལྟ་བ་མེད་ན་གནས་མེད་པར་རྣམ་པར་ཤེས་པ་ཡོད་པར་མི་འཐད་དོ། །རྣམ་པར་ཤེས་པ་མེད་ན་རེག་པ་ག་ལ་ཡོད། རེག་པ་མེད་ན་ཚོར་བ་ག་ལ་ཡོད། ཚོར་བ་མེད་ན་སྲེད་པ་ག་ལ་ཡོད། དེ་བཞིན་དུ་ཉེ་བར་ལེན་པ་དང་སྲིད་པ་དང་། སྐྱེ་བ་དང་རྒ་ཤི་དག་ཀྱང་ཡོད་པར་ག་ལ་འགྱུར་ཏེ། དེ་བས་ན་སྐྱེ་མཆེད་རྣམས་ནི་ཡོད་པ་ཉིད་མ་ཡིན་ནོ། །དེ་སྐད་དུ། བཅོམ་ལྡན་འདས་ཀྱིས་ཀྱང་། དེ་ལ་འཕགས་པ་ཉན་ཐོས་ནི་མིག་གི་རྣམ་པར་ཤེས་པར་བྱ་བའི་གཟུགས་གང་དག་འདས་པ་དང་། མ་འོངས་པ་དང་ད་ལྟར་བྱུང་བ་འདི་དག་ལ་རྟག་པ་ཉིད་དམ་བརྟན་པ་ཉིད་དམ། དེ་བཞིན་ཉིད་དམ་གཞན་མ་ཡིན་པ་དེ་བཞིན་ཉིད་དམ། མ་ནོར་བ་དེ་བཞིན་ཉིད་ནི་འགའ་ཡང་མེད་ཀྱི་སྒྱུ་མ་དེ་ནི་ཡོད་དོ། །སྒྱུ་མར་བྱས་པ་དེ་ནི་ཡོད་དོ། །སེམས་རྨོངས་པར་བྱེད་པ་དེ་ནི་ཡོད་དེ། དེ་ནི་ཕྱི་ན་ཞིག་ཡོད་དོ། །སྐམ་དུ་དེ་ལྟར་

སོ་སོར་རྟོག་པར་བྱེད་དོ། །ཞེས་གསུངས་སོ། །

（自方道，《中論》）云：

**3.7 無見所見故，識等四法無，[18]近取等諸緣，云何當得有？**

當無見者時，所見及見自不應理，此故，既無（依）處[19]，何能有識？如是，除所見外，何餘者成別識？既無見，別識無所依，如何能有？假設能有（無須依賴見的眼識），失明者亦能有（見），然而不能。總之，若無所見及見，將無（依）處，別識存在將不應理。

既無別識，何能有觸？既無觸，何能有受？既無受，何能有愛？同樣，何能有近取及輪迴、生與老死等？此故，入處絕對不在。

薄伽梵亦云：「聖聲聞，應做如是妙觀察：過去、未來以及現在的眼識所知之色，是常？是堅？是眞實義？非迥異於眞實義？無謬眞實義雖絲毫不在，卻有幻相。幻相所現都存在。心被愚昧所轉，實爲荒謬。」

སྨྲས་པ། ཁྱོད་ཀྱིས་རེ་ཞིག་ལྟ་བ་ནི་བཀག་ན་ཉན་པ་ལ་སོགས་པ་ནི་མ་བཀག་པས་

---

18 有關 3.7.b，對勘本版的藏譯中論為：རྣམ་པར་ཤེས་པ་ལ་སོགས་བཞི།，故與此中所引的偈頌文有所出入；可參考 Nāgārjuna. *Dbu ma rtsa ba'i tshig le'ur byas pa shes rab,* 7。

19 別識所依之處。

དེས་ན་ཉན་པ་ལ་སོགས་པ་ཡོད་པའི་ཕྱིར་དངོས་པོ་རྣམས་ཡོད་དོ། །

（他方）道：首先，你雖破除見，卻未破除聞等。此故，聽聞等應存在。此故，諸事物的確存在。

བཤད་པ། ལྟ་བས་ཉན་དང་སྣོམ་པ་དང་། །མྱོང་བར་བྱེད་དང་རེག་བྱེད་ཡིད། ཉན་པ་པོ་དང་མཉན་ལ་སོགས། །རྣམ་པར་བཤད་པར་ཤེས་པར་བྱ། །ཉན་པ་ལ་སོགས་པ་དེ་དག་ནི་རྣམ་པར་བཤད་པ་ཉིད་དུ་ཤེས་པར་བྱའོ། །གང་གིས་རྣམ་པར་བཤད་ཅེ་ན། ལྟ་བ་ཉིད་ཀྱིས་ཏེ། ཇི་ལྟར་ལྟ་བ་རྣམ་པ་ཐམས་ཅད་དུ་བརྟགས་ན་མི་འཐད་པ་དེ་བཞིན་དུ་ཉན་པ་ལ་སོགས་པ་དག་ཀྱང་ཤེས་པར་བྱའོ། །ཇི་ལྟར་ལྟ་བ་པོ་མི་འཐད་པ་དེ་བཞིན་དུ་ཉན་པ་པོ་ལ་སོགས་པ་དག་ཀྱང་ཤེས་པར་བྱའོ། ཇི་ལྟར་བལྟ་བར་བྱ་བ་བསལ་བ་དེ་བཞིན་མཉན་པར་བྱ་བ་ལ་སོགས་པ་དག་ཀྱང་ཤེས་པར་བྱའོ། །དེ་ལྟ་བས་ན་སྐྱེ་མཆེད་རྣམས་ཀྱང་སྟོང་ཉིད་དུ་གྲུབ་པར་ཤེས་པར་བྱའོ། །སྐྱེ་མཆེད་བརྟག་པ་ཞེས་བྱ་བ་སྟེ་རབ་ཏུ་བྱེད་པ་གསུམ་པའོ།། །།

（自方道，《中論》）云：

**3.8 由釋見當知，聽聞以及嗅，品嘗及觸意，聞者聞如是。**

應知聽聞等論述。由何而知？應由見（類推知）。如以一切相觀察見（之自性），皆不應理，聽聞等亦如是。如見者不應理，聞者等亦如是。如所見被破除，所聞等亦如是。此故，應知入處等於空性當中而有。

第三品──觀入處品──終。

# 第四品

# ——觀蘊品——

འདིར་སྨྲས་པ། འདི་ལ་གཟུགས་ལ་སོགས་པ་ཕུང་པོ་ལྔ་པོ་དག་བསྟན་ཏོ། །དེ་དག་སྡུག་བསྔལ་ལོ་ཞེས་གསུངས་ཏེ། སྡུག་བསྔལ་འཕགས་པའི་བདེན་པར་གསུངས་སོ། །འཕགས་པའི་བདེན་པ་གང་ཡིན་པ་དེ་ནི་མེད་པར་ཇི་ལྟར་འགྱུར་ཏེ། དེ་བས་ན་ཕུང་པོ་རྣམས་ནི་ཡོད་དོ། །

於此，（他方）道：於此（品）中顯示色等五蘊。（經論）說，該等（五蘊）皆爲痛苦、苦諦。凡是聖諦，如何能無？此故，存在蘊等。

བཤད་པ། གཟུགས་ཀྱི་རྒྱུ་ནི་མ་གཏོགས་པར། །གཟུགས་ནི་དམིགས་པར་མི་འགྱུར་རོ། །འདི་ལ་འབྱུང་བ་ཆེན་པོ་བཞི་པོ་དག་ནི་གཟུགས་ཀྱི་རྒྱུར་བསྟན། གཟུགས་ནི་དེ་དག་གི་འབྲས་བུར་བསྟན་ན། འབྱུང་བ་ཆེན་པོ་བཞི་པོ་དག་མ་གཏོགས་པར་འབྱུང་བ་ཆེན་པོ་བཞི་པོ་དེ་དག་ལས་དོན་གཞན་དུ་གྱུར་པ་གཟུགས་ཞེས་བྱ་བར་འབྲས་བུ་ནི་ཅི་ཡང་མེད་དེ། དེ་ལྟ་བས་ན་གཟུགས་ནི་མི་འཐད་དོ། །

（自方道，《中論》）云：

**4.1.ab 若離於色因，色則不可得；**

於此，顯示四大種爲色之因，色爲該（四大種）之果。除了四大種以外，無任何的果迥異於四大種（所生之）色。此故，色不應理。

སྨྲས་པ། རེ་ཞིག་འབྱུང་བ་དག་ནི་ཡོད་དེ། དེ་ལ་རྒྱུ་ཡོད་པའི་ཕྱིར་འབྲས་བུ་ཡང་ཡོད་པས། གཟུགས་ཀྱང་རབ་ཏུ་གྲུབ་པ་ཉིད་དོ། །

（他方）道：首先，大種的確存在。於此，存在因故，果方能有，此故，色亦至極成立。

བཤད་པ། གཟུགས་ཞེས་བྱ་བ་མ་གཏོགས་པར། །གཟུགས་ཀྱི་རྒྱུ་ཡང་མི་སྣང་ངོ་། །གཟུགས་མ་གཏོགས་པར་ཡང་འདི་ནི་གཟུགས་ཀྱི་རྒྱུའོ། །ཞེས་བྱ་བ་མི་སྣང་བ་ཉིད་དོ། །གཟུགས་ནི་མི་འཐད་པར་སྨྲས་ཟིན་ཏེ། དེ་ལྟར་གཟུགས་མི་འཐད་པའི་ཕྱིར་གཟུགས་ཀྱི་རྒྱུ་ཡང་མི་འཐད་དོ།

（自方道，《中論》）云：

**4.1.cd 若當離於色，色因不可得。**

遠離了色，（我）不見「此爲色因」的言論（合理）。已說色不應理。如是，色不應理故，色因亦不應理。

སྨྲས་པ། འདི་ལ་ཁྱོད་རྒྱུ་ལ་བརྟེན་ནས་འབྲས་བུ་སེལ་བར་བྱེད་ཅིང་། འབྲས་བུ་ལ་བརྟེན་ནས་རྒྱུ་སེལ་བར་བྱེད་པས་དེ་ལ་གང་ལ་བརྟེན་ནས་གཞན་ཞིག་སེལ་བར་བྱེད་པ་དེ་ནི་རེ་ཞིག་ཡོད་དོ། །དེ་ཡོད་ན་གཞན་ཡང་རབ་ཏུ་འགྲུབ་པར་འགྱུར་རོ། །

（他方）道：於此，你依賴因而破果，依賴果而破因。此故，應先有依賴某者而破他者（的事實），有此故他者亦能至極成立。

བཤད་པ། གཞན་ཡོད་པ་ཉིད་དོ། །ཞེས་བརྗོད་པར་མི་ནུས་སོ། །ཅིའི་ཕྱིར་ཞེ་ན། འདི་ལྟར། གཟུགས་ཀྱི་རྒྱུ་ནི་མ་གཏོགས་པར། །གཟུགས་ན་གཟུགས་ནི་རྒྱུ་མེད་པར། །ཐལ་བར་འགྱུར་ཏེ་དོན་གང་ཡང་། །རྒྱུ་མེད་པ་ནི་གང་ནའང་མེད། །གལ་ཏེ་རྒྱུ་བས་ཀྱང་འབྲས་བུ་ཡོད་ན་ནི་དེའི་ཚེ་རྒྱུ་མེད་པ་ཅན་དུ་འགྱུར་ཏེ། དོན་གང་ཡང་རྒྱུ་མེད་པ་ཅན་ནི། མ་མཐོང་ཞིང་གང་དུ་ཡང་མ་བསྟན་ཏེ། རྟག་ཏུ་ཐམས་ཅད་ལས་ཐམས་ཅད་འབྱུང་བར་ཐལ་བར་

འགྱུར་བའི་ཕྱིར་དང་། ཅོམ་པ་ཐམས་ཅད་དོན་མེད་པ་ཉིད་ཀྱི་སྐྱོན་དུ་འགྱུར་བའི་ཕྱིར་རོ། །

（自方）道：不能說他者存在。爲何？如是，（《中論》云：）

**4.2 離色因有色，色應成無因；無因而有法，[1]是事則不然。**

若謂有了因才會有果，（如此，果）於此時將成無因。（我亦）不見任何事物無（其）因，（無因事物亦不被經論）所示，（否則），所有（事物）應永遠從一切而生故，一切努力將成無意義之過故。

དེ་བཞིན་དུ། གལ་ཏེ་གཟུགས་ནི་མ་གཏོགས་པར། །གཟུགས་ཀྱི་རྒྱུ་ཞིག་ཡོད་ན་ནི། །འབྲས་བུ་མེད་པའི་རྒྱུར་འགྱུར་ཏེ། །འབྲས་བུ་མེད་པའི་རྒྱུ་མེད་དོ། །གལ་ཏེ་འབྲས་བུ་བསལ་ཀྱང་རྒྱུ་ཡོད་ན་ནི་རྒྱུ་དེ་འབྲས་བུ་མེད་པ་ཅན་དུ་ཐལ་བར་འགྱུར་རོ། །འབྲས་བུ་མེད་པ་ཅན་གྱི་རྒྱུ་ནི་མེད་དེ། འདི་ནི་འདིའི་འོ་ཞེས་བྱ་བའི་ཐ་སྙད་ཀྱང་མི་འཐད་པའི་ཕྱིར་དང་། ཐམས་ཅད་ཀྱི་རྒྱུ་ཐམས་ཅད་ཡིན་པར་ཐལ་བར་འགྱུར་བའི་ཕྱིར་ཏེ། དེ་ལྟ་བས་ན་གཟུགས་ཀྱི་རྒྱུ་དག་ཀྱང་མི་འཐད་པ་ཉིད་ཡིན་ལ། གཟུགས་ཀྱང་འབྲས་བུར་མི་འཐད་དོ། །

同樣，（《中論》云：）

**4.3 若離色有因，則是無果因；若言無果因，則無有是處。**

假如無果仍有因，該因應成無果者，（但是，）不存在無

---

1 有關 4.2.c，對勘本版的藏譯中論為：ཐལ་བར་གྱུར་ཏེ་དོན་གང་ཡང་།，故與此中所引的偈頌文有所出入；可參考 Nāgārjuna. *Dbu ma rtsa ba'i tshig le'ur byas pa shes rab, 8*。

果之因，否則說「此爲此之（因）」[2]將不應理、一切因應成一切（事物之因）。此故，不只色因不應理，色是果亦不應理。

ཡང་གཞན་ཡང་། གཟུགས་ཡོད་ན་ཡང་གཟུགས་ཀྱི་ནི། །རྒྱུ་ཡང་འཐད་པར་མི་འགྱུར་ཉིད། གཟུགས་མེད་ན་ཡང་གཟུགས་ཀྱི་ནི། རྒྱུ་ཡང་འཐད་པར་མི་འགྱུར་ཉིད། །འདི་ལ་གཟུགས་ཀྱི་རྒྱུ་ཅི་ཞིག་བརྟགས་ན་གཟུགས་ཡོད་པ་ལ་བརྟག་གམ། འོན་ཏེ་གཟུགས་མེད་པ་ལ་བརྟག་གྲང་ན། གཟུགས་ཡོད་པ་ལ་ནི་གཟུགས་ཀྱི་རྒྱུ་མི་འཐད་དེ། མེད་པ་ལ་ཡང་མི་འཐད་དོ། །དེ་ལ་རེ་ཞིག་ཡོད་པ་ནི་མི་འཐད་དེ། འདི་ལྟར་ཡོད་པ་ལ་རྒྱུས་ཅི་ཞིག་བྱ། ཅི་སྟེ་ཡོད་པ་ལ་ཡང་རྒྱུའི་བྱ་བ་ཡོད་པར་འགྱུར་ན་ནི་ནམ་ཡང་མི་བྱ་བར་མི་འགྱུར་རོ། །དེ་ཡང་མི་འདོད་དེ། དེ་ལྟ་བས་ན་གཟུགས་ཡོད་པ་ལ་གཟུགས་ཀྱི་རྒྱུ་མི་འཐད་དོ། །གཟུགས་མེད་པ་ལ་ཡང་གཟུགས་ཀྱི་རྒྱུ་མི་འཐད་དེ། འདི་ལྟར་གཟུགས་མེད་ན་དེ་གང་གི་རྒྱུར་འགྱུར། དེ་ལྟ་བས་ན་གཟུགས་མེད་པ་ལ་ཡང་གཟུགས་ཀྱི་རྒྱུ་མི་འཐད་དོ། །

此外，（《中論》云：）

**4.4 若已有色者，則不用色因；若無有色者，亦不用色因。**

於此，觀察何爲色因時，應於有色而觀？還是於無色而觀？

色既已有，色因則不應理；沒有（色），（色因）亦不應理。先（說）有不應理：既然已有，因有何用？

2 能稱為「因」就是依賴果而名為「因」，好比依賴孩子而名為「父親」。所以，某人能被稱為某某的「父親」，其實已經意味著其父的孩子已經存在。可參考無畏阿闍黎的《中論釋》—— Ga las ‘jigs med. *Dbu ma rtsa ba’i ‘grel ba ga las ‘jigs med,* 108：འབྲས་བུ་མེད་པའི་རྒྱུ་ནི་ཙུང་ཟད་ཀྱང་མེད་དེ། ཕ་དང་བུ་བཞིན་ནོ། （無果之因絲毫不在，有如父子）。

（若你說：）雖然已有，仍需因的作用的緣故，（色因）存在，（且）絕對不會沒有（色因之）作用。

該（論）亦不應理。此故，既已有色，色因不能成立。

於無色中，色因亦不應理。如是，既無色，（色因）將爲何者之因？此故，於無色中，色因不能成立。

དེ་ནི་རྐྱེན་དགག་པར་ཡང་མེད་དམ། ཡོད་པའི་དོན་ལ་ཡང་། རྐྱེན་ནི་རུང་བ་མ་ཡིན་ཏེ། ཞེས་རབ་ཏུ་བསྟན་ཟིན་མོད་ཀྱི། ཡང་འདི་ཡང་སྐབས་སུ་བབ་པས་བསྟན་ཏོ། །རྒྱུ་མེད་པ་ཡི་གཟུགས་དག་ནི། །འཐད་པར་མི་རུང་རུང་མིན་ཉིད། །རྒྱུ་མ་བསྟན་པ་གློ་བུར་གྱི་གཟུགས་ནི་འཐད་པར་མི་རུང་བ་ཉིད་དེ་རུང་བ་མ་ཡིན་པ་ཉིད་དོ། །ཅིའི་ཕྱིར་ཞེ་ན། རྟག་ཏུ་ཐམས་ཅད་འབྱུང་བར་ཐལ་བར་འགྱུར་བའི་ཕྱིར་དང་། རྩོམ་པ་ཐམས་ཅད་དོན་མེད་པ་ཉིད་ཀྱི་སྐྱོན་དུ་འགྱུར་བའི་ཕྱིར་རོ། །དེ་བས་ན་རྒྱུ་མེད་པ་ཅན་གྱི་ཕྱོགས་ནི་ཐམས་ཅད་ཁོ་ན་ཡིན་པའི་ཕྱིར་འཐད་པར་མི་རུང་བ་ཉིད་དེ་རུང་བ་མ་ཡིན་པ་ཉིད་དོ། །ཞེས་ཡང་དང་ཡང་དུ་ངེས་པར་བཟུང་སྟེ་བཤད་དོ། །

緣有沒有被破除呢？（於《中論》內，）「（1.6.b）彼緣不應理」已做廣示。與此有關，[3]故做說明。

（《中論》又云：）

**4.5.ab 無因而有色，是事終不然，**

不顯示（色）因，（而立）客性[4]之色，實不應理、絕不

3 之前的緣論與在此的因論有關，故而提及緣論。

4 客性在此可解讀為：無需因緣、驟然而有。

合理。爲何？所有（事物）應永遠從一切而生故，一切努力將成無意義之過故。因有絕對成爲一切（之過），無因者之立場實不應理、絕不合理。（《中論》）重複強調（該論不合理的）決定性。

དེ་ཕྱིར་གཟུགས་ཀྱི་རྣམ་པར་རྟོག །འགའ་ཡང་རྣམ་པར་བརྟག་མི་བྱ། །གང་གི་ཕྱིར་གཟུགས་ཀྱི་རྒྱུ་མ་གཏོགས་པར་གཟུགས་དམིགས་པར་མི་འགྱུར་བ་དང་། གཟུགས་ཡོད་པ་དང་མེད་པ་ལ་ཡང་གཟུགས་ཀྱི་རྒྱུ་མི་འཐད་པ་དང་། རྒྱུ་མེད་པའི་གཟུགས་ནི་འཐད་པར་མི་རུང་བ་ཉིད་དེ་རུང་བ་མ་ཡིན་པ་ཉིད་ཡིན་པ་དེའི་ཕྱིར་ཁྱོད་ལྟ་བུ་མཁས་པའི་རང་བཞིན་ཅན་དེ་ཁོ་ན་རྟོགས་པར་འདོད་པས་གཟུགས་ཀྱི་རྣམ་པར་རྟོག་པ་འགའ་ཡང་རྣམ་པར་བརྟག་པར་མི་བྱ་བར་རིགས་ཏེ། འདི་ལྟར་གནས་མེད་པ་ལ་བསམ་པ་ཇི་ལྟར་རིགས་པར་འགྱུར།

（《中論》云：）

### 4.5.cd 是故分別色，不應起觀執。

遠離色因，不能緣色。[5]於有色、無色之中，色因亦不應理。無因之色（也）實不應理、絕不合理故，若你等學者欲知眞實性，不應於色生妄執，因爲無處，妄執如何應理？

ཡང་གཞན་ཡང་། འབྲས་བུ་རྒྱུ་དང་འདྲ་བ་ཞེས། །བྱ་བ་འཐད་པ་མ་ཡིན་ཏེ། འབྲས་བུ་རྒྱུ་དང་མི་འདྲ་ཞེས། །བྱ་བའང་འཐད་པ་མ་ཡིན་ནོ། །འབྲས་བུ་དང་རྒྱུར་བརྟགས་ན། འབྲས་བུ་རྒྱུ་དང་འདྲ་བའམ། མི་འདྲ་བར་བརྟག་གྲང་ན། དེ་ལ་འབྲས་བུ་རྒྱུ་དང་འདྲ་བ་ཞེས་བྱ་བ་ནི་ཕྱོགས་དེ་ལ་ནི་གཟུགས་འབྱུང་བ་རྣམས་ཀྱི་འབྲས་བུར་མི་འཐད་པ་ཉིད་དོ། འབྲས་

5 在此的「不能緣」是沒有的意思。

འབྲས་བུ་རྒྱུ་དང་མི་འདྲ་བ་ཞེས་བྱ་བའི་ཕྱོགས་དེ་ལ་ཡང་གཟུགས་འབྱུང་བ་རྣམས་ཀྱི་འབྲས་བུར་མི་འཐད་པ་ཉིད་དོ། །ཇི་ལྟར་ཞེ་ན། འདི་ལ་འབྱུང་བ་རྣམས་ནི་སྲ་བ་དང་། གཤེར་བ་དང་། ཚ་བ་དང་གཡོ་བའི་ངོ་བོ་ཉིད་དུ་བསྟན་ན་འབྱུང་བའི་ཡོན་ཏན་དེ་དག་ནི་གཟུགས་ལ་དམིགས་སུ་མེད་དེ། འདི་ལྟར་ས་ནི་སྲ་བ་ཉིད། ཆུ་ནི་གཤེར་བ་ཉིད། མེ་ནི་ཚ་བ་ཉིད། རླུང་ནི་གཡོ་བ་ཉིད་དུ་དམིགས་པས་དེའི་ཕྱིར་དེ་ལྟར་འབྲས་བུ་རྒྱུ་དང་འདྲ་བ་ཡང་མེད་ལ། རྒྱུ་དང་མི་འདྲ་བ་ཡང་མེད་པ་དེའི་ཕྱིར་གཟུགས་འབྲས་བུའོ། །ཞེས་བྱ་བར་མི་འཐད་པ་ཉིད་དོ། །

此外，（《中論》云：）

**4.6 若果似於因，是事則不然；果若不似因，是事亦不然。**

觀察果與因時，果與因是相似呢，還是不相似呢？若果與因相似，色不應爲大種之果；若果與因不相似，色亦不應爲大種之果。爲何？

於此，（經論）說，大種等爲硬性、濕性、炙性，以及動性，（但）於色無能緣取這些大種功德。

如是，因爲緣取地爲硬性、水爲濕性、火爲炙性、風爲動性的緣故，果與因既非相似，亦非不似。[6]此故，言色爲果

6 在此透過相似及不相似之理而破除因與果的自性。因果若不相似，因果不能同類，若真如此，異類因也可感得異類果，因果論應成混亂。可參考宗喀巴大師的《正理海》——Tsong kha pa Blo bzang grags pa. *Dbu ma rtsa ba'i thsig le'ur byas pa shes rab ces bya ba'i rnam bshad rigs pa'i rgya mtsho zhes bya ba bzhugs so.* Vol 1, 187：འབྲས་བུ་རྒྱུ་དང་མི་འདྲ་ཞེས་བྱ་བའང་འཐད་པ་མ་ཡིན་ཏེ་རྒྱུ་དང་མི་འདྲ་ཡང་རྒྱུ་འབྲས་ངོ་བོ་ཉིད་ཀྱིས་ཡོད་པ་རྫུང་ན་མི་འདྲ་བ་ཐམས་ཅད་ཀྱང་རྒྱུ་འབྲས་སུ་འགྱུར་རོ། 。然而，因果相似將有如下過患：因果若有自性、以自己的力量形成自己的性質及作用的話，因果應當完全分離，互不觀待。在這種情況之下，仍堅持要說：「互不觀待的兩者可以相似」

不應理。

།ཚོར་བ་འདུ་ཤེས་འདུ་བྱེད་དང་། །སེམས་དང་དངོས་པོ་ཐམས་ཅད་ཀྱང་། །རྣམ་པ་དག་ནི་ཐམས་ཅད་དུ། །གཟུགས་ཉིད་ཀྱིས་ནི་རིམ་པ་མཚུངས། །ཚོར་བ་དང་། འདུ་ཤེས་དང་། འདུ་བྱེད་དང་། རྣམ་པར་ཤེས་པ་དེ་དག་ཀྱང་གཟུགས་མི་འཐད་པ་ཉིད་ཀྱིས་མི་འཐད་པར་རིམ་པ་མཚུངས་ཏེ། ཇི་ལྟར་འབྱུང་བ་མ་གཏོགས་པར་གཟུགས་མེད་པ་དེ་བཞིན་དུ་རིག་པ་མ་གཏོགས་པར་ཚོར་བ་མེད་ལ། ཇི་ལྟར་གཟུགས་མ་གཏོགས་པར་གཟུགས་ཀྱི་རྒྱུ་མེད་པ་དེ་བཞིན་དུ་ཚོར་བ་མ་གཏོགས་པར་ཡང་རིག་པ་མེད་དེ། དེ་ལྟར་བཅོམ་ལྡན་འདས་ཀྱིས་ཀྱང་། བདེ་བ་མྱོང་བ་འགྱུར་བའི་རིག་པ་ལ་བརྟེན་ནས་བདེ་བའི་ཚོར་བ་སྐྱེའོ་ཞེས་གསུངས་སོ། །ལྷག་པ་རྣམས་ལ་ཡང་དེ་བཞིན་དུ་སྦྱར་བར་བྱ་སྟེ་དེ་ལྟ་བས་ན་ཕུང་པོ་རྣམས་ཡོད་དོ་ཞེས་བྱ་བ་དེ་མི་འཐད་པ་ཉིད་དོ། །བཅོམ་ལྡན་འདས་ཀྱིས་ཀྱང་སྒྱུ་མ་འདི་ནི་བྱིས་པ་འདྲིད་པའོ། །ཞེས་གསུངས་སོ། །དེ་ལྟར་ཡང་། གཟུགས་ནི་དབུ་བ་རྡོས་པ་འདྲ། ཚོར་བ་ཆུ་བུར་དག་དང་མཚུངས། འདུ་ཤེས་སྨིག་རྒྱུ་འདྲ་བ་སྟེ། །འདུ་བྱེད་རྣམས་ནི་ཆུ་ཤིང་བཞིན། །རྣམ་ཤེས་སྒྱུ་མ་ལྟ་བུ་ཞེས། ཉི་མའི་གཉེན་གྱིས་བཀའ་སྩལ་ཏོ། ཞེས་ཀྱང་གསུངས་སོ། ཕུང་པོ་རྣམས་ཉི་ཚེ་གཟུགས་མི་འཐད་པ་ཉིད་ཀྱིས་མི་འཐད་པར་རིམ་པ་མཚུངས་པར་མ་ཟད་ཀྱི། ཆོས་ཐམས་ཅད་ཀྱང་གཟུགས་མི་འཐད་པ་ཉིད་ཀྱིས་མི་འཐད་པར་རིམ་པ་མཚུངས་སོ། །

（《中論》云：）

---

的話，應當全面相似。可參考宗喀巴大師的《正理海》——Tsong kha pa Blo bzang grags pa. *Dbu ma rtsa ba'i thsig le'ur byas pa shes rab ces bya ba'i rnam bshad rigs pa'i rgya mtsho zhes bya ba bzhugs so.* Vol 1, 186：འདི་ན་རྒྱུ་འབྲས་གཉིས་འདྲ་བ་དེ་ངོ་བོ་ཉིད་ཀྱིས་ཡིན་ན་འདྲ་བ་དེ་རྒྱུ་ལ་རག་མི་ལས་པས་ཆ་གཅིག་གིས་འདྲ་ན་ཆ་ཐམས་ཅད་ཀྱིས་འདྲ་དགོས་པར་སྟོན་པའོ། 。

**4.7 受蘊及想蘊，[7]行蘊識蘊等，由觀色之相，遍同於諸法。**

僅憑色不應理的緣故，同理，受、想、行、識等依序亦不應理。如遠離大種，將無色般，離觸便無受。如遠離色，將無色因般，離受，觸亦不在。

如是，薄伽梵亦云：「樂觸緣生樂受。」[8]其餘（蘊）等亦如是推察。此故，言存在蘊等，實不應理。薄伽梵亦云：「幻化事欺誑凡心。」[9]如是，（經論說：）「如日親說，色如聚沫，受如水泡，想如陽炎，行如芭蕉，識如幻境。」[10]

因不成立色，不只破除了狹義的蘊等，也同樣地破除了諸法（的自性），（其推察）步驟相同。

དེ་ལྟར་གང་གི་ཕྱིར་ཆོས་ཐམས་ཅད་གཟུགས་མི་འཐད་པ་ཉིད་ཀྱིས་མི་འཐད་པར་རིམ་པ་མཚུངས་པ་དེའི་ཕྱིར། སྟོང་པ་ཉིད་ཀྱིས་བརྩད་བྱས་ཚེ། །གང་ཞིག་ལན་འདེབས་སྨྲ་བྱེད་པ། །དེ་ཡིས་ཐམས་ཅད་ལན་བཏབ་མིན། །བསྒྲུབ་པར་བྱ་དང་མཚུངས་པར་འགྱུར། །སྟོང་པ་ཉིད་ཀྱིས་བརྩད་ཅིང་འགྲེད་པ་བརྩམས་ཏེ་ཡོངས་སུ་གླེང་བའི་ཚེ་གང་ཞིག། །སྟོང་པ་ཉིད་མ་ཡིན་པས་ལན་འདེབས་ཤིང་སྨྲ་བར་བྱེད་པ་དེའི་ཚེ་དེ་དག་ཐམས་ཅད་ནི་ལན་

---

7 有關4.7.a，對勘本版的藏譯中論為：ཚོར་དང་འདུ་ཤེས་འདུ་བྱེད་དང་།，故與此中所引的偈頌文有所出入；可參考 Nāgārjuna. *Dbu ma rtsa ba'i tshig le'ur byas pa shes rab,* 8。

8 此經文可在《雜阿含經》中見。（T.2.99.81c.18）

9 雖然藏譯並未交代其文的來源，但與此句相同的經文可在《佛說解節經》中看到。（T.16.677.712b.6）

10 於《大乘廣五蘊論》可以找到一樣的引文。（T.31.613.851c.21）

བཏབ་པ་མ་ཡིན་ནོ། །ཅིའི་ཕྱིར་ཞེ་ན། བསྒྲུབ་པར་བྱ་བ་དང་མཚུངས་པར་འགྱུར་བའི་ཕྱིར་དང་། འདི་ལྟ་སྟེ་དཔེར་ན་དངོས་པོ་ཐམས་ཅད་ངོ་བོ་ཉིད་སྟོང་པའོ། ཞེས་དམ་བཅས་ན་དཔེ་བསྟན་པའི་ཕྱིར་སྣམ་བུ་ངོ་བོ་ཉིད་སྟོང་པར་སྒྲུབ་པར་བྱེད་པའི་ཚེ་གང་ཞིག་རེ་ཞིག་རྒྱུ་སྐུད་དག་ནི་ཡོད་དོ་ཞེས་ཟེར་བའི་དེ་ནི་བསྒྲུབ་པར་བྱ་བ་དང་མཚུངས་པ་ཡིན་ཏེ། གཏན་ཚིགས་གང་དག་ཉིད་ཀྱིས་སྣམ་བུ་ངོ་བོ་ཉིད་སྟོང་པར་བསྟན་པ་དེ་དག་ཉིད་རྒྱུ་སྐུད་དག་སྟོང་པ་ཉིད་དུ་རབ་ཏུ་སྒྲུབ་པར་བྱེད་པ་ཡང་ཡིན་པས་དེའི་ཕྱིར་རྒྱུ་སྐུད་དག་སྟོང་པ་ཉིད་མ་ཡིན་པར་སྟོན་པ་ནི་བསྒྲུབ་པར་བྱ་བ་སྣམ་བུ་དང་མཚུངས་པ་ཡིན་ནོ། །

如是，僅憑色不應理的緣故，（推知）諸法亦不應理，（推論的）步驟皆屬相同故，（《中論》云：）

**4.8 依空問難時，[11]離空而欲答，是則不成答，將成同宗故。**

若以空性問難、周遍遍諍[12]時，離空之一切回覆皆不成為答覆。為何？（該理）與宗相同故。

「（4.8.d）將成同宗」為：例如，立宗「一切事物皆無自性」時，舉「氆氌為自性空」為例，此時，某人卻說「（氆氌之因）毛線的確存在」！

任何因相顯立氆氌無自性，其（因相）自然也會至極成立其因毛線為性空。此故，「（氆氌之）因毛線非性空」的言論與成立氆氌（為非性空）之宗實屬相同。

---

11　有關 4.8.a，對勘本版的藏譯中論為：སྟོང་པ་ཉིད་ཀྱིས་བརྩད་བྱས་ཏེ།，故與此中所引的偈頌文有所出入；可參考 Nāgārjuna. *Dbu ma rtsa ba'i tshig le'ur byas pa shes rab, 8*。

12　想盡一切進行全面評論。

དེ་བཞིན་དུ་སྐྱེ་བོ་ཆོས་ཀྱི་གནས་སྐབས་ཤེས་པ་དག་དགེ་བའི་ཆོས་རྣམས་ཀྱི་ངོ་བོ་ཉིད་ནི་དགེ་བའོ་སྙམ་པ་དང་། ལྷག་མ་རྣམས་ཀྱང་དེ་བཞིན་དུ་རྣམ་པར་ངེས་སོ་སྙམ་དུ་སེམས་ཤིང་དེ་དག་ལ་སོགས་པ་སྨྲ་ན་དགེ་བའི་ཆོས་རྣམས་ཀྱང་རྟེན་ཅིང་འབྲེལ་པར་འབྱུང་བ་ཡིན་པའི་ཕྱིར་ངོ་བོ་ཉིད་མེད་པས་ན་དེ་ཡང་བསྒྲུབ་པར་བྱ་བ་དང་མཚུངས་པ་ཡིན་ཏེ། བསྒྲུབ་པ་བྱ་དང་མཚུངས་པའི་ཕྱིར་ལན་བཏབ་པ་མ་ཡིན་ནོ། །སློབ་དཔོན་འཕགས་པ་ལྷས་ཀྱང་། དངོས་པོ་གཅིག་ལ་གང་ལྟ་བ། དེ་ནི་ཀུན་ལའང་ལྟ་བར་འདོད། །གཅིག་གི་སྟོང་ཉིད་གང་ཡིན་པ། །དེ་ཉིད་ཀུན་གྱི་སྟོང་པ་ཉིད། །ཅེས་གསུངས་སོ། །

同樣，當士夫修法、知（法）時，念：「善法等之自性爲善也！其餘諸法也絕對相同。」若做此答，（應駁：）「諸善法亦是緣起，故無自性，故應成同宗。」同宗故，（你的）答覆並非（合理）。阿闍黎聖天亦云：「說一法見者，即一切見者，以一法空性，即一切空性。」[13]

།སྟོང་པ་ཉིད་ཀྱིས་བཤད་བྱས་ཚེ། །གང་ཞིག་སྐྱོན་འདོགས་སྨྲ་བྱེད་པ། །དེ་ཡིས་ཐམས་ཅད་སྐྱོན་བཏགས་མིན། །བསྒྲུབ་པར་བྱ་དང་མཚུངས་པར་འགྱུར། །སྟོང་པ་ཉིད་ཀྱི་དངོས་པོ་ངོ་བོ་ཉིད་མེད་པ་ཉིད་དུ་རྣམ་པར་བཤད་པའི་ཚེ་གང་ཞིག་སྟོང་པ་ཉིད་མ་ཡིན་པས་སྐྱོན་འདོགས་ཤིང་སྨྲ་བར་བྱེད་པ་དེའི་དེ་དག་ཐམས་ཅད་ཀྱང་ཐུ་མ་ཕོ་ན་བཞིན་དུ་བསྒྲུབ་པར་བྱ་བ་དང་མཚུངས་པའི་ཕྱིར་སྐྱོན་བཏགས་པ་མ་ཡིན་ཏེ། དེ་ནི་དོན་གཅིག་པ་ཁོ་ན་ཡིན་མོད་ཀྱི། གནས་སྐབས་གཞན་གྱི་ཕྱེ་བྲག་གིས་ཡང་བསྟན་ཏོ། །ཚིགས་སུ་བཅད་པ་འདི་གཉིས་ནི་རབ་ཏུ་བྱེད་པ་ཐམས་ཅད་ཀྱི་ཁོངས་སུ་གཏོགས་པར་བལྟ་བར་བྱ་སྟེ། ཐམས་ཅད་དུ་གྲུབ་པའི་ཕྱིར་རོ། །

13 《四百論》8.16。

（《中論》云：）

**4.9 依空解說時，若人欲問難，是則不成過，將成同宗故。**

當解說空性、無自性時，某人以非空性而問難、諍論的話，如前述，（所舉因相）與其宗皆相同，故（於自宗）不成過。

雖然該（二偈——4.8／4.9——的）內義相同，但隨以不同角度再詮釋。應知結合此二偈文於諸品，方能成辦一切（要義）。

ཕུང་པོ་བརྟག་པ་ཞེས་བྱ་སྟེ་རབ་ཏུ་བྱེད་པ་བཞི་པའོ།། །།

第四品——觀蘊品——終。

# 第五品

# ——觀界品——

འདིར་སྨྲས་པ། འདི་ལ་སོགས་པ་ཁམས་དྲུག་པོ་དག་ཀྱང་བསྟན། དེ་དག་གི་སོ་སོའི་མཚན་ཉིད་ཀྱང་བསྟན་ཏོ། །དེ་ལ་ནམ་མཁའི་མཚན་ཉིད་ནི་མི་སྒྲིབ་པའོ། །ཞེས་བསྟན་ཏེ། དངོས་པོ་མེད་ན་ནི་མཚན་ཉིད་བསྟན་པར་མི་རིགས་པས་དེ་ལྟ་བས་ན་མཚན་ཉིད་ཡོད་པའི་ཕྱིར་ནམ་མཁའ་ཡོད་དོ། །ཇི་ལྟར་ནམ་མཁའ་ཡོད་པ་དེ་བཞིན་དུ་ཁམས་ལྷག་མ་རྣམས་ཀྱང་རང་གི་མཚན་ཉིད་ཡོད་པའི་ཕྱིར་ཡོད་དོ། །

於此，（他方）道：六界及其各別性相於此（品的偈文）等皆有宣示。於此，（論）說：「無礙是虛空的性相[1]。」若無事物，宣示性相將不應理，有性相，故有虛空。如同虛空存在般，餘界等亦有自己的性相，故有（六界）。

བཤད་པ། ནམ་མཁའི་མཚན་ཉིད་ནི་མི་འཐད་དོ། །ཅིའི་ཕྱིར་ཞེ་ན། འདི་ལྟར། ནམ་མཁའི་མཚན་ཉིད་སྔ་རོལ་ན། །ནམ་མཁའ་ཅུང་ཟད་ཡོད་མ་ཡིན། །གལ་ཏེ་ནམ་མཁའི་མཚན་ཉིད་ཀྱི་སྔ་རོལ་ན་ནམ་མཁའ་ཞེས་བྱ་བ་ཅུང་ཟད་ཅིག་ཡོད་ན་ནི་དེ་ལ་ནམ་མཁའ་འདིའི་མཚན་ཉིད་ནི་འདི་ཡིན་ནོ་ཞེས་མཚན་ཉིད་བསྟན་པ་ཡང་རིགས་པ་ཞིག་ན་ནམ་མཁའི་མཚན་ཉིད་ཀྱི་སྔ་རོལ་ན་ནམ་མཁའ་མེད་དོ། །ནམ་མཁའ་མེད་ན་ནམ་མཁའི་མཚན་ཉིད་ཅེས་བྱ་བ་དེ་ཇི་ལྟར་འཐད་པར་འགྱུར།

（自方）道：虛空之性相實不應理。為何？如是，（《中論》云：）

**5.1.ab 虛空性相前，則無有虛空，**

1　此論中又將事例稱為「性相之處」。鳩摩羅什大師將「事例」此詞譯為「可相」，葉少勇將此詞譯為「所相」。

如果在虛空的性相之前，存在少分[2]「虛空」，言「虛空之性相爲此矣」之言論將成合理，然而，虛空之性相之前並無虛空。既無虛空，言「虛空的性相」如何應理？

ཅི་སྟེ་ནམ་མཁའི་མཚན་ཉིད་ཀྱི་སྔ་རོལ་ན་ནམ་མཁའ་ཡོད་དོ་ཞེས་དེ་ལྟར་རྟོག་ན། དེ་ལྟ་ན། གལ་ཏེ་མཚན་ལས་སྔ་གྱུར་ན། མཚན་ཉིད་མེད་པར་ཐལ་བར་འགྱུར།

如果執虛空存在於虛空的性相之前，如是，（《中論》駁：）

**5.1.cd 若先有虛空，應成無性相。**

འདིར་སྨྲས་པ། མཚན་ཉིད་མེད་པ་ཡོད་དོ། །ཞེས།

於此，（他方）道：「無性相（本身）是存在的。」

བཤད་པ། མཚན་ཉིད་མེད་པའི་དངོས་པོ་ནི། །འགའ་ཡང་གང་ན་ཡོད་མ་ཡིན། །ཡང་ཞེས་བྱ་བའི་སྒྲ་ནི་ཉིད་ཅེས་བྱ་བའི་དོན་ཏེ། མཚན་ཉིད་མེད་པའི་དངོས་པོ་ནི་འགའ་ཡང་ཡོད་པ་མ་ཡིན་པ་ཉིད་དེ། གཞུང་ལུགས་གང་དུ་ཡང་མ་བསྟན་ཏོ། །འོ་ན་ད། མཚན་ཉིད་མེད་པའི་དངོས་པོ་མེད་ན། །མཚན་ཉིད་གང་དུ་འཇུག་པར་འགྱུར། །དེ་བསྟན་པར་རིགས་སོ། །འདི་ལྟར། མཚན་ཉིད་མེད་ལ་མཚན་ཉིད་ནི། །མི་འཇུག་དེ་ལྟར་གང་གི་ཕྱིར་མཚན་ཉིད་མེད་པའི་དངོས་པོ་འགའ་ཡང་ཡོད་པ་མ་ཡིན་པ་དེའི་ཕྱིར་མཚན་ཉིད་མེད་པའི་དངོས་པོ་མེད་ན་དེ་གཞི་མེད་པ་ལ་མཚན་ཉིད་འཇུག་པར་མི་འཐད་དོ། །འོ་ན་མཚན་ཉིད་དང་བཅས་

2 「少分」為直譯，也是藏譯典籍的慣常用詞。該義為：哪怕是虛空的某一小部分。

པའི་དངོས་པོ་ལ་མཚན་ཉིད་འཇུག་པར་འགྱུར་རོ་སྙམ་ན། བཤད་པ། མཚན་ཉིད་བཅས་ལ་མིན། མཚན་ཉིད་དང་བཅས་པའི་དངོས་པོ་ལ་ཡང་མཚན་ཉིད་འཇུག་པར་མི་འཐད་དེ། དགོས་པ་མེད་པའི་ཕྱིར་རོ། །

（自方道，《中論》）云：

**5.2.ab 無性相事物，諸時處亦無；**[3]

「亦」詞乃決定之義，不具性相的事物絕對不存在，而且沒有任何典籍宣說（不具性相的事物）。

既是如此，（你便）合理地問：

**5.2.cd 若無無相法，性相趣**[4]**何處？**

如是，（《中論》回：）

**5.3.a 不趨於無相，**

如是，沒有不具性相的事物。既無不具性相的事物，將無（名相的所依）處。於此，性相的趨入將不應理。

（他方道，）那麼，應執性相趨入於具有性相的事物。

---

3 有關 5.2.b，對勘本版的藏譯中論為：འགའ་ཡང་གང་ནའང་ཡོད་མ་ཡིན།，故與此中所引的偈頌文有所出入；可參考 Nāgārjuna. *Dbu ma rtsa ba'i tshig le'ur byas pa shes rab*, 8。

4 直譯為趨入，謂「相對應」。換句話說，與性相或定義相對應的事物是不具性相的事物，還是具有性相的事物？

（《中論》）曰：

### 5.3.b 亦非於有相，

謂性相亦非合理地趨入於具有性相的事物，因無意義故。[5]

དངོས་པོ་རང་གི་མཚན་ཉིད་དང་བཅས་པར་རབ་ཏུ་གྲུབ་པ་ལ་ཡང་མཚན་ཉིད་ཀྱིས་ཅི་ཞིག་བྱ། དེ་ལྟ་ན་ཐུག་པ་མེད་པར་ཐལ་བར་འགྱུར་ཏེ། དེ་ནམ་ཡང་མཚན་ཉིད་དང་བཅས་པ་མ་ཡིན་པར་མི་འགྱུར་ཞིང་། རྟག་ཏུ་མཚན་ཉིད་འཇུག་པར་ཐལ་བར་འགྱུར་རོ། །དེ་ཡང་མི་འདོད་དེ། དེ་ལྟ་བས་ན་མཚན་ཉིད་དང་བཅས་པའི་དངོས་པོ་ལ་ཡང་མཚན་ཉིད་འཇུག་པར་མི་འཐད་དོ། །

既已至極成立具有自己性相之事物，性相又有何用？如是，應成無窮無盡，即該（法）永遠不會成爲不具性相者，且一直都會有著性相趨入（，不會終止）。該（論）亦不被許故，性相趨入於具有性相之事物，實不應理。

དེ་ལ་འདི་སྙམ་དུ་མཚན་ཉིད་དང་བཅས་པ་དང་མཚན་ཉིད་མེད་པ་དག་ལས་གཞན་པ་ལ་འཇུག་པར་སེམས་ན།

於此，（他方）做此念想：（性相）趨入於餘者——非具

---

5 如下所言，無意義的理由為應成無窮無盡之過。虛空若有自性，則無須相對應任何事物，包括虛空的性相——無礙。無須相對應的情況下，仍要再次宣稱無礙為虛空性相的話，該趨入應成無窮無盡，且無意義。可參考宗喀巴大師的《正理海》——Tsong kha pa Blo bzang grags pa. *Dbu ma rtsa ba'i thsig le'ur byas pa shes rab ces bya ba'i rnam bshad rigs pa'i rgya mtsho zhes bya ba bzhugs so.* Vol 1, 197：རང་གི་ངོ་བོས་མཚན་ཉིད་དང་བཅས་པར་གྲུབ་པ་ལ་སླར་ཡང་མཚན་ཉིད་ཀྱིས་ཅི་ཞིག་བྱ།（對於「以自性具有性相者」，何須以性相再次地〔趨入〕？）

性相（亦）非不具性相。

བཤད་པ། མཚན་བཅས་མཚན་ཉིད་མེད་པ་ལས། །གཞན་ལའང་འཇུག་པར་མི་འགྱུར་རོ། །ཅིའི་ཕྱིར་ཞེ་ན། མི་སྲིད་པའི་ཕྱིར་ཏེ། གལ་ཏེ་མཚན་ཉིད་དང་བཅས་ན་ནི་མཚན་ཉིད་མེད་པ་མ་ཡིན་ལ། ཅི་སྟེ་མཚན་ཉིད་མེད་ན་ནི་མཚན་ཉིད་དང་བཅས་པ་མ་ཡིན་པས་དེའི་ཕྱིར་མཚན་ཉིད་དང་བཅས་པ་དང་། མཚན་ཉིད་མེད་པ་ཞེས་བྱ་བ་དེ་ནི་དགག་པར་མི་མཐུན་པ་ཡིན་ཏེ། དེ་ལྟ་བས་ན་མི་སྲིད་པ་ཁོ་ནའི་ཕྱིར་མཚན་ཉིད་དང་བཅས་པ་དང་མཚན་ཉིད་མེད་པ་གཞན་ལ་ཡང་མཚན་ཉིད་འཇུག་པར་མི་འཐད་དོ། །མཚན་ཉིད་འཇུག་པ་མ་ཡིན་ན། །མཚན་གཞི་འཐད་པར་མི་འགྱུར་རོ། །མཚན་ཉིད་འཇུག་པ་མ་ཡིན་ན་མཚན་ཉིད་ཀྱི་གཞི་ཡང་འཐད་པར་མི་འགྱུར་ཏེ། འདི་ལྟར་ཁྱོད་ཀྱིས་མཚན་ཉིད་དང་ལྡན་པ་ལས་ཁམས་རབ་ཏུ་འགྲུབ་པར་བསྟན་ན་མཚན་ཉིད་དང་ལྡན་པ་དེ་ཡང་མཚན་ཉིད་མི་འཇུག་པའི་ཕྱིར་མི་འཐད་དོ། དེ་མེད་ན་ཁྱོད་ཀྱི་མཚན་ཉིད་ཀྱི་གཞི་གང་གིས་བསྒྲུབ་པར་འཐད།

（自方道，《中論》）云：

**5.3.cd 離具相無相，餘者亦不趣。**

爲何？不可能故。若具性相，則非不具相；若不具相，則非具相。此故，具性相與不具性相實爲不同方的相違。此故，絕對不可能存在（既非具相亦非不具相的餘者）。此故，性相趣入既非具相亦非不具相之餘者亦不應理。

（《中論》云：）

**5.4.ab 性相既不趣，事例不應理。**

如果，性相不趣入的話，性相之處（——事例——）亦不應理。如是，你雖以具有性相（的理由），至極成立界（的自性），然而，性相並不趨入具有性相者，故（界的自性）實不應理。既無該（合理的趨入），你如何合理地成立事例？

སྨྲས་པ། དེ་རེ་ཞིག་མཚན་ཉིད་ནི་ཡོད་དེ། མཚན་ཉིད་ཡོད་པས་མཚན་ཉིད་ཀྱི་གཞི་ཡང་རབ་ཏུ་འགྲུབ་པར་འགྱུར་རོ།

（他方）道：首先，性相的確存在。因爲有性相，性相之處亦將至極成立。

བཤད་པ། མཚན་གཞི་འཐད་པ་མ་ཡིན་ན། མཚན་ཉིད་ཀྱང་ནི་ཡོད་མ་ཡིན། །འདི་ལ་མཚན་ཉིད་ཀྱི་གཞི་ལ་བརྟེན་ནས་མཚན་ཉིད་དུ་འགྱུར་ན་མཚན་ཉིད་ཀྱི་གཞི་དེ་ཡང་མི་འཐད་དོ། །མཚན་ཉིད་ཀྱི་གཞི་མེད་ན་གཞི་མེད་པའི་མཚན་ཉིད་ཇི་ལྟར་འཐད། དེ་ལྟ་བས་ན་མཚན་ཉིད་ཀྱང་ཡོད་པ་མ་ཡིན་པ་ཉིད་དོ། དེ་ཕྱིར་མཚན་གཞི་ཡོད་མིན་ཏེ། །མཚན་ཉིད་ཡོད་པ་ཉིད་མ་ཡིན། །དེ་ལྟར་གང་གི་ཕྱིར་རྣམ་པ་ཐམས་ཅད་དུ་བརྟགས་ན་མཚན་ཉིད་འཇུག་པར་མི་འཐད་པ་དེའི་ཕྱིར་མཚན་ཉིད་ཀྱི་གཞི་ཡོད་པ་མ་ཡིན་ནོ། །གང་གི་ཕྱིར་མཚན་ཉིད་ཀྱི་གཞི་ཡོད་པ་མ་ཡིན་པ་དེའི་ཕྱིར་གང་ཞིག་མེད་པའི་མཚན་ཉིད་ཀྱང་ཡོད་པ་ཉིད་མ་ཡིན་ནོ།

（《中論》）云：

**5.4.cd 事例若非理，性相亦無有。**

於此，雖（說）依著事例可成立性相，然而事例並不能成立。既無事例，如何成立無（依）處之性相？此故，絕無性相。（《中論》云：）

**5.5.ab 是故無事例，性相不能有，**

此故，若觀察諸相，性相的趨入不合理的緣故，則無性相之處；因爲無性相之處的緣故，無（事例）之性相亦不存在。

སྨྲས་པ། འདི་ནི་མཚན་ཉིད་ཀྱི་གཞིའོ། །འདི་ནི་མཚན་ཉིད་དོ། །ཞེས་བྱ་བ་དེ་བརྗོད་པར་མི་ནུས་མོད་ཀྱི། འོན་ཀྱང་རེ་ཞིག་དངོས་པོ་ནི་ཡོད་དོ། །

（他方）道：雖然不能言「此是事例、此是性相」，但是，首先，事物是存在的。

བཤད་པ། མཚན་གཞི་མཚན་ཉིད་མ་གཏོགས་པའི། དངོས་པོ་ཡང་ནི་ཡོད་མ་ཡིན། །གལ་ཏེ་དངོས་པོ་འགའ་ཞིག་ཡོད་པར་འགྱུར་ན་མཚན་ཉིད་ཀྱི་གཞིའམ་མཚན་ཉིད་གཅིག་ཏུ་འགྱུར་གྲང་ན། གང་མཚན་ཉིད་ཀྱི་གཞི་ཡང་མ་ཡིན་ལ་མཚན་ཉིད་ཀྱང་མ་ཡིན་པ་དེ་ནི་ཡོད་པ་ཉིད་མ་ཡིན་པ་དེའི་ཕྱིར་མཚན་ཉིད་ཀྱི་གཞི་དང་མཚན་ཉིད་མ་གཏོགས་པའི་དངོས་པོ་འགའ་ཡང་ཡོད་པ་ཉིད་མ་ཡིན་ནོ། །

（自方）道：

**5.5.cd 離事例性相，更無有事物。**

（雖說）若因存在若干事物，事例或性相可成一法，然而，（事物）亦非事例，亦非性相，此（二）者[6]不存在故。遠離了事例及性相，任何事物皆不能有。

6 事例及性相。

སྨྲས་པ། དངོས་པོ་ནི་ཡོད་པ་ཉིད་དེ། ཅིའི་ཕྱིར་ཞེ་ན། དངོས་པོ་མེད་པ་ཡོད་པའི་ཕྱིར་རོ། །འདི་ལ་ཁྱོད་ན་རེ་མཚན་ཉིད་ཀྱི་གཞི་དང་མཚན་ཉིད་དག་མེད་དོ་ཞེས་ཟེར་བ་དེ་ནི་དངོས་པོ་ལ་ལྟོས་པ་ཡིན་ཏེ། དེའི་ཕྱིར་གང་གི་དངོས་པོ་མེད་དོ་ཞེས་བརྗོད་པའི་དངོས་པོ་དེ་ནི་འགའ་ཞིག་ཡོད་པས་དེ་ལྟ་བས་ན་དངོས་པོ་མེད་པ་ཡོད་པའི་ཕྱིར་དངོས་པོ་ཡོད་པ་ཉིད་དོ། །

（他方）道：事物是存在的。爲何？因存在「無事物」[7]。於此，（如同）你依事物而說無事例及性相，所以謂「無事物」的事物應當存在。此故，因爲有了「無事物」，事物是存在的。

བཤད་པ་ལེགས་པར་བརྗོད་དོ། །གལ་ཏེ་དངོས་པོ་མེད་པ་ཡོད་ན་ནི་དངོས་པོ་ཡང་ཡོད་པར་འགྱུར་བ་ཞིག་ན། དངོས་པོ་མེད་པ་ཡོད་པ་མ་ཡིན་པས་དངོས་པོ་ཡོད་པར་ག་ལ་འགྱུར། ཇི་ལྟར་ཞེ་ན། དངོས་པོ་ཡོད་པ་མ་ཡིན་ན། དངོས་མེད་གང་གི་ཡིན་པར་འགྱུར། །སྨྲར། མཚན་གཞི་མཚན་ཉིད་མ་གཏོགས་པའི། །དངོས་པོ་ཡང་ནི་ཡོད་མ་ཡིན། །ཞེས་བསྟན་པས་དངོས་པོ་དེ་ཡོད་པ་མ་ཡིན་ན་ཁྱོད་ཀྱི་དངོས་པོ་མེད་པ་དེ་གང་གི་ཡིན་པར་བརྟག། །འདི་ལྟར་དངོས་པོའི་དངོས་པོ་མེད་པར་འགྱུར་གྲང་ན། དངོས་པོ་དེ་ཡང་ཡོད་པ་མ་ཡིན་ན་དངོས་པོ་མེད་པ་དེ་གང་གི་ཡིན་པར་འགྱུར། དེ་ལྟ་བས་ན་དངོས་པོ་མེད་པའི་ཕྱིར་དངོས་པོ་མེད་པ་ཡང་མེད་དོ།

（自方道：）所言甚善。（雖說）若因存在「無事物」，事物也將存在，然而，謂「無事物」不存在的緣故，事物如何

7 因為這段落說了這句「གང་གི་དངོས་པོ་མེད་དོ་ཞེས་བརྗོད་པ」，故以直譯翻為「無事物」。下個段落的藏文 དངོས་མེད། 雖可直譯為「無事物」，但以無為法同義的「非事物」為此段主、受詞的翻譯。

存在？爲何？（如《中論》云：）

**5.6.ab 事物既非有，無事物爲何？**

之前已述「（5.5.cd）離事例性相，更無有事物」的緣故，應觀：事物既無，你的「無事物」爲何者（之無）？

如是，若（許）爲事物之「無事物」的話，該事物不存在的緣故，「無事物」爲何者（之無）？此故，因無事物，「無事物」亦無。

སྨྲས་པ། གང་གི་དངོས་པོ་དང་དངོས་པོ་མེད་པ་དེ་དག་ཤེས་པར་བྱེད་ཅིང་དངོས་པོ་དང་དངོས་པོ་མེད་པ་དག་རྟོག་པར་བྱེད་པ་དེ་ནི་རེ་ཞིག་ཡོད་དོ། །དེ་ཡོད་པས་དངོས་པོ་དང་དངོས་པོ་མེད་པ་དག་ཀྱང་རབ་ཏུ་འགྲུབ་པ་ཉིད་དོ།

（他方）道：首先，的確存在了知何者之事物及非事物，以及事物及非事物的觀察。存在彼故，事物及非事物等亦爲至極成立。

བཤད་པ། དངོས་དང་དངོས་མེད་མི་མཐུན་ཆོས། །གང་གིས་དངོས་དང་དངོས་མེད་ཤེས། །མི་མཐུན་པའི་ཆོས་ནི་དེ་དག་གི་[8]བཟློག་པའི་ཆོས་ཏེ། དངོས་པོ་དང་དངོས་པོ་མེད་པ་དག་གི་མི་མཐུན་པའི་ཆོས་ནི་དངོས་དང་དངོས་མེད་མི་མཐུན་པའི་ཆོས་སོ། །དངོས་པོ་དང་དངོས་པོ་མེད་པ་དག་གི་མི་མཐུན་པའི་ཆོས་གང་ཡིན་ཞེ་ན། དངོས་པོ་ཡང་མ་ཡིན་ལ་དངོས་པོ་མེད་པ་ཡང་མ་ཡིན་པའོ། དེ་ལ་གལ་ཏེ་འགའ་ཞིག་ཡོད་པར་འགྱུར་ན་དངོས་པོའི་ཆོས་སམ། དངོས་པོ་མེད་པའི་ཆོས་ཤིན་ཏུ་འགྱུར་གྲང་ན། གང་དངོས་པོའི་

8 根據北京版及奈塘版，改為གི字。

ཆོས་ཀྱང་མ་ཡིན་ལ་དངོས་པོ་མེད་པའི་ཆོས་ཀྱང་མ་ཡིན་པ་དེ་ནི་ཡོད་པ་ཉིད་མ་ཡིན་ནོ། །དངོས་པོ་དང་དངོས་པོ་མེད་པ་དག་དང་མི་མཐུན་པའི་ཆོས་དེ་མེད་ན་གང་གིས་དངོས་པོ་དང་དངོས་པོ་མེད་པ་དེ་དག་ཤེས་པར་བརྟག །དེ་ལྟ་བས་ན་དངོས་པོ་དང་དངོས་པོ་མེད་པར་ཤེས་པ་ཡང་མེད་དོ།

（自方道，《中論》）云：

**5.6.cd 事非事異法，誰知事非事。**

「反法」爲相違方。事物及非事物的反法爲事物及非事物的相違方。何爲事物及非事物的相違方呢？即爲非事物，亦非非事物者。若某（法）存在，必是事物之法，或是非事物之法，（而其反法）既非事物之法，亦非非事物之法，（故）無該（法）。既無事物及非事物的反法，又怎有了知、觀察事物及非事物呢？此故，事物及非事物的了知亦不存在。

།དེ་ཕྱིར་ནམ་མཁའ་དངོས་པོ་ཡིན། །དངོས་མེད་མ་ཡིན་མཚན་གཞི་མིན། །མཚན་ཉིད་མ་ཡིན། དེ་ལྟར་གང་གི་ཕྱིར་བརྟགས་ན་མཚན་ཉིད་ཀྱི་གཞི་དང་མཚན་ཉིད་དག་མེད་ཅིང་། མཚན་ཉིད་ཀྱི་གཞི་དང་མཚན་ཉིད་དག་མ་གཏོགས་པའི་དངོས་གཞན་ཡང་མེད་དོ། །དངོས་པོ་མེད་ན་དངོས་པོ་མེད་པ་ཡང་མེད་པ་དེའི་ཕྱིར་ནམ་མཁའ་ནི་དངོས་པོ་ཡང་མ་ཡིན་དངོས་པོ་མེད་པ་ཡང་མ་ཡིན། མཚན་ཉིད་ཀྱི་གཞི་ཡང་མ་ཡིན་མཚན་ཉིད་ཀྱང་མ་ཡིན་ནོ། འདི་ལྟར་གལ་ཏེ་ནམ་མཁའ་ཞེས་བྱ་བ་ཙུང་ཞིག་ཡོད་པར་གྱུར་ན་དེ་བཞི་པོ་དེ་དག་ལས་གང་ཡང་རུང་བ་ཞིག་ཏུ་འགྱུར་གྲང་ན། བཞི་པོ་དེ་དག་ཀྱང་མེད་པས་དེའི་ཕྱིར་ནམ་མཁའ་ཡོད་པ་མ་ཡིན་ནོ། །ཁམས་ལྔ་པོ། གཞན་གང་དག་ཀྱང་ནམ་མཁའ་མཚུངས། །ནམ་མཁའ་མཚུངས་ཞེས་བྱ་བ་ནི། །ནམ་མཁའ་དང་མཚུངས་པ་སྟེ། ཇི་ལྟར་ནམ་མཁའ་

བརྟགས་ན་དངོས་པོ་ཡང་མ་ཡིན། དངོས་པོ་མེད་པ་ཡང་མ་ཡིན། མཚན་ཉིད་ཀྱི་གཞི་ཡང་མ་ཡིན་མཚན་ཉིད་ཀྱང་མ་ཡིན་ཏེ། ནམ་མཁའ་ཞེས་བྱ་བ་ནི་ཅི་ཡང་མ་ཡིན་པ་དེ་བཞིན་དུ་ས་ལ་སོགས་པ་ཁམས་ལྔ་པོ་གཞན་དག་གང་ཡིན་པ་དེ་དག་ཀྱང་དངོས་པོ་ཡང་མ་ཡིན། དངོས་པོ་མེད་པ་ཡང་མ་ཡིན། མཚན་ཉིད་ཀྱི་གཞི་ཡང་མ་ཡིན། མཚན་ཉིད་ཀྱང་མ་ཡིན་ཏེ། དངོས་པོ་འགའ་ཡང་ཡོད་པ་མ་ཡིན་པས་དེའི་ཕྱིར་ཁམས་རྣམས་ཀྱང་ཡོད་པ་མ་ཡིན་ནོ། །

（《中論》云：）

**5.7.abc 虛空非事物，[9]亦非非事物，非事例性相，**

觀察（自性）時，無事例及性相。遠離事例及性相，其餘事物便不存在。既無事物，亦無非事物。此故，虛空為非事物、非非事物、非事例、非性相。

如是，（雖說）若有少分虛空，應成四者[10]之一，然而，該四者不存在的緣故，無虛空。（《中論》云：）

**5.7.d 餘五同虛空。**

「同虛空」謂（其餘五界）與虛空（之例）相同也。如同觀察虛空時，既非事物，也非非事物，既非事例，也非性相；

9 有關 5.7.a，對勘本版的藏譯中論為：དེ་ཕྱིར་ནམ་མཁའ་དངོས་པོ་མིན།，故與此中所引的偈頌文有所出入；可參考 Nāgārjuna. *Dbu ma rtsa ba'i tshig le'ur byas pa shes rab,* 9。

10 事物、非事物、事例，以及性相。

其餘地等五界（如）虛空皆非一切般，非事物也非非事物，既非事例，也非性相。無任何事物存在，此故，界等亦不存在。

སྨྲས་པ། འདི་ལ་སངས་རྒྱས་བཅོམ་ལྡན་འདས་རྣམས་ཀྱིས་ཆོས་བསྟན་པ་དག་ནི་ཕལ་ཆེར་ཕུང་པོ་དང་ཁམས་དང་སྐྱེ་མཆེད་དག་ལ་བརྟེན་པ་ཡིན་ན་དེ་ལ་གལ་ཏེ་ཕུང་པོ་དང་ཁམས་དང་སྐྱེ་མཆེད་དག་མེད་པ་ཉིད་ཡིན་པ་དེ་དག་དོན་མེད་པ་ཉིད་དུ་མི་འགྱུར་རམ་དེ་དག་དོན་མེད་པ་ཉིད་དུ་མི་རིགས་ན་དེ་ཅི་ལྟ་བུ་ཞིག། །

（他方）道：佛薄伽梵所宣教法幾乎依賴著蘊、界、處等（而說）。於此，若蘊、界、處等皆不存在，（佛所言的教法）豈皆成無義？無義（之論）不應理故，應如何（解）？

བཤད་པ། ཁོ་བོས་ཕུང་པོ་དང་ཁམས་དང་སྐྱེ་མཆེད་དག་མེད་པ་ཉིད་དུ་མི་སྨྲའི། དེ་དག་ཡོད་པ་ཉིད་དུ་སྨྲ་བ་སེལ་བར་བྱེད་དོ། དེ་གཉི་ག་ཡང་སྐྱོན་དུ་ཆེ་སྟེ། འདི་ལྟར་འོག་ནས་ཀྱང་། ཡོད་ཅེས་བྱ་བ་རྟག་པར་འཛིན། །མེད་ཅེས་བྱ་བ་ཆད་པར་ལྟ། །དེ་ཕྱིར་ཡོད་དང་མེད་པ་ལ། །མཁས་པས་གནས་པར་མི་བྱའོ། །ཞེས་འབྱུང་ངོ་། །བཅོམ་ལྡན་འདས་ཀྱིས་ཀྱང་ཀ་ཏྱཱན་འཇིག་རྟེན་འདི་ནི་གཉིས་ལ་གནས་ཏེ། ཕལ་ཆེར་ཡོད་པ་ཉིད་དང་། མེད་པ་ཉིད་ལ་གནས་སོ་ཞེས་བཀའ་སྩལ་ཏོ། །དེའི་ཕྱིར་ཁོ་བོ་ནི་རྟེན་ཅིང་འབྲེལ་བར་འབྱུང་བས་ཡོད་པ་ཉིད་དང་མེད་པ་ཉིད་ཀྱི་སྐྱོན་དང་བྲལ་བ་ཆད་པ་མ་ཡིན་རྟག་པ་མ་ཡིན་པ་རྗེས་སུ་རབ་ཏུ་སྟོན་པ་མེད་པ་ཉིད་དུ་མི་སྨྲའོ། །དེ་ལྟ་བས་ན་ཁོ་བོ་ཅག་ལ་ཕུང་པོ་དང་། ཁམས་དང་སྐྱེ་མཆེད་དག་ལ་བརྟེན་པའི་ཆོས་སྟོན་པ་དག་དོན་མེད་པ་ཉིད་དུ་མི་འགྱུར་རོ། །

（自方）道：我不說蘊、界、處不存在，只是破除其（蘊、界、處的）存在之論；（存在與不存在）兩者皆有大過失。（《中論》）於下亦云：「（15.10）謂有則執常，謂無則見斷，此故於有無，智者皆不住。」薄伽梵亦云：「迦旃延，世間住於此二（性），大多住於有性、無性之中。」[11]

此故，我（許）依緣起故，遠離有性及無性之過，非斷亦非常，不隨後（他宗）至極宣說無性。此故，於我等而言，依賴蘊、界、處等的教言並非無義。

།བློ་ཆུང་གང་དག་དངོས་རྣམས་ལ། །ཡོད་པ་ཉིད་དང་མེད་པ་ཉིད། །ལྟ་བ་དེ་ནི་བལྟ་བྱ་བ། །ཉེ་བར་ཞི་བ་ཞི་མི་མཐོང་། །བློ་ཆུང་གང་དྲག་ཧེན་ཅིང་འབྲེལ་པར་འབྱུང་བ་མཆོག་ཏུ་ཟབ་པ་མ་རྟོགས་པ་ན་དངོས་པོ་རྣམས་ལ་ཡོད་པ་ཉིད་དང་། མེད་པ་ཉིད་དུ་རྗེས་སུ་ལྟ་བ་ཅན་པ་དང་རྟག་པར་ལྟ་བས་བློ་གྲོས་ཀྱི་མིག་བསྒྲིབས་པ་དེ་དག་གིས་ནི་མྱ་ངན་ལས་འདས་པ་ལྟ་བར་བྱ་བ་ཉེ་བར་ཞི་ཞིང་ཞི་བ་མི་མཐོང་ངོ་། །དེའི་ཕྱིར་ཡང་དག་པ་ཇི་ལྟ་བ་བཞིན་དུ་མ་མཐོང་བ་སྤྲོས་པ་ལ་མངོན་པར་དགའ་བའི་ཡིད་དང་ལྡན་པ་དེ་དག་གི་ཕུང་པོ་དང་ཁམས་དང་སྐྱེ་མཆེད་དག་ལ་བརྟེན་པའི་ཆོས་སྟོན་པ་དག་ནི་དོན་མེད་པ་ཉིད་དུ་འགྱུར་རོ། །དེ་ལྟ་བས་ན་འདི་ནི་དོན་དམ་པ་ཡིན་གྱིས་མ་འཛིགས་ཤིག། །

（《中論》云：）

**5.8 淺智見諸法，若有若無相，是則不能見，滅見安隱法。**

因爲淺智者尚未證悟殊勝之深奧緣起，隨後見諸事物之有性、無性，（生起）斷見、常見的緣故，覆蓋了智慧之眼，而不能見寂滅——（慧眼）所見涅槃。

此故，（對於）不見眞實如所有性、於戲論具歡喜心者

11 類似的經文可見於《雜阿含經》之中。該經云：「迦旃延。世間有二種依。若有若無。」（T.2.99.85c.21）

（而言），依賴蘊、界、處等的教言將成無義。（於此，）無須驚慌，此（應成無義之過可）指向勝義。

སྨྲས་པ། ཅིའི་ཕྱིར་ནམ་མཁའི་ཁམས་གང་ཡིན་པ་དེ་དང་པོར་བརྟགས། ཁམས་བསྟན་པ་ལ་དང་པོར་སའི་ཁམས་བསྟན་པས་སའི་ཁམས་ཉིད་དང་པོ་བརྟག་པར་བྱ་བའི་རིགས་སོ། །

（他方）道：爲何初觀虛空之界？（經論）示界時，先示地界，應該初觀地界才合理。

བཤད་པ། གྲགས་པའི་དོན་གྱིས་མ་གྲགས་པའི་དོན་རབ་ཏུ་བསྒྲུབ་པར་བྱ་སྟེ། འཇིག་རྟེན་ནི་ཕལ་ཆེར་ནམ་མཁའ་ལ་ཅི་ཡང་མ་ཡིན་པར་སེམས་ཏེ། འདི་ལྟར་སྨྲ་བ་པོ་དག་ན་རེ་སྤྲོས་པ་དེ་དག་ཐམས་ཅད་ནི་ནམ་མཁའོ། །ཞེས་ཟེར་བས་དེ་དག་ཐམས་ཅད་ནི་ཅི་ཡང་མ་ཡིན་ནོ། །ཞེས་བྱ་བར་བསམ་མོ། །དེའི་ཕྱིར་ཁམས་ལྷག་མ་ལྔ་པོ་དག་ཀྱང་ནམ་མཁའ་དང་མཚུངས་པར་བརྗོད་པར་བྱའོ་ཞེས་བྱ་བའི་དཔེ་བསྟན་པའི་ཕྱིར་ནམ་མཁའ་སྟོང་པ་ཉིད་དུ་གྲུབ་པ་དང་པོར་བསྟན་ཏོ། །

（自方）道：由共許之義至極成立尚未共許之義。於世間中，大多認爲虛空非爲一切。如是，有人便說：「一切戲論皆爲虛空。」故思：「一切非爲一切。」[12]

爲能顯示比喻，故說：「其餘五界亦如虛空。」初示成立虛空空性。

12 大多數人認為：「虛空什麼都不是。」所以有人才說：「一切戲論皆是虛空，什麼都不是」，故而認為：「沒有任何事物可被安立。」

ཁམས་བརྟག་པ་ཞེས་བྱ་བ་སྟེ་རབ་ཏུ་བྱེད་པ་ལྔ་པའོ།། །

第五品——觀界品——終。

# 第六品

# ——觀貪欲、貪心[1]品——

འདིར་སྨྲས་པ། ཁྱོད་ཀྱིས་ཕུང་པོ་དང་ཁམས་དང་སྐྱེ་མཆེད་དག་གི་སྟོང་པ་ཉིད་རྗེས་སུ་རབ་ཏུ་བསྟན་པས་ཁོ་བོ་སྟོང་པ་ཉིད་ཉན་འདོད་པར་གྱུར་གྱིས། དེའི་ཕྱིར་དུ་ནི་འདོད་ཆགས་དང་ཆགས་པ་བརྟག་པར་བྱ་བའི་རིགས་སོ། །

於此，（他方）道：你隨後廣說蘊、界、處之空性，令我欲聞空性。所以，在此（品中）應當觀察貪欲及貪心。

བཤད་པ་དེ་ལྟར་བྱའོ། །

（自方）道：當如是說。

---

1 鳩摩羅什大師將 འདོད་ཆགས། 譯為染法，將 ཆགས་པ། 譯為染者。葉少勇將 འདོད་ཆགས། 譯為貪，將 ཆགས་པ། 譯為貪者。明性法師將 འདོད་ཆགས། 譯為貪欲，將 ཆགས་པ། 譯為貪愛。作為讀者的我們應當如何理解 འདོད་ཆགས།（暫稱為 A）及 ཆགས་པ།（暫稱為 B）這兩個詞彙呢？《佛護論》中說，A 為貪之能依，B 為貪之所依（འདོད་ཆགས་ནི་ཆགས་པར་བྱེད་པ་ཡིན་ལ་ཆགས་པ་ནི་ཆགས་པར་བྱ་བ་...）；月稱論師在《顯句論》說，B 是 A 的所依（ཆགས་པ་ནི་འདོད་ཆགས་ཀྱི་རྟེན་ཡིན་...）；宗大師在《正理海》說，A 是緣取悅意的有漏境後，具愛行相的心所。B 是貪著境的心王或是補特伽羅，為 A 之所依（འདོད་ཆགས་ནི་ཟག་བཅས་ཀྱི་ཡུལ་ཡིད་དུ་འོང་བ་ལ་དམིགས་ནས་སྲེད་པའི་རྣམ་པ་ཅན་གྱི་སེམས་བྱུང་ངོ་། །ཆགས་པ་ནི་ཡུལ་ལ་ཆགས་པའི་སེམས་སམ་གང་ཟག་སྟེ་འདོད་ཆགས་ཀྱི[ས]་རྟེན་ནོ།）。《正理海》在提出他宗之疑的時候又再次說：「與心同時生起的A，令心貪著且成為B」（སེམས་དང་ལྷན་ཅིག་འབྱུང་བའི་འདོད་ཆགས་ཀྱིས་སེམས་ཆགས་པར་བྱས་ལ་དེ་ཡང་ཆགས་པ་ཡིན་...）在此的「心」指的是心與心所的「心」，即是心王。釐清譯詞的內容後，現在來討論譯詞的恰當性。染不一定是貪，也可以指非貪的其他煩惱，而此處應譯為貪。一般而言，「貪者」這詞包括了具足貪心的補特伽羅，但補特伽羅不能被正道所斷，但 ཆགས་པ།（B）可以被正道所斷，故而在此不採用「貪者」的譯詞。綜上所述，譯者認為，A 應解讀為具貪行相的心所，B 應解讀為具貪行相的心王。然而，僅靠「貪欲」與「貪愛」之詞釋，又極難區分何為心所，何為心王。所以，譯者在此將心所的 འདོད་ཆགས།（A）譯為貪欲，將心王的 ཆགས་པ།（B）譯為貪心。參考資料來源：Candrakīrti, *Dbu ma rtsa ba'i 'grel pa tshig gsal*, 111；Tsong kha pa Blo bzang grags pa. *Dbu ma rtsa ba'i thsig le'ur byas pa shes rab ces bya ba'i rnam bshad rigs pa'i rgya mtsho zhes bya ba bzhugs so.* Vol 1, 211 and 216。

སྨྲས་པ། འདི་ལ་དེ་དང་དེར་འདོད་ཆགས་དང་ཆགས་པ་སྤང་བས་པ་བསྟན། འདོད་ཆགས་ཉེ་བར་ཞི་བར་བྱ་བའི་ཕྱིར་རིགས་པ་ཡང་བསྟན་ཏོ། །མེད་ན་ནི་ཉེ་བར་ཞི་བར་བྱ་བའི་རིགས་པ་ཡང་བསྟན་པའི་མི་རིགས་ཏེ། འདི་ལྟར་སྦྲུལ་གྱིས་མ་ཟིན་ན་གསང་སྔགས་དང་སྨན་གྱི་བྱ་བ་མེད་དོ། །དེ་ལྟ་བས་ན་འདོད་ཆགས་དང་ཆགས་པ་དག་ནི་ཡོད་དོ། །

（他方）道：於此，在這部（經論）及那部（經論）中，談及斷除貪欲、貪心，及滅除貪欲的理由。如不被蛇咬，自然不需要咒藥的作用般，若沒有（貪），宣說滅（貪）的理由也就不存在。因此，貪欲與貪心都是存在的。

བཤད་པ། འདོད་ཆགས་དང་ཆགས་པ་དག་ནི་མི་སྲིད་དོ། །ཇི་ལྟར་ཞེ་ན། གལ་ཏེ་འདོད་ཆགས་སྔ་རོལ་ན། །འདོད་ཆགས་མེད་པའི་ཆགས་ཡོད་ན། །དེ་ལ་བརྟེན་ནས་འདོད་ཆགས་ཡོད། ཆགས་ཡོད་འདོད་ཆགས་ཡོད་པར་འགྱུར། །གལ་ཏེ་འདོད་ཆགས་ཀྱི་སྔ་རོལ་ན་ཆགས་པ་འདོད་ཆགས་མེད་པ་འདོད་ཆགས་ལས་གཞན་དུ་གྱུར་པ་འགའ་ཞིག་ཡོད་ན་ནི་དེ་ལ་བརྟེན་ནས་འདོད་ཆགས་ཡོད་པར་འགྱུར་རོ། །ཅིའི་ཕྱིར་ཞེ་ན། ཆགས་ཡོད་འདོད་ཆགས་ཡོད་པར་འགྱུར། འདི་ལྟར་ཆགས་པ་ཡོད་ན་འདོད་ཆགས་ཀྱང་འདིའོ་ཞེས་འཐད་པར་འགྱུར་རོ། །ཆགས་པ་མེད་ན་དེ་སུའི་འདོད་ཆགས་སུ་འགྱུར་ཏེ། འདི་ལྟར་གཞི་མེད་པ་ལ་འདོད་ཆགས་མི་འཐད་པས་དེའི་ཕྱིར་ཆགས་པ་མེད་ན་འདོད་ཆགས་མི་འཐད་དོ། །

（自方）道：不可能（存在）貪欲及貪心。爲何？（《中論》云：）

**6.1 若於貪欲前，貪心離貪欲，依此有貪欲，貪心起貪欲。**

如果（承許）在貪欲之前有迴異於貪欲、非貪欲之貪心的話，（則不應理，因爲）依此（貪心），將有貪欲。爲何？

「（6.1.d）貪心起貪欲。」（謂）如果貪心存在，言「貪欲亦爲此」者，應當合理。沒有貪心，該（欲）將成誰的貪欲？如是，貪欲沒有（所依之）處，將不能成立。此故，若無貪心不能成立貪欲。

སྨྲས་པ། ཆགས་པ་ཡོད་ན་འདོད་ཆགས་ཡོད་དོ། །

（他方）道：若有貪心，則有貪欲。

འདིར་བཤད་པ། ཆགས་པ་ཡོད་པར་གྱུར་ན་ཡང་། །འདོད་ཆགས་ཡོད་པར་ག་ལ་འགྱུར། །ཁྱོད་ཀྱི་ཆགས་པ་ཡོད་པར་གྱུར་ན་ཡང་། འདོད་ཆགས་ཡོད་པ་ཉིད་དུ་ག་ལ་འགྱུར་ཏེ། འདི་ལྟར་ཆགས་པ་ལ་འདོད་ཆགས་ཀྱི་བྱ་བ་ཅི་ཡང་མེད་དོ། ཆགས་པར་མི་བྱེད་ན་ནི་ཇི་ལྟར་འདོད་ཆགས་ཡིན་པར་འགྱུར། ཅི་སྟེ་འགྱུར་ན་ནི་གང་ཡང་འདོད་ཆགས་མ་ཡིན་པ་ཉིད་དུ་མི་འགྱུར་བས་དེ་ནི་མི་འདོད་དེ། དེའི་ཕྱིར་ཆགས་པ་ཡོད་པར་གྱུར་ན་ཡང་འདོད་ཆགས་མི་འཐད་དོ། །

於此，（自方道，《中論》）云：

**6.2.ab 雖然有貪心，貪欲如何有？**[2]

雖有你（所言）的貪心，但（你的）貪欲如何能有？如是，於貪心中無絲毫貪欲的作用。如果不貪，如何成爲貪欲？如果（不貪）還可成爲（貪欲）的話，（什麼）都可成爲貪

2 有關 6.2.a，對勘本版的藏譯中論為：ཆགས་པ་ཡོད་པར་མ་གྱུར་ནའང་།（既無有貪心），故與此中所引的偈頌文有所出入；可參考 Nāgārjuna. *Dbu ma rtsa ba'i tshig le'ur byas pa shes rab*, 9。

欲。故（我）不能承許該（論）。此故，即使貪心存在，貪欲的存在仍不合理。[3]

སྨྲས་པ། རེ་ཞིག་ཆགས་པ་ནི་ཡོད་དེ། དེ་ཡང་འདོད་ཆགས་མེད་ན་མི་འབྱུང་བས་འདོད་ཆགས་ཀྱང་རབ་ཏུ་གྲུབ་པ་ཉིད་དོ། །

（他方）道：首先，貪心是存在的。但是，如果沒有貪欲的話，（貪心）將不會有，所以貪欲是被至極成立的。

བཤད་པ། ཆགས་པ་ལ་ཡང་འདོད་ཆགས་ནི། །ཡོད་དམ་མེད་ཀྱང་རིམ་པ་མཚུངས། །ཆགས་པ་ཡོད་པར་ཡོངས་བརྟགས་ན། །འདོད་ཆགས་ཡོད་དམ་མེད་ཀྱང་རུང་སྟེ་ཆགས་པ་ལ་ཡང་འདོད་ཆགས་མི་འཐད་པ་དེ་ཉིད་དང་རིམ་པ་མཚུངས་སོ། །ཇི་ལྟར་ཞེ་ན། གལ་ཏེ་ཆགས་པའི་སྔ་རོལ་ན། ཆགས་མེད་འདོད་ཆགས་ཡོད་ན་ནི། །དེ་ལ་བརྟེན་ནས་ཆགས་པ་ཡོད། །འདོད་ཆགས་ཡོད་ན་ཆགས་ཡོད་འགྱུར། །གལ་ཏེ་ཆགས་པའི་སྔ་རོལ་ན་འདོད་ཆགས་ཆགས་པ་མེད་པ་ཆགས་པ་ལས་གཞན་དུ་འགྱུར་བ་འགའ་ཞིག་ཡོད་ན་ནི། དེ་ལ་བརྟེན་ནས་ཆགས་པ་ཡོད་པར་འགྱུར་རོ། །ཅིའི་ཕྱིར་ཞེ་ན། འདོད་ཆགས་ཡོད་ན་ཆགས་ཡོད་འགྱུར། །འདི་ལྟར་འདོད་ཆགས་ཡོད་ན་ཆགས་པ་ཡང་འདིས་འདི་ཆགས་སོ་ཞེས་འཐད་པར་འགྱུར་རོ། །འདོད་ཆགས་མེད་ན་གང་གིས་དེ་ཆགས་པར་འགྱུར། མ་ཆགས་པ་ནི་ཇི་ལྟར་ཆགས་པར་འགྱུར། ཅི་སྟེ་འགྱུར་ན་ནི་གང་ཡང་ཆགས་པ་མ་ཡིན་པ་ཉིད་དུ་མི་འགྱུར་བས་དེ་ནི་མི་འདོད་དེ། དེའི་ཕྱིར་འདོད་ཆགས་མེད་ན་ཆགས་པ་མི་འཐད་དོ།

3　根據宗喀巴大師的《正理海》—— Tsong kha pa Blo bzang grags pa. *Dbu ma rtsa ba'i thsig le'ur byas pa shes rab ces bya ba'i rnam bshad rigs pa'i rgya mtsho zhes bya ba bzhugs so.* Vol 1, 209：ཆགས་པ་སྔ་ན་འདོད་ཆགས་ཀྱིས་ཆགས་པར་མི་བྱེད་པས་འདོད་ཆགས་སུ་མི་འགྱུར་ཏེ།。這句「即使貪心存在，貪欲的存在仍不合理」可解讀為：先有貪心時，因貪欲不貪，不能成為貪欲。

（自方道，《中論》）云：

**6.2.cd 以貪欲有無，同理觀貪心。**

若遍觀貪心（存在與否）時，（可從）貪欲的有無（去推理），與（以上）「貪心之中也無貪欲」的（推理）順序相同。爲何？「若於貪心前，貪欲離貪心，依此有貪心，貪欲起貪心。」如果（承許）在貪心之前有迴異於貪心、非貪心之貪欲的話，依此（貪欲），將有貪心。爲何？「貪欲起貪心。」（謂）如果貪欲存在，言「由此貪心而貪著」者，應當合理；沒有貪欲，是由誰發起的貪心？沒有了貪，怎能貪著？如果（沒了貪欲）還可成爲（貪心）的話，（什麼）都可成爲貪心。故（我）不承許該（論）。此故，沒有貪欲，貪心將不能成立。

དེ་ལ་འདི་སྙམ་དུ་འདོད་ཆགས་ཡོད་ན་ཆགས་པ་ཡོད་པར་སེམས་ན།

於此，如果（他方）認爲有貪欲就有貪心。

བཤད་པ། འདོད་ཆགས་ཡོད་པར་གྱུར་ན་ཡང་། །ཆགས་པ་ཡོད་པར་ག་ལ་འགྱུར། །ཁྱོད་ཀྱི་འདོད་ཆགས་ཡོད་པར་གྱུར་ན་ཡང་ཆགས་པ་ཡོད་[4]པ་ཉིད་དུ་ག་ལ་འགྱུར་ཏེ། འདི་ལྟར་གལ་ཏེ་འདོད་ཆགས་ཡོད་ན་ཆགས་པར་འགྱུར་ན། ཆགས་པ་མེད་དེ་འདོད་ཆགས་དེས་ཆགས་པར་གྱུར་པ་མ་ཡིན་ནོ། །ཆགས་པ་མ་ཡིན་ན་ནི་ཇི་ལྟར་ཆགས་པར་འགྱུར། ཅི་སྟེ་འགྱུར་ན་ནི་ནམ་ཡང་ཆགས་པ་མ་ཡིན་པ་ཉིད་དུ་མི་འགྱུར་བས་དེ་ནི་མི་

4 根據奈塘版本改為ཡོད། 字。

འདོད་དེ། འདོད་ཆགས་ལ་ཡང་ཆགས་པ་ནི། །ཡོད་དམ་མེད་ཀྱང་རིམ་པ་མཚུངས། །དེའི་ཕྱིར་འདོད་ཆགས་ཡོད་པར་གྱུར་ན་ཡང་ཆགས་པ་མི་འཐད་དོ། །

（自方）道：「雖然有貪欲，貪心如何有？」雖有你的貪欲，但如何能有（你的）貪心？如是，如果（說）有貪欲將有貪心，（那麼，）貪欲不貪，則無貪心，既然不貪，豈能貪著？如果（沒有貪欲）還可成爲（貪心）的話，（什麼）都可成爲貪心。故（我）不承許該（論）。「以貪心有無，同理觀貪欲」，此故，即使貪欲存在，但貪心的存在仍不合理。

སྨྲས་པ། འདོད་ཆགས་དང་ཆགས་པ་གཉིས་ལ་སྔ་ཕྱི་མེད་དེ། འདི་ལྟར་དེ་གཉིས་ནི་ལྷན་ཅིག་ཉིད་དུ་སྐྱེ་བ་ཡིན་ནོ། །

（他方）道：貪欲及貪心兩者之間應無前後。如是，二者應爲同時生起。

བཤད་པ། འདོད་ཆགས་དང་ནི་ཆགས་པ་དག །ལྷན་ཅིག་ཉིད་དུ་སྐྱེ་མི་རིགས། །འདོད་ཆགས་དང་ཆགས་པ་དག་ལྷན་ཅིག་ཉིད་དུ་སྐྱེ་བར་མི་འཐད་དོ། །ཅིའི་ཕྱིར་ཞེ་ན། འདི་ལྟར་འདོད་ཆགས་ཆགས་པ་དག །ཕན་ཚུན་ལྟོས་པ་མེད་པར་འགྱུར། །འདི་ལྟར་གལ་ཏེ། འདོད་ཆགས་དང་ཆགས་པ་དག་ལྷན་ཅིག་ཉིད་དུ་སྐྱེ་བར་གྱུར་ན་འདོད་ཆགས་དང་ཆགས་པ་དག་ཕན་ཚུན་ལྟོས་པ་མེད་པར་འགྱུར་རོ། །དེ་ལྟར་གྱུར་ན་འདིའི་འདོད་ཆགས་ནི་འདིའོ། །འདིས་ནི་འདི་ཆགས་སོ་ཞེས་བྱ་བ་དེ་དག་མི་འཐད་དོ། །དེ་དག་མེད་ན་འདོད་ཆགས་མི་འཐད་པ་ཉིད་ལ་ཆགས་པ་ཡང་མི་འཐད་པ་ཉིད་དེ། འདི་ལྟར་འདོད་ཆགས་ནི་ཆགས་པར་བྱེད་པ་ཡིན་ལ་ཆགས་པ་ནི་ཆགས་པར་བྱ་བ་ཡིན་ན་ལྷན་ཅིག་ཉིད་དུ་སྐྱེས་པ་ཕན་ཚུན་ལྟོས་མེད་པ་དག་ལ་དེ་དག་མི་འཐད་པས་དེའི་ཕྱིར་འདོད་ཆགས་དང་ཆགས་པ་དག་ལྷན་ཅིག་ཉིད་དུ་སྐྱེ་བར་ཡང་མི་རིགས་སོ། །

（自方道，《中論》）云：

**6.3.ab 貪欲及貪心，俱生不應理，**

貪欲與貪心並非同時生起。爲何？

**6.3.cd 如是該二貪，應成無相待。**

如是，如果貪欲及貪心同時（自性）生起的話，貪欲及貪心應成互不觀待。若如此，「此（人）的貪欲爲此」、「由此（人）貪此」將不應理，若（此等）皆無，貪欲則不應理，貪心亦不應理。

如是，於互不觀待之中，貪欲爲貪之能依、貪心爲貪之所依，（二者）同時生起，不會合理。此故，貪欲及貪心同時生起不合理。

ཡང་གཞན་ཡང་། ཁྱོད་ན་རེ་གང་དག་ལྷན་ཅིག་ཉིད་དོ་ཞེས་ཟེར་བའི་འདོད་ཆགས་དང་། ཆགས་པ་དེ་དག་གཅིག་པ་ཉིད་དམ་ཐ་དད་པ་ཉིད་དུ་འགྱུར་གྲང་ན། དེ་ལ། གཅིག་ཉིད་ལྷན་ཅིག་ཉིད་མེད་དེ། །རེ་ཞིག་གཅིག་པ་ཉིད་ཡིན་ན་ལྷན་ཅིག་ཉིད་མི་འཐད་དོ། །ཅིའི་ཕྱིར་ཞེ་ན། དེ་ཉིད་དེ་དང་ལྷན་ཅིག་མིན། འདི་ན་བ་ལང་གཅིག་པུ་ཞེས་པ་ནི་གཅིག་པ་ཉིད་དེ་བ་ལང་གཅིག་ལ་སྙེགས་སོ། །དེ་ལ་བ་ལང་གཅིག་པུ་དེ་ཉིད་བ་ལང་གཅིག་པུ་དེ་ཉིད་དང་། ཇི་ལྟར་ལྷན་ཅིག་ཏུ་འགྱུར་ཏེ། དེའི་ཕྱིར་གཅིག་པུ་ཉིད་ཡིན་ན་ལྷན་ཅིག་ཉིད་མི་འཐད་དོ། །

此外，你許爲同俱[5]的貪欲及貪心到底是一，還是異？

5 雙方同時相處在同個地點。

於此，（《中論》云：）

**6.4.a 一性不同俱，**

首先，（貪欲及貪心）是一的話，同俱則不應理。爲何？

**6.4.b 彼彼不同俱，**

指一頭牛，稱單一的牛是一，單一的那頭牛豈能與單一的那頭牛在一起？[6]因此，若是一，不能成立同俱。

སྨྲས་པ། འོ་ན་ཐ་དད་པ་ཉིད་ཡིན་ན་ལྷན་ཅིག་ཉིད་དུ་འགྱུར་རོ། །

（他方）道：那麼，如果是異，就能成爲同俱。

བཤད་པ། ཅི་སྟེ་ཐ་དད་འདི་ཡིན་ན། །ལྷན་ཅིག་ཉིད་དུ་ཇི་ལྟར་འགྱུར། །གལ་ཏེ་གཅིག་པ་ཉིད་ཡིན་ན་ཡང་ལྷན་ཅིག་ཉིད་དུ་མི་འཐད་ན་ཐ་དད་པ་ཉིད་ཡིན་ན་ལྷན་ཅིག་ཉིད་དུ་ཇི་ལྟར་འགྱུར། འདི་ལྟར་ཐ་དད་པ་ཉིད་ཀྱི་མི་མཐུན་པའི་ཕྱོགས་ནི་ལྷན་ཅིག་ཉིད་ཡིན་ན་མི་མཐུན་པ་དེ་གཉིས་གཅིག་ན་ཇི་ལྟར་ལྷན་ཅིག་ཉིད་གནས་པར་འགྱུར་ཏེ། དེའི་ཕྱིར་ཐ་དད་པ་ཉིད་ཡིན་ན་ཡང་ལྷན་ཅིག་མི་འཐད་དོ། །

（自方道，《中論》）云：

**6.4.cd 設若成爲異，[7]如何能同俱？**

---

6 如果只有一頭牛的話，自然不會說：「那頭牛與那頭牛在一起」。

7 有關 6.4.c，對勘本版的藏譯中論為：ཅི་སྟེ་ཐ་དད་ཉིད་ཡིན་ན།，故與此中所引的偈頌文有所出入；可參考 Nāgārjuna. *Dbu ma rtsa ba'i tshig le'ur byas pa shes rab,* 9。

如果是一，同俱不合理，是異，同俱（又）如何（應理）？

如是，雖異的不同方是同俱，然而，不同方的兩者如何於一處同俱？因此，凡是異，同俱將不應理。[8]

ཅི་སྟེ་མི་འཐད་པ་བཞིན་དུ་ཡང་འདོད་ཆགས་དང་ཆགས་པ་དག་ལ་ལྷན་ཅིག་ཉིད་ཡོད་དོ། །ཞེས་རྟོག་ན།

明明（同俱）不應理，（你）仍執貪欲及貪心同俱存在。

དེ་ལ་ཡང་བཤད་པར་བྱ་སྟེ། གལ་ཏེ་གཅིག་པུ་ལྷན་ཅིག་ན། །གྲོགས་མེད་པར་ཡང་དེར་འགྱུར་རོ། གལ་ཏེ་རེ་ཞིག་འདོད་ཆགས་དང་ཆགས་པ་དག་གཅིག་པ་ཉིད་ཡིན་ཡང་ལྷན་ཅིག་ཉིད་དུ་འགྱུར་ན་ནི་དེ་ལྟ་ན་གྲོགས་མེད་པར་ཡང་ལྷན་ཅིག་ཉིད་དུ་འགྱུར་རོ། །ཇི་ལྟར་ཞེ་ན། འདི་ལ་གཅིག་ནི་གཅིག་པུ་ལ་སྟོགས་ཏེ། དེ་ན་བ་ལང་གཅིག་དང་རྟ་གཅིག་ཅེས་བྱ་བའི་གཅིག་ཉིད་ནི་བ་ལང་ལ་ཡང་སྟོགས་རྟ་ལ་ཡང་སྟོགས་པས་གང་དང་གང་ན་གཅིག་པ་ཉིད་ཡོད་པ་དེ་དང་དེ་ན་ལྷན་ཅིག་ཉིད་ཡོད་ཅིང་། བ་ལང་གཅིག་པུ་ཉིད་

---

8 宗大師在《正理海》中說：「不見明與暗、輪迴與涅槃等異皆為同俱。」（སྣང་མུན་དང་འཁོར་འདས་ཐ་དད་ལ་ལྷན་ཅིག་པ་མ་མཐོང་བའི་ཕྱིར་རོ།）。有關異的不同方，宗大師在《正理海》中補充道：「佛護說，以異的不同方為同俱的理由——若以自性而異的話，應為個個分離，然而，同俱乃個個不分離者——而破。」（སངས་རྒྱས་བསྐྱངས་ཀྱིས་ཐ་དད་ཀྱི་མི་མཐུན་ཕྱོགས་ལྷན་ཅིག་ཡིན་པའི་རྒྱུ་མཚན་གྱིས་འགོག་སྟེ། ངོ་བོ་ཉིད་ཀྱིས་ཐ་དད་ན་སོ་སོར་བྲལ་བ་ཡིན་ལ་ལྷན་ཅིག་ནི་སོ་སོར་མ་བྲལ་བ་ཡིན་པའི་རིགས་པའོ།）可參考《正理海》——Tsong kha pa Blo bzang grags pa. *Dbu ma rtsa ba'i thsig le'ur byas pa shes rab ces bya ba'i rnam bshad rigs pa'i rgya mtsho zhes bya ba bzhugs so.* Vol 1, 218。總之，貪欲及貪心若真成為自性異，應當相互迴異、互不觀待。此故，心所貪欲產生時，不需要心王的貪心；心王的貪心產生時，也不需要心所的貪欲。這樣一來，貪欲及貪心互為相應、同俱的說法將不應理。

དང་། རྟ་གཅིག་པུ་ཉིད་ལ་གྲོགས་མེད་པར་ཡང་ལྷན་ཅིག་ཉིད་ཡོད་པར་ཐལ་བར་འགྱུར་ཏེ། དེ་ལྟ་ན་ལྷན་ཅིག་ཉིད་དུ་བརྟག་པ་དོན་མེད་པར་འགྱུར་རོ། །

於此，（自方道，《中論》）亦云：

**6.5.ab 若一成同俱，離伴應如是，**[9]

如果貪欲及貪心是一仍可同俱，無伴（的單一者）也應成同俱。爲何？「一」指單一；一頭牛及一隻馬的「一」不只指向於牛，也指向於馬。相同方於何時處存在，於該處才有同俱；（若依你的說法，）只有一頭牛與只有一隻馬雖無伴侶，卻應成同俱。此故，執同俱將成無義。

ཅི་སྟེ་ཡང་ཐ་དད་པ་ཉིད་ཡིན་ཡང་། ལྷན་ཅིག་ཉིད་དུ་འགྱུར་ན་ནི་དེ་ལྟ་ན་ཡང་གྲོགས་མེད་པར་ཡང་ལྷན་ཅིག་ཉིད་དུ་འགྱུར་རོ། །ཇི་ལྟར་ཞེ་ན། འདི་ལ་བ་ལང་ལས་ཀྱང་རྟ་ཐ་དད་ལ། རྟ་ལས་ཀྱང་བ་ལང་ཐ་དད་པས་གང་དང་གང་ན་ཐ་དད་པ་ཉིད་ཡོད་པ་དེ་དང་དེ་ན་ལྷན་ཅིག་ཉིད་ཡོད་ཅིང་། བ་ལང་ཐ་དད་པ་ཉིད་དང་། རྟ་ཐ་དད་པ་ཉིད་ལ་གྲོགས་མེད་པར་ཡང་ལྷན་ཅིག་ཉིད་ཡོད་པར་ཐལ་བར་འགྱུར་ཏེ། དེ་ལྟ་ན་ཡང་ལྷན་ཅིག་ཉིད་དུ་བརྟག་པ་དོན་མེད་པར་འགྱུར་རོ། །

**（6.5.cd 若異成同俱，離伴應如是。）**

如果（二貪）是異，仍可成爲同俱，離伴者也應成同俱。

---

9 有關 6.5.b，對勘本版的藏譯中論為：གྲོགས་མེད་པ་ཡང་དེ་འགྱུར་རོ།，故與此中所引的偈頌文有所出入；可參考 Nāgārjuna. *Dbu ma rtsa ba'i tshig le'ur byas pa shes rab,* 10。

爲何？於此，馬迴異於牛，牛迴異於馬。異於何時處存在，於該處將有同俱（的話），迴異於牛（的馬）、迴異於馬（的牛）雖無伴侶，也應成同俱。此故，執同俱將成無義。

སྨྲས་པ། ཐ་དད་པ་ཉིད་ནི་བ་ལང་ལ་ཡོད་པ་ཡང་མ་ཡིན་ལ། རྟ་ལ་ཡོད་པ་ཡང་མ་ཡིན་གྱི། དེ་གཉི་ག་ལྷན་ཅིག་བྱུང་བ་ལ་ཡོད་པས་དེ་ནི་གཉི་ག་སྤྱིའི་འབྲས་བུ་ཡིན་ཏེ་ཕྲད་པ་བཞིན་ནོ། །གལ་ཏེ་ཐ་དད་པ་ཉིད་སོ་སོ་ལ་ཡོད་པར་གྱུར་ན་ནི་ཐ་དད་པ་ཉིད་གཉིས་སུ་འགྱུར་བ་དང་། དངོས་པོ་ཕན་ཚུན་མི་ལྟོས་པར་རེ་རེ་ལ་ཡང་ཡོད་པར་འགྱུར་བས་དོན་མི་འདོད་དེ། དེའི་ཕྱིར་ཐ་དད་པ་ཉིད་ནི་གཉི་ག་ལྷན་ཅིག་བྱུང་བ་ལ་ཡོད་དོ། །

（他方）道：異不存在於牛中，也不存在於馬中，卻存在於（牛馬）兩者的同俱之中，因爲是兩者的共同結果，如同相遇。若是異存在於個體的話，異將成爲二者，個個事物將成互不觀待的緣故，（我）不承許該義。此故，異存在於兩者的同俱之中。

བཤད་པ། གལ་ཏེ་ཐ་དད་ལྷན་ཅིག་ན། །འདོད་ཆགས་ཆགས་པ་ཅི་ཞིག་ཡིན། །ཐ་དད་ཉིད་དུ་གྲུབ་པ་གྱུར་ན། །དེས་ན་དེ་གཉིས་ལྷན་ཅིག་འགྱུར། །ཐ་དད་པ་ཉིད་གཉི་ག་ལ་ཡོད་པར་ནི་འདོད་ལ་རག་གོ། །གལ་ཏེ་ཐ་དད་པ་ཉིད་གཉི་ག་ལ་ཡོད་པ་ལ་ལྷན་ཅིག་ཉིད་དུ་རྟོག་ན་དེ་ལྟར་ན་འདོད་ཆགས་དང་ཆགས་པ་དག་ལ་ཅི་ཞིག་རབ་ཏུ་བསྒྲུབ་པ་ཡིན། གང་གི་ཚེ་དེ་ལྟར་ཡང་རྟོག་ན་དེ་གཉིས་ཐ་དད་པ་ཉིད་དུ་གྲུབ་པ་ཁོ་ནར་འགྱུར་རོ། །དེས་ན་ཐ་དད་པ་ཉིད་དུ་རབ་ཏུ་གྲུབ་པའི་ཕྱིར་དེ་གཉིས་ལྷན་ཅིག་ཉིད་དུ་རྟོག་པར་འགྱུར་རོ། །

（自方道，《中論》）云：

**6.6 若異能同俱，何成其二貪？成爲異法故，二者成同俱。**[10]

（此偈）主要針對「異存在於兩者之中」的主張（而釋）。

若執異存在於兩者的同俱之中，如何至極成立貪欲、貪心？如是執時，二者（——貪欲與貪心——）將僅成異。至極成立異的緣故，二者應被執爲（互不觀待、自性的）同俱。

གལ་ཏེ་འདོད་ཆགས་ཆགས་པ་དག །ཐ་དད་ཉིད་དུ་གྲུབ་འགྱུར་ན། །དེ་གཉིས་ལྷན་ཅིག་ཉིད་དུ་ནི། །ཅི་ཡི་ཕྱིར་ན་ཡོངས་སུ་རྟོག །ཉིད་དུ་ཞེས་བྱ་བའི་སྒྲ་ནི་ཁོ་ནར་ཞེས་བྱ་བའི་དོན་ཏོ། །གལ་ཏེ་འདི་སྙམ་དུ་འདོད་ཆགས་དང་ཆགས་པ་དག་ཐ་དད་པའི་དངོས་པོར་གྲུབ་པ་ཉིད་དུ་སེམས་ན། དེ་གཉིས་ལ་ལྷན་ཅིག་གི་དངོས་པོ་ཐ་དད་པའི་དངོས་པོ་དང་མི་མཐུན་པ་དེ་ནི་མེད་པར་ཅིའི་ཕྱིར་ཡོངས་སུ་རྟོག་པར་བྱེད་གང་གི་ཚེ་ཐ་དད་པའི་དངོས་པོར་གྲུབ་ན་ལྷན་ཅིག་གི་དངོས་པོར་བརྟགས་སུ་ཟིན་ཀྱང་། འདོད་ཆགས་དང་ཆགས་པ་དག་ལྡོག་པར་འགྱུར་བའམ། འཇུག་པར་འགྱུར་བ་ཙུང་ཟད་ཙམ་ཡང་མེད་དོ། །འདི་ལྟར་ཆགས་པ་ལ་འདོད་ཆགས་ཀྱིས་ཡང་ཅི་ཞིག་བྱར་ཡོད་དེ། དེ་ལྟ་བས་ན་ལྷན་ཅིག་གི་དངོས་པོར་བརྟགས་སུ་ཟིན་ཀྱང་ཐ་དད་པ་ཉིད་ཀྱི་སྐྱོན་ཆགས་པ་ཁོ་ནའི་ཕྱིར་ལྷན་ཅིག་གི་དངོས་པོར་བརྟག་པ་དོན་མེད་པར་འགྱུར་ཏེ། ཚིག་ཟིན་པ་ལ་རྒྱས་འདེབས་པ་བཞིན་ནོ།

（《中論》云：）

10 有關 6.6，對勘本版的藏譯中論為：།གལ་ཏེ་ཐ་དད་ལྷན་ཅིག་ན། །ཅི་གོ་འདོད་ཆགས་ཆགས་པ་དག །ཐ་དད་ཉིད་དུ་གྲུབ་གྱུར་རམ། །དེས་ན་དེ་གཉིས་ལྷན་ཅིག་འགྱུར།（若異能同俱，莫非貪欲心，將成為異法？故二成同俱。），故與此中所引的偈頌文有所出入；可參考 Nāgārjuna. *Dbu ma rtsa ba'i tshig le'ur byas pa shes rab,* 10。

**6.7 貪欲及貪心，若僅爲異法，何故遍念執，[11]二者爲同俱？**

「僅」字意爲只有。如果（你）認爲貪欲及貪心僅於相異事物之中而有，（然而，）於彼二（貪）之中，同俱事物與異事物並無不同。[12]

（你）爲何執（異存在於同俱之中）？

雖已觀察一切（自性的）異事物（是否）爲同俱的事物，然而，（若有自性，）貪欲與貪心（之間）將不會有少分的遮遣或趨入。[13]如是，對於貪心而言，貪欲又有何用？

此故，雖已觀察同俱的事物，但（前述之咎）僅爲異之過。因此，觀察同俱的事物應成無義，像是將水澆在已燒（的事物之）上。

།ཐ་དད་གྲུབ་པར་མ་གྱུར་པས། །དེ་ཕྱིར་ལྷན་ཅིག་འདོད་བྱེད་དམ། །ལྷན་ཅིག་རབ་ཏུ་བསྒྲུབ་པའི་ཕྱིར། །ཐ་དད་ཉིད་དུ་ཡང་འདོད་དམ། །འདོད་ཆགས་དང་ཆགས་པ་དག་ཐ་དད་པ་ཉིད་དུ་ནི་དགོས་པ་མེད་པའི་ཕྱིར་གྲུབ་པར་མ་གྱུར་པས་དེ་རབ་ཏུ་བསྒྲུབ་པའི་ཕྱིར་ལྷན་ཅིག་ཉིད་དུ་འདོད་པར་བྱེད་ལ། ལྷན་ཅིག་ཉིད་དུ་ཡང་གཅིག་པ་ཉིད་ཀྱི་སྐྱོན་ཆགས་

---

11 有關6.7.bc，對勘本版的藏譯中論為：ཐ་དད་ཉིད་དུ་གྲུབ་གྱུར་ན། །དེ་དག་ལྷན་ཅིག་ཉིད་དུ་ནི།，故與此中所引的偈頌文有所出入；可參考 Nāgārjuna. *Dbu ma rtsa ba'i tshig le'ur byas pa shes rab,* 10。

12 敵方說彼二貪為異，且說彼二之異應存在於同俱之中。但自宗反駁，只說異即可，何須說同俱？於彼二貪之中並無與異不同的「同俱」。兩者毫無相關，絲毫沒有關係，如何能有其二貪同俱之說？

13 如果貪欲與貪心是自性有的話，在這兩者之間將不會有任何傷害（遮遣）或利益（趨入）的相互觀待。

པའི་ཕྱིར་མ་གྲུབ་པས་དེ་རབ་ཏུ་བསྒྲུབ་པའི་ཕྱིར་ཡང་ཐ་དད་པ་ཉིད་དུ་ཡང་འདོད་པར་བྱེད་པ་ཁྱོད་ནི་གོས་ངན་པ་ལྷགས་པ་ཆེན་པོས་ཉེན་པ་བསྐུམས་ནས་བསྐུམས་པ་ཡང་བརྟགས་མི་བཟོད་པས་ཡང་སྐྱོང་བར་བྱེད་པ་དང་འདྲ་བའོ། །

（《中論》云：）

**6.8 不成異法故，仍許同俱乎？極成同俱故，仍許異法乎？**[14]

貪欲與貪心爲異實無意義的緣故，（該二貪成爲異的論述）將不能成立。此故，（你）爲能至極成立該（異論），而承許（二貪）爲同俱。然而，於同俱中，有是一之過，將不能成立。此故，（你）爲能至極成立該（同俱論），欲許（二貪）爲異。就像是寒風刺骨，你卻衣衫襤褸，即使已身軀蜷縮、無法忍受，仍執意堅持下去。

ཐ་དད་དངོས་པོ་མ་གྲུབ་པས། །ལྷན་ཅིག་དངོས་པོ་འགྲུབ་མི་འགྱུར། །ཐ་དད་དངོས་པོ་གང་ཞིག་ལ། །ལྷན་ཅིག་དངོས་པོར་འདོད་པར་བྱེད། །འདི་ལ་སོ་སོ་ལ་ཐ་དད་པའི་དངོས་པོ་ཡོད་དམ་དེ་གཉིས་ལྷན་ཅིག་འབྱུང་བ་ལ་ཡོད་གྲང་ན། འདོད་ཆགས་དང་ཆགས་པ་ཐ་དད་དུ་གྱུར་པ་དག་ལ་ནི་འདི་ནི་འདོད་ཆགས་སོ། འདི་ནི་འདིས་ཆགས་སོ་ཞེས་བྱ་བ་དེ་ལྟ་བུ་རྣམ་པ་ཐམས་ཅད་དུ་མི་སྲིད་དོ། །ཐ་དད་པའི་དངོས་པོར་རབ་ཏུ་གྲུབ་པ་མེད་ན་ལྷན་ཅིག་གི་དངོས་པོ་འགྲུབ་པར་མི་འགྱུར་རོ། །

---

14 有關6.8，對勘本版的藏譯中論為：།ཐ་དད་གྲུབ་པར་མ་གྱུར་པས། །དེ་ཕྱིར་ལྷན་ཅིག་འདོད་བྱེད་ན། །ལྷན་ཅིག་རབ་ཏུ་གྲུབ་པའི་ཕྱིར། །ཐ་དད་ཉིད་དུ་ཡང་འདོད་དམ།（不成異法故，若欲許同俱，極成同俱故，仍許異法乎？），故與此中所引的偈頌文有所出入；可參考Nāgārjuna. *Dbu ma rtsa ba'i tshig le'ur byas pa shes rab,* 10。

（《中論》云：）

**6.9 異事不成故，俱事則不成；於某異事物，[15]承許爲俱事。**

於此，若問：是否有個個異事物？或是該二（異事物）是否同俱而生？

對於（承許）貪欲及貪心爲（自性的）異者（而言），「此爲貪欲」、「此爲貪心」是完全不可能存在的。既然無法至極成立異事物，就不能成立同俱的事物。

འདི་ལྟར་ཁྱོད་ནི་ཐ་དད་པའི་དངོས་པོ་ཡོད་ན་དེ་གཉིས་ཀྱི་ལྷན་ཅིག་གི་དངོས་པོ་ཡོད་པར་འདོད་ན། ཐ་དད་པའི་དངོས་པོ་དེ་ཡང་རྣམ་པ་ཐམས་ཅད་དུ་མི་འགྲུབ་བོ། །ཐ་དད་པའི་དངོས་པོ་མེད་ན་ཁྱོད་ཀྱི་ལྷན་ཅིག་གི་དངོས་པོ་ཡོད་པར་ག་ལ་འགྱུར། འོ་ན་ཐ་དད་པའི་དངོས་པོ་གང་ཞིག་ཡོད་ན་འདོད་ཆགས་དང་ཆགས་པ་དག་ལྷན་ཅིག་གི་དངོས་པོར་འདོད་པ་ཅི་རེ་རེ་ལ་ཡོད་དམ། འོན་ཏེ་གཉི་ག་ལྷན་ཅིག་བྱུང་བ་ལ་ཡོད་དམ་འོན་ཏེ་ཁྱོད་ཀྱིས་རང་དགར་ཐ་དད་པའི་དངོས་པོ་གཞན་ཞིག་བརྟགས་ཀྱང་རུང་སྟེ། ཐ་དད་པ་གང་ཡོད་ན་འདོད་ཆགས་དང་ཆགས་པ་དག་ལྷན་ཅིག་གི་དངོས་པོར་འདོད་པ་དེ་སྨྲོས་ཤིག །

如是，雖然你承許有異事物就有該二的同俱事物，但異事物本身是完全不可能被成立的。既無異事物，又怎能成爲你（所說）的同俱事物？

那麼，如果存在著某個異事物，（該）同俱事物的貪欲及

15 有關 6.9.c，對勘本版的藏譯中論為：ཐ་དད་དངོས་པོ་གང་ཡོད་ན།（何處有異事），故與此中所引的偈頌文有所出入；可參考 Nāgārjuna. *Dbu ma rtsa ba'i tshig le'ur byas pa shes rab,* 10。

貪心是存在於一一個體之中，還是兩者的同俱之中？若是，你隨意執其他異事物也行，不過，（你須）解釋有何異能被承許爲貪欲及貪心的同俱事物。[16]

དེ་ལྟར་འདོད་ཆགས་ཆགས་པ་དག །ལྷན་ཅིག་ལྷན་ཅིག་མིན་མི་འགྲུབ། འདོད་ཆགས་བཞིན་དུ་ཆོས་རྣམས་ཀུན། ལྷན་ཅིག་ལྷན་ཅིག་མིན་མི་འགྲུབ། །གལ་ཏེ་འདོད་ཆགས་སྔ་རོལ་ན། །འདོད་ཆགས་མེད་པའི་ཆགས་ཡོད་ན། །དེ་ལ་བརྟེན་ནས་འདོད་ཆགས་ཡོད། །ཆགས་ཡོད་འདོད་ཆགས་ཡོད་པར་འགྱུར། །ཞེས་བྱ་བ་ལ་སོགས་པ་གང་དག་སྔར་འདས་པའི་རྣམ་པ་དེ་དག་གིས་དེ་ལྟར་འདོད་ཆགས་རྣམས་ཆགས་པ་དང་ལྷན་ཅིག་གམ་ཆགས་པ་མེད་པར་ཡང་འགྲུབ་པ་མེད་དོ། །ཇི་ལྟར་འདོད་ཆགས་ཆགས་པ་དང་ལྷན་ཅིག་གམ་ཆགས་པ་མེད་པ་ཡང་འགྲུབ་པ་མེད་པ་དེ་བཞིན་དུ་ཆོས་ཐམས་ཅད་ཀྱང་འགའ་ཞིག་དང་ལྷན་ཅིག་གམ་འགའ་ཡང་མེད་པར་ཡང་འགྲུབ་པ་མེད་དོ།

（《中論》云：）

**6.10 貪欲及貪心，[17]非俱非非俱，如貪一切法，非俱非非俱。**

透過前述「（6.1）若於貪欲前，貪心離貪欲，依此有貪

16 此中尋找異在於何處，進而破除異的自性。因為異不存在於單獨法之中，必定是兩法以上才能稱「異」。換句話說，於單一的法中並無「異」。異也不存在於兩法的同俱之中，如前已述，如果異是自性而有，將會互不觀待，個個分離。既已分離，何來同俱之說，故不應理。除了個法及同俱外，如果硬要隨意堅稱「異存在於其他法之中」的話，則需要好好解釋該法為何。

17 有關6.10.a，對勘本版的藏譯中論為：དེ་ལྟར་འདོད་ཆགས་ཆགས་པ་དག，故與此中所引的偈頌文有所出入；可參考 Nāgārjuna. *Dbu ma rtsa ba'i tshig le'ur byas pa shes rab,* 10。

欲，貪心起貪欲」等理，（證明）貪欲不與貪心同俱，而且沒有貪心，（貪欲）也不能夠存在。

如同貪欲不與貪心同俱，而且沒有貪心，（貪欲）也不能存在般，諸法也不與某物同俱，而且沒有了任何（的該法所依），（諸法）也不能存在。

འདོད་ཆགས་དང་ཆགས་པ་བརྟག་པ་ཞེས་བྱ་སྟེ་རབ་ཏུ་བྱེད་པ་དྲུག་པའོ། ། །།

第六品——觀貪欲、貪心品——終。

# 第七品

# ——觀生、住、滅品——

འདིར་སྨྲས་པ། ཁྱོད་ཀྱིས་འདོད་ཆགས་དང་ཆགས་པ་བརྟག་པ་དེ་བྱས་པས་ཁོ་བོའི་ཡིད་སྟོང་པ་ཉིད་ཉན་པ་ལ་སྤྲོ་བར་བྱས་ཀྱི། དེའི་ཕྱིར་དེ་ནི་འདུས་བྱས་ཀྱི་མཚན་ཉིད་བརྟག་པར་བྱ་བའི་རིགས་སོ། །

於此，（他方）道：你觀貪欲及貪心的緣故，令我於聽聞空性心生歡喜。所以，在此（品中）應當觀察有爲法的性相。

བཤད་པ། དེ་ལྟར་བྱའོ། །

（自方）道：當如是說。

འདིར་སྨྲས་པ། འདི་ལ་སྐྱེ་བ་དང་། གནས་དང་འཇིག་པ་དག་འདུས་བྱས་ཀྱི་སྤྱིའི་མཚན་ཉིད་དུ་བསྟན་ཏེ། མེད་པ་ལ་ནི་མཚན་ཉིད་བསྟན་པར་མི་རིགས་པས་མཚན་ཉིད་ཡོད་པའི་ཕྱིར་འདུས་བྱས་ཡོད་དོ། །

於此，（他方）道：（經論中）說，生、住、滅是有爲法的總性相。若無（生、住、滅等三相），宣說性相將不合理。因性相存在的緣故，存在有爲法。

བཤད་པ། འདུས་བྱས་ཀྱི་མཚན་ཉིད་མི་འཐད་པས་དེ་ཡོད་པའི་ཕྱིར་འདུས་བྱས་ཡོད་པར་ག་ལ་འགྱུར། གལ་ཏེ་ཇི་ལྟར་ཞེ་ན། སྨྲས། མཚན་ཉིད་མེད་ལ་མཚན་ཉིད་ནི། །མི་འཇུག་མཚན་ཉིད་བཅས་ལ་མིན། །ཞེས་བསྟན་པས་བཀག་ཟིན་པའི་ཕྱིར་རོ། །ཡང་གཞན་ཡང་། གལ་ཏེ་སྐྱེ་བ་འདུས་བྱས་ན། །དེ་ལ་མཚན་ཉིད་གསུམ་ལྡན་འགྱུར། །ཅི་སྟེ་སྐྱེ་བ་འདུས་མ་བྱས། །ཇི་ལྟར་འདུས་བྱས་མཚན་ཉིད་ཡིན། ཞེས་བྱ་བ་འདི་ནི། གལ་ཏེ་སྐྱེ་བ་འདུས་བྱས་། །ཇི་ལྟར་འདུས་བྱས་མཚན་ཉིད་ཡིན། །ཞེས་ཕྱོགས་གོང་མ་དང་ཡང་སྦྱར་རོ། །

（自方道：）不能成立有爲法的性相，所以，（主張）因有彼（三相），故存在有爲法（之論述），如何應理？爲何？

依前釋「（5.3.ab）無性相事物，諸時處亦無」時，（性相之論）已被破除。

此外，（《中論》云：）

**7.1 若生是有爲，應有三性相；若生是無爲，何名有爲相？**

此偈——「若生是有爲，何名有爲相？」——應搭配前引偈頌（5.3）而（理解）。

སྐྱེ་བ་འདུས་བྱས་ཀྱི་མཚན་ཉིད་བསྟན་པ་གང་ཡིན་པ་དེ་ཡང་འདུས་བྱས་སམ་འདུས་མ་བྱས་ཤིག་ཏུ་བརྟག་གྲང་ན། དེ་ལ་རེ་ཞིག་འདུས་བྱས་སུ་ཡོངས་སུ་རྟོག་ན། སྐྱེ་བ་དེ་ཡང་སྐྱེ་བ་དང་གནས་པ་དང་འཇིག་པའི་མཚན་ཉིད་ཀྱིས་མཚན་ཉིད་གསུམ་དང་ལྡན་པར་འགྱུར་ཏེ། འདུས་བྱས་ཡིན་པའི་ཕྱིར་རོ། །མཚན་ཉིད་གསུམ་དང་ལྡན་པར་འགྱུར་བ་ནི། མཚན་ཉིད་གསུམ་པོ་དག་ཚོགས་པར་འགྱུར་བའོ། །

（經論）雖說「生」是有爲法的性相，試問：要觀彼（法——生——）是有爲法，還是無爲法呢？於此，首先，周遍觀察有爲法時，因爲「生」是有爲法，所以應當具足「由生、住、滅之性相所成」的三性相。凡是具足三性相者，應是三性相之聚。

སྨྲས་པ། དེ་ཡང་མཚན་ཉིད་གསུམ་དང་ལྡན་ནོ། །

（他方）道：彼（法——生——）也具足三性相！

ཇི་ལྟར་འདུས་བྱས་མཚན་ཉིད་ཡིན། གལ་ཏེ་སྐྱེ་བ་ཡང་སྐྱེ་བ་དང་གནས་པ་དང་འཇིག་པའི་མཚན་ཉིད་དང་ལྡན། གནས་པ་ཡང་སྐྱེ་བ་དང་གནས་པ་དང་འཇིག་པའི་མཚན་

ཉིད་དང་ལྡན། འཇིག་པ་ཡང་སྐྱེ་བ་དང་གནས་པ་དང་འཇིག་པའི་མཚན་ཉིད་དང་ལྡན་ན་མཚན་ཉིད་མཚུངས་པའི་ཕྱིར་མཚན་ཉིད་རྣམས་ལ་ཁྱད་པར་ཡོད་པར་འགྱུར་རོ། །ཁྱད་པར་མེད་ན་འདི་ནི་སྐྱེ་བའོ། །འདི་ནི་གནས་པའོ། །འདི་ནི་འཇིག་པའོ། །ཞེས་བྱ་བ་དེ་དག་ཡོད་པར་ག་ལ་འགྱུར། །

（自方道：）「（7.1.d）何名有爲相？」若生也具足了生、住、滅的性相，住也具足了生、住、滅的性相，滅也具足了生、住、滅的性相，則（有爲法）於性相之中應具有差別，因爲（一切有爲法）同樣（具足了有爲法的）性相。若無差異，如何能（說：）「這是生」、「這是住」，及「這是滅」等？[1]

སྨྲས་པ། དེ་ནི་ཉེས་པར་མི་འགྱུར་ཏེ། ཇི་ལྟར་སྤྱིར་འདུས་བྱས་ཀྱི་མཚན་ཉིད་ཡིན་དུ་ཟིན་ཀྱང་ཁྱད་པར་གྱི་མཚན་ཉིད་ལ་ལྟོས་ནས་འདི་ནི་བུམ་པའོ། །འདི་ནི་སྣམ་བུའོ། །ཞེས་བྱ་བ་དེ་དག་ཡོད་པ་དེ་བཞིན་དུ་འདིར་ཡང་ཁྱད་པར་གྱི་མཚན་ཉིད་ལ་ལྟོས་ནས་སྐྱེ་བ་དང་གནས་པ་དང་འཇིག་པ་དག་རབ་ཏུ་འགྲུབ་པར་འགྱུར་རོ། །ཁྱད་པར་དེ་གང་ཞེ་ན། སྐྱེད་པར་བྱེད་པ་དང་། གནས་པར་བྱེད་པ་དང་། འཇིག་པར་བྱེད་པ་དག་གོ །

（他方）道：無此過咎。譬如，解釋了有爲法的總性相之後，仍可依據別性相說「這是瓶子」、「這是氆氌」。同樣

1 在此破除三相為自性的前提下所成立的有為法。如果生、住、滅等三相皆是有為法的話，每一相就得具足有為法的性相——三相，若是如此，光是「生」相就得再次具足三相，「住」、「滅」亦同，如此生、住、滅無差異，如何能夠合理地說出：「這是生」、「這是住」，以及「這是滅」等的差異呢？相反的，對於三相無自性的立場而言，不會有上述的過失。「生」本身觀待不同的因緣，亦可稱「住」，亦可稱「滅」，三相之間相互觀待，並由不同的觀待角度形成了不同的作用，絕非像是自性迥異的三相，互不觀待。

的，在此仍可依據別性相至極成立生、住、滅等。何爲別（性相）呢？謂正在生、正在住，及正在滅等。

བཤད་པ། དེ་ནི་མི་འཐད་དོ། ཅིའི་ཕྱིར་ཞེ་ན། འདི་ལྟར་བུམ་པ་སྐྱེད་པར་བྱེད་པ་དང་། མངོན་པར་འགྲུབ་པར་བྱེད་པ་གང་ཡིན་པ་དེས་ནི་གཞན་ཅི་ཡང་སྐྱེད་པར་མི་བྱེད་ལ། བུམ་པ་གནས་པར་བྱེད་པས་ཀྱང་གཞན་ཅི་ཡང་གནས་པར་མི་བྱེད་ཅིང་། བུམ་པ་འཇིག་པར་བྱེད་པས་ཀྱང་གཞན་ཅི་ཡང་འཇིག་པར་མི་བྱེད་པའི་ཕྱིར་རོ། །

（自方）道：此不應理。爲何？凡是正在生起、成形的瓶子並非由任何其他的（因緣）而生，凡是正在住的瓶子也非由任何其他的（因緣）而住，凡是正在滅的瓶子也非由任何其他的（因緣）而滅。

སྨྲས་པ། དེ་དག་གིས་བུམ་པ་ཉིད་སྐྱེ་བ་དང་གནས་པ་དང་། འཇིག་པར་བྱེད་པས་ཉེས་པ་མེད་དོ། །

（他方）道：無過，由彼等[2]生瓶、住瓶[3]、滅瓶的緣故。

བཤད་པ། འོ་ན་ནི་དེ་དག་བུམ་པའི་མཚན་ཉིད་མ་ཡིན་ཏེ། བྱེད་པ་པོ་ཡིན་པའི་ཕྱིར་རོ། །འདི་ལྟ་བུ་སྐྱེད་པར་བྱེད་པའི་ཕ་བུའི་མཚན་ཉིད་མ་ཡིན་ལ་གཞི་དང་ཐོ་བ་ཡང་བུམ་པའི་མཚན་ཉིད་མ་ཡིན་པའི་ཕྱིར་ཏེ། དེ་ལྟ་བས་ན་སྐྱེ་བ་ལ་སོགས་པ་དག་འདུས་བྱས་ཡིན་ན་འདུས་བྱས་ཀྱི་མཚན་ཉིད་དུ་མི་འཐད་དོ། །

2 雖然並未找到資料證明在此的「彼等」指的是什麼，但譯者根據下一段的自方回覆，將在此的「彼等」解讀為形成瓶子的因緣。

3 住瓶乃直譯。即瓶子處於存在的狀態。

（自方）道：那麼，因爲彼等是（瓶子的）造作者，所以（彼等）並非瓶子的性相。如父雖是子的造作者，卻非子的性相。（造瓶之）處及鎚頭也非瓶子的性相。此故，生等雖是有爲法，卻不能合理地成爲有爲法的性相。

ཅི་སྟེ་སྐྱེ་བ་འདུས་མ་བྱས་སུ་ཡོངས་སུ་རྟོག་ན།

（他方）周遍執念：「生」是無爲法。

དེ་ལ་ཡང་བཤད་པར་བྱ་སྟེ། འདི་ལྟར་འདུས་བྱས་མཚན་ཉིད་ཡིན། །འདུས་མ་བྱས་ཡིན་ན་ཇི་ལྟར་འདུས་བྱས་ཀྱི་མཚན་ཉིད་དུ་འགྱུར་ཏེ། འདིས་མཚོན་པར་བྱེད་པས་མཚན་ཉིད་ཡིན་ན་གང་སྐྱེ་བ་དང་གནས་པ་དང་འཇིག་པ་དང་བྲལ་བ་དེས་ནི་རང་ཉིད་ལ་ཡང་མཚན་པར་མི་བྱེད་དོ། །གང་རང་ཉིད་ལ་མཚན་པར་མི་བྱེད་པ་དེས་གཞན་ཇི་ལྟར་མཚོན་པར་བྱེད། ཅི་སྟེ་བྱེད་ན་ནི་མྱ་ངན་ལས་འདས་པ་འདུས་མ་བྱས་ཀྱང་འདུས་བྱས་ཀྱི་མཚན་ཉིད་ཡིན་པར་ཐལ་བར་འགྱུར་བས་དེ་ནི་མི་འདོད་དེ། དེ་ལྟ་བས་ན་སྐྱེ་བ་དང་གནས་པ་དང་འཇིག་པ་དག་འདུས་མ་བྱས་ཡིན་ན་ཡང་འདུས་བྱས་ཀྱི་མཚན་ཉིད་དུ་མི་འཐད་དེ།

於此，亦做說明。（生、住、滅三相）是有爲法的性相，若是無爲法，怎能是有爲法的性相？由此可知，凡是遠離生、住、滅的性相，皆不能表己[4]（——有爲法）。既無表己，何能表他？如果（遠離了三相）仍可表（有爲法），無爲法之涅槃也應成爲有爲法的性相，但（我）不承許此（說）。此故，

4　什麼是「表己」或「表徵自己」？透過了知某法的性相——定義，再知某法的名相——該定義要表達的事物，稱為「性相表徵名相」。因為不具足某性相或遠離了生等三相，該性相自然不能表徵其事例是有為法。

生、住、滅等若是無爲法，則（彼）是有爲法的性相不合理。

མཚན་ཉིད་དུ་བརྟགས་ན་ཡང་སྐྱེ་བ་དང་གནས་པ། འཇིག་པ་དག་སོ་སོ་བའམ། འདུས་པ་ཞིག་འདུས་བྱས་ཀྱི་མཚན་ཉིད་དུ་འགྱུར་གྲང་ན། དེ་ལ། སྐྱེ་སོགས་གསུམ་པོ་སོ་སོ་ཡིས། །འདུས་བྱས་མཚན་ཉིད་འདྲ་བར་ནི། །ནུས་མིན་འདུས་པ་ཡིན་ན་ཡང་། །གཅིག་ལ་དུས་གཅིག་ཇི་ལྟར་རུང་། །སྐྱེ་བ་དང་གནས་པ་དང་། འཇིག་པ་དག་རེ་རེ་ལ་ཡང་འདུས་བྱས་ཀྱི་མཚན་ཉིད་བྱ་བར་མི་ནུས་ཏེ། ནུས་མིན་ཞེས་བྱ་བ་ནི་མི་ཆོག་པ་དང་། མི་ནུས་སོ་ཞེས་བྱ་བའི་ཐ་ཚིག་གོ། ཇི་ལྟར་ཞེ་ན། འདི་ལ་རེ་ཞིག་དངོས་པོ་མངོན་པར་མ་གྲུབ་ཅིང་། མེད་པ་ལ་ནི་སྐྱེ་བ་དང་གནས་པ་དང་འཇིག་པ་དག་མི་འཐད་དོ།

觀性相時，生、住、滅等一一（是有爲法的性相）呢？還是（三相的）聚體是有爲法的性相？於此，（《中論》云：）

**7.2 生等三個體，不能爲有相，聚體於一處，如何同時有？**[5]

生、住、滅等一一不能是有爲法的性相。[6]「不能」謂不足以、不能夠的意思。爲何（不能）？首先，事物非實有，既非實有，生、住、滅等自不應理。

འདི་ལྟར་སྐྱེ་བ་དང་གནས་པ་དང་འཇིག་པ་དག་ནི་དངོས་པོ་ལ་བརྟེན་པ་ཡིན་ཏེ། །བུམ་པའི་སྐྱེ་བ་དང་། བུམ་པའི་གནས་པ་དང་བུམ་པའི་འཇིག་པ་ཞེས་བྱ་བ་ཡིན་ན་བུམ་པ་དེ་མངོན་པར་མ་གྲུབ་ན། སྐྱེ་བ་དང་གནས་པ་དང་འཇིག་པ་དག་གང་གི་མཚན་ཉིད་དུ

---

5 有關 7.2，對勘本版的藏譯中論為：།སྐྱེ་ལ་སོགས་གསུམ་སོ་སོ་ཡིས། འདུས་བྱས་མཚན་ཉིད་བྱ་བར་ནི། ནུས་མིན་གཅིག་ལ་དུས་གཅིག་ཏུ། འདུས་པ་ཡང་ནི་ཇི་ལྟར་རུང་།，故與此中所引的偈頌文有所出入；可參考 Nāgārjuna. *Dbu ma rtsa ba'i tshig le'ur byas pa shes rab,* 10。

6 7.2.ab 是指生、住、滅個別存在時不具足三相，故應成非有為法。

འགྱུར། དེ་ནི་འཇིག་པ་ཞེས་བྱ་བ་ནི་ཞིག་པ་དང་མེད་པ་སྟེ། དེ་གང་ལ་ཡོད་པ་དེ་ནི་མེད་པ་ཉིད་དོ། དེ་མེད་ན་སྐྱེ་བ་དང་གནས་པ་དང་འཇིག་པ་དག་གང་གི་མཚན་ཉིད་དུ་འགྱུར་ཏེ། དེ་ལྟར་རེ་ཞིག་སྐྱེ་བ་དང་གནས་པ་དང་འཇིག་པ་དག་སོ་སོའམ། འདུས་པ་ཡང་དངོས་པོ་མངོན་པར་མ་གྲུབ་པ་དང་། ཞིག་པའི་མཚན་ཉིད་མ་ཡིན་ནོ། །

生、住、滅等依賴事物（而有），如瓶子的生、瓶子的住、瓶子的滅。瓶子若非實有，（瓶子的）生、住、滅等又是何者的性相？

「滅」謂已滅、不存在。於何處有彼法（──滅──），此處便無（該法），既無（該法），生、住、滅等是何者的性相？

首先，生、住、滅等的個體或聚體，皆非實有的事物，亦非已滅的性相。

དེ་ལ་འདི་སྙམ་དུ་དེ་དག་དངོས་པོ་མངོན་པར་གྲུབ་པ་དང་མ་ཞིག་པའི་མཚན་ཉིད་ཡིན་པར་སེམས་ན།

於此，（他方）認爲：（三相）爲實有的事物及未滅的性相。

དེ་ཡང་མི་འཐད་དེ། ཇི་ལྟར་ཞེ་ན། འདི་ལ་བུམ་པ་ཞེས་བྱ་བའི་དངོས་པོ་ཡོད་པ་ལ་ནི་སྐྱེ་བ་མེད་དེ། འདི་ལྟར་ཡོད་པ་ལ་ཡང་སྐྱེ་བའི་བྱ་བ་མེད་དོ། །ཅི་སྟེ་ཡོད་ཀྱང་སྐྱེ་བར་གྱུར་ན་ནི་ནམ་ཡང་མི་སྐྱེ་བར་མི་འགྱུར་བས་དེ་ནི་མི་འདོད་དོ། །དེ་ལྟ་བས་ན་ཡོད་པ་ལ་སྐྱེ་བ་མེད་དེ། མེད་པ་གང་ཡིན་པ་དེ་ཇི་ལྟར་མཚན་ཉིད་དུ་འགྱུར།

（自方）道：此（論）亦不應理。爲何？生並非存在瓶（等）的有之事物中。如是，既已存在，就不（應）有生的作用。

若已存在又生，應成永遠生，（我）不承許此（說）。此故，生不存在於「有」之中。凡是無者，豈是性相？

སྨྲས་པ། རེ་ཞིག་གནས་པ་ནི་ཡོད་དོ། །

（他方）道：首先，住是存在的。

བཤད་པ། གནས་པ་ཡང་མི་འཐད་དེ། ཅིའི་ཕྱིར་ཞེ་ན། འཇིག་པ་དང་རྗེས་སུ་འབྲེལ་བའི་ཕྱིར་རོ། །འདི་ལྟར་འདུས་བྱས་ནི་མི་རྟག་པ་དང་ཁོར་ཟླུག་ཏུ་རྗེས་སུ་འབྲེལ་བས་ཁོར་ཟླུག་ཏུ་མི་རྟག་པ་ན་ཇི་ལྟར་གནས་པར་འགྱུར་ཏེ། གནས་པ་དང་འཇིག་པ་གཉིས་འགལ་བའི་ཕྱིར་རོ། །འདི་ལྟར་འོག་ནས་ཀྱང་། དངོས་པོ་འགག་པར་འགྱུར་ན་ནི། །གནས་པར་འཐད་པ་མ་ཡིན་ནོ། །གང་ཡང་འགག་པར་མི་འགྱུར་བ། །དེ་ནི་དངོས་པོ་མི་འཐད་དོ། །ཞེས་འབྱུང་ངོ་། །སློབ་དཔོན་འཕགས་པ་ལྷས་ཀྱང་། གནས་མེད་དངོས་པོ་ག་ལ་ཡོད། །མི་རྟག་པས་ན་གང་ལ་གནས། །གལ་ཏེ་དང་པོ་གནས་གྱུར་ན། །ཐ་མར་སྙིངས་པར་མི་འགྱུར་རོ། གལ་ཏེ་ཁོར་ཟླུག་མི་རྟག་ཡོད། །ཁོར་ཟླུག་གནས་པར་མི་འགྱུར་རོ། །ཡང་ན་རྟག་པ་གྱུར་པ་ལས། །ཕྱིས་ན་མི་རྟག་པར་ཡང་འགྱུར། །གལ་ཏེ་དངོས་པོ་མི་རྟག་དང་། །ལྷན་ཅིག་གནས་པ་ཡོད་གྱུར་ན། །མི་རྟག་ལོག་པར་འགྱུར་བ་འམ། །ཡང་ན་གནས་པ་བརྫུན་པར་འགྱུར། །ཞེས་གསུངས་སོ། །དེ་ལྟ་བས་ན་གནས་པ་ཡང་མེད་དེ། མེད་ན་གང་ཡིན་པ་ཇི་ལྟར་འདུས་བྱས་ཀྱི་མཚན་ཉིད་དུ་འགྱུར།

（自方）道：住也不存在。爲何？（住）與滅隨後相屬[7]的緣故。（雖）有爲法與無常（之間具有）近距離的相屬，[8]

7 「相屬」是量學的名詞，意指兩法之間的關係。X 與 Y 的「隨後相屬」即是「有 Y 就有 X，無 Y 就無 X」的關係。

8 其二法的關係相當密切。

（但）無常如何能夠接近（有爲法）？因爲住與滅兩者相違的緣故。[9]

再者，（《中論》）後云：「（7.23）事物正滅時，是時不應住；若非正在滅，彼法非事物。」

阿闍黎聖天亦云：「無常何有住，住無有何體，初若有住者，後應無變衰。」[10]、「無常若恆有，住相應常無；或彼法先常，後乃非常住。若法無常俱，而定有住者，無常相應妄，或住相應虛。」[11]

此故，住也不存在。既然無（住），何來有爲法的性相？

སྨྲས་པ། འོ་ན་འཇིག་པ་ཡོད་དོ། །

（他方）道：那麼，滅是存在的。

བཤད་པ། གནས་པ་མེད་པར་འཇིག་པ་ག་ལ་ཡོད་དེ། འདི་ལྟར་དངོས་པོ་གནས་པ་ཡོད་ན་འཇིག་པར་འགྱུར་གྱི་གནས་པ་མེད་ན་འཇིག་པར་ག་ལ་འགྱུར། དེ་ཡང་འཇིག་པ་ཞེས་བྱ་བ་ནི་ཞིག་པ་དང་མེད་པ་སྟེ་དེ་གང་ལ་ཡོད་པ་དེ་ནི་མེད་པ་ཉིད་དོ། །དེ་མེད་ན་སྐྱེ་བ་དང་གནས་པ་དང་འཇིག་པ་དག་གང་གི་མཚན་ཉིད་དུ་འགྱུར་ཞེས་བསྟན་ཟིན་པས་དེའི་ཕྱིར་འཇིག་པ་ཡང་འདུས་བྱས་ཀྱི་མཚན་ཉིད་དུ་མི་འཐད་དོ། །དེའི་ཕྱིར་དེ་ལྟར་སྐྱེ་བ་དང་གནས་པ་དང་། འཇིག་པ་དག་སོ་སོ་བ་ཡང་འདུས་བྱས་མངོན་པར་གྲུབ་པའི་མཚན་ཉིད་

9 既然無常是滅，有為法是住，而且住與滅又是互相排斥的兩種體性，無常豈能與有為法具足近距離相屬？

10 《四百論》11.17。

11 《四百論》11.23 / 24。

དུ་མི་འཐད་དོ། །ལྷན་ཅིག་ཏུ་སྐྱེ་འོ་ཞེས་གསུངས་པའི་ཕྱིར་ཆོས་ཀྱི་གནས་སྐབས་ཤེས་པ་དག་སྐྱེ་བ་དང་གནས་པ་དང་འཇིག་པ་དག་ལྷན་ཅིག་ཏུ་སྐྱེ་འོ་ཞེས་བརྗོད་པས་དེའི་ཕྱིར་ཡང་སོ་སོ་པ་དག་མཚན་ཉིད་དུ་མི་འཐད་དོ།

（自方）道：沒有住，何來滅？如是，如果有事物（的）住，自然會有（事物的）滅，然而，沒有住，又何有滅？

此外，「滅」謂已滅及不存在。如前已述，於何處有彼法（——滅——），該處便成爲無，既然已無，生、住、滅等又是何者的性相？此故，滅是有爲法的性相不合理。此故，如是，生、住、滅等一一是實有的有爲法之性相也不合理。

（經論）說：「（三相）俱生。」此故，通達法之時位[12]者（皆）說：「生、住、滅等同時生起。」此故，一一是（有爲法的）性相不合理。

སྨྲས་པ། འདུས་པ་དག་ནི་མཚན་ཉིད་ཡིན་ནོ། །

（他方）道：（三相的）聚體是（有爲法的）性相。

བཤད་པ། འདུས་པ་ཡིན་ན་ཡང་། གཅིག་ལ་དུས་གཅིག་ཇི་ལྟར་རུང་། སོ་སོ་བ་གང་དག་མཚན་ཉིད་མ་ཡིན་པ་དེ་དག་འདུས་པ་ཕན་ཚུན་འགལ་བ་དག་འདུས་བྱས་ཀྱི་དངོས་པོ་གཅིག་ལ་དུས་གཅིག་ཏུ་ཇི་ལྟར་རུང་། འདི་ལྟར་གང་གི་ཚེ་ན་སྐྱེ་བ་དེའི་ཚེ་ན་གནས་པ་དང་འཇིག་པ་མེད་ལ། གང་གི་ཚེ་གནས་པ་དེའི་ཚེ་ན་སྐྱེ་བ་དང་འཇིག་པ་མེད་ཅིང་། གང་གི་ཚེ་འཇིག་པ་དེའི་ཚེ་ན་ཡང་སྐྱེ་བ་དང་གནས་པ་མེད་པ་དེའི་ཕྱིར་སྐྱེ་བ་དང་གནས་པ་དང་

12 生的時位、住的時位、滅的時位等不同階段的時間。

འཇིག་པ་སོ་སོ་བ་དང་འདུས་པ་དག་ཀྱང་འདུས་བྱས་ཀྱི་མཚན་ཉིད་དུ་མི་འཐད་དོ། མཚན་ཉིད་མི་འཐད་པའི་ཕྱིར་འདུས་བྱས་ཡོད་པ་མ་ཡིན་ནོ། །

（自方）道：雖說聚體是（有爲法的性相），但是，於一者之中，（三相）如何能同時（而有）？不屬於（有爲法之）一一性相聚集之時，皆相互矛盾，（所以，）有爲法的事物之中同時（存在相互矛盾的個體）如何應理？如是，何時爲生時，爾時（應）無住及滅；何時爲住時，爾時（應）無生及滅；何時爲滅時，爾時（應）無生及住。此故，生、住、滅的個體及聚體是有爲法的性相皆不合理。不合理故，有爲法不存在。

སྨྲས་པ། ལྟག་ཆོད་དེ་ལྟ་བུ་འབའ་ཞིག་གིས་ཅི་བྱ། ཡོང་ནི་གང་གི་སྐྱེ་བ་དང་། གནས་པ་དང་། འཇིག་པ་དེ་འདུས་བྱས་ཡིན་ནོ། །

（他方）道：只做如是謬辯又有何用？總之，某法的生、住、滅皆是有爲法。

བཤད་པ། ཁོ་བོ་ལྟག་ཆོད་ཀྱི་ཕྱིར་མི་རྟོམ་གྱིས་ཁོ་བོ་ནི་དེ་ཁོ་ན་ཤེས་པར་བྱ་བའི་ཕྱིར་རྟོམ་མོ། །སྐྱེ་བ་ཞེས་བྱ་བ་དེ་གང་ཡིན་པ་སྨྲོས་ཤིག། །

（自方）道：我非爲了荒謬的諍論而釋，我是爲了通達眞實義而說。請（你）說生爲何？

སྨྲས་པ། བུམ་པ་སྐྱེའོ། །

（他方）道：瓶生矣。

བཤད་པ། རེ་ཞིག་གནས་སྐབས་གང་ལ་བུམ་པ་ཞེས་བྱ་བར་འགྱུར་བ་ལེགས་པར

སོམས་ལ་སློས་ཤིག །དེ་ལ་གང་གི་ཚེ་མ་སྐྱེས་པ་ལ་ནི་བུམ་པ་ཞེས་བྱར་ཡང་མི་རུང་སྟེ། སྐྱེས་པ་ཉིད་ལ་བུམ་པ་ཞེས་བྱ་བར་འགྱུར་ཞིང་བུམ་པ་ཡང་འདུས་བྱས་ཡིན་པའི་ཕྱིར་མཚན་ཉིད་གསུམ་དང་ལྡན་པ་ཉིད་ཡིན་པ་དེའི་ཚེ་སྐྱེ་བ་བུམ་པའི་མཚན་ཉིད་ཡིན་ནོ། །ཞེས་བྱ་བ་དེ་ཇི་ལྟར་འཐད། ཇི་ལྟར་ཡོད་པ་ལ་ཡང་སྐྱེ་བས་ཅི་བྱ། མཚན་ཉིད་དང་ལྡན་པ་ལ་ཡང་མཚན་ཉིད་ཀྱིས་ཅི་བྱ།

（自方）道：首先，請（你）好好思惟：瓶子於何時能存在？請給予解釋。

於此，（若言：）「未生中，不應有瓶子，因爲已生中才能有瓶子。瓶子也是有爲法，故而具足三相。此故，『生』爲瓶子的性相」，此說實不應理。已有何須再生？既已具足了性相，再次（具足）性相又有何用？

ཅི་སྟེ་བུམ་པ་མ་ཡིན་པ་སྐྱེ་ཞིང་སྐྱེས་ཟིན་ནས་བུམ་པར་འགྱུར་རོ་སྙམ་ན།

若（他方）認爲：生起了非瓶，才能形成瓶子。

དེ་ཡང་རིགས་པ་མ་ཡིན་ཏེ། བུམ་པ་མ་ཡིན་པ་སྐྱེ་ཞིང་ཞེས་བྱ་བ་དེ་རེ་ལྡེའམ། སྣམ་བུའམ། འོན་ཏེ་བུམ་པ་མ་ཡིན་པ་ཞེས་བྱ་བ་ཅི་ཡང་མེད་པ་ཞིག་གམ་ཅི་ཡིན། དེ་ལ་རེ་ཞིག་གལ་ཏེ་རེ་ལྡེའམ། སྣམ་བུ་ཞིག་སྐྱེ་ན་ནི་དེ་སྐྱེས་ཟིན་ནས་ཇི་ལྟར་བུམ་པར་འགྱུར། ཅི་སྟེ་བུམ་པ་མ་ཡིན་ཞེས་བྱ་བ་ཅིའང་མེད་ཞིག་ཡིན་ན་ནི་ཅི་ཡང་མེད་པ་གང་ཡིན་པ་དེ་ཇི་ལྟར་སྐྱེ་ཅི་སྟེ་སྐྱེ་ན་ནི་རི་བོང་གི་རྭ་ཡང་ཅིའི་ཕྱིར་མི་སྐྱེ། དེའི་ཕྱིར་སྐྱེ་བ་ཞེས་བྱ་བ་དེ་མི་འཐད་དོ། །སྐྱེ་བ་ཞེས་བྱ་བ་དེ་འདི་ལ་མེད་ན་གང་སྐྱེ་བ་དེ་འདུས་བྱས་ཡིན་ནོ། །ཞེས་བྱ་བ་དེ་ཇི་ལྟར་འཐད་པར་འགྱུར། གང་སྐྱེ་བ་མེད་པ་ཇི་ལྟར་གནས་པ་དང་འཇིག་པར་འགྱུར། དེ་ལྟ་ན་སྐྱེ་བ་དང་གནས་པ་དང་འཇིག་པ་ཞེས་བྱ་བ་དག་ནི། འཇིག་རྟེན་གྱི་ཐ་སྙད་ཙམ་དུ་ཟད་དོ། །

於此，（自方）道：亦不應理。所謂「生起非瓶」是指毛織物，還是氆氌？難道「非瓶」指向無有任何一物？

於此，首先，（如果「非瓶」指向毛織物或氆氌，）爲什麼生起了毛織物及氆氌後，會形成瓶子？若「非瓶」指向無有任何一物，（試問：）無有任何一物，怎能形成（瓶子）？如果可以，兔角也應（可以），爲何不能？此故，不能成立生。

既無生，「何者爲生，便是有爲」又如何應理？既無生，如何有住、滅？如是，生、住、滅等僅（存在）於世間名言之中。

ཡང་གཞན་ཡང་། སྐྱེ་དང་གནས་དང་འཇིག་རྣམས་ལ། །འདུས་བྱས་མཚན་ཉིད་གཞན་ཞིག་ནི། །གལ་ཏེ་ཡོད་ན་ཐུག་པ་མེད། །མེད་ན་དེ་དག་འདུས་བྱས་མིན། །སྐྱེ་བ་དང་། གནས་པ་དང་། འཇིག་པ་གང་དག་འདུས་བྱས་ཀྱི་མཚན་ཉིད་དུ་བསྟན་པ་དེ་དག་ལ་འདུས་བྱས་ཀྱི་མཚན་ཉིད་གཞན་ཞིག་ཡོད་དམ་འོན་ཏེ་མེད། དེ་ལ་རེ་ཞིག་གལ་ཏེ་དེ་དག་ལས་འདུས་བྱས་ཀྱི་མཚན་ཉིད་གཞན་ཞིག་ཡོད་ན་ནི་དེ་ལྟ་ན་ཐུག་པ་མེད་པར་ཐལ་བར་འགྱུར་ཏེ། སྐྱེ་བ་ལ་ཡང་སྐྱེ་བ་ཡོད་ལ་དེ་ལ་ཡང་གཞན་ཞིག་ཡོད་ཅིང་དེ་ལ་ཡང་གཞན་ཡོད་དེ། མཐའ་མེད་པར་འགྱུར་བས་དེ་ནི་མི་འདོད་དོ། །

此外，（《中論》云：）

**7.3 若謂生住滅，更有有爲相，是即爲無窮，[13]無即非有爲。**

---

13 有關 7.3.c，對勘本版的藏譯中論為：གལ་ཏེ་ཡོད་ན་ཐུག་མེད་འགྱུར།，故與此中所引的偈頌文有所出入；可參考 Nāgārjuna. *Dbu ma rtsa ba'i tshig le'ur byas pa shes rab,* 10。

（經論）說生、住、滅等是有爲法的性相，試問：彼等（──三相──）之中，是否還有其他有爲法的性相？

於此，首先，於彼等（──三相──）之中，若仍有其他有爲法的性相，應成無窮無盡，（如）生起仍（須）再生，某（法）要具足其他（性相），（已具性相的）該（法）又要具足其他（性相的話），應成無窮無盡，故（我）不承許。

ཅི་སྟེ་ཐུག་པ་མེད་པར་གྱུར་ན་མི་རུང་ངོ་སྙམ་པ་དེ་དག་ལ་འདུས་བྱས་ཀྱི་མཚན་ཉིད་གཞན་མེད་པར་སེམས་ན།

如果（他方）認爲：「應成無窮無盡，實不應理」，故思於彼等（──三相──）之中無其他有爲法的性相。

དེ་ལྟ་ན་ཡང་དེ་དག་འདུས་བྱས་མ་ཡིན་པར་འགྱུར་ཏེ། འདུས་བྱས་མ་ཡིན་ན་ཇི་ལྟར་འདུས་བྱས་ཀྱི་མཚན་ཉིད་དུ་འགྱུར་ཞེ་ན། སྔར་བསྟན་ཟིན་ཏོ།། །།

（自方）道：如前已述，如是，彼等（──三相──）應成無爲法；既是無爲法，如何能是有爲法的性相。

སྨྲས་པ། སྐྱེ་བ་དང་གནས་པ་དང་འཇིག་པ་དག་འདུས་བྱས་ཀྱང་ཡིན་ལ། ཐུག་པ་མེད་པར་ཡང་ཐལ་བར་མི་འགྱུར་ཏེ། ཇི་ལྟར་ཞེ་ན། སྐྱེ་བའི་སྐྱེ་བས་རྩ་བ་ཡི། །སྐྱེ་བ་འབའ་ཞིག་སྐྱེད་པར་བྱེད། །རྩ་བའི་སྐྱེ་བས་སྐྱེ་བ་ཡི། །སྐྱེ་བའང་སྐྱེད་པར་བྱེད་པ་ཡིན། །འདི་ལ་རྣམ་པར་ཤེས་པ་ལ་སོགས་པ་ཆོས་རྣམས་ལས་ཆོས་གང་ཡང་རུང་བ་ཞིག་སྐྱེ་བ་ན་དེ་བདག་ཉིད་དང་བཅོ་ལྔ་སྟེ། ཆོས་དེ་དང་། ཆོས་དེའི་སྐྱེ་བ་དང་། ཆོས་དེའི་གནས་པ་དང་། ཆོས་དེའི་འཇིག་པ་དང་། ཆོས་དེའི་ལྡན་པ་དང་། ཆོས་དེའི་རྒྱ་བ་དང་། འདིར་གལ་ཏེ་ཆོས་དེ་དཀར་པོ་ཡིན་ན་ཆོས་དེ་ཡང་དག་པའི་རྣམ་པར་གྲོལ་བའམ། ཅི་སྟེ་ཆོས་དེ་ནག་པོ་ཡིན་

ན་ཆོས་དེའི་ལོག་པའི་རྣམ་པར་གྲོལ་བ་དང་། དེ་བཞིན་དུ་གལ་ཏེ་ཆོས་དེ་ངེས་པར་འབྱུང་བ་ཡིན་ན་ཆོས་དེའི་ངེས་པར་འབྱུང་བ་ཉིད་དམ། ཅི་སྟེ་ཆོས་དེ་ངེས་པར་འབྱུང་བ་མ་ཡིན་ན་ཆོས་དེའི་ངེས་པར་འབྱུང་བ་མ་ཡིན་པ་ཉིད་སྐྱེ་སྟེ། དེ་དག་ནི་རེ་ཞིག་འཁོར་ཅེས་བྱའོ། དེ་ནི་སྐྱེ་བའི་སྐྱེ་བ་དང་། གནས་པའི་གནས་པ་དང་། འཇིག་པའི་འཇིག་པ་དང་། ལྡན་པའི་ལྡན་པ་དང་། རྒ་བའི་རྒ་བ་དང་། ཡང་དག་པའི་རྣམ་པར་གྲོལ་བའི་ཡང་དག་པའི་རྣམ་པར་གྲོལ་བའམ། ལོག་པའི་རྣམ་པར་གྲོལ་བའི་ལོག་པའི་རྣམ་པར་གྲོལ་བ་དང་། ངེས་པར་འབྱུང་བ་ཉིད་ཀྱི་ངེས་པར་འབྱུང་བ་ཉིད་དམ། ངེས་པར་འབྱུང་བ་མ་ཡིན་པ་ཉིད་ཀྱི་ངེས་པར་འབྱུང་བ་མ་ཡིན་ཉིད་ཀྱང་སྐྱེ་སྟེ། དེ་དག་ནི་འཁོར་གྱི་འཁོར་ཅེས་བྱ་སྟེ། དེ་ལྟར་ཆོས་སྐྱེ་བ་བདག་ཉིད་དང་བཅོ་ལྔ་སྐྱེའོ། །

（他方）道：雖然生、住、滅等是有爲法，但不會有「應成無窮無盡」（之過）。爲何？（《中論》云：）

**7.4 因由生之生，僅成根本生；因由根本生，亦成生之生。**

於此，由別識等諸法生起某法的時候，該（法）的體性有十五。（一、）該法。（二、）該法之生、該法之住、該法之滅。（三、）該法之具有。（四、）該法之衰老。（五、）如果該法是善法的話，該法的清淨解脫。（六、）如果該法是黑（法）的話，該法的顛倒解脫。（七、）同樣的，如果該法是出離的話，該法的出離。（八、）如果該法非出離的話，該法的非出離。這些都稱爲「輪迴」。

（九、）生之生、住之住、滅之滅。（十、）具有之具有。（十一、）衰老之衰老。（十二、）清淨解脫之清淨解脫。（十三、）顛倒解脫之顛倒解脫。（十四、）出離之出離。（十五、）非出離之非出離。這些都稱爲「輪迴之輪迴」。如是產生法、生性（等）十五。

དེ་ལ་རྩ་བའི་སྐྱེ་བ་གང་ཡིན་པ་དེས་ནི་བདག་ཉིད་མ་གཏོགས་པར་ཆོས་དེའི་བདག་ཉིད་དང་བཅུ་བཞི་པོ་ཇི་སྐད་བསྟན་པ་དག་སྐྱེད་པར་བྱེད་དོ། །སྐྱེ་བའི་སྐྱེ་བས་ནི་རྩ་བའི་སྐྱེ་དེ་འབའ་ཞིག་སྐྱེད་པར་བྱེད་དེ། དེ་ལྟར་གཅིག་གིས་གཅིག་སྐྱེད་པར་བྱེད་པས་ཐུག་པ་མེད་པར་མི་འགྱུར་རོ། །དེ་བཞིན་དུ་རྩ་བའི་གནས་པས་ཀྱང་གནས་པའི་གནས་པ་གནས་པར་བྱེད་ལ། གནས་པའི་གནས་པས་ཀྱང་རྩ་བའི་གནས་པ་གནས་པར་བྱེད་དོ། །རྩ་བ་འཇིག་པས་ཀྱང་འཇིག་པའི་འཇིག་པ་འཇིག་པར་བྱེད་ལ། འཇིག་པའི་འཇིག་པས་ཀྱང་རྩ་བའི་འཇིག་པ་འཇིག་པར་བྱེད་པས་དེ་ལྟར་ན་འདི་ལ་ཡང་ཐུག་པ་མེད་པར་ཐལ་བར་མི་འགྱུར་རོ། །

（他方繼續說道：）除了該（第一）法的體性外，已說的其他十四皆由根本生而生。由生之生只會產生根本生。如是，一者生起（另）一者，不存在應成無窮無盡（之過）。

同樣的，由根本住使住之住得以住；由住之住使根本住得以住；由根本滅使滅之滅得以滅；由滅之滅使根本滅得以滅。如是，於此中，不存在應成無窮無盡（之過）。

བཤད་པ། གལ་ཏེ་ཁྱོད་ཀྱི་སྐྱེ་བའི་སྐྱེས། །རྩ་བའི་སྐྱེ་བ་སྐྱེད་བྱེད་ན། །ཁྱོད་ཀྱི་རྩ་བས་མ་སྐྱེད་དེས། །དེ་ནི་ཇི་ལྟར་སྐྱེད་པར་བྱེད། །གལ་ཏེ་ཁྱོད་ཀྱི་སྐྱེ་བའི་སྐྱེ་བས་རྩ་བའི་སྐྱེ་བ་སྐྱེད་པར་བྱེད་ན་ཁྱོད་ཀྱི་རྩ་བའི་སྐྱེད་པས་མ་སྐྱེས་པའི་སྐྱེ་བ་དེས་རྩ་བའི་སྐྱེ་བ་དེ་ཇི་ལྟར་སྐྱེད་པར་བྱེད་དེ། རང་ཉིད་མ་སྐྱེས་པའི་ཕྱིར་རོ། །

（自方道，《中論》）云：

**7.5 若謂生之生，能成根本生，根本不生故，彼應如何生？**

若你（說）生之生可以生起根本生，（那麼，）彼生——並非由你（所說）的根本生所生之生——如何生起根本生？不能自生故。[14]

སྨྲས་པ། རྩ་བའི་སྐྱེ་བས་བསྐྱེད་པ་ཁོ་ནའི་སྐྱེ་བ་སྐྱེ་བས་རྩ་བའི་སྐྱེ་བ་སྐྱེད་པར་བྱེད་ཀྱི་མ་སྐྱེད་པས་མི་བྱེད་དོ། །

（他方）道：唯由根本生所生的生之生，會生起根本生，並非不會生起根本生。

བཤད་པ། གལ་ཏེ་ཁྱོད་ཀྱི་རྩ་བ་ཡིས། །བསྐྱེད་པ་དེ་ཡིས་རྩ་སྐྱེད་ན། །དེས་མ་སྐྱེད་པའི་རྩ་བ་དེས། །དེ་ནི་ཇི་ལྟར་སྐྱེད་པར་བྱེད། །གལ་ཏེ་ཁྱོད་ཀྱི་རྩ་བའི་སྐྱེ་བས་བསྐྱེད་པའི་སྐྱེ་བའི་སྐྱེ་བ་དེས་རྩ་བའི་སྐྱེ་བ་དེ་སྐྱེད་པར་བྱེད་ན་སྐྱེ་བའི་སྐྱེ་བ་དེས་མ་སྐྱེད་པའི་རྩ་བའི་སྐྱེ་བ་དེས་སྐྱེ་བའི་སྐྱེ་བ་དེ་ཇི་ལྟར་སྐྱེད་པར་བྱེད། དེ་ལྟར་ན་དེ་ནི་གཅིག་ལ་གཅིག་བརྟེན་པ་ཡིན་ཏེ། གཅིག་ལ་གཅིག་བརྟེན་པ་དག་ནི་རབ་ཏུ་བརྟག[15]ཏུ་མི་རུང་ངོ་། །

14 為能容易釐清其推理的內容，譯者在此將「根本生」（簡稱為 x），將「生之生」（簡稱為 y）。敵方說：x 會生 y，y 也會生 x。自方駁：實不應理。如果 y 會產生 x 的話，x 將會在 y 之後，這樣一來，就會有個不會生 y 的 x ，因為因果有著前後的決定性。如果是這樣的話，這個並非由 x 所生的 y 怎麼能夠生起 x？因為就以你的觀點而言，根本不應有「並非由 x 所生的 y 」，因為你已承許「x 生 y，y 生 x。」第二、假設，果真如你所言，「x 永遠生 y，y 永遠生 x」的話，等同「x 生 x；y 生 y」，但我不承許自生之論述。

15 根據北京版及奈塘版，改為 བརྟག 字。

（自方道，《中論》）云：

**7.6 若謂根本生，能成根本生，彼不生本生，彼應如何生？**

若你（所說）的根本生而成的生之生能生起根本生，則未由其生之生所成的根本生又如何能成生之生？如是，至極執念「因爲一者依賴一者，故（生之生與根本生互相）觀待」實不應理。[16]

སྨྲས་པ། སྐྱེ་བ་ཉིད་སྐྱེ་བཞིན་པས་སྐྱེ་བའི་སྐྱེ་བ་སྐྱེད་པར་བྱེད་ཀྱི་མ་སྐྱེས་པས་ནི་མི་བྱེད་དོ། །

（他方）道：因爲生是正在生起，所以生之生的確是生，並非不生。

བཤད་པ། ཁྱོད་ཀྱི་དེ་ནི་སྐྱེ་བཞིན་པ། །མ་སྐྱེས་དེ་ཡིས་གལ་ཏེ་ནི། །དེ་ནི་སྐྱེས་པར་བྱེད་ནུས་ན། །དེ་སྐྱེད་པར་ནི་འདོད་ལ་རག །ཁྱོད་ཀྱི་རྩ་བའི་སྐྱེ་བ་དེ་སྐྱེ་བཞིན་པ་རང་ཉིད་མ་སྐྱེས་པ་དེས་གལ་ཏེ་སྐྱེ་བའི་སྐྱེ་བ་གཞན་དེ་སྐྱེད་པར་བྱེད་ནུས་ན་ནི་སྐྱེ་བའི་སྐྱེ་བ་དེ་སྐྱེད་པར་འདོད་ལ་རག་གོ། །ཡང་ན་ཁྱོད་ཀྱི་སྐྱེ་བའི་སྐྱེ་བ་དེ་སྐྱེ་བཞིན་པ་རང་ཉིད་མ་སྐྱེས་དེས་གལ་ཏེ་རྩ་བའི་སྐྱེ་བ་གཞན་དེ་སྐྱེད་པར་བྱེད་ནུས་ན་ནི་རྩ་བའི་སྐྱེ་བ་དེ་སྐྱེད་པར་བྱེད་ལ་རག་ན་མི་ནུས་ཏེ། འདི་ལྟར་རང་ཉིད་མ་སྐྱེས་ཤིང་མེད་པས་གཞན་ཇི་ལྟར་སྐྱེད་པར་བྱེད་དེ། དེའི་ཕྱིར་དེ་ནི་རྟོག་པ་ཙམ་དུ་ཟད་དོ། །

（自方道，《中論》）云：

16 如同之前的註釋，「x 永遠生 y，y 永遠生 x」的話，等同「x 生 x；y 生 y」。既然 x 能生 x、y 能生 y 的話，x 與 y 何須相互觀待？

**7.7 若汝謂正生，未成之本生，尚能成餘生，該生隨汝許。**[17]

若你（所言）的正在生起、自己尚未完成的根本生能生其他的生之生的話，則隨（你所）承許，生之生爲生。

或你（所言）的正在生起、自己尚未完成的生之生能生其他根本生的話，則根本生將不觀待生。（爲何？）自己尚未生起、不存在的緣故，如何能生他？此故，該（說）僅爲臆造。

སྨྲས་པ། སྐྱེ་བ་གཞན་གྱིས་སྐྱེད་པར་མི་བྱེད་ཀྱང་སྐྱེ་བ་ཉིད་ཀྱིས་རང་དང་གཞན་དག་བསྐྱེད་པར་བྱའོ། །ཇི་ལྟར་ཞེ་ན། ཇི་ལྟར་མར་མེ་རང་དང་གཞན། །སྣང་བར་བྱེད་པ་དེ་བཞིན་དུ། །སྐྱེ་བའང་རང་དང་གཞན་གྱི་དངོས། །གཉི་ག་སྐྱེད་པར་བྱེད་པ་ཡིན། །ཇི་ལྟར་མར་མེས་རང་གི་བདག་ཉིད་ཀྱང་སྣང་བར་བྱེད་ལ་བུམ་པ་དང་། སྣམ་བུ་ལ་སོགས་པ་དངོས་པོ་གཞན་དག་ཀྱང་སྣང་བར་བྱེད་པ་དེ་བཞིན་དུ་སྐྱེ་བས་ཀྱང་རང་གི་བདག་ཉིད་ཀྱང་སྐྱེད་པར་བྱེད་ལ་བུམ་པ་དང་སྣམ་བུ་ལ་སོགས་པ་དངོས་པོ་གཞན་དག་ཀྱང་སྐྱེད་པར་བྱེད་དོ། །

（他方）道：雖然生非他生而有，但生卻可生自他（兩者）。爲何？（《中論》云：）

**7.8 如燈能自照，亦能照於他，生法亦如是，生自亦生他。**[18]

---

17 有關 7.7，對勘本版的藏譯中論為：།གལ་ཏེ་མ་སྐྱེས་པ་དེ་ཡིས། །དེ་སྐྱེད་པར་ནི་བྱེད་ནུས་ན། །ཁྱོད་ཀྱི་སྐྱེ་བཞིན་པ་དེ་ཡིས། །དེ་སྐྱེད་པར་ནི་འདོད་ལ་རག །དེ་སྐྱེད་པར་ནི་འདོད་ལ་རག（若言未生者，能成其他生，隨你所許，正在生將生。），故與此中所引的偈頌文有所出入；可參考 Nāgārjuna. *Dbu ma rtsa ba'i tshig le'ur byas pa shes rab,* 11。

18 有關 7.8.d，對勘本版的藏譯中論為：གཉིས་ཀ་སྐྱེད་པར་བྱེད་ཡིན་ན།，故與此中所引的偈頌文有所出入；可參考 Nāgārjuna. *Dbu ma rtsa ba'i tshig le'ur byas pa shes rab,* 11。

如燈能照亮自己，也能照亮瓶子、氆氌等其他事物般，生不只能生起自己，也能生起瓶子、氆氌等其他事物。

བཤད་པ། གལ་ཏེ་མར་མེ་ས་རང་དང་གཞན་གྱི་བདག་ཉིད་དག་སྣང་བར་བྱེད་ན་ནི་སྐྱེ་བས་ཀྱང་མར་མེ་བཞིན་དུ་རང་དང་གཞན་གྱི་བདག་ཉིད་དག་སྐྱེད་པར་བྱེད་པ་རིག་ན། མར་མེ་ས་ནི་རང་དང་གཞན་གྱི་བདག་ཉིད་དག་སྣང་བར་མི་བྱེད་དོ། །ཅིའི་ཕྱིར་ཞེ་ན། འདི་ལྟར། མར་མེ་དང་ནི་གང་དག་ན། །དེ་འདུག་པ་ན་མུན་པ་མེད། །འདི་ན་གང་མི་སྣང་བ་དེ་སྣང་བར་བྱ་བ་ཡིན་ལ། །མུན་པས་བསྒྲིབས་པས་མི་སྣང་བ་ཉིད་ཡིན་ན་མར་མེ་ལ་ནི་མུན་པས་དེའི་ཕྱིར་མར་མེ་ལ་མི་སྣང་བ་མེད་དོ། གཞན་དག་སྣང་བར་བྱེད་དོ་ཞེས་གང་སྨྲས་པ་དེ་ཡང་རིགས་པ་མ་ཡིན་ཏེ། མར་མེ་གཞན་བདག་ཉིད་དག་ལ་འཇུག་པ་དེ་ཡང་མུན་པ་མེད་དེ། མུན་པ་མེད་པའི་ཕྱིར་དེ་དག་ལ་ཡང་མི་སྣང་བ་མེད་དོ། །འོ་ན་རང་དང་གཞན་གྱི་བདག་ཉིད་དག་ལ་མི་སྣང་བ་མེད་ན། མར་མེས་ཅི་ཞིག་སྣང་བར་བྱེད། དེ་སྨྲོས་ཤིག །

（自方）道：若（說）如燈照亮自他般，生能眞實生起自他體性（實不應理，因爲）燈火不能照亮自他的體性。爲何？如是，（《中論》云：）

**7.9.ab 何處有燈火，該處無黑暗，**

於此，（燈火）照亮看不見之處。由黑暗覆蓋的緣故，不能被見；於燈火處，黑暗（不能覆蓋）的緣故，燈火處無不見。

凡說（燈火）照亮他者皆不應理。燈火趨入其他體性時，亦無黑暗。既無黑暗，就無不見。既然不會不見自他體性，那麼請解釋，燈火到底照亮何者？[19]

## （7.9.c 燈照亮何者？）

སྨྲས་པ། མུན་པ་སེལ་བས་སྣང་བྱེད་ཡིན། འདི་ན་མར་མེ་སྐྱེ་བཞིན་པས་མུན་པ་སེལ་ཅིང་སྣང་བར་བྱེད་པས་སྣང་བར་བྱེད་པ་ཡིན་ཏེ། དེ་ལ་མུན་པ་སེལ་བར་བྱེད་པ་གང་ཡིན་པ་དེ་མར་མེ་རང་དང་གཞན་གྱི་བདག་ཉིད་དག་སྣང་བར་བྱེད་པ་ཡིན་ནོ་ཞེས་སྨྲས་པ་དེའི་ཕྱིར། མར་མེ་དང་ནི་གང་དག་ན། །འདུ་བྱེད་པ་ན་མུན་པ་མེད། །ཅེས་ཀྱང་བཤད་པས་མར་མེ་སྐྱེ་བཞིན་པས་མུན་པ་སེལ་བའི་ཕྱིར་དེས་ན་མར་མེ་རང་དང་གཞན་གྱི་བདག་ཉིད་དག་ལ་མུན་པ་མེད་དོ། །མུན་པ་མེད་པའི་ཕྱིར་སྣང་བར་བྱེད་པ་ཉིད་ཡིན་ནོ། །དེ་ལྟར་མུན་པ་སེལ་བར་བྱེད་པའི་ཕྱིར་མར་མེས་ནི་རང་དང་གཞན་གྱི་བདག་ཉིད་དག་སྣང་བར་བྱེད་དོ། །མར་མེ་ཇི་ལྟ་བ་དེ་བཞིན་དུ་སྐྱེ་བས་ཀྱང་རང་དང་གཞན་གྱི་བདག་ཉིད་དེ་དག་སྐྱེད་པར་བྱེད་དོ་ཞེས་བྱ་བ་དེ་རིགས་པ་ཡིན་ནོ། །

（他方）道：

## 7.9.d 除闇爲照亮。

---

19 該推理的重點來自照亮的定義。根據《顯句論》、《正理海》，以及根敦主巴的《寶鬘論》，燈火的「照亮」來自驅除黑暗。既然於燈火自身之中本無黑暗，燈火不能相遇黑暗的話，燈火如何去除黑暗？既然黑暗並非由燈火所去除，何來照亮？所以在此問道：「燈火到底照亮何者？」可參考月稱論師的《顯句論》——Candrakīrti, *Dbu ma rtsa ba'i 'grel pa tshig gsal*, 123：འདིར་སྣང་བར་བྱེད་པ་ཞེས་བྱ་བ་ནི་མུན་པ་སེལ་བས་ཡིན་ན། ；宗喀巴大師的《正理海》—— Tsong kha pa Blo bzang grags pa. *Dbu ma rtsa ba'i thsig le'ur byas pa shes rab ces bya ba'i rnam bshad rigs pa'i rgya mtsho zhes bya ba bzhugs so*. Vol 1, 241：སྣང་བར་བྱེད་པ་ནི་མུན་པ་སེལ་བས་ཡིན་ན། ；根敦主巴的《寶鬘論》—— Dge 'dun grub pa. *Dbu ma rtsa ba shes rab kyi ngag don bshad pa rin po che'i phreng ba zhes bya ba bzhugs so*, 152：མུན་པ་སེལ་བས་སྣང་བྱེད་ཡིན་དགོས་ན། 。

於此，燈火正在生時，（正是）去除黑暗、照亮（的時候），故爲照亮。於此，說凡是去除黑暗者——燈火——皆會照亮自他體性。

（《中論》）云：「（7.9.ab）何處有燈火，該處無黑暗」。所以，燈火正在生時，（正是）去除黑暗（之時），故於燈火的己性及他性之中並無黑暗。沒有黑暗，故爲照亮。如是，去除黑暗的緣故，（而說）燈火照亮自他體性。生如燈火，可以生起自他體性應合理。

བཤད་པ། མར་མེ་སྐྱེ་བཞིན་པས་མུན་པ་སེལ་བར་བྱེད་དོ། ཞེས་ཟེར་བ་དེ་སློས་ཤིག །ཇི་ལྟར་མར་མེ་སྐྱེ་བཞིན་པས། །མུན་པ་སེལ་བར་བྱེད་པ་ཡིན། །གང་ཚེ་མར་མེ་སྐྱེ་བཞིན་པ། །མུན་པ་དང་ནི་ཕྲད་པ་མེད། །གང་ཚེ་མར་མེ་དང་མུན་པ་དག་གཅིག་ནི་མི་སྲིད་པའི་ཕྱིར་མར་མེ་སྐྱེ་བཞིན་པ་མུན་པ་དང་ཕྲད་པ་མེད་པ་དེའི་ཕྱིར་ཇི་ལྟར་མར་མེ་སྐྱེ་བཞིན་པ་མུན་པ་དང་མ་ཕྲད་པ་དེས་མུན་པ་སེལ་བར་བྱེད། མར་མེ་ཕྲད་པ་མེད་པར་ཡང་། །གལ་ཏེ་མུན་པ་སེལ་བྱེད་ན། །འཇིག་རྟེན་ཀུན་ན་གནས་པའི་མུན། །འདི་ན་འདུག་པ་དེས་སེལ་འགྱུར། །ཅི་སྟེ་མར་མེས་མ་[20]ཕྲད་པ་ཉིད་དུ་ཡང་མུན་པ་སེལ་བར་བྱེད་ན་ནི་དེ་ལྟར་ན་འཇིག་རྟེན་ཀུན་ན་གནས་པའི་མུན་པ་དག་ཀྱང་མར་མེ་འདི་ན་འདུག་པ་དེས་གསལ་བར་འགྱུར་ཏེ། མ་ཕྲད་པ་འདྲ་བ་ལས་ལ་ལ་ནི་སེལ་བར་བྱེད་ལ། ལ་ལ་ནི་སེལ་བར་མི་བྱེད་པ་དེ་ལ་ཁྱད་པར་ཅི་ཡོད།

（自方）道：請（你）解釋（何爲）「燈火正在生的緣故，而去除黑暗」。（《中論》云：）

---

20　根據北京版及奈塘版，改為 མེས་མ། 字。

**7.10 如燈正生時，黑暗被除去。燈火正生時，黑暗不相遇。**[21]

燈火與黑暗不可能在同一（時處出現）的緣故，燈火正在生時，不與黑暗相遇的話，怎能說：「燈火正在生時，（雖）與黑暗不相遇，黑暗卻被去除」？（《中論》云：）

**7.11 燈若未及闇，而能破闇者，燈在於此間，則破一切闇。**[22]

如果燈火不相遇（黑暗）也能去除黑暗，在這裡的這盞燈火也可除去這世界上的所有黑暗。既然同樣都不相遇，爲何有些（黑暗）被去除，有些不被去除？差異何在？

ཡང་གཞན་ཡང་། མར་མེ་རང་དང་གཞན་གྱི་དངོས། །གལ་ཏེ་སྣང་བར་བྱེད་གྱུར་ན། །མུན་པའང་རང་དང་གཞན་གྱི་དངོས། །སྒྲིབ་པར་འགྱུར་བར་ཐེ་ཚོམ་མེད། །འདི་ན་མར་མེ་ནི་མུན་པའི་གཉེན་པོར་གནས་པ་ཡིན་པས་དེས་ན་གལ་ཏེ་མར་མེས་རང་དང་གཞན་གྱི་དངོས་པོ་དག་སྣང་བར་བྱེད་པར་གྱུར་ན། མུན་པས་ཀྱང་རང་དང་གཞན་གྱི་དངོས་པོ་དག་སྒྲིབ་པར་ཐལ་བར་འགྱུར་བ་འདི་ལ་ཐེ་ཚོམ་མེད་པ་ཞིག་ན་མུན་པས་ནི་རང་དང་གཞན་གྱི་དངོས་པོ་དག་སྒྲིབ་པར་མི་བྱེད་དོ། གལ་ཏེ་སྒྲིབ་པར་བྱེད་ན་ནི་གཞན་བཞིན་དུ་མུན་པ་ཉིད་ཀྱང་མི་དམིགས་པར་འགྱུར་རོ། མུན་པ་མི་དམིགས་ན་ནི་དངོས་པོ་རྣམས་རྟག་ཏུ་སྣང་བར་

---

21 有關 7.10，對勘本版的藏譯中論為：།གང་ཚེ་མར་མེ་སྐྱེ་བཞིན་པ། །མུན་པ་དང་ནི་ཕྲད་མེད་ན། །ཇི་ལྟར་མར་མེ་སྐྱེ་བཞིན་པས། །མུན་པ་སེལ་བར་བྱེད་པ་ཡིན།（燈火正生時，黑暗不相遇。燈火正生時，何能除黑暗？），故與此中所引的偈頌文有所出入；可參考 Nāgārjuna. *Dbu ma rtsa ba'i tshig le'ur byas pa shes rab,* 11。

22 有關 7.11.d，對勘本版的藏譯中論為：འདི་ན་གནས་པ་དེས་སེལ་འགྱུར།，故與此中所引的偈頌文有所出入；可參考 Nāgārjuna. *Dbu ma rtsa ba'i tshig le'ur byas pa shes rab,* 11。

འགྱུར་བ་ཞིག་ན། དངོས་པོ་རྣམས་རྟག་ཏུ་མི་སྣང་བས་དེའི་ཕྱིར་མུན་པས་ནི་རང་དང་གཞན་གྱི་དངོས་པོ་དག་སྒྲིབ་པར་མི་བྱེད་དོ། །དེ་ལྟ་ཡིན་ན་མུན་པའི་གཉེན་པོར་མར་མེས་ཀྱང་རང་དང་གཞན་གྱི་དངོས་པོ་དག་སྣང་བར་མི་བྱེད་པས་དེ་ལ་མར་མེ་བཞིན་དུ་སྐྱེ་བས་ཀྱང་རང་དང་གཞན་གྱི་བདག་ཉིད་དག་ཀྱང་སྐྱེད་པར་བྱེད་དོ། །ཞེས་གང་སྨྲས་པ་དེ་རིགས་པ་མ་ཡིན་ནོ། །

此外，（《中論》云：）

**7.12 若燈能自照，亦能照於他，闇亦應自闇，亦闇他無疑。**

於此，燈火對治黑暗的緣故，如果燈火可以照亮自他事物，毋庸置疑的，黑暗亦應覆蓋自他事物。但是，黑暗不能遮覆自他事物。若眞能覆蓋，如同（黑暗覆蓋）他物（，導致他物不能被見）般，黑暗本身也不能被緣。[23]

如果黑暗不能被緣，將會永遠見到事物，但是事物並非永遠被見，故黑暗並不覆蓋自他事物。如此，對治黑暗的燈火也不照亮自他事物。於此，說「如同燈火般，生亦生自他體性」實不應理。

ཡང་གཞན་ཡང་། གལ་ཏེ་སྐྱེ་བས་རང་གི་བདག་ཉིད་སྐྱེད་པར་བྱེད་ན་སྐྱེས་པས་སམ། མ་སྐྱེས་པ་ཞིག་གིས་སྐྱེད་པར་སྐྱེད་གྲང་ན། གཉི་གས་ཀྱང་མི་འཐད་དོ། །ཇི་ལྟར་ཞེ་ན། སྐྱེ་བ་འདི་ནི་མ་སྐྱེས་པས། །རང་གི་བདག་ཉིད་ཇི་ལྟར་སྐྱེད། །སྐྱེ་བ་འདི་མ་སྐྱེས་ཤིང་མེད་པས་རང་གི་བདག་ཉིད་ཇི་ལྟར་སྐྱེད་པར་བྱེད། ཡང་ན་འདི་མ་སྐྱེས་ཤིང་མེད་པའི་བདག་ཉིད་སུ་

23 如果黑暗覆蓋了黑暗本身，將不能見黑暗，故言：「黑暗不能被緣」。

ཞིག་གིས་སྐྱེད་པར་བྱེད། ཅི་སྟེ་མེད་པས་ཀྱང་བདག་ཉིད་མེད་པ་སྐྱེས་ན་ནི་རི་བོང་གི་རྭས་ཀྱང་བདག་ཉིད་སྐྱེད་པར་བྱེད་པ་ཞིག་ན་སྐྱེད་པར་མི་བྱེད་དོ། དེ་ལྟ་བས་སྐྱེ་བ་མ་སྐྱེས་པས་བདག་ཉིད་སྐྱེད་པར་མི་བྱེད་དོ། །

此外，若生產生己性，（試問：該性）是以已生而生，還是以未生而生？兩者都不能成立。爲何？（《中論》云：）

**7.13.ab 此生若未生，云何能自生？**

此生（——會產生己性的生——）是未生、沒有的緣故，如何能生己性？或是，未生、沒有的己性由誰而生？[24]

如果無生無性的話，[25]兔角也可生己性，但（兔角）不會生（己性）。此故，生爲不生故，不能生己性。

དེ་ལ་འདི་སྙམ་དུ་སྐྱེ་བ་སྐྱེས་པས་བདག་ཉིད་སྐྱེད་པར་སེམས་ན།

於此，（他方）認爲：「生爲生故，會生己性。」

དེ་ལ་བཤད་པ་བྱ་སྟེ། ཅི་སྟེ་སྐྱེས་པས་སྐྱེད་བྱེད་ན། །སྐྱེས་ན་ཅི་ཞིག་བསྐྱེད་དུ་ཡོད། །གལ་སྟེ་སྐྱེ་བ་སྐྱེས་པ་ཉིད་ཡིན་ན་སྐྱེ་བ་སྐྱེས་པས་བདག་ཉིད་སྐྱེད་པར་བྱེད་དོ། །ཞེས་བྱ་བ་འཐད་པའི་དོན་མེད་པ་འདི་ཅིའི་ཕྱིར་བྱེད་དེ། སྐྱེས་ཟིན་པ་ལ་ཡང་སྐྱེ་བས་ཅི་བྱ།

於此，（自方道，《中論》）云：

24 不存在或尚未有過的這種生又是從哪個因緣而有呢？

25 沒有本身可以產生出「沒有」的性質。

### 7.13.cd 由已生若生，已生有何生？

如果生是已生，既為已生，故生己性將無義。為何要生？既然已生，何須再生？

དེ་ལྟར་ན་རེ་ཞིག་སྐྱེས་པས་བདག་ཉིད་སྐྱེད་པར་མི་བྱེད་དོ། །སྐྱེ་བས་གཞན་སྐྱེད་པར་བྱེད་དོ། །ཞེས་གང་སྨྲས་པ་དེ་ཡང་མི་འཐད་དེ། འདི་ལྟར་གལ་ཏེ་སྐྱེ་བས་གཞན་སྐྱེད་པར་བྱེད་ན་སྐྱེ་བས་བསྐྱེད་པར་བྱ་བ་གཞན་དེ་སྐྱེས་པའམ་མ་སྐྱེས་པའམ། སྐྱེ་བཞིན་པ་ཞིག་སྐྱེད་པར་བྱེད་གྲང་ན། དེ་ལ། སྐྱེས་དང་མ་སྐྱེས་སྐྱེ་བཞིན་པ། །ཇི་ལྟ་བུར་ཡང་སྐྱེད་མི་བྱེད། །སྐྱེ་བ་ནི་ཇི་ལྟར་ཡང་སྐྱེད་པར་མི་འཐད་དོ། །མ་སྐྱེས་པ་ཡང་སྐྱེད་པར་མི་བྱེད་ལ། སྐྱེ་བཞིན་པ་ཡང་སྐྱེད་པར་མི་བྱེད་དོ། །ཇི་ལྟར་ཞེ་ན། བཤད་པ། སོང་དང་མ་སོང་བགོམ་པ་ཡིས། །དེ་དག་རྣམ་པར་བཤད་པ་ཡིན། །ཇི་ལྟར་སོང་བ་ལ་འགྲོ་བ་མེད་དེ། འགྲོ་བའི་བྱ་བ་འདས་ཟིན་པའི་ཕྱིར་རོ། ཞེས་བྱ་བ་དེ་བཞིན་དུ་སྐྱེས་པ་ཡང་སྐྱེད་པར་མི་བྱེད་དེ་སྐྱེ་བའི་བྱ་བ་འདས་ཟིན་པའི་ཕྱིར་རོ། །

如是，凡說生不生己性，（卻）生他性，亦不應理。如是，如果生能生其他（事物），（試問：）由生所產生的其他（事物）是已生、未生，還是正在生？於此，（《中論》云：）

### 7.14.ab 已生及未生，正生皆不生，[26]

無論如何，（已）生不能成立為生，未生亦不生，正在生也不生。為何？（《中論》）云：

26 有關 7.14.b，對勘本版的藏譯中論為：།ཇི་ལྟ་བུར་ཡང་མི་སྐྱེད་པ།，故與此中所引的偈頌文有所出入；可參考 Nāgārjuna. *Dbu ma rtsa ba'i tshig le'ur byas pa shes rab,* 11。

## 7.14.cd 彼由去未去，正去而釋之。[27]

於已去之中並無行走，行走的作用已成過去故。同樣的，生也不存在於已生之中，因爲生的作用已成過去故。

སྐྱེས་པ་ལ་ཡང་སྐྱེ་བའི་བྱ་བ་མེད་དེ། ཅི་སྟེ་ཡང་སྐྱེས་པར་འགྱུར་ན་ནི་ནམ་ཡང་མི་སྐྱེད་པར་མི་འགྱུར་བས་དེ་ནི་མི་འདོད་དེ། དེའི་ཕྱིར་སྐྱེས་པ་སྐྱེད་པར་མི་བྱེད་དོ། །མ་སྐྱེས་པ་ཡང་སྐྱེད་པར་མི་བྱེད་དེ། ཅིའི་ཕྱིར་ཞེ་ན། མེད་པའི་ཕྱིར་རོ། །མ་སྐྱེས་པ་ལ་གང་སྐྱེད་པར་འགྱུར་བ་ཅི་ཞིག་ཡོད། ཅི་སྟེ་མེད་ཀྱང་སྐྱེད་པར་འགྱུར་ན་ནི་རི་བོང་གི་རྭ་ཡང་སྐྱེད་པར་འགྱུར་བ་ཞིག་ན་སྐྱེད་པར་མི་འགྱུར་ཏེ། དེ་ལྟ་བས་ན་སྐྱེས་པ་ཡང་སྐྱེད་པར་མི་བྱེད་དོ། །དེ་ནི་སྐྱེ་བཞིན་པ་ཡང་སྐྱེད་པར་མི་བྱེད་དེ། སྐྱེས་པ་དང་མ་སྐྱེས་པ་མ་གཏོགས་པར་སྐྱེ་བཞིན་པ་མེད་པའི་ཕྱིར་དང་། སྐྱེ་བ་གཉིས་སུ་ཐལ་བར་འགྱུར་བའི་ཕྱིར་ཏེ། གང་དང་ལྡན་པས་སྐྱེ་བཞིན་པ་ཞེས་བྱ་བར་འགྱུར་བ་དང་། གང་དང་ལྡན་པས་སྐྱེད་པར་བྱེད་དོ། །ཞེས་བརྗོད་པར།

於已生之中並不存在再生的作用，因爲再次地成爲已生的話，將會一直（產生、）不會不生的緣故，（我）不承許該（論）。此故，已生不生。

未生也不生。爲何？因爲不存在的緣故。於未生之中，將生何者？如果沒有也可產生，兔角也可產生，但（兔角）不會產生（任何事物），此故，已生也不生。

正在生也不生，除了已生及未生以外，並無正在生，（如

---

27 有關 7.14.cd，對勘本版的藏譯中論為：དེ་ནི་སོང་དང་མ་སོང་དང་། །བགོམ་པས་རྣམ་པར་བཤད་པ་ཡིན།，故與此中所引的偈頌文有所出入；可參考 Nāgārjuna. *Dbu ma rtsa ba'i tshig le'ur byas pa shes rab,* 11。

果「正在生」有自性）應成兩種生（之過患）：具何者的緣故而稱「正在生」，及具何者的緣故而稱「能生」。[28]

ཡང་གཞན་ཡང་། འདི་ལ་སྐྱེ་བཞིན་པ་ཞེས་བྱ་བ་ནི་གང་གི་ཅུང་ཟད་ནི་སྐྱེས་ཅུང་ཟད་ནི་མ་སྐྱེས་པའམ། ཡང་ན་དེ་ལས་གཞན་པ་སྐྱེས་པའམ། མ་སྐྱེས་པ་ཞིག་ཡིན་གང་ན། དེ་ལ་གལ་ཏེ་སྐྱེས་པ་དང་མ་སྐྱེས་པ་དེ་སྐྱེ་བས་སྐྱེད་པར་བྱེད་ན་རེ་ཞིག་དེའི་གང་ཅུང་ཟད་སྐྱེད་པ་དེ་ནི་སྐྱེ་བ་དེས་བསྐྱེད་པ་མ་ཡིན་ལ། སྐྱེས་པ་དེ་སྐྱེ་བཞིན་པ་མ་ཡིན་ཏེ། ཅིའི་ཕྱིར་ཞེ་ན། དེ་སྐྱེས་ན་སྐྱེ་བཞིན་པ་མ་ཡིན་ཞིང་སྐྱེ་བཞིན་པ་སྐྱེད་པར་བྱེད་དོ། ཞེས་ཀྱང་བརྗོད་པའི་ཕྱིར་རོ། གལ་ཏེ་ཅུང་ཟད་སྐྱེས་པ་དེ་སྐྱེ་བ་མེད་པ་ཁོ་ནར་སྐྱེས་ན་ནི། དེའི་ལྷག་མ་ཡང་དེ་བཞིན་དུ་སྐྱེ་བ་མེད་པ་ཁོ་ནར་སྐྱེ་བར་འགྱུར་བར་ངེས་སོ། ཡང་ན་དེའི་གང་ཅུང་ཟད་ནི་སྐྱེ་བ་མེད་པ་ཁོ་ནར་སྐྱེས་ལ་ཅུང་ཟད་ནི་སྐྱེ་བས་སྐྱེད་པར་བྱེད་པ་ལ་ཁྱད་པར་ཅི་ཡོད་པ་བརྗོད་དགོས་སོ། །ཅི་སྟེ་དེའི་གང་ཅུང་ཟད་སྐྱེས་པ་དེ་ཡང་སྐྱེ་བ་ཁོ་ནས་བསྐྱེད་ན་ནི་དེ་ལྟ་ན་མ་སྐྱེས་པ་སྐྱེ་བས་སྐྱེད་པར་བྱེད་ཀྱི། སྐྱེ་བཞིན་པ་སྐྱེད་པར་བྱེད་པ་མ་ཡིན་ནོ། །

此外，於此，正在生是指一小部分生起、一小部分未生呢？還是（指）其他的已生或未生？

於此，（雖然你說，）已生及未生被生所生[29]，但是，首

28 如果「正在生」有自性的話，應成兩種生。一、「正在生幼苗」的這句話中，所要生的是苗，所以苗是所生。二、「幼苗正在生」的這句話中，幼苗為生者，故為「能生」。這樣一來，所生與能生不同的緣故，所生的苗與能生的苗應成不同。宗喀巴大師的《正理海》—— Tsong kha pa Blo bzang grags pa. *Dbu ma rtsa ba'i thsig le'ur byas pa shes rab ces bya ba'i rnam bshad rigs pa'i rgya mtsho zhes bya ba bzhugs so.* Vol 1, 254：སྐྱེ་བའི་བྱ་བ་གཉིས་ཡོད་པས་བྱེད་པ་པོ་མྱུ་གུ་ཡང་གཉིས་སུ་འགྱུར་རོ། （生的作用有兩種的緣故，幼苗也應成兩種）。

29 「被生所生」或「由生所生」乃直譯。假設生能夠產生己性，其己性便是由生所生。還有，所生的己性如果源於「生」，請問該生是未生、已生，還是正在

先，生不會產生彼（法）的一小部分生起；（雖然你）說：「正在生就是生」，但已生並非正在生。為何？如果彼是已生，彼則非正在生，正在生就是正生。

如果，一小部分的生起僅於未生之中所形成的話，同樣的，彼的剩餘（部分）也絕對於未生之中所形成。或是，（你）應當解釋「彼的一小部分僅於未生之中所形成」及「（彼剩餘的）一小部分是被生所生」之間的差異為何。[30]

如果一小部分生起僅於生中所生，如是，（一小部分）未生（亦應可被）生所生。[31]

（總之，）正在生並非是生。

ཡང་གཞན་ཡང་། དེའི་གང་ཅུང་ཟད་སྐྱེས་པ་དེ་ནི་སྐྱེ་བས་སྐྱེད་པར་མི་བྱེད་དེ། སྐྱེས་ཟིན་པའི་ཕྱིར་རོ། །དེས་ན་དེའི་ལྷག་མ་མ་སྐྱེས་པ་གང་ཞིག་ཡིན་པ་དེ་སྐྱེ་བས་སྐྱེད་པར་བྱེད་དོ། །ཞེས་བྱ་བར་འགྱུར་ཏེ། དེ་ལ་སྐྱེ་བཞིན་པ་སྐྱེད་པར་བྱེད་དོ་ཞེས་གང་སྨྲས་པ་དེ་ཉམས་པར་གྱུར་ཏོ། ཅི་སྟེ་དེའི་ཅུང་ཟད་སྐྱེས་པ་དེ་ཡང་སྐྱེད་པ་བྱེད་ན་ནི་དེ་ལ་སྐྱེ་བ་གཉིས་

生？前兩者屬無，故不能生。若其已性由正在生所生，亦不應理，因為除了已生及未生外，沒有正在生。

30 除了已生及未生外，並不存在所謂的「正在生」。如果你說，「一部分已生，一部分未生」為「正在生」的話，將有過失。試問：屬於正在生的「一部分已生」是已生，還是未生？如前已述，既是已生，就非正在生。如果屬於正在生的「一部分已生」是未生的話，該物剩餘的部分——「一部分未生」——也應屬未生，果真如此的話，該物的兩部分之間又有何差異？因為該物的所有部分都屬未生，何來的「正在生」？

31 如果屬於正在生的「一部分已生」是已生的話，就不應該是正在生。如果硬說已生與正在生並不矛盾的話，那麼該物的另一部分的未生也應成為已生。

ཀྱིས་བྱས་པའི་ཁྱད་པར་ཅན་དུ་འགྱུར་བ་ཞིག་ན་མི་འགྱུར་ཏེ། སྐྱེས་ཟིན་པ་དེ་ལ་ནི་ཡང་སྐྱེད་པའི་ཕྱིར་བྱ་བ་འགའ་ཡང་རྩོམ་པར་མི་བྱེད་པས་དེའི་ཕྱིར་དེ་ནི་ཡང་སྐྱེད་པར་མི་བྱེད་དོ། །དེ་ལྟ་བས་ན་སྐྱེ་བཞིན་པ་སྐྱེད་པར་བྱེད་དོ། །ཞེས་བྱ་བ་དེ་ནི་སྙིང་པོ་མེད་པ་ལ་སྙོམས་སྙིང་པོར་བཟུང་བར་ཟད་དེ་ཀྱི་ནའོ། །

此外，因爲已生的緣故，彼（物的）一小已生部分不（應）由生所生。此故，凡說彼（物的）剩餘——未生（的部分）——皆由生所生、正在生就是生，皆不應理。

如果，彼（物）的一小已生部分仍可生起，應具二生特徵，但不成立。若於已生者之中，還再生的話，（則）無需經由任何努力（便可生），故（已生）不會再生。

此故，（你的）心將無意義的論述——「正在生就是生」——視爲精要，實爲荒謬。

སྨྲས་པ། བུམ་པ་ལ་སོགས་པ་སྐྱེ་བ་དག་ཀྱང་དམིགས་ཤིང་། བུམ་པ་ལ་སོགས་པའི་དོན་དུ་བྱ་བ་དག་ལ་འཇུག་པ་ཡང་སྣང་བས་དེའི་ཕྱིར་སྐྱེ་བ་ཡོད་ན་སྐྱེ་བ་ལ་བརྟེན་ཅིང་སྐྱེ་བ་ལ་ལྟོས་ནས་སྐྱེ་བཞིན་པ་སྐྱེད་དོ་ཞེས་བརྗོད་པ་བྱའོ། །

（他方）道：「不只瓶子等生起可被緣取，也可目睹爲了（獲取）瓶子等而努力。此故，生存在，（才能）依賴、觀待於生。（所以，）正在生就是生。」

བཤད་པ། གང་ཚེ་སྐྱེ་བ་ཡོད་པས་ནི། །སྐྱེ་བཞིན་འདི་འབྱུང་མེད་པའི་ཚེ། །ཇི་ལྟར་སྐྱེ་ལ་བརྟེན་ནས་ནི། སྐྱེ་བཞིན་ཞེས་ནི་བརྗོད་པར་བྱ། གང་གི་ཚེ་སྐྱེ་བ་འདི་ཡོད་པས་སྐྱེ་བཞིན་པ་འདི་འབྱུང་ངོ་ཞེས་བྱ་བ་དེ་མེད་ཅིང་མི་སྲིད་པ་དེའི་ཚེ་ཇི་ལྟར་སྐྱེ་བ་ལ་བརྟེན་ནས

སྐྱེ་བཞིན་པ་སྐྱེད་དོ། །ཞེས་བརྗོད་པར་བྱ།

（自方道，《中論》）云：

**7.15 生故許正生，[32]是事已不成，如何依生法，而釋正在生？**

因爲有生，故說有正在生。然而，彼（生）不可能存在，（你）如何解釋正在生依賴著生而生呢？

སྨྲས་པ། ཇི་ལྟར་མི་སྲིད་པ།

（他方）道：爲何不可能有「正在生」呢？

བཤད་པ། རེ་ཞིག་སྣམ་བུ་སྐྱེ་བ་ལ་བརྟེན་ནས་ཅི་ཞིག་སྐྱེ་བཞིན་པ་ཡིན།

（自方）道：首先，以生起氆氌而言，何者正在生起？

སྨྲས་པ། སྣམ་བུ་ཉིད་སྐྱེ་བཞིན་པ་ཡིན་ནོ། །

（他方）道：氆氌正在生起。

བཤད་པ། གལ་ཏེ་སྣམ་བུ་སྐྱེ་བཞིན་པའི་གནས་སྐབས་ཉིད་ན་སྣམ་བུ་ཡིན་ན། དེ་ལ་སྐྱེ་བ་ཉིད་ལ་བརྟེན་ནས་སྐྱེ་བཞིན་པ་སྐྱེད་དོ་ཞེས་གང་བརྗོད་པའི་སྐྱེ་བས་ཡང་ཅི་བྱ། དེ་ནི་མི་འཐད་དེ། སྐྱེས་པ་དང་སྐྱེ་བཞིན་པ་གཉིས་ལ་ཁྱད་པར་མེད་པའི་ཕྱིར་རོ། །དེའི་ཕྱིར་སྐྱེ་བཞིན་པ་སྣམ་བུ་མ་ཡིན་ནོ། །

（自方）道：正在生起的氆氌是氆氌，說：正在生觀待了

32 有關 7.15.a，對勘本版的藏譯中論為：།གང་ཚེ་སྐྱེ་བ་ཡོད་པ་ན།，故與此中所引的偈頌文有所出入；可參考 Nāgārjuna. *Dbu ma rtsa ba'i tshig le'ur byas pa shes rab,* 11。

生而生。生又有何用？該（論）實不應理，因爲已生與正在生兩者將無差別，[33]此故，正在生（的氆氌）並非氆氌。

སྨྲས་པ། རེ་ཞིག་སྐྱེས་པ་ནི་སྣམ་བུ་ཡིན་ཏེ། སྐྱེས་པ་དེ་ལ་བརྟེན་ནས་ཇི་སྲིད་དུ་བརྟག་པའི་བྱ་བ་མ་ཟིན་པ་དེ་སྲིད་དུ་སྐྱེ་བཞིན་པ་ཡིན་ནོ།

（他方）道：首先，已生是氆氌。觀待已生後，乃至（你）觀計（的生）作用尚未圓滿之前，（皆）是正在生。

བཤད་པ། དྲང་ངོ་། །གང་སྐྱེ་བཞིན་པ་ན་སྣམ་བུ་མ་ཡིན་པ་དེ་སྐྱེས་ན་ཇི་ལྟར་སྣམ་བུར་འགྱུར། འདི་ལྟར་གཞན་བྱེད་བཞིན་པ་ན་གཞན་དུ་མི་འགྱུར་རོ། །ཅི་སྟེ་འགྱུར་ན་ནི་རེ་ལྡེ་བྱེད་བཞིན་པ་ན་སྣམ་བུར་འགྱུར་བ་ཞིག་ན་མི་འགྱུར་བས་དེའི་ཕྱིར་སྐྱེས་པ་ཡང་སྣམ་བུ་མ་ཡིན་ནོ། །སྣམ་བུ་དེ་མེད་ན་གང་གི་སྐྱེ་བ་ལ་བརྟེན་ནས་ཅི་ཞིག་སྐྱེ་བཞིན་པར་འགྱུར།

（自方）道：正確。正在生起的任何一者皆非氆氌，而該（法）若是已生，如何能成爲氆氌？如是，正在發生的他者不會成爲另一者。如果可以，正在生起的毛織物將會成爲氆氌，然而並非（如此）。此故，已生也非氆氌。

既無氆氌，觀待何者之生而正在生何者呢？

སྨྲས་པ། ཅི་ཁྱོད་མཚོན་ཐབས་ལ་མཁས་ཞེས་ཏེ་མ་ཉིད་ལ་འདེབས་པར་བྱེད་དམ། ཁྱོད་འགྲེད་པ་ལ་ཆགས་པས་རྟེན་ཅིང་འབྲེལ་པར་འབྱུང་བའི་རིགས་པ་ཉིད་སྲུན་འབྱིན་ཏོ། །

（他方）道：你雖精通刀劍，但爲何劍指母親？你因耽著

33 沒有差別的前提是，如你所言，氆氌正在生的時候，就已是氆氌了。既然已成氆氌，氆氌自然已生，並非正在生。

爭論，已經破除了緣起之理。

བཤད་པ། དེ་ནི་རྟེན་ཅིང་འབྲེལ་པར་འབྱུང་བའི་རིགས་པ་མ་ཡིན་ཏེ། རྟེན་ཅིང་འབྲེལ་པར་འབྱུང་བ་སྨྲ་བ་རྣམས་ལ་ནི་དངོས་པོ་སྐྱེ་བཞིན་པ་ཡང་ཡོད་པ་མ་ཡིན་ལ། དངོས་པོ་སྐྱེ་བཞིན་པའི་སྐྱེ་བ་ཡང་ཡོད་པ་མ་ཡིན་ནོ། །རྟེན་ཅིང་འབྲེལ་པར་འབྱུང་བའི་དོན་ནི་འདི་ཡིན་ཏེ། རྟེན་ཅིང་འབྱུང་བ་གང་ཡིན་པ། །དེ་ནི་ངོ་བོ་ཉིད་ཀྱིས་ཞི། །རྟེན་ཅིང་ཞེས་བྱ་བ་གང་ཡིན་པ་དང་། འབྱུང་བ་ཞེས་བྱ་བ་གང་ཡིན་པ་དང་། །གཉི་ག་ངོ་བོ་ཉིད་ཀྱིས་ཞི་བ་ངོ་བོ་ཉིད་དང་བྲལ་བ་ངོ་བོ་ཉིད་སྟོང་པ་ཡིན་ནོ། །དེ་ཕྱིར་སྐྱེ་བཞིན་ཉིད་དང་ནི། །སྐྱེ་བ་ཡང་ནི་ཞི་བ་ཉིད། །དེ་ལྟར་གང་གི་ཕྱིར་རྟེན་ཅིང་ཞེས་བྱ་བ་གང་ཡིན་པ་དང་འབྱུང་བ་ཞེས་བྱ་བ་གང་ཡིན་པ་དེ་དང་དེ་གཉི་ག་ངོ་བོ་ཉིད་ཀྱིས་ཞི་བ་ངོ་བོ་ཉིད་དང་བྲལ་བ་ངོ་བོ་ཉིད་སྟོང་པ། དེའི་ཕྱིར་རྟེན་ཅིང་འབྲེལ་པར་འབྱུང་བ་སྨྲ་བ་རྣམས་ལ་སྐྱེ་བཞིན་པ་དང་སྐྱེ་བ་གཉི་ག་ཡང་ངོ་བོ་ཉིད་ཀྱིས་ཞི་བ་ངོ་བོ་ཉིད་ཀྱིས་བྲལ་བ་ངོ་བོ་ཉིད་སྟོང་པ་ཡིན་ནོ། །དེ་གཉི་ག་ངོ་བོ་ཉིད་སྟོང་པ་ཡིན་པ་སྐྱེ་བ་འདི་ལ་བརྟེན་ནས་སྐྱེ་བཞིན་པ་འདི་སྐྱེད་དོ། །ཞེས་བྱ་བ་དེ་ཇི་ལྟ་བུར་སྲིད་པར་འགྱུར།

（自方）道：彼（自性論）非緣起理。對於說緣起者而言，不只事物的正在生起並不存在，事物正在生起的生也不存在。

緣起義即是此義，（如《中論》云：）

**7.16.ab 凡是緣起有，寂滅其自性，**

凡是「緣」與「起」兩者，（其法之）自性皆寂滅、遠離自性、自性空也。此故，（《中論》又云：）

**7.16.cd 是故正在生，生亦皆寂滅。**

凡是「緣」與「起」兩者，其法（之）自性寂滅、遠離自性、自性空。此故，對於說緣起者而言，正在生起及生起兩者也是自性皆寂滅、遠離自性、自性空矣。「緣」與「起」兩者是自性空，（此故，）說：依賴此生而生此正在生，如何能存在？

སྨྲས་པ། རྒྱུ་དང་རྐྱེན་རྣམས་ལ་བརྟེན་ནས་ཇི་སྲིད་སྐྱེས་པར་འགྱུར་བ་དེ་སྲིད་དུ་དངོས་པོ་སྐྱེད་པའི་ཕྱིར་བྱ་བ་རྩོམ་སྟེ། དེས་ན་དངོས་པོ་གང་ཁོ་ན་སྐྱེ་བ་དེ་ཉིད་ལ་བརྟེན་ནས་བྱ་བ་རྩོམ་པར་ཡང་མི་བྱེད་ལ། གཞི་མེད་པར་ཡང་བྱ་བ་རྩོམ་པར་མི་བྱེད་པས་བྱ་བ་དང་ལྡན་པའི་རྒྱུ་དང་རྐྱེན་དེ་དག་ལ་བརྟེན་ནས་དངོས་པོ་སྐྱེ་ཞིང་དེའི་སྐྱེ་བ་དེ་ལ་བརྟེན་ནས་སྐྱེ་བར་འགྱུར་རོ། །

（他方）道：直至（事物）已生前，爲生事物，依賴因與緣等而努力工作。此故，（若依你的說法，）只就事物形成的角度而言也不須努力工作，（因爲）沒有了（努力的）基礎（——事物本身），努力工作亦不（應理）。（總之，）事物的產生依賴因與緣等，依賴彼（事物）之生，形成了生。

བཤད་པ། གང་གི་རྒྱུ་དང་རྐྱེན་དག་ལ་བརྟེན་ནས་བྱ་བ་རྩོམ་པར་བྱེད།

（自方）道：依賴著什麼的因與緣等而努力工作呢？

སྨྲས་པ། སྣམ་བུའོ། །

（他方）道：（如，）氆氌也。

བཤད་པ། ཅི་ཐྲེད་ནམ་མཁའི་མེ་ཏོག་སོགས་པར་བྱེད་དམ། ཐྲེད་སྣམ་བུ་མེད་

པའི་རྒྱུ་དང་རྐྱེན་དག་ལ་བརྟེན་ནས་བྱ་བ་རྩོམ་པར་བྱེད་ཀོ། །གལ་ཏེ་དངོས་པོ་མ་སྐྱེས་པ། །འགའ་ཞིག་གང་ན་ཡོད་གྱུར་ན། །དེ་ནི་ཅི་ཕྱིར་དེར་སྐྱེ་འགྱུར། །ཡོད་ན་སྐྱེ་བར་མི་འགྱུར་རོ། གལ་ཏེ་སྐྱེ་བའི་སྔ་རོལ་ན་དངོས་པོ་མ་སྐྱེས་པ་འགའ་ཞིག་ག་ཤེད་ན་ཡོད་པར་འགྱུར་བ་དེ་ལྟ་བུ་སྲིད་ན་ནི་དེས་ན་དངོས་པོ་ཡོད་པ་དེའི་རྒྱུ་དང་རྐྱེན་དང་དེ་ལ་བརྟེན་པའི་བྱ་བ་དག་ཀྱང་ཐ་སྙད་གདགས་སུ་རུང་གྲང་ན། གང་གི་ཚེ་དངོས་པོ་མ་སྐྱེས་པ་ཇི་ལྟར་ཡང་མི་འཐད་པ་དེའི་ཚེ་དངོས་པོ་སྐྱེ་བ་དང་བྲལ་བ་དེ་ཡོད་པ་དེ་མ་ཡིན་ན་གང་གི་རྒྱུ་དང་རྐྱེན་དུ་འགྱུར། རྒྱུ་དང་རྐྱེན་གང་ཞིག་ལ་བརྟེན་ནས་བྱ་བ་རྩོམ་པར་བྱེད་ཅིང་གང་ཞིག་སྐྱེས་པར་བྱེད། གང་རྩོམ་པར་མི་བྱེད་སྐྱེ་བར་མི་བྱེད་པ་དེ་ལ་སྐྱེ་བ་གང་ལ་ཡོད། གང་ལ་སྐྱེ་བ་མེད་པ་ཇི་ལྟར་སྐྱེ་བ་ལ་བརྟེན་ནས་སྐྱེ་བར་འགྱུར། དེ་ལྟ་བས་ན་རྟེན་ཅིང་འབྲེལ་པར་འབྱུང་བ་སྨྲས་པ་རྣམས་ཀྱི་ལྟ་བ་ནི་སྐྱེ་བཞིན་པ་དང་སྐྱེ་བ་ཞི་བ་ཡིན་ནོ། །

（自方）道：爲何你會以空花等[34]做（比喻）？（因爲）你（說：）「依賴不存在的氆氌之因與緣等而努力工作。」（《中論》云：）

**7.17 若未生事物，在於某時處，爲何能生起，既有則不生。**[35]

假設在生之前，於某個時處，可能存在著某個未生事物的話，依賴這存在事物的因與緣等所做出的努力，也（應可合理地）被名言所施設。（然而，）無論如何，未生事物皆不合

34 空花是沒有的比喻之一，意味著「從天空中長出的花」。

35 有關 7.17，對勘本版的藏譯中論為：།གལ་ཏེ་དངོས་པོ་མ་སྐྱེས་པ། །འགའ་ཞིག་གང་ན་ཡོད་གྱུར་ན། །དེ་ནི་སྐྱེ་འགྱུར་དངོས་པོ་དེ། །མེད་ན་ཅི་ཞིག་སྐྱེ་བར་འགྱུར།（若未生事物，在於某時處，既無所生物，又能生何者？），故與此中所引的偈頌文有所出入；可參考 Nāgārjuna. *Dbu ma rtsa ba'i tshig le'ur byas pa shes rab,* 11-12。

理的緣故，遠離了事物之生，彼（事物）不存在又如何成爲某之因與緣呢？（這樣一來，）依賴什麼因與緣而努力工作？又如何會產生物？於無努力、無生之中，生起又在何處？但凡無生，又如何能依賴生而生？

此故，說緣起者之見爲寂滅正在生與生。

ཡང་གཞན་ཡང་། གལ་ཏེ་སྐྱེ་བ་དེ་ཡིས་ནི། །སྐྱེ་བཞིན་པ་ནི་སྐྱེད་བྱེད་ན། །སྐྱེ་བ་དེ་ནི་སྐྱེད་བྱེད་པ། །སྐྱེ་བ་ཡང་ནི་གང་ཞིག་ཡིན། །གལ་ཏེ་སྐྱེ་བ་དེས་སྐྱེ་བཞིན་པ་གཞན་པ་སྐྱེད་པར་བྱེད་ན། འོ་ན་ད་སྐྱེ་བ་དེ་སྐྱེད་པར་བྱེད་པའི་སྐྱེ་བ་ཡང་གང་ཞིག་ཡིན།

此外，（《中論》云：）

**7.18 若謂由彼生，而成正在生，由彼生而生，該生亦爲何？**[36]

如果生可以產生其他的正在生，那麼，由那個生而產生的生又爲何者？

དེ་ལ། འདི་སྙམ་དུ་དེ་ནི་སྐྱེ་བ་གཞན་ཞིག་གིས་སྐྱེད་པར་སེམས་ན།

於此，（他方）念：由其他生所生。

དེ་ལ་བཤད་པར་བྱ་སྟེ། གལ་ཏེ་སྐྱེ་བ་གཞན་ཞིག་གིས། །དེ་སྐྱེད་ཐུག་པ་མེད་པར་འགྱུར། གལ་ཏེ་སྐྱེ་བ་གཞན་ཞིག་གིས་སྐྱེ་བཞིན་པ་གཞན་སྐྱེད་པར་བྱེད་ན་དེ་ལྟ་ན་ཐུག་པ་མེད་པར་ཐལ་བར་འགྱུར་ཏེ། དེ་ཡང་གཞན་གྱིས་སྐྱེད་ཅིང་དེ་ཡང་གཞན་གྱིས་སྐྱེད་དེ་

36 有關 7.18.cd，對勘本版的藏譯中論為：།སྐྱེ་བ་དེ་ནི་སྐྱེ་བ་ལྟ། །གང་ཞིག་གིས་ནི་སྐྱེད་པར་བྱེད།（彼生視為生，由何者而生？），故與此中所引的偈頌文有所出入；可參考 Nāgārjuna. *Dbu ma rtsa ba'i tshig le'ur byas pa shes rab,* 12。

མཐའ་མེད་པར་འགྱུར་བས་དེ་ནི་མི་འདོད་དོ། །

於此，（自方道，《中論》）云：

**7.19.ab 生若由他生，應成無窮盡，**

假設由其他生能產生另一者的正在生，這樣一來，（生）應成無窮無盡。

該（生）亦由他生，其（生）亦由他生，應成無窮無盡，此故，（我）不承許該（論）。

ཅི་སྟེ་གཞན་སྐྱེད་པ་ནི་སྐྱེ་བ་མེད་པ་ཁོ་ནར་སྐྱེས་སོ་སྙམ་ན།

如果，（他方）認爲他生僅於未生之中而生。

དེ་ལ་བཤད་པར་བྱ་སྟེ། ཅི་སྟེ་སྐྱེ་བ་མེད་སྐྱེ་ན། །ཐམས་ཅད་དེ་བཞིན་སྐྱེ་བར་འགྱུར། ཇི་ལྟར་གཞན་སྐྱེད་པར་བྱེད་པ་དེ་སྐྱེད་པ་གཞན་མེད་པར་སྐྱེས་ན་ནི་ཐམས་ཅད་ཀྱང་དེ་བཞིན་དུ་སྐྱེ་བ་གཞན་མེད་པར་སྐྱེ་བར་འགྱུར་ཏེ། སྐྱེས་པས་གཞན་སྐྱེད་པར་བྱེད་དོ། །ཞེས་བྱ་བ་དོན་མེད་པའི་རྟོག་པ་མེད་པ་འདིས་ཅི་བྱ། ཡང་ན་འདི་ལྟར་སྐྱེ་བ་ཉིད་ནི་སྐྱེད་པ་གཞན་མེད་པར་སྐྱེ་ལ་དངོས་པོ་གཞན་དག་ནི་སྐྱེད་པ་གཞན་མེད་པར་མི་སྐྱེའོ། །ཞེས་ཁྱད་པར་གྱི་གཏན་ཚིགས་བསྟན་པར་བྱ་དགོས་ན་དེ་ཡང་མི་བྱེད་པས་དེའི་སྐྱེ་བས་སྐྱེ་བཞིན་པ་གཞན་སྐྱེད་དོ། །ཞེས་བྱ་བ་དེ་ཀྱི་ནའོ། །

於此，（自方道，《中論》）云：

**7.19.cd 無生若能生，一切皆可生。**

如同無他生能產生他者之生，同樣的，一切（事物）皆可無他生而生。爲何（你）要做此無意義的觀執，並說由生成他者？

或說生由無他生而產生，然而，其他事物不能由無他生所生，（你）須明示其差異的因相。總之，該（論）亦不（應理）故，說由該生產生了其他的正在生，實爲荒謬。

ཡང་གཞན་ཡང་། འདི་ལ་དངོས་པོ་འགའ་ཞིག་སྐྱེ་བར་འགྱུར་ན་དེ་ཡོད་པའམ་མེད་པ་ཞིག་སྐྱེ་བར་འགྱུར་གྲང་ན། དེ་ལ། རེ་ཞིག་ཡོད་དང་མེད་པ་ཡང་། སྐྱེ་བར་རིགས་པ་མ་ཡིན་ནོ། རེ་ཞིག་ཡོད་པ་ནི་བར་རིགས་པ་མ་ཡིན་ཏེ། སྐྱེ་བར་བརྟག་པ་དོན་མེད་པ་ཉིད་ཡིན་པའི་ཕྱིར་རོ། །འདི་ལྟར་ཡོད་པ་ལ་ཡང་སྐྱེ་བས་ཅི་ཞིག་བྱ། མེད་པ་ཡང་སྐྱེ་བར་རིགས་པ་མ་ཡིན་ཏེ། ཅིའི་ཕྱིར་ཞེ་ན། མེད་པ་ཉིད་ཀྱི་ཕྱིར་ཏེ། དེ་ལ་ཅི་ཞིག་སྐྱེ་བར་འགྱུར། ཅི་སྟེ་མེད་པ་སྐྱེ་བར་འགྱུར་ན་ནི་རི་བོང་གི་རྭ་ཡང་སྐྱེ་བར་འགྱུར་ལ། ཉེས་པ་ཟད་པ་རྣམས་ལ་ཡང་ཉེས་པ་སྐྱེ་བར་འགྱུར་བས་དེ་ནི་མི་འདོད་དེ། དེ་ལྟ་བས་ན་མེད་པ་ཡང་སྐྱེ་བར་རིགས་པ་མ་ཡིན་ནོ། །

此外，於此，當某事物生起時，（試問：）該（事物）是有而生，還是沒有而生？於此，（《中論》云：）

**7.20.ab 有法不應生，無亦不應生，**[37]

首先，既已存在，生不應理，生的觀執將無意義。既然已有，再生何用？

37 有關7.20.b，對勘本版的藏譯中論為：སྐྱེ་བར་རིགས་པ་མ་ཡིན་ཞིང་།，故與此中所引的偈頌文有所出入；可參考Nāgārjuna. *Dbu ma rtsa ba'i tshig le'ur byas pa shes rab,* 12。

（由）無而生也不合理。爲何？不存在之故，再生何者？若無（該法）仍可生起，亦可生起兔角。（而且，）滅盡罪孽也可再次生起罪孽，應成（此過）的緣故，（我）不承許該（論）。此故，不存在而生也不應理。

དེ་ལ་འདི་སྙམ་དུ་ཡོད་མེད་གཅིག་སྐྱེ་བར་སེམས་ན།

於此，（他方）認爲生起有無（任何）一者。

བཤད་པ། ཡོད་མེད་ཉིད་ཀྱང་མ་ཡིན་ཏེ། ཡོད་མེད་ཀྱང་སྐྱེ་བར་རིགས་པ་མ་ཡིན་ནོ། །གལ་ཏེ་ཇི་ལྟར་ཞེ་ན། བཤད་པ། གོང་དུ་བསྟན་པ་ཉིད་ཡིན་ནོ། །དེ་ནི་གོང་དུ། རེ་ཞིག་ཡོད་དང་མེད་པ་ཡང་། །སྐྱེ་བར་རིགས་པ་མ་ཡིན་ནོ། །ཞེས་བསྟན་པ་ཡིན་ཏེ། ཡོད་མེད་ནི་གཉིས་ལ་སྙེགས་པས་དེ་གཉིས་ནི་དགག་པ་སྔ་མས་བཀག་པ་ཉིད་ཡིན་ནོ། །ཡང་ན་ཡོད་པ་དང་མེད་པ་དང་ཡོད་མེད་དག་ཇི་ལྟར་སྐྱེ་བར་རིགས་པ་མ་ཡིན་པ་དེ་ནི། དང་པོ་ཁོ་ན་བསྟན་ཟིན་ཏོ། །གང་དུ་ཞེ་ན། གང་ཚེ་ཆོས་ནི་ཡོད་པ་དང་། །མེད་དང་ཡོད་མེད་མི་འགྲུབ་པ། །ཇི་ལྟར་སྒྲུབ་བྱེད་རྒྱུ་ཞེས་བྱ། །དེ་ལྟ་ཡིན་ན་མི་རིགས་སོ། །ཞེས་བྱ་བ་དེར་རོ། །

（自方道，《中論》）云：

**7.20.c 有無亦不生，**[38]

有而生，或是無而生，皆不應理。爲何？（《中論》）云：

**7.20.d 此義先已說。**

38 有關7.20.c，對勘本版的藏譯中論為：ཡོད་མེད་ཉིད་ཀྱང་མ་ཡིན་ཞེས།，故與此中所引的偈頌文有所出入；可參考 Nāgārjuna. *Dbu ma rtsa ba'i tshig le'ur byas pa shes rab,* 12。

（《中論》）於之前已示：「（7.20.ab）有法不應生，無亦不應生。」

「有無」指的是（存在與否）二者，（如）前所破，已排除該二者。或是，無論是有而生、無而生，還是有無而生，皆不應理。就在（《中論》的）初品（也）已明示：「（1.7）諸法皆非有，非無非有無，能成何稱因？如是不應理。」因如是故，（你的言論）實不應理。

ཡང་གཞན་ཡང་། དངོས་པོ་འགག་བཞིན་ཉིད་ལ་ནི། །སྐྱེ་བ་འཐད་པར་མི་འགྱུར་རོ། །འདི་ལ་ཁྱོད་ཀྱིས་དངོས་པོ་སྐྱེ་བཞིན་པ་སྐྱེད་པར་བྱེད་དོ་ཞེས་སྨྲས་པས་དངོས་པོ་སྐྱེ་བཞིན་པ་ལ་འགག་པ་ཡང་ཡོད་པར་འགྱུར་རོ། ཅིའི་ཕྱིར་ཞེ་ན། དངོས་པོ་ནི་འཇིག་པའི་མཚན་ཉིད་ཅན་ཡིན་པའི་ཕྱིར་རོ། །དངོས་པོ་འགག་བཞིན་པ་ལ་ནི། །སྐྱེ་བ་འཐད་པར་མི་འགྱུར་ཏེ། །འདི་ལྟར་སྐྱེ་བཞིན་པ་མངོན་པར་འཕེལ་བ་ལ་སྐྱེ་བ་ཡིན་ལ། དེ་ཡང་འཇིག་པ་ཟད་པར་འགྱུར་བས་ཟད་པ་ནི་སྐྱེ་བར་མི་འགྱུར་བའི་ཕྱིར་རོ། །

此外，（《中論》云：）

**7.21.ab 事物正滅時，是時不應生，**

於此，你說：事物的正在生的確生起。所以，事物的正在生也應成正在滅。爲何？因爲事物的性相爲滅。「事物正滅時，是時不應生。」如是，正在生爲增長、生起，正在滅爲衰滅，既是衰滅，則非爲生。

ཅི་སྟེ་སྐྱེ་བཞིན་པའི་གནས་སྐབས་ན་འགག་པར་མི་འགྱུར་བ་ཉིད་དོ་སྙམ་ན།

如果，（他方）認爲正在生的時候不會正在滅。

དེ་ལ་བཤད་པར་བྱ་སྟེ། གང་ཞིག་འགག་བཞིན་མ་ཡིན་པ། །དེ་ནི་དངོས་པོར་མི་འཐད་དོ། །གལ་ཏེ་དངོས་པོ་སྐྱེ་བཞིན་པ་ཉིད་ན་འགག་པར་མི་འགྱུར་བ་སྐྱེ་བཞིན་པ་ཉིད་དངོས་པོ་ཉིད་མ་ཡིན་པར་འགྱུར་ཏེ། ཅིའི་ཕྱིར་ཞེ་ན། དངོས་པོའི་མཚན་ཉིད་མེད་པའི་ཕྱིར་རོ། །འདི་ལྟར་འཇིག་པ་ནི་དངོས་པོའི་མཚན་ཉིད་དུ་བསྟན་པས་དེ་མེད་ན་ཇི་ལྟར་དངོས་པོ་ཡིན་པར་འགྱུར། དེ་ལྟར་ཡིན་ན་དངོས་པོ་སྐྱེ་བཞིན་པ་སྐྱེད་པར་བྱེད་དོ་ཞེས་གང་སྨྲས་པ་དེ་ཉམས་པ་དང་། དངོས་པོ་མེད་པ་སྐྱེ་བཞིན་པ་སྐྱེད་པར་བྱེད་དོ་ཞེས་བྱ་བར་ཡང་ཐལ་བར་འགྱུར་ཏེ། དེ་ལྟ་བས་ན་སྐྱེ་བས་གཞན་སྐྱེད་པར་བྱེད་དོ་ཞེས་བྱ་བ་དེ་ཡང་མི་འཐད་དོ། །གང་རང་གི་བདག་ཉིད་ཀྱང་སྐྱེད་པར་མི་བྱེད་ལ། གཞན་གྱི་བདག་ཉིད་ཀྱང་སྐྱེད་པར་མི་བྱེད་པ་དེ་སྐྱེ་བ་ཡིན་པར་ཇི་ལྟར་འགྱུར་ཏེ། དེ་ལྟ་བས་ན་སྐྱེ་བ་ནི་ཡོད་པ་མ་ཡིན་ནོ། །

於此，（自方道，《中論》）云：

**7.21.cd 何者非正滅，不應爲事物。**

如果正在生起的事物並非正在壞滅，正在生就不應該是事物。爲何？因爲（正在生）不具足事物的性相。（經論）明示滅爲事物的性相，如果不具足（滅），如何能是事物？

如是，凡說事物的正在生的確生起，皆有過，且亦有應成「無事物，正在生（仍可）爲生」（之過）。此故，說由生產生他者，實不應理。

既然（事物）不能生起自己的體性，也不能夠生起他者的體性，生如何成？此故，不存在生。

འདིར་སྨྲས་པ། གནས་ནི་ཡོད་དེ། དེ་ཡང་དངོས་པོ་མ་སྐྱེས་པ་ལ་མི་འཐད་པས་སྐྱེ་བ་ཡང་རབ་ཏུ་གྲུབ་པ་ཉིད་དོ། །

於此，（他方）道：住是存在的。不能成立事物的不生起，所以（應當）至極成立生起。

བཤད་པ། འདི་ལ་དངོས་པོ་གང་ཞིག་གནས་པར་འགྱུར་ན་དེ་གནས་པ་གནས་སམ། མ་གནས་པ་གནས་སམ། གནས་བཞིན་པ་གནས་གྲང་ན། དེ་ལ། དངོས་པོ་གནས་པ་མི་གནས་ཏེ། །དངོས་པོ་མ་གནས་གནས་པ་མིན། །གནས་བཞིན་པ་ཡང་མི་གནས་ཏེ། །རེ་ཞིག་དངོས་པོ་གནས་པ་ནི་གནས་པར་མི་བྱེད་དེ། གནས་པ་ལ་ཡང་གནས་པས་ཅི་བྱ། གནས་པ་གཉིས་སུ་ཐལ་བར་འགྱུར་ཏེ། གང་དང་ལྡན་པས་གནས་པར་བྱེད་དོ་ཞེས་བྱ་བར་འགྱུར་བའོ། །དེ་ལྟར་འགྱུར་ན་གནས་པ་པོ་ཡང་གཉིས་སུ་ཐལ་བར་འགྱུར་བས་དེ་ནི་མི་འདོད་དོ། །དངོས་པོ་མ་གནས་པ་ཡང་གནས་པར་མི་བྱེད་དེ། །ཅིའི་ཕྱིར་ཞེ་ན། གནས་པ་དང་གནས་པ་མ་ཡིན་པ་གཉིས་མི་མཐུན་པའི་ཕྱིར་རོ། །གནས་བཞིན་ཡང་གནས་པར་མི་བྱེད་དེ། ཅིའི་ཕྱིར་ཞེ་ན། གནས་པ་དང་མ་གནས་པ་མ་གཏོགས་པར་གནས་བཞིན་པ་མི་སྲིད་པའི་ཕྱིར་དང་། གནས་པ་གཉིས་སུ་ཐལ་བར་འགྱུར་བ་དང་། གནས་པ་པོ་ཡང་གཉིས་སུ་ཐལ་བར་འགྱུར་བའི་ཕྱིར་རོ། །

（自方）道：於此，如果某個事物住，（試問：）該（事物的住）是由已住而住、由未住而住，還是由正在住而住呢？

**7.22.abc 住非由已住，亦非由未住，[39]非由正在住，**

---

39 有關 7.22.b，對勘本版的藏譯中論為：དངོས་པོ་མི་གནས་གནས་པ་མིན།，故與此中所引的偈頌文有所出入；可參考 Nāgārjuna. *Dbu ma rtsa ba'i tshig le'ur byas pa shes rab,* 12。

首先，（住）非由事物的已住而住，因爲既然已住，再住有何用？（若是如此，）應成兩種住，即是具有何者的緣故而稱爲「住」。果眞如此，住者也應成兩者的緣故，（我）不承許彼（論）。[40]

由事物的未住也無住。爲何？住與未住兩者不相順的緣故。

由（事物的）正在住也無住。爲何？除了已住及未住外，不可能存在著正在住。（若是如此，）應成兩種住，[41]住者也應成兩者的緣故。

ཡང་གཞན་ཡང་། མ་སྐྱེས་གང་ཞིག་གནས་པར་བྱེད། །གང་གི་ཚེ་རིགས་པ་སྔོན་དུ་བཏང་[42]བས་སྐྱེ་བ་མེད་པ་ཉིད་དོ་ཞེས་བྱ་བ་བསྟན་ཟིན་པ་དེའི་ཚེ་མ་སྐྱེས་པ་གཞན་གང་ཞིག་གནས་པར་བྱེད་ཅེས་བྱ་བ། ཡང་གཞན་ཡང་། དངོས་པོ་འགག་བཞིན་ཉིད་ལ་ནི། །གནས་པ་འཐད་པར་མི་འགྱུར་རོ། །དངོས་པོ་འགག་བཞིན་པ་ལ་གནས་པ་འཐད་པར་མི་འགྱུར་རོ། །ཅིའི་ཕྱིར་ཞེ་ན། གནས་པ་དང་འགག་པ་གཉིས་སུ་མི་མཐུན་པའི་ཕྱིར་རོ། །

此外，（《中論》云：）

40 瓶子的住（或簡單稱為「瓶子的存在」）是因為瓶子的已住而住的話，瓶子的住將成兩種：一、瓶子的已住。二、瓶子的再住。同理而推論，「住者」——瓶子也應分為兩種：一、已有的瓶子。二、再有的瓶子。試問：單一的「瓶子之住」如何能夠成為兩個瓶子？實不應理。

41 如前已釋，正在生若有自性的話，將有兩種的正在生，在此也以同理破除正在住的自性。

42 根據奈塘版，在此改為 བཏང་། 字。

**7.22.d 無生何能住？**[43]

前理已示無生，既無生，豈有他者而住？

再說，（《中論》云：）

**7.23.ab 事物正滅時，是時不應住；**

事物正在滅時，住（亦）不應理。爲何？住與滅不相順故。

དེ་ལ་འདི་སྙམ་དུ་གནས་པའི་གནས་སྐབས་ན་འགག་པར་མི་འགྱུར་བ་ཉིད་དུ་སེམས་ན།

於此，（他方）認爲住時不滅。

དེ་བཤད་པར་བྱ་སྟེ། གང་ཞིག་འགག་བཞིན་མ་ཡིན་པ། །དེ་ནི་དངོས་པོར་མི་འཐད་དོ། །གང་གནས་པའི་གནས་སྐབས་ན་འགག་པར་མི་འགྱུར་བ་དེ་ནི་གནས་པའི་གནས་སྐབས་ན་དངོས་པོ་ཉིད་མ་ཡིན་པར་འགྱུར་ཏེ། ཅིའི་ཕྱིར་ཞེ་ན། དངོས་པོའི་མཚན་ཉིད་མེད་པའི་ཕྱིར་རོ། འདི་ལྟར་འཇིག་པ་ནི་དངོས་པོའི་མཚན་ཉིད་དུ་བསྟན་པས་དེ་མེད་ན་ཇི་ལྟར་དངོས་པོ་ཡིན་པར་འགྱུར། དངོས་པོ་མེད་ན་གང་གིས་གནས་པར་འགྱུར། དེ་ལྟ་བས་ན་འགག་བཞིན་པ་ཉིད་ཡིན་པའི་ཕྱིར་ཡང་དངོས་པོའི་གནས་མི་འཐད་དོ།

（自方道，《中論》）云：

**7.23.cd 若非正在滅，彼法非事物。**

---

43 有關 7.22.d，對勘本版的藏譯中論為：མ་སྐྱེས་གང་ཞིག་གནས་པར་འགྱུར།，故與此中所引的偈頌文有所出入；可參考 Nāgārjuna. *Dbu ma rtsa ba'i tshig le'ur byas pa shes rab*, 12。

某（事物在）住之住[44]時並不會滅，（所以，事物在）住之住時非事物。爲何？因爲不具足事物的性相。（經論）已示滅爲事物的性相的緣故，若無滅，豈能成爲事物？若無事物，由誰而住？此故，正在滅的緣故，事物安住亦不應理。

ཡང་གཞན་ཡང་། དངོས་པོ་ཐམས་ཅད་དུས་ཀུན་དུ། །རྒ་དང་འཆི་བའི་ཆོས་ཡིན་ན། །གང་དག་རྒ་དང་འཆི་མེད་པར། །གནས་པའི་དངོས་པོ་གང་ཞིག་ཡིན། །གང་གི་ཚེ་དངོས་པོ་ཐམས་ཅད་མི་རྟག་པ་དང་རྗེས་སུ་འབྲེལ་པའི་ཕྱིར། མི་རྟག་པ་ཉིད་ཀྱིས་རྒ་བ་དང་འཆི་བའི་ཆོས་ཅན་ཡིན་པ་དེ་ཁས་བླང་བར་བྱ་བ་དེའི་ཚེ་གང་དག་ལ་ལྟོས་ནས་གནས་པ་ཡོད་པར་བརྗོད་པ་གང་དག་རྒ་བ་དང་འཆི་བ་མེད་པར་གནས་པའི་དངོས་པོ་དེ་དག་གང་ཞིག་ཡིན་དེ་ལྟ་བས་ན་གནས་པ་ཡང་མི་འཐད་དོ། །

此外，（《中論》云：）

**7.24 所有一切法，皆是老死相，終不見有法，離老死有住。**[45]

當主張「事物皆與無常隨後相屬；因爲是無常，（事物）皆是老死的有法」時，若依賴著某（因緣）而稱「有住」（，有住事物必然遠離老死）。該遠離老死的有住事物又是什麼？[46]此故，住也不應理。

---

44 某存在事物的住，或某事物的存在之住。

45 有關 7.24.d，對勘本版的藏譯中論為：གནས་པའི་དངོས་པོ་གང་ཞིག་ཡོད།，故與此中所引的偈頌文有所出入；可參考 Nāgārjuna. *Dbu ma rtsa ba'i tshig le'ur byas pa shes rab,* 12。

46 如前已述，「有住」謂增長；「老死」謂衰滅。既然有住，必然遠離老死，故

གནས་པའི་གནས་པ་ཞེས་གང་སྨྲས་པ།

（他方）道：何謂住之住呢？

དེ་ལ་བཤད་པར་བྱ་སྟེ། གནས་པ་གནས་པ་གཞན་དང་ནི། །དེ་ཉིད་ཀྱིས་ཀྱང་གནས་མི་རིགས། །གནས་པ་ནི་གནས་པ་གཞན་གྱིས་ཀྱང་གནས་པར་བྱེད་པ་མི་རིགས་པ་ཉིད་ཡིན་ལ། གནས་པ་དེ་ཉིད་གནས་པ་དེ་ཉིད་ཀྱིས་ཀྱང་གནས་པར་བྱེད་པར་མི་རིགས་པ་ཉིད་དོ། །ཇི་ལྟར་ཞེ་ན། ཇི་ལྟར་སྐྱེ་བ་རང་དང་ནི། །གཞན་གྱིས་བསྐྱེད་པ་མ་ཡིན་ཉིད། །ཇི་སྐད་དུ། སྐྱེ་བ་འདི་ན་ནི་མ་སྐྱེས་པས། །རང་གི་བདག་ཉིད་ཇི་ལྟར་བསྐྱེད། །ཅི་སྟེ་སྐྱེས་པས་སྐྱེད་བྱེད་ན། །སྐྱེ་ན་ཅི་ཞིག་སྐྱེད་དུ་ཡོད། །ཅེས་སྨྲས་པ་དེ་བཞིན་དུ་གནས་པ་ཡང་མི་གནས་པས་རང་གི་བདག་ཉིད་གནས་པར་བྱེད་དམ། གནས་པས[47]རང་གི་བདག་ཉིད་གནས་པར་བྱེད་གྲང་ན། དེ་ལ་རེ་ཞིག་མ་གནས་པས་ནི་རང་གི་བདག་ཉིད་གནས་པས་མི་བྱེད་དོ། ཅིའི་ཕྱིར་ཞེ་ན། མེད་པའི་ཕྱིར་ཏེ། འདི་ལྟར་མ་གནས་པ་ལ་ནི་གནས་པ་མི་འཐད་དོ། །གང་མེད་པ་དེས་རང་གི་བདག་ཉིད་གང་ཞིག་ཇི་ལྟར་གནས་པར་བྱེད། ཅི་སྟེ་གནས་པར་བྱེད་ན་ནི་རི་བོང་གི་རྭས་ཀྱང་རང་གི་བདག་ཉིད་གནས་པར་བྱེད་པ་ཞིག་ན་དེ་ནི་མི་འདོད་དེ། དེ་ལྟ་བས་ན་གནས་པ་མ་གནས་པས་རང་གི་བདག་ཉིད་གནས་པར་མི་བྱེད་དོ། །

於此，（自方道，《中論》）云：

**7.25.ab 住不由他住，自住亦非理，**

住不只由他住而住不合理，住由自己而住也不合理。爲何？（如《中論》云：）

說「遠離老死的有住事物」。

47 根據北京版及奈塘版，在此改為 པས། 字。

### 7.25.cd 如生不從已，亦不從他生。[48]

誠如（《中論》）云:「（7.13）此生若未生，云何能自生？由已生若生，已生有何生？」同樣的，以住而言，是由未住的緣故而住自己的體性，還是由已住的緣故而住自己的體性？

由未住的緣故而住自己的體性，不能成立。爲何？不存在的緣故。如是，於未住之中，住不應理。凡是已無，如何能住自己的體性？若能住，兔角也應能住自己的體性，（但我）不承許彼（論）。此故，住非「由未住的緣故而住自己的體性」。

གནས་པ་གནས་པས་ཀྱང་རང་གི་བདག་ཉིད་གནས་པར་མི་བྱེད་དེ། ཅིའི་ཕྱིར་ཞེ་ན། གནས་པ་ཉིད་ཀྱི་ཕྱིར་ཏེ། གནས་པ་ལ་ཡང་གནས་པས་ཅི་ཞིག་བྱ། །དེ་ལྟ་བས་ན་གནས་པ་གནས་པས་ཀྱང་རང་གི་བདག་ཉིད་གནས་པར་མི་བྱེད་དེ། གང་གནས་པར་མི་བྱེད་པ་དེ་གནས་པ་ཡིན་པར་ཇི་ལྟར་འགྱུར། དེ་ལྟར་རེ་ཞིག་གནས་པ་དེ་ཉིད་གནས་པ་དེ་ཉིས་ཀྱིས་གནས་པར་མི་བྱེད་དོ། །

住亦非「由已住的緣故而住自己的體性」。爲何？已住的緣故。既然已住，再住有何用？此故，住非「由已住的緣故而住自己的體性」。既然並非爲住，該（事物）又如何能住？首先，住本身也非由已住而住。

ཇི་ལྟར་གནས་པ་དེ་གནས་པ་གཞན་གྱིས་གནས་པར་བྱེད་པར་མི་རིགས་ཤེ་ན།

48 有關 7.25.d，對勘本版的藏譯中論為：།གཞན་གྱིས་བསྐྱེད་པ་མ་ཡིན་བཞིན།，故與此中所引的偈頌文有所出入；可參考 Nāgārjuna. *Dbu ma rtsa ba'i tshig le'ur byas pa shes rab,* 12。

若（他方）說：爲何住從其他的住而住不合理呢？

ཇི་སྐད་དུ། གལ་ཏེ་སྐྱེ་བ་གཞན་ཞིག་གིས། །དེ་སྐྱེད་ཐུག་པ་མེད་པར་འགྱུར། །ཅི་སྟེ་སྐྱེ་བ་མེད་སྐྱེ་ན། །ཐམས་ཅད་དེ་བཞིན་སྐྱེ་བར་འགྱུར། །ཞེས་སྨྲས་པ་དེ་བཞིན་དུ། གནས་པ་ཡང་གནས་པ་གཞན་ཞིག་གིས་གནས་པར་བྱེད་དམ། གནས་པ་གཞན་མེད་པར་གནས་པར་བྱེད་གྲང་ན། དེ་ལ་རེ་ཞིག་གནས་པ་ནི་གནས་པ་གཞན་གྱིས་གནས་པར་མི་བྱེད་དོ། །གལ་ཏེ་གནས་པ་གནས་པ་གཞན་གྱིས་གནས་པར་བྱེད་ན། དེ་ལྟ་ན་ཐུག་པ་མེད་པར་ཐལ་བར་འགྱུར་ཏེ། དེ་ཡང་གཞན་གྱིས་གནས་པར་བྱེད་ཅིང་། དེ་ཡང་གཞན་གྱིས་གནས་པར་བྱེད་དེ་མཐའ་མེད་པར་འགྱུར་བས་དེ་ནི་མི་འདོད་དེ། དེ་ལྟ་བས་ན་གནས་པ་ནི་གཞན་པ་གཞན་གྱིས་གནས་པར་མི་རིགས་སོ།

誠如（《中論》）云：「（7.19）生若由他生，應成無窮盡，無生若能生，一切皆可生。」問：住是由其他的住而住，還是從沒有其他的住而住呢？

首先，住非由其他的住而住。若住由其他的住而住，應成無窮無盡。該（事物）亦由其他而住，其（住）再由另一者而住，應成無邊的緣故，（我）不承許彼（論）。此故，住由其他的住而住不合理。

ཅི་སྟེ་གནས་པ་དེ་གནས་པ་གཞན་མེད་པར་གནས་པར་བྱེད་དོ་སྙམ་ན་དེ་ལ་བཤད་པར་བྱ་སྟེ། ཇི་ལྟར་གཞན་གནས་པར་བྱེད་པ་དེ་གནས་པ་གཞན་མེད་པར་གནས་པ་དེ་བཞིན་དུ་ཐམས་ཅད་ཀྱང་གནས་པ་གཞན་མེད་པར་གནས་པར་འགྱུར་ཏེ། གནས་པས་གཞན་གནས་པར་བྱེད་དོ་ཞེས་བྱ་བ་དོན་མེད་པའི་རྟོག་པ་འདིས་ཅི་བྱ། ཡང་ན་འདི་ལྟར་གནས་པ་ཉིད་ནི་གནས་པ་གཞན་མེད་པར་གནས་པ་ལ་དངོས་པོ་གཞན་དག་ནི་གནས་པ་གཞན་མེད་པར་མི་གནས་སོ་ཞེས་ཁྱད་པར་གྱི་གཏན་ཚིགས་བསྟན་པར་བྱ་དགོས་ན་དེ་ཡང་མི་བྱེད་པས་དེའི་

ཕྱིར་གནས་པ་ནི་གནས་པ་གཞན་གྱིས་གནས་པར་མི་བྱེད་དོ། གང་གནས་པར་མི་བྱེད་པ་དེ་ནི་གནས་པ་ཉིད་ཀྱང་མ་ཡིན་པས་དེའི་ཕྱིར་གནས་པ་ཡང་ཡོད་པ་མ་ཡིན་ནོ།

若認爲住可從沒有其他的住而住，（我）將做解釋。其他的住如何能從沒有的其他而住？（如果可以，）同理，一切（事物的）住也應從沒有的其他而住。（此故，你）爲何執「因爲有住而住其他」的無意義之念？

或者，說：「住可從沒有其他的住而住，但是其他事物不能從沒有其他的住而住」，（你則）須明示其差別之因相。然而，（你）未明示（該因相）的緣故，住也不能從其他的住而住。既然無住，則非爲住，故無住。

འདིར་སྨྲས་པ། འགག་པ་ནི་ཡོད་དེ། དེ་ཡང་དངོས་པོ་མ་སྐྱེས་པ་དང་མི་གནས་པ་དག་ལ་མི་འཐད་པས་སྐྱེ་བ་དང་གནས་པ་དག་ཀྱང་རབ་ཏུ་གྲུབ་པ་ཉིད་དོ། །

於此，（他方）道：滅是存在的。事物的不生、不住不能成立，所以，生住等也至極成立。

བཤད་པ། གལ་ཏེ་འགག་པ་བཞིན་པ་ཡོད་པར་འགྱུར་ན། དེ་དངོས་པོ་འགགས་[49] པའམ། མ་འགག་པའམ། །འགག་བཞིན་པའི་ཡིན་གྲང་ན། རྣམ་པ་ཐམས་ཅད་མི་འཐད་དོ། །ཅིའི་ཕྱིར་ཞེ་ན། འདི་ལྟར། འགགས་པ་འགག་པར་མི་བྱེད་དེ། །མ་འགགས་པ་ཡང་འགག་མི་བྱེད། །འགག་བཞིན་པ་ཡང་དེ་བཞིན་མིན། །དེ་ལ་རེ་ཞིག་འགགས་པ་ནི་འགག་པར་མི་བྱེད་དེ། ཅིའི་ཕྱིར་ཞེ་ན། མེད་པའི་ཕྱིར་ཏེ། མེད་པ་ལ་ཅི་ཞིག་འགག་པར་འགྱུར། མ་

49 根據北京版及奈塘版，在此改為 འགགས། 字。

འགགས་པ་ཡང་འགག་པར་མི་བྱེད་དེ། ཅིའི་ཕྱིར་ཞེ་ན། འགགས་པ་དང་མ་འགགས་པ་གཉིས་མི་མཐུན་པའི་ཕྱིར་རོ། །འགག་བཞིན་པ་ཡང་དེ་བཞིན་དུ་འགག་པར་མི་བྱེད་དེ། ཇི་ལྟར་ཞེ་ན། ཇི་སྐད་དུ། སྐྱེ་བཞིན་པ་སྐྱེད་པར་མི་བྱེད་དོ་ཞེས་སྨྲས་པ་དེ་བཞིན་ཏེ། དེས་ན་འགགས་པ་དང་། མ་འགགས་པ་མ་གཏོགས་པར་འགག་བཞིན་པ་མི་སྲིད་པའི་ཕྱིར་དང་། འགག་པ་གཉིས་སུ་ཐལ་བར་འགྱུར་བ་དང་། འགག་བཞིན་པ་གཉིས་སུ་ཐལ་བར་ཡང་འགྱུར་བའི་ཕྱིར་འགག་བཞིན་པ་འགག་པར་མི་བྱེད་དོ།

（自方）道：如果正在滅存在，彼事物是已滅、未滅，還是正在滅？一切論述皆不應理。爲何？如是，（《中論》云：）

**7.26.abc 已滅不成滅，未滅亦不滅，[50]正滅亦如是，**

於此，首先，已滅並非滅。爲何？（已滅）不存在的緣故。既然沒有，又滅何者？

未滅也非滅。爲何？滅與未滅兩者不相順的緣故。

同樣的，正在滅也非滅。爲何？誠如（《中論》）云：「正在生並非生。」同理，除了已滅及未滅外，不可能有正在滅。（若眞如此，）應成兩種滅、兩種正在滅。[51]此故，正在滅並非滅。

50 有關 7.26.ab，對勘本版的藏譯中論為：འགགས་པ་འགག་པར་མི་འགྱུར་ཏེ། །མ་འགགས་པ་ཡང་འགག་མི་འགྱུར།，故與此中所引的偈頌文有所出入；可參考 Nāgārjuna. *Dbu ma rtsa ba'i tshig le'ur byas pa shes rab,* 12。

51 如同前述「生、住應成兩種之過」，以及「正在生、正在住應成兩種之過」般，在此應以同理了知。

ཡང་གཞན་ཡང་། འདི་ལ་འགག་བཞིན་པ་ཞེས་བྱ་བ་ནི་གང་གི་ཚུང་ཟད་ནི་འགགས་ཚུང་ཟད་ནི་མ་འགགས་པའམ། ཡང་ན་དེ་ལ་གཞན་འགགས་པའམ། མ་འགགས་པ་ཞིག་ཡིན་གྲང་ན། དེ་ལ་གལ་ཏེ་འགགས་པ་དང་མ་འགགས་པ་དེ་འགག་པས་དེ་འགོག་པར་བྱེད་ན་ནི་རེ་ཞིག་དེའི་ཚུང་ཟད་འགག་པ་དེས་ནི་བཀག་པ་མ་ཡིན་ལ། འགག་པ་དེ་འགག་བཞིན་པ་མ་ཡིན་ཏེ། ཅིའི་ཕྱིར་ཞེ་ན། དེ་འགགས་ན་འགག་བཞིན་པ་མ་ཡིན་ཞིང་འགག་བཞིན་པ་འགོག་པར་བྱེད་དོ་ཞེས་ཀྱང་བརྗོད་པའི་ཕྱིར་རོ། གལ་ཏེ་ཚུང་ཟད་འགགས་པ་དེ་འགག་པ་མེད་པ་ཁོ་ནར་འགགས་ན་ནི་དེའི་ལྷག་མ་ཡང་དེ་བཞིན་དུ་འགག་པ་མེད་པ་ཁོ་ནར་འགག་པར་འགྱུར་བར་ངེས་སོ། །ཡང་ན་དེའི་གང་ཚུང་ཟད་ནི་འགག་པ་མེད་པ་ཁོ་ནར་འགགས་ལ། ཚུང་ཟད་ནི་འགགས་པས་འགག་པར་བྱེད་པ་ལ་ཁྱད་པར་ཅི་ཡོད་པ་བརྗོད་དགོས་སོ། །ཅི་སྟེ་དེའི་གང་དུ་ཚུང་ཟད་འགགས་པ་དེ་ཡང་འགགས་[52]པ་ཁོ་ནར་བཀག་པ་ནི་དེ་ལྟ་ན་མ་འགགས་པ་འགགས་པས་འགག་པར་བྱེད་ཀྱི་འགག་བཞིན་པ་འགག་པར་བྱེད་པ་མ་ཡིན་ནོ། །

另外，此中所謂的「正在滅」是指一部分已滅、一部分未滅呢？還是其他已滅或未滅呢？

於此，如果已滅及未滅可謂由滅而滅，（實不應理。）首先，（滅）不由一部分的滅而滅，而且，該滅並非正在滅。爲何？既然已滅，則非正在滅；（然而，常言）道：「正在滅謂正在壞滅中。」

如果，一部分已滅可由不滅而滅的話，同樣的，該（法）的其他（所有滅）也絕對只由不滅而滅（，故不應理）。

或者，（你）須解釋：該（法）的某一部分只由不滅而

52 根據北京版及奈塘版，在此改為 འགགས། 字。

滅，（某）一部分可由已滅而滅的差異？

如果，該（法）的某一部分已滅是由已滅而滅，如是，未滅（的另一部分也應）由已滅而滅，並非（由）正在滅而滅。

གཞན་ཡང་། དེའི་ཕྱིར་ཅུང་ཟད་འགགས་པ་དེ་ནི་འགགས་པས་འགག་པར་མི་བྱེད་དེ། འགགས་ཟིན་པའི་ཕྱིར་རོ། །དེས་ན། དེའི་ལྷག་མ་མ་འགགས་པ་གང་ཡིན་པ་དེ་འགགས་པས་འགག་པར་བྱེད་དོ་ཞེས་བྱ་བར་འགྱུར་ཏེ། དེ་ལ་འགག་བཞིན་པ་འགག་པར་བྱེད་དོ། །ཞེས་གང་སྨྲས་པ་དེ་ཉམས་པར་གྱུར་ཏོ།

此外，因爲已滅的緣故，已滅的一部分非由已滅而滅。若是（已滅而滅），該（法）的其他所有未滅（的部分也）將由已滅而滅。[53]

於此，一切正在滅爲滅之說，皆難以成立。

ཅི་སྟེ་དེའི་གང་ཅུང་ཟད་འགགས་པས་འགག་པར་བྱེད་ན་ནི་དེ་ལ་འགག་པ་གཉིས་ཀྱིས་བྱས་པའི་ཁྱད་པར་ཅན་དུ་འགྱུར་བ་ཞིག་ན་མི་འགྱུར་ཏེ། འགག་པ་ཟིན་པ་དེ་ལ་ནི་ཡང་འགག་པར་བྱ་བའི་ཕྱིར་བྱ་བ་འགའ་ཡང་རྩོམ་པར་མི་བྱེད་པར་དེའི་ཕྱིར་དེ་ནི་ཡང་འགག་པར་མི་བྱེད་དོ། །དེ་ལྟ་བས་ན་འགག་བཞིན་པ་འགག་པར་བྱེད་དོ་ཞེས་བྱ་བ་དེ་ཡང་སྙིང་པོ་མེད་པ་ལ་སློས་སྙིང་པོར་བཟུང་བར་ཟད་དེ་ཀྱི་ནའོ།

如果，該（法）的一部分由已滅而滅的話，應成由兩滅所造之別法，[54]但此不合理。

53 已滅等於不存在。如果不存在者仍可由已滅而滅，未滅者自然也能由已滅而滅，為何不能？

54 「已滅而滅」若有自性的話，應成兩種滅——「已滅」的「滅」，以及「而滅」的「滅」。

於已滅之中，無法發生再次壞滅的行爲，此故，該（法——已滅——）亦非滅。

此故，說正在滅爲滅實屬無義，（你的）心卻執取（該論）殊勝，實爲荒謬。

ཡང་གཞན་ཡང་། མ་སྐྱེས་གང་ཞིག་འགག་པར་བྱེད། །གང་གི་ཚེ་ཙུང་ཟད་ཀྱང་སྐྱེ་བ་མེད་དོ། །ཞེས་བྱ་བ་དེ་སྐད་བསྟན་ཟིན་པ་དེའི་ཕྱིར་མ་སྐྱེས་པ་གཞན་གང་ཞིག་འགག་པར་བྱེད་ཅེས་བྱ་བ་དང་། དེ་ལྟ་བས་ན་འགག་པ་ཡང་ཡོད་པ་མ་ཡིན་ནོ།

此外，（《中論》云：）

**7.26.d 無生何有滅？**[55]

如同前述，因爲一部分亦無生，既已無生，豈有其他壞滅？此故，滅亦無有。

ཡང་གཞན་ཡང་། འགག་པ་ནི་གནས་པའམ། མ་གནས་པ་ལ་བརྟག་གྲང་ན། དེ་ནི་གཉི་ག་ལ་ཡང་མི་རུང་སྟེ། དེ་ལ། རེ་ཞིག་དངོས་པོ་གནས་པ་ལ། །འགག་པ་འཐད་པར་མི་འགྱུར་རོ། །གནས་པའི་བྱ་བ་སྐྱེས་པ་ལ་གནས་པ་དང་མི་མཐུན་པའི་འགག་པ་མི་འཐད་དེ། གནས་པའི་ཕྱིར་དེ་ནི་གྲགས་པ་ཡིན་ནོ། །གལ་ཏེ་མི་གནས་པ་ལ་འགག་པ་ཡོད་པས་ཉེས་པ་མེད་དོ། ཞེ་ན། དངོས་པོ་མི་གནས་པ་ལ་ཡང་། །འགག་པ་[56]འཐད་པར་མི་འགྱུར་

55 有關 7.26.d，對勘本版的藏譯中論為：།མ་སྐྱེས་གང་ཞིག་འགག་པར་འགྱུར། ，故與此中所引的偈頌文有所出入；可參考 Nāgārjuna. *Dbu ma rtsa ba'i tshig le'ur byas pa shes rab*, 12。

56 根據北京版及奈塘版，少去 མི། 字。

རོ། །མི་གནས་པའི་ཕྱིར་དཔེར་ན་འགགས་པ་བཞིན་ནོ་ཞེས་བྱ་བར་དགོངས་སོ།

此外，試問：「滅是住，還是未住？」兩者皆不應理。於此，（《中論》云：）

**7.27.ab 事物之住中，滅應不成立，**

眾所皆知，於產生住的作用之中，不應有不相順的滅，因爲是住的緣故。

若說，於無住之中有壞滅，故無過咎，（《中論》駁：）

**7.27.cd 事物無住中，滅亦不應理。**

如同正在滅（的自性被正理所破）般，（《中論》）做此意趣——無住故（，如何有滅？）

སྨྲས་པ། མངོན་སུམ་ལ་གཏན་ཚིགས་ཀྱི་ཚིག་དོན་མེད་པ་དེ་ནི་འཇིག་རྟེན་ལ་གྲགས་པ་ཡིན་ཏེ། ཇི་ལྟར་དངོས་པོ་མ་འགགས་པར་གནས་པ་རྒྱུ་འགའ་ཞིག་ལས་ནས་འཇིག་པར་འགྱུར་བ་དེ་ནི་གཞོན་ནུ་ཡན་ཆད་ཀྱི་མངོན་སུམ་དུ་ཡིན་པས། དེའི་ཕྱིར་འགག་པ་ནི་ཡོད་པ་ཁོ་ན་ཡིན་ནོ། །

（他方）道：於現前分，無（需）理由的描述，即是世間共許。孩童以上都可以現識（得知）如何由未滅、正住的事物爲因，形成了壞滅（的現象。）此故，滅是絕對存在的。

བཤད་པ། དེ་ལྟ་བས་ན། འདི་ཡང་ཚོད་ཀྱི་བློའི་མངོན་སུམ་དུ་བྱ་བའི་རིགས་ཏེ། གནས་སྐབས་དེ་ཡི་གནས་པ་ནི། །དེ་ཡིས་འགག་པ་ཉིད་མི་འགྱུར། །གནས་སྐབས་གཞན་

གྱིས་གནས་སྐབས་ནི། །གཞན་གྱིས་འགག་པ་ཉིད་མི་འགྱུར། །དངོས་པོ་གནས་སྐབས་གང་དུ་འཇུག་པར་བརྟག[57]པར་དེའི་གནས་སྐབས་དེ་ནི་གནས་སྐབས་དེས་འགག་པ་ཉིད་དུ་མི་འགྱུར་ཏེ། ཅིའི་ཕྱིར་ཞེ་ན། གནས་སྐབས་དེ་ཡོད་པའི་ཕྱིར་རོ། །འདི་ལྟར་འོ་མའི་གནས་སྐབས་ཉིད་ཀྱིས་འོ་མ་འགག་པར་མི་འགྱུར་ཏེ། །འོ་མའི་གནས་སྐབས་ཡོད་པའི་ཕྱིར་རོ། །གནས་སྐབས་གཞན་གྱིས་ཀྱང་གནས་སྐབས་གཞན་འགག་པ་ཉིད་དུ་མི་འགྱུར་ཏེ། ཅིའི་ཕྱིར་ཞེ་ན། གཞན་ནི་གནས་སྐབས་གཞན་ན་མེད་པའི་ཕྱིར་རོ། །འདི་ལྟར་ཞོའི་གནས་སྐབས་སུ་འོ་མའི་གནས་སྐབས་འགག་པར་མི་འགྱུར་ཏེ། ཞོའི་གནས་སྐབས་ན་འོ་མའི་གནས་སྐབས་མེད་པའི་ཕྱིར་རོ། །ཅི་སྟེ་ཡོད་ན་ནི། འོ་མ་དང་ཞོ་གཉིས་ལྷན་ཅིག་ན་གནས་པ་དང་། ཞོ་རྒྱུ་མེད་པ་ལས་འབྱུང་བར་ཡང་འགྱུར་བས་དེ་ནི་མི་འདོད་དེ། དེ་ལྟ་བས་ན་འགག་པ་ནི་འཐད་པ་ཡང་བློའི་མངོན་སུམ་ཡིན་པའི་ཕྱིར་འགག་པ་ཞེས་བྱ་བ་ཅི་ཡང་མེད་པ་དེ་ལྟར་ཁོང་དུ་ཆུད་པར་བྱའོ། །

（自方）道：此義（——下述內義——）可由汝心現識而知。（《中論》云：）

**7.28 是法於是時，是故不應滅；是法於異時，異故不應滅。**[58]

觀察事物之相應時間爲何。於某一時點，在該時位滅不應理。爲何？該時位存在的緣故。如是，因爲乳時正當存在，（該）乳時中，乳應未滅。

---

57 根據北京版及奈塘版，在此改為 བརྟག 字。

58 有關 7.28，對勘本版的藏譯中論為：།གནས་སྐབས་དེ་ཡིས་གནས་སྐབས་ནི། །དེ་ཉིད་འགག་པ་ཉིད་མི་འགྱུར། །གནས་སྐབས་གཞན་གྱིས་གནས་སྐབས་ནི། །གཞན་ཡང་འགག་པ་ཉིད་མི་འགྱུར།（是法於是時，該法不應滅；是法於異時，他亦不應滅。）故與此中所引的偈頌文有所出入；可參考 Nāgārjuna. *Dbu ma rtsa ba'i tshig le'ur byas pa shes rab,* 12。

由相異時位的緣故，於相異時位中（該相異法）不應被滅。爲何？因爲相異法不存在於相異時位之中。[59]如是，於酸奶之時，乳並非壞滅，因爲於酸奶之時乳並不存在。若存在，乳與酸奶將會同時存在，而且，酸奶可由無因而生，故（我）不承許彼（論）。

此故，應當了知（你）所說滅可成立，因爲（滅）爲心之現前分的「滅」完全不存在。

སྨྲས་པ། འགག་པ་ནི་ཡོད་པ་ཁོ་ན་ཡིན་ཏེ། ཅིའི་ཕྱིར་ཞེ་ན། སྔར་ཁས་བླངས་པའི་ཕྱིར་ཏེ། འདི་ལྟར་ཁྱོད་ཀྱིས་སྔར་དངོས་པོ་འགག་བཞིན་པ་ལ་སྐྱེ་བ་མི་འཐད་དོ་ཞེས་སྨྲས་པ་དེའི་ཕྱིར་འགག་པ་དེ་ཡོད་དེ། གང་གི་རྒྱུ་ལས་བྱུང་བའི་སྐྱེ་བ་དགག་པར་བྱས་པའི་ཕྱིར་རོ། །འདི་ལྟར་མེད་པ་ནི་རྒྱུར་མི་འཐད་དོ། །

（他方）道：滅是絕對存在的。爲何？（你）早已承許的緣故，你先前已述：「於事物正在滅之中，不應有生。」此故，滅是存在的。由某因所成之生將會壞滅，若不是，因將不能成立。

བཤད་པ། ཅི་ཁྱོད་རི་མོའི་མེ་གསོད་པར་བྱེད་དམ། ཁྱོད་སྐྱེ་བ་མེད་པ་ལ་འགག་པ་འདོད་ཀོ། །གང་ཚེ་ཆོས་རྣམས་ཐམས་ཅད་ཀྱི། །སྐྱེ་བ་འཐད་པར་མི་འགྱུར་བ། །དེ་ཚེ་ཆོས་རྣམས་ཐམས་ཅད་ཀྱི། །འགག་པ་འཐད་པར་མི་འགྱུར་རོ། །གང་གི་ཚེ་ཁོ་བོས་དངོས་པོ་ཐམས་ཅད་ཀྱི་སྐྱེ་བ་མི་འཐད་དོ་ཞེས་སྨྲས་པ་དེའི་ཚེ་དངོས་པོ་ཐམས་ཅད་ཀྱི་འགག་པ་ཡང་མི་

59 甲於乙時根本不存在的話，甲於乙時不能被滅，因為甲被滅的前提條件是甲須存在。

འཐད་དོ་ཞེས་སྨྲས་པ་མ་ཡིན་ནམ། འདི་ལྟར་དངོས་པོར་སྐྱེས་ཤིང་མེད་པ་ལ་འགག་པ་ཡོད་པར་ཇི་ལྟར་འགྱུར། དེ་ལྟ་བས་ན་སྐྱེ་བ་འགག་པ་ཁོ་ནས་འགག་པ་མི་འཐད་པར་ཡང་རབ་ཏུ་བསྟན་པ་ཡིན་ནོ། །

（自方）道：爲何你要撲滅畫中之火？於無生之中，你（卻）承許滅（的存在）！（《中論》云：）

**7.29 如一切諸法，生相不可得，以無生相故，即亦無滅相。**

我說諸法之生不能成立，難道不是說諸法之滅亦不成立？如是，既無事物之生，何來壞滅？此故，光憑破生，便可破滅。做此廣釋。

ཡང་གཞན་ཡང་། འདི་ལ་གལ་ཏེ་རེ་ཞིག་འགག་པ་ཞིག་ཡོད་པར་གྱུར་ན། དེ་དངོས་པོ་ཡོད་པའམ། མེད་པ་བརྟག་གྲང་ན། དེ་ལ། རེ་ཞིག་དངོས་པོ་ཡོད་པ་ལ། །འགག་པ་འཐད་པར་མི་འགྱུར་རོ། །རེ་ཞིག་དངོས་པོ་ཡོད་པ་གནས་པ་ལ་ནི་འགག་པ་འཐད་པར་མི་འགྱུར་ཏེ། ཅིའི་ཕྱིར་ཞེ་ན། འདི་ལྟར། དངོས་དང་དངོས་པོ་མེད་པ་དག །གཅིག་ཉིད་ན་ནི་འཐད་པ་མེད། །དངོས་པོ་ཡོད་པའི་ཡོད་པ་ཉིད་གང་ཡིན་པ་ནི་དངོས་པོ་ཡོད་པའོ། དངོས་པོ་འགགས་པའི་མེད་པ་ཉིད་གང་ཡིན་པ་ནི་དངོས་པོ་མེད་པ་སྟེ། །དངོས་པོ་དང་དངོས་པོ་མེད་པ་ཕན་ཚུན་མི་འཐུན་པ་དེ་གཉིས་ཇི་ལྟར་གཅིག་པ་ཉིད་ནི་འཐད་པར་འགྱུར་ཏེ། དེ་ལྟ་བས་ན། དངོས་པོ་ཡོད་པ་ལ་འགག་པ་འཐད་པར་མི་འགྱུར་ཏེ། །དངོས་པོ་མེད་པར་གྱུར་པ་ལའང་། །འགག་པ་འཐད་པར་མི་འགྱུར་རོ། །ཇི་ལྟར་ཞེ་ན། མགོ་གཉིས་པ་ལ་ཇི་ལྟར་ནི། །བཅད་དུ་མེད་པ་དེ་བཞིན་ནོ། །མེད་པ་ལ་ཅི་ཞིག་འགག་པར་འགྱུར་ཏེ། །འདི་ལྟར་མགོ་གཉིས་པ་མེད་པར་བཅད་པར་མི་ནུས་པ་བཞིན་ནོ། །

此外，首先，若有某滅，該（滅）存在事物（之中），還是不存在（事物之中）？於此，（《中論》云：）

**7.30.ab 事物若是有，滅則不應理，**

於存在、正住的事物之中，滅不應理。爲何？如是，（《中論》云：）

**7.30.cd 事物之有無，一性不應理。**[60]

凡是存在事物的有，皆爲事物有；凡是已滅事物的無，皆爲事物無。事物（的有）與事物的無互相不相順，此二者如何能成爲一性？此故，於存在事物中，滅不應理。

（《中論》云：）

**7.31.ab 事物若是無，滅則不應理，**

爲何？（《中論》云：）

**7.31.cd 譬如第二頭，無故不可斷。**

如同無法砍斷不存在的第二顆頭顱般，既然無，何者爲滅？

འགག་པའི་འགག་པ་ཞེས་གང་སྨྲས་པ་དེ་ལ་བཤད་པར་བྱ་སྟེ། འགག་པ་འགག་པ་

60 有關7.30.cd，對勘本版的藏譯中論為：།གཅིག་ཉིད་ན་ནི་དངོས་པོ་དང་། །དངོས་པོ་མེད་པ་འཐད་པ་མེད། （一性中不成，事物之有無。）故與此中所引的偈頌文有所出入；可參考Nāgārjuna. *Dbu ma rtsa ba'i tshig le'ur byas pa shes rab*, 13。

གཞན་དང་ནི། །དེ་ཉིད་ཀྱིས་ཀྱང་འགག་མི་རིགས། །འདི་ལ་གལ་ཏེ་འགག་པ་ལ་འགག་པ་ཞིག་ཡོད་པར་གྱུར་ན་དེ་གཞན་གྱི་བདག་ཉིད་དམ་རང་གི་བདག་ཉིད་ཀྱིས་འགག་པར་འགྱུར་གྲང་ན། གཉི་གས་ཀྱང་འགག་པར་མི་རིགས་སོ། ཇི་ལྟར་ཞེ་ན། ཇི་ལྟར་སྐྱེ་བ་རང་དང་ནི། གཞན་གྱིས་བསྐྱེད་པར་མ་ཡིན་བཞིན། །ཇི་སྐད་དུ། སྐྱེ་བ་འདི་ནི་མ་སྐྱེས་པས། །རང་གི་བདག་ཉིད་ཇི་ལྟར་སྐྱེད། །ཅི་སྟེ་སྐྱེད་པས་སྐྱེད་བྱེད་ན། །སྐྱེས་ན་ཅི་ཞིག་བསྐྱེད་དུ་ཡོད། །ཅེས་སྨྲས་པ་དེ་བཞིན་དུ་འགག་པ་ཡང་མ་འགགས་པས་རང་གི་བདག་ཉིད་འགག་པར་བྱེད་དམ། འགགས་པས་རང་གི་བདག་ཉིད་འགག་པར་བྱེད་གྲང་ན། དེ་ལ་གལ་ཏེ་འགག་པ་མ་འགགས་པས་རང་གི་བདག་ཉིད་འགག་པར་བྱེད་པར་རྟོག་ན། དེ་ཇི་ལྟར་འཐད་པར་འགྱུར་ཏེ། གང་གི་ཚེ་མ་འགགས་པ་ནི་འགག་པ་ཉིད་མ་ཡིན་པས་མེད་པས་བདག་ཉིད་མེད་པ་ཇི་ལྟར་འགག་པར་བྱེད། །

凡問：何爲滅之滅？於此，將做解說。（《中論》云：）

**7.32.ab 滅非由他滅，亦非由自滅；**[61]

於此，如果滅存在於滅之中，試問：該（滅）是由他性，（滅）還是自性滅？兩者皆不應理。爲何？（《中論》云：）

**7.32.cd 生非由他生，亦非由自生。**[62]

61 有關 7.32.ab，對勘本版的藏譯中論為：།འགག་པ་རང་གི་བདག་ཉིད་ཀྱིས། །ཡོད་མིན་འགག་པ་གཞན་གྱིས་མིན།，故與此中所引的偈頌文有所出入；可參考 Nāgārjuna. *Dbu ma rtsa ba'i tshig le'ur byas pa shes rab,* 13。

62 有關 7.32.d，對勘本版的藏譯中論為：གཞན་གྱིས་སྐྱེད་པ་མ་ཡིན་བཞིནནོ།，故與此中所引的偈頌文有所出入；可參考 Nāgārjuna. *Dbu ma rtsa ba'i tshig le'ur byas pa shes rab,* 13。

如（《中論》）已言：「（7.13）此生若未生，云何能自生？由已生若生，已生有何生？」

再者，試問：滅是由未滅而滅自性，還是由已滅而滅自性？若執滅是由未滅而滅自性，如何應理？因爲未滅並非滅，故不具（滅性）；既然無自性，如何能滅？

ཅི་སྟེ་འགག་པ་འགགས་པས་རང་གི་བདག་ཉིད་འགག་པར་བྱེད་པར་རྟོག་ན། དེ་ཡང་ཇི་ལྟར་འཐད་པར་གྱུར་ཏེ། འགགས་པ་ལ་གང་འགག་པ་འགག་པར་འགྱུར་བའི་རང་གི་བདག་ཉིད་ཡང་འགག་པར་བྱ་བ་དེ་ཅི་ཡང་མེད་དོ། དེ་ལྟར་རེ་ཞིག་འགག་པ་རང་གི་བདག་ཉིད་ཀྱིས་འགག་པར་བྱེད་པར་མི་འཐད་དེ། གཞན་གྱི་བདག་ཉིད་ཀྱིས་ཀྱང་མི་འཐད་དེ། ཇི་སྐད་དུ། གལ་ཏེ་སྐྱེ་བ་གཞན་ཞིག་གིས། དེ་སྐྱེད་ཐུག་པ་མེད་པར་འགྱུར། ཅི་སྟེ་སྐྱེ་བ་མེད་སྐྱེ་ན། ཐམས་ཅད་དེ་བཞིན་སྐྱེ་བར་འགྱུར། ཞེས་སྨྲས་པ་དེ་བཞིན་དུ་འགག་པ་ཡང་འགག་པ་གཞན་ཞིག་གིས་འགག་པར་བྱེད་དམ། འགག་པ་གཞན་མེད་པར་འགག་པར་བྱེད་གྲང་ན། དེ་ལ་གལ་ཏེ་འགག་པ་དེ་འགག་པ་གཞན་གྱིས་འགག་པར་བྱེད་ན་དེ་ལྟ་ན་ཐུག་པ་མེད་པར་ཐལ་བར་འགྱུར་ཏེ། དེ་ཡང་གཞན་གྱིས་འགག་པར་བྱེད་ཅིང་དེ་ཡང་གཞན་གྱིས་འགག་པར་བྱེད་དེ་མཐའ་མེད་པར་འགྱུར་བས་དེ་ནི་མི་འདོད་དེ། དེ་ལྟ་བས་ན་འགག་པའི་འགག་པ་མི་འཐད་དོ། །

若執滅是指由已滅而滅自性，如何應理？於滅之中，無任何正在滅、即將滅的壞滅自性之滅作用。

首先，滅並不應由自性滅，也不應由他性滅。如（《中論》）云：「（7.19）生若由他生，應成無窮盡，無生若能生，一切皆可生。」同樣，滅是由他滅而滅，還是無他滅而滅？

如果滅是由他滅而滅，應成無窮無盡，（因爲）該（滅）

又得由其他而滅，復次，其（滅）又從他而滅，應成無窮無盡，故（我）不承許彼（論）。此故，滅之滅實不應理。

ཅི་སྟེ་འགག་པ་དེ་འགག་པ་གཞན་མེད་པར་འགག་གོ་སྙམ་ན།

如果認為：滅是指無他滅而滅。

དེ་ལ་བཤད་པར་བྱ་སྟེ། ཅི་སྟེ་འགག་པ་མེད་འགགས་ན། །ཐམས་ཅད་དེ་བཞིན་འགག་པར་འགྱུར། །ཇི་ལྟར་འགག་དེ་འགག་པ་གཞན་མེད་པར་འགགས་པ་དེ་བཞིན་དུ་འདུས་བྱས་ཐམས་ཅད་ཀྱང་འགག་པ་གཞན་མེད་པར་འགག་པར་འགྱུར་ཏེ། འགགས་པས་གཞན་འགག་པར་བྱེད་དོ། །ཞེས་བྱ་བ་དོན་[63]མེད་པའི་རྟོག་པ་འདིས་ཅི་བྱ། ཡང་ན་འདི་ལྟར་འགག་པ་ཉིད་ནི་འགག་པ་གཞན་མེད་པར་འགག་པ་ལ་དངོས་པོ་གཞན་དག་ནི་འགག་པ་མེད་པར་མི་འགག་གོ། །ཞེས་ཁྱད་པར་གྱི་གཏན་ཚིགས་བསྟན་པར་བྱ་དགོས་ན་མི་བྱེད་པས་དེའི་ཕྱིར་འགག་པ་ནི་འགག་པ་གཞན་གྱིས་འགག་པར་མི་འཐད་དོ། །དེའི་ཕྱིར་དེ་ལྟར་བརྟགས་ན་སྐྱེ་བ་དང་གནས་པ་དང་འཇིག་པ་དག་ཇི་ལྟར་ཡང་མི་འཐད་དེ། མི་འཐད་ན་ཇི་ལྟར་འདུས་བྱས་ཀྱི་མཚན་ཉིད་དུ་འགྱུར། དེ་ལྟ་བས་ན། སྐྱེ་བ་དང་། གནས་པ་དང་། འཇིགས་པ་དག་འདུས་བྱས་ཀྱི་མཚན་ཉིད་ཡིན་ནོ། ཞེས་བྱ་བ་ནི་རྟོག་པ་ཙམ་དུ་ཟད་དོ། །

（自方道：）於此，將做解說。（如 7.19.cd 所言，同樣的，）「無滅若能滅，一切皆可滅。」如同滅是指無他滅而滅，同理，一切有為法也將成為無他滅而滅。（所以，）為何（你）執此無有意義的「由滅而滅他者」之念呢？

或是，（你須）以道理說明「滅是指無他滅而滅，（但

63 根據北京版及奈塘版，在此多加 དོན། 字。

是）其他事物無法由無滅而滅」的差異，（然而，你）未顯示（其差異），故不能成立滅是指由他滅而滅。

此故，如是觀察時，任何的生、住、滅等皆不能成立。既然不成立，（彼等）如何能成爲有爲法的性相？此故，「生、住、滅等皆爲有爲法性相」之說僅爲臆造。

སྨྲས་པ། འདུས་བྱས་ཀྱི་སྤྱིའི་མཚན་ཉིད་དེ་དག་མི་རུང་དུ་ཟིན་ཀྱང་རང་རང་གི་མཚན་ཉིད་ཁོ་ནས་འདུས་བྱས་ཡོད་དེ། དཔེར་ན་སྐོག་ཤལ་དང་མཇུག་མ་དང་རྣོག[64]དང་རྨིག་པ་དང་རྭའི་མཚན་ཉིད་ཀྱིས་བ་ལང་ཡོད་པ་ལྟ་བུའོ། །

（他方）道：雖然有爲法的總性相不合理，但是由各各性相可以成立有爲法，如由頸項肉、尾巴、（牛）駝峰、蹄及角等性相而成立牛。

བཤད་པ། ཅི་ཁྱོད་ལ་ལོག་རྟོག་མ་སྐྱེས་པར་ལེགས་སོ་ཞེས་སྨྲོགས་སམ། ཁྱོད་སྐྱེ་བ་དང་གནས་པ་དང་འཇིག་པ་མེད་པ་ལ་འདུས་བྱས་ཀྱི་མཚན་ཉིད་སྟོན་པར་བྱེད་ཀོ། །སྐྱེས་དང་གནས་དང་འཇིག་པ་དག །མ་གྲུབ་པར་ན་འདུས་བྱས་མེད། །འདི་ལྟར་སྐྱེས་པ་དག་དང་གནས་པ་དང་འཇིག་པ་རབ་ཏུ་གྲུབ་ན་ནི་འདུས་བྱས་ཀྱང་རབ་ཏུ་གྲུབ་པར་འགྱུར་གྲང་ན། དེ་དག་རབ་ཏུ་མི་འགྲུབ་པས་སྐྱེ་བ་དང་གནས་པ་དང་འཇིག་པ་དག་མ་གྲུབ་པའི་ཕྱིར་འདུས་བྱས་མེད་ན་གང་གི་མཚན་ཉིད་དུ་འགྱུར། མཚན་ཉིད་མེད་པའི་ཕྱིར་འདུས་བྱས་མི་འཐད་དོ། །

（自方）道：難道要對你說不生邪見則爲善嗎？明明沒有

64 根據北京版及奈塘版，在此改為རྣོག字。

生、住、滅，你卻稱其是有爲法的性相！（《中論》云：）

**7.33.ab 生住滅不成，故無有爲法，**[65]

如是，如果能夠至極成立生、住、滅的話，也可至極成立有爲法，但是，彼等並非至極成立的緣故，不成立生、住、滅等。既無有爲法，（生、住、滅等）又是何者的性相？既無性相，有爲法則不成立。

སྨྲས་པ། དངོས་པོ་རྣམས་མཚན་ཉིད་ཁོ་ན་ལས་རབ་ཏུ་འགྲུབ་པར་མ་ངེས་ཀྱི། དངོས་པོ་རྣམས་ནི་གཉེན་པོ་ལས་ཀྱང་རབ་ཏུ་འགྲུབ་པར་འགྱུར་བས་འདུས་བྱས་ཀྱི་གཉེན་པོར་འདུས་མ་བྱས་ཡོད་པས་དེ་ཡོད་པའི་ཕྱིར་འདུས་བྱས་ཀྱང་རབ་ཏུ་འགྲུབ་པ་ཉིད་དོ། །

（他方）道：事物等的至極成立並非僅由性相而決定，事物等的至極成立亦可由反方所成，所以，因爲有了無爲法——有爲法的反方——的緣故，有爲法也應至極成立。

བཤད་པ། ཅི་ཁྱོད་སྔོན་མས་ཉི་མ་ཚོལ་ལམ། ཁྱོད་འདུས་མ་བྱས་ཀྱིས་འདུས་བྱས་འགྲུབ་པར་འདོད་ཀོ། །འདུས་བྱས་རབ་ཏུ་མ་གྲུབ་པས། འདུས་མ་བྱས་ནི་ཇི་ལྟར་འགྲུབ། གལ་ཏེ་ཁྱེད་གཉེན་པོ་ལས་འགྲུབ་པར་སེམས་ན་འདུས་མ་བྱས་ཀྱི་གཉེན་པོ་འདུས་བྱས་ཏེ། མ་གྲུབ་པར་བསྟན་ཟིན་པས་ཇི་ལྟར་འདུས་བྱས་རབ་ཏུ་གྲུབ་ན་འདུས་མ་བྱས་རབ་ཏུ་གྲུབ་པར་འགྱུར་བ་དང་། འདུས་མ་བྱས་ལས་འདུས་བྱས་རབ་ཏུ་འགྲུབ་པར་འདོད་པ་གང་ཡིན་

65 有關 7.33.ab，對勘本版的藏譯中論為：སྐྱེ་དང་གནས་དང་འཇིག་པ་དག །མ་གྲུབ་ཕྱིར་ན་འདུས་བྱས་མེད།，故與此中所引的偈頌文有所出入；可參考 Nāgārjuna. *Dbu ma rtsa ba'i tshig le'ur byas pa shes rab,* 13。

པ་དེ་ཪེ་སྨྲོས་ཤིག།

（自方）道：莫非你用火炬尋找太陽？你雖承許以無爲法成立有爲法，（但是，《中論》云：）

**7.33.cd 有爲法無故，何得無爲法？**

如果你認爲能以反方成立，如前已示，有爲法──無爲法的反方──是不能被成立的。此故，請依次解釋至極成立有爲法，便能至極成立無爲法，及「由無爲法而至極成立有爲法」（的合理性）。

སྨྲས་པ། གལ་ཏེ་ཁྱོད་ལ་སྐྱེ་བ་དང་། གནས་པ་དང་འཇིག་པ་དག་མེད་པ་ཡིན་ན་ནི་འདུས་བྱས་ཡོད་པ་མ་ཡིན་པར་འགྱུར་བ་ཞིག་ན། ཀྱེ་མ་འདུ་བྱེད་མི་རྟག་སྟེ། །སྐྱེ་ཞིང་འཇིག་པའི་ཆོས་ཅན་ཡིན། ཞེས་གསུངས་པ་དང་ཇི་ལྟ་བུ།

（他方）道：以你而言，沒有生、住、滅等有爲法，如何解釋經文所說「一切行非常，皆是興衰法」[66]呢？

བཤད་པ། རྨི་ལམ་ཇི་བཞིན་སྒྱུ་མ་བཞིན། །དྲི་ཟའི་གྲོང་ཁྱེར་ཇི་བཞིན་དུ། །དེ་བཞིན་སྐྱེ་དང་དེ་བཞིན་གནས། །དེ་བཞིན་དུ་ནི་འཇིག་པ་གསུངས། །ཇི་ལྟར་རྨི་ལམ་མཐོང་བ་དང་། སྒྱུ་མ་བྱས་པ་དང་དྲི་ཟའི་གྲོང་ཁྱེར་དག་སྐྱེས་པ་དང་གནས་པ་དང་ཞིག་པར་བརྗོད་ཀྱང་དེ་དག་ལ་སྐྱེས་པ་དང་། གནས་པ་དང་ཞིག་པ་ཅི་ཡང་མེད་པ་དེ་བཞིན་དུ་བཅོམ་ལྡན་འདས་ཀྱིས་འདུས་བྱས་ཀྱི་སྐྱེ་བ་དང་གནས་པ་དང་འཇིག་པ་དག་བཀའ་སྩལ་མོད་ཀྱི། འོན་

66 該文來自《法集要頌經》（T.4.213.777a.12）。

ཀྱང་དེ་དག་ལ་སྐྱེ་བར་བྱེད་པ་དང་། གནས་པར་བྱེད་པ་དང་། འཇིག་པར་བྱེད་པ་ཅི་ཡང་མེད་དོ། །

（自方道，《中論》）云：

**7.34 如幻亦如夢，如乾闥婆城，所說生住滅，其相亦如是。**

雖說見到夢境、變出幻術，以及乾闥婆[67]城等為生、住、滅，但於彼等之中，卻無絲毫的生、住、滅。同樣的，薄伽梵雖示有為法的生、住、滅，但於彼等之中，卻無絲毫的生、住、滅。

དེ་བཞིན་དུ་བཅོམ་ལྡན་འདས་ཀྱིས་འདུ་བྱེད་རྣམས་བདག་མེད་པའི་དཔེར་སྒྱུ་མ་དང་། བྲག་ཆ་དང་། གཟུགས་བརྙན་དང་། སྨིག་རྒྱུ་དང་། རྨི་ལམ་དང་། དབུ་བ་རྡོས་པ་དང་། ཆུའི་ཆུ་བུར་དང་། ཆུ་ཤིང་གི་སྡོང་པོ་དག་བསྟན་ཏེ། འདི་ལ་དེ་བཞིན་ཉིད་དམ་མ་ནོར་བ་དེ་བཞིན་ཉིད་ནི་འགའ་ཡང་མེད་ཀྱི། འདི་དག་ནི་སྨྲོས་པ་ཡང་མ་ཡིན། འདི་དག་ནི་བརྫུན་པའང་ཡིན་ནོ་ཞེས་ཀྱང་གསུངས་སོ། །ཆོས་ཐམས་ཅད་བདག་མེད་དོ་ཞེས་གསུངས་པ་དང་བདག་མེད་པ་ཞེས་བྱ་བ་ནི་ངོ་བོ་ཉིད་མེད་པའི་དོན་ཏེ། བདག་ཅེས་བྱ་བའི་སྒྲ་ནི་ངོ་བོ་ཉིད་ཀྱི་ཚིག་ཡིན་པའི་ཕྱིར་རོ། །དེ་ལྟ་བས་ན་འདུས་བྱས་ཀྱི་སྐྱེ་བ་དང་གནས་པ་དང་འཇིག་པའི་ཚིག་ནི་ཀུན་རྫོབ་ཀྱི་བདེན་པར་གྲུབ་པོ། །

同樣的，薄伽梵說：「屬於無我譬喻的有為法有，幻化、谷聲、影像、陽焰、夢、破滅的水泡、水中的泡沫，以及芭蕉樹等。」於此，（佛）說：「無絲毫的眞實性或無謬眞實性，

67 藏文直譯為「食香」，是一種鬼道眾生的名稱。

彼等皆非戲論，實屬假相」、「諸法無我」、「無我」等言，皆指向無自性之義。「我」詞，是自性義。此故，（由）有爲法的生、住、滅一詞成辦世俗諦。

སྐྱེ་བ་དང་གནས་པ་དང་འཇིག་པ་བརྟག་པ་ཞེས་བྱ་བ་སྟེ་རབ་ཏུ་བྱེད་པ་བདུན་པའོ།། ||

第七品——觀生、住、滅品——終。

# 第八品

# ——觀作者及作業[1]品——

སྨྲས་པ། ཁྱོད་ཀྱིས་སྐྱེ་བ་དང་། གནས་པ་དང་། འཇིག་པ་བརྟག་པ་དེ་ཐོས་པས་ཁོ་བོའི་ཡིད་སྟོང་པ་ཉིད་ཉན་པ་ལ་འབབ་པར་གྱུར་ཀྱིས། དེའི་ཕྱིར་དུ་ནི་བྱེད་པ་པོ་དང་ལས་བརྟག་པར་བྱ་བའི་རིགས་སོ། །

（他方）道：因由你觀察生、住、滅的緣故，令我心安住於空性的聽聞之中。此故，於此（品之中，）觀察作者及作業實屬合理。

བཤད་པ། འདུན་པ་བཞིན་བྱའོ། །

（自方）道：如（你）所願。

སྨྲས་པ། འདི་ལ་ཐམས་ཅད་དུ་ལས་དགེ་བ་དང་མི་དགེ་བ་ཡང་བསྟན། དེའི་འབྲས་བུ་ཡིད་དུ་འོང་བ་དང་། མི་འོང་བ་ཡང་བསྟན། དེ་བཞིན་དུ་ལས་དགེ་བ་དང་མི་དགེ་བའི་བྱེད་པ་པོ་ཡང་བསྟན། དེ་ཉིད་ཀྱང་དེའི་འབྲས་བུ་ཟབ་པོར་བསྟན་ཏེ། བྱེད་པ་པོ་མེད་ན་ཡང་ལས་མི་འཐད་ལ། ལས་མེད་ན་ཡང་འབྲས་བུ་མི་འཐད་དོ། །དེ་ལྟར་བྱེད་པ་པོ་དང་ལས་ཡོད་པས་དེ་ཡོད་པའི་ཕྱིར་དངོས་པོ་ཐམས་ཅད་ཀྱང་རབ་ཏུ་འགྲུབ་པ་འཐད་དོ། །

（他方）道：於此，一切（經論）皆示善業與非善善，以及其果——悅意及不悅意。同樣的，（諸經論）也顯示了善業與非善業的作者，並深奧地彰顯彼（作者）的果報。如果作者不存在，作業也不應理；既無作業，果不應理。如是，作者及作業存在的緣故，至極成立一切事物是合理的。

1 如同在第二品已述的譯者註所言般，在此的「作者」及「作業」為鳩摩羅什大師的譯詞，「作業」是「動作」的意思，「作者」是該動作的發起者。為了讀者不忘其義，再次註釋。

བཤད་པ། གལ་ཏེ་བྱེད་པ་པོ་ཞིག་ལས་བྱེད་པར་གྱུར་ན་དེ་ཡིན་པར་འགྱུར་བའམ། མ་ཡིན་པར་གྱུར་པ་ཞིག་བྱེད་པར་འགྱུར་ཞིང་། ལས་ཀྱང་ཡིན་པར་གྱུར་པའམ། མ་ཡིན་པར་གྱུར་པ་ཞིག་བྱ་བར་འགྱུར་གྲང་ན།

（自方）道：如果作者做某作業，試問：彼（動作的發起者，以）是（作者的身分而做），或是以非（作者的身分）而做？[2]

還有，作業以是（作業的立場）而做，或非（作業的立場）而做呢？

དེ་ལ། བྱེད་པོ་ཡིན་པར་གྱུར་པ་དེ། །ལས་སུ་གྱུར་པ་མི་བྱེད་དོ། །བྱེད་པོ་མ་ཡིན་གྱུར་པ་ཡང་། ལས་སུ་མ་གྱུར་མི་བྱེད་དོ། །བྱེད་པ་པོ་ཡིན་པར་གྱུར་པ་ནི། །ལས་ཡིན་པར་གྱུར་པ་མི་བྱེད་དོ། །བྱེད་པ་པོ་མ་ཡིན་པར་གྱུར་པ་ཡང་ལས་མ་ཡིན་པར་གྱུར་པ་མི་བྱེད་དོ། །ཅིའི་ཕྱིར་ཞེ་ན། འདི་ལྟར། ཡིན་པར་གྱུར་ལ་བྱ་བ་མེད། །ལས་ཀྱང་བྱེད་པོ་[3]མེད་པར་འགྱུར། །ཡིན་པར་གྱུར་ལ་བྱ་བ་མེད། །བྱེད་པ་པོ་ཡང་ལས་མེད་འགྱུར། །འདི་ལ་བྱ་བ་དང་ལྡན་པ་ཁོ་ནས་བྱེད་པ་པོ་ཡིན་པར་འགྱུར་ཏེ། འདི་ལྟར་བྱེད་པ་པོ་ཁོ་ན་ནི་བྱེད་པ་པོ་ཡིན་གྱི། མི་བྱེད་པ་ནི་མ་ཡིན་པའི་ཕྱིར་རོ། །དེའི་ཕྱིར་བྱེད་པ་པོ་གང་བྱ་བ་དང་ལྡན་པ་དེ་བྱེད་པ་པོ་ཡིན་པར་གྱུར་པ་ཞེས་བྱ་སྟེ། །བྱེད་པ་པོ་ཡིན་པར་གྱུར་པ་དེ་ལ་ནི་ཡང་གང་གིས་ལས་བྱེད་དོ། །ཞེས་བྱ་བའི་བྱ་བ་གཞན་མེད་དོ། །ཅི་སྟེ་ཡོད་ན་ནི་བྱ་བ་གཉིས་སུ་འགྱུར་

2 此品主要議論「係屬作者是否造作係屬作業」、「非作者是否造作非作業」等內容。後者較好理解，前者的白話文是：某人發起某種動作的時候，是以作者的身分，還是非作者的身分？而且，所發起的作業是以係屬作業的立場，還是非作業的立場？

3 雖然對勘本版原文為པ།字，並非པོ།字，又無附加其他註釋。但是對照下述的解釋——ཡང་གཞན་ཡང་། ལས་ཀྱང་བྱེད་པོ་མེད་པར་འགྱུར།，所以譯者將此字解讀為後者。

དེ། བྱེད་པ་པོ་གཅིག་ལ་བྱ་བ་གཉིས་ནི་མེད་དོ། །

於此，（《中論》云：）

**8.1 以是作者故，不應爲作業；雖非爲作者，不做非作業。**

係屬[4]作者並不造作係屬作業；非作者也不造作非作業。[5]爲何？如是，（《中論》云：）

**8.2 是者無行爲，業亦無作者；是者無行爲，作者亦無業。**[6]

於此，唯有（依賴某種）行爲的存在，方可成爲作者。如是，僅有作者才是（動作的）發起者，不發起者並非（作者）。此故，作者具足某種行爲，彼稱爲「作者」。於「係屬作者」之中無其他「由誰發起作業」的行爲[7]。倘若存在的

---

4 同第一品（1.8）的譯者註釋，此論中的「係屬」應解讀為「是」，並非「相屬」。如甲係屬乙，就是「甲是乙」。所以係屬作者的意思是：正處於是作者狀態中的作者。

5 在此以兩種應成破除自性有。如果作者與作業自性而有的話，不應相互觀待，則不應由「造瓶的作業」而施設某人為「造瓶者」，這樣一來，即便沒有造瓶的作業，某人也是造瓶者，此為第一應成之過。同樣的，因為作業不須觀待作者，無造瓶者，仍可存在造瓶的作業，此為第二應成之過。

6 有關 8.2.bd，對勘本版的藏譯中論為：།བྱེད་པོ་མེད་པའི་ལས་སུ་འགྱུར། །ལས་མེད་བྱེད་པ་པོར་ཡང་འགྱུར།（是者無行為，成業無作者；是者無行為，成作者無業），故與此中所引的偈頌文有所出入；可參考 Nāgārjuna. *Dbu ma rtsa ba'i tshig le'ur byas pa shes rab,* 13。

7 直譯為「相異的行為」，其實指的是迴異於作者的行為。為能簡易讀者理解，在此僅翻「行為」。

話，將有兩種行爲，[8]（但是，）單一作者中並無兩種行爲。

ཡང་གཞན་ཡང་། ལས་ཀྱང་བྱེད་པོ་མེད་པར་འགྱུར། །བྱེད་པ་པོ་གཞན་ཅི་ཡང་མི་བྱེད་པ་དེ་ལ་ལས་ཡོད་པར་ཡོངས་སུ་བརྟག་པ་གང་ཡིན་པ་དེ་ལ་ཡང་བྱེད་པ་པོ་མེད་པར་འགྱུར་རོ། །ཅིའི་ཕྱིར་ཞེ་ན། བྱེད་པོ་པོ་ལས་བྱེད་ན་ལས་དེའི་བྱེད་པ་པོར་འགྱུར་ཞིང་། བྱེད་པ་པོ་བྱེད་པ་དེས་ཀྱང་ལས་དེ་བྱེད་པ་པོ་དང་བཅས་པར་འགྱུར་བ་ཡིན་ན་བྱ་བ་དང་བྲལ་ན་བྱེད་པ་པོ་ལས་དེ་མི་བྱེད་པའི་ཕྱིར་ཏེ། དེ་ལྟ་བས་ན་ལས་དེ་བྱེད་པ་པོ་མེད་པར་ཐལ་བར་འགྱུར་རོ། །

（有關 8.2.b）此外，作業亦無作者。若執：「作者雖無造作任何其他（行爲），於彼中仍有作業。」（我的反駁是：那麼）作者並不存在。爲何？如果作者做出（某）作業，（此人）將成該作業的作者；因爲作者（的）行爲導致該作業具有作者，然而，（此人）既無行爲，作者就不會做出其作業。此故，該作業應成無作者。

དེ་བཞིན་དུ་ལས་ཡིན་པར་གྱུར་པ་ལ་བྱ་བ་མེད་དེ། འདི་ལ་ཡང་བྱ་བ་དང་ལྡན་པ་ཁོ་ན་ལས་ཡིན་པར་འགྱུར་ཏེ། འདི་ལྟར་བྱ་བ་ཁོ་ན་ལས་ཡིན་གྱི། མི་བྱ་བ་མ་ཡིན་པའི་ཕྱིར་རོ། །དེའི་ཕྱིར་ལས་གང་བྱ་བ་དང་ལྡན་པ་དེ་ལས་ཡིན་པར་འགྱུར་ཞེས་བྱ་སྟེ། ལས་ཡིན་

8　如果作者與作業具有自性的話，「依賴某行為而施設某人為作者」的行為，以及「作者發起某種的行為」的行為各有不同。前者為作者之因，故存在於作者之前；後者與作者同時存在，故應有二。宗大師在《正理海》中說道：「所以，如果（作者）尚未發起第二行為——不能安立作者的行為——的話，作者將不做作業。」請參考 Tsong kha pa Blo bzang grags pa. *Dbu ma rtsa ba'i thsig le'ur byas pa shes rab ces bya ba'i rnam bshad rigs pa'i rgya mtsho zhes bya ba bzhugs so*. Vol 1, 296。

པར་གྱུར་པ་དེ་ལ་ནི། གང་གིས་བྱ་བ་ཡིན་ནོ། །ཞེས་བྱ་བའི་བྱ་བ་གཞན་མེད་དོ། །ཅི་སྟེ་ཡོད་ན་ནི། བྱ་བ་གཉིས་སུ་འགྱུར་ཏེ། ལས་གཅིག་ལ་བྱ་བ་གཉིས་ནི་མེད་དོ། །

（有關8.2.c）同樣的，於係屬作業之中無行爲。唯有具足行爲方能成爲作業，如是，只有行爲才是作業，（作業）並非沒有行爲。此故，哪種作業具足行爲，方能稱爲「係屬作業」。於係屬作業之中，不存在由誰發起行爲的其他行爲，[9]若有，應成兩種行爲，（但是，）單一的作業無兩種行爲。[10]

ཡང་གཞན་ཡང་། བྱེད་པ་པོ་ཡང་ལས་མེད་གྱུར། །ལས་མི་བྱ་བ་དེ་ལ་བྱེད་པ་པོ་ཡོད་པར་ཡོངས་སུ་བརྟག་པ་གང་ཡིན་པ་དེ་ལ་ཡང་ལས་མེད་པར་འགྱུར་རོ། །ཅིའི་ཕྱིར་ཞེ་ན། བྱེད་པ་པོའི་བྱ་བ་ཡིན་ན་བྱེད་པ་པོ་དེའི་ལས་སུ་འགྱུར་ཞིང་། ལས་བྱ་བ་དེས་ཀྱང་བྱེད་པ་པོ་དེ་ལས་དང་བཅས་པར་འགྱུར་བ་ཡིན་ན་བྱ་བ་དང་བྲལ་ན་ལས་དེ་བྱེད་པ་པོའི་བྱ་བ་མ་ཡིན་པའི་ཕྱིར་ཏེ། དེ་ལྟ་བས་ན་བྱེད་པ་པོ་དེ་ལས་མེད་པར་ཐལ་བར་འགྱུར་རོ། དེ་ལྟ་བས་ན་བྱ་བ་མེད་པའི་ཕྱིར་ལས་ཀྱང་བྱེད་པ་པོ་མེད་པར་ཐལ་བར་འགྱུར་ལ། བྱེད་པ་པོ་ཡང་ལས་མེད་པར་ཐལ་བར་འགྱུར་བས་བྱེད་པ་པོ་ཡིན་པར་གྱུར་པ་ལས་ཡིན་པ་མི་བྱེད་དོ། །

此外，「（8.2.d）作者亦無業。」若是全面執著：於未發起作業之中，仍可存在作者。於此，（我的反駁是，）應成無作業。爲何？若是作者的行爲，應成該作者的作業，該作業

9 因為作業依賴著某行為而被施設，所以施設處行為應視為作業之因，所以於係屬作業之中並無行為。

10 如同之前已述的兩種行為之過，於此，破除作業的自性。「依賴某行為而施設作業」的行為，以及「作者發起某種的行為」的行為各有不同。前者為作業之因，故存在於作業之前；後者與作業同時存在，故應有二。

的發起會使作者具有該作業。如果（作業）無行爲，該作業將不能成爲作者的行爲。此故，應成該作者無作業（之過）。此故，因爲無行爲，作業也將無作者，作者也將無作業，應成（如是過）。此故，係屬作者並不造作作業。

བྱེད་པ་པོ་མ་ཡིན་པར་གྱུར་པ་ཡང་ལས་མ་ཡིན་པར་གྱུར་པ་མི་བྱེད་དོ། །ཇི་ལྟར་ཞེ་ན། གལ་ཏེ་བྱེད་པོར་མ་གྱུར་པ། །ལས་སུ་མ་གྱུར་བྱེད་ན་ནི། །ལས་ལ་རྒྱུ་མེད་ཐལ་བར་འགྱུར། །བྱེད་པ་པོ་ཡང་རྒྱུ་མེད་འགྱུར། །བྱེད་པ་པོ་དང་ལས་དག་མ་ཡིན་པར་གྱུར་པ་ཞེས་བྱ་བ་ནི་གང་དག་བྱ་བ་དང་བྲལ་བ་དག་གོ། །དེ་ལ་གལ་ཏེ་བྱེད་པ་པོ་མ་ཡིན་པར་གྱུར་པ་བྱ་བ་དང་བྲལ་བ་ལས་མ་ཡིན་པར་གྱུར་པ་བྱ་བ་དང་བྲལ་བ་བྱེད་ན་བྱེད་པ་པོ་དང་ལས་རྒྱུ་མེད་པར་ཐལ་བར་འགྱུར་རོ། །ཅིའི་ཕྱིར་ཞེ་ན། འདི་ལྟར་བྱེད་པ་པོ་བྱ་བ་དང་ལྡན་པའི་རྒྱུ་ལས་བྱུང་བ་བྱེད་པ་པོ་ཉིད་ཡིན་ལ། ལས་ཀྱང་ལས་ཉིད་ཡིན་པའི་ཕྱིར་རོ། །དེ་ལྟ་བས་ན་བྱེད་པ་པོ་དང་ལས་དག་མ་ཡིན་པར་གྱུར་པ་བྱ་བ་དང་བྲལ་བ་ཡོངས་སུ་རྟོག་ན་རྒྱུ་མེད་པ་ཉིད་དུ་ཐལ་བར་འགྱུར་རོ། །

不是作者（的話，）也不會造作非作業。爲何？

**8.3 若非是作者，能做非作業，作業成無因，[11]作者亦無因。**

「非作者」及「非作業」謂遠離行爲。如果，遠離行爲的非作者可以造作遠離行爲的非作業時，作者及作業應成無因。爲何？作者之所以成爲作者，是因爲有行爲之因。（同理，）

11 有關 8.3.c，對勘本版的藏譯中論為：།ལས་ལ་རྒྱུ་ནི་མེད་པར་འགྱུར།，故與此中所引的偈頌文有所出入；可參考 Nāgārjuna. *Dbu ma rtsa ba'i tshig le'ur byas pa shes rab,* 13。

作業也是（如此）成爲了作業。此故，若（你）全面執著：非作者及非作業皆（造作）[12]遠離行爲，（作者及作業）應成無因。

དེ་ལ་འགའ་ཡང་བྱེད་པ་པོ་མ་ཡིན་པར་མི་འགྱུར་ལ་གང་ཡང་ལས་མ་ཡིན་པར་མི་འགྱུར་ཏེ། དེ་ལྟ་ན་འདི་ནི་བྱེད་པ་པོ་ཡིན་ནོ། །འདི་ནི་ལས་ཡིན་ནོ་ཞེས་བྱ་བ་དག་མི་སྲིད་པར་འགྱུར་རོ། །དེ་དག་མི་སྲིད་ན་འདི་ནི་བསོད་ནམས་བྱེད་པ་ཡིན་ནོ། །འདི་ནི་མ་ཡིན་ནོ། །འདི་ནི་སྡིག་པ་བྱེད་པ་ཡིན་ནོ། འདི་ནི་མ་ཡིན་ནོ་ཞེས་བྱ་བ་དག་ཀྱང་མི་འཐད་པར་འགྱུར་རོ། །དེ་དག་མི་འཐད་ན་འཆོལ་བའི་ཉེས་པ་ཆེན་པོར་འགྱུར་བས་དེའི་བྱེད་པ་པོ་མ་ཡིན་པར་གྱུར་པ་ལས་མ་ཡིན་པར་གྱུར་པ་མི་བྱེད་དོ།[13]

於此，（若無因仍可存在作者及作業，）任何事物都是作者，任何事物也都是作業。如是，說此乃作者、此乃作業，應不可能（合理）。若不可能（合理），說此是造福、此非（造福）、此是造孽、此非（造孽）等，應成不合理。若不合理，應成大謬。此故，非作者並不造作非作業。

ཡང་ན། རྒྱུ་མེད་ན་ནི་འབྲས་བུ་དང་། རྒྱུ་ཡང་འཐད་པར་མི་འགྱུར་རོ། །རྒྱུ་མེད་ན་འབྲས་བུ་ཅུང་ཟད་ཀྱང་འཐད་པར་མི་འགྱུར་ཏེ། རྒྱུ་མེད་པ་ལ་འབྲས་བུ་ཇི་ལྟར་འཐད་པར་འགྱུར། ཅི་སྟེ་འཐད་ན་ནི་ཐོ་བུར་དུ་ཐམས་ཅད་འབྱུང་བར་འགྱུར་ཞིང་། རྩོམ་པ་ཐམས་ཅད་དོན་མེད་པ་ཉིད་དུ་ཡང་འགྱུར་བས་དེ་ནི་མི་འདོད་དེ། དེ་ལྟ་བས་ན་རྒྱུ་མེད་ན་འབྲས་བུ

---

12 多加「造作」二字，是因為這段前句「如果，遠離行為的非作者可以造作遠離行為的非作業時，作者及作業應成無因」。

13 根據北京版及奈塘版，改為དོ། 字。

ཅུང་ཟད་ཀྱང་འཐད་པར་མི་འགྱུར་རོ། །རྒྱུ་ཡང་འཐད་པར་མི་འགྱུར་རོ། །ཞེས་བྱ་བ་ནི་རྒྱུ་མེད་ན་རྐྱེན་ཀྱང་འཐད་པར་མི་འགྱུར་རོ་ཞེས་བྱ་བའི་ཐ་ཚིག་གོ། །དེ་ཡང་ཇི་ལྟར་འཐད་ཅེ་ན། དངོས་པོ་རྒྱུ་ལས་བྱུང་བ་རྣམས་ལ་རྐྱེན་ཀྱང་ཕན་འདོགས་པར་བྱེད་པ་ཡིན་ན་རྒྱུ་མེད་ཅིང་དེ་ཉིད་མི་འབྱུང་ན་རྐྱེན་རྣམས་ཀྱིས་གང་ལ་ཕན་འདོགས་པར་འགྱུར་རོ། །ཕན་འདོགས་པར་མི་བྱེད་ན་ནི་ཇི་ལྟར་རྐྱེན་རྣམས་སུ་འགྱུར། དེ་ལྟ་བས་ན་རྒྱུ་མེད་ན་འབྲས་བུ་ཡང་འཐད་པར་མི་འགྱུར་ལ། རྒྱུ་ཡང་འཐད་པར་མི་འགྱུར་རོ། །

或是，（《中論》云：）

**8.4.ab 若因不存在，果因不應理，**

若因不存在，沒有任何果能被成立。沒有了因，怎麼會有果？若有，於剎那間將能成辦一切，[14]所做努力將成無意義，故（我）不承許彼（論）。此故，若無因，無法成立任何的果，因也無法被成立。「沒有因」意味緣也無法成立。

此復，若問：如何安立（無因則無果之論）？事物由因而生，緣亦爲助益者[15]的話，若無因，緣等助益何者？既無助益，如何成爲緣等？此故，若無因，果亦不應理，因也不應理。

།དེ་མེད་ན་ནི་བྱ་བ་དང་། །བྱེད་པ་པོ་དང་བྱེད་མི་རིགས། །དེ་མེད་ན་ནི་ཞེས་བྱ་བ་ནི་དེ་མེད་ན་སྟེ། འབྲས་བུ་དེ་མེད་ན་བྱ་བ་དང་བྱེད་པ་པོ་དང་། བྱེད་པ་དག་ཀྱང་མི་རིགས་

14 「於剎那間將能成辦一切」謂什麼事情都有可能突然發生。

15 緣等為助益事物的形成者。

སོ། །ཇི་ལྟར་ཞེ་ན། འདི་ན་གཅད་པར་བྱ་བ་གཅོད་པ་ན་གཅོད་པ་པོས་གཅད་པས་གཅོད་པར་བྱེད་དེ། དེ་ལ་གཅད་པར་བྱ་བ་འབྲས་བུ་ཡོད་ན་གཅད་པའི་བྱ་བ་ཡོད་ཅིང་གཅད་པའི་བྱ་བའི་བྱེད་པ་པོ་གཅོད་པ་པོ་ཡང་ཡོད་ལ། གཅོད་པ་པོ་དེ་ཡང་གཅད་པའི་བྱེད་པས་གཅོད་པར་བྱེད་དེ། གཅད་པར་བྱ་བ་འབྲས་བུ་མེད་ན་གཞི་མེད་པ་ལ་གཅད་པའི་བྱ་བ་ཇི་ལྟར་ཡོད་པ་འགྱུར། གཅད་པའི་བྱ་བ་མེད་ན་དེའི་བྱེད་པ་པོ་གཅོད་པ་པོ་ཡོད་པར་ག་ལ་འགྱུར། གཅོད་པ་པོ་མེད་ན་གཅད་པའི་བྱེད་པ་ག་ལ་ཡོད།

（《中論》云：）

**8.4.cd 無彼無作處，作者及作業。**

「無彼」者謂沒有彼（──果）。如果沒有果，作處、作者、作業皆不應理。爲何？正斷所斷處時，是由斷者而斷。於此，有了所斷之果，才會有所斷，以及所斷的作者──斷者。由斷者而斷的緣故，才有斷的作業。如果沒有所斷之果，將無（斷的）基礎，怎麼會有所斷？既無所斷，怎麼會有該動作者──斷者？既無斷者，怎麼會有斷的作業？

།བྱ་བ་ལ་སོགས་མི་རིགས་ན། །ཆོས་དང་ཆོས་མིན་ཡོད་མ་ཡིན། །བྱ་བ་ལ་སོགས་པ་མི་རིགས་པར་ཐལ་བར་གྱུར་ན་ཆོས་དང་ཆོས་མ་ཡིན་པ་དག་ཀྱང་ཡོད་པ་མ་ཡིན་ནོ། །ཅིའི་ཕྱིར་ཞེ་ན། འདི་ལ་ཆོས་དང་ཆོས་མ་ཡིན་པ་ལུས་དང་ངག་དང་ཡིད་ཀྱི་བྱ་བའི་ཁྱད་པར་ཅན་དག་ནི་བྱེད་པ་པོ་དང་བྱ་བ་ལ་བརྟེན་པར་འདོད་པའི་ཕྱིར་ཏེ། དེ་ལྟ་བས་ན། བྱ་བ་དང་བྱེད་པ་པོ་དང་བྱེད་པ་དག་མི་རིགས་ན་དེ་དག་ལ་བརྟེན་པའི་ཆོས་དང་ཆོས་མ་ཡིན་པ་དག་ཡོད་པ་མ་ཡིན་ནོ། །

（《中論》云：）

### 8.5.ab 若無作等法，則無法非法，

如果所作等皆不應理，（具有如是）應成（之過）的話，法及非法等亦不應理。爲何？（既然你已）承許法及非法等身語意的特殊行爲皆依賴作者及作業。若爾，作處、作者，以及作業若不應理，依賴彼等的法及非法皆不應存在。

།ཆོས་དང་ཆོས་མིན་མེད་ན་ནི། །དེ་ལས་བྱུང་བའི་འབྲས་བུ་མེད། །དེ་ལྟར་ཆོས་དང་ཆོས་མ་ཡིན་པ་དག་མེད་ན་ཆོས་དང་ཆོས་མ་ཡིན་པ་དེ་དག་ལས་བྱུང་བའི་འབྲས་བུ་ཡང་མེད་པར་ཐལ་བར་འགྱུར། ཅིའི་ཕྱིར་ཞེ་ན། ས་བོན་ལ་སོགས་པ་ལས་ལོ་ཏོག་སྐྱེ་བ་བཞིན་དུ་ཆོས་དང་ཆོས་མ་ཡིན་དག་ལས་འབྲས་བུ་འགྲུབ་པར་འདོད་པའི་ཕྱིར་རོ། །བྱ་བ་ལ་སོགས་པ་མི་རིགས་པའི་ཕྱིར་རོ། །ཆོས་དང་ཆོས་མ་ཡིན་པ་དེ་དག་མེད་དོ། །དེ་དག་མེད་པས་དེ་ལས་བྱུང་བའི་འབྲས་བུ་ཡོད་པར་ག་ལ་འགྱུར། འབྲས་བུ་མེད་ན་ཐར་པ་དང་། །མཐོ་རིས་འགྱུར་བའི་ལམ་མི་འཐད། །འབྲས་བུ་མེད་པར་ཐལ་བར་གྱུར་ན། །མཐོ་རིས་སུ་འགྱུར་བ་དང་ཐར་བར་འགྱུར་བའི་ལམ་ཡང་མི་འཐད་པར་འགྱུར་རོ། །ཅིའི་ཕྱིར་ཞེ་ན། མཐོ་རིས་དང་བྱང་གྲོལ་དག་ནི་ཆོས་ཀྱི་འབྲས་བུ་ཡིན་ལ་དེ་དག་འཐོབ་པའི་ཐབས་ནི་ལམ་ཡིན་ན་མཐོ་རིས་དང་བྱང་གྲོལ་ཞེས་བྱ་བ་འབྲས་བུ་དེ་དག་མེད་ན་ལམ་དེ་གང་གིས་འཐོབ་པའི་ཐབས་སུ་འགྱུར།

（《中論》云：）

### 8.5.cd 若無法非法，無彼所生果。

如是，沒有法及非法的話，由法及非法所生的果也應成沒有。爲何？如同由種子等而正在生起的果般，（我亦）承許由法及非法會生果。既然作等皆不應理，則無法及非法；若無彼

等（法及非法），豈有從彼（——法及非法——）所生之果？（《中論》云：）

**8.6.ab 無果則無有，解脫增上生，**

應成無果的話，轉成增上生及應成（解脫）之道亦不應理。爲何？增上生及解脫等是法之果，獲得彼等的方法則爲道；如果沒有增上生及解脫，該道又爲什麼會成爲方法？

།བྱ་བ་དག་ནི་ཐམས་ཅད་ཀྱང་། །དོན་མེད་ཉིད་དུ་ཐལ་བར་འགྱུར། །འབྲས་བུ་མེད་པས་མཐོ་རིས་དང་བྱང་གྲོལ་གྱི་ལམ་མི་འཐད་པར་ཐལ་བར་འགྱུར་བ་འབའ་ཞིག་ཏུ་ཡང་མ་ཟད་ཀྱི།། འཇིག་རྟེན་ན་ཞིང་ལས་ལ་སོགས་པའི་བྱ་བ་གང་དག་ཡིན་པ་དེ་དག་ཀྱང་དོན་མེད་པ་ཉིད་དུ་ཐལ་བར་འགྱུར་ཏེ། འཇིག་རྟེན་ནི་འབྲས་བུའི་དོན་དུ་བྱ་བ་དེ་དང་དེ་དག་རྩོམ་པར་བྱེད་པ་ཡིན་ན་འབྲས་བུ་དེ་དང་དེ་དག་མི་འཐད་ཅིང་འབྲས་བུ་མེད་ན་བྱ་བ་སྒྲུབ་པ་དག་དུབ་པའི་སྡོད་དུ་ཟད་པས་དོན་མེད་པ་ཉིད་དུ་ཐལ་བར་འགྱུར་རོ། །དེའི་ཕྱིར་དེ་ལྟར་རྒྱུ་མེད་ན་ཉེས་པ་མང་པོ་དང་ཆེན་པོ་དག་ཏུ་ཐལ་བར་འགྱུར་བས་བྱེད་པ་པོ་མ་ཡིན་པར་འགྱུར་བས་ལས་མ་ཡིན་པར་གྱུར་པ་བྱེད་དོ། །ཞེས་བྱ་བ་དེ་ནི་ཤིན་ཏུ་ཚིག་ངན་པ་ཡིན་ནོ། །

（《中論》云：）

**8.6.cd 一切作等事，應成無意義。**

沒有果，絕對不能合理地成立增上生及解脫之道。不僅如此，世間的農作等一切作爲也應成無義。既然世間爲獲取果而付出努力，沒有果，所做的行爲應成無意義的無果之勞。無因，應成諸多極大過失。此故，說由非作者造作非作業，實爲極惡之詞。

དེ་ལ་འདི་སྙམ་དུ་བྱེད་པ་པོ་ཡིན་པ་དང་མ་ཡིན་པར་གྱུར་པ་ལས་ཡིན་པ་དང་མ་ཡིན་པར་གྱུར་པ་བྱེད་པར་སེམས་ན། དེ་ལ་བཤད་པར་བྱ་སྟེ། བྱེད་པ་པོར་གྱུར་མ་གྱུར་པ། །གྱུར་མ་གྱུར་དེ་མི་བྱེད་དེ། བྱེད་པ་པོ་ཡིན་པ་དང་མ་ཡིན་པར་གྱུར་པ་ནི་བྱ་བ་དང་ལྡན་པ་དང་བྱ་བ་དང་མི་ལྡན་པའོ། །ལས་ཡིན་པ་དང་མ་ཡིན་པར་གྱུར་པ་ཡང་བྱ་བ་དང་ལྡན་པ་དང་བྱ་བ་དང་མི་ལྡན་པའོ། །བྱེད་པ་པོ་ཡིན་པ་དང་མ་ཡིན་པར་གྱུར་པ་ལས་ཡིན་པ་དང་མ་ཡིན་པར་གྱུར་མི་བྱེད་དོ། །ཅིའི་ཕྱིར་ཞེ་ན། ཡིན་དང་མ་ཡིན་གྱུར་པ་ནི། ། ཕན་ཚུན་འགལ་བས་ག་ལ་གཅིག །གལ་ཏེ་བྱེད་པ་པོ་དང་ལས་དེ་ལྟ་བུ་དག་སྲིད་པར་གྱུར་ན་ནི་བྱེད་པ་པོ་དེ་ལས་དེ་བྱེད་པར་ཡང་འགྱུར་གྲང་ན། ཡིན་པ་དང་མ་ཡིན་པར་གྱུར་པ་ནི་ཕན་ཚུན་འགལ་བ་ཡིན་པས། གཅིག་ན་ཡོད་པར་ག་ལ་འགྱུར་ཏེ། དེ་ལྟ་བས་ན་མི་སྲིད་པའི་ཕྱིར་དང་། གཉིས་ཀའི་སྐྱོན་ཇི་སྐད་བསྟན་པས་ཐལ་བར་འགྱུར་བའི་ཕྱིར་བྱེད་པ་པོ་ཡིན་པ་དང་། མ་ཡིན་པར་གྱུར་པ་མི་བྱེད་དོ། །

於此，如果（你）認爲，由係屬作者及非作者而造作係屬作業及非作業的話，於此，（我）將解說。（《中論》云：）

**8.7.ab　以是非作者，不造是非業，**

係屬作者謂具有造作，非爲（作者）謂不具造作；係屬作業謂具有造作；非爲（作業）謂不具造作。由亦是亦非[16]的作者並不造作亦是亦非的作業。爲何？（《中論》云：）

**8.7.cd　是非相違故，一處則無二。**[17]

16　是作者與不是作者的結合體。

17　有關 8.7.cd，對勘本版的藏譯中論為：།ཡིན་དང་མ་ཡིན་གྱུར་ཅིག་ལ། །ཕན་ཚུན་འགལ་བས་ག་ལ་ཡོད།，故與此中所引的偈頌文有所出入；可參考 Nāgārjuna. *Dbu ma rtsa ba'i tshig le'ur byas pa shes rab,* 14。

若作者與作業如此，試問：作者亦能造作該作業（——是作業又是非作業——）的話，是與不是實為相互矛盾，如何於一處中並存？此故，不可能如此。誠如已經顯示的應成二過，[18] 此故，亦是亦非的作者不造作（亦是亦非的作業）。

དེ་ལྟར་རེ་ཞིག་ཕྱོགས་མཐུན་པ་གསུམ་གྱིས་བྱེད་པ་པོ་དང་ལས་མི་འཐད་དེ། བྱེད་པ་པོ་ཡིན་པར་གྱུར་པ་ལས་ཡིན་པར་གྱུར་པ་མི་བྱེད་པ་དང་། བྱེད་པ་པོ་མ་ཡིན་པར་གྱུར་པ་ལས་མ་ཡིན་པར་གྱུར་པ་མི་བྱེད་པ་དང་། བྱེད་པ་པོ་ཡིན་པ་དང་། མ་ཡིན་པར་གྱུར་པ་ལས་ཡིན་པ་གྱུར་པ་ལས་ཡིན་པ་དང་། མ་ཡིན་པར་གྱུར་པ་མི་བྱེད་དོ། །

如是，先由相同三方破除作者及作業。（相同三方為：一、）係屬作者並不造作係屬作業。（二、）非作者並不造作非作業。（三、）由亦是亦非的作者並不造作亦是亦非的作業。

མི་མཐུན་པས་ཀྱང་མི་འཐད་དེ། །འདི་ལྟར། བྱེད་པ་པོ་དང་ལས་དག་ནི། །གྱུར་པ་མ་གྱུར་མི་བྱེད་དོ། །མ་གྱུར་པ་ཡང་གྱུར་མི་བྱེད། །རེ་ཞིག་བྱེད་པ་པོ་ཡིན་པར་གྱུར་པ་ལས། མ་ཡིན་པར་གྱུར་པ་མི་བྱེད་དོ། །བྱེད་པ་པོ་མ་ཡིན་པར་གྱུར་པ་ལས་ཡིན་པར་གྱུར་པ་མི་བྱེད་དོ། །ཅིའི་ཕྱིར་ཞེ་ན། འདི་ལྟར། འདིར་ཡང་སྐྱོན་དེར་ཐལ་བར་འགྱུར། །བྱེད་པ་པོ་དང་ལས་རྣམ་པ་དེ་ལྟ་བུ་དག་ཡོངས་སུ་རྟོག་ན་འདིར་ཡང་གང་གི་ཕྱིར་སྔར་བསྟན་པའི་སྐྱོན་བྱེད་པ་པོ་ཡིན་པར་གྱུར་པ་ལ་བྱ་བ་མེད་པ་དང་། ལས་ལ་བྱེད་པ་པོ་མེད་པ་དང་། ལས་ཡིན་པར་གྱུར་པ་ལ་བྱ་བ་མེད་པ་དང་། བྱེད་པ་པོ་ལས་མེད་པ་དང་། བྱེད་པ་པོ་དང་ལས་མ་ཡིན་པར་གྱུར་པ་དག་ལ་རྒྱུ་མེད་པར་འགྱུར་བ་དེའི་ཕྱིར་བྱེད་པ་པོ་ཡིན་པར་གྱུར་

18 第一過：於一處中，同時具有係屬作者以及非作者之過。第二過：於一處中，同時具有係屬作業以及非作業之過。

པ་ལས་མ་ཡིན་པར་གྱུར་པ་མི་བྱེད་ལ། བྱེད་པ་པོ་མ་ཡིན་པར་གྱུར་པ་ལས་ཡིན་པར་གྱུར་པ་མི་བྱེད་དོ། །

不同方亦不應理。如是，（《中論》云：）

**8.8.abc 作者及作業，是不造作非，非不造作是，**[19]

首先，係屬作者不會造作非（作業）；非作者（也）不會造作係屬作業。爲何？如是，（《中論》云：）

**8.8.d 此復成該過。**

若周遍觀察作者及作業的行相時，如前所示過患，此亦是如此。於係屬作者之中並無作處，於作業之中並無作者，於係屬作業之中並無作處，於作者之中並無作業，於非作者及非作業之中並無有因的緣故，係屬作者不會造作非作業，非作者（也）不會造作係屬作業。

བྱེད་པ་པོ་དང་ལས་དག་ནི། །གྱུར་དང་བཅས་པ་མ་གྱུར་དང་། །གྱུར་མ་གྱུར་པ་མི་བྱེད་དེ། །བྱེད་པ་པོ་ཡིན་པར་གྱུར་པ་ལས་མ་ཡིན་པར་གྱུར་པ་དང་ཡིན་པ་དང་མ་ཡིན་པར་གྱུར་པ་མི་བྱེད་དོ། །ཅིའི་ཕྱིར་ཞེ་ན། གཏན་ཚིགས་གོང་དུ་བསྟན་ཕྱིར་རོ། །བྱེད་པ་པོ་ཡིན་པར་གྱུར་པ་ལ་བྱ་བ་མེད་པ་དང་། ལས་མ་ཡིན་པར་གྱུར་པ་ལ་རྒྱུ་མེད་པ་དང་། ལས་

---

19 有關 8.8.abc，對勘本版的藏譯中論為：།བྱེད་པ་པོར་ནི་གྱུར་པ་ཡིས། །མ་གྱུར་ལས་ནི་མི་བྱེད་དེ། །མ་གྱུར་པས་ཀྱང་གྱུར་མི་བྱེད། （以是為作者，不造非作業，非亦不造是，），故與此中所引的偈頌文有所出入；可參考 Nāgārjuna. *Dbu ma rtsa ba'i tshig le'ur byas pa shes rab,* 14。

ཡིན་དང་མ་ཡིན་པར་གྱུར་པ་ཕན་ཚུན་འགལ་བས་ག་ལ་གཅིག་ཅེས་བསྟན་པའི་ཕྱིར་རོ། །

（《中論》云：）

**8.9.abc 作者及作業，是者不造作，非業及是非，**[20]

係屬作者不會造作非業及亦是亦非的業。爲何？（《中論》云：）

**8.9.d 因相前已述。**

如前已示，於係屬作者之中並無造作，於非作業之中無因，及相互矛盾的是業與非業豈（能同俱）於一處之中？

བྱེད་པ་པོ་དང་ལས་དག་ནི། །མ་གྱུར་པ་ནི་གྱུར་བཅས་དང་། །གྱུར་མ་གྱུར་པ་མི་བྱེད་དེ། །བྱེད་པ་པོ་མ་ཡིན་པར་གྱུར་པ་ལས་ཡིན་པར་གྱུར་པ་དང་། ཡིན་དང་མ་ཡིན་པར་གྱུར་པ་མི་བྱེད་དོ། །ཅིའི་ཕྱིར་ཞེ་ན། གཏན་ཚིགས་གོང་དུ་བསྟན་ཕྱིར་རོ། །བྱེད་པ་པོ་མ་ཡིན་པར་གྱུར་པ་ལས་རྒྱུ་མེད་པ་བྱེད། །ལས་མ་ཡིན་པར་གྱུར་པ་ལ་བྱ་བ་མེད་པ་དང་། ལས་ཡིན་པ་དང་མ་ཡིན་པར་གྱུར་པ་ཕན་ཚུན་འགལ་བས་ག་ལ་གཅིག་ཅེས་བསྟན་པའི་ཕྱིར་རོ།

（《中論》云：）

**8.10.abc 作者及作業，非者不造作，是業及是非，**[21]

---

20 有關 8.9.abc，對勘本版的藏譯中論為：།བྱེད་པ་པོར་ནི་གྱུར་པ་དང་། །བཅས་པ་ལས་ནི་མ་གྱུར་དང་། །གྱུར་མ་གྱུར་པ་མི་བྱེད་དེ།（以是為作者，不做非作業，不做是非業，），故與此中所引的偈頌文有所出入；可參考 Nāgārjuna. *Dbu ma rtsa ba'i tshig le'ur byas pa shes rab,* 14。

21 有關 8.10.abc，對勘本版的藏譯中論為：།བྱེད་པ་པོར་ནི་མ་གྱུར་པས། །ལས་ནི་གྱུར་དང་བཅས་པ་

非作者不造作係屬業及亦是亦非（業）。爲何？（《中論》云：）

**8.10.d 因相前已述。**

如前已示，由非作者造作無因、於非作業之中無造作，及相互矛盾的是業與非業豈（能同俱）於一處之中？

བྱེད་པ་པོར་གྱུར་མ་གྱུར་ནི། ལས་སུ་གྱུར་དང་མ་གྱུར་པ། མི་བྱེད། །བྱེད་པ་པོ་ཡིན་པ་དང་མ་ཡིན་པར་གྱུར་པ་ལས་ཡིན་པར་གྱུར་པ་དང་། མ་ཡིན་པར་གྱུར་པ་མི་བྱེད་དོ། །ཅིའི་ཕྱིར་ཞེ་ན། འདིར་ཡང་གཏན་ཚིགས་ནི། གོང་དུ་བསྟན་པས་ཤེས་པར་བྱ། །བྱེད་པ་པོ་ཡིན་པ་དང་མ་ཡིན་པར་གྱུར་པ་ལས། ཕན་ཚུན་འགལ་བས་ག་ལ་གཅིག་ཅེས་བྱ་བ་དང་། ལས་ཡིན་པར་གྱུར་པ་ལ་བྱ་བ་མེད་པ་དང་། ལས་མ་ཡིན་པར་གྱུར་པ་ལ་རྒྱུ་མེད་པར་འགྱུར་རོ་ཞེས་བསྟན་པ་དག་གིས་ཤེས་པར་བྱའོ། །

（《中論》云：）

**8.11.ab 以是非作者，不做是非業。**

由亦是亦非的作者不造作亦是亦非的作業。爲何？（《中論》云：）

**8.11.cd 如前已闡述，[22]應知其因相。**

---

དང་། །གྱུར་མ་གྱུར་པ་མི་བྱེད་དེ།（以非為作者，不做係屬業，不做是非業，），故與此中所引的偈頌文有所出入；可參考 Nāgārjuna. *Dbu ma rtsa ba'i tshig le'ur byas pa shes rab,* 14。

22 有關 8.11.c，對勘本版的藏譯中論為：།མི་བྱེད་འདི་ཡང་གཏན་ཚིགས་ནི།，故與此中所引

如已說（的因相——）「相互矛盾的是作者與非作者豈（同俱）於一處之中？」、於係屬作業之中無造作，以及於非作業之中並無有因——得知（亦是亦非的作者不造作亦是亦非的作業）。

དེ་ལྟར་ཕྱོགས་མི་མཐུན་པ་དྲུག་གིས་ཀྱང་བྱེད་པ་པོ་དང་ལས་མི་འཐད་དེ། ཡིན་པར་གྱུར་པ་མ་ཡིན་པར་གྱུར་པ་དང་། མ་ཡིན་པར་གྱུར་པ་ཡིན་པར་གྱུར་པ་མི་བྱེད་པ་དང་། ཡིན་པར་གྱུར་པ་མ་ཡིན་པར་གྱུར་པ་དང་། ཡིན་པ་དང་མ་ཡིན་པར་གྱུར་པ་མི་བྱེད་པ་དང་། མ་ཡིན་པར་གྱུར་པས་ཡིན་པར་གྱུར་པ་དང་། ཡིན་པ་དང་མ་ཡིན་པར་གྱུར་པ་མི་བྱེད་པ་དང་། ཡིན་པ་དང་མ་ཡིན་པར་གྱུར་པ་ཡིན་པར་གྱུར་པ་དང་། མ་ཡིན་པར་གྱུར་པ་མི་བྱེད་དེ། དེ་ལྟ་བས་ན་བྱེད་པ་པོ་འདི་ལས་འདི་བྱེད་དེ་ཞེས་བྱ་བ་དེ་ཇི་ལྟར་ཡང་མི་འཐད་དོ། །

如是，由不同方六相破除作者及作業。（一、）係屬（作者不造作）非（作業）；非（作者）不造作係屬（作業）。（二、）係屬（作業不被）非（作者造作）。（三、係屬作者）不造作「亦是（作業）亦非（作業）」。（四、）非（作業）不被係屬（作者造作）。（五、非作者）不造作亦是（作業）亦非（作業）。（六、）由「亦是（作者）亦非（作者）」不造作「亦是（作業）亦非（作業）」。如是，說由此作者成辦此作業，無論如何都不應理。

སྨྲས་པ། བྱེད་པ་པོ་འདི་ལས་འདི་བྱེད་དོ་ཞེའམ། མི་བྱེད་དོ་ཞེས་བྱ་བ་དེས་ཁོ་བོ་

的偈頌文有所出入；可參考 Nāgārjuna. *Dbu ma rtsa ba'i tshig le'ur byas pa shes rab*, 14。

ལ་ཅི་བྱ། ཡོད་ན་ནི་རེ་ཞིག་བྱེད་པ་པོ་དང་ལས་ཡོད་དོ། །

（他方）道：（若如此，）對我而言，說由此作者成辦此作業，或（由此作者）並未成辦（此作業），有何用處？既存在，首先，就應有作者及作業。

བཤད་པ། ཅི་ཁྱོད་ཏིལ་མར་འདོད་ལ་དགོན་པའི་ཏིལ་ཀ་ཚོལ་ལམ། ཁྱོད་བྱེད་པ་པོ་དང་ལས་ཞེས་བྱ་བའི་མིང་ཙམ་གྱིས་དགའ་ཞིང་ཅི་ཡང་མི་བྱེད་པ་བྱེད་པོར་འདོད་ལ་མི་བྱ་བ་ལས་སུ་འདོད་གོ། །བྱ་བ་གཞན་མི་འཐད་པས་དེ་དག་ཡོད་པར་བརྟག་པ་དོན་མེད་པར་འགྱུར་དུ་ངེས་ཏེ། དེ་ལྟ་བུའི་རང་བཞིན་ཅན་ནི་བྱེད་པ་པོ་ཡང་མ་ཡིན་ལ་དེ་ལྟ་བུའི་རང་བཞིན་ཅན་ནི་ལས་ཀྱང་མ་ཡིན་པས་འདིར་གང་བདེན་པར་གྱུར་པ་དེ་ཉིད་གཟུང་བར་བྱ་བའི་རིགས་པ་སྨྲོས།

（自方）道：爲何你想要芝麻油，卻去尋找森林的帝噶樹？[23]

光是「作者」及「作業」的名稱就足以令你歡喜。（你的所言，等同）承許無造作卻（有）作者、無造作卻（有）作業。

其他造作皆不可立，觀執彼等（——作者、作業、作處——）推論成無義。這種的自性並非作者，這種的自性也非作業的緣故，（到底你）認爲什麼眞實性才能被合理地執取呢？

སྨྲས་པ། གལ་ཏེ་དེ་ལྟར་བྱེད་པ་པོ་ཡང་མེད་ལ། ལས་ཀྱང་མེད་ན་ཁྱོད་ཀྱིས་རྒྱུ་མེད་

23 如果要找芝麻油的話，應該要從附近的商店開始找起，怎麼會從遠離聚落或市集的寺院或森林開始找起呢？更何況找的還是與芝麻無關的帝噶樹。

པའི་སྐྱོན་དུ་ཐལ་བར་འགྱུར་རོ། །ཞེས་གང་དག་བསྟན་པ་དེ་དག་ཐམས་ཅད་ཁྱོད་ལ་རྗེས་སུ་འབྲེལ་བར་མི་འགྱུར་རམ།

（他方）道：如是，如果沒有作者，也沒有作業的話，你（有）應成無因之過。難道你與上述所言（之過）無關嗎？

བཤད་པ། མི་འགྱུར་ཏེ། ཁོ་བོ་ནི་བྱེད་པ་པོ་དང་ལས་དག་མེད་པ་ཉིད་དུ་མི་སྨྲའི། ཁོ་བོས་དེ་དག་གི་བྱ་བ་ཡིན་པར་གྱུར་པ་དང་། མ་ཡིན་པར་གྱུར་པ་ཡོངས་སུ་རྟོགས་པ་སྤྲངས་པ་དེ་བྱས་ཏེ། ཁོ་བོ་ནི་བྱེད་པ་པོ་དང་ལས་དག་བརྟེན་ནས་གདགས་པར་འདོད་དེ། དེ་ཡང་ཇི་ལྟར་ཞེ་ན། བྱེད་པོ་ལས་ལ་བརྟེན་བྱས་ཤིང་། །ལས་ཀྱང་བྱེད་པོ་དེ་ཉིད་ལ། །བརྟེན་ནས་འབྱུང་བར་མ་གཏོགས་པར། །འགྲུབ་པའི་རྒྱུ་ནི་མ་མཐོང་ངོ་། །བྱེད་པ་པོ་ནི་ལས་ལ་བརྟེན་ཅིང་ལས་ལ་གནས། ལས་ལ་ལྟོས་ནས་བྱེད་པ་པོ་ཞེས་གདགས་ཤིང་བརྗོད་དོ། །དེའི་ལས་ཀྱང་བྱེད་པ་པོ་དེ་ཉིད་ལ་བརྟེན་ནས་འབྱུང་ཞིང་དེའི་ལས་ཞེས་གདགས་ཤིང་བརྗོད་དོ། །དེའི་ཕྱིར་དེ་གཉིས་ནི་ལྟོས་པ་ཅན་དུ་གདགས་པ་ཡིན་གྱི། ངོ་བོ་ཉིད་དུ་གྲུབ་པ་དང་མ་གྲུབ་པ་མེད་དོ། དེའི་ཕྱིར་དེ་ལྟར་དེ་གཉིས་ཡོད་པ་ཉིད་དང་མེད་པ་ཉིད་དུ་ཁས་མ་བླངས་པས་དབུ་མའི་ལན་དུ་གདགས་པ་ཡིན་ནོ། །གདགས་པ་དེ་མ་གཏོགས་པར་དེ་གཉིས་འགྲུབ་པའི་མཚན་ཉིད་གཞན་མ་མཐོང་ངོ་།

（自方）道：無（過）。我不說沒有作者與作業，我是說（應當）斷除對於係屬造作及非（造作）的周遍觀執。我承許作者與作業皆為依賴而被施設。為何？（《中論》云：）

**8.12 因業有作者，因作者有業，除了依緣起，[24]不見成立因。**

---

24 有關 8.12.ac，對勘本版的藏譯中論為：།བྱེད་པ་པོ་ལས་བརྟེན་བྱས་ཤིང་། །བརྟེན་ནས་འབྱུང་བ་མ་གཏོགས་པ།，故與此中所引的偈頌文有所出入；可參考 Nāgārjuna. *Dbu ma rtsa ba'i tshig le'ur byas pa shes rab,* 14。

作者依靠作業而具有作業，依靠作業而被施設且稱爲「作者」。作者的作業也是依賴著作者而形成，故而被施設且稱爲「該（作者）的作業」。此故，此二者於觀待性中被施設，非自性成立、無自性。此故，不承許此二者爲有（或）無，此乃中觀之宗。除了施設以外，不見其他可成立此二者之性相。

དེ་བཞིན་ཉེར་ལེན་ཤེས་པར་བྱ། །ཉེར་ལེན་ཞེས་བྱ་བ་ནི་དངོས་པོར་ལྟ་སྟེ། གང་ལ་དངོས་པོ་ཡོད་པ་དེ་ལ་བྱེད་པ་པོ་དུ་མ་ཡོད་པས་འདིར་ཉེ་བར་བླངས་པ་དང་ཉེ་བར་ལེན་པ་པོ་གཟུང་བར་འདོད་པར་བྱའོ། །དེ་ལ་ཇི་ལྟར་བྱེད་པ་པོ་ལ་བརྟེན་ནས་གདགས་པ་དེ་བཞིན་དུ། ཉེ་བར་ལེན་པ་པོ་ཡང་ཉེ་བར་བླང་བ་ལ་བརྟེན་ནས་གདགས་སོ། །ཇི་ལྟར་ལས་བྱེད་པ་པོ་དེ་ཉིད་ལ་བརྟེན་ནས་གདགས་པ་དེ་བཞིན་དུ་ཉེ་བར་བླང་བ་ཡང་ཉེ་བར་ལེན་པ་པོ་དེ་ཉིད་ལ་བརྟེན་ནས་གདགས་ཏེ། དེ་གཉིས་ལ་ཡང་དེ་མ་གཏོགས་པར་འགྲུབ་པའི་མཚན་ཉིད་མ་མཐོང་ངོ་། །དེ་ཡང་། ཇི་ལྟར་ཞེ་ན། ལས་དང་བྱེད་པོ་བསལ་ཕྱིར་རོ། །བསལ་ཞེས་བྱ་བ་ནི་བཀག་པའོ། །ཕྱིར་རོ་ཞེས་བྱ་བ་ནི་གཏན་ཚིགས་ཀྱི་དོན་ཏེ། བྱེད་པ་པོ་དང་ལས་དེ་དག་སྔར་རྣམ་པ་དུ་མར་གསལ་བར་བྱས་པས་དེ་དག་གསལ་བ་པོ་ནས་ཉེ་བར་ལེན་པ་པོ་དང་ཉེ་བར་བླང་པ་དག་གིས་འགྲུབ་པའི་མཚན་ཉིད་གཞན་ཡང་བསལ་བར་ཤེས་པར་བྱའོ། །

（《中論》云：）

## 8.13.a 知近取亦爾，

「近取」意指見事物，事物有許多作者的緣故，此處謂承許執取近取（蘊）及近取者。如同依賴作者而施設（作業）般，近取者也是依賴近取（蘊）而被施設。如同作業依賴作者而被施設般，同樣的，近取（蘊）也是依賴近取者而被施設。除了彼二者外，不見（境以己力）成立性相。爲何？（《中論》云：）

### 8.13.b 破業作者故，

「破」謂除去；「故」謂因相。先前以多相破除了作者及作業，僅由破除彼等（的理由），應知（如何）去除近取者及近取（蘊）的其他成立性相。

དེ་ལ་ཇི་ལྟར་བྱེད་པ་པོ་ཡིན་པར་གྱུར་པ་ལས་ཡིན་པར་གྱུར་པ་མི་བྱེད་ལ། བྱེད་པ་པོ་མ་ཡིན་པར་གྱུར་པ་ལས་མ་ཡིན་པར་གྱུར་པ་མི་བྱེད་བྱེད་པ་པོ་ཡིན་པ་དང་མ་ཡིན་པར་གྱུར་པ་ལས་ཡིན་པ་དང་མ་ཡིན་པར་གྱུར་པ་མི་བྱེད་དེ། སྐྱོན་དུ་མར་ཐལ་བར་འགྱུར་བའི་ཕྱིར་རོ་ཞེས་བྱ་བ་དེ་བཞིན་དུ་ཉེ་བར་ལེན་པ་པོ་ཡང་ཉེ་བར་ལེན་པ་པོ་ཡིན་པར་གྱུར་པ་ཉེ་བར་བླང་པ་ཡིན་པར་གྱུར་པ་ཉེ་བར་ལེན་པར་མི་བྱེད། ཉེ་བར་ལེན་པ་པོ་མ་ཡིན་པར་གྱུར་པ་ཉེ་བར་བླང་པ་མ་ཡིན་པ་དང་མ་ཡིན་པར་གྱུར་པ་ཉེ་བར་ལེན་པར་མི་བྱེད་དེ། སྐྱོན་དུ་མར་ཐལ་བར་འགྱུར་བའི་ཕྱིར་རོ། །ཕྱོགས་མི་མཐུན་པ་དག་ལ་ཡང་དེ་བཞིན་དུ་སྦྱར་རོ།

於此，如同係屬作者不造作係屬作業、非作者不造作非作業、亦是亦非的作者不造作亦是亦非的作業，（否則）應成諸多過患。

同理，近取者亦是。係屬近取者不近取係屬近取（蘊）、非近取者不近取非——非近取（蘊），（否則）應成諸多過患。

應以同理結合不同（的事例）。

བྱེད་པ་པོ་དང་ལས་དག་གིས། །དངོས་པོ་ལྷག་མ་ཤེས་པར་བྱ། བྱེད་པ་པོ་ལས་དག་དང་དངོས་པོ་ལྷག་མ་རྣམས་མཚུངས་པར་ཤེས་པར་བྱའོ། །ཉེ་བར་ལེན་པ་ལོགས་ཤིག་ཏུ་སྨོས་པ་ནི་གཙོ་བོ་ཡིན་པའི་ཕྱིར་དང་། དོན་འོག་མ་དག་གི་ཕྱིར་ཏེ། དེ་ལ་དངོས་པོ་ལྷག་མ་རྣམས་ནི་རྒྱུ་དང་འབྲས་བུ་དང་ཡན་ལག་དང་ཡན་ལག་ཅན་དང་། མེ་དང་བུད་ཤིང་དང། ཡོན་ཏན་དང་ཡོན་ཏན་ཅན་དང་། མཚན་ཉིད་དང་། མཚན་ཉིད་ཀྱི་གཞི་དང་། རྣམ་པ་དེ་ལྟ་བུ་དག་གོ།

（《中論》云：）

**8.13.cd 由業及作者，應知諸餘事。**

應知作者及作業與諸餘事物皆爲相同。因爲其重要性，特別說明近取。（其他）義如下：諸餘事物謂因與果、支分及具支者、火與柴、功德及具德者，以及性相與性相之處等行相。

དེ་རྒྱུ་ཡིན་པར་གྱུར་པ་འབྲས་བུ་ཡིན་པར་གྱུར་པ་མི་སྐྱེད། རྒྱུ་མ་ཡིན་པར་གྱུར་པ་འབྲས་བུ་མ་ཡིན་པར་གྱུར་པ་མི་སྐྱེད། རྒྱུ་ཡིན་པ་དང་། མ་ཡིན་པར་གྱུར་པ་འབྲས་བུ་ཡིན་པ་དང་། མ་ཡིན་པར་གྱུར་པ་མི་སྐྱེད་དེ། ཕྱོགས་ཐམས་ཅད་ལ་ཡང་དེ་བཞིན་དུ་སྦྱར་བར་བྱ་ཞིང་། སྐྱོན་དུ་ཐལ་བར་འགྱུར་བ་ཇི་སྐད་སྨོས་པ་དག་ཀྱང་བསྟན་པར་བྱའོ། །རྒྱུ་ཡང་འབྲས་བུ་སྐྱེད་པར་བྱེད་པ་ན་ཡིན་པར་གྱུར་པ་ཞེས་བྱའོ། །དེ་ལས་གཞན་པ་ནི་མ་ཡིན་པར་གྱུར་པའོ། །འབྲས་བུ་ཡང་སྐྱེད་པར་བྱ་བ་ན་ཡིན་པར་གྱུར་པ་ཞེས་བྱའོ། །དེ་ལས་གཞན་པ་ནི་མ་ཡིན་པར་གྱུར་པའོ། །

係屬因不生係屬果、非因不生非果、亦是亦非的因不生亦是亦非的果。應同理全面類推，且應顯示前已說的應成之過。因可以生果的話，將成所謂的「係屬」，否則將成「非係屬」；果若也可生起的話，將成所謂的「係屬」，否則將成「非係屬」。

དེ་བཞིན་དུ་ཡན་ལག་དང་ཡན་ལག་ཅན་དག་ལ་ཡང་བལྟ་བར་བྱ་སྟེ། ཡན་ལག་ཡིན་པར་གྱུར་པ་ཡན་ལག་ཅན་ཡིན་པར་གྱུར་པ་དག་ལ་མི་འཇུག །མ་ཡིན་པར་གྱུར་པ་ཡང་མ་ཡིན་པར་གྱུར་པ་དག་ལ་མི་འཇུག །ཡིན་པ་དང་མ་ཡིན་པར་གྱུར་པ་ཡང་ཡིན་པ་དང་མ་ཡིན་པར་གྱུར་པ་དག་ལ་མི་འཇུག་གོ། །མེ་ཡིན་པར་གྱུར་པ་ཡང་བུད་ཤིང་ཡིན་པར་གྱུར་པ་མི་སྲེག །མ་ཡིན་པར་གྱུར་པ་ཡང་མ་ཡིན་པར་གྱུར་པ་མི་སྲེག ཡིན་པ་དང་མ་ཡིན་པར་གྱུར་པ་ཡང་ཡིན་པ་དང་མ་ཡིན་པར་གྱུར་མི་སྲེག་གོ །

同理可知支分及具支者。係屬支分不會對應[25]係屬具支者，非（支分）也不會對應非（具支者）、亦是亦非（的支分）也不會對應亦是亦非（的具支者）。

係屬火不會燃燒係屬柴、非（火）不會燃燒非（柴）、亦是亦非（的火）也不會燃燒亦是亦非（的柴）。

ཡོན་ཏན་ཡིན་པར་གྱུར་པ་ཡང་ཡོན་ཏན་ཅན་ཡིན་པར་གྱུར་པ་ལ་མི་འཇུག །མ་ཡིན་པར་གྱུར་པ་ཡང་མ་ཡིན་པར་གྱུར་པ་ལ་མི་འཇུག །ཡིན་པ་དང་མ་ཡིན་པར་གྱུར་པ་ཡང་ཡིན་པ་དང་མ་ཡིན་པར་གྱུར་པ་ལ་མི་འཇུག་གོ། །མཚན་ཉིད་ཡིན་པར་གྱུར་པ་ཡང་མཚན་ཉིད་ཀྱི་གཞི་ཡིན་པར་གྱུར་པ་མཚོན་པར་མི་བྱེད། མ་ཡིན་པར་གྱུར་པ་ཡང་མ་ཡིན་པར་གྱུར་པ་མཚོན་པར་མི་བྱེད། ཡིན་པ་དང་མ་ཡིན་པར་གྱུར་པ་ཡང་ཡིན་པ་དང་། མ་ཡིན་པར་གྱུར་པ་མཚོན་པར་མི་བྱེད་དོ། །

25 直譯為「趨入」，為令讀者容易理解，在此譯為「對應」。像是瓶面的白色只會對應瓶子，不會對應白色的柱子。

係屬功德不會對應係屬具德者，非（功德）也不會對應非（具德者）、亦是亦非（的功德）也不會對應亦是亦非（的具德者）。

係屬性相不會表徵係屬性相之處，非（性相）也不會表徵非（性相之處）、亦是亦非（的性相）也不會表徵亦是亦非（的性相之處）。

ཇི་ལྟར་བྱེད་པ་པོ་ལས་ལ་བརྟེན་ནས་གདགས་ལ། ལས་ཀྱང་བྱེད་པ་པོ་ཉིད་ལ་བརྟེན་ནས་གདགས་པ་དེ་བཞིན་དུ་འབྲས་བུ་ཡང་རྒྱུ་ལ་བརྟེན་ནས་གདགས་ལ། རྒྱུ་ཡང་འབྲས་བུ་དེ་ཉིད་ལ་བརྟེན་ནས་གདགས་སོ། །ཡན་ལག་ཅན་ཡང་ཡན་ལག་ལ་བརྟེན་ནས་གདགས་ལ། ཡན་ལག་ཀྱང་ཡན་ལག་ཅན་དེ་ཉིད་ལ་བརྟེན་ནས་གདགས་སོ། །མེ་ཡང་བུད་ཤིང་ལ་བརྟེན་ནས་གདགས་ལ། བུད་ཤིང་ཡང་མེ་དེ་ཉིད་ལ་བརྟེན་ནས་གདགས་སོ། །ཡོན་ཏན་ཅན་ཡང་ཡོན་ཏན་ལ་བརྟེན་ནས་གདགས་ལ། ཡོན་ཏན་ཡང་ཡོན་ཏན་ཅན་དེ་ཉིད་ལ་བརྟེན་ནས་དགས་སོ། མཚན་ཉིད་ཀྱི་གཞི་ཡང་མཚན་ཉིད་ལ་བརྟེན་ནས་གདགས་ལ། མཚན་ཉིད་ཀྱང་མཚན་ཉིད་ཀྱི་གཞི་དེ་ཉིད་ལ་བརྟེན་ནས་གདགས་སོ། །དེ་ལྟར་དེ་དག་ལ་ལྟོས་ཏེ་གདགས་པ་མ་གཏོགས་པར་རྣམ་པ་གཞན་གང་གིས་ཀྱང་དེ་དག་འགྲུབ་པར་མི་འཐད་དོ། །

如同依賴作業而施設作者，作業也依賴著作者而被施設，同樣的，果也依賴因而被施設，因也依賴果而被施設。具支者也依賴支分而被施設，支分也依賴具支者而被施設。火也依賴柴而被施設，柴也依賴火而被施設。具德者也依賴功德而被施設，功德也依賴具德者而被施設。性相之處也依賴性相而被施設，性相也依賴性相之處而被施設。

如是，除了依賴而施設外，以任何其他行相而成立，皆不應理。

བྱེད་པ་པོ་དང་ལས་བརྟག་པ་ཞེས་བྱ་བ་སྟེ་རབ་ཏུ་བྱེད་པ་བརྒྱད་པའོ།། །།

第八品──觀作者、作業品──終。

# 第九品

# 觀近取者及近取處品

སྨྲས་པ། དེ་བཞིན་ཉེར་ལེན་ཤེས་པར་བྱ། །ཞེས་གང་བཤད་པ་དེ་ལ་སྨྲ་བར་བྱ་སྟེ།

（他方）道：請解說此偈──「（8.13.a）知近取亦爾。」

ལྟ་དང་ཉན་ལ་སོགས་པ་དང་། །ཚོར་སོགས་དང་ཡང་དབང་བྱས་པ། །གང་གི་ཡིན་པ་དེ་དག་གི། །སྔ་རོལ་དེ་ཡོད་ཁ་ཅིག་སྨྲ། །ལྟ་བ་དང་ཉན་ལ་སོགས་པ་དང་། །ཞེས་བྱ་བ་ནི་ལྟ་བ་དང་ཉན་པ་ལ་སོགས་པའོ། །ལྟ་བ་ཉན་པ་ལ་སོགས་པ་དང་། ཚོར་བ་ལ་སོགས་པ་དག་གང་གི་ཉེ་བར་ལེན་པ་ཡིན་པའི་དངོས་པོ་དེ་ལྟ་བ་དང་ཉན་པ་ལ་སོགས་པ་དང་། ཚོར་བ་ལ་སོགས་པ་དེ་དག་གི་སྔ་རོལ་ན་ཡོད་དོ་ཞེས་ཁ་ཅིག་དེ་སྐད་ཅེས་སྨྲའོ། །

（《中論》云：）

**9.1 見聞等諸根，受等所治事，彼前定有物，論師如是說。**

「見聞等」謂見及聞等。有說，[1]在觀見、聽聞，以及感受等（生起）之前，存在著觀見（者）、聽聞（者），以及感受（者）等近取事物。[2]

དེ་ཅིའི་ཕྱིར་ཞེ་ན། དངོས་པོ་ཡོད་པ་མ་ཡིན་ན། །ལྟ་ལ་སོགས་པ་ཇི་ལྟར་འགྱུར། །དེ་ཕྱིར་དེ་དག་སྔ་རོལ་ན། །དངོས་པོ་གནས་པ་དེ་ཡོད་དོ། །དངོས་པོ་ཡོད་པ་མ་ཡིན་ན། །ལྟ་བ་ལ་སོགས་པ་དག་ཇི་ལྟར་ཉེ་བར་ལེན་པ་ཡིན་པར་འགྱུར། དེའི་ཕྱིར་མི་འཐད་པས་ལྟ་བ་ལ་སོགས་པ་དེ་དག་གི་སྔ་རོལ་ན་ལྟ་བ་ལ་སོགས་པ་དག་གང་གི་ཉེ་བར་ལེན་པ་ཡིན་པའི་

1 該論者為正量派。可參考月稱論師的《顯句論》──Candrakīrti, *Dbu ma rtsa ba'i 'grel pa tshig gsal,* 157。

2 在近取處──見、聞、受等──之前，應先有近取者，即是見者、聞者，以及受者等近取事物。可參考月稱論師的《顯句論》── Candrakīrti, *Dbu ma rtsa ba'i 'grel pa tshig gsal,* 156。

དངོས་པོ་གནས་པ་དེ་ཡོད་དོ། །ཉེ་བར་ལེན་པ་པོ་དེ་ཡོད་ན་ཉེ་བར་བླང་བ་ཡང་ལྟོས་པས་གདགས་སུ་ཡོད་པ་ཡིན་ན་དེ་ལ་བརྗོད་ཅི་ཟེར།

爲何？（《中論》云：）

**9.2 事物若無有，何能有見等？[3]此故彼等前，先有事物住。**

（若見者等）事物[4]不存在，見等豈能成爲近取處？此故，不能成立（見等之前不存在近取者）。此故，於見等之前，（應先要）有見等之近取者的住[5]。若近取者既有，爲何你說（近取者）也是依賴近取處而施設有？

བཤད་པ། ལྟ་དང་ཉན་ལ་སོགས་པ་དང་། །ཚོར་བ་ལ་སོགས་ཉིད་ཀྱི་ནི། །སྔ་རོལ་དངོས་པོ་གང་གནས་པ། །དེ་ནི་གང་གིས་གདགས་པར་བྱ། །འདི་ལ་ལྟ་བ་དང་ཉན་པ་ལ་སོགས་པ་དང་། ཚོར་བ་ལ་སོགས་པ་དག་གིས་ལྟ་བ་པོ་དང་། ཉན་པ་པོ་དང་། ཚོར་བ་པོ་ཞེས་དངོས་པོ་གདགས་པར་བྱ་བ་ཡིན་ན་ལྟ་བ་ལ་སོགས་པ་དང་། ཚོར་བ་ལ་སོགས་པ་དག་གི་སྔ་རོལ་ན་ལྟ་བ་ལ་སོགས་པ་དག་གང་གི་ཉེ་བར་བླང་བ་ཞེས་བརྗོད་པའི་དངོས་པོ་ཡོད་དོ། །ཞེས་བརྟག་པའི་དངོས་པོ་དེ་འདི་ལྟར་གནས་ཏེ། ཡོད་དོ་ཞེས་གང་གིས་གདགས་པར་བྱ།

3 有關 9.2.b，對勘本版的藏譯中論為：།ལྟ་བ་ལ་སོགས་ཇི་ལྟར་འགྱུར།，故與此中所引的偈頌文有所出入；可參考 Nāgārjuna. *Dbu ma rtsa ba'i tshig le'ur byas pa shes rab,* 14。

4 事物乃直譯，謂見者、聞者，以及受者。下述的「見等事物」指的並非見等，而是見者、聞者，以及受者等。

5 「近取事物的住」為直譯，意思是近取者的存在。

（自方道，《中論》）云：

**9.3 觀見及聽聞，感受等之前，但凡有事物，由何而施設？**

於此，既然由觀見、聽聞、感受等而施設見者、聞者、感受者等事物[6]，（又謂）觀執：觀見、感受等之前就存在著見等近取（者）的事物，（試問，該）被執爲如是存在的事物到底由何者所施設呢？

སྨྲས་པ། དེ་ནི་ལྟ་བ་ལ་སོགས་པ་དག་མེད་པར་ཡང་རང་ཉིད་ཀྱིས་རབ་ཏུ་གྲུབ་པར་ཡོད་དོ། །

（他方）道：雖無見等，卻可由己性至極成立而存在。

བཤད་པ། ལྟ་ལ་སོགས་པ་མེད་པར་ཡང་། །གལ་ཏེ་དེ་ནི་གནས་གྱུར་ན། །དེ་མེད་པར་ཡང་དེ་དག་ནི། །ཡོད་པར་འགྱུར་བར་ཐེ་ཚོམ་མེད། །ལྟ་བ་ལ་སོགས་པ་དག་མེད་པར་ཡང་གལ་ཏེ་དངོས་པོ་དེ་རང་ཉིད་ཀྱིས་རབ་ཏུ་གྲུབ་ཅིང་གནས་པ་ཡོད་དོ། །ཞེས་བརྗོད་ན། དངོས་པོ་དེ་མེད་པར་ཡང་ལྟ་བ་ལ་སོགས་པ་དེ་དག་རང་ཉིད་ཀྱིས་རབ་ཏུ་གྲུབ་ཅིང་གནས་པ་ཡོད་པར་འགྱུར་བར་ཐེ་ཚོམ་མེད་དོ། །

（自方道，《中論》）云：

**9.4 雖無有見等，[7]事物尚可住，無需該事物，有彼等無疑。**

6 「見者、聞者，以及受者等事物」為直譯，指的是：見者、聞者，以及受者。

7 有關 9.4.a，對勘本版的藏譯中論為：།ལྟ་བ་ལ་སོགས་མེད་པར་ཡང་།，故與此中所引的偈頌文有所出入；可參考 Nāgārjuna. *Dbu ma rtsa ba'i tshig le'ur byas pa shes rab,*15。

（你）若說雖無見等，（見者）事物尚可由己性至極成立、安住而有的話，毋庸置疑，無（見者）事物，見等也應可以由己性至極成立、安住而有。

སྨྲས་པ། ལྟ་བ་ལ་སོགས་པ་དག་ཀྱང་དེ་མེད་པར་གནས་པར་གྱུར་ན་སྐྱོན་ཅི་ཡོད།

（他方）道：雖無該（見者），仍可存在見等，又有何過？

བཤད་པ། ཐམས་ཅད་སྐྱོན་ཉིད་དུ་འགྱུར་ཏེ། ཅིའི་ཕྱིར་ཞེ་ན། ལྟ་བ་ལ་སོགས་པ་དག་མེད་པའི་དངོས་པོ་གསལ་བར་བྱེད་པ་མེད་པར་གནས་པ་མེད་པར་འགྱུར་བ་དང་། དེ་མེད་ན་ལྟ་བ་ལ་སོགས་པ་དག་ཀྱང་གསལ་བར་བྱེད་པ་མེད་པར་གནས་པར་འགྱུར་བའི་ཕྱིར་རོ། །གང་གི་ཕྱིར་དེ་དག་ནི། །ཅི་ཡིས་གང་ཞིག་གསལ་བར་བྱེད། །གང་གིས་ཅི་ཞིག་གསལ་བར་བྱེད། །ལྟ་བ་ལ་སོགས་པ་ཅི་ཞིག་པོ་དག་གིས་དངོས་པོ་གང་ཞིག་ལྟ་བ་པོ་དང་ཉན་པ་པོ་དང་ཚོར་བ་པོ་དང་ཞེས་གསལ་བར་བྱེད་དེ། གསལ་བར་བྱེད་ཅེས་བྱ་བ་ནི། མངོན་པར་བྱེད་པ་དང་། གཟུང་བར་བྱེད་པ་དང་། ཤེས་པར་བྱེད་ཅེས་བྱ་བའི་ཐ་ཚིག་གོ། །དངོས་པོ་གང་ཞིག་པོས་ཀྱང་ལྟ་བ་ལ་སོགས་པ་ཅི་ཞིག་པོ་དག་འདི་ནི་ལྟ་བའོ། །འདི་ནི་ཉན་པའོ། །འདི་ནི་ཚོར་བའོ། །ཞེས་གསལ་བར་བྱེད་དོ། །

（自方）道：將有一切過失。為何？因為見者事物尚未存在，不能明現，且無所住、不存在；既已沒有（見者事物），見等亦不能明現、無所住。為何？（《中論》云：）

### 9.5.ab 以何明現爾？以爾明現何？

以何之見等方能明現爾事物——「見者、聞者、受者」——呢？「明現」謂明了、執取、得知。言：「此是見者、此是聞者、此是受者」（時，）又（如何）以爾（見者）事物明現何見等呢？

དེ་ལྟར་གང་གི་ཕྱིར་ལྟ་བ་ལ་སོགས་པ་དག་གིས་དངོས་པོ་གསལ་བར་བྱེད་པ། དངོས་པོས་ཀྱང་ལྟ་བ་ལ་སོགས་པ་དག་གསལ་བར་བྱེད་དེའི་ཕྱིར། ཅི་མེད་གང་ཞིག་ག་ལ་ཡོད། །གང་མེད་ཅི་ཞིག་ག་ལ་ཡོད། །ལྟ་བ་ལ་སོགས་པ་ཅི་ཞིག་པོ་དག་མེད་ན་གསལ་བར་བྱེད་པ་མེད་པའི་དངོས་པོ་གང་ཞིག་པོ་གནས་པས་གནས་པར་འགྱུར་བ་ག་ལ་ཡོད། དངོས་པོ་གང་ཞིག་པོ་མེད་ན་ཡང་གསལ་བར་བྱེད་པ་མེད་པའི་ལྟ་བ་ལ་སོགས་པ་ཅི་ཞིག་པོ་དག་གནས་པར་འགྱུར་བ་ག་ལ་ཡོད་དེ། དེ་ལྟ་བས་ན། ལྟ་བ་ལ་སོགས་པ་ཅི་ཞིག་པོ་དག་གི་སྔ་རོལ་ན་དངོས་པོ་གང་ཞིག་པོ་གནས་པ་མེད་དོ། །

如是，因爲以見等明現（見者等）事物，也由（見者等）事物明現見等的緣故，（《中論》云：）

**9.5.cd 無彼怎有爾？無爾怎有彼？**

彼──見──等如果不存在，怎麼會有爾──不被明現的（見者）事物──的存在而住呢？爾──（見者）事物──如果不存在，豈有彼──不被明現的見等──的存在呢？此故，在彼──見等──之前，無所住的（見者）事物。

སྨྲས་པ། ལྟ་ལ་སོགས་པ་ཐམས་ཅད་ཀྱི། །སྔ་རོལ་གང་ཞིག་ཡོད་པ་མིན། །ལྟ་བ་ལ་སོགས་པ་ཅི་ཞིག་པོ་ཐམས་ཅད་ཀྱི་སྔ་རོལ་ན་དངོས་པོ་གང་ཞིག་པོ་ཡོད་དོ། །ཞེས་ནི་མི་སྨྲའི། འདི་ལྟ་བ་ལ་སོགས་པའི་ཅི་ཞིག་པོ་དག་རེ་རེའི་སྔ་རོལ་ན་དངོས་པོ་གང་ཞིག་པོ་ཡོད་པས་དེའི་ཕྱིར་དེ་ནི། ལྟ་ལ་སོགས་པ་གཞན་དག་གིས། །གཞན་གྱི་ཚེ་ན་གསལ་བར་བྱེད། །གང་གི་ཕྱིར་དེ་ལྟ་བ་ལ་སོགས་པ་ཐམས་ཅད་ཀྱི་སྔ་རོལ་ན་ཡོད་པ་མ་ཡིན་གྱི། །ལྟ

བ་ལ་སོགས་པ་དག་རེ་རེའི་སྔ་རོལ་ན་ཡོད་པ་དེའི་ཕྱིར་དེ་ནི་ལྟ་བ་ལ་སོགས་པ་གཞན་དང་གཞན་གྱིས་དུས་གཞན་གྱི་ཚེ་ན་ལྟ་བ་པོ་དང་ཉན་པ་པོ་དང་། ཚོར་བ་པོ་ཞེས་གསལ་བར་བྱེད་དོ། །དེ་ལྟ་བས་ན་དེ་ནི་ལྟ་བ་ལ་སོགས་པ་དག་གི་སྔ་རོལ་ན་མེད་པ་ཡང་མ་ཡིན་ལ། གསལ་བར་བྱེད་པ་མེད་པ་ཡང་མ་ཡིན་ནོ། །

（他方道，《中論》）云：

**9.6.ab 見等諸相前，無有爾事物，**

我不說：「在彼——見等一切相——之前，存在著爾——（見者等）事物。」但是，在彼——見等一一（別相）——之前，確實存在著爾法——（見者等）事物。此故，（《中論》云：）

**9.6.cd 見等於別時，[8]由別法明現。**

（見者）不存在於見等一切相前，但卻存在於見等一一（別相）前，因此，於其他（別相）時中，由見等（一一）相異而呈現見者、聞者、受者。此故，見等之前並非完全沒有，也並非不明現。

བཤད་པ། རང་གི་བློ་གྲོས་ཡང་བར་སྟོན་པར་ཟད་དེ་ཀྱི་ན་ཞིག་སྨྲས་སོ། །ལྟ་ལ་

8 有關 9.6.c，對勘本版的藏譯中論為：།ལྟ་སོགས་ནང་ནས་གཞན་ཞིག་གིས། ，故與此中所引的偈頌文有所出入；可參考 Nāgārjuna. *Dbu ma rtsa ba'i tshig le'ur byas pa shes rab,* 15。

སོགས་པ་ཐམས་ཅད་ཀྱི། །སྔ་རོལ་གལ་ཏེ་ཡོད་མིན་ན། །ལྟ་ལ་སོགས་པ་རེ་རེ་ཡི། །སྔ་རོལ་དེ་ནི་ཇི་ལྟར་ཡོད། །ལྟ་བ་ལ་སོགས་པ་ཐམས་ཅད་ཀྱི་སྔ་རོལ་ན་གལ་ཏེ་ཡོད་པ་མ་ཡིན་ན། ལྟ་བ་ལ་སོགས་པ་རེ་རེའི་སྔ་རོལ་ན་ཡང་དེ་ཡོད་པ་མ་ཡིན་པར་ངེས་སོ། །ཅི་སྟེ་རེ་རེའི་སྔ་རོལ་ན་ཡོད་ན་ནི་ཐམས་ཅད་ཀྱི་སྔ་རོལ་ན་ཡང་དེ་ཡོད་པར་གསལ་ལོ། ཅི་སྟེ་དེ་གང་གི་ཚེ་ལྟ་བའི་སྔ་རོལ་ན་ཡོད་པ་དེའི་ཚེ་ན་ཉན་པ་ལ་སོགས་པ་དག་གི་སྔ་རོལ་ན་མེད་པ་ཡིན་ན་དེ་དག་གི་སྔ་རོལ་ན་མེད་པ་གང་ཡིན་པ་དེ་ཇི་ལྟར་ཉན་པའི་སྔ་རོལ་ན་མེད་པ་བཞིན་དུ་ལྟ་བ་སྤྱངས་ཏེ། ཉན་པའི་སྔ་རོལ་ན་ཡོད་པར་འགྱུར། །དེ་ལྟ་བས་ན་རེ་རེའི་སྔ་རོལ་ན་ཡོད་ཀྱི། ཐམས་ཅད་ཀྱི་སྔ་རོལ་ན་མེད་དོ་ཞེས་བྱ་བ་དེ་ནི་ཀྱི་ནའོ། །

（自方）道：此說實爲荒謬，由此可知，你的智慧實爲羸弱。（《中論》云：）

**9.7 見等諸相前，若無有事物，見等別相前，何能有事物？**

於見等諸相之前，如果不存在（見者事物），見等一一（別相）之前也絕無（見者事物）。如果在一一（別相）之前，（見者事物）仍可存在的話，在一切相之前，其也應存在，這是不言自明的。

如果其在見之前存在，並非在聽聞等前存在，如同（見者）不在聞等之前存在般，（應以同理）破除見（前存在的見者，否則見者）將於聽聞之前存在。此故，說雖在一一（別相）之前存在，而諸相之前不存在，實屬荒謬。

ཡང་གཞན་ཡང་། གལ་ཏེ་རེ་རེའི་སྔ་རོལ་ན། ལྟ་པོ་དེ་ཉིད་ཉན་པོ་དེ། ཚོར་བ་པོ་ཡང་དེ་ཉིད་འགྱུར། །དེ་ནི་དེ་ལྟར་མི་རིགས་སོ། །གལ་ཏེ་དེ་ལྟ་བ་ལ་སོགས་པ་རེ་རེའི་སྔ་

རོལ་ན་ཡོད་པར་གྱུར་ན་དེ་ལྟ་བ་པོ་ཡང་དེ་ཉིད་ཡིན་ལ། ཉན་པ་པོ་ཡང་དེ་ཉིད་ཡིན། །ཚོར་བ་པོ་ཡང་དེ་ཉིད་ཡིན་པར་འགྱུར་ཏེ། །དེ་དེ་ལྟར་ན་མི་རིགས་སོ། །ཅིའི་ཕྱིར་ཞེ་ན། སྐྱེས་བུ་སྐར་ཁུང་ཐ་དད་པར་འགྲོ་བ་བཞིན་དུ་བདག་དབང་པོ་གཞན་དུ་འགྲོ་བར་ཐལ་བར་འགྱུར་བའི་ཕྱིར་ཏེ། བདག་ནི་དབང་པོ་གཞན་གང་དུ་འགྲོ་བར་མི་འདོད་དོ། །

此外，（《中論》云：）

**9.8 別相前若有，見者即應成，聞者及受者，如是不應理。**[9]

如果在見等一一（別相）之前存在（見者），則見者將成爲既是見者，也是聞者、受者。[10]此故，此說實不應理。爲何？如同士夫經過不同的門窗而行走般，我也將從其他根門而行走，（然）不承許我從其他根門而行走。

ཅི་སྟེ་བདག་དབང་པོ་གཞན་དུ་འགྲོ་བར་ཐལ་བ་དེར་གྱུར་ན་མི་རུང་ངོ་སྙམ་པས་ལྟ་བ་པོ་ཡང་གཞན་ཉིད་ཡིན་ལ། ཉན་པ་པོ་ཡང་གཞན་ཉིད་ཡིན། །ཚོར་བ་པོ་ཡང་གཞན་ཉིད་ཡིན་པར་རྟོག་ན།

若（他方）認爲：將成如是應成——我從其他根門而行走

---

9 有關 9.8，對勘本版的藏譯中論為：།ལྟ་པོ་དེ་ཉིད་ཉན་པོ་དེ། །གལ་ཏེ་ཚོར་པོའང་དེ་ཉིད་ན། །རེ་རེའི་སྔ་རོལ་ཡོད་གྱུར་ན། །དེ་ནི་དེ་ལྟར་མི་རིགས་སོ།（若見者成為，聞者及受者，別相前應有，如是不應理。）故與此中所引的偈頌文有所出入；可參考 Nāgārjuna. *Dbu ma rtsa ba'i tshig le'ur byas pa shes rab,* 15。

10 見的作用尚未發生之前，就能有見者的話，代表聞的作用尚未發生之前，就能有聞者。既然如此，見者就等於聞者、受者，因為聞者、受者的存在不須觀待聞、受的作用。見的作用主要來自眼根，並非耳根，如果見者等於聞者，等於見者的我從耳根而見，實不應理，故做此反駁。

（之過），實不應理。故念：見者也是他性，聞者也是他性，受者也是他性。

དེ་ལ་ཡང་བཤད་པར་བྱ་སྟེ། གལ་ཏེ་ལྟ་པོ་གཞན་ཉིད་ལ། །ཉན་པ་པོ་གཞན་ཚོར་གཞན་ན། ལྟ་པོའི་ཚེ་ན་ཉན་པོ་ཡོད། བདག་ཀྱང་མང་པོ་ཉིད་དུ་འགྱུར། །གལ་ཏེ་ལྟ་བ་པོ་ཡང་གཞན་ཉིད་ཡིན་ལ། །ཉན་པ་པོ་ཡང་གཞན་ཉིད་ཡིན། །ཚོར་བ་པོ་ཡང་གཞན་ཉིད་ཡིན་པར་གྱུར་ན་དེ་ལྟ་ན་ལྟ་བ་པོའི་ཚེ་ན་ཉན་པ་པོ་དང་ཚོར་བ་པོ་ཡང་ཡོད་པར་འགྱུར་ཏེ། ཇི་ལྟར་ཞེ་ན། གང་གི་ཚེ་ལྟ་བ་ལ་སོགས་པ་རེ་རེའི་སྔ་རོལ་ན་དེ་དག་ཡོད་པར་འདོད་པའི་ཕྱིར་རོ། །ཁོ་བོའི་ལྟ་བ་པོ་ཡང་གཞན་ཉིད་ཡིན་ལ། ཉན་པ་པོ་ཡང་གཞན་ཉིད་ཡིན། །ཚོར་བ་པོ་ཡང་གཞན་ཉིད་ཡིན་ནོ་ཞེས་ཟེར་བས། དེ་ལྟ་ན་བདག་ཀྱང་མང་པོ་ཉིད་དུ་ཐལ་བར་འགྱུར་རོ། །

於此，（自方將做解說。《中論》）云：

**9.9 若見聞各異，受者亦各異，見時亦應聞，[11]我亦成多性。**

如果見者也是他性，聞者也是他性，受者也是他性，在見者的時候也應有聞者、受者。爲何？因爲（你）承許在見等一一（別相）之前存在彼等（——聞者及受者——）的緣故。（況且，你說：）「我（認爲，）見者也是他性，聞者也是他性，受者也是他性。」如是，應成存在著許多的我。

ཅི་སྟེ་གཞན་ཉིད་ཀྱང་ཡིན་ལ། ལྟ་བ་པོའི་ཚེ་ན་ཉན་པ་པོ་དང་། ཚོར་བ་པོ་མེད་ན

11 有關 9.9.c，對勘本版的藏譯中論為：།ལྟ་པོ་ཡོད་ཚེ་ཉན་པོར་འགྱུར།，故與此中所引的偈頌文有所出入；可參考 Nāgārjuna. *Dbu ma rtsa ba'i tshig le'ur byas pa shes rab,* 15。

དེ་ལྟ་ན་ཡང་བདག་མི་རྟག་པ་ཉིད་དང་། བདག་མང་པོ་ཉིད་དུ་ཡང་ཐལ་བར་འགྱུར་བས་དེ་ཡང་མི་འདོད་དོ། །དེ་ལྟ་བས་ན་ལྟ་བ་ལ་སོགས་པ་རེ་རེའི་སྔ་རོལ་ན་ཡོད་པ་དང་། ལྟ་བ་ལ་སོགས་པ་གཞན་དང་གཞན་གྱིས་གསར་བར་བྱེད་དོ་ཞེས་གང་སྨྲས་པ་དེ་ནི་རིགས་པ་མ་ཡིན་ནོ། །

如果（見者）既是他性，而且在見者的時候沒有聞者、受者，應成我爲無常性，以及我爲諸多性，亦不承許此。此故，凡說見等一一（別相）之前有（見者等），以及由其他相異而呈現見等，皆不應理。

སྨྲས་པ། ལྟ་ལ་སོགས་པ་དག་གི་སྔ་རོལ་ན་བདག་ཡོད་པ་ཉིད་དོ། །ཅིའི་ཕྱིར་ཞེ་ན། འདི་ལ་མིང་དང་གཟུགས་ཀྱི་རྐྱེན་གྱིས་སྐྱེ་མཆེད་དྲུག་ཅེས་གསུངས་ལ། གཟུགས་ཞེས་བྱ་བ་ནི་འབྱུང་བ་ཆེན་པོ་བཞི་པོ་དག་ཡིན་པས་དེའི་ཕྱིར་འབྱུང་བའི་རྐྱེན་གྱིས་སྐྱེ་མཆེད་དྲུག་འབྱུང་ལ། འབྱུང་བ་དེ་དག་ཀྱང་བདག་གི་ཉེ་བར་ལྷན་བ་ཡིན་ནོ། །དེ་ལྟ་བས་ན། འབྱུང་བ་ཉེ་བར་ལེན་པ་པོ་འབྱུང་བས་གསལ་བར་བྱས་པའི་བདག་གནས་པ་ཡོད་ན་སྐྱེ་མཆེད་དྲུག་འབྱུང་ཞིང་རིམ་གྱིས་ཚོར་བ་ལ་སོགས་པ་དག་ཀྱང་འབྱུང་བས་དེས་ན་ལྟ་བ་ལ་སོགས་པ་དག་གི་སྔ་རོལ་ན་དངོས་པོ་གནས་པ་ཡོད་དོ་ཞེས་བྱ་བ་དེ་འཐད་དོ། །

（他方）道：在見等之前的確有我。爲何？經論說：「由名色的因緣而（成）六處。」所謂的「色」指的是四大種，由大種的因緣而生六處。大種等也應成爲我的近取處。此故，產生了大種近取者。此故，有了明現的我。因有（明現的我），則生六處，並依序產生了受等。故說事物存在於見等之前，實屬合理。

བཤད་པ། ལྟ་དང་ཉན་ལ་སོགས་པ་དང་། །ཚོར་བ་དག་ལ་སོགས་པ་ཡང་། །གང་ལས་འགྱུར་བའི་འབྱུང་དེ་ལའང་། །དེ་ནི་ཡོད་པ་མ་ཡིན་ནོ། །ལྟ་དང་ཉན་ལ་སོགས་པ་དང་། །ཚོར་བ་ལ་སོགས་པ་དག་རིམ་གྱིས་གང་དག་ལས་འགྱུར་བའི་འབྱུང་བ་དེ་དག་ལ་ཡང་ཁྱོད་ཀྱིས་བརྟགས་པའི་དངོས་པོ་དེ་ནི་ཡོད་པ་མ་ཡིན་ནོ། །ཅིའི་ཕྱིར་ཞེ་ན། འབྱུང་བ་ཉེ་བར་ལེན་པ་པོ་ཡིན་པའི་ཕྱིར་ཏེ། འབྱུང་བ་ཉེ་བར་ལེན་པ་པོ་དེ་ཡང་འབྱུང་བ་དག་གི་སྔ་རོལ་ན་གསལ་བར་བྱེད་པ་མེད་པས་མི་འཐད་དོ། །གང་འབྱུང་བ་དག་གི་སྔ་རོལ་ན་ཡོད་པ་མ་ཡིན་པ་དེ་ཇི་ལྟར་འབྱུང་བ་དག་གི་ཉེ་བར་ལེན་པ་པོར་འགྱུར། དེ་ལྟ་བས་ན་འབྱུང་བ་དག་ལ་ཡང་དེ་ཡོད་པ་མ་ཡིན་ན་ལྟ་བ་ལ་སོགས་པ་དག་གི་སྔ་རོལ་ན་ཡོད་པར་ག་ལ་འགྱུར།

（自方道，《中論》）云：

**9.10 觀見及聽聞，受等亦如是，所從生諸大，此物亦非有。**

依序由見、聞、受等的生源大種——你所觀執的事物——也是不存在的。為何？因為是大種近取者，而大種近取者不能在大種之前被明現，故不應理。

（既然大種近取者）在大種之前並不存在，豈能成立大種的近取者？此故，大種也無其（近取者），見等之前怎麼會有（近取者）呢？

སྨྲས་པ། ལྟ་བ་ལ་སོགས་པ་དག་གི་སྔ་རོལ་ན་དེ་ཡོད་ཀྱང་རུང་མེད་ཀྱང་རུང་སྟེ། ཡོད་ནི་རེ་ཞིག་ལྟ་བ་ལ་སོགས་པ་དག་ནི་ཡོད་དེ། ཁྱོད་ཀྱིས་སྨྲར། ཅི་མེད་གང་ཞིག་ག་ལ་ཡོད། །གང་མེད་ཅི་ཞིག་ག་ལ་ཡོད། ཅེས་སྨྲས་པས། དེའི་ཕྱིར་ལྟ་བ་ལ་སོགས་པ། །ཅི་ཞིག་པོ་དག་ཡོད་དོ། །གང་ཞིག་མེད་ན་ཅི་ཞིག་ཀྱང་མེད་པས་དེའི་ཕྱིར་ལྟ་བ་ལ་སོགས་པ་ཅི་ཞིག་པོ་དག་གང་གི་ཡིན་པའི་དངོས་པོ་གང་ཞིག་པོ་དེ་ཡང་ཡོད་དོ། །

（他方）道：其（──近取者──）於見等之前有也好，沒有也罷，（總之，）首先，有（見者）則有見等，因爲你於先前已說：「（9.5.cd）無彼怎有爾？無爾怎有彼？」所以，（我說：）「此故觀見等，爾法皆應有。」因爲無彼則無爾，既然已有見等爾法，彼（見者）事物存在。

བཤད་པ། གང་མེད་ཅི་ཞིག་ག་ལ་ཡོད། །ཅེས་བྱ་བ་དེས་དེའི་ལན་བཏབ་ཟིན་ཏོ། །ཇི་ལྟར་ཞེ་ན། ལྟ་དང་ཉན་ལ་སོགས་པ་དང་། །ཚོར་བ་དག་ལ་སོགས་པ་ཡང་། །གང་གི་ཡིན་པ་གལ་ཏེ་མེད། །དེ་དག་ཀྱང་ནི་ཡོད་མ་ཡིན། །ལྟ་བ་ལ་སོགས་པ་ཅི་ཞིག་པོ་དག་གི་སྔ་རོལ་ན་དངོས་པོ་གང་ཞིག་པོ་མེད་དོ་ཞེས་བྱ་བ་དེ་ནི་སྔར་བསྟན་ཟིན་ཏོ། །གང་མེད་ཅི་ཞིག་ག་ལ་ཡོད་ཅེས་བྱ་བ་དེ་ཡང་བསྟན་ཟིན་ཏེ། །དེའི་ཕྱིར་གལ་ཏེ་ལྟ་བ་ལ་སོགས་པ་ཅི་ཞིག་པོ་དག་རབ་ཏུ་སྒྲུབ་པར་བྱེད་ཅིང་ལྟ་བ་ལ་སོགས་པ་དག་གང་གི་ཡིན་པར་འགྱུར་བ་གང་ཞིག་པོ་དེ་ཉིད་མེད་ན། ལྟ་བ་ལ་སོགས་པ་དག་རབ་ཏུ་འགྲུབ་པར་ག་ལ་འགྱུར་ཏེ། གང་གི་ལྟ་བ་ལ་སོགས་པར་འགྱུར། །དེ་ལྟ་བས་ན་དངོས་པོ་གང་ཞིག་པོ་མེད་པའི་ཕྱིར། །ལྟ་བ་ལ་སོགས་པ་ཅི་ཞིག་པོ་དག་ཀྱང་མེད་ལ། ལྟ་བ་ལ་སོགས་པ་ཅི་ཞིག་པོ་དག་མེད་ན་ཁྱོད་ཀྱི་དངོས་པོ་གང་ཞིག་ཡོད་པར་ག་ལ་འགྱུར།

（自方）道：（我）早已於「（9.5.d）無爾怎有彼？」回覆。爲何？（《中論》云：）

**9.11 觀見及聽聞，受等其諸法，若無擁有者，其法亦無有。**

先前已示，見等爾法之前無彼（見者）事物的存在，並明示「（9.5.d）無爾怎有彼」。

此故，如果要至極成立見等爾法，（首先應當至極成立）

見等屬於何者的彼法。（然而，）不存在其性（── 見者事物），豈能至極成立見等？見等又是屬於誰的（見等）呢？無彼（見者等）事物的緣故，見等爾法亦不應有。若是沒有見等爾法，又怎麼會有你的（見者等）事物彼法？

སྨྲས་པ། ཅི་ཚོད་ཀྱི་དངོས་པོ་གང་ཞིག་པོ་མེད་པ་དེ་ཤིན་ཏུ་ངེས་པ་ཡིན་ནམ།

（他方）道：爲何你堅決認定彼（見者）事物不存在？

བཤད་པ། གང་ཞིག་ལྟ་ལ་སོགས་པ་ཡི། །སྔ་རོལ་ད་ལྟར་ཕྱི་ན་མེད། །དེ་ལ་ཡོད་དོ་མེད་དོ་ཞེས། །རྟོག་པ་དག་ནི་ལྡོག་[12]པར་འགྱུར། །གང་ཞིག་པོ་ལྟ་བ་ལ་སོགས་པ་དག་གི་སྔ་རོལ་དང་ལྟ་བ་ལ་སོགས་པ་དག་དང་། ད་ལྟར་ལྷན་ཅིག་དང་། ལྟ་བ་ལ་སོགས་པ་དག་གི་ཕྱི་དུས་རྣམ་པ་ཐམས་ཅད་དུ་བཙལ་ན། དེ་འདི་འོ་ཞེས་རང་གིས་རབ་ཏུ་གྲུབ་པ་མེད་པ་དེ་ལྟ་བ་ལ་སོགས་པ་དག་གིས་ཡོད་དོ་མེད་དོ་ཞེས་གདགས་པའི་རྟོག་པ་དག་ལྡོག་པར་འགྱུར་ཏེ། རེ་ཞིག་རང་ཉིད་རབ་ཏུ་མ་གྲུབ་པའི་ཕྱིར་དེ་ཡོད་དོ་ཞེས་ཇི་སྐད་བརྗོད་པར་ནུས། ལྟ་བ་ལ་སོགས་པ་དག་གིས་གསལ་བར་བྱེད་པའི་ཕྱིར་དེ་མེད་དོ་ཞེས་ཀྱང་ཇི་སྐད་བརྗོད་པར་ནུས་ཏེ། དེའི་ཕྱིར་དེ་ལ་ཡོད་དོ་མེད་དོ་ཞེས་རྟོག་པ་དག་མི་འཐད་དོ། དེ་ལྟ་བས་ན་བྱེད་པ་པོ་དང་ལས་དག་བཞིན་དུ་ཉེ་བར་ལེན་པ་དེ་ཡང་གདགས་པར་ཟད་ཀྱི། དེ་མ་གཏོགས་པར་འགྲུབ་པ་གཞན་མི་འཐད་དོ། །

（自方道，《中論》）云：

**9.12 無物於見前，見時及見後，[13]執取有與無，分別應止息。**

12 雖然對勘本版寫為 ལྡོག 字，且無任何註釋在旁，但應改為 ལྡོག 字。

13 有關 9.12.b，對勘本版的藏譯中論為：།སྔ་རོལ་ད་ལྟ་ཕྱི་ན་མེད།，故與此中所引的偈頌文有所出入；可參考 Nāgārjuna. *Dbu ma rtsa ba'i tshig le'ur byas pa shes rab,* 15。

倘若以一切行相觀察見等之前、現時同俱，以及見等之後，都無法以自力至極成立「彼是此」，且能止息有見等、無見等的施設分別。

首先，自性並非至極成立的緣故，如何能說有彼法？見等明現（見者）的緣故，如何能說無（見者）彼法？此故，「有也」、「無也」的分別皆不應理。

此故，如同作者及作業般，近取者也是僅爲施設，除此外，任何其他成立皆不應理。

ཉེ་བར་ལེན་པ་པོ་དང་ཉེ་བར་བླང་བ་བརྟག་པ་ཞེས་བྱ་བ་སྟེ་རབ་ཏུ་བྱེད་པ་པ་དགུ་པའོ།། །།

第九品——觀近取者及近取處品——終。

# 第十品

# ——觀柴火品——

སྨྲས་པ། མེ་དང་བུད་ཤིང་དག་བཞིན་དུ། ཉེ་བར་ལེན་པ་པོ་དང་ཉེ་བར་བླང་བ་དག་རབ་ཏུ་འགྲུབ་ཀྱི། བྱེད་པ་པོ་དང་ལས་དག་བཞིན་དུ་རབ་ཏུ་མི་འགྲུབ་པ་ནི་མ་ཡིན་ནོ། །

（他方）道：如同火與柴般，近取者與近取處皆爲至極成立。而作者與作業亦如（火與柴），並非無法至極成立。

བཤད་པ། གལ་ཏེ་མེ་བུད་ཤིང་རབ་ཏུ་གྲུབ་ན་ནི་དེ་དག་ཀྱང་རབ་ཏུ་འགྲུབ་པར་འགྱུར་གྲང་ན། གང་གི་ཚེ་མེ་དང་བུད་ཤིང་དག་བྱེད་པ་པོ་དང་ལས་དག་ཁོ་ན་བཞིན་དུ་རབ་ཏུ་མི་འགྲུབ་པ་དེའི་ཚེ་ཉེ་བར་ལེན་པ་པོ་དང་། ཉེ་བར་བླང་བ་དག་ཇི་ལྟར་རབ་ཏུ་འགྲུབ་པར་འགྱུར།

（自方）道：倘若至極成立柴火，方能至極成立彼等（——近取者與近取處——），然而，火與柴僅如作者與作業般，並非至極成立的緣故，又如何能至極成立近取者與近取處？

གལ་ཏེ་མེ་དང་བུད་ཤིང་དག་ངོ་བོ་ཉིད་ཀྱིས་རབ་ཏུ་གྲུབ་པར་གྱུར་ན། གཅིག་པ་ཉིད་དམ་གཞན་ཉིད་དུ་རབ་ཏུ་འགྲུབ་པར་འགྱུར་གྲང་ན། གཉི་ག་ལྟར་ཡང་མི་འཐད་དོ། །ཇི་ལྟར་ཞེ་ན། བུད་ཤིང་གང་དེ་མེ་ཡིན་ན། །བྱེད་པ་པོ་དང་ལས་གཅིག་འགྱུར། །གལ་ཏེ་རེ་ཞིག་བུད་ཤིང་གང་ཁོ་ན་ཡིན་པ་དེ་ཉིད་མེ་ཡིན་པར་རབ་ཏུ་རྟོག་ན། དེ་ལྟ་ན་བྱེད་པ་པོ་དང་ལས་གཅིག་པ་ཉིད་དུ་ཐལ་བར་འགྱུར་ཏེ། དེ་ལ་མེ་ནི་སྲེག་པར་བྱེད་པའོ་ཞེས་བྱ་བ་དག་མི་སྲིད་པར་འགྱུར་རོ། །ཅི་སྟེ་གཅིག་པ་ཉིད་ཡིན་ཡང་དེ་དག་སྲིད་ན་ནི་མེ་ནི་སྲེག་པར་བྱེད་པའོ། །བུད་ཤིང་ནི་བསྲེག་པར་བྱ་བའོ་ཞེས་བྱ་བ་དག་ཀྱང་སྲིད་པར་འགྱུར་བ་ཞིག་ན་མི་སྲིད་པས་དེ་ལྟ་བས་ན་དེ་གཉིས་གཅིག་པ་ཉིད་མི་འཐད་དོ། །

如果火與柴本性至極成立，試問：（火與柴）應至極成立爲一性，或爲相異性呢？兩者皆不能立。爲何？（《中論》云：）

**10.1.ab 凡柴若爲火，作作者則一，**

首先，假如堅執凡是柴薪即爲火，作者與作業應成一性。於此，將不能主張彼（柴）被火燃燒。

若是一性，仍稱彼等（柴薪）被火燃燒，柴薪爲所燃（實屬不妥。）既然不可能，故彼二（柴與火）爲一性不合理。

དེ་ལ་བུད་ཤིང་ལས་མེ་གཞན་ཉིད་ཡིན་པར་སེམས་ན།

於此，（他方）認爲：柴（是迥異於）火的相異性。

དེ་ལ་བཤད་པར་བྱ་སྟེ། གལ་ཏེ་ཤིང་ལས་མེ་གཞན་ན། །ཤིང་མེད་པར་ཡང་འབྱུང་བར་འགྱུར། །གལ་ཏེ་བུད་ཤིང་ལས་མེ་གཞན་ཉིད་ཡིན་པར་གྱུར་ན། བུད་ཤིང་མེད་ཅིང་བུད་ཤིང་མ་གཏོགས་པར་ཕོ་ནར་ཡང་མི་འབྱུང་བར་འགྱུར་བ་ཞིག་ན། བུད་ཤིང་མེད་པར་མི་འབྱུང་བས་དེ་ལྟ་བས་ན་དེ་ཉིད་གཞན་ཉིད་དུ་ཡང་མི་འཐད་དོ། །

於此，（自方）將做解釋。（《中論》云：）

**10.1.cd 若柴異於火，無柴亦生火。**

無柴薪、除了柴薪以外，（火）皆不能生。如果柴薪是（迥異於）火的相異性，無柴薪也應生火。此故，彼性非相異。

ཡང་གཞན་ཡང་། རྟག་ཏུ་འབར་བ་ཉིད་དུ་འགྱུར། །འབར་བྱེད་མེད་པའི་རྒྱུ་ལས་བྱུང་། །རྩོམ་པ་དོན་མེད་ཉིད་དུ་འགྱུར། །དེ་ལྟར་ཡིན་ན་ལས་ཀྱང་མེད། །གལ་ཏེ་བུད་ཤིང་ལས་

མེ་གཞན་ཉིད་ཡིན་པར་གྱུར་ན་རྟག་ཏུ་འབར་ན་ཉིད་དུ་འགྱུར་ཏེ། འདི་ལྟར་འབར་བྱེད་མེད་པའི་རྒྱུ་ལས་བྱུང་བའི་ཕྱིར་རོ། །དེའི་འབར་བར་བྱེད་པའི་རྒྱུ་གང་ཡིན་པ་དེ་ནི་འབར་བྱེད་ཀྱི་རྒྱུའོ། །འབར་བར་བྱེད་པའི་རྒྱུ་མེད་པ་ནི་འབར་བྱེད་མེད་པའི་རྒྱུ་ལས་བྱུང་བ་སྟེ། འབར་བར་བྱེད་པ་མེད་པ་ཁོ་ནར་མེ་འབྱུང་བར་འགྱུར་རོ་ཞེས་བྱ་བའི་ཐ་ཚིག་གོ། རྩོམ་པ་དོན་མེད་པ་ཉིད་དུ་ཡང་འགྱུར་རོ། །དེ་ལྟ་ཡིན་ན་ལས་མེད་པའི་མེར་ཡང་འགྱུར་ཏེ། མེ་ཞེས་བྱ་བ་འདི་ནི་སྲེག་པར་བྱེད་པའོ་ཞེས་བྱ་བ་དེ་ལྟ་བུའི་ལས་བསྟན་དུ་མེད་པར་ཡང་འགྱུར་རོ། །

此外，（《中論》云：）

**10.2 應成常燃性，火從無因生，努力成無義，作業亦爲無。**[1]

如果火是（迥異於）柴的相異性，（火）應永恆燃燒。如是，（火）便從無燃因而生。令（火）燃燒之因是燃因；無燃燒之因（而生）即是（從）無燃因而生。（依你所說，）等同無燃（因）亦可生火，（果眞如此，爲生火撿柴的）努力也應成無有義。這樣一來，無作業也可生火，亦有不存在「火謂能燃」的教言（之過）。

སྨྲས་པ། མེ་འབར་བྱེད་མེད་པའི་རྒྱུ་ལས་བྱུང་བར་འགྱུར་རོ་ཞེས་གང་བཤད་པ་དེ་ཇི་ལྟར་ཞེ།

（他方）道：火可從無燃因而生。

1 有關 10.2.bd，對勘本版的藏譯中論為：།འབར་བྱེད་རྒྱུ་ལས་མི་འབྱུང་ཞིང་། །དེ་ལྟ་ཡིན་ན་ལས་ཀྱང་མེད།，故與此中所引的偈頌文有所出入；可參考 Nāgārjuna. *Dbu ma rtsa ba'i tshig le'ur byas pa shes rab,* 16。

བཤད་པ། གཞན་ལ་ལྟོས་པ་མེད་པའི་ཕྱིར། འབར་བྱེད་མེད་པའི་རྒྱུ་ལས་བྱུང་། གང་གི་ཕྱིར་བུད་ཤིང་ལས་མེ་གཞན་ཉིད་ཡིན་པར་གྱུར་ན་བུད་ཤིང་མེད་པར་ཡང་འབྱུང་བར་ཐལ་བར་འགྱུར་བ་དེའི་ཕྱིར་གཞན་ལ་ལྟོས་པ་མེད་པ་ཡིན་ཏེ། འདི་ལྟར་མེ་བུད་ཤིང་ལ་ལྟོས་ན་ནི་གཞན་ལ་ལྟོས་པ་དང་བཅས་པར་གྱུར་ན་དེ་ཡང་དེ་ལ་བུད་ཤིང་མེད་པས་གཞན་ལ་ལྟོས་པ་མེད་པ་ཡིན་ལ། གཞན་ལ་ལྟོས་པ་མེད་པའི་ཕྱིར་འབར་བྱེད་མེད་པའི་རྒྱུ་ལས་བྱུང་བར་འགྱུར་རོ། །འབར་བྱེད་མེད་པའི་རྒྱུ་ལས་བྱུང་བར་གྱུར་ན་རྟག་ཏུ་འབར་བ་ཉིད་དུ་ཐལ་བར་འགྱུར་ཏེ། འདི་ལྟར་མེ་འབར་བྱེད་ལ་ལྟོས་ན་ནི་འབར་བྱེད་མེད་ན་དེ་འཆི་བར་འགྱུར་བ་ཞིག་ན། དེ་ལ་འབར་བྱེད་དེ་ཡང་མེད་པས་རྟག་ཏུ་འབར་བ་ཉིད་དུ་ཡང་ཐལ་བར་འགྱུར་རོ། །

（自方道，《中論》）云：

**10.3.ab 不待其他故，從無燃因生，**[2]

因爲火是（迥異於）柴薪的相異性，（火）不會觀待他法；即便沒有了柴薪，應成（火）亦可產生。如是，火觀待柴薪，故說觀待他法；既然沒有柴薪，就無觀待他法、不能觀待他法的緣故，（火）將從無燃因而生。果眞（火）能從無燃因而生的話，（火）應成永遠燃燒。

如是，火因爲觀待燃（因），若無燃（因），彼（火）將滅。既無燃（因），就無彼的緣故，（無需柴薪等燃因，火也可以產生的話，火）應成永遠燃燒。

2 有關 10.3.b，對勘本版的藏譯中論為：།འབར་བར་བྱེད་རྒྱུ་ལས་མི་འབྱུང་།，故與此中所引的偈頌文有所出入；可參考 Nāgārjuna. *Dbu ma rtsa ba'i tshig le'ur byas pa shes rab*,16。

རྟག་ཏུ་འབར་བ་ཉིད་ཡིན་ན། །རྩོམ་པ་དོན་མེད་ཉིད་དུ་འགྱུར། །མེ་རྟག་ཏུ་འབར་བ་ཉིད་ཡིན་ན་ནི་བྱུང་བ་དང་སྦར་བ་ལ་སོགས་པ་རྩོམ་པ་དག་དོན་མེད་པ་ཉིད་དུའང་འགྱུར་རོ། །དེ་ལྟ་ན་ལས་མེད་པར་ཡང་ཐལ་བར་འགྱུར་ཞིང་། རྣམ་པ་དེ་ལྟ་བུ་ནི་མི་འཐད་པས་མེ་མེད་པ་ཉིད་དུ་ཡང་ཐལ་བར་འགྱུར་རོ།

（《中論》云：）

**10.3.cd 火若常燃者，[3]人功應則空。**

如果火永遠燃燒，爲了生（火）、起（火）而做出的努力將成無義。這樣一來，應成無作業，火亦應成無，此現象不合理。

དེ་ལ་གལ་ཏེ་འདི་སྙམ་དུ། །སྲེག་ཤིང་བུད་ཤིང་ཡིན་སེམས་ན། །དེ་ལ་གལ་ཏེ་ལ་ལས་འདི་སྙམ་དུ་གང་གི་ཕྱིར་མེས་ཁྱབ་ཅིང་མེས་བསྲེག་བཞིན་པ་བུད་ཤིང་ཡིན་པ་དེའི་ཕྱིར་གཞན་ཉིད་ཡིན་ཡང་མེ་ལ་བུད་ཤིང་མེད་པ་མ་ཡིན་གྱི། བུད་ཤིང་དང་བཅས་པ་ཉིད་ཡིན་པས་དེ་ལ་བུད་ཤིང་མེད་པར་ཐལ་བར་གྱུར་ན་སྐྱོན་གང་དག་བསྟན་པ་དེ་དག་ཏུ་མི་འགྱུར་བར་སེམས་ན།

（《中論》云：）

**10.4.ab 於此若汝念：正燃爲柴薪。[4]**

---

3 有關 10.3.c，對勘本版的藏譯中論為：།རྟག་ཏུ་འབར་བ་ཡིན་ན་ནི།，故與此中所引的偈頌文有所出入；可參考 Nāgārjuna. *Dbu ma rtsa ba'i tshig le'ur byas pa shes rab*,16。

4 有關 10.4.b，對勘本版的藏譯中論為：།སྲེག་བཞིན་བུད་ཤིང་ཡིན་སེམས་ན།།，故與此中所引的偈頌文有所出入；可參考 Nāgārjuna. *Dbu ma rtsa ba'i tshig le'ur byas pa shes rab*, 16。

於此，若有人認爲：柴薪被火周遍、正被火燃燒的緣故，（柴與火）雖是相異性，但並非火中沒有柴薪，應當具有柴薪。所以前述之過——應成沒有柴薪——不存在。

དེ་ལ་བཤད་པར་བྱ་སྟེ། གང་ཚེ་དེ་ཙམ་དེ་ཡིན་ན། །གང་གིས་བུད་ཤིང་དེ་སྲེག་བྱེད། །གང་གི་ཚེ་བསྲེག་བཞིན་པ་དེ་ཙམ་ན་དེ་ཉིད་ཡིན་ཞིང་གཞན་གང་དང་ལྡན་པས་ཀྱང་བསྲེག་བཞིན་པ་མ་ཡིན་ན་བུད་ཤིང་གི་གནས་སྐབས་ཀྱི་སྔ་རོལ་ན་མེ་ཞེས་བྱ་བ་གང་གིས་ཁྱབ་ཅིང་གང་གིས་བསྲེག་བཞིན་པ་ན་བུད་ཤིང་ཡིན་པར་འགྱུར་བ་གཞན་དེ་གང་ཡིན།

於此，（自方）將做解說。（《中論》云：）

**10.4.cd 正燃若是薪，由何燃柴薪？**

爾時，僅是正在燃燒即是彼性（——柴薪——的話，你便可說柴與火）具有相異性，然而，正在燃燒並非（柴薪，你卻以爲具燃燒者是柴薪，試問：）在柴薪之前，被火周遍、被火正在燃燒、是柴薪的相異性又是什麼呢？[5]

བསྲེག་བཞིན་པའི་གནས་སྐབས་ཉིད་ལ་ཡང་ཅི་བུད་ཤིང་གང་ཁོ་ན་ཡིན་པ་དེ་ཉིད་མེ་ཡིན་ནམ། འོན་ཏེ་མེ་ཡང་གཞན་ལ་བུད་ཤིང་ཀྱང་གཞན་ཞེས་བསམ་པ་འདི་འབྱུང་ལ། ཁྱོད་ཀྱིས་ཀྱང་བསྲེག་བཞིན་པའི་གནས་སྐབས་ཉིད་ལ་མེས་ཁྱབ་ཅིང་མེས་བསྲེག་བཞིན་པ་བུད་ཤིང་ཡིན་ནོ་ཞེས་སྨྲས་པ་དེའི་ཚེ་གང་གི་ཕྱིར་མེས་ཁྱབ་ཅིང་མེས་བསྲེག་བཞིན་པ་བུད་ཤིང་

5　他方認為：柴火雖異，但火時有柴。自方反駁：火時燃燒之物若是柴，你便可說火時有柴，但火時燃燒之物的確非柴，與柴相異之物豈能是火？既然與柴相異之物非火，被火周遍、被火燃燒的柴薪之前，與柴相異之物定當非火。

ཡིན་པ་དེའི་ཕྱིར་མེ་ལ་བུད་ཤིང་མེད་པ་མ་ཡིན་ནོ་ཞེས་བྱ་བ་དེ་ཇི་ལྟར་སྦྲ་བ་རིགས་སོ། དེ་ལྟ་བས་ན་གཞན་ཉིད་ཡིན་ན་ཡང་སྐྱོན་དུ་ཐལ་བར་འགྱུར་བ་དེ་དག་སོ་ན་གནས་བཞིན་ནོ། །

正在燃燒的時候，凡是柴薪決定爲火嗎？（你）卻做此念：火仍是（迥異於柴薪）的相異性，柴薪也是（迥異於火）的相異性。你又說：「正在燃燒的時候，被火周遍、被火燃燒的就是柴薪。此故，正因爲被火周遍、被火燃燒的實爲柴薪的緣故，於火之中並非沒有柴薪。」該言如何應理？[6]

此故，（你）雖許（柴與火爲）相異性，仍有不可避免的應成過患。

ཡང་གཞན་ཡང་། གཞན་ན་མི་ཕྲད་ཕྲད་མེད་ན། །སྲེག་པར་མི་འགྱུར་མི་སྲེག་ན། །འཆི་བར་མི་འགྱུར་མི་འཆི་ན། །རང་གི་རྟགས་དང་ལྡན་པར་གནས། །མེ་གཞན་ཡིན་ན་བུད་ཤིང་དང་མི་ཕྲད་པར་འགྱུར་རོ། །ཕྲད་པ་མེད་ན་དེ་སྲེག་པར་མི་འགྱུར་རོ། །ཅི་སྟེ་ཕྲད་པ་མེད་ཀྱང་སྲེག་པར་འགྱུར་ན་ནི། ཕྱོགས་གཅིག་ན་འདུག་པས་འགྲོ་བ་མཐའ་དག་སྲེག་པར་འགྱུར་བས་དེའི་ཕྱིར་ཕྲད་པ་དེ་མི་འཐད་པས་གཞན་ཉིད་ཡིན་ཡང་བསྲེག་བཞིན་པ་ན་བུད་ཤིང་ཡིན་ནོ་ཞེས་གང་སྨྲས་པ་དེ་མི་འཐད་དོ། །མི་སྲེག་ན་འཆི་བར་མི་འགྱུར་རོ། །ཅིའི་ཕྱིར་ཞེ་ན། འདི་ལྟར་མེས་བུད་ཤིང་བསྲེགས་ན་ནི་བུད་ཤིང་ཟད་པས་འཆི་བར་ཡང་འགྱུར་བ་ཞིག་ན། མི་སྲེག་པ་ལ་འཆི་བ་རྒྱུ་མེད་པ་ལས་བྱུང་བ་ཇི་ལྟར་འབྱུང་བར་འགྱུར། མི་འཆི་ན་ནི་གཞན་ལ་མི་ལྟོས་པ་འབར་བྱེད་མེད་པའི་རྒྱུ་ལས་བྱུང་བ་རྟག་ཏུ་འབར་བ་དང་། གང་གི་རྟགས་དང་ལྡན་པ་ཐེར་ཟུག་ཏུ་གནས་ཉིད་དུ་གནས་པར་འགྱུར་རོ། །ཡང་

6 他方認為：柴火雖異，但火時有柴。自方反駁：火時的燃燒之物雖說為柴，但也一定是火，因為燃燒時一切柴薪被火所周遍的緣故。故柴火相異的言論實不應理。

ན་ནི་དེ་བུད་ཤིང་ལས་གཞན་མ་ཡིན་པར་འགྱུར་རོ། །

此外，（《中論》云：）

**10.5 若異則不遇，不遇則不燒，不燒則不滅，亦住自相中。**[7]

火若是相異法，將不能相遇柴薪。若無相遇，將不能燃燒。如果不相遇仍可燃燒，因為（火）存在一方的緣故，諸道有情應成被燒。[8]此故，相遇不能被成立，故凡主張「雖是相異性，正在燃燒仍可為柴薪」自然不應理。

既無燃燒，（火）自不能滅。為何？因火燃燒柴薪，柴薪用盡的緣故，使（火）滅盡。既無燃燒，滅盡豈能無因而有？（火）既無滅盡、不待他法、由無燃因而生，（火）應成永遠燃燒等常住之相。或是，彼（火）並非柴薪的相異性。

སྨྲས་པ། མེ་གཞན་ཡིན་ན་བུད་ཤིང་དང་མི་ཕྲད་པར་འགྱུར་རོ་ཞེས་གང་བཤད་པ་དེ་ལ་སྨྲ་བར་བྱ་སྟེ། གལ་ཏེ་ཤིང་ལས་མེ་གཞན་ཡང་། ཤིང་དང་ཕྲད་དུ་རུང་བར་འགྱུར། །གལ་ཏེ་བུད་ཤིང་ལས་མེ་གཞན་ཡིན་ན་ཡང་བུད་ཤིང་དང་ཕྲད་དུ་རུང་བར་འགྱུར་རོ། །ཇི་ལྟར་ཞེ་ན། ཇི་ལྟར་བུད་མེད་སྐྱེས་པ་དང་། སྐྱེས་པའང་བུད་མེད་ཕྲད་པ་བཞིན། །

（他方）道：對「火若為相異性，將不相遇柴薪」做反

7 有關 10.5.ad，對勘本版的藏譯中論為：།གཞན་ཕྱིར་མི་ཕྲད་ཕྲད་མེད་ན།...།རང་རྟགས་དང་ཡང་ལྡན་པར་གནས།，故與此中所引的偈頌文有所出入；可參考 Nāgārjuna. *Dbu ma rtsa ba'i tshig le'ur byas pa shes rab,* 16。

8 為燃燒不需要燃因，所以只要任何一處有火，就同等全世界都在燃燒。這樣一來，應成一切有情都被燃燒之過。

駁。（《中論》云：）

**10.6.ab 柴火雖爲異，柴火仍相遇；**[9]

若（說，）火雖是柴薪的相異性，但（火）仍可與柴薪相遇。爲何？（《中論》云：）

**10.6.cd 如女相遇男，男亦相遇女。**[10]

བཤད་པ། གལ་ཏེ་མེ་དང་ཤིང་དག་ནི། །གཅིག་གིས་གཅིག་ནི་བསལ་གྱུར་ན། །ཤིང་ལས་མེ་གཞན་ཉིད་ཡིན་ཡང་། ཤིང་དང་ཕྲད་པར་འདོད་པ་རག། །གལ་ཏེ་མེ་དང་བུད་ཤིང་དག་སྐྱེས་པ་དང་བུད་མེད་དག་བཞིན་དུ་གཅིག་གིས་གཅིག་བསལ་བར་གྱུར་ན་ནི་བུད་ཤིང་ལས་མེ་གཞན་ཉིད་ཡིན་ཡང་ཁྱོད་ཀྱི་ཡིད་ལ་བསམས་པ་བཞིན་དུ། ཇི་ལྟར་བུད་མེད་སྐྱེས་པ་དང་ཕྲད་པ་དང་། སྐྱེས་པ་བུད་མེད་དང་ཕྲད་པ་བཞིན་དུ་བུད་ཤིང་དང་ཕྲད་པར་ཡང་འདོད་ལ་རག་ན་གང་གི་ཚེ་བསྒྲིག་བཞིན་པའི་གནས་སྐབས་ཉིད་ལ་བསམ་པ་འདི་འབྱུང་བ་དེའི་ཚེ་མེ་དང་བུད་ཤིང་ཕྲད་པར་འགྱུར་རོ་ཞེས་བྱ་བ་དེ་འཐད་པར་ག་ལ་འགྱུར།

（自方道，《中論》）云：

**10.7 若謂火與柴，一者遮一者，雖火異於柴，許火須遇柴。**[11]

---

9 此論引用的 10.6.ab，是對勘本版的藏譯中論的 10.6.cd，可參考 Nāgārjuna. *Dbu ma rtsa ba'i tshig le'ur byas pa shes rab,* 16。

10 此論引用的 10.6.cd，是對勘本版的藏譯中論的 10.6.ab，可參考 Nāgārjuna. *Dbu ma rtsa ba'i tshig le'ur byas pa shes rab,* 16。

11 有關 10.7.d，對勘本版的藏譯中論為：།ཤིང་དང་ཕྲད་པར་འདོད་ལ་རག，故與此中所引的偈頌文有所出入；可參考 Nāgārjuna. *Dbu ma rtsa ba'i tshig le'ur byas pa shes rab,* 16。

你心想：如同女遇男、男遇女般，而承許（火）相遇柴薪，但是，如果火與柴就如男與女般，一者排除了另一者，（換句話說，）火是柴薪之相異性的話，如何能合理成立「正在燃燒的時候，火相遇柴薪呢」？

སྨྲས་པ། འདིར་དེ་གཉིས་གཅིག་པ་ཉིད་ཀྱང་མ་ཡིན་ལ། གཞན་ཉིད་ཀྱང་མ་ཡིན་པ་དེ་ཉིད་རིགས་པས་དེ་གཉིས་གཅིག་པ་ཉིད་དམ། གཞན་ཉིད་དུ་མ་གྲུར་ཀྱང་གོ་སླ་སྟེ། རེ་ཞིག་མེ་དང་བུད་ཤིང་དག་ནི་རབ་ཏུ་གྲུབ་པ་ཡིན་ནོ། །

（他方）道：於此，彼二（──火與柴──）並非一性，也非相異性，此理易知。總之，火與柴是至極成立的。

བཤད་པ། དེ་ནི་བཞག་གད་ཀོ་ནར་འགྱུར་ཏེ། གང་དག་དངོས་པོ་གཅིག་པ་དང་། དངོས་པོ་གཞན་པ་ཉིད་དུ་ནི། །གྲུབ་པར་གྱུར་པ་ཡོད་མིན་པ། །དེ་གཉིས་གྲུབ་པ་ཇི་ལྟར་ཡོད། །

（自方）道：此（說法）純屬可笑。（誠如《中論》云：）「（2.21）事物於一性，事物於異性，兩性皆非有，如何有二法？」

སྨྲས་པ། ཕན་ཚུན་ལྟོས་པ་ལས་བུད་ཤིང་ལ་ལྟོས་ནས་མེ་ཡིན་ལ། མེ་ལ་ལྟོས་ནས་བུད་ཤིང་ཡིན་ནོ། །

（他方）道：由相互觀待而（成立）火依賴柴薪、柴薪依賴火。

བཤད་པ། གལ་ཏེ་ཤིང་ལྟོས་མེ་ཡིན་ན། །གལ་ཏེ་མེ་ལྟོས་ཤིང་ཡིན་ན། །གང་ལ་ལྟོས་

པའི་མེ་དང་ཤིང་། །དང་པོར་གྲུབ་པ་གང་ཞིག་ཡིན། །གལ་ཏེ་བུད་ཤིང་ལ་ལྟོས་ནས་མེ་ཡིན་ལ། མེ་ལ་ལྟོས་ནས་ཀྱང་ཤིང་ཡིན་ན། གང་ལ་ལྟོས་ནས་མེ་ཡིན་པར་འགྱུར་བའམ། བུད་ཤིང་ཡིན་པར་འགྱུར་བ་དེ་གཉིས་ལས་དང་པོར་གྲུབ་པ་གང་ཡིན།

（自方道，《中論》）云：

**10.8 若待柴爲火，待火則是柴，所待火及柴，[12]何者應先立？**

若謂觀待柴薪而安立火，觀待火而安立柴薪，（試問：）觀待何者而爲火，或爲柴薪，二者之中，何者應先成立呢？

དེ་ལ་འདི་སྙམ་དུ་བུད་ཤིང་དང་པོར་གྲུབ་པ་དེ་ལ་ལྟོས་ནས་མེ་ཡིན་པར་སེམས་ན།

於此，（他方）做此想：先立柴薪，觀待柴薪後安立爲火。

དེ་ལ་བཤད་པར་བྱ་སྟེ། གལ་ཏེ་ཤིང་ལྟོས་མེ་ཡིན་ན། །མེ་གྲུབ་པ་ལ་སྒྲུབ་པར་འགྱུར། །གལ་ཏེ་བུད་ཤིང་དང་པོར་གྲུབ་པ་ལ་དེ་ལྟོས་ནས་མེ་ཡིན་པར་འགྱུར་ན་དེ་ལྟར་ན་མེ་གྲུབ་ཟིན་པ་ལ་ཡང་སྒྲུབ་པར་འགྱུར་བ་ཡིན་ནོ། །ཅིའི་ཕྱིར་ཞེ་ན། འདི་ལྟར་མེ་གྲུབ་ན་བུད་ཤིང་ལ་ལྟོས་པར་འཐད་ཀྱི། མེ་མ་གྲུབ་ཅིང་མེད་ན་ཇི་ལྟར་བུད་ཤིང་ལ་ལྟོས་པར་བྱེད་དོ། །དེའི་ཕྱིར་བུད་ཤིང་མེད་པར་ཡང་མེ་རང་གིས་གྲུབ་པ་ལྟོས་པར་ནུས་པ་ལ་ཐོད་ཡང་བུད་ཤིང་ལ་ལྟོས་ནས་རབ་ཏུ་འགྲུབ་པར་འགྱུར་བ་དོན་མེད་པ་ཡོད་དམ།

於此，（自方）將做解釋。（《中論》云：）

**10.9.ab 若待柴爲火，則火復成火，**

12 有關 10.8.ac，對勘本版的藏譯中論為：།གལ་ཏེ་ཤིང་ལྟོས་མེ་ཡིན་ལ། །གང་ལྟོས་མེ་དང་ཤིང་འགྱུར་བ།，故與此中所引的偈頌文有所出入；可參考 Nāgārjuna. *Dbu ma rtsa ba'i tshig le'ur byas pa shes rab,* 16。

如果先有柴薪，再觀待彼（── 柴薪 ──）而成立火的話，如是，已有的火將有再成（之過）。[13]爲何？火若存在，方能成立觀待柴薪；若無火，（火）豈觀待柴薪？此故，雖無柴薪，火仍具有自力觀待之力，你（說火）觀待柴薪而至極成立，豈不沒有意義？

ཡང་གཞན་ཡང་། བུད་པར་བྱ་བའི་ཤིང་ལ་ཡང་། མེ་མེད་པར་ནི་འགྱུར་བ་ཡིན། །དེ་ལྟ་ན་བུད་ཤིང་ལ་ཡང་མེ་མེད་པར་འགྱུར་བ་ཡིན་ནོ། །འདི་ལྟར་བུད་ཤིང་ཡང་གྲུབ་པ་ན་མེ་ལ་ལྟོས་པར་འཐད་ཀྱི། བུད་ཤིང་མ་གྲུབ་ཅིང་མེད་ན་ཇི་ལྟར་མེ་ལ་ལྟོས་པར་བྱེད་དོ། །དེའི་ཕྱིར་བུད་ཤིང་དེ་ཉིད་ཀྱང་མེ་མེད་པར་རང་གིས་རབ་ཏུ་གྲུབ་པར་ཐལ་བར་འགྱུར་བ་ལ་ཁྱོད་ཡང་མེ་ལ་ལྟོས་ནས་རབ་ཏུ་འགྲུབ་པ་དོན་མེད་པ་ལ་རྟོག་པར་བྱེད་དམ། དེ་ལྟ་བས་ན། དེ་གཉིས་ནི་ཕན་ཚུན་ལྟོས་ཏེ་འགྲུབ་པར་མི་འཐད་དོ། །དེ་བཞིན་དུ་མེ་སྔར་གྲུབ་པ་ལ་ལྟོས་ནས་བུད་ཤིང་འགྲུབ་པར་རྟོག་ན་ཡང་སྐྱོན་དང་ལྡན་པར་འགྱུར་རོ། །

此外，（《中論》云：）

**10.9.cd 無火亦可有，所焚之柴薪。**

如是，於柴薪之中亦無火。如是，有柴薪方能安立觀待火；若柴薪不存在，如何能觀待火？此故，（若依你所言，）雖然無火，柴薪本身亦將有以自力至極成立（之過）。

你（執：柴薪）觀待火而至極成立，豈不成爲無義之念？

---

13 應先有火，才能觀待柴薪；火若沒有，又是由何者觀待柴薪的呢？觀待柴薪之後，再安立為火的話，火應成「復成」、「再次成立」之過。

此故，不能成立彼二相互觀待而有。同理，若執觀待先有的火，再成立柴薪，亦將有過。

སྨྲས་པ། ཅི་མ་སྨྲས་པ་ལ་སྐྱོན་དེ་ལྟ་བུ་འདོགས་པར་བྱེད་དམ། གང་གི་ཚེ་ཁོ་བོས་དེ་དག་ཕན་ཚུན་ལྟོས་ཏེ་འགྲུབ་པོ་ཞེས་སྨྲས་པ་དེའི་ཚེ་དེ་དག་ལ་དང་པོར་གྲུབ་པ་གང་ཡིན་ཞེས་བྱ་བ་དང་། གལ་ཏེ་དེ་དག་ལས་གང་ཡང་རུང་བ་དང་པོར་གྲུབ་པར་གྱུར་ན་ཕན་ཚུན་ལྟོས་པ་ཉིད་མི་འགྲུབ་པོ་ཞེས་བྱ་བ་དེ་དག་གང་གི་ལན་ཡིན།

（他方）道：什麼都沒有說，居然還扣上這些過咎？當我說彼等相互觀待時，（你）問：「於彼等之中，何者先有？」（你又說：）「若於彼等之中，某法先有的話，將不能成立相互觀待。」這般答覆是什麼？

བཤད་པ། ཕན་ཚུན་ལྟོས་ཏེ་འགྲུབ་པར་རྟོག་ན་གང་ཡང་རུང་བ་དང་པོར་འགྲུབ་པར་མི་འདོད་དུ་ཟིན་ཀྱང་དེ་ལྟ་ན་ཕན་ཚུན་ལྟོས་པ་འགྲུབ་པར་མི་འཐད་དོ། །ཇི་ལྟར་ཞེ་ན། གལ་ཏེ་དངོས་པོ་གང་ལྟོས་འགྲུབ། །དེ་ཉིད་ལ་ཡང་ལྟོས་ནས་ནི། །ལྟོས་བྱ་གང་ཡིན་དེ་འགྲུབ་ན། །གང་ལ་ལྟོས་ནས་གང་ཞིག་འགྲུབ། །གལ་ཏེ་བསྒྲུབ་པར་བྱ་བའི་དངོས་པོ་གང་ཡིན་པ་ནི་དངོས་པོ་གཞན་ལ་ལྟོས་ནས་འགྲུབ་ཅིང་བསྒྲུབ་པར་བྱ་བའི་དངོས་པོ་དེ་ཉིད་ལ་ཡང་ལྟོས་ནས་བསྒྲུབ་པར་བྱ་གྲུབ་པར་བྱ་བའི་ཕྱིར་ལྟོས་པར་བྱ་བའི་དངོས་པོ་གཞན་གང་ཡིན་པ་དེ་འགྲུབ་ན། འོ་ན་གྲུབ་པར་འདོད་པ་གང་ལ་ལྟོས་ནས་གང་ཞིག་འགྲུབ་པ་དེ་སྨྲོས་ཤིག །

（自方）道：雖然（你）執互相觀待而有，（然而，）既然不承許先有其中一者，如此，將不能合理成立互相觀待而有。為何？（《中論》云：）

**10.10 事物待某法，該法復待事，所待皆既有，由何待何者？**

若謂所成事物皆觀待其他事物而有，（所待的其他事物）也會觀待該所成的事物而被成立，故爲所待的其他事物。若是如此，那麼，請解釋到底是觀待何者而有，欲立何法呢？

ཅི་ཁྱོད་ཀྱི་རྣ་ལམ་དུ་སྐྱེ་བོ་མཁས་པའི་ཁ་ནས་བརྗོད་པའི་ཚིག་དེ་དག་ནི་ཕན་ཚུན་ལྟོས་པ་དག་ཡིན་ལ། ཕན་ཚུན་ལྟོས་པ་དག་ནི་མི་འགྲུབ་པོ་ཞེས་བྱ་བ་དེ་སྔོན་ཆད་མ་གྲགས་སམ། དཔེར་ན་གྲུ་རྟེན་[14]གཅིག་གི་སྐྱབས་སུ་གཅིག་མི་འགྱུར་བ་བཞིན་ནོ། །གང་གི་ཕྱིར་དེ་ལྟ་ཡིན་ན་ཁྱོད་ངོ་ཚ་བོར་ཏེ་དེ་དག་ཕན་ཚུན་ལྟོས་ཏེ་འགྲུབ་པོ་ཞེས་གསང་བསྟོད་དེ་སྨྲའམ། རེ་ཞིག་མཉམ་པར་བཞག་པའི་ཡིད་ཀྱིས་ལེགས་པར་སེམས་ལ་དེ་སྨྲོས་ཤིག །

莫非你未曾聽聞往昔大學者們的亮言：「彼等雖是相互觀待，但相互觀待不成立」？例如，一艘船不代表只擁有單一的救援。[15]

如是，你（要選擇深感）羞愧而暗地讚揚相互依賴的言論？還是先好好靜下心，（再）發表言論？

དངོས་པོ་ལྟོས་འགྲུབ་གང་ཡིན་པ། །དེ་མ་གྲུབ་ན་ཇི་ལྟར་ལྟོས། །དངོས་པོ་གང་དངོས་པོ་གཞན་ལ་ལྟོས་ཏེ་འགྲུབ་པོ་ཞེས་བརྗོད་པའི་དངོས་པོ་དེ་མ་གྲུབ་ཅིང་། མེད་ན་ཇི་ལྟར་ལྟོས་པར་བྱེད། །དེ་མ་གྲུབ་ཅིང་མེད་པ་ལ་ཡང་ཇི་ལྟར་ལྟོས་པར་བྱ། །

---

14 根據北京版及奈塘版，將此改為 གྲུ་རྟེན།。

15 就像一艘救生船不代表只有單一的救援般，喻與義的結合是：若要表達一件事情，不能只看詞面的意思。中觀學者們雖說：「諸法是相互依賴，又非相互依賴。」此句中的「非相互依賴」應解讀為「非以自性相互依賴」。

（《中論》云：）

**10.11.ab 事物待而有，[16]無事如何待？**

說「事物觀待著其他的事物而有」，（但是）此句之中的事物並不存在，既不在，如何觀待？既然不成立、沒有的話，如何依賴？

ཅི་སྟེ་གྲུབ་པ་ལྟོས་ཤེ་ན། །ཅི་སྟེ་ཡང་ཚོད་གྲུབ་པ་ཉིད་གཞན་ལ་ལྟོས་ཀྱི། །མ་གྲུབ་པ་ལ་ནི་མི་ལྟོས་ལ་གྲུབ་པ་ལ་ཡང་ཅི་ཞིག་ལྟོས་པར་སེམས་ན།

（《中論》云：）

**10.11.c 若謂有而待，**

若（他方）念：雖然你（說），存在者會觀待他者，不存在者不觀待，但是存在者會觀待什麼呢？

དེ་ལ་བཤད་པར་བྱ་སྟེ། དེ་ནི་ལྟོས་པར་མི་རིགས་སོ། །དངོས་པོ་གྲུབ་ཅིང་ཡོད་པ་ཡང་གྲུབ་པར་བྱ་བའི་ཕྱིར་གཞན་ལ་ལྟོས་པ་ནི་དོན་མེད་པའི་ཕྱིར་མི་རིགས་སོ། །དངོས་པོ་གྲུབ་ཅིང་ཡོད་པ་ལ་གཞན་ལ་ལྟོས་པས་ཅི་བྱ། །གྲུབ་ཅིང་ཡོད་པ་ལ་གཞན་ལྟོས་པས་ཀྱང་ཇི་ལྟར་འགྱུར། །དེ་ལྟ་བས་ན་གྲུབ་པ་དང་མ་གྲུབ་པ་དག་ལྟོས་པར་མི་འཐད་པའི་ཕྱིར་མེ་དང་བུད་ཤིང་དག་ལ་ལྟོས་ཏེ་འགྲུབ་པར་མི་འཐད་དོ། །མེ་དང་བུད་ཤིང་གི་སྐབས་སུ་དངོས་པོའི་ཚིག་སྨོས་པ་ནི་མེ་དང་བུད་ཤིང་དག་ཀྱང་དངོས་པོ་ཡིན་པའི་ཕྱིར་ཏེ། འོག་ནས་ཀྱང་།

16 有關 10.11.a，對勘本版的藏譯中論為：།དངོས་པོ་ལྟོས་གྲུབ་གང་ཡིན་པ། ，故與此中所引的偈頌文有所出入；可參考 Nāgārjuna. *Dbu ma rtsa ba'i tshig le'ur byas pa shes rab*,16。

བུམ་སྣམ་ལ་སོགས་ལྷན་ཅིག་ཏུ། །ཞེས་འབྱུང་ངོ་། །དེའི་ཕྱིར་འདི་ནི་དངོས་པོ་ཐམས་ཅད་བརྟག་པ་ཉིད་ཡིན་པའི་ཕྱིར་དངོས་པོ་ཞེས་སྨོས་སོ། །

於此，（自方）將做解說。（《中論》云：）

**10.11.d 彼待不應理。**

因爲事物已有、存在的緣故，觀待他者將成無義。此故，實不應理。既然事物已被成立、已經存在，何須觀待他者？既然已有、存在，觀待他者又如何？此故，存在與不存在的觀待皆不應理，故自然不能被成立依賴著火與柴薪等而有。

於火與柴使用「事物」之詞，是因爲火與柴皆屬事物。下面亦云：「（10.15.c）瓶子及氆氌。」此故，此（品）觀察一切事物，故名「事物」。

ཤིང་ལ་ལྟོས་པའི་མེ་མེད་དེ། །ཤིང་ལ་མ་ལྟོས་མེ་ཡང་མེད། །མེ་ལ་ལྟོས་པའི་ཤིང་མེད་དེ། །མེ་ལ་མ་ལྟོས་ཤིང་ཡང་མེད། །དེའི་ཕྱིར་དེ་ལྟར་རིགས་པ་སྔོན་དུ་བཏང་སྟེ་ཡང་དག་པ་ཇི་ལྟར་བ་བཞིན་དུ་བརྟགས་ན་བུད་ཤིང་ལ་ལྟོས་པའི་མེ་མེད་དེ། མེ་དང་བུད་ཤིང་གྲུབ་པ་དང་། །མ་གྲུབ་པ་དག་ལྟོས་པར་མི་འཐད་པའི་ཕྱིར་རོ། །བུད་ཤིང་ལ་མ་ལྟོས་པའི་མེ་ཡང་མེད་དེ། གཞན་ལ་ལྟོས་པ་མེད་པ་དང་། འབར་བྱེད་མེད་པའི་རྒྱུ་ལས་བྱུང་བ་དང་། རྟག་ཏུ་འབར་བར་ཐལ་འབར་འགྱུར་བའི་ཕྱིར་རོ། །དེ་ནི་མེ་ལ་ལྟོས་པའི་བུད་ཤིང་ཡང་མེད་དེ། མེ་དང་བུད་ཤིང་གྲུབ་པ་དང་མ་གྲུབ་པ་དག་ལྟོས་པར་མི་འཐད་པའི་ཕྱིར་རོ། །མེ་ལ་མ་ལྟོས་པའི་བུད་ཤིང་ཡང་མེད་དེ། འདི་ལྟར་མེ་མེད་ཅིང་བསྲེག་བཞིན་པ་མ་ཡིན་པ་བུད་ཤིང་དུ་ཇི་ལྟར་འགྱུར། །ཅི་སྟེ་འགྱུར་ན་ནི་བུད་ཤིང་མ་ཡིན་པར་འགྱུར་བ་ཅི་ཡང་མེད་དེ། །དེ་ནི་མི་འདོད་པས་དེའི་ཕྱིར་མེ་ལ་མ་ལྟོས་པའི་བུད་ཤིང་ཡང་མེད་དོ། །

（《中論》云：）

**10.12 無火觀待柴，無火不待柴；無柴觀待火，無柴不待火。**

此故，透過前述之理如實觀察，觀待柴的火是不存在的，因爲觀待存在與不存在的火與柴都不合理。

不觀待柴薪的火也不存在，因爲（有）應成不觀待他者、由無燃因而生、永遠燃燒等（過患）。

如今，觀待火的柴亦非存在，因爲觀待存在與不存在的火與柴都不合理。

不觀待火的柴也不存在，沒有火、並非正在燃燒（，柴薪）如何能成爲柴薪？果眞能夠的話，一切事物皆可成爲柴薪，故（我）不承許彼（說）。此故，不觀待火的柴也是不存在的。

མེ་ནི་གཞན་ལས་མི་ལྟོང་སྟེ། །ཤིང་ལའང་མེ་ནི་ཡོད་མ་ཡིན། །མེ་ནི་གཞན་གང་ལས་ཀྱང་མི་ལྟོང་སྟེ། ཅིའི་ཕྱིར་ཞེ་ན། འདི་ལྟར་དེ་གཞན་ལས་ལྟོང་བར་རྣམ་པར་བརྟག་པ་གང་ཡིན་པ་དེ་ཡང་བུད་ཤིང་དང་བཅས་པར་རམ། བུད་ཤིང་མེད་པར་རོ་གྲང་ན། །དེ་ལྟ་ན་དེ་ལ་ཡང་བསམ་པ་དང་སྐྱོན་དུ་ཐལ་བ་དེ་དག་ཉིད་དུ་འགྱུར་བས་གཞན་ལས་ལྟོང་བར་བརྟག་པ་དོན་མེད་པར་འགྱུར་རོ། བུད་ཤིང་ལ་ཡང་མེ་ཡོད་པ་མ་ཡིན་ཏེ། ཅིའི་ཕྱིར་ཞེ་ན། མི་དམིགས་པའི་ཕྱིར་དང་། རྩོམ་པ་དོན་མེད་པ་ཉིད་དུ་འགྱུར་བའི་ཕྱིར་རོ། །གསལ་བ་དང་ཆེན་པོ་ཉིད་ཀྱང་སྣང་མེད་པའི་ཕྱིར་འབྲས་བུ་སྣང་མེད་པར་ཐལ་བར་འགྱུར་རོ། །

（《中論》云：）

## 10.13.ab 火不從他生，柴中亦無火；

火也不能從其他（的因緣）而生。爲何？但凡觀察彼（火）從他而生，將遭質疑：於彼（生火的其他因緣之中）是有柴薪呢？還是沒有柴薪呢？此執亦（有上述的）應成之過，所以執（火）由他而生變成無義。

柴薪之中亦無火。爲何？因爲不被緣取，且所有努力應成無義（之過）。[17]顯法及大法[18]也不在前時而有。此故，果也於前（時）無，應成如是。[19]

གལ་ཏེ་ཏིལ་དག་ལ་ཏིལ་མར་[20]བཞིན་ནོ་ཞེ་ན། དེ་ཡང་མི་རུང་སྟེ། ཏིལ་ནི་བརྡུང་བ་དང་སྡུམ་པ་དག་ཡིན་པའི་ཕྱིར་དང་། ཏིལ་མར་[21]ནི་གཞན་དུ་དམིགས་པའི་ཕྱིར་རོ། །

（他方）若說（因中仍可有果，）誠如芝麻中有著芝麻油般。

17 柴為因，火為果。因時無果的緣故，因時果不能被正量所緣。況且，因時有果的話，因就不再是生果的助因，這樣一來，為能生火的努力將成無有意義。

18 顯句論中，自他二方針對「未顯現、已顯現之果是否存在於因時之中」以及「粗相之果是否存在於因時之中」而辯論。所以在此的「顯法」應解讀為「已顯現的果」；「大法」應解讀為「粗相的果」。因為已經顯現，成為粗相，所以顯法與大法只是說法不同，但應指向同一事物。「前時」應理解為因時或果前的時候。總之，果不在因時存在。參考月稱論師的《顯句論》——Candrakīrti, *Dbu ma rtsa ba'i 'grel pa tshig gsal,* 175。

19 自宗雖許「果不存在於因時之中」，但他宗卻持有相反的立場，故說「果也於前（——因——）時亦無，應成如是。」總之，應成論式主要破除他宗內部的矛盾觀點，並不能僅憑應成論式決定自宗的立場，正如此例。

20 根據北京版及奈塘版，在此改為 མར། 字。

21 根據北京版及奈塘版，在此改為 མར། 字。

（自方道：）此（說）仍不應理，芝麻被壓榨時方能出油，在（迥異於芝麻的）他處（方能）緣取芝麻油的緣故。

སོང་དང་མ་སོང་བགོམ་པ་ཡིས། །དེ་བཞིན་ཤིང་ལ་ལྷག་མ་བསྟན། །རྣམ་པ་དེ་དག་གིས་དེ་བཞིན་དུ་བུད་ཤིང་ལ་ཡང་བརྗོད་པ་ལྷག་མ་དག་བསྟན་པར་ཁོང་དུ་ཆུད་པར་བྱའོ། རྣམ་པ་གང་གིས་ཤེ་ན། སོང་བ་དང་མ་སོང་བ་དང་བགོམ་པའི་རྣམ་པ་དག་གིས་ཏེ། ཇི་ལྟར་སོང་བ་ལ་འགྲོ་བ་མེད་པ་དང་། མ་སོང་བ་ལ་མེད་པ་དང་། བགོམ་པ་ལ་འགྲོ་བ་མེད་པ་དེ་བཞིན་དུ་བུད་ཤིང་བསྲེགས་པ་ལ་ཡང་སྲེག་པ་མེད། མ་བསྲེགས་པ་ལ་ཡང་མེད་བསྲེག་བཞིན་པ་ལ་ཡང་སྲེག་པ་མེད་དོ།

（《中論》云：）

**10.13.cd 由已未正去，同示柴餘理。**[22]

由彼等行相應知顯示（破除）柴薪（自性）的餘文。什麼行相？由已去、未去、跨步的行相，即行走不存在於已去之中、未去之中，以及跨步之中。同樣的，燃燒不存在於已燃燒的柴薪之中、未燃燒之中，以及正在燃燒之中。

ཇི་ལྟར་སོང་བ་ལ་འགྲོ་བའི་རྩོམ་པ་དོན་མེད་པ་དང་། མ་སོང་བ་ལ་མེད་པ་དང་། བགོམ་པ་ལ་འགྲོ་བའི་རྩོམ་པ་མེད་པ་དེ་བཞིན་དུ་བསྲེགས་པ་ལ་ཡང་སྲེག་པའི་རྩོམ་པ་མེད། །མ་བསྲེགས་པ་ལ་ཡང་མེད། །བསྲེག་བཞིན་པ་ལ་ཡང་སྲེག་པའི་རྩོམ་པ་མེད་དོ། །ཇི་

22 有關 10.13.cd，對勘本版的藏譯中論為：།དེ་བཞིན་ཤིང་གི་ལྷག་མ་ནི། །སོང་དང་མ་སོང་བགོམ་པས་བསྟན།，故與此中所引的偈頌文有所出入；可參考 Nāgārjuna. *Dbu ma rtsa ba'i tshig le'ur byas pa shes rab*, 17。

ལྟར་འགྲོ་བ་པོ་འགྲོ་བར་མི་བྱེད་པ་དང་། འགྲོ་བ་པོ་མ་ཡིན་པ་མི་བྱེད་པ་དང་། འགྲོ་བ་པོ་ཡིན་པ་དང་། འགྲོ་བ་པོ་མ་ཡིན་པར་འགྲོ་བར་མི་བྱེད་དེ། མེད་པ་ཉིད་ཀྱི་ཕྱིར་རོ་ཞེས་བྱ་བ་དེ་བཞིན་དུ་མེ་ཡང་སྲེག་པ་པོ་ཡང་སྲེག་པར་མི་བྱེད། སྲེག་པ་པོ་མ་ཡིན་པ་ཡང་མི་བྱེད། སྲེག་པ་པོ་ཡིན་པ་ཡང་སྲེག་པར་མི་བྱེད་དེ། མེད་པ་ཉིད་ཀྱི་ཕྱིར་དེ་བཞིན་དུ་ལྷག་མ་རྣམས་ཀྱང་བྲང་བར་བྱའོ། །

誠如於已去之中、未去之中，以及跨步之中無行走的努力，同理，於已燃燒之中、未燃燒之中，以及正在燃燒之中亦無（起火）燃燒的努力。

不存在之故，行者不行走、非行者不行走，是行者與非行者皆不行走般，同前，因爲不存在的緣故，燃者的火不燃燒、非燃者不燃燒，是燃者與非燃者皆不燃燒。同理，此亦適用於其餘諸法。

ཤིང་ཉིད་མེ་ནི་མ་ཡིན་ཏེ། །ཤིང་ལས་གཞན་ལ་མེ་ཡང་མེད། །མེ་ནི་ཤིང་དང་ལྡན་མ་ཡིན། །མེ་ལ་ཤིང་མེད་དེར་དེ་མེད། །རེ་ཞིག་བུད་ཤིང་གང་ཡོ་ན་ཡིན་པ་དེ་ཉིད་མེ་མ་ཡིན་ཏེ། བྱེད་པ་པོ་དང་ལས་དག་གཅིག་པ་ཉིད་ཀྱི་སྐྱོན་དུ་ཐལ་བར་འགྱུར་བའི་ཕྱིར་རོ། །བུད་ཤིང་ལས་གཞན་ལ་ཡང་མེད་དེ། གཞན་ལ་མི་ལྟོས་པ་ཉིད་ལ་སོགས་པའི་སྐྱོན་དུ་ཐལ་བར་འགྱུར་བའི་ཕྱིར་རོ། །མེ་བུད་ཤིང་དང་ལྡན་པ་ཡང་མ་ཡིན་ཏེ། ཅིའི་ཕྱིར་ཞེ་ན། ལྡན་པའི་རྒྱུ་འདི་མེ་དང་བུད་ཤིང་དག་གཅིག་པ་ཉིད་དམ། གཞན་ཉིད་ལ་ཡོད་གྲང་ན། དེ་དག་གིས་དེ་གཉི་ག་བསལ་ཟིན་པའི་ཕྱིར་རོ། །

（《中論》云：）

**10.14 柴薪並非火，柴外火亦無，火不具柴薪，柴火中互無。**

首先，凡是決定爲柴薪者皆非火，（有）作者與作業應成一性之過的緣故。

於柴薪的相異性之中也沒有（火），應成不觀待他者等過咎的緣故。

火並非具有柴薪。爲何？此具有緣——火與柴薪——是一性，還是相異性呢？前已破除彼二的緣故。

སྨྲས་པ། མི་རུང་སྟེ། འཇིག་རྟེན་ན་མཐོང་བའི་ཕྱིར་རོ། །འདི་ལྟར་དེ་ཉིད་འཇིག་རྟེན་ན་མེ་འདི་ནི་བུད་ཤིང་དང་ལྡན་ནོ། མེ་འདི་ནི་བུད་ཤིང་མེད་པའོ་ཞེས་བྱ་བར་མཐོང་།

（他方）道：不合理，因爲世間可見到（柴與火）的緣故。如是，於世間之中，可見「此火中仍有柴、此火中已無柴」。

བཤད་པ། འདི་ནི་དེ་ཁོ་ན་བསམ་པ་ཡིན་པས་འདི་ལ་འཇིག་རྟེན་པའི་བརྗོད་པ་གང་ལ་འདི་ནི་བདག་དང་ལྡན་ནོ་ཞེས་ཀྱང་ཟེར་བ་དག་གིས་ཅི་བྱ། མེ་ལ་བུད་ཤིང་དག་ཟ་བོ་ན་རྒྱ་ཤུག་ལྟར་ཡོད་པ་ཡང་མ་ཡིན་ལ། བུད་ཤིང་དག་ལ་མེ་ཆུ་ན་པད་མ་དག་ལྟར་ཡོད་པ་ཡང་མ་ཡིན་ཏེ། ཅིའི་ཕྱིར་མེད་ཅེ་ན། གཞན་ཉིད་ཀྱི་སྐྱོན་དུ་འགྱུར་བའི་ཕྱིར་རོ། །

（自方）道：正因爲如此思惟，世間皆說有「我」，然而此說豈能（應理）？火中之柴非如盤中有棗；柴中之火也非如水中有蓮。爲何不存在？應成相異性之過的緣故。

མེ་དང་ཤིང་གིས་བདག་དང་ནི། །ཉེ་བར་ལེན་པའི་རིམ་པ་ཀུན། །བུམ་སྣམ་སོགས་དང་ལྷན་ཅིག་ཏུ། །མ་ལུས་པར་ནི་རྣམ་པར་བཤད། །མེ་དང་བུད་ཤིང་དག་གིས་བདག་དང་ཉེ་བར་ལེན་པ་དག་གི་གཅིག་པ་ཉིད་དང་། གཞན་ཉིད་དང་སྔན་ཚུན་ལྟོས་པར་མི་འཐད་པའི་

རིམ་པ་ཐམས་ཅད་བུམ་པ་དང་སྣམ་བུ་ལ་སོགས་པ་དག་དང་ལྷན་ཅིག་ཏུ་མ་ལུས་པར་རྣམ་པར་བཤད་པ་ཁོང་དུ་ཆུད་པར་བྱ་སྟེ། འདི་ལྟ་སྟེ། ཇི་ལྟར་མེ་བུད་ཤིང་དང་གཅིག་པ་ཉིད་ཀྱང་མ་ཡིན་གཞན་ཉིད་དུ་ཡང་མི་འཐད་ཕན་ཚུན་ལྟོས་ཏེ་གྲུབ་པ་ཡང་མི་འཐད་པ་དེ་བཞིན་དུ་བདག་ཀྱང་ཉེ་བར་བླང་བ་དང་གཅིག་པ་ཉིད་ཀྱང་མ་ཡིན། གཞན་ཉིད་དུ་ཡང་མི་འཐད། ཕན་ཚུན་ལྟོས་ཏེ་འགྲུབ་པར་ཡང་མི་འཐད་དོ། །

（《中論》云：）

**10.15 依序柴與火，近取者及處，[23]瓶子與氆氌，皆應如是說。**

依序以火與柴、我與近取處的一性與相異性、相互觀待的不成立等，同時推知瓶子及氆氌等一切行相之說。如是，如同火與柴非一性，也非相異性，亦非相互觀待般，同樣的，我與近取處非一性，也非相異性，更非相互觀待。

ཇི་ལྟར་མེ་གཞན་ལས་ཀྱང་མི་འོང་བུད་ཤིང་ལ་ཡང་ཡོད་པ་མ་ཡིན་པ་དེ་བཞིན་དུ་བདག་ཀྱང་གཞན་ལས་ཀྱང་མི་འོང་། ཉེ་བར་བླང་བ་ལ་ཡང་ཡོད་པ་མ་ཡིན་ནོ། །ཇི་ལྟར་བུད་ཤིང་ཉིད་ཀྱང་མེ་མ་ཡིན། །བུད་ཤིང་ལས་གཞན་ལ་ཡང་མེ་མེད། མེ་བུད་ཤིང་དང་ལྡན་པ་ཡང་མ་ཡིན། མེ་ལ་བུད་ཤིང་དག་ཡོད་པ་ཡང་མ་ཡིན། བུད་ཤིང་དག་ལ་མེ་ཡོད་པ་ཡང་མ་ཡིན་པ་དེ་བཞིན་དུ་ཉེ་བར་བླང་བ་དག་ཀྱང་བདག་མ་ཡིན། ཉེ་བར་བླང་བ་ལས་གཞན་པ་ཡང་བདག་མེད། བདག་ཉེ་བར་བླང་པ་དང་ལྡན་པ་ཡང་མ་ཡིན། བདག་ལ་ཉེ་བར་བླང་པ་དག་ཡོད་པ་ཡང་མ་ཡིན། ཉེ་བར་བླང་བ་དག་ལ་བདག་ཡོད་པའང་མ་ཡིན་ནོ།

23 有關 10.15.b，對勘本版的藏譯中論為：།ཉེ་བར་ལེན་པའི་རིམ་པ་ཀུན།，故與此中所引的偈頌文有所出入；可參考Nāgārjuna. *Dbu ma rtsa ba'i tshig le'ur byas pa shes rab,* 17。

就像火非從其他（因緣）而生，也不存在於柴薪之中般，同理，我也不從其他（因緣）而生，也不存在於近取處中。

如同柴薪本身非火、火亦不在柴薪的相異性之中、火不具柴薪、火中無柴薪、柴薪中亦無火；同樣的，近取處非我、我亦不在近取處的相異性之中、我不具近取處、我中無近取處、近取處中亦無我。

དེ་ལྟར་མེས་བུད་ཤིང་བསྲེགས་པ་ལ་ཡང་སྲེག་པ་མེད་མ་བསྲེགས་པ་ལ་ཡང་མེད། བསྲེག་བཞིན་པ་ལ་ཡང་སྲེག་པ་མེད་པ་དང་། དེ་ལྟར་མེས་བསྲེག་པ་ལ་ཡང་སྲེག་པའི་རྩོམ་པ་མེད་མ་བསྲེགས་པ་ལ་ཡང་མེད། བསྲེག་བཞིན་པ་ལ་ཡང་སྲེག་པའི་རྩོམ་པ་མེད་པ་དང་། དེ་ལྟར་མེས་སྲེག་པ་པོ་ཡང་སྲེག་པར་མི་བྱེད། སྲེག་པ་པོ་མ་ཡིན་པ་ཡང་མི་བྱེད། སྲེག་པ་པོ་ཡིན་པ་དང༌། སྲེག་པ་པོ་མ་ཡིན་པ་ཡང་སྲེག་པར་མི་བྱེད་དེ། མེད་པ་ཉིད་ཀྱི་ཕྱིར་རོ་ཞེས་བྱ་བ་དེ་བཞིན་དུ་བདག་གིས་ཉེ་བར་བླང་བ་ལ་ཡང་ཉེ་བར་ལེན་པ་མེད། ཉེ་བར་མ་བླངས་པ་ལ་ཡང་མེད། ཉེ་བར་ལེན་བཞིན་པ་ལ་ཡང་ཉེ་བར་ལེན་པ་མེད་ཅིང་། དེ་བཞིན་དུ་བདག་གིས་ཉེ་བར་བླངས་པ་ལ་ཡང་ཉེ་བར་ལེན་པོའི་རྩོམ་པ་མེད། ཉེ་བར་མ་བླངས་པ་ལ་ཡང་མེད། ཉེ་བར་ལེན་བཞིན་པ་ལ་ཡང་ཉེ་བར་ལེན་པའི་རྩོམ་པ་མེད་ལ། དེ་བཞིན་དུ་བདག་གིས་ཉེ་བར་ལེན་པ་པོ་ཡང་ཉེ་བར་ལེན་པར་མི་བྱེད། ཉེ་བར་ལེན་པ་པོ་མ་ཡིན་པ་ཡང་མི་བྱེད། ཉེ་བར་ལེན་པ་པོ་ཡིན་པ་དང་། ཉེ་བར་ལེན་པ་པོ་མ་ཡིན་པ་ཡང་ཉེ་བར་ལེན་པར་མི་བྱེད་དེ། མེད་པ་ཉིད་ཀྱི་ཕྱིར་རོ། །

如同於已燒之中、未燒之中，以及正在燃燒之中，皆無火燒柴薪；如同於火燒之中、未燒之中，以及正在燃燒之中，皆無生火的努力；如同燃者——火——不燃燒、非燃燒者不燃燒、是燃燒者與非燃燒者亦不燃燒。爲何？不存在的緣故。同理，我於已近取之中、未近取之中，以及正在近取之中，皆無近取；同理，我於已近取之中無近取者的努力，（我於）未近取之中，以及正在近取之中，皆無近取的努力。同理，近取者——我——不近取、非近取者不近取、是近取者與非近取者亦不近取。爲何？不存在的緣故。

བུམ་སྣམ་ལ་སོགས་པ་ལྷན་ཅིག་ཏུ་ཞེས་བྱ་བ་ནི། མེ་དང་བུད་ཤིང་དག་གིས་བདག་དང་ཉེ་བར་བླང་བ་དག་གི་རིམ་པ་གང་དག་རྣམ་པར་བཤད་པ་དེ་དག་བུམ་པ་དང་སྣམ་བུ་ལ་སོགས་པ་དག་དང་ཡང་ལྷན་ཅིག་ཏུ་རྣམ་པར་བཤད་དེ། བདག་དང་ཉེ་བར་བླང་བ་དག་དང་བུམ་པ་དང་། སྣམ་བུ་ལ་སོགས་པ་དག་གི་རིམ་པ་ཐམས་ཅད་མ་ལུས་པར་རྣམ་པར་བཤད་དོ་ཞེས་བྱ་བའི་ཐ་ཚིག་གོ། །

「（10.15.c）瓶子及氆氌」，謂以火及柴的（理由）解說了我及近取處的順序之際，也解釋彼等如瓶子及氆氌等。此句應理解爲「依序解說了我與近取處、瓶子、氆氌等一切無餘」。

དེ་ལ་བུམ་པ་དང་སྣམ་བུ་ལ་སོགས་པ་དག་ནི། རྒྱུ་དང་འབྲས་བུར་གྱུར་པ་དང་། ཡན་ལག་དང་། ཡན་ལག་ཅན་དུ་གྱུར་པ་དང་། ཡོན་ཏན་དང་། ཡོན་ཏན་ཅན་དུ་གྱུར་པ་དང་། མཚན་ཉིད་དང་། མཚན་ཉིད་ཀྱི་གཞིར་གྱུར་པ་རྣམ་པ་དེ་ལྟ་བུ་དག་ཏུ་ཤེས་པར་བྱའོ། །འདི་ལྟ་སྟེ། འཇིམ་པ་ཉིད་བུམ་པ་མ་ཡིན་ཏེ། འཇིམ་པས་འབྲས་བུ་བུམ་པ་བྱེད་པ་མེད་པར་འགྱུར་བའི་ཕྱིར་རོ། །འཇིམ་པ་ལས་བུམ་པ་གཞན་ཉིད་ཀྱང་མ་ཡིན་ཏེ། གཞན་ལ་ལྟོས་པ་མེད་པ་རྟག་པ་ཉིད་དུ་ཐལ་བར་འགྱུར་བའི་ཕྱིར་རོ། །དེ་དག་ཕན་ཚུན་ལྟོས་པར་ཡང་མི་འགྲུབ་སྟེ། གྲུབ་པ་དང་མ་གྲུབ་པ་དག་ལྟོས་པར་མི་འཐད་པའི་ཕྱིར་རོ། །

於此，應知瓶子及氆氌等（對應）於因與果、支分與具支者、功德與具德者，性相與性相之處（等）行相。

如是，泥土本身並非瓶，因爲有泥土應成無法產生其果——瓶——（之過）；泥土並非瓶的相異性，否則有（泥土）應成不觀待他者、成爲常法（之過）。彼等（——泥與瓶——）的相互觀待亦不成立，因爲存在與不存在的觀待皆不應理。

ལོ་མ་ཉིད་ཤིང་ལྗོན་པ་མ་ཡིན་ཏེ། ལོ་མ་ལྷགས་ན་ཤིང་ལྗོན་པ་འཇིག་པར་ཐལ་བར་འགྱུར་བའི་ཕྱིར་རོ། ལོ་མ་ལས་ཤིང་ལྗོན་པ་གཞན་ཉིད་ཀྱང་མ་ཡིན་ཏེ། གཞན་ལ་ལྟོས་པ་མེད་པ་རྟག་པ་ཉིད་དུ་ཐལ་བར་འགྱུར་བའི་ཕྱིར་རོ། །དེ་དག་ལ་ཕན་ཚུན་ལྟོས་པར་ཡང་མི་འགྲུབ་སྟེ། གྲུབ་པ་དང་མ་གྲུབ་པ་དག་ལྟོས་པར་མི་འཐད་པའི་ཕྱིར་རོ།

樹葉並非樹木，因爲有樹葉掉落之時應成樹木壞滅（之過）；樹葉也非樹木的相異性，因爲有應成不觀待他者、成爲常法（之過）。彼等（——樹葉與樹木——）的相互觀待也不成立，因爲存在與不存在的觀待皆不應理。

སྔོན་པོ་ཉིད་ལོ་མ་མ་ཡིན་ཏེ། སྔོན་པོ་ཡལ་ན་ལོ་མ་མ་[24]ཡིན་པར་ཐལ་བར་འགྱུར་བའི་ཕྱིར་རོ། སྔོན་པོ་ལས་ལོ་མ་གཞན་ཉིད་ཀྱང་མ་ཡིན་ཏེ། ལོ་མ་ལྷགས་ཀྱང་སྔོན་པོ་གནས་པར་ཐལ་བར་འགྱུར་བའི་ཕྱིར་རོ། དེ་དག་ཕན་ཚུན་ལྟོས་པར་ཡང་མི་འགྲུབ་སྟེ། གྲུབ་པ་དང་མ་གྲུབ་པ་དག་ལྟོས་པར་ཡང་མི་འཐད་པའི་ཕྱིར་རོ། །

青色並非樹葉，因爲將有青色褪色之時應成非樹葉（之

24 於此，對勘本版並未附上不同註解，但應多加 མ། 字。若無多加 མ། 字，直譯則為「青色褪色之時應成存在樹葉」但其不得解，故改為：「青色褪色之時應成無有樹葉」，如秋葉。

過）；樹葉也非青色的相異性，因為有樹葉掉落之時應成仍有青色（之過）。彼等（──樹葉與青色──）的相互觀待也不成立，因為存在與不存在的觀待皆不應理。

མཚན་ཉིད་མཚན་ཉིད་ཀྱི་གཞི་མ་ཡིན་ཏེ། སྒྲུབ་པ་དང་བསྒྲུབ་པར་བྱ་བ་ཐ་དད་པའི་ཕྱིར་དང་། གྲངས་ཐ་དད་པའི་ཕྱིར་རོ། །མཚན་ཉིད་ལས་མཚན་ཉིད་ཀྱི་གཞི་གཞན་ཉིད་ཀྱང་མ་ཡིན་ཏེ། དངོས་པོ་མཚོན་པར་བྱ་བ་མ་ཡིན་པ་རབ་ཏུ་མི་འགྲུབ་པའི་ཕྱིར་རོ། །དེ་དག་ཕན་ཚུན་ལྟོས་པར་ཡང་མི་འགྲུབ་སྟེ། གྲུབ་པ་དང་མ་གྲུབ་པ་དག་ལྟོས་པར་མི་འཐད་པའི་ཕྱིར་རོ། །

性相非性相之處，成立與被成立為異、該數量為異的緣故；[25]性相之處並非性相的相異性，因為不能至極成立事物並非所表。[26]彼等（──性相與性相之處──）的相互觀待也不成立，因為存在與不存在的觀待皆不應理。

ཇི་ལྟར་མེ་གཞན་ལས་མི་འོང་བ་དང་། བུད་ཤིང་ཡང་མེ་ཡོད་པ་མ་ཡིན་པ་དང་། བུད་ཤིང་ཉིད་མེ་མ་ཡིན་པ་དང་། བུད་ཤིང་ལས་གཞན་ལ་ཡང་མེ་མེད་པ་དང་། མེ་བུད་ཤིང་དང་ལྡན་པ་ཡང་མ་ཡིན་པ་དང་། མེ་ལ་བུད་ཤིང་དག་མེད་པ་དང་། བུད་ཤིང་དག་ལ་མེ་མེད་པར་བསྟན་པ་དེ་བཞིན་དུ་འབྲས་བུ་ཡང་གཞན་ལས་མི་འོང་བ་དང་། རྒྱུ་ལ་ཡང་འབྲས་བུ་ཡོད་པ་མ་ཡིན་པ་དང་། རྒྱུ་ཉིད་འབྲས་བུ་མ་ཡིན་པ་དང་། རྒྱུ་ལས་གཞན་ལ་ཡང་

25 例如，剎那性是無常的定義或性相。該性相之處（或事例）有：瓶、柱、柴、火等。性相的數量雖只有一，該事例的數量卻有無數。

26 如果事例與定義是自性異，即徹底無關的二者，將不能透過事例去表達或認知該事物的定義。但事實上，事物是可以透過該事例來去表達的，所以你無法成立「事物並非所表」的理論。

འབྲས་བུ་མེད་པ་དང་། །འབྲས་བུ་རྒྱུ་དང་ལྡན་པ་མ་ཡིན་པ་དང་། འབྲས་བུ་ལ་རྒྱུ་དག་མེད་པ་དང་། རྒྱུ་དག་ལ་འབྲས་བུ་མེད་པའོ། །དེ་བཞིན་དུ་ཐམས་ཅད་ལ་ཡང་ཇི་ལྟར་ཇི་སྲིད་པ་བཞིན་དུ་སྦྱར་བར་བྱའོ། །

如同（《中論》）說，火不從其他（因緣）而生、柴薪之中並無火、柴薪非火、柴薪的相異性之火實屬非有、火不具柴薪、火中無柴薪、柴薪中無火，同樣的，果不從其他（因緣）而生、因中無果、因非果、因的相異性之果實屬不存在、果不具因、果中無因、因中無果。同樣的，永遠（應將此理）結合一切諸法。

དེའི་ཕྱིར་དེ་ལྟར་ངོ་བོ་ཉིད་ཀྱིས་བདག་དང་དངོས་པོ་རྣམས་རྣམ་པ་དུ་མར་མི་འཐད་པ་ན་རྟོག་པའི་རང་བཞིན་ཅན་མ་ཡིན་པ་མཁས་པའི་ང་རྒྱལ་ཅན། གང་དག་བདག་དང་དངོས་པོ་རྣམས། །དེ་བཅས་ཉིད་དང་ཐ་དད་པར། སྟོན་པ་དེ་དག་བསྟན་དོན་ལ། །མཁས་སོ་སྙམ་དུ་མི་སེམས་སོ། །གང་དག་པ་དེ་དང་བཅས་པ་ཉིད་དང་ཐ་དད་པ་དང་། དངོས་པོ་རྣམས་དེ་དང་བཅས་པ་ཉིད་དང་། ཐ་དད་པར་སྟོན་པ་དེ་དག་བསྟན་པའི་དོན་ལ་མཁས་པ་ཡིན་པར་ཁོ་བོ་མི་སེམས་སོ། །དེ་བཅས་ཞེས་བྱ་བ་ནི་དེ་དང་བཅས་པའོ། །དེ་དང་བཅས་པའི་དངོས་པོ་ནི་དེ་དང་བཅས་པ་ཉིད་དོ། །བདག་དེ་དང་བཅས་པའི་དངོས་པོ་ནི་བདག་དེ་དང་བཅས་པ་ཉིད་དོ། །དངོས་པོ་རྣམས་དེ་དང་བཅས་པའི་དངོས་པོ་ཡང་དངོས་པོ་རྣམས་དེ་དང་བཅས་པ་ཉིད་དོ། །

如是，以自性所成的我、事物等，於諸多行相之中皆不合理，（執取諸法）非分別（所施設之）性者，（乃自詡）學者之慢。（《中論》云：）

**10.16 說我及事物，具該性及異，如是示諸義，不思爲智者。**

我不認爲，宣說如是諸內義── 某法具有彼（性）亦屬異，事物等具有彼性亦屬異── 實爲精通論義的智者。

「具彼」謂具有彼（性），具足彼（性）者的事物便是具有彼（自性）。具有我的事物便是有我；事物等（是）具彼（性）的事物，便是有彼（自性）的事物。

གང་གིས་བདག་གམ་དངོས་པོ་རྣམས་སུ་གདགས་པ་དེ་དང་བཅས་པ་ཉིད་དེ་ནི་བདག་ཉིད་དམ་དངོས་པོ་རྣམས་ཡིན་ཏེ། ཐ་དད་པར་གྱུར་པ་མ་ཡིན་ཞེས་བྱ་བའི་ཐ་ཚིག་གོ། །འདི་ལྟ་སྟེ་ཉེ་བར་བླང་བ་གང་གིས་བདག་ཏུ་གདགས་པའི་ཉེ་བར་བླང་བ་དེ་ཉིད་དང་བཅས་པ་དེ་ནི་བདག་ཉིད་ཡིན་གྱི། འབའ་ཞིག་ནི་མ་ཡིན་ཏེ། གང་དག་བདག་ཉེ་བར་བླང་བ་དང་བཅས་པའི་དངོས་པོ་དེ་དེ་དང་བཅས་པ་ཉིད་དུ་སྟོན་པར་བྱེད་པ་དང་། གང་དག་བདག་ཐ་དད་པར་གྱུར་པ་ལྟ་བ་ལ་སོགས་པ་དག་གི་སྣོ་རོལ་ན་དངོས་པོ་འགའ་ཞིག་གནས་པ་ཡོད་དོ་ཞེས་སྟོན་པར་བྱེད་པ་དང་།

由某計取我或事物，具足彼（自性）者，方爲我或事物，即是「並非成異」[27]的解讀。

如是，由某近取處而施設爲我，具有彼近取處者方能爲我，然而，（你）說，此非唯一（安立我的方式），因爲我是

27　《顯句論》說，《中論》的「具彼性」的「彼」字應解讀為「一」，且「並非成異」與「一」同義。若有自性的話，決定為自性一或自性異，除此以外沒有其他第三選擇，故而在此破除自性的一、異。參考月稱論師的《顯句論》── Candrakīrti, *Dbu ma rtsa ba'i 'grel pa tshig gsal*, 179。

具有近取處的事物、（我）具有彼（性）。且觀「我將成異」前，（你）已說：「某事物是存在的。」[28]

དེ་བཞིན་དུ་དངོས་པོ་རྣམས་ལ་ཡང་བུད་ཤིང་གང་གིས་མེར་གདགས་པའི་བུད་ཤིང་དེ་ཉིད་དང་བཅས་པ་དེ་ནི་མེ་ཉིད་ཡིན་གྱི། འབའ་ཞིག་ནི་མ་ཡིན་ཏེ། གང་དག་མེ་བུད་ཤིང་དང་བཅས་པའི་དངོས་པོ་དེ་དེ་དང་བཅས་པ་ཉིད་དུ་སྟོན་པར་བྱེད་པ་དང་། དེ་བཞིན་དུ་གང་དག་ཡོན་ཏན་ཅན་ལོ་མ་ཡང་ཡོན་ཏན་སྔོན་པོ་ལ་སོགས་པ་དེ་དག་དང་བཅས་པ་ཉིད་ན་ལོ་མ་ཡིན་གྱི། འབའ་ཞིག་ནི་མ་ཡིན་ནོ་ཞེས་སྟོན་པར་བྱེད་པ་དང་། དེ་བཞིན་དུ་གང་དག་འབྲས་བུ་སྣམ་བུ་ཡང་རྒྱུ་སྲིན་དེ་དག་དང་བཅས་པ་ཉིད་ན་འབྲས་བུ་ཡིན་གྱི། འབའ་ཞིག་ནི་མ་ཡིན་ནོ་ཞེས་སྟོན་པར་བྱེད་པ་དང་། དེ་བཞིན་དུ་གང་དག་ཡན་ལག་ཅན་ལུས་ཀྱང་ཡན་ལག་ལག་པ་ལ་སོགས་པ་དེ་དག་དང་བཅས་པ་ཉིད་ན་ཡན་ལག་ཅན་ཡིན་གྱི་འབའ་ཞིག་ནི་མ་ཡིན་ནོ་ཞེས་སྟོན་པར་བྱེད་པ་དང་། དེ་བཞིན་དུ་གང་དག་མཚན་ཉིད་ཀྱི་གཞི་བ་ལང་ཡང་མཚན་ཉིད་རྣ་ལ་སོགས་པ་དེ་དག་དང་བཅས་པ་ཉིད་ན་མཚན་ཉིད་ཀྱི་གཞི་ཡིན་གྱི། འབའ་ཞིག་ནི་མ་ཡིན་ནི་ཞེས་སྟོན་པར་བྱེད་པ་དང་།

同樣的，事物也是（如此），由某柴薪而施設爲火的柴薪，具有該（柴薪）方能爲火，然而，（你）說，此非唯一（安立火的方式），而說火是具有柴薪的事物。

同樣的，某具德者——樹葉——也是因爲具有其德——青色——而成爲樹葉，然而，（你）說此非唯一（安立樹葉的方

28 以白話文解說如下：你執取「自性的我」作為「一性之我」的解讀。實際上，我是因為有了我的身或我的心而施設為我，你卻不認同這種唯一施設為我、安立為我的觀點，因為你在說「我以自性擁有著我的身或心」及「我與我的身心為迥異性」前，你早已說了「我是有自性的」。以此類推下述的觀點。

式）。

同樣的，果——氆氌——也是因爲具有其因——毛線——而成爲果，然而，（你）說此非唯一（安立果的方式）。

同樣的，某具支者——身體——也是因爲具有其支分——手等——而成爲具支者，然而，（你）說此非唯一（安立具支者的方式）。

同樣的，某性相之處——牛——也是因爲具有其性相——角等——而成爲性相之處者，然而，（你）說此非唯一（安立性相之處的方式）。

གང་དག་དངོས་པོ་རྣམས་ཐ་དད་པ་ཉིད་དུ་སྟོན་ཏེ། མེ་ཡང་གཞན་ཉིད་ལ་བུད་ཤིང་ཡང་གཞན་ཉིད་ཡིན། ཡོན་ཏན་ཅན་ལོ་མ་ཡང་གཞན་ཉིད་ལ་ཡོན་ཏན་སྔོན་པོ་ལ་སོགས་པ་དག་ཀྱང་གཞན་ཉིད་ཡིན། འབྲས་བུ་སྣམ་བུ་ཡང་གཞན་ཉིད་ལ་རྒྱུ་སྲིན་དག་ཀྱང་གཞན་ཉིད་ཡིན། ཡན་ལག་ཅན་ལུས་ཀྱང་གཞན་ཉིད་ལ་ཡན་ལག་ལག་པ་ལ་སོགས་པ་དག་ཀྱང་གཞན་ཉིད་ཡིན། མཚན་ཉིད་ཀྱི་གཞི་བ་ལང་ཡང་གཞན་ཉིད་ལ་མཚན་ཉིད་རྭ་ལ་སོགས་པ་དག་ཀྱང་གཞན་ཉིད་ཡིན་ནོ་ཞེས་སྟོན་པར་བྱེད་པ་དེ་དག་ནི་བསྟན་པའི་དོན་ལ་མཁས་པ་ཡིན་ནོ་སྙམ་དུ་ཁོ་བོ་མི་སེམས་སོ། །

總之，（你）說諸法爲異。火爲相異法、柴爲相異法、具德者樹葉爲相異法、（其）德青色爲相異法、果氆氌爲相異法、因毛線爲相異法、具支者身體爲相異法、支分手等爲相異法、性相之處牛爲相異法、性相角等也爲相異法。我不認爲說此義者實爲學者。

ཅིའི་ཕྱིར་ཞེ་ན། དེ་དང་བཅས་པའི་དངོས་པོ་ནི་དེ་དང་བཅས་པ་ཉིད་དོ་ཞེས་བྱ་བ་གང་ཡིན་པ་དེ་ཡང་གཅིག་པ་ཉིད་དམ་གཞན་ཉིད་དང་བཅས་པའི་དངོས་པོ་ཞིག་ཡིན་གྲང་ན། གཉི་ག་ལྟར་ཡང་མི་འཐད་དེ་ཚིགས་སུ་བཅད་པ་གོང་མར་བསྟན་ཟིན་པའི་ཕྱིར་དང་། འདོད་ཆགས་དང་ཆགས་པ་བརྟགས་པའི་རབ་ཏུ་བྱེད་པར་ཡང་གཅིག་ན་ལྷན་ཅིག་ཡོད་མིན་ཏེ་ཞེས་རྒྱས་པར་བསྟན་པས་ལྷན་ཅིག་ཉིད་དགག་པ་གྲུབ་པའི་ཕྱིར་རོ། །

為何？凡說具有彼（性）之事物，自是有彼（自性）者，問：彼（性）是一性，還是相異性？誠如前偈頌所說，兩者皆不合理。於觀貪欲、貪心品中的「（6.4）一性不同俱」已經廣釋，（依此理）同時成立破除（自性之義）。

མེ་དང་བུད་ཤིང་བརྟག་པ་ཞེས་བྱ་བ་སྟེ་རབ་ཏུ་བྱེད་པ་བཅུ་པའོ།། །།

第十品——觀柴火品——終。

# 第十一品

# ——觀輪迴品——

སྨྲས་པ། བདག་ནི་ཡོད་པ་ཁོ་ན་ཡིན་ནོ། །ཅིའི་ཕྱིར་ཞེ་ན། འཁོར་བ་ཡོད་པའི་ཕྱིར་ཏེ། འདི་ལ་བཅོམ་ལྡན་འདས་ཀྱིས། དམ་ཆོས་རྣམ་པར་མི་ཤེས་པའི། །བྱིས་པ་ལ་ནི་འཁོར་བ་རིང་། །ཞེས་གསུངས་སོ། །དེ་བཞིན་དུ་དགེ་སློང་དག་དེ་ལྟ་བས་ན་ཁྱོད་ཀྱིས་འཁོར་བ་ཟད་པར་བྱ་བའི་ཕྱིར་ནན་ཏན་བྱ་ཞིང་དེ་ལྟར་བསླབ་པར་བྱའོ་ཞེས་ཀྱང་བཀའ་སྩལ་ཏོ།

（他方）道：我是絕對存在的。爲何？因爲存在輪迴。於此，薄伽梵說：「不知妙法相，愚迷生死長。」[1]同理，（佛）亦云：「眾比丘，爲能斷除輪迴，你應殷重且如是修習。」[2]

དེའི་ཕྱིར། གང་རིང་བར་བསྟན་པ་དང་། གང་ཟད་པར་བྱ་བའི་ཕྱིར་ནན་ཏན་བྱ་བ་བསྟན་པའི་འཁོར་བ་དེ་ཡོད་དོ། །མེད་དུ་ཟིན་ཀྱང་ཇི་ལྟ་རིང་བ་དང་ཟད་པར་འགྱུར། དེ་ལྟ་བས་ན། རིང་བ་དང་ཟད་པར་གསུངས་པས་འཁོར་བ་ཡོད་དོ། །འཁོར་བ་ན་ཡོད་ན་འཁོར་བ་པོ་ཡང་ཡོད་པར་མངོན་ནོ། ཅིའི་ཕྱིར་ཞེ་ན། འོངས་ཤིང་འོངས་ཤིང་ཡང་དང་ཡང་དེར་འགྲོ་བས་ན། འཁོར་བ་ཞེས་བྱ་བའི་ཕྱིར་ཏེ། གང་འོངས་ཤིང་འོངས་ཤིང་འགྲོ་བ་དེ་ནི་

1 *Ched du brjod pa'i tshoms* [Bstan 'gyur Dpe bsdur ma print], 5。藏譯與漢譯稍有不同，漢譯的《法集要頌經》原文為：「愚迷生死長，希聞於妙法。」（T.4.213.777b.18）。

2 雖然尚未查到此經文來自哪部經論，但此經文被諸多論典所引用，如《佛護論》、觀世音禁行（又稱觀音禁）的《般若燈論的廣釋》（*She rab sgron ma rgya cher 'grel pa*），以及《顯句論》等。可參考 Spyan ras gzigs brtul zhugs. *She rab sgron ma rgya cher 'grel pa.* [*Prajñāpradīpa-vṛtti*], 635。然而，類似此文的引用卻可在漢譯的《般若燈論釋》中見到，如云：「諸比丘，生死長遠，有來無際，諸凡夫人不解正法，不知出要，是故你等爲盡生死故，應隨順行。」（T.30.1566.86c.22）在藏譯的《佛護論》中，雖將《法集要頌經》與此經文分開，各別引用了兩段不同的經文，但於漢譯的《般若燈論釋》中，看似該二文卻是來自同一部經。

བདག་ཡིན་ནོ། །དེའི་ཕྱིར་བདག་ནི་ཡོད་པ་ཁོ་ན་ཡིན་ནོ། །

此故，被稱爲「長」及「爲斷除應當殷重」的輪迴是存在的。如果不存在，怎能爲長且被斷除呢？因爲（佛）說了長及被斷除，故存在輪迴。既有輪迴，顯而易見的，輪迴者也必須存在。爲何？反覆地往來該處稱爲「輪迴」；反覆地往來（投生）該處者稱爲「我」。所以我絕對存在。

བཤད་པ། ཅི་ཁྱོད་ཀྱིས་སྦྲང་རྩི་མཐོང་ལ་གཡང་ས་མ་མཐོང་ངམ། ཁྱོད་ཀྱིས་འཁོར་བ་རིང་བ་དང་ཟད་པར་གསུངས་པ་མཐོང་ལ། གང་གི་ཕྱིར་བཅོམ་ལྡན་འདས་ཀྱིས་བཀའ་སྩལ་པ། གཞན་འདི་མ་མཐོང་ངོ། །སྔོན་མཐའ་མངོན་ནམ་ཞེས་ཞུས་ཚེ། །ཐུབ་པ་ཆེན་པོས་མིན་ཞེས་གསུངས། །འཁོར་བ་ཐོག་མ་ཐ་མ་དེ། །དེ་ལ་སྔོན་མེད་ཕྱི་མ་མེད། །བཅོམ་ལྡན་འདས་ཐམས་ཅད་མཁྱེན་པ། ཐམས་ཅད་གཟིགས་པ། ཐུབ་པ་ཆེན་པོས་དགེ་སློང་དག་འཁོར་བ་ལ་ཐོག་མ་དང་ཐ་མ་མེད་དོ། །སྔོན་གྱི་མཐའ་མི་མངོན་ནོ་ཞེས་བཀའ་སྩལ་པས་དེའི་ཕྱིར་ཐོག་མ་དང་ཐ་མ་མེད་པར་གསུངས་པས་བཅོམ་ལྡན་འདས་ཀྱིས་འཁོར་བ་ཡང་ངོ་བོ་ཉིད་སྟོང་པར་བསྟན་ཏོ། །

（自方）道：爲何你見蜂蜜卻不見懸崖？[3]

你雖見（佛）說生死長久且可被斷除，然而卻未見薄伽梵所說的另一（義，如《中論》云：）

**11.1 問前際顯乎？大牟尼答非。輪迴無始終，[4]前後際皆無**

3 要採蜂蜜就得看到蜂巢，許多蜂巢是建立在懸崖峭壁上，所以做此比喻。

4 有關 11.1.c，對勘本版的藏譯中論為：།འཁོར་བ་ཐོག་མ་མཐའ་མེད་དེ།，故與此中所引的偈頌文有所出入；可參考 Nāgārjuna. *Dbu ma rtsa ba'i tshig le'ur byas pa shes rab,* 17。

遍知薄伽梵、見一切法、大牟尼說：「比丘，於輪迴之中，無開始及止盡；不能顯現前際。」此故，薄伽梵說無開始及止盡，[5]故說輪迴也無自性。

འདི་ལྟར་གལ་ཏེ་འཁོར་བ་པ་ཞེས་བྱ་བ་དངོས་པོ་འགའ་ཞིག་ཡོད་པར་གྱུར་པ་ན་དེ་ལ་ཐོག་མ་ཡང་ཡོད། ཐ་མ་ཡང་ཡོད་པར་འགྱུར་བར་ཐེ་ཚོམ་མེད་དོ། །འདི་ལྟར་དངོས་པོ་ཡོད་པ་ལ་ཐོག་མ་མེད་པ་དང་ཐ་མ་མེད་པར་ཇི་ལྟར་འགྱུར། དེ་ལྟ་བས་ན་འཇིག་རྟེན་གྱི་ཐ་སྙད་ཀྱི་དབང་གིས་འཁོར་བ་རིང་བ་དང་། ཟད་པར་གསུངས་ཀྱི་བཅོམ་ལྡན་འདས་ཀྱིས་དོན་དམ་པ་བསྟན་པའི་དབང་གིས་ནི། དེ་ལ་སྔོན་མེད་ཕྱི་མ་མེད། །ཅེས་གསུངས་སོ། །དེ་ལྟ་བས་ན་ཐོག་མ་དང་ཐ་མ་མེད་པར་གསུངས་པས་འཁོར་བ་ཞེས་བྱ་བ་དངོས་པོ་འགའ་ཡང་མི་འཐད་དོ། །དེ་མེད་ན་འཁོར་བ་པོ་ཇི་ལྟ་བུ་ཞིག་འཐད་པར་འགྱུར།

如是，如果若干事物——所謂的輪迴者——若存在，毋庸置疑，也應要有（輪迴的）開始及止盡。[6]如是，存在的事物豈

5 根據宗大師的《正理海》，此論中的「薄伽梵說無開始及止盡」應理解為「以諦實的觀點而言，薄伽梵說無開始及止盡」並非「以名言的觀點而言，薄伽梵說無開始及止盡」，做此區分。可參考 Tsong kha pa Blo bzang grags pa. *Dbu ma rtsa ba'i thsig le'ur byas pa shes rab ces bya ba'i rnam bshad rigs pa'i rgya mtsho zhes bya ba bzhugs so.* Vol 1, 361: འདིར་དངོས་པོའི་དེ་ཁོ་ན་ཉིད་སེམས་པའི་དབང་དུ་བྱས་ན་ཐོག་མཐའ་གཉིས་མེད་པར་འདྲ་ཡང་ཐ་སྙད་དུ་ཐོག་མཐའ་གཉིས་ཡོད་མེད་མི་འདྲའོ། （於此，就以事物真實義之思惟而言，雖然始與終兩者皆相同為無，但在名言中，始終兩者的有與無卻不相同）《正理海》又繼續說到，名言上，輪迴雖然沒有開始但卻有終，因為煩惱可被斷除。如同無始的種子可被火燒滅而終盡。

6 輪迴者若有自性，輪迴也應有自性，在此，自宗破除輪迴雖有自性也可無始無盡。輪迴之所以無有開始，是因為一切因都依賴前因而生，所以找不到第一個因。諸法若有自性，將不需依賴，果真如此的話，無須依賴前因的初因便合理，故說「輪迴的開始應當要有」。快樂若有自性，快樂的生滅自然不會依賴他緣，此時，無任何因緣可以停止快樂，快樂將會一直持續，等同止盡輪迴苦海，故說「輪迴的止盡應當要有」。

能成爲無始、無終？

此故，以世間名言的觀點而言，生死長久且被斷除。然而，薄伽梵以勝義的觀點說，於彼（輪迴）之中則無始終。

此故，所謂的「事物」——（佛）說無始終的輪迴——是毫不存在的。既無，又如何成立輪迴者？

སྨྲས་པ། དེ་ལྟར་འཁོར་བའི་ཐོག་མ་དང་ཐ་མ་བཀག་ཏུ་ཟིན་ཀྱང་། དབུས་མ་བཀག་པས་དེ་ཡོད་པའི་འཁོར་བ་ཡོད་པ་ཁོ་ན་སྟེ། འདི་ལྟར་དངོས་པོ་མེད་པ་ལ་དབུས་ཡོད་པར་ཇི་ལྟར་འགྱུར། དེ་ལྟ་བས་ན་དབུས་ཡོད་པའི་ཕྱིར་འཁོར་བ་ཡོད་པ་ཁོ་ནའོ། །འཁོར་བ་ཡོད་པའི་ཕྱིར་འཁོར་བ་པོ་ཡང་ཡོད་པ་ཁོ་ནའོ།

（他方）道：如是，雖然破除輪迴的始終，但並未斷除中間[7]，所以，具足其（中間）的輪迴必定存在。如果事物不存在，怎麼會有（該事物的）中間？因爲中間存在的緣故，輪迴絕對存在。輪迴存在的緣故，輪迴者也必然存在。

བཤད་པ། གལ་ཏེ་དབུས་ཉིད་ཡོད་པར་གྱུར་ན་ནི་དབུས་ཡོད་པའི་ཕྱིར་འཁོར་བ་ཡང་ཡོད་པར་འགྱུར་གྲང་ན། དེའི་དབུས་ཉིད་མི་འཐད་པས་དེ་ཡོད་པའི་ཕྱིར་འཁོར་བ་ཡོད་པར་ག་ལ་འགྱུར། གང་ལ་ཐོག་མེད་ཐ་མེད་པ། །དེ་ལ་དབུས་ནི་ག་ལ་ཡོད། །གང་ལ་ཐོག་མ་དང་ཐ་མ་མེད་པ་དེ་ལ་དབུས་ཡོད་པར་ཇི་ལྟར་འགྱུར། འདི་ལྟར་ཐོག་མ་དང་ཐ་མ་ལ་ལྟོས་ནས་དབུས་འགྲུབ་པར་འགྱུར་བ་ཡིན་ན། དེ་ལ་ཐོག་མ་དང་ཐ་མ་དེ་ཡང་མེད་དེ། དེ་མེད་པའི་ཕྱིར་དེའི་དབུས་ཡོད་པར་ག་ལ་འགྱུར།

7　輪迴的始是輪迴的前際，輪迴的終是輪迴的後際，輪迴的中是輪迴的中際。

（自方）道，如果中間存在，正因爲中間存在的緣故，輪迴也應存在。然而，彼（輪迴）的中間不能成立，其存在（不合理）的緣故，輪迴如何存在？（《中論》云：）

**11.2.ab 若無有始終，[8]中當云何有？**

於無始終之中，豈有中間？既然中間觀待著始終而成立，於此之中既無始終、（始終）不存在的緣故，如何能存在彼（輪迴）的中間？

སློབ་དཔོན་འཕགས་པ་ལྷས་ཀྱང་། ཐོག་མ་དབུས་དང་ཐ་མ་མེད། སྐྱེ་བའི་སྔ་རོལ་མི་སྲིད་དེ། །གཉིས་གཉིས་དག་ནི་མ་གཏོགས་པར། །རེ་རེས་ཇི་ལྟར་འགྱུར། །ཞེས་གསུངས་སོ། །དེ་ཕྱིར་དེ་ལ་སྔ་ཕྱི་དང་། །ལྷན་ཅིག་རིམ་པ་མི་འཐད་དོ། །དེའི་ཕྱིར་དེ་ལ་སྔ་ཕྱི་དང་ལྷན་ཅིག་གི་གོ་རིམས་དག་མི་སྲིད་དོ། །དེ་ལྟར་གང་གི་ཕྱིར་འཁོར་བ་ལ་ཐོག་མ་དང་དབུས་དང་ཐ་མ་དག་མེད་པ་དེའི་ཕྱིར་འདིར་འཁོར་བ་པོའི་སྐྱེ་བ་དང་རྒ་ཤི་དག་ལ་ཡང་སྔ་ཕྱི་ལྷན་ཅིག་གི་རིམ་པ་དག་མེད་དོ། །

阿闍黎聖天亦云：「初中後三位，生前定不成；二二既爲無，一一如何有？」[9]（《中論》云：）

**11.2.cd 故依次此中，先後俱皆無。**

---

8 有關 11.2.a，對勘本版的藏譯中論為：།གང་ལ་ཐོག་མེད་མཐའ་མེད་པར།，故與此中所引的偈頌文有所出入；可參考 Nāgārjuna. *Dbu ma rtsa ba'i tshig le'ur byas pa shes rab,* 17。

9 《四百論》15.5。

此故，於此，不可能存在前、後，以及同俱的順序。如是，因爲輪迴中無初、中、後的緣故，輪迴者的生與老死等之中，亦不應有先、後、同俱的順序。

དེ་དག་ཇི་ལྟར་ཞེ་ན། གལ་ཏེ་སྐྱེ་བ་སྔར་གྱུར་ལ། །རྒ་ཤི་འཕྱི་བ་ཡིན་ན་ནི། །སྐྱེ་བ་རྒ་ཤི་མེད་པ་དང༌། །མ་ཤི་བར་ཡང་སྐྱེ་བར་འགྱུར། །གལ་ཏེ་སྐྱེ་བ་སྔ་བར་གྱུར་ལ། དེའི་འོག་ཏུ་ཕྱིས་རྒ་ཤི་དག་ལ་ཡང་སྔ་ཕྱི་འབྱུང་བ་ཡིན་ན་དེ་ལྟ་ན་སྐྱེ་བ་དེ་ལ་རྒ་ཤི་མེད་པར་འགྱུར་རོ། །དེ་ལ་རྒ་ཤི་མེད་པར་གྱུར་ན་ཕྱིས་རྒ་ཤི་ག་ལས་འོང་བར་འགྱུར། ཅི་སྟེ་འོང་ན་ནི་རྒ་ཤི་གཞི་མེད་པར་ཐལ་བར་འགྱུར་རོ། །དེ་དང་ཐད་དུ་ཟིན་ན་ཡང་དེ་ལ་ཅིར་ཡང་མི་འགྱུར་ཏེ། ངོ་བོ་ཉིད་ཀྱིས་རྒ་ཤི་མེད་པའི་ཕྱིར་རོ། །ཡང་གཞན་ཡང་། མ་ཤི་བ་ཡང་སྐྱེ་བར་འགྱུར་ཏེ། འདི་ལྟར་སྐྱེ་བ་སྔ་བར་བརྟགས་ན་དེ་སྔར་གཞན་དུ་མ་ཤི་བར་འདིར་སྐྱེ་བར་ཐལ་བར་འགྱུར་རོ། །དེ་ལྟ་ན་འཁོར་བ་ཐོག་མ་དང་ལྡན་པར་འགྱུར་ཏེ། དེ་ཡང་མི་འདོད་པས་དེའི་ཕྱིར་སྐྱེ་བ་སྔ་ལ་རྒ་ཤི་འཕྱི་བར་མི་འཐད་དོ། །

爲何？（《中論》云：）

**11.3 倘若先有生，後有老死者，[10]有生不老死，不死亦將生。**

如果先有出生，之後才會有老死，（生、老、死是如此地）先後形成的話，於出生之中[11]不應有老死。既然於彼（出

10 有關 11.3.ab，對勘本版的藏譯中論為：།གལ་ཏེ་སྐྱེ་བ་སྔ་གྱུར་ལ། །རྒ་ཤི་ཕྱི་མ་ཡིན་ན་ནི།，故與此中所引的偈頌文有所出入；可參考 Nāgārjuna. *Dbu ma rtsa ba'i tshig le'ur byas pa shes rab,* 17。

11 直譯為「於出生之中」，此義也可理解為在生的基礎之上。

生）之中無老死，之後如何產生老死？[12]若可以產生，老死應成無基礎。

即使（老死）可以遇到彼（其他因緣），但是彼（老死）也不會成爲任何一法，因爲自性有的老死不存在。

此外，（若依你所言，）不死亦能出生。如是，觀察前世時，應成「之前於他處未死，卻能於此（世）出生」。（我）不承許輪迴應有開始，故不成立先有出生，後有老死。

ཅི་སྟེ་སྔོན་དེ་གྱུར་ན་མི་རུང་ངོ་སྙམ་པས་རྒ་ཤི་སྔ་མ་ཁོ་ན་ཡིན་ལ། སྐྱེ་བ་འཕྱིའོ་ཞེ་ན།

如果（他方）認爲應成彼（過）實不應理，故說「先有老死，後有出生」的話。

དེ་ལ་བཤད་པར་བྱ་སྟེ། གལ་ཏེ་སྐྱེ་བ་འཕྱི་གྱུར་ལ། །རྒ་ཤི་སྔ་བ་ཡིན་ན་ནི། །སྐྱེ་བ་མེད་པའི་རྒ་ཤི་ནི། །རྒྱུ་མེད་པར་ནི་ཇི་ལྟར་འགྱུར། །གལ་ཏེ་དེའི་རྒ་ཤི་སྔ་བར་གྱུར་ལ། སྐྱེ་བ་འཕྱི་བར་འགྱུར་ན་དེ་ལྟ་ན་གཞི་མེད་པའི་རྒ་ཤི་རྒྱུ་མེད་པར་ཐལ་བར་འགྱུར་བས་དེ་ཡང་མི་འདོད་དོ། །འདི་ལྟར་མ་སྐྱེས་ཤིང་མེད་པའི་རྒ་ཤི་གཞི་མེད་ཅིང་རྒྱུ་མེད་པར་ཇི་ལྟར་འབྱུང་བར་འགྱུར། སྐྱེས་ཤིང་ཡོད་པ་ལ་རྒ་ཤི་བསྟན་པར་རིགས་སོ། །དེ་ལྟ་བས་ན་སྐྱེ་བ་འཕྱི་ལ་རྒ་ཤི་སྔ་བར་ཡང་མི་འཐད་དོ། །

---

12 同樣的，再次破除了自性有的老死，而非破除名言上的老死。出生時，若無老死，將來就不可能有老死了。因為老死若有自性，就不依賴因緣，換句話說，沒有任何的因緣可以產生老死，既然如此，沒有的老死就只能永遠的沒有，因為沒有任何的因緣可以形成老死。

於此，（自方）將做解釋。（《中論》云：）

**11.4 若先有老死，[13]而後有生者，是則是無因，不生有老死。**

如果先有老死、後有出生，如是，無基礎的老死應成無因（而生之過），此故，亦不承許彼（說）。

這種無生、不存在的老死如何能從無基礎、無因而生呢？有出生才能合理解釋老死。此故，不成立「先有老死，後有出生」。

སྨྲས་པ། དེ་དག་ལ་སྔ་ཕྱི་མེད་དེ། དེ་ནི་ཀ་ཤི་དང་རྗེས་སུ་འབྲེལ་བཞིན་པ་ཁོ་ནར་སྐྱེའོ། །

（他方）道：於彼等之中應無先後。唯有正在隨後相屬[14]老死之中，方能出生。

བཤད་པ། སྐྱེ་བ་དང་ནི་ཀ་ཤི་དག། །ལྷན་ཅིག་རུང་བ་མ་ཡིན་ནོ། །སྐྱེ་བ་དང་ཀ་ཤི་དག་ལྷན་ཅིག་ཉིད་དུ་འགྱུར་བར་མི་འཐད་དོ། །ཅི་སྟེ་འགྱུར་ན་ནི། སྐྱེ་བཞིན་པ་ན་འཆི་འགྱུར་ཞིང་། །གཉི་ག་རྒྱུ་མེད་ཅན་དུ་འགྱུར། །གལ་ཏེ་སྐྱེ་བ་དང་ཀ་ཤི་དག་ལྷན་ཅིག་ཉིད་དུ་གྱུར་ན་དེ་ལྟ་ན་སྐྱེ་བཞིན་པ་ཉིད་ན། འཆི་བར་འགྱུར་བས་དེ་ཡང་མི་འཐད་དེ། འདི་ལྟར་སྐྱེ་བ་དང་འགག་པ་མི་འཐུན་པ་གཉིས་གཉིས་གཅིག་ལ་དུས་གཅིག་ཏུ་ཇི་ལྟར་འབྱུང་བར་འགྱུར།

13 有關 11.4.a，對勘本版的藏譯中論為：།གལ་ཏེ་སྐྱེ་བ་འཛི་འགྱུར་ལ།，故與此中所引的偈頌文有所出入；可參考 Nāgārjuna. *Dbu ma rtsa ba'i tshig le'ur byas pa shes rab,* 17。

14 什麼是「x 隨後相屬 y」？這種相屬或關係就是，x 跟隨在 y 的後面，即「y 在 x 才在，y 不在 x 將不在」的關係。他方認為出生跟老死沒有先後關係，因為出生隨後相屬老死，所以只有老死存在時才有出生。

（自方道，《中論》）云：

**11.5.ab 生及於老死，不得一時共：**[15]

不成立出生與老死爲同俱性。若如此，（誠如《中論》云：）

**11.5.cd 生時是死時，二者皆無因。**[16]

如果出生與老死成爲同俱性，正在出生便成正在死亡，不成立彼（論）。出生與滅亡兩者雙雙不合，豈能在同一時間內存在？

ཡང་གཞན་ཡང་། གཉི་ག་རྒྱུ་མེད་པ་ཅན་དུ་འགྱུར་ཏེ། གལ་ཏེ་སྐྱེ་བ་དང་རྒ་ཤི་དག་ལྷན་ཅིག་ཉིད་དུ་འབྱུང་བར་གྱུར་ན་དེའི་སྐྱེ་བ་འཆི་བ་སྔོན་དུ་འགྲོ་བ་མ་ཡིན་ཅིང་། དེའི་སྐྱེ་བ་སྔ་བར་ཐལ་བར་འགྱུར་རོ། །སྐྱེ་བ་སྔ་བར་གྱུར་ན་རྒྱུ་མེད་པ་ཅན་དུ་ཐལ་བར་འགྱུར་ཏེ།

此外，「（11.5.d）二者皆無因」。如果出生與老死能在同一時間內存在，彼出生前應成沒有死亡，[17]且先有出生。當

---

15 有關 11.5.b，對勘本版的藏譯中論為：།ལྷན་ཅིག་རུང་བ་མ་ཡིན་ཏེ།，故與此中所引的偈頌文有所出入；可參考 Nāgārjuna. *Dbu ma rtsa ba'i tshig le'ur byas pa shes rab,* 17。

16 有關 11.5.d，對勘本版的藏譯中論為：།གཉིས་ཀ་རྒྱུ་མེད་ཅན་དུ་འགྱུར།，故與此中所引的偈頌文有所出入；可參考 Nāgārjuna. *Dbu ma rtsa ba'i tshig le'ur byas pa shes rab,* 17。

17 這段話可從兩個角度解釋：一、དེའི་སྐྱེ་བ་འཆི་བའི་སྔོན་དུ་འགྲོ་བ་མ་ཡིན། 該出生不在死之

眞先有出生，（出生）應成無因者。

སློབ་དཔོན་འཕགས་པ་འཇིགས་མེད་ཀྱིས་ཀྱང་། གལ་ཏེ་ལས་ལས་[18]ལུས་སྐྱེ་ལ། །ལུས་མ་གཏོགས་པར་ལས་མེད་ན། །སྔོན་ལུས་ལས་ལས་མ་སྐྱེས་པ། །གང་གི་རྒྱུས་ནི་སྐྱེས་པར་གྱུར། །ཞེས་གསུངས་སོ། །དེ་ལྟར་ལྷན་ཅིག་ཏུ་སྐྱེ་ན་དེའི་རྒ་ཤི་སྐྱེ་བ་ལ་མི་ལྟོས་པར་རང་ལས་རབ་ཏུ་གྲུབ་པ་དང་། རྒ་ཤི་གཞི་མེད་པ་དང་། རྒྱུ་མེད་པ་ཅན་དུ་ཐལ་བར་འགྱུར་བས་དེ་ཡང་མི་འདོད་དོ། སྐྱོན་དུ་མར་ཐལ་བར་འགྱུར་བའི་ཕྱིར་རོ། །དེ་ལྟ་བས་ན། སྐྱེ་བ་དང་རྒ་ཤི་དག་ལྷན་ཅིག་ཏུ་ཡང་མི་འཐད་དོ། །དེའི་ཕྱིར་དེ་ལྟར་འདིར་ཁྱོད་ཀྱིས་བརྟགས་པའི་འཁོར་བ་ལ་སྐྱེ་བ་དང་རྒ་ཤི་དག་གི་སྔ་ཕྱི་དང་ལྷན་ཅིག་གི་རིམ་པ་དག་ནི་མི་[19]སྲིད་དེ། དེ་མེད་ན་སྐྱེ་བ་དང་རྒ་ཤི་མེད་པའི་བདག་ཅེས་བྱ་བ་གང་ཡང་འཁོར་བར་འགྱུར་བ་དེ་གང་ཡིན།

阿闍黎聖無畏[20]亦云：「身若由業生，先有身無業，[21]身非由業生，身由何因生？」如是，（出生及老死）同時產生的話，應成老死無須依賴出生可以自力至極成立、老死便無基礎，以及（老死）將成無因者等諸多過患，故亦不許彼

前。二、དེའི་སྐྱེ་བ་ལ་འཆི་བ་སྔོན་དུ་འགྲོ་བ་མ་ཡིན། 死亡並非在出生之前。基於後段的「先有出生」的解釋，譯者決定採用後者的解讀。

18 根據北京版及奈塘版，將此字改為 ལས། 字。

19 根據北京版及奈塘版，在此多加了 མི། 字。

20 不只阿闍黎聖無畏的細節不詳，阿闍黎聖無畏的著作也未譯成藏文。

21 直接從詞義了解的確有困難，所以要繞一大圈。自性的身若由業而生，應成身與業同時而有之過，因為依賴果而施設因，所以因時必須有果，否則因如何依賴果被施設而有？若堅持：本是前後、具有因果關聯的身與業能夠同時產生，同等「身與業雖是同時，但也可有先後順序」。的確如此，就得承認身在業之前也可存在，如果是這樣的話，身將會是無前因——業——而生。

（說）。如是，不能成立出生與老死爲同時產生。

此故，你觀察的輪迴之中，先後及同俱的生老死皆不可能。既然已無、沒有出生及老死，正在輪迴的我又是什麼？

སྨྲས་པ། དེ་དག་ལ་སྔ་ཕྱི་དང་ལྷན་ཅིག་གི་རིམ་པ་དག་ཡོད་ཀྱང་རུང་མེད་ཀྱང་རུང་སྟེ། ཡོད་ན་སྐྱེ་བ་དང་རྒ་ཤི་དག་ནི་རེ་ཞིག་ཡོད་དོ། །དེ་དག་ཀྱང་གཞི་མེད་པ་མ་ཡིན་པས་འགའ་ཞིག་ཀོ་ནའི་ཡིན་ཏེ། འགའ་ཞིག་ཡོད་པ་ཉིད་དེ་ནི་བདག་ཡིན་པས་བདག་ནི་ཡོད་པ་ཁ་ནའོ། །

（他方）道：於此之中，無論有無先後及同俱，但凡存在就應先有生老死。彼等（──生老死──）並非無基礎，絕對是某法（──我──）的（特徵）。既然有某法、彼（法）爲我的緣故，我必然存在。

བཤད་པ། གང་ལ་སྔ་ཕྱི་ལྷན་ཅིག་གི། །རིམ་པ་དེ་དག་མི་སྲིད་པའི། །སྐྱེ་བ་དེ་དང་རྒ་ཤི་དེ། །ཅི་ཡི་ཕྱིར་ན་སྤྲོས་པར་བྱེད། །དེ་ལྟར་རིགས་པ་སྔོན་དུ་བཏང་སྟེ་བརྟགས་ན་སྐྱེ་བ་གང་དང་རྒ་ཤི་གང་ལ་སྔ་ཕྱི་དང་ལྷན་ཅིག་གི་རིམ་པ་དག་མི་སྲིད་ཅིང་མེད་པ་དེ་ལ་ཁྱོད་སྐྱེ་བ་ནི་དེ་ཡིན་རྒ་ཤི་ནི་དེ་ཡིན་ཞེས་ཅིའི་ཕྱིར་སྤྲོས་པར་བྱེད་ཅིང་རྗོད་པར་བྱེད། གལ་ཏེ་སྐྱེ་བའམ། རྒ་ཤི་འགའ་ཞིག་ཡོད་པར་གྱུར་ན་དེ་སྔ་བའམ། འཕྱི་བའམ། ལྷན་ཅིག་ཏུ་འགྱུར་བར་ངེས་ན། སྐྱེ་བ་དང་རྒ་ཤི་ཡོད་དོ་ཞེས་བྱ་བ་དེ་དག་ལ་སྔ་ཕྱི་དང་ལྷན་ཅིག་གི་རིམ་པ་དག་མེད་པ་རང་བཞིན་དུ་གནས་པ་སུ་ཞིག་དེ་སྐད་རྗོད་པར་བྱེད། སེམས་དང་བཅས་པ་སུ་ཞིག་འཛིན་པར་བྱེད། དེ་ལྟ་བས་ན་སྐྱེ་བ་དང་རྒ་ཤི་དག་མི་འཐད་དོ། །དེ་མེད་ན་བདག་ཡོད་པར་ཇི་ལྟར་འཐད་པར་འགྱུར་དེའི་ཕྱིར་བདག་ཏུ་སྨྲ་བར་རིགས་པ་དང་འགལ་བ་དེ་ཐོང་ཤིག །

（自方道，《中論》）云：

**11.6 絕無有先後，同俱等順序，何故而戲論，出生及老死？**[22]

如是，透過先前的理由觀察，不論何種出生及何種老死皆不可能存在先後及同俱。既然沒有，爲何你說「此爲生」、「此爲老死」的戲論？

如果某法的確存在出生或老死，必須決定（何者）爲先、（何者）爲後，或是同俱；存在生老死之中，既然不可能存在先後及同俱，豈能說以自性而住？誰會抱持此想？

此故，不能成立出生及老死。既無彼（出生及老死），我存在又如何應理？此故，對於說我（者），應當抛出該矛盾之理。

རྒྱུ་དང་འབྲས་བུ་ཉིད་དང་ནི། །མཚན་ཉིད་དང་ནི་མཚན་གཞི་ཉིད། །ཚོར་དང་ཚོར་པོ་ཉིད་དང་ནི། །དོན་ཡོད་གང་དག་ཅི་ཡང་རུང་། །དེ་ལྟར་བརྟགས་ན་སྔ་བ་དང་། ཀ་ཤི་དག་གི་སྔ་ཕྱི་དང་ལྷན་ཅིག་གི་རིམ་པ་དག་མི་འཐད་པ་དེ་བཞིན་དུ་རྒྱུ་དང་འབྲས་བུ་དང་མཚན་ཉིད་དང་། མཚན་ཉིད་ཀྱི་གཞི་དང་། ཚོར་བ་དང་། ཚོར་བ་པོ་དང་། དོན་གཞན་གང་དག་ཅི་ཡང་རུང་བ་རྣམ་པར་གྲོལ་བ་དང་། མྱ་ངན་ལས་འདས་པ་དང་། །ཤེས་པ་དང་། ཤེས་བྱ་དང་། ཚད་མ་དང་། གཞལ་བྱ་ལ་སོགས་པ་ཡོད་པར་བརྟགས་པ་དེ་དག་ཐམས་ཅད་ལ་ཡང་སྔ་ཕྱི་དང་ལྷན་ཅིག་གི་རིམ་པ་དག་མི་འཐད་དོ། །

（自方道，《中論》）云：

22　有關 11.6.d，對勘本版的藏譯中論為：།ཅི་ཡི་ཕྱིར་ན་སྤྲོས་པར་བྱེད། ，故與此中所引的偈頌文有所出入；可參考 Nāgārjuna. *Dbu ma rtsa ba'i tshig le'ur byas pa shes rab*, 17。

**11.7 因性及果性，性相及事例，感受及受者，無論任何事，**[23]

如同觀察出生、老死是先後及同俱時，皆不能成立。同理，觀察因果、性相及事例、感受及受者等任何一切其他事物——解脫與涅槃、能知及所知、量及所量等，這一切的先後及同俱皆不應理。

ཇི་ལྟར་ཞེ་ན། རེ་ཞིག་གལ་ཏེ་འབྲས་བུ་སྔ་བར་གྱུར་ལ། རྒྱུ་འཕྱི་བར་གྱུར་ན་དེ་ལྟ་ན་འབྲས་བུ་རྒྱུ་མེད་པ་ཅན་དུ་འགྱུར་རོ། །འབྲས་བུ་ཡོད་ན་ཡང་རྒྱུས་ཅི་བྱ་སྟེ་རྒྱུར་བརྟགས་པ་དོན་མེད་པ་ཉིད་དུ་ཡང་ཐལ་བར་འགྱུར་རོ། །ཅི་སྟེ་རྒྱུ་སྔ་བར་གྱུར་ལ་འབྲས་བུ་འཕྱི་བར་གྱུར་ན་ཡང་རྒྱུ་འབྲས་བུ་མེད་པ་ཅན་དུ་འགྱུར་བས་དེ་ཡང་མི་འཐད་དེ། འདི་ལྟར་འབྲས་བུ་མེད་ན་ཇི་ལྟར་རྒྱུར་འགྱུར། །ཅི་སྟེ་འགྱུར་ན་ནི་དེ་ལྟ་ན་རྒྱུ་མ་ཡིན་པར་གང་ཡང་མི་འགྱུར་རོ། །ཅི་སྟེ་རྒྱུ་དང་འབྲས་བུ་དག་ལྷན་ཅིག་ཏུ་གྱུར་ན་དེ་ལྟ་ན་ཡང་སྐྱོན་དེ་ཉིད་དེ། གཉི་ག་རྒྱུ་མེད་པ་ཅན་དུ་འགྱུར་བ་དང་། འབྲས་བུ་ལ་མི་ལྟོས་པ་ཁོ་ནར་རང་ལས་རབ་ཏུ་གྲུབ་པར་འགྱུར་བས་དེ་ཡང་མི་འཐད་དོ། །

為何？首先，如果先有果、後有因，果應成無因者。若（無因仍能）有果，因又有何用？因的觀察應成無義。

若先有因、後有果，因應成無果者[24]，故亦不成立彼

23 有關 11.7，對勘本版的藏譯中論為：འཁོར་བ་འབའ་ཞིག་སྔོན་གྱི་མཐའ། །ཡོད་མ་ཡིན་པར་མ་ཟད་ཀྱི། །རྒྱུ་དང་འབྲས་བུ་ཉིད་དང་ནི། །མཚན་ཉིད་དང་ནི་མཚན་གཞི་ཉིད། （不只僅無有，輪迴之前際，因性及果性，性相及事例，），故與此中所引的偈頌文有所出入；可參考 Nāgārjuna. *Dbu ma rtsa ba'i tshig le'ur byas pa shes rab,* 17。

24 因以自性存在的話，先有的因將不能生果。生果需要因緣，已有的因是自性而有的緣故，應成不須觀待、不能與其他因緣結合之過，所以無其果，等同無果者。

（說）。如是，沒有果，豈會有因？[25]果眞如此，任何事物皆可成爲因。

若因與果同俱，也會有此過咎：兩者應成無因者、（因）不須觀待果便可由己力至極成立，故亦不承許彼（說）。

དེ་བཞིན་དུ་གལ་ཏེ་མཚན་ཉིད་སྔ་བར་གྱུར་ལ། མཚན་ཉིད་ཀྱི་གཞི་འཕྱི་བར་གྱུར་ན་དེ་ལྟ་ན་ཡང་མཚན་ཉིད་ཀྱི་གཞི་མ་སྐྱེས་ན་དེ་གང་གི་མཚན་ཉིད་དུ་འགྱུར། འདིས་མཚོན་པར་བྱེད་པས་མཚན་ཉིད་ཅེས་བྱ་ན། འདིས་གང་མཚོན་པར་བྱ་བའི་མཚན་ཉིད་ཀྱི་གཞི་དེ་ཡང་མ་སྐྱེས་པས་མེད་དེ། དེ་མེད་ན་མཚོན་པར་མི་བྱེད་པ་དེ་ཅི་ལྟར་མཚན་ཉིད་དུ་འགྱུར། ཅི་སྟེ་ཡང་མཚན་ཉིད་ཀྱི་གཞི་སྔ་བར་གྱུར་ལ་མཚན་ཉིད་འཕྱི་བར་གྱུར་ན་དེ་ལྟ་ན་ཡང་མཚན་ཉིད་ཀྱི་གཞི་མཚན་ཉིད་མེད་པ་ཅན་དུ་ཐལ་བར་འགྱུར་བས་དེ་ཡང་མི་འཐད་དེ། འདི་ལྟར་མཚན་ཉིད་མེད་པའི་དངོས་པོ་ཇི་ལྟར་ཡོད་པར་འགྱུར། ཅི་སྟེ་འགྱུར་ན་ནི་རི་བོང་གི་རྭ་ལ་སོགས་པ་ཡང་ཡོད་པར་འགྱུར་རོ། མཚན་ཉིད་དུ་བརྟག་པ་དོན་མེད་པ་ཉིད་དུ་ཡང་འགྱུར་ཏེ། མཚན་ཉིད་ཀྱི་གཞི་རབ་ཏུ་སྒྲུབ་པའི་ཕྱིར་མཚན་ཉིད་དུ་འདོད་པ་ཡིན་ན་དེ་གལ་ཏེ་མཚན་ཉིད་དེ་མེད་པ་ཉིད་དུ་ཡང་མཚན་ཉིད་ཀྱི་གཞི་གྲུབ་ན་དེ་ལ་ཡང་མཚན་ཉིད་ཀྱིས་ཅི་བྱ། ཅི་སྟེ་ཡང་མཚན་ཉིད་དང་མཚན་ཉིད་ཀྱི་གཞི་དག་ལྷན་ཅིག་ཏུ་གྱུར་ན། དེ་ལྟ་ན་ཡང་སྐྱོན་དེ་ཉིད་དེ་གཉི་ག་རྒྱུ་མེད་པ་ཅན་ཉིད་དུ་འགྱུར་བ་དང་། མཚན་ཉིད་ཀྱི་གཞི་ཡང་མཚན་ཉིད་ལ་མི་ལྟོས་པ་ཁོ་ནར་རང་ལས་རབ་ཏུ་གྲུབ་པར་འགྱུར་བས་དེ་ཡང་མི་འཐད་དོ། །

同樣的，如果先有性相、後有事例的話，如是，因爲尚未產生事例，彼（性相）成爲何者的性相？既然承許由此能表故

25　如扎西的父親是因為有了其子──扎西──而被施設般，諸因皆是依賴其果而被施設；如果不須依賴扎西便可成為扎西父親的話，所有父親都可成為扎西的父親，同樣的，如果不須依賴其果便可成為其因的話，所有事物都可成為其果的因。

爲性相，由某（性相）所表的事例尚未產生、不存在的話，（由性相所）表的作爲自然沒有，彼如何能夠成爲性相？

如果，先有事例、後有性相，事例應成無性相，故亦不成立彼（說）。如是，沒有性相的事物豈能存在？果眞能有，兔角等也能存在。（若是如此，）針對性相的觀察也將失去意義。爲了至極成立事例，故而承許性相，若無性相能成立事例，性相又有何用？

若性相與事例同俱，也會有此過咎：兩者應成無因者、事例也不須觀待性相便可由己力至極成立，故亦不承許彼（說）。

དེ་བཞིན་དུ་གལ་ཏེ་མཚོན་བ་པོ་སྔ་བར་གྱུར་ལ་མཚོན་བ་འཕྱི་བར་གྱུར་ན། དེ་ལྟ་ན་ཡང་མཚོན་བ་མེད་ཅིང་མ་སྐྱེས་ན་དེ་གང་གི་མཚོན་བ་པོར་འགྱུར། མཚོན་བར་བྱེད་པ་ན་མཚོན་བ་པོ་ཡིན་ན་མཚོན་བ་དེ་ཉིད་ནི་མ་སྐྱེས་ཏེ། དེ་མེད་ན་དེས་ཅི་ཞིག་མཚོན་བར་བྱེད་པ། མཚོན་བར་མི་བྱེད་ན་ནི་ཇི་ལྟར་མཚོན་བ་པོར་འགྱུར། ཅི་སྟེ་འགྱུར་ན་ནི་ཐམས་ཅད་ཀྱང་བདེ་བ་དང་སྡུག་བསྔལ་ཐམས་ཅད་དང་མ་ཐྲད་པར་མཚོན་བ་པོར་འགྱུར་བས་དེ་ཡང་མི་འཐད་དོ། །ཅི་སྟེ་ཡང་མཚོན་བ་སྔ་བར་གྱུར་ལ་མཚོན་བ་པོ་འཕྱི་བར་གྱུར་ན་དེ་ལྟ་ན་ཡང་མཚོན་བར་མི་བྱེད་བཞིན་དུ་མཚོན་བར་འགྱུར་བས་དེ་ཡང་མི་འཐད་དེ། འདི་ལྟར་མཚོན་བར་མི་བྱེད་པ་ཇི་ལྟར་མཚོན་བར་འགྱུར། ཅི་སྟེ་འགྱུར་ན་ནི་གང་ཡང་གང་གི་ཚེ་གང་དུ་ཡང་མཚོན་བ་དང་བྲལ་བར་མི་འགྱུར་བས་དེ་ཡང་མི་འདོད་དོ། །ཅི་སྟེ་ཡང་མཚོན་བ་དང་མཚོན་བ་པོ་དག་ལྷན་ཅིག་ཉིད་དུ་རྟོག་ན། དེ་ལྟ་ན་ཡང་སྐྱོན་དེ་ཉིད་དེ་གཉི་ག་རྒྱུ་མེད་པ་ཅན་དུ་འགྱུར་བ་དང་། མཚོན་བ་པོ་མཚོན་བ་ལ་མི་ལྟོས་པ་ཁོ་ན་མཚོན་བར་མི་བྱེད་བཞིན་དུ་རང་ལས་རབ་ཏུ་གྲུབ་པར་འགྱུར་བ་དང་། མཚོན་བ་ཡང་མཚོན་བ་པོ་ལ་མི་ལྟོས་པ་ཁོ་ན་སུས་ཀྱང་མཚོན་བར་མི་བྱེད་བཞིན་དུ་རང་ལས་རབ་ཏུ་གྲུབ་པར་འགྱུར་བས་དེ་ཡང་མི་འཐད་དོ། །

同樣的，如果先有受者、後有感受，如是，感受尚未產生、仍未存在時，彼（人）是什麼的受者？具有感受的作爲時，方爲受者，（但是）感受尚未產生、仍未存在時，又是什麼被感受到呢？既無感受，豈有受者？當眞如此，即使未遇諸樂及苦也應成爲受者，故亦不合理。

如果先有感受、後有受者，如是，（應成）無感受的作爲仍可爲感受，故亦不合理。如是，沒有感受的行爲，豈能成爲感受？果眞如此，任何一法於隨時隨地皆不離感受，故亦不承許彼（說）。

若執感受與受者爲同俱，也會有此過咎：兩者應成無因者、受者不須觀待感受便可由己力至極成立、感受不須觀待受者、無任何人正在感受也可由己力至極成立，故亦不合理。

དེ་བཞིན་དུ་གལ་ཏེ་རྣམ་པར་གྲོལ་བས་[26]སྨྱ་ངན་ལས་འདས་པ་སྔ་བར་གྱུར་ན་ཀུན་ནས་ཉོན་མོངས་པ་དང་བཅས་པ་ཡང་སྨྱ་ངན་ལས་འདས་པར་འགྱུར་ཏེ། དེ་ལྟ་ན་སུ་ཡང་སྨྱ་ངན་ལས་མ་འདས་པར་མི་འགྱུར་བས་དེ་ཡང་མི་འཐད་དོ། །ཅི་སྟེ་རྣམ་པར་གྲོལ་བས་སྨྱ་ངན་ལས་འདས་པ་འཕྱི་བར་གྱུར་ན་ནི་སྨྱ་ངན་ལས་འདས་པ་མ་ཐོབ་པ་ཉིད་དུ་ཡང་རྣམ་པར་གྲོལ་བར་འགྱུར་ཏེ། དེ་ལྟ་ན་ཡང་སྨྱ་ངན་ལས་འདས་པ་མ་ཐོབ་པ་ཐམས་ཅད་རྣམ་པར་གྲོལ་བར་འགྱུར་ཞིང་། རྣམ་པར་གྲོལ་ནས་ཕྱིས་སྨྱ་ངན་ལས་འདའ་བ་དོན་མེད་པ་ཉིད་དུ་ཡང་འགྱུར་རོ། །སྨྱ་ངན་ལས་འདས་པ་ནི་མ་སྐྱེས་པ་མ་བྱུང་བ་ཞེས་བྱ་ན། སྔོན་མ་བྱུང་བ་ཕྱིས་བྱུང་བར་གྱུར་ན་སྐྱེ་བ་ཅན་དང་མཚུངས་པར་ཡང་འགྱུར་བས་དེ་ཡང་མི་འདོད་དོ། །ཅི་སྟེ་

26 根據北京版及奈塘版，去掉དེ་ཡང་མི་འཐད་四個字。

ཡང་རྣམ་པར་གྲོལ་བ་དང་། མྱ་ངན་ལས་འདས་པ་གཉིས་ལྷན་ཅིག་ཉིད་དུ་ཡང་གྱུར་ན་དེ་ལྟ་ན་ཡང་སྔོན་དེ་ཉིད་དེ་གཉི་ག་རྒྱུ་མེད་པ་ཅན་ཉིད་དུ་འགྱུར་བ་དང་། རྣམ་པར་གྲོལ་བ་མྱ་ངན་ལས་འདས་པ་ལ་མི་ལྟོས་པ་ཁོ་ནར་རང་ལས་རབ་ཏུ་གྲུབ་པར་འགྱུར་བ་དང་། མྱ་ངན་ལས་འདས་པ་ཡང་རྣམ་པར་གྲོལ་བ་ལ་མི་ལྟོས་པ་ཁོ་ནར་རང་ལས་རབ་ཏུ་གྲུབ་པར་འགྱུར་བས་དེ་ཡང་མི་འཐད་དོ། །

同樣的，如果（說：）解脫故，先有涅槃，應成具有煩惱的涅槃，（將有任）誰都已涅槃（之過），故亦不合理。

如果（說：）解脫故，後有涅槃，在未涅槃時仍有解脫。如是，一切未得涅槃（者）皆已解脫，且有解脫後涅槃成爲無義（之過）。所謂的「涅槃」是不生，且非（因緣而）形成的。若先前沒有，之後才有，將與（由因緣而形成的）生者相同，故亦不承許彼（說）。

如果解脫與涅槃爲同俱，也會有此過咎：兩者應成無因者、解脫不須觀待涅槃便可由己力至極成立、涅槃不須觀待解脫也可由己力至極成立，故亦不合理。

དེ་བཞིན་དུ་ཤེས་པ་དང་། ཤེས་བྱ་དང་། ཚད་མ་དང་། གཞལ་བྱ་ལ་སོགས་པ་དག་ལ་ཡང་བལྟ་བར་བྱའོ། །

同樣的，對能知及所知、量與所量等，也應（如是）觀。

འཁོར་བ་འབའ་ཞིག་སྔོན་གྱི་མཐའ། །ཡོད་མ་ཡིན་པར་མ་ཟད་ཀྱི། །དངོས་པོ་རྣམས་ཐམས་ཅད་ཉིད་ལ་ཡང་། །སྔོན་གྱི་མཐའ་ནི་ཡོད་མ་ཡིན། །གང་གི་ཕྱིར་དེ་ལྟར་ཡང་དག་པ་ཇི་ལྟ་བ་བཞིན་དུ་བརྟགས་ན་དངོས་པོ་ཐམས་ཅད་ལ་སྔ་ཕྱི་དང་། ལྷན་ཅིག་གི་རིམ་

པ་དག་མི་འཐད་པ་དེའི་ཕྱིར་འཁོར་བ་འབའ་ཞིག་ལ་སྔོན་གྱི་མཐའ་ཡོད་པ་མ་ཡིན་པར་མ་ཟད་ཀྱི། དངོས་པོར་འདོད་པ་ཐམས་ཅད་ལ་ཡང་སྔོན་གྱི་མཐའ་ཡོད་པ་མ་ཡིན་པས་དངོས་པོར་སྣང་བ་ནི་སྒྱུ་མ་དང་། སྨིག་རྒྱུ་དང་། དྲི་ཟའི་གྲོང་ཁྱེར་དང་། གཟུགས་བརྙན་བཞིན་དུ་གྲུབ་པོ། །

（自方道，《中論》）云：

**11.8 不只僅無有，輪迴之前際，如是諸事物，前際皆亦無。**[27]

如實觀察，一切事物的先後、同俱的次第，皆不合理。不僅是輪迴沒有前際，一切所承許的事物也都沒有前際。此故，所見事物皆（如）幻化、陽焰、乾闥婆城，以及影像般成立。

འཁོར་བ་བརྟག་པ་ཞེས་བྱ་སྟེ་རབ་ཏུ་བྱེད་པ་བཅུ་གཅིག་པའོ།། །།

第十一品——觀輪迴品——終。

27 有關 11.8，對勘本版的藏譯中論為：།ཚོར་དང་ཚོར་པོ་ཉིད་དང་ནི། །དོན་ཡོད་གང་དག་ཅི་ཡང་རུང་། །དངོས་རྣམས་ཐམས་ཅད་ཉིད་ལ་ཡང་། །སྔོན་གྱི་མཐའ་ནི་ཡོད་མ་ཡིན།（感受及受者，無論任何事，如是諸事物，亦無有前際。），故與此中所引的偈頌文有所出入；可參考 Nāgārjuna. *Dbu ma rtsa ba'i tshig le'ur byas pa shes rab,* 17。

# 第十二品

# ——觀苦品——

སྨྲས་པ། བདག་ནི་ཡོད་པ་ཁོ་ན་ཡིན་ཏེ། ཅིའི་ཕྱིར་ཞེ་ན། སྡུག་བསྔལ་ཡོད་པའི་ཕྱིར་རོ། །འདི་ན་ལུས་དང་དབང་པོ་འབྱུང་བ་ནི་སྡུག་བསྔལ་ཡིན་ནོ་ཞེས་བྱ་བར་ཐམས་ཅད་ཀྱིས་ཤེས་ལ། བཅོམ་ལྡན་འདས་ཀྱིས་ཀྱང་། མདོར་ན་ཉེ་བར་ལེན་པའི་ཕུང་པོ་ལྔ་སྡུག་བསྔལ་ལོ་ཞེས་གསུངས་པས་དེའི་ཕྱིར་སྡུག་བསྔལ་ཡོད་དོ། གཞི་མེད་པར་སྡུག་བསྔལ་ཡོད་པར་མི་རིགས་པས་སྡུག་བསྔལ་དེ་དག་གི་ཡིན་པ་དེ་འགའ་ཞིག་ཀྱང་ཡོད་དེ། སྡུག་བསྔལ་དེ་དག་གི་ཡིན་པ་དེ་ནི་བདག་ཡིན་པས་དེའི་ཕྱིར་བདག་ནི་ཡོད་པ་ཁོ་ན་ཡིན་ནོ། །

（他方）道：絕對有我。爲何？因爲痛苦是存在的。眾所皆知，於此（苦蘊）之中存在著身體及（五）根等，皆爲痛苦。薄伽梵亦云：「總之，近取五蘊皆苦。」[1]此故，痛苦是存在的。若無基礎，[2]則痛苦的存在不合理。此故，某苦的所屬[3]也是存在的，這些痛苦的所屬是我的緣故，我是絕對存在的。

བཤད་པ། གལ་ཏེ་སྡུག་བསྔལ་ཉིད་འཐད་ན་ནི་བདག་ཀྱང་ཡོད་པ་ཞིག་ན། སྡུག་བསྔལ་ཉིད་མི་འཐད་པས་བདག་ཡོད་པར་ག་ལ་འགྱུར། ཇི་ལྟར་ཞེ་ན། ཁ་ཅིག་སྡུག་བསྔལ་བདག་གིས་བྱས། །གཞན་གྱིས་བྱས་དང་གཉིས་ཀས་བྱས། །རྒྱུ་མེད་པ་ལས་བྱུང་བར་འདོད། །དེ་ནི་བྱ་བར་མི་རུང་ངོ་། །འདི་ལ་སྡུག་བསྔལ་དུ་སྨྲ་བ་རྣམས་ལ་ཁ་ཅིག་ནི་སྡུག་བསྔལ་བདག་གིས་བྱས་པར་འདོད། ཁ་ཅིག་ནི་སྡུག་བསྔལ་གཞན་གྱིས་བྱས་པར་འདོད། ཁ་ཅིག་ནི་སྡུག་བསྔལ་བདག་དང་གཞན་གྱིས་བྱས་པར་འདོད། །ཁ་ཅིག་ནི་སྡུག་བསྔལ་རྒྱུ་མེད་པ་ལས་གློ་བུར་ཁོ་ནར་བྱུང་བར་འདོད་དོ། །

1 像是《法集要頌經》則云：「如是四大身，五蘊苦惱集。」（T.4.213.791a.3）

2 痛苦的基礎就是痛苦的所依，像是身苦的所依是身，心苦的所依為心。

3 直譯為「何者是痛苦」，在此翻為痛苦的所屬，意指屬於誰的痛苦。

（自方）道：若痛苦成立，我亦應有，（但是，）因爲無法成立痛苦，如何能有我？爲何？（《中論》云：）

**12.1 自作及他作，共作不因作，如是說諸苦，[4]該作不應理。**

於此，於論苦者中，有說痛苦是由自造成，有說痛苦是由他造成，有說痛苦是由自他造成，有說痛苦僅是無因、驟然而有。

དེ་ལྟར་སྡུག་བསྔལ་བདག་དང་། གཞན་དང་། གཉི་གས་བྱས་པར་སྨྲ་བ་རྣམས་ཀྱི་སྡུག་བསྔལ་དེ་ནི་བདག་དང་། གཞན་དང་། གཉི་གས་བྱས་པའི་ཕྱིར་བདག་དང་གཞན་དང་གཉི་གའི་བྱ་བ་ཡིན་པར་ཐལ་བར་འགྱུར་ཏེ། དེ་ནི་བྱ་བར་མི་རུང་ངོ་། །སྡུག་བསྔལ་དེ་ནི་དེ་དག་གི་བྱ་བ་ཡིན་པར་མི་རིགས་སོ། །ཅིའི་ཕྱིར་ཞེ་ན། གལ་ཏེ་སྡུག་བསྔལ་བདག་ཉིད་ཀྱིས་བྱེད་པར་གྱུར་ན་ཡོད་པའམ། མེད་པ་ཞིག་བྱེད་པར་འགྱུར་གྲང་ན།

如是，承許痛苦是由自、他，以及（自他）兩者造作者，（你等的）痛苦皆由自、他，以及（自他）兩者造作的緣故，（你等的痛苦）應成自、他，以及（自他）兩者造作的對象，（然而，）彼造作不應理。（因爲）其苦並非由彼等（——自、他，以及自他——）造作。爲何？如果痛苦是自作，試問：（其苦）是存在呢，還是不存在呢？

---

4 有關 12.1.c，對勘本版的藏譯中論為：རྒྱུ་མེད་པ་ལས་འབྱུང་བར་འདོད།，故與此中所引的偈頌文有所出入；可參考 Nāgārjuna. *Dbu ma rtsa ba'i tshig le'ur byas pa shes rab,* 18。

དེ་ལ་རེ་ཞིག་གལ་ཏེ་སྡུག་བསྔལ་ཡོད་པ་བདག་ཉིད་ཀྱིས་བྱེད་དོ་ཞེས་རྟོག་ན།

於此，若（你）先念：痛苦是自作。

དེ་ནི་མི་རིགས་ཏེ། འདི་ལྟར་སྡུག་བསྔལ་ཡོད་པ་ཡང་ཅི་བྱ་དགོས། ཅི་སྟེ་བྱེད་ན་ནི་ཡོད་པ་མ་ཡིན་ནོ། །སྡུག་བསྔལ་ཡོད་པ་བདག་ཉིད་ཀྱིས་བྱེད་པ་གང་ཡིན་པ་དེ་ནི་རྒྱུ་མེད་པ་ལས་བྱུང་བར་འགྱུར་བའམ། དེ་ཡང་བདག་ཉིད་ཀྱིས་བྱས་ན། དེ་ལྟ་ན་ཐུག་པ་མེད་པར་ཐལ་བར་འགྱུར་བས་དེ་ནི་མི་འདོད་དོ། །

彼不應理。如是，痛苦云何存在？若（苦是由自）作，不應有（苦）。凡是由己性造作而存在的痛苦，皆有無因而生（之過），或是由己性所成的緣故，應成無窮盡。故不承許彼（說）。

ཅི་སྟེ་སྡུག་བསྔལ་མེད་པ་བདག་ཉིད་ཀྱིས་བྱེད་དོ་ཞེས་བྱ་བར་རྟོག་ན། ཇི་ལྟར་མེད་པ་བདག་ཉིད་ཀྱིས་བདག་ཉིད་བྱེད་པར་འགྱུར། ཅི་སྟེ་བྱེད་ན་ནི་རི་བོང་གི་རྭ་ཡང་བདག་ཉིད་བྱེད་པར་འགྱུར་རོ། དེ་ལྟར་རེ་ཞིག་སྡུག་བསྔལ་བདག་གིས་བྱས་པར་མི་རིགས་སོ། །སྡུག་བསྔལ་མ་བྱས་ཤིང་མེད་པ་ལ་གཞན་ཡོད་པར་ག་ལ་འགྱུར་ཏེ། གཞན་མེད་པ་ཁོ་ནའི་ཕྱིར་སྡུག་བསྔལ་གཞན་གྱིས་བྱས་པར་མི་རིགས་སོ། འདི་ཉིད་ཀྱིས་བདག་དང་གཞན་གྱིས་བྱས་པར་མི་རིགས་པ་ཁོ་ནར་ཡང་རྣམ་པར་བཤད་པ་ཡིན་ནོ། །

若（你）念：不存在的痛苦（仍可）由己性造作，既然爲無，如何能依自力成辦己性？如果可以，兔子之角亦由己性造作。首先，不成立痛苦是自作。

既然痛苦不被造作、無有（痛苦），如何有他？[5]絕對無他，故不成立痛苦由他造作。此亦解釋（痛苦）由自及他作絕對不合理。

ཡང་གཞན་ཡང་། གལ་ཏེ་བདག་གིས་བྱས་གྱུར་ན། །དེ་ཕྱིར་བརྟེན་ནས་འབྱུང་མི་འགྱུར། །གང་ཕྱིར་ཕུང་པོ་འདི་དག་ལ། བརྟེན་ནས་ཕུང་པོ་དེ་དག་འབྱུང་། །གལ་ཏེ་སྡུག་བསྔལ་བདག་གིས་བྱས་པར་གྱུར་ན་དེ་ལྟ་ན་བརྟེན་ནས་འབྱུང་བར་མི་འགྱུར་བ་ཞིག་ན། བརྟེན་ནས་ཀྱང་འབྱུང་སྟེ། གང་གི་ཕྱིར་ད་ལྟར་གྱི་ཕུང་པོ་འདི་དག་ལ་བརྟེན་ནས་མ་འོངས་པའི་ཕུང་པོ་དེ་དག་འབྱུང་བར་འགྱུར་ཏེ། བཅོམ་ལྡན་འདས་ཀྱིས་ཀྱང་རྣམ་པར་ཤེས་པའི་རྐྱེན་གྱིས་མིང་དང་གཟུགས་ཞེས་གསུངས་ཏེ། སྡུག་བསྔལ་བདག་གིས་བྱས་པར་གྱུར་ན་སྡུག་བསྔལ་རྒྱུ་དང་རྐྱེན་གྱི་དབང་གིས་འབྱུང་བར་མི་འགྱུར་བས་དེའི་ཕྱིར་སྡུག་བསྔལ་བདག་གིས་བྱས་པ་མི་རིགས་སོ།

此外，（《中論》亦云：）

**12.2 苦若自作者，則非爲緣起，因有此蘊故，而有彼蘊生。**

如果痛苦是由自造作，（痛苦）則非緣起，然而（苦）是緣起，因爲將來的蘊體觀待現有的蘊體而生。薄伽梵亦云：「由別識之緣，（形成了）名、色。」[6]

若痛苦由自造作，痛苦應非由因緣之力而生。此故，痛苦

5 痛苦無自性的話，產生痛苦的他緣也將無自性。他緣的自性絕對不存在的緣故，則無法成立痛苦是由自性的他所作。所以自性的他如何能夠存在？

6 如《長阿含經》云：「名色從識生。」（T.1.1.7c.28）

由自造作不合理。

སྨྲས་པ། དེ་དེ་བཞིན་ཏེ་སྡུག་བསྔལ་བདག་གིས་མ་བྱས་ཏེ། འདི་ལྟར་སྡུག་བསྔལ་གཞན་གྱིས་བྱས་སོ། །ཇི་ལྟར་ཞེ་ན། གང་གི་ཕྱིར་ཕུང་པོ་གཞན་དུ་གྱུར་པ་འདི་དག་ལ་བརྟེན་ནས་ཕུང་པོ་དེ་དག་འབྱུང་བའི་ཕྱིར་རོ། །

（他方）道：所言極是，痛苦非由自力造作。如是，痛苦是由他造作。爲何？因爲蘊體轉成他（性），觀待彼等而生蘊體的緣故。[7]

བཤད་པ། སྡུག་བསྔལ་གཞན་གྱིས་བྱས་པ་མ་ཡིན་པ་ཉིད་དེ། ཅིའི་ཕྱིར་ཞེ་ན། གལ་ཏེ་དེ་ལས་འདི་གཞན་ཞིང་། །གལ་ཏེ་འདི་ལས་དེ་གཞན་ན། །གཞན་དེ་དག་གིས་འདི་བྱས་པས། །སྡུག་བསྔལ་གཞན་གྱིས་བྱས་པར་འགྱུར། །གལ་ཏེ་མ་འོངས་པའི་ཕུང་པོ་དེ་དག་ལས་ད་ལྟར་གྱི་ཕུང་པོ་གང་དག་ཡིན་པ་འདི་དག་གཞན་ཡིན་པར་གྱུར་ཅིང་ད་ལྟར་གྱི་ཕུང་པོ་འདི་ལས་ཀྱང་མ་འོངས་པའི་ཕུང་པོ་གང་དག་ཡིན་པ་དེ་དག་གཞན་ཡིན་པར་གྱུར་ན་ནི་དེ་ལྟ་ན་ད་ལྟར་གྱི་ཕུང་པོ་གཞན་དེ་དག་གིས་མ་འོངས་པའི་ཕུང་པོ་གཞན་འདི་དག་བྱས་པས་སྡུག་བསྔལ་གཞན་གྱིས་བྱས་པར་ཡང་འགྱུར་བ་ཞིག་ན། དེ་དག་ལས་ཀྱང་འདི་དག་གཞན་མ་ཡིན་ལ། འདི་དག་ལས་ཀྱང་དེ་དག་གཞན་མ་ཡིན་ནོ། །གཞན་ཉིད་མེད་ན་ཇི་ལྟར་སྡུག་བསྔལ་གཞན་གྱིས་བྱས་པས་འཐད།

（自方）道：痛苦絕非由他造作。爲何？（《中論》云：）

7 《顯句論》說，死時的蘊體轉為了迥異於生時的蘊體，方能形成生時的蘊體。可參考月稱論師的《顯句論》—— Candrakīrti, *Dbu ma rtsa ba'i 'grel pa tshig gsal,* 190。

**12.3 若謂此五蘊，異彼五蘊者，如是則應言，從他而作苦。**[8]

（你說：）未來的蘊體迥異於現在的所有蘊體，現在的蘊體也迥異於未來的所有蘊體；如是，由彼等現有相異的蘊體造作此等未來相異的蘊體。此故，痛苦是由他造作。

彼等並非（迥異於）此等的他性，此等也非（迥異於）彼等的他性。既無他性，痛苦由他造作豈能合理？

དེ་ལ་འདི་སྙམ་དུ་ཇི་ལྟར་དེ་དག་གཞན་ཉིད་མ་ཡིན་སྙམ་ན་དེ་ནི་འོག་ནས། གང་ལ་བརྟེན་ཏེ་གང་ཡིན་པ། །དེ་ནི་དེ་ལས་གཞན་མི་འཐད། །ཅེས་འབྱུང་བས་དེའི་ཕྱིར་སྡུག་བསྔལ་གཞན་གྱིས་བྱས་པར་ཡང་མི་འཐད་དོ། །

於此，若做是念：彼等如何不是他性？

（答：《中論》）後云：「（14.5.cd）舉凡觀待彼，彼此皆非異。」此故，不成立痛苦由他造作。

སྨྲས་པ། སྡུག་བསྔལ་ཉིད་ཀྱིས་སྡུག་བསྔལ་བྱས་པས་དེའི་ཕྱིར་སྡུག་བསྔལ་བདག་གིས་བྱས་སོ་ཞེས་ཀྱང་མི་སྨྲའི། སྡུག་བསྔལ་རྒྱུ་དང་རྐྱེན་ལས་བྱུང་བས་དེའི་ཕྱིར་སྡུག་བསྔལ་གཞན་གྱིས་བྱས་སོ་ཞེས་ཀྱང་མི་སྨྲའོ། །སྡུག་བསྔལ་གང་ཟག་བདག་གིས་བྱས་པས་དེའི་ཕྱིར། རེ་ཞིག་སྡུག་བསྔལ་བདག་གིས་བྱས་སོ་ཞེས་ཀྱང་སྨྲ་ལ།[9] སྡུག་བསྔལ་

8　有關 12.3，對勘本版的藏譯中論為：།གལ་ཏེ་འདི་ལས་དེ་གཞན་ཞིང་། །གལ་ཏེ་དེ་ལས་འདི་གཞན་ན། །སྡུག་བསྔལ་གཞན་གྱིས་བྱས་འགྱུར་ཞིང་། །གཞན་དེ་དག་གིས་དེ་བྱས་འགྱུར།，故與此中所引的偈頌文有所出入；可參考 Nāgārjuna. *Dbu ma rtsa ba'i tshig le'ur byas pa shes rab,* 18。

9　雖然對勘本版並未多加註解，但這一整段話——སྡུག་བསྔལ་གང་ཟག་བདག་གིས་བྱས་པས་དེའི་ཕྱིར་རེ་ཞིག་སྡུག་བསྔལ་བདག་གིས་བྱས་སོ་ཞེས་ཀྱང་སྨྲ་ལ།——完整地重複一遍，所以譯者決定拿掉多餘的這一段。

གང་ཟག་གཞན་གྱིས་བྱས་པས་དེའི་ཕྱིར་སྡུག་བསྔལ་གཞན་གྱིས་བྱས་སོ་ཞེས་ཀྱང་སྨྲའོ། །

（他方）道：非說「痛苦是由痛苦本身造作，所以痛苦是自作」，痛苦來自因與緣的緣故。也非說痛苦是他作。但是，痛苦是由補特伽羅之我造作，從而暫說痛苦是自作；痛苦（也）由補特伽羅之他造作，故亦說痛苦是他作。

བཤད་པ། གལ་ཏེ་གང་ཟག་བདག་གིས་ནི། །སྡུག་བསྔལ་བྱས་ན་གང་བདག་གིས། །སྡུག་བསྔལ་བྱས་པའི་གང་ཟག་ནི། །སྡུག་བསྔལ་མེད་པ་དེ་གང་[10]ཡིན། །གལ་ཏེ་གང་ཟག་བདག་གིས་ཕུང་པོ་སྡུག་བསྔལ་བྱས་སོ་ཞེས་ཟེར་ན། ཁྱོད་ཀྱི་གང་ཕུང་པོ་སྡུག་བསྔལ་མེད་པ་གསལ་བར་བྱེད་པ་མེད་པས་བདག་གིས་ཕུང་པོ་སྡུག་བསྔལ་དེ་བྱས་པའི་གང་ཟག་སྡུག་བསྔལ་མེད་པ་དེ་གང་ཡིན་པ་དེ་ཇི་སྐྱོས་ཤིག །འདི་ལྟར་ཕུང་པོ་སྡུག་བསྔལ་མེད་པ་གསལ་བར་བྱེད་པ་མེད་པའི་གང་ཟག་འབའ་ཞིག་པ་གང་ཡིན་པ་ལ་གདགས་པ་ཡང་མེད་ན་དེས་ཇི་ལྟར་སྡུག་བསྔལ་བྱེད་པར་འགྱུར་ཏེ། དེའི་ཕྱིར་གང་ཟག་བདག་གིས་སྡུག་བསྔལ་བྱས་ཞེས་བྱ་བ་ཡང་མི་རིགས་སོ། །

（自方道，《中論》）云：

**12.4 若謂造苦者，是補特伽羅，在我造苦前，誰是無苦者？**[11]

若謂苦蘊是由補特伽羅之我造作，你（所謂）的「無苦蘊

10 根據北京版及奈塘版，改為གང་།字。

11 有關 12.4.d，對勘本版的藏譯中論為：།སྡུག་བསྔལ་མ་གཏོགས་གང་ཞིག་ཡིན།，故與此中所引的偈頌文有所出入；可參考 Nāgārjuna. *Dbu ma rtsa ba'i tshig le'ur byas pa shes rab,* 18。

體」將不能被明示的緣故，請逐個解釋苦蘊是自作的無苦補特伽羅爲何？[12]如是，能被明示的無苦蘊體不存在，將無法施設爲補特伽羅，該（補特伽羅）如何造苦？此故，說痛苦是由補特伽羅之我造作亦不應理。

གང་ཟག་གཞན་གྱིས་སྡུག་བསྔལ་བྱས་སོ་ཞེས་གང་སྨྲས་པ་དེ་ལ་འདང་བཤད་པར་བྱ་སྟེ། གལ་ཏེ་གང་ཟག་གཞན་ལས་ནི། སྡུག་བསྔལ་བྱུང་ན་གཞན་ཞིག་གིས། །སྡུག་བསྔལ་དེ་བྱས་གང་སྦྱིན་དེ། །སྡུག་བསྔལ་མེད་པར་ཇི་ལྟར་རུང་། །གལ་ཏེ་གང་ཟག་གཞན་གྱིས་ཕུང་པོ་འདི་སྡུག་བསྔལ་བྱས་ཤིང་དེས་དེ་བྱས་ནས་གཞན་ལ་སྦྱིན་པར་བྱེད་ན་གཞན་གྱིས་དེ་བྱས་ནས་གང་ལ་སྦྱིན་པར་བྱ་བ་དེ་སྡུག་བསྔལ་མེད་ཅིང་། སྡུག་བསྔལ་དང་བྲལ་བ་གསལ་བར་བྱེད་པ་མེད་པ་འབའ་ཞིག་པར་ཇི་ལྟར་རུང་བར་འགྱུར་བ་དེ་ཇི་སྐྱོས་ཤིག །

說痛苦是由補特伽羅之他造作。於此，將做解釋。（《中論》云：）

**12.5 若謂苦由他，苦由他所造，除所施之苦，無苦不應理。**[13]

若由補特伽羅之他（──人──）造作了此蘊（──天神蘊體──）之苦，且將此蘊施於其他（天道的）眾生。（因爲）他者（──人──）造作了彼（苦──天神的苦

12 如果痛苦由補特伽羅造作，在痛苦未生之前，便要有無苦的補特伽羅，但這種補特伽羅不能被施設，所以你的言論不應理。

13 有關 12.5.bd，對勘本版的藏譯中論為：།སྡུག་བསྔལ་འབྱུང་ན་གཞན་ཞིག་གིས། །སྡུག་བསྔལ་མ་གཏོགས་ཇི་ལྟར་རུང་།，故與此中所引的偈頌文有所出入；可參考 Nāgārjuna. *Dbu ma rtsa ba'i tshig le'ur byas pa shes rab,* 18。

蘊），所施處（——天神——）將無痛苦、遠離苦蘊。[14]（然而，天神離苦）絕無可能（合理）明示，此故，（你的說法）如何應理？請逐一解釋。

འདི་ལྟར་ཉེ་བར་ལེན་པ་མེད་པ་འབའ་ཞིག་པ་གང་ལ་གདགས་པ་ཡང་མེད་ན་གསལ་བར་བྱེད་པ་མེད་དེ་གཞན་ཡིན་དུ་ཟིན་ཀྱང་ཇི་ལྟར་སྡུག་བསྔལ་བྱེད་པར་འགྱུར། ཉེ་བར་ལེན་པ་མེད་པ་འབའ་ཞིག་པ་དེ་ནི། རྣམ་པ་ཐམས་ཅད་དུ་མི་སྲིད་པ་ཡིན་ན་དེའི་སྡུག་བསྔལ་བྱེད་པ་གཞན་ག་ལ་ཡོད་ན་སྡུག་བསྔལ་གཞན་གྱིས་བྱས་སོ་ཞེས་བག་ཚ་བ་མེད་པར་སྨྲ།

如是，無近取則無（此人爲苦者的）施設，更無（苦者存在的合理）明示。雖說是他，苦如何（由他）造作？無近取，則一切行相皆不可能，（你也只能）無羞愧地說：「何處有造苦者的他，（於彼處的）痛苦即是由他造作。」

ཡང་གཞན་ཡང་། བདག་གིས་བྱས་པར་མ་གྲུབ་པས། །སྡུག་བསྔལ་གཞན་གྱིས་ག་ལ་བྱས། །འདི་ལ་གལ་ཏེ་སྡུག་བསྔལ་བདག་གིས་བྱས་སོ་ཞེས་བྱ་བ་དེ་རབ་ཏུ་གྲུབ་པར་གྱུར་ན་ནི་དེས་ན་སྡུག་བསྔལ་གཞན་གྱིས་བྱས་སོ་ཞེས་བྱ་བ་དེ་ཡང་འཐད་པར་འགྱུར་བ་ཞིག་ན། སྡུག་བསྔལ་བདག་གིས་བྱས་སོ་ཞེས་བྱ་བ་དེ་ནི་རབ་ཏུ་མ་གྲུབ་པ་སྟེ། དེ་སྡུག་བསྔལ་བདག་གིས་བྱས་པས་རབ་ཏུ་མ་གྲུབ་པས་སྡུག་བསྔལ་གཞན་གྱིས་བྱས་པར་ག་ལ་འགྱུར། ཅིའི་ཕྱིར་ཞེ་ན། གཞན་གྱིས་སྡུག་བསྔལ་གང་བྱེད་པ། དེ་ནི་དེ་ཡི་བདག་བྱས་འགྱུར། །གལ་ཏེ་གཞན་གྱིས་སྡུག་བསྔལ་གང་བྱེད་པ་དེ་གཞན་དེའི་བདག་གིས་བྱས་པ་ཉིད་དུ་གྱུར་ན་གཞན་གྱིས་བྱས་པ་མ་ཡིན་ནོ། །

---

14 天道之苦若先由人造作，人造作天苦時，將有無苦的天道眾生，此不應理。

此外，（《中論》云：）

**12.7.[15] ab 自作若不成，云何他作苦？**

於此，若能至極成立苦是自作，方能成立苦是他作。（然而，）無法至極成立苦是自作，因此，痛苦如何由他造作？爲何？（《中論》云：）

**12.7.cd 凡造苦他者，皆爲他之己。**

如果（說）痛苦是由他造作，（該苦）應是由他方自己造作，則非由他造作。

ཅི་སྟེ་དེ་དེས་བདག་གིས་བྱས་པ་མ་ཡིན་ན་ཇི་ལྟར་ཅིག་ཤོས་ཀྱི་དེ་གཞན་གྱིས་བྱས་པར་འགྱུར། དེའི་ཕྱིར་བདག་གིས་བྱས་པ་དེ་གཞན་གྱི་ཐལ་བར་འགྱུར་ཏེ། སྡུག་བསྔལ་གཞན་གྱིས་བྱས་པར་མི་འཐད་པ་དེ་ནི་བསྟན་ཟིན་ཏོ། དེའི་ཕྱིར་སྡུག་བསྔལ་བདག་གིས་བྱས་པར་རབ་ཏུ་མ་གྲུབ་པས་སྡུག་བསྔལ་བདག་གིས་བྱས་པ་མེད་ན་སྡུག་བསྔལ་གཞན་གྱིས་བྱས་པར་ག་ལ་འགྱུར་བས་སྡུག་བསྔལ་གང་གཞན་གྱིས་བྱས་པར་འགྱུར་བ་གང་ཡིན། དེའི་ཕྱིར་གང་ཟག་གཞན་གྱིས་སྡུག་བསྔལ་བྱས་སོ་ཞེས་བྱ་བར་ཡང་མི་རིགས་སོ། །

15 在《佛護論》、無畏阿闍黎的《中論釋》，以及《般若燈論釋》之中都無 12.6。宗喀巴大師也注意到這點，且在《正理海》說：「在《佛護論》及《般若燈論釋》之中，雖然沒有破除施者的偈頌文，但在《顯句論》中，卻對二偈分別做出了解釋。」宗喀巴大師的《正理海》—— Tsong kha pa Blo bzang grags pa. *Dbu ma rtsa ba'i thsig le'ur byas pa shes rab ces bya ba'i rnam bshad rigs pa'i rgya mtsho zhes bya ba bzhugs so.* Vol 1, 383；無畏阿闍黎的《中論釋》——Ga las 'jigs med. *Dbu ma rtsa ba'i 'grel ba ga las 'jigs med,* 152。

如果苦不是由彼（他方）自己造作，如何能有他作的另類痛苦？[16]

此故，自作之苦應成他方之（苦）。已解釋不成立痛苦是他作，故不能至極成立痛苦是自作。痛苦既非由自造作，痛苦豈由他造作？由補特伽羅之他造作的痛苦是何者？此故，說痛苦是由補特伽羅之他造作實不應理。

སྨྲས་པ། ཅི་ཁྱོད་སྨྲ་བ་པོའི་བསམ་པ་མ་རྟོགས་པར་རང་གི་བློ་གྲོས་ཀྱི་རྟོགས་པས་སྨྲར་བའི་དོན་ལ་ཚིག་གིས་སྐྱོན་འདོགས་པར་བྱེད་དམ། འདི་ལྟར་ཁོ་བོ་ནི་སྡུག་བསྔལ་བདག་གིས་བྱས་སོ་ཞེའམ། གཞན་གྱིས་བྱས་སོ་ཞེས་མི་སྨྲའི། འདི་ལྟར་གང་གི་ཕྱིར་རེ་ཞིག་གང་ཟག་བདག་གིས་དེ་བྱས་པས་དེའི་ཕྱིར་གང་ཟག་བདག་གིས་བྱས་སོ་ཞེས་སྨྲ་སྟེ། སྡུག་བསྔལ་དེ་ལས་གང་ཟག་དེ་[17]གཞན་མ་ཡིན་པས་སྡུག་བསྔལ་གྱིས་སྡུག་བསྔལ་དེ་བྱས་པའི་ཕྱིར་རྣམ་གྲངས་ལས་སྡུག་བསྔལ་བདག་གིས་བྱས་སོ་ཞེས་ཀྱང་སྨྲ་ཞིང་། སྡུག་བསྔལ་གང་ཡིན་པ་དེ་ཉིད་གང་ཟག་མ་ཡིན་པས་རྣམ་གྲངས་ལས་སྡུག་བསྔལ་གཞན་གྱིས་བྱས་སོ་ཞེས་ཀྱང་སྨྲའོ། །

（他方）道：你何以不知說者之所想？（還將）自己的（劣）慧分別於已說之義強加語病？

如是，我不說苦是自作、苦是他作。

---

16 宗喀巴大師做此註釋：「《佛護論》解釋說，若此苦非由此人自作，則天苦云何由他作？」請參考宗喀巴大師的《正理海》—— Tsong kha pa Blo bzang grags pa. *Dbu ma rtsa ba'i thsig le'ur byas pa shes rab ces bya ba'i rnam bshad rigs pa'i rgya mtsho zhes bya ba bzhugs so.* Vol 1, 385。

17 根據北京版及奈塘版，改為དེ།字。

彼（苦）由補特伽羅之我造作，（我）先承許（苦）是由補特伽羅之我造作。彼補特伽羅並非迥異於（自身之）苦的緣故，痛苦造作了痛苦（本身）。故依不同角度說苦是自作。

此外，凡是痛苦並非（皆爲）補特伽羅，故亦依不同角度說苦是他作。

བཤད་པ། ཅི་ཁྱོད་ཤིང་ལྗོན་པ་རྩ་བ་རུལ་བ་ལ་ཆུ་ལྷུགས་པར་བྱེད་དམ། ཁྱོད་གང་ཟག་ཉེ་བར་ལེན་པ་མེད་པ་འབའ་ཞིག་པ་རྣམ་པ་ཐམས་ཅད་དུ་མི་འཐད་པ་ལ་སྡུག་བསྔལ་གང་ཟག་བདག་གིས་བྱས་སོ་སྙམ། འདི་ལྟར་གལ་ཏེ་གང་ཟག་ཉེ་བར་ལེན་མེད་པ་འབའ་ཞིག་པ་འགའ་ཞིག་རབ་ཏུ་གྲུབ་པར་གྱུར་ན་ནི། དེས་ན་སྡུག་བསྔལ་གང་ཟག་བདག་གིས་བྱས་སོ་ཞེས་དེ་སྐད་སྨྲ་བར་ཡང་རིགས་པར་འགྱུར་བ་ཞིག་ན། གང་ཟག་ཉེ་བར་ལེན་པ་མེད་པ་འབའ་ཞིག་པ་ནི་ཇི་ལྟར་ཡང་མི་རིགས་སོ། །དེ་མེད་ན། རེ་ཞིག་སྡུག་བསྔལ་བདག་བྱས་མིན། །གང་ཟག་ཉེ་བར་ལེན་པ་མེད་པ་འབའ་ཞིག་པ་དེ་མེད་ན་སྡུག་བསྔལ་བདག་གིས་བྱས་པ་མ་ཡིན་པས་རེ་ཞིག་སྡུག་བསྔལ་གང་ཟག་བདག་གིས་མ་བྱས་སོ། །

（自方）道：你何以灌水於已爛的樹根中？

以一切行相皆不能立補特伽羅之近取[18]，決定爲無，此時，你（卻）說痛苦是由補特伽羅之我造作。

若本無補特伽羅的近取能至極成立若干（痛苦），便能合理地說苦由補特伽羅之我造作。可是，絕無補特伽羅近取的緣故，（你的說法）無論如何皆不應理。若無（補特伽羅的近

18 一般補特伽羅的五蘊又稱補特伽羅的近取苦蘊。此處補特伽羅的近取應該理解為補特伽羅之苦。苦非自生、他生、自他二生，也非無因而生，故無自性生的苦。

取，則不能成立痛苦是自作。誠如《中論》云：）

### 12.8.a 苦非由自作，

決定無補特伽羅的近取，若無彼（近取），痛苦則非自作。此故，痛苦非由補特伽羅之我造作。

སྡུག་བསྔལ་དེ་ལས་གང་ཟག་དེ་གཞན་མ་ཡིན་པས་སྡུག་བསྔལ་གྱིས་སྡུག་བསྔལ་དེ་བྱས་པའི་ཕྱིར་རྣམ་གྲངས་ལས་སྡུག་བསྔལ་བདག་གིས་བྱས་སོ་ཞེས་ཀྱང་སྨྲོ་ཞེས་གང་སྨྲས་པ་དེ་ལ་བཤད་པར་བྱ་སྟེ། དེ་ཉིད་ཀྱིས་ནི་དེ་མ་བྱས། །དེ་ལྟ་ན་སྡུག་བསྔལ་དེ་ཉིད་ཀྱིས་སྡུག་བསྔལ་དེ་མ་བྱས་སོ། །ཅིའི་ཕྱིར་ཞེ་ན། འདི་ལྟར་ཟིན་པའི་སྡུག་བསྔལ་ལས་དེ་གཞན་མ་ཡིན་པར་བརྗོད་པའི་ཕྱིར་ཏེ། ཉེ་བར་ལེན་པ་ལས་གཞན་མ་ཡིན་པར་གྱུར་པ་འདིས་ཅི་ཡང་མ་བྱས་ཏེ། དེས་ཉེ་བར་ལེན་པའི་སྡུག་བསྔལ་དེ་ཉིད་བྱས་གྲང་ན། གང་གི་ཕྱིར་བྱས་པ་ལས་དེ་གཞན་མ་ཡིན་ནོ་ཞེས་བྱ་བ་དེའི་ཕྱིར་གང་ཟག་ཉེ་བར་ལེན་པ་མེད་པ་འབའ་ཞིག་པ་དེས་ནི་མ་བྱས་པས་དེའི་ཕྱིར་སྡུག་བསྔལ་དེ་ཉིད་ཀྱིས་སྡུག་བསྔལ་དེ་བྱས་སོ་ཞེས་གང་སྨྲས་པ་དེ་རིགས་པ་མ་ཡིན་ནོ། །

凡說：「補特伽羅非迴異於（自身）痛苦的緣故，痛苦造作了痛苦（本身），故依不同角度說苦是自作。」對此，將做解說。（《中論》云：）

### 12.8.b 彼不自作彼，

痛苦自己不會造作痛苦本身。爲何？彼（近取的造者）非迴異於近取，非迴異於已（造）之苦。因此，彼不應有任何造作。

若問：近取苦是否由彼（近取苦的造者）造成？

（造者）並非迥異於已造（事物）的緣故，（苦）非由絕無的補特伽羅近取（苦）造成。此故，說一切痛苦是由痛苦自己造作不應理。

སྡུག་བསྔལ་གང་ཡིན་པ་དེ་ཉིད་གང་ཟག་མ་ཡིན་པས་རྣམ་གྲངས་ལས་སྡུག་བསྔལ་གྱིས་བྱས་སོ། ཞེས་གང་སྨྲས་དེ་ལ་ཡང་བཤད་པར་བྱ་སྟེ། གལ་ཏེ་གཞན་བདག་མ་བྱས་ན། །སྡུག་བསྔལ་གཞན་བྱས་ག་ལ་འགྱུར། །གལ་ཏེ་གང་ཟག་དེ་བདག་ཉིད་ཀྱིས་མ་བྱས་ཤིང་བདག་ཉིད་རབ་ཏུ་མ་གྲུབ་སྟེ། སྡུག་བསྔལ་མེད་པ་འབའ་ཞིག་པ་ཡོད་པ་ཉིད་མ་ཡིན་ན་རང་གི་བདག་ཉིད་རབ་ཏུ་མ་གྲུབ་པ་གཞན་དུ་གྱུར་པ་དེ་མེད་པས་སྡུག་བསྔལ་དེ་གཞན་གྱིས་བྱས་པར་ག་ལ་འགྱུར། ཉེ་བར་ལེན་པ་དེ་མ་སྐྱེས་ཤིང་། མེད་ན་གང་ཟག་དེ་ཡོད་དུ་ཟིན་ཀྱང་གཞན་དུ་ག་ལ་འགྱུར། དེ་ལྟ་བས་ན་དེ་དག་ཐམས་ཅད་སྔར་ལན་བཏབ་ཟིན་པ་ལ་ཚིག་གཞན་གྱིས་དོན་གཞན་དུ་བསམས་ཤིང་དེ་དག་ཉིད་ཡང་སྨྲས་པར་གྱུར་ཏོ། །

凡說：「一切痛苦非補特伽羅，故依不同角度說苦是他作。」 對此，將做解說。（《中論》云：）

### 12.8.cd 非由他己性，豈由他作苦？

（痛苦）不由彼補特伽羅的自性造作，其自性（也）不能至極成立時，因爲毫無痛苦、無（苦）的緣故，不能至極成立（痛苦）自性，（痛苦）便不能成爲（迥異於補特伽羅的）他法。此故，痛苦如何由他造作？

近取（苦）不生、無有的緣故，雖有補特伽羅，（苦與造苦的補特伽羅）又如何能成爲相異法？（我雖）已答覆上述一切問難（，然而，）你以不同的話、不同的意思屢說彼性！

སྨྲས་པ། སྡུག་བསྔལ་བདག་དང་གཞན་སོ་སོ་བྱས་པར་མི་རིགས་སུ་ཟིན་ཀྱང་། སྡུག་བསྔལ་བདག་དང་གཞན་ཉིད་གཉི་ག་འདུས་པས་བྱས་པ་ནི་ཡོད་དོ། །

（他方）道：雖然不能合理成立痛苦是由自及他分別而作，卻存在痛苦是由自他二者共作。

བཤད་པ། གལ་ཏེ་རེ་རེས་བྱས་གྱུར་ན། །སྡུག་བསྔལ་གཉི་གས་བྱས་པར་འགྱུར། །གལ་ རེ་རེ་རེས་བྱས་པ་ཡོད་པར་གྱུར་ན་ནི་སྡུག་བསྔལ་གཉི་གས་བྱས་པ་དེ་ཉིད་ཀྱང་ཡོད་པར་འགྱུར་བ་ཞིག་ན། སྡུག་བསྔལ་རེ་རེས་བྱས་པར་མི་རིགས་པ་དེ་ནི་བསྟན་ཟིན་ཏེ། སྡུག་བསྔལ་རེ་རེས་བྱས་པ་མེད་ན་སྡུག་བསྔལ་གཉི་གས་བྱས་པས་འཐད་པར་ཇི་ལྟར་འགྱུར། །གང་གི་ཚེ་བདག་དང་གཞན་གཉི་ག་སྡུག་བསྔལ་མེད་པ་འབའ་ཞིག་པར་མི་སྲིད་པ་དེའི་ཚེ་ཇི་ལྟར་དེ་ཉིད་ཀྱིས་སྡུག་བསྔལ་བྱེད་པར་འགྱུར་ཏེ། དེའི་ཕྱིར་བདག་དང་གཞན་གཉིགས་སྡུག་བསྔལ་བྱས་སོ་ཞེས་བྱ་བ་ཡང་མི་འཐད་དོ། །

（自方道，《中論》）云：

**12.9.ab 一一若作苦，方有二作苦，**[19]

唯有被（自他）一一造作，方有二者（共）作之苦。不過已說痛苦由（自他）一一造作不應理，既然痛苦非由（自他）分別造作，痛苦豈從二者共作？

19 有關 12.9.b，對勘本版的藏譯中論為：སྡུག་བསྔལ་གཉིས་ཀས་བྱས་པར་འགྱུར།，故與此中所引的偈頌文有所出入；可參考 Nāgārjuna. *Dbu ma rtsa ba'i tshig le'ur byas pa shes rab,* 18。

何時不可能存在、絕無自他二苦，爾時，痛苦如何由彼（自他二）性造作？此故，說苦由自他二者造作實不應理。

སྨྲས་པ། གལ་ཏེ་སྡུག་བསྔལ་རེ་རེས་ཀྱང་མ་བྱས་ལ་གཉིས་གས་བྱས་པར་ཡང་མི་རིགས་ན། འོ་ན་དེ་ལྟ་ན་སྡུག་བསྔལ་བདག་དང་གཞན་དང་གཉིས་གས་མ་བྱས་པས་རྒྱུ་མེད་པ་ལས་བྱུང་བ་ཡིན་ནོ། །

（他方）道：痛苦非由（自他）一一造作，由（自他）二者造作也不應理。那麼，痛苦並非由自他二者造作的緣故，（痛苦應）無因而生。

བཤད། གཞན་གྱིས་མ་བྱས་བདག་མ་བྱས། །སྡུག་བསྔལ་རྒྱུ་མེད་ག་ལ་འགྱུར། །གཞན་གྱིས་བྱས་པ་ནི་གཞན་གྱིས་དེ་བྱས་པ་སྟེ། གཞན་གྱིས་དེ་བྱེད་ཅེས་བྱ་བའི་ཐ་ཚིག་གོ། །གཞན་གྱིས་མ་བྱས་པ་ནི་གཞན་གྱིས་མི་བྱེད་པའོ། །བདག་གིས་བྱས་པ་ནི་བདག་གིས་དེ་བྱས་པ་སྟེ་བདག་གིས་དེ་བྱེད་ཅེས་བྱ་བའི་ཐ་ཚིག་གོ། །བདག་གིས་མ་བྱས་པ་ནི་བདག་གིས་མི་བྱེད་པའོ། གཞན་གྱིས་མ་བྱས་པ་དང་བདག་གིས་མ་བྱས་པ་ནི་གཞན་གྱིས་མི་བྱེད་པ་དང་བདག་གིས་མི་བྱེད་པའོ། །

（自方道，《中論》）云：

**12.9.cd 自他不作苦，[20]苦豈能無因？**

「他作」謂他已作、他在作；「他不作」謂非由他作。

20 有關 12.9.c，對勘本版的藏譯中論為：།བདག་གིས་མ་བྱས་གཞན་མ་བྱས། ，故與此中所引的偈頌文有所出入；可參考 Nāgārjuna. *Dbu ma rtsa ba'i tshig le'ur byas pa shes rab,* 18。

「自作」謂我已作、我在作；「不自作」謂非由我作。「不他作及不自作」謂非由他作、非由我作。

དེ་ལྟར་གཞན་གྱིས་ཀྱང་མ་བྱས་ན་སྡུག་བསྔལ་གློ་བུར་བར་འཐད་པར་ག་ལ་འགྱུར། ཅི་སྟེ་འགྱུར་ན་ནི་རྟག་ཏུ་ཐམས་ཅད་འབྱུང་བར་འགྱུར་རོ། །དེ་ལྟ་ཡིན་ན་ནི་རྩོམ་པ་ཐམས་ཅད་དོན་མེད་པ་ཉིད་དང་། འདྲེས་པའི་སྐྱོན་ཆེན་པོར་ཡང་འགྱུར་བས་དེ་ནི་མི་འདོད་དོ། །དེ་བས་ན་སྡུག་བསྔལ་རྒྱུ་མེད་པ་ལས་བྱུང་བ་ཞེས་བྱ་བ་དེ་ནི་བཟང་པོ་མ་ཡིན་པ་ཉིད་དོ། །

（痛苦）若非由他作，爲何安立痛苦爲驟然（而有）？若爾，（痛苦）應成恆時存在。若爾，將有一切努力應成無義、（苦樂）亦成混合體的極大過失，不承許彼（說），故痛苦乃無因而生定非善說。

སྨྲས་པ། གལ་ཏེ་དེ་ལྟར་སྡུག་བསྔལ་མེད་ན། བཅོམ་ལྡན་འདས་ཀྱིས་འོད་སྲུངས་སྡུག་བསྔལ་ཡོད་དེ། ངས་སྡུག་བསྔལ་ཤེས་སོ། །མཐོང་ངོ་ཞེས་གསུངས་པ་ཇི་ལྟ་བུ།

（他方）道：如是之苦果若未有，何故（《雜阿含經》）云：「佛告迦葉，知苦見苦」？[21]

བཤད་པ། སྡུག་བསྔལ་མེད་དོ་ཞེས་དེ་སྐད་དུ་མ་ཟེར། ཅི་བོས། དེ་ཕྱིར་བརྟེན་ནས་འབྱུང་མི་འགྱུར། །ཞེས་མ་སྨྲས་སམ། དེའི་ཕྱིར་ཕོ་བོ་ནི་སྡུག་བསྔལ་བརྟེན་ནས་འབྱུང་བར་སྨྲའི། བདག་གིས་བྱས་པ་དང་། གཞན་གྱིས་བྱས་པ་དང་། གཉི་གས་བྱས་པ་དང་། རྒྱུ་མེད་པ་ལས་བྱུང་ཞེས་ནི་མི་སྨྲའོ། །སྡུག་བསྔལ་འབའ་ཞིག་རྣམ་པ་བཞི། །ཡོད་མ་ཡིན་པ་མ་ཡིན་གྱི། །ཕྱི་རོལ་དངོས་པོ་རྣམས་ལ་ཡང་། །རྣམ་པ་བཞི་པོ་ཡོད་མ་ཡིན། །ཕྱུང་པོ་

21 《雜阿含經》的原文：「知苦見苦，佛告迦葉。」（T.2.99.86a.25）

སྡུག་བསྔལ་འབའ་ཞིག་ལ་བདག་གིས་བྱས་པ་དང་། གཞན་གྱིས་བྱས་པ་དང་། གཉི་གས་བྱས་པ་དང་། རྒྱུ་མེད་པ་ལས་བྱུང་བ་རྣམ་པ་བཞི་པོ་དག་ཡོད་པ་མ་ཡིན་པ་དེ་ལྟར་གཟུང་བར་མི་བྱའི། ཕྱི་རོལ་གྱི་དངོས་པོ་གཟུགས་ལ་སོགས་པ་རྣམས་ལ་ཡང་རྣམ་པ་བཞི་པོ་ཡོད་པ་མ་ཡིན་ནོ། །

（自方）道：不該解釋爲沒有痛苦。我豈非已說：「（12.2.b）則非爲緣起」？我說痛苦是緣起，卻不說（苦是）由自作、由他作、由（自他）二者作，以及無因而生。（《中論》云：）

**12.10 非但說於苦，四種義不成，一切外萬物，四義亦不成。**[22]

不應單單持守苦蘊非由自作、（非）由他作、（非）由二者作、（非）無因而生，色法等外在的事物亦無四義。

དེ་ཡང་ཇི་ལྟར་ཞེ་ན། རེ་ཞིག་གཟུགས་ཉིད་ཀྱིས་གཟུགས་བདག་ཉིད་མ་བྱས་སོ། །གལ་ཏེ་གཟུགས་ཀྱིས་བདག་ཉིད་བྱེད་ན་ཡོད་པའམ། མེད་པ་ཞིག་བྱེད་གྲང་ན། དེ་ལ་རེ་ཞིག་གལ་ཏེ་གཟུགས་སུ་ཡོད་པ་ཉིད་ཡིན་ན་དེ་ལ་ཡང་བྱ་ཅི་དགོས། ཅི་སྟེ་གཟུགས་མེད་ན་ནི་ཇི་ལྟར་མེད་པ་དག་ཉིད་ཀྱིས་བདག་ཉིད་བྱེད་པར་འགྱུར། ཅི་སྟེ་བྱེད་ན་ནི་དྲི་ཟའི་གྲོང་ཁྱེར་གྱིས་ཀྱང་རང་གི་རབ་རྩིག་པར་བྱེད་པར་འགྱུར་རོ། །

此復爲何？色非由色所作。（色）若由色自造作，試問：

22 有關 12.10.bc，對勘本版的藏譯中論為：།ཡོད་མ་ཡིན་པར་མ་ཟད་ཀྱི། །ཕྱི་རོལ་དངོས་པོ་དག་ལ་ཡང་།，故與此中所引的偈頌文有所出入；可參考 Nāgārjuna. *Dbu ma rtsa ba'i tshig le'ur byas pa shes rab,* 19。

（色）是存在，還是不存在？於此，先（破前者）——色既已存在，（再造作）色又有何用？如果色不存在，無者之性如何自作？若爾，乾闥婆城亦可建造自己的圍牆。

གཟུགས་བདག་གིས་བྱས་པ་ཡིན་ན། གཟུགས་བརྟེན་ནས་འབྱུང་ངོ་ཞེས་བྱ་བར་མི་འཐད་པས་དེ་ཡང་མི་འདོད་དོ། །དེ་ལ་གཟུགས་དེ་འབྱུང་བ་གཞན་དུ་གྱུར་པ་དག་གིས་བྱས་སོ་སྙམ་ན། དེ་ཡང་མི་རུང་སྟེ། ཅིའི་ཕྱིར་ཞེ་ན། གཟུགས་ཀྱི་རྒྱུ་འབྱུང་བ་དག་ལས་གཟུགས་གཞན་ཉིད་མ་ཡིན་པའི་ཕྱིར་ཏེ། དེ་ནི་འོག་ནས་ཀྱང་། གང་ལ་བརྟེན་དེ་གང་ཡིན་པ། །དེ་ནི་དེ་ལས་གཞན་མི་འཐད། །ཅེས་འབྱུང་སྟེ། གཟུགས་མ་བྱས་པ་མ་སྐྱེས་པ་མེད་པ་ལས་བྱུང་བ་རྣམས་ཇི་ལྟར་གཞན་དུ་འགྱུར། གཟུགས་ནི་གཉི་གས་བྱས་པ་ཡང་མ་ཡིན་ཏེ། རེ་རེས་བྱས་པར་མི་འཐད་པའི་ཕྱིར་རོ། །གཟུགས་རྒྱུ་མེད་པ་ལས་བྱུང་བ་ཡང་མ་ཡིན་ཏེ། གཞན་གྱིས་མ་བྱས་པ་དང་། བདག་གིས་མ་བྱས་པ་རྒྱུ་མེད་པ་ལས་ཇི་ལྟར་འབྱུང་བར་འགྱུར་ཏེ། སྐྱོན་དུ་མར་ཐལ་བར་འགྱུར་བའི་ཕྱིར་རོ། །དེ་བཞིན་དུ་སྣྲ་ལ་སོགས་པ་དངོས་པོ་ཐམས་ཅད་ལ་ཡང་རྣམ་པ་བཞི་པོ་དག་མི་འཐད་པས་འགྲུབ་པར་བལྟ་བར་བྱའོ། །

色若由（色）本身造作，則不能成立「觀待色法而有」的論述，[23]故不承許彼（說）。

於此，若念色的產生來自其他大種，亦不應理。為何？色非迴異於色因大種。後（品——《中論》的第十四品——）亦云：「（14.5.cd）舉凡觀待彼，彼此皆非異。」既然色之生來自非造作、無生、未有的話，（色）如何迴異於（色因大種）？

23 因為色法本身可以產生色法的話，色法將會一直產生自己，將不會有消停的時候。果真如此，色法之果將不會存在，因為其果之因——色法——沒有停止、消滅的時候。

色也非（自他）二者造作，已破除一一所作的緣故。

色也非無因而生。（色）如何能從非他作、非自作，以及無因而生？（若爾，）應成諸多過患。同理，聲等一切事物亦不成立四義，應觀（如是）成立。

སྡུག་བསྔལ་བརྟག་པ་ཞེས་བྱ་བ་སྟེ་རབ་ཏུ་བྱེད་པ་བཅུ་གཉིས་པའོ།། །།

第十二品——觀苦品——終。

# 第十三品

# ——觀眞實義品——

སྨྲས་པ། སྡུག་བསྔལ་ཡང་ཡོད་ཕྱི་རོལ་གྱི་དངོས་པོ་རྣམས་ཀྱང་ཡོད་དེ། དེ་དག་ཡོད་པ་ལ་རྣམ་པ་བཞི་པོ་འབའ་ཞིག་མི་འཐད་དོ། །རྣམ་པ་བཞི་པོ་དག་མེད་དུ་ཟིན་ཀྱང་རེ་ཞིག །དངོས་པོ་རྣམས་ནི་རབ་ཏུ་གྲུབ་པོ། །

（他方）道：不只苦存在，外在事物等也都存在。僅憑四義不能成立彼等存在；四義雖無，（然而，我）先至極成立事物等。

བཤད་པ། ཅི་ཁྱོད་སྒྱུ་མའི་གླང་པོ་ཆེས་འགྲོ་བར་འདོད་དམ། ཁྱོད་རྣམ་པ་བཞི་པོ་དག་གིས་མ་བྱས་པའི་དངོས་པོ་རྣམས་ཡང་དག་པར་ཡོད་པར་རྟོག་གོ། །འདིར་ཡང་དག་པ་གང་ཡིན་པ་དེ་ཉིད་གཟུང་བར་བྱ་བའི་རིགས་པ་སྙམ།

（自方）道：你何以承許幻化之大象正在行走？

你已念執：非由四義造作的事物等皆爲諦實。於此，（你）思凡是諦實皆爲所持之理。[1]

སྨྲས་པ། འདིར་ཡང་དག་པ་གང་ཡིན།

（他方）道：何謂諦實？

བཤད་པ། ཆོས་གང་སླུ་བ་དེ་བརྫུན་ཞེས། །བཅོམ་ལྡན་འདས་ཀྱིས་དེ་སྐད་གསུངས། །འདུ་བྱེད་ཐམས་ཅད་སླུ་བའི་ཆོས། །དེས་ན་དེ་དག་བརྫུན་པ་ཡིན། །འདི་ལ་བཅོམ་ལྡན་འདས་ཀྱིས་མདོ་སྡེ་གཞན་ལས་ཆོས་གང་སླུ་བ་དེ་ནི་བརྫུན་པའོ། །དགེ་སློང་དག་འདི་ལྟ་སྟེ། མི་སླུ་བའི་ཆོས་མྱ་ངན་ལས་འདས་པ་དེ་ནི་བདེན་པའི་མཆོག་གོ་ཞེས་གསུངས་སོ། །དེ་

1 敵方認為，凡是諦實有皆能證明諸法存在，故說諦實有為敵方證明存在的所持之理。

བཞིན་དུ་བདེན་པ་གཅིག་སྟེ། །གཉིས་པ་མེད་ཅེས་ཚིགས་སུ་བཅད་པ་ཡང་གསུངས་སོ། །དེ་བཞིན་དུ་གཞན་ནས་ཀྱང་འདུས་བྱས་དེ་ནི་སླུ་བའི་ཆོས་ཀྱང་ཡིན། དེ་ནི་རབ་ཏུ་འཇིག་པའི་ཆོས་ཀྱང་ཡིན་ནོ་ཞེས་འདུ་བྱེད་ཐམས་ཅད་སླུ་བའི་ཆོས་ཅན་ཡིན་པར་གསུངས་སོ། །དེའི་འདུ་བྱེད་ཐམས་ཅད་སླུ་བའི་ཆོས་ཉིད་དེས། ཐམས་ཅད་བརྫུན་པ་ཉིད་ཡིན་ཏེ། །གང་དག་བརྫུན་པ་དེ་དག་ཇི་ལྟར་རབ་ཏུ་འགྲུབ་པར་འགྱུར། ཁྱོད་ཀྱིས་དངོས་པོ་རྣམས་ནི་རབ་ཏུ་གྲུབ་པོ་ཞེས་གང་སྨྲས་པ་དེ་ནི་སྲིད་པས་བསྒྲོད་པར་ཟད་དོ། །

（自方道，《中論》）云：

**13.1 如薄伽梵說，欺誑為假相，諸行皆欺誑，是故為假相。**[2]

薄伽梵於其他經典中說：「凡是欺誑[3]法皆為假相。比丘眾，如是，無妄涅槃乃勝義諦。」[4]同樣的，（佛）亦說此偈：「眞諦為一，無有第二。」其他（經論）亦云：「有為法不僅為欺誑之法，亦是至極壞滅之法。」（總之，經論）說，一切有為法皆是欺誑的有法。

一切有為法皆是欺誑法，由此（成立）一切皆為假相；既是假相，彼等如何能被至極成立？你說事物等皆被至極成立，

---

2 有關 13.1.ab，對勘本版的藏譯中論為：།བཅོམ་ལྡན་འདས་ཀྱིས་ཆོས་གང་ཞིག །སླུ་བ་དེ་ནི་བརྫུན་ཞེས་གསུངས།，故與此中所引的偈頌文有所出入；可參考 Nāgārjuna. *Dbu ma rtsa ba'i tshig le'ur byas pa shes rab*, 19。

3 有關此處的「欺誑」應解讀為顯現與真相的不同，故名「假相」。看幻術時，透過咒語等其他因緣，雖由石木顯現象馬，但於真相中石木並非象馬。

4 相似此文的內容可從《究竟一乘寶性論》得知。《究竟一乘寶性論》：「世尊，又第一義諦者，謂不虛妄涅槃是也。」（T.31.1611.835c.3）

僅為貪染之說。

སྨྲས་པ། གལ་ཏེ་འདུ་བྱེད་ཐམས་ཅད་བརྫུན་པ་ཡིན་ན་འཛིན་བཞིན་དུ་ཡང་དངོས་པོ་ཐམས་ཅད་མེད་དོ་ཞེས་དེ་དག་མི་གསལ་བར་བྱས་པར་མི་འགྱུར་རམ།

（他方）道：諸有為法若是欺誑，明明於執取（諸行）中，應無一切事物，莫非不夠明顯？

བཤད་པ་མི་འགྱུར་ཏེ། གལ་ཏེ་སླུ་ཆོས་གང་ཡིན་པ། །དེ་བརྫུན་དེ་ལ་ཅི་ཞིག་སླུ། །བཅོམ་ལྡན་འདས་ཀྱིས་དེ་གསུངས་པ། །སྟོང་ཉིད་ཡོངས་སུ་བསྟན་པ་ཡིན། །གལ་ཏེ་སླུ་བའི་ཆོས་ཞེས་གསུངས་པ་གང་ཡིན་པ་དེ་བརྫུན་པ་ཡིན་ན། སླུ་བའི་ཆོས་ནི་མེད་པ་ཉིད་དོ་ཞེས་སྨྲ་བ་ཡིན་པས་སླུ་བའི་ཆོས་མེད་པ་དེ་ལ་ཅི་ཞིག་སླུ་བར་འགྱུར་བ་དེ་ཇི་སྐད་སྨྲོས་ཤིག །འདི་ལྟར་མེད་པ་ལ་ཅི་ཞིག་སླུ་བར་འགྱུར། ཅི་སྟེ་སླུ་བར་འགྱུར་ན་ནི། ཕྱུགས་བདག་པ་དང་གཅེར་བུ་པའི་ནོར་ལ་ཡང་ཆོམ་རྐུན་པ་དག་འཆེ་བར་འགྱུར་རོ། །

（自方）道：莫做（此）解。（《中論》云：）

## 13.2 斯誑皆假相，由何作欺誑？佛說如是事，欲以示空義。

如果顯現欺誑之法皆是假相，而說無欺誑之法的話，請解釋：既無欺誑之法，由何欺誑？於已無中如何欺誑？（無者）仍可欺誑的話，盜竊者亦可（竊）損大自在天及裸者之財。

དེ་ལྟ་བས་ན་བརྫུན་པ་ཞེས་གསུངས་པས་དངོས་པོ་རྣམས་མེད་པར་བསྟན་པ་མ་ཡིན་ནོ། །བཅོམ་ལྡན་འདས་སྒྲིབ་པ་མི་མངའ་བའི་མཁྱེན་པ་དང་རྣམ་པར་ཐར་པ་བརྙེས་པ་ཡང་དག་པ་ཇི་ལྟ་བ་བཞིན་དུ་གཟིགས་པས་སླུ་བའི་ཆོས་གང་ཡིན་པ་དེ་ནི་བརྫུན་པའོ་ཞེས་བྱ་བ་དེ་གསུངས་པས་ནི་དངོས་པོ་རྣམས་ཀྱི་ངོ་བོ་ཉིད་སྟོང་པ་ཉིད་སུ་སྟེགས་བྱེད་ཐམས་ཅད་

ཀྱིས་མི་རྟོགས་པ་ཡོད་པ་ཉིད་དང་མེད་པ་ཉིད་ཀྱི་སྐྱོན་དང་བྲལ་བ་ཡོངས་སུ་བསྟན་པ་ཡིན་ནོ། །

此故，「假相」並非說事物等的不存在。薄伽梵具有無礙智慧、獲證清淨解脫、如實觀見眞相，故說一切欺誑皆是假相。遍示諸事物之自性皆空，一切外道皆不得知，遠離有性及無性之過。

སྨྲས་པ། བརྫུན་པ་ཞེས་གསུངས་པ་ནི། དངོས་པོ་རྣམས་ཀྱི་ངོ་བོ་ཉིད་སྟོང་པ་ཉིད་ཀྱི་ཡོངས་སུ་སྟོན་པ་ཡིན་པར་མ་གསུངས་ཀྱི། བཅོམ་ལྡན་འདས་ཀྱིས་དེ་སྐད་གསུངས་པ་ནི། དངོས་རྣམས་ངོ་བོ་ཉིད་མེད་དེ། གཞན་དུ་འགྱུར་བ་སྣང་ཕྱིར་རོ། །བརྫུན་པ་ཞེས་གསུངས་པ་ཉིད་གང་ཡིན་པ་དེས་ནི་དངོས་པོ་རྣམས་ལ་ངོ་བོ་ཉིད་མེད་པ་ཁོ་ནར་ཡོངས་སུ་བསྟན་པ་མ་ཡིན་གྱི། དེ་ནི་དངོས་པོ་རྣམས་གཞན་དུ་འགྱུར་བ་སྣང་བའི་ཕྱིར་དང་། རྣམ་པར་འགྱུར་བ་སྣང་བའི་ཕྱིར་དང་། ངེས་པར་མི་གནས་པའི་ངོ་བོ་ཉིད་དུ་སྣང་བའི་ཕྱིར་ཡོངས་སུ་བསྟན་པ་ཡིན་ནོ། །

（他方）道：「假相」並非遍示諸事物之自性爲空。薄伽梵說此：（誠如《中論》的）

**13.3.ab 因見成異故，事物無自性，**

「假相」並非遍示諸事物之自性定無，而是遍示見諸事物爲相異法[5]、見（諸事物的）變行相，以及見（諸事物）非絕

5　此處的「相異法」應解讀為變化或轉成其他性質。

對住。[6]

གལ་ཏེ་ཇི་ལྟར་ཞེ་ན། ངོ་བོ་ཉིད་མེད་དངོས་མེད་དེ། །གང་ཕྱིར་དངོས་རྣམས་སྟོང་པ་ཉིད། །གང་གི་ཕྱིར་ངོ་བོ་ཉིད་མེད་པའི་དངོས་པོ་མེད་ལ་དངོས་པོ་རྣམས་ཀྱི་སྟོང་པ་ཉིད་ཀྱང་བསྟན་པ། དེའི་ཕྱིར་དངོས་པོ་རྣམས་ཀྱི་ངོ་བོ་ཉིད་ངེས་པར་མི་གནས་པའི་ཕྱིར་དང་། གཞན་དུ་འགྱུར་བ་སྣང་བའི་ཕྱིར། དངོས་པོ་རྣམས་ངོ་བོ་ཉིད་མེད་པ་ཉིད་ཅེས་གསུངས་པར་ཁོང་དུ་ཆུད་པར་བྱའོ། །དེ་ནི་ངེས་པ་ཁོ་ནར་དེ་ལྟར་ཁོང་དུ་ཆུད་པར་བྱའོ། །

若問（上述論點的依據）爲何？（誠如《中論》云：）

**13.3.cd 無自性無事，[7]事物皆空性。**

因爲不存在無自性的事物，（佛）說諸事物皆爲空性。此故，應知（佛爲何）說事物等的自性決定非有、見（諸事物）爲相異法，以及事物等皆無自性。定要如是理解其（義）。

གཞན་དུ་ན། གལ་ཏེ་ངོ་བོ་ཉིད་མེད་ན། གཞན་དུ་འགྱུར་བ་གང་གི་ཡིན། །གལ་ཏེ་དངོས་པོ་རྣམས་ལ་ངོ་བོ་ཉིད་མེད་པ་ཁོ་ན་ཡིན་ན། གཞན་དུ་འགྱུར་བ་དེ་གང་གི་ཡིན་པར་འགྱུར། གཞན་དུ་འགྱུར་བ་ཞེས་བྱ་བ་ནི་ངོ་བོ་ཉིད་ལས་བཟློག་པ་ཡིན་ན། དེ་ལ་གལ་ཏེ་ངོ་

---

6 他宗認為，因為親眼目睹了諸事物隨著時間流逝，轉成了不同的相異性質及行相，所以佛說了事物無自性。所以佛說的無自性是指絕非永恆住在不變性中。根敦主巴的《寶鬘論》—— Dge ‘dun grub pa. *Dbu ma rtsa ba shes rab kyi ngag don bshad pa rin po che’i phreng ba zhes bya ba bzhugs so,* 171：དངོས་པོ་རྣམས་རྟག་པའི་ངོ་བོ་ཉིད་མེད་དེ། གཞན་དུ་འགྱུར་བར་སྣང་བའི་ཕྱིར་རོ། །（因為見到事物等轉為相異法，所以無有常法自性。）

7 有關 13.3.c，對勘本版的藏譯中論為：།དངོས་པོ་ངོ་བོ་ཉིད་མེད་མེད།，故與此中所引的偈頌文有所出入；可參考 Nāgārjuna. *Dbu ma rtsa ba’i tshig le’ur byas pa shes rab,* 19。

བོ་ཉིད་མེད་པ་ཁོ་ན་ཡིན་ན་གཞན་དུ་འགྱུར་བ་ཡང་མེད་པར་འགྱུར་བར་ཟེ་ཚོམ་མེད་པ་ཞིག་ཡིན་ན། གཞན་དུ་འགྱུར་བ་ནི་ཡོད་པས་དེའི་ཕྱིར་ངོ་བོ་ཉིད་ཀྱང་ཡོད་པ་ཁོ་ནའོ། །

不然，（誠如《中論》云：）

**13.4.ab 若無有自性，成何法之異？**

如果事物等絕無自性，成爲相異法則是何者的（相異法）？若成異[8]之論破除自性，（實不應理，）因爲絕無自性時，（事物等）也絕不可能成爲相異法；（此）毋庸置疑，因爲存在著成異（的事實，）自性也應絕對存在。

བཤད་པ། གལ་ཏེ་ངོ་བོ་ཉིད་ཡོད་ན། །གཞན་དུ་འགྱུར་བ་གང་གི་ཡིན། །ཞེས་གང་སྨྲས་པ་དེ་ལ་བཤད་པར་བྱ་སྟེ། གལ་ཏེ། གལ་ཏེ་ངོ་བོ་ཉིད་ཡོད་ན། །ཇི་ལྟ་བུར་ན་གཞན་དུ་འགྱུར། །གལ་ཏེ་དངོས་པོ་རྣམས་ལ་ངོ་བོ་ཉིད་ཡོད་ན། གཞན་ལ་མི་ལྟོས་པར་རང་ལས་རབ་ཏུ་གྲུབ་པ་རྟག་པ་མི་འགྱུར་བ་ཡོད་པ་དེ་ལ་ཇི་ལྟར་གཞན་དུ་ཡང་འགྱུར་བ་ཡོད་པར་འགྱུར་ཏེ། གཞན་དུ་འགྱུར་བ་ནི་གཞན་ལ་རག་ལས་པའི་ཕྱིར་འགྱུར་བ་ཡིན་གྱི་ངོ་བོ་ཉིད་ནི་མ་ཡིན་པས། དེའི་ཕྱིར་ངོ་བོ་ཉིད་ལ་གཞན་དུ་འགྱུར་བ་མི་འཐད་པའོ། །

（自方道，）凡說（《中論》）云：

**13.4.cd 若謂有自性，云何成爲異？**[9]

---

8 「成異」是直譯，意指成為相異法，而非成為一與異的異。

9 有關 13.4.d，對勘本版的藏譯中論為：གཞན་དུ་འགྱུར་བར་ཇི་ལྟར་རུང་།，故與此中所引的偈頌文有所出入；可參考 Nāgārjuna. *Dbu ma rtsa ba'i tshig le'ur byas pa shes rab,* 19。

於此，將做解說。

如果「若謂有自性，如何成爲異」，謂諸事物若有自性，不應觀待他者、應至極成立自己、（成爲）常法、無變化的話，如何成爲相異法？要觀待他者方能成爲相異法；無自性故，於自性中（存在）成異不成立。

སྨྲས་པ། གལ་ཏེ་ངོ་བོ་ཉིད་ལ་གཞན་དུ་འགྱུར་བ་མི་འཐད་ན། འོ་ན་ངོ་བོ་ཉིད་ལས་གཞན་པ་དེ་ཇི་ལྟར་གཞན་དུ་འགྱུར།

（他方）道：如果於自性中的成異不成立，那麼，自性相異法如何成爲相異法？

བཤད་པ། དེ་ཉིད་ལ་ནི་གཞན་འགྱུར་མེད། །གཞན་ཉིད་ལ་ཡང་ཡོད་མ་ཡིན། །དངོས་པོར་ཡོངས་སུ་བརྟག་པ་གང་ཡིན་པ་དེ་ཉིད་ལ་ཡང་གཞན་དུ་འགྱུར་བ་ཡོད་པར་མི་འཐད་ལ། དེ་ལས་གཞན་པ་ཉིད་གང་ཡིན་པ་དེ་ལ་ཡང་གཞན་དུ་འགྱུར་བ་ཡོད་པར་མི་འཐད་དོ། །ཅིའི་ཕྱིར་ཞེ་ན། གང་ཕྱིར་གཞོན་ནུ་མི་རྒ་སྟེ། །གང་ཕྱིར་རྒས་པའང་མི་རྒའོ། །འདི་ལས་གཞན་དུ་འགྱུར་བ་ཞེས་བྱ་བ་ནི་རྒ་བ་སྟེ། རྒ་བ་དེ་ཡང་གང་གི་ཕྱིར་གཞོན་ནུའི་གནས་སྐབས་ཉིད་དུ་རྒ་བར་བབ་པ་ལ་ཡང་མེད་ལ། གཞོན་ནུ་ལས་གཞན་པ་རྒས་པའི་གནས་སྐབས་ལ་བབ་པ་ལ་ཡང་མེད་པས། དེའི་ཕྱིར་དེ་ཉིད་ལ་ཡང་གཞན་དུ་འགྱུར་བ་མེད་ལ་གཞན་ཉིད་ལ་ཡང་ཡོད་པ་མ་ཡིན་ནོ། །

（自方道，《中論》）云：

**13.5.ab 於此無成異，異法亦非有，**

周遍觀察事物之中無成異，除此外的相異法中也無成異。

爲何？（誠如《中論》云：）

**13.5.cd 如壯不作老，老亦不作老。**

迴異於此（壯年）是正在老化。正在老化並不存在於壯年之時，也不存在於迴異於壯年的老時。[10]此故，不只成異不存在於彼性（——自性——）之中，也不存在於相異法之中。

གལ་ཏེ་གཞོན་ནུ་གཞོན་ནུའི་གནས་སྐབས་ཉིད་དུ་རྒ་བར་འགྱུར་ན། དེ་ལྟ་ན་རྒས་པ་དང་གཞོན་པ་གཉིས་གཅིག་ལ་ལྷན་ཅིག་གནས་པར་ཡང་འགྱུར་རོ། །དེ་ཡང་མི་འཐད་དེ། འདི་ལྟར་མི་མཐུན་པ་གཉིས་གཅིག་ལ་ལྷན་ཅིག་ཇི་ལྟར་གནས་པར་འགྱུར། ཅི་སྟེ་ཡང་རྒས་པ་རྒས་པའི་གནས་སྐབས་ན་རྒ་བར་འགྱུར་ན། དེ་ལྟ་ན་ཡང་རྒ་བར་བརྟག་པ་དོན་མེད་པར་འགྱུར་ཏེ། འདི་ལྟར་རྒས་པ་ལ་རྒ་བར་བྱ་བར་ཅི་དགོས། རྒ་བ་གང་ཞིག་རྒས་པ་དེ་ཡང་རྒ་བར་འགྱུར་ན། དེའི་དེ་གནས་སྐབས་ཇི་ལྟ་བུར་འགྱུར་ཞེས་དེ་ལ་ཡང་བསམ་པ་དེ་ཉིད་དང་རྗེས་སུ་འབྲེལ་བར་འགྱུར་རོ། །

年輕人若於壯年時老化，將會有老人與壯年兩者於一處同俱（之過），彼實不應理。兩個不同方如何能於一處同俱？

老人若於老時老化，老化之觀應成無義，（因爲）正在老化的功用何須存在於已老之中？已老的老者若再次老化，又應如何（定義）該時位呢？[11]

10 正在老化的現象並非發生在老時，因為老時已老，並非正老，「成異」亦應如是，故做此說。

11 已老的老者若再次老化，那時是正在老化的階段呢？還是已經老化的階段呢？不能成立正在老化，因為是已老的時段；不能成立已老的階段，因為再次老化，所以是正在老化的階段。

彼（──成異──）也應隨後相屬這種思惟。

སྨྲས་པ། དེ་ཉིད་གཞན་དུ་འགྱུར་གྱི་གཞན་ནི་མི་འགྱུར་ཏེ། དཔེར་ན་འོ་མ་གཞན་དུ་གྱུར་པའི་དངོས་པོ་ཞོ་ཉིད་ཡིན་པ་ལྟ་བུའོ། །

（他方）道：如迥異於乳的相異事物是酪，（老者）確實迥異於彼（壯年），但（已經老化）並非（正在老化的）相異法。[12]

བཤད་པ། གལ་ཏེ་དེ་ཉིད་གཞན་འགྱུར་ན། འོ་མ་ཉིད་ནི་ཞོར་འགྱུར་རོ། །གལ་ཏེ་དེ་ཉིད་གཞན་དུ་འགྱུར་བར་སེམས་ན། དེ་ལྟར་ན་ཁྱོད་ཀྱི་འོ་མ་ཉིད་ཞོ་ཡིན་པར་ཐལ་བར་འགྱུར་རོ། །ཅིའི་ཕྱིར་ཞེ་ན། དེ་ཉིད་ཀྱི་ཡིན་གྱི། གཞན་གྱི་མ་ཡིན་པའི་ཕྱིར་ཏེ། ཁྱོད་ཀྱིས་འོ་མའི་གནས་སྐབས་ཉིད་དུ་གྱུར་པ་ཞོའི་དངོས་པོར་བརྗོད་པས། དེས་ན་འོ་མ་དེ་ཉིད་ཞོ་དེ་ཉིད་ཡིན་པར་ཐལ་བར་འགྱུར་རོ། །

（自方道，《中論》）云：

**13.6.ab 若彼成異法，乳應即是酪；**

你若執（老者）確實迥異於彼（壯年），乳應成酪。爲何？（乳轉酪的時位）是（乳）本身的（時位）並非其他的

12 他宗：老者迥異於壯年，如酪迥異於奶，但已老並非迥異於正在老化。請參考宗喀巴大師的《正理海》──Tsong kha pa Blo bzang grags pa. *Dbu ma rtsa ba'i thsig le'ur byas pa shes rab ces bya ba'i rnam bshad rigs pa'i rgya mtsho zhes bya ba bzhugs so.* Vol 2, 10：གལ་ཏེ་གཞན་རྒས་པར་གྱུར་པ་རྒ་བར་མི་འགྱུར་ཡང་གཞོན་ནུ་དེ་ཉིད་གཞན་རྒས་པར་འགྱུར་བའི་གཞན་འགྱུར་ངོ་བོ་ཉིད་ཀྱིས་ཡོད་དོ་ཞེས་འདོད་ན་ནི།（如果承許他者已老雖然不是正在老化，但壯年確實由「他者已老的相異法」而自性有。）

（時位），因爲你說於乳之時位轉成酪之性質[13]，所以乳應成酪本身。

སྨྲས་པ། འོ་མ་ཉིད་ཀྱི་དངོས་པོ་ཞོ་ཡིན་པས་འོ་མ་ཉིད་ཞོ་ཡིན་ནོ་ཞེས་ནི་མི་སྨྲའོ།

（他方）道：乳本身的性質[14]才是酪，所以（我）不說乳是酪。

བཤད་པ། འོ་མ་ལས་གཞན་གང་གི་ནི། །དངོས་པོ་ཞོ་ནི་ཡིན་པར་འགྱུར། །གལ་ཏེ་འོ་མ་ཉིད་ཀྱི་དངོས་པོ་ཞོ་ཡིན་པས་འོ་མ་ཉིད་ཞོ་ཡིན་ནོ་ཞེས་མི་སྨྲ་ན། འོ་ན་འོ་མ་ལས་གཞན་གང་གི་དངོས་པོ་ཞོ་ཡིན་པར་འགྱུར། ཅི་ཞོ་ཉིད་ཀྱི་དངོས་པོ་ཞོར་འགྱུར་ཞིང་ཞོ་ཉིད་ཡིན་ནམ། འོན་ཏེ་ཆུའི་དངོས་པོ་ཞོར་འགྱུར་ཞིང་ཆུ་ཞོ་ཡིན་ནོ་ཞེས་སྨྲས། དེ་ལྟ་བས་ན་དེ་ཉིད་དང་གཞན་ཡང་གཞན་དུ་འགྱུར་བར་མི་འཐད་དོ། །གང་གི་ཕྱིར་དེ་ཉིད་དང་། གཞན་ཡང་གཞན་དུ་འགྱུར་བ་མི་འཐད་པ་དེའི་ཕྱིར་གཞན་དུ་འགྱུར་བ་ཉིད་ཡོད་པ་མ་ཡིན་ནོ། །དེའི་ཕྱིར་བརྟན་པ་ཞེས་གསུངས་པ་ནི་དངོས་པོ་རྣམས་ཀྱི་ངོ་བོ་ཉིད་སྟོང་པ་ཉིད་ཡོངས་སུ་སྟོན་པར་བྱེད་པ་ཡིན་གྱི། ངོ་བོ་ཉིད་ངེས་པར་མི་གནས་པ་སྟོན་པར་བྱེད་པ་ནི་མ་ཡིན་ནོ། །

（自方道，《中論》）云：

**13.6.cd 異乳之事物，而能作於酪？**[15]

---

13 直譯為「酪之事物」，可以理解為酪的性質。

14 直譯為「乳本身的事物」，可以理解為乳本身的性質。以此類推此品下述的乳、酪之性質。

15 有關 13.6.cd，對勘本版的藏譯中論為：འོ་མ་ལས་གཞན་གང་ཞིག་ནི། །ཞོ་ཡི་དངོས་པོ་ཡིན་པར་འགྱུར།，故與此中所引的偈頌文有所出入；可參考 Nāgārjuna. *Dbu ma rtsa ba'i tshig le'ur byas pa shes rab,* 19。

（你說）乳的性質雖是酪，但不說乳是酪。那麼，迴異於乳的何法性質將會成酪？還是酪本身的性質轉爲酪而成爲酪？或是水性轉成爲酪而說水爲酪？不能成立彼性、從異復異。[16]因爲不能成立彼性、從異復異的緣故，成異非有。此故，（經）說假相是爲遍示事物等的自性皆空，而非詮釋（事物）本身的無決定性。

སྨྲས་པ། ཡང་རེ་ཞིག་སྟོང་པ་ཉིད་ནི་ཡོད་དེ། གཉེན་པོ་མེད་པས་ཅུང་ཟད་ཀྱང་ཡོད་པ་མ་ཡིན་པས་སྟོང་པ་ཉིད་ཡོད་པའི་ཕྱིར་སྟོང་པ་ཉིད་མ་ཡིན་པ་ཡང་ཡོད་པར་འགྱུར་རོ། །

（他方）道：首先，空性是存在的。若無（空性的）對治力，就不會有少許（空性）的存在，故有空性。[17]（因有空性，）非空性也是存在的。

བཤད་པ། གཉེན་པོ་ལས་དངོས་པོ་རབ་ཏུ་ཡང་འགྲུབ་པར་འདོད་ན་ཡང་སྟོང་པ་ཡིན་པ་མི་འཐད་དེ། ཅིའི་ཕྱིར་ཞེ་ན། སྟོང་པ་མེད་པའི་ཕྱིར་རོ། །གལ་ཏེ་སྟོང་མིན་ཅུང་ཟད་ཡོད། །སྟོང་པའང་ཅུང་ཟད་ཡོད་པར་འགྱུར། །མི་སྟོང་ཅུང་ཟད་ཡོད་མིན་ན། སྟོང་པའང་ཡོད་པར་ག་ལ་འགྱུར། །གལ་ཏེ་མི་སྟོང་པ་ཅུང་ཟད་ཅིག་རབ་ཏུ་འགྲུབ་པར་གྱུར་ན་ནི། དེའི་གཉེན་པོ་སྟོང་པ་ཡང་ཅུང་ཟད་ཡོད་པར་འགྱུར་བ་ཞིག་ན། གང་གི་ཚེ་རྣམ་པ་ཐམས་ཅད་དུ་བརྟགས་ན་མི་སྟོང་པ་ཅུང་ཟད་ཀྱང་ཡོད་པར་མི་འཐད་པ་དེའི་ཚེ་མི་སྟོང་[18]བ་མེད་ན་སྟོང་པ་

---

16 「彼性」指的是事物的自性。「從異復異」是從迴異於己所產生出來的相異法自性。

17 他宗的邏輯是：沒有 x 的對治力或正反方就不會有 x 的存在。像是沒有高，就不會有低，哪怕是一點點、少許的「低」都不會有般。

18 根據北京版及奈塘版，將此改為 སྟོང་། 字。

ཡོད་པར་ག་ལ་འགྱུར། ད་སྟོང་པ་ཡོད་པ་མ་ཡིན་ན་དེའི་གཉེན་པོ་སྟོང་པ་མ་ཡིན་པ་ཡོད་པར་ཇི་ལྟར་བརྟག །

（自方）道：（你）因對治力（存在），承許事物也是至極成立，此不應理。爲何？因爲空性並不存在。（誠如《中論》云：）

**13.7 非空若少有，空性亦少有；非空絲毫無，空亦何得有？**[19]

如果能夠至極成立少許的非空，自然能夠存在少許的該對治力——空性。何時以一切行相觀察時，無絲毫非空的存在；既無非空，怎能會有空性？既然無空性，執取該對治力——非空——是存在，豈能成立？

སྨྲས་པ། ཁྱོད་གང་སྨྲ་བ་དེ་ཉིད་ཡང་མི་འདོད་དེ་སྟེར། བཅོམ་ལྡན་འདས་ཀྱིས་དེ་གསུངས་པ། །སྟོང་ཉིད་ཡོངས་སུ་བསྟན་པ་ཡིན། །ཞེས་སྨྲས་ལ། དེ་ནི་གལ་ཏེ་སྟོང་མིན་ཡོད། །སྟོང་པའང་ཅུང་ཟད་ཡོད་པར་འགྱུར། །ཞེས་སྨྲའམ།

（他方）道：無法認同你所說的一切。（到底要選）「（13.2.cd）佛說如是事，欲以示空義」，還是「（13.7.ab）若有非空性[20]，空性亦少有」？

---

19 有關 13.7.bd，對勘本版的藏譯中論為：།སྟོང་པ་ཅུང་ཟད་ཡོད་པར་འགྱུར། །སྟོང་པ་ཡོད་པར་ག་ལ་འགྱུར།，故與此中所引的偈頌文有所出入；可參考Nāgārjuna. *Dbu ma rtsa ba'i tshig le'ur byas pa shes rab,* 19。

20 中論的引文（13.7.a）應為：「 非空若少有」。

བཤད་པ། འདི་ལ་མ་ཁྲོ་བར་རིགས་པ་ཟུང་ཤིག །རྒྱལ་བ་རྣམས་ཀྱིས་སྟོང་ཉིད་ནི། །ལྟ་ཀུན་ངེས་པར་འབྱིན་པར་གསུངས། །གང་དག་སྟོང་པ་ཉིད་ལྟ་བ། །དེ་དག་བསྒྲུབ་ཏུ་མེད་པར་གསུངས། །རྒྱལ་བ་ཡང་དག་པ་ཇི་ལྟ་བ་བཞིན་དུ་གཟིགས་པ། ཐུགས་རྗེའི་དམ་པ་དང་ལྡན་པ་རྣམས་ཀྱིས་འགྲོ་བ་རྣམས་ལ་ཕན་གདགས་པའི་ཕྱིར། སྟོང་པ་ཉིད་ཅེས་བྱ་བ་ནི་སྟོང་པ་ཉིད་ལྟ་བ་ཀུན་གྱི་ཆུ་སྲིན་འཛིན་ཁྲི་ཐམས་ཅད་ལས་ངེས་པར་འབྱིན་པ་ཡིན་པར་གསུངས་ཏེ། དེ་ནི་ལྟ་བའི་ཆུ་སྲིན་འཛིན་ཁྲི་ཐམས་ཅད་བཟློག་པར་གསུངས་པས། ལྟ་བའི་ཆུ་སྲིན་འཛིན་ཁྲི་བཟློག་པ་དེ་ནི་དངོས་པོར་མི་འཐད་དོ། །

（自方）道：請於此處保持理智，切勿瞋恚！（《中論》云：）

**13.8 爲斷除諸見，諸佛說空性，[21]佛說復見空，實不爲所化。**

佛如實見到眞相且具殊勝悲憫；（佛）爲利益諸生，斷除諸見巨鰲鯨魚而說空性，（且說）由空見斷除諸見巨鰲鯨魚。此故，斷除諸見巨鰲鯨魚本身爲事物並不合理。

དཔེར་ན་སེམས་སྨོངས་པ་འགའ་ཞིག་དྲི་ཟའི་གྲོང་ཁྱེར་ལ་གྲོང་ཁྱེར་རོ་སྙམ་པའི་བློ་གྲོས་བྱུང་བ་ལས་ཀུན་ཏུ་སྨོངས་པ་དང་བྲལ་ནས་ཡང་དག་པ་ཇི་ལྟ་བ་བཞིན་དུ་མཐོང་བའི་ཚེ། གྲོང་ཁྱེར་གྱི་བློ་ལོག་པ་ན་གྲོང་ཁྱེར་གྱི་བློ་ལོག་པ་ཞེས་བྱ་བའི་དངོས་པོ་འགའ་ཡང་མེད་དེ། ཡོད་པ་མ་ཡིན་པ་ལ་རྣམ་པར་རྟོག་པ་དང་བྲལ་བ་འབའ་ཞིག་ཏུ་ཟད་པ། དེ་བཞིན་དུ་ཡང་དག་པ་ཇི་ལྟ་བ་བཞིན་དུ་མཐོང་བ་དངོས་པོར་ལྟ་བའི་ཆུ་སྲིན་འཛིན་ཁྲི་གང་ཡིན་པ་

21 有關 13.8.ab，對勘本版的藏譯中論為：།རྒྱལ་བ་རྣམས་ཀྱིས་སྟོང་པ་ཉིད། །ལྟ་ཀུན་ངེས་པར་འབྱུང་བར་གསུངས།，故與此中所引的偈頌文有所出入；可參考Nāgārjuna. *Dbu ma rtsa ba'i tshig le'ur byas pa shes rab,* 19。

ལས་ལོག་པའི་སྟོང་པ་ཉིད་ཅེས་བྱ་བ་དེ་ནི་སྟོང་པ་ཉིད་ཅེས་བྱ་བ་དངོས་པོ་འགའ་ཡང་མེད་དོ། །

譬如有人愚執乾闥婆城是城市，當（此人）徹底遠離愚痴、如實地看到眞相、不作城市想時，沒有任何「不作城市想」的事物，於不存在（的現象）中遠離妄念。同樣的，遠離事物之諸見巨鰲鯨魚、如實地看到眞相空性時，亦無任何名爲「空性」的事物。

གང་དག་སྟོང་པ་ཉིད་ཅེས་བརྗོད་པ་ཙམ་མ་གཏོགས་པའི་ཕྱིར། སྟོང་པ་ཉིད་ལ་དངོས་པོར་ལྟ་བ་དེ་དག་ནི་མ་རིག་པའི་མུན་པ་ཆེན་པོས་བློ་གྲོས་ཀྱི་མིག་བསྒྲིབས་པས་བསྒྲུབ་ཏུ་རུང་བ་དང་། བསྒྲུབ་ཏུ་མི་རུང་བའི་དཔྱད་པ་སྨན་པ་ཆེན་པོ་རྒྱལ་བ་རྣམས་ཀྱིས་དེ་དག་ནི་བསྒྲུབ་ཏུ་མི་རུང་བ་ཉིད་ཡིན་ནོ་ཞེས་གསུངས་སོ། །ཅིའི་ཕྱིར་ཞེ་ན། གང་དག་དངོས་པོ་རྣམས་རང་གི་ངོ་བོ་ཉིད་ཀྱིས་ཡོད་པ་མ་ཡིན་ནོ། ཞེས་མངོན་པར་ཞེན་པ་དེ་དག་ལ་སྟོང་པ་ཉིད་ཅེས་བརྗོད་པ་རྟེན་ཅིང་འབྲེལ་པར་འབྱུང་བ་འདིས་རྒྱུ་དང་རྐྱེན་གྱི་དབང་གིས་དངོས་པོར་བརྟགས་པ་ཡིན་གྱི། དངོས་པོ་རྣམས་ངོ་བོ་ཉིད་ཀྱིས་ཡོད་པ་མ་ཡིན་ནོ་ཞེས་དངོས་པོ་རྣམས་ཀྱི་ངོ་བོ་ཉིད་དུ་རབ་ཏུ་བསྟན་པ་ན་མངོན་པར་ཞེན་པ་དེ་བཟློག་པར་ནུས་ཀྱི།

（經論）說，除了詮釋空性外，（只有）慧眼被無明大闇所覆蓋才能成立空性爲事物之見，但該無可救藥（之見）令諸藥師佛都無能爲力。爲何？若妄說「一切事物都非自性有」爲空性，（等同）由緣起執因緣所生事物（爲自性有）。當「諸事物皆非自性而有」的言論詳細解說諸事物的（究竟）體性時，[22]該妄念（——執空性爲自性有——）才能斷除。[23]

གང་དག་སྟོང་པ་ཉིད་ལ་དངོས་པོ་ཉིད་དུ་མངོན་པར་ཞེན་པ་དེ་དག་ལ་ནི། གཞན་གང་གིས་ཀྱང་མངོན་པར་ཞེན་པ་དེ་བཟློག་པར་མི་ནུས་ཏེ། དཔེར་ན་ཅི་ཡང་མེད་དོ། །ཞེས་སྨྲས་པ་ན་ཅི་ཡང་མེད་པ་དེ་ཉིད་བྱིན་ཅིག་ཅེས་ཟེར་བ་གང་ཡིན་པ་དེ་ལ་མེད་པ་ཉིད་འཛིན་དུ་གཞུག་པར་ཇི་ལྟར་ནུས་པ་བཞིན་ཏེ། །དེ་ལྟ་བས་ན་དེ་བས་ནི་རྒྱལ་བ་སྟོབས་བཅུ་དང་ལྡན་པར་གྱུར་པ། ཐུགས་རྗེ་ཆེན་པོ་མངའ་བས་ཀྱང་བསྒྲུབ་ཏུ་མི་རུང་བ་ཉིད་དུ་གསུངས་སོ། །གང་དག་གིས་སྟོང་པ་ཉིད་ཀྱང་སྟོང་པར་མཐོང་བ་དེ་ཁོ་ན་མཐོང་བ་དེ་དག་ལ་ནི་སྟོང་པ་ཉིད་དུ་གྲུབ་པོ། །

總之，空性是事物的妄執，無法由他（因緣）所斷除。例如，說「（我）什麼都沒有」時，（另一人）說「請給予『（你的）什麼都沒有』。」（經論）說執諸如此類的「沒有」，是連具足十力且具大悲的諸佛都愛莫能助。見空性是空及眞實義者方能成辦空性。

དེ་ཁོ་ན་ཉིད་བརྟག་པ་ཞེས་བྱ་བ་སྟེ་རབ་ཏུ་བྱེད་པ་བཅུ་གསུམ་པའོ།། །།

第十三品——觀眞實義品——終。

22 諸法存在的究竟性便是無自性。以無自性詮釋諸法如何存在的究竟性，才能斷除自性妄執。

23 應當謹慎解讀「事物」一詞。從這段文字當中，若說：「x 是事物」就是「x 是自性」；若說：「諸事物是 x」就是「諸有為法是 x」。

# 第十四品

# ——觀合品——

སྨྲས་པ། དངོས་པོ་རྣམས་ངོ་བོ་ཉིད་སྟོང་པ་ཉིད་མ་ཡིན་གྱི། དངོས་པོ་རྣམས་ངོ་བོ་ཉིད་ཡོད་པ་ཁོ་ན་ཡིན་ཏེ། །ཅིའི་ཕྱིར་ཞེ་ན། ཕྲད་པ་བསྟན་པའི་ཕྱིར་རོ། འདི་ལ་བཅོམ་ལྡན་འདས་དེ་དང་དེར་གཟུགས་དང་རྣམ་པར་ཤེས་པ་དང་མིག་གསུམ་ཕྲད་པ་ནི་རེག་པའོ། །སྒྲ་དང་། རྣམ་པར་ཤེས་པ་དང་རྣ་བ་ལ་སོགས་པ་དག་ཀྱང་དེ་བཞིན་ནོ་ཞེས་གསུངས་སོ། །དེ་བཞིན་དུ་རྗེས་སུ་ཆགས་པ་དང་། ཁོང་ཁྲོ་བ་དང་མ་རིག་པའི་ཀུན་ཏུ་སྦྱོར་བ་དག་གིས་ཀུན་ཏུ་སྦྱར་རོ་ཞེས་གསུངས་སོ། །དངོས་པོ་རྣམས་ལ་ངོ་བོ་ཉིད་མེད་ན་ཕྲད་པར་མི་འཐད་དེ། འདི་ལྟར་དངོས་པོ་ངོ་བོ་ཉིད་མེད་པ་རྣམས་ཇི་ལྟར་ཕྲད་པར་འགྱུར་ཏེ། དེ་ལྟ་བས་ན་དངོས་པོ་རྣམས་ངོ་བོ་ཉིད་ཡོད་པ་ཁོ་ན་ཡིན་ནོ། །

（他方）道：諸事物非自性空，諸事物的自性絕對存在。為何？因為（經論）顯示了會合。於此，薄伽梵說：「於彼彼處會合色、別識、眼三者為觸。聲、別識、耳三者等亦是如此。同樣的，隨貪、瞋、無明的全面會合，故名『結縛』。」

諸事物若無自性，會合將不合理。無自性的事物如何會合？此故，諸事物的自性絕對存在。

བཤད་པ། གལ་ཏེ་དངོས་པོ་རྣམས་ཀྱིས་ཕྲད་པ་ཉིད་འཐད་ན་ནི། དངོས་པོ་རྣམས་ངོ་བོ་ཉིད་ཡོད་པར་འགྱུར་བ་ཞིག་ན། དངོས་པོ་རྣམས་ཀྱི་ཕྲད་པ་ཉིད་མི་འཐད་པས་ངོ་བོ་ཉིད་ཡོད་པར་ག་ལ་འགྱུར། ཇི་ལྟར་ཞེ་ན། བལྟ་བྱ་ལྟ་བ་ལྟ་བ་པོ། །གསུམ་པོ་དེ་དག་གཉིས་གཉིས་དང་། །ཐམས་ཅད་ཀྱང་ནི་ཕན་ཚུན་དུ། །ཕྲད་པར་འགྱུར་བ་ཡོད་མ་ཡིན། །བལྟ་བར་བྱ་བ་དང་། ལྟ་བ་དང་། ལྟ་བ་པོ་གསུམ་པོ་དེ་དག་ནི་གཉིས་གཉིས་དང་། ཐམས་ཅད་ཀྱང་ཕན་ཚུན་དུ་ཕྲད་པར་མི་འགྱུར་ཏེ། བལྟ་བར་བྱ་བ་དང་ལྟ་བ་ཡང་ཕྲད་པར་མི་འགྱུར་ལ། བལྟ་བར་བྱ་བ་དང་ལྟ་བ་པོ་ཡང་ཕྲད་པར་མི་འགྱུར། ལྟ་བ་དང་ལྟ་བ་པོ་ཡང་ཕྲད་པར་མི་འགྱུར། བལྟ་བར་བྱ་བ་དང་ལྟ་བ་དང་ལྟ་བ་པོ་ཡང་ཕྲད་པར་མི་འགྱུར་རོ། །

（自方）道：諸事物的會合若合理，（將有過失。）若諸事物有自性，事物的會合將不應理，故豈有自性？爲何？（《中論》云：）

**14.1 見者見所見，彼三各二合，以及遍互相，會合皆非有。**

所見、見、見者三者的任二方及全面相會皆不應理。（二方會合不應理，）因爲所見與見不會合，所見與見者不會合，見與見者也不會合；（全面互相的會合也不應理，因爲）所見、見、見者也不會合。

དེ་བཞིན་འདོད་ཆགས་ཆགས་པ་དང་། །ཆགས་པར་འགྱུར་དང་ཉོན་མོངས་པ། །ལྷག་མ་རྣམས་དང་སྐྱེ་མཆེད་ཀྱི། །ལྷག་མའང་རྣམ་པ་གསུམ་གྱིས་ལྟ། །ཇི་ལྟར་བལྟ་བར་བྱ་བ་དང་། ལྟ་བ་དང་། ལྟ་བ་པོ་དག་གཉིས་གཉིས་དང་ཕན་ཚུན་ལྷན་ཅིག་ཏུ་ཕྲད་པར་མི་འགྱུར་བ་དེ་བཞིན་དུ་འདོད་ཆགས་དང་ཆགས་པ་དང་། ཆགས་པར་འགྱུར་བ་དག་ཀྱང་གཉིས་གཉིས་དང་ཐམས་ཅད་ཀྱང་ཕན་ཚུན་ལྷན་ཅིག་ཏུ་ཕྲད་པར་མི་འགྱུར་ཏེ། འདོད་ཆགས་དང་ཆགས་པ་དང་ཕྲད་པར་མི་འགྱུར་ལ། འདོད་ཆགས་དང་ཆགས་པར་འགྱུར་བ་ཡང་ཕྲད་པར་མི་འགྱུར། ཆགས་པ་དང་ཆགས་པར་འགྱུར་བ་ཡང་ཕྲད་པར་མི་འགྱུར། འདོད་ཆགས་དང་ཆགས་པ་དང་ཆགས་པར་འགྱུར་བ་ཡང་ཕྲད་པར་མི་འགྱུར་རོ། །དེ་བཞིན་དུ་ཉོན་མོངས་པ་ལྷག་མ་ཞེ་སྡང་ལ་སོགས་པ་རྣམས་དང་། སྐྱེ་མཆེད་ཀྱི་ལྷག་མ་སྣ་དང་རྣ་བ་དང་། ཉན་པ་པོ་ལ་སོགས་པ་དག་ཀྱང་གཉིས་གཉིས་དང་། ཐམས་ཅད་དག་ཀྱང་ཕན་ཚུན་ལྷན་ཅིག་ཏུ་ཕྲད་པར་མི་འགྱུར་རོ། །

（《中論》云：）

**14.2 貪者貪所貪，煩惱亦如是；餘入餘煩惱，三相亦復觀。**[1]

如同所見、見、見者不會有二方及相互會合，同樣的，所貪、貪、貪者也不會有二方及全面互相的會合，因爲所貪與貪不會合，所貪與貪者不會合，貪與貪者不會合；所貪、貪、貪者也不會合。同理，其餘的瞋等煩惱及其餘的入處──（如）聲、耳、聞者等──亦無二方及全面互相的會合。

སྨྲས་པ། ཅིའི་ཕྱིར་བལྟ་བར་བྱ་བ་ལ་སོགས་པ་དེ་དག་ཕན་ཚུན་ལྷན་ཅིག་ཕྲད་པར་མི་འགྱུར།

（他方）道：爲何所見等不會互相會合？

བཤད་པ། གཞན་ནི་གཞན་དང་ཕྲད་འགྱུར་ན། །གང་ཕྱིར་བལྟ་བྱ་ལ་སོགས་པ། །གཞན་དེ་ཡོད་པ་མ་ཡིན་པ། །དེ་ཕྱིར་ཕྲད་པར་མི་འགྱུར་རོ། །འདི་ལ་གལ་ཏེ་ཕྲད་པ་ཞེས་བྱ་བ་འགའ་ཞིག་ཡོད་པར་གྱུར་ན་དེ་ངེས་པར་གཞན་དང་གཞན་ལྷན་ཅིག་ལས་འགྱུར་གྲང་ན། གང་གི་ཕྱིར་བལྟ་བར་བྱ་བ་ལ་སོགས་པ་དག་ལ་གཞན་དེ་ཡོད་པར་མི་རིགས་ཤིང་། དེ་དག་ལ་ཕན་ཚུན་གཞན་ཉིད་ཡོད་པ་མ་ཡིན་པ་དེའི་ཕྱིར་ཕན་ཚུན་ལྷན་ཅིག་ཕྲད་པར་མི་འགྱུར་རོ། །

（自方道，《中論》）云：

1 有關 14.2.bd，對勘本版的藏譯中論為：ཆགས་པར་བྱ་བ་ཉོན་མོངས་པ། །ལྷག་མའང་རྣམ་པ་གསུམ་ཉིད་ཀྱིས།，故與此中所引的偈頌文有所出入；可參考 Nāgārjuna. *Dbu ma rtsa ba'i tshig le'ur byas pa shes rab,* 20。

**14.3 異法會合時，[2]如見等諸法，然異非有故，會合不應理。**

於此，若有會合，絕對與其他相異法同時而有。既然（迥異於）所見的相異法不合理，且彼等並非相互爲異的緣故，無法相互同時會合。

བལྟ་བྱ་ལ་སོགས་འབའ་ཞིག་ལ། །གཞན་ཉིད་མེད་པར་མ་ཟད་ཀྱི། །གང་ཡང་གང་དང་ལྷན་ཅིག་ཏུ། །གཞན་པ་ཉིད་དུ་མི་འཐད། །བལྟ་བར་བྱ་བ་ལ་སོགས་པ་དེ་དག་འབའ་ཞིག་ལ་ཕན་ཚུན་གཞན་ཉིད་མི་འཐད་པར་མ་ཟད་ཀྱི། འདི་ལྟར་དངོས་པོ་གང་ཡང་དངོས་པོ་གང་དང་ཡང་ལྷན་ཅིག་ཏུ་གཞན་ཉིད་དུ་མི་འཐད་དོ། །གཞན་ཉིད་མེད་པ་ན་གང་ཡང་གང་དང་ཡང་ལྷན་ཅིག་ཕྲད་པར་མི་འཐད་དོ། །

（《中論》云：）

**14.4 非但見等法，異相不可得，所有一切法，異亦不應理。**

不僅所見等彼此間不具相異性，任何事物都無法與任何事物俱時爲相異性。既無相異性，何者與何者的同時會合就不應理。

སྨྲས་པ། དངོས་པོ་རྣམས་ཀྱི་གཞན་ཉིད་མངོན་སུམ་དུ་དམིགས་བཞིན་དུ་མེད་དོ་ཞེས་སུ་ཞིག་སྨྲ་བར་རིགས།

2 有關 14.3.a，對勘本版的藏譯中論為：གཞན་དང་གཞན་དུ་ཕྲད་འགྱུར་ན།，故與此中所引的偈頌文有所出入；可參考 Nāgārjuna. *Dbu ma rtsa ba'i tshig le'ur byas pa shes rab,* 20。

（他方）道：明明可由現識緣取諸事物的相異性，誰能合理解說（相異性）不存在？

བཤད་པ། ཁྱོད་ཀྱིས་གང་ཁོ་ནའི་ཕྱིར་དངོས་པོ་རྣམས་ཀྱི་གཞན་ཉིད་མངོན་སུམ་དུ་དམིགས་པ་དེ་ཁོ་ནའི་ཕྱིར་ཁོ་བོས་ཁྱེད་ཀྱིས་དངོས་པོ་རྣམས་ཀྱི་གཞན་ཉིད་མ་དམིགས་པར་ལེགས་པར་ཤེས་སོ། འདི་ལྟར་དངོས་པོ་རྣམས་ཀྱི་གཞན་ཉིད་མེད་པ་ནི་ལྷའི་མིག་གིས་ཀྱང་དམིགས་པར་མི་ནུས་ན་ཁྱོད་ལྟ་བུའི་ཤའི་མིག་གིས་ལྟ་སྨོས་ཀྱང་ཅི་དགོས། ཅིའི་ཕྱིར་ཞེ་ན། གཞན་ནི་གཞན་ལ་བརྟེན་ཏེ་གཞན། །གཞན་མེད་གཞན་ལས་གཞན་མི་འགྱུར། །གཞན་ཞེས་བྱ་བ་གང་ཡིན་པ་དེ་ནི་དེ་ལས་གཞན་པ་འགའ་ཞིག་ལ་བརྟེན་ཏེ་གཞན་དུ་འགྱུར་བ་མ་ཡིན་ན། གཞན་མེད་ན་གཞན་ནི་རང་ལས་གཞན་དུ་མི་འགྱུར་རོ། །གཞན་གང་ཡིན་པ་ནི་གཞན་ལ་ལྟོས་ནས་གཞན་ཞེས་བྱ་བའི་རང་ལས་གཞན་དུ་མི་འགྱུར་བས་དེ་མངོན་སུམ་དུ་དམིགས་སོ་ཞེས་སུ་ཞིག་སྨྲ་བར་རིགས།

（自方）道：你主張可由現識緣取諸事物的相異性，僅依此理，我便善知你仍未緣諸事物的相異性。實無諸事物的相異性，天眼尚不能緣取（其相異性），何況你這般肉眼！爲何？（《中論》云：）

**14.5.ab 異因異而異，無異異非異；**[3]

凡謂「相異」是因迥異於某法而形成相異法，若非如此，則無相異法，（因）不應成爲迥異於己的相異法。凡是相異皆

3 有關 14.5.b，對勘本版的藏譯中論為：།གཞན་མེད་པར་གཞན་གཞན་མི་འགྱུར།，故與此中所引的偈頌文有所出入；可參考 Nāgārjuna. *Dbu ma rtsa ba'i tshig le'ur byas pa shes rab,* 20。

是因他法而成相異法，非迥異於己而成為相異法的緣故，誰能合理說（相異性）被現識所緣取？

སྨྲས་པ། དེ་ལྟ་ན་ཡང་གཞན་ཉིད་མེད་པར་མི་འགྱུར་ཏེ། གཞན་ཉིད་རབ་ཏུ་འགྲུབ་པར་འགྱུར་རོ། །

（他方）道：雖是如此，相異性並非不存在，因為相異性是至極成立的。

བཤད་པ། མི་མཁས་པ་ལ་ནི་དེ་ལྟར་འགྱུར་གྱི་མཁས་པ་ལ་ནི་མི་འགྱུར་ཏེ། གང་ལ་བརྟེན་ཏེ་གང་ཡིན་པ། །དེ་ནི་དེ་ལས་གཞན་མི་འཐད། །འདི་ལྟར་གང་ལ་བརྟེན་ཏེ་གང་འབྱུང་བ་དེ་དེ་ལས་གཞན་ནོ་ཞེས་དེ་སྐད་སྨྲ་བར་མི་རིགས་པ་མ་ཡིན་ནམ། ཅིའི་ཕྱིར་ཞེ་ན། གལ་ཏེ་གཞན་ནི་གཞན་ལས་གཞན། །གཞན་མེད་པར་ཡང་རུང་བར་འགྱུར། །གལ་ཏེ་གང་ལ་བརྟེན་ནས་གཞན་དུ་འགྱུར་བ་དེ་དེ་ལས་གཞན་ཡིན་པར་གྱུར་ན་ནི། དེ་མེད་པར་ཡང་དེ་གཞན་དུ་འགྱུར་བ་ཉིད་དེ། དེ་ལྟར་ན་རེ་ལྡེ་ལ་མ་ལྟོས་པ་ཕོ་ནར་བུམ་པ་གཞན་ཉིད་དུ་འགྱུར་བ་ཞིག་ན། །རེ་ལྡེ་ལ་མ་ལྟོས་པར་བུམ་པ་གཞན་དུ་ཡང་མི་འགྱུར་ཏེ། དེ་ལྟ་བས་ན་རེ་ལྡེ་ལས་བུམ་པ་གཞན་མ་ཡིན་ནོ། །

（自方）道：如此正是孤陋寡聞，非見多識廣。（《中論》云：）

**14.5.cd 舉凡觀待彼，[4]彼此皆非異。**

難道沒（說）「觀待何者而生何者，即是彼迥異於此」不

4　有關 14.5.c，對勘本版的藏譯中論為：གང་ལ་བརྟེན་ཏེ་གང་ཡིན་པ།，故與此中所引的偈頌文有所出入；可參考 Nāgārjuna. *Dbu ma rtsa ba'i tshig le'ur byas pa shes rab,* 20。

應理嗎？為何？（《中論》云：）

**14.6.ab 若異因異異，無異亦應理，**[5]

何時「觀待何者而成何者，即是彼迥異於此」，爾時（將有如是之過：）雖無彼（——相異性——）也可成為相異法；[6] 若說無（須）觀待毛織物，光憑此瓶便可成相異法，（實不應理。因為）不觀待毛織物時，瓶不能成為相異法，所以瓶並非是（迥異於）毛織物的相異法。

སྨྲས་པ། དེ་ལས་གཞན་དུ་མ་གྱུར་དུ་ཟིན་ཀྱིས་ཀྱང་རེ་ཞིག་གཞན་ནི་ཡོད་དོ། །

（他方）道：雖然（瓶）並非（迥異於）彼（——毛織物——）的相異法，但相異法是存在的。

བཤད་པ། ཅི་ཁྱོད་སྨྲོད་པར་བྱེད་པ་ཉིད་ཀྱི་རྗེས་སུ་འགྲོའམ། ཁྱོད་གཞན་ཉིད་ཟློག་པར་བྱེད་པའི་གཏན་ཚིགས་ཀྱིས་གཞན་ཉིད་སྒྲུབ་པར་སེམས་གོ། །གལ་ཏེ་གང་ལ་བརྟེན་ཏེ་གཞན། །ཞེས་བྱ་བར་འགྱུར་བ་དེ་ལས་བདག་[7]གཞན་མ་ཡིན་ན། འོ་ན་ཅི་དེ་རང་གི་བདག་ཉིད་ཁོ་ན་ལས་གཞན་དུ་འགྱུར་བར་སེམས་སམ། གཞན་ལས་གཞན་པའི་གཞན་པ་སྟེ།

---

5 有關 14.6.b，對勘本版的藏譯中論為：།དེ་ཚེ་གཞན་མེད་པར་གཞན་འགྱུར།（成異卻無異），故與此中所引的偈頌文有所出入；可參考 Nāgārjuna. *Dbu ma rtsa ba'i tshig le'ur byas pa shes rab,* 20。

6 有關 14.6.b，對勘本版的藏譯中論為：།དེ་ཚེ་གཞན་མེད་པར་གཞན་འགྱུར།（成異卻無異），故與此中所引的偈頌文有所出入；可參考 Nāgārjuna. *Dbu ma rtsa ba'i tshig le'ur byas pa shes rab,* 20。

7 根據奈塘版，將此改為 བདག 字。

།མེད་ན་མེད་པས་དེ་མེད་ཕྱིར། །གང་གི་ཕྱིར་གཞན་གང་ལས་གཞན་པའི་གཞན་པ་དེ་མེད་ན། གཞན་མེད་པས་རང་ཉིད་ལས་གཞན་དུ་མི་འགྱུར་བའི་ཕྱིར་གཞན་མེད་པ་ཁོ་ནར་ཤེས་པར་གྱིས་ཤིག །

（自方）道：爲何你要隨著流放者而走？你居然想用破除相異法的因相而成立相異法！

將（14.5.c）改爲「凡待皆是異」（而總結爲）「是故非自他」，（此時）爲何你會覺得相異法僅從自己的本性而有？（《中論》云：）

**14.6.cd 異之異從異，無異無彼異。**[8]

相異（而施設）爲他的相異法既然不在、無相異法、不能從自而成相異的緣故，應知絕無相異法。

སྨྲས་པ། གང་ཁོ་ནའི་ཕྱིར་གཞན་ནི་གཞན་ལ་བརྟེན་ཏེ་གཞན་དུ་འགྱུར་རོ། ཞེས་བྱ་བ་དེ་ཁོ་ནའི་ཕྱིར་གཞན་ཡོད་མ་ཡིན་ནམ། ཅི་སྟེ་བརྟེན་ནས་ཀྱང་གཞན་དུ་ཡང་མི་འགྱུར་ན་གཞན་ཡིན་ནོ་ཞེས་ཇི་སྐད་དུ་བྱ།

（他方）道：相異者是觀待他者而成相異法，光憑這點，難道（你仍認爲）相異法不存在？如果觀待後還不能成爲相異，怎能說是相異法呢？

8 有關 14.6.cd，對勘本版的藏譯中論為：།གཞན་མེད་པར་ནི་གཞན་འགྱུར་བ། །ཡོད་མིན་དེ་ཡི་ཕྱིར་ན་མེད།（無異不成異，此故無異法。），故與此中所引的偈頌文有所出入；可參考 Nāgārjuna. *Dbu ma rtsa ba'i tshig le'ur byas pa shes rab,* 20。

བཤད་པ། རྟེན་ཅིང་འབྲེལ་པར་འབྱུང་བ་ནི་བདག་ཉིད་འདི་ལྟ་བུ་ཡིན་ཏེ། གང་གི་ཕྱིར་རེ་ཞིག་གཞན་ལ་བརྟེན་ནས་གཞན་ཞེས་བྱ་བ་དེའི་ཕྱིར་འཇིག་རྟེན་གྱི་ཐ་སྙད་ཀྱི་དབང་གིས་གཞན་ཡིན་ནོ་ཞེས་སྨྲོ། །གང་གི་ཕྱིར་ཡང་དག་པ་ཇི་ལྟ་བ་བཞིན་དུ་བརྟགས་ན། གཞན་ཉིད་གཞན་ལ་ཡོད་མ་མིན། །གཞན་མ་ཡིན་ལའང་ཡོད་པ་མིན། །གང་གི་ཕྱིར་རེ་ལྭ་ལ་ལྟོས་ཏེ་བུམ་པ་གཞན་ཞེས་བྱ་བ་ནི་རེ་ལྭ་ལ་ལྟོས་པའི་ཕྱིར་དང་། རེ་ལྭ་ལ་རག་ལུས་པའི་ཕྱིར་དང་། རང་ལས་རབ་ཏུ་མ་གྲུབ་པའི་ཕྱིར་བུམ་པ་ལ་གཞན་ཉིད་ཡོད་པ་མ་ཡིན་ནོ། །

（自方）道：緣起的體性即是觀待他者而施設相異法，故根據世間名言而立相異法。如實觀察眞相，（誠如《中論》云：）

**14.7.ab 異中無別異，非異中亦無，**

因爲觀待毛織物而說瓶子是相異，（當）觀待毛織物、依賴毛織物。無法由己至極成立的緣故，瓶並非相異性。

གང་གི་ཕྱིར་རེ་ལྭ་ལ་མི་ལྟོས་པ་བུམ་པ་གཞན་མ་ཡིན་པ་ཞེས་བྱ་བ་འབའ་ཞིག་ལ་ཡང་། གཞན་མ་ཡིན་པ་དང་མི་མཐུན་པ་གཞན་ཉིད་མེད་པ་དེའི་ཕྱིར་དོན་དམ་པའི་དབང་གིས་གཞན་མེད་དོ་ཞེས་སྨྲོ། །དེའི་ཕྱིར་བཅོམ་ལྡན་འདས་ཀྱིས་ཀྱང་ཆུ་ཤིང་གི་ཕུང་པོ་བསྟན་ཏེ། ཆུ་ཤིང་གི་ཕུང་པོ་ནི་ཁོང་སྟོང་ཞིང་སྙིང་པོ་རྟོགས་པར་མི་འགྱུར་བའི་ཕྱིར། ཅི་ཡང་མེད་དོ་ཞེས་ཀྱང་བསྟན་ཏོ། །

說不觀待毛織物的瓶子並非相異性，僅此而已。不存在相異法——迥異於非相異法——是以勝義諦的角度而說。此故，薄伽梵亦示芭蕉樹；芭蕉樹內部爲空，不能了知（其樹）核心，故說不存在。

སྨྲས་པ། གལ་ཏེ་དེ་ལྟར་བུམ་པ་གཞན་མ་ཡིན་ན། དེ་ལྟ་ན་བུམ་པ་དེ་ཉིད་གཞན་མ་ཡིན་པར་འགྱུར་ཏེ། གཞན་མེད་པར་གཞན་མ་ཡིན་པར་ཡང་མེད་པས་གཞན་ཡང་ཡོད་པར་འགྱུར་རོ། །

（他方）道：既無相異法，自然不能有非相異法。如果瓶子非迥異於（非瓶），瓶子將成非相異法，所以相異法也是存在的。

བཤད་པ། གཉེན་པོ་ལས་ཀྱང་གཞན་ཉིད་མི་འཐད་དོ། །ཅིའི་ཕྱིར་ཞེ་ན། གཞན་མ་ཡིན་པ་མི་འཐད་པའི་ཕྱིར་ཏེ། འདི་ལྟར་གཞན་ལ་ལྟོས་ནས་གཞན་མ་ཡིན་པར་འགྱུར་ན་གཞན་ཉིད་དེ་ཡང་བརྟགས་ན་མི་འཐད་དོ། །གཞན་ཉིད་ཡོད་པ་མ་ཡིན་ན[9]། །གཞན་ནམ་དེ་ཉིད་ཡོད་མ་ཡིན། །ད་གཞན་ཉིད་དེ་ཡོད་པ་མ་ཡིན་ན་དེའི་གཉེན་པོ་གཞན་མ་ཡིན་ན་དེ་ཉིད་ཀྱང་མེད་ལ། གཞན་མ་ཡིན་པ་མེད་ན་དེའི་གཉེན་པོ་གཞན་མེད་དོ་ཞེས་དེ་སྐད་བསྟན་པར་མི་འགྱུར་རམ།

（自方）道：即便是以反方（存在的理由）成立相異性也不合理。爲何？因爲非相異法是不應理的。如是，（雖說）觀待相異法而成非相異，（但）觀察時，彼（相異法）不應理。（誠如《中論》云：）

**14.7.cd 無有異相故，無異及非異。**

如今，無相異法則無彼反方——非相異；非相異不存在則無彼反方——相異。難道（中論）不是這麼解釋嗎？

9 根據北京版及奈塘版，改為ན字。

གཞན་ཡང་སྨྲས་པ། གཞན་ལ་ལྟོས་ནས་གཞན་དུ་འགྱུར་བ་མ་ཡིན་གྱི། གཞན་ཉིད་ཅེས་བྱ་བ་ནི་སྤྱི་ཡིན་ཏེ། དེ་དང་ལྡན་པས་གཞན་དུ་འགྱུར་རོ། །

（他方）又道：並非觀待相異法而成相異，所謂的「相異」是總，具足此故而爲相異。

བཤད་པ། གལ་ཏེ་གཞན་ཉིད་དང་ལྡན་པས་གཞན་དུ་འགྱུར་ན་རང་ལས་རབ་ཏུ་མ་གྲུབ་པའི་ཕྱིར། གཞན་ལ་ལྟོས་པ་པོ་ནས་གཞན་དུ་འགྱུར་བ་མ་ཡིན་ནམ།

（自方）道：應是具足「相異性」而成爲相異，如果不從己方至極成立，豈不僅是觀待相異法而成相異？

སྨྲས་པ། གཞན་ཉིད་ནི་གཞན་ལ་ངེས་པར་གནས་པ་པོ་ན་ཡིན་པས་དེ་ལ་ཡང་ལྟོས་ཅི་དགོས།

（他方）道：相異性絕對存在相異法中，何須觀待？

བཤད་པ། གཞན་ཉིད་གཞན་ལ་ཡོད་མ་ཡིན། གཞན་ཉིད་ནི་གཞན་ལས་ངེས་པར་གནས་པ་པོ་ན་ཡིན་པས་ཞེས་གང་སྨྲས་པ། དེ་ནི་མི་རིགས་ཏེ། གཞན་ཉིད་ནི་གཞན་ལ་མེད་དོ། །ཅིའི་ཕྱིར་ཞེ་ན། གང་གི་ཕྱིར། གཞན་མ་ཡིན་ལའང་ཡོད་པ་མིན། །འདི་ལ་བུམ་པ་ནི་རང་གི་བདག་ཉིད་ལས་གཞན་མ་ཡིན་པས་དེ་ལ་གཞན་མ་ཡིན་པ་ཉིད་དང་མི་མཐུན་པའི་གཞན་ཉིད་ཡོད་པ་མ་ཡིན་ནོ། གལ་ཏེ་གཞན་ཉིད་དེ་གཞན་ལ་ངེས་པར་གནས་པ་ཉིད་དུ་གྱུར་ན་ནི་བུམ་པ་རང་གི་བདག་ཉིད་ལས་ཀྱང་གཞན་ཉིད་དུ་འགྱུར་ཞིང་གཞན་མ་ཡིན་པར་མི་འགྱུར་ཏེ། བུམ་པ་རང་གི་བདག་ཉིད་ལས་གཞན་ཉིད་དུ་གྱུར་པ་གང་ཡིན་པ་དེ་ནི་མི་འདོད་དོ། །དེ་ལྟར་ན་གང་གི་ཕྱིར་བུམ་པ་གཞན་མ་ཡིན་པ་ལ་མེད་པ་དེའི་ཕྱིར་གཞན་ལ་ཡང་ཡོད་པ་མ་ཡིན་ནོ། གལ་ཏེ་ཡོད་པར་གྱུར་ན་ནི་གནས་སྐབས་ཐམས་ཅད་ན་ཡོད་པར་འགྱུར་རོ། །

（自方）道：「（14.7.a）異中無別異」。凡說因相異法而決定相異性皆不應理，因爲相異性不存在於相異法中。爲何？「（14.7.b）非異中亦無」。就以瓶子本身而言，（瓶子）並非相異法，所以彼（瓶子）中並無非相異及其不同方——相異。若由相異法而決定相異性，瓶子將由本身成爲相異、不成非相異。[10]（我）不承許「瓶子由本身成爲相異」的一切論述。如是，因爲於非相異中沒有瓶子，所以在相異法中也沒有（瓶子），[11]果眞存在的話，將於一切時處都要存在。

ཅི་སྟེ་གང་གི་ཕྱིར་བུམ་པ་སྣམ་བུ་ལ་ལྟོས་ན་གཞན་ཡིན་པ་དེའི་ཚེ་བུམ་པ་དེ་ལ་གཞན་ཉིད་དེ་ཡོད་པ་སེམས་ན། དེ་ལྟ་ན་གཞན་ཉིད་ངེས་པར་མི་གནས་པར་བསྟན་[12]པ་ཡིན་ཏེ། དེའི་ཕྱིར་དངོས་པོ་ལྟོས་ནས་ཡོད་པའི་ཕྱིར་རོ། །གཞན་ཉིད་ལ་བཞག་པ་དང་། བཙལ་བར་ཡོད་པ་ཡང་དམ་བཅས་པར་ཡང་འགྱུར་བས་དེ་ཡང་མི་འཐད་དེ། རང་གི་གཞུང་ལུགས་དང་འགལ་བའི་ཕྱིར་རོ། །

若認爲瓶子觀待氆氇而成相異法，爾時，瓶子之中確實存在相異性。（此執不應理，因爲經論作）如是說：「相異法無決定性，因依賴事物而有。」不只不能成立相異法，（也不成

10 以自性的角度，不能成立由相異法成為相異性，因為有了自性就不能成立觀待；在不觀待的情況下，若仍說由相異法成為相異性，等同認定甲由本身成為相異性。

11 既無自性的非相異性，則無自性的相異性。因此，瓶子於此二性之中皆無。若自性是有，瓶子將於一切時處中存在，因為瓶子一旦自性相異，將永遠自性相異；瓶子一旦是自性的非相異性，將永遠是自性的非相異性。

12 根據北京版及奈塘版改為 བསྟན། 字。

立）尋找而有的立場，因爲（這些論述）將與自宗相違。

ཡང་གཞན་ཡང་། དངོས་པོ་གཉིས་ཡོད་ན་ཕྲད་པར་འགྱུར་གྱི་མེད་པ་ནི་མི་འགྱུར་བས། དེ་ལ་གལ་ཏེ་རེ་ཞིག་བུམ་[13]པ་ངོ་བོ་ཉིད་ཀྱིས་གཞན་མ་ཡིན་པ་དེ་གཞན་ཉིད་དང་ལྡན་པས་ཇི་ལྟར་གཞན་དུ་འགྱུར་ཏེ། འོ་མ་དང་འདྲེས་པའི་ཆུ་ཡང་འོ་མར་མི་འགྱུར་ལ་འོ་མ་ཡང་ཆུར་མི་འགྱུར་བ་བཞིན་ནོ། །ཅི་སྟེ་བུམ་པ་ངོ་བོ་ཉིད་ཀྱིས་གཞན་ཡིན་ན་ནི་གཞན་ལ་གཞན་ཉིད་དང་ལྡན་པ་བཙལ་ཅི་དགོས། དེ་ལྟ་བས་ན་དེ་གཞན་ཉིད་དང་ལྡན་པས་གཞན་དུ་འགྱུར་ཞེས་བྱ་བ་དང་། གཞན་ཉིད་གཞན་ལ་ངེས་པར་གནས་སོ་ཞེས་བྱ་བ་དེ་ནི་ཀྱི་ནའོ། །

另外，存在兩個事物才能會合，沒有則不能形成（會合）。如同水乳會合的水不會變成乳，（該會合的）乳也不會變成水，由本身非相異卻具相異性的瓶子豈能成爲相異法？[14]

如果瓶子由本身成爲相異法，何須於相異法中尋找具相異性？[15]

因此，說由具足相異性而說成異，以及因相異法而決定相異性，皆是荒謬。

སྨྲས་པ། གཞན་ཉིད་གཞན་ལ་ངེས་པར་གནས་ཀྱང་རུང་མི་གནས་ཀྱང་རུང་སྟེ། དོན་གང་ལ་གཞན་ཉིད་དུ་འདོད་པའི་གཞན་དེ་ནི་རེ་ཞིག་ཡོད་དོ། །

---

13 根據北京版及奈塘版改為 བུམ། 字。

14 因為水本身並非乳，即便水乳會合的水具足乳的成分，也不會變成乳。同樣的，瓶子非由本身成為相異法，即便具有相異的性質也不成相異法。

15 如果瓶子由本身就是相異法，看到瓶子就等於看到相異法，果真如此的話，認知相異法為何需要二法？或是為何需要從其他法中尋找相異法？

（他方）道：無論是否因相異法而決定相異性，的確存在迥異於某義的相異法。

བཤད་པ། ཅི་ཁྱོད་འཇིག་རྟེན་རྒྱུག་པར་རྩོམ་མམ། ཁྱོད་གཞན་ཉིད་མེད་པས་གཞན་བསྒྲུབ་པར་རྩོམ་ཀོ། །གཞན་ཉིད་ཡོད་པ་མ་ཡིན་ནོ། །གཞན་ནམ་དེ་ཉིད་ཡོད་པ་མ་ཡིན། །གཞན་གྱི་དངོས་པོ་གཞན་ཉིད་ཡོད་པ་མ་ཡིན་ན་གཞན་ནམ་དེ་ཉིད་མེད་དོ་ཞེས་བསྟན་པ་ཁོ་ན་མ་ཡིན་ནམ། ཅི་སྟེ་གཞན་གྱི་དངོས་པོ་མེད་པར་ཡང་གཞན་དུ་འགྱུར་ན་ནི། ཁྱོད་ལ་གླེན་པའི་དངོས་པོ་མེད་པར་ཡང་གླེན་པར་འགྱུར་རོ། །

（自方）道：爲何你硬要讓世界移動？明明沒有相異性，你卻執意要成立相異法。「（14.7.cd）無有異相故，無異及非異。」既然相異事物——相異法——不存在，相異及非相異皆不應有，僅此而已，難道（中論）不是這麼說的嗎？

如果，相異事物不存在仍有相異法，本無低智商的你也可成爲低智商！

ཅི་སྟེ་དེ་མི་འདོད་ན། འོ་ན་ནི་གཞན་གྱི་དངོས་པོ་མེད་པར་གཞན་ཉིད་དུ་མི་འགྱུར་རོ། །དེའི་ཕྱིར་དེ་ལྟར་བརྟགས་ན་དངོས་པོ་ཐམས་ཅད་ལ་གཞན་ཉིད་ཇི་ལྟར་ཡང་མི་འཐད་དོ། །གཞན་ཉིད་མེད་ན་བལྟ་བར་བྱ་བ་ལ་སོགས་པ་དང་། འདོད་ཆགས་ལ་སོགས་པ་དག་ཇི་ལྟར་ཕན་ཚུན་ལྷན་ཅིག་ཏུ་ཕྲད་པར་འགྱུར། ཕྲད་པ་མེད་ན་ཁྱོད་ཀྱི་ཕྲད་པའི་གཏན་ཚིགས་ལས་བྱུང་བའི་དངོས་པོའི་ངོ་བོ་ཉིད་འཐད་པར་ག་ལ་འགྱུར། ཅི་སྟེ་ཡང་ཁྱོད་ཀྱི་ཡིད་ལ་བསམ་པས་གཞན་ཡང་ཡིན་ལ། དེ་ཉིད་ཀྱང་ཡིན་ནོ་སྙམ་དུ་སེམས་ན་དེ་ལྟར་ན་ཡང་ཕྲད་མི་འཐད་པ་ཉིད་དོ། །

假使不認同，那麼（，等同承許）相異事物不存在即是無相異性。如是觀察時，無論如何，於一切事物之中成立相異性皆不合理。若無相異性，所見及貪等如何能互相會合？既無會合，你以會合的因相推論（成立）事物的自性又如何應理？哪怕是你心中所想的相異法及你心中所想的彼性[16]也不能會合。

ཅིའི་ཕྱིར་ཞེ་ན། གང་གི་ཕྱིར། དེ་ནི་དེ་དང་ཕྲད་པ་མེད། གཞན་དང་གཞན་ཡང་ཕྲད་མི་འགྱུར། །དེ་ལ་རེ་ཞིག་དེ་ཉིད་ནི་དེ་དང་ཕྲད་པར་མི་འཐད་དེ། ཅིའི་ཕྱིར་ཞེ་ན། དེ་ཙམ་དུ་ཟད་པའི་ཕྱིར་དང་། ལྷན་ཅིག་གི་དོན་དུ་མི་འཐད་པའི་ཕྱིར་རོ། །ཅི་སྟེ་དེ་ལྟར་ན་ཡང་འགྱུར་ན་ནི་ཅི་ཡང་མི་ཕྲད་པར་མི་འགྱུར་བས་དེ་ཡང་མི་འདོད་དོ། དེ་ལྟ་བས་ན་དེ་ཉིད་དང་ཕྲད་པར་མི་འཐད་དོ། །དེ་ནི་གང་ལ་འདི་ནི་གཞན་ནོ་འདི་ཡང་གཞན་ནོ་ཞེས་བྱ་བ་སྟེ་ཡོད་པ་དེ་ལ་ཡང་ཕྲད་པར་མི་འཐད་དོ། །ཅིའི་ཕྱིར་ཞེ་ན། གཞན་ཉིད་ཡིན་པ་ཁོ་ནའི་ཕྱིར་རོ། །ཅི་སྟེ་གཞན་ཉིད་ཡིན་པ་ཡང་ཕྲད་ན་ནི་དེ་ལྟར་ན་ཅི་ཡང་མི་ཕྲད་པར་མི་འགྱུར་བས་དེ་ཡང་མི་འཐད་དེ། དེ་ལྟ་བས་ན་གཞན་ཉིད་ཡིན་ན་ཡང་ཕྲད་པར་མི་འཐད་དོ། །

爲何（不能會合）？因爲（《中論》）云：

**14.8.ab 是法不自合，異法亦不合，**

首先，彼法不與彼（本身）會合。爲何？因爲就是彼（本身）而已，且不能成立同時有之義。果眞如是，將會與一切會合，（我）不承許彼（說），所以與彼性[17]的會合不應理。

16 此論中，時常用「彼性及相異性」形容一及異。

17 直接翻譯為彼性，但根據鳩摩羅什大師的翻譯，應將前句解讀為諸法不與自己會合。所以，在此的「彼性會合」指的是自己跟自己的會合。

於此爲相異法、彼爲相異法之中成立會合亦不應理。爲何？因爲僅是相異性。[18]若是相異性仍可會合，將與一切（事物）會合，（我）不承許彼（說）。因此，即便是相異性的會合也不應理。

སྨྲས་པ། གཞན་དུ་གྱུར་པ་གཉིས་གཅིག་ཏུ་འགྱུར་བ་གང་ཡིན་པ་དེ་ནི། དཔེར་ན་འོ་མ་དང་ཆུ་གཉིས་སྦྲད་པ་དེ་བཞིན་དུ་གཞན་དང་གཞན་ཡང་སྦྲད་པར་མི་འགྱུར་རོ། །

（他方）道：像水乳兩者會合，兩個不同法（合而）爲一。相異法將不會與相異法會合。

བཤད་པ། དེ་ལ་ཡང་དེ་ཉིད་གནས་བཞིན་ཏེ། གང་གི་ཚེ་རེ་ཞིག་འོ་མ་དང་ཆུ་ཐ་དད་པར་གྱུར་ན་དེའི་ཚེ་ན་སྦྲད་པ་མེད་དོ། །ཅིའི་ཕྱིར་ཞེ་ན། ཐ་དད་པར་གྱུར་པ་ཉིད་ཀྱི་ཕྱིར་རོ། །གང་གི་ཚེ་གཅིག་ཉིད་དུ་གྱུར་པ་དེའི་ཚེ་ན་ཡང། སྦྲད་པ་མེད་དེ། ཅིའི་ཕྱིར་ཞེ་ན། གཅིག་པ་ཉིད་ཀྱི་ཕྱིར་རོ། །

（自方）道，彼亦應如是，水乳既然已是相異，便無會合。爲何？已成相異的緣故。何時成爲一法時也無會合。爲何？因爲是一法的緣故。

སྨྲས་པ། གང་གི་ཚེ་གཅིག་ཉིད་དུ་གྱུར་པ་ཉིད་སྦྲད་པ་ཡིན་ནོ། །

（他方）道：何時成爲一法便是會合。

བཤད་པ། གལ་ཏེ་གཅིག་པ་ཉིད་ཡིན་ཡང་སྦྲད་པར་འགྱུར་ན་ནི་ཅི་ཡང་མི་སྦྲད་པར་

18 應將在此的相異法解讀為無須觀待的自性相異法。在不須觀待的情況下，仍有會合作用的話，將有會合一切事物之過。

མི་འགྱུར་རོ་ཞེས་མ་བཤད་དམ། དེ་ལྟ་བས་ན་དེ་ཡང་བཟང་པོ་མ་ཡིན་ནོ།

（自方）道：難道沒說「是一法仍可會合的話，將能會合一切」嗎？此故，彼也非善說。

སྨྲས་པ། གཞན་དུ་གྱུར་པ་དག་ཕྲད་བཞིན་པ་ནི་ཕྲད་པ་ཡིན་ནོ།

（他方）道：正在會合相異法便是會合。

བཤད་པ། དེ་ལ་ཡང་དེ་ཉིད་གནས་བཞིན་ཏེ། གལ་ཏེ་ཕྲད་བཞིན་པ་ཞེས་བྱ་བའི་དངོས་པོ་དག་གཅིག་ཡོད་པར་གྱུར་ན་དེ་ལ་ཡང་འདི་ནི་གཞན་ནོ། །འདི་ཡང་གཞན་ནོ་ཞེས་གཞན་ཡིན་པའི་ཕྱིར་ཕྲད་པར་མི་འཐད་དོ། །ཅི་སྟེ་ཕྲད་བཞིན་པ་ཞེས་བྱ་བ་དེ་གཅིག་པ་ཉིད་དུ་བརྗོད་པ་ཡིན་ན་ནི་ཕྲད་བཞིན་པ་ཞེས་བྱ་བའི་ཚིག་མི་འཐད་དོ། །གཅིག་པོ་ཉིད་ནི་ཇི་ལྟར་ཕྲད་པར་འགྱུར།

（自方）道，彼（眞相）亦應如是，如果有正在會合的某一事物，因爲是迥異於此、迥異於彼的相異法，所以安立會合不應理。若說正在會合的是一法，正在會合的說詞便不合理。一法如何會合？

སྨྲས་པ། ཕྱེད་ཕྲད་པའི་དངོས་པོ་དག་ཕྲད་བཞིན་པ་ཞེས་བྱ་བ་དེ་དག་ལ་ཕྲད་པ་ཡོད་དོ། །

（他方）道：正所謂半分的事物正在會合，會合的確存在！

བཤད་པ། དེ་ལ་ཡང་དེ་ཉིད་ཡོད་དོ། །གལ་ཏེ་རེ་ཞིག་དེ་དག་ཕྱེད་ཕྲད་པ་ན་ཕྱོགས་གཅིག་ཕྲད་པས་བདག་ཉིད་ཐམས་ཅད་ཕྲད་དོ་ཞེས་བྱ་བར་བརྟགས་ན་ནི་གཅིག་པ་ཉིད་ཡིན་པའི་ཕྱིར་ཕྲད་པར་མི་འཐད་དོ། །ཅི་སྟེ་ཕྱོགས་གཅིག་ཕྲད་ཀྱང་བདག་ཉིད་ཐ་དད་པ་ཉིད་དུ

འགྱུར་ན་ནི་ཐ་དད་པའི་ཕྱིར་ཕྲད་པར་ག་ལ་འགྱུར། གལ་ཏེ་དེ་དག་ཕྱོགས་ཙམ་ཞིག་ནི་ཕྲད། ཕྱོགས་ཙམ་ཞིག་ནི་མ་ཕྲད་པ་ཡིན་ན་ནི་བདག་ཉིད་གཉིས་སུ་འགྱུར་ཏེ། དེ་དག་གི་ཕྲད་པ་གང་ཡིན་པ་དེ་ལ་ནི་གཅིག་པ་ཉིད་མ་ཡིན་པའི་ [19]ཕྲད་པ་མེད་པའོ། །དེ་དག་གི་མ་ཕྲད་པ་གང་ཡིན་པ་དེ་ལ་ཡང་གཞན་པའི་ཕྲད་པ་མེད་དོ། །

（自方）道，彼（眞相）亦應如是，若執半分會合時，因爲與某個方面的會合而說是全面的會合，（這種）會合不應理，因爲是一法。

如果某面的會合，其體性卻成爲異，（也不應理，）因爲是異，怎能會合？（因爲）如果某一少部分會合，某一少部分不會合時，將成兩種體性：既已會合的部分沒有非一的會合；尚未會合的部分也沒相異法的會合。

སྨྲས་པ། ཕྲད་བཞིན་པ་མེད་ཀྱང་སླ་སྟེ། རེ་ཞིག་ཕྲད་པ་གང་ཡིན་པ་དེ་ནི་ཡོད་དོ། །ཕྲད་པ་ཡོད་ན་ཕྲད་པ་ཡོད་པས་ཕྲད་པ་ཡང་རབ་ཏུ་གྲུབ་བོ།

（他方）道：沒有正在會合也好，（但）凡是會合的確存在。（事物）的確存在會合，因爲有會合，也能至極成立會合！

བཤད་པ། ཀྱེ་མ་རེ་བ་ཀོ་རེ་ཆེ། གང་ལ་ཕྲད་བཞིན་པ་ཡང་མི་འཐད་དེ། ཕྲད་པར་རྫོགས་པ་ཡང་མི་འཐད་པ་དེ་ལ་ཕྲད་པ་འཐད་པར་འགྱུར་རེ་སྐན། གང་གི་ཚེ་གཅིག་ཏུ་འགྱུར་རོ་ཞེས་སྨྲས་པ་དེའི་ཚེ་གཅིག་ཡིན་ན་ཕྲད་པར་ག་ལ་འགྱུར། ཅི་སྟེ་ཕྲད་ཀྱང་གཅིག་མ་ཡིན་ན་ནི་དེ་ལྟན་ཡང་གཞན་མ་ཡིན་པའི་ཕྱིར་མ་ཕྲད་པ་ཉིད་མ་ཡིན་ནོ། །

19 根據北京版及奈塘版，在此應刪 ཕྱིར། 字。

（自方）道：唉喲，（怎麼還抱著）既圓又大的期望！跟任何（事物的）正在會合都不應理，因爲不只爲了會合而發起的努力不應理，於此中的會合更是不應理。

若說是一法，此時，既是一法如何會合？

若說雖然會合，但不成一法，話雖如此，也非相異故，則非不會合。[20]

སྨྲས་པ། ཕྲད་པ་མེད་ཀྱང་སླ་སྟེ་རེ་ཞིག་གཅིག་པ་ཉིད་ཀྱི་སྔ་རོལ་ན་གཞན་དུ་འགྱུར་བའི་དངོས་པོ་གང་ཡིན་པ་ཡོད་པ་དེ་ནི་ཕྲད་པ་པོ་སྔེ་རེ་ཞིག་ཡོད་དོ། །

（他方）道：雖無會合也好。在（成爲）一法之前，一切存在的成異事物皆是會合者，（會合者）先存在。

བཤད་པ། ཅི་ཁྱོད་མ་ནིང་ལ་ཕྲག་དོག་ཟའམ། ཁྱོད་ཕྲད་པ་མེད་པར་ཕྲད་པ་པོ་ཡོད་པ་ཉིད་དུ་འདོད་ཀྱི། །འདི་ལ་ཕྲད་པར་བྱེད་པས་ཕྲད་པའི་རྒྱུ་ལས་བྱུང་བ་ནི་ཕྲད་པ་པོ་ཡིན་ན་ཕྲད་པ་དེ་ཡང་རྣམ་པ་ཐམས་ཅད་དུ་མི་འཐད་དོ། །དེ་མེད་ན་ཕྲད་པར་བྱེད་པ་མེད་པ་ཕྲད་པ་པོ་ཡོད་པར་ཇི་ལྟར་འགྱུར། དེའི་ཕྱིར་དེ་ལྟར་རིགས་པ་སྔོན་དུ་བཏང་སྟེ་ཡང་དག་པ་ཇི་ལྟ་བ་བཞིན་དུ་བརྟགས་ན། ཕྲད་བཞིན་པ་དང་ཕྲད་པ་དང་། །ཕྲད་པ་པོ་ཡང་ཡོད་མ་ཡིན། །དེ་དག་མེད་ན་ཁྱོད་ཀྱི་ཕྲད་པ་བསྟན་པའི་གཏན་ཚིགས་ལས་བྱུང་བའི་དངོས་པོའི་ངོ་བོ་ཉིད་འགྲུབ་པར་ག་ལ་འགྱུར།

（自方）道：你居然會嫉妒雙性人？因爲你認爲在無會合

---

20 對方雖說會合時不成一，但會合時也不可能成相異，因為相異法不存在。在相異法及一法皆不存在的情況下仍可會合，一切事物便與一切事物會合，因為「不會合」根本不存在，因為會合不須成一也不須成相異。

的情況下卻有會合者！

因爲會合、由會合之因方能產生會合者，（可是）以一切行相都不能成立會合；既無彼（會合）、不能會合，豈有會合者？此故，應先以如是理由如實觀察眞相，（誠如《中論》云：）

**14.8.cd 正合及會合，會合者亦無。**

既無此等（正在會合、會合及會合者），怎能安立如你所說的以會合之因相推論（有）事物的自性？

ཕྲད་པ་བརྟགས་པ་ཞེས་བྱ་བ་སྟེ། རབ་ཏུ་བྱེད་པ་བཅུ་བཞི་པའོ།། །།

第十四品——觀合品——終。

# 第十五品

# ——觀事物及非事物品——

སྨྲས་པ། ཁྱོད་དངོས་པོ་ཡོད་པ་མི་དམིགས་པའི་ཕྱིར་དངོས་པོ་འདི་དག་ངོ་བོ་ཉིད་མེད་པ་ཡིན་པར་སེམས་ཤིང་། དངོས་པོ་རྣམས་རྟེན་ཅིང་འབྲེལ་པར་འབྱུང་བ་ཞེས་བྱ་བར་ཡང་ཡོད་ལ་དངོས་པོ་རྣམས་ངོ་བོ་ཉིད་མེད་པར་ཡང་སྨྲ་ན། ཇི་ལྟར་དངོས་པོ་བྱུང་བ་ཡང་ཡིན་ལ། ངོ་བོ་ཉིད་མེད་པ་ཡང་ཡིན་པར་འགྱུར། གལ་ཏེ་རྒྱུ་དང་རྐྱེན་རྣམས་ལས་དངོས་པོ་རྣམས་ཀྱི་ངོ་བོ་ཉིད་ཁོ་ན་མི་འབྱུང་ན། དེ་ལས་གཞན་ཅི་ཞིག་འབྱུང་བར་འགྱུར། །གལ་ཏེ་རྒྱུ་སྲུན་དག་ལས་སྣམ་བུའི་ངོ་བོ་ཉིད་ཁོ་ན་མི་འབྱུང་ན་ཅི་རྒྱུ་སྲུན་གྱི་ངོ་བོ་ཉིད་དག་ཁོ་ན་འབྱུང་ངམ། ཅི་སྟེ་ཅི་ཡང་མི་འབྱུང་ན་ནི་འབྱུང་ཞེས་ཀྱང་ཇི་སྐད་དུ་བརྗོད།

（他方）道：你因爲無法緣取事物的存在，而覺得事物都無自性。（可是，）事物等都是緣起，不僅存在，而且若說諸事物都無自性，事物豈能既是生法又無自性呢？

如果諸事物的絕對自性不從因與緣而生，（其性）又從其他什麼而生？

若非由毛線之因形成氈毺的絕對體性，僅從因——毛線——的體性而生的又是什麼？如果不生任何（事物），豈能說「生」？

བཤད་པ། ཅི་ཁྱོད་རྟ་ལ་ཞོན་བཞིན་ཉིད་དུ་རྟ་མ་མཐོང་ངམ། ཁྱོད་དངོས་པོ་རྣམས་རྟེན་ཅིང་འབྲེལ་པར་འབྱུང་བ་ཞེས་ཀྱང་སྨྲ་ལ། དེ་དག་གང་གི་ངོ་བོ་ཉིད་མེད་པ་ཉིད་ཀྱང་མ་མཐོང་ངོ། །དེ་ནི་རེ་ཞིག་བློ་ཆུང་བ་རྣམས་ཀྱིས་ཀྱང་བདེ་བླག་ཏུ་ཤེས་པར་འགྱུར་ཏེ། ངོ་བོ་ཉིད་ནི་རྒྱུ་རྐྱེན་ལས། །འབྱུང་བར་རིགས་པ་མ་ཡིན་ནོ། །འདི་ལ་བདག་གི་དངོས་པོ་ནི་ངོ་བོ་ཉིད་ཅེས་བྱ་བ་སྟེ། བདག་གི་དངོས་པོ་ཡོད་པ་ནི་ཡང་རྒྱུ་དང་རྐྱེན་རྣམས་ལས་འབྱུང་བར་མི་རིགས་ཏེ། འདི་ལྟར་ཡོད་པ་ལ་ཡང་བྱ་བ་ཅི་ཡོད་བྱ་བ་མེད་ན་རྒྱུ་དང་རྐྱེན་རྣམས་ཀྱིས་ཅི་བྱ། ཅི་སྟེ་དེ་རྒྱུ་དང་རྐྱེན་རྣམས་ལས་འབྱུང་ན། དེ་ལྟ་ན། རྒྱུ་དང་རྐྱེན་ལས་བྱུང་བ་ཡི།

།ངོ་བོ་ཉིད་ནི་བྱས་པར་འགྱུར། །དེ་ཡང་མི་འཐད་དོ། །

（自方）道：爲何你正在騎馬卻不見馬？你說諸事物都是緣起，然未見其法無自性？此連粗慧者都能簡易了知。（《中論》云：）

**15.1.ab 是自性[1]則非，[2]由因緣所生；**

此說我的事物即是自性。由因與緣所生，故有我的事物則不應理。若如此存在，又有何作用？既無作用，因與緣等又能做何事？確實從因與緣生的話，（誠如《中論》云：）

**15.1.cd 將成因緣生，自性所造作。**[3]

彼（說）亦不應理。

སྨྲས་པ། ངོ་བོ་ཉིད་ནི་བྱས་པ་ཁོ་ན་ཡིན་នོ། །ཅིའི་ཕྱིར་ཞེ་ན། འདི་ལྟར་སྣམ་བུའི་དངོས་པོ་སྔོན་མ་བྱུང་བ་ཕྱིས་བྱེད་པའི་ཕྱིར་རོ། །

（他方）道：（諸果）確實由自性造作。爲何？因爲氆氌

1 此品中，究盧龍幢譯師所譯中論的「ངོ་བོ།（體性）」一詞皆被巴匝日稱譯師改為「རང་བཞིན།（自性）」一詞。

2 有關 15.1a，對勘本版的藏譯中論為：རང་བཞིན་རྒྱུ་དང་རྐྱེན་ལས་ནི།，故與此中所引的偈頌文有所出入；可參考 Nāgārjuna. *Dbu ma rtsa ba'i tshig le'ur byas pa shes rab,* 20。

3 有關 15.1.d，對勘本版的藏譯中論為：རང་བཞིན་བྱས་པ་ཅན་དུ་འགྱུར།，故與此中所引的偈頌文有所出入；可參考 Nāgārjuna. *Dbu ma rtsa ba'i tshig le'ur byas pa shes rab,* 20。

的事物是先無後有。

བཤད་པ། ངོ་བོ་ཉིད་ནི་བྱས་པ་ཞེས། །ཇི་ལྟར་བུར་ན་རུང་བར་འགྱུར། །ངོ་བོ་ཉིད་བྱས་པ་ཞེས་བྱ་བར་ཇི་ལྟར་རུང་བར་འགྱུར་ཏེ།[4] གང་གི་ཚེ་དོན་དེ་དག་དགག་པ་མི་མཐུན་པ་ཡིན་ཏེ། གལ་ཏེ་ངོ་བོ་ཉིད་ཡིན་ན་ནི་བྱས་པ་མ་ཡིན་ལ་ཅི་སྟེ་བྱས་པ་ཡིན་ན་ནི། ངོ་བོ་ཉིད་མ་ཡིན་པ་དེའི་ཚེ་ངོ་བོ་ཉིད་ཀྱང་ཡིན་ལ་བྱས་པ་ཡང་ཡིན་ནོ། །ཞེས་སེམས་དང་བཅས་པ་སུ་ཞིག་དེ་ལྟར་འཛིན་པར་འགྱུར།

（自方道，《中論》）云：

**15.2.ab 由自性造作，如何能應理？**[5]

自性造作怎麼合理？這些內容（——自性與造作——）是相違不同方：是自性就不是造作；是造作就不是自性。此時，誰能堅持執著既是自性也是造作？

སྨྲས་པ། ཁྱོད་ངོ་བོ་ཉིད་རིགས་པ་གང་དང་ལྡན་པར་སེམས།

（他方）道：你認爲自性理應爲何？

བཤད་པ། ངོ་བོ་ཉིད་ནི་བཅོས་མིན་དང་། །གཞན་ལ་ལྟོས་པ་མེད་པ་ཡིན། །གང་བྱ་བས་བསྒྲུབ་པར་མི་འགྱུར་བ་དང་། རྒྱུ་དང་རྐྱེན་ལ་ཡང་ལྟོས་པར་མི་འགྱུར་བ་རང་ཉིད་ཀྱི་ངོ་བོ་ཉིད་མི་འགྱུར་བར་འདུག་པ་དེ་ནི་ངོ་བོ་ཉིད་ཀྱིས་རིགས་པ་ཡིན་ནོ། །གང་བྱས་པས

4 根據北京版及奈塘版去除 སྨྲས་པ། 二字。

5 有關 15.2.ab，對勘本版的藏譯中論為：རང་བཞིན་བྱས་པ་ཅན་ཞེས་བྱར། །ཇི་ལྟ་བུར་ན་རུང་བར་འགྱུར།，故與此中所引的偈頌文有所出入；可參考 Nāgārjuna. *Dbu ma rtsa ba'i tshig le'ur byas pa shes rab,* 20。

བསྐྱབ་པར་འགྱུར་བ་དང་རྒྱུ་དང་རྐྱེན་ལ་ཡང་ལྟོས་པར་འགྱུར་བ་དེ་ནི་གཞན་ལ་རག་ལས་པས་གཞན་ལ་ལྟོས་པ་རང་གི་བདག་ཉིད་ཀྱིས་རབ་ཏུ་མ་གྲུབ་ཡིན་པས་ངོ་བོ་ཉིད་ཅེས་བྱ་བར་ཇི་ལྟར་འཐད་པར་འགྱུར།

（自方道，《中論》）云：

**15.2.cd 自性非造作，[6]且不待他法。**

無論做什麼皆徒勞無功，既不觀待因與緣，亦不改變自己的體性，相應（爾等）理應爲自性有。

凡有作爲便可成辦、觀待因與緣、依賴他者、觀待他法者，皆非由自己的體性而至極成立。此故，自性之說豈能應理？

སྨྲས་པ། གང་ལ་ལྟོས་ནས་དེ་དངོས་པོར་འགྱུར་བའི་གཞན་གྱི་དངོས་པོ་ནི་རེ་ཞིག་ཡོད་དོ། །གཞན་གྱི་དངོས་པོ་རབ་ཏུ་གྲུབ་ན། ངོ་བོ་ཉིད་ཀྱང་རབ་ཏུ་འགྲུབ་པར་འགྱུར་རོ། །

（他方）道：首先，觀待某法而成爲事物之「他事物」確實存在。若能至極成立他事物，便能至極成立自性。

བཤད་པ། གཉེན་པོ་ལ་བརྟེན་ནས་ཀྱང་ངོ་བོ་ཉིད་མི་འཐད་དོ། །ཅིའི་ཕྱིར་ཞེ་ན། གཞན་གྱི་དངོས་པོ་མི་འཐད་པའི་ཕྱིར་ཏེ། ངོ་བོ་ཉིད་ནི་ཡོད་མིན་ན། །གཞན་གྱི་དངོས་པོ་ག་ལ་ཡོད། །གལ་ཏེ་ངོ་བོ་ཉིད་རབ་ཏུ་གྲུབ་པར་གྱུར་ན་ནི་དེས་ན་དེའི་གཉེན་པོ་གཞན་གྱི་

6 有關 15.2.c，對勘本版的藏譯中論為：རང་བཞིན་དག་ནི་བཅོས་མིན་དང་།，故與此中所引的偈頌文有所出入；可參考 Nāgārjuna. *Dbu ma rtsa ba'i tshig le'ur byas pa shes rab*, 20。

དངོས་པོ་ཡང་ཡོད་པར་འགྱུར་བ་ཞིག་ན། ངོ་བོ་ཉིད་མི་འཐད་དེ་ངོ་བོ་ཉིད་ཡོད་པ་མ་ཡིན་ན་གཞན་གྱི་དངོས་པོ་ག་ལ་ཡོད། དེ་གཞན་གྱི་དངོས་པོ་མེད་ན་དེའི་གཉེན་པོ་ངོ་བོ་ཉིད་འཐད་པར་ག་ལ་འགྱུར།

（自方）道：即便依賴反方，自性也不應理。爲何？他事物不成立。（誠如《中論》云：）

### 15.3.ab 自性若非有，[7]豈有他事物？

若至極成立自性，彼（自己體性）的反方[8]——他事物——理應存在，但自性不應理、自性不存在的話，豈有他事物？既無他事物，其（他事物）反方——自性——如何應理？

ཡང་གཞན་ཡང་། ངོ་བོ་ཉིད་ཀྱང་གཞན་ལ་གཞན་གྱི་དངོས་པོ་ཡང་གཞན་ནི་མ་ཡིན་ཏེ། ཅིའི་ཕྱིར་ཞེ་ན། འདི་ལྟར་གཞན་གྱི་དངོས་པོའི་ངོ་བོ་ཉིད། །གཞན་གྱི་དངོས་པོ་ཡིན་ཞེས་བརྗོད། །འདི་ལྟར་གཞན་གྱི་དངོས་པོའི་ངོ་བོ་ཉིད་གང་ཡིན་པ་དེ་གཞན་གྱི་དངོས་པོ་ཞེས་བརྗོད་པ་ཡིན་པས། དེའི་ཕྱིར་གལ་ཏེ་གཞན་གྱི་དངོས་པོ་དེའི་ངོ་བོ་ཉིད་མེད་པ་ཁོ་ན་ཡིན་ན་གང་གིས་དེ་ཡོད་པར་འགྱུར། དེའི་ཕྱིར་ངོ་བོ་ཉིད་ཀྱང་གཞན་ལ་གཞན་གྱི་དངོས་པོ་ཡང་གཞན་ཞེས་བྱ་བར་མི་འཐད་དོ། །དེ་ལྟ་ན་གཉེན་པོ་ཉིད་མེད་དེ། གཅིག་པ་ཉིད་ཡིན་པའི་ཕྱིར་རོ། །གཉེན་པོ་མེད་ན་ཇི་ལྟར་གཉེན་པོ་ལ་བརྟེན་ནས་འགྲུབ་པར་འགྱུར།

7 有關 15.3.a，對勘本版的藏譯中論為：རང་བཞིན་ཡོད་པ་མ་ཡིན་ན།，故與此中所引的偈頌文有所出入；可參考 Nāgārjuna. *Dbu ma rtsa ba'i tshig le'ur byas pa shes rab,* 21。

8 為何說他事物是自事物之自性的反方？自他兩者互為反方，所以自事物的自性及他事物的自性互為反方。雖說此品中的「自性」包括自他兩方的自性，但多半是指自事物的自性。

（自方續道：）此外，（若有）自性亦應如是：於相異法中的他事物也非他。[9]爲何？誠如（《中論》云：）

**15.3.cd 他事物自性，[10]名爲他事物。**

如是，凡是他事物的自性都稱爲「他事物」。因此，如果絕無他事物的自性時，依何（理證明）彼法（──他事物──）的存在？因此，說「自性亦應如是：於相異法中的他事物也是他」，不應理。如是，反方的確不存在，同理故。既無反方，由反方而有怎合理？

སྨྲས་པ། དངོས་པོའི་ངོ་བོ་ཉིད་ཡོད་དོ། །མེད་དོ། །ཞེས་བྱ་བ་འདིས། ཁོ་བོ་ལ་ཅི་བྱར་ཡོད་རེ་ཞིག་དངོས་པོ་ཡོད་དོ། །

（他方）道：事物的自性的確存在！提出「不存在」的論述對於我等有何用處。首先，事物的確存在！

བཤད་པ། ངོ་བོ་ཉིད་དང་གཞན་དངོས་དག །མ་གཏོགས་དངོས་པོ་ག་ལ་ཡོད། །ངོ་བོ་ཉིད་དང་གཞན་དངོས་དག །ཡོད་ན་དངོས་པོ་འགྲུབ་པར་འགྱུར། །གལ་ཏེ་དངོས་པོ་འགའ་ཞིག་ཡོད་པར་འགྱུར་ན། ངོ་བོ་ཉིད་དང་གཞན་གྱི་དངོས་པོ་ཞིག་ཡིན་གྲང་སྟེ། དེའི་ཕྱིར་ངོ་བོ་ཉིད་དང་གཞན་གྱི་དངོས་པོ་དག་ཡོད་ན་དངོས་པོ་འགྲུབ་པར་འགྱུར་ན། གང་གི་

---

9 若有自性的話，將有如是過咎：他事物則非他。他與自相互觀待，方能有他。若有自性，觀待則不應理，豈能有他？

10 有關 15.3.c，對勘本版的藏譯中論為：གཞན་གྱི་དངོས་པོའི་རང་བཞིན་ནི།，故與此中所引的偈頌文有所出入；可參考 Nāgārjuna. *Dbu ma rtsa ba'i tshig le'ur byas pa shes rab,* 21。

ཚེ་ངོ་བོ་ཉིད་ཀྱང་མེད་ལ། གཞན་གྱི་དངོས་པོ་ཡང་མེད་པ་དེའི་ཚེ་ངོ་བོ་ཉིད་དང་གཞན་གྱི་དངོས་པོ་དག་མ་གཏོགས་པའི་དངོས་པོ་བརྗོད་པར་བྱ་བ་མ་ཡིན་པ་རང་དང་གཞན་དུ་མ་གྱུར་པ་འབའ་ཞིག་པ་དེ་ཡོད་པར་ག་ལ་འགྱུར།

（自方道，《中論》）云：

**15.4 自性及他事，[11]除彼無事物；自性及他事，[12]有即是事物。**

若某些事物存在，應是自性，還是他事物？

若自性及他事物存在，方能成立事物。何時自性、他事物都不存在，爾時，除了自性及他事物外，並無所謂的「事物者」，怎有單一（的法）既非自亦非他？

སྨྲས་པ། དེ་ལྟ་ན་དངོས་པོ་རྣམས་ཀྱི་དངོས་པོ་མེད་པ་ཡོད་དེ། དངོས་པོ་མེད་པ་ཡང་མ་ལྟོས་པར་བྱེད་པས་གང་གི་ཕྱིར་དངོས་པོ་མེད་པར་འགྱུར་བའི་དངོས་པོ་ཡང་ཡོད་དེ།

（他方）道：諸法的非事物[13]是存在的，因爲非事物[14]不觀待，所以諸法的非事物也是存在的。

---

11 有關 15.4.a，對勘本版的藏譯中論為：རང་བཞིན་དང་ནི་གཞན་དངོས་དག，故與此中所引的偈頌文有所出入；可參考 Nāgārjuna. *Dbu ma rtsa ba'i tshig le'ur byas pa shes rab,* 21。

12 有關 15.4.c，對勘本版的藏譯中論為：རང་བཞིན་དང་ནི་དངོས་པོ་དག，故與此中所引的偈頌文有所出入；可參考 Nāgārjuna. *Dbu ma rtsa ba'i tshig le'ur byas pa shes rab,* 21。

13 直譯應為事物，但是比起「事物的非事物」，「諸法的非事物」更容易理解。一切無為法並非事物，故為「非事物」。

14 དངོས་པོ་མེད་པ། 直譯應為無事物，但是在此翻為非事物，因為即後說到該詞（དངོས་པོ་མེད་པ།）為事物的反方，所以應譯為非事物。

བཤད་པ། དེ་ལྟ་ན་ཡང་དངོས་པོ་རབ་ཏུ་འགྲུབ་པར་མི་འཐད་དོ། །ཅིའི་ཕྱིར་ཞེ་ན། དངོས་པོ་མེད་པ་རབ་ཏུ་མ་གྲུབ་པའི་ཕྱིར་ཏེ། ངོ་བོ་ཉིད་དང་གཞན་དངོས་དག།། མ་གཏོགས་དངོས་པོ་ག་ལ་ཡོད། །ཅེས་སྨྲས་ཟིན་ཏོ། །དེའི་ཕྱིར། གལ་ཏེ་དངོས་པོ་མ་གྲུབ་ན། །དངོས་མེད་འགྲུབ་པར་མི་འགྱུར་རོ། །གལ་ཏེ་དངོས་པོ་ཉིད་འགའ་ཡང་རབ་ཏུ་མ་གྲུབ་ན་དངོས་པོ་མེད་པ་འགྲུབ་པར་མི་འགྱུར་བ་ཉིད་དོ་ཞེས་སྨྲས་པ་ཉིད་མ་ཡིན་ནམ།

（自方）道：既然如此，則無法至極成立事物。爲何？因爲不能至極成立非事物，（誠如）前說「（15.4.ab）自性及他事，除彼無事物；」此故，（《中論》云：）

**15.5.ab 事物若非有，非事物亦無。**[15]

難道未許「若事物非至極成立，非事物也不能成立」嗎？

ཅིའི་ཕྱིར་ཞེ་ན། དངོས་པོ་གཞན་དུ་འགྱུར་བ་ནི། །དངོས་མེད་ཡིན་པར་སྐྱེ་བོ་སྨྲ། །འདི་ལྟར་དངོས་པོ་གཞན་དུ་འགྱུར་བ་གང་ཡིན་པ་དེ་དངོས་པོ་མེད་པ་ཡིན་ནོ། །ཞེས་སྐྱེ་བོ་དག་སྨྲ་ན། དངོས་པོ་དེ་ཡང་མེད་དེ། དེ་མེད་ན་དངོས་པོ་མེད་པ་དེ་གང་གི་ཡིན་པར་འགྱུར། དངོས་པོ་མེད་པ་མེད་[16]ན་ཁྱོད་ཀྱི་དེའི་གཉེན་པོ་དངོས་པོ་འཐད་པར་ག་ལ་འགྱུར།

爲何？（《中論》云：）

**15.5.cd 事物成異時，人說非事物。**

15 有關 15.5.ab，對勘本版的藏譯中論為：གལ་ཏེ་དངོས་པོ་མ་གྲུབ་ན། །དངོས་མེད་འགྲུབ་པར་མི་འགྱུར་རོ།，故與此中所引的偈頌文有所出入；可參考 Nāgārjuna. *Dbu ma rtsa ba'i tshig le'ur byas pa shes rab,* 21。

16 根據北京版及奈塘版，加上 མེད། 字。

如是，世人說凡是事物轉爲相異，彼法便是非事物。

（事實上，）事物並不存在，既無彼法（事物），非事物（的非）又是何者的（非）？既無非事物，你的其反方——事物——又如何應理？

སྨྲས་པ། འདི་ལ་དེ་ཁོ་ན་མཐོང་བས་ཐར་པར་འགྱུར་རོ། །ཞེས་བྱ་ཞིང་། དེ་ཁོ་ན་ཞེས་བྱ་བ་ཡང་དེའི་དངོས་པོ་ནི་དེ་ཁོ་ན་སྟེ། དངོས་པོའི་ངོ་བོ་ཉིད་ཅེས་བྱ་བའི་ཐ་ཚིག་གོ། །དེ་ལ་གལ་ཏེ་དངོས་པོའི་ངོ་བོ་ཉིད་མེད་པ་ཉིད་ཡིན་ན་དེ་ལྟ་ན་ཁྱོད་ལ་དེ་ཁོ་ན་མཐོང་བ་མི་འཐད་པར་མི་འགྱུར་རམ། དེ་ཁོ་ན་མཐོང་བ་མེད་ན་ཐར་པ་འཐད་པར་ཇི་ལྟར་འགྱུར། དེ་ལྟ་བས་ན་དངོས་པོ་རྣམས་ངོ་བོ་ཉིད་མེད་པ་ཞེས་བྱ་བར་ལྟ་བ་དེ་ནི་བཟང་པོ་མ་ཡིན་ནོ། །

（他方）道：於此，（經論說）因見眞實義才能解脫。所謂的「眞實義」僅爲其[17]事物，意指事物的自性。若無事物的自性，你不就不能看到眞實義了嗎？既然未見眞實義，解脫如何應理？因此，說事物等無自性非善說。

བཤད་པ། ལོག་པར་མ་འཛིན་ཅིག །གང་དག་དངོས་ཉིད་གཞན་དངོས་དང་། །དངོས་དང་དངོས་མེད་ཉིད་ལྟ་བ། །དེ་དག་སངས་རྒྱས་བསྟན་པ་ལ། །དེ་ཉིད་མཐོང་བ་མ་ཡིན་ནོ། །གང་དག་དེ་ལྟར་ངོ་བོ་ཉིད་དང་གཞན་གྱི་དངོས་པོ་དང་དངོས་པོ་མེད་པ་ཉིད་ལྟ་བ་དེ་དག་ནི་འདི་ལྟར་ཡང་སངས་རྒྱས་ཀྱི་བསྟན་པ་མཆོག་ཏུ་ཟབ་པ་ལ་དེ་ཁོ་ན་མཐོང་བ་མ་ཡིན་ནོ། །ཁོ་བོ་ཅག་ནི་རྟེན་ཅིང་འབྲེལ་པར་འབྱུང་བའི་ཉི་མ་ཤར་བས་སྣང་བར་གྱུར་པའི་དངོས་པོ་རྣམས་ཀྱི་ངོ་བོ་ཉིད་མེད་པ་ཉིད་ཡང་དག་པ་ཇི་ལྟ་བ་བཞིན་དུ་མཐོང་བས་དེའི་ཕྱིར་ཁོ་བོ་ཅག་ཉིད་ལ་དེ་ཁོ་ན་མཐོང་བ་ཡོད་པས་ཁོ་བོ་ཅག་ཁོ་ན་ལ་ཐར་པ་ཡང་འཐད་དོ། །

---

17 「其」字是真實義。意思是：真實義本身就是真實義的事物。

（自方）道：請勿顛倒（是非）！（《中論》云：）

**15.6 見事物及異，[18]非事物爲性，彼等尚未見，佛教眞實義。**

見自性、他事物及非事物者，彼等尚未見到佛教的最勝眞實義。我等因升起緣起太陽而如實觀見諸事物皆無自性。我等見眞實義故，唯有（如此）我等的解脫才能合理。

གལ་ཏེ་དེ་ཅིའི་ཕྱིར་ཞེ་ན། འདི་ལྟར། བཅོམ་ལྡན་དངོས་དང་དངོས་མེད་པ། །སྟོན་པས་ཀ་ཏ་ཡ་ན་ཡི། །གདམས་ངག་ལས་ནི་ཡོད་པ་དང་། །མེད་པ་གཉི་གའང་དགག་པ་མཛད། །གང་གི་ཕྱིར་བཅོམ་ལྡན་འདས་དོན་དམ་པའི་དེ་ཁོ་ན་ལ་མཁས་པ་དངོས་པོ་དང་དངོས་པོ་མེད་པར་རབ་ཏུ་སྟོན་པས་ཀ་ཏ་ཡ་ནའི་གདམས་ངག་ཅེས་བྱ་བའི་མདོ་ལས་ཡོད་པ་ཞེས་བྱ་བ་དང་མེད་པ་ཞེས་བྱ་བ་གཉི་ག་ཡང་དགག་པ་མཛད་པ་དེའི་ཕྱིར། གང་དག་དངོས་པོ་རྣམས་ལ་ཡོད་པ་ཉིད་དང་མེད་པ་ཉིད་དུ་རྗེས་སུ་ལྟ་བ་དེ་དག་གིས་དེ་ཁོ་ན་མི་མཐོང་བས་དེ་དག་ཉིད་ལ་ཡང་ཐར་པ་མི་འཐད་དོ། །

若（問）爲何？如是，（《中論》云：）

**15.7 佛說事非事，於化迦旃延，經中之所說，有無二亦滅。**[19]

精通殊勝眞實義的薄伽梵於《迦旃延經》中廣說事物及非

---

18 有關 15.6.a，對勘本版的藏譯中論為：།གང་དག་རང་བཞིན་གཞན་དངོས་དང་།，故與此中所引的偈頌文有所出入；可參考 Nāgārjuna. *Dbu ma rtsa ba'i tshig le'ur byas pa shes rab,* 21。

19 有關 15.7.bd，對勘本版的藏譯中論為：།མཁྱེན་པས་ཀ་ཏ་ཡ་ན་ཡི། 以及 །མེད་པ་གཉིས་ཀའང་དགག་པ་མཛད།，故與此中所引的偈頌文有所出入；可參考 Nāgārjuna. *Dbu ma rtsa ba'i tshig le'ur byas pa shes rab,* 21。

事物，故滅有無兩者。因此，執著諸事物的有性及無性者皆不能見眞實義，彼等的解脫也不應理。

ཁོ་བོ་ཅག་ཡོད་པ་ཉིད་མེད་པ་ཉིད་ལ་མངོན་པར་ཞེན་པ་མེད་པར་ཐ་སྙད་བྱེད་པ་དག་ལ་ནི་མི་འཐད་པ་མེད་དོ། །གལ་ཏེ་དངོས་པོ་དང་དངོས་པོ་མེད་པར་མཐོང་བ་དེ་ཁོ་ན་མཐོང་བ་ཡིན་ན་ནི་དེ་ཁོ་ན་ལ་མ་མཐོང་བ་འགའ་ཡང་མེད་པར་འགྱུར་བས་དེ་ནི་ཁོ་ན་མ་ཡིན་នོ། །དེ་ལྟ་བས་ན་དངོས་པོ་རྣམས་ཀྱི་ངོ་བོ་ཉིད་མེད་པ་ཉིད་ནི་དེ་ཁོ་ན་ཡིན་ལ་དེ་མཐོང་བ་ཁོ་ནས་ཐར་པ་འགྱུར་ཏེ། སློབ་དཔོན་འཕགས་པ་ལྷས་ཀྱང་། སྲིད་པའི་ས་བོན་རྣམ་ཤེས་ཏེ། །ཡུལ་རྣམས་དེ་ཡི་སྤྱོད་ཡུལ་ལོ། །ཡུལ་ལ་བདག་མེད་མཐོང་ན་ནི། །སྲིད་པའི་ས་བོན་འགག་པར་འགྱུར། །ཞེས་གསུངས་སོ། །དེ་ནི་དེ་ལྟར་ངེས་པ་ཁོ་ནར་ཤེས་པར་བྱའོ། །

我等不執著有性及無性，而且名言安立無不應理。如果看到事物及非事物即見眞實義，人人皆見眞實義，（而實際上）絕非如此。唯有見諸事物的無自性是眞實義後才能解脫。阿闍黎聖天亦云：「識爲諸有種，境是識所行，見境無我時，諸有種皆滅。」[20]應知如是決定義。

གཞན་དུ་ན། གལ་ཏེ་རང་བཞིན་ཡོད་ཉིད་ན། །དེ་ནི་མེད་ཉིད་མི་འགྱུར་རོ། །གལ་ཏེ་དངོས་པོ་རྣམས་རང་བཞིན་གྱིས་ཡོད་པ་ཉིད་ཡིན་པར་གྱུར་ན་ཡོད་པ་ཉིད་རང་བཞིན་གྱིས་ཡོད་པ་དེ་ནི་ཕྱིས་མེད་པ་ཉིད་དུ་མི་འགྱུར་རོ། །ཅིའི་ཕྱིར་ཞེ་ན། འདི་ལྟར། རང་བཞིན་གཞན་དུ་འགྱུར་བ་ནི། །ནམ་ཡང་འཐད་པར་མི་འགྱུར་རོ། །འདི་ལྟར་འགྱུར་བའི་གཉེན་པོ་ནི་རང་བཞིན་ཡིན་པས་དེའི་ཕྱིར་རང་བཞིན་ནི་མི་འགྱུར་རྟག་པ་ཡིན་པའི་རིགས་ན། དངོས་པོ་རྣམས་ལ་ནི་གཞན་དུ་འགྱུར་བ་སྣང་བས་དེའི་ཕྱིར་དེ་དག་ལ་ངོ་བོ་ཉིད་ཀྱིས་ཡོད་པ་ཉིད་མི་

20 《四百論》14.25。

འཐད་དོ།

若非如此，（誠如《中論》云：）

**15.8.ab 若是有自性，[21]其性不成無；**

若諸事物是自性有，自性而有者不能於後時成無。爲何？（《中論》云：）

**15.8.cd 自性成相異，是事終不然。**

成爲如是（眞實義）的反方即是自性。自性理應爲不變之常法，（但）可見諸事物的確轉成相異性，因此，彼等是自性有不應理。

འདིར་སྨྲས་པ། གལ་ཏེ་དངོས་པོ་མེད་པར་མཐོང་བ་ལས་དངོས་པོ་རྣམས་ཀྱི་ངོ་བོ་ཉིད་ཡོད་པ་མ་ཡིན་པར་ཁོང་དུ་ཆུད་པས་ན་རེ་ཞིག་དངོས་པོ་རྣམས་ཀྱི་དངོས་པོ་མེད་པར་གྱུར་པ་ཡིན་ནོ།

於此，（他方）道：由看到非事物而知諸事物無自性，此時，（諸無自性法）應先轉成諸非事物的法。

བཤད་པ། རང་བཞིན་ཡོད་པ་མ་ཡིན་ན། །གཞན་དུ་འགྱུར་བ་གང་གི་ཡིན། །གང་གི་ཚེ་དངོས་པོ་རྣམས་ལ་ཡོད་པ་ཉིད་རང་བཞིན་གྱིས་མེད་དོ་ཞེས་སྨྲས་པ་དེའི་ཚེ། །དངོས་པོ་རྣམས་ཀྱི་ཡོད་པ་ཉིད་རང་བཞིན་ཡོད་པ་མ་ཡིན་ན་གཞན་དུ་འགྱུར་བ་དེ་ཉིད་དེ་གང་གི

21 有關 15.8.a，對勘本版的藏譯中論為：གལ་ཏེ་རང་བཞིན་གྱིས་ཡོད་ན།，故與此中所引的偈頌文有所出入；可參考 Nāgārjuna. *Dbu ma rtsa ba'i tshig le'ur byas pa shes rab,* 21。

ཡིན་པར་འགྱུར། །

（自方道，《中論》）云：

**15.9.ab 自性若非有，異屬於何者？**

何時說諸事物的存在皆無自性，爾時，若諸事物的存在皆無自性，又會轉成何者的相異？[22]

སྨྲས་པ། གལ་ཏེ་དངོས་པོ་རྣམས་ཀྱི་དངོས་པོ་མེད་པ་སྣང་ལ་རང་བཞིན་ཡང་ཡོད་པ་མ་ཡིན་ན་དངོས་པོ་མེད་པ་མི་འཐད་དེ་གང་གི་དངོས་པོ་མེད་པར་འགྱུར་བའི་དངོས་པོའི་རང་བཞིན་གདོན་མི་ཟ་བར་ཡོད་པ་ཉིད་དོ། །

（他方）道：既能看見非事物的法，且其無自性的話，事物不存在將不應理，因爲轉成非事物的（所依）事物，其自性必須要有，毋庸置疑。

བཤད་པ། རང་བཞིན་ཡོད་པ་ཡིན་ན་ཡང་། །གཞན་དུ་འགྱུར་བ་ཇི་ལྟར་རུང་། ། སྔར་ཡང་རང་བཞིན་གཞན་དུ་འགྱུར་བ་ནི། ནམ་ཡང་འཐད་པར་མི་འགྱུར་རོ། །འདི་ལྟར་འགྱུར་བའི་གཉེན་པོ་ནི་རང་བཞིན་ཡིན་པས་དེའི་ཕྱིར་རང་བཞིན་ནི་མི་འགྱུར་བར་རྟག་པར་འགྱུར་བའི་རིགས་ན། ཞེས་མ་བཤད་དམ། དེའི་ཕྱིར་དངོས་པོ་རྣམས་ཀྱི་མེད་པ་ཉིད་ཀྱང་མི་འཐད་དོ། །དངོས་པོ་རྣམས་ལ་ཡོད་པ་དང་མེད་པ་ཉིད་དུ་ལྟ་བ་ལ་སྐྱོན་གཞན་འདིར་ཡང་ཐལ་བར་འགྱུར་ཏེ། ཡོད་ཅེས་བྱ་བ་རྟག་པར་འཛིན། །མེད་ཅེས་བྱ་བ་ཆད་པར་ལྟ། །དེ་ཕྱིར་ཡོད་དང་

22 對方說，因為由看到非事物而了知無自性，所以應先將無自性轉成非事物——迥異於事物的相異法。自方駁：既無自性，且無有事物的話，無自性又能轉成什麼的相異法？

མེད་པ་ལ། །མཁས་པས་གནས་པར་མི་བྱའོ། །

（自方道，《中論》）云：

**15.9.cd 雖自性若有，云何可成異？**

如前（所說），自性轉成相異法永不合理。難道沒說「成爲如是（眞實義）的反方即是自性，自性理應爲不變之常法」嗎？

諸事物的無性也不應理。若觀諸事物的有與無性，應成此餘過：（誠如《中論》云：）

**15.10 謂有則執常，謂無則見斷，此故於有無，智者皆不住。**

དངོས་པོ་ཡོད་དོ་ཞེས་དངོས་པོར་ལྟ་བ་དེ་ལ་ནི་རྟག་པར་འཛིན་པར་ཐལ་བར་འགྱུར་ལ། དངོས་པོ་མེད་དོ་ཞེས་མེད་པར་ལྟ་བ་དེ་ལ་ནི་ཆད་པར་ལྟ་བར་ཐལ་བར་འགྱུར་བས། དེ་གཉི་ག་ཡང་དོན་མེད་པ་དང་གནོད་པར་འགྱུར་བ་ཡིན་ནོ། །དེའི་ཕྱིར་ཡོད་པ་དང་མེད་པ་ཉིད་དུ་ལྟ་ན་རྟག་པ་དང་ཆད་པར་ལྟ་བར་ཐལ་བར་འགྱུར་བས། དེ་ཡང་དོན་མེད་པ་དང་གནོད་པར་འགྱུར་བས། དེའི་ཕྱིར་མཁས་པ་དེ་ཁོ་ན་རྟོགས་པར་འདོད་པ་འཁོར་བའི་དགོན་པ་ལས་རྒྱལ་བར་འདོད་པས་ཡོད་པ་ཉིད་དང་མེད་པ་གནས་པར་མི་བྱའོ། །

觀事物之見——事物的確存在（之見）——應成常執，觀無之見——事物的確不存在（之見）——應成斷見，此二皆爲無義且有害。因此，有、無性之見應成常見及斷見，彼（常、斷）見亦爲無義且有害。因此，欲知眞實義、欲離輪迴之荒蕪處及逃脫（苦海）者不應住有、無。

སྨྲས་པ། ཡོད་པ་ཉིད་དང་མེད་པ་ཉིད་དུ་ལྟ་ན་ཇི་ལྟར་རྟག་པ་དང་ཆད་པར་ལྟ་བའི་སྐྱོན་དུ་ཐལ་བར་འགྱུར།

（他方）道：若見有性及無性，豈有應成常見及斷見之過？

བཤད་པ། གང་ཞིག་ངོ་བོ་ཉིད་ཡོད་པ། །དེ་ནི་མེད་པ་མིན་པས་རྟག །སྔོན་བྱུང་ད་ལྟར་མེད་ཅེས་པ། །དེས་ན་ཆད་པར་ཐལ་བར་འགྱུར། །འདི་ལྟར་གང་ཞིག་ངོ་བོ་ཉིད་ཀྱིས་ཡོད་པ་དེ་ནི་ཕྱིས་མེད་པ་ཉིད་དུ་མི་འཐད་དེ། རང་བཞིན་ནི་མི་འགྱུར་བས་དེའི་ཕྱིར་ཡོད་པ་ཉིད་དུ་ལྟ་བ་ལས་རྟག་པར་ལྟ་བར་འགྱུར་རོ། །དངོས་པོ་དེ་སྔོན་དུ་བྱུང་བ་ལ་ད་ལྟར་མེད་དོ་ཞེས་དངོས་པོ་ཡོད་པ་ལ་འཇིག་པར་ལྟ་བ་དེས་ན་ཆད་པར་ལྟ་བར་འགྱུར་རོ། །དེ་ལྟར་གང་གི་ཕྱིར་དངོས་པོ་རྣམས་ལ་ཡོད་པ་ཉིད་དང་མེད་པ་ཉིད་དུ་ལྟ་བ་སྐྱོན་དུ་མར་འགྱུར་བ་དེའི་ཕྱིར་དངོས་པོ་རྣམས་ངོ་བོ་ཉིད་མེད་པ་ཞེས་བྱ་བ་དེ་ནི་དེ་ཁོ་ན་མཐོང་བ་སྟེ་དབུ་མའི་ལམ་ཡིན་ལ་དེ་ཉིད་དོན་དམ་པ་འགྲུབ་པ་ཡིན་ནོ། །

（自方道，《中論》）云：

**15.11 是法有自性，[23]非無則是常；先有而今無，故應成斷滅。**

若某法有自性，後無將不合理，自性無變化故，有性之見將成常見。若說該事物先有今無，將是壞滅存在事物之見，應成斷見。

如是，諸事物的有性及無性之見將有諸多過失。因此，（見）諸事物無自性者方見眞實義，此即中觀道，並由此成辦

23 有關 15.11.a，對勘本版的藏譯中論為：།གང་ཞིག་རང་བཞིན་གྱིས་ཡོད་པ།，故與此中所引的偈頌文有所出入；可參考 Nāgārjuna. *Dbu ma rtsa ba'i tshig le'ur byas pa shes rab*, 21。

殊勝義。

དངོས་པོ་དང་དངོས་པོ་མེད་པ་བརྟག་པ་ཞེས་བྱ་བ་སྟེ་རབ་ཏུ་བྱེད་པ་བཅོ་ལྔ་པའོ།། །།

第十五品──觀事物及非事物品──終。

# 第十六品

# ——觀縛解品——

འདིར་སྨྲས་པ། དངོས་པོ་དང་དངོས་པོ་མེད་པར་མཐོང་བ་མེད་པ་གང་ལ་འགའ་ཡང་འཁོར་བ་དང་མྱ་ངན་ལས་འདས་པ་དང་བཅིང་བ་དང་ཐར་པར་མི་འཐད་པར་དེ་ཇི་ལྟར་དེ་ཁོ་ན་ཡིན། དངོས་པོ་དང་དངོས་པོ་མེད་པར་མཐོང་བ་ཡོད་ན། དེ་དག་ཐམས་ཅད་འཐད་པས་དངོས་པོ་དང་དངོས་པོ་མེད་པར་མཐོང་བ་ཉིད་དེ་ཁོ་ན་མཐོང་བ་ཡིན་ནོ། །

於此，（他方）道：對不見事物及非事物的任一者，成立輪迴、涅槃、束縛及解脫，皆不合理。彼（不見事物及非事物論）如何是唯一義？只有見事物及非事物，方能合理成立一切；唯有見事物及非事物，當能看到眞實義。

བཤད་པ། གང་ལ་དངོས་པོ་དང་དངོས་པོ་མེད་པར་མཐོང་བ་དེ་ལ་དེ་དག་ཐམས་ཅད་མི་འཐད་དོ། །གལ་ཏེ་ཇི་ལྟར་ཞེ་ན། འདི་ལ་དངོས་པོར་སྨྲ་བ་དག་དངོས་པོ་དག་ཏུ་ཡོངས་སུ་རྟོག་པ་ན་འདུ་བྱེད་རྣམས་དང་སེམས་ཅན་ལ་དངོས་པོར་ཡོངས་སུ་རྟོག་གྲང་ན། དེ་དག་ལ་དངོས་པོར་ཡོངས་སུ་རྟོག་པ་ན་རྟག་པའམ། མི་རྟག་པར་ཐལ་བར་འགྱུར་རོ། །

（自方）道：誰見事物及非事物，彼等不能合理成立一切。爲何？於此，說事物者[1]周遍執著事物、周遍執著有爲法及有情皆爲事物時，所遍執的事物應成常或無常。

དེ་ལ། གལ་ཏེ་འདུ་བྱེད་འཁོར་ཞེ་ན། །དེ་དག་རྟག་ན་མི་འཁོར་ཏེ། །མི་རྟག་ན་ཡང་འཁོར་མི་འགྱུར། །སེམས་ཅན་ལ་ཡང་རིམ་འདི་མཚུངས། །དེ་ལ་གལ་ཏེ་རེ་ཞིག་འདུ་བྱེད་རྣམས་འཁོར་བར་ཡོངས་སུ་རྟོག་ན་དེ་མི་འཐད་དེ། ཅིའི་ཕྱིར་ཞེ་ན། འདི་ལྟར། དེ་དག་

1 在此的「說事物者」應理解為主張自性者。整句的意思是：主張自性者在執取事物、有為法，或有情為事物（與有為法同義的事物）時，所執之境將有成為自性的常或自性的無常之過，故於句末多加「應成」二字。

རྟག་ན་མི་འཁོར་ཏེ། །མི་རྟག་ན་ཡང་འཁོར་མི་འགྱུར། །རེ་ཞིག་འདུ་བྱེད་རྣམས་རྟག་ན་མི་འཁོར་ཏེ། ཅིའི་ཕྱིར་ཞེ་ན། རྟག་པ་དག་ནི་མི་འགྱུར་བའི་ཕྱིར་རོ། །འདི་ལ་གང་རྒྱུད་ཀྱི་རྒྱུན་གྱིས་དེ་དང་དེར་སྐྱེ་བ་དང་འགག་པ་དེ་ནི་འཁོར་བ་ཞེས་བྱ་བ་ན། འདུ་བྱེད་རྟག་པ་མི་འགྱུར་བ་རྣམས་ནི་འབྱུང་བ་དང་འཇིག་པའི་ཆོས་ཅན་ཉིད་དུ་མི་འཐད་པས། དེའི་ཕྱིར་འདུ་བྱེད་རྣམས་[2]རྟག་ན་མི་འཁོར་རོ། །

於此，（《中論》云：）

**16.1 有爲若輪轉，是常不輪轉，無常亦不轉，衆生亦復然。**

周遍執著諸有爲法會輪轉[3]不應理。爲何？是常法不應輪轉，是無常也不輪轉。

因爲常法不變，有爲是常則不輪轉。由某人相續的續流而生滅者才會輪迴；（若）有爲法是不變常法，成爲生滅的有法便不合理，故有爲法是常不能輪轉。

འདུ་བྱེད་རྣམས་མི་རྟག་པ་ན་ཡང་མི་འཁོར་ཏེ། འདི་ལྟར་འདི་ན་འདུ་བྱེད་གང་ཁོ་ན་དག་འགག་པ་དེ་དག་ཁོ་ན་ཡང་གཞན་དུ་མི་སྐྱེ་བས། དེའི་ཕྱིར་གཏན་དུ་འགགས་པ་རྣམས་ལ་འཁོར་བ་མི་འཐད་པས་དེའི་ཕྱིར་འདུ་བྱེད་རྣམས་མི་རྟག་ན་ཡང་མི་འཁོར་ཏེ། དེ་ལྟར་རེ་ཞིག་འདུ་བྱེད་ཀྱི་མིང་ཅན་གྱི་དངོས་པོ་རྟག་པ་དང་མི་རྟག་པ་རྣམས་འཁོར་བར་མི་འཐད་

2 根據北京版及奈塘版，在此除去མི།字。

3 根據根敦主巴的《寶鬘論》，此品中的有為法或「行」應理解為行蘊。所以，「諸有為法會輪轉」的這句話應理解為「行苦等五蘊在輪迴」。請參考根敦主巴的《寶鬘論》—— Dge 'dun grub pa. *Dbu ma rtsa ba shes rab kyi ngag don bshad pa rin po che'i phreng ba zhes bya ba bzhugs so,* 177。

རོ། །

若有爲法是無常也不能輪轉。是有爲法才能壞滅，（但）單憑彼等（徹底壞滅）不會產生他法；於完全壞滅中成立輪迴不合理，故有爲法是無常也不能輪轉。首先，凡稱爲「有爲法」的事物中，成立常及無常的輪迴，皆不合理。

དེ་ལ་འདི་སྙམ་དུ་འདུ་བྱེད་རྣམས་ནི་མི་འཁོར་གྱི་སེམས་ཅན་ནི་འཁོར་བར་སེམས་ན།

於此，（他方）認爲：諸有爲法雖不輪轉，但有情確實輪轉。

དེ་ལ་བཤད་པར་བྱ་སྟེ། སེམས་ཅན་ལ་ཡང་རིམ་འདི་མཚུངས། །འདུ་བྱེད་རྣམས་ལའང་འཁོར་བ་མི་འཐད་པར་བསྟན་པའི་རིམ་པ་གང་ཡིན་པ་དེ་ཉིད་སེམས་ཅན་ལ་ཡང་མཚུངས་ཏེ། འདི་ལྟར་སེམས་ཅན་ཡང་རྟག་པའམ་མི་རྟག་པ་ཞིག་འཁོར་བར་འགྱུར་གྲང་ན། དེའི་ཕྱིར་དེ་ལ་ཡང་རྟག་པ་ལ་ནི་འཁོར་བ་མི་འཐད་དེ། མི་འགྱུར་བའི་ཕྱིར་རོ། །མི་རྟག་པ་ལ་ཡང་འཁོར་བ་མི་འཐད་དེ་བསྒྲིམ་མི་དགོས་པར་གཏན་དུ་འགགས་པའི་ཕྱིར་རོ། །

於此，（自方）將做解說。「（16.1.d）眾生亦復然。」已依序顯示即使是有爲法也不應輪轉，同（理推論）於有情。如是，是常法的有情輪轉？還是無常（的有情）輪轉？是常法不應輪轉，不變故；是無常也不應輪轉，因爲（前後刹那）不需緊密結合、全然壞滅故。

འདིར་སྨྲས་པ། རིམ་པ་དེ་ནི་སེམས་ཅན་འཁོར་བ་ལ་མཚུངས་པ་མ་ཡིན་ཏེ། འདི་ལྟར་སེམས་ཅན་ནི་ཕུང་པོ་དང་སྐྱེ་མཆེད་དང་ཁམས་རྣམས་ལས་དེ་ཉིད་དང་། གཞན་ཉིད་དུ་བརྗོད་པར་བྱ་བ་མ་ཡིན་ཞིང་རྟག་པ་དང་མི་རྟག་པ་ཉིད་དུ་ཡང་བརྗོད་པར་བྱ་བ་མ་ཡིན་

པས། དེའི་ཕྱིར་སེམས་ཅན་རྟག་པ་དང་མི་རྟག་པའི་སྐྱོན་དང་བྲལ་བ་འཁོར་རོ། །

於此，（他方）道：該（推理的）順序不同於有情的輪轉。如是，（我）不說由有情的蘊、處、界等形成彼性、他性、常性及無常性，所以有情遠離常及無常之過而輪轉。

བཤད་པ། གལ་ཏེ་གང་ཟག་འཁོར་ཞེ་ན། །ཕུང་པོ་སྐྱེ་མཆེད་ཁམས་རྣམས་ལ། །དེ་ནི་རྣམ་པ་ལྔས་བཙལ་ན། །མེད་ན་གང་ཞིག་འཁོར་བར་འགྱུར། །གལ་ཏེ་འདི་ལྟར་གང་ཟག་འཁོར་བར་སེམས་ན། དེ་ནི་ཆེས་ཤིན་ཏུ་མི་འཐད་དེ། ཅིའི་ཕྱིར་ཞེ་ན། གང་གི་ཕྱིར་ཕུང་པོ་དང་སྐྱེ་མཆེད་དང་ཁམས་ལ་དེ་རྣམ་པ་ལྔས་བཙལ་ན་མེད་པའི་ཕྱིར་ཏེ། ཁྱོད་ཀྱི་རང་དགའ་གང་ཟག་དགོས་པ་མེད་པ་རི་དྭགས་བརྫོས་མ་ལྟ་བུ་ཡོངས་སུ་བརྟགས་པ་གང་ཡིན་པ་དེ་ནི་ཕུང་པོ་དང་སྐྱེ་མཆེད་དང་ཁམས་ལ་རྣམ་པ་ལྔས་བཙལ་ན་དམིགས་སུ་མེད་དེ། གང་རྣམ་པ་ལྔས་བཙལ་ན་དམིགས་སུ་མེད་པ་དེ་རྣམས་གཞན་གང་གིས་ཡོད་པར་བཟུང་སྟེ། དེའི་ཕྱིར་དེ་ནི་མེད་པ་ཁོ་ན་ཡིན་ནོ། །དེ་མེད་ན་གང་ཞིག་འཁོར་བར་འཁོར་བ་དེ་སྨྲོས་ཤིག

（自方道，《中論》）云：

**16.2 若衆生輪轉，蘊界諸入中，五種求盡無，何者在輪轉？**

如果認爲是補特伽羅在輪轉，彼極不應理。爲何？因爲於蘊、處、界中以五相尋找（補特伽羅）都不能得。補特伽羅於蘊、處、界中以五相尋找都不能得，你（爲何）猶如癲狂未馴的野獸，無意義地隨自己的喜好，以其他（理由）周遍執著以五相尋找皆不可得的（補特伽羅）。絕無彼（補特伽羅）！既無彼（補特伽羅），請解釋是什麼於輪迴中輪轉？

ཡང་གཞན་ཡང་། ཉེ་བར་ལེན་ནས་ཉེར་ལེན་པར། །འཁོར་ན་སྲིད་པ་མེད་པར་འགྱུར། །སྲིད་མེད་ཉེ་བར་ལེན་མེད་ན། དེ་གང་ཅི་ཞིག་འཁོར་བར་འགྱུར། །གལ་ཏེ་གང་ཟག་འཁོར་རོ་ཞེས་བརྟགས་ན། དེ་ལྟ་ན་དེ་ཉེ་བར་ལེན་པ་ནས། ཉེ་བར་ལེན་པ་གཞན་དུ་འཁོར་བ་ན་སྲིད་པ་མེད་པར་འགྱུར་རོ། །ཅིའི་ཕྱིར་ཞེ་ན། འདི་ལྟར་ཉེ་བར་ལེན་པའི་དབང་གིས་སྲིད་པར་གདགས་པ་ཡིན་ན། དེའི་ཉེ་བར་ལེན་པ་དེ་ཡང་ཉེ་བར་ལེན་པའི་བར་སྐབས་སུ་འཇུག་པ་ལ་དེ་མེད་ན་གང་གིས་སྲིད་པར་གདགས་པར་འགྱུར་ཏེ། དེའི་ཕྱིར་དེ་ལ་ཉེ་བར་ལེན་པ་མེད་པའི་ཕྱིར། སྲིད་པ་མེད་པར་ཐལ་བར་འགྱུར་རོ། །གང་སྲིད་པ་མེད་པ་ཉེ་བར་ལེན་པ་མེད་པ་གསལ་བར་བྱེད་པ་མེད་པ་ཐ་སྙད་གདགས་པ་མེད་པ་དེ་གང་ཡིན་ཞིང་ཉེ་བར་ལེན་པ་གང་དུ་འཁོར་བར་འགྱུར་ཏེ། གང་གི་ཚེ་མ་བླངས་པ་ལ་ཉེ་བར་ལེན་པ་ཉིད་ཀྱང་མེད་དོ། །

另外，（《中論》云：）

**16.3 近取復近取，若轉則無有，無有無近取，何者在輪轉？**

若觀補特伽羅輪轉（的說法，）從此處近取[4]又於他處近取、輪轉的話，將不存在「有」[5]。為何？「有」是因近取——從近取復而近取——而施設；既無彼法（——近取復而近取），又由何法而施設「有」呢？因此，近取不存在的話，應成無「有」。既然無「有」、近取、能顯者[6]、名言施設

4 「近取」乃直譯，謂近距離、無法分離地取有苦蘊，不能脫離苦蘊，這是動詞上的理解。名詞上的理解為近取蘊。

5 「有」指輪迴的「有」並非有無的有。

6 能顯者是直譯，意指能明現輪迴為何的施設處。

（處），彼（輪轉者）又是什麼？近取（蘊）又於何處輪轉？爾時，因爲不存在（前世的）已取，（後世的）近取也不存在。

སྨྲས་པ། དེ་ནི་བར་མ་དོའི་སྲིད་པས་ཉེ་བར་ལེན་པ་དང་བཅས་པ་ཁོ་ན་ཡིན་པས། དེའི་ཕྱིར་ཉེ་བར་ལེན་པ་དང་བཅས་པ་ཁོ་ནས་སྲིད་པ་གཞན་ལེན་པས་སྲིད་པ་མེད་པར་མི་འགྱུར་རོ། །

（他方）道：僅僅中有[7]具近取，因此，唯獨具近取者（──中有者──）取得其他之「有」，故非無「有」。

བཤད་པ། གང་ཉེ་བར་ལེན་པ་འདི་ཐོར་ནས་བར་མ་དོའི་སྲིད་པའི་ཉེ་བར་ལེན་པས་འཕོ་བ་དང་བར་མ་དོའི་སྲིད་པའི་ཉེ་བར་ལེན་པ་ཡང་ཐོར་ནས་དེ་ལས་གཞན་པའི་ཉེ་བར་ལེན་པར་འཕོ་བ་དེ་ལ་ཡང་དེའི་བར་སྐབས་ན་སྲིད་པ་མེད་པ་དང་། ཉེ་བར་ལེན་པ་མེད་པར་འགྱུར་བ་དེ་ཉིད་སོ་ན་གནས་བཞིན་པས། དེའི་ཕྱིར་སེམས་ཅན་ཡང་འཁོར་བར་མི་འཐད་དོ། །

（自方）道：棄捨今世的近取而近取中有，故而投生；次捨離該中有的近取而近取其他（處的蘊體）、轉生（他處）。（然而，）其間並無「有」的存在，絕無近取。故不成立有情輪轉。

དེ་ནི། འདུ་བྱེད་མྱ་ངན་འདའ་བར་ནི། །ཇི་ལྟ་བུར་ཡང་མི་འཐད་དོ། །འདུ་བྱེད་རྣམས་མྱ་ངན་འདའ་བར་ནི། །ཇི་ལྟ་བུར་ཡང་མི་འཐད་དེ། །ཅིའི་ཕྱིར་ཞེ་ན། རྟག་པ་དང་མི་རྟག་

7　介於前世及後世的中有。經說四有：死有、中有、生有、本有。

པར་ཐལ་བར་འགྱུར་བའི་ཕྱིར་རོ། །དེ་ལ་རེ་ཞིག་གལ་ཏེ་འདུ་བྱེད་རྣམས་རྟག་པར་ཡོངས་སུ་བརྟགས་ན་འདུ་བྱེད་རྣམས་རྟག་པར་མི་འགྱུར་བ་རྣམས་ལ་མྱ་ངན་ལས་འདས་པ་ཐོབ་པས་ཅི་ཞིག་ཁྱད་པར་དུ་བྱེད་པར་འགྱུར། ཅི་སྟེ་བྱེད་ན་ནི་འགྱུར་བའི་ཕྱིར་མི་རྟག་པར་འགྱུར་རོ། །ཅི་སྟེ་འདུ་བྱེད་རྣམས་མི་རྟག་ན་ནི་དེ་ལྟ་ན་ཡང་འཇིག་པའི་ཆོས་ཅན་ཡིན་པའི་ཕྱིར་འགགས་ཤིང་མེད་པ་རྣམས་ལ་མྱ་ངན་ལས་འདའ་བར་གང་གི་ཡིན་པར་འགྱུར་ཏེ། དེ་ལྟ་བས་ན་འདུ་བྱེད་རྣམས་མྱ་ངན་ལས་འདའ་བར་ཡང་མི་འཐད་དོ། །

現在，（《中論》云：）

**16.4.ab 諸行若涅槃，是事終不然；**

無論如何都不能成立諸有爲法（能得）涅槃。爲何？應成常及無常的緣故。首先，若觀諸有爲法是常法，不變、是常的有爲法卻能得涅槃，應以何區分？[8]果眞可做（區分，實不應理），由此變化，將成無常。

若有爲法是無常，即便如此，仍會是壞滅有法將（全然）壞滅且不存在，（這樣一來，）將成何者的涅槃？因此，諸有爲法（能得）涅槃也不成立。

དེ་ལ་འདི་སྙམ་དུ་སེམས་ཅན་མྱ་ངན་ལས་འདའོ་སྙམ་ན།

於此，（他方）認爲：有情終將涅槃。

དེ་ལ་བཤད་པར་བྱ་སྟེ། སེམས་ཅན་མྱ་ངན་ལས་འདའ་བར། །ཇི་ལྟ་བུར་ཡང་འཐད་

8 未獲涅槃階段的常性有為法及已獲涅槃階段的常性有為法，二者的差異為何？如何變化——如何從前階段轉變到下階段？

མི་འགྱུར། །སེམས་ཅན་མྱ་ངན་ལས་འདའ་བར་ཡང་ཇི་ལྟ་བུར་ཡང་འཐད་པར་མི་འགྱུར་ཏེ། ཅིའི་ཕྱིར་ཞེ་ན། རྟག་པ་དང་མི་རྟག་པར་ཐལ་བར་འགྱུར་བ་ཉིད་ཀྱི་ཕྱིར་རོ། །དེ་ལ་རེ་ཞིག་གལ་ཏེ་སེམས་ཅན་རྟག་པར་འགྱུར་ན། རྟག་པར་མི་འགྱུར་བ་རྣམས་ལ་མྱ་ངན་ལས་འདས་པ་ཐོབ་པས་ཅི་ཡང་བྱར་མེད་པ་དང་། སྐྱོན་དུ་མར་ཐལ་བར་ཡང་འགྱུར་རོ། །ཅི་སྟེ་སེམས་ཅན་མི་རྟག་པར་འགྱུར་ན། དེ་ལྟར་ན་ཡང་མི་རྟག་པ་བསྒྲིམ་མི་དགོས་པར་འགགས་པ་ལ་མྱ་ངན་ལས་འདས་པས་ཡང་ཅི་ཞིག་བྱ་ཞིང་མྱ་ངན་ལས་འདའ་བ་གང་གིས་ཡིན་པར་འགྱུར།

於此，（自方）將做解說。（《中論》云：）

**16.4.cd 有情若涅槃，[9]是事亦不然。**

無論如何都不能成立有情將會涅槃。爲何？應成常及無常的緣故。首先，若有情是常，不變、是常的有情卻能獲得涅槃，則無任何作爲（也可解脫），應成諸多過患。

若有情是無常，無常則有（前後刹那）不需緊密結合且（全然）壞滅（之過）。（果眞如此，）涅槃又有何用？[10]將成何法的涅槃？

དེ་ལ་འདི་སྙམ་དུ་སེམས་ཅན་རྟག་པ་དང་མི་རྟག་པ་ཉིད་དུ་བརྗོད་པར་བྱ་བ་མ་ཡིན་པ་མྱ་ངན་ལས་འདས་པར་འཐད་པར་སེམས་ན།

9 有關 16.4c，對勘本版的藏譯中論為：སེམས་ཅན་མྱ་ངན་འདའ་བར་ཡང་།，故與此中所引的偈頌文有所出入；可參考 Nāgārjuna. *Dbu ma rtsa ba'i tshig le'ur byas pa shes rab,* 22。

10 當甲徹底壞滅、毫不存在，等於無，這種涅槃又有何用？

於此，（他方）認爲：不許有情是常及無常，但能合理成立（有情）能獲涅槃。[11]

དེ་ཡང་མི་རུང་སྟེ། ཅིའི་ཕྱིར་ཞེ་ན། རྟག་པ་དང་མི་རྟག་པ་ཉིད་དུ་བརྗོད་པར་བྱ་བ་མ་ཡིན་པ་དེ་ནི་ཉེ་བར་ལེན་པ་དང་བཅས་པ་ཉིད་ལ་འཐད་ཀྱི་ཉེ་བར་ལེན་པ་མེད་པ་ལ་ནི་མི་འཐད་དོ། །སེམས་ཅན་ཉེ་བར་ལེན་པ་མེད་པ་མྱ་ངན་ལས་འདའ་བར་བྱ་བ་ཡིན་ན་ཉེ་བར་ལེན་པ་མེད་པ་འབའ་ཞིག་པ་ཅིའི་ཕྱིར་རྟག་པ་དང་མི་རྟག་པ་ཉིད་དུ་བརྗོད་པར་བྱ་བ་མ་ཡིན་པར་འགྱུར།

（自方）道：此亦不應理。爲何？唯獨具近取者（存在）方能成立不說常及無常（之我）；針對不具近取者則不能成立。[12]有情沒有近取還能涅槃的話，絕無近取者爲何是「不說常及無常（之我）」？[13]

དེ་ལ་འདི་སྙམ་དུ་ཉེ་བར་ལེན་པ་མེད་པ་ནི་ཡོད་པ་ཉིད་དང་མེད་པ་ཉིད་དུ་བརྗོད་པར་བྱ་བ་མ་ཡིན་ནོ་སྙམ་ན།

於此，（他方）認爲：沒有近取者才不能說有性及無性。

---

11 根據根敦主巴的《寶鬘論》，在此的他方是犢子派。此派說，我是既非常又非無常的不可說性質，故說我是「不說常及無常之我」或「無法言語之我」。可參考根敦主巴的《寶鬘論》——Dge 'dun grub pa. *Dbu ma rtsa ba shes rab kyi ngag don bshad pa rin po che'i phreng ba zhes bya ba bzhugs so,* 177。

12 「不說有情是常及無常」意指某派對我是不可說為常、亦不可說為無常的立場。此派認為：我非常亦非無常，但我會得涅槃。自方反駁：你說不成立近取者，既無近取者，豈有不說常及無常之我？

13 沒近取蘊仍可獲得涅槃，應成常與無常的其中一者。為何？若是之前未獲涅槃，之後隨因緣獲得涅槃，便成無常；若是一開始就已涅槃，就應成常。

དེ་ལ་བཤད་པར་བྱ་སྟེ། གང་ཡོད་པ་ཉིད་དང་མེད་པ་ཉིད་དུ་བརྗོད་པར་བྱ་བ་མ་ཡིན་པ་དེ་ལ་ཇི་ལྟར་མྱ་ངན་ལས་འདའོ་ཞེས་བརྗོད་པར་བྱ།

於此，（自方）將做解說。請說：凡是「不能說有性及無性者」如何成就涅槃？

སྨྲས་པ། ཉེ་བར་ལེན་པ་མེད་པ་གང་ཡིན་པ་དེ་ཡོད་པ་ཉིད་དང་མེད་པ་ཉིད་དུ་བརྗོད་པར་བྱ་བ་མ་ཡིན་པར་འགྱུར་ཏེ། ཇི་ལྟར་ཉེ་བར་ལེན་པ་དང་བཅས་པ་ཡོད་ན་དེ་ཉིད་དང་གཞན་ཉིད་དུ་བརྗོད་པར་བྱ་བ་མ་ཡིན་པ་བཞིན་ནོ། །

（他方）道：像具近取者不說彼性及他性般，一切無近取者才不說有性及無性。[14]

བཤད་པ། གང་ཉེ་བར་ལེན་པ་མེད་པ་གསལ་བར་བྱེད་པ་མེད་པ་དེ་ལ་ཡོད་པ་ཉིད་དུ་གང་གིས་ཤེས་པར་བྱ། ཅི་སྟེ་ཡོད་ན་ནི་གང་གིས་དེ་ཡོད་ཅེས་ཤེས་པར་བྱ་བ་དེ་ཉིད་དེའི་ཉེ་བར་ལེན་པ་ཡིན་པས། ཉེ་བར་ལེན་པ་དང་བཅས་པ་དེ་ལ་ནི་ཐར་པ་མི་འཐད་པ་ཉིད་དོ། །

（自方）道：既無近取、能顯者，以何（理）得知彼法（——涅槃——）存在？若存在，且可以某（理）得知彼的存在，這（了知的智慧）便是該（涅槃者）的近取，[15]（但）具

14 在此的「具近取」應理解為蘊體，「無近取者」應理解為我，如月稱論師的《顯句論》——Candrakīrti, *Dbu ma rtsa ba'i 'grel pa tshig gsal,* 231 說：བདག་ནི་དེ་ལྟར་རྟག་པ་དང་མི་རྟག་པར་འགྱུར་བ་མ་ཡིན་ནོ། །འདི་ལྟར་ཕུང་པོ་དག་ལས་དེ་ཉིད་དང་གཞན་དུ་བརྗོད་པ་མེད་པ་ལྟར།（如同無法從蘊體而言彼性及他性般，我非如斯的常及無常。）

15 藏譯中，什麼存在的主詞及什麼被知的受詞並不清楚。建議參考月稱論師的《顯句論》—— Candrakīrti, *Dbu ma rtsa ba'i 'grel pa tshig gsal*, 83：ཅི་སྟེ་མྱ་ངན་ལས་འདས་པ་ན་བདག་ཡོད་པ་དང་མེད་པ་ཉིད་དུ་ཡང་བརྗོད་དུ་མེད་པར་འདོད་དོ་ཞེ་ན། དེ་ལྟ་ན་ཡང་ཅི་འདི་དེའི་ཚེ་ཤེས་པར་བྱ་

近取的解脫不應理。[16]

དེ་ལ་འདི་སྙམ་དུ་གང་གི་ཚེ་ཉེ་བར་ལེན་པ་མེད་པ་ནི་ཡོད་པ་ཉིད་དུ་བརྗོད་པར་བྱ་བ་མ་ཡིན་ནོ། །ཞེས་པ་དེའི་ཚེ་གང་གིས་དེ་ཡོད་པར་ཤེས་པར་བྱ། ཞེས་རྒོལ་བ་དེ་ཇི་ལྟར་རུང་སྙམ་ན།

於此，（他方）認爲：說「無近取時便不能說有性」時，此（言）由何得知？敵方（的反駁）如何應理？[17]

བཤད་པ། བརྗོད་པར་བྱ་བ་ཡང་གཞན་ལ་རྣམ་པར་ཤེས་པར་བྱ་བ་ཡང་གཞན་ཡིན་པས་དེའི་ཕྱིར་ཇི་ལྟར་ཤེས་པར་བྱ་ཞེས་སྨྲས་ཀྱི། ཇི་སྐད་བརྗོད་པར་བྱ་ཞེས་ནི་མ་སྨྲས་ཏེ། རི་བོང་གི་རྭ་མེད་པ་ལ་ནི་ཁྱོད་ཀྱི་བརྗོད་པར་བྱ་བ་དང་བརྗོད་པར་བྱ་བ་མ་ཡིན་པའི་བསམ་པ་མེད་པས། དེའི་ཕྱིར་བློས་དེ་ཡོད་པར་བཟུང་ནས་ཚིག་གི་སྒྲོན་སྤྱང་བའི་ཕྱིར་བརྗོད་པར་བྱ་བ་མ་ཡིན་ནོ་ཞེས་སྨྲ་གྲང་། ཅི་སྟེ་ཁྱོད་ཀྱི་བློས་ཀྱང་དེ་ཡོད་པ་ཉིད་དང་མེད་པ་ཉིད་དུ་མ་ངེས་ན་ནི། ཅིའི་ཕྱིར་བརྗོད་པར་བྱ་བ་མ་ཡིན་ནོ་ཞེས་སྨྲ། ངང་པོ་ཁོ་ནར་རྣམ་པར་ཤེས་པར་བྱ་བ་མ་ཡིན་ནོ། །ཞེས་བརྗོད་པར་བྱ་བའི་རིགས་ཏེ། སློབ་དཔོན་འཕགས་པ་ལྷས་ཀྱང་། ཐར་ལ་གལ་ཏེ་བདག་ཡོད་རྟག །གལ་ཏེ་མེད་ན་མི་རྟག་འགྱུར། །སྐྱེས་བུ་བརྗོད་པར་བྱ་མིན་ཡང་། །མཁས་པས་ཤེས་པར་བྱ་མིན་མིན། །ཞེས་གསུངས་སོ། །དེ་ལྟ་བས་ན་སེམས་ཅན་ཡང་ཇི་ལྟར་ཡང་མྱ་ངན་ལས་འདའ་བར་མི་འཐད་དོ། །

---

བ་ཞིག་ཡིན་ནམ། འོན་ཏེ་མ་ཡིན། གལ་ཏེ་ཤེས་པར་བྱ་བ་ཡིན་ནོ་ཞེ་ན། འོན་ཏེ་འཁོར་བ་ལྟར་མྱ་ངན་ལས་འདས་པ་ན་ཡང་ཤེས་པར་བྱ་བ་ཡིན་པའི་ཕྱིར་བདག་འདི་ཉེ་བར་ལེན་པ་མེད་པ་མ་ཡིན་ནོ།（若說：「涅槃時的『我』無法說是常及無常。」然而，該法（涅槃）是所知還是非所知？若是所知，如輪迴般，涅槃亦被了知。因此，這時的我並非沒有近取。）

16 近取蘊及近取者的我都不應以自性獲證涅槃。

17 根據下述佛護論師的反駁，他方的立場是：無從得知「無近取時不能說有性」，因為當時無近取蘊，既無，豈知其論？所以，佛護論師您的反駁不成立。

（自方）道：不只所言爲其他，所知亦爲其他，故說「如何得知」，而不說「如何說彼法」。像不存在的兔角，自然不會想（兔角）是所言或非所言，所以你爲了避免用詞的過失，心想該（兔角）存在而說（兔角）爲非所言？[18]

既然以你的智慧無法決定是有性還是無性，爲何說「（我是）不能言說」呢？坦白講，說「其實是不知」才合理。阿闍黎聖天亦云：「解脫我則常，若無則無常，士夫不能言，智者亦不知。」[19]因此，有情將獲涅槃無論如何不應理。

སྐྱེ་འཇིག་ཆོས་ཅན་འདུ་བྱེད་རྣམས། །མི་འཆིང་གྲོལ་བར་མི་འགྱུར་ཏེ། འདུ་བྱེད་རྣམས་ནི་འཆིང་བར་ཡང་མི་འཐད་ལ་ཐར་པ་ཡང་མི་འཐད་དོ། །ཅིའི་ཕྱིར་ཞེ་ན། འདི་ལྟར་འདུ་བྱེད་སྐྱེ་བ་དང་འཇིག་པའི་ཆོས་ཅན་སྐད་ཅིག་མ་རེ་རེ་ལ་སྐྱེ་ཞིང་རང་གི་ངང་གིས་འགག་པ་ངེས་པར་མི་གནས་པ་རྣམས་ཇི་ལྟར་ཡང་འཆིང་བ་དང་ཐར་པར་མི་འཐད་པའི་ཕྱིར་རོ། །

（《中論》云：）

**16.5.ab 諸行生滅相，不縛亦不解，**

18 能不能言說的對象是常、無常、有、無等性；能不能知的對象是涅槃者的存在。所以，所說的內容是一者，所知的內容又是另一者，故不相同，所以我才說「如何得知」而非「如何說」。倘若沒有兔角，你也不會想兔角是否為所言的對象或是非所言的對象，又擔心受到指責有語病，而口是心非地想著兔角的存在，說「兔角並非所言的對象」。

19 來源不詳。這段偈頌文在丹珠爾中只有被《佛護論》、《般若燈論釋》，以及《般若燈論的廣釋》三部論典所引用。

成立諸有爲法是束縛或是解脫不合理。爲何？有爲法的生與滅之有法都是一一剎那生起、自然而然壞滅且無定性。（所以，）無論如何，成立束縛及解脫皆不合理。[20]

སྨྲས་པ། འདུ་བྱེད་རྒྱུན་ལ་འཆིང་བ་དང་ཐར་པ་ཡོད་དོ། །

（他方）道：縛解存在於有爲法的續流之中。

བཤད་པ། གལ་ཏེ་འདུ་བྱེད་ཀྱི་རྒྱུན་ཞེས་བྱ་བའི་དངོས་པོ་འགའ་ཞིག་ཡོད་པར་གྱུར་ན་ནི་ཁྱོད་འདོད་པ་ལྟར་འཆིང་བའམ། ཐར་པར་ཡང་འགྱུར་གྲང་ན། གང་གི་ཚེ་འདུ་བྱེད་སྐྱེ་བ་དང་འགག་པའི་རྒྱུ་ཉིད་ལ་རྒྱུན་ཞེས་བྱ་བ་དེའི་ཚེ་དེ་ལ་ཅི་ཞིག་འཆིང་ཞིང་ཅི་ཞིག་ཐར་པར་འགྱུར། ཅི་སྟེ་རྒྱུན་གྱི་དངོས་པོ་ཞིག་ཡོད་པར་གྱུར་ན་ཡང་། དེ་ལྟ་ན་ཡང་འདུ་བྱེད་ཡིན་པའི་ཕྱིར་དང་། སྐྱེ་བ་དང་འཇིག་པའི་ཆོས་ཅན་ཡིན་པའི་ཕྱིར་དང་། ངེས་པར་མི་གནས་པའི་ཕྱིར་དེ་ལ་བཅིངས་པ་དང་ཐར་པ་འཐད་པར་ག་ལ་འགྱུར།

（自方）道：若有所謂「有爲法續流」的某些事物，（該續流）是你所說的束縛還是解脫？

若稱有爲法的生滅之因是續流，是什麼被束縛？什麼得解脫？

20 因為每一剎那都在生滅之中，轉變的時間太短暫且迅速，幾乎無法遭束縛，所以貪愛的束縛不能存在於生滅的剎那之中。如月稱論師的《顯句論》── Candrakīrti, *Dbu ma rtsa ba'i 'grel pa tshig gsal,* 237：འདོད་ཆགས་ལ་སོགས་པ་འཆིང་བ་ཉིད་དུ་བརྟགས་པའི་བཅིངས་པ་དེ་ནི་རེ་ཞིག་སྐྱེ་བ་དང་འཇིག་པའི་ཆོས་ཅན་འདུ་བྱེད་སྐད་ཅིག་མ་རྣམས་ལ་མི་སྲིད་དེ། སྐྱེས་མ་ཐག་ཏུ་འཇིག་ཅིང་བརྙག་པ་རྣམས་ནི་ཡོད་པ་མ་ཡིན་པའི་ཕྱིར་རོ།（首先，由貪等束縛所施設之「縛」不可能存在於有為生及滅的剎那有法中，因為於生後立即壞滅，況且消失的法中不存在的緣故。）

若有續流事物，該事物也仍是有爲法、生與滅的有法、無定性，成立束縛及解脫豈能應理？

དེ་ལ་འདི་སྙམ་དུ་འདུ་བྱེད་རྣམས་ནི་འཆིང་བར་ཡང་མི་འགྱུར་ཐར་པར་ཡང་མི་འགྱུར་གྱི། སེམས་ཅན་ནི་འཆིང་བ་དང་ཐར་པར་འགྱུར་རོ་སྙམ་ན།

於此，（他方）認爲：諸有爲法不會有束縛及解脫。然而有情的確被束縛，也能成就解脫。

དེ་ལ་བཤད་པར་བྱ་སྟེ། སྔ་མ་བཞིན་དུ་སེམས་ཅན་ཡང་། །མི་འཆིང་གྲོལ་བར་མི་འགྱུར་རོ། །སེམས་ཅན་ཡང་འཆིང་བར་མི་འགྱུར། ཐར་པར་མི་འགྱུར་རོ། །གལ་ཏེ་ཇི་ལྟར་ཞེ་ན། སྔ་མ་བཞིན་དུ་སྟེ། ཇི་ལྟར་སྔར་སེམས་ཅན་རྟག་པ་ལ་ཡང་འཁོར་བ་དང་མྱ་ངན་ལས་འདའ་བ་མི་འཐད་ལ། མི་རྟག་པ་ལ་ཡང་མི་འཐད་པར་བསྟན་པ་དེ་བཞིན་དུ་འདིར་ཡང་སེམས་ཅན་རྟག་པར་མི་འགྱུར་བ་ཡིན་ན་ཡང་འཆིང་བ་མི་འཐད་ཅིང་ཐར་པ་ཡང་མི་འཐད་དོ། །ཅི་སྟེ་འཆིང་བ་དང་ཐར་པར་གྱུར་ན་ནི་འགྱུར་བ་ཕྱིར་མི་རྟག་པར་འགྱུར་རོ། །སེམས་ཅན་མི་རྟག་པ་ལ་འགོག་པའི་ཆོས་ཅན་ངེས་པར་མི་གནས་པ་ཡང་བཅིང་བ་དང་ཐར་པར་བྱར་མི་ནུས་ཏེ། འདི་ལྟར་འགགས་ཤིང་མེད་པ་ལ་ཅི་ཞིག་བཅིང་ཞིང་ཐར་པར་བྱར་ཡོད་དོ། །

於此，（自方）將做解說。（《中論》云：）

**16.5.cd 衆生如先說，不縛亦不解。**

有情亦沒有束縛及解脫。爲何？如前已說，若有情是常法，成立輪迴及涅槃則不合理；若有情是無常，成立亦不合理。同樣的，若有情是不變常法，成立束縛及解脫則不合理，若束縛及解脫成立，將成無常。若有情是無常，是壞滅的有法，且絕無住性，成立束縛及解脫亦不合理。如是，（徹底）壞滅、沒有的話，什麼被束縛？（什麼）得解脫呢？

འདིར་སྨྲས་པ། སེམས་ཅན་གྱི་ཉེ་བར་ལེན་པ་གང་ཡིན་པ་དེ་ནི་འཆིང་བ་ཞེས་བྱ་ལ་ཉེ་བར་ལེན་པ་གཏན་དུ་ཉེ་བར་ཞི་བ་གང་ཡིན་པ་དེ་ནི་ཐར་པ་ཞེས་བྱ་ཞིང་། སེམས་ཅན་ཡང་རྟག་པ་དང་མི་རྟག་པ་ཉིད་དུ་བརྗོད་པར་བྱ་བ་མ་ཡིན་པས་དེའི་ཕྱིར་སེམས་ཅན་རྟག་པ་དང་མི་རྟག་པའི་སྐྱོན་དང་བྲལ་བ་ལ་བཅིངས་པ་དང་ཐར་པ་འཐད་དོ། །

於此，（他方）道：凡是有情的近取都稱爲「束縛」，凡是近取的永恆寂滅都稱爲「解脫」。有情不能說是常及無常，如此，有情便能遠離常及無常之過，從而成立束縛及解脫。

བཤད་པ། གལ་ཏེ་ཉེ་བར་ལེན་འཆིང་ན། །ཉེ་བར་ལེན་བཅས་འཆིང་མི་འགྱུར། །གལ་ཏེ་ཉེ་བར་ལེན་པ་འཆིང་བ་ཡིན་ན་དེ་ལྟ་ན་རེ་ཞིག་སེམས་ཅན་ཉེ་བར་ལེན་པ་དང་བཅས་པ་ནི་འཆིང་བར་མི་འགྱུར་རོ། །ཅིའི་ཕྱིར་ཞེ་ན། བཅིངས་ཟིན་པ་ཁོ་ནའི་ཕྱིར་ཏེ། འདི་ལྟར་བཅིངས་ཟིན་ན་ཡང་བཅིང་བར་བྱ་ཅི་དགོས།

（自方道，《中論》）云：

**16.6.ab 若近取爲縛，具近取非縛，**

若近取是束縛，首先，具有近取的有情不應被束縛。爲何？（有情）僅爲已被束縛的緣故。既然已被束縛，何須再被束縛？

དེ་ཡང་འདི་སྙམ་དུ་ཉེ་བར་ལེན་པ་མེད་པ་ཁོ་ན་འཆིང་བར་འགྱུར་རོ་སྙམ།

於此，（他方）認爲：只有不具近取者才被束縛！

དེ་ལ་བཤད་པར་བྱ་སྟེ། ཉེ་བར་ལེན་མེད་མི་འཆིང་སྟེ། །ཉེ་བར་ལེན་པ་མེད་ན་ཡང་དེ་ལ་འཆིང་བ་མི་འཐད་དེ། འདི་ལྟར་ཡང་ཉེ་བར་ལེན་པ་མེད་པ་གང་གདགས་སུ་མེད་པ་ཐ་སྙད་གདགས་སུ་མེད་པ་གསལ་བར་བྱེད་པ་མེད་པ་དེ་ཇི་ལྟར་ཡོད་པར་འགྱུར། །གང་མེད་པ་དེ་ཇི་ལྟར་ཉེ་བར་ལེན་པས་འཆིང་བར་འགྱུར་ཏེ། དེའི་ཕྱིར་སེམས་ཅན་ཉེ་བར་ལེན་པ་མེད་པ་ཡང་ཉེ་བར་ལེན་པས་འཆིང་བར་མི་འཐད་དོ། །འོ་ན་ད་ཁྱོད་ཀྱི་སེམས་ཅན་གནས་སྐབས་གང་ཞིག་འཆིང་བར་འགྱུར་བ་དེ་ད་སྨྲོས་ཤིག །

於此，（自方）將做解說。（《中論》云：）

## 16.6.c 無近取不縛，

即使是不具近取者，其束縛也不合理。凡是不具近取者，便無施設（處）、無法於名言中施設、無能顯者，此法怎能存在？既然不存在，其法怎被近取所束縛？因此，「不具近取的有情被近取束縛」不合理。那麼，請你現在說明有情什麼時候被束縛。（誠如《中論》云：

## 16.6.d 於何而有縛？）

འདིར་སྨྲས་པ། ཉེ་བར་ལེན་པ་འཆིང་བ་ནི་རེ་ཞིག་གསལ་བར་ཡོད་དེ། འདིས་འཆིང་བར་བྱེད་པས་ན་འཆིང་བ་ཞེས་བྱའོ། །དེ་ལྟར་འཆིང་བ་ཡོད་པའི་ཕྱིར་གང་དེས་བཅིང་བར་བྱ་བ་ཡང་ཡོད་པ་ཁོ་ན་ཡིན་ནོ། །

於此，（他方）道：首先，近取的束縛是明顯的。因爲正遭束縛而有「束縛」一說，所以存在束縛，而且由此束縛的對象也是絕對存在的！

བཤད་པ། གལ་ཏེ་བཅིངས་པའི་སྔ་རོལ་ན། །འཆིང་བ་ཡོད་ན་འཆིང་ལ་རག །དེ་ཡང་མེད་དེ། གལ་ཏེ་བཅིངས་པ་དེ་བས་སྔ་རོལ་ན་ཉེ་བར་ལེན་པ་འཆིང་བ་དེ་ཡོད་པར་གྱུར་ན་ནི་ཁྱོད་འདོད་པ་ལྟར་ཉེ་བར་ལེན་པས་འཆིང་བས་འཆིང་བར་འགྱུར་ལ་རག་ན། བཅིངས་པའི་སྔ་རོལ་ན་དེ་ཡང་མེད་དེ། འདི་ལྟར་ཉེ་བར་མ་བླངས་པ་ཇི་ལྟར་ཉེ་བར་ལེན་པ་ཡིན་པར་འགྱུར། བཅིངས་པའི་སྔ་རོལ་ན་མེད་པ་གང་ཡིན་པ་དེས་ཇི་ལྟར་འཆིང་བར་འགྱུར་ཏེ། དེ་ལྟ་བས་ན་ཉེ་བར་ལེན་པ་ཡང་འཆིང་བ་མ་ཡིན་ནོ། །

（自方道，《中論》）云：

**16.7.abc 縛前若有縛，[21]則應成束縛，然此亦非有，**

若束縛[22]之前存在近取的正在束縛，則如你所承許般，將由近取而正在束縛的緣故，應成束縛。（然而，）束縛之前也無彼（正在束縛），既無已近取，豈有正在近取？在束縛之前不存在的話，怎成正在束縛？[23]因此，近取亦無束縛。

ལྷག་མ་ནི། སོང་དང་མ་སོང་བགོམ་པས་བསྟན། །འཆིང་བ་མི་འཐད་པའི་ལྷག་མ་གང་དག་ཡིན་པ་དེ་དག་ནི་སོང་བ་དང་མ་སོང་བ་དང་བགོམ་པ་དག་གིས་བསྟན་པར་ཁོང་དུ་

---

21 有關16.7.a，對勘本版的藏譯中論為：།གལ་ཏེ་བཅིང་བྱའི་སྔ་རོལ་ན།，故與此中所引的偈頌文有所出入；可參考 Nāgārjuna. *Dbu ma rtsa ba'i tshig le'ur byas pa shes rab,* 22。

22 根據對勘本版的藏譯中論，在此的「束縛」應理解為「所縛」或「束縛的對象」。

23 他方說：因有「正被束縛」而有「束縛」一說。自方說：如果束縛之前可以存在正在束縛的話，你說的還有道理。但是，束縛之前怎麼會有正在束縛？束縛之前就是束縛尚未產生、沒有束縛的時位，所以在「束縛之前」的那個時位中，怎麼會有正在束縛？就像於某個時間點沒有了近取，怎麼會有正在近取？

ཆུད་པར་བྱ་སྟེ། ཇི་ལྟར་སོང་བ་ལ་འགྲོ་བ་མེད་པ་དང་མ་སོང་བ་ལ་ཡང་མེད་བགོམ་པ་ལ་ཡང་མེད་པ་དེ་བཞིན་དུ། བཅིངས་པ་ཡང་མི་འཆིང་མ་བཅིངས་པ་ཡང་མི་འཆིང་། འཆིང་བཞིན་པ་ཡང་མི་འཆིང་ངོ་། ཇི་ལྟར་སོང་བ་ལ་ཡང་འགྲོ་བའི་རྩོམ་པ་མི་འཐད་མ་སོང་བ་ལ་ཡང་མི་འཐད་བགོམ་པ་ཡང་མི་འཐད་པ་དེ་བཞིན་དུ། བཅིངས་པ་ལ་འཆིང་བའི་རྩོམ་པ་མི་འཐད་མ་བཅིངས་པ་ལ་ཡང་མི་འཐད། འཆིང་བཞིན་པ་ལ་ཡང་མི་འཐད་དོ། །

（自方道，《中論》云：）

## 16.7.d 餘如去來答。

其餘一切（理路皆）不能成立束縛，應於前述的已去、未去及跨步（類推）而通達。

如同行走不存在於已去中、未去中、跨步中，束縛也不存在於已束縛中、未束縛中。而且正在束縛也無束縛。

如同行走的發起不存在於已去中、未去中、跨步中，束縛的發起也不存在於已束縛中、未束縛中、正在束縛中。

འདིར་སྨྲས་པ། རེ་ཞིག་ཐར་པ་ནི་བཅོམ་ལྡན་འདས་ཀྱིས་བསྟན་པའི་དབང་དུ་བྱས་པ་སྟེ་འགྲོ་བ་རྣམ་པར་ཐར་པར་བྱ་བའི་ཕྱིར་དེ་བཞིན་གཤེགས་པ་འཇིག་རྟེན་འབྱུང་བས། དེའི་ཕྱིར་རེ་ཞིག་ཐར་པ་ནི་ཡོད་དོ། མ་བཅིངས་པ་ལ་ཡང་ཐར་པ་མེད་པས་བཅིངས་པ་ཡང་ཡོད་པ་ཁོ་ན་ཡིན་ནོ། །

於此，（他方）道：首先，薄伽梵爲解脫眾生而說解脫，由此，如來出生世間。解脫是存在的！無束縛則無解脫，所以，束縛自然是絕對存在的！

བཤད་པ་གལ་ཏེ། ཐར་པ་ཉིད་འཐད་ན་ནི་བཅིངས་པ་ཡང་ཡོད་པར་འགྱུར་གྲང་ན། ཐར་པ་མི་འཐད་པས་བཅིངས་པ་འཐད་པར་ག་ལ་འགྱུར། ཇི་ལྟར་ཞེ་ན། གང་གི་ཕྱིར། རེ་ཞིག་བཅིངས་པ་མི་འགྲོལ་ཏེ། །འདི་ལ་རེ་ཞིག་བཅིངས་པ་གང་ཡིན་པ་དེ་ནི་མི་འགྲོལ་ལོ། །ཅིའི་ཕྱིར་ཞེ་ན། འདི་ལྟར་བཅིངས་པ་གང་བཅིངས་པའི་གནས་ཉིད་ལ་འདུག་པ་དེ་ཇི་ལྟར་གྲོལ་བར་འཐད་པར་འགྱུར། ཅི་སྟེ་བཅིངས་པ་ཉིད་འགྲོལ་བར་འགྱུར་ན་ནི་དེ་ལྟ་ན་འགའ་ཡང་མ་གྲོལ་བར་མི་འགྱུར་བས་དེ་ནི་མི་འདོད་དེ། དེ་ལྟ་བས་ན་རེ་ཞིག་བཅིངས་པ་མི་འགྲོལ་ལོ། །

（自方）道：若解脫應理則束縛也應理，正因爲解脫不應理，束縛豈應理？爲何？因爲（《中論》云：）

## 16.8.a 縛者無有解，

於此，首先，一切束縛皆不解脫。爲何？一切束縛唯存於束縛的狀態，（束縛者可）解脫如何應理？若束縛者能解脫，一切都可解脫，故（我）不承許彼（說）。因此，首先，束縛者不解脫。

སྨྲས་པ། བཅིངས་པ་འཆིང་བ་དང་བྲལ་བ་གང་ཡིན་པ་དེ་གྲོལ་བ་ཡིན་ནོ། །

（他方）道：一切遠離已束縛及正在束縛都是解脫。

བཤད་པ། དེ་ལ་ཡང་དེ་ཉིད་དེ་བཅིངས་པ་ལ་ནི་འཆིང་བ་དང་བྲལ་བ་མི་འཐད་དེ་བཅིངས་པ་ཁོ་ནའི་ཕྱིར་རོ། །

（自方）道，亦應如是：既已束縛，將不能離束縛，因爲僅有束縛。

སྨྲས་པ། འོ་ན་འཆིང་བ་དང་བྲལ་བ་ནི་གྲོལ་བ་ཞེས་བྱའོ། །

（他方）道：那麼，遠離束縛叫做「解脫」。

བཤད་པ། མ་བཅིངས་པ་ཡང་འགྲོལ་མི་འགྱུར། །འདི་ལྟར་འཆིང་བ་དང་བྲལ་བ་གང་ཡིན་པ་དེ་ནི་མ་བཅིངས་པ་ཁོ་ན་ཡིན་ཏེ། གང་མ་བཅིངས་པ་དེ་ནི་གྲོལ་བ་ཉིད་ཡིན་པས་དེ་ལ་ཡང་གྲོལ་བར་འགྱུར་བས་ཅི་བྱ་སྟེ། དེ་བས་ན་མ་བཅིངས་པ་ཡང་གྲོལ་བར་མི་འགྱུར་རོ། །

（自方道，《中論》）云：

### 16.8.b 無縛亦無解，

（此人）既已遠離束縛，就只能是無縛，無縛本身就是解脫，何須做何事而得解脫？所以無縛亦無解。[24]

སྨྲས་པ། བཅིངས་པ་ནི་འགྲོལ་ཏེ་འདི་ལྟར་བཅིངས་པ་གྲོལ་བར་འགྱུར་རོ། །ཞེས་བྱ་བ་དེ་ནི་འཇིག་རྟེན་ན་གྲགས་པ་ཡིན་नོ། །

（他方）道：（因）束縛而解脫，正所謂世間共許「束縛而解脫」。

བཤད་པ། དེ་ནི་འཇིག་རྟེན་ན་གྲགས་པ་ཡིན་ནོ། །ཞེས་གང་སྨྲས་པ་དེ་ནི་ལེགས་པར་སྨྲས་པ་ཡིན་ཏེ། འདི་ལྟར་གང་གི་ཕྱིར་འཇིག་རྟེན་ན་གྲགས་པ་ཡིན་པ་དེའི་ཕྱིར་དོན་དམ་པ་བསམ་པ་ལ་འཇུག་པར་མི་འགྱུར་རོ། །ཇི་ལྟར་ཞེ་ན། གང་གི་ཕྱིར། བཅིངས་པ་

24 諸法若有自性將不觀待，亦不能變其性。所以，甲若遠離束縛，一開始就應無縛。果真如此，甲何須為了解脫而努力？

གྲོལ་བཞིན་ཡིན་གྱུར་ན། །བཅིངས་དང་གྲོལ་བ་དུས་གཅིག་འགྱུར། །གལ་ཏེ་བཅིངས་པ་འགྲོལ་བར་འགྱུར་ན། དེ་ལྟར་འཆིང་བ་གང་དང་ལྡན་པས་བཅིངས་པ་ཞེས་བྱ་བ་དང་ཐར་པ་གང་དང་ལྡན་པས་གྲོལ་བ་ཞེས་བྱ་བའི་བཅིངས་པ་དང་གྲོལ་བ་གཉིས་དུས་གཅིག་པར་ཐལ་བར་འགྱུར་ཏེ། བཅིངས་པ་དང་གྲོལ་བ་མི་མཐུན་པ་གཉིས་གཅིག་ལ་གནས་པར་མི་འཐད་པས་དེའི་ཕྱིར་བཅིངས་པ་དང་གྲོལ་ལོ། །ཞེས་བྱ་བ་དེ་ནི་འབྲེལ་པ་མེད་པ་ཡིན་ནོ། །

（自方）道：（你）稱這是世間共許，所言極善！因爲是世間共許，所以不會相應勝義執。爲何？因爲，（《中論》云：）

**16.8.cd 縛時是解時，[25]縛解則同時。**

何者具束縛稱爲「縛」，何者具解脫稱爲「解」。若束縛而解脫，應成束縛及解脫兩者同時。束縛及解脫——不同方的兩者——不能於一（時處）同在，（故）說束縛而解脫實屬無義。

འདིར་སྨྲས་པ། གལ་ཏེ་དེ་ལྟར་ཐར་པ་ཉིད་མི་འཐད་པ་ཡིན་ན་འཁོར་བས་འཇིགས་པ་རྣམས་ཀྱི་མ་ཡིན་ལ་བསམ་པ་ནམ་ཞིག་ན་བདག་ཉེ་བར་ལེན་པ་མེད་པར་ཡོངས་སུ་མྱ་ངན་ལས་འདས་པར་འགྱུར་ཞིག་གྱུ། ནམ་ཞིག་ན་ཡོངས་སུ་མྱ་ངན་ལས་འདས་པ་བདག་གིར་འགྱུར་ཞིག་གྱུ་སྙམ་པ་གང་ཡིན་པ་དང་། མྱ་ངན་ལས་འདས་པ་ཐོབ་པའི་གདམས་ངག་གང་ཡིན་པ་དང་མྱ་ངན་ལས་འདས་པ་ཐོབ་པར་བྱ་བའི་ཕྱིར་ཡོངས་སུ་བསྐྱོད་པ་གང་ཡིན་པ་དེ་དག་ཐམས་ཅད་དོན་མེད་པ་ཉིད་དུ་མི་འགྱུར་རམ།

---

25 有關 16.8.abc，對勘本版的藏譯中論為：རེ་ཞིག་བཅིངས་པ་མི་གྲོལ་ཏེ། །མ་བཅིངས་པ་ཡང་གྲོལ་མི་འགྱུར། །བཅིངས་པ་གྲོལ་བཞིན་ཡིན་འགྱུར་ན།，故與此中所引的偈頌文有所出入；可參考 Nāgārjuna. *Dbu ma rtsa ba'i tshig le'ur byas pa shes rab*, 22。

於此，（他方）道：若解脫不應理，認為（解脫）並非畏懼輪迴者的（究竟目標），願我遠離近取究竟涅槃、願我擁有究竟涅槃、所有獲證涅槃的教授，以及為得解脫所做的一切將成無意義，不是嗎？

བཤད་པ། ཐབས་མ་ཡིན་པས་དོན་དུ་གཉེར་བ་དང་། གདམས་ངག་སྟོན་པ་དང་རྩོམ་པ་དག་དོན་མེད་པ་ཉིད་དུ་འགྱུར་བར་ཐེ་ཚོམ་མེད་དེ། འདི་ལྟར་བདག་ཉེ་བར་ལེན་པ་མེད་པར་ཡོངས་སུ་མྱ་ངན་ལས་འདའ་བར་བྱའོ་སྙམ་པ་དང་། མྱ་ངན་ལས་འདས་པ་བདག་གིར་འགྱུར་རོ་སྙམ་དུ་སེམས་པ་དག་ཇི་ལྟར་མྱ་ངན་ལས་འདས་པ་ཡིན་པར་འགྱུར། །

（自方）道：毋庸置疑，透過不正確的途徑而追求（解脫），所說的教授及努力將成無義。如是，願我遠離近取究竟涅槃的想法、願我能獲涅槃的念頭等，如何能（令我等獲得）涅槃？

གང་གི་ཚེ། བདག་ནི་ལེན་མེད་མྱ་ངན་འདའ། །མྱང་འདས་བདག་གིར་གྱུར་ཅིག་ཅེས། །གང་དག་འཛིན་པ་དེ་དག་གི། །ཉེར་ལེན་ལེགས་པར་ཟིན་མ་ཡིན། །འདི་ལ་ཉེ་བར་ལེན་པ་གཏན་དུ་ཉེ་བར་ཞི་བ་གང་ཡིན་པ་དེ་མྱ་ངན་ལས་འདས་པ་ཞེས་བྱ་ན། ཉེ་བར་ལེན་པ་ཐམས་ཅད་ཀྱི་རྩ་བ་ནི་བདག་དང་བདག་གིར་འཛིན་པ་ཡིན་པས། གང་དག་བདག་ཉེ་བར་ལེན་པ་མེད་པར་ཡོངས་སུ་མྱ་ངན་ལས་འདའ་བར་བྱའོ། ཉེ་བར་ལེན་པ་མེད་པའི་ཡོངས་སུ་མྱ་ངན་ལས་འདས་པ་བདག་གིར་གྱུར་ཅིག་སྙམ་དུ་རློམ་སེམས་སུ་བྱེད་པ་དེ་དག་ནི་བདག་དང་བདག་གིར་འཛིན་པ་ཡོངས་སུ་བཟུང་སྟེ་ངེས་པར་གནས་པ་ཡིན་པས། དེའི་ཕྱིར་དེ་དག་གི་བདག་དང་བདག་གིར་འཛིན་པ་དེ་ཉིད་ཉེ་བར་ལེན་པ་ལེགས་པར་མ་ཟིན་པ་ཡིན་ནོ། །ཉེ་བར་ལེན་པ་དང་བཅས་པ་ལ་ཐར་པ་འཐད་པར་ག་ལ་འགྱུར་ཏེ། ཉེ་བར་ལེན་པ་མེད་པར་ཡོངས་སུ་མྱ་ངན་ལས་འདའ་བར་འགྱུར་བ་དེ་གང་ཡིན་ཞིང་ཡོངས་སུ་མྱ་ངན་ལས་འདའ་

བ་གང་གི་ཡིན་པར་འགྱུར་ཏེ། དེ་དག་ཐམས་ཅད་ནི་དེའི་སྲིད་པ་དང་མ་རིག་པས་བསྐྱེད་པ་ཡིན་ནོ། །

何時，（《中論》云：）

**16.9 不受縛離苦，願我得涅槃，彼等諸執著，非善知近取。**[26]

近取永遠寂滅稱爲「涅槃」，而一切近取的根本都是我執及我所執；我無近取時，便得究竟涅槃。念「願我擁有遠離近取的究竟涅槃」之慢心，絕對被我執及我所執周遍，（你）因我執及我所執，便不能善知近取。

具近取者如何解脫？

誰是無近取而究竟涅槃者？（該）究竟涅槃又是誰的？一切彼等（近取）都是由彼（補特伽羅）的「有」及無明所生。

འདིར་སྨྲས་པ། རེ་ཞིག་འཁོར་བ་དང་མྱ་ངན་ལས་འདས་པ་དག་ནི་ཡང་ཡོད་པ་ཡིན་ཏེ། དེ་དག་ཀྱང་འགའ་ཞིག་གོ་ནའི་ཡིན་གྱི་ཅི་ཡང་མེད་པའི་མ་ཡིན་པས། འཁོར་བ་པོ་དང་མྱ་ངན་ལས་འདའ་བ་པོ་ཡང་ཡོད་དེ་ཁོ་བོ་ལ་ནི་དེ་ཙམ་གྱིས་ཚོག་གོ། །

於此，（他方）道：首先，再次（強調）輪迴及涅槃都存在，因爲彼等是某法的專屬（特質）[27]，並非不屬於任何法。

---

26 有關 16.9.bcd，對勘本版的藏譯中論為：།མྱང་འདས་བདག་གིར་འགྱུར་རོ་ཞེས། །དེ་ལྟར་གང་དག་འཛིན་དེ་ཡི། །ཉེར་ལེན་འཛིན་པ་ཆེན་པོ་ཡིན།，故與此中所引的偈頌文有所出入；可參考 Nāgārjuna. *Dbu ma rtsa ba'i tshig le'ur byas pa shes rab,* 22。

27 像是輪迴只被輪迴者所擁有，涅槃只被解脫者所擁有。

輪迴者及涅槃者也存在。憑此我便心滿意足。

བཤད་པ། ཅི་ཁྱོད་སྣོད་སྟོང་པ་སྲུང་བར་བྱེད་དམ། ཁྱོད་བཅིངས་པ་དང་ཐར་པ་མི་འཐད་པ་དག་ལ། འཁོར་བ་དང་མྱ་ངན་ལས་འདའ་བ་ཡོད་པའི་འདོད་ཀོ གང་ལ་མྱ་ངན་འདས་བསྐྱེད་མེད། །འཁོར་བ་བསལ་བའང་ཡོད་མིན་པ། །དེ་ལ་འཁོར་བ་ཅི་ཞིག་ཡིན། །མྱ་ངན་ལས་འདས་པའང་ཅི་ཞིག་བརྟག །འདི་ལྟར་འཁོར་བ་གང་ལ་སེམས་ཅན་དང་འདུ་བྱེད་བཅིངས་པ་རྣམས་འཁོར་བ་ལས་བསལ་ཅིང་སྤྱང་བར་བྱ་སྟེ། མྱ་ངན་ལས་འདའ་བ་ལ་བསྐྱེད་ཅིང་འཇུད་པར་མི་བྱེད་པ་དེ་ལ་འཁོར་བ་ཞེས་བྱ་བ་ཅི་ཞིག་ཡིན་པར་བརྟག །གང་ལས་འགའ་ཡང་བསལ་བ་མ་བྱས་ལ། གང་ལ་འགའ་ཡང་བསྐྱེད་པ་མ་བྱས་པ་དེ་ལ་མྱ་ངན་ལས་འདས་པ་དེ་ཡང་ཅི་ཞིག་ཡིན་པར་བརྟག

（自方）道：爲何你要守護中空的器皿？明明不能成立束縛及解脫，你卻承許有輪迴及涅槃！（《中論》云：）

### 16.10 涅槃非生法，滅輪迴亦無，何是縛及解，爲何如是觀？[28]

如（你所說）眾生於輪迴中被諸行所縛，（從而）斷除輪迴、生起涅槃。（你所）觀的「不再趨入的輪迴」是什麼？既無任何（輪迴）被斷除，也無任何（涅槃）生起，（你所）觀的涅槃又是什麼？

ཡང་ན་འདི་ཡི་དོན་གཞན་ཡིན་ཏེ། འདི་ལྟར་གང་ལ་འཁོར་བ་ཡོངས་སུ་ཟད་པར་བྱ་

28 有關 16.10.d，對勘本版的藏譯中論為：མྱ་ངན་འདས་པའང་ཅི་ཞིག་བརྟག，故與此中所引的偈頌文有所出入；可參考 Nāgārjuna. *Dbu ma rtsa ba'i tshig le'ur byas pa shes rab*, 22。

པའི་ཕྱིར་དང་མྱ་ངན་ལས་འདས་པ་འགའ་ཐོབ་པར་བྱ་བའི་ཕྱིར་འབད་པ་དང་ལྡན་པས་ཀྱང་འཁོར་བ་བསལ་བཞིན་སྤང་བར་མི་བྱེད་ལ། མྱ་ངན་ལས་འདས་པ་ཡང་བསྐྱེད་ཅིང་འཕེལ་བར་མི་བྱེད་པ་ཡང་དག་པ་མ་ཡིན་པའི་ཕྱིར་རྣམ་པར་རྟོག་པ་དང་བྲལ་བ་ཉིད་ཁོ་ནར་འགྱུར་བ་དེ་ལ་འཁོར་བ་ཞེས་ཅི་ཞིག་རྣམ་པར་བརྟག་ཅིང་མྱ་ངན་ལས་འདས་པ་ཞེས་ཀྱང་ཅི་ཞིག་རྣམ་པར་བཤད། དེ་ལྟ་བས་ན་དངོས་པོ་དང་དངོས་པོ་མེད་པར་མཐོང་བ་དག་ནི་རྟག་པ་དང་ཆད་པར་ལྟ་བར་ཐལ་བར་འགྱུར་བའི་ཕྱིར་དེ་དག་ལ་འཁོར་བ་དང་མྱ་ངན་ལས་འདས་པ་དང་བཅིངས་པ་དང་ཐར་པ་དག་མི་འཐད་ཀྱི། རྟེན་ཅིང་འབྲེལ་པར་འབྱུང་བ་སྨྲ་བ་ཉིད་ལ་ནི་འཁོར་བ་དང་མྱ་ངན་ལས་འདས་པ་བཅིངས་པ་དང་ཐར་པ་ཞེས་བྱ་བ་དག་འགྲུབ་པོ། །

或是另有其義。如是，徹底斷除輪迴且獲涅槃的緣故，縱有精進力也不斷除輪迴，也不生增涅槃。因爲非實有，絕對能遠離妄念。對於這些（離妄執者而言，）何須觀輪迴、何須釋涅槃？

若因見事物及非事物，應成常見及斷見，所以不成立輪迴、涅槃、束縛及解脫。說緣起者方能成立輪迴、涅槃、束縛及解脫！

བཅིངས་པ་དང་ཐར་པ་བརྟག་པ་ཞེས་བྱ་བ་སྟེ། རབ་ཏུ་བྱེད་པ་བཅུ་དྲུག་པའོ། །

第十六品——觀縛解品——終。

# 第十七品

## ——觀業果品——

འདིར་སྨྲས་པ། དངོས་པོ་དང་དངོས་པོ་མེད་པར་ལྟ་ན་འཁོར་བ་མི་འཐད་དེ། རྟག་པ་དང་ཆད་པའི་སྐྱོན་དུ་ཐལ་བར་འགྱུར་བའི་ཕྱིར་རོ། །ཞེས་གང་བཤད་པ་དེ་མི་རུང་སྟེ། ཅིའི་ཕྱིར་ཞེ་ན། ལས་དང་འབྲས་བུར་འབྲེལ་པའི་ཕྱིར་རོ། ལས་གང་ཞེ་ན། བདག་ཉིད་ལེགས་པར་སྡོམ་པ་དང་། གཞན་ལ་ཕན་འདོགས་བྱམས་སེམས་གང་། །དེ་ཆོས་དེ་ནི་འདི་གཞན་དུ། །འབྲས་བུ་དག་གི་ས་བོན་ཡིན། །བདག་ཉིད་ལེགས་པར་སྡོམ་པ་ནི། །བདག་ཉིད་ལེགས་པར་སྡོམ་པར་བྱེད་པའོ། །གཞན་ལ་ཕན་འདོགས་པ་ནི་གཞན་དག་ལ་ཕན་འདོགས་པར་བྱེད་པའོ། །བྱམས་པ་ནི་མཛའ་བཤེས་ལ་འབྱུང་བ་སྟེ་གཙུགས་པ་ལས་བྱུང་བ་ཞེས་ཐ་ཚིག་གོ། ཡང་ན་བྱམས་པ་ནི་བྱམས་པ་ཉིད་དེ་སེམས་སྟུམ་པ་ཞེས་བྱ་བའི་ཐ་ཚིག་སྟེ། དེ་ནི་བདག་གི་དོན་གྱི་རྐྱེན་ཡིན་ནོ། །བདག་ཉིད་ལེགས་པར་སྡོམ་པར་བྱེད་པ་དང་། གཞན་ལ་ཕན་འདོགས་པར་བྱེད་པ་དང་། བྱམས་པའི་སེམས་གང་ཡིན་པ་དེ་ནི་ཆོས་ཡིན་ནོ། དེ་ཉིད་འབྲས་བུ་དག་གི་ས་བོན་ཏེ་འདི་དང་གཞན་དག་ཏུ་འབྲས་བུ་དག་གི་རྒྱུ་ཡིན་ནོ། །འདི་ལྟར་བཅོམ་ལྡན་འདས་ཀྱིས་ཀྱང་བྱམས་པ་བསྒོམས་པ་ན་ཕན་ཡོན་བརྒྱད་ཡོད་དེ། མི་རྣམས་དགའ་བར་འགྱུར་རོ། །ཞེས་རྒྱ་ཆེར་བཀའ་སྩལ་ཏོ། །

於此，（他方）道：凡說「若觀事物及非事物，應成常過及斷過，故成立輪迴不合理」皆不應理。爲何？因爲業與果相連的緣故。什麼是業？（《中論》云：）

**17.1 人能降伏心，利益於衆生，是名爲慈善，二世果報種。**

「人能降伏心」謂善調伏自己；「利益於眾生」謂助益於他；「慈」謂從親近而有、從同理心而有之義，或「慈」謂慈心，意指柔軟之心，這些都是我的眞實之緣。

善調伏己、助益於他、慈心等都是（應修的善）法。彼等都是（善）果種子，即是今（世）及他（世善）果之因。如是，薄伽梵也廣泛解釋修慈則有令人歡喜（等）八種功德。

ལས་རྣམ་པ་གསུམ་ཅར་ཡང་ཆོས་ཀྱི་ཕྱིར་རོ། །སེམས་པ་ནི་ས་བོན་དུ་བསྟན་ཏེ་ལུས་དང་ངག་གཉིས་དེ་ལ་རག་ལས་པའི་ཕྱིར་རོ། །འདི་ལྟར་བཅོམ་ལྡན་འདས་ཀྱིས་ཀྱང་། ཡིད་ནི་ཆོས་ཀྱི་སྔོན་དུ་འགྲོ། །ཞེས་ཚིགས་སུ་བཅད་པ་བཀའ་སྩལ་ཏོ། །དྲང་སྲོང་མཆོག་གིས་[1]ལས་རྣམས་ནི། །སེམས་པ་དང་ནི་བསམ་པར་གསུངས། །ལས་དེ་དག་གི་བྱེ་བྲག་ནི། །རྣམ་པ་དུ་མར་ཡོངས་སུ་བསྒྲགས། །དྲང་སྲོང་མཆོག་སངས་རྒྱས་བཅོམ་ལྡན་འདས་ཀྱིས་ལས་རྣམས་ནི་འདི་ལྟར་མདོར་བསྡུ་བ་ལས་རྣམ་པ་གཉིས་སུ་གསུངས་ཏེ། སེམས་པ་ས་བོན་དུ་གྱུར་པ་དང་། བསམ་པ་དུས་ཕྱི་མ་ལ་རྩོམ་པར་བྱེད་པ་གང་ཡིན་པའོ། །ལས་རྣམ་པ་གཉིས་པོ་དེ་དག་གི་བྱེ་བྲག་ཀྱང་རྣམ་པ་དུ་མ་ཡོད་པར་བཅོམ་ལྡན་འདས་ཀྱིས་དེ་དང་དེར་དེ་ལྟར་རྣམ་པ་མང་པོར་ཡོངས་སུ་བསྒྲགས་ཤིང་བསྟན་ནོ། །

業相三者也是（所修的）法。（教典）說思是種子，身語兩者隨其而轉。如是，薄伽梵也說此偈文：「意法前行。」[2]（《中論》云：）

**17.2 大聖說二業，思及思已業，是業別相中，種種分別說。**

大聖佛薄伽梵說，業總攝爲二相：（一、）思是種子。（二、）後來發起的思已業。在兩種業的別相中亦有諸多類別，薄伽梵於此處或彼處廣說其義。

---

1 根據北京版及奈塘版，將此字改為 གིས། 字。

2 如《央掘魔羅經》：「意法前行」（T.2.120.540a.9）。意思是：在身語二法之前先要有意的行為。

དེ་ལ་ལས་གང་སེམས་པ་ཞེས། །གསུངས་པ་དེ་ན་ཡིད་ཀྱིར་འདོད། །བསམ་པ་ཞེས་ནི་གང་གསུངས་པ། །དེ་ནི་ལུས་དང་ངག་གི་ཡིན། །དེ་ལ་ལས་གང་སེམས་པ་ཞེས་གསུངས་པ་དེ་ནི་ཡིད་ཀྱི་ཡིན་པར་འདོད་དོ། ལས་གང་བསམས་པ་ཞེས་གསུངས་པ་བློས་འདི་བྱའོ་སྙམ་དུ་གསུངས་ནས་ལུས་སམ་ངག་གི་བྱེད་པ་དེ་ནི་ལུས་དང་ངག་གི་ཡིན་ཏེ་གང་མ་བསམས་པར་བྱས་པ་ནི་མ་ཡིན་ནོ། །

（《中論》云：）

**17.3 舉凡佛所說，思者是意業；所說思已業，即是身口業。**[3]

承許（經論）所說的「思」皆是意的（業）。（經論）說，何業從「該做此」之念而有便是思已業，即是身或語所造，屬於身及語的（業），並非未思之造業。

ངག་དང་བསྐྱོད་དང་མི་སྤོང་བའི། །རྣམ་རིག་བྱེད་མིན་ཞེས་བྱ་གང་། །སྤོང་བའི་རྣམ་རིག་བྱེད་མིན་པ། །གཞན་དག་ཀྱང་ནི་དེ་བཞིན་འདོད། །ལོངས་སྤྱོད་ལས་བྱུང་བསོད་ནམས་དང་། །བསོད་ནམས་མ་ཡིན་ཚུལ་དེ་བཞིན། །སེམས་པ་དང་ནི་ཆོས་དེ་བདུན། །ལས་སུ་མངོན་པར་འདོད་པ་ཡིན། །དེ་ལ་ངག་ཅེས་བྱ་བ་ནི་ཡི་གེ་གསལ་བར་བརྗོད་པའོ། །བསྐྱོད་པ་ནི་ལུས་གཡོ་བ་སྟེ། །དེ་གཉི་ག་ཡང་ལས་ཀྱི་དབང་དུ་བྱས་པའི་ཕྱིར་ལས་ཀྱི་ལམ་དུ་གཏོགས་པ་སྟེ། །འདིར་ཡང་ལས་སུ་བགྲང་བ་ཡིན་པར་གཟུང་བར་བྱའོ། །

（《中論》云：）

**17.4 語業及動業，非斷無表業，及斷無表業，餘業亦是許。**

3 有關 17.3.d，對勘本版的藏譯中論為：།དེ་ནི་ལུས་དང་ངག་གིར་ཡིན།，故與此中所引的偈頌文有所出入；可參考 Nāgārjuna. *Dbu ma rtsa ba'i tshig le'ur byas pa shes rab,* 23。

**17.5 受用生[4]福報，以及非福報，思等該七法，許皆現爲業。**

「語」謂明顯地詮釋文字；「動」謂移動身，彼二（——語業及身業——）隨業而轉，屬於業道，應知此（二）亦是業。

མི་སྤྱང་བའི་རྣམ་པར་རིག་བྱེད་མ་ཡིན་པ་ཞེས་བྱ་བ་ནི་མི་དགེ་བའི་ལས་འདི་ཞེས་བྱ་བ་ལུས་སམ་ངག་གིས་བྱའོ་སྙམ་དུ་མི་དགེ་བའི་སེམས་ཡང་དག་པར་བླངས་པ་དེ་ཚུན་ཆད་ནས་མི་དགེ་བ་དེ་ལུས་སམ་ངག་གང་དག་གིས་མི་བྱེད་དུ་ཟིན་ཀྱང་མི་དགེ་བའི་སེམས་ཡང་དག་པར་བླངས་པའི་རྒྱུ་ལས་བྱུང་བ་ཁོ་ནའི་མི་དགེ་བ་དག་སྐྱེ་བར་འགྱུར་བ་གང་དག་ཡིན་པ་སྟེ། །དེ་དག་ནི་མི་སྤྱོང་བའི་རྣམ་པར་རིག་བྱེད་མ་ཡིན་པ་ཞེས་བྱ་བའི་མིང་འདོགས་པོ། །

非斷無表業：此不善業是從形成不善動機——想要造身或語（的惡業）——而有，即使該不善（念）尚未完成身或語（的惡業），但絕對是由不善念因所生，且生不善，故名彼等「非斷無表業」。

སྤྱོང་བའི་རྣམ་པར་རིག་བྱེད་མ་ཡིན་པ་གཞན་དག་ཀྱང་དེ་བཞིན་དུ་འདོད་དེ། དགེ་བའི་ལས་འདི་ཞེས་བྱ་བ་ལུས་སམ་ངག་གིས་བྱའོ། །སྙམ་དུ་དགེ་བའི་སེམས་ཡང་དག་པར་བླངས་པ་དེ་ཚུན་ཆད་ནས། དགེ་བ་དེ་ལུས་སམ་ངག་གང་དག་གིས་མི་བྱེད་དུ་ཟིན་ཀྱང་དགེ་

4 通常會認為福報生受用，這裡怎麼會說受用生福報呢？根據無畏阿闍黎的《中論釋》，應將「受用生福報」理解為「由受用之因所生的福報」。可參考無畏阿闍黎的《中論釋》——Ga las 'jigs med. *Dbu ma rtsa ba'i 'grel ba ga las 'jigs med,* 170。

བའི་སེམས་ཡང་དག་པར་བླངས་པའི་རྒྱུ་ལས་བྱུང་བ་ཕོ་ནའི་དགེ་བ་དག་སྐྱེ་བར་འགྱུར་བ་གང་དག་ཡིན་པ་སྟེ། དེ་དག་ནི་སྤོང་བའི་རྣམ་པར་རིག་བྱེད་མ་ཡིན་པ་ཞེས་བྱ་བའི་མིང་འཐོབ་པོ། །

同理，從另個（反方角度）承許斷無表業。此善業是從形成善動機—想要造身或語（的善業）—而有，即使該善（念）尚未完成身或語（的善業），但絕對是由善念起因所生，且生善（果），故名彼等「斷無表業」。

ལོངས་སྤྱོད་པ་ལས་བྱུང་བའི་བསོད་ནམས་ནི་ཡོངས་སུ་ལོངས་སྤྱོད་པའི་རྒྱུ་ལས་བསོད་ནམས་བྱུང་བ་སྟེ། རྒྱུ་ལས་བྱུང་བ་ཞེས་བྱ་བ་ནི། རྗེས་སུ་འགྲོ་བ་དང་རྗེས་སུ་འབྲེལ་པ་དང་རྒྱུན་འཕེལ་བ་སྟེ་བསོད་ནམས་ཉིད་དོ། །ལོངས་སྤྱོད་པ་ལས་བྱུང་བའི་བསོད་ནམས་མ་ཡིན་པ་ཡང་ཚུལ་དེ་བཞིན་ནོ། །སེམས་པ་ཞེས་བྱ་བ་ནི་སེམས་མངོན་པར་འདུ་བྱེད་པའོ། །དེ་ལྟར་ལས་རྣམ་པ་དུ་མ་དེ་དག་ཀུང་དག་ལ་སོགས་པའི་ཆོས་རྣམས་སུ་འདུས་པས་དེ་ཉིད་ཀྱི་ཕྱིར་ངག་ལ་སོགས་པ་ཆོས་བདུན་པོ་དེ་དག་ནི་ལས་སུ་མངོན་པ་དང་ལས་ཀྱི་མིང་ཅན་དང་། ལས་ཀྱི་མཚན་ཉིད་དག་ཏུ་འདོད་པ་ཡིན་ནོ། །དེ་ལྟར་ལས་རྣམ་པ་བདུན་པོ་དེ་དག་འབྲས་བུ་དང་འབྲེལ་པའི་ཕྱིར་འཁོར་བ་ཡང་འཐད་ལ། རྟག་པ་དང་ཆད་པའི་སྐྱོན་དུ་ཡང་མི་འགྱུར་རོ། །

「受用生福報」謂福報是由一切受用之因所生。「由因所生」謂隨後而行、隨後相屬及增上續流，（所指的）是福報。[5]

「受用生非福報」也應如是（理解）。

---

5 由因所生的意思是：果隨著因而後移動或改變己性；果具有隨因而轉的相屬關係；果的續流隨著因而增上，在此的果指的就是福報。

「思」謂現行思。如是，諸多業相都含攝於語等諸法中，因此，承許語等七法皆現爲業、具業之名、具業性相。彼業七法皆與其果相關的緣故，不只能合理安立輪迴，也不會有常過及斷過。

བཤད་པ། གལ་ཏེ་ལས་ཉིད་རྟག་པ་དང་ཆད་པའི་སྐྱོན་དུ་ཐལ་བར་མི་འགྱུར་ན་ནི་དེ་ཡང་སྐྱོན་དུ་མི་འགྱུར་བ་ཞིག་ན། སྐྱོན་དུ་ནི་འགྱུར་བས་དེའི་ཕྱིར་ལས་རྣམས་ཉིད་ཀྱང་མི་འཐད་པ་ལས་དང་འབྲས་བུར་འབྲེལ་པ་ཡང་མི་འཐད་དོ། །དེ་ཇི་ལྟར་ཞེ་ན། གལ་ཏེ་སྨིན་པའི་དུས་བར་དུ། གནས་ན་ལས་དེ་རྟག་པར་འགྱུར། །རེ་ཞིག་གལ་ཏེ་ལས་སྨིན་པའི་དུས་ཀྱི་བར་དུ་གནས་པ་དེ་བཞིན་དུ་དུས་གཞན་དུ་ཡང་གནས་པར་འགྱུར་བས་རྟག་པར་འགྱུར་ཏེ། རྟག་པ་ནི་འཐད་པ་དེ་ཇི་ལྟར་རྣམ་པར་སྨིན་པར་འགྱུར།

（自方）道：業應成常斷之過，若無，將無過咎，（事實上）卻有（其）過。[6]因此，不只業等，也不能安立業與果的相連。爲何？（《中論》云：）

**17.6.ab 業住至受報，是業即爲常；**

首先，如果到受報之前一直有業，（業）能在其他時中也存在，應成常法。[7]果眞成立（業）是常，如何受報？

---

6　如果業有自性又無應成常過或斷過，那麼，上一品所破的一切自性之過將不會有，但事實上，自性存在的話將有常過及斷過。

7　根據《顯句論》，直至受報之前，若業有自性，業應成常法。為何？在這之前，業是自性有、不觀待他、不變及不壞滅，應成常法。參考月稱論師的《顯句論》── Candrakīrti, *Dbu ma rtsa ba'i 'grel pa tshig gsal,* 251。總之，在這之前，若業是常法，就應永遠成為常法，這樣一來，受報之後也應有業。

ཅི་སྟེ་སྐྱོན་དེར་གྱུར་ན་མི་རུང་ངོ་སྙམ་ནས་ལས་ནི་སྐད་ཅིག་མ་སྟེ། སྐད་ཅིག་མའི་ཕྱིར་འགགས་པའོ་སྙམ་ན།

如果認爲有其過不應理，做是念：業是刹那性，是刹那性就會壞滅。

དེ་ལ་བཤད་པར་བྱ་སྟེ། གལ་ཏེ་འགགས་ན་འགགས་གྱུར་པ། །ཇི་ལྟར་འབྲས་བུ་བསྐྱེད་པར་འགྱུར། །གལ་ཏེ་ལས་སྐད་ཅིག་མའི་ཕྱིར་འགགས་ཤིང་ཞིག་པ་ཡིན་ན་དེས་ཇི་ལྟར་འབྲས་བུ་སྐྱེད་པར་འགྱུར། ཅི་སྟེ་ལས་མེད་པས་ཀྱང་འབྲས་བུ་སྐྱེད་པར་འགྱུར་ན་ནི་ཤིང་པ་ཏའི་མེ་ཏོག་གིས་ཀྱང་གོས་ལ་དྲི་བསྒོ་བར་འགྱུར་བ་ཞིག་ན་མེད་པའི་ཕྱིར་བསྒོ་བར་མི་བྱེད་པས། དེ་ལྟན་ལས་འགགས་པ་དག་གིས་ཀྱང་འབྲས་བུ་སྐྱེད་པར་མི་འགྱུར་རོ། །དེ་ལྟ་བས་ན་ལས་རྣམས་རྟག་པ་དང་ཆད་པའི་སྐྱོན་དུ་ཐལ་བར་འགྱུར་བའི་ཕྱིར། ལས་རྣམས་ཉིད་ཀྱང་མི་འཐད་ན། ལས་དང་འབྲས་བུར་འབྲེལ་པ་ལྟར་འཐད་པར་ག་ལ་འགྱུར།

於此，（自方）將做解說。（《中論》云：）

**17.6.cd 若滅即無業，云何生果報？**[8]

若業是刹那性故而壞滅，如何能夠感果？如果，若無業仍可生果，（等同）米樹的花香也可傳至衣裳，但（其香）不能傳，所以業壞滅後也不能生果。如是，因爲諸業應成常斷之過，即使是業也不能被安立。若是如此，如何成立業與果的連結？

8 有關 17.6.d，對勘本版的藏譯中論為：ཇི་ལྟར་འབྲས་བུ་སྐྱེད་པར་འགྱུར།，故與此中所引的偈頌文有所出入；可參考 Nāgārjuna. *Dbu ma rtsa ba'i tshig le'ur byas pa shes rab,* 23。

འདིར་སྨྲས་པ། ལས་དང་འབྲས་བུར་འབྲེལ་པ་ནི་འཐད་པ་ཁོ་ན་ཡིན་ཏེ། ཅིའི་ཕྱིར་ཞེ་ན། རྒྱུད་ཀྱི་རྒྱུན་ལ་འབྲས་བུ་འགྲུབ་པའི་ཕྱིར་ཏེ། འདི་ལྟ་སྟེ་དཔེར་ན། མྱུ་གུ་ལ་སོགས་རྒྱུན་གང་ནི། །ས་བོན་ལས་ནི་མངོན་པར་འབྱུང་། །དེ་ལས་འབྲས་བུ་ས་བོན་ནི། །མེད་ན་དེ་ཡང་འབྱུང་མི་འགྱུར། །གང་ཕྱིར་ས་བོན་ལས་རྒྱུན་དང་། རྒྱུན་ལས་འབྲས་བུ་འབྱུང་འགྱུར་ཞིང་། །ས་བོན་འབྲས་བུའི་སྔོན་འགྲོ་བ། །དེ་ཕྱིར་ཆད་མིན་རྟག་མ་ཡིན། །འདི་ལ་ས་བོན་ནི་མྱུ་གུའི་རྒྱུ་བསྐྱེད་ནས་འགག་གོ། །མྱུ་གུ་ལ་སོགས་པའི་རྒྱུན་གང་ཡིན་པ་དེ་ནི་ས་བོན་ལས་མངོན་པར་འབྱུང་ཞིང་། རྒྱུན་དེ་ལས་འབྲས་བུ་མངོན་པར་འབྱུང་ངོ་། །ས་བོན་མེད་ན་མྱུ་གུ་ལ་སོགས་པའི་རྒྱུན་དེ་ཡང་མངོན་པར་འབྱུང་བར་མི་འགྱུར་རོ། །གང་གི་ཕྱིར་ས་བོན་ལས་རྒྱུན་མངོན་པར་འབྱུང་ལ་རྒྱུ་ལས་འབྲས་བུ་མངོན་པར་འབྱུང་བར་འགྱུར་ཞིང་། ས་བོན་འབྲས་བུའི་སྔོན་དུ་འགྲོ་བ་དེའི་ཕྱིར་ཆད་པ་དང་རྟག་པ་མ་ཡིན་ཏེ། གང་གི་ཕྱིར་ས་བོན་རྣམ་པ་ཐམས་ཅད་དུ་ཆད་ནས་རྒྱུན་དུ་འབྱུང་བ་མ་ཡིན་གྱི་རྒྱུན་རྗེས་སུ་འཇུག་པ་དེའི་ཕྱིར་ཆད་པ་མ་ཡིན་ལ། གང་གི་ཕྱིར་ས་བོན་འགག་ཅིང་ངེས་པར་མི་གནས་པ་དེའི་ཕྱིར་རྟག་པ་ཡང་མ་ཡིན་ནོ། །

於此，（他方）道：定有業與果的連繫。爲何？果存在於相續的續流中。誠如（《中論》云：）

**17.7 如芽等續流，皆從種子生，由種出生果，離種無芽續。**

**17.8 從種有續流，從續流生果，果前有種故，不斷亦不常。**

於此，種子（從）芽因形成而滅。由種子而現起芽等續流，且由該續流生出果實。若無種子，自然不能現起芽等續流。

從種子現起續流，從因現起果，種子在果前先有的緣故，

（種子）非斷亦非常。種子之後雖有續流，但（種子）非全滅後形成續流，故（種子）非斷。因爲種子會壞滅，無定性，所以非常。

དེ་ཇི་ལྟ་བ་དེ་བཞིན་དུ། །སེམས་ཀྱི་རྒྱུན་ནི་གང་ཡིན་པ། །སེམས་པ་ལས་ནི་མངོན་པར་འབྱུང་། །དེ་ལས་འབྲས་བུ་སེམས་པ་ནི། །མེད་ན་དེ་ཡང་འབྱུང་མི་འགྱུར། །གང་ཕྱིར་སེམས་པ་ལས་རྒྱུན་དང་། །རྒྱུན་ལས་འབྲས་བུ་འབྱུང་འགྱུར་ཞིང་། །ལས་ནི་འབྲས་བུའི་སྔོན་འགྲོ་བ། དེ་ཕྱིར་ཆད་མིན་རྟག་མ་ཡིན། །སེམས་ཀྱི་རྒྱུན་གང་ཡིན་པ་དེ་ནི་སེམས་པ་ལས་བརྗོད་པ་གང་ཡིན་པ་འགག་བཞིན་པ་དེ་ལས་མངོན་པར་འབྱུང་ཞིང་རྒྱུ་དེ་ལས་འབྲས་བུ་མངོན་པར་འབྱུང་ངོ་། །སེམས་པ་མེད་ན་སེམས་ཀྱི་རྒྱུན་དེ་ལ་ཡང་མངོན་པར་འབྱུང་བར་མི་འགྱུར་རོ། །གང་གི་ཕྱིར་སེམས་པ་ལས་སུ་བརྗོད་པ་ལས་སེམས་ཀྱི་རྒྱུན་མངོན་པར་འབྱུང་ལ། སེམས་ཀྱི་རྒྱུན་ལས་འབྲས་བུ་མངོན་པར་འབྱུང་བར་འགྱུར་ཞིང་ལས་དེ་ནི་འབྲས་བུའི་སྔོན་དུ་འགྲོ་བ་དེའི་ཕྱིར་ཆད་པ་དང་རྟག་པ་མ་ཡིན་ཏེ། གང་གི་ཕྱིར་སེམས་པ་འགག་བཞིན་པ་ལས་སེམས་ཀྱི་རྒྱུན་འབྱུང་གི་སེམས་པ་རྣམ་པ་ཐམས་ཅད་དུ་འགག་པར་མི་འགྱུར་བ་དེའི་ཕྱིར་ཆད་པ་མ་ཡིན་ལ། གང་གི་ཕྱིར་སེམས་པ་འགག་ཅིང་ངེས་པར་མི་གནས་པ་དེའི་ཕྱིར་རྟག་པ་ཡང་མ་ཡིན་ནོ། །དེའི་ཕྱིར་དེ་ལྟར་རྒྱུན་གྱིས་འབྲས་བུ་འགྲུབ་པས་ན། འཁོར་བ་ཡང་འཐད་ལ་རྟག་པ་དང་ཆད་པའི་སྐྱོན་དུ་ཡང་ཐལ་བར་མི་འགྱུར་རོ། །

同樣的，（《中論》云：）

**17.9 一切思續流，皆由思現起，由思出生果，無思無果續。**[9]

---

9 有關 17.9.abc，對勘本版的藏譯中論為：།སེམས་ཀྱི་རྒྱུན་ནི་གང་ཡིན་པ། །སེམས་ལས་མངོན་པར་འབྱུང་བར་འགྱུར། །དེ་ལས་འབྲས་བུ་སེམས་ལྟ་ཞིག，故與此中所引的偈頌文有所出入；可參考 Nāgārjuna. *Dbu ma rtsa ba'i tshig le'ur byas pa shes rab*, 23。

**17.10 從思有續流，從續流生果，果前有業故，不斷亦不常。**[10]

由諸思的正在滅，現起了思的一切續流。由該因（──續流──）而現起了（思）果。若無思，思的續流也不能現起。

從「思」現起了思的續流，從思的續流現起了果，業在果前先有的緣故，（業）非斷亦非常。思滅之後雖有思的續流，但思非完全斷滅，所以非斷。因為思會壞滅、無定性，所以非常。此故，可由續流而立果，可安立輪迴，並且無應成常、斷之過。

ཡང་གཞན་ཡང་། ཆོས་སྐྱབ་པ་ཡི་ཐབས་རྣམས་ནི། །དཀར་པོའི་ཕྱོགས་ཀྱི་ལམ་བཅུ་སྟེ། །ཆོས་ཀྱི་འབྲས་བུ་འདི་གཞན་དུ། །འདོད་པའི་ཡོན་ཏན་རྣམ་ལྔ་འོ། །འདི་ལ་བཅོམ་ལྡན་འདས་ཀྱིས་ཆོས་སྐྱབ་པའི་ཐབས་ནི་དགེ་བ་བཅུའི་ལས་ཀྱི་ལམ་རྣམས་ཡིན་པར་བསྟན་ལ། དེའི་འབྲས་བུ་ཡང་འདི་དང་གཞན་དུ་འདོད་པའི་ཡོན་ཏན་ལྔ་པོ་དག་ཡིན་པར་བསྟན་ཏོ། དེ་ལ་གལ་ཏེ་ལས་རྣམས་དང་འབྲས་བུར་འབྲེལ་པ་མེད་པར་གྱུར་ན་ཆོས་སྐྱབ་པའི་ཐབས་བསྟན་པར་ཡང་མི་འཐད་ལ། །ཆོས་ཀྱི་འབྲས་བུ་བསྟན་པར་ཡང་མི་འཐད་པ་ཞིག་ན། བཅོམ་ལྡན་འདས་ཀྱིས་དེ་གཉི་ག་ཡང་བསྟན་པས་དེའི་ཕྱིར་ལས་དང་འབྲས་བུར་འབྲེལ་པ་ནི་ཡོད་པ་ཁོ་ན་ཡིན་ནོ། །

此外，（他方引用《中論》續道：）

10 有關 17.10.a，對勘本版的藏譯中論為：།གང་ཕྱིར་སེམས་ལས་རྒྱུན་དང་ནི།，故與此中所引的偈頌文有所出入；可參考 Nāgārjuna. *Dbu ma rtsa ba'i tshig le'ur byas pa shes rab*, 23。

**17.11 修法之方便，是十白善道，修法之果實，此後享五欲。**[11]

於此，薄伽梵說修法的方便是十善業道，其果是於此世及後世中（享受）五欲。如果沒有業與果的相連，說修法方便則不應理，說修法之果也不應理。因爲薄伽梵做此二說，（故）業與果的相連絕對存在！

གཞན་དག་གིས་སྨྲས་པ། གལ་ཏེ་བརྟག་[12]པ་དེར་གྱུར་ན། །ཉེས་པ་ཆེན་པོ་མང་པོར་འགྱུར། །དེ་ལྟ་བས་ན་བརྟག་པ་དེ། །འདིར་ནི་འཐད་པ་མ་ཡིན་ནོ། །གལ་ཏེ་ས་བོན་དང་མྱུ་གུའི་རྒྱུན་འབྲེལ་པ་བཞིན་དུ་ལས་དང་འབྲས་བུ་འབྲེལ་པར་འགྱུར་རོ། །ཞེས་ཁྱོད་ཀྱིས་བརྟག་པ་དེ་ལྟར་གྱུར་ན། དེ་ལྟ་ན་ཉེས་པའི་སྐྱོན་ཆེན་པོ་མང་དུ་འབྱུང་བར་འགྱུར་རོ། །དེ་ལ་ཇི་སྙེད་ཅིག་ཀྱང་སྨྲ་བར་ནུས་མོད་ཀྱི། དཔེ་ཙམ་ཞིག་བརྗོད་པར་བྱ་སྟེ། འདི་ལ་ས་བོན་དང་རིགས་མཐུན་པའི་མྱུ་གུའི་རྒྱུན་འབྱུང་བར་འགྱུར་བས། དེ་ལྟ་ན་ཤིང་ཨ་མྲའི་ས་བོན་ལས་ཨ་མྲ་ཉིད་སྐྱེའི་ཤིང་ནིམ་པ་མི་སྐྱེ་ལ། ཤིང་ནིམ་པའི་ས་བོན་ལས་ཀྱང་ནིམ་པ་ཉིད་སྐྱེའི་ཤིང་ཨ་མྲ་མི་སྐྱེ་སྟེ། དེའི་ཕྱིར་ཤིང་ཨ་མྲ་ལས་ཀྱང་། ཨ་མྲའི་འབྲས་བུ་ཉིད་སྐྱེ་ཤིང་ནིམ་པའི་འབྲས་བུ་མི་སྐྱེ་ལ། ཤིང་ནིམ་པ་ལས་ཀྱང་ནིམ་པའི་འབྲས་བུ་ཉིད་སྐྱེ་ཞིང་། ཤིང་ཨ་

11 有關 17.11.ab，對勘本版的藏譯中論為：།དཀར་པོའི་ལས་ཀྱི་ལམ་བཅུ་པོ། །ཆོས་སྒྲུབ་པ་ཡི་ཐབས་ཡིན་ཏེ།，故與此中所引的偈頌文有所出入；可參考 Nāgārjuna. *Dbu ma rtsa ba'i tshig le'ur byas pa shes rab,* 23。

12 因為對勘本版未加其他註解，幾乎可以確定目前現有的佛護論版本都將此段的三個 བརྟག（觀）字誤寫成 རྟག（常）字。不只後者不符合此段文義，而且在《中論無畏疏》及《佛護論》中，雖然其二論所引用的《中論》偈文幾乎相同，卻在此詞的選項上產生了極大的差異。另外，根據北京版及奈塘版，下面幾段的兩個 རྟག（常）字都改寫為 བརྟག（觀）字，所以譯者推斷 རྟག（常）字應為抄寫的手誤。參考無畏阿闍黎的《中論釋》—— Ga las 'jigs med. *Dbu ma rtsa ba'i 'grel ba ga las 'jigs med,* 172。

སྒྲའི་འབྲས་བུ་མི་སྐྱེ་བས་དེ་ལྟ་ན་ས་བོན་དང་འདྲ་བའི་རྒྱུན་འབྱུང་གི་མི་འདྲ་བ་མི་འབྱུང་ངོ་། །གལ་ཏེ་སེམས་ཀྱི་རྒྱུན་འབྲེལ་པ་ལས་འབྲས་བུ་འབྱུང་བ་ཡང་དེ་དང་འདྲ་བར་འགྱུར་ན་ནི། མིའི་སེམས་ལས་ཀྱང་མིའི་རྒྱུན་ཁོ་ན་འབྱུང་ལ། ལྷའི་སེམས་ལས་ཀྱང་ལྷའི་རྒྱུན་ཁོ་ན་འབྱུང་། དུད་འགྲོའི་སེམས་ལས་ཀྱང་དུད་འགྲོའི་རྒྱུན་ཁོ་ན་འབྱུང་བར་འགྱུར་རོ། །དེ་ལྟར་གྱུར་ན་འགྲོ་བ་འཁྲུག་པ་མེད་པས་རྩོམ་པ་ཐམས་ཅད་དོན་མེད་པ་ཉིད་དུ་འགྱུར་ཏེ། དེ་ལ་ཉེས་པའི་སྐྱོན་ཆེན་པོ་མང་དུ་འབྱུང་བར་འགྱུར་བས་དེ་ནི་མི་འདོད་དོ། །

他方（反駁前述他宗。如《中論》）云：

**17.12 若如汝所觀，[13]其過則甚多，是故汝所觀，於義則不然。**

若你觀業與果的相連如種子與芽續之間的連繫，將有諸多極大過咎。對此，（我）可提出任何（反駁的理由），譬如種子只能產生同類的芽續，像是柿子的種子只能生柿子，不生山豆根；山豆根的種子只生山豆根，不生柿子。

因此，柿子樹只長柿子果，不長山豆根的果；山豆根樹只長山豆根果，不長柿子果。如是，種子只生同類的續流，不生異類。

思續生果如彼（種子與芽續之間的相連），人類的思只生人類的續流，天人的思只生天人的續流，畜生的思也只生畜生的續流。如是，投生之道將不能輪替，所做的努力應成無義等

13 有關 17.12.a，對勘本版的藏譯中論為：གལ་ཏེ་བརྟག་པ་དེར་འགྱུར་ན།，故與此中所引的偈頌文有所出入；可參考 Nāgārjuna. *Dbu ma rtsa ba'i tshig le'ur byas pa shes rab,* 23。

等重大過失，故而不承許。

དགེ་བ་དང་། མི་དགེ་བ་དང་། བསྒྲིབས་པ་དང་མ་བསྒྲིབས་པའི་ལུང་དུ་མ་བསྟན་པའི་བྱེ་བྲག་ལས་སེམས་སྣ་ཚོགས་ཉིད་དུ་འགྱུར་ཞིང་། སེམས་སྣ་ཚོགས་ཉིད་ལས་རྒྱུན་སྣ་ཚོགས་ཉིད་དུ་འགྱུར། རྒྱུན་སྣ་ཚོགས་ཉིད་ལས་ལས་སྣ་ཚོགས་ཉིད་དང་། ལས་སྣ་ཚོགས་ཉིད་ལས་འགྲོ་བ་དང་རིགས་དང་རུས་དང་ཡུལ་དང་ལུས་དང་དབང་པོ་དང་ཁ་དོག་དང་དབྱིབས་དང་སྟོབས་དང་བློ་ལ་སོགས་པ་ཐ་དད་པར་འགྱུར་བ་ཡིན་ན། དེ་ཡང་བརྟག་[14]པ་འདིས་མི་འཐད་པས། དེའི་ཕྱིར་སྐྱོན་ཆེན་པོ་མང་པོ་དུ་མར་ཐལ་བར་འགྱུར་བས་བརྟག་པ་དེ་ནི་འདིར་འཐད་པ་མ་ཡིན་ནོ། །

由善、不善、覆障、無覆無記障等別相形成了各種思，接著各種思形成各種續流，再由各樣續流形成了各種業，各種業形接續成了各式有情、種族、種姓，以及相異的區域、身體、根器、顏色、形狀、力量、想法，故彼說不應理，應成諸多極大過失。因此，（你的）觀點不合理。

འོ་ན་ཇི་ལྟ་བུར་འཐད་ཅེ་ན། སངས་རྒྱས་རྣམས་དང་རང་རྒྱལ་དང་། །ཉན་ཐོས་རྣམས་ཀྱིས་གསུངས་པ་ཡི། །བརྟག་[15]པ་གང་ཞིག་འདིར་འཐད་པ། །དེ་ནི་རབ་ཏུ་བརྗོད་པར་བྱ། །དེ་ཡང་གང་ཞེ་ན། ཇི་ལྟར་བུ་ལོན་དཔང་རྒྱ་ལྟར། །དེ་ལྟར་ལས་དང་ཆུད་མི་ཟ། །འདི་ལ་ལས་ནི་སྐད་ཅིག་མ་སྟེ། ལས་སྐད་ཅིག་མ་དེའི་ཆུད་མི་ཟ་བ་ཞེས་བྱ་བ་སྐད་ཅིག་མ་མ་ཡིན་པའི་ཆོས་སྐྱེ་སྟེ། བུ་ལོན་ཇི་ལྟ་བ་དེ་ལྟར་ནི་ལས་བལྟ་བར་བྱ་ལ། དཔང་རྒྱ་ཇི་ལྟ་བ་དེ་ལྟར་ནི་ཆུད་མི་ཟ་བ་དེ་བལྟ་བར་བྱའོ། །དེ་ལ་དཔེར་ན་བུ་ལོན་གྱི་ནོར་དེ་སྤྱད་ཀྱང་དཔང་རྒྱ་ཡོད་

14 如同前者的譯註所述，將此 རྟག（常）字改成 བརྟག（觀）字。

15 如同前者的譯註所述，將此 རྟག（常）字改成 བརྟག（觀）字。

པས་ནོར་བདག་དེའི་ནོར་ཆུད་མི་ཟ་ཞིང་ནོར་སྐྱེད་དང་བཅས་ཏེ་འོང་བར་འགྱུར་བ་དེ་བཞིན་དུ། ལས་སྐད་ཅིག་མ་འགགས་སུ་ཟིན་ཀྱང་། དེའི་རྒྱུ་ལས་བྱུང་བ་ཆུད་མི་ཟའི་ཆོས་སྐྱེ་བ་དེ་ཡོད་པས་བྱེད་པ་པོའི་ལས་ཀྱི་འབྲས་བུ་ཆུད་མི་ཟ་ཞིང་འོང་བར་འགྱུར་རོ། །

那麼，何（論）應理呢？（《中論》云：）

**17.13 諸佛辟支佛，諸聲聞所說，[16]彼觀合理義，今當細宣說：**

其義為何？

**17.14.ab 猶如債之券，如是業不失。**[17]

業是刹那性；「業刹那性的不失壞」謂產生非刹那性法；「猶如債」謂觀業（如債）；「猶如券」謂觀不失壞（如券）。雖然（欠債者）正用著負債而有的財物，財主卻因持有借券不會失去其財富，反而增添債息。同樣的，刹那性的業雖已壞滅，由其因所生的不失壞法（仍然）存在，故作者其業（的）果不會失壞、仍會產生。

ཇི་ལྟར་ནོར་བདག་གིས་ནོར་ཕྱིར་བཀུག་སྟེ། འབྲས་བུ་སྤྱོད་ཟིན་ན་དཔང་རྒྱ་ཡོད་

16 有關 17.13.b，對勘本版的藏譯中論為：ཉན་ཐོས་རྣམས་ཀྱིས་གང་གསུངས་པའི།，故與此中所引的偈頌文有所出入；可參考 Nāgārjuna. *Dbu ma rtsa ba'i tshig le'ur byas pa shes rab,* 24。

17 有關 17.14.ab，對勘本版的藏譯中論為：།ཇི་ལྟར་དཔང་རྒྱ་དེ་བཞིན་ཆུད། །མི་ཟ་ལས་ནི་བུ་ལོན་བཞིན།，故與此中所引的偈頌文有所出入；可參考 Nāgārjuna. *Dbu ma rtsa ba'i tshig le'ur byas pa shes rab,* 24。此外，藏譯對勘本版《中論》的17.14.a 中的 ཆུང། 字應是誤寫，需要改為 ཆུད། 字。

ཀྱང་ཡང་དང་ཡང་དུ་ནོར་འདའ་བར་མི་ནུས་པ་དེ་ལྟར། བྱེད་པ་པོས་འབྲས་བུ་སྤྱོང་ཟིན་ན་ཆུད་མི་ཟ་བས་ཀྱང་ཡང་དང་ཡང་འབྲས་བུ་བསྐྱེད་པར་མི་ནུས་ཏེ། དེ་ནི་ཁམས་ལས་རྣམ་པ་བཞི། ཆུད་མི་ཟ་བའི་ཆོས་དེ་ནི་ཁམས་ལས་རྣམ་པ་བཞིར་འགྱུར་ཏེ། འདོད་པ་གཏོགས་པ་དང་། གཟུགས་སུ་གཏོགས་པ་དང་། གཟུགས་མེད་པར་གཏོགས་པ་དང་། ཟག་པ་མེད་པའོ། །དེ་ཡང་རང་བཞིན་ལུང་མ་བསྟན། །དེ་ཡང་རང་བཞིན་གྱིས་དགེ་བ་དང་མི་དགེ་བར་ལུང་དུ་མ་བསྟན་པ་ཡིན་ནོ། །སྤོང་བས་སྤང་བ་མ་ཡིན་ནོ། །བསྒོམ་པས་སྤང་བ་ཉིད་ཀྱང་ཡིན། །དེ་ནི་སྡུག་བསྔལ་དང་ཀུན་འབྱུང་བ་དང་འགོག་པ་དང་ལམ་མཐོང་བས་སྤང་བར་བྱ་བ་སྤོང་བས་སྤང་བ་མ་ཡིན་ཏེ། དེ་ནི་འབྲས་བུ་གཞན་དུ་འཕོ་བ་ན་བསྒོམ་པས་སྤང་བར་བྱ་བ་[18]ཡིན་ནོ། །

財主討回自己的財物後，即使已用盡其財，也不能持有借據反覆追討財物，若造（業）者已用盡其果，「不失壞」也不能重複生起其果。

（不失壞有何類別呢？《中論》云：）

## 17.14.c 隨界有四相；

隨著界（別），該不失壞可分四相：欲界所攝、色界所攝、無色界所攝、無漏。

（不失壞的體性爲何呢？《中論》云：）

## 17.14.d 此性則無記；

18 根據北京版及奈塘版，拿掉 ས། 字。

依己性之力是無記——（未授記）是善及不善。

（不失壞由什麼而斷呢？《中論》云：）

**17.15.ab 見諦所不斷，[19]卻由修所斷；**

彼（不失壞）非由斷除見苦集滅道的所斷而斷，[20]彼轉爲果他性時，由修（道）所斷。

དེ་ཕྱིར་ཆུད་མི་ཟ་བ་ཡིས། །ལས་ཀྱི་འབྲས་བུ་བསྐྱེད་པར་འགྱུར། དེ་ལྟར་གང་གི་ཕྱིར་དེ་སྡུག་བསྔལ་ལ་སོགས་པ་མཐོང་བས་སྤང་བར་བྱ་བ་[21]སྒོང་བས་སྤང་བ་མ་ཡིན་པ་དེའི་ཕྱིར་འབྲས་བུ་ཐོབ་ཟིན་ན་ཡང་ཆུད་མི་ཟ་བས་ལས་རྣམས་ཀྱི་འབྲས་བུ་བསྐྱེད་པ་པོ་ནར་འགྱུར་རོ། །གལ་ཏེ་སྒོང་བས་སྤང་བ་དང་། །ལས་འཕོ་བ་དང་མཐུན་གྱུར་ན། །དེ་ལ་ལས་འཇིག་ལ་སོགས་པའི། །སྐྱོན་རྣམས་སུ་ནི་ཐལ་བར་འགྱུར། །གལ་ཏེ་དེ་སྡུག་བསྔལ་ལ་སོགས་པ་མཐོང་བས་སྤང་བར་བྱ་བ་སྒོང་བ་དང་ལས་འཕོ་བ་དང་རིས་མཐུན་པ་ཡིན་པར་གྱུར་ན། དེ་ལྟ་ན་སྡུག་བསྔལ་ལ་སོགས་པ་མཐོང་བས་སྤང་བར་བྱ་བ་བཞིན་ནམ་ལས་བཞིན་དུ་དེ་ཡང་སྒོང་བར་འགྱུར་བས། དེ་ལས་འཇིག་པ་ལ་སོགས་པའི་སྐྱོན་རྣམས་སུ་ཐལ་བར་འགྱུར་རོ། །འདི་ལྟར་སོ་སོའི་སྐྱེ་བོས་སྡུག་བསྔལ་ལ་སོགས་པ་མཐོང་བས་སྤང་བར་བྱ་བའི་ཕྲ་རྒྱས་དག་སྤངས་པ་ན་སོ་སོའི་སྐྱེ་བོའི་ལས་གཞན་གང་དག་ཡིན་པ་དེ་དག་ཀྱང་སྤངས་པར་འགྱུར་རོ། །

（《中論》云：）

19 有關 17.15.a，對勘本版的藏譯中論為：སྒོང་བས་སྤང་བ་མ་ཡིན་ཏེ།，故與此中所引的偈頌文有所出入；可參考 Nāgārjuna. *Dbu ma rtsa ba'i tshig le'ur byas pa shes rab,* 24。

20 不能以斷除見道所斷之理斷除「不失壞」。

21 根據北京版及奈塘版，拿掉 དང་། 字。

**17.15.cd 以是不失法，諸業有果報。**[22]

如是，因為並非由斷除見苦等的所斷而斷，即便已得（初）果，仍隨不失壞定生（其）果。（《中論》云：）

**17.16 若見諦所斷，而業至相似，**[23]**則得破業等，如是之過咎。**

彼（不失壞）若由（斷）見苦等的所斷而斷，以及（不失壞的變化若）相似業的轉至，[24]應成破除業[25]等過咎，因為（不失壞可由斷除）見苦等的所斷而斷，或是如同業（的壞滅）般，該（不失壞）也可被斷除。所以，凡夫由見苦等斷除所斷細增[26]時，該凡夫也將斷除一切餘業。[27]

གཞན་དུ་ན་མཐོང་བ་ཐོབ་པ་ཡང་སོ་སོའི་སྐྱེ་བོའི་ལས་དང་ལྡན་པར་འགྱུར་ཏེ། མཐོང་བ་ཐོབ་པ་སོ་སོའི་སྐྱེ་བོའི་ལས་དང་ལྡན་པར་གྱུར་པ་གང་ཡིན་པ་དེ་ནི་མི་འདོད་དེ། དེ་ལ་

22 有關 17.15.d，對勘本版的藏譯中論為：།ལས་ཀྱི་འབྲས་བུ་སྐྱེད་པར་འགྱུར།，故與此中所引的偈頌文有所出入；可參考 Nāgārjuna. *Dbu ma rtsa ba'i tshig le'ur byas pa shes rab,* 24。

23 有關 17.16.b，對勘本版的藏譯中論為：།ལས་འཕོ་བ་ཡིས་འཇིག་འགྱུར་ན།，故與此中所引的偈頌文有所出入；可參考 Nāgārjuna. *Dbu ma rtsa ba'i tshig le'ur byas pa shes rab,* 24。

24 「相似業的轉至」謂隨業力轉五百世為例，於第三百世時，其業尚未圓滿，故不失壞，然而業卻仍具壞滅或變化性。

25 「破除業」謂業的理論不能成立，被理破除。

26 細增是煩惱的別名。其性難見故稱「細」，隨緣增益故稱「增」。

27 將有斷除見道所斷等同斷除一切業之過。

ད་ནི་ལས་དེ་དག་སྤངས་སུ་ཟིན་ཀྱང་ཆུད་མི་ཟ་བས་ལས་དེ་དག་གི་རྣམ་པར་སྨིན་པ་ཡོངས་སུ་བཟུང་སྟེ་གནས་པས་དེའི་ཕྱིར་མཐོང་བ་ཐོབ་པ་སོ་སོའི་སྐྱེ་བོའི་ལས་དང་ལྡན་པ་ཡང་མ་ཡིན་ལ། ལས་རྣམས་ཆུད་ཟ་བ་དེ་ཉིད་དུ་ཡང་མི་འགྱུར་ཏེ་རྣམ་པར་སྨིན་པར་ཡོད་པའི་ཕྱིར་རོ། དེ་ལྟ་བས་ན་དེའི་སྡུག་བསྔལ་ལ་སོགས་པ་མཐོང་བས་སྤང་བར་བྱ་བ་སྤོང་བ་ལས་བཞིན་དུ་སྤང་བར་བྱ་བ་མ་ཡིན་ཏེ། འབྲས་བུ་གཞན་དུ་འཕོས་ན་ནི་སྤོང་བར་འགྱུར་རོ། །

若非如此，（將有）雖已獲見（道）也有異生之業（之過）。（我）不承許彼——已獲見（道）仍有異生之業的一切（論述）。

於此，今雖已斷諸業，但因不失壞仍可產生一切果報，不只已獲見（道位）無異生之業，諸業也不會失壞其（效應）。因此，斷除（不失壞）並非如同斷除見苦等的所斷，而是轉至果他性而斷。

འདོད་པར་གཏོགས་པའི་ཆུད་མི་ཟ་བ་ནི། །འདོད་པའི་ཁམས་ལས་ཡང་དག་པར་འདས་པས་སྤོང་ལ། །གཟུགས་དང་གཟུགས་མེད་པར་གཏོགས་པ་དག་ཀྱང་གཟུགས་དང་གཟུགས་མེད་པའི་ཁམས་ལས་ཡང་དག་པར་འདས་པས་སྤོང་ངོ་། །ཁམས་མཚུངས་ལས་ནི་ཆ་མཚུངས་དང་། །ཆ་མི་མཚུངས་པ་ཐམས་ཅད་ཀྱི། །དེ་ནི་ཉིང་མཚམས་སྦྱོར་བའི་ཚེ། །གཅིག་པུ་ཁོ་ན་སྐྱེ་བར་འགྱུར། །ཁམས་མཚུངས་པ་ཡི་ལས་ཆ་མཚུངས་པ་དང་ཆ་མི་མཚུངས་པ་ཐམས་ཅད་ཀྱི་ཆུད་མི་ཟ་བ་དེའི་ཚེ་འདི་ལ་རེ་རེ་ལས་སྐྱེས་པ་དག་ནི་ཉིང་མཚམས་སྦྱོར་བའི་ཚེ་དེ་དག་ཐམས་ཅད་འགག་པ་ན་ཡང་གཅིག་པུ་ཁོ་ན་སྐྱེ་བར་འགྱུར་རོ། །

因脫離欲界，斷除欲界所攝的不失壞，也因出離色界及無色界，斷除色界及無色界所攝的不失壞。（《中論》云：）

**17.17 一切諸行業，相似不相似，一界初受身，爾時報獨生。**[28]

（雖仍有）同界的相似業及不相似業的所有不失壞，但從一一（不失壞）而結生的時候，其他一切（的不失壞）都會退失（效應），且僅從單一（的某不失壞）而生。

ཚེ་འདི་ལ་ནི་ལས་དང་ལས། །རྣམ་པ་གཉིས་པོ་ཐམས་ཅད་ཀྱི། །དེ་ནི་ཐ་དད་སྐྱེ་འགྱུར་ཞིང་། །རྣམ་པར་སྨིན་ཀྱང་གནས་པ་ཡིན། །ཚེ་འདི་ལ་ནི་ལས་དང་ལས་སོ་སོ་བ་སེམས་པ་དང་བསམས་པ་དང་དགེ་བ་དང་མི་དགེ་བ་རྣམ་པ་གཉིས་པོ་ཐམས་ཅད་ཀྱི་ཆུད་མི་ཟ་བ་གང་ཡིན་པ་དེ་ནི་ཐ་དད་པར་སྐྱེ་བར་འགྱུར་རོ། །རྣམ་པར་སྨིན་ན་ཡང་གནས་པ་ཡིན་ཏེ། དེ་ནི་ལས་རྣམ་པར་སྨིན་པའི་རྒྱུས་འགག་པ་ལྟར་ངེས་པ་ཉིད་མ་ཡིན་ནོ། །ལས་རྣམ་པར་སྨིན་ཀྱང་བརྒྱ་ལ་ཐེ་སྲིད་དུ་འཁྲུགས་པར་མ་གྱུར་པ་དེ་སྲིད་ཀྱི་བར་དུ་གནས་ཏེ། །འཁྲུགས་པར་གྱུར་ན་ནི་འགག་གོ་དེ་གནས་སུ་ཟིན་ཀྱང་ཡང་འབྲས་བུ་སྐྱེད་པར་ནི་མི་ནུས་ཏེ་ངེས་པར་སྤྱད་བཞིན་པའི་དཔང་རྒྱ་བཞིན་ནོ། །

（《中論》云：）

**17.18 於現世中有，如是二種業，彼生為相異，**[29]**其異熟亦有。**

一切現世中的（共）業及一一（別）業、思及思已業、善及不善等，彼（業）二相的不失壞都是相異而生，（彼業的）

---

28 有關 17.17d，對勘本版的藏譯中論為：།གཅིག་པོ་ཁོ་ན་སྐྱེ་བར་འགྱུར།，故與此中所引的偈頌文有所出入；可參考 Nāgārjuna. *Dbu ma rtsa ba'i tshig le'ur byas pa shes rab,* 24。

29 有關 17.18.abc，對勘本版的藏譯中論為：།མཐོང་བའི་ཆོས་ལ་རྣམ་གཉིས་པོ། །ཀུན་གྱི་ལས་དང་ལས་ཀྱི་དེ། །ཐ་དད་པར་ནི་སྐྱེ་འགྱུར་ཞིང་།，故與此中所引的偈頌文有所出入；可參考 Nāgārjuna. *Dbu ma rtsa ba'i tshig le'ur byas pa shes rab,* 24。

異熟也都存在，因爲（不失壞）不像業——異熟之因——是決定失壞的。

如同正決定用借據（求償）般，若無違緣，業的異熟將會安住，若有違緣將會失壞，不能生果。

དེ་ནི་འབྲས་བུ་འཕོས་པ་དང་། །ཤི་བར་གྱུར་ན་འགག་པར་འགྱུར། །དེ་ཡི་རྣམ་དབྱེ་ཟག་མེད་དང་། །ཟག་དང་བཅས་པར་ཤེས་པར་བྱ། །ལས་དེའི་ཆུད་ཟད་མི་བ་དེའི་འགག་པ་ནི་རྣམ་པ་གཉིས་སུ་ངེས་པ་ཡིན་ཏེ། འབྲས་བུ་འཕོས་པར་གྱུར་པ་དང་། ཤི་བར་གྱུར་པའོ། །དེ་ལ་འབྲས་བུ་འཕོས་པར་གྱུར་པ་ནི་བསྒོམ་པས་སྤང་བ་ཞེས་བསྟན་པ་ཡིན་ནོ། །ཤི་བར་གྱུར་པ་ནི་འགག་པ་དག་ན་ཉིད་མཚམས་སྦྱོར་བའི་ཚེ་གཅིག་པུ་ཁོ་ན་སྐྱེ་བར་འགྱུར་རོ། །ཞེས་བསྟན་པ་ཡིན་ནོ། །དེའི་དེ་ཡང་རྣམ་པར་དབྱེ་ན་རྣམ་པ་གཉིས་སུ་ཤེས་པར་བྱ་སྟེ། །ཟག་པ་མེད་པ་དང་ཟག་པ་དང་བཅས་པའི་ལས་ཀྱི་བྱེ་བྲག་གིས་སོ། །

（《中論》云：）

**17.19 其滅由證果，[30]及由死而滅；應知其有二：有漏及無漏。**

業的不失壞之滅相決定爲二：（證得）果（位）及死亡。說「證果」由「修（道）斷除」；說「死後」結生時只從單一（的某不失壞）而生。

由無漏及有漏的別相，應知該（不失壞）的類別有二。

དེའི་ཕྱིར་དེ་ལྟར་ལས་རྣམས་སྐད་ཅིག་མ་ཉིད་ཡིན་ཡང་ཆུད་མི་ཟ་བའི་ཆོས་ཀྱིས་

30 有關 17.19.a，對勘本版的藏譯中論為：དེ་ནི་འབྲས་བུ་འཕོ་བ་དང་།，故與此中所引的偈頌文有所出入；可參考 Nāgārjuna. *Dbu ma rtsa ba'i tshig le'ur byas pa shes rab*, 24。

ཡོངས་སུ་འཛིན་པས་འབྲས་བུ་དང་འབྲེལ་པར་འགྱུར་རོ། འབྲས་བུ་དང་འབྲེལ་བ་དེ་ཡང་ལས་ཀྱི་བྱེ་བྲག་ལས་འགྲོ་བ་དང་རིགས་དང་། རུས་དང་ཡུལ་དང་དུས་ཐ་དད་པ་དག་ཏུ་ལུས་དང་དབང་པོ་དང་ཁ་དོག་དང་དབྱིབས་དང་སྟོབས་དང་བློ་ལ་སོགས་པ་ཐ་དད་རྣམས་ཀྱིས་ཡུལ་སྣ་ཚོགས་ཀྱི་བདེ་བ་དང་། སྡུག་བསྔལ་ཉམས་སུ་མྱོང་བར་འགྱུར་རོ། །

業雖是剎那性，藉由不失壞法完全擁有（生果的功用），所以仍會與果相連。與果的這種相連——業的別相——產生各樣有情、種族、種姓，以及相異的區域、身體、根器、顏色、形狀、力量、想法等，由此領納各種境的快樂及痛苦。

དེའི་ཕྱིར། སྟོང་པ་ཉིད་དང་ཆད་མིན་དང་། །འཁོར་བ་དང་ནི་རྟག་པ་མིན། །ལས་རྣམས་ཆུད་མི་ཟ་བའི་ཆོས། །སངས་རྒྱས་ཀྱིས་ནི་བསྟན་པ་ཡིན། །དེ་ལྟར་གང་གི་ཕྱིར་ལས་དང་འབྲས་བུར་འབྲེལ་བ་དེ་ཡོད་པ་འགྲོ་བ་[31]ལ་སོགས་པ་ཐ་དད་པས་གནས་སྐབས་སྣ་ཚོགས་ཡིན་ལ། གནས་སྐབས་སྣ་ཚོགས་ཡིན་ཡང་དེ་ཉིད་དང་གཞན་ཉིད་དུ་བརྗོད་པར་བྱ་བ་མ་ཡིན་པ་དེའི་ཕྱིར་ངོ་བོ་ཉིད་ངེས་པར་མི་གནས་པ་དང་བརྗོད་པར་བྱ་བ་མ་ཡིན་པས། སྟོང་པ་ཉིད་འཐད་པ་ཡིན་ནོ། སྟོང་པ་ཉིད་ཡིན་ཡང་ཆད་པའི་སྐྱོན་དུ་ཡང་ཐལ་བར་མི་འགྱུར་རོ། འཁོར་བ་ཡང་འཐད་པ་ཡིན་ནོ། །འཁོར་བ་ཡོད་ཀྱང་རྟག་པའི་སྐྱོན་དུ་ཡང་ཐལ་བར་མི་འགྱུར་རོ། །སངས་རྒྱས་བཅོམ་ལྡན་འདས་སེམས་ཅན་རྣམས་ཀྱི་ལས་དང་རྣམ་པར་སྨིན་པ་མངོན་སུམ་དུ་གྱུར་པ་ལས་རྣམས་ཀྱི་ཆུད་མི་ཟ་བའི་ཆོས་བསྟན་པ་གང་ཡིན་པ་དེ་ཡང་འཐད་པ་ཡིན་ནོ། །དེ་ལྟ་བས་ན་བརྟག་[32]པ་དེ་ཉིད་འདིར་འཐད་ཀྱི། །སྙུ་གུའི་རྒྱུ་ལས་འབྲས་བུ་འགྲུབ་པ་བཞིན་དུ་ལས་ཀྱི་འབྲས་བུ་འགྲུབ་པར་རྟོགས་པ་དེ་ནི་མི་འཐད་དོ། །

31 根據北京版及奈塘版，在此多加 འགྲོ་བ། 二字。

32 如同前者的譯註所述，將此 རྟག（常）字改成 བརྟག（觀）字。

因此，（《中論》云：）

**17.20 雖空亦不斷，輪迴亦非常，諸業不失壞，是佛所宣說。**

因爲存在業與果的相連，隨有情等相異性成爲各種時位。雖是各種時位，但不能說（有情是）彼性及他性，而且（有情）絕無自性，亦不能說，故空性應理。雖是空性，也不應成斷過；輪迴也應理，雖有輪迴，但不應成常過。

佛薄伽梵現證諸有情的業及異熟，宣說諸業的不失壞法，彼亦應理，故此說成立。然而，彼（說）——由芽因而生其果般，安立業果——不應理。

བཤད་པ། ཅི་ཁྱོད་དྲི་ཟའི་གྲོང་ཁྱེར་གྱི་ར་བ་འཚོས་པས་གཡེན་སྤྱོའམ། ཁྱོད་ལས་མི་འཐད་བཞིན་དུ་ལས་ཀྱི་འབྲས་བུའི་ཕྱིར་རྩོད་ཀྱི། །འདི་ལྟར་གལ་ཏེ་ཁྱེད་ཀྱིས་ངོ་བོ་ཉིད་ཀྱིས་ཅུང་ཟད་ཅིག་ཏུ་རབ་ཏུ་བསྒྲུབས་པར་གྱུར་ན་ནི་དེས་ན་ལས་ཡོད་པ་དེ་རྒྱུན་འབྲེལ་པས་སམ་ཆུད་མི་ཟ་བས་འབྲས་བུ་དང་འབྲེལ་པར་བསམ་པ་ཡང་རིགས་པར་འགྱུར་གྲང་ན། གང་གི་ཚེ་ལས་དེ་ཉིད་ངོ་བོ་ཉིད་ཀྱིས་མི་འཐད་པ་དེའི་ཚེ་གཞི་མེད་པའི་བསམ་པ་འདིས་ཅི་ཞིག་བྱ།[33]

（自方）道：爲何你要因修復乾闥婆的城牆而被驅逐？[34] 明明業不應理，你卻爲了業的果報而爭論。

若如你（說，）由自性力能至極成立某少許法，（你）認

33 根據北京版及奈塘版，除去這段——དེའི་ཕྱིར་སྟོང་པ་ཉིད་དང་།。

34 乾闥婆的城牆明明不存在，但你卻說因為此城牆被驅逐在外。

爲「業的存在與續流連繫，或由不失壞連結了果」便能合理，但是其性非以自性而有，持此無依無據的想法爲何？

སྨྲས་པ། ལས་ཇི་ལྟར་མི་འཐད།

（他方）道：爲何業不應理？

བཤད་པ། འདི་ལྟར། གང་ཕྱིར་ལས་ནི་སྐྱེ་མེད་པ། གང་གི་ཕྱིར་ལས་ལ་སྐྱེ་བ་མེད་པ་ཉིད་ཡིན་པ་དེའི་ཕྱིར་མི་འཐད་དེ། འདི་ལྟར་མ་སྐྱེས་ན་ཇི་ལྟར་འཐད་པར་འགྱུར་རོ། །

如是，（自方道，《中論》）云：

**17.21.a 諸業本不生，**[35]

因爲業非生性，所以不應理。如是，既是非生[36]，如何應理？

སྨྲས་པ། ཅིའི་ཕྱིར་ལས་སྐྱེ་བ་མེད།

（他方）道：爲何業非生？

བཤད་པ། གང་ཕྱིར་དངོས་ཉིད་མེད་དེའི་ཕྱིར། །གང་གི་ཕྱིར་ལས་ངོ་བོ་ཉིད་མེད་པ་དེའི་ཕྱིར་སྐྱེ་བ་མེད་དེ། འདི་ལྟར་ལས་ཀྱི་ངོ་བོ་ཉིད་ཡོད་ན་ནི་ལས་ཀྱི་སྐྱེ་བ་འདི་ཡིན་ནོ། ཞེས་སྐྱེ་བ་ཡང་འཐད་པར་འགྱུར་ན། ལས་ཀྱི་ངོ་བོ་ཉིད་མེད་ན་ཅི་ཞིག་སྐྱེ་བར་འགྱུར། ཅི་

35 有關 17.21.a，對勘本版的藏譯中論為：།གང་ཕྱིར་ལས་ནི་སྐྱེ་བ་མེད།，故與此中所引的偈頌文有所出入；可參考 Nāgārjuna. *Dbu ma rtsa ba'i tshig le'ur byas pa shes rab,* 24。

36 不應解讀為業不生他果，而應理解為業本身就不是由他所生，並非生性，故說非生。

སྐྱེ་སྐྱེ་ན་ཡང་ངོ་བོ་ཉིད་དུ་ནི་སྐྱེ་བར་མི་འགྱུར་རོ། །གང་ངོ་བོ་ཉིད་དུ་སྐྱེ་བར་མི་འགྱུར་བ་དེ་ནི་ལས་ཉིད་མ་ཡིན་ཏེ། ལས་ཀྱི་ངོ་བོ་ཉིད་མེད་པའི་ཕྱིར་རོ། །དེའི་ལས་མི་འཐད་དོ། །

（自方道，《中論》）云：

**17.21.b 因無實性故，**[37]

因爲業無自性，所以非生。如是，若業有自性，則說「這是業的生」，生亦應理；然而，既然業無自性，將生什麼？

縱使是生，也不應於自性中生。既非自性生，即非業性，因爲業無自性故。彼（自性）業不應理。

སྨྲས་པ། ལས་ནི་སྐྱེ་བ་ཡོད་པ་ཉིད་དོ། ཅིའི་ཕྱིར་ཞེ་ན། ལས་རྣམས་ཆུད་མི་ཟ་བའི་ཕྱིར་ཏེ། འདི་ལྟར་བཅོམ་ལྡན་འདས་ཀྱིས་ཀྱང་ལས་རྣམས་ཆུད་མི་ཟ་བ་མེད་དོ། །ཞེས་གསུངས་པས། གལ་ཏེ་ལས་ལ་སྐྱེ་བ་མེད་ན་ཆུད་མི་ཟ་བ་དེ་གང་ཡིན་པར་འགྱུར། དེ་ལྟ་བས་ན་ལས་ནི་སྐྱེ་བ་ཡོད་པ་ཁོ་ན་ཡིན་ནོ། །

（他方）道：業生的確存在。爲何？諸業不失壞的緣故。如是，薄伽梵也說諸業不失壞。如果業非生，什麼成爲不失壞？因此，業生絕對存在。

བཤད་པ། སྐྱེ་བ་ཡོད་ན་ཆུད་མི་ཟ་བ་མི་འཐད་དེ། གང་ཕྱིར་དེ་ནི་མ་སྐྱེས་པ། དེ་ནི་ཆུད་ཟར་མི་འགྱུར་རོ། །བཅོམ་ལྡན་འདས་ཀྱིས་གང་ཁོ་ནའི་ཕྱིར་ལས་དེ་མ་སྐྱེས་པ་དེ་

37 有關 17.21.b，對勘本版的藏譯中論為：།འདི་ལྟར་རང་བཞིན་མེད་དེའི་ཕྱིར།，故與此中所引的偈頌文有所出入；可參考 Nāgārjuna. *Dbu ma rtsa ba'i tshig le'ur byas pa shes rab,* 24。

ཀོ་ནའི་ཕྱིར་ཆུད་ཟ་བར་མི་འགྱུར་རོ་ཞེས་གསུངས་སོ། །གཞན་དུ་སྐྱེ་ན་ཇི་ལྟར་ཆུད་མི་ཟ་བར་འགྱུར། །ཅི་སྟེ་འགྱུར་ན་ནི་སྐྱེས་པ་ཡང་མི་འཆི་བར་འགྱུར་བ་ཞིག་ན་སྐྱེས་པ་མི་འཆི་བར་ནི་མི་འགྱུར་རོ། །དེ་ལྟ་བས་ན་ལས་ཀྱང་སྐྱེས་ནས་ཆུད་མི་ཟ་བར་མི་འགྱུར་རོ། །

（自方）道：若生存在，不失壞將不應理。[38]（誠如《中論》云：）

**17.21.cd 是以無生故，失壞不應理。**

薄伽梵說：「僅憑業不生的理由，失壞才不應理。」否則，若生如何不失壞？果眞如此，已生將會不死。但是，已生不會不死。因此，形成業後，並非成爲不失壞。[39]

སྨྲས་པ། གང་གི་ཚེ་ཁོ་བོས་ལས་སྐད་ཅིག་མ་ཉིད་ཡིན་པའི་ཕྱིར་འགགས་ཀྱང་ཆུད་མི་ཟ་བའི་ཆོས་ཀྱིས་འབྲས་བུ་འགྲུབ་པར་འགྱུར་རོ། །ཞེས་སྨྲས་པ་དེའི་ཚེ། ལས་སྐྱེས་ན་ཇི་ལྟར་ཆུད་མི་ཟ་བར་འགྱུར་ཞེས་བྱ་བ་འདི་གང་གི་ལན་ཡིན།

（他方）道：我說：「業是剎那性，故而壞滅，但由不失壞法成立（其）果。」此時（你）回：「若業是生，如何不失壞？」這是什麼回覆？

བཤད་པ། དེ་ནི་འདི་ཉིད་ཀྱི་ལན་ཡིན་ཏེ། གལ་ཏེ་ཁྱོད་ཀྱིས་ལས་དེ་སྐད་ཅིག་མ་ཡིན་

38 若生有自性，何須「不失壞」？因為業是自性生，將無因緣令其變化，該業會一直存在，無止盡。果真如此，不失壞又有何用？

39 因為業非自性生，所以才會全面性地依賴他緣。正因為如此，百千劫前所造惡業才能感果。所以承許無自性者，是不需擔心前業會失壞，導致不能感果。

པའི་ཕྱིར་འགགས་ན་ཆུད་མི་ཟ་བ་དེ་གང་གི་ཡིན་ཏེ། གཞི་མེད་ན་ཆུད་མི་ཟ་བར་མི་འཐད་དོ། །འདི་ལྟར་ལས་ཀྱི་ཆུད་མི་ཟ་བ་ཡིན་ན། ལས་དེ་ཡང་འགགས་ཏེ་མེད་ན། །དེ་མེད་པའི་ཕྱིར་ཆུད་མི་ཟ་བ་ཡང་མེད་དེ། དེ་ལྟ་བས་ན་འགག་པའི་ཆུད་མི་ཟ་བ་ཞེས་བྱ་བ་དེ་ནི་འགལ་ལོ། །

（自方）道：這就是對彼的反駁。（你）說：「業是剎那性，故而壞滅」，果眞如此，不失壞又是誰的（不失壞）？既無（依）處，不失壞則不應理。

如是，業的不失壞若（如你所言，則不應理，）業既已滅成無，既已爲無，不失壞也應成無。因此，承許壞滅的不失壞不應理。

སྨྲས་པ། ལས་འགགས་ན་ཡང་རྣམ་པར་སྨིན་པ་ཆུད་མི་ཟ་བས་སྐྱོན་མེད་དོ། །

（他方）道：雖業已滅，果報仍不失壞，故無過咎！

བཤད་པ། དེ་ཡང་མི་འཐད་དོ། ཅིའི་ཕྱིར་ཞེ་ན། འདི་ལ་ལས་འདོད་པ་དང་མི་འདོད་པ་དག་གི་འབྲས་བུ་འདོད་པ་དང་མི་འདོད་པ་དག་བྱེད་པ་པོས་འཐོབ་པ་ནི་རྣམ་པར་སྨིན་པ་ཞེས་བྱ་སྟེ། དེ་ཡང་ཚེ་འདིའམ་སྐྱེས་པའམ་ལན་གྲངས་གཞན་ལ་རྒྱུན་གྱི་བྱེ་བྲག་དེ་དག་གིས་མྱོང་བར་འགྱུར་བ་ཡིན་ན། མ་སྐྱེས་པ་རྒྱུན་ལ་ལྟོས་པ་རྒྱུན་ལ་རག་ལས་པ་དེ་ཆུད་མི་ཟ་བས་ཇི་ལྟར་འཛིན་པར་བྱེད་ཅེ་སྟེ་དེ་སྐྱེས་པ་ཉིད་ཡིན་ན་ནི་དེས་བྱེད་པ་པོ་ལ་འབྲས་བུ་བདེ་བ་དང་སྡུག་བསྔལ་དག་མྱོང་བར་བྱ་དགོས་ཏེ། དེ་ལྟ་ཡིན་ན་ནི་དེ་ལ་ཆུད་མི་ཟ་བས་ཡང་བྱར་ཅི་ཡོད། ཅི་སྟེ་སྐྱེས་ཀྱང་རེ་ཞིག་དེས་བྱེད་པ་པོ་ལ་བདེ་བ་དང་སྡུག་བསྔལ་དག་མྱོང་བར་མི་བྱེད་ན་ནི་གང་གིས་དེ་སྐྱེས་སོ། །ཞེས་བྱ་བར་ཤེས་པར་འགྱུར་བ་དེའི་སྐྱེས་པའི་མཚན་ཉིད་གང་ཡིན། གལ་ཏེ་དེ་སྐྱེས་ཀྱང་བྱེད་པ་པོ་ལ་བདེ་བ་དང་སྡུག་བསྔལ་དག་མྱོང་བར་མི་བྱེད་ན་ནི་ཕྱིས་ཀྱང་དེས་དེ་ལ་ཅི་ཡང་བྱེད་མི་འགྱུར་ཞིང་། ཕྱིས་བྱེད་པ་པོ་ལ་

དེ་འབུལ་བར་འགྱུར་བ་ཡང་སུ་ཞིག་ཡིན་པར་འགྱུར།

（自方）道：彼（說）亦不應理。爲何？於此，「異熟」意指欲者及不欲者受報其欲果及不欲果；彼（果報）又依現世緣或他世緣等別相而受。

既然未生（之果）依賴緣、觀待緣，爲何不失壞持有（生果的能力）？

若已生（之果）應是造業者所感受的樂苦，那麼，不失壞又有何用？

若（果）雖已生，造業者暫時仍未感受樂苦，由何得知彼（果）已生？謂彼生（的）性相又是什麼？[40]

若（果）雖已生，造業者尚未感受樂苦，之後彼（不失壞）也不會對此（人）產生任何（果報）。（那麼，）誰才是事後給予（苦樂對象的）造業者？[41]

དེ་ལྟ་བས་ན་དེ་ཁོ་ནའི་དོན་རྣམ་པར་མ་ཤེས་ནས་ཆུད་མི་ཟ་བའི་ཚིག་ཙམ་ལ་དངོས་པོར་མངོན་པར་ཞེན་[42]བར་བྱས་ནས་མང་པོ་དང་སྣ་ཚོགས་དང་སྙིང་པོ་མེད་པ་དེ་སྙེད་ཅིག་སྨྲས་སོ། །འདི་ལྟར་ལས་ནི་ངོ་བོ་ཉིད་མེད་པ་ཁོ་ན་ཡིན་ཏེ། །གང་གི་ཕྱིར་ངོ་བོ་ཉིད་

40 「所知彼生性相又是什麼」謂你如何定義果的生，或如何得知該果報已經生起？

41 果若已生，形同果已圓滿，不會再有其因——業——所生的果報，所以對造業者而言，此時的不失壞形同失效，不會生果。此時，既然不失壞已失效，該不失壞給予苦樂的對象造業者又會是誰？

42 根據北京版及奈塘版，將此字改為 ཞེན། 字。

མེད་པ་དེའི་ཕྱིར་མ་སྐྱེས་པ་ཡིན་ལ། གང་གི་ཕྱིར་མ་སྐྱེས་པ་དེའི་ཕྱིར་ཆུད་ཟ་བར་མི་འགྱུར་ཏེ། དེ་ནི་དེ་ལྟར་ངེས་པར་བལྟ་བར་བྱའོ། །

因爲不懂眞實義，僅執「不失壞」之詞，並提出諸多毫無意義的論述。

應如是觀：業絕無自性；因無自性，故爲不生；不生故，非失壞。

གཞན་དུ་ན། གལ་ཏེ་ལས་ལ་དངོས་ཉིད་ཡོད། རྟག་པར་འགྱུར་བར་ཐེ་ཚོམ་མེད་དེ། །གལ་ཏེ་ལས་ལ་ངོ་བོ་ཉིད་ཡོད་པར་འགྱུར་ན། རྟག་པར་འགྱུར་བར་ཐེ་ཚོམ་མེད། འདི་ལྟར་རང་བཞིན་ནི་མི་འགྱུར་བའི་ཕྱིར་གཞན་དུ་འགྱུར་བར་མི་འཐད་དོ། དེའི་ཕྱིར། ལས་ནི་བྱས་པ་མ་ཡིན་འགྱུར། །རྟག་ལ་བྱ་བ་མེད་ཕྱིར་རོ། །ལས་རྟག་པ་ཉིད་ཡིན་[43]ན་མ་བྱས་པ་ཉིད་དུ་ཐལ་བར་འགྱུར་རོ། །ཅིའི་ཕྱིར་ཞེ་ན། རྟག་པ་ལ་བྱ་བ་མེད་པའི་ཕྱིར་ཏེ། འདི་ལྟར་རྟག་པ་མི་འགྱུར་བའི་ཆོས་ཅན་ལ་ནི་ཡང་བྱ་བ་མི་འཐད་དོ། །

若不然，（誠如《中論》云：）

**17.22.ab 業若有事性，[44]成常莫起疑，**

若業自性有，毋庸置疑，（業）應成常法。如是，因爲自性不變，轉變爲他則不應理。因此，（《中論》云：）

**17.22.cd 且成無作性，常則無作故。**

43 根據北京版及奈塘版，將此字改為ཡིན། 字。

44 有關 17.22.a，對勘本版的藏譯中論為：།གལ་ཏེ་ལས་ལ་རང་བཞིན་ཡོད།，故與此中所引的偈頌文有所出入；可參考 Nāgārjuna. *Dbu ma rtsa ba'i tshig le'ur byas pa shes rab,* 24。

若業是常，應成無作性。爲何？因爲於常性中無造作。如是，於不變常性的有法之中，造作亦不應理。

ལས་མ་བྱས་པ་རྟག་པའི་འབྲས་བུར་ཇི་ལྟར་རྣམ་པར་སྨིན་པར་འགྱུར་ཏེ། འདི་ལྟར་རྟག་པ་ལ་འགྱུར་བ་མི་འཐད་དོ། །ཅི་སྟེ་ལས་རྟག་པ་མི་འགྱུར་བ་ཡིན་ཡང་དེའི་རྐྱེན་ལས་བྱུང་བའི་འབྲས་བུ་དང་ལྡན་པར་རྟོག་ན། །དེ་ལྟ་ན་ཡང་། ཅི་སྟེ་ལས་ནི་མ་བྱས་ན། མ་བྱས་པ་དང་ཕྲད་འཇིགས་འགྱུར། །ཅི་སྟེ་ལས་མ་བྱས་པ་ཡིན་ཡང་འབྲས་བུ་སྐྱེད་པར་འགྱུར་ན། དེ་ལྟ་ན་མ་བྱས་པ་དང་ཕྲད་པས་འཇིགས་པར་འགྱུར་ཏེ། འདི་ལྟར་དེ་ལས་མི་དགེ་བ་མ་བྱས་སུ་ཟིན་ཀྱང་དེ་ལ་ཡོད་པ་ཁོ་ན་ཡིན་པས་དེས་ན་འབྲས་བུ་མི་འདོད་པ་འོང་བར་འགྱུར་བས་དེ་ལ་འཇིགས་པ་ཆེན་པོ་འབྱུང་བར་འགྱུར་རོ། །

無作性的業如何感得常果？如是，於常法中變化不應理。

如果認爲業雖是不變常法，卻可藉由會合其因生果，（則不應理。如《中論》云：）

**17.23.ab 業若無作性，合無作則畏，**

若業無作性卻可生果，會合無作性則應有畏懼（之過）；雖無造作不善業，但（果）決定存在於彼（無作性）中，因此產生不欲（之惡果），將形成極大怖畏。

གཞན་ཡང་། ཚངས་སྤྱོད་གནས་པ་མ་ཡིན་པའང་། །དེ་ལ་སྐྱོན་དུ་ཐལ་བར་འགྱུར། །ལས་མ་བྱས་པ་ཡིན་ན་དེ་ལ་སྐྱོན་ཆེན་པོ་གཞན་འདིར་ཡང་ཐལ་བར་འགྱུར་ཏེ། གང་གིས་ཚངས་པར་སྤྱོད་པ་མ་ཡིན་པ་མ་བྱས་ཀྱང་ཡོད་པའི་ཕྱིར་འགའ་ཡང་ཚངས་པར་སྤྱོད་པར་སྤྱོད་པ་ལ་གནས་པར་མི་འཐད་པ་དང་། གང་གིས་ཚངས་པར་སྤྱོད་པ་མ་ཡིན་པ་དེ་མ་སྤྱད་ཀྱང་དེ་ལ་ཚངས་པར་སྤྱོད་པ་ཡོད་པ་ཁོ་ནའི་ཕྱིར་ཡང་ཚངས་པར་སྤྱོད་པ་ལ་གནས་པ་དོན་

མེད་པར་འགྱུར་བས་དེའི་ཕྱིར་ཡང་ཚངས་པར་སྤྱོད་པ་ལ་གནས་པ་མ་ཡིན་པར་ཐལ་བར་འགྱུར་རོ། །

此外，（《中論》云：）

**17.23.cd 雖不住梵行，仍應成其過。**[45]

若業是無作性，應成其他極大過咎。因爲存在（業的無作性），即使某人不住非梵行，也不能成立（此人）持梵行。或是某人不犯淫行，且此人絕對具有梵行，然而（此人的）梵行將成無義，因此，（此人）應成不住梵行。[46]

དེ་བཞིན་དུ། ཐ་སྙད་ཐམས་ཅད་ཉིད་དང་ཡང་། འགལ་བར་འགྱུར་བར་ཐེ་ཚོམ་མེད། དེ་ལྟར་ལས་བྱས་པ་མ་ཡིན་ན་འཇིག་རྟེན་པ་འབྲས་བུའི་དོན་དུ་ཐ་སྙད་རྩོམ་པར་བྱེད་པ་ཞིང་ལས་དང་ཉོ་ཚོང་དང་ཕྱུགས་བཅལ་བ་དང་། རྒྱལ་པོ་ལ་བརྟེན་པ་ལ་སོགས་པ་དང་། དེ་བཞིན་དུ་རིགས་པ་དང་། བཟོ་དང་། སྒྱུ་རྩལ་གོམས་པར་བྱེད་པ་དང་། དེ་དག་གི་ལུང་འདོགས་པ་གང་དག་ཡིན་པ་དེ་དག་ཐམས་ཅད་ཉིད་དང་ཡང་འགལ་བར་འགྱུར་རོ། །ཅིའི་ཕྱིར་ཞེ་ན། བྱེད་པ་དང་མི་བྱེད་པ་དག་ལ་དེ་དག་གི་འབྲས་བུ་འོས་[47]པར་ཐལ་བར་འགྱུར་

---

45 這段的《中論無畏疏》消文較為容易理解且貼近《中論》偈文。該論說：「如果業是無作性仍可感果，應成不住梵行仍住梵行之過。」可參考無畏阿闍黎的《中論釋》—— Ga las 'jigs med. *Dbu ma rtsa ba'i 'grel ba ga las 'jigs med,* 177。

46 無作為仍可感果，等同無梵行者亦得梵行果。此過咎的意思是：雖然某人已出家，但也不能稱此人為出家人，因為業是無作性，無有任何作為。還有，某人雖無行淫、具梵行，但此人的梵行不能生果，故該梵行將成無義；既然此人的梵行無義，等同此人不住梵行。

47 原先是འོང།，應是錯字，故改為འོས། 字。

བའི་ཕྱིར་རོ། །

同樣的，（誠如《中論》云：）

**17.24.ab 諸名言亦是，相違莫起疑，**

如是，若業不是所作性，世間名言中，爲成果所付出的努力——農業、商業、尋畜、遵行王（令）、邏輯、工匠、體操的訓練、教授口傳等——都應相違。爲何？應成做與不做（同樣）都可結果的緣故。

གཞན་ཡང་། བསོད་ནམས་དང་ནི་སྡིག་བྱེད་པའི། །རྣམ་པར་དབྱེ་བའང་འཐད་མི་འགྱུར། །ལས་མ་བྱས་པ་ཡིན་ན་འདི་ནི་བསོད་ནམས་བྱེད་པའོ། །འདི་ནི་སྡིག་པ་བྱེད་པའོ། །ཞེས་བྱ་བའི་རྣམ་པར་དབྱེ་བ་དེ་དག་ཀྱང་འཐད་པ་ཉིད་དུ་མི་འགྱུར་རོ། །ཅིའི་ཕྱིར་ཞེ་ན། དགེ་བ་དང་མི་དགེ་བའི་ལས་མ་བྱས་པ་ཐམས་ཅད་ཀྱང་ཡོད་པར་ཐལ་བར་འགྱུར་བ་དང་། དེ་དག་གི་འབྲས་བུ་ཡང་འཐོབ་པར་ཐལ་བར་འགྱུར་བའི་ཕྱིར་རོ། །

此外，（《中論》云：）

**17.24.cd 作罪及作福，亦無有差別。**

若業是無作性，「這是造福」、「這是造孽」的區別亦不合理。爲何？應成一切（眾生）具有無作性的善業，不善業皆能得其果的緣故。

ཡང་གཞན་ཡང་། དེ་ཡི་རྣམ་སྨིན་སྨིན་པར་འགྱུར། །ཡང་དང་ཡང་དུ་རྣམ་སྨིན་འགྱུར། །གལ་ཏེ་གང་ཕྱིར་ལས་གནས་པ། །དེ་ཕྱིར་ངོ་བོ་ཉིད་ཡོད་ཕྱིར། གལ་ཏེ་ལས་དེ་

ངོ་བོ་ཉིད་ཡོད་པ་ཡང་ཡིན་ལ་འབྲས་བུ་སྐྱེས་པར་འགྱུར་བ་ཡང་ཡིན་ན། དེ་ལྟ་ན་དེའི་རྣམ་པར་སྨིན་པ་སྨིན་ཟིན་པར་གྱུར་ཀྱང་ཡང་དང་ཡང་དུ་རྣམ་པར་སྨིན་པར་འགྱུར་རོ། །ཅིའི་ཕྱིར་ཞེ་ན། གང་གི་ཕྱིར་ལས་ངེས་པར་གནས་པ་ཡིན་ན་དེའི་ཕྱིར་ངོ་བོ་ཉིད་ཡོད་པས། ཇི་ལྟར་དེ་སྔོན་ངོ་བོ་ཉིད་ངེས་པར་གནས་པ་ན། འབྲས་བུ་བསྐྱེད་པར་གྱུར་པ་དེ་བཞིན་དུ། ད་ལྟར་ཡང་ངེས་པར་གནས་པས། དེའི་ཕྱིར་དེས་ན་ཡང་འདི་ན་གཞན་དུ་འབྲས་བུ་བསྐྱེད་པར་བྱ་དགོས་སོ། །ཡང་ན་ནི་ངེས་པར་གནས་པར་འདྲ་ཡང་གང་གིས་སྔོན་ནི་འབྲས་བུ་བསྐྱེད་པར་གྱུར་པ་ལ་དེ་ནི་ཡང་དང་ཡང་དུ་སྐྱེད་པར་མི་བྱེད་དོ། ཞེས་བྱ་བའི་ཁྱད་པར་གྱི་གཏན་ཚིགས་བསྟན་པར་བྱ་དགོས་སོ། །

此外，（《中論》云：）

**17.25 受於果報已，而應更復受，決定有業故，存在自性故。**[48]

若業自性有卻仍生果，得到果報後，應一再反覆感果。爲何？因爲業決定存在，故有自性。如同之前自性決定有故而感果，現在的決定有也會生果於他（時處）。或（你）要以因相顯示：同樣的決定有，但同前生果不再反覆生（果）的差異。

སྨྲས་པ། ཁྱོད་ནི་ལས་ངོ་བོ་ཉིད་ཡོད་པའི་སྐྱོན་ཡང་དག་པར་རྗོགས་པ་འབའ་ཞིག་བྱེད་པར་ཟད་ཀྱི། འདི་ལྟར་ན་ལས་ངོ་བོ་ཉིད་མེད་དོ། །ཞེས་བྱ་བ་ནི་ཅུང་ཟད་ཀྱང་མི་སྟོན་ན། དེའི་ཕྱིར་གལ་ཏེ་གང་གིས་ལས་དེ་ངོ་བོ་ཉིད་མེད་དོ་ཞེས་ཁོ་བོ་ཡིད་ཆེས་པར་འགྱུར་བ་ལས་ངོ་བོ་ཉིད་མེད་དུ་སྟོན་པའི་རིགས་པ་འགའ་ཞིག་ཡོད་པ་ལྟ་ན་དེ་སྟོན་ཅིག །

48 有關 17.25.ac，對勘本版的藏譯中論為：།དེ་ནི་རྣམ་སྨིན་སྨིན་གྱུར་པ། །གལ་ཏེ་རང་བཞིན་ཡོད་ན་ནི།，故與此中所引的偈頌文有所出入；可參考 Nāgārjuna. *Dbu ma rtsa ba'i tshig le'ur byas pa shes rab*, 25。

（他方）道：你只說有自性的一切過咎，卻未表態「如是，業無自性！」依何因令我等相信業無自性？既然有顯示無自性的某些理由，請說其（義）！

བཤད་པ་ཉོན་ཅིག། །ལས་འདི་ཉོན་མོངས་བདག་ཉིད་ཅན། ཉོན་མོངས་དེ་དག་ཡང་དག་མིན། །གལ་ཏེ་ཉོན་མོངས་ཡང་དག་མིན། །ལས་ནི་དེ་ཡི་ཇི་ལྟར་བྱས། །ལས་ཞེས་བྱ་བ་གང་ཡིན་པ་འདི་ནི་ཉོན་མོངས་པའི་རྒྱུ་ལས་བྱུང་བ་སྟེ། འདི་ལྟར་ཉོན་མོངས་པ་ཅན་གྱི་སེམས་དང་ལྡན་ལུས་དང་ངག་དང་ཡིད་ཀྱིས་བྱེད་པ་ནི་ལས་ཞེས་བྱའོ། །དེ་ལྟ་ན་ཉོན་མོངས་པའི་རྒྱུ་ལས་བྱུང་བ་ཉོན་མོངས་པའི་རང་བཞིན་ཅན་ཉོན་མོངས་པའི་བདག་ཉིད་ཅན་ཡིན་པས་ངོ་བོ་ཉིད་ཀྱིས་ཡོད་པ་མ་ཡིན་ནོ། །ཉོན་མོངས་དེ་དག་ཡང་དག་མིན། །ཞེས་བྱ་བའི་ལས་གང་གི་བདག་ཉིད་ཡིན་པའི་ཉོན་མོངས་པ་དེ་དག་ཀྱང་ཡང་དག་པར་ཡོད་པ་མ་ཡིན་ནོ། །དེའི་དངོས་པོ་ནི་ཡང་དག་པ་སྟེ་ཉོན་མོངས་པའི་དངོས་པོ་ཉིད་དུ་ཡོད་པ་མ་ཡིན་པས་ངོ་བོ་ཉིད་ཀྱིས་ཡོད་པ་མ་ཡིན་ནོ། ཞེས་བྱ་བའི་ཐ་ཚིག་སྟེ།

（自方）道：請（善諦）聽！（《中論》）云：

**17.26 業於惑性中，彼惑等非實，若惑非實有，如何業爲實？**

諸業皆從煩惱之因所生。如是，具煩惱心，以身、語、意所做皆稱「業」。因爲（業）是由煩惱因而生，是煩惱自性、煩惱體性，所以不應有自性。

「（17.26.b）彼惑等非實」是指，是業的體性——煩惱——皆非實有。彼（惑）的事物是指眞實；無煩惱的事物，故非自性有。[49]

49 煩惱所執取的事物是自性有，然煩惱所執事物應無，故自性不應理。

འོག་ནས་ཀྱང་། གང་དག་སྡུག་དང་མི་སྡུག་པའི། །ཕྱིན་ཅི་ལོག་ལ་རྟེན་འབྱུང་བ། །དེ་དག་ངོ་བོ་ཉིད་ལས་མེད། །དེ་ཕྱིར་ཉོན་མོངས་ཡང་དག་མེད། །ཅེས་འབྱུང་བའི་ཕྱིར་རོ། །གལ་ཏེ་ལས་གང་གི་བདག་ཉིད་ཡིན་པའི་ཉོན་མོངས་པ་དེ་དག་ཡང་དག་པ་མ་ཡིན་ཞིང་། ངོ་བོ་ཉིད་ཀྱིས་ཡོད་པ་མ་ཡིན་ན། འོ་ན་ད་ལས་ཅི་ཞིག་གི་བདག་ཉིད་དུ་འགྱུར་ཏེ། གང་གི་ཕྱིར་ལས་ནི་ཉོན་མོངས་པའི་རྒྱུ་ལས་བྱུང་བ་ཡིན་ལ། །ཉོན་མོངས་པ་རྣམས་ནི་ཕྱིན་ཅི་ལོག་གི་རྒྱུ་ལས་བྱུང་བ་ཡིན་པ་དེའི་ཕྱིར་ལས་དང་ཉོན་མོངས་ཞེས་སྨྲོ། །

後文亦云：「（23.2）若因淨不淨，顛倒生三毒；三毒無自性，故煩惱無實。」如果是業的體性──煩惱──非眞實、非自性有，那麼，業又會是什麼的體性？

因爲業是由煩惱因而生，煩惱是由顚倒因而生，故說業及煩惱。

སྨྲས་པ། ལས་དང་ཉོན་མོངས་པ་དག་ནི་ངོ་བོ་ཉིད་ཡོད་པ་ཁོ་ན་ཡིན་ཏེ། ཅིའི་ཕྱིར་ཞེ་ན། དེ་དག་གི་འབྲས་བུ་ངོ་བོ་ཉིད་ཡོད་པ་ཉིད་ཡིན་པའི་ཕྱིར་རོ། འདི་ལ་ལས་དང་ཉོན་མོངས་པ་དག་ནི་ལུས་རྣམས་ཀྱི་རྐྱེན་དུ་བསྟན་ལ་ལུས་རྣམས་ནི་ངོ་བོ་ཉིད་ཡོད་པ་ཡིན་པས་དེ་ཕྱིར་འབྲས་བུ་ངོ་བོ་ཉིད་ཡོད་པ་ཡིན་པའི་ཕྱིར་ལས་དང་ཉོན་མོངས་པ་དག་ངོ་བོ་ཉིད་ཡོད་པ་ཁོ་ན་ཡིན་នོ། །

（他方）道：業和煩惱決定有自性。爲何？彼等之果都有自性。於此，（經論）說業和煩惱都是諸身之緣，故有自性。果是自性有的緣故，業及煩惱絕對是自性有。

བཤད་པ། ལས་དང་ཉོན་མོངས་པ་དག་ནི། །ལུས་རྣམས་ཀྱི་ནི་རྐྱེན་དུ་བསྟན། །གལ་

ཏེ་ལས་དང་ཉོན་མོངས་པ། །དེ་སྟོང་ལུས་ལ་ཇི་ལྟར་བརྗོད། །འདི་ལ་ཁྱོད་ཀྱིས་[50]ལས་དང་ཉོན་མོངས་པ་དག་ནི་ལུས་རྣམས་ཀྱི་རྐྱེན་དུ་བསྟན་ལ། ཞེས་སྨྲས་པ། འབྲས་བུ་གྲུབ་པས་རྒྱུ་འགྲུབ་པར་འདོད་ལ་རྒྱུ་འགྲུབ་པའི་རིགས་པ་གཞན་ནི་ཅུང་ཟད་ཀྱང་མི་སྟོན་ཏེ། ཁོ་བོ་ཅག་གིས་ལུས་ཀྱི་རྒྱུ་ལས་དེ་དང་ཉོན་མོངས་པ་དེ་དག་རྟེན་ཅིང་འབྲེལ་པར་འབྱུང་བའི་ཕྱིར། ངོ་བོ་ཉིད་སྟོང་ངོ་། །ཞེས་བསྟན་པས། འབྲས་བུ་ནི་རྒྱུའི་ཡོན་ཏན་གྱི་བདག་ཉིད་ཅན་དུ་འདོད་པར་བྱ་བ་ཡིན་པས་དེའི་ཕྱིར་གལ་ཏེ་ལུས་ཀྱི་རྒྱུ་ལས་དང་ཉོན་མོངས་པ་དག་ཉིད་སྟོང་ཞིང་དེ་དག་སྟོང་ན་ལུས་ངོ་བོ་ཉིད་ཡོད་དོ། །ཞེས་བྱ་བ་དེ་ཇི་ལྟར་བརྗོད་དེ། ལུས་ངོ་བོ་ཉིད་ཡོད་པ་ཉིད་དོ། །ཞེས་བྱ་བའི་ཚིག་དེ་ནི་གཙིགས་པ་མ་ཡིན་པ་ཉིད་དུ་ངེས་སོ། །

（自方道，《中論》）云：

**17.27 諸煩惱及業，是說身因緣；諸煩惱業空，如何說諸身？**

你說（經論）開示諸業及煩惱是諸身之緣。雖然你想以立果而立因，卻絲毫未說其他理由。我等說身因──業及煩惱──皆是緣起，故無自性。因爲（你）承許果是因德之體性，[51]身因──業及煩惱──皆空的話，豈能說身有自性？因此，絕不要視「身有自性」之詞爲珍寶。

སྨྲས་པ། ལས་ནི་ཡོད་པ་ཁོ་ན་ཡིན་ཏེ། ཅིའི་ཕྱིར་ཞེ་ན། ལས་ཀྱི་འབྲས་བུ་ལ་ལོངས་སྤྱོད་པའི་ཟ་བ་པོ་ཡོད་པའི་ཕྱིར་རོ། །འདི་ལ་བཅོམ་ལྡན་འདས་ཀྱིས་དེ་དང་དེ་དག་ཏུ། མ་རིག་བསྒྲིབས་པའི་སེམས་ཅན་དག །སྲེད་པའི་ཀུན་ཏུ་སྦྱོར་དང་ལྡན། ཞེས་ཀྱང་གསུངས་

50 根據北京版及奈塘版，將此字改為 ཀྱིས། 字。

51 由因的功德所生的體性。

ལ། གཞན་ཡང་ཅི་སྟེ་ཁྱོད་རང་ཉིད་ཀྱིས་སྡིག་པའི་ལས་འདི་བྱས་ན། ཁྱོད་རང་ཉིད་ཀྱིས་དེའི་རྣམ་པར་སྨིན་པ་ཉམས་སུ་མྱོང་བར་བྱ་དགོས་སོ། ཞེས་ཀྱང་གསུངས་པ། དེའི་ཕྱིར། མ་རིག་བསྒྲིབས་པའི་སྐྱེ་བོ་གང་། །སྲིད་ལྡན་དེ་ནི་ཟ་བ་པོ། །མ་རིག་པས་བསྒྲིབས་པའི་སེམས་ཅན་སྲིད་པའི་ཀུན་ཏུ་སྦྱོར་བ་དང་ལྡན་པ་དང་ཞེས་གང་གསུངས་པ་དང་། ཁྱོད་རང་ཉིད་ཀྱིས་དེའི་རྣམ་པར་སྨིན་པ་ཉམས་སུ་མྱོང་བར་བྱ་དགོས་སོ་ཞེས་གང་གསུངས་པ་དེ་ནི་ལས་ཀྱི་འབྲས་བུ་ལ་ལོངས་སྤྱོད་པའི་ཟ་བ་པོ་ཡིན་ཏེ། དེའི་ཕྱིར་རེ་ཞིག་ལས་ཀྱི་འབྲས་བུ་ལ་ལོངས་སྤྱོད་པའི་ཟ་བ་པོ་འཐད་པས་མེད་པའི་འབྲས་བུ་ཡང་མེད་ལ་བྱེད་པ་པོ་མེད་པའི་ལས་ཀྱང་མི་འཐད་པས། ཟ་བ་པོ་ཡོད་པའི་ཕྱིར་བྱེད་པ་པོ་དང་ལས་དག་ཀྱང་རབ་ཏུ་གྲུབ་པ་ཡིན་ནོ། །

（他方）道：業絕對存在！爲何？因爲自食其果者確實存在。薄伽梵也在此處及他處說：「無明蔽有情，以愛遍結縛。」[52]又說：「你造此惡業，你將會受其果報。」因此，（《中論》云：）

**17.28.ab 無明蔽有情，是具愛食者，**[53]

（經）說，無明覆蔽的有情因愛而結縛，又說「你將會受其果報」，所言意指自食其果。既然自食其果者應理，便不能存在未有之果、無作者亦無其業。存在自食其果的緣故，也能

52 類似此偈的古老漢譯如《雜阿含經》（卷三十六）：「無明覆世間，愛結縛衆生。」（T.2.99.264c.12）

53 有關 17.28.ab，對勘本版的藏譯中論為：མ་རིག་བསྒྲིབས་པའི་སྐྱེ་བོ་གང་། །སྲིད་ལྡན་དེ་ནི་མི་ཟ་བ་པོ། ，故與此中所引的偈頌文有所出入；可參考 Nāgārjuna. *Dbu ma rtsa ba'i tshig le'ur byas pa shes rab,* 25。

至極成立造業者與業。

དེ་ཡང་བྱེད་ལས་གཞན་མིན་ཞིང་། །དེ་ཉིད་དེ་ཡང་མ་ཡིན་ནོ། །དེ་ནི་ལས་ཀྱི་འབྲས་བུ་ལ་ལོངས་སྤྱོད་པའི་ཟ་བ་པོ་དེ་ཡང་ལས་དེའི་བྱེད་པ་པོ་ལས་གཞན་མ་ཡིན་ཏེ། རང་གི་རྣམ་པར་སྨིན་པ་ཉམས་སུ་མྱོང་བར་འགྱུར་རོ། །ཞེས་གསུངས་པའི་ཕྱིར་རོ། གཞན་མ་ཡིན་པ་ཡང་མ་ཡིན་ཏེ། ཉེ་བར་ལེན་པ་གཞན་ཡིན་[54]པའི་ཕྱིར་རོ། །དེ་ལྟ་ན་འཁོར་བ་ཡང་འཐད་ལ་རྟག་པ་དང་ཆད་པའི་སྐྱོན་དུ་ཡང་ཐལ་བར་མི་འགྱུར་རོ། །

（《中論》云：）

**17.28.cd 而於本作者，不即亦不異。**

（教典）說，自食其果者並非迥異於彼業的作者，因為是自己的報應。

（自食其果者）也不是非他，因為近取（果報者）的確迥異（於造業者）。如是，輪迴應理，並非應成常過及斷過。

བཤད་པ། ཅི་ཁྱོད་རྟོག་རྨོང་མ་བྲིས་པར་སུ་ཤུ་འདོགས་པར་བྱེད་དམ། ཁྱོད་བྱེད་པ་པོ་དང་ལས་དང་འབྲས་བུ་དག་རབ་ཏུ་མ་གྲུབ་བཞིན་དུ་ལས་ཀྱི་འབྲས་བུ་ལ་ལོངས་སྤྱོད་པའི་ཟ་བ་པོ་སྒྲུབ་པར་བྱེད་ཀོ། །འདི་ལྟར་བྱེད་པ་པོ་དང་ལས་དང་འབྲས་བུ་དག་ཉིད་མི་འཐད་ན་ཟ་བ་པོ་འཐད་པར་ག་ལ་འགྱུར། ཇི་ལྟར་ཞེ་ན། གང་གི་ཕྱིར་ན་ལས་འདི་ནི། །རྐྱེན་ལས་བྱུང་བ་མ་ཡིན་ཞིང་། །རྐྱེན་མིན་ལས་བྱུང་ཡོད་མིན་པ། །དེ་ཕྱིར་བྱེད་པ་པོ་ཡང་མེད། །གང་གི་ཕྱིར་རྟེན་ཅིང་འབྲེལ་པར་འབྱུང་བ་སྨྲ་བ་རྣམས་ལ་ལས་འདི་ཞེས་བྱ་བ་དེ་རྐྱེན་ལས་བྱུང་ངོ་ཞེས་བྱ་བ་མི་སྲིད་ལ། རྒྱུ་མེད་པ་ལས་བྱུང་བར་སྨྲ་བ་རྣམས་ལ་ཡང་ལས་འདི་

54 原文是ཡིག（文）字，但應該是ཡིན།（是）字。

ཞེས་བྱ་བ་དེ་རྒྱུ་མེད་པ་ལས་བྱུང་ངོ་། །ཞེས་བྱ་བ་མི་སྲིད་པ་དེའི་ཕྱིར། ལས་ནི་རེ་ཞིག་རྐྱེན་ལས་བྱུང་བ་ཡང་ཡོད་པ་མ་ཡིན་ཞིང་། རྐྱེན་མ་ཡིན་པ་ལས་བྱུང་བ་ཡང་ཡོད་པ་མ་ཡིན་ནོ། །

（自方）道：你爲何尚未鋪墊牆基卻圍欄杆？你明明無法至極成立作者及業果，卻要成立自食其果者。既然作者及業果皆不應理，自食其果者豈能應理？爲何？（《中論》云：）

**17.29 業不從緣生，不從非緣生，是故則無有，造業者亦無。**

凡是認同緣起者不可能說此業由彼緣所生，也不可能認同（像）無因而生者所說的此業是無因而生。因此，首先，業不從緣生而有，也不從非緣而生。

གང་གི་ཕྱིར་ལས་ཡོད་པ་མ་ཡིན་པ་དེའི་ཕྱིར་ལས་མེད་པའི་བྱེད་པ་པོ་ཡང་མེད་དོ། །གལ་ཏེ་ལས་དང་བྱེད་མེད་ན། །ལས་སྐྱེས་འབྲས་བུ་ག་ལ་ཡོད། །ཅི་སྟེ་འབྲས་བུ་ཡོད་མིན་ན། །ཟ་བ་པོ་ལྟ་ག་ལ་ཡོད། །གལ་ཏེ་བརྟགས་ན་ལས་ཀྱང་མེད་ལ་བྱེད་པ་པོ་ཡང་མེད་དེ། དེ་དག་མེད་ན་ལས་ལས་སྐྱེས་པའི་འབྲས་བུ་ལྟ་ཡོད་པར་ག་ལ་འགྱུར། ཅི་སྟེ་འགྱུར་ན་ནི་ལས་ལས་སྐྱེས་པའི་འབྲས་བུ་མ་ཡིན་པ་དང་། རྒྱུ་མེད་པ་ལས་བྱུང་བའི་འབྲས་བུར་འགྱུར་བས་དེ་ནི་མི་འདོད་དེ་སྐྱོན་དུ་མར་ཐལ་བར་འགྱུར་བའི་ཕྱིར་རོ། །

因爲業不存在，不存在的業也應無（其）造作者。（《中論》云：）

**17.30 無業無作者，何有業生果，若其無有果，何有受果者？**

若做觀察，不只業不存在，造業者也應無，既然這些都沒有，豈存在由業生果？果眞如此，應成諸多過咎，（如）業不能生果、無因生果（等），但不承許彼（說）。

ད་ཅི་སྟེ་འབྲས་བུ་མེད་ན་ཟ་བ་པོ་ཡོད་པར་ག་ལ་འགྱུར་ཏེ། འདི་ལྟར་འབྲས་བུའི་ཟ་བ་པོར་འགྱུར་བ་ཡིན་ན་འབྲས་བུ་དེ་ཡང་མི་འཐད་དེ། དེ་མེད་ན་དེ་གང་གི་ཟ་བ་པོར་འགྱུར། དེ་ལྟ་བས་ན་བྱེད་པ་པོ་དང་ལས་དང་འབྲས་བུ་དང་ཟ་བ་པོ་ཡོད་དོ། །ཞེས་བྱ་བ་དེ་ནི་སླུ་བའི་ཚིག་ཙམ་དུ་ཟད་དོ། །བྱེད་པ་པོ་དང་ལས་དང་འབྲས་བུ་དང་ཟ་བ་པོ་དག་མི་འཐད་ན། འཁོར་བ་ཇི་ལྟར་འཐད་པར་འགྱུར། །

果不存在的話，豈有自食其果者？如是，即便是自食其果者，其果也不應理，因爲其（果）不存在，又是什麼的自食其果？因此，說作者、業果、自食其果皆都存在，僅屬欺誑之詞。既然作者、業果、自食其果不應理，輪迴豈應理？

སྨྲས་པ། ཅི་བྱེད་པ་པོ་དང་ལས་དང་འབྲས་བུ་དང་ཟ་བ་པོ་དང་ཉོན་མོངས་པ་དག་མེད་དོ། །ཞེས་བྱ་བ་དེ་ཤིན་ཏུ་ངེས་པ་ཡིན་ནམ།

（他方）道：爲何能夠至極決定作者、業、果、自食其果者及煩惱都不存在？

བཤད་པ། གང་ལ་རྟེན་ཅིང་འབྲེལ་པར་འབྱུང་བ་དེ་ལ་ཡོད་དོ་ཞེའམ། མེད་དོ་ཞེས་སྨྲ་བར་ག་ལ་རིགས།

（自方）道：哪位（認同）緣起者能合理地說「這是存在或不存在」呢？

སྨྲས་པ། ད་འདིར་དངོས་པོ་ཡོད་པ་གང་ཡིན།

（他方）道：在此，一切現有的事物又是什麼？

བཤད་པ། དངོས་པོ་ཡོད་པ་ག་ལ་ཡིན་ཏེ། དངོས་པོ་ཡོད་པར་འཛིན་པ་བཟློག་པའི་ཕྱིར་དཔེ་ཟུང་ཞིག །ཇི་ལྟར་སྤྲུལ་པ་སྟོན་བྱེད་པ། །རྫུ་འཕྲུལ་ཕུན་སུམ་ཚོགས་པ་ཡིས། །སྤྲུལ་ཞིང་སྤྲུལ་པའང་གཞན་སྤྲུལ་བྱེད། །སྤྲུལ་པ་དེས་ཀྱང་གཞན་དག་ལྟར། །དེ་བཞིན་བྱེད་པོས་ལས་གང་བྱས། །དེ་ཡང་སྤྲུལ་པའི་རྣམ་པ་བཞིན། །དཔེར་ན་སྤྲུལ་པས་སྤྲུལ་གཞན་ཞིག །སྤྲུལ་པ་མཛད་པ་དེ་བཞིན་ནོ། །ཉོན་མོངས་ལས་དང་ལུས་རྣམས་དང་། །བྱེད་པ་པོ་དང་འབྲས་བུ་དག །དྲི་ཟའི་གྲོང་ཁྱེར་ལྟ་བུ་དང་། །སྨིག་རྒྱུ་རྨི་ལམ་འདྲ་བ་ཡིན། །དེའི་ཕྱིར་དེ་ལྟར་སྤྲུལ་པ་བྱེད་པ་དང་། སྤྲུལ་པ་དང་། དྲི་ཟའི་གྲོང་ཁྱེར་དང་། སྒྱུ་མ་དང་། སྨིག་རྒྱུ་དང་། རྨི་ལམ་ལྟ་བུའི་ལས་དང་། ཉོན་མོངས་པ་དང་ལུས་དང་བྱེད་པ་པོ་དང་འབྲས་བུ་དང་ཟ་བ་པོ་དག་ལ། ཡོངས་སུ་རྟོག་པ་དང་ལྡན་པ་ཡང་དག་པར་སྨྲས་པ་ཡོད་དོ། །ཞེའམ་མེད་དོ་ཞེས་ཇི་ལྟར་སྨྲ་བར་ནུས་ཏེ། འདི་ལྟར་དངོས་པོ་དང་དངོས་པོ་མེད་པར་རྟོག་པ་ཐམས་ཅད་ནི་རྟག་པ་དང་ཆད་པའི་སྐྱོན་དང་རྗེས་སུ་འབྲེལ་པ་ཡིན་ལ། རྟེན་ཅིང་འབྲེལ་པར་འབྱུང་བ་ནི་དངོས་པོ་དང་དངོས་པོ་མེད་པར་ལྟ་བ་དག་ལས་ཕྱི་རོལ་དུ་གྱུར་པ་ཡིན་པས། དེའི་ཕྱིར་རྟག་པ་དང་ཆད་པར་ལྟ་བའི་སྐྱོན་ལས་རྣམ་པར་གྲོལ་བ་ཡིན་ནོ། །

（自方）道：事物怎會存在？為斷事物的有執，應持（下述）比喻。（誠如《中論》）云：

**17.31 如圓滿神通，所作變化人，復變化作他，其變為相異。**[55]

55 有關 17.31，對勘本版的藏譯中論為：།ཇི་ལྟར་སྟོན་པས་སྤྲུལ་པ་ནི། །རྫུ་འཕྲུལ་ཕུན་ཚོགས་ཀྱིས་སྤྲུལ་ཞིང་། །སྤྲུལ་པ་དེ་ཡང་སྤྲུལ་པ་ན། །སླར་ཡང་གཞན་ནི་སྤྲུལ་པ་ལྟར།，故與此中所引的偈頌文有所出入；可參考 Nāgārjuna. *Dbu ma rtsa ba'i tshig le'ur byas pa shes rab,* 25。

**17.32 作者所造業，亦如變化相，如化復變他，而行變化事。**[56]

**17.33 煩惱業及身，作者及果報，如乾闥婆城，如幻亦如夢。**

因爲業、煩惱、身、作者、果、自食其果者如同神通、變化、乾闥婆城、幻化、陽焰、夢境，遍執（彼等）爲眞實存在或不存在如何應理？

如是，周遍執著事物及非事物皆不能離常過及斷過。緣起才能離事物及非事物之見，方能脫離常見及斷見之過。

དེ་ལྟ་བས་ན་ཀོ་བོས་དངོས་པོ་བརྟེན་ནས་གདགས་པ་ཡིན་ནོ། །ཞེས་ཤིན་ཏུ་ངེས་པར་བྱས་པ་དེ་གཟུང་བར་བྱའོ། །དེ་ལྟ་ན་བྱེད་པ་པོ་དང་ལས་དང་འབྲས་བུ་དང་ཟ་བ་པོ་དང་ཉོན་མོངས་པ་དང་ལུས་བསྟན་པ་དག་ཀྱང་འཐད་ལ། རྟག་པ་དང་ཆད་པའི་སྐྱོན་དུ་ཡང་ཐལ་བར་མི་འགྱུར་ཞིང་འཁོར་བ་ཡང་འགྲུབ་པོ། །

因此，我（說：）「依賴事物而施設。」應持（其爲）終極之說！如此，作者、業、果、自食其果者、煩惱、身等才合理，亦非應成常斷之過，輪迴亦應理。

ལས་དང་འབྲས་བུ་བརྟག་པ་ཞེས་བ་སྟེ། རབ་ཏུ་བྱེད་པ་བཅུ་བདུན་པའོ།། །།

第十七品——觀業果品——終。

56 有關 17.32.ab，對勘本版的藏譯中論為：།དེ་བཞིན་བྱེད་པོ་དེ་ལས་གང་། །བྱས་པའང་སྤྲུལ་པའི་རྣམ་པ་བཞིན།，故與此中所引的偈頌文有所出入；可參考 Nāgārjuna. *Dbu ma rtsa ba'i tshig le'ur byas pa shes rab*, 25。

# 第十八品

# ——觀我、法品——

སྨྲས་པ། གལ་ཏེ་དངོས་པོ་དང་དངོས་པོ་མེད་པར་ལྟ་བ་རྟག་པ་དང་ཆད་པའི་སྐྱོན་དུ་ཐལ་བར་འགྱུར་བས་དེ་ཁོ་ན་མ་ཡིན་ན། །ཁྱོད་ཀྱི་དེ་ཁོ་ན་གང་ཡིན་པ་དང་ཇི་ལྟར་དེ་ཁོ་ན་རྟོགས་པར་འགྱུར་བ་དེ་སྨྲོས་ཤིག །

（他方）道：若事物及非事物之見應成常、斷之過，非眞實義的話，（那麼，）你的眞實義又是什麼？請解釋如何證悟眞實義？

བཤད་པ། དང་པོ་བརྩམས་ཚུན་ཆད་ནས་དེ་ཁོ་ན་རབ་ཏུ་བསྟན་པར་བྱས་སོ། །མདོར་ན་ཕྱི་དང་ནང་ལ་བདག་མེད་པ་བདག་གི་མེད་པ་ཉིད་དུ་ལྟ་བ་གང་ཡིན་པ་དེ་ནི་དེ་ཁོ་ནའི་དམ་པ་ཡིན་ལ། དེ་ཁོ་ནའི་ལྟ་བ་བསྒོམས་པས་ནི་དེ་ཁོ་ན་རྟོགས་པར་འགྱུར་རོ། །

（自方）道：從撰述第一品起，就已至極顯示眞實義。於內外法中，一切無我及無我的見解都是殊勝眞實義。總之觀修眞實義之見便能證悟眞實義。

སྨྲས་པ། ཇི་ལྟར་ཕྱི་དང་ནང་ལ་བདག་མེད་པ་དང་། བདག་གི་མེད་པ་ཉིད་དུ་ལྟ་བར་འགྱུར། །

（他方）道：如何於內外法中觀無我及無我所？

བཤད་པ། འདི་ལ་དེ་ཁོ་ན་མཐོང་བར་འདོད་པ་ཡོངས་སུ་རྟོག་པ་དང་ལྡན་པས་འདི་ལྟར་སོ་སོར་ཡང་དག་པར་བརྟག་པར་བྱ་སྟེ། བདག་ཅེས་བ་གང་ཡིན་པ་དེ་ཅི་ཕུང་པོ་རྣམས་ཉིད་དམ། འོན་ཏེ་ཕུང་པོ་རྣམས་ལས་གཞན་ཞིག་ཡིན།[1] བདག་དེ་ནི་ཕུང་པོ་རྣམས་ཉིད་དམ། ཕུང་པོ་རྣམས་ལས་གཞན་ཞིག་ཏུ་འགྱུར་བ་དེ་ཙམ་དུ་ཟད་དེ། འདིར་རྣམ་པ་གཞན་

1 根據北京版及奈塘版，改為ཡིན། 字。

དུ་སྨྲ་བ་གང་དག་ཡིན་པ་དེ་དག་ཐམས་ཅད་ཀྱང་གཞན་དང་གཞན་མ་ཡིན་པ་ཉིད་དུ་སྨྲ་བ་ཁོ་ནར་འདུས་ཏེ། གཉི་ག་ལྟར་ཡང་མི་འཐད་དོ། །

（自方）道：於此，欲見眞實義、具此周遍尋察者，應當如是一一正觀察。所說的我是指蘊等本身，還是（迥異於）蘊體的某相異法？除了我是蘊等本身，或（迥異於）蘊體的某相異法，其他一切行相都涵蓋於相異與非相異中，即便是（這）兩種也都不應理。

ཅིའི་ཕྱིར་ཞེ་ན། གལ་ཏེ་ཕུང་པོ་བདག་ཡིན་ན། །སྐྱེ་དང་འཇིག་པ་ཅན་དུ་འགྱུར། །གལ་ཏེ་ཕུང་པོ་རྣམས་ལས་གཞན། །ཕུང་པོའི་མཚན་ཉིད་མེད་པར་འགྱུར། རེ་ཞིག་གལ་ཏེ་ཕུང་པོ་རྣམས་ཉིད་བདག་ཉིད་ཡིན་པར་འགྱུར་ན། དེ་ལྟ་ན་སྐྱེ་བ་དང་འཇིག་པའི་ཆོས་ཅན་དུ་འགྱུར་ཏེ། ཕུང་པོ་རྣམས་སྐྱེ་བ་དང་འཇིག་པའི་ཆོས་ཅན་ཡིན་པའི་ཕྱིར་རོ། །དེ་ལ་བདག་མང་པོ་ཉིད་དུ་ཡང་ཐལ་བར་འགྱུར་ལ། བདག་ཏུ་སྨྲ་བ་དོན་མེད་པ་ཉིད་དུ་ཡང་འགྱུར་ཏེ། བདག་ཅེས་བྱ་བ་ནི་ཕུང་པོའི་རྣམ་གྲངས་ཙམ་དུ་ཟད་པའི་ཕྱིར་རོ། །དེ་ལྟ་བས་ན་རེ་ཞིག་ཕུང་པོ་རྣམས་ཉིད་བདག་ཡིན་ནོ། །ཞེས་བྱ་བ་མི་འཐད་དོ། །

爲何？（《中論》云：）

**18.1 如果蘊是我，即是生滅者；若從蘊而異，蘊相不應有。**

首先，若蘊等就是我本身，如是，（我）將成爲生與滅的有法，[2]因爲蘊等是生與滅的有法。於此，我應成多相，說我也

2　如果蘊體是我，我將有生滅之過。如同手、足、頭等蘊體可生為多相般，我也應生為多相；如同死時身蘊徹底消滅般，我也應為徹底壞滅，不再投生。可參考月稱論師的《顯句論》—— Candrakīrti, *Dbu ma rtsa ba'i 'grel pa tshig gsal,* 271-2。

應成無義，因爲我只是蘊的異名。首先，說蘊等即爲我，實不應理。

ཅི་སྟེ་ཡང་ཕུང་པོ་རྣམས་ལས་གཞན་ཡིན་པར་གྱུར་ན། དེ་ལྟ་ན་ཕུང་པོའི་མཚན་ཉིད་མ་ཡིན་པར་འགྱུར་ཏེ། ཕུང་པོ་རྣམས་ནི་སྐྱེ་བ་དང་འཇིག་པའི་མཚན་ཉིད་ཡིན་པས། དེ་བས་ན་བདག་ཕུང་པོ་རྣམས་ལས་གཞན་པའི་ཕྱིར་སྐྱེ་བ་དང་འཇིག་པའི་མཚན་ཉིད་མ་ཡིན་པར་འགྱུར་རོ། །དེ་ལྟ་བས་ན་རྟག་པར་འགྱུར་ཏེ། བདག་རྟག་པ་ཡིན་ན་རྩོམ་པ་ཐམས་ཅད་དོན་མེད་པ་ཉིད་དུ་འགྱུར་ཏེ། འདི་ལྟར་རྟག་པ་མི་འགྱུར་བ་ལ་ཅི་ཞིག་བྱར་ཡོད། དེ་ལྟ་ན་ཡང་བདག་ཡོད་པར་རྟོག་པ་དོན་མེད་པ་ཉིད་དུ་འགྱུར་ཏེ། དེ་ལ་ཉུང་ཟད་ཀྱང་འཇུག་པའམ། ལྡོག་པར་མི་འགྱུར་རོ། དེ་ལྟ་བས་ན་བདག་ཕུང་པོ་རྣམས་ལས་གཞན་པར་ཡང་མི་འཐད་དོ། །

若蘊等迥異於（我），（我）將不具蘊的性相。蘊等都是生滅之性相，若我迥異於蘊，（我）將不是生滅之性相，故（我）應成常法。若我是常，一切努力將成無義，因爲於常法中有何（生滅的）作用？執我也將成無義，因爲沒有絲毫一法能相應或不相應於我。

因此，我迥異於諸蘊也不應理。

དེ་དེ་ལྟར་བློ་གྲོས་ངེས་ནས་ཀྱང་སོ་སོ་ཡང་དག་པར་རྟོག་པར་བྱེད་དེ། བདག་ཉིད་ཡོད་པ་མ་ཡིན་ན། །བདག་གི་ཡོད་པར་ག་ལ་འགྱུར། །བརྟགས་ན་གལ་ཏེ་བདག་ཉིད་རྣམ་པ་ཐམས་ཅད་དུ་མི་འཐད་ན་བདག་གི་ཡོད་པར་ག་ལ་འགྱུར། འདི་ལྟར་བདག་ཅེས་བྱ་བའི་གང་ཡིན་པ་དེ་བདག་གི་ཞེས་བྱ་ན། བདག་དེ་ཡང་མེད་དེ་དེ་མེད་ན་དེའི་འདི་ཡིན་ནོ་ཞེས་བྱ་བར་ཇི་ལྟར་འཐད་པར་འགྱུར། དེ་ལྟ་བས་ན་བདག་གི་ཡང་མི་འཐད་དོ། །

即便以智如是決定也應一一思惟，（誠如《中論》云：）

**18.2.ab 設若無有我，何得有我所？**

從一切行相觀我，皆不能合理地成立（我），（又）怎麼會有我所？既然一切我的都是我所，因爲無「我的」，則無其（我所）的緣故，主張「我的是這個」又如何應理？因此，我所也不應理。

དེ་ལྟར་ཕྱི་དང་ནང་ལ་བདག་དང་བདག་གིར་མི་ལྟ་བ་དེ་ནི་དེ་ཁོ་ན་མཐོང་བ་ཡིན་ཏེ། དེ་དེ་སྒོམ་པར་བྱེད་ཅིང་བརྟན་པར་བྱེད་དོ། །དེ་སྒོམ་པར་བྱེད་ཅིང་བརྟན་པར་བྱེད་པ་དེའི་བདག་དང་བདག་གིར་མངོན་པར་ཞེན་པ་ཉེ་བར་ཞི་བར་འགྱུར་བས། །བདག་དང་བདག་གི་ཞི་བའི་ཕྱིར། །ངར་འཛིན་ང་ཡིར་འཛིན་མེད་འགྱུར། །དེ་ལྟར་བདག་དང་བདག་གིར་མངོན་པར་ཞེན་པ་ཉེ་བར་ཞི་བའི་ཕྱིར་དེ་ལ་ངར་འཛིན་པ་དང་། །ང་ཡིར་འཛིན་པ་མེད་པར་འགྱུར་རོ། །

如是，於內外法中，不見我及我所才見眞實義，應做是觀，且令（其觀）堅定。

如是觀已，當（其觀）堅定時，即能平息我執及我所執。此故，（《中論》云：）

**18.2.cd 滅我我所故，不執我我所。**

如是，平息執著我及我所，將無我執及我所執。

སྨྲས་པ། གང་གིས་དེ་ལྟར་ཡང་དག་པ་ཇི་ལྟ་བ་བཞིན་དུ་མཐོང་བ་ན་ངར་འཛིན་པ་དང་ང་ཡིར་འཛིན་པ་མེད་པར་འགྱུར་རོ། །ཞེས་བྱ་བ་སྟེ། དེ་ཉིད་བདག་ཡིན་པས་དེ་ཡོད་

པའི་ཕྱིར་བདག་དང་བདག་གི་ཡང་ངེས་པ་པོ་ནར་ཡོད་པ་ཡིན་ནོ། །

（他方）道：雖說見眞實義將滅我執及我所執，（然而）彼性是我，彼（性）存在的緣故，我及我所也絕對存在！

བཤད་པ། ངར་འཛིན་ང་ཡིར་འཛིན་མེད་གང་། །དེ་ཡང་ཡོད་པ་མ་ཡིན་ཏེ། །ངར་འཛིན་ང་ཡིར་འཛིན་པ་མེད་པར། །གང་གིས་མཐོང་བས་མི་འཐོང་ངོ་། །དེ་ལྟར་ངར་འཛིན་པ་མེད་པ་དང་། ང་ཡིར་འཛིན་པ་མེད་པ་ཞེས་བྱ་བ་གང་ཡིན་པ་དེ་ཡང་ཡོད་པ་མ་ཡིན་ཏེ། །དེ་ནི་ཉེ་བར་ལེན་པ་ལ་བརྟེན་ནས་གདགས་པ་ཡིན་པར་སྟོན་ཏེ། །འདི་ལྟར་བཅོམ་ལྡན་འདས་ཀྱིས་ཀྱང་ཚེ་དང་ལྡན་པ་འདིའི་མིང་ནི་འདི་ཞེས་རུས་ནི་འདི་ཞེས་བྱ་བ་གང་ཡིན་པ་དེ་ནི་ཉེ་བར་ལེན་པ་མ་གཏོགས་པར་གང་ཟག་གི་མིང་དང་རུས་དག་མེད་དོ་ཞེས་གསུངས་སོ། །དེ་ལྟ་བས་ན་ཉེ་བར་ལེན་པའི་དབང་པོ་ནས་བརྗོད་པར་ཟད་ཀྱི། གང་ངར་འཛིན་པ་མེད་པ་དང་ང་ཡིར་འཛིན་པ་མེད་པར་འགྱུར་བ་གཞན་དེ་ནི་འགའ་ཡང་མེད་དོ། །ཅི་སྟེ་ཡོད་ན་ནི་དེ་ཡོད་ན་ཇི་ལྟར་ངར་འཛིན་པ་མེད་དང་ང་ཡིར་འཛིན་པ་མེད་པར་འགྱུར།

（自方道，《中論》）云：

**18.3 不執我我所，不執者亦無；不執我我所，見故而不見。**

如是，一切不執我及我所者亦不應有。（教典）所言依近取（蘊）而施設其（人）。薄伽梵亦說：「此具壽者的名字及種族即爲此。」意指：除了近取外，無補特伽羅的名字及種族。如是，僅由近取之力而說（其人）；誰無我執及我所執，（該人）亦應無絲毫其他（執著）。若仍有（執著），我執及我所執如何成無？

ཅི་སྟེ་དེ་དག་ཡོད་ཀྱང་འགྱུར་ན་ནི་དེ་ལྟ་ན་དེའི་དེ་དག་ལོག་པར་ལྟ་བ་ཁོ་ནར་འགྱུར་གྱི་དེ་ཁོ་ན་མཐོང་བ་མ་ཡིན་ཏེ། སློབ་དཔོན་འཕགས་པ་ལྷས་ཀྱང་། གལ་ཏེ་བདག་ཅེས་བྱ་བ་ཡོད། །བདག་མེད་ཅེས་བྱ་དེ་མི་རིགས། །ཡང་ན་དེ་ཉིད་རྟོགས་པ་ལས། །མྱ་ངན་འདའ་བ་ངེས་བརྟན་འགྱུར། །ཞེས་གསུངས་སོ། །དེ་ལྟ་བས་ན་ངར་འཛིན་པ་མེད་པ་དང་། ང་ཡིར་འཛིན་པ་མེད་པར་གང་གིས་མཐོང་བ་ལོག་པར་ལྟ་བ་བློ་གྲོས་ཀྱི་མིག་ཉམས་པ་དེས་ནི་དེ་ཁོ་ན་མི་མཐོང་བ་ཉིད་དོ། །

若有彼（執）仍可（不執我及我所，則不應理。）如是，彼等絕對見顛倒義，不見眞實義。阿闍黎聖天亦云：「我若實有性，不應思無我，定知眞實者，趣解脫應虛。」[3]

因此，顛倒見而執無我及我所者，即衰慧眼，絕對不能見眞實義。

ནང་དང་ཕྱི་རོལ་ཉིད་དག་ལ། །བདག་དང་བདག་གི་ཟད་གྱུར་ན། །ཉེ་བར་ལེན་པ་འགག་འགྱུར་ཞིང་། །དེ་ཟད་པས་ན་སྐྱེ་བ་ཟད། །ད་ནང་དང་ཕྱི་རོལ་ཉིད་དག་ལ་དེའི་བདག་ཅེས་བྱ་བ་དང་། བདག་གི་ཞེས་བྱ་བར་དེ་དག་ལ་ལོག་པར་འཛིན་པ་ཟད་པར་གྱུར་ན་ཉེ་བར་ལེན་པར་བྱེད་པ་གང་ཡིན་པ་དེ་མེད་ཅིང་ཉེ་བར་བླང་བར་བྱ་བ་གང་ཡིན་པ་དེ་ཡང་མེད་པས། ཉེ་བར་ལེན་པ་རྣམ་པ་བཞི་ཡང་འགག་པར་འགྱུར་ཞིང་། ཉེ་བར་ལེན་པ་འགགས་པས་སྲིད་པ་འགག །སྲིད་པ་འགགས་པས་སྐྱེ་བ་ཟད་པར་འགྱུར་བ་དེ་ནི་ཐར་པ་ཞེས་བྱའོ། །དེ་ལྟར་ཡང་དག་པ་ཇི་ལྟ་བ་བཞིན་དུ་མཐོང་བ་དེས་དེ་ཁོ་ན་རྟོགས་པ་ཡིན་ལ། དེ་ཁོ་ན་རྟོགས་པས་ཐར་བར་འགྱུར་རོ། །

（《中論》云：）

3 《四百論》10.20。

**18.4 諸內外法中，若滅我我所，則應滅近取，滅彼故滅生。**[4]

若能滅除「內法」、「外法」的我或我所之顛倒執，將無近取者亦無近取處，故滅四近取。近取滅故，愛滅；有[5]滅故，生滅，其（滅）稱「解脫」。如是，由如實所見而證眞實義，由證眞實義而獲解脫！

ལས་དང་ཉོན་མོངས་ཟད་པས་ཐར། །ལས་དང་ཉོན་མོངས་རྣམ་རྟོག་ལས། །དེ་དག་སྤྲོས་ལས་སྤྲོས་པ་ནི། །སྟོང་པ་ཉིད་ཀྱིས་འགག་པར་འགྱུར། །འདི་ལ་ལས་དང་ཉོན་མོངས་པ་དག་ནི་སྐྱེ་བའི་རྒྱུ་ཡིན་པའི་ཕྱིར་ལས་དང་ཉོན་མོངས་པ་ཟད་པས་ཐར་པ་ཞེས་བྱའོ། །ལས་དང་ཉོན་མོངས་པ་དེ་དག་ཀྱང་ཡང་དག་པ་མ་ཡིན་པའི་རྣམ་པར་རྟོག་པས་ལས་བྱུང་བ་ཡིན་གྱི་ངོ་བོ་ཉིད་ཀྱིས་ཡོད་པ་ནི་མ་ཡིན་ནོ། །ཉོན་མོངས་པ་ནི་ཚུལ་བཞིན་མ་ཡིན་པར་རྣམ་པར་རྟོག་པ་ལས་བྱུང་བ་ཡིན་ཏེ། ཇི་སྐད་ཡུལ་གཅིག་ཁོ་ན་ལ་ཡང་ལ་ལ་ནི་ཆགས་པར་འགྱུར། ལ་ལ་ནི་སྡང་བར་འགྱུར། ལ་ལ་ནི་རྨོངས་པར་འགྱུར་བས། དེའི་ཕྱིར་ཉོན་མོངས་པ་རྣམས་ནི་རྣམ་པར་རྟོག་པ་ལས་བྱུང་ངོ་། །

（《中論》云：）

**18.5 滅業惑得脫，業惑從妄念，彼從戲論有，依空滅戲論。**

於此，（投）生之因是業及煩惱，消滅業及煩惱，故稱

4 有關 18.4.b，對勘本版的藏譯中論為：།བདག་དང་བདག་གི་སྙམ་ཟད་ན།，故與此中所引的偈頌文有所出入；可參考 Nāgārjuna. *Dbu ma rtsa ba'i tshig le'ur byas pa shes rab,* 26。

5 並非有無的有，而是與輪迴同義的「有」。

「解脫」。彼等非自性有的業及煩惱，來自不實妄念。爲何煩惱來自非理妄念？如於某一境，有些起貪，有些起瞋，有些起痴，因此，煩惱等來自妄念。

ཉོན་མོངས་པ་ཅན་གྱི་སེམས་དང་ལྡན་པའི་ལུས་དང་ངག་དང་ཡིད་ཀྱིས་མངོན་པར་འདུ་བྱེད་པ་དག་ནི་ལས་ཞེས་སྟེ། འདི་ལྟར་བཅོམ་ལྡན་འདས་ཀྱིས་ཀྱང་གང་ཟག་མ་རིག་[6]པ་དང་ལྡན་པ་འདི་ནི་བསོད་ནམས་ལས་བྱུང་བའི་མངོན་པར་འདུ་བྱ་བ་དག་ཀྱང་མངོན་པར་འདུ་བྱེད་དོ། །ཞེས་རྒྱ་ཆེར་བཀའ་སྩལ་ཏོ། །དེ་ལྟ་བས་ན་ལས་དང་ཉོན་མོངས་པ་དག་ནི་ཡང་དག་པ་མ་ཡིན་པའི་རྣམ་པར་རྟོག་པའི་རྒྱུ་ལས་བྱུང་བ་ཡིན་ནོ། །ད་ཡང་དག་པ་མ་ཡིན་པའི་རྣམ་པར་རྟོག་པ་དེ་དག་ནི་སྤྲོས་པ་ལས་བྱུང་བ་ཡིན་ཏེ་འཇིག་རྟེན་པའི་སྤྲོས་པ་ལས་བྱུང་ངོ་། །

具煩惱的身語意之現行都稱爲「業」。如是，薄伽梵也廣說：「此具無明的補特伽羅，（如同）由福報而現行（的人天等），亦造現行。」

因此，業及煩惱等皆由不實的妄念因而生，彼等不實妄念來自戲論，即是來自世間的戲論。

འཇིག་རྟེན་པའི་རྙེད་པ་དང་། མ་རྙེད་པ་ལ་སོགས་པའི་ཆོས་རྣམས་ལ་འདི་བདེན་ནོ་སྙམ་དུ་མངོན་པར་ཞེན་པའི་བློ་ཅན་དག་དེ་དང་དེ་ལ་རྣམ་པར་རྟོག་པར་བྱེད་པས་དེའི་ཕྱིར་རྣམ་པར་རྟོག་པ་དག་ནི་སྤྲོས་པ་ལས་བྱུང་ངོ་། སྤྲོས་པ་ནི་སྟོང་པ་ཉིད་ཀྱིས་འགག་པར་འགྱུར་ཏེ། དེའི་རྙེད་པ་དང་མ་རྙེད་པ་ལ་སོགས་པ་འཇིག་རྟེན་པའི་སྤྲོས་པ་ནི་སྟོང་པ་ཉིད་ཀྱིས་འགག་པར་འགྱུར་རོ། །དངོས་པོའི་ངོ་བོ་ཉིད་སྟོང་པ་ཉིད་དུ་རྟོགས་པར་འགགས་

6 根據北京版及奈塘版，改為 མ་རིག 一詞。

ཏེ། སྟོང་པ་ཉིད་རྟོགས་ནས་འགག་གོ །དེ་ལྟ་བས་ན་སྟོང་པ་ཉིད་ནི་དེ་ཁོ་ན་ཡིན་ལ་སྟོང་པ་ཉིད་བསྒོམས་པ་ཁོ་ནས་ནི་དེ་ཁོ་ན་རྟོགས་པར་འགྱུར་ཞིང་། དེ་ཁོ་ན་རྟོགས་པ་ཉིད་ནི་ཐར་པ་ཞེས་བྱ་སྟེ། སློབ་དཔོན་འཕགས་པ་ལྷས་ཀྱང་། མདོར་ན་ཆོས་ནི་མི་འཚེ་སྟེ། །སྟོང་ཉིད་མྱ་ངན་འདས་པ་སྟོང་པ་ཉིད། །འདི་ལ་དེ་གཉིས་འབའ་ཞིག་ཅེས། །དེ་བཞིན་གཤེགས་པ་རྣམས་ཀྱིས་གསུངས། ཞེས་གསུངས་སོ། །

執世間的一切所獲法、未獲法都是眞實者，此皆妄念，故（謂）妄念由戲論而生。戲論依空性力而滅（，或說）依空性力滅除彼（人）所獲及未獲等世間戲論。事物的體性皆於證悟空性中破除，因爲證悟空性才能破除（自性）。

因此，空性才是眞實義；觀修空性才能證悟眞實義，證悟眞實義稱爲「解脫」。阿闍黎聖天亦云：「如來所說法，略言唯二種，不害生人天，觀空證涅槃。」[7]

སྨྲས་པ། གལ་ཏེ་དེ་ལྟར་བདག་དང་བདག་གི་མེད་ན་ཇི་ལྟར་སངས་རྒྱས་བཅོམ་ལྡན་འདས་རྣམས་ཀྱིས་དེ་དང་དེར་བདག་བསྟན་པ་མཛད།

（他方）道：如果沒有我及我所，爲何諸佛薄伽梵說「此（生）[8]、彼（生）是我」？

བཤད་པ། བདག་མེད་པ་ཁོ་ནའོ། །ཞེས་བྱ་བ་དེ་ཡང་མི་སྨྲ་སྟེ། །འོག་ནས་ཀྱང་། དེ་ལྟར་ལེན་ལས་གཞན་མ་ཡིན། །དེ་ནི་ཉེར་ལེན་ཉིད་ཀྱང་མིན། །བདག་ནི་ཉེ་བར་ལེན་མེད་

---

7 《四百論》12.23。

8 如佛描述某前世說，某某國王做了些什麼，最終總結道：「彼生是我；在當時，我是那位國王。」

མིན། །མེད་པ་ཉིད་དུའང་དེ་མ་དེས། །ཞེས་འབྱུང་ངོ་། །འོན་ཀྱང་སངས་རྒྱས་བཅོམ་ལྡན་འདས་སེམས་ཅན་རྣམས་ཀྱི་བསམ་པ་དང་བག་ལ་ཉལ་མཁྱེན་པ་ལ་མཁས་པ་རྣམས་ཀྱིས་གདུལ་བྱ་རྣམས་ཀྱི་མངོན་པར་ཞེན་པ་བཟློག་པའི་ཕྱིར། །

（自方）道：（佛）也不說「僅爲無我」，（如）後文也說：「（27.8）我非異於蘊，我亦非近取，我非無近取，我亦非絕無。」然而，佛薄伽梵深知諸有情的想法及隨眠，爲能斷除所化（眾生）的執著，故（說：「此、彼生是我」）。

བདག་གོ་ཞེས་ཀྱང་བཏགས་གྱུར་ཅིང་། བདག་མེད་ཅེས་ཀྱང་བསྟན་པར་འགྱུར། །སངས་རྒྱས་རྣམས་ཀྱི་བདག་དང་ནི། ། །བདག་མེད་འགའ་ཡང་མེད་པར་བསྟན། །དེ་ལ་གདུལ་བྱ་གང་དག་ལ་འཇིག་རྟེན་འདི་མེད་དོ། །འཇིག་རྟེན་ཕ་རོལ་མེད་དོ། །སེམས་ཅན་རྫུས་ཏེ་སྐྱེ་བ་མེད་དོ་སྙམ་པའི་ལྟ་བ་དེ་ལྟ་བུ་བྱུང་བར་གྱུར་པ། ལོག་པར་འཛིན་པ་ལ་མངོན་པར་ཞེན་པས་སེམས་རྫོངས་པ། འཇིག་རྟེན་ཕ་རོལ་ལ་མི་ལྟོས་པ། འཇིག་རྟེན་གྱི་ཚུལ་ལས་འདའ་བས་མི་འཛེམ་པ། སེམས་ཅན་དམྱལ་བའི་གཡང་ས་ཆེན་པོ་ལ་མངོན་པར་ཕྱོགས་པ་དེ་དག་གི་བདག་མེད་པར་ལྟ་བ་བཟློག་པའི་ཕྱིར་བདག་གོ་ཞེས་ཀྱང་བཏགས་སོ། །

（《中論》云：）

**18.6 諸佛或說我，或說於無我，諸佛亦或說，我無我皆無。**[9]

於此，對某些顛倒執無此生、無來生、無化生有情、愚

9　有關 18.6.abd，對勘本版的藏譯中論為：བདག་གིས་ཞེས་ཀྱང་བཏགས་གྱུར་ཅིང་། །བདག་མེད་ཅེས་ཀྱང་བསྟན་པར་གྱུར། །བདག་མེད་འགའ་མེད་ཅེས་ཀྱང་བསྟན།，故與此中所引的偈頌文有所出入；可參考Nāgārjuna. *Dbu ma rtsa ba'i tshig le'ur byas pa shes rab,* 26。

昧（其）心者，（認爲）無（須）觀待來世、住世間法故無羞愧、將墮地獄大懸崖的諸有情眾，（佛）爲能斷除彼等的無我見，故說（有）我。[10]

གདུལ་བྱ་གང་དག་ལ་ལས་དགེ་བ་དང་མི་དགེ་བ་རྣམས་ཀྱི་བྱེད་པ་པོ་དང་དེ་དག་གི་འབྲས་བུ་འདོད་པ་དང་མི་འདོད་པ་དག་ཟ་བ་གང་ཡིན་པ་དང་། གང་གིས་བཅིངས་པ་དང་ཐར་པ་དག་སྟོན་པར་བྱེད་པའི་བདག་ཅེས་བྱ་བ་དེ་ནི་འགའ་ཞིག་ཡོད་དོ། །གཞན་དུ་ན་བདག་མེད་ན་དེ་དག་ཐམས་ཅད་དོན་མེད་པ་ཉིད་དུ་འགྱུར་རོ་སྙམ་པའི་ལྟ་བ་དེ་ལྟ་བུ་བྱུང་བར་གྱུར་པ། འཁོར་བའི་རྒྱ་མཚོ་ཆེན་པོར་ལྷུང་བ། ངར་འཛིན་པ་དང་ང་ཡིར་འཛིན་པའི་ཆུ་སྲིན་འཛིན་ཁྲིས་ཟིན་པ། ལྟ་བའི་ཆུ་བོས་སེམས་གཡེངས་པ། སྲིད་པའི་བདེ་བ་ལ་ཆགས་པ་དེ་དག་གི་བདག་ཏུ་ལྟ་བ་བཟློག་པའི་ཕྱིར་བདག་མེད་དོ། །ཞེས་ཀྱང་བསྟན་ཏོ། །

某些謂：「善惡的造業者皆自食其欲及不欲之果」、「束縛及解脫的某種我是存在的」、「若無我，一切所做將成無義」，由（彼見）墮落輪迴大海，被我執及我所執的巨鰲鯨魚所緊咬，由見之瀑流令心散亂，貪著輪迴樂等，（佛）爲能斷除彼等的我見，故說無我。

གདུལ་བ་བཟང་པོ་གང་དག་དགེ་བའི་ཚོགས་ཡོངས་སུ་སྨིན་པ། སྲིད་པའི་ཆུ་བོ་ལས་བརྒལ་བར་ནུས་པ། དོན་དམ་པའི་གནམ་གྱི་སྣོད་དུ་གྱུར་པ་དེ་དག་ལ། སངས་རྒྱས་བཅོམ་ལྡན་འདས་དོན་དམ་པའི་དེ་ཁོ་ན་སྟོན་པ་རྣམ་པར་འདྲེན་པ་ཆེན་པོ་རྣམས་ཀྱིས་སྨྲ་འདི་ནི་བྱིས་པ་འཇིགས་པ་སྐྱེ། འདི་ལ་བདག་དང་བདག་མེད་པ་འགའ་ཡང་མེད་དོ། །ཞེས་

---

10 什麼是為了斷除我見而說我呢？對於暫時不能接受無我深法的人，佛只能善巧引導，先讓此人堅信因果，行善斷惡，故而說我。累積資糧後，才能逐漸聽懂無我內容，斷除我見。

སྟོན་ཏེ། སློབ་དཔོན་འཕགས་པ་ལྷས་ཀྱང་། མེད་དང་ཡོད་དང་གཉི་ག་དང་། །གཉི་ག་མིན་པའང་སྟོན་མཛད་དེ། །ནད་ཀྱི་དབང་གིས་ངེས་པར་ནི། །སྨན་ནི་འགྱུར་པར་འགྱུར་བ་བཞིན། །ཞེས་གསུངས་སོ། །

對善資糧成熟、有能力脫離輪迴瀑流，且爲（能對彼說）勝義之善所化器，佛薄伽梵爲彼等宣說勝義眞實義。大師亦對此（等有情）說：「此幻化如同受騙孩童」、「我及無我絕對非有」。阿闍黎聖天亦云：「有無及二俱，亦說二俱非，由病增上故，寧非皆成藥。」[11]

ཡང་ན་འདི་ནི་གཞན་ཏེ་དེ་ཁོ་ན་མཐོང་བ་ལ་རྒྱབ་ཀྱིས་ཕྱོགས་པ། ཐམས་ཅད་ཤེས་པ་མ་ཡིན་པར་ཐམས་ཅད་མཁྱེན་པར་མངོན་པའི་ང་རྒྱལ་ཅན། རང་གི་རྟོག་གེའི་རྗེས་སུ་འབྲང་བ་བདག་མེད་ན་འདི་དག་ཐམས་ཅད་མི་འཐད་དོ། །ཞེས་སྐྲག་པ་ཁ་ཅིག་གིས་བདག་གོ་ཞེས་ཀྱང་བཏགས་སོ། །དེ་བཞིན་དུ་བློ་གྲོས་རྣམ་པར་སྨོངས་པ་མེད་པ་དག་གིས་འཇིག་རྟེན་ན་ཕུང་པོར་བྱེད་པ་ལས་དང་འགྲོ་བ་ལྐོག་ཏུ་གྱུར་པ་གཞན་དག་གིས་བདག་མེད་དོ་ཞེས་ཀྱང་བསྟན་ཏོ། །སངས་རྒྱས་བཅོམ་ལྡན་འདས་སྒྲིབ་པ་མེད་པའི་རྣམ་པར་ཐར་པའི་མཁྱེན་པ་བརྙེས་པ་ཐམས་ཅད་མཁྱེན་པ་ཐམས་ཅད་གཟིགས་པ་རྣམས་ཀྱིས་ནི། འགྲོ་བ་ལ་ཕན་གདགས་པར་བཞེད་པས་དེ་གཉི་ག་ཡང་མེད་དོ། །ཞེས་ངེས་པར་གསལ་ཏེ། དབུ་མའི་ལམ་བདག་དང་བདག་མེད་པ་མ་ཡིན་པ་འདི་ཡོད་པས་འདི་འབྱུང་ལ། འདི་མེད་ན་འདི་མི་འབྱུང་ངོ་། །ཞེས་བྱ་བ་ཉིད་བསྟན་ཏོ། །

或另做此言：說我者，謂見眞實義的反方。明明不是遍知，卻起遍知之慢，又隨自己的推理畏懼而言「我若非有，這

11 《四百論》8.20。

一切將無意義」，從而執我。

同樣的，尚未受愚痴蒙蔽的智者們——不同於世間中遭蘊的作者、業、行者蒙蔽（而不知眞實義）者——亦說無我。

無有障礙、已獲解脫智的遍知佛薄伽梵，爲了幫助眾生而明確地說：「這二者（——我、無我——）也非有。」因爲「非我非無我、有此故生彼、無此故不生彼」解釋了中觀之道。

འདིར་སྨྲས་པ། སྤྲོས་པ་ནི་སྟོང་པ་ཉིད་ཀྱིས་འགག་པར་འགྱུར་རོ། །ཞེས་གང་སྨྲས་པ་དེ་ལ་རིགས་པ་གང་ཡིན།

於此，（他方）道：爲何說戲論由空性而滅？

འདིར་བཤད་པ། བརྗོད་པར་བྱ་བ་ལྡོག་པ་སྟེ། གང་གི་ཕྱིར་དངོས་པོ་རྣམས་སྟོང་པར་མཐོང་ན། བརྗོད་པར་བྱ་བ་ཉིད་ལྡོག་པར་འགྱུར་བ་དེའི་ཕྱིར་སྤྲོས་པ་ནི་སྟོང་པ་ཉིད་ཀྱིས་འགག་པར་འགྱུར་ཏེ། འདི་ལྟར་བརྗོད་པར་བྱ་བ་ཡོད་ན་དེ་ལ་བརྟེན་ནས་སྤྲོས་པ་ཡོད་པར་འགྱུར་གྱི། བརྗོད་པར་བྱ་བ་མེད་ན་གཞི་མེད་པའི་སྤྲོས་པ་ཇི་ལྟར་ཡོད་པར་འགྱུར། །

於此，（自方道，《中論》）云：

**18.7.a 所詮將還滅，**

因見諸事物是空，所詮[12]還滅的緣故，由空性之力破除戲論。若所詮存在，依其將有戲論；若無所詮，豈有無基之戲論？

12 根據佛護論下段的解釋，在此的所詮意指自性論述所詮釋的內容，如色有自性、聲有自性等。

སྨྲས་པ། དེའི་བརྗོད་པར་བྱ་བ་ཇི་ལྟར་ལྡོག་པར་འགྱུར།

（他方）道：如何還滅所詮？

བཤད་པ། སེམས་ཀྱི་སྤྱོད་ཡུལ་ལྡོག་པས་སོ། །སེམས་ཀྱི་ཡུལ་ནི་གཟུགས་ལ་སོགས་པ་ཡུལ་རྣམས་ཏེ། གང་གི་ཕྱིར་དེའི་སེམས་ཀྱི་སྤྱོད་ཡུལ་གཟུགས་ལ་སོགས་པ་དག་ལོག་པར་གྱུར་པ་དེའི་ཕྱིར་བརྗོད་པར་བྱ་བ་ལྡོག་པར་འགྱུར་ཏེ། །འདི་ལྟར་བརྗོད་པར་བྱ་བ་ནི་གཟུགས་ལ་སོགས་པ་དག་ཡིན་ན་དེ་ལྟ་ན་ནི་ཅི་ཞིག་བརྗོད་པར་བྱ།

（自方道，《中論》）云：

### 18.7.b 還滅心行境，

心境就是色等境。心的行境——色等——已被還滅，故而滅所詮。既然所詮是色等，若是如此（——色法非有），所詮又是什麼？

སྨྲས་པ། དེའི་སེམས་ཀྱི་སྤྱོད་ཡུལ་གཟུགས་ལ་སོགས་པ་དག་ཇི་ལྟར་ལྡོག་པར་འགྱུར། །

（他方）道：如何還滅該心之行境——色等？

བཤད་པ། མ་སྐྱེས་པ་དང་མ་འགགས་པ། ཆོས་ཉིད་མྱ་ངན་འདས་དང་མཚུངས། །གང་གི་ཕྱིར་དེས་ཡང་དག་པ་ཇི་ལྟ་བ་བཞིན་དུ་མཐོང་བ་མ་སྐྱེས་པ་དང་མ་འགགས་པའི་ཆོས་ཉིད་མྱ་ངན་ལས་འདས་པ་དང་མཚུངས་པར་རབ་ཏུ་ཤེས་པ་དེའི་ཕྱིར་དེའི་སེམས་ཀྱི་སྤྱོད་ཡུལ་ལྡོག་པར་འགྱུར་རོ། །དེ་ལྟ་བས་ན་སློབ་པ་ནི་སྟོང་པ་ཉིད་ཀྱིས་འགག་པར་འགྱུར་ཏེ། སློབ་དཔོན་འཕགས་པ་ལྷས་ཀྱང་། སྲིད་པའི་ས་བོན་རྣམ་ཤེས་ཏེ། །ཡུལ་རྣམས་དེ་ཡི་སྤྱོད་ཡུལ་ལོ། །ཡུལ་ལ་བདག་མེད་མཐོང་ན་ནི། །སྲིད་པའི་ས་བོན་འགག་པར་འགྱུར།

།ཞེས་གསུངས་སོ། །

（自方道，《中論》）云：

**18.7.cd 無生及無滅，法性同涅槃。**

如實觀見的緣故，得知無生、無滅的法性同於涅槃，從而還滅其心的行境。因此，由空性力滅除戲論。阿闍黎聖天亦云：「識爲諸有種，境是識所行，見境無我時，諸有種皆滅。」[13]

སྨྲས་པ། གང་འཇིག་རྟེན་འདི་མེད་དོ། །འཇིག་རྟེན་ཕ་རོལ་མེད་དོ། །སེམས་ཅན་རྫུས་ཏེ་སྐྱེ་བ་མེད་དོ། ཞེས་བྱ་བ་ལ་སོགས་པར་ལྟ་བ་དེ་དང་། གང་དངོས་པོ་ཐམས་ཅད་མ་སྐྱེས་པ་དང་མ་འགགས་པ་ཞེས་བྱ་བར་ལྟ་བ་དེ་གཉིས་ལ་ཁྱད་པར་ཅི་ཡོད།

（他方）道：觀無此生、無來生、無化生有情之見，與觀一切事物皆是無生及無滅之見，彼二者有何差異？

བཤད་པ། དེ་གཉིས་ལ་ཁྱད་པར་ཤིན་ཏུ་ཆེ་ན། །ཁྱོད་ནི་སྟོང་པ་ཉིད་ཀྱི་དོན་རྣམ་པར་མི་ཤེས་ནས་དེ་གཉིས་འདྲའོ་སྙམ་དུ་སེམས་སོ། །འདི་ལ་སོ་སོར་མ་བརྟགས་པར་བཏང་སྙོམས་བྱེད་པ་གང་ཡིན་པ་དང་། སོ་སོར་བརྟགས་ནས་བཏང་སྙོམས་བྱེད་པ་གང་ཡིན་པ་དེ་གཉིས་བཏང་སྙོམས་བྱེད་པར་ནི་འདྲ་མོད་ཀྱི་སོ་སོར་མ་བརྟགས་པར་བཏང་སྙོམས་བྱེད་པ་ནི་མ་རིག་པའི་ཀུན་ཏུ་སྦྱོར་བ་དང་ལྡན་པར་བསྟན་ལ། །བཏང་སྙོམས་བྱེད་པ་ཅིག་ཤོས་ནི་སངས་རྒྱས་བཅོམ་ལྡན་འདས་རྣམས་ཀྱིས་ཀུན་ཏུ་བསྟེན་པ་ཡིན་པས། དེ་གཉིས་ལ་ཁྱད་པར་ཤིན་ཏུ་ཆེ་བ་དེ་བཞིན་དུ། །འདི་ལ་ཡང་འཇིག་རྟེན་འདི་མེད་དོ་ཞེས་བྱ་བ་ལ་སོགས་

13 《四百論》14.25。

པ་དེ་ལྟར་མཐོང་བ་ནི་མ་རིག་པས་ཀུན་ཏུ་རྨོངས་པའི་སེམས་དང་ལྡན་པ་ཡིན་གྱི། །དངོས་པོ་ཐམས་ཅད་ངོ་བོ་ཉིད་ཀྱིས་སྟོང་པའི་ཕྱིར་མ་སྐྱེས་པ་དང་མ་འགགས་པར་མཐོང་བ་ཅིག་ཤོས་ནི་ཤེས་པ་སྔོན་དུ་བཏང་བ་ཡིན་པས། དེ་གཉིས་ལ་ཁྱད་པར་ཤིན་ཏུ་ཆེའོ། །

（自方）道：你不懂空性義而念此二相似，（但）此二大相逕庭。未經妙觀察的平等捨與經由妙觀察的平等捨，雖然二者同爲平等捨，但是未經妙觀察的平等捨爲無明結縛，另一種平等捨卻是諸佛薄伽梵的所修，二者是天壤之別。

同樣的，觀無此生之見是與無明結縛之心，另一見解卻須以慧爲先，而觀諸事物自性空故無生及無滅，此二者有天淵之別。

གཞན་ཡང་མེད་པ་དེ་ཉིད་མ་མཐོང་བ་བཞིན་དུ་འཇིག་རྟེན་འདི་མེད་དོ། །ཞེས་ཚིག་འབའ་ཞིག་བརྗོད་པ་དེ་ལ་ནི། །དཔེར་ན་དམུས་ལོང་ཕྱོགས་འདི་ལ་བདེའོ། །ཞེས་བརྗོད་ཀྱང་མིག་མེད་པའི་ཕྱིར་མི་མཐོང་བས་དེར་འཁྲུལ་པ་དང་། བརྟེག་འཆའ་བར་འགྱུར་བ་དེ་བཞིན་དུ། །དེ་ཡང་འཇིག་རྟེན་འདི་མེད་དོ། །ཞེས་བརྗོད་ཀྱང་ཤེས་པའི་མིག་མེད་པའི་ཕྱིར་མི་མཐོང་བས། སྐྱོན་དེ་དག་གིས་གོས་པར་འགྱུར་རོ། །

此外，明明尚未目睹無性，卻只說「無此生」之詞，正如盲人說「這個方向更寬敞」，既然眼盲自然不能辨別，導致迷失其（路）而踉蹌行走。同理，因爲（你）不具慧眼、不能洞察，卻又聲稱「此生非有」，將會沾染其（盲人行走之）過。

གཞན་ཡང་དཔེར་ན་ཁ་ཅིག་རྗོད་པ་ན་དོན་བདེན་པར་འགྱུར་བ་ཁོ་ན་ལ་ཆེ་བཞི་གཉིས་སྟོན་པར་གྱུར་ལ། །དེ་ན་གཅིག་ནི་དོན་དེ་མངོན་སུམ་དུ་མཐོང་བ་ཡིན་ལ་གཉིས་པ་

ནི་དོན་དེ་མངོན་སུམ་དུ་མཐོང་བར་གྱུར་པ་མ་ཡིན་ཞིང་ནོར་དང་འཐམ་མཛའ་དོས་གཉེར་བ་ཞིག་ཡིན་ཏེ། དེ་གཉི་ག་ཡང་དོན་དེ་ལ་སྨྲར་བཙུག་པ་ན། དེ་ལ་གཅིག་གིས་དོན་དེ་ཇི་ལྟར་བདེན་པ་དེ་ལྟར་སྨྲས་སུ་ཟིན་ཀྱང་དོན་དེ་མངོན་སུམ་དུ་ཡང་མ་གྱུར་པའི་ཕྱིར་བརྫུན་དུ་ཡང་འགྱུར་ལ་ཆོས་མ་ཡིན་པ་དང་མི་སྙན་པ་དང་ཡང་ལྡན་པར་འགྱུར་རོ། །ཅིག་ཤོས་ཀྱིས་ནི་དོན་དེ་སྨྲས་པ་ན་དོན་དེ་མངོན་སུམ་དུ་གྱུར་པའི་ཕྱིར་བདེན་པར་སྨྲ་བ་ཡང་ཡིན་ལ་ཆོས་དང་སྙན་པ་དག་དང་ཡང་ལྡན་པར་འགྱུར་བ།

他方的反駁，又如某兩方諍論唯一眞相時，一者以現識見到眞相，另一者雖未以現識見到眞相，卻因財富及親友的面子上而力爭不懈。兩者雖都在討論眞相，另一者即使已解釋（自己認爲的）眞相應是如此，但未由現識見到眞相，（彼義）即爲假相、非法、非妙音。一者解釋眞相時，是以現識見到彼義，故所言皆實，故是法亦是妙音。

དེ་བཞིན་དུ། དངོས་པོ་ཐམས་ཅད་སྟོང་པ་ཡིན་ཞིང་སྟོང་པའི་ཕྱིར་མ་སྐྱེས་པ་དང་མ་འགགས་པ་དེ་ཡིན་དུ་ཟིན་ཀྱང་། དེ་གང་ལ་མངོན་སུམ་གྱི་ཤེས་པ་ཡོད་པ་དེ་ཉིད་ལེགས་པ་དང་ལྡན་ཅིང་བསྔགས་པ་[14]ཡིན་གྱི། ཅིག་ཤོས་ནི་སྟོང་པ་ཉིད་མངོན་སུམ་དུ་མ་གྱུར་པའི་ཕྱིར་ལྟ་བའི་སྐྱོན་གྱིས་ཀྱང་གོས་ལ་མཁས་པ་རྣམས་ཀྱིས་སྨད་པར་ཡང་འགྱུར་བས། དེའི་ཕྱིར་དེ་གཉིས་ནི་ཁྱད་པར་ཤིན་ཏུ་ཆེ་སྟེ། སློབ་དཔོན་ལྷ་གཅན་ཟིན་བཟང་པོས་ཤེས་རབ་ཀྱི་ཕ་རོལ་ཏུ་ཕྱིན་པ་ལ་བསྟོད་པ་ལས་ཀྱང་། ཁྱོད་ཉིད་མཐོང་ན་འཆིང་འགྱུར་ཏེ། མ་མཐོང་ན་ཡང་འཆིང་བར་འགྱུར། །ཁྱོད་ཉིད་མཐོང་ན་གྲོལ་འགྱུར་ཏེ། །མ་མཐོང་ན་ཡང་གྲོལ་བར་འགྱུར། །ཞེས་གསུངས་སོ། །དེ་ལྟ་ན་འདི་ནི་དེ་ཁོ་ན་ཉིད་ཤེས་པའི་བློ་གྲོས་ཀྱི་མིག་དྲི་མ་

14 根據北京版及奈塘版，去掉 མ། 字。

མེད་པ་དང་ལྡན་པའི་ཡུལ་ཡིན་གྱི། འདི་མ་རིག་པའི་མུན་པ་ཆེན་པོས་བློ་གྲོས་ཀྱི་མིག་བསྒྲིབས་པ་དང་ལྡན་པའི་ཡུལ་ནི་མ་ཡིན་ནོ། །

同樣的，諸事物皆空，因空而無生滅，雖具足現識者讚美此言爲善，但另一者——尚未將空性轉爲現識（之境）者——不僅沾染見過，且遭學者詆毀。因此，此二截然不同。阿闍黎羅睺羅的《般若讚》亦云：「見彼將束縛，不見亦束縛；見彼將解脫，不見亦解脫。」[15]

因此，此（空性）即是了知眞實義的無垢慧眼之境，此（空性）並非被無明大黑暗所覆蔽的識眼之境。

གཞན་ཡང་ཁྱོད་མཁས་པར་རློམ་པ་ཉིད་ཀྱི་བློ་སྔོན་དུ་བཏང་སྟེ་ལྟ་བ་སེམས་པར་མཚུངས་ཤིང་ཁོ་བོ་ལ་རྒོལ་བར་བྱེད་ཀྱི། ཡོད་པ་ཉིད་དང་མེད་པ་ཉིད་དུ་སྨྲ་བ་རྣམས་ལ་ནི་མི་བྱེད་པ་དེ་ལ་ཡང་ཁྱད་པར་ཡོད་པར་བཤད་པར་བྱ་སྟེ། ཇི་ལྟར་ཞེ་ན། ཡོད་པ་དང་མེད་པ་ཉིད་དུ་བརྗོད་པ་ནི་ལྟ་བའི་དབང་གིས་ཏེ། །ཁོ་བོ་ནི་དངོས་པོ་རྣམས་རི་བོང་གི་རྭ་བཞིན་དུ་མེད་པ་ཉིད་དུ་མཐོང་ལ་ཚིག་གི་སྐྱོན་རྣམས་ཡོངས་སུ་སྤང་བའི་ཕྱིར་ཡོད་པ་ཉིད་ཀྱང་མ་ཡིན་ལ་མེད་པ་ཉིད་ཀྱང་མ་ཡིན་ནོ་ཞེས་མི་སྨྲའི། འདིར་ལྟར་དེ་དག་རྟེན་ཅིང་འབྲེལ་བར་འབྱུང་བའི་ཕྱིར་ཇི་ལྟར་ཡོད་པ་ཉིད་དང་མེད་པ་ཉིད་དག་གཟུགས་བརྙན་དག་བཞིན་དུ་མཐོང་བ་དེ་ལྟར་སྨྲ་བས། ཁྱོད་ནི་ནོར་བུ་དེ་[16]ཟན་ཨན་ད་རྟིལ་ཀྱི་རིན་ཐང་དུ་འཚོང་བ་ན། ཡིད་ལ་བསམས་པ་དང་མཐུན་པའི་འབྲས་བུ་ཡང་མ་ཐོབ་ལ་རང་གི་བློ་ཡང་བར་ཡང་བསླན་པ་བཞིན་དུ་གྱུར་ཏོ།

---

15 若見空性為自性有，將受束縛；不見空性，也仍脫離不了諸多邪見的束縛。見到空性方能解脫；若見空性，縱使不見其他真實義也會解脫。

16 根據北京版及奈塘版，改為 དེ། 字。

此外，你先以學者之慢，心想（其二）見相同且與我諍論，但（你）應知不說有性及無性者具此殊勝。其義爲何？說有及說無皆隨見轉，（然）我已見諸事物如非有之兔角；（我）並非爲了斷除用詞之過而說「非有性，亦非無性」，而是依緣起而見諸有性及無性皆如影像，故做此說。

你（寄望）的財富是（如）以帝青寶的價格來賣麵團，自然不能獲得想要的成果，從而再次表現出自己心智膚淺。

སྨྲས་པ། གལ་ཏེ་དེ་ལྟར་དངོས་པོ་ཐམས་ཅད་མྱ་ངན་ལས་འདས་པ་དང་མཚུངས་པ་ཡིན་ན་ཆོས་དང་ཆོས་མ་ཡིན་དག་ལ་ཁྱད་པར་མེད་པའི་ཕྱིར་རྩོམ་པ་ཐམས་ཅད་དོན་མེད་པ་ཉིད་མི་འགྱུར་རམ། །

（他方）道：如果諸事物皆同涅槃，將無法與非法的差異，因此，所做一切將成無義，不是嗎？

བཤད་པ། ཅི་ཁྱོད་ཡང་དག་པ་ཇི་ལྟ་བ་བཞིན་དུ་མཐོང་བ་ལ་ཡང་རྩོམ་པ་ཡོད་པར་ལྟའམ། གང་གི་ཚེ། སྟར་བརྗོད་པར་བྱ་བ་ལྡོག་པ་སྟེ། སེམས་ཀྱི་སྤྱོད་ཡུལ་ལྡོག་པས་སོ། །ཞེས་བསྟན་ཟིན་པས། དེའི་ཕྱིར་རྣམ་པར་རྨོངས་པའི་སེམས་དང་ལྡན་པ་ལ་རྩོམ་པ་ཡོད་ཀྱི། །དེ་ཁོ་ན་མཐོང་བ་ལ་ནི་བྱ་བ་ཅི་ཡང་མེད་དོ། །ཇི་སྐད་དུ་བྱ་བ་བྱས་སོ། །འདི་ལས་གཞན་མེད་དོ་ཞེས་གསུངས་པ་དང་། དེ་བཞིན་དུ་གང་ཟག་མ་རིག་པ་དང་ལྡན་པ་འདི་ནི་བསོད་ནམས་ལས་བྱུང་བའི་མངོན་པར་འདུ་བྱ་བ་དག་ཀྱང་མངོན་པར་འདུ་བྱེད་དོ། །ཞེས་གསུངས་པ་ལྟ་བུའོ། སློབ་དཔོན་འཕགས་པ་ལྷས་ཀྱང་། ཀུན་མེད་ཅི་ཞིག་བྱར་ཡོད་ཅེས། །ཁྱོད་ནི་འཇིགས་པ་སྐྱེ་བར་འགྱུར། །གལ་ཏེ་བྱ་བ་ཡོད་ན་ནི། །ཆོས་འདི་ལྡོག་པ་མ་ཡིན་ནོ། །ཞེས་གསུངས་ཏེ། དེ་ལྟ་བས་ན། ཆོས་ཉིད་མྱ་ངན་འདས་དང་མཚུངས། །ཞེས་པ་འདི་ནི་དོན་དམ་པའི་ཕྱིར་གསུངས་པ་ཡིན་ནོ། །

（自方）道：爲何你要（持）觀眞實義的努力也須存在之見？如前已述，「（18.7.ab）所詮將還滅，還滅心行境。」因此，於愚心之中才有努力，任何動作於見眞實義中皆不存在。（教典）說，應奉行所說，除此外無有他法。又云：「此具無明的補特伽羅，（如）由福報所現行（的人天等），亦造現行。」阿闍黎聖天亦云：「若汝生怖畏，皆非有何爲，若實有所作，此法非能滅。」[17]

因此，「（18.7.d）法性同涅槃。」此義乃勝義，故做此說。

འཇིག་རྟེན་གྱི་ཐ་སྙད་ཀྱི་ཕྱིར། ཐམས་ཅད་ཡང་དག་ཡང་དག་མིན། །ཡང་དག་ཡང་དག་མ་ཡིན་ཉིད། །འདི་ལྟར་བཅོམ་ལྡན་འདས་ཀྱིས་ཀྱང་གང་འཇིག་རྟེན་ལ་ཡོད་པར་གྲགས་པ་དེ་ང་ཡང་ཡོད་པར་སྨྲའོ། །གང་འཇིག་རྟེན་ལ་མེད་པར་གྲགས་པ་དེ་ང་ཡང་མེད་པར་སྨྲའོ། །ཞེས་གསུངས་པས། དེ་ཕྱིར་གང་གི་ཚེ་འཇིག་རྟེན་གྱི་ཐ་སྙད་བྱ་བ་དེའི་ཚེ་ན་གང་འཇིག་རྟེན་ལ་ཡང་དག་པ་ཉིད་དུ་གྲགས་པ། དེ་བཅོམ་ལྡན་འདས་ཀྱིས་ཀྱང་ཡང་དག་པ་ཉིད་དོ། །ཞེས་གསུངས་སོ། །གང་འཇིག་རྟེན་ལ་ཡང་དག་པ་ཉིད་མ་ཡིན་པར་གྲགས་པ་དེ་བཅོམ་ལྡན་འདས་ཀྱིས་ཀྱང་ཡང་དག་པ་མ་ཡིན་នོ། །ཞེས་གསུངས་སོ། །གང་འཇིག་རྟེན་ལ་ཡང་དག་པ་ཉིད་དང་། ཡང་དག་པ་ཉིད་མ་ཡིན་པ་ཉིད་དུ་གྲགས་པ་དེ་བཅོམ་ལྡན་འདས་ཀྱིས་ཀྱང་ཡང་དག་པ་ཉིད་དང་། ཡང་དག་པ་ཉིད་མ་ཡིན་པ་ཉིད་དོ། །ཞེས་གསུངས་སོ། །

（所有存在）皆是世間名言，故（《中論》 云：）

17 《四百論》8.9。

## 18.8.ab 一切實非實，亦實亦非實；

如是，薄伽梵也說：「世間共許什麼，我亦說其有；世間不共許什麼，我亦說其無。」因此，（經論）說：「舉凡世間名言、世間共許的任何眞相，薄伽梵亦說（其爲）眞相；世間共許何爲非實，薄伽梵亦稱（其爲）非實。」世間共許的一切眞相及非實，佛薄伽梵亦承許（其）眞相及非實。

འདི་ལྟ་སྟེ་དཔེར་ན། གྲོང་མི་གཉིས་ཤིག་བྱ་བ་འགའ་ཞིག་ལ་གྲོང་ཁྱེར་དུ་དོང་བ་ན་ལྟད་མོའི་ཕྱིར་ལྷ་ཁང་དུ་ཞུགས་ནས་རི་མོ་ལྟ་བར་བརྩམས་པ་དང་དེ་ན་གཅིག་གིས་སྨྲས་པ། ལག་ན་མདུང་རྩེ་གསུམ་པ་ཐོགས་པ་གང་ཡིན་པ་འདི་ནི་སྲེད་མེད་ཀྱི་བུའོ། ལག་ན་འཁོར་ལོ་ཐོགས་པ་གང་ཡིན་པ་འདི་ནི་དབང་ཕྱུག་ཆེན་པོའོ། །ཅིག་ཤོས་ཀྱིས་སྨྲས་པ་ཁྱོད་ཀྱིས་ལོག་པར་བཟུང་སྟེ། །ལག་ན་མདུང་རྩེ་གསུམ་པ་ཐོགས་པ་ནི་དབང་ཕྱུག་ཆེན་པོའོ། །ལག་ན་འཁོར་ལོ་ཐོགས་པ་ནི་སྲེད་མེད་ཀྱི་བུའོ། །ཞེས་དེ་གཉིས་རྩོད་པ་ན་ཉེ་འཁོར་ན་ཀུན་ཏུ་རྒྱུ་ཞིག་འདུག་པའི་གན་དུ་དོང་སྟེ་ཕྱག་འཚལ་ནས་དེ་ལ་རང་རང་གི་བསམ་པ་སྨྲས་པ་དང་། དེས་གཅིག་ལ་ནི་ཁྱོད་ཟེར་བ་བདེན་ནོ། །ཞེས་སྨྲས་པ་དང་། ཅིག་ཤོས་ལ་ནི་མི་བདེན་ནོ། །ཞེས་གང་སྨྲས་ན། དེ་ལ་ཀུན་ཏུ་རྒྱུ་དེས་ཇི་ལྟར་འདི་ན་དབང་ཕྱུག་ཆེན་པོ་ཡང་འགའ་ཡང་མེད་ལ། སྲེད་མེད་ཀྱི་བུ་ཡང་མེད་དེ། འདི་དག་ནི་རྩིག་པ་ལ་བརྟེན་པའི་རི་མོ་བྲིས་པའོ། ཞེས་བྱ་བ་དེ་ལྟར་ཤེས་མོད་ཀྱི། འཇིག་རྟེན་གྱི་ཐ་སྙད་ཀྱི་དབང་གིས་འདི་ནི་བདེན་ནོ། །འདི་ནི་མི་བདེན་ནོ། ཞེས་སྨྲས་པ་ལ་བརྫུན་གྱི་ཚིག་གི་སྐྱོན་ཅན་དུ་མ་གྱུར་པ།

譬如：兩人因某事而赴城，於寺廟中見到壁畫。此時，某人說：「凡是手持三叉戟者應爲無愛子[18]；凡是手持利輪者應

18　無愛子的梵文叫 Viṣṇu，又稱毗濕奴或遍入天。

爲大自在。」另一者駁道：「你說顛倒了。手持三叉戟者是大自在；手持利輪者才是無愛子。」

有尊遍行[19]於彼二人的諍論處旁，（二人）便向前禮敬彼，並稟告各自的想法。此尊（未）對某人回覆「你所言皆實」，也（未）對另一者說「非實」，彼遍行卻說：「這些只是壁畫，其中根本沒有大自在及無愛子。」

雖如是，但由世間名言之力，說「此是眞實、此非眞實」確實遠離僞詞過咎。[20]

དེ་བཞིན་དུ་བཅོམ་ལྡན་འདས་ཀྱིས་ཀྱང་དངོས་པོ་རྣམས་ངོ་བོ་ཉིད་སྟོང་པར་གཟིགས་ཀྱང་། འཇིག་རྟེན་གྱི་ཐ་སྙད་ཀྱི་དབང་གིས་འདི་ནི་ཡང་དག་པ་ཉིད་དོ། །འདི་ནི་ཡང་དག་པ་ཉིད་མ་ཡིན་ནོ། འདི་ནི་ཡང་དག་པ་ཉིད་དང་། །ཡང་དག་པ་ཉིད་མ་ཡིན་ནོ། །ཞེས་གསུངས་སོ། །དོན་དམ་པར་ནི། ཡང་དག་མིན་མིན་ཡང་དག་མིན། །དེ་ནི་སངས་རྒྱས་རྗེས་བསྟན་པའོ། །དངོས་པོ་ངོ་བོ་ཉིད་སྟོང་པ་སྒྱུ་མ་དང་། མི་ལམ་དང་། སྨིག་རྒྱུ་དང་། གཟུགས་བརྙན་དང་། བྲག་ཅ་ལྟ་བུ་དག་ལ་ཇི་ལྟར་ཡང་དག་པ་ཉིད་དང་། ཡང་དག་པ་ཉིད་མ་ཡིན་པར་བརྗོད་དོ། །དེའི་ཕྱིར་དེ་ནི་སངས་རྒྱས་བཅོམ་ལྡན་འདས་རྣམས་ཀྱི་བསྟན་པ་ཡོད་པ་དང་། མེད་པ་ཉིད་ཀྱི་སྐྱོན་དང་བྲལ། བསྒྲུ་སྐྱེགས་བྱེད་ཐམས་ཅད་དང་ཐུན་མོང་མ་ཡིན་པ་དོན་དམ་པ་གསལ་བར་བྱེད་པ་ཡིན་ནོ། །

同樣的，薄伽梵雖見諸事物皆無自性，卻也隨世間名言──此是眞相，此乃非實──之力，而說「此是眞相」、

19　神名，梵文是 Viṣṇu，又譯毗濕奴。

20　於世間共許中，的確能成立諸法的作用，並非說說而已，無其效應，故說遠離僞詞過咎。

「此是非實」。

於勝義中，（誠如《中論》云：）

**18.8.cd 非實非非實，是名諸佛法。**

事物的自性空猶如幻化、夢、陽焰、影像，以及山谷的回音，故而說實及非實。因此，佛薄伽梵所說的確遠離有無之過、不同於一切外道，從而顯示不共勝義。

ཡང་ན་འདི་ནི་དོན་གཞན་ཏེ། ཁ་ཅིག་ན་རེ་ཐམས་ཅད་ཡོད་པ་ཉིད་ལས་སྐྱེའོ། །ཞེས་ཟེར་རོ། །གཞན་དག་ན་རེ་རྒྱུ་ལ་འབྲས་བུ་སྔ་ན་མེད་པ་དག་ལས་སྐྱེའོ། །ཞེས་ཟེར་རོ། །ཁ་ཅིག་ན་རེ་ཡོད་དང་མེད་པ་ལས་སྐྱེའོ། །ཞེས་ཟེར་རོ། །སངས་རྒྱས་བཅོམ་ལྡན་འདས་རྣམས་ཀྱི་བསྟན་པ་ནི་དངོས་པོ་རྒྱུ་དང་རྐྱེན་ལས་གདགས་པར་ཟད་ཀྱི་ཡོད་པ་དང་མེད་པ་ནི་མ་ཡིན་ནོ། །དེ་ལྟར་ཡང་ཀཱ་ཏྱཱ་ན་འཇིག་རྟེན་འདི་ནི་གཉིས་ལ་གནས་ཏེ། །ཕལ་ཆེར་ཡོད་པ་ཉིད་ལ་གནས་པ་དང་། མེད་པ་ཉིད་ལ་གནས་སོ། ཞེས་གསུངས་སོ། དེ་ལྟ་བས་ན་སངས་རྒྱས་བཅོམ་ལྡན་འདས་རྣམས་ཀྱིས་འཇིག་རྟེན་གྱི་ཐ་སྙད་ཀྱི་དབང་གིས་ཀྱང་དེ་དང་དེ་དག་གསུངས་པས། དེའི་ཕྱིར་དེ་ཁོ་ན་མཐོང་བར་འདོད་པ་རྣམས་ཀྱིས་འཇིག་རྟེན་གྱི་ཐ་སྙད་ཀྱི་དབང་གིས་གསུངས་པ་དག་ལ་མངོན་པར་མ་ཞེན་པར་བྱ་སྟེ། །དེ་ཁོ་ན་གང་ཡིན་པ་དེ་ཉིད་གཟུང་བར་བྱའོ། །

或（解釋爲）他義：有說諸法皆從有而生，有說因非於果前而生，有說從有無而生。佛薄伽梵說，事物純屬依因緣施設，非有亦非無。（佛說：）「迦旃延，世間住此二邊，大多住有性及無性。」

因此，佛薄伽梵說，由世間名言之力而說是此是彼。欲見眞實義者，不應執著由世間名言之力所說的一切，應堅持眞實義。

སྨྲས་པ། དེ་ཁོ་ནའི་མཚན་ཉིད་གང་ཡིན།

（他方）道：眞實義的性相爲何？

བཤད་པ། གཞན་ལས་ཤེས་མིན་ཞི་བ་དང་། །སྤྲོས་པ་རྣམས་ཀྱིས་མ་སྤྲོས་པ། །རྣམ་རྟོག་མེད་དོན་ཐ་དད་མིན། །དེ་ནི་དེ་ཉིད་མཚན་ཉིད་དོ། །གཞན་ལས་ཤེས་མིན་ཞེས་བྱ་བ་ནི། །འདི་ལ་གཞན་ལས་ཤེས་པ་མེད་སྟེ། །ལུང་མེད་པར་བདག་གི་མངོན་སུམ་དུ་འགྱུར་ཞིང་། །བདག་ཉིད་ཀྱི་མངོན་སུམ་ཞེས་བྱ་བའི་ཐ་ཚིག་གོ། ཞི་བ་ཞེས་བྱ་བ་ནི་ངོ་བོ་ཉིད་སྟོང་པ་ཞེས་བྱ་བའི་ཐ་ཚིག་གོ། །སྤྲོས་པ་རྣམས་ཀྱིས་མ་སྤྲོས་པ། །ཞེས་བྱ་བ་ནི་འཇིག་རྟེན་གྱི་ཆོས་རྣམས་དང་བྲལ་ཞེས་བྱ་བའི་ཐ་ཚིག་གོ། །རྣམ་པར་རྟོག་པ་མེད་པ་ཞེས་བྱ་བ་ནི་འདི་ཞེས་བྱ་བ་དང་འདི་འོ་ཞེས་རྣམ་པར་མ་བརྟགས་པའོ། །དོན་ཐ་དད་པ་མ་ཡིན། །ཞེས་བྱ་བ་ནི་འདི་ཡང་ཡིན་ལ། །འདི་ཡང་ཡིན་ནོ། ཞེས་དོན་དབྱེར་མེད་པའོ། །དེ་ལ་གང་གི་ཕྱིར་རྣམ་པར་རྟོག་པ་མེད་པ་དེའི་ཕྱིར་སྤྲོས་པ་རྣམས་ཀྱིས་མ་སྤྲོས་པའོ། །གང་གི་ཕྱིར་འཇིག་རྟེན་པའི་ཆོས་རྣམས་ཀྱིས་མ་སྤྲོས་པ་དེའི་ཕྱིར་ཞི་བའོ། །གང་གི་ཕྱིར་ཞི་བ་དེའི་ཕྱིར་དོན་ཐ་དད་པ་མ་ཡིན་པ་སྟེ། དེའི་ཕྱིར་དེ་ལྟ་བུའི་རང་བཞིན་ཤེས་པ་རང་རིག་པ་གཞན་ལས་ཤེས་པ་མ་ཡིན་པ་གང་ཡིན་པ་དེ་ནི་དེ་ཁོ་ནའི་མཚན་ཉིད་ཡིན་པར་ཤེས་པར་བྱའོ། །

（自方道，《中論》）云：

**18.9 非隨他而知，寂靜離戲論，無妄念非異，[21]此爲彼性相。**

---

21　有關 18.9.c，對勘本版的藏譯中論為：རྣམ་རྟོག་མེད་དོན་ཐ་དད་མེད།，故與此中所引的偈頌文有所出入；可參考 Nāgārjuna. *Dbu ma rtsa ba'i tshig le'ur byas pa shes rab,* 26。

「非隨他而知」謂並非從他者而知，即不需教言便成爲自己的現識（之境），與「己之現識」同義。「寂靜」與自性空同義。「離戲論」與遠離世間法同義。「無妄念」謂不執是此、是彼。「非異」謂不存在亦此亦彼的相異。因無妄念，非由戲論而增益。因世間法不能增益，故爲寂靜；因爲寂靜而非相異。除了自證[22]外不能由其他心識認知這種體性，應知其爲眞實義的性相。

འདི་ཡང་དེ་ཁོ་ནའི་མཚན་ཉིད་གཞན་ཡིན་ཏེ། གང་ལ་བརྟེན་ཏེ་གང་འབྱུང་བ། །དེ་ནི་རེ་ཞིག་དེ་ཉིད་མིན། །དེ་ལས་གཞན་པ་ཡང་མ་ཡིན་ཕྱིར། །དེ་ཕྱིར་ཆད་མིན་རྟག་མ་ཡིན། །འདི་ལྟར་གང་ལ་བརྟེན་ཏེ་གང་བྱུང་བ་དེ་ནི་རེ་ཞིག་དེ་ཉིད་མ་ཡིན་ནོ། །དེ་ལས་གཞན་པའང་མ་ཡིན་ཏེ། གལ་ཏེ་དེ་དེ་ལས་གཞན་ཡིན་པར་གྱུར་ན་དེ་མེད་པར་ཡང་འབྱུང་བར་འགྱུར་བའི་རིགས་ན། །མི་འབྱུང་བས་དེའི་ཕྱིར་དེ་ལས་གཞན་པའང་མ་ཡིན་ནོ། །དཔེར་ན་ས་བོན་ལ་བརྟེན་ཏེ་མྱུ་གུ་བྱུང་བ་ནི་ས་བོན་གང་ཁོ་ན་ཡིན་པ་དེ་མྱུ་གུ་ཁོ་ན་མ་ཡིན་པ་ལ་ས་བོན་ལས་གཞན་པ་མྱུ་གུའི་ངོ་བོ་ཉིད་མེད་པའི་ཕྱིར་ས་བོན་ལས་མྱུ་གུ་གཞན་པའང་མ་ཡིན་པ་བཞིན་ཏེ། དེ་ལྟར་གང་གི་ཕྱིར་གང་ལ་བརྟེན་ཏེ་གང་བྱུང་བ་དེ་དེ་ཉིད་ཀྱང་མ་ཡིན་ལ་དེ་ལས་གཞན་པའང་མ་ཡིན་པ་དེའི་ཕྱིར་ཆད་པ་ཡང་མ་ཡིན་ལ་རྟག་པ་ཡང་མ་ཡིན་ནོ། །

另種眞實義的性相是：（《中論》云：）

22 在此的自證不應理解為唯識宗所說的自證識，而是如「通達比量無自性」的比量。其比量通達自己的無自性，或自身如何存在的究竟性，故名「自證」，這也是為何諸多的教典都將空正見形容為「自證」的原因。如羅睺羅的般若經禮讚文曰：「無可言思般若度，不生不滅虛空體；各別自證智行境，三世佛母我敬禮。」

**18.10 由何生某法，彼皆非彼性，亦非迥異彼，[23]非斷亦非常。**

由何法而生的某法皆非彼性，也非迥異於彼。[24]若是相異，無中生有將合理，（然而，某法）不會（憑空）而生，故非迥異於彼。以依種生苗爲例，凡是種絕非苗，（但）迥異於種的苗也不存在，故苗亦非迥異於種。如是，由何法而生的某法皆非彼性，也非迥異於彼。因此，非斷亦非常。

འདི་ལྟར་ས་བོན་ཉིད་མྱུ་གུ་ཡིན་པར་གྱུར་ན། ས་བོན་རྟག་པར་འགྱུར་རོ། །གང་གི་ཕྱིར་ས་བོན་ཉིད་མྱུ་གུ་མ་ཡིན་པ་དེའི་ཕྱིར་ས་བོན་རྟག་པ་མ་ཡིན་ནོ། །གལ་ཏེ་ས་བོན་ཡང་གཞན་ཉིད་ལ་མྱུ་གུ་ཡང་གཞན་ཡིན་པར་གྱུར་ན་དེ་ལྟ་ན་ས་བོན་རྣམ་པ་ཐམས་ཅད་དུ་རྒྱུན་ཆད་པས་ཆད་པར་འགྱུར་རོ། །གང་གི་ཕྱིར་ས་བོན་ལ་མྱུ་གུ་གཞན་མ་ཡིན་པ་དེའི་ཕྱིར་ས་བོན་ཆད་པ་མ་ཡིན་ཏེ། །སློབ་དཔོན་འཕགས་པ་ལྷས་ཀྱང་། གང་ཕྱིར་དངོས་པོ་འཇུག་འགྱུར་བ། དེས་ན་ཆད་པར་མི་འགྱུར་རོ། །གང་ཕྱིར་དངོས་པོ་ལྡོག་འགྱུར་བ། །དེས་ན་རྟག་པར་མི་འགྱུར་རོ། །ཞེས་གསུངས་སོ། །དེ་ལྟ་བས་ན། དེ་ཡང་། དེ་ཉིད་དང་གཞན་ཉིད་དུ་བརྗོད་པར་བྱ་བ་མ་ཡིན་པའི་ཕྱིར། །རྟག་པ་ཡང་མ་ཡིན་ལ་ཆད་པ་ཡང་མ་ཡིན་པས་དེ་ཁོ་ནའི་མཚན་ཉིད་ཡིན་ནོ། །

如是，種若是苗，種將成常。因種非苗，種子非常。若種迥異於（苗），苗亦迥異於（種），種子將於一切行相中間

23 有關 18.10.c，對勘本版的藏譯中論為：དེ་ལས་གཞན་པའང་མ་ཡིན་ཕྱིར།，故與此中所引的偈頌文有所出入；可參考 Nāgārjuna. *Dbu ma rtsa ba'i tshig le'ur byas pa shes rab*, 26。

24 甲從乙生，所以甲並非乙，但甲也非自性地迥異於乙。若是自性地迥異於乙，將不觀待乙，若在不觀待乙的情況下仍可生甲，等同無中生有。

斷（其）續流。因爲種子並非迥異於苗，種子非斷。阿闍黎聖天亦云：「以法從緣生，故體而無滅；以法從緣滅，故體亦非常。」[25]

因此，不承許是彼性及相異性，故非常亦非斷，此爲眞實義之性相。

དོན་གཅིག་མིན་དོན་ཐ་དད་མིན། །ཆད་པ་མ་ཡིན་རྟག་མིན་པ། །དེ་ནི་སངས་རྒྱས་འཇིག་རྟེན་གྱི། །མགོན་པོས་བསྟན་པ་བདུད་རྩི་ཡིན། །དེ་ལྟར་མཐོ་རིས་དང་བྱང་གྲོལ་གྱི་ལམ་རྣམ་པར་འབྱེད་པ་དོན་གཅིག་པ་ཉིད་མ་ཡིན་ན་དོན་ཐ་དད་པ་མ་ཡིན་པ། ཆད་པ་མ་ཡིན་པ་རྟག་པ་མ་ཡིན་པ། །གཅིག་པ་དང་ཐ་དད་དང་ཆད་པ་དང་རྟག་པའི་སྐྱོན་ལས་ཕྱི་རོལ་དུ་གྱུར་པ། །མཆོག་ཏུ་ཟབ་པ། །དོན་དམ་པའི་དེ་ཁོ་ན་གསལ་བར་བྱེད་པ་དེ་ནི་འཇིག་རྟེན་དང་འཇིག་རྟེན་ལས་འདས་པའི་བདེ་བ་ཐོབ་པར་བྱ་བའི་ཕྱིར། །སངས་རྒྱས་བཅོམ་ལྡན་འདས་ཐམས་ཅད་མཁྱེན་པ་ཐམས་ཅད་གཟིགས་པ། སྟོབས་བཅུའི་སྟོབས་དང་ལྡན་པ། །རྒྱུ་མེད་པར་བྱམས་པ་རྣམས་ཀྱིས་བསྟན་པ་བདུད་རྩི་ཡིན་ཏེ། དེ་བསྒྲུབ་པར་བྱའོ། །

（《中論》云：）

**18.11 不一亦不異，不斷亦不常，是名諸世尊，教化甘露味。**[26]

人天及解脫之道的類別非一、非異、非斷、非常。爲能獲

25 《四百論》10.25。

26 有關 18.11，對勘本版的藏譯中論為：།སངས་རྒྱས་འཇིག་རྟེན་མགོན་རྣམས་ཀྱི། །བསྟན་པ་བདུད་རྩིར་གྱུར་པ་དེ། །དོན་གཅིག་མ་ཡིན་ཐ་དད་མིན། །ཆད་པ་མ་ཡིན་རྟག་མ་ཡིན།（是名諸世尊，教化甘露味，即非一及異，不斷亦不常），故與此中所引的偈頌文有所出入；可參考 Nāgārjuna. *Dbu ma rtsa ba'i tshig le'ur byas pa shes rab*, 26。

得世間及出世間的安樂，具足十力的佛薄伽梵遍知一切，無（需原）因卻以慈心明晰宣說最殊勝、勝義的眞實義，且遠離所有一、異、斷、常之過，此實屬甘露法語，應當成辦。

འདི་ལྟར་དེར་ཞུགས་པ་རྣམས་ཀྱི་བདག་ཉིད་ཀྱི་མངོན་སུམ་དུ་གྱུར་པ་འཕྲལ་ཁོ་ན་ལ་འགྲུབ་པར་འགྱུར་རོ། །གང་དག་ཚོགས་མ་བྱས་པ་ཉིད་ཀྱིས་འཕྲལ་ལ་མ་གྲུབ་པ་དེ་དག་ལ་ཡང་ཚེ་རབས་གཞན་དག་ལ་ངེས་པར་འགྲུབ་པར་འགྱུར་ཏེ། སློབ་དཔོན་འཕགས་པ་ལྷས་ཀྱང་། །དེ་ཉིད་ཤེས་པས་འདི་ལ་ནི། །འདོད་ཆགས་བྲལ་བ་མ་ཐོབ་ཀྱང་། །ཚེ་རབས་གཞན་ལ་འབད་མེད་པར། །ངེས་པར་ཐོབ་དེ་ལས་བཞིན་ནོ། །ཞེས་གསུངས་སོ། །

如是，以現識正住彼（義）的大士們，絕對能立即成辦（決定勝）；彼等尚未累積（足夠）資糧者，必能於其他世中成辦（決定勝）。阿闍黎聖天亦云：「今生知眞性，設未得涅槃，後生無功用，定得如是業。」[27]

རྫོགས་སངས་རྒྱས་རྣམས་མ་བྱུང་ཞིང་། །ཉན་ཐོས་རྣམས་ནི་ཟད་གྱུར་ཀྱང་། །རང་སངས་རྒྱས་ཀྱི་ཡེ་ཤེས་ནི། །བསྟེན་པ་མེད་ལས་རབ་ཏུ་སྐྱེ། །ཅི་སྟེ་ཡང་འདི་ལ་ཅུང་ཟད་གོམས་པར་བྱས་པ་རྣམས་ལ་བརྒྱ་ལ་རྫོགས་པའི་སངས་རྒྱས་རྣམས་མ་བྱུང་ངམ། །ཉན་ཐོས་རྣམས་ཟད་པར་གྱུར་ཏེ། རྐྱེན་དང་མི་ལྡན་པར་གྱུར་དུ་ཟིན་ན་ཡང་། །དེ་དག་གི་སྔོན་གོམས་པའི་རྒྱུ་ལས་བྱུང་བ་རང་སངས་རྒྱས་ཀྱི་ཡེ་ཤེས་གཞན་ལས་ཤེས་པ་མ་ཡིན་པ་བསྟེན་པ་མེད་པ་ཙམ་གྱིས་རྐྱེན་ལས་རབ་ཏུ་སྐྱེ་བར་འགྱུར་རོ། །དེའི་དེ་ལྟར་བསྟན་པ་བདུད་རྩི་འདི་བསྒྲུབ་པ་ལ་འབྲས་བུ་ཡོད་པར་འགྱུར་བས། །དེ་ལྟ་བས་ན་ཡོངས་སུ་རྟོག་པ་དང་ལྡན་པ་འཁོར་བའི་དགོན་པ་སྤོང་བར་འདོད་པ། །བདུད་རྩིའི་གོ་འཕང་ཐོབ་པར་འདོད་པ་རྣམས་ཀྱིས་

27　《四百論》8.22。

འདི་ཉིད་འབད་པས་བསྒྲུབ་པར་བྱ་སྟེ། འདི་ཁོ་ན་ལས་དོན་དམ་པ་ငེས་པར་འགྲུབ་པོ། །

（《中論》云：）

**18.12 若佛不出世，諸聲聞將滅；諸辟支佛智，無待亦可生。**[28]

於此，因爲稍有串習者們缺乏（順）緣，若諸佛不在，聲聞等將滅。由往昔串習之因所生的辟支智慧，實非由他所知，[29]即便無待（佛）緣，（亦能）至極生起（決定勝）。如是成辦教言甘露，將獲成果的緣故，具諸智慧、欲求遠離輪迴之荒蕪處、欲求甘露果位者們，應當努力成辦此義，唯有此義方能成辦勝義。

བདག་དང་ཆོས་བརྟག་པ་ཞེས་བྱ་བ་སྟེ་རབ་ཏུ་བྱེད་པ་བཅོ་བརྒྱད་པའོ།། །།

第十八品——觀我、法品——終。

28 有關 18.12.d，對勘本版的藏譯中論為：།སྟོན་པ་མེད་ལས་རབ་ཏུ་སྐྱེ།（無佛亦可生），故與此中所引的偈頌文有所出入；可參考 Nāgārjuna. *Dbu ma rtsa ba'i tshig le'ur byas pa shes rab*, 27。

29 因為往昔的願力及深厚的禪定，獨覺者在成道的時候，是不需要經過他者的教言，也可以自身的慧力成就羅漢果位。

# 第十九品

# ——觀時品——

སྨྲས་པ། འདི་ལ་ཁྱོད་ཀྱིས་བྱེད་པ་པོ་ལས་བརྟག་པའི་ཞར་ལ་འོངས་པ་དེ་གཞི་རིགས་པ་རྗེས་སུ་བསྟན་པས་ཁོ་བོའི་ཡིད་ཀྱིས་དག་ལ་དངོས་པོ་ཡོད་པ་དང་མེད་པར་ལྟ་བའི་ཤིང་བརྟན་པོ་ཆེན་པོ་ཡུན་རིང་པོ་ནས་རབ་ཏུ་གནས་པའི་རྒྱ་བ་ཡང་ལེགས་པར་འགྱུལ་གྱི། །དེའི་ཕྱིར་ད་ཡང་ཁོ་བོ་ལ་ཕན་གདགས་པར་འདོད་པས་དུས་བརྟག་པར་བྱ་བའི་རིགས་སོ། །

（他方）道：在觀察作者（有無自性）之際，你隨即解釋其（無自性之）理，令我心澄明，且強烈動搖長期對見有、無事物的大車軌師之信心。於此，爲利益我等，觀察時間應合理。

བཤད་པ་ལེགས་སོ། །

（自方）道：善哉。

སྨྲས་པ། འདི་ལ་བཅོམ་ལྡན་འདས་ཀྱིས་དེ་དང་དེར་དུས་གསུམ་བསྟན་པ་མཛད་དེ། མེད་ན་ནི་བསྟན་པར་མི་རིགས་པས་དུས་གསུམ་ནི་ཡོད་པ་ཁོ་ན་ཡིན་ནོ། །

（他方）道：薄伽梵於此處或他處針對時間開示，若無（時間，其開示）將不應理。因此，三時絕對存在！

བཤད་པ། བཅོམ་ལྡན་འདས་ཀྱིས་འཇིག་རྟེན་གྱི་ཐ་སྙད་ཀྱི་དབང་གིས་དུས་གསུམ་བསྟན་པ་མཛད་ཀྱི། །དེ་ཁོ་ནར་ནི་དུས་གསུམ་མི་འཐད་དོ། །དེ་ཇི་ལྟར་ཞེ་ན། འདི་ལ་རེ་ཞིག་གལ་ཏེ་མ་འོངས་པའི་དུས་སུ་གྱུར་ནས་རིམ་གྱིས་ད་ལྟར་དུ་འགྱུར་ཞིང་། ད་ལྟར་དུ་གྱུར་ནས་ཀྱང་རིམ་གྱིས་འདས་པར་འགྱུར་བ་ནི། དེ་ལྟ་ན་དུས་གཅིག་ཏུ་འགྱུར་ཏེ། །དཔེར་ན་ཅི་ཏྲ་གྲོང་དུ་ཕྱིན་ན་ཡང་ཅི་ཏྲ་ཉིད་ཡིན་ལ་གྲོང་ནས་ཐལ་ན་ཡང་ཅི་ཏྲ་ཉིད་ཡིན་ཏེ། དེ་ལ་མ་ཕྱིན་པ་དང་། ཕྱིན་པ་དང་ཐལ་བ་གསུམ་ཉིད་དུ་དབྱེར་མེད་པ་བཞིན་ནོ། །

（自方）道：薄伽梵之所以開示三時是基於世間名言而說，就其絕對（性）而言，三時不合理。爲何？首先，若未來時逐漸轉成現在，現在再漸漸轉成過去，如是，時間將成一。如杰達進城，進城的是杰達，進城後離去的仍是杰達。因此，未去、已去、已離去[1]三者皆無異。

ཅི་སྟེ་ཡང་མ་འོངས་པ་ཡང་གཞན་ཉིད་ལ་ད་ལྟར་ཡང་གཞན་འདས་པ་ཡང་གཞན་ཡིན་པར་གྱུར་ན་ནི། དེ་ལྟ་ན་ཡང་གསུམ་ཅར་ཡང་རྟག་པ་ཉིད་དུ་འགྱུར་རོ། །རྟག་པ་ཉིད་ཡིན་ན་དུས་སུ་བརྟག་པ་དོན་མེད་པ་ཉིད་དུ་འགྱུར་ཏེ། དགོས་པ་མེད་པའི་ཕྱིར་རོ། །

如果未來是另一者，現在是另一者，過去也是另一者，這樣一來，三時將成常法。既是常，觀察三時將無目的，故無意義。

ཡང་གཞན་ཡང་། འདི་ལ་གལ་ཏེ་དུས་ཞེས་བྱ་བ་དངོས་པོ་འགའ་ཞིག་ཡོད་པར་གྱུར་ན། དེ་རང་ལས་སམ། ལྟོས་ནས་རབ་ཏུ་འགྲུབ་པར་འགྱུར་གྲང་ན། དེ་ལ་རེ་ཞིག་གལ་ཏེ་དུས་གསུམ་དུ་ལྟོས་ནས་རབ་ཏུ་འགྲུབ་པར་སེམས་ན། དེ་ལ་བཤད་པར་བྱ་སྟེ། ད་ལྟར་བྱུང་དང་མ་འོངས་པ། །གལ་ཏེ་འདས་ལ་ལྟོས་གྱུར་ན། །ད་ལྟར་བྱུང་དང་མ་འོངས་པ། འདས་པའི་དུས་ན་ཡོད་པར་འགྱུར། །ད་ལྟར་བྱུང་བ་དང་། མ་འོངས་པའི་དུས་དག་གལ་ཏེ་འདས་པའི་དུས་ལ་ལྟོས་ནས་ཡོད་པར་གྱུར་ན། །དེ་ལྟ་ན་ད་ལྟར་བ་དང་མ་འོངས་པའི་དུས་དག་འདས་པའི་དུས་ན་ཡོད་པར་འགྱུར་རོ། །འདས་པ་ན་ཡོད་པར་གྱུར་ན་དེ་གཉིས་ཀྱང་འདས་པ་ཡིན་པར་འགྱུར་རོ། དེ་ལྟ་ན་དུས་གཅིག་ཏུ་ནར་འགྱུར་རོ། །

1 已進去城市，以及進城市之後而離去。

此外，於此，若有某些所謂「時間的事物」，試問：其法是由己（而有），還是觀待[2]而至極成立？

首先，如果（你）認爲，三時是由觀待而至極成立，（對此，我）將做解說。（《中論》云：）

**19.1 現在及未來，若待過去時，現在及未來，過去中應有。**

若現在時及未來時觀待過去時而有，現在時及未來時應於過去時中存在。果眞於過去時中存在的話，其二時也應是過去，如是，時間將成一。

དུས་གཅིག་ཁོ་ན་ཡིན་ན་ལྟོས་པ་མི་འཐད་དེ། འདི་ལྟར་དེ་ཉིད་དེ་ཉིད་ལ་ཇི་ལྟར་ལྟོས་པར་འགྱུར། །ལྟོས་པ་མི་འཐད་པའི་ཕྱིར་དུས་ཀྱང་མི་འཐད་པ་ཁོ་ན་ཡིན་ནོ། །ཅི་སྟེ་འདས་པའི་དུས་ཞིག་ཅིང་འགགས་ཏེ་མེད་པ་ཁོ་ན་ཡིན་ན་ནི། དེ་ན་འདི་གཉིས་ཇི་ལྟར་ཡོད་པར་འགྱུར། །ཅི་སྟེ་འདས་པ་ཡང་ཡོད་པ་ཁོ་ན་ཡིན་པར་སེམས་ན་ནི་ཡོད་པའི་ཕྱིར་ད་ལྟར་ཡིན་པར་འགྱུར་གྱི་འདས་པ་མ་ཡིན་པས་དེ་ནི་མི་འདོད་དོ། །

若時間僅是一，觀待不合理。如是，時間如何觀待己性？[3]因爲無法成立觀待，時間便絕對不能成立。如果過去時已滅、停止、絕無的話，如何能有此二（時——現在及未來）？

若認爲過去時是絕對存在，（過去）將成現在，[4]則非過

2 在此的觀待並非理解為世間名言的觀待，而是自性觀待。

3 觀待必須要兩法以上，只有單一法，如何成立觀待？

4 為什麼某時段存在的話，必須是現在際呢？因為尚未有不能說是有，曾經有過也不能說有，所以有一定是現在際。

去，（我）不承許此（說）。

སྨྲས་པ། གང་གི་ཚེ་ད་ལྟར་བྱུང་བ་དང་མ་འོངས་པ་དག་འདས་པ་ལ་ལྟོས་ནས་འགྲུབ་པོ་ཞེས་སྨྲས་པ་དེའི་ཚེ་ཇི་ལྟར་དེ་གཉིས་འདས་པ་ན་ཡོད་པར་འགྱུར།

他方道：當（我）說現在及未來觀待過去而有時，爲何（你說）其二（時）將存在於過去中？

བཤད་པ། གང་གི་ཕྱིར་དེ་ལ་ལྟོས་ནས་འགྲུབ་པོ་ཞེས་སྨྲས་པ་དེ་ཁོ་ནའི་ཕྱིར་དེ་གཉིས་དེ་ན་ཡོད་པར་ཐལ་བར་འགྱུར་རོ། །གཞན་དུ་ན། ད་ལྟར་བྱུང་དང་མ་འོངས་པ། །གལ་ཏེ་དེ་ན་མེད་གྱུར་ན། །ད་ལྟར་བྱུང་དང་མ་འོངས་པ། །ཇི་ལྟར་དེ་ལ་ལྟོས་པར་འགྱུར། །ད་ལྟར་བྱུང་བ་དང་མ་འོངས་པའི་དུས་དག་གལ་ཏེ་འདས་པའི་དུས་དེ་ན་མེད་པར་གྱུར་ན། ད་ལྟར་བྱུང་བ་དང་མ་འོངས་པའི་དུས་དེ་ན་མེད་པ་དེ་དག་ཇི་ལྟར་དེ་ལ་ལྟོས་པར་འགྱུར་ཏེ། །འདི་ལྟར་གསུམ་ཆར་ཡང་ཚོགས་པར་གྱུར་ན་ལྟོས་པར་འཐད་པའི་ཕྱིར་རོ། །ཅི་སྟེ་ཡང་དེ་ན་ཡོད་པར་གྱུར་ན་ནི་དེ་གཉིས་ཡོད་པ་ལ་ཡང་ལྟོས་པས་ཅི་ཞིག་བྱ། དེ་ལྟ་བས་ན་རེ་ཞིག་ད་ལྟར་བྱུང་བ་དང་མ་འོངས་པ་དག་འདས་པ་ལ་ལྟོས་ནས་རབ་ཏུ་འགྲུབ་པར་མི་འཐད་དོ། །

自方道：當（你）說觀待彼（過去）而有，光憑此理，其二（——現在及未來——）應成存在於彼（過去）中。不然（，則與《中論》相違。《中論》云：）

**19.2 現在及未來，若於彼時無，現在及未來，如何觀待彼？**

若現在時及未來時於過去時中不存在，既然不存在於彼，現在時及未來時如何觀待彼（過去）？因爲三時聚合方能成立觀待。

若（現在及未來）於彼（過去中）存在，其二（——現在及未來——）的存在何必觀待成立？首先，觀待過去而至極成立現在及未來實屬非理。

དེ་ལ་འདི་སྙམ་དུ་ད་ལྟར་བྱུང་བ་དང་མ་འོངས་པ་དག་འདས་པ་ལ་མ་ལྟོས་པ་ཁོ་ནར་འགྲུབ་པར་སེམས་ན།

於此，（他方）認為：現在及未來的成立絕對不觀待過去。

དེ་ལ་བཤད་པར་བྱ་སྟེ། །འདས་པ་ལ་ནི་མ་ལྟོས་པར། དེ་གཉིས་འགྲུབ་པ་ཡོད་མ་ཡིན། །འདས་པའི་དུས་ལ་མ་ལྟོས་པར་ཡང་དེ་ལྟར་བྱུང་བ་དང་། མ་འོངས་པའི་དུས་དེ་གཉིས་རང་ལས་རབ་ཏུ་འགྲུབ་པ་ཡོད་པ་མ་ཡིན་ནོ། །དེ་ཕྱིར་ད་ལྟར་བྱུང་བ་དང་། མ་འོངས་དུས་ཀྱང་ཡོད་མ་ཡིན། །དེ་ལྟར་གང་གི་ཕྱིར་ད་ལྟར་བྱུང་བ་དང་མ་འོངས་པ་གཉིས་འདས་པའི་དུས་ན་ཡོད་པ་མ་ཡིན་པས་ལྟོས་པར་མི་འཐད་ལ། འདས་པ་ལ་མ་ལྟོས་པར་ཡང་དེ་གཉིས་འགྲུབ་པ་ཡོད་པ་མ་ཡིན་པ་དེའི་ཕྱིར་ད་ལྟར་བྱུང་བ་དང་མ་འོངས་པའི་དུས་ཀྱང་ཡོད་པ་མ་ཡིན་ནོ། །

於此，（我將引用《中論》）解說。

## 19.3.ab 不觀待過去，彼二時非有，[5]

不觀待過去時，彼二——現在時與未來時——不能由己而至極成立。

5 有關 19.3.b，對勘本版的藏譯中論為：དེ་གཉིས་གྲུབ་པ་ཡོད་མ་ཡིན།，故與此中所引的偈頌文有所出入；可參考 Nāgārjuna. *Dbu ma rtsa ba'i tshig le'ur byas pa shes rab*, 27。

**19.3.cd 此故無現在，亦無未來時。**

如是，於過去時中無現在及未來二者，故觀待不應理。不觀待過去不能成立彼二的緣故，現在時及未來時亦不應有。

རིམ་པའི་ཚུལ་ནི་འདི་ཉིད་ཀྱིས། ལྷག་མ་གཉིས་པོ་བསྒོར་བ་དང་། མཆོག་དང་ཐ་མ་འབྲིང་ལ་སོགས། གཅིག་ལ་སོགས་པ་འང་ཤེས་པར་བྱ། །རིམ་པའི་ཚུལ་འདི་ཉིད་ཀྱིས་དུས་ལྷག་མ་གཉིས་པོ་བསྒོར་བ་དང་། མཆོག་དང་ཐ་མ་དང་འབྲིང་དང་གཅིག་ལ་སོགས་པ་དག་ཀྱང་ཤེས་པར་བྱའོ། །ད་ལྟར་བྱུང་བ་དང་འདས་པ་དག་གལ་ཏེ་མ་འོངས་པ་ལ་ལྟོས་ནས་ཡོད་པར་གྱུར་ན་དེ་ལྟ་ན་དེ་གཉིས་ཀྱང་ཡོད་པར་འགྱུར་རོ། །དེ་ལྟ་ན་ད་ལྟར་བྱུང་བ་དང་འདས་པ་དག་ཀྱང་མ་འོངས་པ་ཡིན་པར་འགྱུར་ཏེ་དེ་ན་ཡོད་པའི་ཕྱིར་རོ། །དེ་ལྟ་ན་དུས་གཅིག་ཁོ་ནར་འགྱུར་བས་དེ་ལ་ལྟོས་པར་མི་འཐད་དོ། །ལྟོས་པ་མེད་པའི་ཕྱིར་དེ་དག་ཀྱང་མེད་དོ། །མ་འོངས་པ་མ་བྱུང་བ་མེད་པ་ཁོ་ན་གང་ཡིན་པ་དེ་ལ་ཡང་དེ་གཉིས་ཇི་ལྟར་ཡོད་པར་འགྱུར། ཅི་སྟེ་མ་འོངས་པ་ཡང་ཡོད་པ་ཁོ་ན་ཡིན་ན་ནི་ཡོད་པའི་ཕྱིར་ད་ལྟར་ཉིད་ཡིན་པར་འགྱུར་གྱི་མ་འོངས་པ་མ་ཡིན་པས་དེ་ཡང་མི་འདོད་དོ། །ཅི་སྟེ་དེ་གཉིས་དེ་ན་མེད་པར་གྱུར་ན་ནི་དེ་ལ་ཇི་ལྟར་ལྟོས་པར་འགྱུར། འོན་ཀྱང་ལྟོས་པར་གྱུར་ན་ནི་དེ་ལྟ་ན་ཡོད་པའི་ཕྱིར་ལྟོས་པར་བརྟག་པ་དོན་མེད་པ་ཉིད་དུ་འགྱུར་རོ། །མ་འོངས་པ་ལ་མ་ལྟོས་པར་ཡང་དེ་གཉིས་འགྲུབ་པ་ཡོད་པ་མ་ཡིན་ནོ། །

（《中論》云：）

**19.4 以如是義故，則知餘二時，上中下及一，是等法皆謬。**

以此（解說的）順序，得知餘二時、上中下、一（異）等（的自性論）亦皆爲錯謬。若現在及過去觀待未來而有，彼二亦應（於未來中）存在。如是，現在及過去也將成爲未來，因爲在彼（未來）中存在的緣故。

如是，將僅（餘）一時，故觀待不應理。無觀待故彼等皆無。凡是未來，定是尚未發生、沒有，（既無現在及過去的觀待處── 未來，）豈有彼二（現在與過去）？若（許）定有未來，因有（未來），（未來）只能成爲現在，並非未來。（我）亦不承許彼（說）。

如果其二於彼中無，豈能觀待？若有觀待，將於彼中有。此故，執觀待將無意義。不觀待未來，則彼二不成立。

དེ་བཞིན་དུ་འདས་པ་དང་མ་འོངས་པ་དག་གལ་ཏེ་ད་ལྟར་ལ་ལྟོས་ནས་ཡོད་པར་གྱུར་ན་དེ་ལྟ་ན་དེ་གཉིས་ཀྱང་དེ་ན་ཡོད་པར་འགྱུར་རོ། །དེ་ལྟ་ན་འདས་པ་དང་མ་འོངས་པ་དག་ཀྱང་ད་ལྟར་ཡིན་པར་འགྱུར་ཏེ་དེ་ན་ཡོད་པའི་ཕྱིར་རོ། །དེ་ལྟ་ན་དུས་གཅིག་ཁོ་ནར་འགྱུར་བས་དེ་ལ་ལྟོས་པ་མི་འཐད་དོ། །ལྟོས་པ་མེད་པའི་ཕྱིར་དེ་དག་ཀྱང་མེད་དོ། །འདས་པ་དང་མ་འོངས་པ་ཞིག་པའི་ཕྱིར་དང་མ་བྱུང་བའི་ཕྱིར་མེད་པ་ཁོ་ན་གང་དག་ཡིན་པ་དེ་དག་ཀྱང་ད་ལྟར་གྱི་དུས་ན་ཇི་ལྟར་ཡོད་པར་འགྱུར། །ཅི་སྟེ་ཡང་ཡོད་པ་ཡིན་ན་ནི་གྲུབ་པའི་ཕྱིར་དེ་གཉིས་ལ་ཡང་ལྟོས་པས་ཅི་ཞིག་བྱ། མ་ལྟོས་པར་ཡང་དེ་གཉིས་འགྲུབ་པ་ཡོད་པ་མ་ཡིན་ནོ། །དེ་ལྟ་བས་ན་འདས་པ་ཡང་ཡོད་པ་མ་ཡིན་ལ་མ་འོངས་པ་ལ་ཡང་ཡོད་པ་མ་ཡིན་ནོ། ད་ལྟར་ཡང་ཡོད་པ་མ་ཡིན་ནོ། །

同理，若過去及未來觀待現在而有，其二將於彼（現在）中存在。果眞如此，過去及未來也將成爲現在，因爲於彼（現在）中存在的緣故。如是，只成一時，故（許）觀待彼時不應理。無觀待，故無彼等。

凡是過去及未來，定是已滅及未生的緣故，既無（過去及未來），彼等豈能於現在時中有？若有，因爲（已）成立故，彼二又何用觀待？若無觀待，彼二非有。此故，過去亦無、未來亦無、現在亦無。

མཆོག་དང་ཐ་མ་དག་ཀྱང་གལ་ཏེ་འབྲིང་ལ་ལྟོས་ནས་ནི་འགྲུབ་ན། དེ་ལྟ་ན་མཆོག་དང་ཐ་མ་དག་ཀྱང་འབྲིང་ཡོད་ན་ཡོད་པར་འགྱུར་གྱི་རང་ལས་མ་ཡིན་ནོ། །ཅི་སྟེ་འབྲིང་མེད་ན་ནི་ཇི་ལྟར་དེ་ལ་ལྟོས་ནས་མཆོག་དང་ཐ་མ་དག་ཡོད་པར་འགྱུར། འབྲིང་ལ་མ་ལྟོས་པར་ཡང་དེ་གཉིས་འགྲུབ་པ་ཡོད་པ་མ་ཡིན་ནོ། །

如果上品及下品觀待中品而有，上品及下品也只能於中品中存在，不能由己（而有）。若無中品，豈有觀待中品而有的上品及下品？若不觀待中品，不能成立彼二（上品及下品）。

དེ་ལ་འདི་སྙམ་དུ་འབྲིང་ཡོད་ན་མཆོག་དང་། ཐ་མ་དེ་དག་ཡོད་པར་སེམས་ན།

於此，（他方）認爲：若有中品，將有上品及下品。

དེ་ལ་བཤད་པར་བྱ་སྟེ། གསུམ་ཆར་ཡང་ཡོད་པར་གྱུར་ན་ཡང་ལྟོས་ཅི་དགོས། ལྟོས་པ་མེད་པར་ཡང་དེ་དག་ལས་གང་ཡང་རུང་བ་རང་ལས་རབ་ཏུ་འགྲུབ་པ་ཡོད་པ་ལ་མ་ཡིན་ནོ། །དེ་ལྟ་བས་ན་མཆོག་དང་ཐ་མ་དང་འབྲིང་དག་ངོ་བོ་ཉིད་ལས་ཡོད་པ་མ་ཡིན་ནོ། །

於此，將做解說。既然三者皆存在，又何須觀待？即便（你說）無觀待，但也不會有任何一者由己力至極成立（其性）。此故，上品、下品、中品皆非由本性而有。

དེ་བཞིན་དུ་མཆོག་དང་འབྲིང་དག་ལ་གལ་ཏེ་ཐ་མ་ལ་ལྟོས་ནས་ཡོད་པར་གྱུར་ཏམ། འབྲིང་དང་ཐ་མ་དག་གལ་ཏེ་མཆོག་ལ་ལྟོས་ནས་ཡོད་པར་གྱུར་ཏམ། ཐོག་མ་དང་ཐ་མ་དག་

གལ་ཏེ་དབུས་ལ་ལྟོས་ནས་སམ། ཐོག་མ་དང་དབུས་དག་གལ་ཏེ་མཐའ་ལ་ལྟོས་ནས་སམ། མཐའ་དང་དབུས་དག་གལ་ཏེ་ཐོག་མ་ལ་ལྟོས་ནས་སམ། ཐག་ཉེ་བ་གལ་ཏེ་ཐག་རིང་བ་ལ་ལྟོས་ནས་སམ། ཐག་རིང་བ་གལ་ཏེ་ཐག་ཉེ་བ་ལ་ལྟོས་ནས་སམ།

同理，上品及中品是否觀待下品而有？中品及下品是否觀待上品而有？前際及後際是否觀待中際而有？前際及中際是否觀待後際？後際及中際是否觀待前際？近是否觀待遠？遠是否觀待近？

དེ་བཞིན་དུ་སྔོན་དང་ཕྱི་མ་དང་གཅིག་པ་ཉིད་དང་ཐ་དད་པ་ཉིད་དང་། དེ་ཉིད་དང་། གཞན་ཉིད་དང་། འབྲས་བུ་དང་། རྒྱུ་དང་། ཐུང་ངུ་དང་། རིང་པོ་དང་། ཆུང་ངུ་ཉིད་དང་། ཆེན་པོ་ཉིད་དང་། བདག་དང་བདག་མེད་པ་དང་། འདུས་བྱས་དང་འདུས་མ་བྱས་དང་། གཅིག་དང་གཉིས་དག་གལ་ཏེ་མང་པོ་ལ་ལྟོས་ནས་སམ། གཅིག་དང་མང་པོ་དག་གལ་ཏེ་གཉིས་ལ་ལྟོས་ནས་སམ། གཉིས་དང་མང་པོ་དག་གལ་ཏེ་གཅིག་ལ་ལྟོས་ནས། དེ་དག་ལ་སོགས་པ་གང་ཅུང་ཟད་ལྟོས་ནས་འགྲུབ་པར་འགྱུར།

一與二等，是否觀待多？一與多是否觀待二？二與多是否觀待一？同理，前世、後世、一性、異性、彼性、他性、果、因、短、長、小性、大性、我及無我、有爲及無爲，彼等又少許觀待何者而成立？

བརྗོད་པ་དེ་དག་ཐམས་ཅད་དེ་དག་ལ་ཡོད་པར་འབྱུང་བར་འགྱུར་ཏེ། མེད་ན་ལྟོས་པར་མི་འཐད་པའི་ཕྱིར་རོ། །དེ་ལྟ་བས་ན་དེ་དག་ཐམས་ཅད་ཀྱང་དེ་ཁོ་ནར་རང་ལས་རབ་ཏུ་འགྲུབ་པ་ཡོད་མ་ཡིན་ནོ། །འཇིག་རྟེན་གྱི་ཐ་སྙད་ཀྱི་དབང་གིས་ནི་བརྗོད་པར་བྱའོ། །

說一切皆因存在而有，若無，觀待不應理。因此，這一切絕非由己至極成立，只因世間名言之力而說（彼等）。

སྨྲས་པ། མ་ལྟོས་པར་ཡང་དེ་དག་འགྲུབ་པ་ཡོད་པ་མ་ཡིན་ནོ་ཞེས་གང་སྨྲས་པ་དེ་རིགས་པ་མ་ཡིན་ཏེ། འདི་ན་དུས་ནི་སྐད་ཅིག་དང་ཐང་ཅིག་དང་ཡུད་ཙམ་དང་། མཚན་མོ་དང་ཉིན་མོ་དང་ཟླ་བ་ཕྱེད་དང་། ཟླ་བ་དང་དུས་ཚིགས་དང་ཉུར་བ་དང་ལོ་ལ་སོགས་པ་དག་གི་ཚད་དང་ལྡན་པར་རབ་ཏུ་གྲུབ་པས་དེ་ལ་ལྟོས་པས་ཅི་ཞིག་བྱ།

（他方）道：說「一切不觀待則不成立」不應理。一剎那、一臘縛、一須臾、夜、晝、半月、月、季、曜期數值、年份等，皆是至極成立（其）定量的緣故，何須觀待？

བཤད་པ། མི་གནས་དུས་སུ་འཛིན་མི་བྱེད། །གང་ཞིག་གཟུང་བར་བྱ་བའི་དུས། །གནས་པ་ཡོད་པ་མ་ཡིན་པས། །མ་བཟུང་དུས་སུ་ཇི་ལྟར་གདགས། །འདི་ལ་དངོས་པོ་ངེས་པར་གནས་པ་རྣམས་ནི། །ཚད་ལས་གཟུང་དུ་རུང་སྟེ། དཔེར་ན་ཤིང་འདི་ནི་མཐོ་བ། འདི་ནི་ཆུ་རིང་པོ། འདི་ནི་ཐུང་ངོ་། །གླང་པོ་ཆེ་འདི་ནི་ཆེའོ་ཞེས་བྱ་བ་ལྟ་བུ་ཡིན་ནོ། །

（《中論》）云：

**19.5 無時不可持，持時物不住，於不持時中，豈能有施設？**[6]

於此，決定有事物。（因）持有（大小長短等）量，例如，此樹很高、此（河）流長遠、此物為短、此象為大等。

དུས་ལ་ནི་གང་གི་ཚད་ལས་གཟུང་བར་བྱ་བ་རིལ་པོ་ངེས་པར་གནས་པ་འགའ་ཡང་

6 有關 19.5.ad，對勘本版的藏譯中論為：མི་གནས་དུས་ནི་འཛིན་མི་བྱེད། །མ་བཟུང་དུས་ནི་ཇི་ལྟར་གདགས།，故與此中所引的偈頌文有所出入；可參考 Nāgārjuna. *Dbu ma rtsa ba'i tshig le'ur byas pa shes rab*, 27。

ཡོད་པ་མ་ཡིན་ནོ། །འདི་ལྟར་ཡུད་ཙམ་ཡང་ཆུང་ཟད་འདས་པའམ་ཆུང་ཟད་མ་འོངས་པ་ལ་ཡུད་ཙམ་ཞེས་གདགས་པ་ཡིན་གྱི་ཡུད་ཙམ་ཞེས་བྱ་བ་རི་ལ་པོར་ངེས་པར་གནས་པ་ནི་འགའ་ཡང་ཡོད་པ་མ་ཡིན་ན། ཉིན་མོ་ལ་སོགས་པ་དག་ལྟ་སྨོས་ཀྱང་ཅི་དགོས། །

絕無完整時間（長短）之量可被持有。須臾是因由小部分的過去及小部分的未來而施設爲須臾。既然無完整之量，何況日等？

དེ་ལ་འདི་སྙམ་དུ་འདི་ན་སྐད་ཅིག་ངེས་པར་གནས་པ་ཡོད་པར་སེམས་པ་ན།

於此，（他方）認爲：剎那是絕對存在的。

དེ་ལ་བཤད་པར་བྱ་སྟེ། སྐད་ཅིག་ངེས་པར་གནས་པ་ཞེས་བྱ་བ་གང་ཡིན་པ་དེ་ནི་འདས་པ་ཡང་མ་ཡིན་མ་འོངས་པ་ཡང་མ་ཡིན་ཏེ། ཅིའི་ཕྱིར་ཞེ་ན། ངེས་པར་གནས་པའི་ཕྱིར་རོ། །ངེས་པར་[7]གནས་པ་པོ་ནའི་ཕྱིར་དེ་ནི་དེ་ལྟར་ཡང་མ་ཡིན་ཏེ། འདུག་པའི་ཕྱིར་ད་[8]ལྟར་ཞེས་བརྗོད་པ་ཡིན་ན། གལ་ཏེ་དེ་ངེས་པར་གནས་པ་ཡིན་ན་དེ་གྲུབ་པ་ཡིན་གྱི་འདུག་པ་མ་ཡིན་པས་འདུག་པ་མ་ཡིན་པ་ཇི་ལྟར་ད་ལྟར་ཡིན་པར་འགྱུར། །དེ་ལྟ་བས་ན་དུས་ངེས་པར་གནས་པ་ཡོད་པ་མ་ཡིན་པ་ཉིད་དེ། གང་ཡོད་པ་མ་ཡིན་པ་དེ་ཇི་ལྟར་གཟུང་བར་བྱ། གང་གཟུང་དུ་མེད་པ་དེ་དག་སྐད་ཅིག་དང་ཐང་ཅིག་དང་ཡུད་ཙམ་ལ་སོགས་པ་དག་ཏུ་ཇི་ལྟར་གདགས། དེ་ལྟ་བས་ན་དུས་ཞེས་བྱ་བ་ལ་དངོས་པོ་འགའ་ཡང་མི་འཐད་དོ། །

於此，（我）將做解說。一切「決定有剎那」之說（不能

7 根據北京版及奈塘版，去掉མི།字。

8 根據北京版及奈塘版，去掉ད།字。

成立），因爲剎那非過去也非未來。爲何？因爲（剎那）決定存在。[9]既然已決定存在，絕非如是（——剎那是過去及未來）。

如果（你）因爲介於（過去及未來之中）而說現在，（又認爲）決定有剎那而成立剎那；（然而，剎那）不能介於（過去及未來之中），[10]既非介於，豈能成爲現在？

因此，時間決定非有。既然沒有，豈能持取？不能持取，豈能施設一剎那、一臘縛、一須臾等？因此，不能成立絲毫時間等事物。

འདིར་སྨྲས་པ། དུས་ནི་ཡོད་པ་ཁོ་ན་ཡིན་ནོ། །ཅིའི་ཕྱིར་ཞེ་ན། རྟགས་ཡོད་པའི་ཕྱིར་ཏེ། སྔ་མ་དང་ཕྱི་མ་དང་ཅིག་ཅར་དང་ཅིག་ཅར་མ་ཡིན་པ་དང་། ཡུན་རིང་པོ་དང་མྱུར་བ་ཞེས་བྱ་བ་དག་ནི་དུས་ཀྱི་རྟགས་ཡིན་པས། དེ་ལྟར་རྟགས་ཡོད་པའི་ཕྱིར་དུས་ཡོད་དོ། །

於此，（他方）道：時間是絕對存在的！爲何？因爲有（其存在的）徵兆。時間（存在）的徵兆就是前、後、同時、非同時、長時、急時，既然有（其）徵兆，所以時間存在。

བཤད་པ། གལ་ཏེ་དུས་ནི་སྟོན་བརྟེན་ན། །གལ་ཏེ་སྔ་མ་དང་ཕྱི་མ་མ་སོགས་པ་དེ་དག་དུས་ཀྱི་རྟགས་ཡིན་ནོ། །དེ་ལྟ་ན་དུས་ནི་དངོས་པོ་ཁོ་ན་ལ་བརྟེན་ནས་གདགས་པ་ཡིན་

9 過去已滅，故非有；未來尚未有，也非有。所以，存在一定是現在，且非過去及未來。

10 如剎那不能介於兔角及石女之中，既然過去及未來都不存在，剎那如何介於中間？

གྱི་རང་ལས་རབ་ཏུ་གྲུབ་པ་མ་ཡིན་ནོ། །

（《中論》）云：

**19.6.a 若時觀待前，**[11]

若說前、後等都是時間（存在）的徵兆，如是，時間只能依賴事物而被施設，絕非由己至極成立。

སྨྲས་པ། མ་ཡིན་ཏེ། དུས་ནི་རང་ཁོ་ན་ལས་རབ་ཏུ་གྲུབ་བོ། །དུས་ཞེས་བྱ་བ་ནི་སྔ་མ་དང་ཕྱི་མ་ལ་སོགས་པ་དག་ནི་རྒྱུ་ཡིན་ཏེ། །གང་ལས་དེ་དག་ཏུ་འགྱུར་བ་དེ་ནི་དུས་ཡིན་ནོ། །

（他方）道：非也。時間絕對由己至極成立。時間就是起因，由彼形成了前、後等。

བཤད་པ། དངོས་མེད་དུས་ནི་ག་ལ་ཡོད། །དངོས་པོ་མ་གཏོགས་པར་ཇོད་ཀྱི་དུས་རང་ལས་རབ་ཏུ་གྲུབ་ཅིང་ངེས་པར་གནས་པ་འཐད་པར་ག་ལ་འགྱུར། །རྒྱུ་དུས་མི་འགྱུར་བ་རྟག་[12]པ་ངེས་པར་གནས་པ་ཡིན་ན། འབྲས་བུ་ཐ་དད་པར་ཇི་ལྟར་འགྱུར། །གལ་ཏེ་ཅི་ཉ་སྔ་མར་གྱུར་པ་དང་། གུབ་ཏ་ཕྱི་མར་གྱུར་པ་དག་ལ་དེ་རང་བཞིན་ཐ་མི་དད་པར་གནས་ན་དེ་གཉིས་ཐ་དད་པ་དག་དེས་ཇི་ལྟར་བྱས་པར་འགྱུར་ཏེ། ཅི་ཉ་དང་གུབ་ཏ་གཉིས་རང་གིས་སྔ་མ་དང་ཕྱི་མར་ཐ་དད་པ་མ་ཡིན་པ་ལས་དུས་སྔ་ཕྱི་ལས་སྔ་མ་དང་ཕྱི་མ་ཉིད་དུ་

11 有關 19.6.a，對勘本版的藏譯中論為：།གལ་ཏེ་དུས་ནི་དངོས་བརྟེན་ཏེ།（若時待事物），故與此中所引的偈頌文有所出入；可參考 Nāgārjuna. *Dbu ma rtsa ba'i tshig le'ur byas pa shes rab*, 27。

12 根據北京版，改成 བ་རྟག。

གྱུར་ལ། དུས་དེ་ཉིད་ནི་ཐ་དད་པ་མ་ཡིན་ན་དེ་གཉིས་ཐ་དད་པ་དུས་ཀྱིས་ཇི་ལྟར་བྱས་པར་འགྱུར། སློབ་དཔོན་འཕགས་པ་ལྷས་ཀྱང་། འབྲས་བུ་རྒྱུ་ནི་ཐ་དད་པས། །དེས་ན་རྟག་[13]པ་ཡོད་མ་ཡིན། །ཡང་ན་གང་ན་རྒྱུ་ཡོད་པ། །དེ་ན་འབྲས་བུ་ཡོད་མ་ཡིན། །ཞེས་གསུངས་སོ། །

（自方道，《中論》）云：

### 19.6.b 離物何有時？

遠離（所依）事物，你（所說）的時間豈能絕對存在，且由己至極成立？

若——時間——不變、決定常住，豈能產生相異之果？若前（世）是杰達，後（世）成古達，（因爲是同一人，故）無自性相異，豈能（依時間之力）成立彼二相異？若杰達及古達兩者前後無異，卻因時間的先後而成前（世）及後（世），（依照）時間（不變）非相異的話，豈能由時間之力造成彼二相異？阿闍黎聖天亦云：「因果乃相異，是故應非常。或是處有因，彼處即無果。」[14]

ཅི་སྟེ་དེ་གཉིས་ཐ་མི་དད་ཀྱང་དུས་ཀྱིས་[15]ཐ་དད་པ་[16]ཡིན་ནི། དེ་ལྟ་ན་ཐ་དད་པའི་

---

13 根據北京版，改成 རྟག 字。

14 《四百論》9.18 就以藏譯的部分，佛護論中所引用的四百論與現今普遍流傳的四百論不同，故根據佛護版本另做新譯。

15 根據北京版，改成 ཀྱིས། 字。

16 根據北京版，去掉 ས། 字。

ཆིག་མེད་པའི་ཕྱིར་ཐམས་ཅད་ཐ་དད་པའམ། ཐམས་ཅད་ཐ་དད་པ་མ་ཡིན་པར་འགྱུར་རོ། །དེ་ལྟ་བས་ན་དངོས་པོ་ཁོ་ན་ལ་བརྟེན་ནས་དུས་གདགས་པར་འཐད་ཀྱི། །དངོས་པོ་མ་གཏོགསཔར་དུས་ངེས་པར་གནས་པ་གཞན་ཡོད་པར་མི་འཐད་དོ། །

若彼二雖不相異，卻因時間而相異，如是，便無異詞，故一切將成相異，或一切將成不相異。[17]因此，應理解僅能依事物而施設時間；遠離（觀待）事物，絕無餘法——時間——的存在。

སྨྲས་པ། དུས་ནི་དངོས་པོ་ལ་བརྟེན་ནས་གདགས་པ་ཁོ་ན་ཡིན་ཏེ། ཡུད་ཙམ་ཞིག་འདུག་པར་གྱུར་ཏོ། །ཉིན་གཅིག་འདུག་གོ། །ཟླ་བ་གཅིག་འདུག་པར་འགྱུར་རོ་ཞེས་ཞེས་བྱ་བས་དེའི་ཕྱིར་དུས་ནི་ཡོད་པ་ཁོ་ན་ཡིན་ནོ། །

（他方）道：依事物而施設時間，僅此而已，因爲存在「有一須臾」、「有一天」、「有一個月」的說法，故時間絕對存在。

བཤད་པ། གལ་ཏེ་དངོས་པོ་ཉིད་ཡོད་པར་གྱུར་ན་ནི། དུས་དངོས་པོ་ལ་བརྟེན་པར་ཡང་འགྱུར་གྲང་ན། དངོས་པོ་འགའ་ཡང་ཡོད་མིན་ན། །དུས་ལྟ་ཡོད་པར་ག་ལ་འགྱུར། །དངོས་པོ་འགའ་ཡང་མི་འཐད་དོ། ཞེས་བྱ་བ་དེ་ཉིད་སྔར་རབ་ཏུ་བསྒྲུབས་ཟིན་པས། དེའི་ཕྱིར་གལ་ཏེ་དུས་དངོས་པོ་ལ་བརྟེན་ནས་རབ་ཏུ་འགྲུབ་པར་སེམས་ན་དངོས་པོ་དེ་ནི་འགའ་ཡང་ཡོད་པ་མ་ཡིན་པས་ཁྱོད་ཀྱི་དུས་ད་[18]ལྟ་ཡོད་པར་ག་ལ་འགྱུར། །

17 自性有的話，又承許前後世二者不相異，那就是一，說自性有的一還可以因時間成為異，那就沒有一，所有都將為異。

18 根據北京版及奈塘版，多加ད། 字。

（自方）道：若事物存在，時間便可依賴事物，然而，既然無任何事物，豈有時間？之前早已至極成立沒有絲毫事物，因此，執時間依賴著事物而至極成立（，實不應理。）

既然無任何事物，豈有你（所謂）的現在時？

**（19.6.cd 物尚無所有，何況當有時。）**

སྨྲས་པ། གལ་ཏེ་དུས་ཡོད་པ་མ་ཡིན་ན་དེ་ལྟ་ན་ཁྱད་པར་མེད་པའི་ཕྱིར་བྱས་པར་གྱུར་ཏོ། །བྱེད་དོ་བྱེད་པར་འགྱུར་རོ་ཞེས་བྱ་བ་དེ་དག་ལ་སོགས་པའི་བརྗོད་པ་དག་མི་འཐད་པ་ཁོ་ནར་འགྱུར་བ་ཞིག་ན། འཐད་པ་ཡང་ཡོད་པས་དེའི་ཕྱིར་དུས་ནི་ཡོད་པ་ཁོ་ན་ཡིན་ནོ། །

（他方）道：若無時間，將無差異。將無法說「已做」、「將做」等。因爲成立（此說法），所以時間絕對存在。

བཤད་པ། གང་གི་ཚེ་སྔར། བརྗོད་པར་བྱ་བ་ལྡོག་པས་ཏེ། །ཞེས་བསྟན་པ་དེའི་ཚེ། དེ་དག་ལ་སོགས་པ་བརྗོད་པ་དག་མི་འཐད་དོ་ཞེས་བྱ་བ་དེ་ནི་ཁྱོད་ཀྱིས་ཅུང་ཟད་ཅིག་སྨྲས་སུ་ཟད་ཀྱི། དེ་དག་ལ་སོགས་པ་འབའ་ཞིག་ཏུ་མ་ཟད་དེ་བརྗོད་པ་ཐམས་ཅད་ཀྱང་མི་འཐད་དོ། །འཇིག་རྟེན་གྱི་ཐ་སྙད་ཀྱི་དབང་གིས་ནི་དེ་དག་ཐམས་ཅད་ཀྱང་འཐད་དེ། དེར་ཡང་། ཐམས་ཅད་ཡང་དག་ཡང་དག་མིན། །ཞེས་བསྟན་པ་ཡིན་ནོ། །དེ་ལྟ་བས་ན་དུས་ཞེས་བྱ་བ་དངོས་པོ་འགའ་ཡང་མེད་པར་ཤེས་པར་བྱ་སྟེ། །བརྟེན་ནས་བཏགས་པར་ནི་འགྲུབ་པོ། །

（自方）道：前示「（18.7.a）所詮將還滅」時，已說彼等（自性）的詮釋皆不成立，你卻說「只說少許（的自性，如時間等）」。不只彼等（時間的自性），一切彼（自性的）詮釋也不能成立。

只能由世間的名言之力成立一切，（如前）已示「（18.8.a）一切實非實」。因此，應知時間等事物皆不存在，（只）有觀待而施設方能成立。

དུས་བརྟག་པ་ཞེས་བྱ་བ་སྟེ་རབ་ཏུ་བྱེད་པ་བཅུ་དགུ་པའོ།། །།

第十九品——觀時品——終。

# 第二十品
# ——觀因果品——

སྨྲས་པ། དུས་ནི་ཡོད་པ་ཁོ་ན་ཡིན་ནོ། །ཅིའི་ཕྱིར་ཞེ་ན། དུས་དང་ཚོགས་པ་ཉིད་ལས་འབྲས་བུ་འགྲུབ་པའི་ཕྱིར་ཏེ། འདི་ན་ས་དང་ས་བོན་དང་ཆུ་དག་ཡོད་དུ་ཟིན་ཀྱང་། མྱུ་གུ་འབྱུང་བར་མི་འགྱུར་གྱི། །གང་གི་ཚེ་དེ་དག་དུས་ཚིགས་དང་ཚོགས་པ་ཉིད་དུ་གྱུར་པ་དེའི་ཚེ་ན་མྱུ་གུ་འབྱུང་བར་འགྱུར་བས། དེ་ལྟར་གང་གི་ཕྱིར་དུས་དང་ཚོགས་པ་ཉིད་མེད་ན་མྱུ་གུ་འབྱུང་བར་མི་འགྱུར་ལ། ཡོད་ན་འགྱུར་བ་དེའི་ཕྱིར་དུས་ནི་ཡོད་ཁོ་ན་ཡིན་ནོ། །

（他方）道：時間絕對存在。爲何？因爲果是由時間及（因緣的）和合而成。於此，雖有土地、種子、水分等，但不會生苗。何時有（適當的）時機及和合，苗方能於該時而生。缺乏時機及和合，苗不能生，具足（彼等）才生，所以時間絕對存在！

བཤད་པ། གལ་ཏེ་འབྲས་བུ་སྐྱེ་བ་ཉིད་འཐད་པར་འགྱུར་ན་ནི་འབྲས་བུ་སྐྱེ་བས་དུས་ཀྱང་ཡོད་པར་འགྱུར་གྲང་ན། འབྲས་བུ་སྐྱེ་བ་ཉིད་མི་འཐད་པས་འབྲས་བུའི་རྒྱུ་ཅན་གྱི་དུས་ཡོད་པར་ག་ལ་འགྱུར། །འདི་ལྟར་གལ་ཏེ་ཚོགས་པ་ཉིད་ལས་འབྲས་བུ་སྐྱེ་བར་འགྱུར་ན། འབྲས་བུའི་དེ་ཚོགས་པ་ཉིད་དེ་ལ་ཡོད་པའམ། མེད་པ་ལས་སྐྱེ་བར་འགྱུར་གྲང་ན། གཉི་ག་ལས་ཀྱང་དེའི་སྐྱེ་བ་མི་འཐད་དོ། །ཇི་ལྟར་ཞེ་ན། གལ་ཏེ་རྒྱུ་དང་རྐྱེན་རྣམས་ཀྱི། །ཚོགས་པ་ཉིད་ལས་སྐྱེ་འགྱུར་ན། །ཚོགས་ལ་འབྲས་བུ་ཡོད་ན་ནི། །ཇི་ལྟར་ཚོགས་པ་ཉིད་ལས་སྐྱེ། །ཚོགས་པའི་དངོས་པོ་ནི་ཚོགས་པ་ཉིད་དོ། །གལ་ཏེ་རྒྱུ་དང་རྐྱེན་རྣམས་ཀྱི་ཚོགས་པ་ཉིད་ལས་འབྲས་བུ་སྐྱེ་བར་གྱུར་ན། ཚོགས་པ་ཉིད་དེ་ལ་འབྲས་བུ་དེ་ཡོད་པ་ཉིད་ཡིན་ན་ནི་འབྲས་བུ་ཡོད་པ་དེ་ཇི་ལྟར་ཚོགས་པ་ཉིད་ལས་སྐྱེ་བར་འགྱུར། ཅི་སྟེ་དེ་ཡོད་ཀྱང་ཡང་སྐྱེ་བར་འགྱུར་ན་ནི་དེ་ལྟ་ན་དེའི་སྐྱེ་བར་རྟག་པ་དོན་མེད་པ་ཉིད་དུ་འགྱུར་ཏེ། འདི་ལྟར་ཡོད་པ་ལ་ཡང་སྐྱེ་བས་ཅི་བྱ། ཐུག་པ་མེད་པར་ཐལ་བར་ཡང་འགྱུར་ཏེ། འདི་ལྟར་ནམ་ཡང་མི་སྐྱེ་བར་མི་འགྱུར་བའི་ཕྱིར་རོ། །

（自方）道：若（說）成立生果，且生果需要時間，（從而安立時間，實不應理。因爲）生果不應理，豈能成立果因——時間？若果由和合而生，（試問：）該果的生是存在於和合之中，還是不存在？兩者皆不能成立其生。爲何？（《中論》）云：

**20.1 若衆緣和合，而有果生者，[1]和合中有果，和合豈生果？**

和合的事物即和合本身。若果由因緣的和合而生，且和合中有果，（那麼，）彼果豈能由和合而生？若既有仍再生，彼生將成常法、無意義。既然已有，豈能再生？應成無窮盡。如是，將無不生之時。

ཅི་སྟེ་ཡང་འདི་སྙམ་དུ་རྒྱུ་དང་རྐྱེན་རྣམས་ཀྱི་ཚོགས་པ་ཉིད་ལ་འབྲས་བུ་མེད་དེ། རྒྱུ་དང་རྐྱེན་རྣམས་ཀྱི་ཚོགས་པ་ཉིད་ལ་འབྲས་བུ་མེད་པ་སྐྱེ་བར་འགྱུར་བར་སེམས་ན། དེ་ལ་བཤད་པར་བྱ་སྟེ། །གལ་ཏེ་རྒྱུ་དང་རྐྱེན་རྣམས་ཀྱི། །ཚོགས་པ་ཉིད་ལས་སྐྱེ་གྱུར་ན། །ཚོགས་ལ་འབྲས་བུ་མེད་ན་ནི། །ཇི་ལྟར་ཚོགས་པ་ཉིད་ལས་སྐྱེ། །གལ་ཏེ་རྒྱུ་དང་རྐྱེན་རྣམས་ཀྱི་ཚོགས་པ་ཉིད་ལས་འབྲས་བུ་སྐྱེ་བར་འགྱུར་ན། ཚོགས་པ་ཉིད་དེ་ལས་འབྲས་བུ་དེ་མེད་པ་ཉིད་ཡིན་ན་ནི་འབྲས་བུ་མེད་པ་དེ་ཇི་ལྟར་ཚོགས་པ་ཉིད་དེ་ལས་སྐྱེ་བར་འགྱུར་ན། །ཅི་སྟེ་མེད་ཀྱང་སྐྱེ་བར་འགྱུར་ན་ནི། །དེ་ལྟ་ན་དེ་སྐྱེས་ན་ཡང་མེད་པ་ཉིད་དུ་འགྱུར་ཏེ། སྐྱེ་བ་ན་མེད་པ་སྐྱེས་ན་ཇི་ལྟར་ཡོད་པར་འགྱུར། །འདི་ལྟར་བ་ལང་སྐྱེ་བ་ལྟར་མི་འགྱུར་རོ། །

若做此想：因緣的和合中無果，果雖生卻不在因緣的和合

1　有關 20.1.b，對勘本版的藏譯中論為：ཚོགས་པ་ཉིད་ལས་སྐྱེ་འགྱུར་ཞིང་།，故與此中所引的偈頌文有所出入；可參考 Nāgārjuna. *Dbu ma rtsa ba'i tshig le'ur byas pa shes rab*, 27。

中。於此，（我）將解說。（《中論》云：）

**20.2 若因緣和合，是中無果者，[2]和合中無果，和合豈生果？**

若果從因緣的和合而生，且於其和合之中無果，（那麼，本）未有之果豈從和合而生？既無仍可生，其生將成無性；生成無性，豈能成有？如是（之生），將不能像牛犢之生。[3]

ཡང་གཞན་ཡང་། གལ་ཏེ་རྒྱུ་དང་རྐྱེན་རྣམས་ཀྱི། ཚོགས་ལ་འབྲས་བུ་ཡོད་ན་ནི། །ཚོགས་ལ་གཟུང་དུ་ཡོད་རིགས་ན། །ཚོགས་པ་ཉིད་ལ་གཟུང་དུ་མེད། །གལ་ཏེ་རྒྱུ་དང་རྐྱེན་རྣམས་ཀྱི་ཚོགས་པ་ཉིད་ལ་འབྲས་བུ་དེ་ཡོད་པ་ཉིད་ཡིན་པར་གྱུར་ན་ཚོགས་པ་ཉིད་དེ་ལས་ངེས་པར་གནས་པ་དེ་ཤིང་ལ་བྱ་བཞིན་དུ་གཟུང་དུ་ཡོད་པའི་རིགས་ན་དེ་ལ་དེ་ཡང་ཡོད་ཀྱང་གཟུང་དུ་མེད་དེ། གཟུང་དུ་མེད་པ་དེ་ཇི་ལྟར་ཡོད་ཅེས་བྱ། དེ་ལྟ་བས་ན་ཚོགས་པ་ཉིད་ལ་འབྲས་བུ་ཡོད་པར་མི་འཐད་དོ། །

此外，（《中論》云：）

**20.3 若衆緣和合，是中有果者，和合中應有，而實不可得。**

若果在因緣的和合中，如樹中有鳥，則和合中定有彼（果）應理。（你說）於彼（和合）中有彼（果），但（其

2 有關 20.2.b，對勘本版的藏譯中論為：།ཚོགས་པ་ཉིད་ལས་སྐྱེ་འགྱུར་ཞིང་།，故與此中所引的偈頌文有所出入；可參考 Nāgārjuna. *Dbu ma rtsa ba'i tshig le'ur byas pa shes rab*, 27。

3 小牛要先在母牛的胎裡才能出生。如果於和合之中無果，果仍是生，則不能像牛生犢般。

果）實不可得。既不得彼，豈能說（彼）存在？因此，和合中有果不應理。

གལ་ཏེ་རྒྱུ་དང་རྐྱེན་རྣམས་ཀྱི། །ཚོགས་ལ་འབྲས་བུ་མེད་ན་ནི། །རྒྱུ་རྣམས་དང་ནི་རྐྱེན་དག་ཀྱང་། །རྒྱུ་རྐྱེན་མ་ཡིན་མཚུངས་པར་འགྱུར། །གལ་ཏེ་རྒྱུ་དང་རྐྱེན་རྣམས་ཀྱི་ཚོགས་པ་ཉིད་ལ་འབྲས་བུ་དེ་མེད་པ་ཉིད་ཡིན་པར་གྱུར་ན། རྒྱུ་རྣམས་དང་རྐྱེན་དག་ཀྱང་རྒྱུ་དང་རྐྱེན་མ་ཡིན་པ་རྣམས་དང་མཚུངས་པར་འགྱུར། །དེ་ལྟ་ན་ཐམས་ཅད་ལས་ཐམས་ཅད་འབྱུང་བར་འགྱུར་བས་དེ་ཡང་མི་འདོད་དེ། །དེ་ལྟ་བས་ན་ཚོགས་པ་ལ་འབྲས་བུ་མེད་པའི་སྐྱེ་བ་མི་འཐད་དོ། །

（《中論》云：）

**20.4 若衆緣和合，是中無果者，是則衆因緣，與非因緣同。**

若果不在因緣的和合中，因緣等將與非因緣相同。[4]如是，一切將生一切，（我）不承許彼（說）。因此，和合中無果不應理。

སྨྲས་པ། མ་ཡིན་ཏེ། རྒྱུ་དང་རྐྱེན་ངེས་པའི་ཕྱིར་རོ། །གལ་ཏེ་ཐམས་ཅད་ཐམས་ཅད་ཀྱི་རྒྱུ་དང་རྐྱེན་དག་ཡིན་པར་གྱུར་ན་ནི། དེ་ལྟ་ན་ཐམས་ཅད་ལས་ཐམས་ཅད་འབྱུང་བར་འགྱུར་རོ་ཞེས་སྨྲ་བར་རིགས་པ་ཞིག་ན། ཐམས་ཅད་ཐམས་ཅད་ཀྱི་རྒྱུ་དང་རྐྱེན་དག་མ་ཡིན་ཏེ། །འདི་ལྟར་རྒྱུ་དང་རྐྱེན་ངེས་པ་དག་མཐོང་སྟེ། ནས་ཀྱི་ས་བོན་ལས་ཀྱང་ནས་ཀྱི་མྱུ་གུ་ཉིད་སྐྱེའི། འབྲས་ཀྱི་མྱུ་གུ་མི་སྐྱེ་ལ། །རྒྱུ་སྤུན་དག་ལས་ཀྱང་སྣམ་བུ་ཉིད་འབྱུང་གི བུམ་

4 如前譬喻所言，不在母牛胎中卻可說由母牛所生，那麼，一切畜牲將由母牛所生。

པ་མི་འབྱུང་བས། དེ་ལྟར་གང་གི་ཕྱིར་རྒྱུ་དང་རྐྱེན་ངེས་པ་དེའི་ཕྱིར་ཐམས་ཅད་ལས་ཐམས་ཅད་འབྱུང་བར་མི་འགྱུར་རོ། །

（他方）道：非也。因緣是決定的。若一切是一切之因緣，說一切將生一切便合理，然而，一切非一切之因緣。如是，（我）見因緣是決定的，（像）青稞的種子只生青稞苗，不生稻苗；毛線只生氆氌，不生瓶子。因緣決定如是，故非一切生一切。

བཤད་པ། མི་རུང་སྟེ། ངེས་པའི་གཏན་ཚིགས་མ་བསྟན་པའི་ཕྱིར་རོ། །ཁྱོད་ཀྱིས་འདི་ལྟར་རྒྱུ་དང་རྐྱེན་དག་ངེས་སོ་ཞེས་བྱ་བར་ངེས་པའི་གཏན་ཚིགས་མ་བསྟན་ཏོ། །གལ་ཏེ་མེད་ན་ནི་དེ་ངེས་པར་གནས་པའི་གཏན་ཚིགས་མེད་པ་ཇི་ལྟར་རུང་བར་འགྱུར། དེ་ལྟ་བས་ན་ངེས་པའི་གཏན་ཚིགས་མེད་པས་རྒྱུ་དང་རྐྱེན་དག་རྒྱུ་དང་རྐྱེན་མ་ཡིན་པ་རྣམས་དང་མཚུངས་པར་ཐལ་བར་འགྱུར་རོ། །དེ་ལྟར་ཐམས་ཅད་ལས་ཐམས་ཅད་འབྱུང་ན། ནས་ཀྱི་ས་བོན་ལ་ཡང་ནས་ཀྱི་མྱུ་གུ་ཡང་མེད་ལ་འབྲས་ཀྱི་ས་བོན་ལ་ཡང་འབྲས་ཀྱི་མྱུ་གུ་མེད་དེ། དེ་ལ་གཉི་ག་ཡང་མེད་ན་ནས་ཀྱི་ས་བོན་ནི་ནས་ཀྱི་མྱུ་གུ་ཁོ་ནའི་རྒྱུ་ཡིན་གྱི། འབྲས་ཀྱི་མྱུ་གུའི་རྒྱུ་མ་ཡིན་ནོ་ཞེས་ངེས་པར་གྱུར་པ་འདི་ཅི་ལས་གྱུར། རྒྱུ་དང་རྐྱེན་རྣམས་ལ་འབྲས་བུ་ཡོད་ན་ནི་འབྲས་བུ་ཡོད་པས་ངེས་པར་གྱུར་པར་ཡང་འཐད་ན་དེ་ཡང་མེད་དེ། དེ་མེད་ན་ངེས་པའི་གཏན་ཚིགས་མེད་པ་དེ་ཇི་ལྟར་རུང་བར་འགྱུར། དེ་ལྟ་བས་ན་ངེས་པའི་གཏན་ཚིགས་མེད་པས་རྒྱུ་དང་རྐྱེན་དག་རྒྱུ་དང་རྐྱེན་མ་ཡིན་པ་རྣམས་དང་མཚུངས་པར་ཐལ་བར་འགྱུར་བ་ཉིད་དོ། །

（自方）道：（你）尚未顯示決定因相，故（上述）非理。你尚未舉出因相決定「因緣皆是決定」。若無（因緣），自無其決定因相，（你的論述）豈能應理？因此，無決定因相，故因緣應成與非因緣相同。

如是，若一切生一切，則青稞種子不生青稞苗，稻種亦不生稻苗。既無彼二（——青稞苗及稻苗），豈能決定「青稞種子只能是青稞苗之因，非稻苗之因」？

「因與緣等生其果，故決定應理」不成立。既無該法（——因緣），將無決定因相，（你的論述）豈能合理？因此，無決定因相，故因緣應成與非因緣相同。

སྨྲས་པ། མངོན་སུམ་ལ་གཏན་ཚིགས་ཀྱི་ཚིག་གི་དོན་མེད་དེ། གང་གི་ཚེ་མངོན་སུམ་ཉིད་དུ་ནས་ཀྱི་ས་བོན་ལས་ནས་ཀྱི་མྱུ་གུ་ཉིད་སྐྱེའི་འབྲས་ཀྱི་མྱུ་གུ་མི་སྐྱེ་བ་དེའི་ཚེ་གཏན་ཚིགས་གཞན་བཙལ་མི་དགོས།

（他方）道：現識中無因相詞義。[5]於現識（所見）中，青稞種只生青稞苗，不生稻苗，所以何須尋求其他因相？

བཤད་པ། གང་ངེས་པར་སྣང་བ་དེ་ཡང་རྒྱུ་དང་རྐྱེན་རྣམས་ལ་འབྲས་བུ་ཡོད་ན་འཐད་ཀྱི་མེད་ན་མི་འཐད་པས། དེའི་ཕྱིར་མེད་པ་མི་སྐྱེའོ་ཞེས་སྨྲའོ། །དེ་ལྟ་བས་ན་མེད་པ་སྐྱེ་བའི་གཏན་ཚིགས་གཞན་འགའ་ཞིག་བསྟན་པར་བྱ་དགོས་ཏེ། དེས་ན་གཏན་ཚིགས་གཞན་ངེས་མེད་པ་སྐྱེ་བར་རབ་ཏུ་གྲུབ་ན་ངེས་པར་མཐོང་བས་ཐམས་ཅད་ལས་ཐམས་ཅད་འབྱུང་བར་མི་འགྱུར་བ་ཞིག་ན། མེད་པ་སྐྱེ་བའི་གཏན་ཚིགས་མེད་པས་གཞན་ཡང་མི་སྟོན་པས། དེའི་ཕྱིར་ངེས་པར་མཐོང་བ་ནི་ཚོགས་པ་ཉིད་ལ་འབྲས་བུ་ཡོད་པ་སྟོན་པ་ཡིན་ནོ། །

（自方）道：若所見一切因緣皆有果，（你的論述）方能

5 現前分或可被肉眼所見之事，實在不需要理由等說明。

合理；既無（果），（你的論述）自然不能成立，故說無則不生。因此，（你爲能證明該論述，）須舉出「雖無仍生」的其他因相。

若其他因相能至極成立無亦能生，將見（無亦能生的）決定性。（然而，）非一切生一切，從而不存在無也生的因相，又無提出其他（因相證明你的理論），因此，（你只能）說和合中決定有果，見（此）決定性。

སྨྲས་པ། འདི་ལ་རྒྱུས་འབྲས་བུ་ལ་རྒྱུ་བྱིན་ནས་འགགས་པས་དེའི་ཕྱིར་རྒྱུས་འབྲས་བུ་འགྲུབ་པར་འགྱུར་ཞིང་རྐྱེན་རྣམས་ནི་དེ་ལ་ཕན་འདོགས་པར་བྱེད་པ་ཡིན་པས། དེ་ལ་ཚོགས་པ་ཉིད་ལ་འབྲས་བུ་ཡོད་དམ་མེད་ཅེས་བསམ་པ་དེས་ཅི་བྱ། །

（他方）道：關於因果，因生（果）而後滅，故因生果，緣等助益其（果）。於此，何須思惟和合中有或無果。

བཤད་པ། གལ་ཏེ་རྒྱུས་ནི་འབྲས་བུ་ལ། །རྒྱུ་བྱིན་ནས་ནི་འགག་འགྱུར་ན། །གང་བྱིན་པ་དང་གང་འགགས་པའི། །རྒྱུ་ཡི་བདག་ཉིད་གཉིས་སུ་འགྱུར། །གལ་ཏེ་རྒྱུས་འབྲས་བུ་ལ་རྒྱུ་བྱིན་ནས་འགག་པར་འགྱུར་ན། །དེ་ལྟ་ན་གང་བྱིན་པ་དང་གང་འགགས་པ་དེས་རྒྱུའི་བདག་ཉིད་གཉིས་སུ་འགྱུར་རོ། །རྒྱུའི་བདག་ཉིད་གཉིས་སུ་ནི་མི་འཐད་དེ། །འགགས་པ་གང་ཡིན་པ་དེ་ནི་བསྐྱེད་པ་མ་ཡིན་པའི་ཕྱིར་རོ། །རྒྱུ་བྱིན་པ་ཡང་མི་འཐད་དེ། འབྲས་བུ་ཡོད་པ་དང་མེད་པ་ལ་རྒྱུ་སྦྱིན་པར་མི་འཐད་པའི་ཕྱིར་རོ། །འདི་ལྟར་འབྲས་བུ་ཡོད་པ་ལ་ནི་ཡང་རྒྱུ་བྱིན་པས་ཅི་བྱ། མེད་པ་ལ་ནི་སུ་ལ་སྦྱིན་པར་བྱ།

（自方道，《中論》）云：

**20.5 若因給予果，因生而後滅，是因有二體：一生及一滅。**

有關因生果（之義），若因生（果）而後滅，因將有兩種體性：生及滅。（但）不能成立因的二體，因爲是滅則非生。因的給予[6]也不成立，因爲果的有無皆不能由因的給予而成立。（其理由）如是：果的存在何須由因給予？（因爲）無（果）由誰給予？

སྨྲས་པ། རྒྱུས་འབྲས་བུ་རྒྱུ་བྱིན་ནས་འགག་པ་མ་ཡིན་གྱི། འདི་ལྟར་རྒྱུ་འགགས་མ་ཐག་ཏུ་འབྲས་བུ་སྐྱེའོ། །

（他方）道：因生果（之義）非因給予（果）而後滅，而是因滅的同時生果。

བཤད་པ། གལ་ཏེ་རྒྱུས་ནི་འབྲས་བུ་ལ། །རྒྱུ་མ་བྱིན་པར་འགགས་གྱུར་ན། །རྒྱུ་འགགས་ནས་ནི་སྐྱེས་པ་ཡི། །འབྲས་བུ་དེ་ནི་རྒྱུ་མེད་འགྱུར། །གལ་ཏེ་རྒྱུས་འབྲས་བུ་ལ་རྒྱུ་མ་བྱིན་པར་འགགས་པར་གྱུར་ན། རྒྱུ་འགགས་ཤིང་ཞིག་ནས་སྐྱེས་པའི་འབྲས་བུ་དེ་རྒྱུ་མེད་པ་ལས་བྱུང་བར་མི་འགྱུར་རམ། །རྒྱུ་མེད་པ་ལས་བྱུང་བར་ནི་མི་འདོད་དེ། སྐྱོན་དུ་མར་ཐལ་བར་འགྱུར་བའི་ཕྱིར་རོ། །

（自方道，《中論》）云：

**20.6 若因不與果，作因已而滅，因滅而果生，是果則無因。**[7]

---

6 此中「給予」是生的意思。「因給予果」也可解讀為「因生果」。

7 有關 20.6.bd，對勘本版的藏譯中論為：རྒྱུ་མ་བྱིན་པར་འགག་འགྱུར་ན། །འབྲས་བུ་དེ་དག་རྒྱུ་མེད་འགྱུར།，故與此中所引的偈頌文有所出入；可參考 Nāgārjuna. *Dbu ma rtsa ba'i tshig le'ur byas pa shes rab,* 28。

關於因生果，若因不生（果）便壞滅，因滅而生的果將成無因而生，不是嗎？（我）不承許無因而生，應成諸多過失。

སྨྲས་པ། འབྲས་བུ་ནི་རྒྱུ་དང་ཚོགས་པ་དག་དང་ལྷན་ཅིག་སྐྱེ་སྟེ་མར་མེ་དང་འོད་བཞིན་པ། དེའི་ཕྱིར་ཚོགས་པ་དང་འབྲས་བུ་དུས་གཅིག་ཁོ་ནར་འབྱུང་ཞིང་མར་མེ་དང་འོད་བཞིན་པས། དེ་ལ་ཅི་ཚོགས་པ་ཉིད་ལ་འབྲས་བུ་ཡོད་དམ་མེད་ཅེས་བསམ་པ་དེ་མི་འཐད་དོ། །

（他方）道：如同燈火與燈光，果與因緣的和合一起形成。因此，如燈火及燈光，和合與果僅為一時生起，所以不應考量「果是否存在於和合中」。

བཤད་པ། གལ་ཏེ་ཚོགས་དང་ལྷན་ཅིག་ཏུ། །འབྲས་བུ་ཡང་ནི་སྐྱེ་འགྱུར་ན། །སྐྱེད་པ་དང་ནི་གང་བསྐྱེད་པ། །དུས་གཅིག་པར་ནི་ཐལ་བར་འགྱུར། །གལ་ཏེ་ཚོགས་དང་འབྲས་བུ་ལྷན་ཅིག་ཁོ་ནར་སྐྱེ་བར་འགྱུར་ན། །དེ་ལྟ་ན་སྐྱེད་པ་རྒྱུ་གང་ཡིན་པ་དང་བསྐྱེད་པ་དོན་གང་ཡིན་པ་དེ་དག་དུས་གཅིག་ཏུ་འབྱུང་བར་ཐལ་བར་འགྱུར་བས་དེ་ཡང་མི་འཐད་དེ། འདིར་ལྟར་ཕ་དང་བུ་དག་དུས་གཅིག་ཏུ་ཇི་ལྟར་སྐྱེ་བར་འགྱུར། ཅི་སྟེ་ཡང་སྐྱེ་བར་འགྱུར་ན་ནི་དེ་ལ་འདི་ནི་འདིའི་རྒྱུའོ། །འདི་ནི་འདིའི་འབྲས་བུའོ་ཞེས་རྣམ་པར་གཞག་པ་འདི་ཇི་ལྟར་ཡོད་པར་འགྱུར། དེ་ལྟ་བས་ན་ཚོགས་པ་ཉིད་དང་འབྲས་བུ་ལྷན་ཅིག་ཏུའང་མི་[8]འཐད་དོ། །

（自方道，《中論》）云：

**20.7 若衆緣合時，而有果生者，能生及所生，[9]應成爲一時。**

---

8 根據北京版，將འོང་མ改為འང་མི。

9 有關20.7.c，對勘本版的藏譯中論為：།སྐྱེད་པར་བྱེད་དང་བསྐྱེད་བྱ་གང་།，故與此中所引

若和合與果只能同時生，應成如是：能生因與所生義（——果——）於一時俱生，但彼（說）亦不應理，如父子豈能同時生？若是（同時）生，說「此是彼之因、彼是此之果」豈能應理？因此，和合與果同時（生）亦不應理。

སྨྲས་པ། འབྲས་བུ་ནི་ཚོགས་པ་ཉིད་ཀྱི་སྔ་རོལ་ཉིད་ན་ཡོད་[10]དེ་དེ་ན་ཕྱིས་ཚོགས་པ་ཉིད་སྐྱེས་པར་[11]གསལ་བར་བྱེད་དེ། མར་མེས་བུམ་པ་བཞིན་ནོ། །

（他方）道：如由燈火之力（明現）瓶子，[12]果早在和合之前已有，隨和合後明現（其果之）生。

བཤད་པ། གལ་ཏེ་ཚོགས་པའི་སྔ་རོལ་ན། །འབྲས་བུ་སྐྱེས་པར་གྱུར་ན་ནི། །རྒྱུ་དང་རྐྱེན་རྣམས་མེད་པ་ཡི། །འབྲས་བུ་རྒྱུ་མེད་འབྱུང་བར་འགྱུར། །གལ་ཏེ་འབྲས་བུ་སྔོན་ཡོད་པ་ཉིད་ཡིན་ལ་ཚོགས་པ་ཕྱིས་འབྱུང་བར་འགྱུར་ན། དེ་ལྟ་ན་རྒྱུ་དང་རྐྱེན་རྣམས་མེད་པ་དང་རྒྱུ་དང་རྐྱེན་རྣམས་མ་གཏོགས་པའི་འབྲས་བུ་རྒྱུ་མེད་པ་ལས་བྱུང་བར་འགྱུར་རོ། །འབྲས་བུ་སྐྱེས་པ་ལ་ཡང་རྒྱུ་དང་རྐྱེན་ཚོགས་པ་ལ་ཡང་སྐྱེ་བར་བརྟགས་པས་ཅི་བྱ། །འདི་ལྟར་འབྲས་བུའི་དོན་དུ་རྒྱུ་དང་རྐྱེན་ཚོགས་པར་འདོད་ན། འབྲས་བུ་དེ་ཡང་སྐྱེས་ཟིན་པ་ཉིད་དོ། །དེ་ལྟ་བས་ན་དེ་ཡང་གྱི་ནའོ། །

（自方道，《中論》）云：

---

的偈頌文有所出入；可參考 Nāgārjuna. *Dbu ma rtsa ba'i tshig le'ur byas pa shes rab,* 28。

10 根據北京版及奈塘版，改為 ཡོད། 字。

11 根據北京版及奈塘版，改為 པར། 字。

12 就像燈火之前早已有瓶，只是其瓶以肉眼不見，其後由燈火之力而見瓶。

**20.8 若先有果生，[13]而後衆緣合，此即離因緣，無因而生果。**

若果在先，和合後有，如是，無（需）眾因緣、遠離因緣的果將成無因而生。爲生果，何必觀見因緣和合而生？如是，（你）爲能得果，承許因緣和合，（又說早在和合之前）已經生果，此說實爲荒謬。

སྨྲས་པ། རྒྱུ་ཡོངས་སུ་འགྱུར་བ་ལས་འབྲས་བུར་འགྱུབ་སྟེ། དེའི་ཕྱིར་གནས་སྐབས་སྔ་མ་འགག་པ་ལས་རྒྱུ་འགགས་ན་འབྲས་བུར་འགྱུར་རོ། །དེ་ལྟ་ན་རྒྱུ་མ་འགགས་པར་ཡང་འབྲས་བུར་མི་འགྱུར་ལ། འབྲས་བུ་དེ་རྒྱུ་མེད་པ་ལས་བྱུང་བར་ཡང་མི་འགྱུར་རོ། །

（他方）道：因圓滿而後生果。因此，先滅前時（等同）因滅後才能成果。如是，因未滅不生果，果非無因而生。

བཤད་པ། གལ་ཏེ་རྒྱུ་འགགས་འབྲས་བུ་ན། །རྒྱུ་ནི་ཀུན་ཏུ་འཕོ་བར་འགྱུར། །སྔོན་སྐྱེས་པ་ཡི་རྒྱུ་ཡང་ནི། །ཡང་སྐྱེ་བར་ནི་ཐལ་བར་འགྱུར། གལ་ཏེ་རྒྱུའི་དངོས་པོ་སྔར་འགགས་པ་ན་གནས་སྐབས་གཞན་ཐོབ་པ་འབྲས་བུ་ཞེས་བྱ་ན། དེ་ལྟ་ན་རྒྱུ་ཀུན་ཏུ་འཕོ་བར་འགྱུར་གྱི་སྐྱེ་བ་མ་ཡིན་ཏེ། །དཔེར་ན་བྲོ་གར་མཁན་གྱིས་ཆ་ལུགས་གཞན་བོར་ནས་ཆ་ལུགས་གཞན་དུ་ཞུགས་པ་སྐྱེ་བ་མ་ཡིན་པ་བཞིན་ནོ། །ཅི་སྟེ་ཡང་གནས་སྐབས་གཞན་དུ་ཀུན་ཏུ་འཕོ་བ་ཉིད་སྐྱེ་བ་ཡིན་ན་ནི། །དེ་ལྟ་ན་ཡང་སྔོན་སྐྱེས་པའི་རྒྱུ་ཉིད་ཀྱང་སྐྱེ་བར་ཐལ་བར་འགྱུར་རོ། །དེ་ལྟ་ན་ཡང་དངོས་པོ་ཡོངས་སུ་འགྱུར་བའི་ཆོས་ཅན་རྣམས་ངེས་པར་མི་གནས་པའི་ཕྱིར་ནམ་ཡང་མི་སྐྱེ་བར་མི་འགྱུར་རོ། །

---

13 有關 20.8.a，對勘本版的藏譯中論為：རྒྱུ་མ་བྱིན་པར་འགག་འགྱུར་ན། །འབྲས་བུ་དེ་དག་རྒྱུ་མེད་འགྱུར།，故與此中所引的偈頌文有所出入；可參考 Nāgārjuna. *Dbu ma rtsa ba'i tshig le'ur byas pa shes rab*, 28。

（自方道，《中論》）云：

**20.9 滅因後有果，因即至於果，是則前生因，生已而復生。**

若因事物先滅，（後）於他時得果，如是，將成（其）因完全轉換，而非生（果）。如表演者脫衣後換穿另件衣裳，實非生（義）。若轉換他時是生，早已生起的因應成再生。果眞如是，將永無不生，故絕無圓滿事物之有法。

སྐབས་པ་གང་གི་ཚེ་རྒྱུ་འགགས་པ་ན་འབྲས་བུར་འགྱུར་རོ་ཞེས་བརྗོད་པ་དེའི་ཚེ་ཅིའི་ཕྱིར་ཀུན་ཏུ་འཕོ་བར་འགྱུར་བ་དང་ཡང་སྐྱེ་བར་ཐལ་བར་འགྱུར་རོ། །ཞེས་བརྗོད།

（他方）道：爲何說「滅因成果」會變成「完整轉換應成復生」的說法？

བཤད་པ། ཅི་ཁྱོད་ལམ་དུ་ཞུགས་བཞིན་དུ་ལམ་འདྲིའམ། ཁྱོད་དངོས་པོ་ཡོངས་སུ་འགྱུར་བ་འབྲས་བུ་ཞེས་བྱའོ་ཞེས་ཟེར་བཞིན་དུ་རང་གི་ཚིག་གི་དོན་ཁོང་དུ་མ་ཆུད་དོ། །དེའི་ཕྱིར་ཁྱོད་ཚེགས་ཆེ་བས་ཚིག་གི་འདུག་ཤིག་དང་། ད་ཁོ་བོ་ཉིད་ཀྱིས་ཁྱོད་ཀྱིས་བསྟན་པའི་ལྟ་བ་རྒྱུ་དང་འབྲས་བུར་འབྲེལ་པར་རྣམ་པར་རྟོག་པ་དག་ཏུ་བསྟན་པར་བྱས། ཁྱོད་ཡིད་བསྡུས་ལ་དེ་དག་ཉོན་ཅིག །འདི་ལ་གལ་ཏེ་རྒྱུས་འབྲས་བུ་སྐྱེད་པར་གྱུར་ན་འགགས་པས་སམ་གནས་པས་སྐྱེད་པར་བྱེད་གྲང་། འབྲས་བུ་ཡང་སྐྱེད་པ་ཉིད་དམ་མ་སྐྱེས་པ་སྐྱེད་པར་བྱེད་གྲང་ན། རྣམ་པ་ཐམས་ཅད་ཀྱང་མི་འཐད་དོ། །

（自方）道：你明明在路上，爲何又在問路？

你明明說事物圓滿是果，又不清楚自己所說的意思。既然飽受極苦，你應當休息。現在我傳授予你教法的清淨見解──

因果相連之見，你必須收心，善聽其（義）！

於此，若因生果，（其因是）已滅（而生果）或存在而生？果是（由）已生（的因）還是未生（的因）而生？一切行相皆不應理。

ཇི་ལྟར་ཞེ་ན། འགགས་པ་ཉུབ་པར་གྱུར་པ་ཡིས། འབྲས་བུ་སྐྱེས་པ་ཇི་ལྟར་སྐྱེད། འབྲས་བུ་དང་ནི་འབྲེལ་པའི་རྒྱུ། །གནས་པས་ཀྱང་ནི་ཇི་ལྟར་སྐྱེད། །གལ་ཏེ་རེ་ཞིག་རྒྱུ་རྣམ་པ་ཐམས་ཅད་དུ་འགགས་པ་ཉུབ་པར་གྱུར་པས་འབྲས་བུ་སྐྱེས་པ་སྐྱེད་པར་བྱེད་པར་རྟོག་ན། དེ་ནི་རིགས་པ་མ་ཡིན་ཏེ། འདི་ལྟར་རྒྱུ་འགགས་པ་ཉུབ་པར་གྱུར་པས་འབྲས་བུ་སྐྱེས་པ་ཡོད་པ་ཉིད་ཇི་ལྟར་སྐྱེད་པར་བྱེད། རྒྱུ་མེད་པ་གང་གིས་སྐྱེད་པར་བྱེད་པར་བརྟག་པ་དེ་ཡང་གང་ཡིན། སྐྱེས་པ་ཉིད་ཡང་ཅི་ཞིག་བསྐྱེད་པར་བྱ་དགོས།

為何？（《中論》云：）

**20.10 云何因滅失，而能生其果？又若因有果，[14]云何因生果？**

首先，執「由因全面滅失故而生果」不應理。因滅豈能生果？既無因，何者生（果）？彼執又是什麼？既然已生，何必生？

ཅི་སྟེ་ཡང་འདི་སྙམ་དུ་འབྲས་བུ་དང་འབྲེལ་པའི་རྒྱུ་འབྲས་བུ་དང་ལྡན་པ་གནས་པ་ཉིད་ཀྱིས་འབྲས་བུ་སྐྱེད་པར་བྱེད་པར་སེམས་ན། །

14 有關 20.10.c，對勘本版的藏譯中論為：འབྲས་བུ་དང་ནི་འབྲེལ་པའི་རྒྱུ།，故與此中所引的偈頌文有所出入；可參考 Nāgārjuna. *Dbu ma rtsa ba'i tshig le'ur byas pa shes rab,* 28。

若做是念：與果有關的因，即是有果（之因，彼）存在故而生果。

དེ་ཡང་མི་འཐད་དེ། འདི་ལྟར་རྒྱུ་གནས་པས་འབྲས་བུ་ཡོད་པ་ཉིད་ཇི་ལྟར་སྐྱེད་པར་བྱེད། དེའི་ཕྱིར་གང་གི་ཚེ་འབྲས་བུ་སྐྱེས་པ་ཉིད་དང་རྒྱུར་འབྲེལ་པ་ཡིན་གྱི་མ་སྐྱེས་པ་དང་ནི་མ་ཡིན་ནོ། །སྐྱེས་པ་ལ་ནི་ཡང་སྐྱེས་པའི་རྒྱུས་ཅི་བྱ། །དེ་ལྟ་བས་ན་དེའང་མི་འཐད་པའོ། །

彼（執）不應理。若因有，豈生已有的果？已生之果才能與因相連，未生不能。已生（的果）豈由復生之因而有？因此，彼（論）亦不應理。

ཅི་སྟེ་རྒྱུ་འབྲས་མི་འབྲེལ་ན། འབྲས་བུ་གང་ཞིག་སྐྱེད་པར་བྱེད། །ཅི་སྟེ་རྒྱུ་དེ་འབྲས་བུ་དང་མ་འབྲེལ་བ་འབྲས་བུ་དང་མི་ལྡན་པས་འབྲས་བུར་སྐྱེད་པར་བྱེད་པར་སེམས་ན། ཁྱོད་ཀྱི་འབྲས་བུ་གང་ཞིག་རྒྱུས་སྐྱེད་པར་བྱེད་པ་དེ་སྨྲོས་ཤིག །གང་གི་ཚེ་འབྲས་བུ་མ་སྐྱེས་པའི་ཕྱིར་མེད་པ་ལ་འབྲས་བུ་ཞེས་བྱ་བ་ཉིད་ཀྱང་མེད་པ་དེའི་ཚེ་རྒྱུས་འབྲས་བུ་སྐྱེད་པར་བྱེད་དོ་ཞེས་བྱ་བ་དེ་ཇི་ལྟར་འཐད་པར་འགྱུར། ཅི་སྟེ་ཡང་མེད་ཀྱང་དེ་ལ་དེ་སྐད་ཅེས་སྐྱེད་པར་བྱེད་པའི་མཐུ་ཉིད་ཡོད་པར་གྱུར་ན་ནི་དེས་རི་བོང་གི་རྭ་ཡང་བསྐྱེད་པར་འགྱུར་བར་ཐེ་ཚོམ་མེད་དོ། །

（《中論》云：）

### 20.11.ab 因果若無關，所生果爲何？

若做是念：因與果無關，（因中）無果，卻可生果。請你解釋因生何果？若果不生、沒有、稱「果」者亦無，說因生果豈應理？若無仍有此能生之論，兔角亦生，毋庸置疑。

ཡང་གཞན་ཡང་། རྒྱུ་ནི་མཐོང་དང་མ་མཐོང་བར། །འབྲས་བུ་སྐྱེད་པར་མི་བྱེད་དོ། །འདི་ལ་གལ་ཏེ་རྒྱུ་འབྲས་བུ་བསྐྱེད་པར་གྱུར་ན་མཐོང་ནས་སམ་མ་མཐོང་བར་སྐྱེད་པར་འགྱུར་གྲང་ན། གཉི་ག་ལྟར་ཡང་མི་འཐད་དོ། །ཇི་ལྟར་ཞེ་ན། གལ་ཏེ་རེ་ཞིག་མཐོང་བས་སྐྱེད་པར་འགྱུར་ན། །དེ་ལྟར་ན་སྐྱེས་པ་སྐྱེད་པར་བྱེད་པར་འགྱུར་ཏེ། །འདི་ལྟར་མ་སྐྱེས་པ་ནི་མཐོང་བར་མི་འགྱུར་ལ། །སྐྱེས་པ་ལ་ནི་ཡང་བསྐྱེད་པར་བྱ་མི་དགོས་སོ། །ཅི་སྟེ་ཡང་རྒྱུ་མ་མཐོང་བར་འབྲས་བུ་སྐྱེད་པར་བྱེད་པར་རྟོག་ན། དེ་ལྟ་ན་ཡང་རྒྱུ་གང་དང་གང་མ་མཐོང་བ་དེ་དང་དེ་སྐྱེད་པར་འགྱུར་བ་ཞིག་ན་སྐྱེད་པར་ཡང་མི་བྱེད་དེ། །དེ་ལྟ་བས་ན་རྒྱུ་མ་མཐོང་བར་ཡང་འབྲས་བུ་སྐྱེད་པར་མི་བྱེད་དོ། །

此外，（《中論》云：）

**20.11.cd 見或與不見，是因不生果。**

於此，若因生果，是見而生或不見而生？[15]兩者皆不應理。爲何？

首先，若是見而生，將生已生。如是，不見未生，不須再生已生者。[16]

若執因生果是不見（而生），（其）因將生此或彼的不見（之果），但（其因）不生（所有不見之果）。因此，因（生

15 若果性已明現可被肉眼所見，即是「見而生」；若果性尚未全部明現可被肉眼所見，即是「不見而生」。

16 如果是見而生，意味著先有未明現的果，才能生已明現的果。如果早有未明現的果，代表其果早是已生，而此已生的果在明現時再生，故說「將生已生」，實不應理，因為已生不須再生、復生。果真如此，生應成無窮盡、生應成無意義。

果）也非不見而生。

ཡང་གཞན་ཡང་། འདི་ལ་གལ་ཏེ་རྒྱུས་འབྲས་བུ་བསྐྱེད་པར་གྱུར་ན། ཕྲད་ནས་སྐྱེད་པར་འགྱུར་གྲང་ན། འབྲས་བུ་དང་རྒྱུ་དག་ཕྲད་པ་ནི་ཇི་ལྟར་ཡང་མི་འཐད་དོ། ཇི་ལྟར་ཞེ་ན། འབྲས་བུ་འདས་པ་རྒྱུ་འདས་དང་། མ་སྐྱེས་པ་དང་སྐྱེས་པ་དང་། །ལྷན་ཅིག་ཕྲད་པར་འགྱུར་བ་ནི། ནམ་ཡང་ཡོད་པ་མ་ཡིན་ནོ། འབྲས་བུ་འདས་པ་ནི་རྒྱུ་འདས་པ་དང་མ་སྐྱེས་པ་དང་ལྷན་ཅིག་ཕྲད་པར་འགྱུར་བ་ནམ་ཡང་ཡོད་པ་མ་ཡིན་ཏེ། འདས་པ་དང་མ་འོངས་པ་དག་གི་འབྲས་བུ་དང་རྒྱུ་དག་མེད་པའི་ཕྱིར་རོ། །འབྲས་བུ་འདས་པ་དང་རྒྱུ་སྐྱེས་པ་ཡང་ལྷན་ཅིག་ཕྲད་པར་འགྱུར་བ་ནམ་ཡང་ཡོད་པ་མ་ཡིན་ཏེ། །འབྲས་བུ་མེད་པའི་ཕྱིར་རོ། །

此外，若因生果，（是因果）相遇而生？

無論如何果與因的相遇不能成立。爲何？

（《中論》云：）

**20.12 若言過去果，而於過去因，未來及現在，終不同時合。**

過去果絕不能與過去及未生（之因）同時相遇，因爲不存在過去及未來的果及因。過去果也絕不能與已生因同時相遇，因爲不存在果。

འབྲས་བུ་མ་སྐྱེས་རྒྱུ་མ་སྐྱེས། །འདས་པ་དང་ནི་སྐྱེས་པ་དང་། །ལྷན་ཅིག་ཕྲད་པར་འགྱུར་བ་ནི། །ནམ་ཡང་ཡོད་པ་མ་ཡིན་ནོ། །འབྲས་བུ་མ་སྐྱེས་པ་ནི་རྒྱུ་མ་སྐྱེས་པ་དང་འདས་པ་དང་ལྷན་ཅིག་ཕྲད་པར་འགྱུར་བ་ནམ་ཡང་ཡོད་པ་མ་ཡིན་ཏེ། །འདས་པ་དང་མ་འོངས་པ་དག་གི་འབྲས་བུ་དང་རྒྱུ་དག་མེད་པའི་ཕྱིར་རོ། །འབྲས་བུ་མ་སྐྱེས་པ་དང་རྒྱུ་སྐྱེས་པ་ཡང་ལྷན་ཅིག་ཕྲད་པར་འགྱུར་བ་ནམ་ཡང་ཡོད་པ་མ་ཡིན་ཏེ། འབྲས་བུ་མེད་པའི་ཕྱིར་རོ། །

（《中論》云：）

**20.13 若言未生果，會合未生因，過去及已生，是則終不合。**[17]

未生果絕不能與未生及過去因同時相遇，因爲不存在過去及未來的果及因。未生果也絕不能與已生因同時相遇，因爲不存在果。

འབྲས་བུ་སྐྱེས་པ་རྒྱུ་སྐྱེས་དང་། མ་སྐྱེས་པ་དང་འདས་པ་དང་། །ལྷན་ཅིག་ཕྲད་པར་འགྱུར་བ་ནི། །ནམ་ཡང་ཡོད་པ་མ་ཡིན་ནོ། །འབྲས་བུ་སྐྱེས་པ་ནི་རྒྱུ་སྐྱེས་པ་དང་ལྷན་ཅིག་ཕྲད་པར་འགྱུར་བ་ནམ་ཡང་ཡོད་པ་མ་ཡིན་ཏེ། འདི་ནི་འདིའི་རྒྱུའོ་འདི་ནི་འདིའི་འབྲས་བུའོ་ཞེས་བྱ་བ་དེ་ལྟར་རྒྱུ་དང་འབྲས་བུ་དག་ཏུ་མི་འཐད་པའི་ཕྱིར་དང་། དེ་ལྟར་གྱུར་པ་དག་ལ་ཕྲད་པ་ཡང་མི་འཐད་པའི་ཕྱིར་རོ། །འབྲས་བ་སྐྱེས་པ་དང་རྒྱུ་མ་སྐྱེས་པ་དང་འདས་པ་དང་ཡང་ལྷན་ཅིག་ཕྲད་པར་འགྱུར་བ་ནམ་ཡང་ཡོད་པ་མ་ཡིན་ཏེ། འདས་པ་དང་མ་འོངས་པ་དག་གི་རྒྱུ་དག་མེད་པའི་ཕྱིར་རོ། །

（《中論》云：）

**20.14 若言已生果，會合已生因，未生及過去，是則終不合。**[18]

已生果絕不能與已生因同時相遇。於此，說「此是因」、

17 有關 20.13.a，對勘本版的藏譯中論為：།འབྲས་བུ་སྐྱེས་པ་རྒྱུ་མ་སྐྱེས།（若言已生果），故與此中所引的偈頌文有所出入；可參考 Nāgārjuna. *Dbu ma rtsa ba'i tshig le'ur byas pa shes rab,* 28。

18 有關 20.14.a，對勘本版的藏譯中論為：།འབྲས་བུ་མ་སྐྱེས་རྒྱུ་མ་སྐྱེས།（若言未生果），故與此中所引的偈頌文有所出入；可參考 Nāgārjuna. *Dbu ma rtsa ba'i tshig le'ur byas pa shes rab,* 28。

「此是果」的因果不應理，既然如是，（因果）相遇亦不應理。

已生果絕不能與未生及過去因同時相遇，因爲不存在過去及未來的因。

ཕྲད་པ་ཡོད་པ་མ་ཡིན་ན། རྒྱུས་ནི་འབྲས་བུ་ཇི་ལྟར་སྐྱེད། །དེའི་ཕྱིར་དེ་ལྟར་འབྲས་བུ་འདས་པ་དང་མ་འོངས་པ་དང་ད་ལྟར་དང་རྒྱུ་འདས་པ་དང་མ་འོངས་པ་དང་ད་ལྟར་དུ་ལྡན་ཅིག་ཕྲད་པར་འགྱུར་བ་རྣམ་པ་ཐམས་ཅད་དུ་ཡང་མི་འཐད་ན། རྒྱུས་འབྲས་བུ་སྐྱེད་པར་བྱེད་དོ་ཞེས་བྱ་བ་ཇི་ལྟར་འཐད་པར་འགྱུར་ན། ཕྲད་པ་ཡོད་པ་ཡིན་ན་ཡང། །རྒྱུས་ནི་འབྲས་བུ་ཇི་ལྟར་སྐྱེད། །ཅི་སྟེ་མི་འཐད་བཞིན་དུ་ཡང་རྒྱུ་དང་འབྲས་བུ་ཕྲད་པར་རྟོག་ན། དེ་ལྟ་ན་ཡང་རྒྱུ་ཡོད་པ་ཉིད་ཀྱིས་འབྲས་བུ་དེ་ཇི་ལྟར་སྐྱེད་པར་འགྱུར། འདི་ལྟར་ཡོད་པ་ལ་ནི་ཡང་བསྐྱེད་པར་བྱ་བ་མེད་དེ་རྒྱུའི་བྱ་བ་ཡང་མེད་དོ། །

（《中論》云：）

## 20.15.ab 若不和合者，因何能生果？

如是，於一切行相中，過去、未來、現在果與過去、未來、現在因同時相遇皆不應理，說因生果，豈能應理？（《中論》云：）

## 20.15.cd 若有和合者，因何能生果？

明明（相遇）不應理，卻執因果相遇。

如是，有因如何生果？既有，則無再生的作用，因的作用也應無。

ཡང་གཞན་ཡང་། གལ་ཏེ་འབྲས་བུས་སྟོང་པའི་རྒྱུས། །ཇི་ལྟར་འབྲས་བུ་སྐྱེད་པར་བྱེད། འདི་ལ་གལ་ཏེ་རྒྱུས་འབྲས་བུ་སྐྱེད་པར་བྱེད་ན། །དེ་འབྲས་བུའི་བདག་ཉིད་ཀྱིས་སྟོང་པའམ། མི་སྟོང་པས་འབྲས་བུ་དེ་སྐྱེད་པར་བྱེད་གྲང་ན། །དེ་ལ་རེ་ཞིག་གལ་ཏེ་འབྲས་བུའི་བདག་ཉིད་ཀྱིས་སྟོང་པའི་རྒྱུས་འབྲས་བུ་སྐྱེད་པར་བྱེད་པར་རྟོག་ན་དེ་ནི་དེ་ཇི་ལྟར་ཡང་མི་འཐད་དོ། །ཅི་སྟེ་འཐད་ན་ནི་བྱེ་མས་ཀྱང་ཏིལ་མར་དང་། ཆུས་ཀྱང་མར་སྐྱེད་པར་འགྱུར་རོ། །

另外，（《中論》云：）

**20.16.ab 若因中無果，因何能生果？**

於此，若因生果，試問：（因）是遠離果的體性（而生果），還是具足果（的體性）而生（果）？

首先，若執因不具果的體性而生果，彼無論如何不應理。若應理，沙子亦生芝麻油，水亦生牛油。

ཡང་ན་བྱེ་མ་དང་ཏིལ་དག་ལ་ཡང་ཏིལ་མར་མེད་ལ། ཆུ་དང་ཞོ་དག་ལ་ཡང་མར་མེད་པར་འདྲ་ན། ཏིལ་ཉིད་ལས་ཏིལ་མར་འབྱུང་ལ། བྱེ་མ་ལས་མི་འབྱུང་བ་དང་། ཞོ་ཉིད་ལས་མར་འབྱུང་ལ། ཆུ་ལས་མི་འབྱུང་བ་ལ་ཁྱད་པར་ཅི་ཡོད། དེ་ལྟ་བས་ན་འབྲས་བུའི་བདག་ཉིད་ཀྱིས་སྟོང་པའི་རྒྱུས་འབྲས་བུ་སྐྱེད་པར་བྱེད་དོ་ཞེས་བྱ་བ་དེ་མི་འཐད་དོ། །

或（說）沙子及芝麻中無芝麻油，水及酪中無牛油，此皆相同。（此不應理，否則）「芝麻生芝麻油，沙子卻不能；酪生牛油，水卻不能」之差異豈能存在？因此，說無果體性之因生果，不應理。

དེ་ལ་འདི་སྙམ་དུ་འབྲས་བུའི་བདག་ཉིད་ཀྱིས་མི་སྟོང་པའི་འབྲས་བུ་སྐྱེད་པར་སེམས་ན།

於此，（他方）做此想：具果體性之因生果。

དེ་ལ་བཤད་པར་བྱ་སྟེ། གལ་ཏེ་འབྲས་བུ་མི་སྟོང་རྒྱུས། །ཇི་ལྟར་འབྲས་བུ་སྐྱེད་པར་བྱེད། །གལ་ཏེ་འབྲས་བུའི་བདག་ཉིད་ཀྱིས་མི་སྟོང་པའི་རྒྱུ་ཉིད་ཡིན་ན། དེས་ཇི་ལྟར་འབྲས་བུ་དེ་སྐྱེད་པར་འགྱུར། །གང་གི་ཚེ་འབྲས་བུ་ཡོད་པ་ཉིད་ཡིན་ན་དེ་ངོ་བོ་ཉིད་ཀྱིས་སྟོང་པ་མ་ཡིན་པ། སྐྱེས་ཟིན་པ་ལ་ནི་ཡང་བསྐྱེད་པར་བྱ་བ་མེད་དེ། དེ་ལྟ་བས་ན་འབྲས་བུའི་བདག་ཉིད་ཀྱིས་མི་སྟོང་པའི་རྒྱུས་འབྲས་བུ་སྐྱེད་པར་བྱེད་དོ་ཞེས་བྱ་བ་དེ་ཡང་སྐྱེ་བོ་ངོ་བཙོག་མི་ཐོད་པས་གཟུང་བར་བྱ་བ་ཡིན་ནོ།། །།

於此，（我）將做解說。（《中論》云：）

## 20.16.cd 若因中有果，[19]因何能生果？

若因中有果的體性，因豈能生果？若（因中）有果，則其非（果的）體性空。已有，則無再生。因此，士夫（你僅僅是）不敢說「具果體性之因生果」而持（此說）。

ཡང་གཞན་ཡང་། འདི་ལ་རྒྱུས་འབྲས་བུ་སྐྱེད་དོ་ཞེས་བྱ་བ་གང་ཡིན་པ་དེ་ཡང་། ངོ་བོ་ཉིད་ཀྱི་མི་སྟོང་པའམ་སྟོང་པ་ཞིག་སྐྱེ་བ་དང་འགག་པར་འགྱུར་གྲང་ན། དེ་ལ་ཕོ་བོས་བཤད་པར་བྱ་སྟེ། འབྲས་བུ་མི་སྟོང་སྐྱེ་མི་འགྱུར། །མི་སྟོང་འགག་པར་མི་འགྱུར་རོ། །མི་

19 有關 20.16.c，對勘本版的藏譯中論為：གལ་ཏེ་འབྲས་བུས་མི་སྟོང་རྒྱུས།，故與此中所引的偈頌文有所出入；可參考 Nāgārjuna. *Dbu ma rtsa ba'i tshig le'ur byas pa shes rab*, 29。

སྟོང་དེ་ནི་མ་འགགས་དང་། མ་སྐྱེས་པར་ཡང་འགྱུར་བ་ཡིན། །འབྲས་བུ་ངོ་བོ་ཉིད་ཀྱིས་མི་སྟོང་པ་རང་གི་བདག་ཉིད་ཀྱིས་ངེས་པར་གནས་པ་གང་ཡིན་པ་དེ་ནི་སྐྱེ་བར་མི་འགྱུར་འགག་པར་ཡང་མི་འགྱུར་ཏེ། ཅིའི་ཕྱིར་ཞེ་ན། རང་གི་བདག་ཉིད་ཀྱིས་ངེས་པར་གནས་པའི་ཕྱིར་རོ། །འདི་ལྟར་རང་བཞིན་ལ་ནི་འགྱུར་བ་མི་འཐད་པས། དེའི་ཕྱིར་འབྲས་བུ་དེ་མི་སྟོང་པར་ཡོངས་སུ་རྟོག་ན། །རྟག་པའི་ཕྱིར་ཁྱོད་ཀྱི་དེ་ནི་མ་འགགས་པ་དང་མ་སྐྱེས་པར་ཡང་འགྱུར་རོ། །དེ་ལྟ་བས་ན་འབྲས་བུ་མི་སྟོང་པ་ནི་སྐྱེ་བར་མི་འགྱུར་ཞིང་འགག་པར་ཡང་མི་འགྱུར་རོ། །

另外，關於此一切「因生果」之論述，試問：生滅是由（果的）體性不空，或是由（果的體性）空（而有）呢？

於此，我將做解說。（《中論》云：）

**20.17 果不空不生，果不空不滅，以果不空故，不生亦不滅。**

果的體性不空，則決定（其）己性，將不生亦不滅。爲何？因爲已決定（果的）己性。如是，是自性則不能變，因此，若執果不空（其體性），（果將是）常，故你的果將成不滅、不生。因此，若果不空（體性），將成不生、不滅。

དེ་ལ་འདི་སྙམ་དུ་འབྲས་བུ་སྟོང་པ་སྐྱེ་བ་དང་འགག་པར་འགྱུར་བར་སེམས་ན།

於此，（他方）做此想：果空（其體性）而生滅。

དེ་ལ་བཤད་པར་བྱ་སྟེ། སྟོང་པ་ཇི་ལྟར་སྐྱེ་འགྱུར་ཞིང་། །སྟོང་པ་ཇི་ལྟར་འགག་པར་འགྱུར། །སྟོང་པ་དེ་ཡང་མ་འགགས་དང་། །མ་སྐྱེས་པ་ཡང་ཐལ་བར་འགྱུར། །འབྲས་བུ་ངོ་བོ་ཉིད་ཀྱིས་སྟོང་པ་བདག་ཉིད་ཀྱིས་རབ་ཏུ་མ་གྲུབ་པ་གང་ཡིན་པ་དེས་ཇི་ལྟར་སྐྱེ་བར

འགྱུར་ཞིང༌། ཇི་ལྟར་འགག་པར་འགྱུར། ཅི་སྟེ་འབྲས་བུ་དེ་ངོ་བོ་ཉིད་མེད་ཀྱང་སྐྱེ་བ་དང་འགག་པར་རྣམ་པར་རྟོག་ན་དེ་ལ་སྨྲ་བར་བྱ་དགོས་ཏེ། ཅི་སྟེ་འབྲས་བའི་ངོ་བོ་མ་གཏོགས་པ་གཞན་ཞིག་སྐྱེ་བ་དང་འགག་པར་འགྱུར་རམ། ཅི་སྟེ་འབྲས་བུའི་དངོས་པོ་མ་གཏོགས་པ་གཞན་ཞིག་སྐྱེ་བར་འགྱུར་ན་ནི། དེས་འབྲས་བུ་ལ་ཅིར་འགྱུར་ཏེ། འདི་ལྟར་འབྲས་བུར་ཡིན་པར་སྐྱེ་བ་འབྲས་བུར་མི་འགྱུར། དེ་ལྟ་བས་ན་འབྲས་བུ་དེ་སྟོང་པར་ཡོངས་སུ་རྟོགས་ན་ཡང་མེད་པའི་ཕྱིར་མ་འགགས་པ་དང་མ་སྐྱེས་པར་ཡང་ཐལ་བར་འགྱུར་བས། དེ་ཡང་མི་འདོད་དོ། །དེ་ལྟ་བས་ན་འབྲས་བུ་སྟོང་པ་ཡང་སྐྱེ་བར་མི་འགྱུར་ཞིང་འགག་པར་ཡང་མི་འགྱུར་རོ། །

於此，將做解說。（《中論》云：）

**20.18 果空豈能生，果空豈能滅，以果是空故，不生亦不滅。**[20]

若果體性空、不能至極成立己性的話，豈能生、豈能滅？若執果無體性仍可生滅，須答此問——是否會生滅果體性外的其他者？若生果事物外的其他者，果將成何者？如是，所生之果將不成果。因此，若遍執果是體性空，因爲無（果體性外的其他者），故（果）應成不生、不滅。（我）亦不承許彼（說）。因此，即便果體性空，也應不生、不滅。

ཡང་གཞན་ཡང༌། གལ་ཏེ་རྒྱུ་དང་འབྲས་བུ་དག་ཏུ་འགྱུར་ན། གཅིག་པ་ཉིད་དམ་གཞན་ཉིད་དུ་འགྱུར་གྲང་ན། དེ་ཡང་ཡོངས་སུ་བརྟགས་ན། རྒྱུ་དང་འབྲས་བུ་གཅིག་ཉིད་

20 有關 20.18.d，對勘本版的藏譯中論為：མ་སྐྱེས་པར་ཡང་ཐལ་བར་འགྱུར།，故與此中所引的偈頌文有所出入；可參考 Nāgārjuna. *Dbu ma rtsa ba'i tshig le'ur byas pa shes rab*, 29。

དུ། །ནམ་ཡང་འཐད་པར་མི་འགྱུར་རོ། །རྒྱུ་དང་འབྲས་བུ་གཞན་ཉིད་དུ། །ནམ་ཡང་འཐད་པར་མི་འགྱུར་རོ། །ཅིའི་ཕྱིར་ཞེ་ན། འདི་ལྟར། རྒྱུ་དང་འབྲས་བུ་གཅིག་ཉིད་ན། །སྐྱེད་དང་བསྐྱེད་པ་གཅིག་ཏུ་འགྱུར། །རྒྱུ་དང་འབྲས་བུ་གཞན་ཉིད་ན། །རྒྱུ་དང་རྒྱུ་མིན་མཚུངས་པར་འགྱུར། །འདི་ལྟར་གལ་ཏེ་རྒྱུ་དང་འབྲས་བུ་དག་གཅིག་པ་ཉིད་ཡིན་པར་གྱུར་ན། དེ་ལྟ་ན་སྐྱེད་པ་དང་བསྐྱེད་པ་དོན་དག་གཅིག་པ་ཉིད་དུ་འགྱུར་བས་དེ་ཡང་མི་འཐད་དེ། འདི་ལྟར་ཕ་དང་བུ་དག་ཇི་ལྟར་གཅིག་པ་ཉིད་དུ་འགྱུར། ས་བོན་དང་མྱུ་གུ་དག་ཀྱང་གཅིག་པ་ཉིད་དུ་མི་འགྱུར་རོ། །

另外，若是因果，應是一還是異？周遍觀察時，（如《中論》云：）

**20.19 因果是一者，是事終不然；因果若異者，是事亦不然。**

爲何？如是，（《中論》又云：）

**20.20 若因果是一，生及所生一；[21]若因果是異，因則同非因。**

如是，若因果是一，生與所生將成一，彼（說）不應理，如父親與孩子豈能爲一？種子與幼苗也非一。

ཅི་སྟེ་ཡང་རྒྱུ་དང་འབྲས་བུ་དག་འདི་ནི་རྒྱུའོ། །འདི་ནི་འབྲས་བུའོ་ཞེས་གཞན་ཉིད་དུ་གྱུར་ན། དེ་ལྟ་ན་ཡང་རྒྱུ་དང་རྒྱུ་མ་ཡིན་པ་དག་མཚུངས་པར་འགྱུར་རོ། །ཇི་ལྟར་ནས་ཀྱི་མྱུ་གུ་ལས་འབྲས་ཀྱི་ས་བོན་གཞན་ཡིན་པ་དེ་བཞིན་དུ་འབྲས་ཀྱི་མྱུ་གུ་ལས་ཀྱང་ནས་ཀྱི་ས་

21 有關 20.20.b，對勘本版的藏譯中論為：བསྐྱེད་བྱ་སྐྱེད་བྱེད་གཅིག་ཏུ་འགྱུར།，故與此中所引的偈頌文有所出入；可參考 Nāgārjuna. *Dbu ma rtsa ba'i tshig le'ur byas pa shes rab*, 29。

བོན་གཞན་ཡིན་ན། དེ་ལ་ནས་ཀྱི་ས་བོན་ནི་ནས་ཀྱི་མྱུ་གུའི་རྒྱུ་ཡིན་གྱི་འབྲས་ཀྱི་ས་བོན་ནི་མ་ཡིན་ནོ་ཞེས་བྱ་བ་དེ་ཅིའི་ཕྱིར་དེ་ལྟར་འགྱུར། དེ་ལྟ་བས་ན་རྒྱུ་དང་འབྲས་བུ་དག་གཅིག་པ་ཉིད་ཀྱང་མ་ཡིན་ལ་གཞན་ཉིད་དུ་ཡང་མི་འཐད་དོ། །གང་དག་ལ་གཅིག་པ་ཉིད་དང་གཞན་ཉིད་དུ་གྲུབ་པ་ཡོད་པ་མ་ཡིན་པ་དེ་དག་ལ་གྲུབ་པ་མེད་དེ། དེ་དག་ལས་གཞན་དུ་འགྲུབ་པ་མི་འཐད་པའི་ཕྱིར་རོ། །

（有關）因果，若說此是因、此是果，（故因果）實屬相異。如是，因與非因將會相同。像是青稞苗與稻種相異，稻苗與青稞種相異，於此，青稞種只能是青稞苗的因，非稻種，故（因與非因）豈能如是（相同）？

總之，因果非一亦非異。既然非一也非異，不成立（因果的一及異）。除此外，其他成立（方式）皆不應理。

ཡང་གཞན་ཡང་། གལ་ཏེ་རྒྱུས་འབྲས་བུ་སྐྱེད་པར་བྱེད་ན་དེ་ངོ་བོ་ཉིད་ཀྱིས་ཡོད་པར་འགྱུར་བ་ཞིག་སྐྱེད་པར་བྱེད་དམ། མེད་པར་གྱུར་པ་ཞིག་སྐྱེད་པར་བྱེད་གྲང་ན། དེ་ལ་ re་རོས་བཤད་པར་བྱ་སྟེ། འབྲས་བུ་ངོ་བོ་ཉིད་ཡོད་ན། །རྒྱུས་ནི་ཅི་ཞིག་སྐྱེད་པར་བྱེད། །འབྲས་བུ་ངོ་བོ་ཉིད་མེད་ན། །རྒྱུས་ནི་ཅི་ཞིག་བསྐྱེད་པར་འགྱུར། །གལ་ཏེ་འབྲས་བུ་ངོ་བོ་ཉིད་ཀྱིས་ཡོད་པར་གྱུར་ན་མ་བྱས་ཀྱང་ཇོགས་པར་ཡོད་པ་ཉིད་ཡིན་པས་དེ་ཡོད་ན། རྒྱུས་དེ་ལ་གཞན་ཅི་ཞིག་སྐྱེད་པར་འགྱུར། །ཅི་སྟེ་དེ་ཉིད་སྐྱེད་པར་བྱེད་དོ་ཞེས་རྟོག་ན་དེ་ནི་མི་རིགས་ཏེ། སྐྱེས་པ་ལ་ཡང་སྐྱེ་བའི་བྱ་བ་མེད་དོ། ཅི་སྟེ་འབྲས་བུ་དེ་ངོ་བོ་ཉིད་ཀྱིས་མེད་པར་གྱུར་པ་ཡིན་ན་དེ་རྒྱུས་ཇི་ལྟར་སྐྱེད་པར་འགྱུར། །ཅི་སྟེ་འབྲས་བུ་ངོ་བོ་ཉིད་ཀྱིས་མེད་ཀྱང་རྒྱུས་བསྐྱེད་པར་འགྱུར་ན་ནི། ཤིང་བ་ཏའི་མེ་ཏོག་གིས་ཀྱང་ཕྲེང་བར་འཆིང་བ་ཐེ་ཚོམ་མེད་དོ། །དེ་ལྟ་བས་ན་འབྲས་བུ་ཡོད་པར་འགྱུར་བ་དང་འབྲས་བུ་མེད་པར་འགྱུར་བ་ཡང་རྒྱུས་བསྐྱེད་པར་མི་འཐད་དོ། །

另外，若因生果，試問：是有體性而生還是無（體性）而生？於此，我將解說。（《中論》云：）

**20.21 若果定有性，因所生爲何？若果定無性，因所生爲何？**[22]

若果有體性，即使非（由因而）造，（其果的體性）也能圓滿。既有彼（果），因生其他何（果）？若執（因）生彼（果的體）性，實不應理，既已生，便無再生的作爲。

若果無體性，因豈能生彼？若果無體性卻可從因而生，榕樹[23]的花朵亦可串成花鬘，毋庸置疑。因此，無論是有果或無果，由因生（果）實不應理。

སྐྱེད་པར་བྱེད་པ་མ་ཡིན་ན། །རྒྱུ་ཉིད་འཐད་པར་མི་འགྱུར་རོ། །རྒྱུ་གང་གིས་ཀྱང་འབྲས་བུ་སྐྱེད་པར་མི་བྱེད་ན། དེ་རྒྱུ་ཉིད་དུ་འཐད་པར་མི་འགྱུར་རོ། །འདི་ལྟར་སྐྱེད་པར་བྱེད་པའི་རྒྱུ་ཞེས་བྱ་བ་ན་ཅི་སྟེ་སྐྱེད་པར་བྱེད་པ་མ་ཡིན་ཡང་རྒྱུར་འགྱུར་ན་ནི། དེ་ལྟ་ན་འགར་ཡང་རྒྱུ་མ་ཡིན་པར་མི་འགྱུར་བས་ཐམས་ཅད་རྒྱུ་ཉིད་དུ་འགྱུར་རོ་ཞེས་བྱ་བ་གང་ཡིན་པ་དེ་ཡང་མི་འདོད་དོ། །དེ་ལྟ་བས་ན་རྒྱུ་ཉིད་འཐད་པར་མི་འགྱུར་རོ། །

（《中論》云：）

**20.22.ab 因若不生果，因則不應理，**

---

22 有關 20.21.d，對勘本版的藏譯中論為：།རྒྱུས་ནི་ཅི་ཞིག་སྐྱེད་པར་བྱེད།（若言未生果），故與此中所引的偈頌文有所出入；可參考 Nāgārjuna. *Dbu ma rtsa ba'i tshig le'ur byas pa shes rab,* 29。

23 藏文的 baTa 應為梵文的 viṭa（英文叫 ficus）。

任何因皆不生果時，不能成立因性。如是，所謂「能生之因」（將不應理，因爲）非能生仍可是因，任何（事物）皆非非因，皆可是因，（我）不承許彼（說）。因此，不成立因。

རྒྱུ་ཉིད་འཐད་པ་ཡོད་མིན་ན། འབྲས་བུ་གང་གི་ཡིན་པར་འགྱུར། །གལ་ཏེ་འབྲས་བུ་བསྐྱེད་པའི་རྒྱུ་ཉིད་ཡོད་པ་མ་ཡིན་ན། རྒྱུ་མེད་ན་འབྲས་བུ་དེ་གང་གི་ཡིན་པར་འགྱུར། །འདི་ལྟར་རྒྱུའི་འབྲས་བུ་ཡིན་པར་འདོད་ན་དེ་ཡང་མེད་དེ། དེ་མེད་ན་འབྲས་བུ་ཞེས་བྱ་བར་མི་འཐད་དོ། ཅི་སྟེ་འཐད་ན་ནི་ཕ་མེད་པར་ཡང་བུ་ཡོད་པར་འགྱུར་བས་དེ་ཡང་མི་འདོད་དོ། །དེ་ལྟ་བས་ན། རྒྱུ་ཡོད་པ་མ་ཡིན་ན་འབྲས་བུ་ཡོད་པ་ཡང་མ་ཡིན་នོ། །

（《中論》云：）

**20.22.cd 因若不應理，果屬於何者？**

若無生果的因，因既非有，果屬於何者的（果）？如是，便應無「因之果」的主張，既無彼，就不成立果。若可以，無父也可有子，（我）不承許彼（說）。因此，若因非有，果亦非有。

རྒྱུ་རྣམས་དང་ནི་རྐྱེན་དག་གི ཚོགས་པ་གང་ཡིན་དེ་ཡིས་ནི། །བདག་གིས་བདག་ཉིད་མི་སྐྱེད་ན། འབྲས་བུ་ཇི་ལྟར་སྐྱེད་པར་བྱེད། །རྒྱུ་དང་རྐྱེན་རྣམས་ཀྱི་ཚོགས་པ་འབྲས་བུ་སྐྱེད་པར་བྱེད་པ་ཞེས་བྱ་བར་བརྟག་པ་གང་ཡིན་པ་དེས་རེ་ཞིག་བདག་གིས་བདག་ཉིད་སྐྱེད་པར་མི་བྱེད་དེ། ཅིའི་ཕྱིར་ཞེ་ན། ཚོགས་པ་ནི་དུ་མ་ཡིན་པར་ཤེས་པའི་ཕྱིར་ཏེ། སློབ་དཔོན་འཕགས་པ་ལྷས་ཀྱང་། །ཚོགས་པ་གཅིག་པུ་མ་ཡིན་ཏེ། །དེ་བཞིན་དངོས་པོ་འགའ་ཡང་མེད། །གལ་ཏེ་དེ་ཡང་དེ་ལས་གཞན། །དེ་ཡང་གཅིག་པུ་འགའ་ཞིག་ཡོད། །ཅེས་གསུངས་སོ། །ད་ཚོགས་པ་གང་ཡིན་པ་བདག་ཉིད་མ་སྐྱེས་པ་བདག་ཉིད་རབ་ཏུ་མ་གྲུབ་པ་

དེས་འབྲས་བུ་ཇི་ལྟར་སྐྱེད་པར་བརྟག

（《中論》云：）

**20.23 若從衆因緣，而有和合生，和合自不生，云何能生果？**

凡是執取因緣和合而生果者，首先（應知和合）自己不生自己的體性。[24]爲何？因爲和合是眾多性。阿闍黎聖天亦云：「是和合非一，故事物皆無。合若相異彼，亦有少許一。」[25]

是和合者皆不生自己的體性，也無法至極成立自己的體性時，豈能執著和合生果？

།ཅི་སྟེ་ཚོགས་པ་བདག་ཉིད་མ་སྐྱེས་པས་ཀྱང་འབྲས་བུ་སྐྱེད་པར་བྱེད་ན་ནི་མ་སྐྱེས་པས་ཀྱང་བུ་སྐྱེད་པར་མངོན་པར་འགྱུར་རོ། དེ་ཕྱིར་ཚོགས་པས་བྱས་པ་དང་། །ཚོགས་མིན་བྱས་པའི་འབྲས་བུ་མེད། །འབྲས་བུ་ཡོད་པ་མ་ཡིན་ན། །རྐྱེན་གྱི་ཚོགས་པ་ག་ལ་ཡོད། །དེ་ལྟར་གང་གི་ཕྱིར་ཚོགས་པ་དེ་བདག་ཉིད་མ་སྐྱེས་ཤིང་རབ་ཏུ་མ་གྲུབ་པ་དེའི་ཕྱིར་ཚོགས་པས་བྱས་པའི་འབྲས་བུ་མེད་དོ། །

若和合不生自己的體性卻可生果，很明顯的，將有無母仍

---

24 根據《顯句論》，如果某事物無法產生自己的體性，豈能生他果？如石女自己的體性無法被證實時，石女豈能生兒？請參考月稱論師的《顯句論》——Candrakīrti, *Dbu ma rtsa ba'i 'grel pa tshig gsal,* 324。

25 雖然於《四百論》中找不到此偈，此偈卻被藏譯的《佛護論》及清辨論師的《般若燈論》引用。此偈的內容：是和合者皆非一而是眾多的異。無論是一或異，於一、異之中皆無自性的事物。如果和合迥異於眾多性，將有「少許和合可成一性」之過。

可生子（之過）。因此，（《中論》云：）

**20.24 是故果不從，緣合不合生。若無有果者，豈有緣和合？**[26]

和合不生自己的體性也無法至極成立（其性），故和合不生果。

དེ་ལ་འདི་སྙམ་དུ་ཚོགས་པ་མ་ཡིན་པས་བྱས་པའི་འབྲས་བུ་ཡོད་པར་སེམས།

於此，（他方）做此想：存在由非和合者所生之果。

དེ་ལ་བཤད་པར་བྱ་སྟེ། ཚོགས་མིན་བྱས་པའི་འབྲས་བུ་མེད། །གང་གི་ཚེ་ཚོགས་པས་བྱས་པའི་འབྲས་བུ་ཉིད་མི་འཐད་པ་དེའི་ཚོགས་པ་མ་ཡིན་པས་བྱས་པའི་འབྲས་བུ་རྒྱུ་མེད་པ་ལས་བྱུང་བ་ཇི་ལྟར་འཐད་པར་འགྱུར། ཅི་སྟེ་འགྱུར་ན་ནི་ཕ་དང་མ་དག་མེད་པར་ཡང་བུ་སྐྱེ་བར་འགྱུར་བ་ཞིག་ན་སྐྱེ་བར་ཡང་མི་འགྱུར་ཏེ། དེ་ལྟ་བས་ན་ཚོགས་པ་མ་ཡིན་པས་བྱས་པའི་འབྲས་བུ་ཡང་མེད་དོ། །

於此，將做解說。「（20.24.b）緣合不合生」（謂）果不從和合而生，也不從非和合而生。（非和合所生之）果豈無因而生？若可以，無父母也可生子，卻非如此。因此，無非和合而生之果。

སྨྲས་པ། འཇིག་རྟེན་པ་དང་འགལ་བ་ཤིན་ཏུ་མང་པོ་ཞིག་བཤད་པ་འདིས་ཅི་བྱ། ཡོད་ན་རེ་ཞིག་རྒྱུ་དང་རྐྱེན་རྣམས་ཀྱི་ཚོགས་པ་ཡོད་དེ། དེ་ཡོད་པས་འབྲས་བུ་ཡང་ཡོད་པར་

26 有關 20.24.a，對勘本版的藏譯中論為：།དེ་ཕྱིར་ཚོགས་པས་བྱས་པ་མེད།，故與此中所引的偈頌文有所出入；可參考 Nāgārjuna. *Dbu ma rtsa ba'i tshig le'ur byas pa shes rab*, 29。

འགྱུར་རོ། །

（他方）道：何須多說與世間極度相違的論述？既有，首先就有因緣和合，有此故，果亦有。

བཤད་པ། ཅི་ཁྱོད་གྲོང་སྟོང་དུ་མཁར་ལྷུན་འབེབས་སམ། ཁྱོད་འབྲས་བུ་ཡོད་པ་མ་ཡིན་ན་ཚོགས་པ་ཡོད་པར་འདོད་ཀོ། །འབྲས་བུ་སྐྱེད་པ་ཉིད་ཚོགས་པ་ཞེས་བྱ་ན་འབྲས་བུ་དེ་ཉིད་ཀྱང་གང་གི་ཚེ་ཇི་ལྟར་ཡང་མི་འཐད་པ་དེའི་ཚེ་འབྲས་བུ་ཡོད་པ་མ་ཡིན་ན་རྐྱེན་གྱི་ཚོགས་པ་ཡོད་པར་ག་ལ་འགྱུར། སློབ་དཔོན་འཕགས་ལྷས་ཀྱང་། གང་ཕྱིར་འཇིག་རྟེན་ཇི་སྙེད་མིང་། །ཚོགས་པ་ཉིད་ལ་སྣང་འགྱུར་བ། །དེ་ཕྱིར་དངོས་པོ་ཡོད་མིན་ཏེ། །དངོས་མེད་ཚོགས་པའང་ཡོད་མ་ཡིན། །ཞེས་གསུངས་སོ། །

（自方）道：爲何城民（從天）降於空城之中？雖無果，你卻主張有和合。因爲生果才有所謂的「和合」，既然不成立果、果不存在，豈有緣的和合？阿闍黎聖天亦云：「世間諸名相，見於和合中。無有事物故，和合亦非有。」[27]

དེ་ལྟ་བས་ན་འབྲས་བུ་ཡོད་པ་མ་ཡིན་པའི་ཕྱིར་ཚོགས་པ་ཡང་ཡོད་པ་མ་ཡིན་པས། དེ་ལ་དུས་དང་ཚོགས་པ་ཉིད་ཀྱི་འབྲས་བུ་འགྲུབ་པའི་ཕྱིར། དུས་ནི་ཡོད་པ་ཁོ་ན་ཡིན་ནོ་ཞེས་གང་སྨྲས་པ་དེ་མི་འཐད་དོ། །

總之，無果則無和合。「因爲存在時間與和合的果，所以時間的確存在」的一切論述皆不應理。

27 雖然於《四百論》中找不到此偈，但此偈卻被藏譯的《佛護論》及清辨論師的《般若燈論》引用。

སྨྲས་པ། གལ་ཏེ་དུས་ཀྱང་མེད་རྒྱུ་དང་འབྲས་བུ་དང་ཚོགས་པ་ཡང་མེད་ན་གཞན་ཅི་ཞིག་ཡོད་དེ། དེ་ལྟ་བས་ན་དེ་ནི་མེད་པར་སྨྲ་བ་ཉིད་ཡིན་ནོ། །

（他方）道：如果沒有時間，也無因果及和合，還剩其他何法？所以（你）是主張無者。

བཤད་པ། མ་ཡིན་ཏེ། ཇི་ལྟར་ཁྱོད་དུས་ལ་སོགས་པ་དག་ངོ་བོ་ཉིད་ལས་ཡོད་པར་ཡོངས་སུ་རྟོག་པར་བྱེད་པ་དེ་ལྟར་མི་འཐད་པར་ཟད་ཀྱི། དེ་དག་བརྟེན་ནས་གདགས་པར་ནི་འགྲུབ་པོ། །

（自方）道：非也。你周遍執取時間等皆自性有，此不應理，（事物）彼等皆由施設而成立。

རྒྱུ་དང་འབྲས་བུ་བརྟག་པ་ཞེས་བྱ་བ་སྟེ་རབ་ཏུ་བྱེད་པ་ཉི་ཤུ་པའོ།། །།

第二十品——觀因果品——終。

# 第二十一品

# ——觀生滅品——

སྨྲས་པ། དུས་ལ་སོགས་པ་དག་ནི་ཡོད་པ་ཁོ་ན་ཡིན་ཏེ། ཅིའི་ཕྱིར་ཞེ་ན། གང་གི་ཚེ་གང་ན་འགའ་ཞིག་འབྱུང་བ་དང་། འཇིག་པ་དག་དང་ལྡན་པའི་ཕྱིར་རོ། །འདི་ལྟར་གལ་ཏེ་དུས་ལ་སོགས་པ་དག་མེད་པར་འགྱུར་ན། འོ་ན་དེ་ལྟ་ན་ཁྱད་པར་མེད་པས་དུས་ཐམས་ཅད་དུ་ཐམས་ཅད་ནས་ཐམས་ཅད་ཀྱང་། འབྱུང་བ་དང་འཇིག་པ་དག་ཏུ་འགྱུར་བ་ཞིག་ན་དེ་ལྟར་ཡང་མི་འགྱུར་བས། དེའི་ཕྱིར་དུས་ལ་སོགས་པ་དག་ནི་ཡོད་པ་ཁོ་ན་ཡིན་ནོ། །

（他方）道：時間等法絕對存在。爲何？某時處生滅某法的確存在。如是，若無時間等法，（生滅）將無差異。若是如此，將於一切時中，一切皆生滅一切，但（事實）並非如此。因此，絕對存在時間等法。

བཤད་པ། གལ་ཏེ་འགའ་ཞིག་ལ་འབྱུང་བ་དང་འཇིག་པ་དག་ཉིད་ཡོད་པར་གྱུར་ན་ནི། །དུས་ལ་སོགས་དག་ཀྱང་ཡོད་པར་འགྱུར་བ་ཞིག་ན། གང་གི་ཚེ། འཇིག་པ་འབྱུང་བ་མེད་པར་རམ། །ལྷན་ཅིག་ཡོད་པ་ཉིད་མ་ཡིན། །འབྱུང་བ་འཇིག་པ་མེད་པར་རམ། །ལྷན་ཅིག་ཡོད་པ་ཉིད་མ་ཡིན། །དེའི་ཚེ་གལ་ཏེ་འབྱུང་བ་དང་འཇིག་པ་དག་ཡོད་པར་གྱུར་ན། ཕན་ཚུན་མེད་པར་རམ་ལྷན་ཅིག་ཏུ་འགྱུར་གྲང་ན། གང་གི་ཚེ་གཉི་ག་ལྟར་ཡང་མི་འཐད་པ་དེའི་ཚེ་དེ་དག་གི་རྒྱུ་ཅན་གྱི་དུས་ལ་སོགས་པ་དག་ཇི་ལྟར་ཡོད་པར་འགྱུར།

（自方）道：（雖說）生滅存在故有時間等法，然而，（如《中論》云：）

**21.1 滅非由無生，同俱亦非有；生非由無滅，同俱亦非有。**

若有生滅，（生滅）是否同俱？兩者皆不應理。[1]藉此，豈

1 滅不能由無生而有，既無生，豈有滅？生與滅也非同時而有，同俱的生滅有

能（推知）存在果者[2]——時間等法？

དེ་ཪི་ལྟར་ཞེ་ན། །མི་འཐད་པའི་ཕྱིར་ཏེ། འཇིག་པ་འབྱུང་བ་མེད་པར་ནི། །ཪི་ལྟ་བུར་ན་ཡོད་པར་གྱུར། །འཆི་བ་སྐྱེ་བ་མེད་པ་ལྟར། །འཇིག་པ་འབྱུང་བ་མེད་པར་མེད། །འདི་ལྟར་འཇིག་པ་འབྱུང་བ་མེད་པར་ཪི་ལྟར་ཡོད་པར་འགྱུར་ཏེ། གང་གི་ཚེ་འགའ་ཞིག་བྱུང་ན་འཇིག་པར་འགྱུར་གྱི་གཞི་མེད་པར་འཇིག་པར་མི་འགྱུར་ཏེ། དཔེར་ན་སྐྱེ་བ་ཡོད་ན་འཆི་བར་འགྱུར་གྱི་མ་སྐྱེས་པ་ལ་འཆི་བ་མེད་པ་དེ་བཞིན་དུ། འབྱུང་བ་ཡོད་ན་འཇིག་པར་འགྱུར་གྱི། འབྱུང་བ་མེད་པར་འཇིག་པར་མི་འགྱུར་རོ། །

為何？不合理故。（如《中論》云：）

**21.2 若是生非有，豈能有壞滅？如離生有死，[3]滅非由無生。**

滅豈能由無生而有？某物生才有壞滅的基礎，若無（該基礎），便無（其）壞滅。如有生才有死；未生者不死。同理，有生才會滅，無生則無滅。

དེ་ལ་འདི་སྙམ་དུ་འཇིག་པ་ནི་འབྱུང་བ་དང་ལྷན་ཅིག་ཡོད་པ་ཉིད་ཡིན་གྱི་འབྱུང་བ་མེད་པར་ནི་མ་ཡིན་པར་སེམས་ན།

---

離因而有之過。同理，生也不能從無滅——無前因的滅——而有，既無前因的滅，豈有生？

2　直譯為具因者。敵方以生滅的理由推測時間的存在，故說生滅是因，時間是果。

3　有關 21.2.c，對勘本版的藏譯中論為：།སྐྱེ་བ་མེད་པར་འཆི་བར་འགྱུར།，故與此中所引的偈頌文有所出入；可參考 Nāgārjuna. *Dbu ma rtsa ba'i tshig le'ur byas pa shes rab,* 30。

於此，（他方）做此想：滅與生同俱，（滅）並非無生（而有）。

དེ་ལ་བཤད་པར་བྱ་སྟེ། །འཇིག་པ་འབྱུང་དང་ལྷན་ཅིག་ཏུ། །ཇི་ལྟར་ཡོད་པ་ཉིད་དུ་འགྱུར། །འཆི་བ་སྐྱེ་དང་དུས་གཅིག་ཏུ། །ཡོད་པ་ཉིད་ནི་མ་ཡིན་བཞིན། །འདི་ལྟར་འཇིག་པ་འབྱུང་བ་དང་ལྷན་ཅིག་ཇི་ལྟར་ཡོད་པར་འགྱུར་ཏེ། །གང་གི་ཚེ་ན་དོན་དེ་གཉིས་ཕན་ཚུན་མི་མཐུན་པ་དག་ཡིན་པ་དེའི་ཚེ་དེ་གཉིས་གཅིག་ལ་ལྷན་ཅིག་ཡོད་པར་མི་འཐད་དེ། དཔེར་ན་འཆི་བ་ནི་སྐྱེ་བ་དང་ཕན་ཚུན་མི་མཐུན་པ་དེའི་ཕྱིར་དུས་གཅིག་ན་ཡོད་པ་ཉིད་མ་ཡིན་པ་དེ་བཞིན་དུ། འཇིག་པ་ཡང་འབྱུང་བ་དང་མི་མཐུན་པའི་ཕྱིར་ལྷན་ཅིག་ཡོད་པ་ཉིད་མ་ཡིན་ནོ། །

於此，將做解說。（《中論》云：）

**21.3 滅生若同俱，是故豈能有？如世間生死，一時俱不然。**[4]

如是，滅與生豈能同俱？彼二（生滅）既是互相迥異的緣故，彼二同俱不應理。如互相迥異的死與生不能同時並存，同理，滅迥異於生，亦非同俱而有。

སྨྲས་པ། གལ་ཏེ་འཇིག་པ་བྱུང་བ་མེད་པར་ཡང་མི་འཐད་ལ་ལྷན་ཅིག་ཏུ་ཡང་མི་འཐད་པས་འཇིག་པ་མེད་དུ་ཟིན་ཀྱང་། རེ་ཞིག་འབྱུང་བ་ནི་ཡོད་དེ། །དེ་ཡོད་པའི་ཕྱིར་དུས་ལ་སོགས་པ་དག་ཀྱང་ཡོད་དོ། །

（他方）道：滅從無生（而有）不應理，（生滅）同俱也

4　有關 21.2.d，對勘本版的藏譯中論為：།ཡོད་པ་ཉིད་ནི་མ་ཡིན་ནོ།，故與此中所引的偈頌文有所出入；可參考 Nāgārjuna. *Dbu ma rtsa ba'i tshig le'ur byas pa shes rab,* 30。

不應理。可是，首先，的確有生。生存在的緣故，時間等法也存在。

བཤད་པ། འབྱུང་བ་འཇིག་པ་མེད་པར་ནི། །ཇི་ལྟར་ཡོད་པ་ཉིད་དུ་འགྱུར། །དངོས་པོ་རྣམས་ལ་མི་རྟག་ཉིད། །ནམ་ཡང་མེད་པ་མ་ཡིན་ནོ། །འདི་ལྟར་འབྱུང་བ་འཇིག་པ་མེད་པར་ཇི་ལྟར་ཡོད་པ་ཉིད་དུ་འགྱུར་ཏེ། དངོས་པོ་རྣམས་ལ་མི་རྟག་པ་ཉིད་ནམ་ཡང་མེད་པ་མ་ཡིན་པས། འདི་ལྟར་འབྱུང་བ་འཇིག་པ་མེད་པར་ཇི་ལྟར་ཡོད་པ་ཉིད་དུ་འགྱུར། །གང་གི་ཚེ་དངོས་པོ་ཐམས་ཅད་མི་རྟག་པ་ཉིད་ཀྱིས་མི་རྟག་པ་དང་རྗེས་སུ་འབྲེལ་པ་དེའི་ཚེ་དངོས་པོ་རྣམས་ལ་མི་རྟག་པ་ཉིད་ནམ་ཡང་མེད་པ་མ་ཡིན་པ་ཉིད་དོ། །

（自方道，《中論》）云：

**21.4 若生由無滅，是故豈能有？[5]於諸事物中，未曾離無常。**

如是，生豈能從無滅而有？（因爲）事物等永遠離不開無常（的屬性）。

如是，豈能無滅而有生？一切事物皆是無常，故（一切生）與無常隨後相屬，（因爲）一切事物永遠離不開無常（的屬性）。

འདི་ལྟར་གལ་ཏེ་དངོས་པོ་སྐད་ཅིག་ཙམ་ཞིག་མི་རྟག་པ་ཉིད་དང་བྲལ་བར་འགྱུར་ན་ནི་དེ་ལྟར་ན་ཡུན་རིང་དུ་བྲལ་བར་འགྱུར་ཏེ། །དེ་ལྟར་ན་ཡང་རྟག་པ་ཉིད་དུ་ཐལ་བར་འགྱུར་

5 有關 21.4.b，對勘本版的藏譯中論為：།ཇི་ལྟ་བུར་ན་ཡོད་པར་འགྱུར།，故與此中所引的偈頌文有所出入；可參考 Nāgārjuna. *Dbu ma rtsa ba'i tshig le'ur byas pa shes rab,* 30。

བས་དེ་ཡང་མི་འདོད་དོ། །དེ་ལྟ་བས་ན་དངོས་པོ་རྣམས་ནི་རྟག་ཏུ་མི་རྟག་པ་ཉིད་དང་རྗེས་སུ་འབྲེལ་པས། འབྱུང་བ་འཇིག་པ་མེད་པར་ཡོད་པ་ཉིད་མ་ཡིན་ནོ། །

若事物於（某）一剎那遠離無常性，將永離（無常性），應成常性，（我）不承許彼（說）。如是，一切事物永與無常隨後相屬，從無滅而有的生絕不存在。

དེ་ལ་འདི་སྙམ་དུ་འབྱུང་བ་ནི་འཇིག་པ་དང་ལྷན་ཅིག་ཡོད་པ་ཉིད་ཡིན་གྱི་འཇིག་པ་མེད་པར་ནི་མ་ཡིན་པར་སེམས་ན།

於此，（他方）做此想：生滅是同俱而有，（生）非由無滅而有。

དེ་ལ་བཤད་པར་བྱ་སྟེ། འབྱུང་བ་འཇིག་དང་ལྷན་ཅིག་ཏུ། ཇི་ལྟར་ཡོད་པ་ཉིད་དུ་འགྱུར། །སྐྱེ་བ་འཆི་དང་དུས་གཅིག་ཏུ། །ཡོད་པ་ཉིད་དུ་མི་རིགས་བཞིན། །འདི་ལྟར་འབྱུང་བ་དང་འཇིག་པ་དང་ལྷན་ཅིག་ཇི་ལྟར་ཡོད་པར་འགྱུར་ཏེ། གང་གི་ཚེ་དོན་དེ་གཉིས་ཕན་ཚུན་མི་མཐུན་པ་དག་ཡིན་པ་དེའི་ཚེ་དེ་གཉིས་གཅིག་ལ་ལྷན་ཅིག་ཡོད་པ་མི་འཐད་དེ། དཔེར་ན་སྐྱེ་བ་ནི་འཆི་བ་དང་ཕན་ཚུན་མི་མཐུན་པའི་ཕྱིར་དུས་གཅིག་ན་ཡོད་པ་མ་ཡིན་པ་དེ་བཞིན་དུ། །འབྱུང་བ་ཡང་འཇིག་པ་དང་མི་མཐུན་པའི་ཕྱིར་ལྷན་ཅིག་ཡོད་པ་མ་ཡིན་ནོ།

於此，將做解說。（《中論》云：）

**21.5 是故生與滅，豈能同時有？如同生與死，同俱不應理。**[6]

如是，生與滅豈能同俱？彼二（── 生滅 ──）互相迥

6　有關 21.5.d，對勘本版的藏譯中論為：།ཡོད་པ་ཉིད་ནི་མ་ཡིན་ནོ།，故與此中所引的偈頌文有所出入；可參考 Nāgārjuna. *Dbu ma rtsa ba'i tshig le'ur byas pa shes rab,* 30。

異時，不能合理成立彼二同俱。像是生與死互相迴異，故（生死）不能於同時存在。生亦迴異於滅的緣故，（生滅）非同俱。

དེའི་ཕྱིར་དེ་ལྟར་ཡོངས་སུ་བརྟགས་ན་འབྱུང་བ་དང་འཇིག་པ་དག་ལྷན་ཅིག་མེད་པར་རམ། ལྷན་ཅིག་ལྷན་ཅིག་ཏུ་འགྲུབ་པར་མི་འཐད་པས། གང་དག་ལྷན་ཅིག་ལྷན་ཅིག་གམ། །ལྷན་ཅིག་ལྷན་ཅིག་མ་ཡིན་པར། །གྲུབ་པ་ཡོད་པ་མ་ཡིན་པ། །དེ་དག་འགྲུབ་པ་ཇི་ལྟར་ཡོད། །འབྱུང་བ་དང་འཇིག་པ་གང་དག་ལྷན་ཅིག་ལྷན་ཅིག་གམ། ལྷན་ཅིག་ལྷན་ཅིག་མ་ཡིན་པར་གྲུབ་པ་ཡོད་པ་མ་ཡིན་པ་དེ་དག་དང་རྣམ་པ་གཞན་གང་གིས་འགྲུབ་པ་ཡོད་པར་སེམས། །དེ་ལྟ་བས་ན་འབྱུང་བ་དང་འཇིག་པ་དག་ཡོད་པ་མ་ཡིན་ནོ། །དེ་དག་མེད་ན་དུས་ལ་སོགས་པ་དག་ཡོད་པར་ག་ལ་འགྱུར། །

此故，如是全面觀察時，生滅互相由無（另一方而有），或互相同俱而有，皆不應理。因此，（《中論》云：）

**21.6 是故不應理，相互同俱有，或由非互俱，豈能有彼等？**[7]

（你）依據其他什麼理由認為，生滅是由相互同俱，或由非相互同俱、由未有的（另一方而有）？因此，生與滅等法皆不存在。既無彼等，豈有時間等法？

སྨྲས་པ། གནས་པ་ཡོད་པས་སྐྱོན་མེད་དེ། འདི་ལ་འབྱུང་བ་དང་འཇིག་པ་དག་གི་བར་ན་གནས་པ་ཡོད་དེ། །གནས་པ་ཡོད་པས་འབྱུང་བ་དང་འཇིག་པ་དག་གང་ཡང་རུང་བ་མེད་པར་ཡང་ཡོད་པ་མ་ཡིན་ལ། འབྱུང་བ་དང་འཇིག་པ་དག་དུས་གཅིག་ཏུ་ཡང་མི་འགྱུར་

7 有關 21.6.d，對勘本版的藏譯中論為：།དེ་དག་གྲུབ་པ་ཇི་ལྟར་ཡོད།，故與此中所引的偈頌文有所出入；可參考 Nāgārjuna. *Dbu ma rtsa ba'i tshig le'ur byas pa shes rab,* 30。

བས་དེའི་ཕྱིར་སྐྱོན་མེད་དོ།

（他方）道：住的確存在，故無過。住確實存在生與滅之間。若無生與滅的任一者將無（住），而且生與滅不能同時而有，所以住的確存在，故無過。

བཤད་པ། དེ་ཡང་མི་འཐད་དེ། ཅིའི་ཕྱིར་ཞེ་ན། དངོས་པོ་རྣམས་ནི་མི་རྟག་པ་ཉིད་དང་། རྗེས་སུ་འབྲེལ་པ་ཡིན་པས་དངོས་པོ་འགའ་ཡང་རང་གི་གནས་ན་སྐད་ཅིག་ཙམ་ཡང་མི་སྡོད་པའི་ཕྱིར་རོ། །དེའི་ཕྱིར། ཟད་ལ་འབྱུང་བ་ཡོད་མ་ཡིན། །གང་གི་ཕྱིར་དངོས་པོ་རྣམས་མི་རྟག་པ་ཉིད་དང་ནམ་ཡང་མ་བྲལ་[8]ཏེ་རྟག་ཏུ་མི་རྟག་པ་ཉིད་དང་རྗེས་སུ་འབྲེལ་པ་དེའི་ཕྱིར་དངོས་པོ་ཟད་པར་འགྱུར་བ་ལ་འབྱུང་བ་ཡོད་པ་མ་ཡིན་པ་དེ་ཉིད་དེ། འབྱུང་བ་མེད་ན་གནས་པ་ཡོད་པར་ག་ལ་འགྱུར།

（自方）道：此亦不應理。爲何？事物皆無常，（並與無常）隨後相屬，因此，任何事物在自己安住之時，連一剎那都不會停留。故（《中論》云：）

**21.7.a 盡則無有生，**

諸事物永不離無常性，永遠與無常隨後相屬的緣故，事物將盡，（若盡，）生將非有。既無生，豈有住？

སྨྲས་པ། འབྱུང་བའི་དུས་ན་ཟད་པར་མི་འགྱུར་བས་དེའི་ཕྱིར་འབྱུང་བ་ཡོད་དོ། འབྱུང་བ་གནས་པར་འགྱུར་ཞིང་གནས་པ་ཕྱིས་འཇིག་པར་འགྱུར་རོ། །

8 根據北京版及奈塘版，改為 བྲལ། 字。

（他方）道：生時不盡，故生是有。（由）生有住，住後則滅。

བཤད་པ། མ་ཟད་པ་ལའང་འབྱུང་བ་མེད། །གང་ཟད་པའི་མཚན་ཉིད་དང་བྲལ་བ་དེ་ལ་ཡང་འབྱུང་བ་མེད་དེ། ཅིའི་ཕྱིར་ཞེ་ན། དངོས་པོ་མ་ཡིན་པའི་ཕྱིར་རོ། །འདི་ལྟར་དངོས་པོ་ནི་ཟད་པའི་མཚན་ཉིད་ཅན་ཡིན་པས་དེའི་ཕྱིར་གང་ཟད་པའི་མཚན་ཉིད་དང་བྲལ་བ་དེ་དངོས་པོ་ཉིད་མ་ཡིན་ནོ། །གང་དངོས་པོ་མ་ཡིན་པ་དེ་ལ་ཇི་ལྟར་འབྱུང་བར་འགྱུར་ཏེ། །དེ་ལ་དེ་ལྟར་འབྱུང་བར་འགྱུར་རོ་ཞེས་བྱ་བའི་ཐ་སྙད་ཉིད་ཀྱང་མེད་པས། དེའི་ཕྱིར་མ་ཟད་པ་ལའང་འབྱུང་མེད་དོ། །

（自方道，《中論》）云：

**21.7.b 不盡亦不生，**

若離盡的性相，將無生。為何？非事物的緣故。如是，事物具有盡的性相；若離盡的性相，則非事物。既非事物，豈能成生？因此，應無「如是生」的（合理）說法，故不盡亦不生。

ཟད་ལ་འཇིག་པ་ཡོད་མ་ཡིན། །མ་ཟད་པ་ལའང་འཇིག་པ་མེད། །དེ་ལྟར་གང་གི་ཕྱིར་ཟད་པ་ལ་འབྱུང་བ་མི་འཐད་ལ་འབྱུང་བ་མེད་ན་གནས་པ་ཉིད་ཀྱང་མེད་པ་དེའི་ཕྱིར་མ་བྱུང་བ་དང་མི་གནས་པ་འདི་ཟད་པ་ལ་འཇིག་པ་ཡོད་པ་མ་ཡིན་ལ། མ་ཟད་པ་ལ་ཡོད་པ་མ་ཡིན་ནོ། །འབྱུང་བ་དང་འཇིག་པ་གང་དག་ཟད་པ་ལ་ཡོད་པ་མ་ཡིན་ལ། མ་ཟད་པ་ལ་ཡང་ཡོད་པ་མ་ཡིན་པ་དེ་དག་གཞན་གང་ཞིག་ལ་ཡོད་པར་འགྱུར་ཏེ། །དེ་ལྟ་བས་ན་འབྱུང་བ་ཡང་ཡོད་པ་མ་ཡིན་ལ། འཇིག་པ་ཡང་ཡོད་པ་མ་ཡིན་ནོ།

（《中論》）云：

**21.7.cd 盡則無有滅，不盡亦不滅。**

如是，盡則生不應理，無生則無住。於無生亦無住的盡中更不應有滅；未完盡之中亦無（滅）。盡中無生滅，不盡之中也無（生滅），豈有其他？因此，生滅亦皆無。

སྨྲས་པ། རེ་ཞིག་དངོས་པོ་རྣམས་ནི་ཡོད་དེ་མ་བྱུང་བ་ནི་དངོས་པོར་མི་འཐད་པས་འབྱུང་བ་ཡང་རབ་ཏུ་གྲུབ་པ་ཉིད་དོ། །གང་ལས་བྱུང་བ་ཡོད་པ་དེ་ལ་འཇིག་པ་ཡང་ངེས་པར་ཡོད་པས་འཇིག་པ་ཡང་རབ་ཏུ་གྲུབ་པ་ཉིད་དོ། །

（他方）道：若是不生，事物將不應理。事物存在的緣故，至極成立生。有生定有滅，故至極成立滅。

བཤད་པ། ཅི་ཁྱོད་ཤིང་བ་དུ་ལའི་ཤིང་ཏོག་དག་འདོད་དམ། ཁྱོད་འབྱུང་བ་དང་འཇིག་པ་དག་ཡོད་པ་མ་ཡིན་པར་དངོས་པོ་ཡོད་པར་འདོད་ཀྱི། འབྱུང་བ་དང་འཇིག་པ་དག་བསལ་བས་དངོས་པོ་ཡང་བསལ་བ་ཉིད་མ་ཡིན་ནམ། དེ་ཇི་ལྟར་ཞེ་ན། གང་གི་ཕྱིར། འབྱུང་དང་འཇིག་པ་མེད་པར་ནི། །དངོས་པོ་ཡོད་པ་མ་ཡིན་ནོ། །འདི་ལྟར་གལ་ཏེ་དངོས་པོ་འབའ་ཞིག་ཡོད་པར་གྱུར་ན་དེ་འབྱུང་བའི་ཆོས་ཅན་ནམ། །འཇིག་པའི་ཆོས་ཅན་ཞིག་ཡིན་གྲང་ན། གང་གི་ཚེ་འབྱུང་བ་དང་འཇིག་པ་དག་མི་འཐད་པ་ཡིན་པ་དེའི་ཚེ། །དངོས་པོ་ཡོད་དོ་ཞེས་བྱ་བ་དེ་ཇི་ལྟར་འཐད་པར་འགྱུར། །

（自方）道：爲何你要追求白菖之果？（本）無生滅，你卻承許事物存在。若遮除生滅，豈非遮去事物？爲何？因爲（《中論》）云：

**21.8.ab 無生亦無滅，事物則非有，**[9]

如是，若事物決定存在，試問：彼（事物）是生的有法，還是滅的有法？既然生滅不應理，此時，說事物存有豈能應理？

དངོས་པོ་ཡོད་པ་མ་ཡིན་པར། འབྱུང་དང་འཇིག་པ་ཡོད་མ་ཡིན། །དེ་ལྟར་གང་གི་ཕྱིར་ཡོངས་སུ་བརྟགས་ན་དངོས་པོ་ཉིད་མི་འཐད་པ་དེའི་ཕྱིར་དངོས་པོ་ཡོད་པ་མ་ཡིན་པར་གཞི་མེད་པའི་འབྱུང་བ་དང་འཇིག་པ་དག་ཡོད་པ་མ་ཡིན་པས། །དེ་ལ་དངོས་པོ་ཡོད་ན་འབྱུང་བ་དང་འཇིག་པ་དག་ཀྱང་རབ་ཏུ་གྲུབ་པ་ཉིད་དོ་ཞེས་གང་སྨྲས་པ་དེ་རིགས་པ་མ་ཡིན་ནོ། །

（《中論》云：）

**21.8.cd 事物既非有，無生亦無滅。**[10]

經全面觀察，事物不應理故，事物非有。既無（生滅的）基礎，生滅則無。因此，一切「有事物，故至極成立生滅」之說皆不應理。

ཡང་གཞན་ཡང་། འདི་ལ་གལ་ཏེ་འབྱུང་བ་དང་འཇིག་པ་དག་ཡོད་པར་གྱུར་ན། །དེ་དག་དངོས་པོ་ངོ་བོ་ཉིད་སྟོང་པའམ་མི་སྟོང་པ་ལ་ཡོད་པར་འགྱུར་གྲང་ན།

此外，若有生滅，試問，事物的體性是空或非空？

---

9　根據對勘本版的藏譯中論，這句應為 21.8.cd。

10　根據對勘本版的藏譯中論，這句應為 21.8.ab。

།དེ་ལ། སྟོང་ལ་འབྱུང་དང་འཇིག་པ་དག །འཐད་པ་ཉིད་ནི་མ་ཡིན་ནོ། རེ་ཞིག་དངོས་པོ་ངོ་བོ་ཉིད་སྟོང་པ་ལ་འབྱུང་བ་དང་འཇིག་པ་དག་ཡོད་པར་མི་འཐད་དེ། ཅིའི་ཕྱིར་ཞེ་ན། ཡོད་པ་མ་ཡིན་པའི་ཕྱིར་རོ། འདི་ལྟར་ངོ་བོ་ཉིད་ཡོད་པ་མ་ཡིན་པ་ལ་དེ་དག་གང་གིས་ཡོད་པར་འགྱུར། ངོ་བོ་ཉིད་ཡོད་པ་མ་ཡིན་པའི་ཕྱིར་གང་གི་འདིའོ་ཞེས་ཐ་སྙད་གདགས་པ་ཉིད་ཀྱང་ཡོད་པ་མ་ཡིན་པ་དེ་ལ་ཅི་ཞིག་འབྱུང་ངོ་ཞེའམ། ཅི་ཞིག་འཇིག་གོ་ཞེས་ཇི་སྐད་དུ་བརྗོད་པར་བྱ། དེ་ལྟ་བས་ན་སྟོང་པ་ལ་འབྱུང་བ་དང་འཇིག་པ་དག་འཐད་པ་ཉིད་མ་ཡིན་ནོ། །

於此，（《中論》）云：

**21.9.ab 若法性空者，生滅不應理，**

首先，若事物的體性空，生滅不應理。爲何？無故。

如是，若無體性，由何而有？無體性，則無名言施設「此爲何」；豈有「何者生、何者滅」之說？因此，（其體性）若空，生滅不應理。

དེ་ལ་འདི་སྙམ་དུ་དངོས་པོ་ངོ་བོ་ཉིད་མི་སྟོང་པ་ལ་འབྱུང་བ་དང་འཇིག་པ་དག་ཡོད་པར་སེམས་ན།

於此，（他方）做此想：事物的體性非空才有生滅。

དེ་ལ་བཤད་པར་བྱ་སྟེ། མི་སྟོང་པ་ལའང་འབྱུང་འཇིག་དག །འཐད་པ་ཉིད་ནི་མ་ཡིན་ནོ། །དངོས་པོ་རང་གི་བདག་ཉིད་ཀྱིས་ཡོད་པར་འགྱུར་བ་མེད་པ་ལ་འབྱུང་བ་དང་འཇིག་པ་དག་ཡོད་པར་འཐད་པ་ཉིད་མ་ཡིན་ཏེ། འདི་ལྟར་རང་བཞིན་ནི་གཞན་དུ་མི་འགྱུར་བའི་ཕྱིར་རོ། །དེ་ལྟ་བས་ན་མི་སྟོང་པ་ལ་ཡང་འབྱུང་བ་དང་འཇིག་པ་དག་འཐད་པ་ཉིད་མ་

ཡིན་ནོ། །

於此，將做解說。（《中論》云：）

**21.9.cd 若性不空者，生滅亦非理。**

事物自己的體性若有、不變，生與滅亦不應理。如是，是自性不成他性故。因此，（體性）非空者，生滅亦不應理。

ཡང་གཞན་ཡང་། འདི་ལ་གལ་ཏེ་འབྱུང་བ་དང་འཇིག་པ་དག་ཡོད་པར་གྱུར་ན། གཅིག་པ་ཉིད་དམ་གཞན་ཉིད་དུ་འགྱུར་གྲང་ན། དེ་ལ། འབྱུང་བ་དང་ནི་འཇིག་པ་དག །གཅིག་པ་ཉིད་དུ་མི་འཐད་དོ། །འབྱུང་བ་དང་ནི་འཇིག་པ་དག། །གཞན་ཉིད་དུ་ཡང་མི་འཐད་དོ། རེ་ཞིག་འབྱུང་བ་དང་འཇིག་པ་དག་གཅིག་པ་ཉིད་དུ་མི་འཐད་དེ། །ཅིའི་ཕྱིར་ཞེ་ན། འདི་ལྟར་འབྱུང་བ་ནི་སྐྱེ་བ་ཡིན་ལ་འཇིག་པ་ནི་འགག་པ་སྟེ། །དོན་ཐ་དད་པའི་ཕྱིར་མི་མཐུན་པ་དེ་གཉིས་ཇི་ལྟར་གཅིག་པ་ཉིད་དུ་འགྱུར། །

另外，若有生滅，試問，（生滅）是一或異？於此，（《中論》云：）

**21.10 生滅若一者，是事則不然；生滅若異者，是事則不然。**

首先，生滅爲一性不應理。爲何？因爲生是成，滅是壞，二者內義相異、矛盾故，豈爲一性？

འབྱུང་བ་དང་འཇིག་པ་དག་གཞན་ཉིད་དུ་ཡང་མི་འཐད་དེ། ཅིའི་ཕྱིར་ཞེ་ན། དངོས་པོ་ཐམས་ཅད་ནི་ཟད་པའི་བདག་ཉིད་ཅན་ཡིན་པའི་ཕྱིར་ཏེ། འདི་ལྟར་དངོས་པོ་འགའ་ཡང་སྐད་ཅིག་ཙམ་ཡང་མི་རྟག་པ་ཉིད་དང་བྲལ་བ་མེད་པ་དེའི་ཕྱིར་དངོས་པོ་ཐམས་ཅད་

ཟད་པའི་བདག་ཉིད་ཅན་ཡིན་ནོ། །དངོས་པོ་ནི་ངོ་བོ་ཉིད་ལས་གཞན་ཉིད་དུ་མི་འཐད་པས་འབྱུང་བ་དང་འཇིག་པ་དག་གཞན་ཉིད་དུ་མི་འཐད་དོ། །དེ་ལྟར་གང་གི་ཕྱིར་འབྱུང་བ་དང་འཇིག་པ་དག་གཅིག་པ་ཉིད་དང་གཞན་ཉིད་དུ་མི་འཐད་པའི་ཕྱིར་འབྱུང་བ་དང་། འཇིག་པ་དག་མི་འཐད་པ་ཉིད་དོ། །

生滅爲異性也不應理。爲何？一切事物皆具盡性[11]。於任何刹那，事物皆不離無常性，故一切事物皆具盡性。事物不能迴異於（無常的）體性，故生滅爲異不應理。[12]如是，生滅爲一性（或）異性皆不應理，故不成立生滅。

འབྱུང་བ་དང་ནི་འཇིག་པ་དག །མཐོང་ངོ་སྙམ་དུ་ཁྱོད་སེམས་ན། །ཁྱོད་འདི་སྙམ་དུ་དངོས་པོ་རྣམས་ཀྱི་འབྱུང་བ་དང་འཇིག་པ་དག་མངོན་སུམ་ཉིད་དུ་མཐོང་བས་དེ་ལ་འཐད་པ་གཞན་ཅི་དགོས་སྙམ་དུ་སེམས་ནའོ། །དེ་ནི་རིགས་པ་མ་ཡིན་ཏེ། ཅིའི་ཕྱིར་ཞེ་ན། འདི་ལྟར། འབྱུང་བ་དང་ནི་འཇིག་པ་དག །གཏི་མུག་ཉིད་ཀྱིས་མཐོང་བ་ཡིན། །གཏི་མུག་གིས་སེམས་བསྒྲིབས་པ་མི་མཁས་པ་དག་འབྱུང་བ་དང་འཇིག་པ་དག་མཐོང་ངོ་སྙམ་དུ་དེ་ལྟར་སེམས་ཀྱི་འབྱུང་བ་དང་འཇིག་པ་དག་མཐོང་བར་མི་འཐད་དོ། །

（《中論》云：）

**21.11.ab 若謂以眼見，而有生滅者，**

如果你做此想：因爲諸事物的生滅可被現識所見，何須其他（理由）成立？此不應理。爲何？如是，（《中論》云：）

11 具有會止盡的體性者。

12 一切事物都是無常性，所以生滅皆是無常性，不應有異。

## 21.11.cd 則爲是癡妄，而見有生滅。

非善巧者被癡妄覆蓋（其）心而認爲見生滅。如是，見生滅之執不應理。

ཅིའི་ཕྱིར་ཞེ་ན། འདི་ལྟར་གལ་ཏེ་འབྱུང་བ་དང་འཇིག་པ་དག་ཡོད་པར་འགྱུར་ན་དངོས་པོའམ་དངོས་མེད་པ་ལ་བརྟེན་གྲང་ན། དངོས་པོ་དང་དངོས་པོ་མེད་པ་དེ་དག་ནི་ཡོད་པ་མ་ཡིན་ཏེ། །དེ་དག་མེད་ན་གཞི་མེད་པའི་འབྱུང་བ་དང་འཇིག་པ་དག་མཐོང་བར་ག་ལ་རིགས།

爲何？若有生滅，試問，（其生滅的形成）是依事物或非事物？事物及非事物皆不存在，既無（事物及非事物），觀見無基的生滅豈合理？

སྨྲས་པ། དངོས་པོ་དང་དངོས་པོ་མེད་པ་དག་ཇི་ལྟར་ཡོད་པ་མ་ཡིན།

（他方）道：事物及非事物如何不存在？

བཤད་པ། འདི་ལ་གལ་ཏེ་དངོས་པོ་དང་དངོས་པོ་མེད་པ་དག་ཡོད་པར་གྱུར་ན། དེ་དག་དངོས་པོ་ལས་སམ། དངོས་པོ་མེད་པ་ལས་སྐྱེ་གྲང་ན། དེ་ལ། དངོས་པོ་དངོས་ལས་མི་སྐྱེ་སྟེ། །དངོས་མེད་དངོས་ལས་མི་སྐྱེའོ། །དངོས་པོ་དངོས་ཡོད་མི་སྐྱེ་སྟེ། དངོས་མེད་དངོས་མེད་མི་སྐྱེའོ། །དེ་ལ་རེ་ཞིག་དངོས་པོ་དངོས་པོ་ལས་སྐྱེ་བ་མེད་དེ། འདི་ལྟར་བུམ་པ་ནི་འཇིམ་པ་ངེས་པར་གནས་པ་ལས་མི་སྐྱེའོ། །

（自方）道：若有事物及非事物等法，試問，彼等由事物或非事物而生？於此，（《中論》云：）

**21.12 由事物不生，事物非事物；事物不生彼，非事不生彼。**[13]

首先，事物不從事物而生，如瓶不從陶土的決定性[14]而生。

ཅི་སྟེ་བུམ་པ་ནི་འཇིམ་པ་བཅོས་པ་ལས་སྐྱེ་བར་སེམས་ན།

若認為瓶是由陶土轉變而生。

དེ་ལྟར་ན་ཡང་འཇིམ་པ་བཅོས་ཤིང་འགགས་པ་ན། བུམ་པ་སྐྱེ་བས་དངོས་པོ་དངོས་པོ་ལས་སྐྱེ་བ་མ་ཡིན་ཏེ། འདི་ལྟར་འགགས་ཤིང་མེད་པ་ནི་དངོས་པོ་མ་ཡིན་ཏེ། །དངོས་པོ་དང་དངོས་པོ་མེད་པ་དག་དོན་ཐ་དད་པའི་ཕྱིར་རོ། །

話雖如此，因陶土轉變而滅，從而生瓶，故事物非從事物而生。已滅、成無者非事物，事物與非事物的內義相異故。

ཅི་སྟེ་ཡང་འདི་སྙམ་དུ་འཇིམ་པའི་དངོས་པོ་ཉིད་བུམ་པ་ཡིན་པར་སེམས་ན།

若認為陶土事物本身就是瓶子。

དེ་ལྟ་ན་ཡང་དངོས་པོ་དངོས་པོ་ལས་སྐྱེ་བ་མ་ཡིན་ཏེ། འཇིམ་པ་ལས་གཞན་པའི་དངོས་པོ་གཞན་མི་སྐྱེ་བའི་ཕྱིར་ཏེ། འཇིམ་པ་ཉིད་བུམ་པར་བརྗོད་པའི་ཕྱིར་རོ། །

雖是如此，事物無法從事物而生，因為已說陶土本身就是瓶子，陶土便不應生迥異（於己的）事物。

---

13 有關 21.12.bcd，對勘本版的藏譯中論為：།དངོས་པོ་དངོས་མེད་ལས་མི་སྐྱེ། །དངོས་མེད་དངོས་མེད་མི་སྐྱེ་སྟེ། དངོས་མེད་དངོས་ལས་མི་སྐྱེའོ།（事物非事物；事物非事物，不生非事物。），故與此中所引的偈頌文有所出入；可參考 Nāgārjuna. *Dbu ma rtsa ba'i tshig le'ur byas pa shes rab,* 30。

14 決定為陶土的性質。換句話說，是瓶則非陶土，是陶土則非瓶子。

དེ་ལ་འདི་སྙམ་དུ་ཤིང་ཏོག་གི་དངོས་པོ་ཤིང་ལྗོན་པའི་དངོས་པོ་ལས་སྐྱེ་བར་སེམས་ན།

於此，（他方）做此想：果的事物[15]的確由樹事物所生。

དེ་ཡང་མི་རུང་སྟེ། ཅིའི་ཕྱིར་ཞེ་ན། ཤིང་ཏོག་ལས་ཤིང་ལྗོན་པ་གཞན་ཡིན་པར་མི་འཐད་པའི་ཕྱིར་རོ། །

此亦不應理。爲何？因爲果迥異於樹不應理。

དེ་ལྟར་རེ་ཞིག་དངོས་པོ་དངོས་པོ་ལས་སྐྱེ་བ་མེད་དོ། །

如是，首先，事物不從事物而生。

དངོས་པོ་མེད་པ་ཡང་དངོས་པོ་ལས་སྐྱེ་བ་མེད་དེ། འདི་ལྟར་བུམ་པ་ཆག་པ་ནི་བུམ་པ་ངེས་པར་གནས་པ་ལས་མི་སྐྱེ་སྟེ། ངེས་པར་གནས་པ་ལ་ཆག་པ་མེད་པའི་ཕྱིར་རོ། །བུམ་པ་ཆག་པ་བུམ་པའི་དངོས་པོ་ལས་ཀྱང་མི་སྐྱེ་སྟེ། ཆག་ཅིང་མེད་པ་ནི་དངོས་པོ་མེད་པའི་ཕྱིར་རོ། །

非事物也不從事物而生。瓶的壞滅不由瓶的決定性而生，因爲決定，故應無壞。因爲「已壞滅」、「非有」皆是非事物，所以瓶的壞滅不由瓶的事物而生。

དེ་ལ་འདི་སྙམ་དུ་བུམ་པ་དངོས་པོ་མེད་པ་ཐོ་བའི་དངོས་པོ་ལས་སྐྱེ་བར་སེམས་ན།

於此，（他方）做此想：非瓶事物由錘子的事物而生。

15 果的事物乃直譯。如前註釋，此「果的事物」應理解為果性、果的性質。同理，樹事物應理解為樹性、樹的性質。

དེ་ཡང་མི་རུང་སྟེ། འདི་ལྟར་གལ་ཏེ་དངོས་པོ་མེད་པ་ཐོ་བ་ལས་སྐྱེ་བར་འགྱུར་ན་བུམ་པ་མེད་པར་ཡང་སྐྱེ་བར་འགྱུར་རོ། །གལ་ཏེ་དངོས་པོ་མེད་པ་སྐྱེ་ན་དངོས་པོ་མེད་པ་ཉིད་དུ་མི་འགྱུར་ཏེ། །སྐྱེ་བ་ཡོད་པའི་ཕྱིར་རོ། །སྐྱེ་བ་ཞེས་བྱ་བ་ཅི་ཡང་མེད་ན་ནི་སྐྱེའོ། །ཞེས་བྱ་བ་དེ་ལ་སུ་ཞིག་ཡིད་ཆེས་པར་རིགས། དེ་ལྟ་བས་ན་དངོས་པོ་མེད་པ་ཡང་དངོས་པོ་ལས་སྐྱེ་བ་མེད་དོ། །

此亦不應理。若非事物由鍾子而生，將生非瓶。若生非事物，（非事物）將不是非事物，因爲具有（其）生的緣故。誰認同所謂的「生」是憑空而生？如是，非事物亦不從事物而生。

དངོས་པོ་ཡང་དངོས་པོ་མེད་པ་ལས་སྐྱེ་བ་མེད་དེ། འདི་ལྟར་བུམ་པ་ནི་འཇིམ་པ་འགགས་པ་ལས་མི་སྐྱེ་སྟེ། འགགས་པ་ནི་མེད་པའི་ཕྱིར་རོ། །

事物也不從非事物而生。瓶子不從陶土的壞滅而生，因爲已壞滅便不存在。

ཅི་སྟེ་དངོས་པོ་འགགས་ཤིང་མེད་པ་ལས་སྐྱེ་བར་གྱུར་ན། དེ་ལྟ་ན་དངོས་པོ་སྐྱེ་བ་རྒྱུ་མེད་པ་ཅན་དུ་འགྱུར་བས་དེ་མི་འདོད་དེ། དུས་ཐམས་ཅད་དུ་ཐམས་ཅད་ལས་ཐམས་ཅད་སྐྱེ་བ་དང་རྩོམ་པ་ཐམས་ཅད་དོན་མེད་པ་ཉིད་དུ་འགྱུར་བའི་ཕྱིར་རོ། །དེ་ལྟ་བས་ན་དངོས་པོ་ཡང་དངོས་པོ་མེད་པ་ལས་སྐྱེ་བ་མེད་དེ། དངོས་པོ་མེད་པ་ཡང་དངོས་པོ་མེད་པ་ལས་སྐྱེ་བ་མེད་དོ། འདི་ལྟར་དངོས་པོ་མེད་པ་བུམ་པའི་དངོས་པོ་མེད་པ་ལས་མི་སྐྱེ་སྟེ། །བུམ་པའི་དངོས་པོ་མེད་པ་ནི་བུམ་པ་ལོག་པ་ཙམ་སྟེ། ཅི་ཡང་མེད་པའི་ཕྱིར་དང་བསྐྱེད་པར་བྱ་བའི་དོན་ནི་ཅི་ཞིག་གང་ཡིན་པའི་ཕྱིར་རོ། །ཅི་སྟེ་ཅི་ཡང་མེད་པ་ཅི་ཡང་མེད་པ་ལས་སྐྱེ་བར་འགྱུར་ན་ནི་དེ་ལྟ་ན་རི་བོང་གི་རྭ་ཡང་རྟའི་རྭ་ལས་སྐྱེ་བར་འགྱུར་རོ། །ཅི་སྟེ་དངོས་པོ་

མེད་པ་ཅི་ཞིག་ཡིན་ན་ནི་ཅི་ཞིག་ཡིན་པའི་ཕྱིར་དངོས་པོ་ཉིད་ཡིན་གྱི་དངོས་པོ་མེད་པ་མ་ཡིན་ནོ། །དེ་ལྟ་བས་ན་དངོས་པོ་མེད་པ་ཡང་དངོས་མེད་པ་ལས་སྐྱེ་བ་མེད་དོ། །

若事物從滅、無而生，事物（之）生將成無因，（我）不承許此（說），（否則）於一切時中，一切將生一切，一切的努力將成無義。因此，事物也不從非事物而生。

非事物也不從非事物而生。如是，非事物──（如）非瓶子的事物──不生（任何一物），非瓶子的事物就是否定瓶子。既已無，生義爲何？若無從無而生，如是，兔角將從馬角而生。若非事物仍是某（事物），因爲是某（事物）故，將成事物，不是非事物。總之，非事物也不從非事物而生。

ཡང་གཞན་ཡང་། འདི་ལྟར་གལ་ཏེ་དངོས་པོ་སྐྱེ་བར་འགྱུར་ན་དེ་བདག་ལས་སམ་གཞན་ལས་སམ་གཉི་ག་ལས་སྐྱེ་བར་འགྱུར་གྲང་ན། དེ་ལ། དངོས་པོ་བདག་ལས་མི་སྐྱེ་སྟེ། །གཞན་ལས་སྐྱེ་བ་ཉིད་མ་ཡིན། །བདག་དང་གཞན་ལས་སྐྱེ་བ་ནི། ཡོད་མིན་ཇི་ལྟར་སྐྱེ་བར་འགྱུར། རེ་ཞིག་དངོས་པོ་ནི་བདག་ལས་སྐྱེ་བ་མེད་དེ། རང་གི་བདག་ཉིད་ཀྱིས་ཡོད་པ་ལ་ནི་ཡང་སྐྱེ་བར་བརྟག་པ་དོན་མེད་པ་ཉིད་དུ་འགྱུར་བའི་ཕྱིར་དང་། ཐུག་པ་མེད་པར་ཐལ་བའི་སྐྱོན་དུ་འགྱུར་བའི་ཕྱིར་རོ། །རང་གི་བདག་ཉིད་ཀྱིས་མེད་པ་ལ་ནི་བདག་ལས་ཞེས་བྱ་བའི་ཚིག་ཀྱང་མི་འཐད་པའི་ཕྱིར་ཏེ། དེ་ལྟ་བས་ན་དངོས་པོ་ནི་བདག་ལས་སྐྱེ་བ་མེད་དོ། །

另外，若生事物，試問，其（事物）是由自，由他，或由（自他）兩者而生？於此，（《中論》云：）

**21.13 事物不自生，亦不從他生，不從自他生，云何而有生？**

首先，事物非自生。若執有自己的體性卻再生，將成無義，（生）也應成無窮盡之過。若無自己的體性，說從自（而生）不應理，因此，事物非自生。

དངོས་པོ་ནི་གཞན་[16]ལས་ཀྱང་སྐྱེ་བ་མེད་དེ། དངོས་པོ་མ་སྐྱེས་ཤིང་མེད་པ་ལ་གཞན་མི་འཐད་པའི་ཕྱིར་རོ། །འདི་ལྟར་འགའ་ཞིག་ཡོད་ན་གཞན་ཡང་ཡོད་པར་འགྱུར་ན་དེ་ཡང་མེད་དེ། །དེ་མེད་ན་གཞན་ཡོད་པར་ག་ལ་འགྱུར། །ཅི་སྟེ་འགྱུར་ན་ནི་དེ་ཉིད་དངོས་པོ་ཡིན་པས་ཡོད་པ་དེ་ལ་ཡང་སྐྱེ་བར་ཅི་བྱ་སྟེ། སྐྱེ་བར་བརྟགས་པ་དོན་མེད་པ་ཉིད་དུ་འགྱུར་བའི་ཕྱིར་རོ། །དེ་ལྟ་བས་ན་མ་སྐྱེས་པས་གཞན་མེད་པ་ཁོ་ནའི་ཕྱིར། །

事物亦非他生。事物既無、未生，則不成立他。若某法有，則會有他，但無（一法），既無（任何一法），豈有他？若眞有，彼應是事物，應當存在，（故）何須再生？執生將成無義。無生，故他（生）非有。

དངོས་པོ་ནི་བདག་དང་གཞན་ལས་ཀྱང་སྐྱེ་བ་མེད་དེ། ཇི་སྐད་བསྟན་པའི་སྐྱོན་གཉིས་ཀར་ཐལ་བར་འགྱུར་བའི་ཕྱིར་རོ། །དེ་ལྟ་བས་ན་དངོས་པོ་ནི་གཉི་ག་ལས་ཀྱང་སྐྱེ་བ་མེད་དོ། །དངོས་པོ་གང་བདག་དང་གཞན་དང་གཉི་ལས་སྐྱེ་བ་མེད་པ་དེ་དག་གཞན་གང་ལས་སྐྱེ་བར་སེམས། དེ་ལྟ་བས་ན་དངོས་པོ་མི་འཐད་དོ། །དངོས་པོ་ཡོད་པ་མ་ཡིན་ན་གང་གི་དངོས་པོ་མེད་པར་འགྱུར། དངོས་པོ་དང་དངོས་མེད་པ་དག་ཡོད་པ་མ་ཡིན་ན་གཞི་མེད་པར་འབྱུང་བ་དང་འཇིག་པ་དག་ཇི་ལྟར་ཡོད་པར་གྱུར་ན།

事物也非從自他（兩者）而生，（否則）應成前述二過，因此事物非由（自他）兩者而生。既然事物非自生、他生、自

16 根據北京版及奈塘版，將此字改為 གཞན། 字。

他二者而生，執著從他而生豈能（合理）？因此，事物不應理。事物既然非有，將無何者之事物。若無事物及非事物，無基礎故，豈有生滅？

ཡང་གཞན་ཡང་། དངོས་པོ་ཡོད་པར་ཁས་བླངས་ན། །རྟག་དང་ཆད་པ་ལྟ་བར་ནི། །ཐལ་བར་འགྱུར་ཏེ་དངོས་དེ་ནི། རྟག་དང་མི་རྟག་འགྱུར་ཕྱིར་རོ། །དངོས་པོ་ལྟ་བ་ཡོད་ན་སྐྱོན་ཆེན་པོ་གཞན་འདིར་ཡང་འགྱུར་ཏེ། གང་གི་ཕྱིར་དངོས་པོ་དེ་ཡོད་པར་ཁས་བླངས་ན་རྟག་པ་དང་ཆད་པར་ལྟ་བར་ཐལ་བར་འགྱུར་རོ། །ཇི་ལྟར་ཞེ་ན། འདི་ལྟར་ཡོད་པ་དེ་ནི་རྟག་པ་དང་མི་རྟག་པའི་ཕྱིར་ཏེ། དངོས་པོ་གང་ཡིན་པ་དེ་ཡོད་པར་ཁས་ལེན་ན་དེ་རྟག་པའམ། མི་རྟག་པར་འགྱུར་ཏེ། དེ་ལས་གཞན་དུ་མི་འཐད་པའི་ཕྱིར་རོ། དེ་ལྟར་རེ་ཞིག་གལ་ཏེ་དངོས་པོ་དེ་རྟག་ན་ནི་རྟག་པའི་སྐྱོན་དུ་ཐལ་བར་འགྱུར་ལ། འོན་ཏེ་མི་རྟག་ན་ནི་ཆད་པའི་སྐྱོན་དུ་ཐལ་བར་འགྱུར་བས་དེ་ཡང་མི་འདོད་དེ་སྐྱོན་ཆེ་བའི་ཕྱིར་རོ། །

另外，（《中論》云：）

**21.14 若許事物有，即常見斷見，事物則應成，常法及無常。**

若見事物，亦成其他大過。若主張事物是有，應成常（見）及斷見。爲何？若有，彼將是常及無常。主張任何事物是有，彼（事物）將成常或無常，除此外，成爲其他不應理。

首先，若說事物是常，應成常邊之過；若是無常，應成斷邊之過。因犯大過，（我）不承許此（說）。

སྨྲས་པ། དངོས་པོ་ཡོད་པར་ཁས་བླངས་ཀྱང་། ཆད་པར་མི་འགྱུར་རྟག་མི་འགྱུར། འདི་ལྟར་དངོས་པོ་ཡོད་པར་ཁས་བླངས་ཀྱང་རྟག་པར་ལྟ་བར་ཐལ་བར་ཡང་མི་འགྱུར་ལ། ཆད་པར་ལྟ་བར་ཐལ་བར་ཡང་མི་འགྱུར་ཏེ། ཁྱོད་གཞུང་ལུགས་གསལ་བར་མི་ཤེས་པས་

དེ་ལྟར་སེམས་པར་ཟད་དོ། །འདི་ལྟར་གལ་ཏེ་དངོས་པོ་ཡོད་པར་ཁས་བླངས་ན། རྟག་པ་དང་ཆད་པའི་སྐྱོན་དུ་ཐལ་བར་འགྱུར་ན། དེ་ལྟ་ན་སྲིད་པ་མི་འཐད་པར་འགྱུར་ཏེ། ཅིའི་ཕྱིར་ཞེ་ན། རྟག་པ་ནི་ངེས་པར་གནས་པའི་ཕྱིར་དང་། ཆད་པ་ནི་མི་འཇུག་པའི་ཕྱིར་རོ། །

（《中論》）云：

**21.15.ab 雖許事物有，不成斷及常；**

（他方道：）說事物有，不應成常見及斷見。因爲不解教典之義，你心已（無計可施、）窮途末路。若主張事物是有，應成常邊及斷邊之過，如此，則（輪迴之）有將不應理。爲何？因爲常邊乃決定（常）住，斷邊則不能趨入。[17]

དངོས་པོར་ལྟ་བ་ཡོད་ན་ཡང་སྲིད་པ་འཐད་པས་དེའི་ཕྱིར་རྟག་པ་དང་ཆད་པར་ལྟ་བའི་སྐྱོན་དུ་ཐལ་བར་མི་འགྱུར་རོ། །དེ་ཇི་ལྟར་ཞེ་ན། འབྲས་བུ་རྒྱུ་ཡི་འབྱུང་འཇིག་གི། རྒྱུན་དེ་སྲིད་པ་ཡིན་ཕྱིར་རོ། །འདི་ལྟར་འབྲས་བུ་དང་རྒྱུའི་འབྱུང་བ་དང་འཇིག་པའི་རྒྱུན་གང་ཡིན་པ་དེ་ནི་སྲིད་པ་ཡིན་ཏེ། །དེ་ལ་གང་གི་ཕྱིར་རྒྱུ་འཇིག་པར་འགྱུར་བ་དེའི་ཕྱིར་རྟག་པའི་སྐྱོན་དུ་ཐལ་བར་མི་འགྱུར་ལ། གང་གི་ཕྱིར་རྒྱུ་འགག་བཞིན་པ་ལས་འབྲས་བུ་འབྱུང་བར་འགྱུར་བ་དེའི་ཕྱིར་ཆད་པའི་སྐྱོན་དུ་ཐལ་བར་མི་འགྱུར་ཏེ། དེའི་ཕྱིར་དེ་ལྟར་དངོས་པོ་ཡོད་པར་ཁས་བླངས་ཀྱང་སྲིད་པ་ཡོད་པའི་ཕྱིར་རྟག་པ་དང་ཆད་པའི་སྐྱོན་དུ་ཐལ་བར་མི་འགྱུར་རོ། །

若見事物，（輪迴之）有應當合理，故無應成常（見）及

17 若常邊應理，人將永遠處於人道之中；若斷邊應理，將不可能趨入人道，故輪迴不應理。

斷見之過。爲何？（《中論》云：）

**21.15.cd 果因生滅之，續流乃有故。**

一切果與因的生滅續流皆是（輪迴之）有。由滅因故，無應成常邊之過；由正在滅因而生果故，無應成斷邊之過。因此，雖承許事物是有，但（輪迴之）有的確存在，無應成常、斷之過。

བཤད་པ། གལ་ཏེ་འབྲས་བུའི་འབྱུང་འཇིག་གི། །རྒྱུན་དེ་སྲིད་པ་ཡིན་གྱུར་ན། །འཇིག་ལ་ཡང་སྐྱེ་མེད་པའི་ཕྱིར། །རྒྱུ་ནི་ཆད་པར་ཐལ་བར་འགྱུར། །གལ་ཏེ་འབྲས་བུ་དང་རྒྱུའི་འབྱུང་བ་དང་འཇིག་པའི་རྒྱུན་གང་ཡིན་པ་དེ་སྲིད་པ་ཡིན་པར་གྱུར་ན། དེ་ལྟ་ན་ཡང་ཁྱེད་ལ་ཆད་པ་ཁོ་ནར་ཐལ་བར་འགྱུར་ཏེ། ཅིའི་ཕྱིར་ཞེ་ན། འཇིག་པ་ལ་ཡང་སྐྱེ་བ་མེད་པའི་ཕྱིར་ཏེ། འདི་ལྟར་རྒྱུ་འགགས་པ་ལ་ཡང་སྐྱེ་བ་མེད་པའི་ཕྱིར་རོ། །དེ་ལྟར་རྒྱུ་འགགས་པ་ལ་ཡང་སྐྱེ་བ་མེད་པའི་ཕྱིར། རྒྱུ་ཆད་པ་ཁོ་ནར་ཐལ་བར་འགྱུར་རོ། །

（自方道，《中論》）云：

**21.16 若果生滅之，續流若是有，[18]滅無復生故，因應成斷邊。**

若一切果與因的生滅續流皆是（輪迴之）有，於你而言，（輪迴）應成絕對斷邊。爲何？已滅不應再生，滅因則不復生故。

18 有關 21.16.ab，對勘本版的藏譯中論為：།འབྲས་བུ་རྒྱུ་ཡི་འབྱུང་འཇིག་གི །རྒྱུན་དེ་སྲིད་པ་ཡིན་འགྱུར་ན།，故與此中所引的偈頌文有所出入；可參考 Nāgārjuna. *Dbu ma rtsa ba'i tshig le'ur byas pa shes rab*, 31。

滅因則無再生故，因應成絕對斷邊。

སྨྲས་པ། མི་འགྱུར་ཏེ། རྒྱུ་ལས་[19]འབྲས་བུ་གཞན་ཉིད་མ་ཡིན་པའི་ཕྱིར་རོ། །འདི་ལྟར་རྒྱུ་ལས་འབྲས་བུ་གཞན་ཉིད་ཡིན་པར་མི་འཐད་དོ། །ཁྱོད་ཀྱིས་ཀྱང་། གང་ལ་བརྟེན་ཏེ་གང་འབྱུང་བ། །དེ་ནི་རེ་ཞིག་དེ་ཉིད་མིན། །དེ་ལས་གཞན་པའང་མ་ཡིན་ཕྱིར། །དེ་ཕྱིར་ཆད་མིན་རྟག་མ་ཡིན། །ཞེས་སྨྲས་པས། དེས་ན་རྒྱུ་ལས་འབྲས་བུ་གཞན་ཉིད་མ་ཡིན་པའི་ཕྱིར་རྒྱུ་ཆད་པར་མི་འགྱུར་རོ། །

（他方）道：非也。果非（迥異於）因的他性，因此，果（迥異於）因的他性不應理。你也說：「（18.10）由何生某法，彼皆非彼性，亦非迥異彼，非斷亦非常。」所以果非（迥異於）因的他性，故因不成斷邊。

བཤད་པ། ཁོ་བོས་དེ་སྐད་སྨྲ་མོད་ཀྱི་ཁྱོད་ཀྱིས་དེའི་རྟེན་གྱི་དེ་ཁོ་ན་ཁོང་དུ་མ་ཆུད་དེ། འདི་ལྟར་གལ་ཏེ་དངོས་པོ་འགག་ཅིང་དངོས་པོ་ཉིད་སྐྱེ་བར་འགྱུར་ན། དེ་གཉིས་དེ་ཉིད་དམ་གཞན་ཉིད་དུ་ཇི་ལྟར་མི་འགྱུར། འདི་ལྟར་གལ་ཏེ་རེ་ཞིག་རྒྱུས་རྒྱུའི་གནས་སྐབས་སྤངས་ཏེ་འབྲས་བུའི་གནས་སྐབས་སུ་འཕོ་བར་གྱུར་ན་ནི། དེ་ལྟ་ན་དེ་ཉིད་རྒྱུ་ཡིན་ཏེ། དེའི་གནས་སྐབས་གཞན་དང་གཞན་དུ་གྱུར་པ་འབའ་ཞིག་ཏུ་ཟད་དོ། །དཔེར་ན་གྲོ་གར་མཁན་གྱིས་ཆ་ལུགས་གཞན་སྤངས་ཏེ། ཆ་ལུགས་གཞན་ལེན་པར་བྱེད་པ་དེ་ལ་ཆ་ལུགས་ཐ་དད་པ་ཉིད་དུ་འགྱུར་བ་འབའ་ཞིག་ཏུ་ཟད་ཀྱི་གྲོ་གར་མཁན་ལ་ཐ་དད་པ་མེད་པ་དེ་ཆ་ལུགས་ཐ་དད་པར་གྱུར་ཀྱང་། དེ་ཉིད་གྲོ་གར་མཁན་ཡིན་པ་དེ་བཞིན་དུ། གནས་སྐབས་གཞན་དུ་འཕོས་སུ་ཟིན་ཀྱང་། དེ་ཉིད་རྒྱུ་ཡིན་ན་ཇི་ལྟར་དེ་ཉིད་ཡིན་པར་མི་འགྱུར། །

（自方）道：我的確這麼說，你雖以此為依據，卻不明其

19 根據北京版及奈塘版，改為 ལས། 字。

義。事物已滅而生事物，彼二（已滅的事物及後生的事物）豈能不成一性或異性？

首先，當因捨去因時轉爲果時，彼仍是因，只是從某時轉移至他時，僅此而已。如表演者脫衣更換另件衣裳，此時，只是（換穿）他件衣裳，非不同的表演者。

如（同）一個表演者（改換）其他的衣裳，雖時位轉移，彼仍是因，豈能不成一性？

ཅི་སྟེ་ཡང་འདི་སྙམ་དུ་རྒྱུ་ནི་གནས་སྐབས་གཞན་དུ་མི་འཕོ་བར་རྒྱུ་འགག་པར་འགྱུར་ཏེ། རྒྱུ་འགགས་པ་ན་འབྲས་བུ་སྐྱེ་བར་འགྱུར་བར་སེམས་ན།

若做此想：因時不會轉移至他時，因會壞滅，且滅因之時生果。

དེ་ལྟ་ན་ཡང་གང་གི་ཚེ་གཞན་འགགས་པ་ལ་གཞན་སྐྱེས་པ་དེའི་ཚེ་ཇི་ལྟར་གཞན་ཉིད་དུ་མ་འགྱུར། །ཁོ་བོ་ཅག་ལ་ནི་དངོས་པོ་ལ་བརྟེན་ནས་གདགས་པ་ངོ་བོ་ཉིད་སྟོང་པ་སྒྱུ་མ་དང་སྨིག་རྒྱུ་དང་གཟུགས་བརྙན་ལྟ་བུ་རྣམས་ལ་དངོས་པོ་དེ་གང་གིར་འགྱུར་ཏེ་དངོས་པོ་དེ་གང་ལས་གཞན་དུ་འགྱུར་ཏེ་དེ་ཉིད་དང་གཞན་ཉིད་དུ་འགྱུར་བ་མེད་དོ། །དེ་ལྟ་བས་ན་དངོས་པོར་ལྟ་བ་ཡོད་ན་རྒྱུ་འགགས་པ་ཡང་སྐྱེ་བ་མེད་པའི་ཕྱིར་རྒྱུན་ཆད་པ་ཁོ་ནར་ཐལ་བར་འགྱུར་རོ། །

如是，相異事物滅時，便生相異事物，此時，（滅的事物及生的事物）豈能不成異性？

於我等而言，事物皆是觀待施設，無自性，如幻化、陽焰、影像等。事物將成何者的（事物）？事物由何（理由）成爲相異的事物？因此，（於觀待施設中）不成一性及異性。

因此，若見事物，滅因不復生故，（其）續流應成斷。

ཡང་གཞན་ཡང་། དངོས་པོ་ངོ་བོ་ཉིད་ཡོད་ན། །དངོས་མེད་འགྱུར་བར་མི་རིགས་སོ། དངོས་པོ་ངོ་བོ་ཉིད་ཀྱིས་ཡོད་ན་ངོ་བོ་ཉིད་ཡོད་པ་ནི་དངོས་པོ་མེད་པར་འགྱུར་བར་མི་རིགས་ཏེ། ཅིའི་ཕྱིར་ཞེ་ན། རང་བཞིན་ནི་གཞན་དུ་མི་འགྱུར་བའི་ཕྱིར་རོ། །དེའི་ཕྱིར་དངོས་པོར་ལྟ་བ་ཡོད་ན་རྒྱུ་ཡང་འགག་པར་མི་འཐད་ལ་འབྲས་བུ་ཡང་སྐྱེ་བར་མི་འཐད་དེ། སྐྱེ་བ་དང་འགག་པ་དག་ནི་བཀག་པར་གྱུར་པ་ཡིན་པའི་ཕྱིར། དེ་ལ་རྟག་པ་ཁོ་ནའི་སྐྱོན་དུ་ཐལ་བར་འགྱུར་རོ། །

另外，（《中論》云：）

**21.17.ab 事物若自性，非事物非理，**

若事物自性而有，有（其）自性的話，非事物將不應理。爲何？自性意指不轉移他（性）。因此，若見事物，因的壞滅將不應理，生果亦不應理。因破生滅，應成常法之過。

ཡང་གཞན་ཡང་། མྱ་ངན་འདས་པའི་དུས་ན་ཆད། སྲིད་རྒྱུན་རབ་ཏུ་ཞི་ཕྱིར་རོ། །མྱ་ངན་ལས་འདས་པའི་དུས་ན་དགྲ་བཅོམ་པའི་སྲིད་པའི་རྒྱུན་རབ་ཏུ་ཞི་བའི་ཕྱིར་ཆད་པ་ཁོ་ནའི་སྐྱོན་དུ་ཡང་ཐལ་བར་འགྱུར་རོ། །དེ་ལྟ་བས་ན་སྲིད་པའི་རྒྱུན་དེ་ཡོད་པར་རྟོག་ན་ཡང་རྟག་པ་དང་ཆད་པ་ཁོ་ནའི་སྐྱོན་དུ་ཐལ་བར་འགྱུར་རོ། །

另外，（《中論》云：）

**21.17.cd 涅槃時斷續，極滅有續故。**

阿羅漢涅槃之時，完全斷滅（輪迴之）有的續流，應成唯無之過。就連執（輪迴之）有的續流，也應成常邊及斷邊之過。

སྨྲས་པ། རེ་ཞིག་སྲིད་པའི་རྒྱུན་ནི་རབ་ཏུ་གྲུབ་པོ། མྱ་ངན་ལས་འདས་པའི་དུས་ན་དགྲ་བཅོམ་པའི་སྲིད་པའི་རྒྱུན་ལྡོག་པ་ནི་ཁོ་བོ་ཅག་ལ་མི་གནོད་པས་མྱ་ངན་འདས་པའི་དུས་ན་དེ་ཆད་པར་འགྱུར་ཀྱང་སྙོའོ།[20] །

（他方）道：首先，至極成立（輪迴之）有的續流。阿羅漢涅槃時斷滅（輪迴之）有的續流，（這種主張並）不違害我等（的立場），所以（只是你單方面）認爲涅槃時將成斷邊（之過）。

བཤད་པ། ཁྱོད་ཀྱི་སྲིད་པའི་རྒྱུན་ཡོད་ན་རྟག་པ་དང་ཆད་པའི་སྐྱོན་དུ་ཐལ་བར་མི་འགྱུར་རོ་ཞེས་གང་སྨྲས་པ་དེ་ཉིད་ཀྱང་ཁོ་བོས་སྲིད་པའི་རྒྱུན་ཡོད་ཀྱང་རྟག་པ་དང་ཆད་པ་ཁོ་ནའི་སྐྱོན་དུ་ཐལ་བར་འགྱུར་རོ་ཞེས་རབ་ཏུ་བསྟན་ཟིན་ཏོ། །རེ་ཞིག་སྲིད་པའི་རྒྱུན་ནི་རབ་ཏུ་གྲུབ་པོ་ཞེས་གང་སྨྲས་པ་དེ་ཡང་རིགས་པ་མ་ཡིན་ཏེ། སྲིད་པའི་རྒྱུན་ནི་ཇི་ལྟར་ཡང་མི་འཐད་པ་ཁོ་ནའོ། །

（自方）道：你說，雖存在（輪迴之）有的續流，卻無應成常、斷邊之過，對此，我早已細說若存在（輪迴之）有的續流，決定應成常、斷邊之過。

首先，至極成立（輪迴之）有的續流不應理。無論如何決定不能成立（輪迴之）有的續流。

20 根據北京版及奈塘版，改為 སྙོའོ། 字。

ཅིའི་ཕྱིར་ཞེ་ན། འདི་ལྟར། ཐ་མ་འགགས་པར་གྱུར་པ་ནི། སྲིད་པ་དང་པོར་སྦྱོར་མི་འགྱུར། །ད་ལྟར་གྱི་སྲིད་པའི་མཇུག་གི་སེམས་ནི་སྲིད་པ་ཐ་མའོ། །མ་འོངས་པའི་སྲིད་པའི་སེམས་སྐྱེ་བའི་དང་པོ་ནི་སྲིད་པ་དང་པོའོ། །དེ་ལ་རེ་ཞིག་སྲིད་པ་ཐ་མ་འགགས་པ་ནི་སྲིད་པ་དང་པོ་དང་ཉིང་མཚམས་སྦྱོར་བ་མེད་དེ། སྲིད་པ་ཐ་མ་འགགས་པ་ཡོད་པ་མ་ཡིན་པའི་ཕྱིར་རོ། །འདི་ལྟར་དངོས་པོ་འགགས་ཤིང་མེད་པ་ལས་ཇི་ལྟར་དངོས་པོ་སྐྱེ་བར་འགྱུར། ཅི་སྟེ་སྲིད་པ་ཐ་མ་འགག་ཀྱང་སྲིད་པ་དང་པོ་སྐྱེ་བར་འགྱུར་ན་ནི། དེ་ལྟ་ན་སྲིད་པ་དང་པོ་རྒྱུ་མེད་པ་ལས་འབྱུང་བར་འགྱུར་བས། དེ་ནི་མི་འདོད་དེ་སྐྱོན་དུ་མར་ཐལ་བར་འགྱུར་བའི་ཕྱིར་རོ། །

為何？如是，（《中論》云：）

**21.18.ab 若後成壞滅，初有將不成；**[21]

（輪迴之）有的末心便是（輪迴之）有的最終。來（世）的第一心便是初有。

首先，（輪迴之）有的末（心）滅，將不能結生初有；若有的末（心）已滅，則應為無。已滅、非有的事物豈生事物？

若（輪迴之）有的末（心）已滅，仍生初有，此初有將由無因而生。（我）不承許此（說），應成諸多過失。

དེ་ལ་འདི་སྙམ་དུ་སྲིད་པ་ཐ་མ་མ་འགགས་པ་སྲིད་པ་དང་པོ་དང་ཉིང་མཚམས་སྦྱོར་བར་སེམས་ན།

21 有關 21.18.ab，對勘本版的藏譯中論為：།ཐ་མ་འགགས་པར་གྱུར་པ་ན། །སྲིད་པ་དང་པོ་རིགས་མི་འགྱུར།（若後成壞滅，初有不應理；），故與此中所引的偈頌文有所出入；可參考 Nāgārjuna. *Dbu ma rtsa ba'i tshig le'ur byas pa shes rab*, 31。

於此，（他方）想：（輪迴之）有的末（心）不壞滅，仍可結生初有。

དེ་ལ་བཤད་པར་བྱ་སྟེ། ཐ་མ་འགགས་པར་མ་གྱུར་པ། །སྲིད་པ་དང་པོར་སྦྱོར་མི་འགྱུར། །སྲིད་པ་ཐ་མ་མ་འགགས་པ་ཡང་སྲིད་པ་དང་པོ་དང་ཉིང་མཚམས་སྦྱོར་བ་མེད་དེ། ཅིའི་ཕྱིར་ཞེ་ན། སྲིད་པ་གཉིས་སུ་ཐལ་བར་འགྱུར་བའི་ཕྱིར་དང་། རྒྱུ་མེད་པ་ལས་བྱུང་བའི་སྐྱོན་དུ་ཐལ་བར་འགྱུར་བའི་ཕྱིར་རོ། །

於此，將做解說。（《中論》云：）

**21.18.cd 若後不壞滅，不結生初有。**[22]

（輪迴之）有的末（心）不壞滅，將不結生初有。爲何？應成兩個（輪迴之）有，以及應成無因而生之過。

སྨྲས་པ། སྲིད་པ་ཐ་མ་འགགས་པ་དང་མ་འགགས་པ་སྲིད་པ་དང་པོ་དང་ཉིང་མཚམས་སྦྱོར་བ་མེད་མོད་ཀྱི། འོན་ཀྱང་འགག་བཞིན་པ་ཉིང་མཚམས་སྦྱོར་རོ། །

（他方）道：（輪迴之）有的末（心）已滅及不滅，皆不能結生初有。但是，正滅時卻可結生。

བཤད་པ། གལ་ཏེ་ཐ་མ་འགག་བཞིན་པ། །དང་པོ་སྐྱེ་བར་འགྱུར་ན་ནི། །འགག་བཞིན་པ་ནི་གཅིག་འགྱུར་ཞིང་། །སྐྱེ་བཞིན་པ་ཡང་གཞན་དུ་འགྱུར། །གལ་ཏེ་སྲིད་པ་ཐ་མ་འགག་བཞིན་པ་སྲིད་པ་དང་པོ་དང་ཉིང་མཚམས་སྦྱོར་བར་གྱུར་ན། འགག་བཞིན་པ་

22 有關 21.18.ab，對勘本版的藏譯中論為：།ཐ་མ་འགགས་པར་གྱུར་པ་ན། །སྲིད་པ་དང་པོ་རིགས་མི་འགྱུར།（若後成壞滅，初有不應理；），故與此中所引的偈頌文有所出入；可參考 Nāgārjuna. *Dbu ma rtsa ba'i tshig le'ur byas pa shes rab*, 31。

ནི་ཐེད་འགགས་པའི་ཕྱིར་དང་། སྐྱེ་བཞིན་པ་ཡང་ཐེད་སྐྱེས་པའི་ཕྱིར་དེ་གཉིས་སྲིད་པ་གཉིས་སུ་ཐལ་བའི་སྐྱོན་དུ་འགྱུར་ཏེ། འགགས་བཞིན་པ་དང་སྐྱེ་བཞིན་པ་དག་ཡོད་པའི་ཕྱིར་རོ། །

（自方道，《中論》）云：

**21.19 若後正滅時，是故而生有，正滅將成一，正生成他性。**[23]

若（說輪迴之）有的末（心）正在滅時結生初有，（並不應理。因為）一半的正在滅是已滅，一半的正在滅是已生，應成兩個（輪迴之）有的過失，因有正在滅及正在生。

སྨྲས་པ། སྲིད་པ་ཐ་མ་འགགས་པ་དང་འགག་བཞིན་པ་སྲིད་པ་དང་པོ་དང་ཉིང་མཚམས་སྦྱོར་བ་མེད་དོ་ཞེས་བྱ་བ་དེས་ཁོ་བོ་ལ་ཅི་བྱ། ཡོད་ན་རེ་ཞིག་སྲིད་པ་དང་པོའི་སྐྱེ་བ་ནི་ཡོད་དེ། དེ་ཡོད་པས་སྲིད་པའི་རྒྱུན་ཡང་འཐད་དོ། །

（他方）道：對我而言，說「（輪迴之）有的末（心）已滅或正在滅不能結生初有」又有何用？若有，則應存在初有之生，有此故，（輪迴之）有的續流應理。

བཤད་པ། གལ་ཏེ་འགག་བཞིན་སྐྱེ་བཞིན་དག །ལྷན་ཅིག་སྦྱོར་བའང་ཡོད་མིན་ན། །ཕུང་པོ་གང་ལ་འཆི་འགྱུར་བ། །དེར་ནི་སྐྱེ་བའང་འབྱུང་བར་འགྱུར། །ལྷན་ཅིག་སྦྱོར་བའང་ཞེས་བྱ་བའི་འདང་གི་སྒྲ་ནི་སྲིད་པ་ཐ་མ་འགགས་པ་དང་མ་འགགས་པ་ཡང་བསྡུ་བའི་

23 有關 21.19.a，對勘本版的藏譯中論為：།གལ་ཏེ་ཐ་མ་འགག་བཞིན་ན།，故與此中所引的偈頌文有所出入；可參考 Nāgārjuna. *Dbu ma rtsa ba'i tshig le'ur byas pa shes rab,* 31。

དོན་ཏོ། །གལ་ཏེ་སྲིད་པ་ཐ་མ་འགག་བཞིན་པ་སྲིད་པ་དང་པོ་སྐྱེ་བཞིན་པ་དང་ལྷན་ཅིག་ཉིད་མཚམས་སྦྱོར་བའང་ཡོད་པ་མ་ཡིན་ཞིང་སྲིད་པ་ཐ་མ་འགགས་པ་ཡང་སྲིད་པ་དང་པོ་དང་ཉིད་མཚམས་སྦྱོར་བ་ཡོད་པ་མ་ཡིན་ལ།

（自方道，《中論》）云：

**21.20 正滅及正生，同俱亦非有，蘊滅於何處，於此處生蘊。**[24]

「同俱亦」的「亦」字義，包含了（輪迴之）有的末（心）已滅及未滅。（輪迴之）有的末（心）正在滅的同時結合初有的正在生，（此）亦不存在。而（輪迴之）有的末（心）已滅結合初有，（此）亦不存在。

སྲིད་པ་ཐ་མ་འགགས་པ་ཡང་སྲིད་པ་དང་པོ་དང་ཉིད་མཚམས་སྦྱོར་བ་ཡོད་པ་མ་ཡིན་པ་བཞིན་དུ། སྲིད་པ་དང་པོའི་སྐྱེ་བ་ནི་ཡོད་དོ་ཞེས་ཟེར་ན།

若說，（輪迴之）有的末（心）已滅不結合初有，然而的確存在初有的生。

དེ་ལྟ་ན། ཕུང་པོ་གང་དག་གོ་ན་ལ་འཆི་བར་འགྱུར་བ་དེ་དག་གོ་ན་ལ་སྐྱེ་བ་ཡང་འབྱུང་བར་ཐལ་བར་འགྱུར་ཏེ། སྐྱེ་བ་གཞན་མི་འཐད་པའི་ཕྱིར་རོ། །དེ་ཡང་མི་འདོད་དེ། དེ་ལྟ་བས་ན་དེ་གསུམ་མ་གཏོགས་པར་སྲིད་པ་འབྱུང་བར་མི་འཐད་དོ། དེ་ལྟར་དུས་གསུམ་དག་ཏུ་ཡང་། །སྲིད་པའི་རྒྱུན་ནི་མ་རིགས་ན། །དུས་གསུམ་དག་ཏུ་གང་མེད་པ། །དེ་ནི་

---

24 有關 21.20.bd，對勘本版的藏譯中論為：།ལྷན་ཅིག་ཏུ་ཡང་རིགས་མིན་ན། །དེ་ལ་སྐྱེ་བ་འབྱུང་འགྱུར་རམ།（同俱亦非理，於此豈生蘊？），故與此中所引的偈頌文有所出入；可參考 Nāgārjuna. *Dbu ma rtsa ba'i tshig le'ur byas pa shes rab,* 31。

ཇི་ལྟར་སྲིད་པའི་རྒྱུན། །དེའི་ཕྱིར་དེ་ལྟར་ཡོངས་སུ་བརྟགས་ན་སྲིད་པ་ཐ་མ་འགགས་པ་དང་མ་འགགས་པ་དང་འགག་བཞིན་པ་སྲིད་པ་དང་པོ་དང་ཉིང་མཚམས་སྦྱོར་བར་མི་འཐད་པའི་ཕྱིར། དུས་གསུམ་དག་ཏུ་ཡང་སྲིད་པའི་རྒྱུན་མི་རིགས་སོ། །དུས་གསུམ་དག་ཏུ་སྲིད་པའི་རྒྱུན་གང་མེད་པ་དེ་དང་ཇི་ལྟར་སྲིད་པའི་རྒྱུན་དུ་འཐད། སྲིད་པའི་རྒྱུན་ཡོད་པ་མ་ཡིན་ན། འབྱུང་བ་དང་འཇིག་པ་དག་ཡོད་པར་ག་ལ་འགྱུར། འབྱུང་བ་དང་འཇིག་པ་དག་ཡོད་པ་མ་ཡིན་ན་ཁྱོད་ཀྱི་དུས་ལ་སོགས་པ་དག་འགྲུབ་པར་ག་ལ་འགྱུར། །

果眞如此，應成（此過：）蘊於何處壞死，則於此處決定生（蘊），因爲其他之生不應理的緣故。但（我）不承許此（說）。因此，除了彼三（──已滅、未滅、正在滅──）外，（輪迴之）有不應理。（《中論》）云：

**21.21 三世中求有，續流不可得；[25]若三世中無，有續流豈有？**

全面觀察時，（輪迴之）有的末（心）已滅、未滅、正在滅結生初有，皆不應理。於三世之中，（輪迴之）有的續流不應理。於三世之中，既無（輪迴之）有的續流，如何成立（輪迴之）有的續流？既無（輪迴之）有的續流，豈有生滅？既無生滅，豈有你的時間等法？

འབྱུང་བ་དང་འཇིག་པ་བརྟག་པ་ཞེས་བྱ་བ་སྟེ་རབ་ཏུ་བྱེད་པ་ཉི་ཤུ་གཅིག་པའོ།། །།

第二十一品──觀生滅品──終。

25 有關 21.21.b，對勘本版的藏譯中論為：སྲིད་པའི་རྒྱུན་ནི་མི་རིགས་ན།，故與此中所引的偈頌文有所出入；可參考 Nāgārjuna. *Dbu ma rtsa ba'i tshig le'ur byas pa shes rab,* 31。

# 第二十二品

# ——觀如來品——

སྨྲས་པ། སྲིད་པའི་རྒྱུན་ནི་ཡོད་པ་ཁོ་ན་སྟེ། ཅིའི་ཕྱིར་ཞེ་ན། དེ་བཞིན་གཤེགས་པ་ཡོད་པའི་ཕྱིར་རོ། །དེ་བཞིན་གཤེགས་པ་ནི་བཅོམ་ལྡན་འདས་དགྲ་བཅོམ་པ་ཡང་དག་པར་རྫོགས་པའི་སངས་རྒྱས་ཡོད་དོ། །དེས་བསྐལ་པ་གྲངས་མེད་པ་དག་གིས་བྱང་ཆུབ་ཡང་དག་པར་བསྒྲུབས་ཏེ། དེ་ལྟར་ཡང་མདོ་སྡེ་གཞན་དག་ལས། དེའི་ཚེ་དེའི་དུས་ན་ང་བྲམ་ཟེའི་ཁྱེའུ་མིག་བཟང་ཞེས་བྱ་བར་གྱུར་ཏོ། །དེའི་ཚེ་དེའི་དུས་ན་ང་རྒྱལ་པོ་ང་ལས་ནུ་ཞེས་བྱ་བར་གྱུར་ཏོ་ཞེས་གསུངས་ཏེ། སྲིད་པའི་རྒྱུན་མེད་ན་དེ་མི་འཐད་པས་དེའི་ཕྱིར་སྲིད་པའི་རྒྱུན་ནི་ཡོད་པ་ཁོ་ནའོ། །

（他方）道：絕對存在（輪迴之）有的續流。爲何？有如來的緣故。存在（如來，因爲）如來是薄伽梵、阿羅漢、正等正覺，如來以無量劫成辦正覺菩提。

其他經典亦說「此時，我乃婆羅門之子，其名『賢眼』」、「此時，我乃國王，其名『自乳輪王』」。若無（輪迴之）有的續流，彼（說）不成立，故絕對存在（輪迴之）有的續流。

བཤད་པ། གལ་ཏེ་དེ་བཞིན་གཤེགས་པ་ཉིད་འཐད་ན་ནི། སྲིད་པའི་རྒྱུན་ཡང་ཡོད་པར་འགྱུར་གྲང་ན། དེ་བཞིན་གཤེགས་པ་ཉིད་མི་འཐད་པས་དེའི་སྲིད་པའི་རྒྱུན་ཡོད་པར་ག་ལ་འགྱུར། །ཇི་ལྟར་ཞེ་ན། འདི་ལ་གལ་ཏེ་དེ་བཞིན་གཤེགས་པ་ཞེས་བྱ་བ་འགའ་ཞིག་ཡོད་པར་གྱུར་ན། དེ་ཕུང་པོ་རྣམས་ཉིད་དམ། ཕུང་པོ་རྣམས་ལས་གཞན་ཞིག་ཡིན་གྲང་ན།

（自方）道：因爲如來成立，故（說）存在（輪迴之）有的續流，（然而）如來不成立，豈有（輪迴之）有的續流？爲何？於此，若有所謂的「如來」，彼是蘊，還是迥異於蘊？

དེ་ལ། སྐྱུ་མིན་སྐྱུ་ལས་གཞན་མ་ཡིན། །དེ་ལ་སྐྱུ་མེད་དེ་དེར་མེད། །དེ་བཞིན་གཤེགས་པ་སྐྱུ་ལྡན་མིན། །དེ་བཞིན་གཤེགས་པ་གང་ཞིག་ཡིན། །རེ་ཞིག་ཕུང་པོ་རྣམས་ཉིད་དེ་བཞིན་གཤེགས་པ་མ་ཡིན་ཏེ། ཅིའི་ཕྱིར་ཞེ་ན། ཕུང་པོ་རྣམས་འབྱུང་བ་དང་འཇིག་པའི་ཆོས་ཅན་ཡིན་པའི་ཕྱིར། དེ་བཞིན་གཤེགས་པ་མི་རྟག་པ་ཉིད་དུ་ཐལ་བར་འགྱུར་བའི་ཕྱིར་དང་། ཉེ་བར་ལེན་པ་པོ་དང་། ཉེ་བར་ལེན་པ་དག་གཅིག་པ་ཉིད་དུ་མི་འཐད་པའི་ཕྱིར་རོ། །

於此，（《中論》）云：

**22.1 非蘊不離蘊，彼此中互無，如來不具蘊，如來應爲何？**[1]

首先，蘊非如來。爲何？因爲蘊乃生滅之有法，如來應成無常性。（如來的無漏蘊是如來不應理，因爲）近取者與近取處爲一性不成立。

ཕུང་པོ་རྣམས་ལས་དེ་བཞིན་གཤེགས་པ་གཞན་པ་ཕུང་པོ་མེད་པའི་ཆོས་ལོགས་ཤིག་ན་ཡང་མེད་དེ། ཅིའི་ཕྱིར་ཞེ་ན། ཕུང་པོ་མི་རྟག་པ་རྣམས་ལས་ཆོས་མི་མཐུན་པའི་ཕྱིར་རྟག་པ་ཉིད་དུ་ཐལ་བར་འགྱུར་བའི་ཕྱིར་དང་། གཞན་ཉིད་ཡིན་ན་གཟུང་དུ་ཡོད་པར་ཐལ་བར་འགྱུར་བའི་ཕྱིར་ཏེ། །གཟུང་དུ་ཡང་མེད་པས་དེའི་ཕྱིར་ཕུང་པོ་རྣམས་ལས་དེ་བཞིན་གཤེགས་པ་གཞན་ཡང་མ་ཡིན་ནོ། །

如來也非迥異於蘊，成爲無蘊之法。爲何？因爲迥異於無

---

1 有關 22.1.abc，對勘本版的藏譯中論為：།ཕུང་མིན་ཕུང་པོ་ལས་གཞན་མིན། །དེ་ལ་ཕུང་མེད་དེ་དེར་མེད། །དེ་བཞིན་གཤེགས་པ་ཕུང་ལྡན་མིན།，故與此中所引的偈頌文有所出入；可參考 Nāgārjuna. *Dbu ma rtsa ba’i tshig le’ur byas pa shes rab,* 31。

常之蘊，應成常性。若成相異性，應成可得。[2]不可得故，如來非迴異於蘊。

དེ་བཞིན་གཤེགས་པ་ལ་ཕུང་པོ་རྣམས་གངས་ལ་ཤིང་ལྗོན་པའི་ནགས་ཚལ་བཞིན་དུ་མེད་དེ། ཅིའི་ཕྱིར་ཞེ་ན། རྟེན་དང་བརྟེན་པ་གཞན་མ་ཡིན་པའི་ཕྱིར་མི་རྟག་པ་ཉིད་དུ་ཐལ་བར་འགྱུར་བའི་ཕྱིར་རོ། །ཕུང་པོ་རྣམས་ལ་ཡང་དེ་བཞིན་གཤེགས་པ་ཤིང་ལྗོན་པའི་ནགས་ཚལ་ན་སེང་གེ་བཞིན་དུ་མེད་དེ། ཅིའི་ཕྱིར་ཞེ་ན། སྐྱོན་བསྟན་མ་ཐག་པ་ཉིད་དུ་འགྱུར་བའི་ཕྱིར་རོ། །དེ་བཞིན་གཤེགས་པ་ཕུང་པོ་རྣམས་དང་ཤིང་ལྗོན་པའི་སྙིང་པོ་དང་ལྡན་པ་བཞིན་དུ་ལྡན་པ་མ་ཡིན་ཏེ། ཅིའི་ཕྱིར་ཞེ་ན། ཕུང་པོ་རྣམས་ལས་གཞན་མ་ཡིན་པའི་ཕྱིར་མི་རྟག་པ་ཉིད་ཀྱི་སྐྱོན་དུ་འགྱུར་བའི་ཕྱིར་རོ། །དེ་ལྟར་རྣམ་པ་ལྔས་བཙལ་ན་དེ་བཞིན་གཤེགས་པ་ཉེ་བར་ལེན་པ་ལ་མི་སྲིད་ན། ཚོད་ཀྱིས་གང་གིས་སྲིད་པའི་རྒྱུན་ཡོད་པར་ཡོངས་སུ་བརྟགས་པའི་དེ་བཞིན་གཤེགས་པ་དེ་གང་ཞིག་ཡིན་པ་སྨྲོས་ཤིག །

不像雪中的樹林，如來中無蘊。爲何？所依並非迴異於能依，故應成無常。

不像林中有獅子，蘊中無如來。爲何？將成（以下）即將闡述的過失。

不像樹有（其）精華，[3]如來不具有（其）蘊。爲何？如來非迴異於蘊，將有成爲無常之過。

以如是五相[4]觀察，不得近取者如來。全面觀察（輪迴

---

2 如來與其蘊相異的話，即便無如來之蘊，也應可得如來，但無如來之蘊不可能獲得如來，故做此說。

3 如怎麼剝芭蕉樹的皮都會有一層層的皮被剝，無法找到芭蕉樹的實心。

4 根據佛護論的解釋，彼五相是：一、如來非其蘊。二、如來非迴異於其蘊的相異性。三、如來中無其蘊。四、其蘊中無如來。五、如來不具其蘊。

之）有的續流（時，所得）的如來應當爲何？請你說明。

སྨྲས་པ། ཅི་ཁོ་བོ་ཕུང་པོ་རྣམས་ཉིད་དེ་བཞིན་གཤེགས་པའམ། ཕུང་པོ་རྣམས་ལས་དེ་བཞིན་གཤེགས་པ་གཞན་ནོ་ཞེས་སྨྲའམ། ཅིའི་ཕྱིར་ཁྱོད་ཁོ་བོ་ལ་རྟག་པའམ་མི་རྟག་པར་ཐལ་བར་འགྱུར་བའི་སྐྱོན་འདོགས་པར་བྱེད། ཁོ་བོ་ནི་ཕུང་པོ་རྣམས་ལ་བརྟེན་ནས་དེ་བཞིན་གཤེགས་པ་གདགས་པར་བྱ་བ་ཡིན་པར་སྨྲ་བས། བརྟེན་ནས་གདགས་པར་བྱ་བ་ནི། །ཉེ་བར་ལེན་པ་ལས་དེ་ཉིད་དམ་གཞན་ཉིད་དུ་མི་སྨྲའོ། དེའི་ཕྱིར་དེ་ཉིད་དུ་བརྗོད་པར་བྱ་བ་མ་ཡིན་པའི་ཕྱིར་མི་རྟག་པ་ཉིད་ཀྱི་སྐྱོན་དུ་མི་འགྱུར་ལ། གཞན་ཉིད་དུ་བརྗོད་པར་བྱ་བ་མ་ཡིན་པའི་ཕྱིར་རྟག་པ་ཉིད་ཀྱི་སྐྱོན་དུ་མི་འགྱུར་རོ། །

（他方）道：爲何指責我（說）蘊是如來，或如來迥異於蘊？爲何將應成常過或無常之過強加於我？

我說依蘊等施設如來。由依賴而施設（的緣故），不說近取處非彼性或異性。因爲不被詮釋爲彼性，不成無常之過；不被詮釋爲異性，不成常過。

བཤད་པ། ཅི་ཁྱོད་ལེགས་པར་སྨྲ་བའི་ཕྱེད་ཀྱིས་གར་བྱེད་དམ། ཁྱོད་བརྟེན་ནས་དེ་བཞིན་གཤེགས་པ་གདགས་པར་ཡང་སྨྲ་ལ། དེ་བཞིན་གཤེགས་པ་ངོ་བོ་ཉིད་ལས་ཡང་འགྲུབ་པར་ཡང་འདོད་ཀྱི། །འོ་ན། གལ་ཏེ་སངས་རྒྱས་ཕུང་པོ་ལ། །བརྟེན་ནས་ངོ་བོ་ཉིད་ལས་མེད། །གལ་ཏེ་སངས་རྒྱས་ཕུང་པོ་རྣམས་ལ་བརྟེན་ནས་གདགས་པར་བྱ་བ་ཡིན་ན། དེའི་དོན་ནི་སངས་རྒྱས་ངོ་བོ་ཉིད་ལས་མེད་པ་མ་ཡིན་ནམ། འདི་ལྟར་ངོ་བོ་ཉིད་ལས་ཡོད་པ་ལ་ནི་ཡང་བརྟེན་ནས་གདགས་པས་ཅི་བྱ་སྟེ། དེའི་ངོ་བོ་ཉིད་གང་ཁོ་ན་ཡིན་པ་དེ་ཁོ་ནས་གདགས་པར་བྱ་བར་འགྱུར་རོ། །གང་གི་ཕྱིར་དེ་ངོ་བོ་ཉིད་མེད་པ་དེའི་ཕྱིར་ཉེ་བར་ལེན་པས་གང་གདགས་པར་བྱ་བ་སྟེ། དེ་ལྟ་བས་ན་དེ་བཞིན་གཤེགས་པ་ངོ་བོ་ཉིད་ལས་ཡོད་པ་མ་ཡིན་ནོ། །

（自方）道：莫非你以精通梵文（之姿）而舞？因爲你說如來因觀待而被施設，卻主張如來是自性有。那麼，（《中論》）云：

**22.2.ab 佛若觀待蘊，則非自性有，**[5]

若佛是依蘊而被施設，其義是指佛無自性嗎？既是自性有，豈能觀待施設？自性決定爲何，將決定施設彼性。之所以能施設近取處，是因無自性。因此，如來非自性有。

ངོ་བོ་ཉིད་ལས་གང་མེད་པ། དེ་གཞན་དངོས་ལས་ག་ལ་ཡོད། །དེ་བཞིན་གཤེགས་པ་གང་ངོ་བོ་ཉིད་ལས་མེད་པ་དེ་དག་གཞན་གང་ལས་ཡོད་པར་སེམས་ན།

（《中論》）云：

**22.2.cd 自性若是無，[6]豈有他事物？**

如來既無自性，豈能由此執有他？

སྨྲས་པ། གཞན་གྱི་དངོས་པོ་ལས་ཏེ། དེ་བཞིན་གཤེགས་པ་ནི་ཉེ་བར་ལེན་པ་གཞན་དུ་གྱུར་ལ་བརྟེན་ནས་གདགས་པར་བྱ་བ་ཡིན་པས་དེའི་ཕྱིར་དེ་བཞིན་གཤེགས་པ་

5 有關 22.2.b，對勘本版的藏譯中論為：།བརྟེན་ནས་རང་བཞིན་ལས་ཡོད་མིན།，故與此中所引的偈頌文有所出入；可參考 Nāgārjuna. *Dbu ma rtsa ba'i tshig le'ur byas pa shes rab*, 31。

6 有關 22.2.c，對勘本版的藏譯中論為：།རང་བཞིན་ལས་ནི་གང་མེད་པ།，故與此中所引的偈頌文有所出入；可參考 Nāgārjuna. *Dbu ma rtsa ba'i tshig le'ur byas pa shes rab*, 31。

གཞན་གྱི་དངོས་པོ་ལས་ཡོད་དོ། །

（他方）道：由（如來的確可執）他事物，如來觀待迥異於（己）的近取處而被施設，故有迥異於如來的事物。

བཤད་པ། །གང་ཞིག་གཞན་གྱི་དངོས་བརྟེན་ནས། །དེ་དག་ཉིད་དུ་མི་འཐད་དོ། །གང་ཞིག་གཞན་གྱི་དངོས་པོ་ལ་བརྟེན་ནས་གདགས་པར་བྱ་བ་དེ་ནི་བདག་ཉིད་ཡོད་དོ་ཞེས་བརྗོད་པར་མི་འཐད་དེ། ཅིའི་ཕྱིར་ཞེ་ན། རང་ལས་མ་གྲུབ་པའི་ཕྱིར་རོ། །

（自方道，《中論》）云：

**22.3.ab 從他事物生，故非自性有；**[7]

若某法觀待他事物而被施設，不應理說彼是自性有。爲何？從己（而有）不成立的緣故。

གང་ཞིག་བདག་ཉིད་མེད་པ་དེ། །ཇི་ལྟར་དེ་བཞིན་གཤེགས་པར་འགྱུར། །དེ་བཞིན་གཤེགས་པ་གང་ཞིག་རང་གི་བདག་ཉིད་མེད་པ་དེ་ཉིད་ཉེ་བར་ལེན་པ་གཞན་དུ་གྱུར་པས་གདགས་པར་བྱ་ན་ཇི་ལྟར་དེ་བཞིན་གཤེགས་པར་འགྱུར། །གལ་ཏེ་དེ་རང་གི་བདག་ཉིད་མེད་པར་ཉེ་བར་ལེན་པ་ལ་བརྟེན་ནས་བདག་ཉིད་ཡོད་པར་འགྱུར་ན་ནི། དེ་ལྟ་ན་ཉེ་བར་ལེན་པ་ལ་བརྟེན་ཏེ་སྐྱེས་པར་འགྱུར་བས་དེ་ཡང་མི་འདོད་དེ། །མི་རྟག་པ་ཉིད་ལ་སོགས་པའི་སྐྱོན་དུ་ཐལ་བར་འགྱུར་བའི་ཕྱིར་རོ། །

（《中論》）云：

7　有關 22.3.b，對勘本版的藏譯中論為：།དེ་བདག་ཉིད་དུ་མི་འཐད་དོ།，故與此中所引的偈頌文有所出入；可參考 Nāgārjuna. *Dbu ma rtsa ba'i tshig le'ur byas pa shes rab,* 31。

## 22.3.cd 若非自性有，云何是如來？

無自性的如來，彼性迥異於近取處而被施設，豈能是（自性的）如來？若無自性者能依近取處而有自性，（其）生將會依賴近取處，（我）不承許彼（說），因爲（有如來）應成無常等諸過。

ཡང་གཞན་ཡང་། གལ་ཏེ་ངོ་བོ་ཉིད་མེད་ན། །གཞན་དངོས་ཡོད་པར་ཇི་ལྟར་འགྱུར། །ངོ་བ་ཉིད་དང་གཞན་དངོས་དག །མ་གཏོགས་དེ་བཞིན་གཤེགས་དེ་གང་། །གལ་ཏེ་དེ་བཞིན་གཤེགས་པ་ངོ་བོ་ཉིད་མེད་དེ། ངོ་བོ་ཉིད་ཡོད་པ་མ་ཡིན་ན། གཞན་གྱི་དངོས་པོ་ཡོད་པར་ག་ལ་འགྱུར། འདི་ལྟར་གང་ངོ་བོ་ཉིད་ལས་གཞན་ཡིན་པ་དེ་གཞན་གྱི་དངོས་པོ་ཞེས་བྱ་ན། ངོ་བོ་ཉིད་མེད་པ་དེ་གང་ལས་གཞན་གྱི་དངོས་པོར་འགྱུར། དེ་ལྟ་བས་ན་གཞན་གྱི་དངོས་པོ་ཡང་ཡོད་པ་མ་ཡིན་པ་ཉིད་དོ། །འོ་ན་ངོ་བོ་ཉིད་དང་གཞན་གྱི་དངོས་པོ་དག་མ་གཏོགས་པར་དེ་བཞིན་གཤེགས་པ་དེ་གང་ཡིན་པ་དང་། གང་གིས་གདགས་པར་བྱ་བ་དེ་སྨྲོས་ཤིག །

另外，（《中論》）云：

## 22.4 自性若非有，[8]豈有他事物？離自他事物，[9]云何是如來？

8 有關 22.4.a，對勘本版的藏譯中論為：།གལ་ཏེ་རང་བཞིན་ཡོད་མིན་ན།，故與此中所引的偈頌文有所出入；可參考 Nāgārjuna. *Dbu ma rtsa ba'i tshig le'ur byas pa shes rab*, 32。

9 有關 22.4.c，對勘本版的藏譯中論為：།རང་བཞིན་དང་ནི་གཞན་དངོས་དག，故與此中所引的偈頌文有所出入；可參考 Nāgārjuna. *Dbu ma rtsa ba'i tshig le'ur byas pa shes rab*, 32。

若如來無自性，自性非有，豈有他事物？如是，迥異於自性故稱他事物時，若自性非有，由何成爲他事物？因此，絕無他事物。那麼請說，遠離自性及他事物的如來又是何者？由何施設（如來）？

སྨྲས་པ། ཁྱོད་བརྟེན་ནས་གདགས་པར་བྱ་བའི་དོན་རྣམ་པར་མི་ཤེས་པར་མི་རིགས་པ་མང་པོ་དེ་སྙེད་ཅིག་སྨྲ་སྟེ། གཞན་གྱི་ཚིག་ལ་ཅོ་འདྲི་བ་ཙམ་གྱིས་ནི་དེ་ཁོ་ནའི་དོན་ཡོངས་སུ་ཤེས་པར་མི་ནུས་སོ། །དེ་བཞིན་གཤེགས་པ་རྣམས་ལ་བརྟེན་ནས་གདགས་པར་བྱ་བ་གང་ཡིན་པ་དེ་ལ་ཅི་དེ་བཞིན་གཤེགས་པ་ངོ་བོ་ཉིད་ལས་ཡོད་དམ་འོན་ཏེ་གཞན་གྱི་དངོས་པོ་ལས་ཡོད་ཅེས་བྱ་བའི་ཚིག་དེའི་གླན་ཀར་མི་འགྱུར་རོ། །

（他方）道：你不知觀待施設之義，且大放厥詞。光與對方較量言詞並不能精通眞實義！關於諸佛皆是觀待施設（之義）並不存在「如來是自性有，還是他事物而有」的爭論。

བཤད་པ། འཇིག་རྟེན་ན། འདྲེ་ཡིས་བྱ་བ་གང་ཡིན་པ། །དེ་ནི་བྱིས་པ་དག་བྱེད་དོ། །ཞེས་བརྗོད་པ་དེ་ནི་བདེན་པ་ཁོ་ན་སྟེ། ཁོ་བོ་ནི་བརྟེན་ནས་གདགས་པར་བྱ་བའི་དོན་རྣམ་པར་མི་ཤེས་པ་ཡིན་ལ། ཁྱོད་ནི་མ་ཡིན་པ་ལྟ་ཞིག །ཁྱོད་ཀྱིས་གང་དག་ལ་དེ་བཞིན་གཤེགས་པ་ཡོད་པ་ཉིད་དུ་ཡོངས་སུ་བརྟགས་པའི་ཕུང་པོ་རྣམས་ནི་ཉེ་བར་ལེན་པ་ཉིད་དུ་མི་འཐད་དོ། །

（自方）道：世間說：「舉凡鬼所做，凡愚皆做此！」此言千眞萬確。

我的確不知（你所說的）觀待施設之義，你卻非（如是）。你（主張）如來是有（的同時，卻又）全面執著蘊爲近取處，實不應理。

དེ་ཇི་ལྟར་ཞེ་ན། གལ་ཏེ་ཕུང་པོ་མ་བརྟེན་པར། །དེ་བཞིན་གཤེགས་པ་འགའ་ཡོད་ན། །དེ་ནི་ད་གདོད་རྟེན་གྱུར་ཞིང་། །བརྟེན་ནས་དེ་ལས་འགྱུར་ལ་རག། །གལ་ཏེ་ཕུང་པོ་རྣམས་ཉེ་བར་ལེན་པའི་[10]སྔ་རོལ་ན། དེ་བཞིན་གཤེགས་པ་ཞེས་བྱ་བ་འགའ་ཞིག་ཡོད་ཅིང་། དེ་ཕུང་པོ་རྣམས་ཉེ་བར་ལེན་པར་འགྱུར་ན་ནི། དེ་ལྟ་ན་ནི་དེ་བཞིན་གཤེགས་པ་བརྟེན་ནས་ཡོད་པར་འགྱུར་ལ་རག་གོ །དེ་ཡང་སྐྱེས་པར་གྱུར་ལ་ཕུང་པོ་རྣམས་ཀྱིས་དེ་གསལ་བ་ཙམ་ཞིག་བྱེད་པར་འགྱུར་དུ་ནི།

為何？（《中論》）云：

**22.5 若離觀待蘊，仍有某如來，彼隨後取蘊，觀待成如來。**[11]

若蘊的近取處之前有某如來，此（如來）因近取蘊等，故如來僅觀待而有。彼（如來）亦是生法，且由蘊等明現其（如來）。

ཕུང་པོ་རྣམས་ལ་མ་བརྟེན་པར། །དེ་བཞིན་གཤེགས་པ་འགའ་ཡང་མེད། །གང་ཞིག་མ་བརྟེན་ཡོད་མིན་པ། །དེས་ནི་ཇི་ལྟར་ཉེར་ལེན་འགྱུར། །ཕུང་པོ་རྣམས་ལ་མ་བརྟེན་པར་དེ་བཞིན་གཤེགས་པ་འགའ་ཡང་མི་འཐད་དེ། གང་ཕུང་པོ་རྣམས་ལ་མ་བརྟེན་པར་མེད་ན། མེད་པ་དེས་ཇི་ལྟར་ཕུང་པོ་རྣམས་ཉེ་བར་ལེན་པར་འགྱུར།

（《中論》）云：

10 根據北京版及奈塘版，去掉ཟོ字。

11 有關 22.5.cd，對勘本版的藏譯中論為：དེ་ནི་ད་གདོད་རྟེན་འགྱུར་ཞིང་། །བརྟེན་ནས་དེ་ནས་འགྱུར་ལ་རག，故與此中所引的偈頌文有所出入；可參考 Nāgārjuna. *Dbu ma rtsa ba'i tshig le'ur byas pa shes rab*, 32。

**22.6 若離觀待蘊，如來皆非有；離觀待則無，豈能近取蘊？**

若不觀待蘊等，不應有如來。既不觀待蘊等、不存在的話，無者豈能近取蘊等？

སྨྲས་པ། གཞུང་ལུགས་དང་འགལ་བ་དེ་བཤད་དེ་ཅི་རུང་། འདིར་ལྟར་བཅོམ་ལྡན་འདས་ཀྱིས་འཁོར་བ་ལ་ཐོག་མ་དང་ཐ་མ་མེད་དོ་ཞེས་གསུངས་པས། དེ་ལ་ཉེ་བར་ལེན་པ་པོ་དང་ཉེ་བར་བླངས་པ་དག་སྔ་ཕྱི་ཡོད་པར་འཐད་པར་ག་ལ་འགྱུར་ཏེ། དེ་ནི་རྟག་ཏུ་ཉེ་བར་ལེན་པ་དང་བཅས་པས་གདགས་པར་བྱ་བ་ཡིན་ནོ། །

（他方）道：既與教典相違，何須解說？總之，薄伽梵已宣說輪迴無始無終。於此，存在近取者與近取處的前後（順序），豈能應理？永遠不離近取，故而施設（近取者與近取處）。

བཤད་པ། གལ་ཏེ་འཁོར་བ་ལ་ཐོག་མ་དང་ཐ་མ་མེད་པས་ཉེ་བར་ལེན་པ་པོ་དང་ཉེ་བར་བླངས་པ་དག་སྔ་ཕྱི་ཡོད་པར་མི་འཐད་ན་ནི། དེ་བཞིན་གཤེགས་པ་ནི་ཉེ་བར་ལེན་པ་པོ་ཡིན་ལ་ཕུང་པོ་རྣམས་ནི་ཉེ་བར་བླང་བ་ཡིན་ནོ་ཞེས་བྱ་བ་འདི་ཡང་མི་འཐད་པ་མ་ཡིན་ནམ། ཅིའི་ཕྱིར་ཞེ་ན། འདི་ལྟར། ཉེ་བར་བླངས་པ་མ་ཡིན་པ། །ཉེ་བར་ལེན་པར་ཅིས་མི་འགྱུར། །ཉེ་བར་ལེན་པ་མེད་པ་ཡི། །དེ་བཞིན་གཤེགས་པ་ཅི་ཡང་མེད། །འདི་ལ་ཉེ་བར་བླངས་པ་ཡིན་པས་ཉེ་བར་ལེན་པ་ཞེས་བྱ་ལ། ཉེ་བར་ལེན་པར་བྱེད་པས་ཉེ་བར་ལེན་པ་པོ་ཞེས་བྱ་བས། དེའི་ཕྱིར་ཉེ་བར་ལེན་པ་པོས་ཉེ་བར་བླངས་པ་མ་ཡིན་པ་ནི་ཉེ་བར་ལེན་པ་མ་ཡིན་ལ། ཉེ་བར་བླངས་པ་ཉེ་བར་ལེན་པར་མི་བྱེད་པ་ཡང་ཉེ་བར་ལེན་པ་པོ་མ་ཡིན་ནོ། །འཁོར་བ་ལ་ཐོག་མ་དང་ཐ་མ་མེད་ན་འདི་ནི་ཉེ་བར་བླངས་པའོ། །འདི་ནི་ཉེ་བར་ལེན་པར་བྱེད་པའོ་ཞེས་བྱ་བ་དེ་མི་འཐད་དོ། །

（自方）道：若因輪迴無始無終，故不成立前後存在的近取者與近取處，這難道不是否定如來是近取者、蘊是近取處嗎？爲何？如是，（《中論》）云：

**22.7 既非近取處，豈能成近取？遠離近取故，如來皆非有。**

於此，因爲是近取處，故稱「近取」，因爲近取，故稱「近取者」。若非近取者的近取處，則非近取，若近取處不被近取，則非近取者。說「於無始無終的輪迴中，此是近取處、此被近取」皆不應理。

དེ་ལྟར་སྔ་ཕྱི་མེད་ན་ཁྱོད་ཀྱི་ཕུང་པོ་རྣམས་ཇི་ལྟར་ཉེ་བར་བླང་བ་ཡིན་པ་དང་། ཁྱོད་ཀྱིས་ཡོངས་སུ་བརྟགས་པའི་དེ་བཞིན་གཤེགས་པ་དེ་ཇི་ལྟར་ཉེ་བར་ལེན་པ་པོ་ཡིན་པ་དེ་སྨྲོས་ཤིག །དེ་ལྟ་བས་ན་སྔ་ཕྱི་མེད་ན་ཉེ་བར་ལེན་པ་པོ་ཡང་མི་འཐད་པ་ཉིད་ཡིན་ལ། ཉེ་བར་བླང་བ་ཡང་མི་འཐད་པ་ཉིད་དོ། །

如是，若無前後，請你說明蘊等如何是近取處？你所遍執的如來豈能是近取者？

因此，若無前後，近取者也不應理，近取處亦絕對非理。

སྨྲས་པ། དེ་ནི་འཐད་དེ། ཅིའི་ཕྱིར་ཞེ་ན། དེ་ཉིད་དང་གཞན་ཉིད་དུ་བརྗོད་པར་བྱ་བ་མ་ཡིན་པའི་ཕྱིར་ཏེ། ཉེ་བར་ལེན་པ་པོ་དང་ཉེ་བར་བླང་བ་ནི་དེ་ཉིད་དང་གཞན་ཉིད་དུ་མི་བརྗོད་དོ། །རེ་ཞིག་དེ་ཉིད་དུ་མི་བརྗོད་དེ་བྱེད་པ་པོའི་ཚིག་ཐ་དད་པའི་ཕྱིར་རོ། གཞན་ཉིད་དུ་ཡང་མི་བརྗོད་དམ་སོ་སོར་འགྲུབ་པ་མེད་པའི་ཕྱིར་རོ། །དེ་ལྟ་བས་ན་དེ་གཉི་ག་ཡང་ཡོད་དེ་དེ་ཉིད་དང་གཞན་ཉིད་དུ་ནི་བརྗོད་པར་མི་ནུས་སོ། །

（他方）道：此當應理。爲何？不可說彼性及異性的緣故。不可說近取者及近取處是彼性及異性。

首先，不可說彼性，因爲作者（與作處的）名詞相異的緣故。

不可說異性，因爲非各各分別成立的緣故。因此，彼二（近取者及近取處）都應存在，且不可說（其二是）彼性及異性。

བཤད་པ། ཅི་ཁྱོད་མཛའ་བཤེས་ཀྱི་བློས་དགྲ་བོ་དཔང་དུ་ལེན་ཏམ། ཁྱོད་གང་ཁོ་ནས་ཉེ་བར་ལེན་པ་པོ་དང་ཉེ་བར་བླངས་པ་དག་རབ་ཏུ་འགྲུབ་པར་མི་འདོད་པ་དེ་ཁོ་ནས་དེ་དག་རབ་ཏུ་བསྒྲུབ་པའི་ཕྱིར་རྩོམ་པར་བྱེད་ཀོ། །འདི་ལྟར་གལ་ཏེ་ཉེ་བར་བླང་པ་དང་ཉེ་བར་ལེན་པ་པོ་ཞིག་ཡོད་པར་གྱུར་ན་གཅིག་པ་ཉིད་དམ། གཞན་ཉིད་དུ་འགྱུར་བར་ཐེ་ཚོམ་མེད་དོ། །གང་དག་གཅིག་པ་ཉིད་དུ་ཡང་ཡོད་པ་མ་ཡིན་ལ་གཞན་ཉིད་དུ་ཡང་ཡོད་པ་མ་ཡིན་པ་དེ་དག་གཞན་དུ་ཇི་ལྟར་ཡོད་པར་འགྱུར། དེ་ལྟ་བས་ན་ཉེ་བར་བླང་བ་ཡང་ཡོད་པ་མ་ཡིན་པ་ཉིད་ལ་ཉེ་བར་ལེན་པ་པོ་ཡང་ཡོད་པ་མ་ཡིན་པ་ཉིད་དོ། །

（自方）道：莫非你要以親友之情邀敵作證？因爲你就想至極成立已遭堅決否定的近取者及近取處。毋庸置疑，若有近取處及近取者，將成一性或異性。若無一性也無異性，豈有其他（選項）？因此，無近取處亦無近取者。

ཐ་སྙད་ཀྱི་དབང་གིས་ཉེ་བར་ལེན་པ་པོ་དང་ཉེ་བར་བླངས་པ་དག་རྗོད་པར་བྱེད་ན་ཡང་དེ་ཉིད་ཀྱང་མ་ཡིན་པ་གཞན་ཉིད་ཀྱང་མ་ཡིན་པར་བརྗོད་དགོས་ཏེ། དེ་ནི་རེས་པ་ཁོ་ནར་དེ་ལྟར་བལྟའོ། །གཞན་དུ་ན་དེ་བཞིན་གཤེགས་པ་བདག་དང་ཉེ་བར་ལེན་པ་བདག་མེད་པ་དག་ཇི་ལྟར་གཞན་ཉིད་དུ་མི་འགྱུར། སློབ་དཔོན་འཕགས་པ་ལྷས་ཀྱང་། གང་ཕྱིར་གཟུགས་ལ་བདག་མེད་པ། །དེ་ཕྱིར་གཟུགས་ལས་བདག་གཞན་འགྱུར། །གྲང་དང་ཚ་བ་ཐ་

དད་ཉིད། །མེད་ཅེས་བརྗོད་པར་མི་རུང་བཞིན། །ཞེས་གསུངས་སོ། །

須做此觀：若以名言力詮釋近取者及近取處時，也須詮釋其（近取者及近取處）非彼性、非異性。否則，如來是我，近取者是無我，（其二者）豈能不相異？阿闍黎聖天亦云：「色中我非有，離色我成異，如不可說此，冷熱非相異。」[12]

ཅི་སྟེ་ཡང་ཉེ་བར་ལེན་པ་པོ་ཞིག་ཡོད་པར་གྱུར་ན་དེ་ལྟ་ན་ཡང་། རྣམ་པ་ལྔས་ནི་བཙལ་བྱས་ན། །གང་ཞིག་དེ་ཉིད་གཞན་ཉིད་དུ། །མེད་པའི་དེ་བཞིན་གཤེགས་པ་དེ། །ཉེ་བར་ལེན་པས་ཇི་ལྟར་གདགས། །དེ་བཞིན་གཤེགས་པ་གང་ཉེ་བར་ལེན་པ་གང་གིས་གདགས་པར་བྱ་བ་དེ་ཉིད་ལ་རྣམ་པ་ལྔས་བཙལ་ན་དེ་ཉིད་དང་གཞན་ཉིད་དུ་བརྗོད་པར་བྱ་བ་མ་ཡིན་པ་ཉེ་བར་ལེན་པ་ལ་མེད་ན་ཇི་ལྟར་དེ་བཞིན་གཤེགས་པ་ཡོད་དོ་ཞེས་བརྗོད་པར་བྱ། །དེ་ལྟ་བས་ན་བརྟེན་ནས་གདགས་པ་དང་ཡོད་པ་ཉིད་ཀྱང་མི་འཐད་དོ། །

若（說）有近取者，然而，（《中論》）云：

**22.8 依五相而尋，於彼異性中，如來不可得，近取豈施設？**

依五相尋找由何近取施設如來，（你認為）不可說彼性及異性。既無，豈能說如來是有？因此，觀待施設及有皆不應理。

སྨྲས་པ། ཇི་སྲིད་དུ་ཉེ་བར་ལེན་པ་ཞེས་བྱ་བ་ཕུང་པོ་ལྔ་པོ་འདི། སྔོན་དུ་དམིགས་པར་འགྱུར་དེ་སྲིད་དུ་ཇི་ལྟར་མེད་པར་འགྱུར་ཏེ། དེའི་ཕྱིར་རེ་ཞིག་ཉེ་བར་ལེན་པ་ནི་ཡོད་

12 《四百論》中找不到此偈，此偈只被藏譯的《佛護論》引用。

དོ། །ཁ་ལོ་སྒྱུར་བ་མེད་པར་ཤིང་རྟ་མི་འགྲོ་བས་འདི་ལ་ཉེ་བར་ལེན་པ་པོ་ཡང་ཡོད་པར་འགྱུར་རོ། །

（他方）道：沒有馬夫，馬車不會前進。但凡先緣近取五蘊，其間豈無（近取者）？因此，存在近取，也存在近取者。

བཤད་པ། ཅི་ཁྱོད་ཆུ་བོ་ཤུགས་དྲག་པོས་ཁྱེར་བ་ན་རྩ་དྲུངས་ཕྱུང་ལ་འཇུའམ། ཁྱོད་ཉེ་བར་བླངས་པས་ཉེ་བར་ལེན་པ་པོ་རབ་ཏུ་བསྒྲུབ་པར་འདོད་ཀོ། །གང་གི་ཚེ། གང་ཞིག་ཉེ་བར་བླངས་བ་དེ། །དེ་ནི་ངོ་བོ་ཉིད་ལས་མེད། །ཉེ་བར་བླང་བ་གང་ཡོད་དོ་སྙམ་དུ་སེམས་པ་དེ་ཡང་རྟེན་ཅིང་འབྲེལ་པར་འབྱུང་བའི་ཕྱིར་ངོ་བོ་ཉིད་མེད་དོ། །

（自方）道：爲何你被瀑流沖襲仍要抓緊無根之草？（因爲）你主張：已近取故，至極成立近取者。（《中論》）云：

**22.9.ab 何法是近取，彼非從自性；**[13]

（雖）念：近取的確存在。

彼（近取）是緣起，故無自性。

སྨྲས་པ། དེ་ནི་རེ་ཞིག་ཡོད་དེ། གལ་ཏེ་བདག་གི་དངོས་པོ་ལས་ཡོད་པ་མ་ཡིན་ཡང་གཞན་གྱི་དངོས་པོ་ལས་ཡོད་དོ། །

（他方）道：首先，的確存在（近取），雖非由己事物而有，卻是從他事物而有。

13 有關 22.9.b，對勘本版的藏譯中論為：།དེ་ནི་རང་བཞིན་ལས་ཡོད་མིན།，故與此中所引的偈頌文有所出入；可參考 Nāgārjuna. *Dbu ma rtsa ba'i tshig le'ur byas pa shes rab,* 32。

བཤད་པ། བདག་གི་དངོས་ལས་གང་མེད་པ། དེ་བཞིན་དངོས་ལས་ཡོད་རེ་སྐན། ཉེ་བར་ལེན་པ་གང་བདག་གི་དངོས་པོ་ལས་མེད་པ་དེ་གཞན་གྱི་དངོས་པོ་ལས་ཡོད་པར་འགྱུར་རེ་སྐན། གང་གི་ཚེ་བདག་གི་དངོས་པོ་འགའ་ཞིག་ཡོད་ན་གཞན་དུ་གྱུར་ན།[14] ཉེ་བར་ལེན་པ་ནི་བདག་གི་དངོས་པོ་ལས་ཡོད་པ་མ་ཡིན་པས། དེའི་ཕྱིར་དེ་ལས་གཞན་ཡང་ཡོད་པ་མ་ཡིན་པ་ཉིད་དོ། །གཞན་མེད་ན་ཇི་ལྟར་གཞན་ལས་ཡོད་པར་འགྱུར། དེ་ལྟ་བས་ན་ཉེ་བར་ལེན་པ་ནི། གཞན་གྱི་དངོས་པོ་ལས་ཀྱང་ཡོད་པ་མ་ཡིན་ནོ། །

（自方道，《中論》）云：

**22.9.cd 法不從己性，絕非從事物。**[15]

近取既非從己事物（而有），定將不從他事物（而有）！若有某己事物，則有他事物，然而近取不從己事物而有，故彼亦非從他事物而有。既無他，豈能從他而有？因此，近取也非從他事物而有。

མངོན་སུམ་དུ་དམིགས་པ་ཞེས་གང་སྨྲས་པ་དེ་ཡང་རང་གི་སེམས་ཀུན་ཏུ་རྨོངས་པའི་སྐྱོན་གྱིས་སྒྱུ་མ་དང་རྨི་ལམ་མཐོང་བ་བཞིན་དུ་མཐོང་བ་ཡིན་གྱི། འདི་ལ་ཡང་དག་པར་ཅུང་ཟད་ཀྱང་མེད་དེ། འདི་བདེན་ནོ་སྙམ་དུ་མངོན་པར་ཞེན་པ་དེ་སྤང་བའི་ཕྱིར། བཅོམ་ལྡན་འདས་ཀྱིས་དབུ་བ་རྡོས་པ་དང་ཆུའི་ཆུ་བུར་དང་སྨིག་རྒྱུ་དང་ཆུ་ཤིང་གི་ཕུང་པོ་དང་སྒྱུ་མའི་དཔེ་དག་བཀའ་སྩལ་ཅིང་། སྒྱུ་མ་འདི་ནི་བྱིས་པ་འདྲིད་པའོ་ཞེས་ཀྱང་

14 根據北京版及奈塘版，加上གཞན་དུ་གྱུར་ན།。

15 有關 22.9.d，對勘本版的藏譯中論為：།དེ་གཞན་དངོས་ལས་ཡོད་རེ་སྐན།，故與此中所引的偈頌文有所出入；可參考 Nāgārjuna. *Dbu ma rtsa ba'i tshig le'ur byas pa shes rab*, 32。

གསུངས་ཏེ།

（你）說以現識緣取，皆由自心愚昧之過故見夢幻，於此，並不存在任何諦實。爲能斷除彼是諦實有的執著，薄伽梵說破滅的水泡、水中的泡沫、陽焰、芭蕉樹、幻化等譬喻，宣說此等幻相欺誑愚者。

གང་གི་ཕྱིར་དེ་དག་ཡོད་པ་མ་ཡིན་པ་དེའི་ཕྱིར། དེ་ལྟར་ཉེར་བླང་ཉེར་ལེན་པོ། །རྣམ་པ་ཀུན་གྱིས་སྟོང་པ་ཡིན། །སྟོང་པས་དེ་བཞིན་གཤེགས་སྟོང་པ། །ཇི་ལྟ་བུར་ན་འདོགས་པར་འགྱུར། །དེ་ལྟར་གང་གི་ཕྱིར་ཉེ་བར་ལེན་པ་ངོ་བོ་ཉིད་ལས་ཀྱང་ཡོད་པ་མ་ཡིན་ལ་གཞན་གྱི་དངོས་པོ་ལས་ཀྱང་ཡོད་པ་མ་ཡིན་པ་དེའི་ཕྱིར་ཉེ་བར་ལེན་པ་སྟོང་པ་ཡིན་ནོ། །གང་གི་ཕྱིར་ཉེ་བར་ལེན་པ་པོ་ཡང་རྣམ་པ་ཀུན་གྱིས་ཡོངས་སུ་བརྟགས་ན་ངོ་བོ་ཉིད་ལས་ཀྱང་ཡོད་པ་ཡིན་ལ་གཞན་གྱི་དངོས་པོ་ལས་ཀྱང་ཡོད་པ་མ་ཡིན་པ་དེའི་ཕྱིར་ཉེ་བར་ལེན་པ་པོ་ཡང་སྟོང་པ་ཡིན་ནོ། །དེའི་ཕྱིར་ཁྱོད་དབུ་བ་རྡོས་པ་དང་། ཆུའི་ཆུ་བུར་དང་སྨིག་རྒྱུ་དང་ཆུ་ཤིང་གི་ཕུང་པོ་དང་སྒྱུ་མ་ལྟར་སྙིང་པོ་མེད་ཅིང་ངོ་བོ་ཉིད་སྟོང་པའི་ཉེ་བར་ལེན་པས། སྒྱུ་མའི་སྐྱེས་བུ་དང་རྨི་ལམ་དང་གཟུགས་བརྙན་དང་དྲི་ཟའི་གྲོང་ཁྱེར་ལྟར་སྙིང་པོ་མེད་ཅིང་ངོ་བོ་ཉིད་སྟོང་པའི་དེ་བཞིན་གཤེགས་པ་ཡོད་དོ་ཞེས་ཇི་ལྟར་འདོགས་པར་བྱེད་པ་ཇི་སྐྲོས་ཤིག །

一切皆無，故（《中論》）云：

**22.10 近取近取者，一切皆空相，空故無如來，豈能有施設？**

近取不從自性而有，也不從他事物而有，故近取爲空。全面觀察近取者時，（近取者）不從自性而有，也不從他事物而有，故近取者亦空。因此，你以如破滅的水泡、水中的泡沫、陽焰、芭蕉樹、幻化等無義且無自性的近取，豈能施設如幻化士夫、夢相、影像、乾闥婆城等無義且無自性的如來，（並說其）存在？

དེ་ལྟ་བས་ན་རེ་ཞིག་རང་གི་ཕྱོགས་ལ་ཆགས་པ་མཐོང་[16]ལ་ཅི་གང་བརྟེན་ནས་ཡོད་པར་འདོགས་པ་དང་། གང་བརྟེན་ནས་ཡོད་པ་ཉིད་དང་མེད་པ་ཉིད་སྤངས་ཏེ་དབུ་མར་བསྒྲུབས་པ་འདི་ཡོད་པས་འདི་འབྱུང་ལ། འདི་མེད་པས་འདི་མི་འབྱུང་ངོ་ཞེས་འདོགས་པར་བྱེད་པ་དེ་གཉིས་ལས་གང་བརྟེན་ནས་གདགས་པར་བྱ་བའི་དོན་རྣམ་པར་མི་ཤེས་པ་ཡིན་པ་དེ་སོམས་ཤིག །དེ་ལྟ་བས་ན་བརྟེན་ནས་གདགས་པར་བྱ་བའི་དོན་ནི་དངོས་པོ་གང་བརྟེན་ནས་གདགས་པར་བྱ་བ་དེ་ནི་རྣམ་པ་ཐམས་ཅད་དུ་ངོ་བོ་ཉིད་སྟོང་པའི་ཕྱིར་ཡོད་པ་དང་མེད་པར་བརྗོད་པར་བྱ་བ་མ་ཡིན་པ་དེ་ཉིད་ཡིན་ཏེ། ཐ་སྙད་ཀྱི་ཚིག་ལ་ནི་སྐྱོན་མེད་དོ།

首先，因見貪著己方而施設為有。應斷有性及無性，成辦中道。應知（你）尚未了解由二——施設有此故生彼，無此故無彼——施設之義。因此，於一切行相中，依賴施設處的事物所做施設皆無自性，故不可說有及無，且無詞過。

སྨྲས་པ། གལ་ཏེ་དེ་ལྟར་དེ་དག་ཐམས་ཅད་སྟོང་ངོ་ཞེས་ཀྱང་བརྗོད་པར་མི་བྱ་བ་ཡིན་ན་འོ་ན་ཁྱོད་བག་ཚ་བ་མེད་པར་གསང་བསྟོད་དེ། འདི་དག་ཐམས་ཅད་སྟོང་ངོ་ཞེས་སྨྲ་འམ། །

（他方）道：既然不可說一切皆空，那麼，你（仍）毫無所懼地祕讚彼等皆空嗎？

16 根據北京版及奈塘版，改為མཐོང་།字。

བཤད་པ། སྟོང་ངོ་ཞེས་བརྗོད་པར་མི་བྱ་བ་ཡིན་ན་ཞེས་བྱ་བ་ནི་ཤིན་ཏུ་ཉུང་ངུ་ཞིག་བརྗོད་པ་ཡིན་ཏེ། །སྟོང་ངོ་ཞེས་ཀྱང་མི་བརྗོད་དེ། །མི་སྟོང་ཞེས་ཀྱང་མི་བྱ་ཞིང་། །གཉིས་དང་གཉིས་མིན་མི་བྱ་སྟེ། །གདགས་པའི་དོན་དུ་བརྗོད་པར་བྱ། །སྟོང་ངོ་ཞེས་ཀྱང་བརྗོད་པར་མི་བྱ། མི་སྟོང་ངོ་ཞེས་ཀྱང་མི་བྱ། །སྟོང་པ་དང་མི་སྟོང་པ་དང་། སྟོང་པ་ཡང་མ་ཡིན་མི་སྟོང་པ་ཡང་མི་ཡིན་ནོ་ཞེས་ཀྱང་བརྗོད་པར་མི་བྱའོ། །ཡང་དག་པ་མ་ཡིན་པའི་ཀུན་ཏུ་རྟོག་པ་སྤང་བའི་ཕྱིར་དང་། དོན་དམ་པའི་དེ་ཁོ་ན་གདགས་པའི་དོན་དུ་ནི་དེ་དག་བརྗོད་པར་བྱ་སྟེ། འོག་ནས་ཀྱང་། ཐ་སྙད་ལ་ནི་མ་བརྟེན་པར། །དམ་པའི་དོན་ནི་བསྟན་མི་ནུས། །དམ་པའི་དོན་ལ་མ་བརྟེན་པར། །མྱ་ངན་འདས་པ་འཐོབ་མི་འགྱུར། །ཞེས་འབྱུང་ངོ་། །སློབ་དཔོན་འཕགས་པ་ལྷས་ཀྱང་། གལ་ཏེ་དངོས་པོ་རང་བཞིན་ཡོད། །སྟོང་མཐོང་ཡོན་ཏན་ཅི་ཞིག་ཡོད། །རྟོག་པས་བཅིངས་པ་མཐོང་བས་ན། །འདིར་ནི་དེ་ཉིད་དགག་པར་བྱ། །ཞེས་གསུངས་སོ། །

（自方）道：（只有）極少數者說不可言（彼等）皆空。（《中論》）云：

**22.11 空則不可說，非空亦不說，叵說是非二，但以施設說。**

不說是空、不說非空、不說是空及不空，亦不說非空及非不空。爲能斷除非眞實義之遍執及施設眞實義而說。下文亦云：「（24.10）不依名言故，不能示勝義，不知勝義故，不能得涅槃。」阿闍黎聖天亦云：「若法本性有，見空有何德？虛妄分別縛，證空見能除。」[17]

17 《四百論》16.23。

སྨྲས་པ། གལ་ཏེ་དེ་བཞིན་གཤེགས་པ་ངོ་བོ་ཉིད་ལས་ཀྱང་ཡོད་པ་མ་ཡིན་ལ་གཞན་གྱི་དངོས་པོ་ལས་ཀྱང་ཡོད་པ་མ་ཡིན་ནོ། །ཅིའི་ཕྱིར་རྟག་པ་དང་མི་རྟག་པ་ལ་སོགས་པ་དང་། མཐའ་དང་མཐའ་མེད་པ་ལ་སོགས་པར་བརྗོད་པར་བྱ་བ་མ་ཡིན་ནོ་ཞེ་ན་བཤད། དེ་བཞིན་གཤེགས་པ་མེད་པ་ཉིད་དོ། ཞེས་གསལ་བ་ཁོ་ནར་བརྗོད་པར་བྱ་བའི་རིགས་པ་སྙམ།

（他方）道：若如來非從己性而有，非由他事物而有，爲何主張不可說常、無常、有邊、無邊等？（我）認爲：明確宣說如來非有，實屬應理。

བཤད་པ། དེ་བཞིན་གཤེགས་པ་བརྟེན་ནས་གདགས་པར་བྱ་བ་གང་ཡིན་པ་དེ། ཡོད་དོ་ཞེའམ། མེད་དོ་ཞེས་ཇི་ལྟར་བརྗོད་པར་རིགས། འདི་ལྟར་གལ་ཏེ་དེ་བཞིན་གཤེགས་པ་ཞིག་ཡོད་པར་གྱུར་ན། ཉེ་བར་ལེན་པ་མེད་པ་ཡང་ཡོད་པ་ཁོ་ནར་འགྱུར་བའི་རིགས་ན། ཉེ་བར་ལེན་པ་མེད་པར་ནི་ཡོད་པ་མ་ཡིན་ནོ། །གང་ཉེ་བར་ལེན་པ་མེད་པ་ནི་ཡོད་པ་མ་ཡིན་པ་དེ་ཇི་ལྟར་ཡོད་དོ་ཞེས་བརྗོད་པར་བྱ། །དེ་བཞིན་གཤེགས་པ་གང་ལ་བརྟེན་ནས་གདགས་པར་བྱ་བ་དེ་ཇི་ལྟར་མེད་དོ་ཞེས་ཀྱང་བརྗོད་པར་བྱ་སྟེ། འདི་ལྟར་ཨུ་དུམ་བ་རའི་མེ་ཏོག་མེད་པ་ནི་གདགས་སུ་མེད་དོ། །

（自方）道：如來因觀待而被施設，說有或無，豈能應理？如是，若有如來，（且）無近取又合理存在，（實不應理，因爲）沒有近取，（如來）非有。

既無近取，（如來）非有，豈說有彼（如來）？如無曇花，則（曇花）不被施設，既是如來的施設處，豈能說無？

དེ་ལྟར་གང་གི་ཕྱིར་རེ་ཞིག་དེ་བཞིན་གཤེགས་པ་ངོ་བོ་ཉིད་ལས་ཀྱང་ཡོད་པ་མ་ཡིན་ལ་གཞན་གྱི་དངོས་པོ་ལས་ཀྱང་ཡོད་པ་མ་ཡིན་པ་དེའི་ཕྱིར་བཤད་པ། རྟག་དང་མི་

རྟག་ལ་སོགས་བཞི། །ཞི་བ་འདི་ལ་ག་ལ་ཡོད། མཐའ་དང་མཐའ་མེད་ལ་སོགས་བཞི། ཞི་བ་འདི་ལ་ག་ལ་ཡོད། དེ་བཞིན་གཤེགས་པ་ངོ་བོ་ཉིད་སྟོང་པ་ངོ་བོ་ཉིད་ཞི་བ་གང་ཡིན་པ་དེ་ལ་རྟག་པ་དང་མི་རྟག་པ་ལ་སོགས་པ་བཞི་པོ། དེ་བཞིན་གཤེགས་པ་རྟག་པ་དང༌། དེ་བཞིན་གཤེགས་པ་མི་རྟག་པ་དང༌། དེ་བཞིན་གཤེགས་པ་རྟག་ཀྱང་རྟག་ལ། མི་རྟག་ཀྱང་མི་རྟག་པ་དང༌། དེ་བཞིན་གཤེགས་པ་རྟག་པ་ཡང་མ་ཡིན་མི་རྟག་པ་ཡང་མ་ཡིན་པ་ཞེས་བྱ་བ་དེ་དག་འཐད་པར་ག་ལ་འགྱུར། །

因爲如來非自性有，也非從他事物而有，故（《中論》）云：

**22.12 寂滅相中無，常無常等四；寂滅相中無，邊無邊等四。**

如來無自性。於其寂滅的體性中，常與無常等四──如來是常、如來是無常、如來是常也是無常、如來非常亦非無常──豈應理？

མཐའ་དང་མཐའ་མེད་པ་ལ་སོགས་པ་བཞི་པོ། དེ་བཞིན་གཤེགས་པ་མཐའ་ཡོད་པ་དང༌། དེ་བཞིན་གཤེགས་པ་མཐའ་མེད་པ་དང༌། དེ་བཞིན་གཤེགས་པ་མཐའ་ཡོད་ཀྱང་ཡོད་ལ། མཐའ་མེད་ཀྱང་མེད་པ་དང༌། དེ་བཞིན་གཤེགས་པ་མཐའ་ཡོད་པ་ཡང་མ་ཡིན་མཐའ་མེད་པ་ཡང་མ་ཡིན་པ་ཞེས་བྱ་བ་དེ་དག་འཐད་པར་ག་ལ་འགྱུར་ཏེ། དེ་བཞིན་གཤེགས་པ་ཞེས་བྱ་བ་ངོ་བོ་ཉིད་དང༌། གཞན་གྱི་དངོས་པོ་དང་བྲལ་བ་གང་ཡིན་པ་རྟག་པ་དང་མི་རྟག་པ་ལ་སོགས་པ་དེ་དག་ལས་གང་ཡང་རུང་བ་ཞིག་ཏུ་འགྱུར་བ་དེ་གང་ཡིན།

邊與無邊等四──如來有邊、如來無邊、如來有邊也無邊、如來非有邊也非無邊，豈應理？

既然如來皆離自性及他事物，是常及無常等法者又是何者？

གང་གི་ཕྱིར་ཕུང་པོ་རྣམས་ལ་བརྟེན་ནས་གདགས་པར་བྱ་བ་ཡིན་པ་དེའི་ཕྱིར་དེ་བཞིན་གཤེགས་པ་མེད་དོ་ཞེས་ཀྱང་བརྗོད་པར་མི་བྱ་སྟེ། འདི་ལྟར་གང་བརྟེན་ནས་གདགས་པར་བྱ་བ་དེ། ཇི་ལྟར་མེད་པར་འགྱུར། འོག་ནས་ཀྱང་། དེ་ལྟར་ལེན་ལས་གཞན་མ་ཡིན། །དེ་ནི་ཉེར་ལེན་ཉིད་ཀྱང་མིན། །བདག་ནི་ཉེ་བར་ལེན་མེད་མིན། །མེད་པ་ཉིད་དུའང་དེ་མ་ངེས། །ཞེས་འབྱུང་ངོ་། །

既已依賴蘊體而被施設，故不應說如來非有。觀待施設故，豈能非有？（《中論》的）後文亦云：「（27.8）我非異於蘊，我亦非近取，我非無近取，我亦非絕無。」

དེའི་ཕྱིར་དེ་ལྟར་དེ་བཞིན་གཤེགས་པ་ཡོད་པ་ཉིད་དང་མེད་པ་ཉིད་ཀྱི་ཕྱོགས་དང་བྲལ་བ་ཚེ་འདི་ཉིད་ལ་བརྟེན་པ་ལས་དེ་བཞིན་གཤེགས་པ་དམིགས་སུ་མེད་པ་ལ་གཏི་མུག་གིས་ཀུན་ནས་དཀྲིས་པའི་སེམས་དང་ལྡན་པ་དེ་ཁོ་ན་མཐོང་བ་སྒྲིབ་ཏུ་གྱུར་པ། གང་གིས་འཛིན་སྡུག་གཟུང་གྱུར་པ། །དེ་ནི་མྱ་ངན་འདས་པ་ལ། །དེ་བཞིན་གཤེགས་པ་ཡོད་ཅེའམ། །མེད་ཅེས་རྣམ་རྟོག་རྟོག་པར་བྱེད། །གང་གིས་འཛིན་པ་སྡུག་པོ་གཟུང་བར་འགྱུར་བ་འདི་ཉིད་བདེན་གྱི་གཞན་ནི་དོན་མེད་པའོ་སྙམ་དུ་སེམས་པ་དེ་ནི་དེ་བཞིན་གཤེགས་པ་མྱ་ངན་ལས་འདས་པ་ལ་འདི་ལྟ་སྟེ། དེ་བཞིན་གཤེགས་པ་ཡོད་པ་ཉིད་དོ་ཞེའམ། དེ་བཞིན་གཤེགས་པ་མེད་པ་ཉིད་དོ་ཞེས་བྱ་བར་རྣམ་པར་རྟོག་པ་ལ་དེ་ལྟར་རྣམ་པར་རྟོག་པར་བྱེད་དོ། །

如來遠離有性及無性，故依此理，如來不可得。受愚痴籠罩其心者，見此眞理實爲隱蔽。（《中論》云：）

**22.13 邪見深厚者，則於涅槃中，妄執如來有，或執如來無。**[18]

18 有關 22.13，對勘本版的藏譯中論為：།གང་གིས་དེ་བཞིན་གཤེགས་ཡོད་ཅེས། །འཛིན་པ་སྡུག་པོ་

邪見深厚者妄執：此爲眞實，其他皆是無義。於涅槃之如來中，如來是有，或如來是無。

དེ་བཞིན་གཤེགས་པ་མྱ་ངན་ལས་འདས་ནས་ཡོད་ཅེའམ། དེ་བཞིན་གཤེགས་པ་མྱ་ངན་ལས་འདས་ནས་མེད་ཅེའམ། དེ་བཞིན་གཤེགས་པ་མྱ་ངན་ལས་འདས་ནས་ཡོད་ཀྱང་ཡོད་ལ་མེད་ཀྱང་མེད་ཅེའམ། དེ་བཞིན་གཤེགས་པ་མྱ་ངན་ལས་འདས་ནས་ཡོད་པ་ཡང་མ་ཡིན་མེད་པ་ཡང་མ་ཡིན་ཞེས་བྱ་བ་དེ་ལྟར་རྟོག་པར་བྱེད་དོ། །

（或）妄執：涅槃後仍有如來，涅槃時如來非有，涅槃後如來是有亦無，涅槃後如來非有亦非無。

གང་དག་བདག་ཉིད་ཆེ་བ་རྟེན་ཅིང་འབྲེལ་པར་འབྱུང་བ་ཤེས་པའི་སྒྲོན་མེའི་སྣང་བས་བློའི་མིག་ལ་ཕན་བཏགས་པ་དང་། དངོས་པོ་རྣམས་ཡང་དག་པ་ཇི་ལྟ་བ་བཞིན་དུ་མཐོང་བ་དེ་དག་ལ་ནི། ངོ་བོ་ཉིད་ཀྱིས་སྟོང་དེ་ལ། །སངས་རྒྱས་མྱ་ངན་འདས་ནས་ནི། །ཡོད་དོ་ཞེ་འམ་མེད་དོ་ཞེས། །བསམ་པ་འཐད་པ་ཉིད་མི་འགྱུར། །དེ་བཞིན་གཤེགས་པ་ངོ་བོ་ཉིད་དང་གཞན་གྱི་དངོས་པོས་སྟོང་པ་སྒྱུ་མ་དང་གཟུགས་བརྙན་དང་སྤྲུལ་པ་ལྟ་བུ་མྱ་ངན་ལས་འདས་པ་དེ་ལ་སངས་རྒྱས་བཅོམ་ལྡན་འདས་མྱ་ངན་ལས་འདས་ནས་ཡོད་དོ་ཞེའམ། སངས་རྒྱས་བཅོམ་ལྡན་འདས་མྱ་ངན་ལས་འདས་ནས་མེད་དོ་ཞེས་བསམ་པ་དེ་དག་འཐད་པ་ཉིད་དུ་མི་འགྱུར་རོ། །

大士通曉緣起，以慧炬見，利智之眼，精通事物如所有性之眞相者，（誠如《中論》云：）

---

བཟུང་གྱུར་པ། །དེ་ནི་མྱ་ངན་འདས་པ་ལ། །མེད་ཅེས་རྣམ་རྟོག་རྟོག་པར་བྱེད།，故與此中所引的偈頌文有所出入；可參考 Nāgārjuna. *Dbu ma rtsa ba'i tshig le'ur byas pa shes rab,* 32。

**22.14 於無自性中，[19]不應做此念：佛於涅槃後，是有或是無。**

如來無自性，也非從他事物（而有）。於如幻化、影像、幻象的涅槃中，不論執佛薄伽梵在涅槃後是有，或佛薄伽梵在涅槃後是無，皆不應理。

དེ་ལྟར་ཡང་བཅོམ་ལྡན་འདས་ཀྱིས། དགའ་བོ་ཁྱོད་འདི་ལྟར་ཆེ་འདི་ལ་དེ་བཞིན་གཤེགས་པ་ཡང་དག་པར་རྗེས་སུ་མ་མཐོང་ན་བདེ་བར་འགྱུར་རོ། ཞེས་གསུངས་པའི་ཕྱིར་རོ། །

如是，佛薄伽梵說：「難陀，汝若不見眞實如來便能安樂。」

དེ་བཞིན་གཤེགས་པ་མྱ་ངན་ལས་འདས་ནས་ཡོད་དོ་ཞེའམ། དེ་བཞིན་གཤེགས་པ་མྱ་ངན་ལས་འདས་ནས་མེད་དོ་ཞེས་པ་དག་གིས། གང་དག་སངས་རྒྱས་སྤྲོས་འདས་ཤིང་། །ཟད་པ་མེད་ལ་སྤྲོས་བྱེད་པ། །སྤྲོས་པས་ཉམས་པ་དེ་ཀུན་གྱིས། །དེ་བཞིན་གཤེགས་པ་མཐོང་མི་འགྱུར། །དེའི་ཕྱིར་དེ་ལྟར་གང་དག་སངས་རྒྱས་བཅོམ་ལྡན་འདས་འཇིག་རྟེན་པའི་སྤྲོས་པ་ཐམས་ཅད་ལས་ཡང་དག་པར་འདས་ཤིང་ཟད་པ་མེད་པ་ལ། ཡོད་པ་དང་མེད་པ་དང་རྟག་པ་དང་མི་རྟག་པ་ལ་སོགས་པའི་སྤྲོས་པ་རྣམས་ཀྱིས་སྤྲོས་པར་བྱེད་པ་དེ་དག་ཐམས་ཅད་ནི་སྤྲོས་པ་དེ་དག་གིས་ཡེ་ཤེས་ཀྱི་མིག་ཉམས་པས་དམུས་ལོང་གིས་ཉི་མ་བཞིན་དུ་དེ་བཞིན་གཤེགས་པ་མཐོང་བར་མི་འགྱུར་ཏེ། དེ་བཞིན་གཤེགས་པ་འཇིག་རྟེན་ལས་འདས་པའི་ཆོས་ལ་གནས་པ་ལ་སོགས་པ་འཇིག་རྟེན་པའི་སྤྲོས་པ་རྣམས་ཀྱིས་ཇི་

19 有關 22.14.a，對勘本版的藏譯中論為：།རང་བཞིན་གྱིས་ནི་སྟོང་དེ་ལ།，故與此中所引的偈頌文有所出入；可參考 Nāgārjuna. *Dbu ma rtsa ba'i tshig le'ur byas pa shes rab*, 32。

ལྷར་ལྷ་བར་ནུས། ཟད་པ་མེད་པ་ཞེས་བྱ་བ་ནི་འགྲོ་བ་མེད་པའི་དོན་ཏེ། འགྲོ་མེད་གོམ་པ་གང་གིས་བགྲི། །ཞེས་གསུངས་པ་ལྟ་བུའོ། །དེ་ལྟ་བས་ན་དེ་བཞིན་གཤེགས་པ་ནི་ངོ་བོ་ཉིད་མེད་པ་ཉིད་ཡིན་པས་དེ་ལ་སྲིད་པའི་རྒྱུན་ནི་ཡོད་པ་ཁོ་ན་ཡིན་ཏེ། དེ་བཞིན་གཤེགས་པ་ཡོད་པའི་ཕྱིར་རོ་ཞེས་གང་སྨྲས་པ་དེ་རིགས་པ་མ་ཡིན་ནོ། །

說如來在涅槃後是有，或如來在涅槃後是無者，（誠如《中論》云：）

**22.15 如來離戲論；無盡作戲論，戲論破慧眼，是皆不見佛。**

佛薄伽梵眞實遠離一切世間戲論，於無盡（的有法）中，由有、無、常、無常等戲論，（衍生而）作諸戲論。[20]一切戲論將損壞慧眼，如盲人（不見）天日，不見如來。如來住出世間法，故世間戲論者豈能觀見（如來）？

謂「無盡」者乃無行走之義，誠如所言：「既無行走，跨步由何而引？」[21]如來無自性故，說（輪迴之）有的續流絕對存在，因有如來，實不應理。

དེ་ལ་འཇིག་རྟེན་ནི་རྣམ་པ་གཉིས་ཏེ། སེམས་ཅན་གྱི་འཇིག་རྟེན་དང་འདུ་བྱེད་ཀྱི་འཇིག་རྟེན་དུ་འདོད་དོ། །དེ་ལ་དེ་བཞིན་གཤེགས་པ་བརྟགས་པས་ནི་སེམས་ཅན་གྱི་

---

20 由顯現有無、常無常等自性相而執取其自性有。所以前一個戲論是見自性相，後一個戲論是自性的執著。

21 既然沒有行走的動作，豈有行走的現在際——跨步，及行走的過去際、未來際？同理，既不存在可被止盡的有法，如輪迴、煩惱等，豈有由此所生的輪迴續流？

འཇིག་རྟེན་ཡང་བརྟགས་པ་ཡིན་ལ། དེ་བཞིན་གཤེགས་པ་བརྟགས་པ་འདི་ཉིད་ཀྱིས་འདུ་བྱེད་ཀྱི་འཇིག་རྟེན་ཡང་བརྟགས་པར་སོང་དུ་ཚུད་པར་བྱའོ། །ཅིའི་ཕྱིར་ཞེ་ན། འདི་ལྟར། དེ་བཞིན་གཤེགས་པ་དངོས་ཉིད་གང་། །དེ་ནི་འགྲོ་འདིའི་ངོ་བོ་ཉིད། །གང་གི་ཕྱིར་དེ་བཞིན་གཤེགས་པའི་ངོ་བོ་ཉིད་གང་ཡིན་པ་དེ་ནི་འགྲོ་བ་འདིའི་ངོ་བོ་ཉིད་ཀྱང་ཡིན་པ་དེའི་ཕྱིར་དེ་བཞིན་གཤེགས་པ་བརྟགས་པ་འདི་ཉིད་ཀྱིས་འགྲོ་བ་འདི་དག་ཀྱང་བརྟགས་པ་ཡིན་ནོ། །

承許世間有二相：有情世間及行世間。[22]觀察如來，故觀有情。（因）觀察如來，從而通曉針對行世間的觀察。爲何？（《中論》云：）

**22.16.ab 如來所有性，即是有情性，**[23]

如來的體性即是有情的體性，所以觀察如來本身就是觀察有情。

སྨྲས་པ། དེ་བཞིན་གཤེགས་པའི་ངོ་བོ་ཉིད་གང་ཡིན།

（他方）道：如來的體性爲何？

བཤད་པ། དེ་བཞིན་གཤེགས་པ་དངོས་ཉིད་མེད། །འགྲོ་འདི་ངོ་བོ་ཉིད་མེད་དོ། །ཇི་ལྟར་ཞེ་ན། གང་གི་ཕྱིར་དེ་བཞིན་གཤེགས་པ་ཕུང་པོ་རྣམས་ལ་བརྟེན་ནས་གདགས་པར་བྱ་བ་ཡིན་གྱི་རང་ལས་རབ་ཏུ་གྲུབ་པ་མེད་པ་དེའི་ཕྱིར་ངོ་བོ་ཉིད་མེད་དོ། །འགྲོ་བ་འདི་དག་

22 直譯為行世間，意指行蘊等五蘊的世間。

23 有關 22.16.ab，對勘本版的藏譯中論為：།དེ་བཞིན་གཤེགས་པའི་རང་བཞིན་གང་། །དེ་ནི་འགྲོ་འདིའི་རང་བཞིན་ཡིན།，故與此中所引的偈頌文有所出入；可參考 Nāgārjuna. *Dbu ma rtsa ba'i tshig le'ur byas pa shes rab,* 33。

ཀྱང་དེ་དང་དེ་དག་ལ་བརྟེན་ནས་གདགས་པར་བྱ་བ་ཡིན་གྱི་འདི་དག་ལ་རང་ལས་རབ་ཏུ་གྲུབ་པ་ཙུང་ཟད་ཀྱང་མེད་པས། དེའི་ཕྱིར་འགྲོ་བ་ཡང་དེ་བཞིན་གཤེགས་པ་བཞིན་དུ་ངོ་བོ་ཉིད་མེད་དོ། ངོ་བོ་ཉིད་མེད་པའི་ཕྱིར་འདི་ལ་ཡང་། རྟག་དང་མི་རྟག་ལ་སོགས་བཞི། ཞི་བ་འདི་ལ་ག་ལ་ཡོད། མཐའ་དང་མཐའ་མེད་ལ་སོགས་བཞི། ཞི་བ་འདིལ་ག་ལ་ཡོད། ཅེས་བཤད་དོ། །

（自方道，《中論》）云：

**22.16.cd 因佛無自性，有情自性無。**[24]

爲何？如來因觀待蘊體而被施設，不從己力而至極成立，故無自性。有情等也是觀待蘊體而被施設，絲毫不從己力至極成立，故同如來，有情亦無自性。因無自性，此（《中論》）說：「（22.12）寂滅相中無，常無常等四；寂滅相中無，邊無邊等四。」

སྨྲས་པ། དེ་ལྟ་མ་ཡིན་ཏེ། འདུས་བྱས་ནི་གཅིག་ཏུ་མི་རྟག་པ་ཞེས་བརྗོད་ལ། དེ་བཞིན་གཤེགས་པ་ནི་མི་རྟག་པ་ཞེས་མི་བརྗོད་པས་དེ་ལ། དེ་བཞིན་གཤེགས་པ་དངོས་ཉིད་གང་། །དེ་ནི་འགྲོ་འདིའི་ངོ་བོ་ཉིད། །ཅེས་བྱ་བར་ཇི་ལྟར་འཐད།

（他方）道：並非如此。有爲法（蘊體）一方是無常，但不說如來是無常。「（22.16.ab）如來所有性，即是有情性」

24 有關 22.16.cd，對勘本版的藏譯中論為：།དེ་བཞིན་གཤེགས་པ་རང་བཞིན་མེད། །འགྲོ་བ་འདི་ཡི་རང་བཞིན་མེད།，故與此中所引的偈頌文有所出入；可參考 Nāgārjuna. *Dbu ma rtsa ba'i tshig le'ur byas pa shes rab,* 33。

豈應理？

བཤད་པ། དེ་ནི་འོག་ནས་ཀྱང་། སངས་རྒྱས་རྣམས་ཀྱིས་ཆོས་བསྟན་པ། །བདེན་པ་གཉིས་ལ་ཡང་དག་བརྟེན། །འཇིག་རྟེན་ཀུན་རྫོབ་བདེན་པ་དང་། །དམ་པའི་དོན་གྱི་བདེན་པའོ། །ཞེས་འབྱུང་བས། དེ་ལ་འཇིག་རྟེན་གྱི་ཀུན་རྫོབ་ཀྱི་བདེན་པ་གང་གིས་བུམ་པ་ཡོད་དོ་སབ་མ་ཡོད་དོ་ཞེས་བརྗོད་པ་དེ་ཉིད་ཀྱིས་བུམ་པ་ཆག་གོ་སབ་མ་ཚིག་གོ་ཞེས་དེ་དག་མི་རྟག་པར་ཡང་བརྗོད་དོ། །གང་གི་ཚེ་ཁོ་ན་སབ་མ་ཙམ་པ་དེའི་ཚེ་ནི་བུམ་པ་དང་སབ་མ་དག་བརྟེན་ནས་གདགས་པར་བྱ་བ་ཡིན་པས་མི་འཐད་ན་དེ་དག་ཆག་པ་དང་ཚིག་པ་ལྟ་འཐད་པར་ག་ལ་འགྱུར།

（自方道，《中論》）於後文云：「（24.8）諸佛依二諦，爲眾生說法。一以世俗諦，二第一義諦。」於世間的世俗諦中，因爲說有瓶子、有竹籬，此言亦說彼等皆是無常——（如）瓶子遭砸、竹籬被焚。

（遭砸的碎片及）竹籬的灰觀待瓶子及竹籬而被施設。若不成立（這點），見彼等遭砸及被焚豈能合理？

གཞན་ཡང་དེ་བཞིན་གཤེགས་པ་ཡང་འཇིག་རྟེན་གྱི་ཀུན་རྫོབ་ཀྱི་དབང་གིས་དེ་བཞིན་གཤེགས་པ་བགྲེས་སོ། དེ་བཞིན་གཤེགས་པ་མྱ་ངན་ལས་འདས་སོ། །ཞེས་མི་རྟག་པར་ཡང་བརྗོད་དོ། །གང་གི་ཚེ་དོན་དམ་པར་བསམ་པ་དེའི་ཚེ་ནི་དེ་བཞིན་གཤེགས་པ་ཉིད་མི་འཐད་ན་བགྲེས་པ་དང་མྱ་ངན་ལས་འདས་པ་དག་ལྟ་འཐད་པར་ག་ལ་འགྱུར་ཏེ། དེའི་ཕྱིར་དེ་བཞིན་གཤེགས་པའི་ངོ་བོ་ཉིད་གང་ཡིན་པ་དེ་ནི་འགྲོ་བ་འདིའི་ངོ་བོ་ཉིད་ཀྱང་ཡིན་ནོ། །དེ་ལྟ་བས་ན་སེམས་ཅན་གྱི་འཇིག་རྟེན་བརྟགས་པས་འདུ་བྱེད་ཀྱི་འཇིག་རྟེན་ཡང་བརྟགས་པར་གྲུབ་པོ། །

另外，如來也因世間之世俗諦而說如來老矣、如來涅槃矣等無常。思惟勝義諦時，不成立如來，（如來）衰老及涅槃豈應理？如來之體性爲何，便是有情的體性。觀察有情世間的緣故，也能成立行世間之觀察。

དེ་བཞིན་གཤེགས་པ་བརྟག་པ་ཞེས་བྱ་བ་སྟེ་རབ་ཏུ་བྱེད་པ་ཉི་ཤུ་གཉིས་པའོ།། །།

第二十二品——觀如來品——終。

# 第二十三品

# ——觀顛倒品——

འདིར་སྨྲས་པ། འདོད་ཆགས་ཞེ་སྡང་གཏི་མུག་རྣམས། །ཀུན་ཏུ་རྟོག་ལས་འབྱུང་བར་གསུངས། །སྡུག་དང་མི་སྡུག་ཕྱིན་ཅི་ལོག །བརྟེན་པ་འདི་ལས་ཀུན་ཏུ་འབྱུང་། །འདི་ལ་འདོད་ཆགས་དང་ཞེ་སྡང་དང་གཏི་མུག་རྣམས་ནི་ཀུན་ཏུ་རྟོག་པ་ལས་འབྱུང་བར་མདོ་སྡེ་དག་ལས་རྒྱ་ཆེར་གསུངས་ཏེ། སྡུག་པ་དང་མི་སྡུག་པའི་ཕྱིན་ཅི་ལོག་ལ་བརྟེན་པ་ཉིད་ལས་ཀུན་ཏུ་འབྱུང་བས། དེའི་ཕྱིར་འདོད་ཆགས་དང་ཞེ་སྡང་དང་གཏི་མུག་རྣམས་ནི་ཡོད་པ་ཡིན་ནོ། །

於此，（他方道，《中論》）云：

**23.1 經說貪瞋痴，皆從妄念生，淨不淨顛倒，待此而遍生。**[1]

經典廣說貪瞋痴等皆從妄念而生。（彼等）僅由觀待淨不淨的顛倒而起，貪瞋痴等從而存在。

འདིར་བཤད་པ། གང་དག་སྡུག་དང་མི་སྡུག་པའི། །ཕྱིན་ཅི་ལོག་ལ་བརྟེན་འབྱུང་བ། །དེ་དག་ངོ་བོ་ཉིད་ལས་མེད། །དེ་ཕྱིར་ཉོན་མོངས་ཡང་དག་མེད། གང་དག་ད་ལྟར་སྡུག་པ་དང་མི་སྡུག་པའི་ཕྱིན་ཅི་ལོག་ལ་བརྟེན་ནས་ཀུན་ཏུ་རྟོག་པ་ལས་འབྱུང་བ་དེ་དག་ནི་ངོ་བོ་ཉིད་ལས་མེད་པས་དེའི་ཕྱིར་ཉོན་མོངས་པ་རྣམས་ཡང་དག་པར་ཡོད་པ་མ་ཡིན་ནོ། །

於此，（自方道，《中論》）云：

**23.2 若因淨不淨，顛倒生三毒，三毒無自性，**[2]**故煩惱無實。**

1 有關 23.1.d，對勘本版的藏譯中論為：བརྟེན་པ་ཉིད་ལས་ཀུན་ཏུ་འབྱུང་།，故與此中所引的偈頌文有所出入；可參考 Nāgārjuna. *Dbu ma rtsa ba'i tshig le'ur byas pa shes rab,* 33。

2 有關 23.2.abc，對勘本版的藏譯中論為：གང་དག་སྡུག་དང་མི་སྡུག་དང་། །ཕྱིན་ཅི་ལོག་ལས་བརྟན་འབྱུང་བ། །དེ་དག་རང་བཞིན་ལས་མེད་དེ།，故與此中所引的偈頌文有所出入；可參考

何（法）從淨不淨的顛倒而生起，即無自性，故煩惱等絕非諦實。

ཡང་གཞན་ཡང་། བདག་གི་ཡོད་ཉིད་མེད་ཉིད་ནི། །ཇི་ལྟ་བུར་ཡང་འགྲུབ་པ་མེད། །དེ་མེད་ཉོན་མོངས་རྣམས་ཀྱི་ནི། །ཡོད་ཉིད་མེད་ཉིད་ཇི་ལྟར་འགྲུབ། །བདག་གི་ཡོད་པ་ཉིད་དང་མེད་པ་ཉིད་ནི་རྣམ་པ་གང་གིས་ཀྱང་ཇི་ལྟ་བུར་ཡང་འགྲུབ་པ་མེད་དོ། །བདག་དེ་མེད་ན་ཉོན་མོངས་པ་རྣམས་ཀྱི་ཡོད་པ་ཉིད་དང་མེད་པ་ཉིད་ཇི་ལྟར་འགྲུབ་པར་འགྱུར།

另外，（《中論》）云：

**23.3 我之有無性，是事終不成，[3]無彼故豈有，煩惱有無性？**

以任何行相終不成立我的有性及無性。既無我，豈有煩惱的有性及無性？

ཅིའི་ཕྱིར་ཞེ་ན། ཉོན་མོངས་དེ་དག་གང་གི་ཡིན། །དེ་ཡང་འགྲུབ་པ་ཡོད་མ་ཡིན། །ཉོན་མོངས་པ་དེ་དག་ནི་འགའ་ཞིག་གི་ཡིན་ཏེ་ཉོན་མོངས་པ་དེ་དག་གང་གི་ཡིན་པ་དེ་ཡང་རྣམ་པ་ཐམས་ཅད་དུ་འགྲུབ་པ་ཡོད་པ་མ་ཡིན་ནོ། །གལ་ཏེ་གང་མེད་ཅི་ཞིག་ཡོད། །ཉོན་མོངས་ཅུང་ཟད་ཡོད་མ་ཡིན། །གལ་ཏེ་ཉོན་མོངས་པ་དེ་དག་གང་གི་ཡིན་པ་དེ་ཡང་འགྲུབ་པ་ཡོད་པ་མ་ཡིན་ན། གང་མེད་ན་ཅི་ཞིག་ཡོད་དེ་ཉོན་མོངས་པ་ཅུང་ཟད་ཀྱང་ཡོད་པ་མ་ཡིན་ནོ། །

為何？（《中論》）云：

---

Nāgārjuna. *Dbu ma rtsa ba'i tshig le'ur byas pa shes rab,* 33。

3 有關 23.3.b，對勘本版的藏譯中論為：ཇི་ལྟ་བུར་ཡང་གྲུབ་པ་མེད།，故與此中所引的偈頌文有所出入；可參考 Nāgārjuna. *Dbu ma rtsa ba'i tshig le'ur byas pa shes rab,* 33。

**23.4.ab 誰有此煩惱？是即爲不成；**

彼等煩惱屬於何者？於一切行相中，皆不能成立誰擁有煩惱。（《中論》）云：

**23.4.cd 既無一切法，煩惱絕非有。**[4]

不成立煩惱等屬於任何一法。既無，豈有任何法？即使是絲毫的煩惱都不應有。

ཅི་སྟེ་གང་ཡང་མེད་པར་ཉོན་མོངས་པ་རྣམས་ཡོད་དེ་དེ་རྣམས་ནི་སུའི་ཡང་མ་ཡིན་ནོ་སྙམ་ན།

若執即便什麼都沒有，但煩惱等確實存在，只不過彼等並不屬於任何人。

དེ་ལ་བཤད་པར་བྱ་སྟེ། རང་ལུས་ལྟ་བཞིན་ཉོན་མོངས་རྣམས། ཉོན་མོངས་ཅན་ལ་རྣམ་ལྔར་མེད། རང་ལུས་ལྟ་བཞིན་ཉོན་མོངས་ཅན། །ཉོན་མོངས་པ་ལ་རྣམ་ལྔར་མེད། །ཇི་ལྟར་རང་གི་ལུས་ལ་ལྟ་བ་ཕུང་པོ་ལྔ་པོ་དག་ལ་རྣམ་པ་ལྔར་ཡོད་པ་མ་ཡིན་པ་དེ་བཞིན་དུ་ཉོན་མོངས་པ་རྣམས་ཀྱང་ཉོན་མོངས་པ་ཅན་གྱི་སེམས་ལ་རྣམ་པ་ལྔར་ཡོད་པ་མ་ཡིན། །ཇི་ལྟར་རང་གི་ལུས་ལ་ལྟ་བ་ཕུང་པོ་ལྔ་པོ་དག་རྣམ་པ་ལྔར་ཡོད་པ་མ་ཡིན་པ་དེ་བཞིན་དུ་ཉོན་མོངས་པ་ཅན་གྱི་སེམས་ཀྱང་ཉོན་མོངས་པ་རྣམས་ལ་རྣམ་པ་ལྔར་ཡོད་པ་མ་ཡིན་ནོ། །

於此，將做解說。（《中論》）云：

4 有關 23.4.cd，對勘本版的藏譯中論為：།འགའ་མེད་པར་ནི་གང་གི་ཡང་། །ཉོན་མོངས་པ་དག་ཡོད་མ་ཡིན། （既無一切法，煩惱等非有），故與此中所引的偈頌文有所出入；可參考 Nāgārjuna. *Dbu ma rtsa ba'i tshig le'ur byas pa shes rab,* 33。

**23.5 如身五相觀，惑不具惑者；如身五相觀，惑者不具惑。**

以五相觀，自身不具五蘊，同理，於五相中，惑亦不具惑者之心。以五相觀，自身不具五蘊，同理，於五相中，惑者之心亦不具惑。

ཡང་གཞན་ཡང་། སྡུག་དང་མི་སྡུག་ཕྱིན་ཅི་ལོག །ངོ་བོ་ཉིད་ལས་ཡོད་མིན་པ། །སྡུག་དང་མི་སྡུག་ཕྱིན་ཅི་ལོག། །བརྟེན་ནས་ཉོན་མོངས་གང་དག་ཡིན། །སྡུག་པ་དང་མི་སྡུག་པའི་ཕྱིན་ཅི་ལོག་དག་ངོ་བོ་ཉིད་ལས་ཡོད་པ་མ་ཡིན་པ་དེའི་ཚེ། སྡུག་པ་དང་མི་སྡུག་པའི་ཕྱིན་ཅི་ལོག་དག་ནི་ཡང་དག་པ་མ་ཡིན་ནོ། །གང་ཡང་དག་པ་མ་ཡིན་པ་དེ་ནི་ཡོད་པ་མ་ཡིན་ཏེ། །སྡུག་པ་དང་མི་སྡུག་པའི་ཕྱིན་ཅི་ལོག་དེ་དག་ཡོད་པ་མ་ཡིན་ན་དེ་དག་ལ་བརྟེན་ནས་འབྱུང་བའི་ཉོན་མོངས་པ་དེ་དག་མ་ཡིན་ཏེ། དེ་དག་གི་རྒྱུ་ཅན་ཉོན་མོངས་པ་རྣམས་ཇི་ལྟར་ཡོད་པར་འགྱུར།

另外，（《中論》）云：

**23.6 淨不淨顛倒，是則無自性，[5]淨不淨顛倒，云何惑待彼？**

淨不淨的顛倒等皆無自性故，淨不淨的顛倒等皆非眞實。既非眞實，則不應有。既無淨不淨的顛倒等，待其而生的煩惱則非彼等（輪迴因的煩惱）。因此，豈有彼等（輪迴）之因的煩惱等？

5 有關 23.6.b，對勘本版的藏譯中論為：།རང་བཞིན་ལས་ནི་ཡོད་མིན་ན།，故與此中所引的偈頌文有所出入；可參考 Nāgārjuna. *Dbu ma rtsa ba'i tshig le'ur byas pa shes rab,* 33。

སྨྲས་པ། གཟུགས་སྒྲ་རོ་དང་རེག་བྱ་དང་། །དྲི་དང་ཆོས་དག་རྣམ་དྲུག་ནི། །གཞི་སྟེ་འདོད་ཆགས་ཞེ་སྡང་དང་། །གཏི་མུག་གི་ནི་ཡིན་པར་བརྟགས། །གཟུགས་དང་སྒྲ་དང་རོ་དང་རེག་པ་དང་དྲི་དང་ཆོས་དག་རྣམ་པ་དྲུག་ནི་འདོད་ཆགས་དང་ཞེ་སྡང་དང་གཏི་མུག་གི་གཞི་ཡིན་པར་རྣམ་པར་བརྟགས་ཏེ། གཞི་དེ་དག་ཡོད་ན་སྡུག་པ་དང་མི་སྡུག་པའི་ཕྱིན་ཅི་ལོག་དག་ཀུན་ཏུ་འབྱུང་བས་དེའི་ཕྱིར་སྡུག་པ་དང་མི་སྡུག་པའི་ཕྱིན་ཅི་ལོག་དག་ལ་བརྟེན་ནས་འདོད་ཆགས་དང་ཞེ་སྡང་དང་གཏི་མུག་རྣམས་འབྱུང་ངོ་། །

（《中論》）云：

**23.7 色聲香味觸，[6]及法為六種，應觀彼即是，貪瞋痴所依。**

應觀色聲香味觸法六者是貪瞋痴的所依。若有彼等，則生淨不淨的顛倒，故依淨不淨的顛倒而生貪瞋痴等。

འདིར་བཤད་པ། གཟུགས་སྒྲ་རོ་དང་རེག་པ་དང་། །དྲི་དང་ཆོས་དག་འབའ་ཞིག་པ། །དྲི་ཟའི་གྲོང་ཁྱེར་ལྟ་བུ་དང་། །སྨིག་རྒྱུ་རྨི་ལམ་འདྲ་བ་ཡིན། །སྒྱུ་མའི་སྐྱེས་བུ་ལྟ་བུ་དང་། །གཟུགས་བརྙན་འདྲ་བ་དེ་དག་ལ། །སྡུག་པ་དང་ནི་མི་སྡུག་པ། །འབྱུང་བར་ཡང་ནི་ག་ལ་འགྱུར། །གཟུགས་དང་། སྒྲ་དང་། རོ་དང་། རེག་པ་དང་། དྲི་དང་། ཆོས་དག་ནི་འབའ་ཞིག་པ་བྲལ་བ་ཅི་ཡང་མེད་པ་མ་འདྲེས་པ་ངོ་བོ་ཉིད་མེད་པ་སྟེ། དྲི་ཟའི་གྲོང་ཁྱེར་ལྟ་བུ་དང་སྨིག་རྒྱུ་དང་རྨི་ལམ་འདྲ་བ་ཡིན་པས། སྒྱུ་མའི་སྐྱེས་བུ་ལྟ་བུ་དང་གཟུགས་བརྙན་དང་འདྲ་བ་དེ་དག་ལ་སྡུག་པ་དང་མི་སྡུག་པ་འབྱུང་བར་ག་ལ་འགྱུར། །

於此，（《中論》）云：

6 有關 23.7.a，對勘本版的藏譯中論為：།གཟུགས་སྒྲ་རོ་དང་རེག་པ་དང་།，故與此中所引的偈頌文有所出入；可參考 Nāgārjuna. *Dbu ma rtsa ba'i tshig le'ur byas pa shes rab*, 33。

**23.8 色聲及香觸，味及法僅如，[7]乾闥婆之城，陽焰以及夢，**

**23.9 如幻化士夫，亦如鏡中像，故從彼等法，豈生淨不淨？**

（對於凡夫愚者而言，）即便僅是色、聲、香、觸、味、法亦不能離，（但彼等六法的）不共性乃無自性，如乾闥婆城、陽焰、夢、幻化人、鏡中像。豈能從彼等產生淨不淨？

ཡང་གཞན་ཡང་། གང་ལ་བརྟེན་ནས་སྡུག་པ་ཞེས། །མི་སྡུག་པར་ནི་གདགས་བྱ་བ། །སྡུག་པ་མི་ལྟོས་ཡོད་མིན་པས། །དེ་ཕྱིར་སྡུག་པ་འཐད་མ་ཡིན། །གང་ལ་བརྟེན་ནས་མི་སྡུག་པ་མི་སྡུག་པར་གདགས་པར་བྱའི་སྡུག་པ་མི་སྡུག་པ་ལ་མ་ལྟོས་པའི་སྔ་རོལ་ན་ཡོད་པ་མ་ཡིན་པས་དེའི་ཕྱིར་སྡུག་པ་འཐད་པ་མ་ཡིན་ནོ། །

另外，（《中論》）云：

**23.10 依何而施設，淨及不淨法？[8]不待淨則無，故淨不應理。**

觀待何法將不淨施設爲不淨？尚未觀待淨不淨之前，不存在（淨或不淨），故淨不應理。

གང་ལ་བརྟེན་ནས་མི་སྡུག་པ། །སྡུག་པ་ཞེས་ནི་གདགས་བྱ་བ། །མི་སྡུག་མི་ལྟོས་

7 有關 23.8.b，對勘本版的藏譯中論為：།དྲི་དང་ཚོས་དག་འབའ་ཞིག་སྟེ།，故與此中所引的偈頌文有所出入；可參考 Nāgārjuna. *Dbu ma rtsa ba'i tshig le'ur byas pa shes rab,* 33。

8 有關 23.10.b，對勘本版的藏譯中論為：།གདགས་པར་བྱ་བ་མི་སྡུག་པ།，故與此中所引的偈頌文有所出入；可參考 Nāgārjuna. *Dbu ma rtsa ba'i tshig le'ur byas pa shes rab,* 34。

ཡོད་མིན་པས། །དེ་ཕྱིར་མི་སྡུག་འཐད་མ་ཡིན། །གང་ལ་བརྟེན་ནས་སྡུག་པ་སྡུག་པར་གདགས་པར་བྱའི་མི་སྡུག་པ་སྡུག་པ་ལ་མ་ལྟོས་པའི་སྔ་རོལ་ན་ཡོད་པ་མ་ཡིན་པས་དེའི་ཕྱིར་མི་སྡུག་པ་འཐད་པ་མ་ཡིན་ནོ། །

（《中論》）云：

**23.11 依何而施設，淨及不淨法？[9]離不淨則無，故不淨非理。**

觀待何法將淨施設為淨？尚未觀待不淨及淨之前無（淨或不淨），故不淨不應理。

སྡུག་པ་ཡོད་པ་མ་ཡིན་ན། །འདོད་ཆགས་འབྱུང་བར་ག་ལ་འགྱུར། །མི་སྡུག་ཡོད་པ་མ་ཡིན་ན། །ཞེ་སྡང་འབྱུང་བར་ག་ལ་འགྱུར། །སྡུག་པ་ཡོད་པ་མ་ཡིན་ན་འདོད་ཆགས་འབྱུང་བར་ག་ལ་འགྱུར་ཞིང་། མི་སྡུག་པ་ཡོད་པ་མ་ཡིན་ན་ཞེ་སྡང་འབྱུང་བར་ག་ལ་ཡང་འགྱུར།

（《中論》云：）

**23.12 若無有淨者，何由而有貪？若無有不淨，何由而有恚？[10]**

若無淨，豈生貪？若無不淨，豈生瞋？

---

9 有關 23.11.ab，對勘本版的藏譯中論為：།གང་ལ་བརྟེན་ནས་མི་སྡུག་པར། །གདགས་པར་བྱ་བ་སྡུག་པ་དེ།，故與此中所引的偈頌文有所出入；可參考 Nāgārjuna. *Dbu ma rtsa ba'i tshig le'ur byas pa shes rab,* 34。

10 有關 23.12.bd，對勘本版的藏譯中論為：།འདོད་ཆགས་ཡོད་པར་ག་ལ་འགྱུར། །ཞེ་སྡང་ཡོད་པར་ག་ལ་འགྱུར།，故與此中所引的偈頌文有所出入；可參考 Nāgārjuna. *Dbu ma rtsa ba'i tshig le'ur byas pa shes rab,* 34。

འདིར་སྨྲས་པ། མདོ་སྡེ་ལས་རྟག་པ་ལ་སོགས་པ་ཕྱིན་ཅི་ལོག་བཞི་ཡོད་པར་གསུངས་པས། དེ་དག་ཡོད་པའི་ཕྱིར་ཕྱིན་ཅི་ལོག་ཏུ་གྱུར་པ་ཡང་ཡོད་དོ། །དེ་ལ་གང་མི་རྟག་པ་ལ་རྟག་པ་ཞེས་འཛིན་པ་དེ་ནི་ཕྱིན་ཅི་ལོག་ཡིན་ལ། གང་མི་རྟག་པ་ལ་མི་རྟག་པ་ཞེས་བྱ་བར་འཛིན་པ་དེ་ནི་ཕྱིན་ཅི་ལོག་མ་ཡིན་ཏེ། ལྷག་མ་རྣམས་ལ་ཡང་དེ་བཞིན་ནོ། །

於此，（他方道：）經典說有常等四顛倒。彼等（經文）有故，顛倒亦應有。於此，執無常為常乃顛倒；執無常為無常乃不顛倒，餘法亦應如是。

འདིར་བཤད་པ། གལ་ཏེ་མི་རྟག་རྟག་པ་ཞེས། །དེ་ལྟར་འཛིན་པ་ལོག་ཡིན་ན། །སྟོང་ལ་རྟག་པ་ཡོད་མིན་པས། །འཛིན་པ་ཇི་ལྟར་ལོག་མ་ཡིན། །གལ་ཏེ་མི་རྟག་པ་ལ་རྟག་པ་ཞེས་དེ་ལྟར་འཛིན་པ་ཕྱིན་ཅི་ལོག་[11]ཡིན་ནོ་སྙམ་དུ་སེམས་ན། དེ་ལ་བཤད་པར་བྱ་སྟེ། ངོ་བོ་ཉིད་སྟོང་པ་ལ་རྟག་པར་[12]ཅུང་ཟད་ཀྱང་ཡོད་པ་མ་ཡིན་པས། དེ་མེད་ན་དེ་ལྟར་འཛིན་པ་ཇི་ལྟར་ཕྱིན་ཅི་ལོག་མ་ཡིན་པར་འགྱུར། ལྷག་མ་རྣམས་ལ་ཡང་དེ་བཞིན་ནོ། །

於此，（《中論》）云：

**23.13 於無常著常，是則名顛倒，空中常非有，彼執豈非倒？**[13]

若念：執無常為常乃顛倒。

於此，將做補充。於自性空中絕非有常，既無，如此執著

---

11 根據北京版及奈塘版，去掉「非」（མ།）字。

12 根據北京版及奈塘版，改為 རྟག་པར། 一字。

13 有關 23.13.bd，對勘本版的藏譯中論為：།སྟོང་ལ་མི་རྟག་ཡོད་མིན་པས། །འཛིན་པ་ཇི་ལྟར་ལོག་པ་ཡིན།，故與此中所引的偈頌文有所出入；可參考 Nāgārjuna. *Dbu ma rtsa ba'i tshig le'ur byas pa shes rab,* 34。

豈能不是顛倒？餘法亦應如是。

གལ་ཏེ་མི་རྟག་མི་རྟག་ཅེས། །དེ་ལྟར་འཛིན་པ་ལོག་མིན་པ། སྟོང་ལ་མི་རྟག་ཡོད་མིན་པས། །འཛིན་པ་ཇི་ལྟར་ལོག་མ་ཡིན། །གལ་ཏེ་མི་རྟག་པ་ལ་མི་རྟག་པ་ཞེས་དེ་ལྟར་འཛིན་པ་ཕྱིན་ཅི་ལོག་མ་ཡིན་ནོ་སྙམ་དུ་སེམས་ན། །དེ་ལ་བཤད་པར་བྱ་སྟེ། ངོ་བོ་ཉིད་སྟོང་པ་ལ་མི་རྟག་པ་ཅུང་ཟད་ཀྱང་ཡོད་པ་མ་ཡིན་པས་དེ་མེད་ན་དེ་ལྟར་འཛིན་པ་ཇི་ལྟར་ཕྱིན་ཅི་ལོག་མ་ཡིན་པར་འགྱུར། །ལྷག་མ་རྣམས་ལ་ཡང་དེ་བཞིན་ནོ། །

（《中論》）云：

**23.14 若於無常中，著無常非倒，空中無無常，彼執豈非倒？**[14]

若念：執無常爲無常乃不顛倒。

於此，將做反駁。於自性空中絕非有無常，既無，如此執著豈能不是顛倒？餘法亦應如是。

གང་གིས་འཛིན་དང་འཛིན་གང་དང་། །འཛིན་པ་པོ་དང་གང་གཟུང་བ། །ཐམས་ཅད་ཉེ་བར་ཞི་བ་སྟེ། །དེ་ཕྱིར་འཛིན་པ་ཡོད་མ་ཡིན། །གང་གིས་འཛིན་པ་ནི་བྱེད་པར་གྱུར་པས་སོ། །འཛིན་པ་གང་ཡིན་པ་ནི་དངོས་པོར་གྱུར་པའོ། །འཛིན་པ་པོ་གང་ཡིན་པ་ནི་བྱེད་པ་པོར་གྱུར་པའོ། །གང་གཟུང་བ་ནི་ལས་སུ་གྱུར་པའོ། །དེ་དག་ཐམས་ཅད་ཉེ་བར་ཞི་བ་ནི་ངོ་བོ་ཉིད་ལས་ཉེ་བར་ཞི་བ་སྟེ། དེ་དག་ཇི་ལྟ་བ་དེ་ལྟར་སོང་བ་དང་མ་སོང་བ་དང་བགོམ་པ་བརྟག་པ་རྒྱས་པར་བཤད་ཟིན་པས། དེའི་ཕྱིར་འཛིན་པ་ཡོད་པ་མ་ཡིན་ནོ། །

---

14 有關 23.14，對勘本版的藏譯中論為：།གལ་ཏེ་མི་རྟག་རྟག་གོ་ཞེས། །དེ་ལྟར་འཛིན་པ་ལོག་ཡིན་ན། །སྟོང་ལ་མི་རྟག་པའོ་ཞེས། །འཛིན་པའང་ཇི་ལྟར་ལོག་མ་ཡིན།（若於無常中，執常是顛倒，空中執無常，彼亦豈非倒？），故與此中所引的偈頌文有所出入；可參考 Nāgārjuna. *Dbu ma rtsa ba'i tshig le'ur byas pa shes rab,* 34。

（《中論》）云：

**23.15 能執及所執，執者及執取，是皆寂滅相，是故執非有。**

能執謂由何執，所執謂事物，執者謂由何人執取，執取乃作業。如已去、未去、跨步所做的廣泛觀察，彼等皆是寂滅——自性寂滅，故無執。

ལོག་པའམ་ཡང་དག་ཉིད་དུ་ནི། །འཛིན་པ་ཡོད་པ་མ་ཡིན་ན། །གང་ལ་ཕྱིན་ཅི་ལོག་ཡོད་ཅིང་། །གང་ལ་ཕྱིན་ཅི་མ་ལོག་ཡོད། །ལོག་པའམ་ཡང་དག་པ་ཉིད་དུ་འཛིན་པ་དེ་དག་ཡོད་པ་མ་ཡིན་ན་གང་ལ་ཕྱིན་ཅི་ལོག་ཡོད་པར་འགྱུར་ཞིང་གང་ལ་ཕྱིན་ཅི་མ་ལོག་པ་ཡོད་པར་འགྱུར།

（《中論》）云：

**23.16 顛倒不顛倒，彼執皆非有。云何有顛倒？何處不顛倒？**

若無顛倒與眞實的執著，何處有顛倒？何處有不顛倒呢？

ཡང་གཞན་ཡང་། ཕྱིན་ཅི་ལོག་ཏུ་གྱུར་པ་ལ། །ཕྱིན་ཅི་ལོག་དག་མི་སྲིད་དོ། །ཕྱིན་ཅི་ལོག་ཏུ་མ་གྱུར་ལའང་། །ཕྱིན་ཅི་ལོག་དག་མི་སྲིད་དོ། ཕྱིན་ཅི་ལོག་ཏུ་འགྱུར་བཞིན་ལའང་། ཕྱིན་ཅི་ལོག་དག་མི་སྲིད་དོ། །ཕྱིན་ཅི་ལོག་ཏུ་གྱུར་པ་ལ་ཕྱིན་ཅི་ལོག་དག་མི་སྲིད་ཅིང་། ཕྱིན་ཅི་ལོག་ཏུ་མ་གྱུར་པ་ལ་ཡང་མི་སྲིད། ཕྱིན་ཅི་ལོག་ཏུ་འགྱུར་བཞིན་པ་ལ་ཡང་མི་སྲིད་དེ། ཇི་ལྟར་མི་སྲིད་པ་དེ་ལྟར་ནི་སོང་བ་དང་། མ་སོང་བ་དང་བགོམ་པ་བརྟག་པའི་རབ་ཏུ་བྱེད་པར་རྒྱས་པར་བསྟན་པ་བཞིན་དུ་ཤེས་པར་བྱའོ། །གང་ལ་ཕྱིན་ཅི་ལོག་སྲིད་པ། །བདག་ཉིད་ཀྱིས་ནི་རྣམ་པར་དཔྱོད། །ད་གང་ལ་ཕྱིན་ཅི་ལོག་དག་སྲིད་པ་བདག་ཉིད་ཀྱིས་རྣམ་པར་དཔྱོད་ཅིག། །

另外，（《中論》）云：

**23.17 已成顛倒中，顛倒絕非有；尚未顛倒中，顛倒絕非有；**[15]

**23.18.ab 正成顛倒中，顛倒定非有。**[16]

於已成顛倒之中絕無顛倒，於未成顛倒之中亦無顛倒，於正成顛倒之中亦無顛倒。如是絕無（之義）可從已去、未去、跨步所做的廣泛觀察而知。（《中論》）云：

**23.18.cd 云何有顛倒，應做如是觀。**

誰說有顛倒，應做如是觀！

ཡང་གཞན་ཡང་། ཕྱིན་ཅི་ལོག་རྣམས་མ་སྐྱེས་ན། །ཇི་ལྟ་བུར་ན་ཡོད་པར་འགྱུར། ཕྱིན་ཅི་ལོག་རྣམས་སྐྱེ་མེད་ན། །ཕྱིན་ཅི་ལོག་ཅན་ག་ལ་ཡོད། །ཕྱིན་ཅི་ལོག་གང་དག་ངོ་བོ་ཉིད་ལས་མ་སྐྱེས་པ་དེ་དག་ཇི་ལྟ་བུར་ན་ཡོད་པར་འགྱུར། དེ་ཕྱིན་ཅི་ལོག་དེ་རྣམས་ངོ་བོ་ཉིད་ལས་སྐྱེ་བ་མེད་ན་ཕྱིན་ཅི་ལོག་ཅན་ཡོད་པར་ག་ལ་འགྱུར། དངོས་པོ་བདག་ལས་མི་སྐྱེ་སྟེ། །གཞན་ལས་སྐྱེ་བ་ཉིད་མ་ཡིན། །བདག་དང་གཞན་ལས་ཀྱང་མིན་ན། །ཕྱིན་ཅི་ལོག་ཅན་ག་ལ་ཡོད། །

15 有關 23.17.bcd，對勘本版的藏譯中論為：།ཕྱིན་ཅི་ལོག་དག་མི་སྲིད་དེ། །ཕྱིན་ཅི་ལོག་ཏུ་མ་གྱུར་ལ། །ཕྱིན་ཅི་ལོག་དག་མི་སྲིད་དེ།，故與此中所引的偈頌文有所出入；可參考 Nāgārjuna. *Dbu ma rtsa ba'i tshig le'ur byas pa shes rab,* 34。

16 有關 23.18.ab，對勘本版的藏譯中論為：།ཕྱིན་ཅི་ལོག་ཏུ་གྱུར་བཞིན་ལ། །ཕྱིན་ཅི་ལོག་དག་མི་སྲིད་དེ།，故與此中所引的偈頌文有所出入；可參考 Nāgārjuna. *Dbu ma rtsa ba'i tshig le'ur byas pa shes rab,* 34。

另外，（《中論》）云：

**23.19 諸顛倒不生，顛倒豈能有？不生顛倒故，豈有顛倒者？**

顛倒皆非由自性而生，彼等（顛倒）豈能存在？諸顛倒皆非自性而生，豈有顛倒者？（誠如《中論》）云：

**23.20 事物不自生，亦不從他生，不從自他生，云何有顛倒？**

ཡང་གཞན་ཡང་། གལ་ཏེ་བདག་དང་སྡུག་པ་དག །རྟག་དང་བདེ་བ་ཡོད་ན་ནི། །བདག་ཤེས་སྡུག་ཤེས་རྟག་ཤེས་དང་། །བདེ་ཤེས་ཕྱིན་ཅི་ལོག་མ་ཡིན། །གལ་ཏེ་བདག་དང་སྡུག་པ་དང་རྟག་པ་དང་བདེ་བ་ཞེས་བྱ་བ་བཞི་པོ་དེ་དག་ཡོད་ན་ནི་དེ་དག་ཡོད་པའི་ཕྱིར་རོ། །བདག་[17]ཏུ་ཤེས་པ་དང་། སྡུག་པར་ཤེས་པ་དང་། རྟག་པར་ཤེས་པ་དང་། བདེ་བར་ཤེས་པ་དེ་དག་ཕྱིན་ཅི་ལོག་མ་ཡིན་པར་འགྱུར་རོ། །

另外，（《中論》）云：

**23.21 若有我及淨，常樂亦皆有，執我淨常樂，則非是顛倒。**[18]

若我、淨、常、樂四相存在，有彼等故，執我、執淨、執常、執樂等將不顛倒。

དེ་ལ་འདི་སྐམ་དུ་བདག་དང་སྡུག་པ་དང་རྟག་པ་དང་བདེ་བ་ཞེས་བྱ་བ་བཞི་པོ་དེ་དག་

17 雖然在對勘本版中並無多加此字的註解，但就以前後文的脈絡，應改 བདག 字。

18 有關 23.21.acd，對勘本版的藏譯中論為：།གལ་ཏེ་བདག་དང་གཙང་བ་དང་། །བདག་དང་གཙང་དང་རྟག་པ་དང་། །བདེ་བ་ཕྱིན་ཅི་ལོག་མ་ཡིན།，故與此中所引的偈頌文有所出入；可參考 Nāgārjuna. *Dbu ma rtsa ba'i tshig le'ur byas pa shes rab,* 35。

ནི་ཡོད་པ་མ་ཡིན་གྱི་བདག་མེད་པ་ལ་སོགས་པ་བཞི་པོ་དག་ནི་ཡོད་དེ། དེ་དག་ལ་ཕྱིན་ཅི་ལོག་ཏུ་འཛིན་པས་ཕྱིན་ཅི་ལོག་དག་ཀྱང་ཡོད་པར་སེམས་ན།

於此，（他方）念：我淨常樂四者雖無，但確實存在無我等四者。執取彼等顛倒（義），故有顛倒。

དེ་ལ་བཤད་པར་བྱ་སྟེ། གལ་ཏེ་བདག་དང་སྡུག་པ་དང་། །རྟག་དང་བདེ་བ་མེད་ན་ནི། །བདག་མེད་མི་སྡུག་མི་རྟག་དང་། །སྡུག་བསྔལ་ཡོད་པ་མ་ཡིན་ནོ། །གལ་ཏེ་བདག་དང་སྡུག་པ་དང་རྟག་པ་དང་བདེ་བ་ཞེས་བྱ་བ་བཞི་པོ་དག་མེད་ན་ནི། དེ་དག་མེད་པའི་ཕྱིར་བདག་མེད་པ་དང་མི་སྡུག་པ་དང་མི་རྟག་པ་དང་སྡུག་བསྔལ་ཞེས་བྱ་བ་བཞི་པོ་དག་ཀྱང་ཡོད་པ་མ་ཡིན་ཏེ། ལྟོས་པ་མེད་པའི་ཕྱིར་རོ། །དེའི་ཕྱིར་རྒྱུའི་ཁྱད་པར་འདིས་ཀྱང་ཕྱིན་ཅི་ལོག་རྣམས་ཡོད་པ་མ་ཡིན་ནོ། །

於此，將做解說。（《中論》云：）

**23.22 若無我無淨，無常亦無樂，無我及不淨，無常苦皆無。**[19]

若我淨常樂等四者皆無，觀待彼等不存在故，無我、不淨、無常、苦等四者也應皆無。由此別相為由，否定顛倒的存在。

དེ་ལྟར་ཕྱིན་ཅི་ལོག་འགགས་པས། །མ་རིག་པ་ནི་འགག་པ་འགྱུར། །མ་རིག་འགགས་པར་གྱུར་ན་ནི། །འདུ་བྱེད་ལ་སོགས་འགག་པར་འགྱུར། །དེ་ལྟར་ལམ་གྱིས་ཕྱིན་ཅི་ལོག་

19 有關 23.22.ac，對勘本版的藏譯中論為：།གལ་ཏེ་བདག་དང་གཙང་བ་དང་། །བདག་མེད་མི་གཙང་མི་རྟག་དང་།，故與此中所引的偈頌文有所出入；可參考 Nāgārjuna. *Dbu ma rtsa ba'i tshig le'ur byas pa shes rab,* 35。

རྣམས་འགག་ལ། །ཕྱིན་ཅི་ལོག་འགགས་པས་མ་རིག་པ་འགག །མ་རིག་པ་འགགས་པས་འདུ་བྱེད་ལ་སོགས་པའི་དོན་འགག་པར་འགྱུར་རོ། །

《中論》云：

**23.23 如是顛倒滅，無明則亦滅，以無明滅故，諸行等亦滅。**

以道滅除諸顛倒。滅顛倒，故滅無明；滅無明，故滅諸行。

གལ་ཏེ་ལ་ལའི་ཉོན་མོངས་པ། གང་དག་ངོ་བོ་ཉིད་ཡོད་ན། །ཇི་ལྟ་བུར་ན་སྤོང་བར་འགྱུར། །ཡོད་པ་སུ་ཞིག་སྤོང་བར་བྱེད། །གལ་ཏེ་ལ་ལའི་ཉོན་མོངས་པ་གང་དག་ངོ་བོ་ཉིད་ཀྱིས་ཡོད་ཅིང་ཡང་དག་པ་དང་དེ་ཁོ་ན་དང་བདེན་པ་ཡིན་ན་དེ་དག་ཇི་ལྟར་སྤང་བར་འགྱུར། ཡོད་པ་སུ་ཞིག་སྤོང་བར་བྱེད་དེ་སྤོང་བར་མི་འཐད་པའི་ཕྱིར་རོ། །

《中論》云：

**23.24 若某些煩惱，彼等有自性，云何當可斷，誰能斷其有？**[20]

若某些煩惱是自性有、正確、眞實、諦實，豈能斷除彼等？誰能斷除有（自性的煩惱）？斷除不應理。

དེ་ལ་འདི་སྙམ་དུ་ཉོན་མོངས་པ་རྣམས་ནི་ངོ་བོ་ཉིད་ཀྱིས་མེད་པ་ཉིད་ཡིན་ཏེ། ངོ་བོ་ཉིད་ཀྱིས་མེད་པ་དེ་དག་སྤོང་བར་བྱེད་དོ་སྙམ་དུ་སེམས་ན།

20 有關 23.24.b，對勘本版的藏譯中論為：།གང་དག་རང་བཞིན་གྱིས་ཡོད་ན།，故與此中所引的偈頌文有所出入；可參考 Nāgārjuna. *Dbu ma rtsa ba'i tshig le'ur byas pa shes rab,* 35。

於此，（他方）念：煩惱等皆無自性，以無自性而斷彼等。

དེ་ལ་བཤད་པར་བྱ་སྟེ། གལ་ཏེ་ལ་ལའི་ཉོན་མོངས་པ། །གང་དག་ངོ་བོ་ཉིད་མེད་ན། །ཇི་ལྟ་བུར་ན་སྤོང་བར་འགྱུར། །མེད་པ་སུ་ཞིག་སྤོང་བར་བྱེད། །གལ་ཏེ་ལ་ལའི་ཉོན་མོངས་པ་གང་དག་ངོ་བོ་ཉིད་ཀྱིས་མེད་ཅིང་ཡང་དག་པ་དེ་དང་དེ་ཁོ་ན་དང་བདེན་པ་མ་ཡིན་ན། དེ་དག་ཇི་ལྟར་སྤོང་བར་འགྱུར། མེད་པ་སུ་ཞིག་སྤོང་བར་བྱེད་དེ། སྤང་བར་མི་འཐད་པའི་ཕྱིར་རོ། །

於此，將做解說。（《中論》云：）

**23.25 若某些煩惱，彼等無自性，云何當可斷，誰能斷其無？**[21]

若某些煩惱是自性無、非正確、非眞實、非諦實，豈能斷除彼等？誰能斷除無（的煩惱）？斷除不應理。

ཕྱིན་ཅི་ལོག་བརྟག་པ་ཞེས་བྱ་བ་སྟེ་རབ་ཏུ་བྱེད་པ་ཉི་ཤུ་གསུམ་པའོ།། །།

第二十三品——觀顚倒品——終。

21 有關 23.25.b，對勘本版的藏譯中論為：།གང་དག་རང་བཞིན་གྱིས་མེད་ན།，故與此中所引的偈頌文有所出入；可參考 Nāgārjuna. *Dbu ma rtsa ba'i tshig le'ur byas pa shes rab*, 35。

# 第二十四品

# ——觀聖諦品——

འདིར་སྨྲས་པ། གལ་ཏེ་འདི་དག་ཀུན་སྟོང་ན། །འབྱུང་བ་མེད་ཅིང་འཇིག་པ་མེད། །འཕགས་པའི་བདེན་པ་བཞི་པོ་རྣམས། །ཁྱོད་ལ་མེད་པར་ཐལ་བར་འགྱུར། །འཕགས་པའི་བདེན་པ་བཞི་མེད་པས། །ཡོངས་སུ་ཤེས་དང་སྤང་བ་དང་། །བསྒོམ་དང་མངོན་དུ་བྱ་བ་དག །འཐད་པར་འགྱུར་བ་མ་ཡིན་ནོ། །དེ་དག་ཡོད་པ་མ་ཡིན་པས། །འབྲས་བུ་བཞི་ཡང་ཡོད་མ་ཡིན། །འབྲས་བུ་མེད་ན་འབྲས་གནས་མེད། །ཞུགས་པ་དག་ཀྱང་ཡོད་མ་ཡིན། །གལ་ཏེ་སྐྱེས་བུ་གང་ཟག་བརྒྱད། །དེ་དག་མེད་ན་དགེ་འདུན་མེད། །འཕགས་པའི་བདེན་རྣམས་མེད་པའི་ཕྱིར། །དམ་པའི་ཆོས་ཀྱང་ཡོད་མ་ཡིན། །ཆོས་དག་དགེ་འདུན་ཡོད་མིན་ན། །སངས་རྒྱས་ཇི་ལྟར་ཡོད་པར་འགྱུར། །དེ་སྐད་སྨྲས་ན་དཀོན་མཆོག་ནི། །གསུམ་ལ་གནོད་པ་བྱེད་པ་ཡིན། །

於此，（他方）道：（《中論》云：）

**24.1 若一切皆空，無生亦無滅，於汝則應無，四聖諦之法。**

**24.2 以無四諦故，知苦及斷集，證滅及修道，是事不應理。**[1]

**24.3 以無彼等故，則無四道果，得果者亦無，向果者亦無。**

**24.4 若無八賢聖，則無有僧寶。無四聖諦故，正法亦非有。**

**24.5 以無法僧寶，豈能有佛寶？如是說空者，是則破三寶。**[2]

གལ་ཏེ་འགྲོ་བ་འདི་དག་ཀུན་སྟོང་ན་དེའི་ཕྱིར་འབྱུང་བ་མེད་ཅིང་འཇིག་པ་མེད་དོ།

---

1 有關 24.2.bc，對勘本版的藏譯中論為：།ཡོངས་སུ་ཤེས་དང་སྤོང་བ་དང་། །སྒོམ་དང་མངོན་དུ་བྱ་བ་དག，故與此中所引的偈頌文有所出入；可參考 Nāgārjuna. *Dbu ma rtsa ba'i tshig le'ur byas pa shes rab,* 35。

2 有關 24.5.acd，對勘本版的藏譯中論為：།ཆོས་དང་དགེ་འདུན་ཡོད་མིན་ན། །དེ་སྐད་སྟོང་པ་ཉིད་སྨྲ་ན། །དཀོན་མཆོག་གསུམ་ལ་གནོད་པ་ནི།，故與此中所引的偈頌文有所出入；可參考 Nāgārjuna. *Dbu ma rtsa ba'i tshig le'ur byas pa shes rab,* 35。

།དེ་དག་མེད་པས་འཕགས་པའི་བདེན་པ་བཞི་པོ་རྣམས་ཁྱོད་ལ་མེད་པར་ཐལ་བར་འགྱུར་རོ། །འཕགས་པའི་བདེན་པ་བཞི་མེད་པས་སྡུག་བསྔལ་ཡོངས་སུ་ཤེས་པ་དང་ཀུན་འབྱུང་བ་སྤང་བ་དང་ལམ་བསྒོམ་པ་དང་འགོག་པ་མངོན་སུམ་དུ་བྱ་བ་དག་འཐད་པར་འགྱུར་བ་མ་ཡིན་នོ། །སྡུག་བསྔལ་ཡོངས་སུ་ཤེས་པ་དང་ཀུན་འབྱུང་བ་སྤང་བ་དང་ལམ་བསྒོམ་པ་དང་འགོག་པ་མངོན་སུམ་དུ་བྱ་བ་དེ་དག་ཡོད་པ་མ་ཡིན་པས་དགེ་སྦྱོང་གི་འབྲས་བུ་བཞི་ཡང་ཡོད་པ་མ་ཡིན་ནོ། །དགེ་སྦྱོང་གི་འབྲས་བུ་མེད་ན། འབྲས་བུ་ལ་གནས་པ་དང་ཞུགས་པ་སྐྱེས་བུ་གང་ཟག་བརྒྱད་པོ་དག་ཀྱང་ཡོད་པ་མ་ཡིན་ནོ། །གལ་ཏེ་སྐྱེས་བུ་གང་ཟག་བརྒྱད་པོ་དེ་དག་མེད་ན་དགེ་འདུན་མེད་དེ། ཡང་གཞན་ཡང་། འཕགས་པའི་བདེན་པ་རྣམས་མེད་པའི་ཕྱིར་དམ་པའི་ཆོས་ཀྱང་ཡོད་པ་མ་ཡིན་ནོ། །དམ་པའི་ཆོས་དང་དགེ་འདུན་ཡོད་པ་མ་ཡིན་ན་སངས་རྒྱས་ཇི་ལྟར་ཡོད་པར་འགྱུར་ཏེ། དེ་སྐད་དུ་སྟོང་པ་ཉིད་དུ་སྨྲ་ན་དཀོན་མཆོག་གསུམ་ལ་གནོད་པ་བྱེད་པ་ཡིན་ནོ། །

如果一切眾生皆空，則無生滅。若無彼等，於汝而言，應無四聖諦。若無四聖諦，則知苦、斷集、修道、證滅不應理。若無知苦、斷集、修道、證滅，則無修善四果。若無修善（四）果，則無得果者及向果者等八賢聖。若無八賢聖，則無僧寶。

另外，無四聖諦，則無正法。若無正法及僧寶，豈有佛？如是空性之說破壞三寶。

ཡང་གཞན་ཡང་། སྟོང་ཉིད་འབྲས་བུ་ཡོད་པ་དང་། །ཆོས་མ་ཡིན་དང་ཆོས་ཉིད་དང་། །འཇིག་རྟེན་པ་ཡི་ཐ་སྙད་ནི། །ཀུན་ལ་གནོད་པ་བྱེད་པ་ཡིན། །སྟོང་པ་ཉིད་བཟུང་ན་ཆོས་མ་ཡིན་པ་དང་ཆོས་ཉིད་དང་དེ་དག་གིས་བྱས་པའི་འབྲས་བུ་ཡོད་པ་དང་འཇིག་རྟེན་པའི་ཐ་སྙད་ཀུན་ལ་ཡང་གནོད་པ་བྱེད་པ་ཡིན་པས་དེ་ལྟ་བས་ན་དངོས་པོ་ཐམས་ཅད་སྟོང་པ་མ་ཡིན་ནོ། །

另外，（《中論》云：）

**24.6 空性壞非法，壞法性及果，世間之名言，亦復悉毀壞。**[3]

若持空性（見），將毀壞一切世間名言，（如）非法、法性，以及由彼等（法性）所造之果。因此，一切事物非空。

དེ་ལ་བཤད་པ་ཁྱོད་ཀྱིས་ནི། །སྟོང་ཉིད་དགོས་དང་སྟོང་ཉིད་དང་། །སྟོང་ཉིད་དོན་ནི་མ་རྟོགས་པས། །དེ་ཕྱིར་དེ་ལྟར་གནོད་པ་བྱེད། །ཁྱོད་ཀྱིས་ནི་སྟོང་པ་ཉིད་བསྟན་པའི་དགོས་པ་གང་ཡིན་པ་དང་། སྟོང་པ་ཉིད་ཀྱི་མཚན་ཉིད་གང་ཡིན་པ་དང་སྟོང་པ་ཉིད་ཀྱི་དོན་གང་ཡིན་པ་དེ་དག་ཡང་དག་པ་ཇི་ལྟ་བ་བཞིན་དུ་མ་རྟོགས་པ་དེའི་ཕྱིར་དེ་ལྟར་གནོད་པ་བྱེད་དོ། །

（自方道，《中論》云：）

**24.7 汝今因不知，空性及空義，以及其目的，故成如是破。**[4]

因你不知宣說空性之目的、空性、空義，[5]而有如是破（空之諍）。

སངས་རྒྱས་རྣམས་ཀྱིས་ཆོས་བསྟན་པ། །བདེན་པ་གཉིས་ལ་ཡང་དག་བརྟེན། །འཇིག་

3 有關 24.6.abd，對勘本版的藏譯中論為：།བྱེད་ཅིང་འབྲས་བུ་ཡོད་པ་དང་། །ཆོས་མ་ཡིན་པ་ཆོས་ཉིད་དང་། ཀུན་ལའང་གནོད་པ་བྱེད་པ་ཡིན།，故與此中所引的偈頌文有所出入；可參考 Nāgārjuna. *Dbu ma rtsa ba'i tshig le'ur byas pa shes rab,* 36。

4 有關 24.7.d，對勘本版的藏譯中論為：ཏེ་ཕྱིར་དེ་ལྟར་གནོད་པ་ཡིན།，故與此中所引的偈頌文有所出入；可參考 Nāgārjuna. *Dbu ma rtsa ba'i tshig le'ur byas pa shes rab,* 36。

5 他宗不知的內容有三：一、了知空性的目的是為了斷除煩惱。二、確定空性的性質或定義是無自性或非以自力形成的體性。三、正確解讀空性的唯一內義是緣起。

རྟེན་ཀུན་རྫོབ་པ་བདེན་དང་། །དམ་པའི་དོན་གྱི་བདེན་པའོ། །གང་དག་བདེན་པ་དེ་གཉིས་ཀྱི། །རྣམ་དབྱེ་རྣམ་པར་མི་ཤེས་པ། །དེ་དག་སངས་རྒྱས་བསྟན་པ་ནི། །ཟབ་མོའི་དེ་ཉིད་རྣམ་མི་ཤེས། །སངས་རྒྱས་བཅོམ་ལྡན་འདས་རྣམས་ཀྱིས་ཆོས་བསྟན་པ་ནི་བདེན་པ་གཉིས་པོ་འདི་དག་ལ་བརྟེན་ནས་འབྱུང་སྟེ། འཇིག་རྟེན་པའི་ཀུན་རྫོབ་ཀྱི་བདེན་པ་ཞེས་བྱ་བ་ནི་ཆོས་རྣམས་ངོ་བོ་ཉིད་སྟོང་པ་དག་ལ་འཇིག་རྟེན་གྱིས་ཕྱིན་ཅི་ལོག་མ་རྟོགས་པས་ཆོས་ཐམས་ཅད་སྐྱེ་བར་མཐོང་བ་གང་ཡིན་པ་སྟེ། དེ་ནི་དེ་དག་ཉིད་ལ་ཀུན་རྫོབ་ཏུ་བདེན་པ་ཉིད་ཡིན་པས་ཀུན་རྫོབ་ཀྱི་བདེན་པའོ། །དོན་དམ་པའི་བདེན་པ་ནི་འཕགས་པ་རྣམས་ཀྱིས་ཕྱིན་ཅི་ལོག་ཏུ་ཐུགས་སུ་ཆུད་པས་ཆོས་ཐམས་ཅད་སྐྱེ་བ་མེད་པར་གཟིགས་པར་གང་ཡིན་པ་སྟེ་དེ་ནི་དེ་དག་ཉིད་ལ་དོན་དམ་པར་བདེན་པ་ཉིད་ཡིན་པས་དོན་དམ་པའི་བདེན་པའོ། །དེ་ལ་གང་དག་ཀུན་རྫོབ་ཀྱི་བདེན་པ་དང་དོན་དམ་པའི་བདེན་པ་དེ་གཉིས་ཀྱི་རྣམ་པར་དབྱེ་བ་རྣམ་པར་མི་ཤེས་པ་དེ་དག་ནི་སངས་རྒྱས་ཀྱི་བསྟན་པ་ཟབ་མོའི་དེ་ཉིད་རྣམ་པར་མི་ཤེས་པ་ཡིན་ནོ། །

（《中論》云：）

**24.8 諸佛依二諦，爲衆生說法。一以世俗諦，[6]二第一義諦。**

**24.9 若誰尚未知，二諦之分別，則於佛所說，深義不得知。**

佛薄伽梵依二諦說法。世間的世俗諦是因（凡夫）顚倒世間、未證悟諸法無自性，故見諸法生起；彼等眞諦皆（立）於世俗之中，是世俗諦。

6 有關 24.8.c，對勘本版的藏譯中論為：།འཇིག་རྟེན་ཀུན་རྫོབ་བདེན་པ་དང་།，故與此中所引的偈頌文有所出入；可參考 Nāgārjuna. *Dbu ma rtsa ba'i tshig le'ur byas pa shes rab,* 35。

勝義諦乃是聖者們徹體通曉（自性）皆是顛倒，故見諸法不生；彼等眞相皆（現）於勝義之中，是勝義諦。

任誰（若）不知世俗諦及勝義諦二者的差異，自然不曉佛法之深奧。

འདི་ལ་འདི་སྙམ་དུ་སྨྲ་བར་འདོད་པའི་དོན་ནི་ཆོས་ཐམས་ཅད་སྐྱེ་བ་མེད་པ་ཞེས་བྱ་བའི་དོན་དམ་པའི་བདེན་པ་དེ་ཉིད་ཡིན་ན། ཐ་སྙད་ཀྱི་བདེན་པ་གཉིས་པ་འདི་ཅི་དགོས་སྙམ་དུ་སེམས་ན།

於此，（他方）念：若（我等所）希求的是諸法不生的勝義諦之義，爲何需要第二世俗諦？

དེ་ལ་བཤད་པར་བྱ་སྟེ། ཐ་སྙད་ལ་ནི་མ་བརྟེན་པར། །དམ་པའི་དོན་ནི་བསྟན་མི་ནུས། །དམ་པའི་དོན་ལ་མ་བརྟེན་པར། །མྱ་ངན་འདས་པ་ཐོབ་མི་འགྱུར། །གང་གི་ཕྱིར་ཐ་སྙད་ལ་མ་བརྟེན་པར་དོན་དམ་པ་བསྟན་པར་མི་ནུས་པ་དང་། གང་གི་ཕྱིར་དོན་དམ་པ་ལ་མ་བརྟེན་པར་མྱ་ངན་ལས་འདས་པ་འཐོབ་པར་མི་འགྱུར་བ། དེའི་ཕྱིར་བདེན་པ་གཉིས་ཀ་གདགས་དགོས་སོ། །

於此，將做解說。（《中論》云：）

**24.10 不依名言故，不能示勝義，不知勝義故，不能得涅槃。**[7]

若不依世俗，不能顯示勝義；若不依勝義，則不得涅槃，故須施設二諦。

---

7 有關 24.10.cd，對勘本版的藏譯中論為：།དམ་པའི་དོན་ནི་མ་རྟོགས་པར། །མྱ་ངན་འདས་པ་ཐོབ་མི་འགྱུར།，故與此中所引的偈頌文有所出入；可參考 Nāgārjuna. *Dbu ma rtsa ba'i tshig le'ur byas pa shes rab*, 36。

སྟོང་པ་ཉིད་ལ་ལྟ་ཉེས་ན། །ཤེས་རབ་ཆུང་རྣམས་ཕུང་བར་བྱེད། །ཇི་ལྟར་སྦྲུལ་ལ་བཟུང་ཉེས་དང་། །རིག་སྔགས་ཉེས་པར་བསྒྲུབ་པ་བཞིན། །དོན་དམ་པ་སྟོང་པ་ཉིད་ལ་ལྟ་ཉེས་ན་ཤེས་རབ་ཆུང་ངུ་དང་ལྡན་པ་ཕུང་བར་བྱེད་ཅིང་དེ་ལ་གནོད་པ་ཆེན་པོ་འབྱུང་བར་འགྱུར་ཏེ། ཇི་ལྟར་དཔེར་ན་སྦྲུལ་ལ་བཟུང་ཉེས་ན་ཕུང་བར་བྱེད་ཅིང་དེ་ལ་འཆི་བ་ལ་ཐུག་པའི་ཉེན་ཆེན་པོ་སྐྱེད་པར་བྱེད་པ་དང་། ཇི་ལྟར་དཔེར་ན་རིག་སྔགས་དང་གསང་སྔགས་བྱ་བ་དང་ཆོ་ག་ཉམས་པས་བསྒྲུབས་ཉེས་ན་ཕུང་བར་བྱེད་ཅིང་དེ་ལ་སྲོག་གི་མཐར་ཐུག་པའི་ཉེན་ཆེན་པོ་སྐྱེད་པར་བྱེད་པ་དེ་བཞིན་ནོ། །

（《中論》云：）

**24.11 於空持謬觀，鈍根則自害，如不善捉蛇，及誤修咒術。**[8]

若鈍根者錯觀勝義空性，（於自）將會形成大傷害，如同不善捉蛇將反遭其傷，產生致命的重大危險。又如誤修明咒及密咒儀軌亦將會走火入魔，產生致命的重大危險。

དེ་ཕྱིར་ཞན་པས་ཆོས་འདི་ཡི། གཏིང་རྟོགས་དཀའ་བར་མཁྱེན་གྱུར་ནས། །ཐུབ་པའི་ཐུགས་ནི་ཆོས་བསྟན་ལས། །རབ་ཏུ་ལོག་པར་གྱུར་པ་ཡིན། །རྒྱུ་དེ་ཁོ་ནའི་ཕྱིར་ཤེས་རབ་ཞན་པ་རྣམས་ཀྱིས་ཆོས་འདིའི་གཏིང་རྟོགས་པར་དཀའ་བ་ཉིད་དུ་མཁྱེན་པར་གྱུར་ནས་བཅོམ་ལྡན་འདས་ཀྱི་ཐུགས་ཆོས་བསྟན་པ་ལས་རབ་ཏུ་ལོག་པར་གྱུར་པ་ཡིན་ནོ། །

（《中論》云：）

**24.12 世尊知是法，甚深微妙相，非鈍根所及，是故不欲說。**

8 有關 24.11，對勘本版的藏譯中論為：།སྟོང་པ་ཉིད་ལ་བལྟ་ཉེས་ན། །ཤེས་རབ་ཆུང་རྣམས་ཕུང་བར་འགྱུར། །ཇི་ལྟར་སྦྲུལ་ལ་གཟུང་ཉེས་དང་། །རིག་སྔགས་ཉེས་པར་བསྒྲུབས་པ་བཞིན།，故與此中所引的偈頌文有所出入；可參考 Nāgārjuna. *Dbu ma rtsa ba'i tshig le'ur byas pa shes rab,* 36。

正因深知鈍根者難以了知其法深奧，薄伽梵不欲說是法。

ཁྱོད་ནི་ང་ལ་སྟོང་པ་ཉིད། །སྐྱོན་དུ་ཐལ་བར་འགྱུར་བ་ཡིས། །སྤོང་བར་བྱེད་པ་གང་ཡིན་པ། །དེ་ནི་སྟོང་ལ་མི་འཐད་དོ། །ཁྱོད་ང་ལ་སྟོང་པ་ཉིད་སྐྱོན་དུ་ཐལ་བར་འགྱུར་བས་སྤོང་བར་བྱེད་པ་གང་ཡིན་པ་དེ་ནི་ངོ་བོ་ཉིད་སྟོང་པ་ལ་མི་འཐད་དོ། །

（《中論》云：）

**24.13 汝說吾空論，應成一切過，所破諸過失，於空不應理。**[9]

你駁斥我而（說）於空性中應成諸過的一切所破內容，於空性中皆不能成立。

ཡང་གཞན་ཡང་། གང་ལ་སྟོང་པ་ཉིད་རུང་བ། །དེ་ལ་ཐམས་ཅད་རུང་བར་འགྱུར། །གང་ལ་སྟོང་ཉིད་མི་རུང་བ། །དེ་ལ་ཐམས་ཅད་རུང་མི་འགྱུར། །གང་ལ་ངོ་བོ་ཉིད་སྟོང་པ་ཉིད་རུང་བ་དེ་ལ་འཇིག་རྟེན་པ་དང་འཇིག་རྟེན་ལས་འདས་པ་ཐམས་ཅད་རུང་བར་འགྱུར་རོ། །གང་ལ་ངོ་བོ་ཉིད་སྟོང་པ་ཉིད་མི་རུང་བ་དེ་ལ་འཇིག་རྟེན་པ་དང་འཇིག་རྟེན་ལས་འདས་པ་ཐམས་ཅད་མི་རུང་བར་འགྱུར་རོ། །

另外，（《中論》云：）

**24.14 以有空義故，一切法得成；若無空義者，一切則不成。**

唯有空性合理，方能合理（成立）一切世間及出世間法。

9 有關 24.13，對勘本版的藏譯中論為：།སྐྱོན་དུ་ཐལ་བར་འགྱུར་བ་ནི། །སྟོང་ལ་འཐད་པ་མ་ཡིན་པས། །ཁྱོད་ནི་སྟོང་ཉིད་སྤོང་བྱེད་པ། །གང་དེ་ང་ལ་མི་འཐད་དོ།，故與此中所引的偈頌文有所出入；可參考 Nāgārjuna. *Dbu ma rtsa ba'i tshig le'ur byas pa shes rab,* 36。

若空性不應理，則無法成立一切世間及出世間法。

ཁྱོད་ཉིད་རང་གི་སྐྱོན་རྣམས་ནི། །ང་ལ་ཡོངས་སུ་སྒྱུར་བྱེད་པ། །རྟ་ལ་མངོན་པར་ཞོན་བཞིན་དུ། །རྟ་ཉིད་བརྗེད་པར་གྱུར་པ་བཞིན། །ཁྱོད་ཉིད་རང་གི་སྐྱོན་རྣམས་ང་ལ་ཡོངས་སུ་སྒྱུར་བར་བྱེད་པ་ནི་རྟ་ལ་མངོན་པར་ཞོན་བཞིན་དུ་རྟ་དེ་ཉིད་བརྗེད་པར་འགྱུར་བ་བཞིན་ནོ། །

（《中論》云：）

**24.15 汝今以己過，[10]全數拋向我，如人乘馬者，自忘所乘馬。**

你將自己的所有過失歸咎於我，誠如正在騎馬卻遺忘所騎之馬！

ཡང་གཞན་ཡང་། གལ་ཏེ་དངོས་རྣམས་དངོས་ཉིད་ལས། ཡོད་པར་རྗེས་སུ་ལྟ་བྱེད་ན། །དེ་ལྟ་ཡིན་ན་དངོས་པོ་རྣམས། །རྒྱུ་རྐྱེན་མེད་པར་ཁྱོད་ལྟའོ། །འབྲས་བུ་དང་ནི་རྒྱུ་ཉིད་དང་། །བྱེད་པ་པོ་དང་བྱེད་དང་བྱ། །སྐྱེ་བ་དང་ནི་འགག་པ་དང་། །འབྲས་བུ་ལ་ཡང་གནོད་པ་བྱེད། །གལ་ཏེ་དངོས་པོ་རྣམས་ངོ་བོ་ཉིད་ལ་ཡོད་པར་རྗེས་སུ་ལྟ་བར་བྱེད་ན། དེ་ལྟ་ན་ཁྱོད་དངོས་པོ་རྣམས་རྒྱུ་དང་རྐྱེན་མེད་པར་ལྟ་བ་ཡིན་ནོ། །དེས་ན་འབྲས་བུ་དང་རྒྱུ་ཉིད་དང་བྱེད་པ་པོ་དང་བྱེད་པ་དང་བྱ་བ་དང་སྐྱེ་བ་དང་འགག་པ་དང་འབྲས་བུ་ལ་ཡང་གནོད་པ་བྱེད་པ་ཡིན་ནོ། །

另外，（《中論》云：）

10 有關 24.15.a，對勘本版的藏譯中論為：།ཁྱོད་ནི་རང་གི་སྐྱོན་རྣམས་ནི།，故與此中所引的偈頌文有所出入；可參考 Nāgārjuna. *Dbu ma rtsa ba'i tshig le'ur byas pa shes rab,* 36。

**24.16 若汝見諸法，皆是有自性，即爲見諸法，無因亦無緣。**[11]

**24.17 即爲破因果，作作者所作，亦復壞一切，生滅及諸果。**

如果觀諸事物皆有自性，你將見諸事物是無因無緣。因此，將破除因、果、作者、作事、所作、生、滅，以及果。

རྟེན་ཅིང་འབྲེལ་འབྱུང་གང་ཡིན་པ། །དེ་ནི་སྟོང་པ་ཉིད་དུ་བཤད། །དེ་ནི་བརྟེན་ནས་གདགས་པ་སྟེ། དེ་ཉིད་དབུ་མའི་ལམ་ཡིན་ནོ། །གང་ཕྱིར་རྟེན་འབྱུང་མ་ཡིན་པའི། །ཆོས་འགའ་ཡོད་པ་མ་ཡིན་པ། །དེ་ཕྱིར་སྟོང་པ་མ་ཡིན་པའི། །ཆོས་འགའ་ཡོད་པ་མ་ཡིན་ནོ། །ཁོ་བོ་ནི་རྟེན་ཅིང་འབྲེལ་པར་འབྱུང་བ་གང་ཡིན་པ་དེ་ནི་སྟོང་པ་ཉིད་དུ་འཆད་དེ། དེ་ནི་བརྟེན་ནས་གདགས་པ་ཡིན་ཏེ། དེ་ཉིད་དབུ་མའི་ལམ་ཡིན་ནོ། །དེ་ལ་དངོས་པོ་འགའ་ཞིག་ཡོད་པ་ཉིད་ཡིན་ན། དེ་ནི་བརྟེན་ནས་འབྱུང་བ་དང་བརྟེན་ནས་གདགས་པ་ཡིན་པས། གང་གི་ཕྱིར་རྟེན་ཅིང་འབྲེལ་པར་འབྱུང་བ་མ་ཡིན་པའི་ཆོས་འགའ་ཡང་ཡོད་པ་མ་ཡིན་པ་དེའི་ཕྱིར་སྟོང་པ་མ་ཡིན་པའི་ཆོས་ནི་འགའ་ཡང་ཡོད་པ་མ་ཡིན་ནོ། །

（《中論》云：）

**24.18 何法是緣起，說彼皆空性，即觀待施設，亦復是中道。**[12]

**24.19 未曾有一法，不是緣起有，是故一切法，無不是空者。**

---

11 有關 24.16.a，對勘本版的藏譯中論為：།གལ་ཏེ་དངོས་རྣམས་རང་བཞིན་ལས།，故與此中所引的偈頌文有所出入；可參考 Nāgārjuna. *Dbu ma rtsa ba'i tshig le'ur byas pa shes rab,* 36。

12 有關 24.18.a，對勘本版的藏譯中論為：།རྟེན་ཅིང་འབྲེལ་པར་འབྱུང་བ་གང་།，故與此中所引的偈頌文有所出入；可參考 Nāgārjuna. *Dbu ma rtsa ba'i tshig le'ur byas pa shes rab,* 37。

我說，何者是緣起，彼皆是空性，即是觀待施設，彼性亦是中道。任何一法皆是觀待而有、觀待施設，因此，沒有一法不是緣起，沒有一法不是空者。

གལ་ཏེ་འདི་ཀུན་མི་སྟོང་ན། །འབྱུང་བ་མེད་ཅིང་འཇིག་པ་མེད། །འཕགས་པའི་བདེན་པ་བཞི་པོ་རྣམས། །ཁྱོད་ལ་མེད་པར་ཐལ་བར་འགྱུར། །གལ་ཏེ་འགྲོ་བ་འདི་ཀུན་མི་སྟོང་ན་དེའི་ཕྱིར་འབྱུང་བ་མེད་ཅིང་འཇིག་པ་མེད་དོ། །དེ་དག་མེད་པའི་ཕྱིར་འཕགས་པའི་བདེན་པ་བཞི་པོ་རྣམས་ཁྱོད་ལ་མེད་པར་ཐལ་བར་འགྱུར་རོ། །

（《中論》云：）

**24.20 若一切不空，則無有生滅。如是汝應無，四聖諦之法。**

若一切有情非空，則應無生滅。無彼等故，汝應無四聖諦。

གལ་ཏེ་ཇི་ལྟ་ཞེ་ན། སྨྲས་པ། རྟེན་ཅིང་འབྲེལ་འབྱུང་མ་ཡིན་ན། །སྡུག་བསྔལ་ཡོད་པར་ག་ལ་འགྱུར། མི་རྟག་སྡུག་བསྔལ་གསུངས་པ་དེ། །ངོ་བོ་ཉིད་ལས་ཡོད་མ་ཡིན། །རྟེན་ཅིང་འབྲེལ་པར་འབྱུང་བ་མ་ཡིན་ན་སྡུག་བསྔལ་ཡོད་པར་མི་འགྱུར་ཏེ། ཅིའི་ཕྱིར་ཞེ་ན། མདོ་སྡེ་དག་ལས། མི་རྟག་པ་ནི་སྡུག་བསྔལ་ལོ། །ཞེས་གསུངས་པ་དེ་ངོ་བོ་ཉིད་ལས་ཡོད་པ་མ་ཡིན་པའི་ཕྱིར་རོ། །

爲何？（《中論》）云：

**24.21 若不是緣起，豈能有痛苦？所說無常苦，皆非自性有。**[13]

13 有關 24.21.d，對勘本版的藏譯中論為：།རང་བཞིན་ཉིད་ལས་ཡོད་མ་ཡིན།，故與此中所引的偈頌文有所出入；可參考 Nāgārjuna. *Dbu ma rtsa ba'i tshig le'ur byas pa shes rab*, 37。

若非緣起，則不應有苦。爲何？經典中「無常是苦」，所言皆指無自性。

ཡང་གཞན་ཡང་། ངོ་བོ་ཉིད་ལས་ཡོད་མིན་ན། །ཅི་ཞིག་ཀུན་ཏུ་འབྱུང་བར་འགྱུར། །དེ་ཕྱིར་སྟོང་ཉིད་གནོད་བྱེད་ལ། །ཀུན་འབྱུང་ཡོད་པ་མ་ཡིན་ནོ། །སྡུག་བསྔལ་དེ་ངོ་བོ་ཉིད་ལས་ཡོད་པ་མ་ཡིན་ན། ཅི་ཞིག་ཀུན་ཏུ་འབྱུང་བར་འགྱུར་ཏེ། ངོ་བོ་ཉིད་ལས་ཡོད་པའི་ཕྱིར་རོ། །གང་གི་ཕྱིར་དེ་ལྟར་ཡིན་པ་དེའི་ཕྱིར་སྟོང་པ་ཉིད་ལ་གནོད་པ་བྱེད་པ་ལ་ཀུན་འབྱུང་ཡོད་པ་མ་ཡིན་ནོ། །

另外，（《中論》）云：

**24.22 若苦無自性，[14]何法從集生？以破空性故，集諦則非有。**

（因爲你認爲集生之苦）是自性有，若苦非自性有，何法從集而生？既破空性，則應無集。

སྡུག་བསྔལ་ངོ་བོ་ཉིད་ཡོད་ལ། །འགོག་པ་ཡོད་པ་མ་ཡིན་ནོ། །ངོ་བོ་ཉིད་ནི་ཡོངས་གནས་ཕྱིར། །འགོག་ལ་གནོད་པ་བྱེད་པ་ཡིན། །སྡུག་བསྔལ་ངོ་བོ་ཉིད་ཀྱིས་ཡོད་པ་ལ་འགོག་པ་ཡོད་པ་མ་ཡིན་ཏེ། མི་འཇིག་པའི་ཕྱིར་རོ། །དེས་ན་ངོ་བོ་ཉིད་ཡོངས་སུ་གནས་པའི་ཕྱིར་འགོག་པ་ལ་གནོད་པ་བྱེད་པ་ཡིན་ནོ། །

（《中論》）云：

---

14 有關 24.22.a，對勘本版的藏譯中論為：།རང་བཞིན་ཉིད་ལས་ཡོད་ཡིན་ན། ，故與此中所引的偈頌文有所出入；可參考 Nāgārjuna. *Dbu ma rtsa ba'i tshig le'ur byas pa shes rab*, 37。

**24.23 若苦有自性，則不應有滅，自性周遍故，則破於滅諦。**[15]

若苦有自性，則無滅諦，因不壞滅故。若自性周遍，則破滅諦。

ལམ་ནི་ངོ་བོ་ཉིད་ཡོད་ན། །བསྒོམ་པ་འཐད་པར་མི་འགྱུར་རོ། །ཅི་སྟེ་ལམ་དེ་བསྒོམ་བྱ་ན། །ཁྱོད་ཀྱི་དངོས་ཉིད་ཡོད་མ་ཡིན། །ལམ་ངོ་བོ་ཉིད་ཡོད་པར་འཛིན་ན་བསྒོམ་པ་འཐད་པར་མི་འགྱུར་ཏེ། དོན་མེད་པ་ཉིད་ཀྱི་ཕྱིར་རོ། །འདི་ལྟར་རྟག་པ་གང་ཡིན་པ་དེ་ལ་བསྒོམ་ཞིང་སྒྲུབ་པའི་ཐབས་མེད་པས་དེའི་ཕྱིར་ལམ་བསྒོམ་པ་འཐད་པར་མི་འགྱུར་རོ། །ཅི་སྟེ་ལམ་བསྒོམ་པར་བྱ་བ་ཡིན་ན་ནི་ཁྱོད་ཀྱི་ངོ་བོ་ཉིད་ཡོད་པ་མ་ཡིན་ནོ། །

（《中論》）云：

**24.24 若道有自性，修則不應有；若道可修習，汝應無事物。**[16]

若執道有自性，修習則不應有，無意義故。如是，凡是常皆不能修，且無成辦之法，故不成立修道。若道是所修，汝（所主張）的自性應無。

ཡང་གཞན་ཡང་། གང་ཚེ་སྡུག་བསྔལ་ཀུན་འབྱུང་བ་དང་། །འགོག་པ་ཡོད་པ་མ་ཡིན་ན། །ལམ་གྱི་སྡུག་བསྔལ་འགོག་པ་ནི། །གང་ཞིག་འཐོབ་པར་འགྱུར་བར་འདོད།

15 有關 24.23.ac，對勘本版的藏譯中論為：།སྡུག་བསྔལ་རང་བཞིན་གྱིས་ཡོད་ན། །རང་བཞིན་གྱིས་ནི་ཡོངས་གནས་ཕྱིར།，故與此中所引的偈頌文有所出入；可參考 Nāgārjuna. *Dbu ma rtsa ba'i tshig le'ur byas pa shes rab,* 37。

16 有關 24.24.abd，對勘本版的藏譯中論為：།ལམ་ལ་རང་བཞིན་ཡོད་ན་ནི། །སྒོམ་པ་འཐད་པར་མི་འགྱུར་རོ། །ཁྱོད་ཀྱི་རང་བཞིན་ཡོད་མ་ཡིན།，故與此中所引的偈頌文有所出入；可參考 Nāgārjuna. *Dbu ma rtsa ba'i tshig le'ur byas pa shes rab,* 37。

།གང་གི་ཚེ་སྡུག་བསྔལ་དང་ཀུན་འབྱུང་བ་དང་འགོག་པའི་ཆོས་གསུམ་པོ་དག་ཡོད་པ་མ་ཡིན་པ་དེའི་ཚེ་ཁྱོད་ཀྱི་སྡུག་བསྔལ་འགོག་པ་གང་ཞིག་ལམ་གྱིས་འཐོབ་པར་འགྱུར་བར་འདོད། །

另外，（《中論》）云：

**24.25 何時無苦集，爾時滅非有，由道滅苦時，說何爲所得？**[17]

何時苦集滅三法皆無，爾時由道所得的滅苦又是何者？請你解釋！

ཡང་གཞན་ཡང་། གལ་ཏེ་ངོ་བོ་ཉིད་ཀྱིས་ནི། །ཡོངས་སུ་ཤེས་པ་མ་ཡིན་ན། །དེ་ནི་ཇི་ལྟར་ཡོངས་ཤེས་འགྱུར། །དངོས་ཉིད་གནས་ཤེས་མ་ཡིན་ནམ། །གལ་ཏེ་སྡུག་བསྔལ་གང་ངོ་བོ་ཉིད་ཀྱིས་ཡོངས་སུ་ཤེས་པ་མ་ཡིན་ན། དེ་ཇི་ལྟར་ཡོངས་སུ་ཤེས་པར་བྱ་བར་ནུས་ཏེ། ངོ་བོ་ཉིད་ཀྱིས་ཡོངས་སུ་མ་ཤེས་པའི་ཕྱིར་རོ། ཁྱོད་ཀྱི་ངོ་བོ་ཉིད་ཀྱིས་ངེས་པར་གནས་པ་ཡིན་ཞེས་མ་ཡིན་ནམ།

另外，（《中論》）云：

**24.26 若不以自性，周遍得知者，彼今豈遍知？事物莫不住？**[18]

---

17 有關 24.25.ad，對勘本版的藏譯中論為：གང་ཚེ་སྡུག་བསྔལ་ཀུན་འབྱུང་དང་། །གང་ཞིག་ཐོབ་པར་འགྱུར་བར་འདོད།，故與此中所引的偈頌文有所出入；可參考 Nāgārjuna. *Dbu ma rtsa ba'i tshig le'ur byas pa shes rab,* 37。

18 有關 24.26.ad，對勘本版的藏譯中論為：།གལ་ཏེ་རང་བཞིན་ཉིད་ཀྱིས་ནི། །རང་བཞིན་གནས་པ་མ་ཡིན་ནམ།，故與此中所引的偈頌文有所出入；可參考 Nāgārjuna. *Dbu ma rtsa ba'i tshig le'ur byas pa shes rab*, 37。

若不能以自性全面知苦，彼今如何全面得知？因爲以自性完全不知故。莫非你（改口）自性非絕對有？

དེ་བཞིན་དུ་ནི་ཚོད་ཉིད་ཀྱི། །སྤང་དང་མངོན་སུམ་བྱ་བ་དང་། །བསྒོམ་དང་འབྲས་བུ་བཞི་དག་ཀྱང་། །ཡོངས་སུ་ཤེས་བཞིན་མི་རུང་ངོ་། །དེ་བཞིན་དུ་ཚོད་ཉིད་ཀྱིས་ཀུན་འབྱུང་བ་སྤང་བ་དང་། འགོག་པ་མངོན་སུམ་དུ་བྱ་བ་དང་། ལམ་བསྒོམ་པ་དང་འབྲས་བུ་བཞི་པོ་དག་ཀྱང་སྡུག་བསྔལ་ཡོངས་སུ་ཤེས་པ་བཞིན་དུ་མི་རུང་སྟེ། །ཀུན་འབྱུང་བ་ངོ་བོ་ཉིད་ཀྱིས་མ་སྤངས་པ་གང་ཡིན་པ་དེ་ཡང་སྤང་བར་མི་ནུས་ཏེ། ངོ་བོ་ཉིད་ཀྱིས་མ་སྤངས་པའི་ཕྱིར་རོ། །འགོག་པ་ངོ་བོ་ཉིད་ཀྱིས་མངོན་སུམ་དུ་མ་བྱས་པ་གང་ཡིན་པ་དེ་ཡང་མངོན་སུམ་དུ་བྱ་བར་མི་ནུས་ཏེ། ངོ་བོ་ཉིད་ཀྱིས་མངོན་སུམ་དུ་མ་བྱས་པའི་ཕྱིར་རོ། །ལམ་ངོ་བོ་ཉིད་ཀྱིས་མ་བསྒོམས་པ་ཉིད་གང་ཡིན་པ་དེ་ཡང་བསྒོམས་པར་མི་ནུས་ཏེ། ངོ་བོ་ཉིད་ཀྱིས་མ་བསྒོམས་པའི་ཕྱིར་རོ། །དེ་ལྟར་ན་འཕགས་པའི་བདེན་པ་བཞི་པོ་དེ་དག་ཡོངས་སུ་ཤེས་པ་དང་སྤངས་པ་དང་མངོན་སུམ་དུ་བྱ་བ་དང་། བསྒོམ་པའི་བྱ་བ་བཞི་པོ་དེ་དག་ཀྱང་མི་འཐད་དོ། །ཡང་གཞན་ཡང་། འབྲས་བུ་བཞི་པོ་རྒྱུན་དུ་ཞུགས་པ་དང་། ལན་ཅིག་ཕྱིར་འོང་བ་དང་། ཕྱིར་མི་འོང་བ་དང་། དགྲ་བཅོམ་པ་དག་ཀྱང་བྱ་བ་བཞི་པོ་དག་མེད་པས་མི་རུང་ངོ་། །

（《中論》云：）

**24.27 如汝不得知，斷集及證滅，修道及四果，是亦皆不然。**[19]

如同你無法全面知苦般，也無法斷集、證滅、修道、

19 有關 24.27.bd，對勘本版的藏譯中論為：།སྤང་དང་མངོན་དུ་བྱ་བ་དང་། །ཡོངས་ཤེས་བཞིན་དུ་མི་རུང་ངོ་།，故與此中所引的偈頌文有所出入；可參考 Nāgārjuna. *Dbu ma rtsa ba'i tshig le'ur byas pa shes rab,* 37。

（得）四果。凡是以自性不斷集者，不能斷集，因無法以自性斷除的緣故。凡是以自性不堪證滅者，不能證滅，因無法以自性證滅的緣故。凡是以自性不修道者，不能修道，因無法以自性修道的緣故。如是，不能成立周遍知、斷、證、修四聖諦等。另外，也不能成立預流、一來、不還、阿羅漢等聖四果。

ཡང་གཞན་ཡང་། ངོ་བོ་ཉིད་ནི་ཡོངས་འཛིན་པས། །འབྲས་བུ་ངོ་བོ་ཉིད་ཀྱིས་ནི། །ཐོབ་པ་མིན་པ་གང་ཡིན་དེ། །ཇི་ལྟར་ཐོབ་པར་ནུས་པར་འགྱུར། །ངོ་བོ་ཉིད་ཡོངས་སུ་འཛིན་པས་འབྲས་བུ་ངོ་བོ་ཉིད་ཀྱིས་ཐོབ་པ་མ་ཡིན་པ་གང་ཡིན་པ་དེ་དག་ཀྱང་ཐོབ་པར་མི་ནུས་པར་འགྱུར་རོ། །

另外，（《中論》云：）

**24.28 遍執自性故，若以自性力，不能得之果，何云豈可得？**[20]

遍執自性故，但凡自性不可得之果，亦皆不能得彼等。

འབྲས་བུ་མེད་ན་འབྲས་གནས་མེད། །ཞུགས་པ་དག་ཀྱང་ཡོད་མ་ཡིན། །གལ་ཏེ་སྐྱེས་བུ་གང་ཟག་བརྒྱད། །དེ་དག་མེད་ན་དགེ་འདུན་མེད། །དགེ་སློང་གི་འབྲས་བུ་རྣམས་མེད་ན་འབྲས་བུ་ལ་གནས་པ་དང་། ཞུགས་པའི་སྐྱེས་བུ་གང་ཟག་བརྒྱད་པོ་དག་ཀྱང་ཡོད་པ་མ་ཡིན་ནོ། །གལ་ཏེ་སྐྱེས་བུ་གང་ཟག་བརྒྱད་པོ་དེ་དག་མེད་ན་དགེ་འདུན་ཡང་མེད་དོ། །

（《中論》云：）

20 有關 24.28.abd，對勘本版的藏譯中論為：།རང་བཞིན་ཡོངས་སུ་འཛིན་པ་ཡིས། །འབྲས་བུ་རང་བཞིན་ཉིད་ཀྱིས་ནི། །ཇི་ལྟར་འཐོབ་པར་ནུས་པར་འགྱུར།，故與此中所引的偈頌文有所出入；可參考 Nāgārjuna. *Dbu ma rtsa ba'i tshig le'ur byas pa shes rab*, 37。

**24.29 無果不得果，向者亦非有，以無八聖衆，故無有僧寶。**

若無修善之果，得果者、向者等八聖眾亦皆應無。若無八聖眾，亦無僧寶。

ཡང་གཞན་ཡང་། འཕགས་པའི་བདེན་རྣམས་མེད་པའི་ཕྱིར། །དམ་པའི་ཆོས་ཀྱང་ཡོད་མ་ཡིན། །ཆོས་དང་དགེ་འདུན་ཡོད་མིན་ན། །སངས་རྒྱས་ཇི་ལྟར་ཡོད་པར་འགྱུར། །ཁྱོད་ཀྱིས་སངས་རྒྱས་བྱང་ཆུབ་ལ། མ་བརྟེན་པར་ཡང་ཐལ་བར་འགྱུར། །ཁྱོད་ཀྱིས་བྱང་ཆུབ་སངས་རྒྱས་ལ། །མ་བརྟེན་པར་ཡང་ཐལ་བར་འགྱུར། །ཁྱོད་ཀྱི་ངོ་བོ་ཉིད་ཀྱིས་ནི། །སངས་རྒྱས་མིན་པ་གང་ཡིན་དེས། །བྱང་ཆུབ་བྱང་ཆུབ་སྤྱོད་པ་ལ། །བརྩལ་ཀྱང་བྱང་ཆུབ་འཐོབ་མི་འགྱུར། །འགའ་ཡང་ཆོས་དང་ཆོས་མིན་པ། །ནམ་ཡང་བྱེད་པར་མི་འགྱུར་ཏེ། །མི་སྟོང་པ་ལ་ཅི་ཞིག་བྱ། །ངོ་བོ་ཉིད་ལ་བྱ་བ་མེད། །ཆོས་དང་ཆོས་མིན་རྒྱུས་བྱུང་བའི། །འབྲས་བུ་ཁྱོད་ལ་ཡོད་མ་ཡིན། །ཆོས་དང་ཆོས་མིན་མེད་པར་ཡང་། །འབྲས་བུ་ཁྱོད་ལ་ཡོད་པར་འགྱུར།

另外，（《中論》云：）

**24.30 以無聖諦故，正法亦非有。若無法及僧，云何能有佛？**

**24.31 汝應成如是，佛不待菩提；汝應成如是，菩提不待佛。**

**24.32 汝說以自性，未得正覺者，彼勤菩薩行，亦不得菩提。**[21]

21 有關 24.32.acd，對勘本版的藏譯中論為：།ཁྱོད་ཀྱི་རང་བཞིན་ཉིད་ཀྱིས་ནི། །བྱང་ཆུབ་སྤྱོད་ལ་བྱང་ཆུབ་ཕྱིར། །བརྩལ་ཀྱང་བྱང་ཆུབ་ཐོབ་མི་འགྱུར།，故與此中所引的偈頌文有所出入；可參考 Nāgārjuna. *Dbu ma rtsa ba'i tshig le'ur byas pa shes rab,* 38。

**24.33 任誰皆不能　，造作法非法，不空何所作？自性中無作。**[22]

**24.34 由法非法生，汝無有其果；雖離法非法，其果汝應有。**[23]

།ཆོས་དང་ཆོས་མིན་རྒྱུས་བྱུང་བའི། འབྲས་བུ་གལ་ཏེ་ཁྱོད་ལ་ཡོད། །ཆོས་དང་ཆོས་མིན་ལས་བྱུང་བའི། །འབྲས་བུ་ཅི་ཕྱིར་སྟོང་མ་ཡིན། །འཇིག་རྟེན་པ་ཡི་ཐ་སྙད་ནི། །ཀུན་ལའང་གནོད་པ་བྱེད་པ་ཡིན། །རྟེན་ཅིང་འབྲེལ་འབྱུང་གང་ཡིན་པའི། །སྟོང་པ་ཉིད་ལ་གནོད་པ་བྱེད། །བྱ་བ་ཅི་ཡང་མེད་འགྱུར་ཞིང་། །བྱ་བ་རྩོམ་པའང་མེད་པར་འགྱུར། །སྟོང་པ་ཉིད་ལ་གནོད་བྱེད་ན། །མི་བྱེད་པ་ཡང་བྱེད་པར་འགྱུར། །དངོས་ཉིད་ཡོད་ནའང་འགྲོ་བ་རྣམས། །གནས་སྐབས་སྣ་ཚོགས་བྲལ་འགྱུར་ཞིང་། །མ་སྐྱེས་པ་དང་མ་འགགས་དང་། །ཐེར་ཟུག་ཏུ་ཡང་གནས་པར་འགྱུར། །

（《中論》云：）

**24.35 由法非法生，若汝有其果，法非法生果，云何言不空？**

**24.36 汝破除一切，世間之名言；汝破除一切，緣起之性空。**[24]

---

22 有關 24.33.d，對勘本版的藏譯中論為：།རང་བཞིན་ལ་ནི་བྱ་བ་མེད།，故與此中所引的偈頌文有所出入；可參考 Nāgārjuna. *Dbu ma rtsa ba'i tshig le'ur byas pa shes rab,* 38。

23 有關 24.34，對勘本版的藏譯中論為：།ཆོས་དང་ཆོས་མིན་མེད་པར་ཡང་། །འབྲས་བུ་ཁྱོད་ལ་ཡོད་པར་འགྱུར། །ཆོས་དང་ཆོས་མིན་རྒྱུས་བྱུང་བའི། །འབྲས་བུ་ཁྱོད་ལ་ཡོད་མ་ཡིན།，故與此中所引的偈頌文有所出入；可參考 Nāgārjuna. *Dbu ma rtsa ba'i tshig le'ur byas pa shes rab,* 38。

24 有關 24.36，對勘本版的藏譯中論為：།རྟེན་ཅིང་འབྲེལ་པར་འབྱུང་བ་ཡི། །སྟོང་པ་ཉིད་ལ་གནོད་བྱེད་གང་། །འཇིག་རྟེན་པ་ཡི་ཐ་སྙད་ནི། །ཀུན་ལ་གནོད་པ་བྱེད་པ་ཡིན།，故與此中所引的偈頌文有所出入；可參考 Nāgārjuna. *Dbu ma rtsa ba'i tshig le'ur byas pa shes rab,* 38。

**24.37 所作則應無，亦無其發起，若破除空性，無作亦成作。**[25]

**24.38 若事物是有，無種種有情，無生亦無滅，亦住於恆常。**[26]

ངོ་བོ་ཉིད་ཡོད་པ་[27]ཡིན་ན་འགྲོ་བ་མ་ལུས་པ་རྣམས་གནས་སྐབས་སྣ་ཚོགས་དང་བྲལ་བར་འགྱུར་ཞིང་མ་སྐྱེས་པ་དང་མ་འགགས་པ་དང་ཐེར་ཟུག་ཏུ་གནས་པར་ཡང་འགྱུར་རོ། །དེ་ལྟར་བས་ནས་དེ་ལྟར་ངོ་བོ་ཉིད་དུ་སྨྲ་བ་ཡོངས་སུ་འཛིན་ན་ཇི་སྐད་བསྟན་པའི་སྐྱོན་དེ་དག་ཐམས་ཅད་དུ་ཡང་ཐལ་བར་འགྱུར་རོ། །

若無自性，一切有情將離種種相，將無生無滅、恆常而有。因此，如是全面執著自性應成上述諸多過失。

ཡང་གཞན་ཡང་། གལ་ཏེ་སྟོང་པ་ཡོད་མིན་ན། །མ་ཐོབ་ཐོབ་པར་བྱ་བ་དང་། སྡུག་བསྔལ་མཐར་བྱེད་ལས་དང་ནི། །ཉོན་མོངས་ཐམས་ཅད་སྤོང་བའང་མེད། །གལ་ཏེ་ངོ་བོ་ཉིད་ཀྱིས་སྟོང་པ་ཉིད་མ་ཡིན་ན། དེའི་ཕྱིར་འཇིག་རྟེན་པ་དང་འཇིག་རྟེན་ལས་འདས་པའི་ཁྱད་པར་མ་ཐོབ་པ་ཐོབ་པར་བྱ་བ་གང་དག་ཇི་སྙེད་ཡོད་པ་དེ་དག་ཐམས་ཅད་ཐོབ་པར་བྱ་བ་ཡང་མེད་པར་འགྱུར་ལ། སྡུག་བསྔལ་མཐར་བྱེད་པའི་ལས་ཀྱང་མེད་པར་འགྱུར་ཞིང་། ཉོན་མོངས་པ་ཐམས་ཅད་སྤོང་བའང་མེད་པར་འགྱུར་རོ། །

---

25 有關 24.37，對勘本版的藏譯中論為：།སྟོང་པ་ཉིད་ལ་གནོད་བྱེད་ན། །བྱ་བ་ཅི་ཡང་མེད་འགྱུར་ཞིང་། །རྩོམ་པ་མེད་པ་བྱ་བར་འགྱུར། །མི་བྱེད་པ་ཡང་བྱེད་པོར་འགྱུར，故與此中所引的偈頌文有所出入；可參考 Nāgārjuna. *Dbu ma rtsa ba'i tshig le'ur byas pa shes rab,* 38。

26 有關 24.38，對勘本版的藏譯中論為：།རང་བཞིན་ཡོད་ན་འགྲོ་བ་རྣམས། །མ་སྐྱེས་པ་དང་མ་འགགས་དང་། །ཐེར་ཟུག་ཏུ་ནི་གནས་འགྱུར་ཞིང་། །གནས་སྐབས་སྣ་ཚོགས་བྲལ་བར་འགྱུར།，故與此中所引的偈頌文有所出入；可參考 Nāgārjuna. *Dbu ma rtsa ba'i tshig le'ur byas pa shes rab,* 38。

27 雖然對勘本版並無多加註解，將此中的 མ། 字去掉，但搭配此段後文——「全面執著自性應成上述諸多過失」——的解說，應除去 མ། 字。

另外，（《中論》云：）

**24.39 如果空非有，未得不可得，亦無離苦業，斷惑亦不能。**

如果非自性空，將不能得世間及出世間的差異——得到未曾獲得過的所有（功德），亦無脫離痛苦之業，也不能斷除一切煩惱。

གང་གིས་རྟེན་ཅིང་འབྲེལ་པར་འབྱུང༌། །མཐོང་བ་དེས་ནི་སྡུག་བསྔལ་དང༌། །ཀུན་འབྱུང་དང་ནི་འགོག་པ་དང༌། །ལམ་ཉིད་དེ་དག་མཐོང་བ་ཡིན། །གང་གིས་རྟེན་ཅིང་འབྲེལ་པར་འབྱུང་བ་མཐོང་བ་དེས་ཆོས་བཞི་པོ་སྡུག་བསྔལ་དང་ཀུན་འབྱུང་དང་འགོག་པ་དང། ལམ་ཉིད་ཅེས་བྱ་བ་དེ་དག་མཐོང་བ་ཡིན་ནོ། །

（《中論》云：）

**24.40 何者見緣起，是故能觀見，苦諦及集諦，滅諦及道諦。**[28]

誰見到緣起，其見亦見苦集滅道。

འཕགས་པའི་བདེན་པ་བརྟག་པ་ཞེས་བྱ་བ་སྟེ་རབ་ཏུ་བྱེད་པ་ཉི་ཤུ་བཞི་པའོ།། །།

第二十四品——觀聖諦品——終。

28 有關 24.40.b，對勘本版的藏譯中論為：།མཐོང་བ་དེ་ནི་སྡུག་བསྔལ་དང་།，故與此中所引的偈頌文有所出入；可參考 Nāgārjuna. *Dbu ma rtsa ba'i tshig le'ur byas pa shes rab*, 39。

# 第二十五品
# ——觀涅槃品——

འདིར་སྨྲས་པ། གལ་ཏེ་འདི་དག་ཀུན་སྟོང་ན། །འབྱུང་བ་མེད་ཅིང་འཇིག་པ་མེད། གང་ཞིག་སྤོང་དང་འགག་པ་ལས། མྱ་ངན་འདའ་བར་འགྱུར་བར་འདོད། གལ་ཏེ་འགྲོ་བ་འདི་དག་ཀུན་སྟོང་ན་དེ་ལྟ་ན་འབྱུང་བ་མེད་ཅིང་འཇིག་པ་མེད་དོ། །དེ་དག་མེད་པའི་ཕྱིར་གང་ཞིག་སྤོང་བ་དང་འགག་པ་ལས་མྱ་ངན་ལས་འདས་པར་འགྱུར་བར་འདོད་དེ། སྤོང་བ་དང་འགག་པ་མི་འཐད་པའི་ཕྱིར་རོ། དེའི་ཕྱིར་དེ་ལྟ་མ་ཡིན་ནོ། །སྟོང་པ་མ་ཡིན་ན་ནི་ཉོན་མོངས་པ་སྤོང་བ་དང་ཕུང་པོ་འགག་པ་ལས་མྱ་ངན་ལས་འདས་པ་ཐོབ་པར་ཡང་འགྱུར་རོ། །

於此，（他方道，《中論》）云：

**25.1 若一切皆空，無生亦無滅，由斷滅何法，[1]故許爲涅槃？**

如果一切有情皆空，將無生滅。若無彼等，主張由斷滅何者而得涅槃？因爲（如是則）斷滅不成立，故非如是（一切皆空）。非空者才能斷滅煩惱及（苦）蘊而得涅槃。

འདིར་བཤད་པ། གལ་ཏེ་འདི་ཀུན་མི་སྟོང་ན། །འབྱུང་བ་མེད་ཅིང་འཇིག་པ་མེད། གང་ཞིག་སྤོང་དང་འགག་པ་ལས། །མྱ་ངན་འདའ་བར་འགྱུར་བར་འདོད། །གལ་ཏེ་འགྲོ་བ་འདི་དག་ཀུན་མི་སྟོང་ན། དེ་ལྟ་ན་འབྱུང་བ་མེད་ཅིང་འཇིག་པ་མེད་དོ། །དེ་དག་མེད་པའི་ཕྱིར་གང་ཞིག་སྤོང་བ་དང་འགག་པ་ལས་མྱ་ངན་ལས་འདའ་བར་འགྱུར་བར་འདོད་དེ། །སྤོང་བ་དང་འགག་པ་མི་འཐད་པའི་ཕྱིར་རོ། །དེ་ལྟ་བས་ན་རིམ་པ་འདིས་མྱ་ངན་ལས་འདས་པ་མི་འཐད་པར་ཁོང་དུ་ཆུད་པར་གྱིས། །འོ་ན་ཇི་ལྟ་བུ་ཞེ་ན། སྤངས་པ་མེད་པ་ཐོབ་མེད་པ། །ཆད་

1 有關 25.1.c，對勘本版的藏譯中論為：།གང་ཞིག་སྤོང་དང་འགགས་པ་ལས།，故與此中所引的偈頌文有所出入；可參考 Nāgārjuna. *Dbu ma rtsa ba'i tshig le'ur byas pa shes rab,* 39。

པ་མེད་པ་རྟག་མེད་པ། །འགག་པ་མེད་པ་སྐྱེ་མེད་པ། །དེ་ནི་མྱ་ངན་འདས་པར་འདོད། །དེའི་ཕྱིར་མྱ་ངན་ལས་འདས་པའི་མཚན་ཉིད་ནི་དེ་ལྟ་བུ་ཡིན་པར་གདགས་སོ། །

於此，（自方道，《中論》）云：

**25.2 若一切非空，無生亦無滅，由斷滅何法，故許爲涅槃？**[2]

若一切有情非空，將無生滅。若無彼等，由斷滅何者而主張得涅槃？因爲斷滅不成立。應知以如是（非空的推理）將會依序破除涅槃。那麼，（涅槃）又應如何呢？（《中論》云：）

**25.3 無斷除無得，無斷亦無常，無滅亦無生，此許爲涅槃。**[3]

因此，應如是施設涅槃的性相。

ཡང་གཞན་ཡང་། མྱ་ངན་འདས་པ་དངོས་པོ་མིན། །རྒ་ཤིའི་མཚན་ཉིད་ཐལ་བར་འགྱུར། །རྒ་ཤི་འཆི་བ་མེད་པ་ཡི། །དངོས་པོ་ཡོད་པ་མ་ཡིན་ནོ། །རེ་ཞིག་མྱང་ངན་ལས་འདས་པ་ནི་རྣམ་པ་ཐམས་ཅད་དུ་ཡང་དངོས་པོ་མ་ཡིན་ནོ། །གལ་ཏེ་དངོས་པོ་ཡིན་པ་གྱུར་ན། རྒ་ཤིའི་མཚན་ཉིད་ཅན་ཡིན་པར་ཐལ་བར་འགྱུར་རོ། །ཅིའི་ཕྱིར་ཞེ་ན། རྒ་ཤི་མེད་པའི་དངོས་པོ་ཡོད་པ་མ་ཡིན་པའི་ཕྱིར་རོ། །

---

2 有關 25.2.cd，對勘本版的藏譯中論為：།གང་ཞིག་སྤོང་དང་འགག་པ་ལས། །མྱ་ངན་འདའ་བར་འགྱུར་བར་འདོད།，故與此中所引的偈頌文有所出入；可參考 Nāgārjuna. *Dbu ma rtsa ba'i tshig le'ur byas pa shes rab,* 39。

3 有關 25.3.d，對勘本版的藏譯中論為：།དེ་ནི་མྱ་ངན་འདས་པར་བརྗོད།，故與此中所引的偈頌文有所出入；可參考 Nāgārjuna.*Dbu ma rtsa ba'i tshig le'ur byas pa shes rab,* 39。

另外，（《中論》云：）

**25.4 涅槃非事物，應成老死相。遠離老死之，[4]事物皆非有。**

首先，於一切行相中，不成立涅槃是事物。若是事物，應成具足老死之性相。爲何？非老死之事物不存在。

ཡང་གཞན་ཡང་། གལ་ཏེ་མྱ་ངན་འདས་དངོས་ན། །མྱ་ངན་འདས་པ་འདུས་བྱས་འགྱུར། །དངོས་པོ་འདུས་བྱས་མ་ཡིན་པ། །འགའ་ཡང་ཇི་ལྟར་ཡོད་མ་ཡིན། །གལ་ཏེ་མྱ་ངན་ལས་འདས་པ་དངོས་པོ་ཡིན་ན་དེའི་ཕྱིར་མྱ་ངན་ལས་འདས་པ་འདུས་བྱས་སུ་འགྱུར་ཏེ། ཅིའི་ཕྱིར་ཞེ་ན། དངོས་པོ་འདུས་བྱས་མ་ཡིན་པ་ནི་འགའ་ཡང་ཇི་ལྟར་ཡང་ཡོད་མ་ཡིན་པའི་ཕྱིར་རོ། །

另外，（《中論》云：）

**25.5 涅槃是事物，則其成有爲；事物非有爲，是事終非有。**[5]

若涅槃是事物，涅槃將成有爲。爲何？無論如何，非有爲的事物不存在。

ཡང་གཞན་ཡང་། གལ་ཏེ་མྱ་ངན་འདས་དངོས་ན། ཇི་ལྟར་མྱང་འདས་དེ་བརྟེན་མིན། །དངོས་པོ་བརྟེན་པ་མ་ཡིན་པ། །འགའ་ཡང་ཡོད་པ་མ་[6]ཡིན་ནོ། །གལ་ཏེ་མྱ་ངན་

4 有關 25.4.ac，對勘本版的藏譯中論為：།རེ་ཞིག་མྱ་ངན་འདས་དངོས་མིན། །རྒ་དང་འཆི་བ་མེད་པ་ཡི།，故與此中所引的偈頌文有所出入；可參考 Nāgārjuna. *Dbu ma rtsa ba'i tshig le'ur byas pa shes rab,* 39。

5 有關 25.5.d，對勘本版的藏譯中論為：།འགའ་ཡང་གང་ན་ཡོད་མ་ཡིན།，故與此中所引的偈頌文有所出入；可參考 Nāgārjuna. *Dbu ma rtsa ba'i tshig le'ur byas pa shes rab,* 39。

6 根據北京、奈塘、究奈版本，加上 མ། 字。

ལས་འདས་པ་དངོས་པོ་ཡིན་པར་འདོད་ན་མྱ་ངན་ལས་འདས་པ་ལ་བརྟེན་པ་མ་ཡིན་ནོ་ཞེས་གང་སྨྲས་པ་དེ་མི་འཐད་དེ། ཅིའི་ཕྱིར་ཞེ་ན། དངོས་པོ་བརྟེན་པ་མ་ཡིན་པ་ནི་འགའ་ཡང་ཡོད་པ་མ་ཡིན་པའི་ཕྱིར་ཏེ། དེ་ལྟ་བས་ན། མྱ་ངན་ལས་འདས་པ་ནི་དངོས་པོ་མ་ཡིན་ནོ། །

另外，（《中論》云：）

**25.6 涅槃是事物，涅槃豈非依？事物若離依，[7]是事終非有。**

若主張涅槃是事物，則說涅槃非依賴不應理。爲何？無論如何，非依賴的事物不應理。因此，涅槃非事物。

འདིར་སྨྲས་པ། འོ་ན་མྱ་ངན་ལས་འདས་པ་ནི་དངོས་པོ་མེད་པ་ཡིན་ནོ། །

於此，（他方）道：那麼，涅槃是非事物。

འདིར་བཤད་པ། གལ་ཏེ་མྱ་ངན་འདས་དངོས་མིན། །དངོས་མེད་ཇི་ལྟར་རུང་བར་འགྱུར། །གལ་ཏེ་མྱ་ངན་ལས་འདས་པ་ཇི་ལྟར་དངོས་པོ་ཡིན་པར་མ་གྱུར་པས་ན་དངོས་པོ་མེད་པ་མ་ཡིན་ཏེ། ཅིའི་ཕྱིར་ཞེ་ན། དངོས་པོ་རབ་ཏུ་གྲུབ་པར་གྱུར་ན། དངོས་པོ་མེད་པ་ཡང་རབ་ཏུ་འགྲུབ་པར་འགྱུར་བའི་ཕྱིར་རོ།། །།

於此，（自方道，《中論》）云：

**25.7.ab 涅槃非事物，豈有非事物？**

7 有關 25.6.c，對勘本版的藏譯中論為：།དངོས་པོ་བརྟེན་ནས་མ་ཡིན་པ།，故與此中所引的偈頌文有所出入；可參考 Nāgārjuna. *Dbu ma rtsa ba'i tshig le'ur byas pa shes rab*, 39。

涅槃不是事物，同理，則不應是「非事物」。為何？（唯有）至極成立事物方能至極成立非事物。[8]

ཡང་གཞན་ཡང་། གང་ལ་མྱ་ངན་འདས་དངོས་མིན། །དེ་ལ་དངོས་མེད་ཡོད་མ་ཡིན། །གང་ལ་མྱ་ངན་ལས་འདས་པ་དངོས་པོ་ཡིན་པར་འདོད་པ་དེ་ལ་དངོས་པོ་མེད་པ་ཡོད་པ་མ་ཡིན་ཏེ། འདི་ལྟར་གང་དངོས་པོ་ཡོད་པ་དེ་དངོས་པོ་མེད་པ་ཞེས་བྱ་བར་མི་རིགས་པའི་ཕྱིར་ཏེ། དེ་ལྟ་བས་ན། མྱ་ངན་ལས་འདས་པ་ནི་དངོས་པོ་མེད་པ་ཡང་མ་ཡིན་ནོ། །

另外，（《中論》云：）

**25.7.cd 涅槃非事物，則無非事物。**

對於主張涅槃是事物者而言，非事物並非存在。既然（主張）事物有，非事物則不應理。如是，涅槃不是非事物。

ཡང་གཞན་ཡང་། གལ་ཏེ་མྱ་ངན་འདས་དངོས་མིན། །ཇི་ལྟར་མྱང་འདས་དེ་བརྟེན་མིན། །གང་ཞིག་བརྟེན་པ་མ་ཡིན་པའི། །དངོས་མེད་ཡོད་པ་མ་ཡིན་ནོ། །གལ་ཏེ་མྱ་ངན་ལས་འདས་པ་དངོས་པོ་ཡོད་པ་མ་ཡིན་པར་འདོད་ན། མྱ་ངན་ལས་འདས་པ་དེ་བརྟེན་པ་མ་ཡིན་ནོ་ཞེས་གང་སྨྲས་པ་དེ་མི་འཐད་དེ། ཅིའི་ཕྱིར་ཞེ་ན། གང་བརྟེན་པ་མ་ཡིན་པའི་དངོས་པོ་མེད་པ་ནི་འགའ་ཡང་ཡོད་པ་མ་ཡིན་པའི་ཕྱིར་ཏེ། དེ་ལྟ་བས་ན་མྱ་ངན་ལས་འདས་པ་ནི་དངོས་པོ་མེད་པ་ཡང་མ་ཡིན་ནོ། །

另外，（《中論》云：）

8 事物及非事物如有為法及無為法般，都是相互觀待而有。只有成立了有為法，才能成立無為法。同理，只有成立事物的存在，才能成立非事物的存在。

**25.8 涅槃非事物，涅槃豈非依？以非觀待故，[9]非事物則無。**

若主張涅槃非事物，稱涅槃爲非依不應理。爲何？無論如何，不應有無須觀待的非事物。因此，涅槃也不是非事物。

སྨྲས་པ། འོ་ན་མྱ་ངན་ལས་འདས་པ་ཇི་ལྟ་བུ་ཡིན་པར་བརྗོད་པར་བྱ། །

（他方）道：那麼，請詮釋何爲涅槃？

བཤད་པ། འོང་བ་དང་ནི་འགྲོ་བའི་དངོས། །རྟེན་ཏམ་རྒྱུར་བྱས་གང་ཡིན་པ། །དེ་ནི་བརྟེན་མིན་རྒྱུར་བྱས་མིན། །མྱ་ངན་འདས་པ་ཡིན་པར་བསྟན། །ཕྱིན་ཅི་ལོག་མ་རྟོགས་པས་འོང་བ་དང་འགྲོ་བའི་དངོས་པོ་ཕུང་པོ་རྣམས་རྟེན་ཏམ་རྒྱུར་བྱས་པ་གང་ཡིན་དེ་ཉིད་ཕྱིན་ཅི་ལོག་པས་བརྟེན་པ་མ་ཡིན་ཞིང་། །རྒྱུར་བྱས་པ་མ་ཡིན་པས་ཕུང་པོ་རྣམས་མི་འབྱུང་བ་ནི། མྱ་ངན་ལས་འདས་པ་ཡིན་པར་བསྟན་ཏོ། །

（自方道，《中論》）云：

**25.9 來去之事物，觀待或作因，[10]非待不作因，即是說涅槃。**

因爲未知顚倒，觀待蘊體或（由蘊體）作因（而形成的）來去事物（——凡夫），（彼若）無觀待顚倒（執著），不以

---

9 有關 25.8.c，對勘本版的藏譯中論為：།གང་ཞིག་བརྟེན་ནས་མ་ཡིན་པའི།，故與此中所引的偈頌文有所出入；可參考 Nāgārjuna. *Dbu ma rtsa ba'i tshig le'ur byas pa shes rab,* 39。

10 有關 25.9.b，對勘本版的藏譯中論為：།བརྟེན་ཏམ་རྒྱུར་བྱས་གང་ཡིན་པ།，故與此中所引的偈頌文有所出入；可參考 Nāgārjuna. *Dbu ma rtsa ba'i tshig le'ur byas pa shes rab,* 39。

（顛倒）作因而生蘊體，說是涅槃。

ཡང་གཞན་ཡང་། འབྱུང་བ་དང་ནི་འཇིག་པ་དག །སྤང་བར་སྟོན་པས་བཀའ་སྩལ་ཏོ། །དེ་ཕྱིར་མྱ་ངན་འདས་པ་ནི། །དངོས་མིན་དངོས་མེད་མིན་པར་རིགས། བཅོམ་ལྡན་འདས་ཀྱིས་འབྱུང་བ་དང་འཇིག་པ་དག་སྤང་བར་བཀའ་སྩལ་བས་དེའི་ཕྱིར་མྱ་ངན་ལས་འདས་པ་ནི་དངོས་པོ་ཡང་མ་ཡིན་དངོས་པོ་མེད་པ་ཡང་མ་ཡིན་པར་རིགས་སོ། །

另外，（《中論》云：）

**25.10 諸生及諸滅，佛說皆斷故，知涅槃應離，[11]事物非事物。**

薄伽梵說斷除生滅，因此，涅槃不應是事物，也不應是非事物，此爲應理。

འདིར་སྨྲས་པ། འོ་ན་མྱ་ངན་ལས་འདས་པ་ནི་དངོས་པོ་དང་དངོས་པོ་མེད་པ་གཉི་ག་ཡིན་ནོ། །

於此，（他方）道：那麼，涅槃既是事物亦是「非事物」兩者。

འདིར་བཤད་པ། གལ་ཏེ་མྱ་ངན་འདས་པ་ནི། །དངོས་དང་དངོས་མེད་གཉིས་ཡིན་ན། །དངོས་དང་དངོས་པོ་མེད་པ་དག །ཐར་པར་འགྱུར་བ་དེ་མི་རིགས། །གལ་ཏེ་མྱ་ངན་ལས་འདས་པ་དངོས་པོ་དང་དངོས་པོ་མེད་པ་གཉི་ག་ཡིན་ན། དེ་ལྟ་ན་དངོས་པོ་དང་དངོས་པོ་མེད་པ་དག་ཐར་པ་ཡིན་པར་འགྱུར་བས་དེ་ཡང་མི་རིགས་ཏེ་ཕན་ཚུན་འགལ་བ་གཉིས་

11 有關 25.10.c，對勘本版的藏譯中論為：།དེ་ཕྱིར་མྱ་ངན་འདས་པར་ནི།，故與此中所引的偈頌文有所出入；可參考 Nāgārjuna. *Dbu ma rtsa ba'i tshig le'ur byas pa shes rab,* 40。

དུས་གཅིག་ཏུ་མི་སྲིད་པའི་ཕྱིར་རོ། །

於此，（自方道，《中論》）云：

**25.11 若涅槃是二，事物非事物，事物非事物，即解脫非理。**[12]

若涅槃是事物及非事物兩者，如此一來，事物及非事物即成解脫，但此（說）不應理。（事物及非事物）兩者相互矛盾，不可能於同一時存在。

ཡང་གཞན་ཡང་། གལ་ཏེ་མྱ་ངན་འདས་པ་ནི། །དངོས་དང་དངོས་མེད་གཉིས་ཡིན་ན། །མྱ་ངན་འདས་པ་མ་བརྟེན་མིན། །དེ་ནི་གཉིས་ལ་བརྟེན་ཕྱིར་རོ། །གལ་ཏེ་མྱ་ངན་ལས་འདས་པ་དངོས་པོ་དང་དངོས་པོ་མེད་པ་གཉིས་ཡིན་ན་དེ་ལྟ་ན་མྱ་ངན་ལས་འདས་པ་མ་བརྟེན་པ་མ་ཡིན་པར་འགྱུར་ཏེ། མྱ་ངན་ལས་འདས་པ་དེ་དངོས་པོ་དང་དངོས་པོ་མེད་པ་གཉིས་ལ་བརྟེན་པའི་ཕྱིར་རོ། །དེ་ནི་མི་འདོད་པས་དེའི་ཕྱིར་མྱ་ངན་ལས་འདས་པ་དངོས་པོ་དང་དངོས་པོ་མེད་པ་གཉི་ག་ཡིན་ནོ་ཞེས་བྱ་བ་དེ་རིགས་པ་མ་ཡིན་ནོ། །

另外，（《中論》云：）

**25.12 若涅槃是二，事物非事物，涅槃非不依，彼觀待二故。**

若涅槃是事物及非事物兩者，如是，涅槃則非不依賴，因為涅槃依賴事物及非事物兩者的緣故。不承許此（說），故說

---

12 有關 25.11.d，對勘本版的藏譯中論為：།ཐར་པར་འགྱུར་ན་དེ་མི་རིགས།，故與此中所引的偈頌文有所出入；可參考 Nāgārjuna. *Dbu ma rtsa ba'i tshig le'ur byas pa shes rab,* 40。

涅槃是事物及非事物兩者不應理。

ཡང་གཞན་ཡང་། འདིའི་ཕྱིར་རིགས་པ་མ་ཡིན་ཏེ། གལ་ཏེ་མྱ་ངན་འདས་པ་ནི། །དངོས་དང་དངོས་མེད་གཉིས་ཡིན་ན། མྱ་ངན་འདས་པ་འདུས་མ་བྱས། །དངོས་དང་དངོས་མེད་འདུས་བྱས་ཡིན། །མྱ་ངན་ལས་འདས་པ་ནི་དངོས་པོ་དང་དངོས་པོ་མེད་པ་གཉི་ག་ཡིན་པར་མི་འཐད་དོ། །ཅིའི་ཕྱིར་ཞེ་ན། མྱ་ངན་ལས་འདས་པ་ནི་འདུས་མ་བྱས་ཡིན་ལ་དངོས་པོ་དང་དངོས་པོ་མེད་པ་གཉིས་ནི་འདུས་བྱས་པའི་ཕྱིར་རོ། །དེ་ལྟ་བས་ན་རྒྱུའི་ཁྱད་པར་འདིས་ཀྱང་མྱ་ངན་ལས་འདས་པ་ནི་དངོས་པོ་དང་དངོས་པོ་མེད་པ་གཉི་ག་ཡིན་པར་མི་རིགས་སོ། །

另外，（涅槃是事物及非事物兩者）不應理。（《中論》云：）

**25.13 若涅槃是二，事物非事物，[13]涅槃是無爲，其二是有爲。**

涅槃是事物及非事物兩者不應理。爲何？涅槃是無爲，事物及非事物兩者是有爲的緣故。由此特別的因（相，證明）涅槃是事物及非事物兩者不應理。

འདིར་སྨྲས་པ། མྱ་ངན་ལས་འདས་པ་ནི་དངོས་པོ་དང་དངོས་པོ་མེད་པ་གཉི་ག་ཡང་མ་ཡིན་གྱི་གང་ལ་དེ་གཉིས་ཡོད་པ་དེ་ནི་མྱ་ངན་ལས་འདས་པ་ཡིན་ནོ། །

於此，（他方）道：涅槃雖不是事物及非事物兩者，但存

13 有關 25.13.ab，對勘本版的藏譯中論為：།ཇི་ལྟར་མྱ་ངན་འདས་པ་ནི། །དངོས་དང་དངོས་མེད་གཉིས་ཡིན་ཏེ།，故與此中所引的偈頌文有所出入；可參考 Nāgārjuna. *Dbu ma rtsa ba'i tshig le'ur byas pa shes rab,* 40。

在其二便是涅槃。

འདིར་བཤད་པ། གལ་ཏེ་མྱ་ངན་འདས་པ་ལ། དངོས་དང་དངོས་མེད་གཉིས་ཡོད་ན། དེ་གཉིས་གཅིག་ལ་ཡོད་མིན་ཏེ། །སྣང་བ་དང་ནི་མུན་པ་བཞིན། །མྱ་ངན་ལས་འདས་པ་ལ་དངོས་པོ་དང་དངོས་པོ་མེད་པ་གཉིས་ཡོད་པར་ཡང་མི་འཐད་དེ། །ཅིའི་ཕྱིར་ཞེ་ན། ཕན་ཚུན་མི་མཐུན་པ་དེ་གཉིས་ཡུལ་གཅིག་ན་དུས་གཅིག་ཏུ་ལྷན་ཅིག་ཡོད་པར་མི་རིགས་པའི་ཕྱིར་ཏེ། དཔེར་ན་སྣང་བ་དང་མུན་པ་བཞིན་པས་དེ་ལ་གང་ལ་དངོས་པོ་དང་དངོས་པོ་མེད་པ་དེ་གཉིས་ཡོད་པ་དེ་མྱ་ངན་ལས་འདས་པ་ཡིན་ནོ་ཞེས་གང་སྨྲས་པ་དེ་མི་རིགས་སོ། །

於此，（自方道，《中論》）云：

**25.14 若涅槃中有，事物非事物，[14]彼二不同處，如明暗不俱。**

事物及非事物兩者存在於涅槃之中不應理。為何？相互的不同兩方於一處同時而有不應理，例如光明及黑暗。因此，凡說事物及非事物兩者存在於涅槃之中不應理。

འདིར་སྨྲས་པ། མྱ་ངན་ལས་འདས་པ་ནི་དངོས་པོ་ཡང་མ་ཡིན། །དངོས་པོ་མེད་པ་ཡང་མ་ཡིན་ནོ། །

於此，（他方）道：涅槃不是事物也不是非事物。

འདིར་བཤད་པ། དངོས་མིན་དངོས་པོ་མེད་མིན་པ། །མྱ་ངན་འདས་པར་གང་སྟོན་པ། །དངོས་པོ་མེད་དང་དངོས་པོ་དག །གྲུབ་ན་དེ་ནི་འགྲུབ་པར་འགྱུར། །ཁྱོད་ཀྱིས་མྱ་

14 有關 25.14.ab，對勘本版的藏譯中論為：།ཇི་ལྟར་མྱ་ངན་འདས་པ་ལ། །དངོས་དང་དངོས་མེད་གཉིས་ཡོད་དེ།，故與此中所引的偈頌文有所出入；可參考 Nāgārjuna. *Dbu ma rtsa ba'i tshig le'ur byas pa shes rab,* 40。

ངན་ལས་འདས་པ་ནི་དངོས་པོ་ཡང་མ་ཡིན་དངོས་པོ་མེད་པ་ཡང་མ་ཡིན་ནོ་ཞེས་གང་སྨྲས་པ་དེ་མི་འཐད་དེ། །ཅིའི་ཕྱིར་ཞེ་ན། དངོས་པོ་ཡང་མ་ཡིན་དངོས་པོ་མེད་པ་ཡང་མ་ཡིན་པ་ཞེས་བྱ་བར་གསལ་བ་དང་འཛིན་པ་དང་། རྟོལ་བའི་བློ་གང་ཡིན་པ་དེ་ནི་དངོས་པོ་མེད་པ་དང་དངོས་པོ་དག་གྲུབ་ན་དེ་ཡང་འགྲུབ་པར་འགྱུར་བ་ཡིན་ན། དངོས་པོ་མེད་པ་དང་དངོས་པོ་དེ་དག་མ་གྲུབ་པས་དེའི་ཕྱིར་མྱ་ངན་ལས་འདས་པ་དངོས་པོ་ཡང་མ་ཡིན་དངོས་པོ་མེད་པ་ཡང་མ་ཡིན་ནོ་ཞེས་བྱ་བ་དེ་མི་འཐད་དོ། །

於此，（自方道，《中論》）云：

**25.15 說涅槃非二，事物非事物；成立其是二，則成其非二。**[15]

你說涅槃不是事物也不是非事物，所言不應理。爲何？只有顯、執、取「不是事物也不是非事物」的心識成立事物及非事物，方能成辦彼（——非事物及非非事物）。然而，事物及非事物不應理，故主張涅槃不是事物也不是非事物，亦不應理。

ཡང་གཞན་ཡང་། གལ་ཏེ་མྱ་ངན་འདས་པ་ནི། །དངོས་མིན་དངོས་པོ་མེད་མིན་ན། །དངོས་མིན་དངོས་པོ་མེད་མིན་ཞེས། །གང་ཞིག་གིས་ནི་དེ་མངོན་བྱེད། གལ་ཏེ་མྱ་ངན་ལས་འདས་པ་དངོས་པོ་ཡང་མ་ཡིན་དངོས་པོ་མེད་པ་ཡང་མ་ཡིན་པ་ཡིན་ན། དངོས་པོ་ཡང་མ་ཡིན། དངོས་པོ་མེད་པ་ཡང་མ་ཡིན་པ་དེ་དག་ནི་མེད་དེ། དེ་དག་མེད་པའི་ཕྱིར་མྱ་ངན་ལས་འདས་པ་དངོས་པོ་ཡང་མ་ཡིན་དངོས་པོ་མེད་པ་ཡང་མ་ཡིན་ཞེས་གང་ཞིག་གིས་

15 有關 25.15.d，對勘本版的藏譯中論為：།གྲུབ་ན་དེ་ནི་གྲུབ་པར་འགྱུར།，故與此中所引的偈頌文有所出入；可參考 Nāgārjuna. *Dbu ma rtsa ba'i tshig le'ur byas pa shes rab,* 40。

དེ་མངོན་པར་བྱེད་ཅིང་མཚོན་པར་བྱེད་འཛིན་པར་བྱེད་འདོགས་པར་བྱེད་དེ། དེ་ལྟ་བས་ན་མྱ་ངན་ལས་འདས་པ་དངོས་པོ་ཡང་མ་ཡིན་དངོས་པོ་མེད་པ་ཡང་མ་ཡིན་ནོ་ཞེས་བྱ་བ་དེ་ཡང་མི་རིགས་སོ། །

另外，（《中論》云：）

**25.16 若涅槃不是，事物非事物，所言其非二，以何而明晰？**

若涅槃不是事物也不是非事物，不應存在非事物及非非事物。無彼（非二）故，說涅槃不是事物也不是非事物，應由何（理）明析、說明、持見、詮釋？因此，承許涅槃不是事物也不是非事物，亦不應理。

འདིའི་ཕྱིར་ཡང་མྱ་ངན་ལས་འདས་པ་མི་འཐད་དེ། ཇི་ལྟར་ཞེ་ན། བཅོམ་ལྡན་མྱ་ངན་འདས་གྱུར་ནས། །ཡོད་པར་མི་མངོན་དེ་བཞིན་དུ། །མེད་དོ་ཞེ་འམ་གཉི་ག་དང་། །གཉིས་མིན་ཞེས་བྱ་མི་མངོན་ནོ། །བཅོམ་ལྡན་བཞུགས་པར་གྱུར་ན་ཡང་། །ཡོད་པ་མི་མངོན་དེ་བཞིན་དུ། །མེད་དོ་ཞེ་འམ་གཉི་ག་དང་། །གཉིས་མིན་ཞེས་ཀྱང་མི་མངོན་ནོ། །གང་གི་ཕྱིར་བཅོམ་ལྡན་འདས་མྱ་ངན་ལས་འདས་སམ་བཞུགས་པར་གྱུར་ཀྱང་རུང་སྟེ། །ཡོད་དོ་ཞེ་འམ་མེད་དོ་ཞེའམ། །ཡོད་ཀྱང་ཡོད་ལ་མེད་ཀྱང་མེད་དོ་ཞེའམ། ཡོད་པ་ཡང་མ་ཡིན། །མེད་པ་ཡང་མ་ཡིན་ནོ་ཞེས་བྱ་བར་མི་མངོན་ཞིང་མཚོན་དུ་མེད་གཟུང་དུ་མེད་གདགས་སུ་མེད་པ་དེའི་ཕྱིར་མྱ་ངན་ལས་འདས་པ་ཡང་གདགས་སུ་མེད་དེ། དེ་མེད་ན་མྱ་ངན་ལས་འདས་པ་གང་གི་ཡིན་པར་འགྱུར། དེ་ལྟ་བས་ན་རྣམ་པ་ཐམས་ཅད་ཀྱིས་ཀྱང་མྱ་ངན་ལས་འདས་པ་མི་འཐད་དོ། །

所以不成立涅槃。爲何？（《中論》云：）

**25.17 如來滅度後，不說有或無，有無亦不說，以及非有無。**[16]

**25.18 如來在世時，不說有或無，有無亦不說，**[17]**以及非有無。**

無論薄伽梵在世時或是滅度後，（關於）是有、是無、亦有亦無、非有亦非無等，皆不能明析、說明、持見、詮釋，故無法施設涅槃。若不能，涅槃又是誰的（涅槃）？因此，於一切行相中，涅槃不應理。

ཡང་གཞན་ཡང་། འཁོར་བ་མྱ་ངན་ལས་འདས་པས། །ཁྱད་པར་ཅུང་ཟད་ཡོད་མ་ཡིན། །མྱ་ངན་འདས་པ་འཁོར་བ་ལས། །ཁྱད་པར་ཅུང་ཟད་ཡོད་མ་ཡིན། འདི་ལ་ཕུང་པོའི་རྒྱུན་ལ་བརྟེན་ནས་འཁོར་བ་ཞེས་གདགས་ན། ཕུང་པོ་དེ་དག་ནི་ངོ་བོ་ཉིད་ཀྱིས་སྟོང་པའི་ཕྱིར་ཇི་ལྟར་གཏན་སྐྱེ་བ་མེད་པ་དང་། འགག་པ་མེད་པའི་ཆོས་ཅན་ཡིན་པ་དེ་ལྟར་ཁོ་བོས་དང་པོ་ཁོ་ནར་བསྟན་ཟིན་པས། དེའི་ཕྱིར་ཆོས་ཐམས་ཅད་སྐྱེ་བ་མེད་པ་དང་། འགག་པ་མེད་པ་མཉམ་པ་ཉིད་ཀྱིས་འཁོར་བ་ནི་མྱ་ངན་ལས་འདས་པ་ལས་ཁྱད་པར་ཅུང་ཟད་ཀྱང་ཡོད་པ་མ་ཡིན་ནོ། །ཇི་ལྟར་འཁོར་བ་མྱ་ངན་ལས་འདས་པ་ལས་ཁྱད་པར་ཅུང་ཟད་ཀྱང་ཡོད་པ་མ་ཡིན་པ་དེ་བཞིན་དུ་མྱ་ངན་ལས་འདས་པ་ཡང་འཁོར་བ་ལས་ཁྱད་པར་ཅུང་ཟད་ཀྱང་ཡོད་པ་མ་ཡིན་ནོ། །

另外，（《中論》云：）

16 有關 25.17.cd，對勘本版的藏譯中論為：མེད་དོ་ཞེ་འམ་གཉིས་ཀ་དང་། །གཉིས་མིན་ཞེས་ཀྱང་མི་མངོན་ནོ།，故與此中所引的偈頌文有所出入；可參考 Nāgārjuna. *Dbu ma rtsa ba'i tshig le'ur byas pa shes rab,* 40。

17 有關 25.18.c，對勘本版的藏譯中論為：མེད་དོ་ཞེ་འམ་གཉིས་ཀ་དང་།，故與此中所引的偈頌文有所出入；可參考 Nāgārjuna. *Dbu ma rtsa ba'i tshig le'ur byas pa shes rab,* 40。

**25.19 輪迴與涅槃，[18]絲毫異非有；涅槃與輪迴，絲毫異非有。**

於此，依賴蘊體的續流而施設輪迴，但蘊體等皆無自性。最初我已解說有法是如何絕對無生、無滅，同理，諸法皆是無生無滅，因此輪迴與涅槃亦無絲毫的差異。如同輪迴與涅槃沒有些許差異，涅槃也與輪迴無丁點不同。

མྱ་ངན་འདས་མཐའ་གང་ཡིན་པ། །དེ་ནི་འཁོར་བའི་མཐའ་ཡིན་ཏེ། །དེ་གཉིས་ཁྱད་པར་ཅུང་ཟད་ནི། །ཤིན་ཏུ་ཕྲ་བའང་ཡོད་མ་ཡིན། །མྱ་ངན་ལས་འདས་པ་དང་། འཁོར་བའི་ཡང་དག་པའི་མཐའ་དང་། སྐྱེ་བ་མེད་པའི་མཐའ་དང་། ཡང་དག་པའི་མཐར་ཐུག་པ་གང་ཡིན་པ་དེ་དག་ནི་དམིགས་སུ་མེད་པར་མཉམ་པ་ཉིད་ཀྱིས་ཁྱད་པར་ཤིན་ཏུ་ཕྲ་བ་ཅུང་ཟད་ཀྱང་ཡོད་པ་མ་ཡིན་ནོ། །

（《中論》云：）

**25.20 涅槃之邊際，即輪迴邊際，如是二者間，無毫釐差別。**

涅槃、輪迴正邊際、無生之邊際、正邊際等一切皆不可得且又等同，故無毫釐差別。

འགགས་པར་གྱུར་དང་མཐའ་སོགས་[19]དང་། །རྟག་ལ་སོགས་པར་ལྟ་བ་དག །མྱ་ངན་འདས་དང་ཕྱི་མཐའ་དང་། །སྔོན་གྱི་མཐའ་ལ་བརྟེན་པ་ཡིན། །དེ་བཞིན་གཤེགས་པ་

18 有關 25.19.a，對勘本版的藏譯中論為：།འཁོར་བ་མྱ་ངན་ལས་འདས་པ་ལས། ，故與此中所引的偈頌文有所出入；可參考 Nāgārjuna. *Dbu ma rtsa ba'i tshig le'ur byas pa shes rab,* 40。

19 雖然對勘本版無多加註解，但應將原本未有的 སྟོགས 字改為 སོགས 字。

འགགས་པར་གྱུར་ནས་ཡོད་པ་དང་མེད་པ་དང་། །ཡོད་ཀྱང་ཡོད་ལ་མེད་ཀྱང་མེད་པ་དང་། །ཡོད་པ་ཡང་མ་ཡིན་མེད་པ་ཡང་མ་ཡིན་ཞེས་བྱ་བར་ལྟ་བ་གང་དག་ཡིན་པ་དང་། འཇིག་རྟེན་མཐའ་ཡོད་པ་དང་། འཇིག་རྟེན་མཐའ་མེད་པ་དང་། མཐའ་ཡོད་ཀྱང་ཡོད་ལ་མཐའ་མེད་ཀྱང་མེད་པ་དང་། མཐའ་ཡོད་པ་ཡང་མ་ཡིན་མཐའ་མེད་པ་ཡང་མ་ཡིན་ཞེས་བྱ་བར་ལྟ་བ་གང་དག་ཡིན་པ་དང་། འཇིག་རྟེན་རྟག་པ་དང་། འཇིག་རྟེན་མི་རྟག་པ་དང་། རྟག་ཀྱང་རྟག་ལ། མི་རྟག་ཀྱང་མི་རྟག་པ་དང་། རྟག་པ་ཡང་མ་ཡིན་མི་རྟག་པ་ཡང་མ་ཡིན་ནོ་ཞེས་བྱ་བར་ལྟ་བ་གང་དག་ཡིན་པ་དེ་དག་ནི་གོ་རིམས་བཞིན་དུ་མྱ་ངན་ལས་འདས་པ་དང་ཕྱི་མའི་མཐའ་དང་སྔོན་གྱི་མཐའ་ལ་བརྟེན་པ་ཡིན་ནོ། །

（《中論》云：）

**25.21 滅後之邊際，[20]及見常邊等，皆依涅槃邊，以及前後際。**

（一）如來滅度後的有、（二）無、（三）亦有亦無、（四）非有亦非無、（五）有世間邊際、（六）無世間邊際、（七）亦有亦無世間邊際、（八）非有亦非無世間邊際、（九）世間常法、（十）世間無常、（十一）亦常亦無常、（十二）非常亦非無常、（十三，身壽爲一、十四，身壽爲異）等見，[21]依序皆觀待涅槃邊際、前世邊際，以及後世邊際。

20 有關 25.21.a，對勘本版的藏譯中論為：།གང་འདས་ནས་ཆད་མཐའ་སོགས་དང་།，故與此中所引的偈頌文有所出入；可參考 Nāgārjuna. *Dbu ma rtsa ba'i tshig le'ur byas pa shes rab,* 41。

21 依據根敦主巴的《寶鬘論》，此偈顯示十四見。可參考根敦主巴的《寶鬘論》—— Dge 'dun grub pa. *Dbu ma rtsa ba shes rab kyi ngag don bshad pa rin po che'i phreng ba zhes bya ba bzhugs so,* 218。

དེ་ལ། དངོས་པོ་ཐམས་ཅད་སྟོང་པ་ལ། །མཐའ་ཡོད་ཅི་ཞིག་མཐའ་མེད་ཅི། །མཐའ་དང་མཐའ་མེད་ཅི་ཞིག་ཡིན། །མཐའ་མིན་མཐའ་མེད་མིན་པ་ཅི། །དེ་ཉིད་ཅི་ཞིག་གཞན་ཅི་ཡིན། །རྟག་པ་ཅི་ཞིག་མི་རྟག་ཅི། །རྟག་དང་མི་རྟག་གཉི་ག་ཅི། །གཉི་ག་མིན་པའང་ཅི་ཞིག་ཡིན། །དམིགས་པ་ཐམས་ཅད་ཉེར་ཞི་ཞིང་། །སྤྲོས་པ་ཉེར་ཞི་ཞི་བ་སྟེ། །སངས་རྒྱས་ཀྱིས་ནི་གང་དུ་ཡང་། །སུ་ལའང་ཆོས་འགའ་མ་བསྟན་ཏོ།

於此，（《中論》云：）

**25.22 諸法皆空故，何爲有無邊，亦有亦無邊，非有非無邊？**[22]

**25.23 何者爲一異，常法及無常，亦常亦無常，非常非無常？**[23]

**25.24 所緣皆寂滅，戲論皆寂滅，於誰或何處，佛未曾說法。**

།མྱ་ངན་ལས་འདས་པ་བརྟག་པ་ཞེས་བྱ་བ་སྟེ་རབ་ཏུ་བྱེད་པ་ཉི་ཤུ་ལྔ་པའོ།། །།

第二十五品──觀涅槃品──終。

22 有關 25.22.d，對勘本版的藏譯中論為：།མཐའ་དང་མཐའ་མེད་མིན་པ་ཅི།，故與此中所引的偈頌文有所出入；可參考 Nāgārjuna. *Dbu ma rtsa ba'i tshig le'ur byas pa shes rab,* 41。

23 有關 25.23.cd，對勘本版的藏譯中論為：རྟག་དང་མི་རྟག་གཉིས་ཀ་ཅི། །གཉིས་ཀ་མིན་པ་ཅི་ཞིག་ཡིན།，故與此中所引的偈頌文有所出入；可參考 Nāgārjuna. *Dbu ma rtsa ba'i tshig le'ur byas pa shes rab,* 41。

第二十六品

# 觀十二有支品

འདིར་སྨྲས་པ། ཁྱོད་ཀྱིས་ཐེག་པ་ཆེན་པོའི་གཞུང་ལུགས་ཀྱིས་དོན་དམ་པ་ལ་འཇུག་པ་ནི་བསྟན་ཟིན་ན། ད་ཁྱོད་ཀྱིས་ཉན་ཐོས་ཀྱི་གཞུང་ལུགས་ཀྱི་དོན་དམ་པ་ལ་འཇུག་པ་སྟོན་ཅིག །

於此，（他方）道：你以大乘典籍詮釋勝義之理，今你應以聲聞典籍詮釋何爲勝義。

འདིར་བཤད་པ། མ་རིག་བསྒྲིབས་པས་ཡང་སྲིད་ཕྱིར། །འདུ་བྱེད་རྣམ་པ་གསུམ་པོ་དག །མངོན་པར་འདུ་བྱེད་གང་ཡིན་པའི། །ལས་དེ་དག་གིས་འགྲོ་བར་འགྲོ །འདུ་བྱེད་རྐྱེན་ཅན་རྣམ་པར་ཤེས། །འགྲོ་བ་རྣམས་སུ་འཇུག་པར་འགྱུར། །རྣམ་པར་ཤེས་པ་ཞུགས་གྱུར་ན། །མིང་དང་གཟུགས་ནི་ཆགས་པར་འགྱུར།

於此，（自方道：《中論》）云：

**26.1 無明覆再生，行相有三者，以是造行故，隨業往生趣。**

**26.2 行緣故有識，有情往生趣，以識入住故，將成名及色。**

།མིང་དང་གཟུགས་ནི་ཆགས་གྱུར་ན། །སྐྱེ་མཆེད་དྲུག་ནི་འབྱུང་བར་འགྱུར། །སྐྱེ་མཆེད་དྲུག་ལ་བརྟེན་ནས་ནི། །དེ་ལས་རེག་པ་འབྱུང་བར་འགྱུར། །མིང་དང་གཟུགས་དང་དྲན་བྱེད་ལ། །བརྟེན་ནས་སྐྱེ་བ་ཁོ་ན་ཡིན། །དེ་ལྟར་མིང་དང་གཟུགས་བརྟེན་ནས། །རྣམ་པར་ཤེས་པ་སྐྱེ་བར་འགྱུར། །མིང་དང་གཟུགས་དང་རྣམ་པར་ཤེས། །གསུམ་པོ་འདུས་པ་གང་ཡིན་པ། །དེ་ནི་རེག་པ་རེག་དེ་ལས། །ཚོར་བ་ཀུན་ཏུ་འབྱུང་བར་འགྱུར།

**26.3 已成名色時，將成有六處，觀待六處已，由彼而生觸。**[1]

1 有關 26.3.d，對勘本版的藏譯中論為：།རེག་པ་ཡང་དག་འབྱུང་བར་འགྱུར།，故與此中所引

**26.4 唯待名與色，及依憶念生，[2]如是依名色，進而生起識。**

**26.5 名與色及識，三者結合時，是事即爲觸，[3]由觸遍生受。**

།ཚོར་བའི་རྐྱེན་གྱིས་སྲེད་པ་སྟེ། །ཚོར་བའི་དོན་ལ་སྲེད་པར་འགྱུར། །སྲེད་པར་གྱུར་ན་ཉེ་བར་ལེན། །རྣམ་པ་བཞི་པོ་ཉེར་ལེན་འགྱུར། །ཉེར་ལེན་ཡོད་ན་ལེན་པ་པོའི། །སྲིད་པ་རབ་ཏུ་འབྱུང་བར་འགྱུར། །གལ་ཏེ་ཉེ་བར་ལེན་མེད་ན། །གྲོལ་བར་འགྱུར་ཏེ་སྲིད་མི་འགྱུར། །སྲིད་པ་དེ་ཡང་ཕུང་པོ་ལྔ། །སྲིད་པ་ལས་ནི་སྐྱེ་བ་འབྱུང་། །རྒ་ཤི་དང་ནི་མྱ་ངན་དང་། སྨྲེ་སྔགས་འདོན་བཅས་སྡུག་བསྔལ་དང་།

**26.6 受之緣生愛，起愛於受境，[4]愛已後近取，即近取四相。**

**26.7 近取故而有，取者之輪迴，若近取非有，離有則解脫。**

**26.8 輪迴有五蘊，從彼而有生，[5]老死及憂傷，悲哀及苦惱。**

---

的偈頌文有所出入；可參考 Nāgārjuna. *Dbu ma rtsa ba'i tshig le'ur byas pa shes rab,* 41。

2 有關 26.4.b，對勘本版的藏譯中論為：།བརྟེན་ནས་སྐྱེ་བ་ཀོ་ན་སྟེ།，故與此中所引的偈頌文有所出入；可參考 Nāgārjuna. *Dbu ma rtsa ba'i tshig le'ur byas pa shes rab,* 41。

3 有關 26.5.c，對勘本版的藏譯中論為：།དེ་ནི་རེག་པའོ་རེག་དེ་ལས།，故與此中所引的偈頌文有所出入；可參考 Nāgārjuna. *Dbu ma rtsa ba'i tshig le'ur byas pa shes rab,* 41。

4 有關 26.6.b，對勘本版的藏譯中論為：།ཚོར་བའི་དོན་དུ་སྲེད་པར་འགྱུར།，故與此中所引的偈頌文有所出入；可參考 Nāgārjuna. *Dbu ma rtsa ba'i tshig le'ur byas pa shes rab,* 41。

5 有關 26.8.b，對勘本版的藏譯中論為：།སྲིད་པ་ལས་ནི་སྐྱེ་བ་འགྱུར།，故與此中所引的偈頌文有所出入；可參考 Nāgārjuna. *Dbu ma rtsa ba'i tshig le'ur byas pa shes rab,* 42。

།ཡིད་མི་བདེ་དང་འཁྲུག་པ་རྣམས། །དེ་དག་སྐྱེ་ལས་རབ་ཏུ་འབྱུང་། །དེ་ལྟར་སྡུག་བསྔལ་ཕུང་པོ་ནི། །འབའ་ཞིག་པ་འདི་འབྱུང་བར་འགྱུར། །དེ་ཕྱིར་མཁས་རྣམས་འཁོར་བ་ཡི། །རྩ་བའི་འདུ་བྱེད་འདུ་མི་བྱེད། །དེ་ཕྱིར་མི་མཁས་བྱེད་པ་ཡིན། །མཁས་མིན་དེ་ཉིད་མཐོང་ཕྱིར་རོ། །མ་རིག་འགགས་པར་གྱུར་ན་ནི། །འདུ་བྱེད་རྣམས་ཀྱང་འབྱུང་མི་འགྱུར། །མ་རིག་འགག་པར་འགྱུར་བ་ནི། །ཤེས་པ་དེ་ཉིད་བསྒོམས་པས་སོ། དེ་དང་དེ་ནི་འགགས་གྱུར་པས། །དེ་དང་དེ་ནི་མངོན་མི་འབྱུང་། །སྡུག་བསྔལ་ཕུང་པོ་འབའ་ཞིག་པ། །དེ་ནི་དེ་ལྟར་ཡང་དག་འགག །

**26.9 意不安紛爭，皆從生而有。以是有生故，成唯苦之蘊。**

**26.10 諸學者不造，諸行輪迴根，見眞實義故，[6]造者皆非智。**

**26.11 以滅無明故，諸行亦不生，觀修眞實義，無明盡消滅。[7]**

**26.12 以滅某某故，彼彼不現起，如是而正滅，唯苦之蘊體。**

བྱིས་པ་མ་རིག་པས་བསྒྲིབས་པས་ཡང་སྲིད་པའི་ཕྱིར་སེམས་ཅན་དམྱལ་བ་ལ་སོགས་པ་འདུ་བྱེད་པའི་འདུ་བྱེད་རྣམ་པ་གསུམ་པོ་དག་ལུས་དང་ངག་དང་ཡིད་དག་གིས་མངོན་པར་འདུ་བྱེད་དོ། །ལས་དགེ་བ་དང་མི་དགེ་བ་ཇི་ལྟར་མངོན་པར་འདུས་བྱས་པ་

---

6 有關 26.10.abc，對勘本版的藏譯中論為：།འཁོར་བའི་རྩ་བ་འདུ་བྱེད་དེ། །དེ་ཕྱིར་མཁས་རྣམས་འདུ་མི་བྱེད། །དེ་ཕྱིར་མི་མཁས་བྱེད་པོ་ཡིན།，故與此中所引的偈頌文有所出入；可參考 Nāgārjuna. *Dbu ma rtsa ba'i tshig le'ur byas pa shes rab,* 42。

7 有關 26.11.d，對勘本版的藏譯中論為：ཤེས་པས་དེ་ཉིད་བསྒོམས་པས་སོ།，故與此中所引的偈頌文有所出入；可參考 Nāgārjuna. *Dbu ma rtsa ba'i tshig le'ur byas pa shes rab,* 42。

ཆེན་པོ་དང་འབྲིང་དང་ཆུང་ངུ་གང་དག་ཡིན་པ་དེ་དག་གིས་སེམས་ཅན་དམྱལ་བ་ལ་སོགས་པའི་འགྲོ་བ་རྣམས་སུ་འགྲོའོ། །དེ་ལ་འདུ་བྱེད་ཀྱི་རྐྱེན་ཅན་གྱིས་རྣམ་པར་ཤེས་པ་ཇི་ལྟར་འགྲོ་བ་རྣམས་སུ་ཞུགས་པར་གྱུར་པས་མིང་དང་གཟུགས་ཆགས་པར་འགྱུར་རོ། །

愚者因無明覆蔽而復生。由身語意的三種現行造作有情（墮）地獄等行。聚集大中小現行善業及非善業，令諸有情往地獄等處。藉行的因緣，當識入住該投生去處之時便形成名色。

མིང་དང་གཟུགས་ཆགས་པར་གྱུར་ན་མིང་དང་གཟུགས་ཆགས་པ་ལས་སྐྱེ་མཆེད་དྲུག་འབྱུང་བར་འགྱུར་རོ། །སྐྱེ་མཆེད་དྲུག་ལ་བརྟེན་ནས་དེ་ལས་རེག་པ་འབྱུང་བར་འགྱུར་ཏེ། །རེག་པ་དེ་སྐྱེ་བའི་རིམ་པ་ནི་འདི་ཡིན་ཏེ། མིང་དང་གཟུགས་དང་ཡིད་ལ་བྱེད་པ་ལ་བརྟེན་ནས་སྐྱེ་བ་ཁོ་ན་ཡིན་ཏེ། །དེ་ལྟར་མིང་དང་གཟུགས་ལ་བརྟེན་ནས་རྣམ་པར་ཤེས་པ་སྐྱེ་བར་འགྱུར་ཞིང་། །དེ་ལྟར་མིང་དང་གཟུགས་དང་རྣམ་པར་ཤེས་པ་གསུམ་པོ་འདུས་པ་གང་ཡིན་པ་དེ་ནི་རེག་པའོ། །རེག་པ་ལས་ཚོར་བ་ཀུན་ཏུ་འབྱུང་བར་འགྱུར་རོ། །

形成名色時，隨名色之貪著而生六處。依賴六處生觸。生觸的次序如是：（觸）只依賴名、色、識而生，識則由名色而生。凡是名色識三者的結合皆是觸。由觸全面生受。

ཚོར་བའི་རྐྱེན་གྱིས་སྲེད་པ་སྟེ། ཚོར་བའི་དོན་ལ་སྲེད་པར་འགྱུར་རོ། །སྲེད་པར་གྱུར་ན་ཉེ་བར་ལེན་པ་རྣམ་པ་བཞི་པོ་དག་ཉེ་བར་ལེན་པར་འགྱུར་རོ། །ཉེ་བར་ལེན་པ་ཡོད་ན་ལེན་པ་པོའི་སྲིད་པ་རབ་ཏུ་འབྱུང་བར་འགྱུར་ཏེ། གལ་ཏེ་ཉེ་བར་ལེན་པ་མེད་ན་དེས་ན

གྲོལ་བར་འགྱུར་ཏེ། དེའི་སྲིད་པ་འབྱུང་བར་མི་འགྱུར་བ་[8]ཞིག་ན། གང་གི་ཕྱིར་ཉེ་བར་ལེན་པ་དང་བཅས་པ་དེའི་ཕྱིར་སྲིད་པ་འབྱུང་བར་འགྱུར་ཏེ། སྲིད་པ་དེ་ཡང་ཕུང་པོ་ལྔ་ཡིན་པར་ཤེས་པར་བྱའོ། །སྲིད་པ་ལས་ནི་སྐྱེ་བ་འབྱུང་བ་ཡིན་ནོ། །སྐྱེ་བ་ལས་རྒ་ཤི་དང་མྱ་ངན་དང་སྨྲེ་སྔགས་འདོན་པ་དང་། སྡུག་བསྔལ་བ་དང་ཡིད་མི་བདེ་བ་དང་། འཁྲུག་པ་རྣམས་འབྱུང་སྟེ། །དེ་ལྟར་སྡུག་བསྔལ་གྱི་ཕུང་པོ་སྡུག་བསྔལ་གྱི་ཚོགས་འབའ་ཞིག་མ་འདྲེས་པ་འདི་འབྱུང་བར་འགྱུར་རོ། །

由受之因緣產生愛，且愛起於受境中。愛產生後，由近取四相而近取。若有近取，則必有近取者的輪迴；若無近取，將成解脫，停止輪迴。（此）時，應知（輪迴的）有是五蘊，具足近取才會形成（輪迴的）有。生從（輪迴的）有而形成，伴隨生而成老死、憂傷、悲哀、苦惱、意不安、紛爭等，從而產生此唯苦、不雜（恆樂）的苦蘊。

དེའི་ཕྱིར་མཁས་པ་རྣམས་ནི་འཁོར་བའི་རྩ་བའི་འདུ་བྱེད་རྣམས་འདུ་མི་བྱེད་དོ། དེའི་ཕྱིར་མི་མཁས་པ་རྣམས་ནི་འདུ་བྱེད་རྣམས་ཀྱི་བྱེད་པ་པོ་ཡིན་གྱི་མཁས་པ་རྣམས་ནི་མ་ཡིན་ཏེ། དེ་ཅིའི་ཕྱིར་ཞེ་ན། དེ་ཉིད་མཐོང་བའི་ཕྱིར་ཏེ། དེ་ལ་མ་རིག་པ་འགགས་པར་གྱུར་ན་འདུ་བྱེད་རྣམས་ཀྱང་འབྱུང་བར་མི་འགྱུར་རོ། མ་རིག་པ་འགག་པར་འགྱུར་བ་ནི་ཡན་ལག་བཅུ་གཉིས་ཤེས་པ་དེ་ཉིད་བསྒོམ་པ་གོམས་པར་བྱ་བ་དང་། །བརྟན་པོ་ཉིད་དུ་བྱས་པས་སོ། །སྲིད་པའི་ཡན་ལག་དེ་དང་དེ་འགགས་པར་གྱུར་པས་སྲིད་པའི་ཡན་ལག་དེ་དང་དེ་མངོན་པར་མི་འབྱུང་སྟེ། དེ་ལྟར་སྡུག་བསྔལ་གྱི་ཕུང་པོ་སྡུག་བསྔལ་གྱི་ཚོགས་འབའ་ཞིག་པ་མ་འདྲེས་པ་དེ་ཡང་དག་པར་འགག་ཅིང་གཏན་འགག་པར་འགྱུར་རོ། །སྲིད་

8 根據北京版及奈塘版，去掉 འགའ་ 字。

པའི་ཡན་ལག་བཅུ་གཉིས་པོ་དེ་དག་ལ་འཇུག་པ་རྒྱ་ཆེར་མདོ་སྡེ་དང་ཆོས་མངོན་པ་དག་ལས་ཁོང་དུ་ཆུད་པར་བྱའོ། །མདོར་བསྡུས་པའི་དབང་གིས་འདི་ལའང་བརྗོད་དོ། །

因此，智者不造作行——輪迴的根本，行的造者乃愚者，絕非智者。爲何？（智者）看到眞實義的緣故。滅除無明則不生行。滅無明（之法）乃串習觀修十二緣起之智，並令其堅定。滅除某某緣起支，便不現起彼彼緣起支，如此正滅此唯苦、不雜（恆樂）的苦蘊。十二緣起的廣泛詮釋應從經論知曉，至於概略闡述，亦涵蓋此品中。

སྲིད་པའི་ཡན་ལག་བཅུ་གཉིས་བརྟག་པ་ཞེས་བྱ་སྟེ། རབ་ཏུ་བྱེད་པ་ཉི་ཤུ་དྲུག་པའོ།། ||

第二十六品——觀十二有支品——終。

# 第二十七品

# ——觀見品——

འདིར་སྨྲས་པ། ད་ཁྱོད་ཀྱིས་ཉན་ཐོས་ཀྱི་ཐེག་པ་དང་མཐུན་པའི་མདོ་སྡེའི་མཐའ་ལ་བརྟེན་ནས་ལྟ་བའི་རྣམ་པ་རྣམས་མི་སྲིད་པར་སྟོན་ཅིག

於此，（他方）說，現在請你解釋，根據與聲聞乘相應的經典，依（前後）邊際等見不可能（合理的原因）。

འདིར་བཤད་པ། འདས་པའི་དུས་ན་བྱུང་ཞེས་དང་། །མ་བྱུང་འཇིག་རྟེན་རྟག་སོགས་པར། །ལྟ་བ་གང་ཡིན་དེ་དག་ནི། །སྔོན་གྱི་མཐའ་ལ་བརྟེན་པ་ཡིན། །མ་འོངས་དུས་གཞན་འབྱུང་འགྱུར་དང་། མི་འབྱུང་འཇིག་རྟེན་མཐའ་སོགས་པར། ལྟ་བ་གང་ཡིན་དེ་དག་ནི། །ཕྱི་མའི་མཐའ་ལ་བརྟེན་པ་ཡིན། །ཟག་པ་ཐམས་ཅད་སྡོམ་པའི་རྣམ་གྲངས་ཞེས་བྱ་བའི་མདོ་སྡེ་ལས་གསུངས་པ་བདག་སྔོན་འདས་པའི་དུས་ན་བྱུང་བར་གྱུར་ཅེས་བྱ་བ་དང་། བདག་སྔོན་འདས་པའི་དུས་ན་བྱུང་བར་མ་གྱུར་ཅེས་བྱ་བའི་རྒྱུ་འདིས་འཇིག་རྟེན་རྟག་པ་ལ་སོགས་པར་ལྟ་བ་གང་ཡིན་པ་དེ་དག་ནི་སྔོན་གྱི་མཐའ་ལ་བརྟེན་པ་ཡིན་ནོ། །བདག་མ་འོངས་པའི་དུས་གཞན་དུ་འབྱུང་བར་འགྱུར་ཞེས་བྱ་བ་དང་། བདག་མ་འོངས་པའི་དུས་གཞན་དུ་འབྱུང་བར་མི་འགྱུར་ཞེས་བྱ་བའི་རྒྱུ་འདིས་འཇིག་རྟེན་མཐའ་ཡོད་པ་ལ་སོགས་པར་ལྟ་བ་གང་ཡིན་པ་དེ་དག་ནི་ཕྱི་མའི་མཐའ་ལ་བརྟེན་པ་ཡིན་ནོ། །དེ་དག་ནི་མི་འཐད་དེ། རིགས་པ་གང་གིས་ཤེ་ན།

於此，（《中論》）云：

**27.1 過去是及非，以及世間常，此等所有見，皆依前邊際。**[1]

1 有關 27.1.abd，對勘本版的藏譯中論為：།འདས་དུས་བྱུང་མ་བྱུང་ཞེས་དང་། །འཇིག་རྟེན་རྟག་པ་ལ་སོགས་པར། །སྔོན་གྱི་མཐའ་ལ་བརྟེན་པ་ཡིན།，故與此中所引的偈頌文有所出入；可參考 Nāgārjuna. *Dbu ma rtsa ba'i tshig le'ur byas pa shes rab,* 42。

**27. 2 未來是及非，以及世間邊，[2]此等所有見，皆依後邊際。**

於《漏盡經》中「昔時，我是（某某）」、「昔時，我不是（某某）」，以此因緣（所生）一切世間常等之見，皆是依賴前邊際（而有）。

「未來時，我將是（某某）」、「未來時，我將不是（某某）」，以此因緣（所生）一切有世間之邊際等見，皆是依賴後邊際（而有）。由何理而知彼不應理？

བཤད་པར་བྱ་སྟེ། འདས་པའི་དུས་ན་བྱུང་གྱུར་ཅེས། །བྱ་བ་དེ་ནི་མི་འཐད་དོ། །སྔོན་ཚེ་རྣམས་སུ་གང་བྱུང་བ། །དེ་ཉིད་འདི་ནི་མ་ཡིན་ནོ། །དེ་ཉིད་བདག་ཏུ་འགྱུར་སྙམ་ན། །ཉེ་བར་ལེན་པ་ཐ་དད་འགྱུར། །ཉེ་བར་ལེན་པ་མ་གཏོགས་པར། །ཁྱོད་ཀྱི་བདག་ནི་གང་ཞིག་ཡིན། །ཉེ་བར་ལེན་པ་མ་གཏོགས་པའི། །བདག་ཡོད་མ་ཡིན་བྱས་པའི་ཚེ། །ཉེ་བར་ལེན་ཉིད་བདག་ཡིན་ན། །ཁྱོད་ཀྱི་བདག་ནི་མེད་པ་ཡིན། །ཉེ་བར་ལེན་ཉིད་བདག་མ་ཡིན། །དེ་ནི་འབྱུང་དང་འཇིག་པ་ཡིན། །ཉེ་བར་བླང་བ་ཇི་ལྟ་བུར། །ཉེ་བར་ལེན་པོ་ཡིན་པར་འགྱུར། །བདག་ནི་ཉེ་བར་ལེན་པ་ལས། །གཞན་དུ་འཐད་པ་ཉིད་མ་ཡིན། །གལ་ཏེ་གཞན་ན་ལེན་མེད་པར། །གཟུང་ཡོད་རིགས་ན་གཟུང་དུ་མེད། །དེ་ལྟར་ལེན་ནས་གཞན་མ་ཡིན། །དེ་ནི་ཉེར་ལེན་ཉིད་ཀྱང་མིན། །བདག་ནི་ཉེ་བར་ལེན་མེད་མིན། །མེད་པ་ཉིད་དུའང་དེ་མ་ངེས། །བདག་སྔོན་འདས་པའི་དུས་ན་བྱུང་བར་གྱུར་ཅེས་བྱ་བ་དེ་ནི་མི་འཐད་དོ། །ཅིའི་ཕྱིར་ཞེ་ན། སྔོན་གྱི་ཚེ་རབས་སུ་གང་བྱུང་བར་གྱུར་པ་དེ་ཉིད་ད་ལྟར་གྱི་བདག་འདི་མ་ཡིན་པའི་ཕྱིར་རོ། །

2 有關 27.2.b，對勘本版的藏譯中論為：།མི་འབྱུང་འཇིག་རྟེན་མཐའ་སོགས་པར།，故與此中所引的偈頌文有所出入；可參考 Nāgārjuna. *Dbu ma rtsa ba'i tshig le'ur byas pa shes rab,* 42。

（自方道，《中論》）云：

**27.3 謂我昔是誰，[3]此言不應理，無論昔是誰，彼人非此人。**

**27.4 若念彼是我，近取則成異，遠離近取外，何謂汝之我？**

**27.5 遠離近取外，我則不應有，近取若是我，則無汝之我。**

**27.6 近取不是我，近取是生滅，[4]以是近取故，豈是近取者？**

**27.7 遠離近取外，我亦非他法，異則雖無蘊，得我卻不能。**

**27.8 我非異於蘊，我亦非近取，我非無近取，我亦非絕無。[5]**

不成立「昔時，我是（某某）」的說法。為何？因為無論過去生是誰，此人不是現在的我。

དེ་ལ་འདི་སྙམ་དུ་གལ་ཏེ་སྔོན་གྱི་ཚེ་རབས་རྣམས་སུ་གང་བྱུང་བར་གྱུར་པ་དེ་ཉིད་ད་ལྟར་གྱི་བདག་འདི་ཡིན་པར་གྱུར་ན་དེའི་ཕྱིར་སྐྱོན་ཅིར་འགྱུར་སྙམ་དུ་སེམས་ན།

---

3 有關 27.3.a，對勘本版的藏譯中論為：།འདས་པའི་དུས་ན་བྱུང་གྱུར་ཞེས།，故與此中所引的偈頌文有所出入；可參考 Nāgārjuna. *Dbu ma rtsa ba'i tshig le'ur byas pa shes rab,* 42。

4 有關 27.6.b，對勘本版的藏譯中論為：།དེ་འབྱུང་བ་དང་འཇིག་པ་ཡིན།，故與此中所引的偈頌文有所出入；可參考 Nāgārjuna. *Dbu ma rtsa ba'i tshig le'ur byas pa shes rab,* 43。

5 有關 27.8.ad，對勘本版的藏譯中論為：དེ་ལྟར་ལེན་ལས་གཞན་མ་ཡིན། །མེད་པ་ཉིད་དུའང་དེ་མ་ངེས།，故與此中所引的偈頌文有所出入；可參考 Nāgārjuna. *Dbu ma rtsa ba'i tshig le'ur byas pa shes rab,* 43。

於此，（他方做）此想：若執「無論過去生是誰，此人是現在的我」，會有何患？

དེ་ལ་བཤད་པར་བྱ་སྟེ། །གལ་ཏེ་སྔོན་གྱི་ཚེ་རབས་རྣམས་སུ་གང་བྱུང་བར་གྱུར་པ་དེ་ཉིད་ད་ལྟར་གྱི་བདག་འདི་ཡིན་པར་གྱུར་ན་དེ་ལྟ་ན་ཉེ་བར་ལེན་པ་ཐ་དད་པར་མི་འགྱུར་བ་ཞིག་ན་ཉེ་བར་ལེན་པ་ཐ་དད་པར་ཡང་འགྱུར་ལ། ཉེ་བར་ལེན་པ་མ་གཏོགས་པར་བདག་ཡོད་པར་ཡང་ཐལ་བར་འགྱུར་རོ། །དེ་ལ་ཉེ་བར་ལེན་པ་མ་གཏོགས་པ་ཁྱོད་ཀྱི་བདག་དེ་གང་ཞིག་ཡིན་པར་སྨྲ་བར་ནུས་སམ། ཁོ་བོས་ནི་རྣམ་པ་ཐམས་ཅད་དུ་ཡང་མི་འཐད་པར་ཤེས་སོ། །

於此，（自方）解釋：若過去生是誰，此人即是現在的我，如是，（前今二世的）近取（蘊）不應有異，但（其）近取的確有異，除非另有遠離近取之我，應成（此過）。請解說，除近取之外，誰能夠成為你所謂的我？我知曉（此謬論）徹底不能成立。

དེ་ལ་འདི་སྙམ་དུ་ཉེ་བར་ལེན་པ་མ་གཏོགས་པའི་བདག་ཡོད་པ་མ་ཡིན་ནོ་སྙམ་དུ་སེམས་ན་ནི།

於此，（他方）做此想：排除近取外並沒有我。

དེའི་ཕྱིར་ཉེ་བར་ལེན་པ་ཉིད་བདག་ཡིན་པར་འགྱུར་བའམ། ཡང་ན་ཁྱོད་ཀྱི་བདག་མེད་པ་ཡིན་ནོ། །ཉེ་བར་ལེན་པ་ཉིད་བདག་ཡིན་ནོ་ཞེས་བྱ་བ་དེ་ཡང་མི་འཐད་དེ། ཅིའི་ཕྱིར་ཞེ་ན། ཉེ་བར་ལེན་པ་དེ་ནི་འབྱུང་བ་དང་། འཇིག་པ་ཡིན་པས་སྐྱེ་བ་དང་འགག་པར་འགྱུར་བའི་ཕྱིར་རོ། །དེ་ལྟ་བུ་ནི་བདག་གི་མཚན་ཉིད་མ་ཡིན་ནོ། །ཡང་གཞན་ཡང་། ཉེ་བར་བླང་བ་གང་ཡིན་པ་དེ་ཉིད་ཇི་ལྟར་བྱར་ཉེ་བར་ལེན་པ་པོ་ཡིན་པར་འགྱུར་ཏེ། སྔོན་དུ

མར་ཐལ་བར་འགྱུར་བའི་ཕྱིར་རོ། །

（自方駁：）莫非近取就是我？還是你（所謂）的我是不存在的？

不成立近取是我。爲何？近取是生滅、（我將隨近取而）生滅。[6]如是，（近取）並非我的性相。

除此，一切近取將會是我，應成諸多過失。[7]

དེ་ལ་འདི་སྙམ་དུ་ཉེ་བར་བླང་བ་ལས་ཉེ་བར་ལེན་པ་པོ་གཞན་ཡིན་པར་སེམས་ན།

於此，（他方）做此想：近取者迴異於近取。

དེ་ལ་བཤད་པར་བྱ་སྟེ། བདག་ནི་ཉེ་བར་ལེན་པ་ལས་གཞན་དུ་འཐད་པ་ཉིད་མ་ཡིན་ནོ། །ཅིའི་ཕྱིར་ཞེ་ན། གལ་ཏེ་གཞན་ཡིན་ན་ཉེ་བར་ལེན་པ་མེད་པར་ཡང་མིག་ལ་སོགས་པའི་དབང་པོ་རྣམས་ཀྱིས་གཟུང་དུ་ཡོད་པའི་རིགས་ན་གཟུང་དུ་མེད་པའི་ཕྱིར་རོ། །དེ་ལྟ་ན་བདག་ཉིད་ཉེ་བར་ལེན་པ་ལས་གཞན་ཡང་མ་ཡིན་ལ། དེ་ནི་ཉེ་བར་ལེན་པ་ཉིད་ཀྱང་མ་ཡིན། ཉེ་བར་ལེན་པ་མེད་པ་ཡང་མ་ཡིན། འགའ་ཡང་མེད་པ་ཉིད་དུ་ངེས་པ་ཡང་མ་ཡིན་ནོ། །དེའི་ཕྱིར་བརྟག་[8]པ་འདིས་བདག་སྔོན་འདས་པའི་དུས་ན་བྱུང་བར་གྱུར་ཞེས་བྱ་བ་དེ་ནི་མི་འཐད་དོ། །

於此，（自方）將做解說。我並非迴異於近取。爲何？若是異，即便無近取也能以眼根等而得（我），但不能得。如

6 手足等蘊體若是我，生兩隻手則生兩個我，或斷手則斷我。

7 如果一切近取蘊都是我，將有此過：有兩個我，因爲有兩隻手。

8 雖然對勘本版無多加註解，但應將原本未有的 རྟག་ 字改為 བརྟག་ 字。

是，我非迥異於近取，我也非近取，亦不是我無近取，更非絕無任何一法。由此觀察，不成立「昔時，我是（某某）」的說法。

ད་ནི། འདས་པའི་དུས་ན་མ་བྱུང་ཞེས། །བྱ་བ་དེ་ཡང་མི་འཐད་དོ། །སྔོན་ཚེ་རྣམས་སུ་གང་བྱུང་བ། །དེ་ལས་འདི་གཞན་མ་ཡིན་ནོ། །གལ་ཏེ་འདི་ནི་གཞན་གྱུར་ན། །དེ་མེད་པར་ཡང་འབྱུང་བར་འགྱུར། །དེ་བཞིན་དུ་ནི་གནས་གྱུར་ཞིང་། དེར་མ་ཤི་བར་སྐྱེ་བར་འགྱུར། །ཆད་དང་ལས་རྣམས་ཆུད་ཟ་དང་། གཞན་གྱིས་བྱས་པའི་ལས་རྣམས་ནི། །གཞན་གྱིས་སོ་སོར་སྤྱོད་བ་དང་། །དེ་ལ་སོགས་པར་ཐལ་བར་འགྱུར། །མ་བྱུང་བ་ལས་བྱུང་མིན་ཏེ། །འདི་ལ་སྐྱོན་དུ་ཐལ་བར་འགྱུར། །བདག་ནི་བྱས་པར་འགྱུར་བ་དང་། །འབྱུང་བ་རྒྱུ་མེད་ཅན་དུ་འགྱུར།

現（引《中論》云：）

**27.9 謂我昔非誰，此言不應理，無論昔是誰，彼非異於此，**

**27.10 此若異於彼，雖無亦仍生，且於轉生時，[9]不死亦仍生。**

**27.11 斷與業失壞，他人所造業，由他各別受，應成此等過。**

**27.12 無則不能生，應成此過失：將是我所造，且成無因生。**[10]

9 有關 27.10.c，對勘本版的藏譯中論為：།དེ་བཞིན་དེ་ནི་གནས་གྱུར་ཞིང་།，故與此中所引的偈頌文有所出入；可參考 Nāgārjuna. *Dbu ma rtsa ba'i tshig le'ur byas pa shes rab,* 43。

10 有關 27.12.ad，對勘本版的藏譯中論為：མ་བྱུང་བ་ལས་འབྱུང་མིན་ཏེ། །འབྱུང་བའམ་རྒྱུ་མེད་ཅན་དུ་འགྱུར།，故與此中所引的偈頌文有所出入；可參考 Nāgārjuna. *Dbu ma rtsa ba'i tshig le'ur byas pa shes rab,* 43。

ད་ནི་བདག་སྔོན་འདས་པའི་དུས་ན་བྱུང་བར་མ་གྱུར་ཅེས་བྱ་བ་དེ་ཡང་མི་འཐད་དོ། །ཅིའི་ཕྱིར་ཞེ་ན། སྔོན་གྱི་ཚེ་རབས་རྣམས་སུ་གང་བྱུང་བ་གྱུར་པ་དེ་ལས་འདི་གཞན་མ་ཡིན་པའི་ཕྱིར་རོ། གལ་ཏེ་འདི་གཞན་ཡིན་པར་གྱུར་ན་དེའི་ཕྱིར་དེ་མེད་པར་ཡང་འདི་འབྱུང་བར་འགྱུར་རོ། །ཡང་གཞན་ཡང་། སྔ་མ་དེ་དེ་བཞིན་དུ་དེ་ན་གནས་པར་འགྱུར་ཞིང་འདི་ཡང་དེར་མ་ཤི་བར་འདིར་སྐྱེ་བར་འགྱུར་རོ། །དེ་ལྟ་ན་ཆད་པ་དང་ལས་རྣམས་ཆུད་ཟ་བ་དང་གཞན་གྱིས་བྱས་པའི་ལས་རྣམས་གཞན་གྱིས་སོ་སོར་མྱོང་བ་དང་དེ་ལ་སོགས་པ་སྐྱོན་མང་པོ་དག་ཏུ་ཐལ་བར་འགྱུར་རོ། །

今不成立「昔時，我不是（某某）」的說法。爲何？無論前世是誰，都不應與此（生的我）有異，若異，則無仍亦可生。[11]

同理，前世（之我）轉世時，此（人）亦可不死而投生。如是，斷滅、業等的失壞、他人所造之業卻由另一人個別感果等，應成諸多過失。

ཡང་གཞན་ཡང་། དེ་ལྟ་ན་བདག་མ་བྱུང་བ་ལས་བྱུང་བར་ཐལ་བར་འགྱུར་ཏེ། བདག་མ་བྱུང་བ་ལས་བྱུང་བ་ནི་མ་ཡིན་པས། དེའི་ཕྱིར་འདི་ལ་ཡང་བདག་བྱས་པར་འགྱུར་བ་དང་། འབྱུང་བ་རྒྱུ་མེད་པ་ཅན་དུ་འགྱུར་བའི་སྐྱོན་དུ་ཐལ་བར་འགྱུར་བས་དེ་ནི་མི་འདོད་དོ། །དེའི་ཕྱིར་བརྟག་[12]པ་འདིས་བདག་སྔོན་འདས་པའི་དུས་ན་བྱུང་བར་མ་གྱུར་ཅེས་བྱ་བ་དེ་ཡང་མི་འཐད་དོ། །

11 成立甲乙相異的說法時，其前提條件是有甲也有乙。既然無甲仍可與乙相異，等同未曾有過的事物仍可產生。

12 雖然對勘本版無多加註解，但應將原本未有的 རྟག་ 字改為 བརྟག་ 字。

另外，應成生起未曾有的我（之過），但未有之我不會生起。因有應成由我所造[13]、無因而生之過，不承許該（說）。由此觀察，不成立「昔時，我不是（某某）」的說法。

དེ་ལྟར་བདག་བྱུང་བདག་མ་བྱུང་། །གཉི་ག་གཉི་ག་མ་ཡིན་པར། །འདས་ལ་ལྟ་བ་གང་ཡིན་པ། །དེ་དག་འཐད་པ་མ་ཡིན་ནོ། །དེ་ལྟར་ཡོངས་སུ་བརྟགས་ན་བདག་སྔོན་འདས་པའི་དུས་ན་བྱུང་བར་གྱུར་ཅེས་བ་དང་། བདག་སྔོན་འདས་པའི་དུས་ན་བྱུང་བར་མ་གྱུར་ཅེས་བྱ་བ་དང་། སྔོན་འདས་པའི་དུས་ན་བྱུང་བར་གྱུར་ཀྱང་གྱུར་ལ། །བྱུང་བར་མ་གྱུར་ཀྱང་མ་གྱུར་ཅེས་བྱ་བ་དང་། སྔོན་འདས་པའི་དུས་ན་བྱུང་བར་གྱུར་པ་ཡང་མ་ཡིན། །བྱུང་བར་མ་གྱུར་པ་ཡང་མ་ཡིན་ནོ་ཞེས་བྱ་བར་འདས་པའི་དུས་ལ་ལྟ་བ་གང་ཡིན་པ་དེ་དག་འཐད་པ་མ་ཡིན་ནོ། །

（《中論》云：）

**27.13 我是或不是，是二及非二，[14]一切過去見，皆不應成立。**

如是全面觀察，「昔時，我是（某某）」、「昔時，我不是（某某）」、「昔時，我是也不是（某某）」、「昔時，我不是也非不是（某某）」等一切過去見皆不應理。

ད་ནི། མ་འོངས་དུས་གཞན་འབྱུང་འགྱུར་དང་། འབྱུང་བར་མི་འགྱུར་ཞེས་བྱ་བར།

13 後世的感果雖然是由前世的業所造，然而若未有我，豈有由我所造？

14 有關 27.13.ab，對勘本版的藏譯中論為：དེ་ལྟར་བདག་བྱུང་བདག་མ་བྱུང་། །གཉིས་ཀ་གཉིས་ཀ་མ་ཡིན་པར།，故與此中所引的偈頌文有所出入；可參考 Nāgārjuna. *Dbu ma rtsa ba'i tshig le'ur byas pa shes rab,* 43。

།ལྟ་བ་གང་ཡིན་དེ་དག་ནི། །འདས་པའི་དུས་དང་མཚུངས་པ་ཡིན། །ད་ནི་བདག་མ་འོངས་པའི་དུས་གཞན་དུ་འབྱུང་བར་འགྱུར་ཞེས་བྱ་བ་དང་། བདག་མ་འོངས་པའི་དུས་གཞན་དུ་འབྱུང་བར་མི་འགྱུར་ཞེས་བྱ་བར་མ་འོངས་པའི་དུས་ལ་ལྟ་བ་གང་ཡིན་པ་དེ་དག་ནི་འདས་པའི་དུས་དང་མཚུངས་པར་བསམ་པར་བྱ་སྟེ། འདས་པའི་དུས་ལས་བརྩམས་པའི་སྐྱོན་གང་དག་ཡིན་པ་དེ་དག་ཉིད་འདིར་ཡང་བྱེ་བྲག་ཏུ་ཤེས་པར་བྱའོ། །

今（引《中論》云：）

**27.14 謂於未來時，當是及不是，此等一切見，皆同過去時。**

「未來時，我將是（某某）」、「未來時，我將不會是（某某）」等一切未來之見，應知與過去時相同。應知一切過去時所說之過亦可別用於此處。

ཡང་གཞན་ཡང་། གལ་ཏེ་ལྷ་དེ་མི་དེ་ན། །དེ་ལྟ་ན་ནི་རྟག་པར་འགྱུར། །ལྷ་ནི་མ་སྐྱེས་ཉིད་འགྱུར་ཏེ། །རྟག་ལ་སྐྱེ་བ་མེད་ཕྱིར་རོ། །གལ་ཏེ་ལྷ་དེ་ཉིད་མི་དེ་ཉིད་དུ་གྱུར་ན་དེ་ལྟ་ན་ནི་རྟག་པར་འགྱུར་རོ། །ཡང་གཞན་ཡང་། ལྷ་མ་སྐྱེས་པ་ཉིད་དུ་ཡང་འགྱུར་ཏེ། །ཅིའི་ཕྱིར་ཞེ་ན། རྟག་པ་ལ་སྐྱེ་བ་མེད་པའི་ཕྱིར་རོ། །

（《中論》云：）

**27.15 若天即是人，是則將成常，天則爲不生，是常不生故。**

如果天人變成人，將成常法。

並且，天人還將成爲不生。爲何？因爲是常則不生。

གང་གི་ཕྱིར་ལྷ་གང་ཡིན་པ་དེ་ཉིད་མི་མ་ཡིན་ཞིང་། ལྷ་མ་སྐྱེས་པ་ཉིད་ཀྱང་མ་ཡིན་པ་དེའི་ཕྱིར་རྟག་པ་མ་ཡིན་ནོ། །

（他方說：）是天則非人，天亦非不生，所以不是常。

གལ་ཏེ་ལྷ་ལས་མི་གཞན་ན། །དེ་ལྟ་ན་ནི་མི་རྟག་འགྱུར། །གལ་ཏེ་ལྷ་མི་གཞན་ཡིན་ནོ། །རྒྱུད་ནི་འཐད་པར་མི་འགྱུར་རོ། །གལ་ཏེ་ལྷ་ལས་མི་གཞན་ཡིན་ན་དེ་ལྟ་ན་ནི་མི་རྟག་པར་འགྱུར་རོ། །རྒྱུད་ཀྱི་གཏན་ཚིགས་ཀྱིས་ལྷ་ལས་མི་གཞན་ཡིན་པར་མི་འཐད་པས་དེའི་ཕྱིར་མི་རྟག་པ་མ་ཡིན་ནོ། །

（《中論》云：）

**27.16 若人異於天，如是則無常。若人異於天，[15]相續不應理。**

如果人迴異於天人，將成無常[16]。透過相續的理由，不成立人迴異於天人，所以非無常。

གལ་ཏེ་ཕྱོགས་གཅིག་ལྷ་ཡིན་ལ། །ཕྱོགས་གཅིག་མི་ནི་ཡིན་གྱུར་ན། །རྟག་དང་མི་རྟག་འགྱུར་བའི་ཕྱིར། །དེ་ཡང་རིགས་པ་མ་ཡིན་ནོ། །གལ་ཏེ་ཕྱོགས་གཅིག་ནི་ལྷ་ཡིན་ལ་ཕྱོགས་གཅིག་ནི་མི་ཡིན་པར་གྱུར་ན་དེ་ལྟ་ན་རྟག་ཀྱང་རྟག་ལ་མི་རྟག་ཀྱང་མི་རྟག་པར་འགྱུར་བ་ཞིག་ན། གང་གི་ཕྱིར་དེ་ལྟར་བདག་ཉིད་གཉིས་པ་ཉིད་མི་རིགས་པ་དེའི་ཕྱིར་རྟག

15 有關 27.16.c，對勘本版的藏譯中論為：གལ་ཏེ་ལྷ་མི་གཞན་ཡིན་ན།，故與此中所引的偈頌文有所出入；可參考 Nāgārjuna. *Dbu ma rtsa ba'i tshig le'ur byas pa shes rab*, 44。

16 在此的「無常」二字指的是自性的無常。若自性剎那壞滅，則非觀待，自然不能銜接下個剎那，等同其法續流間斷。根敦主巴的《寶鬘論》——Dge 'dun grub pa. *Dbu ma rtsa ba shes rab kyi ngag don bshad pa rin po che'i phreng ba zhes bya ba bzhugs so*, 224：若天人自性迴異於人，如是，彼人應成無常，（其）續流間斷。（གལ་ཏེ་ལྷ་ལས་མི་རང་བཞིན་གྱིས་གཞན་ཡིན་ན། དེ་ལྟ་ན་ནི་མི་དེ་མི་རྟག་ཅིང་རྒྱུན་ཆད་པར་འགྱུར་བར་ཐལ་ལོ།）

ཀྱང་རྟག་ལ་མི་རྟག་ཀྱང་མི་རྟག་པ་མ་ཡིན་ནོ། །

（《中論》云：）

**27.17 若一邊是天，另一邊是人，是常亦無常，此亦不應理。**[17]

如果一邊是天人，另一邊是人，如是，將成既是常亦是無常，我將成兩人，此不應理，故非既是常亦是無常。

གལ་ཏེ་རྟག་དང་མི་རྟག་པ། །གཉིས་ག་གྲུབ་པར་གྱུར་ན་ནི། །རྟག་པ་མ་ཡིན་མི་རྟག་མིན། འགྲུབ་པར་འགྱུར་བ་འདོད་ལ་རག །གལ་ཏེ་རྟག་པ་དང་མི་རྟག་པ་ཞེས་བྱ་བ་དེ་གཉིས་ག་རབ་ཏུ་གྲུབ་པར་གྱུར་ན་ནི། དེའི་ཕྱིར་རྟག་པ་ཡང་མ་ཡིན་མི་རྟག་པ་ཡང་མ་ཡིན་པ་ཞེས་བྱ་བ་དེ་ཡང་རབ་ཏུ་འགྲུབ་པར་འགྱུར་བ་འདོད་ལ་རག་ན། གང་གི་ཕྱིར་རྟག་པ་དང་མི་རྟག་པ་དེ་གཉིས་ག་རབ་ཏུ་མ་གྲུབ་པ་དེའི་ཕྱིར་རྟག་པ་ཡང་མ་ཡིན་མི་རྟག་པ་ཡང་མ་ཡིན་པ་ཞེས་བྱ་བ་དེ་ཡང་རབ་ཏུ་མི་འགྲུབ་བོ། །

（《中論》云：）

**27.18 若能是二俱，是常亦無常，是則方可立，非常非無常。**[18]

若能至極成立二俱——是常亦是無常，方能至極成立非常

---

17 有關 27.17.c，對勘本版的藏譯中論為：།རྟག་དང་མི་རྟག་འགྱུར་བ་ཡིན།，故與此中所引的偈頌文有所出入；可參考 Nāgārjuna. *Dbu ma rtsa ba'i tshig le'ur byas pa shes rab,* 44。

18 有關 27.18.bd，對勘本版的藏譯中論為：གཉིས་ག་གྲུབ་པར་གྱུར་ན་ནི། །འགྲུབ་པར་འགྱུར་བར་འདོད་ལ་རག，故與此中所引的偈頌文有所出入；可參考 Nāgārjuna. *Dbu ma rtsa ba'i tshig le'ur byas pa shes rab,* 44。

亦非無常，既然不能至極成立二俱——是常亦是無常，自然不能至極成立非常亦非無常。

གལ་ཏེ་གང་ཞིག་གང་ནས་འོངས། །ཅི་ཞིག་གང་དུ་འགྲོ་འགྱུར་ན། །དེ་ཕྱིར་དེ་ལ་ཐོག་མེད་པས། །རྟག་པར་གྱུར་ན་དེ་ཡང་མེད། །གལ་ཏེ་དངོས་པོ་གང་ཞིག་ཡུལ་གང་ནས་འོངས་ཤིང་ཅི་ཞིག་གཅིག་ཏུ་གང་དུ་འགྲོ་བར་འགྱུར་ན་ནི་དེའི་ཕྱིར་དེ་ལ་ཐོག་མ་མེད་པས་རྟག་པར་འགྱུར་བ་ཞིག་ན། ཤེས་རབ་ཀྱིས་བརྟགས་ན་དངོས་པོ་གང་ཞིག་ཡུལ་གང་ནས་འོངས་ཤིང་། ཇི་ཞིག་གཅིག་ཏུ་གང་འགྲོ་བར་འགྱུར་བ་དེ་ལྟ་བུའི་དངོས་པོ་འགའ་ཡང་མེད་པས་དེའི་ཕྱིར་དེ་ལ་ཐོག་མ་མེད་པ་ཡང་མེད་པས་རྟག་པ་མ་ཡིན་ནོ། །

（《中論》云：）

**27.19 何者從何來，何者去何處，故彼非有始，常則彼非有。**[19]

某事物從何處而來，彼又去何處，彼始非有，故是常法。然而，以慧察看「某事物從何處而來，彼又去何處」，該事物皆無，故無始亦不存在，故而非常。

གལ་ཏེ་རྟག་པ་འགའ་མེད་ན། མི་རྟག་གང་ཞིག་ཡིན་པར་འགྱུར། །རྟག་པ་དང་ནི་མི་རྟག་དང་། དེ་གཉིས་བསལ་བར་གྱུར་པའོ། །གལ་ཏེ་དེ་ལྟར་ཤེས་རབ་ཀྱིས་བརྟགས་ན་དངོས་པོ་འགའ་ཡང་མེད་ན་མི་རྟག་པ་གང་ཞིག་ཡིན་པར་གྱུར། རྟག་ཀྱང་རྟག་ལ་མི་རྟག་ཀྱང་མི་རྟག་པ་དང་། རྟག་པ་ཡང་མ་ཡིན་མི་རྟག་པ་ཡང་མ་ཡིན་པ་ཡང་གང་ཞིག་ཡིན་པར་

19 有關 27.19，對勘本版的藏譯中論為：།གལ་ཏེ་གང་ཞིག་གང་ནས་གར། །འོང་ཞིང་གང་དུའང་འགྲོ་འགྱུར་ན། །དེ་ཕྱིར་འཁོར་བ་ཐོག་མེད་པར། །འགྱུར་ན་དེ་ནི་ཡོད་མ་ཡིན།，故與此中所引的偈頌文有所出入；可參考 Nāgārjuna. *Dbu ma rtsa ba'i tshig le'ur byas pa shes rab,* 44。

འགྱུར། །དེ་ལྟ་བས་ན་སྔོན་གྱི་མཐའ་ལས་བརྟམས་པའི་རྟག་པ་དང་མི་རྟག་པ་ལ་སོགས་པ་བཞི་པོ་དེ་དག་མི་འཐད་དོ། །

（《中論》云：）

**27.20 今若無有常，云何有無常，亦常亦無常，非常非無常。**

以智慧觀察時，既無任何事物，何法是無常、是常亦無常、非常非無常？

因此，依前邊際而立的常、無常等四相皆不應理。

ད་ནི། ཕྱི་མའི་མཐའ་ལས་བརྟམས་པའི་མཐའ་དང་མཐའ་མེད་པ་ལ་སོགས་པ་བཞི་པོ་དེ་དག་ཇི་ལྟར་མི་འཐད་པ་དེ་ལྟར་བཤད་པར་བྱ་སྟེ། གལ་ཏེ་ཇི་ལྟར་ཞེ་ན། བཤད་པ། གལ་ཏེ་འཇིག་རྟེན་མཐའ་ཡོད་ན། འཇིག་རྟེན་ཕ་རོལ་ཇི་ལྟར་འགྱུར། གལ་ཏེ་འཇིག་རྟེན་མཐའ་མེད་ན། །འཇིག་རྟེན་ཕ་རོལ་ཇི་ལྟར་འགྱུར། །འཇིག་རྟེན་མཐའ་ཡོད་ཅེས་བྱ་བ་མི་འཐད་དོ། །ཅིའི་ཕྱིར་ཞེ་ན། གལ་ཏེ་འཇིག་རྟེན་ཕ་རོལ་ཡོད་པར་གྱུར་ན། དེའི་ཕྱིར་འཇིག་རྟེན་མཐའ་[20]ཡོད་པར་མི་འགྱུར་བའི་ཕྱིར་རོ། །འཇིག་རྟེན་ཕ་རོལ་ཡང་ཡོད་པས་དེའི་ཕྱིར་འཇིག་རྟེན་མཐའ་ཡོད་ཅེས་བྱ་བ་མི་འཐད་དོ། །

如今解說如何依後邊際而立的有邊、無邊等四相皆不應理。爲何？（《中論》）云：

**27.21 若世間有邊，云何有後世？若世間無邊，云何有後世？**

20 根據北京版及奈塘版，將 ཕ་རོལ་ 字改為 མཐའ 字。

不成立世間有邊。爲何？有後世的緣故，不存在世間邊。[21]仍有後世的緣故，不成立世間有邊。

འཇིག་རྟེན་མཐའ་མེད་ཅེས་བྱ་བ་ཡང་མི་འཐད་དོ། །ཅིའི་ཕྱིར་ཞེ་ན། གལ་ཏེ་འཇིག་རྟེན་མཐའ་མེད་པར་གྱུར་ན་དེའི་ཕྱིར་འཇིག་རྟེན་ཕ་རོལ་མེད་པར་འགྱུར་བའི་ཕྱིར་རོ། །འཇིག་རྟེན་ཕ་རོལ་ཡང་ཡོད་པས་དེའི་ཕྱིར་འཇིག་རྟེན་མཐའ་མེད་ཅེས་བྱ་བ་ཡང་ཡོད་པས། དེའི་ཕྱིར་འཇིག་རྟེན་མཐའ་མེད་ཅེས་བྱ་བ་ཡང་མི་འཐད་དོ། །

謂世間無邊亦不應理。爲何？若世間無邊，則不應有後世。[22]因爲有後世，方有（名言中）世間無邊之說。因此，不成立世間無邊之說。

དེ་གཉིས་ཅིའི་ཕྱིར་མི་འཐད་ཅེ་ན། དེ་ལ་བཤད་པར་བྱ་སྟེ། །གང་ཕྱིར་ཕུང་པོ་རྣམས་ཀྱི་རྒྱུན། །འདི་ནི་མར་མེའི་འོད་དང་མཚུངས། དེ་ཕྱིར་མཐའ་ཡོད་ཉིད་དང་ནི། མཐའ་མེད་ཉིད་ཀྱང་མི་རིགས་སོ། །གང་གི་ཕྱིར་ཕུང་པོ་རྣམས་ཀྱི་རྒྱུན་འདི་ནི་མར་མེའི་འོད་དང་མཚུངས་པར་རྒྱུ་དང་རྐྱེན་གྱི་ཚོགས་པའི་དབང་གིས་འབྱུང་བ་དེའི་ཕྱིར་འཇིག་རྟེན་མཐའ་ཡོད་པ་ཉིད་དང་། མཐའ་མེད་པ་ཉིད་ཅེས་བྱ་བ་ཡང་མི་རིགས་སོ། །

不成立二俱。爲何？將做解說。（《中論》云：）

**27.22 蘊等之續流，猶燈火之光，是故不成立，有邊及無邊。**

---

21 若人有後世，其後世還有再後世，無有止盡時，豈有世間生死的最後邊際？

22 世間生死的最後邊際也非以自性而無。無世間生死的最後邊際是因為觀待生死的輪轉，若其是自性的無，則不須觀待生死輪轉；若不觀待生死輪轉，前世不須輪轉至後世，故說不應有後世。若無後世，則應有世間生死的最後邊際，豈能否定有世間生死的最後邊際？

蘊等的續流猶如燈火光芒，乃隨因與緣的聚合而生。因此，世間有邊及無邊皆不應理。

ཅིའི་ཕྱིར་མི་རིགས་ཤེ་ན།

爲何不應理？

དེ་ལ་བཤད་པར་བྱ་སྟེ། གལ་ཏེ་སྔ་མ་འཇིག་འགྱུར་ཞིང་། །ཕུང་པོ་འདི་ལ་བརྟེན་བྱས་ནས། །ཕུང་པོ་འདི་ནི་མི་འབྱུང་[23]ན། །དེས་ན་འཇིག་རྟེན་མཐའ་ཡོད་འགྱུར། །གལ་ཏེ་སྔ་མ་མི་འཇིག་ཅིང་། །ཕུང་པོ་འདི་ལ་བརྟེན་བྱས་ནས། །ཕུང་པོ་འདི་ནི་མི་འབྱུང་ན། །དེས་ན་འཇིག་རྟེན་མཐའ་མེད་འགྱུར། །གལ་ཏེ་ཕུང་པོ་སྔ་མ་རྣམས་འཇིག་པར་འགྱུར་ཞིང་། ཕུང་པོ་འདི་དག་ལ་བརྟེན་ནས་ཕུང་པོ་གཞན་དེ་དག་མི་འབྱུང་ན་ནི་དེས་ན་འཇིག་རྟེན་མཐའ་ཡོད་པར་འགྱུར་བ་ཞིག་ན་གང་གི་ཕྱིར་དེ་ལྟ་མ་ཡིན་པ་དེའི་ཕྱིར་འཇིག་རྟེན་མཐའ་ཡོད་ཅེས་བྱ་བ་མི་འཐད་དོ། །གལ་ཏེ་ཕུང་པོ་སྔ་མ་རྣམས་མི་འཇིག་ཅིང་ཕུང་པོ་དེ་དག་ལ་བརྟེན་ནས་ཕུང་པོ་ཕྱི་མ་དེ་དག་མི་འབྱུང་ན་ནི་དེས་ན་འཇིག་རྟེན་མཐའ་མེད་པར་འགྱུར་བ་ཞིག་ན། གང་གི་ཕྱིར་དེ་ལྟ་མ་ཡིན་པ་དེའི་ཕྱིར་འཇིག་རྟེན་མཐའ་མེད་པ་ཞེས་བྱ་བ་ཡང་མི་འཐད་དོ། །སློབ་དཔོན་འཕགས་པ་ལྷས་ཀྱང་། ཉན་པ་པོ་དང་མཉན་བྱ་དང་། །སྨྲ་པོ་འབྱུང་བ་ཤིན་ཏུ་དཀོན། །དེ་ཕྱིར་མདོར་ན་འཁོར་བ་ནི། །མཐའ་ཡོད་མ་ཡིན་མཐའ་མེད་མིན། །ཞེས་གསུངས་སོ། །

於此，將做解說。（《中論》云：）

**27.23 前者已壞滅，觀待彼蘊體，不生此蘊故，世間則有邊。**

23 根據北京版及奈塘版，改為 འབྱུང་། 字。

**27.24 若前者不壞，觀待彼蘊體，不生此蘊故，[24]世間則無邊。**

設若，前（世之）蘊壞滅，依其蘊體不生其他蘊體（——此生的蘊體），世間便是有邊，但（事實）並非如此，故不成立世間有邊。

設若，前（世之）蘊並無壞滅，依其蘊體不後生蘊體（——此生的蘊體），世間便（以自性力）無邊，[25]但（實際）並非如此，故不成立世間無邊。阿闍黎聖天亦云：「聞者所聞教，說者皆難得，以是說生死，非有邊無邊。」[26]

ད་ནི་འཇིག་རྟེན་མཐའ་ཡོད་ཀྱང་ཡོད་ལ་མཐའ་མེད་ཀྱང་མེད་ཅེས་བྱ་བ་དེ་ཡང་མི་འཐད་དེ། ཅིའི་ཕྱིར་ཞེ་ན། བཤད་པར་བྱ་སྟེ། །གལ་ཏེ་ཕྱོགས་གཅིག་མཐའ་ཡོད་ལ། །ཕྱོགས་གཅིག་མཐའ་ནི་མེད་གྱུར་ན། །འཇིག་རྟེན་མཐའ་ཡོད་མཐའ་མེད་འགྱུར། །དེ་ཡང་རིགས་པ་མ་ཡིན་ནོ། །གལ་ཏེ་ཕྱོགས་གཅིག་མཐའ་ཡོད་པར་གྱུར་ལ། ཕྱོགས་གཅིག་མཐའ་མེད་པར་གྱུར་ན་ནི་དེའི་ཕྱིར་འཇིག་རྟེན་མཐའ་ཡོད་ཀྱང་ཡོད་ལ། མཐའ་མེད་ཀྱང་མེད་པར་འགྱུར་བ་ཞིག་ན། །དེ་ལྟ་ན་དངོས་པོ་བདག་ཉིད་གཉིས་པ་ཉིད་དུ་གྱུར་པ་དེ་ནི་མི་འཐད་དོ། །

今（說）亦不成立世間既是有邊亦是無邊。爲何？將做解

24 有關 27.24.b，對勘本版的藏譯中論為：།ཕུང་པོ་དེ་ནི་མི་འབྱུང་ན།，故與此中所引的偈頌文有所出入；可參考 Nāgārjuna. *Dbu ma rtsa ba'i tshig le'ur byas pa shes rab,* 44。

25 生死無止盡若是自性有，無止盡的生死則不觀待前後世的連結。如此一來，前蘊不生後蘊，方能合理化世間以自性力無邊。

26 《四百論》7.05。

說。（《中論》云：）

**27.25 若一方有邊，另一方無邊，[27]是故不成立，世間有無邊。**

如果一方是有邊，另一方是無邊，世間將成既是有邊亦是無邊，如是，（單一）事物體性將成兩者，故不應理。

ཇི་ལྟ་བུར་ན་ཉེར་ལེན་པོ། ཕྱོགས་གཅིག་རྣམ་པར་འཇིག་འགྱུར་ལ། །ཕྱོགས་གཅིག་རྣམ་པར་འཇིག་མི་འགྱུར། །དེ་ལྟར་དེ་ནི་མི་རིགས་སོ། །ཇི་ལྟ་བུར་ན་ཉེར་ལྡང་བ། །ཕྱོགས་གཅིག་རྣམ་པར་འཇིག་འགྱུར་ལ། ཕྱོགས་གཅིག་རྣམ་པར་འཇིག་མི་འགྱུར། དེ་ལྟར་དེ་ཡང་མི་རྟོགས་སོ། །རེ་ཞིག་ཉེ་བར་ལེན་པ་པོ་རིགས་པ་གང་གིས་ཕྱོགས་གཅིག་རྣམ་པར་འཇིག་པར་འགྱུར་ལ། ཕྱོགས་གཅིག་རྣམ་པར་འཇིག་པར་མི་འགྱུར་ཏེ། རྟག་པ་དང་མི་རྟག་པ་ཉིད་མེད་པའི་ཕྱིར་རེ་ཞིག་དེ་ལྟར་ནི་མི་རིགས་སོ། །ཉེ་བར་ལྡང་བ་ཡང་རྣམ་པ་གང་གིས་ཕྱོགས་གཅིག་རྣམ་པར་འཇིག་པར་འགྱུར་ལ། ཕྱོགས་གཅིག་རྣམ་པར་འཇིག་པར་མི་འགྱུར་ཏེ། །རྟག་པ་དང་མི་རྟག་པ་ཉིད་མི་འཐད་པ་ཁོ་ནའི་ཕྱིར་དེ་ལྟར་ཡང་མི་རིགས་སོ། །དེ་ལྟར་གང་གི་ཕྱིར་དངོས་པོ་བདག་ཉིད་གཉིས་པ་ཉིད་མི་འཐད་པ་དེའི་ཕྱིར་འཇིག་རྟེན་མཐའ་ཡོད་ཀྱང་ཡོད་ལ་མཐའ་མེད་ཀྱང་མེད་ཅེས་བྱ་བ་མི་འཐད་དོ། །

（《中論》云：）

**27.26 近取者豈能，[28]其一方壞滅，另一方不壞，此亦不應理。**

---

27 有關 27.25.b，對勘本版的藏譯中論為：།ཕྱོགས་གཅིག་མཐའ་ནི་མེད་འགྱུར་ན།，故與此中所引的偈頌文有所出入；可參考 Nāgārjuna. *Dbu ma rtsa ba'i tshig le'ur byas pa shes rab,* 44。

28 有關 27.26.a，對勘本版的藏譯中論為：།ཇི་ལྟ་བུར་ན་ཉེར་ལེན་པོའི།，故與此中所引的偈頌文有所出入；可參考 Nāgārjuna. *Dbu ma rtsa ba'i tshig le'ur byas pa shes rab,* 44。

**27.27 近取蘊豈能，其一方壞滅，另一方不壞，此亦不應理。**

首先，以理（觀察時，）不能成立近取者的一半是壞滅，另一半不壞滅，因爲沒有（一法）是常亦是無常。以相（觀察時，）也不能成立近取的一半是壞滅，另一半不壞滅，因爲（一法）是常亦是無常不合理。（單一）事物不會成爲二法，故世間既是有邊亦是無邊，實不應理。

ད་ནི་འཇིག་རྟེན་མཐའ་ཡོད་པ་ཡང་མ་ཡིན་མཐའ་མེད་པ་ཡང་མ་ཡིན་ཞེས་བྱ་བ་ཡང་མི་འཐད་དེ། ཅིའི་ཕྱིར་ཞེ་ན། བཤད་པར་བྱ་སྟེ། གལ་ཏེ་མཐའ་ཡོད་མཐའ་མེད་པ། །གཉི་ག་གྲུབ་པར་གྱུར་ན་ནི། མཐའ་ཡོད་མ་ཡིན་མཐའ་མེད་མིན། །འགྲུབ་པར་འགྱུར་བ་འདོད་ལ་རག །གལ་ཏེ་མཐའ་ཡོད་པ་དང་མཐའ་མེད་པ་ཞེས་བྱ་བ་དེ་གཉི་ག་རབ་ཏུ་གྲུབ་པར་གྱུར་ན་ནི་དེའི་ཕྱིར་མཐའ་ཡོད་པ་ཡང་མ་ཡིན་མཐའ་མེད་པ་ཡང་མ་ཡིན་ཞེས་བྱ་བ་འདི་རབ་ཏུ་འགྲུབ་པར་འགྱུར་བར་ཡང་འདོད་ལ་རག་ན། གང་གི་ཕྱིར་མཐའ་ཡོད་པ་དང་། མཐའ་མེད་པ་ཞེས་བྱ་བ་དེ་གཉིས་རབ་ཏུ་མ་གྲུབ་པ་དེའི་ཕྱིར་མཐའ་ཡོད་པ་ཡང་མ་ཡིན། མཐའ་མེད་པ་ཡང་མ་ཡིན་ཞེས་བྱ་བ་འདི་ཡང་རབ་ཏུ་མ་གྲུབ་བོ། །དེ་ལྟ་བས་ན་བརྟག་པ་འདིས་ཕྱི་མའི་མཐའ་ལས་བརྩམས་པའི་མཐའ་དང་མཐའ་མེད་པ་ལ་སོགས་པ་བཞི་མི་འཐད་དོ། །

今（許）世間既非有邊亦非無邊皆不應理。爲何？將做解說。（《中論》云：）

**27.28 若能成二俱，有邊及無邊，則許非二俱，非有及非無。**[29]

29 有關 27.28.bd，對勘本版的藏譯中論為：གཉིས་ཀ་གྲུབ་པར་གྱུར་ན་ནི། །འགྲུབ་པར་འགྱུར་བར་འདོད་ལ་རག，故與此中所引的偈頌文有所出入；可參考 Nāgārjuna. *Dbu ma rtsa ba'i tshig le'ur byas pa shes rab,* 45。

若能至極成立二俱——有邊及無邊，方能至極成立非有邊及非無邊，然而，因為不能至極成立二俱——有邊及無邊，自然不能至極成立非有邊及非無邊。總之，透過此觀察，不成立依賴後邊際的（有）邊及無邊等四。

ཡང་ན་དངོས་པོ་ཐམས་ཅད་དག །སྟོང་ཕྱིར་རྟག་ལ་སོགས་ལྟ་བ། །གང་དུ་གང་ལ་གང་དག་ནི། །ཅིའི་ཕྱིར་ཀུན་དུ་འབྱུང་བར་འགྱུར། །ཡང་ན་དངོས་པོ་ཐམས་ཅད་སྟོང་པའི་ཕྱིར། །རྟག་པ་ལ་སོགས་པར་ལྟ་བ་དག་ཡུལ་དང་དུས་གང་དུ་དངོས་པོ་གང་ལ། ལྟ་བ་གང་དག །རྒྱུ་ཅིའི་ཕྱིར་ཀུན་དུ་འབྱུང་བར་འགྱུར། གང་གིས་ཐུགས་བརྩེ་ཉེར་བཟུང་ནས། །ལྟ་བ་ཐམས་ཅད་སྤང་བའི་ཕྱིར། །དམ་པའི་ཆོས་ནི་སྟོན་མཛད་པ། གོ་ཏམ་དེ་ལ་ཕྱག་འཚལ་ལོ། །གང་གིས་ཐུགས་བརྩེ་བས་ཉེ་བར་བཟུང་ནས་ལྟ་བ་ཐམས་ཅད་སྤང་བའི་ཕྱིར། དམ་པའི་ཆོས་བསྟན་པར་མཛད་པ་སངས་རྒྱས་བཅོམ་ལྡན་འདས་ཤིན་ཏུ་རྨད་དུ་བྱུང་བ་བསམ་གྱིས་མི་ཁྱབ་པ་མཚུངས་པ་མེད་པ་གཞལ་དུ་མེད་པ་གདུང་གོ་ཏམ་དང་གཅིག་པ་དེ་ལ་ཕྱག་འཚལ་ལོ། །

（《中論》云：）

**27.29 諸事物皆空，是故常等見，由何於何處，為何起諸見？**[30]

一切事物皆空的緣故，為何會於何處、何時、何事物、何見、生起常等諸見？（《中論》云：）

30 有關 27.29.cd，對勘本版的藏譯中論為：།གང་དག་གང་དུ་གང་ལ་ནི། །ཅི་ལས་ཀུན་དུ་འབྱུང་བར་འགྱུར།，故與此中所引的偈頌文有所出入；可參考 Nāgārjuna. *Dbu ma rtsa ba'i tshig le'ur byas pa shes rab,* 45。

**27.30 瞿曇大聖主，憐愍慨說是法，悉斷一切見，我今稽首禮。**

瞿曇（仙人之）苗裔——何人堅持憐憫心而斷諸見、宣說正法的佛薄伽梵實爲絕無僅有、難以思量、無人匹敵、深不可測，故而頂禮。

ལྟ་བ་བརྟག་པ་ཞེས་བྱ་བ་སྟེ་རབ་ཏུ་བྱེད་པ་ཉི་ཤུ་བདུན་པ་སྟེ་ཐ་མའོ།། །།

第二十七品——觀見品——終。

དབུ་མ་རྩ་བའི་ཚིག་ལེའུར་བྱས་པ་ཤེས་རབ་ཅེས་བྱ་བ་ཐེག་པ་ཆེན་པོའི་ཆོས་མངོན་པ་རྣམ་པར་གཞག་པ་དོན་དམ་པའི་དེ་ཁོ་ན་ཡང་དག་པར་སྟོན་པ། ཤེས་རབ་ཀྱི་ཕ་རོལ་ཏུ་ཕྱིན་པའི་ཚུལ་གསལ་བར་བྱེད་པ། སློབ་དཔོན་བདག་ཉིད་ཆེན་པོ་འཕགས་པ་ཀླུ་སྒྲུབ་མི་འཕྲོགས་པའི་མཁྱེན་རབ་དང་། ཐུགས་རྗེ་ར་ལྡན་པ་དེ་བཞིན་གཤེགས་པའི་ཐེག་པ་བླ་ན་མེད་པའི་ཚུལ་རབ་ཏུ་འབྱེད་པ་རབ་ཏུ་དགའ་བའི་ས་བསྒྲུབས་ནས་བདེ་བ་ཅན་གྱི་ཞིང་དུ་གཤེགས་པ་འཇིག་རྟེན་གྱི་ཁམས་དང་བའི་འོད་ཅེས་བྱ་བར་དེ་བཞིན་གཤེགས་པ་ཡེ་ཤེས་འབྱུང་གནས་འོད་ཅེས་བྱ་བར་འགྱུར་བས་མཛད་པ། དེའི་འགྲེལ་པ་བུདྡྷ་པཱ་ལི་ཏ་ཞེས་བྱ་བ་ཐེག་པ་ཆེན་པོ་ངེས་པའི་དོན་སྟོན་པ། ལྟ་བ་ངན་པའི་དྲི་མ་སེལ་བར་བྱེད་པ་ཤེས་རབ་ཀྱི་ཕ་རོལ་ཏུ་ཕྱིན་པའི་ཚུལ་གཏན་ལ་འབེབས་པ། དོན་དམ་པའི་བདེན་པ་གསལ་བར་བྱེད་པ། སློབ་དཔོན་བཙུན་པ་སངས་རྒྱས་བསྐྱངས་འཕགས་པ་འཇམ་དཔལ་གྱི་བཀའ་གྲུབ་པ་བསྟན་བཅོས་དུ་མའི་རྣམ་པར་བཤད་པ་མཛད་པ། ཐེག་པ་ཆེན་པོ་ལ་ཡང་དག་པར་ཞུགས་པ། རིག་སྔགས་འཆང་གྲུབ་པའི་གནས་ཁྱད་པར་ཅན་དུ་གཤེགས་པས་མཛད་པ་རྫོགས་སོ།། །།

《中觀根本慧論》乃大乘阿毘達磨之論述，正確詮釋勝義之眞實義，明晰般若波羅蜜多。作者乃阿闍黎聖者龍樹大士，其慧無人能及，細說如來之無上乘，且具大悲、成就歡喜地、趨入淨土，將於名「明光世界」中，成就名「慧源」之如來。

其註釋《佛護論》宣揚大乘了義、除惡見垢、安立般若波羅蜜多之理、明晰勝義諦。作者乃阿闍黎持戒者佛護，成辦聖者文殊之命、釋諸多論、正入大乘道、趨入持明咒之殊勝處。

རྒྱ་གར་གྱི་མཁན་པོ་ཛྙཱ་ན་གརྦྷ་དང་། ཞུ་ཆེན་གྱི་ལོ་ཙཱ་བ་ཅོག་རོ་ཀླུའི་རྒྱལ་མཚན་གྱིས་བསྒྱུར་ཅིང་ཞུས་ཏེ་གཏན་ལ་ཕབ་པའོ། །

印度方丈迦那噶日巴、主編大譯師究廬龍幢翻譯校訂。

# 參考文獻

Āryadeva. *Bstan bcos bzhi rgya pa zhes bya ba'i tshig le'ur byas pa.* [*Catu-śataka]*. [Bstan 'gyur Dpe bsdur ma print] Dbu ma, vol. Tsa. Pp. 783-818. Beijing: Krung go'i bod rig pa'i dpe skrun khang, 1994-2008.
——《廣百論》（大正藏：30.1570）
——《四百論》，法尊法師譯：http://e-dalailama.com/sutra/400.pdf。

Bkra shis dpal ldan 'jam dbyangs chos rje. *Rje gsang ba'i rnam thar.* Ziling: Mtsho sngon mi rigs dpe skrun khang, 1995.

Buddhapālita. *Dbu ma rtsa ba'i 'grel ba Buddhapālita.* [Bstan 'gyur Dpe bsdur ma print] Dbu ma, vol. Tsa. Pp. 443-764. Beijing: Krung go'i bod rig pa'i dpe skrun khang, 1994-2008.

Candrakīrti. *Dbu ma rtsa ba'i 'grel pa tshig gsal* [*Prasannapadā-mūlamadhyamaka-vṛtti*]. [Bstan 'gyur Dpe bsdur ma print] Dbu ma, vol. 'A. Pp. 3-512. Beijing: Krung go'i bod rig pa'i dpe skrun khang, 1994-2008.
——《中觀論根本頌之詮釋・顯句論》，明性法師譯。北京：宗教文化出版社，2011.

Ched du brjod pa'i tshoms. [Bstan 'gyur Dpe bsdur ma print] Mngon pa, vol. Tu. Pp. 3-119. Beijing: Krung go'i bod rig pa'i dpe skrun khang, 1994-2008.

Dge ‘dun grub pa. *Dbu ma rtsa ba shes rab kyi ngag don bshad pa rin po che’i phreng ba zhes bya ba bzhugs so. Collected Works of Dge ‘dun grub pa,* vol. 6. Pp. 124-229. Lhasa: Ser gtsug nang bstan dpe rnying ‘tshol bsdu phyogs sgrig khang, 2011.

Ga las ‘jigs med. *Dbu ma rtsa ba’i ‘grel ba ga las ‘jigs med.* [Bstan ‘gyur Dpe bsdur ma print] Dbu ma, vol. Tsa. Pp. 83-269. Beijing: Krung go’i bod rig pa’i dpe skrun khang, 1994-2008.

Jayananda. *Dbu ma la ‘jug pa’i ‘grel bshad.* [Bstan ‘gyur Dpe bsdur ma print] Dbu ma, vol. Ra. Pp. 61-311. Beijing: Krung go’i bod rig pa’i dpe skrun khang, 1994-2008.

‘Jam dbyangs chos rje bkra shis dpal ldan. *Rje gsang ba’i rnam thar.* Dge lugs pa’i chos spyod phyogs bsgrigs. Pp. 279-287. Zi Ling: Mtsho sngon mi rigs dpe skrun khang, 1995.

Nāgārjuna. *Dbu ma rtsa ba’i tshig le’ur byas pa shes rab* [*Mūlamadhyamakakārikā*]. [Bstan ‘gyur Dpe bsdur ma print] Dbu ma, vol. Tsa. Pp. 3-51. Beijing: Krung go’i bod rig pa’i dpe skrun khang, 1994-2008.
—— *Mūlamadhyamakakārikā,* ed. Ye Shaoyong 葉少勇. Shanghai: Zhongxi Book Company, 2011.
—— 《中論》（大正藏：30.1564）

Spyan ras gzigs brtul zhugs. *She rab sgron ma rgya cher ‘grel pa.* [*Prajñāpradīpa-vṛtti*]. [Bstan ‘gyur Dpe bsdur ma print] Dbu ma, vol. Zha/Za. Pp. 3-1694. Beijing: Krung go’i bod rig pa’i dpe skrun khang, 1994-2008.

Tsong kha pa Blo bzang grags pa. *Dbu ma rtsa ba’i thsig le’ur byas pa shes rab ces bya ba'i rnam bshad rigs pa'i rgya mtsho zhes bya ba bzhugs so.* Lhasa: Ser gtsug nang bstan dpe rnying 'tshol bsdu phyogs sgrig khang, 2009.

《大般若波羅蜜多經》（大正藏：T.5.220）

《長阿含經》（大正藏：T.1.1）

《雜阿含經》（大正藏：2.99）

《佛說解節經》（大正藏：16.677）

《法集要頌經》（大正藏：4.213）

《究竟一乘寶性論》（大正藏：31.1611）

《央掘魔羅經》（大正藏：T.2.120）

安慧，《大乘廣五蘊論》（大正藏：31.613）

清辨，《般若燈論釋》（大正藏：30.1566）

葉少勇，《中論頌與佛護釋——基於新發現梵文寫本的文獻學研究》。上海：中西書局，2011。

達賴喇嘛監製／總集編著小組編著，蔣揚仁欽譯，《佛法科學總集》。台灣：商周出版，2017。

達賴喇嘛，蔣揚仁欽譯，《覺燈日光》。台灣：商周出版，2012。

達賴喇嘛，蔣揚仁欽譯，《達賴喇嘛開示佛子行三十七頌》。台灣：商周出版，2016。

蔣揚仁欽，《為什麼學佛》。台灣：商周出版，2018。

# 附錄
# 《中論》

聖龍樹阿闍黎著
蔣揚仁欽依據藏版中論漢譯

## 第一品
## ——觀因緣品——

།གང་གིས་རྟེན་ཅིང་འབྲེལ་པར་འབྱུང་། །འགག་པ་མེད་པ་སྐྱེ་མེད་པ།
།ཆད་པ་མེད་པ་རྟག་མེད་པ། །འོང་བ་མེད་པ་འགྲོ་མེད་པ།

（鳩摩譯中論）不生亦不滅　不常亦不斷

不一亦不異　不來亦不出

（蔣揚譯中論）何者因緣起，說寂離戲論：

無滅亦無生，無斷亦無常，

།ཐ་དད་དོན་མིན་དོན་གཅིག་མིན། །སྤྲོས་པ་ཉེར་ཞི་ཞི་བསྟན་པ།
།རྫོགས་པའི་སངས་རྒྱས་སྨྲ་རྣམས་ཀྱི། །དམ་པ་དེ་ལ་ཕྱག་འཚལ་ལོ། །

（鳩）能說是因緣　善滅諸戲論　我稽首禮佛　諸說中第一

（蔣）無來亦無去，無異無一義。頂禮佛正覺，諸說中第一。

།བདག་ལས་མ་ཡིན་གཞན་ལས་མིན། །གཉིས་ལས་མ་ཡིན་རྒྱུ་མེད་མིན།
།དངོས་པོ་གང་དག་གང་ན་ཡང་། །སྐྱེ་བ་ནམ་ཡང་ཡོད་མ་ཡིན།

（鳩）1.1 諸法不自生　亦不從他生　不共不無因　是故知無生

（蔣）1.1 非自非從他，非共非無因，事物何時處，其生終非有。

།རྐྱེན་རྣམ་བཞི་སྟེ་རྒྱུ་དང་ནི། །དམིགས་པ་དང་ནི་དེ་མ་ཐག
།བདག་པོ་ཡང་ནི་དེ་བཞིན་ཏེ། །རྐྱེན་ལྔ་པ་ནི་ཡོད་མ་ཡིན།

（鳩）1.2 如諸法自性　不在於緣中　以無自性故　他性亦復無

（蔣）1.2 四緣即如是，因緣所緣緣，等無間增上，無有第五緣。

།དངོས་པོ་རྣམས་ཀྱི་རང་བཞིན་ནི། །རྐྱེན་ལ་སོགས་ལ་ཡོད་མ་ཡིན།
།བདག་གི་དངོས་པོ་ཡོད་མིན་ན། །གཞན་དངོས་ཡོད་པ་མ་ཡིན་ནོ།

（鳩）1.3 因緣次第緣　緣緣增上緣　四緣生諸法　更無第五緣

（蔣）1.3 如諸法自性，不在於緣等，若無自事物，他事物亦無。

།བྱ་བ་རྐྱེན་དང་ལྡན་མ་ཡིན། །རྐྱེན་དང་མི་ལྡན་བྱ་བ་མེད།
།བྱ་བ་མི་ལྡན་རྐྱེན་མ་ཡིན། །བྱ་བ་ལྡན་ཡོད་འོན་ཏེ་ན།

（鳩）1.4 果爲從緣生　爲從非緣生　是緣爲有果　是緣爲無果

（蔣）1.4 作用不具緣，無緣無作用，無作用非緣，然非具作用。

།འདི་དག་ལ་བརྟེན་སྐྱེ་བས་ན། །དེ་ཕྱིར་འདི་དག་རྐྱེན་ཅེས་གྲག
།ཇི་སྲིད་མི་སྐྱེ་དེ་སྲིད་དུ། །འདི་དག་རྐྱེན་མིན་ཇི་ལྟར་མིན།

（鳩）1.5 因是法生果　是法名爲緣　若是果未生　何不名非緣

（蔣）1.5 待彼緣生故，彼等說爲緣；乃至未生前，豈不名非緣？

།མེད་དམ་ཡོད་པའི་དོན་ལ་ཡང་། །རྐྱེན་ནི་རུང་བ་མ་ཡིན་ཏེ།
།མེད་ན་གང་གི་རྐྱེན་དུ་འགྱུར། །ཡོད་ན་རྐྱེན་གྱིས་ཅི་ཞིག་བྱ།

（鳩）1.6 果先於緣中　有無俱不可　先無爲誰緣　先有何用緣

（蔣）1.6 無義或有義，彼緣不應理。無故爲何緣？有故何用緣？

།གང་ཚེ་ཆོས་ནི་ཡོད་པ་དང་། །མེད་དང་ཡོད་མེད་མི་འགྲུབ་པས།
།ཇི་ལྟར་སྒྲུབ་བྱེད་རྒྱུ་ཞེས་བྱ། །དེ་ལྟ་ཡིན་ན་མི་རིགས་སོ། །

（鳩）1.7 若果非有生　亦復非無生　亦非有無生　何得言有緣

（蔣）1.7 諸法皆非有，非無非有無，

「能成」何稱因？如是不應理。

།ཡོད་པའི་ཆོས་འདི་དམིགས་པ་ནི། །མེད་པ་ཁོ་ན་ཉེ་བར་བསྟན།
།ཅི་སྟེ་ཆོས་ནི་དམིགས་མེད་ན། །དམིགས་པ་ཡོད་པར་ག་ལ་འགྱུར།

（鳩）1.8 果若未生時　則不應有滅　滅法何能緣　故無次第緣

（蔣）1.8 細說此有法，所緣僅唯無，如是法無緣，豈能有所緣？

（佛護引文）1.8 細說係屬法，所緣僅唯無，

如是法無緣，豈能有所緣？

།ཆོས་རྣམས་སྐྱེས་པ་མ་ཡིན་ན། །འགག་པ་འཐད་པར་མི་འགྱུར་རོ།
།དེ་ཕྱིར་དེ་མ་ཐག་མི་རིགས། །འགགས་ན་རྐྱེན་ཡང་གང་ཞིག་ཡིན།

（鳩）1.9 如諸佛所說　眞實微妙法　於此無緣法　云何有緣緣

（蔣）1.9 諸法若不生，則滅應非理，故無間非理，若滅緣亦何？

།དངོས་པོ་རང་བཞིན་མེད་རྣམས་ཀྱི། །ཡོད་པ་གང་ཕྱིར་ཡོད་མིན་ན།
།འདི་ཡོད་པས་ན་འདི་འབྱུང་ཞེས། །བྱ་བ་དེ་ནི་འཐད་མ་ཡིན།

（鳩）1.10 諸法無自性　故無有有相　說有是事故　是事有不然

（蔣）1.10 諸法無自性，故無有有相，

「有此故生此」，彼論不成立。

།རྐྱེན་རྣམས་སོ་སོ་འདུས་པ་ལ། །འབྲས་བུ་དེ་ནི་མེད་པ་ཉིད།
།རྐྱེན་རྣམས་ལ་ནི་གང་མེད་པ། །དེ་ནི་རྐྱེན་ལས་ཇི་ལྟར་སྐྱེ།

（鳩）1.11 略廣因緣中　求果不可得　因緣中若無　云何從緣出

（蔣）1.11 各緣和合中，其果僅無有，緣等中若無，云何從緣生？

།ཅི་སྟེ་དེ་ནི་མེད་པར་ཡང་། །རྐྱེན་དེ་དག་ལས་སྐྱེ་འགྱུར་ན།
།རྐྱེན་མ་ཡིན་པ་དག་ལས་ཀྱང་། །ཅི་ཡི་ཕྱིར་ན་སྐྱེ་མི་འགྱུར།

（鳩）1.12 若謂緣無果　而從緣中出　是果何不從　非緣中而出

（蔣）1.12 若謂果雖無，而從緣中出，是果何不從，非緣中而出？

།འབྲས་བུ་རྐྱེན་གྱི་རང་བཞིན་ན། །རྐྱེན་རྣམས་བདག་གི་རང་བཞིན་མིན།
།བདག་དངོས་མིན་ལས་འབྲས་བུ་གང་། །དེ་ནི་ཇི་ལྟར་རྐྱེན་རང་བཞིན།

（鳩）1.13 若果從緣生　是緣無自性　從無自性生　何得從緣生

（蔣）1.13 果若是緣性，緣等無自性，果非從自事，彼何爲緣性？

（佛護引文）1.13 果從緣而生，緣非從己生，

是果從非己，如何從緣生？

།དེ་ཕྱིར་རྐྱེན་གྱི་རང་བཞིན་མིན། །རྐྱེན་མིན་རང་བཞིན་འབྲས་བུ་ནི།
།ཡོད་མིན་འབྲས་བུ་མེད་པས་ན། །རྐྱེན་མིན་རྐྱེན་དུ་ག་ལ་འགྱུར།

（鳩）1.14 果不從緣生　不從非緣生　以果無有故　緣非緣亦無

（蔣）1.14 故非從緣性，非緣性無果，以果無有故，何有緣非緣？

（佛護引文）1.14 故非從緣生，非緣不生果，

以果無有故，何有緣非緣？

第一品——觀因緣品——終。

## 第二品
## ——觀去來品——

།རེ་ཞིག་སོང་ལ་མི་འགྲོ་སྟེ། །མ་སོང་བ་ལའང་འགྲོ་བ་མིན།
།སོང་དང་མ་སོང་མ་གཏོགས་པར། །བགོམ་པ་ཤེས་པར་མི་འགྱུར་རོ།

（鳩）2.1 已去無有去　未去亦無去　離已去未去　去時亦無去

（蔣）2.1 已去不行走，未去亦非行，離已去未去，不得知跨步。

（佛護引文）2.1 已去無行走，未去亦無行，

離已去未去，不得知跨步。

།གང་ན་གཡོ་བ་དེ་ན་འགྲོ། །དེ་ཡང་གང་གི་བགོམ་པ་ལ།
།གཡོ་བ་སོང་མིན་མ་སོང་མིན། །དེ་ཕྱིར་བགོམ་ལ་འགྲོ་བ་ཡོད།

（鳩）2.2 動處則有去　此中有去時　非已去未去　是故去時去

（蔣）2.2 動處則有去，何者跨步中，無已去未去，故跨步有行。

།བགོམ་ལ་འགྲོ་བ་ཡིན་པར་ནི། །ཇི་ལྟ་བུར་ན་འཐད་པར་འགྱུར།
།གང་ཚེ་འགྲོ་བ་མེད་པ་ཡི། བགོམ་པ་འཐད་པ་མེད་ཕྱིར་རོ།

（鳩）2.3 云何於去時　而當有去法　若離於去法　去時不可得

（蔣）2.3 跨步中爲去，如何能應理？何時無行走，跨步不應理。

།གང་གི་བགོམ་པ་ལ་འགྲོ་བ། །དེ་ཡི་བགོམ་ལ་འགྲོ་མེད་པར།
།ཐལ་བར་འགྱུར་ཏེ་གང་གི་ཕྱིར། །བགོམ་ལ་འགྲོ་བ་ཡིན་ཕྱིར་རོ།

（鳩）2.4 若言去時去　是人則有咎　離去有去時　去時獨去故

（蔣）2.4 跨步中有行，然其中卻無，應成是如此，跨步中行故。

（佛護引文）2.4 跨步中有行，然其中卻無，

應成是如此，通達跨步故。

།བགོམ་ལ་འགྲོ་བ་ཡོད་ན་ནི། །འགྲོ་བ་གཉིས་སུ་ཐལ་འགྱུར་ཏེ།
།གང་གིས་དེ་བགོམ་འགྱུར་བ་དང་། །དེ་ལ་འགྲོ་བ་གང་ཡིན་པའོ།

（鳩）2.5 若去時有去　則有二種去　一謂爲去時　二謂去時去

（蔣）2.5 若跨步有行，應成二種行，由誰而跨步，於此皆行走。

（佛護引文）2.5 若跨步有行，應成二種行，

何處誰跨步，於此皆行走。

།འགྲོ་བ་གཉིས་སུ་ཐལ་འགྱུར་ན། །འགྲོ་བ་པོ་ཡང་གཉིས་སུ་འགྱུར།
།གང་ཕྱིར་འགྲོ་པོ་མེད་པར་ནི། །འགྲོ་བ་འཐད་པར་མི་འགྱུར་ཕྱིར།

2.6 若有二去法，則有二去者，以離於去者，去法不可得。

།གལ་ཏེ་འགྲོ་པོ་མེད་གྱུར་ན། །འགྲོ་བ་འཐད་པར་མི་འགྱུར་ཏེ།
།འགྲོ་བ་མེད་ན་འགྲོ་བ་པོ། །ཡོད་པ་ཉིད་དུ་ག་ལ་འགྱུར།

2.7 若離於去者，去法不可得，以無去法故，何得有去者？

།རེ་ཞིག་འགྲོ་པོ་མི་འགྲོ་སྟེ། །འགྲོ་བ་པོ་མིན་འགྲོ་བ་མིན།
།འགྲོ་པོ་འགྲོ་པོ་མིན་ལས་གཞན། །གསུམ་པ་གང་ཞིག་འགྲོ་བར་འགྱུར།

2.8 去者則不去，不去者不去，離去不去者，無第三去者。

།གང་ཚེ་འགྲོ་བ་མེད་པར་ནི། །འགྲོ་བོ་འཐད་པར་མི་འགྱུར་ན།
།དེ་ཞིག་འགྲོ་བོ་འགྲོ་འོ་ཞེས། །ཇི་ལྟར་འཐད་པ་ཉིད་དུ་འགྱུར།

（鳩）2.9 若言去者去　云何有此義　若離於去法　去者不可得

（蔣）2.9 若離於去法，去者不可得，若言去者去，云何有此義？

（佛護引文）2.9 若言去者去，如何能應理？
若離於去法，去者不可得。

།གང་གི་ཕྱོགས་ལ་འགྲོ་བ་པོ། །འགྲོ་བ་དེ་ལ་འགྲོ་མེད་པའི།
།འགྲོ་པོ་ཡིན་པར་ཐལ་འགྱུར་ཏེ། །འགྲོ་པོ་འགྲོ་བར་འདོད་ཕྱིར་རོ།

（鳩）2.10 若去者有去　則有二種去　一謂去者去　二謂去法去

（蔣）2.10「去者具去法」，謂此則應成，
離去之去者，說去者去故。

།གལ་ཏེ་འགྲོ་པོ་འགྲོ་གྱུར་ན། །འགྲོ་བ་གཉིས་སུ་ཐལ་འགྱུར་ཏེ།
།གང་གིས་འགྲོ་པོར་མངོན་པ་དང་། །འགྲོ་པོར་གྱུར་ནས་གང་འགྲོ་བའོ།

（鳩）2.11 若謂去者去　是人則有咎　離去有去者　說去者有去

（蔣）2.11 若去者有去，應成兩種去：由去成去者，由去者成去。

།སོང་ལ་འགྲོ་བའི་རྩོམ་མེད་དེ། །མ་སོང་བ་ལའང་འགྲོ་རྩོམ་མེད།
།བགོམ་ལ་རྩོམ་པ་ཡོད་མིན་ན། །གང་དུ་འགྲོ་བ་རྩོམ་པར་བྱེད།

（鳩）2.12 已去中無發　未去中無發　去時中無發　何處當有發

（蔣）2.12 已去中無發，未去中無發，跨步中無發，何處當有發？

།འགྲོ་བ་རྩོམ་པའི་སྔ་རོལ་ན། །གང་དུ་འགྲོ་བ་རྩོམ་འགྱུར་བ།
།བགོམ་པ་མེད་ཅིང་སོང་བ་མེད། །མ་སོང་འགྲོ་བ་ག་ལ་ཡོད།

（鳩）2.13 未發無去時　亦無有已去　是二應有發　未去何有發

（蔣）2.13 發起行走前，發去之跨步，及已去皆無，未去何有行？

།འགྲོ་རྩོམ་རྣམ་པ་ཐམས་ཅད་དུ། །སྣང་བ་མེད་པ་ཉིད་ཡིན་ན།
།སོང་བ་ཅི་ཞིག་བགོམ་པ་ཅི། །མ་སོང་ཅི་ཞིག་རྣམ་པར་བརྟག

（鳩）2.14 無去無未去　亦復無去時　一切無有發　何故而分別

（蔣）2.14 若去發諸相，絕無有相故，觀相何已去、跨步及未去。

（佛護引文）2.14 若去發諸相，是無有相故，
觀相何已去、跨步及未去。

།རེ་ཞིག་འགྲོ་པོ་མི་སྡོད་དེ། །འགྲོ་བ་པོ་མིན་སྡོད་པ་མིན།
།འགྲོ་པོ་འགྲོ་པོ་མིན་ལས་གཞན། །གསུམ་པ་གང་ཞིག་སྡོད་པར་འགྱུར།

2.15 去者則不住，不去者不住，離去不去者，何有第三住？

།གང་ཚེ་འགྲོ་བ་མེད་པར་ནི། །འགྲོ་པོ་འཐད་པར་མི་འགྱུར་ན།
།རེ་ཞིག་འགྲོ་པོ་སྡོད་དོ་ཞེས། །ཇི་ལྟར་འཐད་པ་ཉིད་དུ་འགྱུར།

（鳩）2.16 去者若當住　云何有此義　若當離於去　去者不可得

（蔣）2.16 無有行走時，行者非理故，謂行者停留，如何能應理？

（佛護引文）2.16 謂行者停留，如何能應理？
若無有行走，行者永非理。

།བགོམ་ལས་ལྡོག་པར་མི་འགྱུར་ཏེ། །སོང་དང་མ་སོང་ལས་ཀྱང་མིན།
།འགྲོ་བ་དང་ནི་འཇུག་པ་དང་། །ལྡོག་པ་ཡང་ནི་འགྲོ་དང་མཚུངས།

（鳩）2.17 去未去無住　去時亦無住　所有行止法　皆同於去義

（蔣）2.17 已去及未去，跨步皆無住，行趨及反法，皆同於去義

།འགྲོ་བ་དེ་དང་འགྲོ་བ་པོ། །དེ་ཉིད་ཅེས་ཀྱང་བྱར་མི་རུང་།
།འགྲོ་བ་དང་ནི་འགྲོ་བ་པོ། །གཞན་ཉིད་ཅེས་ཀྱང་བྱར་མི་རུང་།

2.18 去法即去者，是事則不然，去法異去者，是事亦不然。

།གལ་ཏེ་འགྲོ་བ་གང་ཡིན་པ། །དེ་ཉིད་འགྲོ་པོ་ཡིན་གྱུར་ན།
།བྱེད་པ་པོ་དང་ལས་ཉིད་ཀྱང་། །གཅིག་པ་ཉིད་དུ་ཐལ་བར་འགྱུར།

2.19 若謂於去法，即爲是去者，作者及作業，是事則爲一。

།གལ་ཏེ་འགྲོ་དང་འགྲོ་བ་པོ། །གཞན་པ་ཉིད་དུ་རྣམ་བརྟག་ན།
།འགྲོ་པོ་མེད་པའི་འགྲོ་བ་དང་། །འགྲོ་བ་མེད་པའི་འགྲོ་པོར་འགྱུར།

2.20 若謂於去法，有異於去者，離去者有去，離去有去者。

།གང་དག་དངོས་པོ་གཅིག་པ་དང་། །དངོས་པོ་གཞན་པ་ཉིད་དུ་ནི།
།གྲུབ་པར་གྱུར་པ་ཡོད་མིན་ན། །དེ་གཉིས་གྲུབ་པ་ཇི་ལྟར་ཡོད།

（鳩）2.21 去去者是二　若一異法成　二門俱不成　云何當有成

（蔣）2.21 事物於一性，事物於異性，兩性皆非有，如何有二法？

།འགྲོ་བ་གང་གིས་འགྲོ་པོར་མངོན། །འགྲོ་བ་དེ་ནི་དེ་འགྲོ་མིན།

།གང་ཕྱིར་འགྲོ་བའི་སྔ་རོལ་མེད། །གང་ཞིག་གང་དུ་འགྲོ་བར་འགྱུར།

（鳩）2.22 因去知去者　不能用是去　先無有去法　故無去者去

（蔣）2.22 因去知去者，該去非爲去，去前無去者，去者去何處？

།འགྲོ་བ་གང་གི་འགྲོ་པོར་མངོན། །དེ་ལས་གཞན་པ་དེ་འགྲོ་མིན།
།གང་ཕྱིར་འགྲོ་པོ་གཅིག་པུ་ལ། །འགྲོ་བ་གཉིས་སུ་མི་འཐད་དོ།

（鳩）2.23 因去知去者　不能用異去　於一去者中　不得二去故

（蔣）2.23 因去知去者，餘者皆不去，於一去者中，不得二去故。

།འགྲོ་པོ་ཡིན་པར་གྱུར་པ་ནི། །འགྲོ་རྣམ་གསུམ་དུ་འགྲོ་མི་བྱེད།
།མ་ཡིན་པར་ནི་གྱུར་དེ་ཡང་། །འགྲོ་རྣམ་གསུམ་དུ་འགྲོ་མི་བྱེད།

2.24 決定有去者，不能用三去；不決定去者，亦不用三去；

།ཡིན་དང་མ་ཡིན་གྱུར་པ་ཡང་། །འགྲོ་རྣམ་གསུམ་དུ་འགྲོ་མི་བྱེད།
།དེ་ཕྱིར་འགྲོ་དང་འགྲོ་པོ་དང་། །བགྲོད་པར་བྱ་བའང་ཡོད་མ་ཡིན།

2.25 去法定不定，去者不用三，是故去去者，所去處皆無。

第二品——觀去來品——終。

# 第三品
## ——觀六情品——

།ལྟ་དང་ཉན་དང་སྣོམ་པ་དང་། །མྱོང་བར་བྱེད་དང་རེག་བྱེད་ཡིད།
།དབང་པོ་དྲུག་སྟེ་དེ་དག་གི །སྤྱོད་ཡུལ་བལྟ་བར་བྱ་ལ་སོགས།

（鳩）3.1 眼耳及鼻舌　身意等六情　此眼等六情　行色等六塵

（蔣）3.1 見聞以及嗅，品嘗以及觸，意根等六之，行境所見等。

།ལྟ་དེ་རང་གི་བདག་ཉིད་ནི། །དེ་ལ་ལྟ་བ་མ་ཡིན་ཉིད།
།གང་ཞིག་བདག་ལ་མི་ལྟ་བ། །དེ་དག་གཞན་ལ་ཇི་ལྟར་ལྟ།

（鳩）3.2 是眼則不能　自見其己體　若不能自見　云何見餘物

（蔣）3.2 觀見自體性，於此並非見，若不能見己，云何能見他？

།ལྟ་བ་རབ་ཏུ་བསྒྲུབ་པའི་ཕྱིར། །མེ་ཡི་དཔེས་ནི་ནུས་མ་ཡིན།
།སོང་དང་མ་སོང་བགོམ་པ་ཡིས། །དེ་ནི་ལྟ་བཅས་ལན་བཏབ་བོ།

（鳩）3.3 火喻則不能　成於眼見法　去未去去時　已總答是事

（蔣）3.3 爲能極成見，火喻則不能，去未去跨步，該觀答具見。

།གང་ཚེ་ཅུང་ཟད་མི་ལྟ་བ། །ལྟ་བར་བྱེད་པ་མ་ཡིན་ནོ།
།ལྟ་བས་ལྟ་བར་བྱེད་ཅེས་བྱར། །དེ་ནི་ཇི་ལྟར་རིགས་པར་འགྱུར།

3.4 見若未見時，則不名爲見，而言見能見，是事則不然。

།ལྟ་བ་ལྟ་ཉིད་མ་ཡིན་ཏེ། །ལྟ་བ་མིན་པ་མི་ལྟ་ཉིད།
།ལྟ་བ་ཉིད་ཀྱིས་ལྟ་བ་པོའང་། །རྣམ་པར་བཤད་པར་ཤེས་པར་བྱ།

（鳩）3.5 見不能有見　非見亦不見　若已破於見　則為破見者

（蔣）3.5 見不能有見，非見亦不見，由見論應知，見者亦同釋。

།མ་སྤངས་ལྟ་པོ་ཡོད་མིན་ཏེ། །ལྟ་བ་སྤངས་པར་གྱུར་ཀྱང་ངོ་།
།ལྟ་པོ་མེད་ན་བལྟ་བྱ་དང་། །ལྟ་བ་དེ་དག་ག་ལ་ཡོད།

（鳩）3.6 離見不離見　見者不可得　以無見者故　何有見可見

（蔣）3.6 未斷無見者，斷見亦如是，以無見者故，何有見所見？

།བལྟ་བྱ་ལྟ་བ་མེད་པའི་ཕྱིར། །རྣམ་པར་ཤེས་པ་ལ་སོགས་བཞི།
།ཡོད་མིན་ཉེ་བར་ལེན་ལ་སོགས། །ཇི་ལྟ་བུར་ན་ཡོད་པར་འགྱུར།

（鳩）3.7 見可見無故　識等四法無　四取等諸緣　云何當得有

（蔣）3.7 無見所見故，識等四法無，近取等諸緣，云何當得有？

།ལྟ་བས་ཉན་དང་སྣོམ་པ་དང་། །མྱོང་བར་བྱེད་དང་རེག་བྱེད་ཡིད།
།ཉན་པ་པོ་དང་མཉན་ལ་སོགས། །རྣམ་པར་བཤད་པར་ཤེས་པར་བྱ།

（鳩）3.8 耳鼻舌身意　聲及聞者等　當知如是義　皆同於上說

（蔣）3.8 由釋見當知，聽聞以及嗅，品嘗及觸意，聞者聞如是。

第三品——觀六情品——終。

## 第四品
## ——觀五陰品——

།གཟུགས་ཀྱི་རྒྱུ་ནི་མ་གཏོགས་པར། །གཟུགས་ནི་དམིགས་པར་མི་འགྱུར་རོ།
།གཟུགས་ཞེས་བྱ་བ་མ་གཏོགས་པར། །གཟུགས་ཀྱི་རྒྱུ་ཡང་མི་སྣང་ངོ་།

4.1 若離於色因，色則不可得；若當離於色，色因不可得。

།གཟུགས་ཀྱི་རྒྱུ་ནི་མ་གཏོགས་པར། །གཟུགས་ན་གཟུགས་ནི་རྒྱུ་མེད་པར།
།ཐལ་བར་འགྱུར་ཏེ་དོན་གང་ཡང་། །རྒྱུ་མེད་པ་ནི་གང་ནའང་མེད།

（鳩）4.2 離色因有色　是色則無因　無因而有法　是事則不然

（蔣）4.2 離色因有色，色應成無因；無因而有法，是事則不然。

།གལ་ཏེ་གཟུགས་ནི་མ་གཏོགས་པར། །གཟུགས་ཀྱི་རྒྱུ་ཞིག་ཡོད་ན་ནི།
།འབྲས་བུ་མེད་པའི་རྒྱུར་འགྱུར་ཏེ། །འབྲས་བུ་མེད་པའི་རྒྱུ་མེད་དོ།

4.3 若離色有因，則是無果因；若言無果因，則無有是處。

།གཟུགས་ཡོད་ན་ཡང་གཟུགས་ཀྱི་ནི། །རྒྱུ་ཡང་འཐད་པར་མི་འགྱུར་ཉིད།
།གཟུགས་མེད་ན་ཡང་གཟུགས་ཀྱི་ནི། །རྒྱུ་ཡང་འཐད་པར་མི་འགྱུར་ཉིད།

4.4 若已有色者，則不用色因；若無有色者，亦不用色因。

།རྒྱུ་མེད་པ་ཡི་གཟུགས་དག་ནི། །འཐད་པར་མི་རུང་རུང་མིན་ཉིད།
།དེ་ཕྱིར་གཟུགས་ཀྱི་རྣམ་པར་རྟོག །འགའ་ཡང་རྣམ་པར་བརྟག་མི་བྱ།

（鳩）4.5 無因而有色　是事終不然　是故有智者　不應分別色

（蔣）4.5 無因而有色，是事終不然，是故分別色，不應起觀執。

།འབྲས་བུ་རྒྱུ་དང་འདྲ་བ་ཞེས། །བྱ་བ་འཐད་པ་མ་ཡིན་ཏེ།
།འབྲས་བུ་རྒྱུ་དང་མི་འདྲ་ཞེས། །བྱ་བའང་འཐད་པ་མ་ཡིན་ནོ།

4.6 若果似於因，是事則不然；果若不似因，是事亦不然。

།ཚོར་དང་འདུ་ཤེས་འདུ་བྱེད་དང་། །སེམས་དང་དངོས་པོ་ཐམས་ཅད་ཀྱང་།
།རྣམ་པ་དག་ནི་ཐམས་ཅད་དུ། །གཟུགས་ཉིད་ཀྱིས་ནི་རིམ་པ་མཚུངས།

（鳩）4.7 受陰及想陰　行陰識陰等　其餘一切法　皆同於色陰

（蔣）4.7 受蘊及想蘊，行蘊識蘊等，由觀色之相，遍同於諸法。

།སྟོང་པ་ཉིད་ཀྱིས་བརྩད་བྱས་ཏེ། །གང་ཞིག་ལན་འདེབས་སྨྲ་བྱེད་པ།
།དེ་ཡིས་ཐམས་ཅད་ལན་བཏབ་མིན། །བསྒྲུབ་པར་བྱ་དང་མཚུངས་པར་འགྱུར།

（鳩）4.8 若人有問者　離空而欲答　是則不成答　俱同於彼疑

（蔣）4.8 依空問難時，離空而欲答，是則不成答，將成同宗故。

།སྟོང་པ་ཉིད་ཀྱིས་བཤད་བྱས་ཚེ། །གང་ཞིག་སྐྱོན་འདོགས་སྨྲ་བྱེད་པ།
།དེ་ཡིས་ཐམས་ཅད་སྐྱོན་བཏགས་མིན། །བསྒྲུབ་པར་བྱ་དང་མཚུངས་པར་འགྱུར།

（鳩）4.9 若人有難問　離空說其過　是不成難問　俱同於彼疑

（蔣）4.9 依空解說時，若人欲問難，是則不成過，將成同宗故。

第四品——觀五陰品——終。

# 第五品
## ──觀六種品──

།ནམ་མཁའི་མཚན་ཉིད་སྔ་རོལ་ན། །ནམ་མཁའ་ཅུང་ཟད་ཡོད་མ་ཡིན།
།གལ་ཏེ་མཚན་ལས་སྔ་གྱུར་ན། །མཚན་ཉིད་མེད་པར་ཐལ་བར་འགྱུར།

（鳩）5.1 空相未有時　則無虛空法　若先有虛空　即爲是無相

（蔣）5.1 虛空性相前，則無有虛空，若先有虛空，應成無性相。

།མཚན་ཉིད་མེད་པའི་དངོས་པོ་ནི། །འགའ་ཡང་གང་ནའང་ཡོད་མ་ཡིན།
།མཚན་ཉིད་མེད་པའི་དངོས་མེད་ན། །མཚན་ཉིད་གང་དུ་འཇུག་པར་འགྱུར།

（鳩）5.2 是無相之法　一切處無有　於無相法中　相則無所相

（蔣）5.2 無性相事物，諸時處亦無；若無無相法，性相趨何處？

།མཚན་ཉིད་མེད་ལ་མཚན་ཉིད་ནི། །མི་འཇུག་མཚན་ཉིད་བཅས་ལ་མིན།
།མཚན་བཅས་མཚན་ཉིད་མེད་པ་ལས། །གཞན་ལའང་འཇུག་པར་མི་འགྱུར་རོ།

（鳩）5.3 有相無相中　相則無所住　離有相無相　餘處亦不住

（蔣）5.3 不趨於無相，亦非於有相，離具相無相，餘者亦不趨。

།མཚན་ཉིད་འཇུག་པ་མ་ཡིན་ན། །མཚན་གཞི་འཐད་པར་མི་འགྱུར་རོ།
།མཚན་གཞི་འཐད་པ་མ་ཡིན་ན། །མཚན་ཉིད་ཀྱང་ནི་ཡོད་མ་ཡིན།

（鳩）5.4 相法無有故　可相法亦無　可相法無故　相法亦復無

（蔣）5.4 性相既不趨，事例不應理。事例若非理，性相亦無有。

།དེ་ཕྱིར་མཚན་གཞི་ཡོད་མིན་ཏེ། །མཚན་ཉིད་ཡོད་པ་ཉིད་མ་ཡིན།
།མཚན་གཞི་མཚན་ཉིད་མ་གཏོགས་པའི། །དངོས་པོ་ཡང་ནི་ཡོད་མ་ཡིན།

（鳩）5.5 是故今無相　亦無有可相　離相可相已　更亦無有物

（蔣）5.5 是故無事例，性相不能有，離事例性相，更無有事物。

།དངོས་པོ་ཡོད་པ་མ་ཡིན་ན། །དངོས་མེད་གང་གི་ཡིན་པར་འགྱུར།
།དངོས་དང་དངོས་མེད་མི་མཐུན་ཆོས། །གང་གིས་དངོས་དང་དངོས་མེད་ཤེས།

（鳩）5.6 若使無有有　云何當有無　有無既已無　知有無者誰

（蔣）5.6 事物既非有，無事物爲何？事非事反法，誰知事非事。

（佛護引文）5.6 事物既非有，無事物爲何？

事非事異法，誰知事非事。

།དེ་ཕྱིར་ནམ་མཁའ་དངོས་པོ་མིན། །དངོས་མེད་མ་ཡིན་མཚན་གཞི་མིན།
།མཚན་ཉིད་མ་ཡིན་ཁམས་ལྔ་པོ། །གཞན་གང་དག་ཀྱང་ནམ་མཁའ་མཚུངས།

（鳩）5.7 是故知虛空　非有亦非無　非相非可相　餘五同虛空

（蔣）5.7 虛空非事物，亦非非事物，非事例性相，餘五同虛空。

།བློ་ཆུང་གང་དག་དངོས་རྣམས་ལ། །ཡོད་པ་ཉིད་དང་མེད་པ་ཉིད་དུ།
།ལྟ་བ་དེ་ནི་བལྟ་བྱ་བ། །ཉེ་བར་ཞི་བ་ཞི་མི་མཐོང་།

5.8 淺智見諸法，若有若無相，是則不能見，滅見安隱法。

第五品——觀六種品——終。

# 第六品
## ——觀染染者品——

།གལ་ཏེ་འདོད་ཆགས་སྔ་རོལ་ན། །འདོད་ཆགས་མེད་པའི་ཆགས་ཡོད་ན།
།དེ་ལ་བརྟེན་[1]ནས་འདོད་ཆགས་ཡོད། །ཆགས་ཡོད་འདོད་ཆགས་ཡོད་པར་འགྱུར།

（鳩）6.1 若離於染法　先自有染者　因是染欲者　應生於染法

（蔣）6.1 若於貪欲前，貪心離貪欲，依此有貪欲，貪心起貪欲。

།ཆགས་པ་ཡོད་པར་མ་གྱུར་ནའང་། །འདོད་ཆགས་ཡོད་པར་ག་ལ་འགྱུར།
།ཆགས་པ་ལ་ཡང་འདོད་ཆགས་ནི། །ཡོད་དམ་མེད་ཀྱང་རིམ་པ་མཚུངས།

（鳩）6.2 若無有染者　云何當有染　若有若無染　染者亦如是

（蔣）6.2 既無有貪心，貪欲如何有？以貪欲有無，同理觀貪心。

（佛護引文）6.2 雖然有貪心，貪欲如何有？
以貪欲有無，同理觀貪心。

།འདོད་ཆགས་དང་ནི་ཆགས་པ་དག །ལྷན་ཅིག་ཉིད་དུ་སྐྱེ་མི་རིགས།
།འདི་ལྟར་འདོད་ཆགས་ཆགས་པ་དག །ཕན་ཚུན་ལྟོས་པ་མེད་པར་འགྱུར།

（鳩）6.3 染者及染法　俱成則不然　染者染法俱　則無有相待

（蔣）6.3 貪欲及貪心，俱生不應理，如是該二貪，應成無相待。

།གཅིག་ཉིད་ལྷན་ཅིག་ཉིད་མེད་དེ། །དེ་ཉིད་དེ་དང་ལྷན་ཅིག་མིན།

1　雖然對勘本版用的是 བརྟན 字，應是錯誤，改為 བརྟེན 字。

།ཅི་སྟེ་ཐ་དད་ཉིད་ཡིན་ན། །ལྷན་ཅིག་ཉིད་དུ་ཇི་ལྟར་འགྱུར།

（鳩）6.4 染者染法一　一法云何合　染者染法異　異法云何合

（蔣）6.4 一性不同俱，彼彼不同俱，設若成爲異，如何能同俱？

།གལ་ཏེ་གཅིག་པུ་ལྷན་ཅིག་ན། །གྲོགས་མེད་པ་ཡང་དེ་འགྱུར་རོ།
།གལ་ཏེ་ཐ་དད་ལྷན་ཅིག་ན། །གྲོགས་མེད་པར་ཡང་དེར་འགྱུར་རོ།

（鳩）6.5 若一有合者　離伴應有合　若異有合者　離伴亦應合

（蔣）6.5 若一成同俱，離伴應如是，若異成同俱，離伴應如是。

།གལ་ཏེ་ཐ་དད་ལྷན་ཅིག་ན། །ཅི་གོ་འདོད་ཆགས་ཆགས་པ་དག
།ཐ་དད་ཉིད་དུ་གྲུབ་གྱུར་རམ། །དེས་ན་དེ་གཉིས་ལྷན་ཅིག་འགྱུར།

（鳩）6.6 若異而有合　染染者何事　是二相先異　然後說合相

（蔣）6.6 若異能同俱，莫非其二貪，將成爲異法？故二成同俱。

（佛護引文）6.6 若異能同俱，何成其二貪？

成爲異法故，二者成同俱。

།གལ་ཏེ་འདོད་ཆགས་ཆགས་པ་དག །ཐ་དད་ཉིད་དུ་གྲུབ་གྱུར་ན།
།དེ་དག་ལྷན་ཅིག་ཉིད་དུ་ནི། །ཅི་ཡི་ཕྱིར་ན་ཡོངས་སུ་རྟོག

（鳩）6.7 若染及染者　先各成異相　既已成異相　云何而言合

（蔣）6.7 貪欲及貪心，若僅爲異法，何故遍念執，二者爲同俱？

།ཐ་དད་གྲུབ་པར་མ་གྱུར་པས། །དེ་ཕྱིར་ལྷན་ཅིག་འདོད་བྱེད་ན།
།ལྷན་ཅིག་རབ་ཏུ་གྲུབ་པའི་ཕྱིར། །ཐ་དད་ཉིད་དུ་ཡང་འདོད་དམ།

（鳩）6.8 異相無有成　是故汝欲合　合相竟無成　而復說異相

（蔣）6.8 不成異法故，若欲許同俱，極成同俱故，仍許異法乎？

（佛護引文）6.8 不成異法故，仍許同俱乎？

極成同俱故，仍許異法乎？

།ཐ་དད་དངོས་པོ་མ་གྲུབ་པས། །ལྷན་ཅིག་དངོས་པོ་འགྲུབ་མི་འགྱུར།
།ཐ་དད་དངོས་པོ་གང་ཡོད་ན། །ལྷན་ཅིག་དངོས་པོར་འདོད་པར་བྱེད།

（鳩）6.9 異相不成故　合相則不成　於何異相中　而欲說合相

（蔣）6.9 異事不成故，俱事則不成；何處有異事，承許爲俱事。

（佛護引文）6.9 異事不成故，俱事則不成；

於某異事物，承許爲俱事。

།དེ་ལྟར་འདོད་ཆགས་ཆགས་པ་དག །ལྷན་ཅིག་ལྷན་ཅིག་མིན་མི་འགྲུབ།
།འདོད་ཆགས་བཞིན་དུ་ཆོས་རྣམས་ཀུན། །ལྷན་ཅིག་ལྷན་ཅིག་མིན་མི་འགྲུབ།

（鳩）6.10 如是染染者　非合不合成　諸法亦如是　非合不合成

（蔣）6.10 貪欲及貪心，非俱非非俱，如貪一切法，非俱非非俱。

第六品——觀染染者品——終。

# 第七品
## ——觀三相品——

།གལ་ཏེ་སྐྱེ་བ་འདུས་བྱས་ན། །དེ་ལ་མཚན་ཉིད་གསུམ་ལྡན་འགྱུར།
།ཅི་སྟེ་སྐྱེ་བ་འདུས་མ་བྱས། །ཇི་ལྟར་འདུས་བྱས་མཚན་ཉིད་ཡིན།

（鳩）7.1 若生是有爲　則應有三相　若生是無爲　何名有爲相

（蔣）7.1 若生是有爲，應有三性相；若生是無爲，何名有爲相？

།སྐྱེ་ལ་སོགས་གསུམ་སོ་སོ་ཡིས། །འདུས་བྱས་མཚན་ཉིད་བྱ་བར་ནི།
།ནུས་མིན་གཅིག་ལ་དུས་གཅིག་ཏུ། །འདུས་པ་ཡང་ནི་ཇི་ལྟར་རུང་།

（鳩）7.2 三相若聚散　不能有所相　云何於一處　一時有三相

（蔣）7.2 生等三個體，不能爲有相，聚體於一處，如何同時有？

།སྐྱེ་དང་གནས་དང་འཇིག་རྣམས་ལ། །འདུས་བྱས་མཚན་ཉིད་གཞན་ཞིག་ནི།
།གལ་ཏེ་ཡོད་ན་ཐུག་མེད་འགྱུར། །མེད་ན་དེ་དག་འདུས་བྱས་མིན།

7.3 若謂生住滅，更有有爲相，是即爲無窮，無即非有爲。

།སྐྱེ་བའི་སྐྱེ་བས་རྩ་བ་ཡི། །སྐྱེ་བ་འབའ་ཞིག་སྐྱེད་པར་བྱེད།
།རྩ་བའི་སྐྱེ་བས་སྐྱེ་བ་ཡི། །སྐྱེ་བའང་སྐྱེད་པར་བྱེད་པ་ཡིན།

（鳩）7.4 生生之所生　生於彼本生　本生之所生　還生於生生

（蔣）7.4 因由生之生，僅成根本生；因由根本生，亦成生之生。

།གལ་ཏེ་ཐོག་ཀྱི་སྐྱེ་བའི་སྐྱེས། །རྩ་བའི་སྐྱེ་བ་སྐྱེད་བྱེད་ན།
།ཐོག་ཀྱི་རྩ་བས་མ་སྐྱེད་དེས། །དེ་ནི་ཇི་ལྟར་སྐྱེད་པར་བྱེད།

（鳩）7.5 若謂是生生　能生於本生　生生從本生　何能生本生

（蔣）7.5 若謂生之生，能成根本生，根本不生故，彼應如何生？

།གལ་ཏེ་ཐོག་ཀྱི་རྩ་བ་ཡིས། །བསྐྱེད་པ་དེ་ཡིས་རྩ་སྐྱེད་ན།
།དེས་མ་སྐྱེད་པའི་རྩ་བ་དེས། །དེ་ནི་ཇི་ལྟར་སྐྱེད་པར་བྱེད།

（鳩）7.6 若謂是本生　能生於生生　本生從彼生　何能生生生

（蔣）7.6 若謂根本生，能成根本生，彼不生本生，彼應如何生？

།གལ་ཏེ་མ་སྐྱེས་པ་དེ་ཡིས། །དེ་སྐྱེད་པར་ནི་བྱེད་ནུས་ན།
།ཐོག་ཀྱི་སྐྱེ་བཞིན་པ་དེ་ཡིས། །དེ་སྐྱེད་པར་ནི་འདོད་ལ་རག

（鳩）7.7 若生生生時　能生於本生　生生尚未有　何能生本生

若本生生時　能生於生生　本生尚未有　何能生生生

（蔣）7.7 若言未生者，能成其他生，隨汝之所許，正在生將生。

（佛護引文）7.7 若汝謂正生，未成之本生，

尚能成餘生，該生隨汝許。

།ཇི་ལྟར་མར་མེ་རང་དང་གཞན། །སྣང་བར་བྱེད་པ་དེ་བཞིན་དུ།
།སྐྱེ་བའང་རང་དང་གཞན་གྱི་དངོས། །གཉིས་ཀ་སྐྱེད་པར་བྱེད་ཡིན་ན།

（鳩）7.8 如燈能自照，亦能照於彼，生法亦如是，生自亦生彼。

（蔣）7.8 如燈能自照，亦能照於他，生法亦如是，生自亦生他。

།མར་མེ་དང་ནི་གང་དག་ན། །དེ་འདུག་པ་ན་མུན་པ་མེད།
།མར་མེས་ཅི་ཞིག་སྣང་བར་བྱེད། །མུན་པ་སེལ་བས་སྣང་བྱེད་ཡིན།

（鳩）7.9 燈中自無闇　住處亦無闇　破闇乃名照　無闇則無照

（蔣）7.9 何處有燈火，該處無黑暗，燈照亮何者？除闇爲照亮。

།གང་ཚེ་མར་མེ་སྐྱེ་བཞིན་པ། །མུན་པ་དང་ནི་ཕྲད་མེད་ན།
།ཇི་ལྟར་མར་མེ་སྐྱེ་བཞིན་པས། །མུན་པ་སེལ་བར་བྱེད་པ་ཡིན།

（鳩）7.10 云何燈生時　而能破於闇　此燈初生時　不能及於闇

（蔣）7.10 燈火正生時，黑暗不相遇。燈火正生時，何能除黑暗？

（佛護引文）7.10 如燈正生時，黑暗被除去。

燈火正生時，黑暗不相遇。

།མར་མེ་ཕྲད་པ་མེད་པར་ཡང་། །གལ་ཏེ་མུན་པ་སེལ་བྱེད་ན།
།འཇིག་རྟེན་ཀུན་ན་གནས་པའི་མུན། །འདི་ན་གནས་པ་དེས་སེལ་འགྱུར།

7.11 燈若未及闇，而能破闇者，燈在於此間，則破一切闇。

།མར་མེ་རང་དང་གཞན་གྱི་དངོས། །གལ་ཏེ་སྣང་བར་བྱེད་གྱུར་ན།
།མུན་པའང་རང་དང་གཞན་གྱི་དངོས། །སྒྲིབ་པར་འགྱུར་བར་ཐེ་ཚོམ་མེད།

（鳩）7.12 若燈能自照　亦能照於彼　闇亦應自闇　亦能闇於彼

（蔣）7.12 若燈能自照，亦能照於他，闇亦應自闇，亦闇他無疑。

།སྐྱེ་བ་འདི་ནི་མ་སྐྱེས་པས། །རང་གི་བདག་ཉིད་ཇི་ལྟར་སྐྱེད།
།ཅི་སྟེ་སྐྱེས་པས་སྐྱེད་བྱེད་ན། །སྐྱེས་ན་ཅི་ཞིག་བསྐྱེད་དུ་ཡོད།

（鳩）7.13 此生若未生　云何能自生　若生已自生　生已何用生

（蔣）7.13 此生若未生，云何能自生？由已生若生，已生有何生？

།སྐྱེས་དང་མ་སྐྱེས་སྐྱེ་བཞིན་པ། །ཇི་ལྟ་བུར་ཡང་མི་སྐྱེད་པ།
།དེ་ནི་སོང་དང་མ་སོང་དང་། །བགོམ་པས་རྣམ་པར་བཤད་པ་ཡིན།

（鳩）7.14 生非生已生　亦非未生生　生時亦不生　去來中已答

（蔣）7.14 已生及未生，正生皆不生，彼由去未去，正去而釋之。

།གང་ཚེ་སྐྱེ་བ་ཡོད་པ་ན། །སྐྱེ་བཞིན་འདི་འབྱུང་མེད་པའི་ཚེ།
།ཇི་ལྟར་སྐྱེ་ལ་བརྟེན་[2]ནས་ནི། །སྐྱེ་བཞིན་ཞེས་ནི་བརྗོད་པར་བྱ།

（鳩）7.15 若謂生時生　是事已不成　云何眾緣合　爾時而得生？

（蔣）7.15 生時許正生，是事已不成，如何依生法，而釋正在生？

།རྟེན་ཅིང་འབྱུང་བ་གང་ཡིན་པ། །དེ་ནི་ངོ་བོ་ཉིད་ཀྱིས་ཞི།
།དེ་ཕྱིར་སྐྱེ་བཞིན་ཉིད་དང་ནི། །སྐྱེ་བ་ཡང་ནི་ཞི་བ་ཉིད།

（鳩）7.16 若法眾緣生　即是寂滅性　是故生生時　是二俱寂滅

（蔣）7.16 凡是緣起有，寂滅其自性，是故正在生，生亦皆寂滅。

།གལ་ཏེ་དངོས་པོ་མ་སྐྱེས་པ། །འགའ་ཞིག་གང་ན་ཡོད་གྱུར་ན།
།དེ་ནི་སྐྱེ་འགྱུར་དངོས་པོ་དེ། །མེད་ན་ཅི་ཞིག་སྐྱེ་བར་འགྱུར།

（鳩）7.17 若有未生法　說言有生者　此法先已有　更復何用生

2　雖然對勘本版用的是 བརྟན 字，應是錯誤，改為 བརྟེན 字。

（蔣）7.17 若未生事物，在於某時處，既無所生物，又能生何者？

（佛護引文）7.17 若未生事物，在於某時處，

爲何能生起，既有則不生。

།གལ་ཏེ་སྐྱེ་བ་དེ་ཡིས་ནི། །སྐྱེ་བཞིན་པ་ནི་སྐྱེད་བྱེད་ན།
།སྐྱེ་བ་དེ་ནི་སྐྱེ་བ་ལྟ། །གང་ཞིག་གིས་ནི་སྐྱེད་པར་བྱེད།

（鳩）7.18 若言生時生　是能有所生　何得更有生　而能生是生

（蔣）7.18 若謂由彼生，而成正在生，彼生視爲生，由何者而生？

（佛護引文）7.18 若謂由彼生，而成正在生，

由彼生而生，該生亦爲何？

།གལ་ཏེ་སྐྱེ་བ་གཞན་ཞིག་གིས། །དེ་སྐྱེད་ཐུག་པ་མེད་པར་འགྱུར།
།ཅི་སྟེ་སྐྱེ་བ་མེད་སྐྱེ་ན། །ཐམས་ཅད་དེ་བཞིན་སྐྱེ་བར་འགྱུར།

（鳩）7.19 若謂更有生　生生則無窮　離生生有生　法皆自能生

（蔣）7.19 生若由他生，應成無窮盡，無生若能生，一切皆可生。

།རེ་ཞིག་ཡོད་དང་མེད་པ་ཡང་། །སྐྱེ་བར་རིགས་པ་མ་ཡིན་ཞིང་།
།ཡོད་མེད་ཉིད་ཀྱང་མ་ཡིན་ཞེས། །གོང་དུ་བསྟན་པ་ཉིད་ཡིན་ནོ།

7.20 有法不應生，無亦不應生，有無亦不生，此義先已說。

།དངོས་པོ་འགག་བཞིན་ཉིད་ལ་ནི། །སྐྱེ་བ་འཐད་པར་མི་འགྱུར་རོ།
།གང་ཞིག་འགག་བཞིན་མ་ཡིན་པ། །དེ་ནི་དངོས་པོར་མི་འཐད་དོ།

（鳩）7.21 若諸法滅時　是時不應生　法若不滅者　終無有是事

（蔣）7.21 事物正滅時，是時不應生，何者非正滅，不應爲事物。

།དངོས་པོ་གནས་པ་མི་གནས་ཏེ། །དངོས་པོ་མི་གནས་གནས་པ་མིན།
།གནས་བཞིན་པ་ཡང་མི་གནས་ཏེ། །མ་སྐྱེས་གང་ཞིག་གནས་པར་འགྱུར།

（鳩）7.22 不住法不住　住法亦不住　住時亦不住　無生云何住

（蔣）7.22 住非由已住，亦非由未住，非由正在住，無生何能住？

།དངོས་པོ་འགག་བཞིན་ཉིད་ལ་ནི། །གནས་པ་འཐད་པར་མི་འགྱུར་རོ།
།གང་ཞིག་འགག་བཞིན་མ་ཡིན་པ། །དེ་ནི་དངོས་པོར་མི་འཐད་དོ།

（鳩）7.23 若諸法滅時　是則不應住　法若不滅者　終無有是事

（蔣）7.23 事物正滅時，是時不應住；若非正在滅，彼法非事物。

།དངོས་པོ་ཐམས་ཅད་དུས་ཀུན་དུ། །རྒ་དང་འཆི་བའི་ཆོས་ཡིན་ན།
།གང་དག་རྒ་དང་འཆི་མེད་པར། །གནས་པའི་དངོས་པོ་གང་ཞིག་ཡོད།

7.24 所有一切法，皆是老死相，終不見有法，離老死有住。

།གནས་པ་གནས་པ་གཞན་དང་ནི། །དེ་ཉིད་ཀྱིས་ཀྱང་གནས་མི་རིགས།
།ཇི་ལྟར་སྐྱེ་བ་རང་དང་ནི། །གཞན་གྱིས་བསྐྱེད་པ་མ་ཡིན་བཞིན།

（鳩）7.25 住不自相住　亦不異相住　如生不自生　亦不異相生

（蔣）7.25 住不由他住，自住亦非理，如生不從己，亦不從他生。

།འགགས་པ་འགག་པར་མི་འགྱུར་ཏེ། །མ་འགགས་པ་ཡང་འགག་མི་འགྱུར།
།འགག་བཞིན་པ་ཡང་དེ་བཞིན་མིན། །མ་སྐྱེས་གང་ཞིག་འགག་པར་འགྱུར།

（鳩）7.26 法已滅不滅　未滅亦不滅　滅時亦不滅　無生何有滅

（蔣）7.26 已滅不成滅，未滅亦不滅，正滅亦如是，無生何有滅？

།རེ་ཞིག་དངོས་པོ་གནས་པ་ལ། །འགག་པ་འཐད་པར་མི་འགྱུར་རོ།
།དངོས་པོ་མི་གནས་པ་ལ་ཡང་། །འགག་པ་འཐད་པར་མི་འགྱུར་རོ།

（鳩）7.27 法若有住者　是則不應滅　法若不住者　是亦不應滅

（蔣）7.27 事物之住中，滅應不成立，事物無住中，滅亦不應理。

།གནས་སྐབས་དེ་ཡིས་གནས་སྐབས་ནི། །དེ་ཉིད་འགག་པ་ཉིད་མི་འགྱུར།
།གནས་སྐབས་གཞན་གྱིས་གནས་སྐབས་ནི། །གཞན་ཡང་འགག་པ་ཉིད་མི་འགྱུར།

（鳩）7.28 是法於是時　不於是時滅　是法於異時　不於異時滅

（蔣）7.28 是法於是時，該法不應滅；是法於異時，他亦不應滅。

（佛護引文）7.28 是法於是時，是故不應滅；

是法於異時，異故不應滅。

།གང་ཚེ་ཆོས་རྣམས་ཐམས་ཅད་ཀྱི། །སྐྱེ་བ་འཐད་པར་མི་འགྱུར་བ།
།དེ་ཚེ་ཆོས་རྣམས་ཐམས་ཅད་ཀྱི། །འགག་པ་འཐད་པར་མི་འགྱུར་རོ།

7.29 如一切諸法，生相不可得，以無生相故，即亦無滅相。

།རེ་ཞིག་དངོས་པོ་ཡོད་པ་ལ། །འགག་པ་འཐད་པར་མི་འགྱུར་རོ།
།གཅིག་ཉིད་ན་ནི་དངོས་པོ་དང་། །དངོས་པོ་མེད་པ་འཐད་པ་མེད།

（鳩）7.30 若法是有者　是即無有滅　不應於一法　而有有無相

（蔣）7.30 事物若是有，滅則不應理；一性中不成，事物之有無。

（佛護引文）7.30 事物若是有，滅則不應理，

事物之有無，一性不應理。

།དངོས་པོ་མེད་པར་གྱུར་པ་ལའང་། །འགག་པ་འཐད་པར་མི་འགྱུར་རོ།
།མགོ་གཉིས་པ་ལ་ཇི་ལྟར་ནི། །བཅད་དུ་མེད་པ་དེ་བཞིན་ནོ།

（鳩）7.31 若法是無者　是即無有滅　譬如第二頭　無故不可斷

（蔣）7.31 事物若是無，滅則不應理，譬如第二頭，無故不可斷。

།འགག་པ་རང་གི་བདག་ཉིད་ཀྱིས། །ཡོད་མིན་འགག་པ་གཞན་གྱིས་མིན།
།ཇི་ལྟར་སྐྱེ་བ་རང་དང་ནི། །གཞན་གྱིས་སྐྱེད་པ་མ་ཡིན་བཞིན།

（鳩）7.32 法不自相滅　他相亦不滅　如自相不生　他相亦不生

（蔣）7.32 滅非由他滅，亦非由自滅；生非由他生，亦非由自生。

།སྐྱེ་དང་གནས་དང་འཇིག་པ་དག །མ་གྲུབ་ཕྱིར་ན་འདུས་བྱས་མེད།
།འདུས་བྱས་རབ་ཏུ་མ་གྲུབ་པས། །འདུས་མ་བྱས་ནི་ཇི་ལྟར་འགྲུབ།

（鳩）7.33 生住滅不成　故無有有爲　有爲法無故　何得有無爲

（蔣）7.33 生住滅不成，故無有爲法，有爲法無故，何得無爲法？

།རྨི་ལམ་ཇི་བཞིན་སྒྱུ་མ་བཞིན། །དྲི་ཟའི་གྲོང་ཁྱེར་ཇི་བཞིན་དུ།
།དེ་བཞིན་སྐྱེ་དང་དེ་བཞིན་གནས། །དེ་བཞིན་དུ་ནི་འཇིག་པ་གསུངས།

7.34 如幻亦如夢，如乾闥婆城，所說生住滅，其相亦如是。

第七品——觀三相品——終。

# 第八品
## ——觀作作者品——

།བྱེད་པོ་ཡིན་པར་གྱུར་པ་དེ། །ལས་སུ་གྱུར་པ་མི་བྱེད་དོ།
།བྱེད་པོ་མ་ཡིན་གྱུར་པ་ཡང་། །ལས་སུ་མ་གྱུར་མི་བྱེད་དོ།

（鳩）8.1 決定有作者　不作決定業　決定無作者　不作無定業

（蔣）8.1 以是作者故，不應爲作業；雖非爲作者，不做非作業。

།ཡིན་པར་གྱུར་ལ་བྱ་བ་མེད། །བྱེད་པོ་མེད་པའི་ལས་སུའང་འགྱུར།
།ཡིན་པར་གྱུར་ལ་བྱ་བ་མེད། །ལས་མེད་བྱེད་པ་པོར་ཡང་འགྱུར།

（鳩）8.2 決定業無作　是業無作者　定作者無作　作者亦無業

（蔣）8.2 是者無行爲，成業無作者；是者無行爲，成作者無業。

（佛護引文）8.2 是者無行爲，業亦無作者；

是者無行爲，作者亦無業。

།གལ་ཏེ་བྱེད་པོར་མ་གྱུར་པ། །ལས་སུ་མ་གྱུར་བྱེད་ན་ནི།
།ལས་ལ་རྒྱུ་ནི་མེད་པར་འགྱུར། །བྱེད་པ་པོ་ཡང་རྒྱུ་མེད་འགྱུར།

（鳩）8.3 若定有作者　亦定有作業　作者及作業　即墮於無因

（蔣）8.3 若非是作者，能做非作業，作業成無因，作者亦無因。

།རྒྱུ་མེད་ན་ནི་འབྲས་བུ་དང་། །རྒྱུ་ཡང་འཐད་པར་མི་འགྱུར་རོ།
།དེ་མེད་ན་ནི་བྱ་བ་དང་། །བྱེད་པ་པོ་དང་བྱེད་མི་རིགས།

（鳩）8.4 若墮於無因　則無因無果　無作無作者　無所用作法

（蔣）8.4 若因不存在，果因不應理，無彼無作處，作者及作業。

།བྱ་བ་ལ་སོགས་མི་རིགས་ན། །ཆོས་དང་ཆོས་མིན་ཡོད་མ་ཡིན།
།ཆོས་དང་ཆོས་མིན་མེད་ན་ནི། །དེ་ལས་བྱུང་བའི་འབྲས་བུ་མེད།

（鳩）8.5 若無作等法　則無有罪福　罪福等無故　罪福報亦無

（蔣）8.5 若無作等法，則無法非法，若無法非法，無彼所生果。

།འབྲས་བུ་མེད་ན་ཐར་པ་དང་། །མཐོ་རིས་འགྲོ་བའི་ལམ་མི་འཐད།
།བྱ་བ་དག་ནི་ཐམས་ཅད་ཀྱང་། །དོན་མེད་ཉིད་དུ་ཐལ་བར་འགྱུར།

（鳩）8.6 若無罪福報　亦無有涅槃　諸可有所作　皆空無有果

（蔣）8.6 無果則無有，解脫增上生，一切作等事，應成無意義。

།བྱེད་པ་པོར་གྱུར་མ་གྱུར་པ། །གྱུར་མ་གྱུར་དེ་མི་བྱེད་དེ།
།ཡིན་དང་མ་ཡིན་གྱུར་ཅིག་ལ། །ཕན་ཚུན་འགལ་བས་ག་ལ་ཡོད།

（鳩）8.7 作者定不定　不能作二業　有無相違故　一處則無二

（蔣）8.7 以是非作者，不造是非業，是非相違故，一處則無二。

།བྱེད་པ་པོར་ནི་གྱུར་པ་ཡིས། །མ་གྱུར་ལས་ནི་མི་བྱེད་དེ།
།མ་གྱུར་པས་ཀྱང་གྱུར་མི་བྱེད། །འདིར་ཡང་སྐྱོན་དེར་ཐལ་བར་འགྱུར།

（鳩）8.8 有不能作無　無不能作有　若有作作者　其過如先說

（蔣）8.8 以是爲作者，不造非作業，非亦不造是，此復成該過。

（佛護引文）8.8 作者及作業，是不造作非，非不造作是， 此復成該過。

།བྱེད་པ་པོར་ནི་གྱུར་པ་དང་། །བཅས་པ་ལས་ནི་མ་གྱུར་དང་།
།གྱུར་མ་གྱུར་པ་མི་བྱེད་དེ། །གཏན་ཚིགས་གོང་དུ་བསྟན་ཕྱིར་རོ།

（鳩）8.9 作者不作定　亦不作不定　及定不定業　其過如先說

（蔣）8.9 以是為作者，不做非作業，不做是非業，因相前已述。

（佛護引文）8.9 作者及作業，是者不造作，

非業及是非， 因相前已述。

།བྱེད་པ་པོར་ནི་མ་གྱུར་པས། །ལས་ནི་གྱུར་དང་བཅས་པ་དང་།
།གྱུར་མ་གྱུར་པ་མི་བྱེད་དེ། །གཏན་ཚིགས་གོང་དུ་བསྟན་ཕྱིར་རོ།

（鳩）8.10 作者定不定　亦定亦不定　不能作於業　其過如先說

（蔣）8.10 以非為作者，不做係屬業，不做是非業，因相前已述。

（佛護引文）8.10 作者及作業，非者不造作，

是業及是非，因相前已述。

།བྱེད་པ་པོར་གྱུར་མ་གྱུར་ནི། །ལས་སུ་གྱུར་དང་མ་གྱུར་པ།
།མི་བྱེད་འདི་ཡང་གཏན་ཚིགས་ནི། །གོང་དུ་བསྟན་པས་ཤེས་པར་བྱ།

（蔣）8.11 以是非作者，不做是非業。如前已闡述，應知其因相。

།བྱེད་པ་པོ་ལས་བརྟེན་བྱས་ཤིང་། །ལས་ཀྱང་བྱེད་པོ་དེ་ཉིད་ལ།
།བརྟེན་ནས་འབྱུང་བ་མ་གཏོགས་པ། །འགྲུབ་པའི་རྒྱུ་ནི་མ་མཐོང་ངོ་།

（鳩）8.12 因業有作者　因作者有業　成業義如是　更無有餘事

（蔣）8.12 因業有作者，因作者有業，除了依緣起，不見成立因。

།དེ་བཞིན་ཉེར་ལེན་ཤེས་པར་བྱ། །ལས་དང་བྱེད་པོ་བསལ་ཕྱིར་རོ།
།བྱེད་པ་པོ་དང་ལས་དག་གིས། །དངོས་པོ་ལྷག་མ་ཤེས་པར་བྱ།

（鳩）8.13 如破作作者　受受者亦爾　及一切諸法　亦應如是破

（蔣）8.13 知近取亦爾，破業作者故，由業及作者，應知諸餘事。

第八——觀作作者品——終。

## 第九品
## ——觀本住品——

།ལྟ་དང་ཉན་ལ་སོགས་པ་དང་། །ཚོར་སོགས་དང་ཡང་དབང་བྱས་པ།
།གང་གི་ཡིན་པ་དེ་དག་གི །སྔ་རོལ་དེ་ཡོད་ཁ་ཅིག་སྨྲ།

（鳩）9.1 眼耳等諸根　苦樂等諸法　誰有如是事　是則名本住

（蔣）9.1 見聞等諸根，受等所治事，彼前定有物，論師如是說。

།དངོས་པོ་ཡོད་པ་མ་ཡིན་ན། །ལྟ་བ་ལ་སོགས་ཇི་ལྟར་འགྱུར།
།དེ་ཕྱིར་དེ་དག་སྔ་རོལ་ན། །དངོས་པོ་གནས་པ་དེ་ཡོད་དོ།

（鳩）9.2 若無有本住　誰有眼等法　以是故當知　先已有本住

（蔣）9.2 事物若無有，何能有見等？此故彼等前，先有事物住。

།ལྟ་དང་ཉན་ལ་སོགས་པ་དང་། །ཚོར་བ་ལ་སོགས་ཉིད་ཀྱི་ནི།
།སྔ་རོལ་དངོས་པོ་གང་གནས་པ། །དེ་ནི་གང་གིས་གདགས་པར་བྱ།

（鳩）9.3 若離眼等根　及苦樂等法　先有本住者　以何而可知

（蔣）9.3 觀見及聽聞，感受等之前，但凡有事物，由何而施設？

།ལྟ་བ་ལ་སོགས་མེད་པར་ཡང་། །གལ་ཏེ་དེ་ནི་གནས་གྱུར་ན།
།དེ་མེད་པར་ཡང་དེ་དག་ནི། །ཡོད་པར་འགྱུར་བར་ཐེ་ཚོམ་མེད།

（鳩）9.4 若離眼耳等　而有本住者　亦應離本住　而有眼耳等

（蔣）9.4 雖無有見等，事物尚可住，無需該事物，有彼等無疑。

།ཅི་ཡིས་གང་ཞིག་གསལ་བར་བྱེད། །གང་གིས་ཅི་ཞིག་གསལ་བར་བྱེད།
།ཅི་མེད་གང་ཞིག་ག་ལ་ཡོད། །གང་མེད་ཅི་ཞིག་ག་ལ་ཡོད།

（鳩）9.5 以法知有人　以人知有法　離法何有人　離人何有法

（蔣）9.5 以何明現爾？以爾明現何？無彼怎有爾？無爾怎有彼？

།ལྟ་ལ་སོགས་པ་ཐམས་ཅད་ཀྱི། །སྔ་རོལ་གང་ཞིག་ཡོད་པ་མིན།
།ལྟ་སོགས་ནང་ནས་གཞན་ཞིག་གིས། །གཞན་གྱི་ཚེ་ན་གསལ་བར་བྱེད།

（鳩）9.6 一切眼等根　實無有本住　眼耳等諸根　異相而分別

（蔣）9.6 見等諸相前，無有爾事物，見等於別時，由別法明現。

།ལྟ་ལ་སོགས་པ་ཐམས་ཅད་ཀྱི། །སྔ་རོལ་གལ་ཏེ་ཡོད་མིན་ན།
།ལྟ་ལ་སོགས་པ་རེ་རེ་ཡི། །སྔ་རོལ་དེ་ནི་ཇི་ལྟར་ཡོད།

（鳩）9.7 若眼等諸根　無有本住者　眼等一一根　云何能知塵

（蔣）9.7 見等諸相前，若無有事物，見等別相前，何能有事物？

།ལྟ་པོ་དེ་ཉིད་ཉན་པོ་དེ། །གལ་ཏེ་ཚོར་པོའང་དེ་ཉིད་ན།
།རེ་རེའི་སྔ་རོལ་ཡོད་གྱུར་ན། །དེ་ནི་དེ་ལྟར་མི་རིགས་སོ།

（鳩）9.8 見者即聞者　聞者即受者　如是等諸根　則應有本住

（蔣）9.8 若見者成爲，聞者及受者，別相前應有，如是不應理。

（佛護引文）9.8 別相前若有，見者即應成，

聞者及受者，如是不應理。

།གལ་ཏེ་ལྟ་པོ་གཞན་ཉིད་ལ། །ཉན་པ་པོ་གཞན་ཚོར་གཞན་ན།

།ལྟ་པོ་ཡོད་ཚེ་ཉན་པོར་འགྱུར། །བདག་ཀྱང་མང་པོ་ཉིད་དུ་འགྱུར།

（鳩）9.9 若見聞各異　受者亦各異　見時亦應聞　如是則神多

（蔣）9.9 若見聞各異，受者亦各異，見時亦應聞，我亦成多性。

།ལྟ་དང་ཉན་ལ་སོགས་པ་དང་། །ཚོར་བ་དག་ལ་སོགས་པ་ཡང་།
།གང་ལས་འགྱུར་བའི་འབྱུང་དེ་ལའང་[3]། །དེ་ནི་ཡོད་པ་མ་ཡིན་ནོ།

（鳩）9.10 眼耳等諸根　苦樂等諸法　所從生諸大　彼大亦無神

（蔣）9.10 觀見及聽聞，受等亦如是，所從生諸大，此物亦非有。

།ལྟ་དང་ཉན་ལ་སོགས་པ་དང་། །ཚོར་བ་དག་ལ་སོགས་པ་ཡང་།
།གང་གི་ཡིན་པ་གལ་ཏེ་མེད། །དེ་དག་ཀྱང་ནི་ཡོད་མ་ཡིན།

（鳩）9.11 若眼耳等根　苦樂等諸法　無有本住者　眼等亦應無

（蔣）9.11 觀見及聽聞，受等其諸法，若無擁有者，其法亦無有。

།གང་ཞིག་ལྟ་ལ་སོགས་པ་ཡི། །སྔ་རོལ་ད་ལྟ་ཕྱི་ན་མེད།
།དེ་ལ་ཡོད་དོ་མེད་དོ་ཞེས། །རྟོག་པ་དག་ནི་ལྡོག་པར་འགྱུར།

（鳩）9.12 眼等無本住　今後亦復無　以三世無故　無有無分別

（蔣）9.12 無物於見前，見時及見後，執取有與無，分別應止息。

第九品——觀本住品——終。

---

3　雖然對勘本版寫的是ལང་། 字，應該為誤。

# 第十品
## ——觀燃可燃品——

།བུད་ཤིང་གང་དེ་མེ་ཡིན་ན། །བྱེད་པ་པོ་དང་ལས་གཅིག་འགྱུར།
།གལ་ཏེ་ཤིང་ལས་མེ་གཞན་ན། །ཤིང་མེད་པར་ཡང་འབྱུང་བར་འགྱུར།

（鳩）10.1 若燃是可燃　作作者則一　若燃異可燃　離可燃有燃

（蔣）10.1 凡柴若爲火，作作者則一，若柴異於火，無柴亦生火。

།རྟག་ཏུ་འབར་བ་ཉིད་དུ་འགྱུར། །འབར་བྱེད་རྒྱུ་ལས་མི་འབྱུང་ཞིང་།
།རྩོམ་པ་དོན་མེད་ཉིད་དུ་འགྱུར། །དེ་ལྟ་ཡིན་ན་ལས་ཀྱང་མེད།

（鳩）10.2 如是常應燃　不因可燃生　則無燃火功　亦名無作火

（蔣）10.2 應成常燃性，火從無因生，努力成無義，作業亦爲無。

།གཞན་ལ་ལྟོས་པ་མེད་པའི་ཕྱིར། །འབར་བར་བྱེད་རྒྱུ་ལས་མི་འབྱུང་།
།རྟག་ཏུ་འབར་བ་ཡིན་ན་ནི། །རྩོམ་པ་དོན་མེད་ཉིད་དུ་འགྱུར།

（鳩）10.3 燃不待可燃　則不從緣生　火若常燃者　人功則應空

（蔣）10.3 不待其他故，從無燃因生，火若常燃者，人功應則空。

།དེ་ལ་གལ་ཏེ་འདི་སྙམ་དུ། །སྲེག་བཞིན་བུད་ཤིང་ཡིན་སེམས་ན།
།གང་ཚེ་དེ་ཙམ་དེ་ཡིན་ན། །གང་གིས་བུད་ཤིང་དེ་སྲེག་བྱེད།

（鳩）10.4 若汝謂燃時　名爲可燃者　爾時但有薪　何物燃可燃？

（蔣）10.4 於此若汝念：正燃爲柴薪。正燃若是薪，由何燃柴薪？

།གཞན་ཕྱིར་མི་ཕྲད་ཕྲད་མེད་ན། །སྲེག་པར་མི་འགྱུར་མི་སྲེག་ན།
།འཆི་བར་མི་འགྱུར་མི་འཆི་ན། །རང་རྟགས་དང་ཡང་ལྡན་པར་གནས།

（鳩）10.5 若異則不至　不至則不燒　不燒則不滅　不滅則常住

（蔣）10.5 若異則不遇，不遇則不燒，不燒則不滅，亦住自相中。

།ཇི་ལྟར་བུད་མེད་སྐྱེས་པ་དང་། །སྐྱེས་པའང་བུད་མེད་ཕྲད་པ་བཞིན།
།གལ་ཏེ་ཤིང་ལས་མེ་གཞན་ན། །ཤིང་དང་ཕྲད་དུ་རུང་བར་འགྱུར།

（鳩）10.6 燃與可燃異　而能至可燃　如此至彼人　彼人至此人

（蔣）10.6 如女相遇男，男亦相遇女；柴火雖爲異，柴火仍相遇。

（佛護引文）10.6 柴火雖爲異，柴火仍相遇；

如女相遇男，男亦相遇女。

།གལ་ཏེ་མེ་དང་ཤིང་དག་ནི། །གཅིག་གིས་གཅིག་ནི་བསལ་གྱུར་ན།
།ཤིང་ལས་མེ་གཞན་ཉིད་ཡིན་ཡང་། །ཤིང་དང་ཕྲད་པར་འདོད་ལ་རག

（鳩）10.7 若謂燃可燃　二俱相離者　如是燃則能　至於彼可燃

（蔣）10.7 若謂火與柴，一者遮一者，雖火異於柴，許火須遇柴。

།གལ་ཏེ་ཤིང་ལྟོས་མེ་ཡིན་ལ། །གལ་ཏེ་མེ་ལྟོས་ཤིང་ཡིན་ན།
།གང་ལྟོས་མེ[4]་དང་ཤིང་འགྱུར་བ། །དང་པོར་གྲུབ་པ་གང་ཞིག་ཡིན།

（鳩）10.8 若因可燃燃　因燃有可燃　先定有何法　而有燃可燃

（蔣）10.8 若待柴爲火，待火則是柴，所待火及柴，何者應先立？

4　雖然對勘本版寫的是 མེད། 字，應該為誤。

།གལ་ཏེ་ཤིང་ལྟོས་མེ་ཡིན་ན། །མེ་གྲུབ་པ་ལ་སྒྲུབ་པར་འགྱུར།
།བུད་པར་བྱ་བའི་ཤིང་ལ་ཡང་། །མེ་མེད་པར་ནི་འགྱུར་བ་ཡིན།

（鳩）10.9 若因可燃燃　則燃成復成　是爲可燃中　則爲無有燃

（蔣）10.9 若待柴爲火，則火復成火，無火亦可有，所焚之柴薪。

།གལ་ཏེ་དངོས་པོ་གང་ལྟོས་འགྲུབ། །དེ་ཉིད་ལ་ཡང་ལྟོས་ནས་ནི།
།ལྟོས་བྱ་གང་ཡིན་དེ་འགྲུབ་ན། །གང་ལ་ལྟོས་ནས་གང་ཞིག་འགྲུབ།

（鳩）10.10 若法因待成　是法還成待　今則無因待　亦無所成法

（蔣）10.10 事物待某法，該法復待事，所待皆既有，由何待何者？

།དངོས་པོ་ལྟོས་གྲུབ་གང་ཡིན་པ། །དེ་མ་གྲུབ་ན་ཇི་ལྟར་ལྟོས།
།ཅི་སྟེ་གྲུབ་པ་ལྟོས་ཤེ་ན། །དེ་ནི་ལྟོས་པར་མི་རིགས་སོ།

（鳩）10.11 若法有待成　未成云何待　若成已有待　成已何用待

（蔣）10.11 事物待而有，無事如何待？若謂有而待，彼待不應理。

།ཤིང་ལ་ལྟོས་པའི་མེ་མེད་དེ། །ཤིང་ལ་མ་ལྟོས་མེ་ཡང་མེད།
།མེ་ལ་ལྟོས་པའི་ཤིང་མེད་དེ། །མེ་ལ་མ་ལྟོས་ཤིང་ཡང་མེད།

（鳩）10.12 因可燃無燃　不因亦可燃　因燃無可燃　不因無可燃

（蔣）10.12 無火觀待柴，無火不待柴；無柴觀待火，無柴不待火。

།མེ་ནི་གཞན་ལས་མི་འོང་སྟེ། །ཤིང་ལའང་མེ་ནི་ཡོད་མ་ཡིན།
།དེ་བཞིན་ཤིང་གི་ལྷག་མ་ནི། །སོང་དང་མ་སོང་བགོམ་པས་བསྟན།

（鳩）10.13 燃不餘處來　燃處亦無燃　可燃亦如是　餘如去來說

（蔣）10.13 火不從他生，柴中亦無火；柴薪之餘理，示於來去品。

（佛護引文）10.13 火不從他生，柴中亦無火；

由已未正去，同示柴餘理。

།ཤིང་ཉིད་མེ་ནི་མ་ཡིན་ཏེ། །ཤིང་ལས་གཞན་ལ་མེ་ཡང་མེད།
།མེ་ནི་ཤིང་དང་ལྡན་མ་ཡིན། །མེ་ལ་ཤིང་མེད་དེར་དེ་མེད།

（鳩）10.14 可燃即非然　離可燃無燃

燃無有可燃　燃中無可燃（可燃中無燃）

（蔣）10.14 柴薪並非火，柴外火亦無，火不具柴薪，柴火中互無。

།མེ་དང་ཤིང་གིས་བདག་དང་ནི། །ཉེ་བར་ལེན་པའི་རིམ་པ་ཀུན།
།བུམ་སྣམ་སོགས་དང་ལྷན་ཅིག་ཏུ། །མ་ལུས་པར་ནི་རྣམ་པར་བཤད།

（鳩）10.15 以燃可燃法　說受受者法　及以說瓶衣　一切等諸法

（蔣）10.15 依序柴與火，近取者及處，瓶子與氈氌，皆應如是說。

།གང་དག་བདག་དང་དངོས་པོ་རྣམས། །དེ་བཅས་ཉིད་དང་ཐ་དད་པར།
།སྟོན་པ་དེ་དག་བསྟན་དོན་ལ། །མཁས་སོ་སྙམ་དུ་མི་སེམས་སོ།

（鳩）10.16 若人說有我　諸法各異相　當知如是人　不得佛法味

（蔣）10.16 說我及事物，具該性及異，如是示諸義，不思爲智者。

第十品——觀燃可燃品——終。

## 第十一品
## ——觀本際品——

།སྔོན་མཐའ་མངོན་ནམ་ཞེས་ཞུས་ཚེ། །ཐུབ་པ་ཆེན་པོས་མིན་ཞེས་གསུངས།
།འཁོར་བ་ཐོག་མ་མཐའ་མེད་དེ། །དེ་ལ་སྔོན་མེད་ཕྱི་མ་མེད།

（鳩）11.1 大聖之所說　本際不可得　生死無有始　亦復無有終

（蔣）11.1 問前際顯乎？大牟尼答非。輪迴無始終，前後際皆無。

།གང་ལ་ཐོག་མེད་མཐའ་མེད་པར། །དེ་ལ་དབུས་ནི་ག་ལ་ཡོད།
།དེ་ཕྱིར་དེ་ལ་སྔ་ཕྱི་དང་། །ལྷན་ཅིག་རིམ་པ་མི་འཐད་དོ།

（鳩）11.2 若無有始終　中當云何有　是故於此中　先後共亦無

（蔣）11.2 若無有始終，中當云何有？故依次此中，先後俱皆無。

།གལ་ཏེ་སྐྱེ་བ་སྔ་གྱུར་ལ། །རྒ་ཤི་ཕྱི་མ་ཡིན་ན་ནི།
།སྐྱེ་བ་རྒ་ཤི་མེད་པ་དང་། །མ་ཤི་བར་ཡང་སྐྱེ་བར་འགྱུར། །

（鳩）11.3 若使先有生　後有老死者　不老死有生　不生有老死

（蔣）11.3 倘若先有生，後有老死者，有生不老死，不死亦將生。

།གལ་ཏེ་སྐྱེ་བ་འཕྱི་འགྱུར་ལ། །རྒ་ཤི་སྔ་བ་ཡིན་ན་ནི།
།སྐྱེ་བ་མེད་པའི་རྒ་ཤི་ནི། །རྒྱུ་མེད་པར་ནི་ཇི་ལྟར་འགྱུར།

11.4 若先有老死，而後有生者，是則是無因，不生有老死。

།སྐྱེ་བ་དང་ནི་རྒ་ཤི་དག །ལྷན་ཅིག་རུང་བ་མ་ཡིན་ཏེ།
།སྐྱེ་བཞིན་པ་ན་འཆི་འགྱུར་ཞིང་། །གཉིས་ཀ་རྒྱུ་མེད་ཅན་དུ་འགྱུར།

（鳩）11.5 生及於老死　不得一時共　生時則有死　是二俱無因

（蔣）11.5 生及於老死，不得一時共：生時是死時，二者皆無因。

།གང་ལ་སྔ་ཕྱི་ལྷན་ཅིག་གི །རིམ་པ་དེ་དག་མི་སྲིད་པའི།
།སྐྱེ་བ་དེ་དང་རྒ་ཤི་དེ། །ཅི་ཡི་ཕྱིར་ན་སྤྲོས་[5]པར་བྱེད།

（鳩）11.6 若使初後共　是皆不然者　何故而戲論　謂有生老死

（蔣）11.6 絕無有先後，同俱等順序，何故而戲論，出生及老死？

འཁོར་བ་འབའ་ཞིག་སྔོན་གྱི་མཐའ། །ཡོད་མ་ཡིན་པར་མ་ཟད་ཀྱི།
།རྒྱུ་དང་འབྲས་བུ་ཉིད་དང་ནི། །མཚན་ཉིད་དང་ནི་མཚན་གཞི་ཉིད།

（鳩）11.7 諸所有因果　相及可相法　受及受者等　所有一切法

（蔣）11.7 不只僅無有，輪迴之前際，因性及果性，性相及事例，

（佛護引文）11.7 因性及果性，性相及事例，
感受及受者，無論任何事，

།ཚོར་དང་ཚོར་བོ་ཉིད་དང་ནི། །དོན་ཡོད་གང་དག་ཅི་ཡང་རུང་།
།དངོས་རྣམས་ཐམས་ཅད་ཉིད་ལ་ཡང་། །སྔོན་གྱི་མཐའ་ནི་ཡོད་མ་ཡིན།

（鳩）11.8 非但於生死　本際不可得　如是一切法　本際皆亦無

（蔣）11.8 感受及受者，無論任何事，如是諸事物，亦無有前際。

（佛護引文）11.8 不只僅無有，輪迴之前際，
如是諸事物，前際皆亦無。

第十一品——觀本際品——終。

5　雖然對勘本版寫的是སྤྲོ།字，應該為誤。

## 第十二品
## ——觀苦品——

།ཁ་ཅིག་སྡུག་བསྔལ་བདག་གིས་བྱས། །གཞན་གྱིས་བྱས་དང་གཉི་གས་བྱས།
།རྒྱུ་མེད་པ་ལས་འབྱུང་བར་འདོད། །དེ་ནི་བྱ་བར་མི་རུང་ངོ་།

（鳩）12.1 自作及他作　共作無因作　如是說諸苦　於果則不然

（蔣）12.1 自作及他作，共作不因作，如是說諸苦，該作不應理。

།གལ་ཏེ་བདག་གིས་བྱས་གྱུར་ན། །དེ་ཕྱིར་བརྟེན་ནས་འབྱུང་མི་འགྱུར།
།གང་ཕྱིར་ཕུང་པོ་འདི་དག་ལ། །བརྟེན་ནས་ཕུང་པོ་དེ་དག་འབྱུང་།

（鳩）12.2 苦若自作者　則不從緣生　因有此陰故　而有彼陰生

（蔣）12.2 苦若自作者，則非爲緣起，因有此蘊故，而有彼蘊生。

།གལ་ཏེ་འདི་ལས་དེ་གཞན་ཞིང་། །གལ་ཏེ་དེ་ལས་འདི་གཞན་ན།
།སྡུག་བསྔལ་གཞན་གྱིས་བྱས་འགྱུར་ཞིང་། །གཞན་དེ་དག་གིས་དེ་བྱས་འགྱུར།

（鳩）12.3 若謂此五陰　異彼五陰者　如是則應言　從他而作苦

（蔣）12.3 若謂此五蘊，異彼五蘊者，如是則應言，從他而作苦。

།གལ་ཏེ་གང་ཟག་བདག་གིས་ནི། །སྡུག་བསྔལ་བྱས་ན་གང་བདག་གིས།
།སྡུག་བསྔལ་བྱས་པའི་གང་ཟག་ནི། །སྡུག་བསྔལ་མ་གཏོགས་གང་ཞིག་ཡིན།

（鳩）12.4 若人自作苦　離苦何有人　而謂於彼人　而能自作苦

（蔣）12.4 若謂造苦者，是補特伽羅，除苦外誰是，製造痛苦者？

（佛護引文）12.4 若謂造苦者，是補特伽羅，

在我造苦前，誰是無苦者？

།གལ་ཏེ་གང་ཟག་གཞན་ལས་ནི། །སྡུག་བསྔལ་འབྱུང་ན་གཞན་ཞིག་གིས།
།སྡུག་བསྔལ་དེ་བྱས་གང་སྦྱིན་དེ། །སྡུག་བསྔལ་མ་གཏོགས་ཇི་ལྟར་རུང་།

（鳩）12.5 若苦他人作　而與此人者　若當離於苦　何有此人受

（蔣）12.5 若謂苦由他，苦由他所造，除所施之苦，無苦不應理。

།གལ་ཏེ་གང་ཟག་གཞན་སྡུག་བསྔལ། །འབྱུང་ན་གང་གིས་དེ་བྱས་ནས།
།གཞན་ལ་སྟེར་བའི་གང་ཟག་གཞན། །སྡུག་བསྔལ་མ་གཏོགས་གང་ཞིག་ཡིན།

（鳩）12.6 苦若彼人作　持與此人者　離苦何有人　而能授於此

（蔣）12.6 若謂他造苦，授他所造苦，除苦外無餘，他之施設處。

།བདག་གིས་བྱས་པར་མ་གྲུབ་པས། །སྡུག་བསྔལ་གཞན་གྱིས་ག་ལ་བྱས།
།གཞན་གྱིས་སྡུག་བསྔལ་གང་བྱེད་པ། །དེ་ནི་དེ་ཡི་བདག་བྱས་འགྱུར།

（鳩）12.7 自作若不成　云何彼作苦　若彼人作苦　即亦名自作

（蔣）12.7 自作若不成，云何他作苦？凡造苦他者，皆為他之己。

།རེ་ཞིག་སྡུག་བསྔལ་བདག་བྱས་མིན། །དེ་ཉིད་ཀྱིས་ནི་དེ་མ་བྱས།
།གལ་ཏེ་གཞན་བདག་མ་བྱས་ན། །སྡུག་བསྔལ་གཞན་བྱས་ག་ལ་འགྱུར།

（鳩）12.8 苦不名自作　法不自作法　彼無有自體　何有彼作苦

（蔣）12.8 苦非由自作，彼不自作彼，非由他己性，豈由他作苦？

།གལ་ཏེ་རེ་རེས་བྱས་གྱུར་ན། །སྡུག་བསྔལ་གཉིས་ཀས་བྱས་པར་འགྱུར།
།བདག་གིས་མ་བྱས་གཞན་མ་བྱས། །སྡུག་བསྔལ་རྒྱུ་མེད་ག་ལ་འགྱུར།

（鳩）12.9 若此彼苦成　應有共作苦　此彼尚無作　何況無因作

（蔣）12.9 一一若作苦，方有二作苦，自他不作苦，苦豈能無因？

།སྡུག་བསྔལ་འབའ་ཞིག་རྣམ་པ་བཞི། །ཡོད་མ་ཡིན་པར་མ་ཟད་ཀྱི།
།ཕྱི་རོལ་དངོས་པོ་དག་ལ་ཡང་། །རྣམ་པ་བཞི་པོ་ཡོད་མ་ཡིན།

12.10 非但說於苦，四種義不成，一切外萬物，四義亦不成。

第十二品——觀苦品——終。

## 第十三品
## ──觀行品──

།བཅོམ་ལྡན་འདས་ཀྱིས་ཆོས་གང་ཞིག །སླུ་བ་དེ་ནི་བརྫུན་ཞེས་གསུངས།
།འདུ་བྱེད་ཐམས་ཅད་སླུ་བའི་ཆོས། །དེས་ན་དེ་དག་བརྫུན་པ་ཡིན།

（鳩）13.1 如佛經所說　虛誑妄取相　諸行妄取故　是名爲虛誑

（蔣）13.1 如薄伽梵說，欺誑爲假相，諸行皆欺誑，是故爲假相。

།གལ་ཏེ་སླུ་ཆོས་གང་ཡིན་པ། །དེ་བརྫུན་དེ་ལ་ཅི་ཞིག་སླུ།
།བཅོམ་ལྡན་འདས་ཀྱིས་དེ་གསུངས་པ། །སྟོང་ཉིད་ཡོངས་སུ་བསྟན་པ་ཡིན།

（鳩）13.2 虛誑妄取者　是中何所取　佛說如是事　欲以示空義

（蔣）13.2 欺誑皆假相，由何作欺誑？佛說如是事，欲以示空義。

།དངོས་རྣམས་ངོ་བོ་ཉིད་མེད་དེ། །གཞན་དུ་འགྱུར་བ་སྣང་ཕྱིར་རོ།
།དངོས་པོ་ངོ་བོ་ཉིད་མེད་མེད། །གང་ཕྱིར་དངོས་རྣམས་སྟོང་པ་ཉིད།

（鳩）13.3 諸法有異故　知皆是無性　無性法亦無　一切法空故

（蔣）13.3 因見成異故，事物無自性，無事無自性，事物皆空性。

（佛護引文）13.3 因見成異故，事物無自性，

無自性無事，事物皆空性。

།གལ་ཏེ་ངོ་བོ་ཉིད་མེད་ན། །གཞན་དུ་འགྱུར་བ་གང་གི་ཡིན།
།གལ་ཏེ་ངོ་བོ་ཉིད་ཡོད་ན། །གཞན་དུ་འགྱུར་བར་ཇི་ལྟར་རུང་།

（鳩）13.4 諸法若無性　云何說嬰兒　乃至於老年　而有種種異

若諸法有性　云何而得異　若諸法無性　云何而有異

（蔣）13.4 若無有自性，成何法之異？若謂有自性，云何成爲異？

།དེ་ཉིད་ལ་ནི་གཞན་འགྱུར་མེད། །གཞན་ཉིད་ལ་ཡང་ཡོད་མ་ཡིན།
།གང་ཕྱིར་གཞོན་ནུ་མི་རྒ་སྟེ། །གང་ཕྱིར་རྒས་པའང་མི་རྒའོ།

（鳩）13.5 是法則無異　異法亦無異　如壯不作老　老亦不作壯

（蔣）13.5 於此無成異，異法亦非有，如壯不作老，老亦不作老。

།གལ་ཏེ་དེ་ཉིད་གཞན་འགྱུར་ན། །འོ་མ་ཉིད་ནི་ཞོར་འགྱུར་རོ།
།འོ་མ་ལས་གཞན་གང་ཞིག་ནི། །ཞོ་ཡི་དངོས་པོ་ཡིན་པར་འགྱུར།

（鳩）13.6 若是法即異　乳應即是酪　離乳有何法　而能作於酪

（蔣）13.6 若彼成異法，乳應即是酪；異乳之事物，而能作於酪？

།གལ་ཏེ་སྟོང་མིན་ཅུང་ཟད་ཡོད། །སྟོང་པ་ཅུང་ཟད་ཡོད་པར་འགྱུར།
།མི་སྟོང་ཅུང་ཟད་ཡོད་མིན་ན། །སྟོང་པ་ཡོད་པར་ག་ལ་འགྱུར།

（鳩）13.7 若有不空法　則應有空法　實無不空法　何得有空法

（蔣）13.7 非空若少有，空性亦少有；非空絲毫無，空亦何得有？

།རྒྱལ་བ་རྣམས་ཀྱིས་སྟོང་པ་ཉིད། །ལྟ་ཀུན་ངེས་པར་འབྱུང་བར་གསུངས།
།གང་དག་སྟོང་པ་ཉིད་ལྟ་བ། །དེ་དག་བསྒྲུབ་ཏུ་མེད་པར་གསུངས།

（鳩）13.8 大聖說空法　爲離諸見故　若復見有空　諸佛所不化

（蔣）13.8 爲斷除諸見，諸佛說空性，佛說復見空，實不爲所化。

第十三品——觀行品——終。

## 第十四品
## ——觀合品——

།བལྟ་བྱ་ལྟ་བ་ལྟ་བ་པོ། །གསུམ་པོ་དེ་དག་གཉིས་གཉིས་དང་།
།ཐམས་ཅད་ཀྱང་ནི་ཕན་ཚུན་དུ། །ཕྲད་པར་འགྱུར་བ་ཡོད་མ་ཡིན།

（鳩）14.1 見可見見者　是三各異方　如是三法異　終無有合時

（蔣）14.1 見者見所見，彼三各二合，以及遍互相，會合皆非有。

།དེ་བཞིན་འདོད་ཆགས་ཆགས་པ་དང་། །ཆགས་པར་བྱ་བ་ཉོན་མོངས་པ།
།ལྷག་མ་རྣམས་དང་སྐྱེ་མཆེད་ཀྱི། །ལྷག་མའང་རྣམ་པ་གསུམ་ཉིད་ཀྱིས།

（鳩）14.2 染與於可染　染者亦復然　餘入餘煩惱　皆亦復如是

（蔣）14.2 貪者貪所貪，煩惱亦如是；餘入餘煩惱，三相亦復觀。

།གཞན་དང་གཞན་དུ་ཕྲད་འགྱུར་ན། །གང་ཕྱིར་བལྟ་བྱ་ལ་སོགས་པ།
།གཞན་དེ་ཡོད་པ་མ་ཡིན་པ། །དེ་ཕྱིར་ཕྲད་པར་མི་འགྱུར་རོ།

（鳩）14.3 異法當有合　見等無有異　異相不成故　見等云何合

（蔣）14.3 異法會合時，如見等諸法，然異非有故，會合不應理。

།བལྟ་བྱ་ལ་སོགས་འབའ་ཞིག་ལ། །གཞན་ཉིད་མེད་པར་མ་ཟད་ཀྱི།
།གང་ཡང་གང་དང་ལྷན་ཅིག་ཏུ། །གཞན་པ་ཉིད་དུ་མི་འཐད་དོ།

（鳩）14.4 非但見等法　異相不可得　所有一切法　皆亦無異相

（蔣）14.4 非但見等法，異相不可得，所有一切法，異亦不應理。

།གཞན་ནི་གཞན་ལ་བརྟེན་ཏེ་གཞན། །གཞན་མེད་པར་གཞན་གཞན་མི་འགྱུར།
།གང་ལ་བརྟེན་ཏེ་གང་ཡིན་པ། །དེ་ནི་དེ་ལས་གཞན་མི་འཐད།

（鳩）14.5 異因異有異　異離異無異　若法從因出　是法不異因

（蔣）14.5 異因異而異，無異異非異；舉凡觀待彼，彼此皆非異。

།གལ་ཏེ་གཞན་ནི་གཞན་ལས་གཞན། །དེ་ཚེ་གཞན་མེད་པར་གཞན་འགྱུར།
།གཞན་མེད་པར་ནི་གཞན་འགྱུར་བ། །ཡོད་མིན་དེ་ཡི་ཕྱིར་ན་མེད།

（鳩）14.6 若離從異異　應餘異有異　離從異無異　是故無有異

（蔣）14.6 若異因異異，成異卻無異，無異不成異，此故無異法。

（佛護引文）14.6 若異因異異，無異亦應理，

異之異從異，無異無彼異。

།གཞན་ཉིད་གཞན་ལ་ཡོད་མ་མིན། །གཞན་མ་ཡིན་ལའང་ཡོད་པ་མིན།
།གཞན་ཉིད་ཡོད་པ་མ་ཡིན་ན། །གཞན་ནམ་དེ་ཉིད་ཡོད་མ་ཡིན།

（鳩）14.7 異中無異相　不異中亦無　無有異相故　則無此彼異

（蔣）14.7 異中無別異，非異中亦無，無有異相故，無異及非異。

།དེ་ནི་དེ་དང་ཕྲད་པ་མེད། །གཞན་དང་གཞན་ཡང་ཕྲད་མི་འགྱུར།
།ཕྲད་བཞིན་པ་དང་ཕྲད་པ་དང་། །ཕྲད་པ་པོ་ཡང་ཡོད་མ་ཡིན།

（鳩）14.8 是法不自合　異法亦不合　合者及合時　合法亦皆無

（蔣）14.8 是法不自合，異法亦不合，正合及會合，會合者亦無。

第十四品——觀合品——終。

# 第十五品
## ——觀有無品——

།རང་བཞིན་རྒྱུ་དང་རྐྱེན་ལས་ནི། །འབྱུང་བར་རིགས་པ་མ་ཡིན་ནོ།
།རྒྱུ་དང་རྐྱེན་ལས་བྱུང་བ་ཡི། །རང་བཞིན་བྱས་པ་ཅན་དུ་འགྱུར།

（鳩）15.1 眾緣中有性　是事則不然　性從眾緣出　即名爲作法

（蔣）15.1 是自性則非，由因緣所生；將成因緣生，自性所造作。

།རང་བཞིན་བྱས་པ་ཅན་ཞེས་བྱར། །ཇི་ལྟ་བུར་ན་རུང་བར་འགྱུར།
།རང་བཞིན་དག་ནི་བཅོས་མིན་དང་། །གཞན་ལ་ལྟོས་པ་མེད་པ་ཡིན།

（鳩）15.2 性若是作者　云何有此義　性名爲無作　不待異法成

（蔣）15.2 由自性造作，如何能應理？自性非造作，且不待他法。

།རང་བཞིན་ཡོད་པ་མ་ཡིན་ན། །གཞན་གྱི་དངོས་པོ་ག་ལ་ཡོད།
།གཞན་གྱི་དངོས་པོའི་རང་བཞིན་ནི། །གཞན་གྱི་དངོས་པོ་ཡིན་ཞེས་བརྗོད།

（鳩）15.3 法若無自性　云何有他性　自性於他性　亦名爲他性

（蔣）15.3 自性若非有，豈有他事物？他事物自性，名爲他事物。

།རང་བཞིན་དང་ནི་གཞན་དངོས་དག །མ་གཏོགས་དངོས་པོ་ག་ལ་ཡོད།
།རང་བཞིན་དང་ནི་དངོས་པོ་དག །ཡོད་ན་དངོས་པོ་འགྲུབ་པར་འགྱུར།

（鳩）15.4 離自性他性　何得更有法　若有自他性　諸法則得成

（蔣）15.4 自性及他事，除彼無事物；自性及他事，有即是事物。

།གལ་ཏེ་དངོས་པོ་མ་གྲུབ་ན། །དངོས་མེད་འགྲུབ་པར་མི་འགྱུར་རོ།
།དངོས་པོ་གཞན་དུ་འགྱུར་བ་ནི། །དངོས་མེད་ཡིན་པར་སྐྱེ་བོ་སྨྲ།

（鳩）15.5 有若不成者　無云何可成　因有有法故　有壞名爲無

（蔣）15.5 事物若非有，非事物亦無。事物成異時，人說非事物。

།གང་དག་རང་བཞིན་གཞན་དངོས་དང་། །དངོས་དང་དངོས་མེད་ཉིད་ལྟ་བ།
།དེ་དག་སངས་རྒྱས་བསྟན་པ་ལ། །དེ་ཉིད་མཐོང་བ་མ་ཡིན་ནོ།

（鳩）15.6 若人見有無　見自性他性　如是則不見　佛法眞實義

（蔣）15.6 見自性及異，事物非事物，彼等尚未見，佛教眞實義。

（佛護引文）15.6 見事物及異，非事物爲性，

彼等尙未見，佛教眞實義。

།བཅོམ་ལྡན་དངོས་དང་དངོས་མེད་པ། །མཁྱེན་པས་ཀ་ཏྱ་ཡ་ན་ཡི།
།གདམས་ངག་ལས་ནི་ཡོད་པ་དང་། །མེད་པ་གཉིས་ཀ་འང་དགག་པ་མཛད།

（鳩）15.7 佛能滅有無　於化迦旃延　經中之所說　離有亦離無

（蔣）15.7 佛知事非事，於化迦旃延，經中之所說，有無二亦滅。

།གལ་ཏེ་རང་བཞིན་གྱིས་ཡོད་ན། །དེ་ནི་མེད་ཉིད་མི་འགྱུར་རོ།
།རང་བཞིན་གཞན་དུ་འགྱུར་བ་ནི། །ནམ་ཡང་འཐད་པར་མི་འགྱུར་རོ།

（鳩）15.8 若法實有性　後則不應異　性若有異相　是事終不然

（蔣）15.8 若是有自性，其性不成無；自性成相異，是事終不然。

།རང་བཞིན་ཡོད་པ་མ་ཡིན་ན། །གཞན་དུ་འགྱུར་བ་གང་གི་ཡིན།
།རང་བཞིན་ཡོད་པ་ཡིན་ན་ཡང་། །གཞན་དུ་འགྱུར་བ་ཇི་ལྟར་རུང་།

（鳩）15.9 若法實有性　云何而可異　若法實無性　云何而可異

（蔣）15.9 自性若非有，異屬於何者？雖自性若有，云何可成異？

།ཡོད་ཅེས་བྱ་བ་རྟག་པར་འཛིན། །མེད་ཅེས་བྱ་བ་ཆད་པར་ལྟ།
།དེ་ཕྱིར་ཡོད་དང་མེད་པ་ལ། །མཁས་པས་གནས་པར་མི་བྱའོ།

（鳩）15.10 定有則著常　定無則著斷　是故有智者　不應著有無

（蔣）15.10 謂有則執常，謂無則見斷，此故於有無，智者皆不住。

།གང་ཞིག་རང་བཞིན་གྱིས་ཡོད་པ། །དེ་ནི་མེད་པ་མིན་པས་རྟག
།སྔོན་བྱུང་ད་ལྟར་མེད་ཅེས་པ། །དེས་ན་ཆད་པར་ཐལ་བར་འགྱུར།

（鳩）15.11 若法有定性　非無則是常　先有而今無　是則爲斷滅

（蔣）15.11 是法有自性，非無則是常；先有而今無，故應成斷滅。

第十五品——觀有無品——終。

# 第十六品
## ──觀縛解品──

།གལ་ཏེ་འདུ་བྱེད་འཁོར་ཞེ་ན། །དེ་དག་རྟག་ན་མི་འཁོར་ཏེ།
།མི་རྟག་ན་ཡང་འཁོར་མི་འགྱུར། །སེམས་ཅན་ལ་ཡང་རིམ་འདི་མཚུངས།

（鳩）16.1 諸行往來者　常不應往來　無常亦不應　眾生亦復然

（蔣）16.1 有爲若輪轉，是常不輪轉，無常亦不轉，眾生亦復然。

།གལ་ཏེ་གང་ཟག་འཁོར་ཞེ་ན། །ཕུང་པོ་སྐྱེ་མཆེད་ཁམས་རྣམས་ལ།
།དེ་ནི་རྣམ་པ་ལྔས་བཙལ་ན། །མེད་ན་གང་ཞིག་འཁོར་བར་འགྱུར།

（鳩）16.2 若眾生往來　陰界諸入中　五種求盡無　誰有往來者

（蔣）16.2 若眾生輪轉，蘊界諸入中，五種求盡無，何者在輪轉？

།ཉེ་བར་ལེན་ནས་ཉེར་ལེན་པར། །འཁོར་ན་སྲིད་པ་མེད་པར་འགྱུར།
།སྲིད་མེད་ཉེ་བར་ལེན་མེད་ན། །དེ་གང་ཅི་ཞིག་འཁོར་བར་འགྱུར།

（鳩）16.3 若從身至身　往來即無身　若其無有身　則無有往來

（蔣）16.3 近取復近取，若轉則無有，無有無近取，何者在輪轉？

།འདུ་བྱེད་མྱ་ངན་འདའ་བར་ནི། །ཇི་ལྟ་བུར་ཡང་མི་འཐད་དོ།
།སེམས་ཅན་མྱ་ངན་འདའ་བར་ཡང་། །ཇི་ལྟ་བུར་ཡང་འཐད་མི་འགྱུར།

（鳩）16.4 諸行若滅者　是事終不然　眾生若滅者　是事亦不然

（蔣）16.4 諸行若涅槃，是事終不然；有情若涅槃，是事亦不然。

།སྐྱེ་འཇིག་ཆོས་ཅན་འདུ་བྱེད་རྣམས། །མི་འཆིང་གྲོལ་བར་མི་འགྱུར་ཏེ།
།སྔ་མ་བཞིན་དུ་སེམས་ཅན་ཡང་། །མི་འཆིང་གྲོལ་བར་མི་འགྱུར་རོ།

16.5 諸行生滅相，不縛亦不解，眾生如先說，不縛亦不解。

།གལ་ཏེ་ཉེ་བར་ལེན་འཆིང་ན། །ཉེ་བར་ལེན་བཅས་འཆིང་མི་འགྱུར།
།ཉེ་བར་ལེན་མེད་མི་འཆིང་སྟེ། །གནས་སྐབས་གང་ཞིག་འཆིང་བར་འགྱུར།

（鳩）16.6 若身名爲縛　有身則不縛　無身亦不縛　於何而有縛

（蔣）16.6 若近取爲縛，具近取非縛，無近取不縛，於何而有縛？

།གལ་ཏེ་བཅིང་བྱའི་སྔ་རོལ་ན། །འཆིང་བ་ཡོད་ན་འཆིང་ལ་རག
།དེ་ཡང་མེད་དེ་ལྷག་མ་ནི། །སོང་དང་མ་སོང་བགོམ་པས་བསྟན།

（鳩）16.7 若可縛先縛　則應縛可縛　而先實無縛　餘如去來答

（蔣）16.7 縛前若有縛，則應成束縛，然此亦非有，餘如去來答。

།རེ་ཞིག་བཅིངས་པ་མི་གྲོལ་ཏེ། །མ་བཅིངས་པ་ཡང་གྲོལ་མི་འགྱུར།
།བཅིངས་པ་གྲོལ་བཞིན་ཡིན་འགྱུར་ན། །བཅིངས་དང་གྲོལ་བ་དུས་གཅིག་འགྱུར།

（鳩）16.8 縛者無有解　無縛亦無解　縛時有解者　縛解則一時

（蔣）16.8 縛者無有解，無縛亦無解，縛時是解時，縛解則同時。

།བདག་ནི་ལེན་མེད་མྱ་ངན་འདའ། །མྱང་འདས་བདག་གིར་འགྱུར་རོ་ཞེས།
།དེ་ལྟར་གང་དག་འཛིན་དེ་ཡི། །ཉེར་ལེན་འཛིན་པ་ཆེན་པོ་ཡིན།

（鳩）16.9 若不受諸法　我當得涅槃　若人如是者　還爲受所縛

（蔣）16.9 不受縛離苦，願我得涅槃，彼等諸執著，是大近取執。

（佛護引文）16.9 不受縛離苦，願我得涅槃，

彼等諸執著，非善知近取。

།གང་ལ་མྱ་ངན་འདས་བསྐྱེད་མེད། །འཁོར་བ་བསལ་བའང་ཡོད་མིན་པ།
།དེ་ལ་འཁོར་བ་ཅི་ཞིག་ཡིན། །མྱ་ངན་འདས་པའང་ཅི་ཞིག་བརྟག

（鳩）16.10 不離於生死　而別有涅槃　實相義如是　云何有分別

（蔣）16.10 涅槃非生法，滅輪迴亦無，何是縛及解，爲何如是觀？

第十六品——觀縛解品——終。

## 第十七品
## ——觀業品——

།བདག་ཉིད་ལེགས་པར་སྡོམ་པ་དང་། །གཞན་ལ་ཕན་འདོགས་བྱམས་སེམས་གང་།
།དེ་ཆོས་དེ་ནི་འདི་གཞན་དུ། །འབྲས་བུ་དག་གི་ས་བོན་ཡིན།

17.1 人能降伏心，利益於眾生，是名爲慈善，二世果報種。

།དྲང་སྲོང་མཆོག་གིས་ལས་རྣམས་ནི། །སེམས་པ་དང་ནི་བསམ་པར་གསུངས།
།ལས་དེ་དག་[6]གི་བྱེ་བྲག་ནི། །རྣམ་པ་དུ་མར་ཡོངས་སུ་བསྒྲགས།

（鳩）17.2 大聖說二業　思與從思生　是業別相中　種種分別說

（蔣）17.2 大聖說二業，思及思已業，是業別相中，種種分別說。

།དེ་ལ་ལས་གང་སེམས་པ་ཞེས། །གསུངས་པ་དེ་ན་ཡིད་ཀྱིར་འདོད།
།བསམ་པ་ཞེས་ནི་གང་གསུངས་པ། །དེ་ནི་ལུས་དང་ངག་གིར་ཡིན།

（鳩）17.3 佛所說思者　所謂意業是　所從思生者　即是身口業

（蔣）17.3 舉凡佛所說，思者是意業；所說思已業，即是身口業。

།ངག་དང་བསྐྱོད་དང་མི་སྤོང་བའི། །རྣམ་རིག་བྱེད་མིན་ཞེས་བྱ་གང་།
།སྤོང་བའི་རྣམ་རིག་བྱེད་མིན་པ། །གཞན་དག་ཀྱང་ནི་དེ་བཞིན་འདོད[7]།

（鳩）17.4 身業及口業　作與無作業　如是四事中　亦善亦不善

---

6　雖然對勘本版寫的是 བདག 字，應該為誤。

7　雖然對勘本版寫的是 འདོར 字，應該為誤。

（蔣）17.4 語業及動業，非斷無表業，及斷無表業，餘業亦是許。

།ལོངས་སྤྱོད་ལས་བྱུང་བསོད་ནམས་དང་། །བསོད་ནམས་མ་ཡིན་ཚུལ་དེ་བཞིན།
།སེམས་པ་དང་ནི་ཆོས་དེ་བདུན། །ལས་སུ་མངོན་པར་འདོད་པ་ཡིན།

（鳩）17.5 從用生福德　罪生亦如是　及思爲七法　能了諸業相

（蔣）17.5 受用生福報，以及非福報，思等該七法，許皆現爲業。

།གལ་ཏེ་སྨིན་པའི་དུས་བར་དུ། །གནས་ན་ལས་དེ་རྟག་པར་འགྱུར།
།གལ་ཏེ་འགགས་ན་འགགས་གྱུར་པ། །ཇི་ལྟར་འབྲས་བུ་སྐྱེད་པར་འགྱུར།

17.6 業住至受報，是業即爲常；若滅即無業，云何生果報？

།མྱུ་གུ་ལ་སོགས་རྒྱུན་གང་ནི། །ས་བོན་ལས་ནི་མངོན་པར་འབྱུང་།
།དེ་ལས་འབྲས་བུ་ས་བོན་ནི། །མེད་ན་དེ་ཡང་འབྱུང་མི་འགྱུར།

（鳩）17.7 如芽等相續　皆從種子生　從是而生果　離種無相續

（蔣）17.7 如芽等續流，皆從種子生，從而出生果，離種無芽續。

（佛護引文）17.7 如芽等續流，皆從種子生，

由種出生果，離種無芽續。

།གང་ཕྱིར་ས་བོན་ལས་རྒྱུན་དང་། །རྒྱུན་ལས་འབྲས་བུ་འབྱུང་འགྱུར་ཞིང་།
།ས་བོན་འབྲས་བུའི་སྔོན་འགྲོ་བ། །དེ་ཕྱིར་ཆད་མིན་རྟག་མ་ཡིན།

（鳩）17.8 從種有相續　從相續有果　先種後有果　不斷亦不常

（蔣）17.8 從種有續流，從續流生果，果前有種故，不斷亦不常。

།སེམས་ཀྱི་རྒྱུན་ནི་གང་ཡིན་པ། །སེམས་ལས་མངོན་པར་འབྱུང་བར་འགྱུར།
།དེ་ལས་འབྲས་བུ་སེམས་ལྟ་ཞིག །མེད་ན་དེ་ཡང་འབྱུང་མི་འགྱུར།

（鳩）17.9 如是從初心　心法相續生　從是而有果　離心無相續

（蔣17.9 一切思續流，皆由思現起，由思出生果，無思無果續。

།གང་ཕྱིར་སེམས་ལས་རྒྱུན་དང་ནི། །རྒྱུན་ལས་འབྲས་བུ་འབྱུང་འགྱུར་ཞིང་།
།ལས་ནི་འབྲས་བུའི་སྔོན་འགྲོ་བ། །དེ་ཕྱིར་ཆད་མིན་རྟག་མ་ཡིན།

（鳩）17.10 從心有相續　從相續有果　先業後有果　不斷亦不常

（蔣）17.10 從思有續流，從續流生果，果前有業故，不斷亦不常。

།དཀར་པོའི་ལས་ཀྱི་ལམ་བཅུ་པོ། །ཆོས་སྒྲུབ་པ་ཡི་ཐབས་ཡིན་ཏེ།
།ཆོས་ཀྱི་འབྲས་བུ་འདི་གཞན་དུ། །འདོད་པའི་ཡོན་ཏན་རྣམ་ལྔ་འོ།

（鳩）17.11 能成福德者　是十白業道　二世五欲樂　即是白業報

（蔣）17.11 十種白善道，是修法方便；修法之果實，此後享五欲。

（佛護引文）17.11 修法之方便，是十白善道，

修法之果實，此後享五欲。

།གལ་ཏེ་བརྟག་པ་དེར་འགྱུར་ན། །ཉེས་པ་ཆེན་པོ་མང་པོར་འགྱུར།
།དེ་ལྟ་བས་ན་བརྟག་པ་དེ། །འདིར་ནི་འཐད་པ་མ་ཡིན་ནོ།

（鳩）17.12 若如汝分別　其過則甚多　是故汝所說　於義則不然

（蔣）17.12 若如汝所觀，其過則甚多，是故汝所觀，於義則不然。

།སངས་རྒྱས་རྣམས་དང་རང་རྒྱལ་དང་། །ཉན་ཐོས་རྣམས་ཀྱིས་གང་གསུངས་པའི།
།བརྟག་པ་གང་ཞིག་འདིར་འཐད་པ། །དེ་ནི་རབ་ཏུ་བརྗོད་པར་བྱ།

（鳩）17.13 今當復更說　順業果報義　諸佛辟支佛　賢聖所稱歎

（蔣）17.13 諸佛辟支佛，諸聲聞所說，彼觀合理義，今當細宣說：

།ཇི་ལྟར་དཔང་རྒྱ་དེ་བཞིན་ཆུད[8]། །མི་ཟ་ལས་ནི་བུ་ལོན་བཞིན།
།དེ་ནི་ཁམས་ལས་རྣམ་པ་བཞི། །དེ་ཡང་རང་བཞིན་ལུང་མ་བསྟན།

（鳩）17.14 不失法如券　業如負財物　此性則無記　分別有四種

（蔣）17.14 不失法如券，業如負財物。隨界有四相；此性則無記；

（佛護引文）17.14 猶如債之券，如是業不失。

隨界有四相；此性則無記；

།སྤོང་བས་སྤང་བ་མ་ཡིན་ཏེ། །བསྒོམ་པས་སྤང་བ་ཉིད་ཀྱང་ཡིན།
།དེ་ཕྱིར་ཆུད་མི་ཟ་བ་ཡིས། །ལས་ཀྱི་འབྲས་བུ་སྐྱེད་པར་འགྱུར།

（鳩）17.15 見諦所不斷　但思惟所斷　以是不失法　諸業有果報

（蔣）17.15 見諦所不斷，卻由修所斷；以是不失法，諸業有果報。

།གལ་ཏེ་སྤོང་བས་སྤང་བ་དང་། །ལས་འཕོ་བ་ཡིས་འཇིག་འགྱུར་ན།
།དེ་ལ་ལས་འཇིག་ལ་སོགས་པའི། །སྐྱོན་རྣམས་སུ་ནི་ཐལ་བར་འགྱུར།

（鳩）17.16 若見諦所斷　而業至相似　則得破業等　如是之過咎

（蔣）17.16 若斷除所斷，業轉故成滅，應成破業等，如是之過咎。

（佛護引文）17.16 若見諦所斷，而業至相似，

則得破業等，如是之過咎。

།ཁམས་མཚུངས་ལས་ནི་ཆ་མཚུངས་དང་། །ཆ་མི་མཚུངས་པ་ཐམས་ཅད་ཀྱི།
།དེ་ནི་ཉིང་མཚམས་སྦྱོར་བའི་ཚེ། །གཅིག་པོ་ཁོ་ན་སྐྱེ་བར་འགྱུར།

---

8 雖然對勘本版寫的是 ཆུང་། 字，應該為誤。

17.17 一切諸行業，相似不相似，一界初受身，爾時報獨生。

།མཐོང་བའི་ཆོས་ལ་རྣམ་གཉིས་པོ། །ཀུན་གྱི་ལས་དང་ལས་ཀྱི་དེ།
།ཐ་དད་པར་ནི་སྐྱེ་འགྱུར་ཞིང་། །རྣམ་པར་སྨིན་ཀྱང་གནས་པ་ཡིན།

（鳩）17.18 如是二種業　現世受果報　或言受報已　而業猶故在

（蔣）17.18 現世二種業：諸業及彼業，皆以相異生，其異熟亦有。

（佛護引文）17.18 於現世中有，如是二種業，

彼生為相異，其異熟亦有。

།དེ་ནི་འབྲས་བུ་འཕོ་བ་དང་། །ཤི་བར་གྱུར་ན་འགག་པར་འགྱུར།
།དེ་ཡི་རྣམ་དབྱེ་ཟག་མེད་དང་། །ཟག་དང་བཅས་པར་ཤེས་པར་བྱ།

（鳩）17.19 若度果已滅　若死已而滅　於是中分別　有漏及無漏

（蔣）17.19 其滅由證果，及由死而滅；應知其有二：有漏及無漏。

།སྟོང་པ་ཉིད་དང་ཆད་[9]མེད་དང་། །འཁོར་བ་དང་ནི་རྟག་པ་མིན།
།ལས་རྣམས་ཆུད་མི་ཟ་བའི་ཆོས། །སངས་རྒྱས་ཀྱིས་ནི་བསྟན་པ་ཡིན།

（鳩）17.20 雖空亦不斷　雖有亦不常　業果報不失　是名佛所說

（蔣）17.20 雖空亦不斷，輪迴亦非常，諸業不失壞，是佛所宣說。

།གང་ཕྱིར་ལས་ནི་སྐྱེ་བ་མེད། །འདི་ལྟར་རང་བཞིན་མེད་དེའི་ཕྱིར།
།གང་ཕྱིར་དེ་ནི་མ་སྐྱེས་པ། །དེ་ཕྱིར་ཆུད་ཟར་མི་འགྱུར་རོ།

（鳩）17.21 諸業本不生　以無定性故　諸業亦不滅　以其不生故

9 雖然對勘本版寫的是 ཚད། 字，應該為誤。

（蔣）17.21 諸業本不生，因無自性故，是以無生故，失壞不應理。

（佛護引文）17.21 諸業本不生，因無實性故，

是以無生故，失壞不應理。

།གལ་ཏེ་ལས་ལ་རང་བཞིན་ཡོད། །རྟག་པར་འགྱུར་བར་ཐེ་ཚོམ་མེད།
།ལས་ནི་བྱས་པ་མ་ཡིན་འགྱུར། །རྟག་ལ་བྱ་བ་མེད་ཕྱིར་རོ།

（鳩）17.22 若業有性者　是則名爲常　不作亦名業　常則不可作

（蔣）17.22 業若有自性，成常莫起疑，且成無作性，常則無作故。

།ཅི་སྟེ་ལས་ནི་མ་བྱས་ན། །མ་བྱས་པ་དང་ཕྲད་འཇིགས་འགྱུར།
།ཚངས་སྤྱོད་གནས་པ་མ་ཡིན་པའང་། །དེ་ལ་སྐྱོན་དུ་ཐལ་བར་འགྱུར།

（鳩）17.23 若有不作業　不作而有罪　不斷於梵行　而有不淨過

（蔣）17.23 業若無作性，合無作則畏，雖不住梵行，仍應成其過。

།ཐ་སྙད་ཐམས་ཅད་ཉིད་དང་ཡང་། །འགལ་བར་འགྱུར་བར་ཐེ་ཚོམ་མེད།
།བསོད་ནམས་དང་ནི་སྡིག་བྱེད་པའི། །རྣམ་པར་དབྱེ་བའང་འཐད་མི་འགྱུར།

（鳩）17.24 是則破一切　世間語言法　作罪及作福　亦無有差別

（蔣）17.24 諸名言亦是，相違莫起疑，作罪及作福，亦無有差別。

།དེ་ནི་རྣམ་སྨིན་སྨིན་གྱུར་པ། །ཡང་དང་ཡང་དུ་རྣམ་སྨིན་འགྱུར།
།གལ་ཏེ་རང་བཞིན་ཡོད་ན་ནི། །གང་ཕྱིར་ལས་གནས་དེ་ཡི་ཕྱིར།

（鳩）17.25 若言業決定　而自有性者　受於果報已　而應更復受

（蔣）17.25 受於果報已，而應更復受；若言有自性，則業應永住。

（佛護引文）17.25 受於果報已，而應更復受，

決定有業故，存在自性故。

།ལས་འདི་ཉོན་མོངས་བདག་ཉིད་ལ། །ཉོན་མོངས་དེ་དག་ཡང་དག་མིན།
།གལ་ཏེ་ཉོན་མོངས་ཡང་དག་མིན། །ལས་ནི་ཡང་དག་ཇི་ལྟར་ཡིན།

（鳩）17.26 若諸世間業　從於煩惱生　是煩惱非實　業當何有實

（蔣）17.26 業於惑性中，彼惑等非實，若惑非實有，如何業爲實？

།ལས་དང་ཉོན་མོངས་པ་དག་ནི། །ལུས་རྣམས་ཀྱི་ནི་རྐྱེན་དུ་བསྟན།
།གལ་ཏེ་ལས་དང་ཉོན་མོངས་པ། །དེ་སྟོང་ལུས་ལ་ཇི་ལྟར་བརྗོད།

（鳩）17.27 諸煩惱及業　是說身因緣　煩惱諸業空　何況於諸身

（蔣）17.27 諸煩惱及業，是說身因緣；諸煩惱業空，如何說諸身？

།མ་རིག་བསྒྲིབས་པའི་སྐྱེ་བོ་གང་། །སྲེད་ལྡན་དེ་ནི་ཟ་བ་པོ།
།དེ་ཡང་བྱེད་ལས་གཞན་མིན་ཞིང་། །དེ་ཉིད་དེ་ཡང་མ་ཡིན་ནོ།

（鳩）17.28 無明之所蔽　愛結之所縛　而於本作者　不即亦不異

（蔣）17.28 無明蔽有情，是具愛食者，而於本作者，不即亦不異。

།གང་གི་ཕྱིར་ན་ལས་འདི་ནི། །རྐྱེན་ལས་བྱུང་བ་མ་ཡིན་ཞིང་།
།རྐྱེན་མིན་ལས་བྱུང་ཡོད་མིན་པ། །དེ་ཕྱིར་བྱེད་པ་པོ་ཡང་མེད།

（鳩）17.29 業不從緣生　不從非緣生　是故則無有　能起於業者

（蔣）17.29 業不從緣生，不從非緣生，是故則無有，造業者亦無。

།གལ་ཏེ་ལས་དང་བྱེད་མེད་ན། །ལས་སྐྱེས་འབྲས་བུ་ག་ལ་ཡོད།

།ཅི་སྟེ་འབྲས་བུ་ཡོད་མིན་ན། །ཟ་བ་པོ་ལྟ་ག་ལ་ཡོད།

17.30 無業無作者，何有業生果，若其無有果，何有受果者？

།ཇི་ལྟར་སྟོན་པས་སྤྲུལ་པ་ནི། །རྫུ་འཕྲུལ་ཕུན་ཚོགས་ཀྱིས་སྤྲུལ་ཞིང་།
།སྤྲུལ་པ་དེ་ཡང་སྤྲུལ་པ་ན། །སླར་ཡང་གཞན་ནི་སྤྲུལ་པ་ལྟར།

（鳩、蔣）17.31 如世尊神通，所作變化人，
如是變化人，復變作化人。

（佛護引文）17.31 如圓滿神通，所作變化人，
復變化作他，其變爲相異。

།དེ་བཞིན་བྱེད་པོ་དེ་ལས་གང་། །བྱས་པའང་སྤྲུལ་པའི་རྣམ་པ་བཞིན།
།དཔེར་ན་སྤྲུལ་པས་སྤྲུལ་གཞན་ཞིག །སྤྲུལ་པ་མཛད་པ་དེ་བཞིན་ནོ།

（鳩）17.32 如初變化人　是名爲作者　變化人所作　是則名爲業

（蔣）17.32 作者所造業，亦如變化相，如化復變他，而行變化事。

།ཉོན་མོངས་ལས་དང་ལུས་རྣམས་དང་། །བྱེད་པ་པོ་དང་འབྲས་བུ་དག
།དྲི་ཟའི་གྲོང་ཁྱེར་ལྟ་བུ་དང་། །སྨིག་རྒྱུ་རྨི་ལམ་འདྲ་བ་ཡིན།

（鳩）17.33 諸煩惱及業　作者及果報　皆如幻與夢　如炎亦如響

（蔣）17.33 煩惱業及身，作者及果報，如乾闥婆城，如幻亦如夢。

第十七品——觀業品——終。

# 第十八品
## ——觀法品——

|གལ་ཏེ་ཕུང་པོ་བདག་ཡིན་ན། |སྐྱེ་དང་འཇིག་པ་ཅན་དུ་འགྱུར།
|གལ་ཏེ་ཕུང་པོ་རྣམས་ལས་གཞན། |ཕུང་པོའི་མཚན་ཉིད་མེད་པར་འགྱུར།

（鳩）18.1 若我是五陰　我即爲生滅　若我異五陰　則非五陰相

（蔣）18.1 如果蘊是我，即是生滅者；若從蘊而異，蘊相不應有。

|བདག་ཉིད་ཡོད་པ་མ་ཡིན་ན། |བདག་གི་ཡོད་པར་ག་ལ་འགྱུར།
|བདག་དང་བདག་གི་ཞི་བའི་ཕྱིར། |ངར་འཛིན་ང་ཡིར་འཛིན་མེད་འགྱུར།

（鳩）18.2 若無有我者　何得有我所　滅我我所故　名得無我智

（蔣）18.2 設若無有我，何得有我所？滅我我所故，不執我我所。

|ངར་འཛིན་ང་ཡིར་འཛིན་མེད་གང་། |དེ་ཡང་ཡོད་པ་མ་ཡིན་ཏེ།
|ངར་འཛིན་ང་ཡིར་འཛིན་པ་མེད་པར། |གང་གིས་མཐོང་བས་མི་འཐོང་ངོ་།

（鳩）18.3 得無我智者　是則名實觀　得無我智者　是人爲希有

（蔣）18.3 不執我我所，不執者亦無；不執我我所，見故而不見。

|ནང་དང་ཕྱི་རོལ་ཉིད་དག་ལ། |བདག་དང་བདག་གི་སྙམ་ཟད་ན།
|ཉེ་བར་ལེན་པ་འགག་འགྱུར་ཞིང་། |དེ་ཟད་པས་ན་སྐྱེ་བ་ཟད།

（鳩）18.4 內外我我所　盡滅無有故　諸受即爲滅　受滅則身滅

（蔣）18.4 若於內外法，滅我我所想，則應滅近取，滅彼故滅生。

（佛護引文）18.4 諸內外法中，若滅我我所，則應滅近取，滅彼故滅生。

།ལས་དང་ཉོན་མོངས་ཟད་པས་ཐར། །ལས་དང་ཉོན་མོངས་རྣམ་རྟོག་ལས།
།དེ་དག་སྤྲོས་ལས་སྤྲོས་པ་ནི། །སྟོང་པ་ཉིད་ཀྱིས་འགག་པར་འགྱུར།

（鳩）18.5 業煩惱滅故　名之為解脫　業煩惱非實　入空戲論滅

（蔣）18.5 滅業惑得脫，業惑從妄念，彼從戲論有，依空滅戲論。

།བདག་གིས་ཞེས་ཀྱང་བཏགས་གྱུར་ཅིང་། །བདག་མེད་ཅེས་ཀྱང་བསྟན་པར་གྱུར།
།སངས་རྒྱས་རྣམས་ཀྱི་བདག་དང་ནི། །བདག་མེད་འགའ་མེད་ཅེས་ཀྱང་བསྟན།

（鳩）18.6 諸佛或說我　或說於無我　諸法實相中　無我無非我

（蔣）18.6 諸佛或說我，或說於無我，諸佛亦或說，我無我皆無。

།བརྗོད་པར་བྱ་བ་ལྡོག་པ་སྟེ། །སེམས་ཀྱི་སྤྱོད་ཡུལ་ལྡོག་པས་སོ།
།མ་སྐྱེས་པ་དང་མ་འགགས་པ། །ཆོས་ཉིད་མྱ་ངན་འདས་དང་མཚུངས།

（鳩）18.7 諸法實相者　心行言語斷　無生亦無滅　寂滅如涅槃

（蔣）18.7 所詮將還滅，還滅心行境，無生及無滅，法性同涅槃。

།ཐམས་ཅད་ཡང་དག་ཡང་དག་མིན། །ཡང་དག་ཡང་དག་མ་ཡིན་ཉིད།
།ཡང་དག་མིན་མིན་ཡང་དག་མིན། །དེ་ནི་སངས་རྒྱས་རྗེས་བསྟན་པའོ།

18.8 一切實非實，亦實亦非實；非實非非實，是名諸佛法。

།གཞན་ལས་ཤེས་མིན་ཞི་བ་དང་། །སྤྲོས་[10]པ་རྣམས་ཀྱིས་མ་སྤྲོས་[11]པ།

10 雖然對勘本版寫的是 སྤྲོས། 字，應該為誤。

11 雖然對勘本版寫的是 སྤྲོས། 字，應該為誤。

།རྣམ་རྟོག་མེད་དོན་ཐ་དད་མེད། །དེ་ནི་དེ་ཉིད་མཚན་ཉིད་དོ།

（鳩）18.9 自知不隨他　寂滅無戲論　無異無分別　是則名實相

（蔣）18.9 非隨他而知，寂靜離戲論，無妄念非異，此爲彼性相。

།གང་ལ་བརྟེན་ཏེ་གང་འབྱུང་བ། །དེ་ནི་རེ་ཞིག་དེ་ཉིད་མིན།
།དེ་ལས་གཞན་པའང་མ་ཡིན་ཕྱིར། །དེ་ཕྱིར་ཆད་མིན་རྟག་མ་ཡིན།

（鳩）18.10 若法從緣生　不即不異因　是故名實相　不斷亦不常

（蔣）18.10 由何生某法，彼皆非彼性，亦非迥異彼，非斷亦非常。

།སངས་རྒྱས་འཇིག་རྟེན་མགོན་རྣམས་ཀྱི། །བསྟན་པ་བདུད་རྩིར་གྱུར་པ་དེ།
།དོན་གཅིག་མ་ཡིན་ཐ་དད་མིན། །ཆད་པ་མ་ཡིན་རྟག་མ་ཡིན།

（鳩）18.11 不一亦不異　不常亦不斷　是名諸世尊　教化甘露味

（蔣）18.11 是名諸世尊，教化甘露味，即非一及異，不斷亦不常。

（佛護引文）18.11 不一亦不異，不斷亦不常，
是名諸世尊，教化甘露味。

།རྫོགས་སངས་རྒྱས་རྣམས་མ་བྱུང་ཞིང་། །ཉན་ཐོས་རྣམས་ནི་ཟད་གྱུར་ཀྱང་།
།རང་སངས་རྒྱས་ཀྱི་ཡེ་ཤེས་ནི། །སྟོན་པ་མེད་ལས་རབ་ཏུ་སྐྱེ།

（鳩）18.12 若佛不出世　佛法已滅盡　諸辟支佛智　從於遠離生

（蔣）18.12 若佛不出世，諸聲聞將滅；諸辟支佛智，無佛亦可生。

第十八品——觀法品——終。

# 第十九品

## ——觀時品——

།ད་ལྟར་བྱུང་དང་མ་འོངས་པ། །གལ་ཏེ་འདས་ལ་ལྟོས་གྱུར་ན།
།ད་ལྟར་བྱུང་དང་མ་འོངས་པ། །འདས་པའི་དུས་ན་ཡོད་པར་འགྱུར།

（鳩）19.1 若因過去時　有未來現在　未來及現在　應有過去時

（蔣）19.1 現在及未來，若待過去時，現在及未來，過去中應有。

།ད་ལྟར་བྱུང་དང་མ་འོངས་པ། །གལ་ཏེ་དེ་ན་མེད་གྱུར་ན།
།ད་ལྟར་བྱུང་དང་མ་འོངས་པ། །ཇི་ལྟར་དེ་ལ་ལྟོས་པར་འགྱུར།

（鳩）19.2 若過去時中　無未來現在　未來現在時　云何因過去

（蔣）19.1 現在及未來，若於彼時無，現在及未來，如何觀待彼？

།འདས་པ་ལ་ནི་མ་ལྟོས་པར། །དེ་གཉིས་གྲུབ་པ་ཡོད་མ་ཡིན།
།དེ་ཕྱིར་ད་ལྟར་བྱུང་བ་དང་། །མ་འོངས་དུས་ཀྱང་ཡོད་མ་ཡིན།

（鳩）19.3 不因過去時　則無未來時　亦無現在時　是故無二時

（蔣）19.3 不觀待過去，彼二時非有，此故無現在，亦無未來時。

།རིམ་པའི་ཚུལ་ནི་འདི་ཉིད་ཀྱིས། །ལྷག་མ་གཉིས་པོ་བསྣོར་བ་དང་།
།མཆོག་དང་ཐ་མ་འབྲིང་ལ་སོགས། །གཅིག་ལ་སོགས་པའང་ཤེས་པར་བྱ།

（鳩）19.4 以如是義故　則知餘二時　上中下一異　是等法皆無

（蔣）19.4 以如是義故，則知餘二時，上中下及一，是等法皆謬。

།མི་གནས་དུས་ནི་འཛིན་མི་བྱེད། །གང་ཞིག་གཟུང་བར་བྱ་བའི་དུས།
།གནས་པ་ཡོད་པ་མ་ཡིན་པས། །མ་བཟུང་དུས་ནི་ཇི་ལྟར་གདགས།

（鳩）19.5 時住不可得　時去亦叵得　時若不可得　云何說時相

（蔣）19.5 無時不可持，持時物不住，於不持時中，豈能有施設？

།གལ་ཏེ་དུས་ནི་དངོས་བརྟེན་ཏེ། །དངོས་མེད་དུས་ནི་ག་ལ་ཡོད།
།དངོས་པོ་འགའ་ཡང་ཡོད་མིན་ན། །དུས་ལྟ་ཡོད་པར་ག་ལ་འགྱུར།

（鳩）19.6 因物故有時　離物何有時　物尚無所有　何況當有時

（蔣）19.6 若時待事物，離物何有時？物尚無所有，何況當有時。

（佛護引文）19.6 若時觀待前，離物何有時？

物尚無所有，何況當有時。

第十九品——觀時品——終。

# 第二十品
## ——觀因果品——

།གལ་ཏེ་རྒྱུ་དང་རྐྱེན་རྣམས་ཀྱི། །ཚོགས་པ་ཉིད་ལས་སྐྱེ་འགྱུར་ཞིང་།
།ཚོགས་ལ་འབྲས་བུ་ཡོད་ན་ནི། །ཇི་ལྟར་ཚོགས་པ་ཉིད་ལས་སྐྱེ།

（鳩）20.1 若眾緣和合　而有果生者　和合中已有　何須和合生

（蔣）20.1 若眾緣和合，而有果生者，和合中有果，和合豈生果？

།གལ་ཏེ་རྒྱུ་དང་རྐྱེན་རྣམས་ཀྱི། །ཚོགས་པ་ཉིད་ལས་སྐྱེ་འགྱུར་ཞིང་།
།ཚོགས་ལ་འབྲས་བུ་མེད་ན་ནི། །ཇི་ལྟར་ཚོགས་པ་ཉིད་ལས་སྐྱེ།

（鳩）20.2 若眾緣和合　是中無果者　云何從眾緣　和合而果生

（蔣）20.2 若因緣和合，是中無果者，和合中無果，和合豈生果？

།གལ་ཏེ་རྒྱུ་དང་རྐྱེན་རྣམས་ཀྱི། །ཚོགས་ལ་འབྲས་བུ་ཡོད་ན་ནི།
།ཚོགས་ལ་གཟུང་དུ་ཡོད་རིགས་ན། །ཚོགས་པ་ཉིད་ལ་གཟུང་དུ་མེད།

20.3 若眾緣和合，是中有果者，和合中應有，而實不可得。

།གལ་ཏེ་རྒྱུ་དང་རྐྱེན་རྣམས་ཀྱི། །ཚོགས་ལ་འབྲས་བུ་མེད་ན་ནི།
།རྒྱུ་རྣམས་དང་ནི་རྐྱེན་དག་ཀྱང་། །རྒྱུ་རྐྱེན་མ་ཡིན་མཚུངས་པར་འགྱུར།

20.4 若眾緣和合，是中無果者，是則眾因緣，與非因緣同。

།གལ་ཏེ་རྒྱུས་ནི་འབྲས་བུ་ལ། །རྒྱུ་བྱིན་ནས་ནི་འགག་འགྱུར་ན།
།གང་བྱིན་པ་དང་གང་འགགས་པའི། །རྒྱུ་ཡི་བདག་ཉིད་གཉིས་སུ་འགྱུར།

（鳩）20.5 若因與果因　作因已而滅　是因有二體　一與一則滅

（蔣）20.5 若因給予果，因生而後滅，是因有二體：一生及一滅。

།གལ་ཏེ་རྒྱུས་ནི་འབྲས་བུ་ལ། །རྒྱུ་མ་བྱིན་པར་འགག་འགྱུར་ན།
།རྒྱུ་འགགས་ནས་ནི་སྐྱེས་པ་ཡི། །འབྲས་བུ་དེ་དག་རྒྱུ་མེད་འགྱུར།

20.6 若因不與果，作因已而滅，因滅而果生，是果則無因。

།གལ་ཏེ་ཚོགས་དང་ལྷན་ཅིག་ཏུ། །འབྲས་བུ་ཡང་ནི་སྐྱེ་འགྱུར་ན།
།སྐྱེད་པར་བྱེད་དང་བསྐྱེད་བྱ་གང་། །དུས་གཅིག་པར་ནི་ཐལ་བར་འགྱུར།

（鳩）20.7 若眾緣合時　而有果生者　生者及可生　則爲一時俱

（蔣）20.7 若眾緣合時，而有果生者，能生及所生，應成爲一時。

།གལ་ཏེ་ཚོགས་པའི་སྔ་རོལ་དུ། །འབྲས་བུ་སྐྱེས་པར་གྱུར་ན་ནི།
།རྒྱུ་དང་རྐྱེན་རྣམས་མེད་པ་ཡི། །འབྲས་བུ་རྒྱུ་མེད་འབྱུང་བར་འགྱུར།

（鳩）20.8 若先有果生　而後眾緣合　此即離因緣　名爲無因果

（蔣）20.8 若先有果生，而後眾緣合，此即離因緣，無因而生果。

།གལ་ཏེ་རྒྱུ་འགགས་འབྲས་བུ་ན། །རྒྱུ་ནི་ཀུན་ཏུ་འཕོ་བར་འགྱུར།
།སྔོན་སྐྱེས་པ་ཡི་རྒྱུ་ཡང་ནི། །ཡང་སྐྱེ་བར་ནི་ཐལ་བར་འགྱུར།

（鳩）20.9 若因變爲果　因即至於果　是則前生因　生已而復生

（蔣）20.9 滅因後有果，因即至於果，是則前生因，生已而復生。

།འགགས་པ་ནུབ་པར་གྱུར་པ་ཡིས། །འབྲས་བུ་སྐྱེས་པ་ཇི་ལྟར་སྐྱེད།
།འབྲས་བུ་དང་ནི་འབྲེལ་བའི་རྒྱུ། །གནས་པས་ཀྱང་ནི་ཇི་ལྟར་སྐྱེད།

（鳩）20.10 云何因滅失　而能生於果　又若因在果　云何因生果

（蔣）20.10 云何因滅失，而能生其果？又若因有果，云何因生果？

།ཅི་སྟེ་རྒྱུ་འབྲས་མི་འབྲེལ་ན། །འབྲས་བུ་གང་ཞིག་སྐྱེད་པར་བྱེད།
།རྒྱུས་ནི་མཐོང་དང་མ་མཐོང་བར། །འབྲས་བུ་སྐྱེད་པར་མི་བྱེད་དོ།

（鳩）20.11 若因遍有果　更生何等果　因見不見果　是二俱不生

（蔣）20.11 因果若無關，所生果為何？見或與不見，是因不生果。

།འབྲས་བུ་འདས་པ་རྒྱུ་འདས་དང་། །མ་སྐྱེས་པ་དང་སྐྱེས་པ་དང་།
།ལྷན་ཅིག་ཕྲད་པར་འགྱུར་བ་ནི། །ནམ་ཡང་ཡོད་པ་མ་ཡིན་ནོ།

（鳩）20.12 若言過去因　而於過去果　未來現在果　是則終不合

（蔣）20.12 若言過去果，而於過去因，未來及現在，終不同時合。

།འབྲས་བུ་སྐྱེས་པ་རྒྱུ་མ་སྐྱེས། །འདས་པ་དང་ནི་སྐྱེས་པ་དང་།
།ལྷན་ཅིག་ཕྲད་པར་འགྱུར་བ་ནི། །ནམ་ཡང་ཡོད་པ་མ་ཡིན་ནོ།

（鳩）20.13 若言未來因　而於未來果　現在過去果　是則終不合

（蔣）20.13 若言未生果，會合未生因，過去及已生，是則終不合。

།འབྲས་བུ་མ་སྐྱེས་རྒྱུ་སྐྱེས་དང་། །མ་སྐྱེས་པ་དང་འདས་པ་དང་།
།ལྷན་ཅིག་ཕྲད་པར་འགྱུར་བ་ནི། །ནམ་ཡང་ཡོད་པ་མ་ཡིན་ནོ།

（鳩）20.14 若言現在因　而於現在果　未來過去果　是則終不合

（蔣）20.14 若言未生果，會合已生因，未生及過去，是則終不合。

།ཕྲད་པ་ཡོད་པ་མ་ཡིན་ན། །རྒྱུས་ནི་འབྲས་བུ་ཇི་ལྟར་སྐྱེད།

།ཕྲད་པ་ཡོད་པ་ཡིན་ན་ཡང་། །རྒྱུས་ནི་འབྲས་བུ་ཇི་ལྟར་སྐྱེད།

20.15 若不和合者，因何能生果？若有和合者，因何能生果？

།གལ་ཏེ་འབྲས་བུས་སྟོང་པའི་རྒྱུས། །ཇི་ལྟར་འབྲས་བུ་སྐྱེད་པར་བྱེད།
།གལ་ཏེ་འབྲས་བུས་མི་སྟོང་རྒྱུས། །ཇི་ལྟར་འབྲས་བུ་སྐྱེད་པར་བྱེད།

（鳩）20.16 若因空無果　因何能生果　若因不空果　因何能生果

（蔣）20.16 若因中無果，因何能生果？若因中有果，因何能生果？

།འབྲས་བུ་མི་སྟོང་སྐྱེ་མི་འགྱུར། །མི་སྟོང་འགག་པར་མི་འགྱུར་རོ།
།མི་སྟོང་དེ་ནི་མ་འགགས་དང་། །མ་སྐྱེས་པར་ཡང་འགྱུར་བ་ཡིན།

20.17 果不空不生，果不空不滅，以果不空故，不生亦不滅。

།སྟོང་པ་ཇི་ལྟར་སྐྱེ་འགྱུར་ཞིང་། །སྟོང་པ་ཇི་ལྟར་འགག་པར་འགྱུར།
།སྟོང་པ་དེ་ཡང་མ་འགགས་དང་། །མ་སྐྱེས་པར་ཡང་ཐལ་བར་འགྱུར།

（鳩）20.18 果空故不生　果空故不滅　以果是空故　不生亦不滅

（蔣）20.18 果空豈能生，果空豈能滅，以果是空故，不生亦不滅。

།རྒྱུ་དང་འབྲས་བུ་གཅིག་ཉིད་དུ། །ནམ་ཡང་འཐད་པར་མི་འགྱུར་རོ།
།རྒྱུ་དང་འབྲས་བུ་གཞན་ཉིད་དུ། །ནམ་ཡང་འཐད་པར་མི་འགྱུར་རོ།

20.19 因果是一者，是事終不然；因果若異者，是事亦不然。

།རྒྱུ་དང་འབྲས་བུ་གཅིག་ཉིད་ན། །བསྐྱེད་བྱ་སྐྱེད་བྱེད་གཅིག་ཏུ་འགྱུར།
།རྒྱུ་དང་འབྲས་བུ་གཞན་ཉིད་ན། །རྒྱུ་དང་རྒྱུ་མིན་མཚུངས་པར་འགྱུར།

20.20 若因果是一，生及所生一；若因果是異，因則同非因。

།འབྲས་བུ་ངོ་བོ་ཉིད་ཡོད་ན། །རྒྱུས་ནི་ཅི་ཞིག་སྐྱེད་པར་བྱེད།
།འབྲས་བུ་ངོ་བོ་ཉིད་མེད་ན། །རྒྱུས་ནི་ཅི་ཞིག་སྐྱེད་པར་བྱེད།

（鳩）20.21 若果定有性　因爲何所生　若果定無性　因爲何所生

（蔣）20.21 若果定有性，因所生爲何？若果定無性，因所生爲何？

།སྐྱེད་པར་བྱེད་པ་མ་ཡིན་ན། །རྒྱུ་ཉིད་འཐད་པར་མི་འགྱུར་རོ།
།རྒྱུ་ཉིད་འཐད་པ་ཡོད་མིན་ན། །འབྲས་བུ་གང་གི་ཡིན་པར་འགྱུར།

（鳩）20.22 因不生果者　則無有因相　若無有因相　誰能有是果

（蔣）20.22 因若不生果，因則不應理，因若不應理，果屬於何者？

།རྒྱུ་རྣམས་དང་ནི་རྐྱེན་དག་གི །ཚོགས་པ་གང་ཡིན་དེ་ཡིས་ནི།
།བདག་གིས་བདག་ཉིད་མི་སྐྱེད་ན། །འབྲས་བུ་ཇི་ལྟར་སྐྱེད་པར་བྱེད།

20.23 若從眾因緣，而有和合生，和合自不生，云何能生果？

།དེ་ཕྱིར་ཚོགས་པས་བྱས་པ་མེད། །ཚོགས་མིན་བྱས་པའི་འབྲས་བུ་མེད།
།འབྲས་བུ་ཡོད་པ་མ་ཡིན་ན། །རྐྱེན་གྱི་ཚོགས་པ་ག་ལ་ཡོད།

（鳩）20.24 是故果不從　緣合不合生　若無有果者　何處有合法

（蔣）20.24 是故果不從，緣合不合生。若無有果者，豈有緣和合？

第二十品——觀因果品——終。

## 第二十一品
## ——觀成壞品——

།འཇིག་པ་འབྱུང་བ་མེད་པར་རམ། །ལྷན་ཅིག་ཡོད་པ་ཉིད་མ་ཡིན།
།འབྱུང་བ་འཇིག་པ་མེད་པར་རམ། །ལྷན་ཅིག་ཡོད་པ་ཉིད་མ་ཡིན།

（鳩）21.1 離成及共成　是中無有壞　離壞及共壞　是中亦無成

（蔣）21.1 滅非由無生，同俱亦非有；生非由無滅，同俱亦非有。

།འཇིག་པ་འབྱུང་བ་མེད་པར་ནི། །ཇི་ལྟ་བུར་ན་ཡོད་པར་གྱུར།
།སྐྱེ་བ་མེད་པར་འཆི་བར་འགྱུར། །འཇིག་པ་འབྱུང་བ་མེད་པར་མེད།

（鳩）21.2 若離於成者　云何而有壞　如離生有死　是事則不然

（蔣）21.2 若是生非有，豈能有壞滅？如離生有死，滅非由無生。

།འཇིག་པ་འབྱུང་དང་ལྷན་ཅིག་ཏུ། །ཇི་ལྟར་ཡོད་པ་ཉིད་དུ་འགྱུར།
།འཆི་བ་སྐྱེ་དང་དུས་གཅིག་ཏུ། །ཡོད་པ་ཉིད་ནི་མ་ཡིན་ནོ།

（鳩）21.3 成壞共有者　云何有成壞　如世間生死　一時俱不然

（蔣）21.3 滅生若同俱，是故豈能有？如世間生死，一時俱不然。

།འབྱུང་བ་འཇིག་པ་མེད་པར་ནི། །ཇི་ལྟ་བུར་ན་ཡོད་པར་འགྱུར།
།དངོས་པོ་རྣམས་ལ་མི་རྟག་ཉིད། །ནམ་ཡང་མེད་པ་མ་ཡིན་ནོ།

（鳩）21.4 若離於壞者　云何當有成　無常未曾有　不在諸法時

（蔣）21.4 若生由無滅，是故豈能有？於諸事物中，未曾離無常。

།འབྱུང་བ་འཇིག་དང་ལྷན་ཅིག་ཏུ། །ཇི་ལྟར་ཡོད་པ་ཉིད་དུ་འགྱུར།
།སྐྱེ་བ་འཆི་དང་དུས་གཅིག་ཏུ། །ཡོད་པ་ཉིད་ནི་མ་ཡིན་ནོ།

（蔣）21.5 是故生與滅，豈能同時有？如同生與死，一時俱不然。

（佛護引文）21.5 是故生與滅，豈能同時有？
如同生與死，同俱不應理。

།གང་དག་ཕན་ཚུན་ལྷན་ཅིག་གམ། །ཕན་ཚུན་ལྷན་ཅིག་མ་ཡིན་པར།
།གྲུབ་པ་ཡོད་པ་མ་ཡིན་པ། །དེ་དག་གྲུབ་པ་ཇི་ལྟར་ཡོད།

（鳩）21.6 成壞共無成 離亦無有成 是二俱不可 云何當有成

（蔣）21.6 是故不應理，相互同俱有，或由非互俱，豈能有彼等？

།ཟད་ལ་འབྱུང་བ་ཡོད་མ་ཡིན། །མ་ཟད་པ་ལའང་འབྱུང་བ་མེད།
།ཟད་ལ་འཇིག་པ་ཡོད་མ་ཡིན། །མ་ཟད་པ་ལའང་འཇིག་པ་མེད།

（鳩）21.7 盡則無有成 不盡亦無成 盡則無有壞 不盡亦不壞

（蔣）21.7 盡則無有生，不盡亦不生，盡則無有滅，不盡亦不滅。

།དངོས་པོ་ཡོད་པ་མ་ཡིན་པར། །འབྱུང་དང་འཇིག་པ་ཡོད་མ་ཡིན།
།འབྱུང་དང་འཇིག་པ་མེད་པར་ནི། །དངོས་པོ་ཡོད་པ་མ་ཡིན་ནོ།

（鳩）21.8 若離於成壞 是亦無有法 若當離於法 亦無有成壞

（蔣）21.8 事物既非有，無生亦無滅；無生亦無滅，事物則非有。

（佛護引文）21.8 無生亦無滅，事物則非有，
事物既非有，無生亦無滅。

།སྟོང་ལ་འབྱུང་དང་འཇིག་པ་དག །འཐད་པ་ཉིད་ནི་མ་ཡིན་ནོ།

།མི་སྟོང་པ་ལའང་འབྱུང་འཇིག་དག །འཐད་པ་ཉིད་ནི་མ་ཡིན་ནོ།

（鳩）21.9 若法性空者　誰當有成壞　若性不空者　亦無有成壞

（蔣）21.9 若法性空者，生滅不應理，若性不空者，生滅亦非理。

།འབྱུང་བ་དང་ནི་འཇིག་པ་དག །གཅིག་པ་ཉིད་དུ་མི་འཐད་དོ།
།འབྱུང་བ་དང་ནི་འཇིག་པ་དག །གཞན་ཉིད་དུ་ཡང་མི་འཐད་དོ།

（鳩）21.10 成壞若一者　是事則不然　成壞若異者　是事亦不然

（蔣）21.10 生滅若一者，是事則不然；生滅若異者，是事則不然。

།འབྱུང་བ་དང་ནི་འཇིག་པ་དག །མཐོང་ངོ་སྙམ་དུ་ཁྱོད་སེམས་ན།
།འབྱུང་བ་དང་ནི་འཇིག་པ་དག །གཏི་མུག་ཉིད་ཀྱིས་མཐོང་བ་ཡིན།

21.11 若謂以眼見，而有生滅者，則為是癡妄，而見有生滅。

།དངོས་པོ་དངོས་ལས་མི་སྐྱེ་སྟེ། །དངོས་པོ་དངོས་མེད་ལས་མི་སྐྱེ།
།དངོས་མེད་དངོས་མེད་མི་སྐྱེ་སྟེ། །དངོས་མེད་དངོས་ལས་མི་སྐྱེའོ།

（鳩）21.12 從法不生法　亦不生非法　從非法不生　法及於非法

（蔣）21.12 由事物不生，事物非事物；事物非事物，不生非事物。

（佛護引文）21.12 由事物不生，事物非事物；

事物不生彼，非事不生彼。

།དངོས་པོ་བདག་ལས་མི་སྐྱེ་སྟེ། །གཞན་ལས་སྐྱེ་བ་ཉིད་མ་ཡིན།
།བདག་དང་གཞན་ལས་སྐྱེ་བ་ནི། །ཡོད་མིན་ཇི་ལྟར་སྐྱེ་བར་འགྱུར།

（鳩）21.13 法不從自生　亦不從他生　不從自他生　云何而有生

（蔣）21.13 事物不自生，亦不從他生，不從自他生，云何而有生？

།དངོས་པོ་ཡོད་པར་ཁས་བླངས་ན། །རྟག་དང་ཆད་པ་ལྟ་བར་ནི།
།ཐལ་བར་འགྱུར་ཏེ་དངོས་དེ་ནི། །རྟག་དང་མི་རྟག་འགྱུར་ཕྱིར་རོ།

（鳩）21.14 若有所受法　即墮於斷常　當知所受法　爲常爲無常

（蔣）21.14 若許事物有，即常見斷見，事物則應成，常法及無常。

།དངོས་པོ་ཡོད་པར་ཁས་བླངས་ཀྱང་། །ཆད་པར་མི་འགྱུར་རྟག་མི་འགྱུར།
།འབྲས་བུ་རྒྱུ་ཡི་འབྱུང་འཇིག་གི །རྒྱུན་དེ་སྲིད་པ་ཡིན་ཕྱིར་རོ།

（鳩）21.15 所有受法者　不墮於斷常　因果相續故　不斷亦不常

（蔣）21.15 雖許事物有，不成斷及常；果因生滅之，續流乃有故。

།འབྲས་བུ་རྒྱུ་ཡི་འབྱུང་འཇིག་གི །རྒྱུན་དེ་སྲིད་པ་ཡིན་འགྱུར་ན།
།འཇིག་ལ་ཡང་སྐྱེ་མེད་པའི་ཕྱིར། །རྒྱུ་ནི་ཆད་པར་ཐལ་བར་འགྱུར།

（鳩）21.16 若因果生滅　相續而不斷　滅更不生故　因即爲斷滅

（蔣）21.16 果因生滅之，續流若是有，滅無復生故，因應成斷邊。

（佛護引文）21.16 若果生滅之，續流若是有，
滅無復生故，因應成斷邊。

།དངོས་པོ་ངོ་བོ་ཉིད་ཡོད་ན། །དངོས་མེད་འགྱུར་བར་མི་རིགས་སོ།
།མྱ་ངན་འདས་པའི་དུས་ན་ཆད། །སྲིད་རྒྱུན་རབ་ཏུ་ཞི་ཕྱིར་རོ།

（鳩）21.17 法住於自性　不應有有無　涅槃滅相續　則墮於斷滅

（蔣）21.17 事物若自性，非事物非理，涅槃時斷續，極滅有續故。

།ཐ་མ་འགགས་པར་གྱུར་པ་ན། །སྲིད་པ་དང་པོ་རིགས་མི་འགྱུར།
།ཐ་མ་འགགས་པར་མ་གྱུར་ཚེ། །སྲིད་པ་དང་པོ་རིགས་མི་འགྱུར།

（鳩）21.18 若初有滅者 則無有後有 初有若不滅 亦無有後有

（蔣）21.18 若後成壞滅，初有不應理；若後不壞滅，初有不應理。

（佛護引文）21.18 若後成壞滅，初有將不成；

若後不壞滅，不結生初有。

།གལ་ཏེ་ཐ་མ་འགག་བཞིན་ན། །དང་པོ་སྐྱེ་བར་འགྱུར་ན་ནི།
།འགག་བཞིན་པ་ནི་གཅིག་འགྱུར་ཞིང་། །སྐྱེ་བཞིན་པ་ཡང་གཞན་དུ་འགྱུར།

（鳩）21.19 若初有滅時 而後有生者 滅時是一有 生時是一有

（蔣）21.19 若後正滅時，是故而生有，正滅將成一，正生成他性。

།གལ་ཏེ་འགག་བཞིན་སྐྱེ་བཞིན་དག །ལྷན་ཅིག་ཏུ་ཡང་རིགས་མིན་ན།
།ཕུང་པོ་གང་ལ་འཆི་འགྱུར་བ། །དེ་ལ་སྐྱེ་བ་འབྱུང་འགྱུར་རམ།

（鳩）21.20 若言於生滅 而謂一時者 則於此陰死 即於此陰生

（蔣）21.20 正滅及正生，同俱亦非理，蘊滅於何處，此處豈生蘊？

（佛護引文）21.20 正滅及正生，同俱亦非有，

蘊滅於何處，於此處生蘊。

།དེ་ལྟར་དུས་གསུམ་དག་ཏུ་ཡང་། །སྲིད་པའི་རྒྱུན་ནི་མི་རིགས་ན།
།དུས་གསུམ་དག་ཏུ་གང་མེད་པ། །དེ་ནི་ཇི་ལྟར་སྲིད་པའི་རྒྱུན།

（鳩）21.21 三世中求有 相續不可得 若三世中無 何有有相續

（蔣）21.21 三世中求有，續流不可得；若三世中無，有續流豈有？

第二十一品——觀成壞品——終。

# 第二十二品
## ──觀如來品──

།ཕུང་མིན་ཕུང་པོ་ལས་གཞན་མིན། །དེ་ལ་ཕུང་མེད་དེ་དེར་མེད།
།དེ་བཞིན་གཤེགས་པ་ཕུང་ལྡན་མིན། །དེ་བཞིན་གཤེགས་པ་གང་ཞིག་ཡིན།

（鳩）22.1 非陰不離陰　此彼不相在　如來不有陰　何處有如來

（蔣）22.1 非蘊不離蘊，彼此中互無，如來不具蘊，如來應爲何？

།གལ་ཏེ་སངས་རྒྱས་ཕུང་པོ་ལ། །བརྟེན་ནས་རང་བཞིན་ལས་ཡོད་མིན།
།རང་བཞིན་ལས་ནི་གང་མེད་པ། །དེ་གཞན་དངོས་ལས་ག་ལ་ཡོད།

（鳩）22.2 陰合有如來　則無有自性　若無有自性　云何因他有

（蔣）22.2 佛若觀待蘊，則非自性有，自性若是無，豈有他事物？

།གང་ཞིག་གཞན་གྱི་དངོས་བརྟེན་ནས། །དེ་བདག་ཉིད་དུ་མི་འཐད་དོ།
།གང་ཞིག་བདག་ཉིད་མེད་པ་དེ། །ཇི་ལྟར་དེ་བཞིན་གཤེགས་པར་འགྱུར།

（鳩）22.3 法若因他生　是即爲非我　若法非我者　云何是如來

（蔣）22.3 從他事物生，故非自性有；若非自性有，云何是如來？

།གལ་ཏེ་རང་བཞིན་ཡོད་མིན་ན། །གཞན་དངོས་ཡོད་པར་ཇི་ལྟར་འགྱུར།
།རང་བཞིན་དང་ནི་གཞན་དངོས་དག །མ་གཏོགས་དེ་བཞིན་གཤེགས་དེ་གང་།

（鳩）22.4 若無有自性　云何有他性　離自性他性　何名爲如來

（蔣）22.4 自性若非有，豈有他事物？離自他事物，云何是如來？

།གལ་ཏེ་ཕུང་པོ་མ་བརྟེན་པར། །དེ་བཞིན་གཤེགས་པ་འགའ་ཡོད་ན།
།དེ་ནི་ད་གདོད་རྟེན་འགྱུར་ཞིང་། །བརྟེན་ནས་དེ་ནས་འགྱུར་ལ་རག

（鳩）22.5 若不因五陰　先有如來者　以今受陰故　則說爲如來

（蔣）22.5 若離觀待蘊，仍有某如來，彼隨後取蘊，觀待成如來。

།ཕུང་པོ་རྣམས་ལ་མ་བརྟེན་པར། །དེ་བཞིན་གཤེགས་པ་འགའ་ཡང་མེད།
།གང་ཞིག་མ་བརྟེན་ཡོད་མིན་པ། །དེས་ནི་ཇི་ལྟར་ཉེར་ལེན་འགྱུར།

（鳩）22.6 今實不受陰　更無如來法　若以不受無　今當云何受

（蔣）22.6 若離觀待蘊，如來皆非有；離觀待則無，豈能近取蘊？

།ཉེ་བར་བླངས་པ་མ་ཡིན་པ། །ཉེ་བར་ལེན་པར་ཅིས་མི་འགྱུར།
།ཉེ་བར་ལེན་པ་མེད་པ་ཡི། །དེ་བཞིན་གཤེགས་པ་ཅི་ཡང་མེད།

（鳩）22.7 若其未有受　所受不名受　無有無受法　而名爲如來

（蔣）22.7 既非近取處，豈能成近取？遠離近取故，如來皆非有。

།རྣམ་པ་ལྔས་ནི་བཙལ་བྱས་ན། །གང་ཞིག་དེ་ཉིད་གཞན་ཉིད་དུ།
།མེད་པའི་དེ་བཞིན་གཤེགས་པ་དེ། །ཉེ་བར་ལེན་པས་ཇི་ལྟར་གདགས།

（鳩）22.8 若於一異中　如來不可得　五種求亦無　云何受中有

（蔣）22.8 依五相而尋，於彼異性中，如來不可得，近取豈施設？

།གང་ཞིག་ཉེ་བར་བླང་བ་དེ། །དེ་ནི་རང་བཞིན་ལས་ཡོད་མིན།
།བདག་གི་དངོས་ལས་གང་མེད་པ། །དེ་གཞན་དངོས་ལས་ཡོད་རེ་སྐན།

（鳩）22.9 又所受五陰　不從自性有　若無自性者　云何有他性

（蔣）22.9 何法是近取，彼非從自性；法不從己性，絕非從他性。

（佛護引文）22.9 何法是近取，彼非從自性；

法不從己性，絕非從事物。

།དེ་ལྟར་ཉེར་བླང་ཉེར་ལེན་པོ། །རྣམ་པ་ཀུན་གྱིས་སྟོང་པ་ཡིན།
།སྟོང་པས་དེ་བཞིན་གཤེགས་སྟོང་པ། །ཇི་ལྟ་བུར་ན་འདོགས་པར་འགྱུར།

（鳩）22.10 以如是義故　受空受者空　云何當以空　而說空如來

（蔣）22.10 近取近取者，一切皆空相，空故無如來，豈能有施設？

།སྟོང་ངོ་ཞེས་ཀྱང་མི་བརྗོད་དེ། །མི་སྟོང་ཞེས་ཀྱང་མི་བྱ་ཞིང་།
།གཉིས་དང་གཉིས་མིན་མི་བྱ་སྟེ། །གདགས་པའི་དོན་དུ་བརྗོད་པར་བྱ།

（鳩）22.11 空則不可說　非空不可說　共不共叵說　但以假名說

（蔣）22.11 空則不可說，非空亦不說，叵說是非二，但以施設說。

།རྟག་དང་མི་རྟག་ལ་སོགས་བཞི། །ཞི་བ་འདི་ལ་ག་ལ་ཡོད།
།མཐའ་དང་མཐའ་མེད་ལ་སོགས་བཞི། །ཞི་བ་འདི་ལ་ག་ལ་ཡོད།

22.12 寂滅相中無，常無常等四；寂滅相中無，邊無邊等四。

།གང་གིས་དེ་བཞིན་གཤེགས་ཡོད་ཅེས། །འཛིན་པ་སྟུག་པོ་བཟུང་གྱུར་པ།
།དེ་ནི་མྱ་ངན་འདས་པ་ལ། །མེད་ཅེས་རྣམ་རྟོག་རྟོག་པར་བྱེད།

（鳩）22.13 邪見深厚者　則說無如來　如來寂滅相　分別有亦非

（蔣）22.13 邪見深厚者，則於涅槃中，妄執如來有，或執如來無。

།རང་བཞིན་གྱིས་ནི་སྟོང་དེ་ལ། །སངས་རྒྱས་མྱ་ངན་འདས་ནས་ནི།

།ཡོད་དོ་ཞེ་འམ་མེད་དོ་ཞེས། །བསམ་པ་འཐད་པ་ཉིད་མི་འགྱུར།

（鳩）22.14 如是性空中 思惟亦不可 如來滅度後 分別於有無

（蔣）22.14 於無自性中，不應做此念：佛於涅槃後，是有或是無。

།གང་དག་སངས་རྒྱས་སྤྲོས་འདས་ཤིང་། །ཟད་པ་མེད་ལ་སྤྲོས་བྱེད་པ།
།སྤྲོས་པས་ཉམས་པ་དེ་ཀུན་གྱིས། །དེ་བཞིན་གཤེགས་པ་མཐོང་མི་འགྱུར།

（鳩）22.15 如來過戲論 而人生戲論 戲論破慧眼 是皆不見佛

（蔣）22.15 如來離戲論；無盡作戲論，戲論破慧眼，是皆不見佛。

།དེ་བཞིན་གཤེགས་པའི་རང་བཞིན་གང་། །དེ་ནི་འགྲོ་འདིའི་རང་བཞིན་ཡིན།
།དེ་བཞིན་གཤེགས་པ་རང་བཞིན་མེད། །འགྲོ་བ་འདི་ཡི་རང་བཞིན་མེད།

（鳩）22.16 如來所有性 即是世間性 如來無有性 世間亦無性

（蔣）22.16 如來所有性，即是有情性，因佛無自性，有情自性無。

第二十二品——觀如來品——終。

# 第二十三品
## ──觀顛倒品──

།འདོད་ཆགས་ཞེ་སྡང་གཏི་མུག་རྣམས། །ཀུན་ཏུ་རྟོག་ལས་འབྱུང་བར་གསུངས།
།སྡུག་དང་མི་སྡུག་ཕྱིན་ཅི་ལོག །བརྟེན་པ་ཉིད་ལས་ཀུན་ཏུ་འབྱུང་།

（鳩）23.1 從憶想分別　生於貪恚癡　淨不淨顛倒　皆從眾緣生

（蔣）23.1 經說貪瞋痴，皆從妄念生，淨不淨顛倒，待此而遍生。

།གང་དག་སྡུག་དང་མི་སྡུག་དང་། །ཕྱིན་ཅི་ལོག་ལས་བརྟེན་འབྱུང་བ།
།དེ་དག་རང་བཞིན་ལས་མེད་དེ། །དེ་ཕྱིར་ཉོན་མོངས་ཡང་དག་མེད།

（鳩）23.2 若因淨不淨　顛倒生三毒　三毒即無性　故煩惱無實

（蔣）23.2 若因淨不淨，顛倒生三毒，三毒無自性，故煩惱無實。

།བདག་གི་ཡོད་ཉིད་མེད་ཉིད་ནི། །ཇི་ལྟ་བུར་ཡང་གྲུབ་པ་མེད།
།དེ་མེད་ཉོན་མོངས་རྣམས་ཀྱི་ནི། །ཡོད་ཉིད་མེད་ཉིད་ཇི་ལྟར་འགྲུབ།

（鳩）23.3 我法有以無　是事終不成　無我諸煩惱　有無亦不成

（蔣）23.3 我之有無性，是事終不成，無彼故豈有，煩惱有無性？

།ཉོན་མོངས་དེ་དག་གང་གི་ཡིན། །དེ་ཡང་གྲུབ་པ་ཡོད་མ་ཡིན།
།འགའ་མེད་པར་ནི་གང་གི་ཡང་། །ཉོན་མོངས་པ་དག་ཡོད་མ་ཡིན།

（鳩）23.4 誰有此煩惱　是即爲不成　若離是而有　煩惱則無屬

（蔣）23.4 誰有此煩惱？是即爲不成；既無一切法，煩惱等非有。

།རང་ལུས་ལྟ་བཞིན་ཉོན་མོངས་རྣམས། །ཉོན་མོངས་ཅན་ལ་རྣམ་ལྔར་མེད།
།རང་ལུས་ལྟ་བཞིན་ཉོན་མོངས་ཅན། །ཉོན་མོངས་པ་ལ་རྣམ་ལྔར་མེད།

（鳩）23.5 如身見五種　求之不可得　煩惱於垢心　五求亦不得

（蔣）23.5 如身五相觀，惑不具惑者；如身五相觀，惑者不具惑。

།སྡུག་དང་མི་སྡུག་ཕྱིན་ཅི་ལོག །རང་བཞིན་ལས་ནི་ཡོད་མིན་ན།
།སྡུག་དང་མི་སྡུག་ཕྱིན་ཅི་ལོག །བརྟེན་ནས་ཉོན་མོངས་གང་དག་ཡིན།

（鳩）23.6 淨不淨顛倒　是則無自性　云何因此二　而生諸煩惱

（蔣）23.6 淨不淨顛倒，是則無自性，淨不淨顛倒，云何惑待彼？

།གཟུགས་སྒྲ་རོ་དང་རེག་པ་དང་། །དྲི་དང་ཆོས་དག་རྣམ་དྲུག་ནི།
།གཞི་སྟེ་འདོད་ཆགས་ཞེ་སྡང་དང་། །གཏི་མུག་གི་ནི་ཡིན་པར་བརྟགས།

（鳩）23.7 色聲香味觸　及法爲六種　如是之六種　是三毒根本

（蔣）23.7 色聲香味觸，及法爲六種，應觀彼即是，貪瞋痴所依。

།གཟུགས་སྒྲ་རོ་དང་རེག་པ་དང་། །དྲི་དང་ཆོས་དག་འབའ་ཞིག་སྟེ།
།དྲི་ཟའི་གྲོང་ཁྱེར་ལྟ་བུ་དང་། །སྨིག་རྒྱུ་རྨི་ལམ་འདྲ་བ་ཡིན།

（鳩）23.8 色聲香味觸　及法體六種　皆空如炎夢　如乾闥婆城

（蔣）23.8 色聲及香觸，味及法僅如，乾闥婆之城，陽焰以及夢，

།སྒྱུ་མའི་སྐྱེས་བུ་ལྟ་བུ་དང་། །གཟུགས་བརྙན་འདྲ་བ་དེ་དག་ལ།
།སྡུག་པ་དང་ནི་མི་སྡུག་པ། །འབྱུང་བར་ཡང་ནི་ག་ལ་འགྱུར།

（鳩）23.9 如是六種中　何有淨不淨　猶如幻化人　亦如鏡中像

（蔣）23.9 如幻化士夫，亦如鏡中像，故從彼等法，豈生淨不淨？

།གང་ལ་བརྟེན་ནས་སྡུག་པ་ཞེས། །གདགས་པར་བྱ་བ་མི་སྡུག་པ།
།སྡུག་པ་མི་ལྟོས་ཡོད་མིན་པས། །དེ་ཕྱིར་སྡུག་པ་འཐད་མ་ཡིན།

（鳩）23.10 不因於淨相　則無有不淨　因淨有不淨　是故無不淨

（蔣）23.10 依何而施設，是故成淨法？離淨無不淨，故淨不應理。

（佛護引文）23.10 依何而施設，淨及不淨法？
不待淨則無，故淨不應理。

།གང་ལ་བརྟེན་ནས་མི་སྡུག་པར། །གདགས་པར་བྱ་བ་སྡུག་པ་ནི།
།མི་སྡུག་མི་ལྟོས་ཡོད་མིན་པས། །དེ་ཕྱིར་མི་སྡུག་འཐད་མ་ཡིན།

（鳩）23.11 不因於不淨　則亦無有淨　因不淨有淨　是故無有淨

（蔣）23.11 依何而施設，是故成不淨？離不淨無淨，故不淨非理。

（佛護引文）23.11 依何而施設，淨及不淨法？
離不淨則無，故不淨非理。

།སྡུག་པ་ཡོད་པ་མ་ཡིན་ན། །འདོད་ཆགས་ཡོད་པར་ག་ལ་འགྱུར།
།མི་སྡུག་ཡོད་པ་མ་ཡིན་ན། །ཞེ་སྡང་ཡོད་པར་ག་ལ་འགྱུར།

23.12 若無有淨者，何由而有貪？若無有不淨，何由而有恚？

།གལ་ཏེ་མི་རྟག་རྟག་པ་ཞེས། །དེ་ལྟར་འཛིན་པ་ལོག་ཡིན་ན།
།སྟོང་ལ་མི་རྟག་ཡོད་མིན་པས། །འཛིན་པ་ཇི་ལྟར་ལོག་པ་ཡིན།

（鳩）23.13 於無常著常　是則名顛倒　空中無有常　何處有常倒

（蔣）23.13 於無常著常，是則名顛倒，空中無無常，彼執豈顛倒？

（佛護引文）23.13 於無常著常，是則名顛倒，
空中常非有，彼執豈非倒？

།གལ་ཏེ་མི་རྟག་རྟག་གོ་ཞེས། །དེ་ལྟར་འཛིན་པ་ལོག་ཡིན་ན།
།སྟོང་ལ་མི་རྟག་པའོ་ཞེས། །འཛིན་པའང་ཇི་ལྟར་ལོག་མ་ཡིན།

（鳩）23.14 若於無常中　著無常非倒　空中無無常　何有非顛倒

（蔣）23.14 若於無常中，執常是顛倒，空中執無常，彼亦豈非倒？

（佛護引文）23.14 若於無常中，著無常非倒，
空中無無常，彼執豈非倒？

།གང་གིས་འཛིན་དང་འཛིན་གང་དང་། །འཛིན་པ་པོ་དང་གང་གཟུང་བ།
།ཐམས་ཅད་ཉེ་བར་ཞི་བ་སྟེ། །དེ་ཕྱིར་འཛིན་པ་ཡོད་མ་ཡིན།

（鳩）23.15 可著著者著　及所用著法　是皆寂滅相　云何而有著

（蔣）23.15 能執及所執，執者及執取，是皆寂滅相，是故執非有。

།ལོག་པའམ་ཡང་དག་ཉིད་དུ་ནི། །འཛིན་པ་ཡོད་པ་མ་ཡིན་ན།
།གང་ལ་ཕྱིན་ཅི་ལོག་ཡོད་ཅིང་། །གང་ལ་ཕྱིན་ཅི་མ་ལོག་ཡོད།

（鳩）23.16 若無有著法　言邪是顛倒　言正不顛倒　誰有如是事

（蔣）23.16 顛倒不顛倒，彼執皆非有。云何有顛倒？何處不顛倒？

།ཕྱིན་ཅི་ལོག་ཏུ་གྱུར་པ་ལ། །ཕྱིན་ཅི་ལོག་དག་མི་སྲིད་དེ།
།ཕྱིན་ཅི་ལོག་ཏུ་མ་གྱུར་ལ། །ཕྱིན་ཅི་ལོག་དག་མི་སྲིད་དེ།

（鳩）23.17 有倒不生倒　無倒不生倒　倒者不生倒　不倒亦不生

（蔣）23.17 已成顛倒中，顛倒絕非有；尙未顛倒中，顛倒絕非有；

།ཕྱིན་ཅི་ལོག་ཏུ་གྱུར་བཞིན་ལ། །ཕྱིན་ཅི་ལོག་དག་མི་སྲིད་དེ།
།གང་ལ་ཕྱིན་ཅི་ལོག་སྲིད་པ། །བདག་ཉིད་ཀྱིས་ནི་རྣམ་པར་དཔྱོད།

（鳩）23.18 若於顛倒時　亦不生顛倒　汝可自觀察　誰生於顛倒

（蔣）23.18 正成顛倒中，顛倒定非有。云何有顛倒，應做如是觀。

།ཕྱིན་ཅི་ལོག་རྣམས་མ་སྐྱེས་ན། །ཇི་ལྟ་བུར་ན་ཡོད་པར་འགྱུར།
།ཕྱིན་ཅི་ལོག་རྣམས་སྐྱེ་མེད་ན། །ཕྱིན་ཅི་ལོག་ཅན་ག་ལ་ཡོད།

（鳩）23.19 諸顛倒不生　云何有此義　無有顛倒故　何有顛倒者

（蔣）23.19 諸顛倒不生，顛倒豈能有？不生顛倒故，豈有顛倒者？

།དངོས་པོ་བདག་ལས་མི་སྐྱེ་སྟེ། །གཞན་ལས་སྐྱེ་བ་ཉིད་མ་ཡིན།
།བདག་དང་གཞན་ལས་ཀྱང་མིན་ན། །ཕྱིན་ཅི་ལོག་ཅན་ག་ལ་ཡོད།

（蔣）23.20 事物不自生，亦不從他生，不從自他生，云何有顛倒？

།གལ་ཏེ་བདག་དང་གཙང་བ་དང་། །རྟག་དང་བདེ་བ་ཡོད་ན་ནི།
།བདག་དང་གཙང་དང་རྟག་པ་དང་། །བདེ་བ་ཕྱིན་ཅི་ལོག་མ་ཡིན།

（鳩）23.21 若常我樂淨　而是實有者　是常我樂淨　則非是顛倒

（蔣）23.21 若有我及淨，常樂亦皆有，謂我淨常樂，則非是顛倒。

（佛護引文）23.21 若有我及淨，常樂亦皆有，

執我淨常樂，則非是顛倒。

།གལ་ཏེ་བདག་དང་གཙང་བ་དང་། །རྟག་དང་བདེ་བ་མེད་ན་ནི།
།བདག་མེད་མི་གཙང་མི་རྟག་དང་། །སྡུག་བསྔལ་ཡོད་པ་མ་ཡིན་ནོ།

（鳩）23.22 若常我樂淨　而實無有者　無常苦不淨　是則亦應無

（蔣）23.22 若無我無淨，無常亦無樂，無我及不淨，無常苦皆無。

།དེ་ལྟར་ཕྱིན་ཅི་ལོག་འགགས་པས། །མ་རིག་པ་ནི་འགག་པ་འགྱུར།
།མ་རིག་འགགས་པར་གྱུར་ན་ནི། །འདུ་བྱེད་ལ་སོགས་འགག་པར་འགྱུར།

23.23 如是顛倒滅，無明則亦滅，以無明滅故，諸行等亦滅。

།གལ་ཏེ་ལ་ལའི་ཉོན་མོངས་པ། །གང་དག་རང་བཞིན་གྱིས་ཡོད་ན།
།ཇི་ལྟ་བུར་ན་སྤོང་བར་འགྱུར། །ཡོད་པ་སུ་ཞིག་སྤོང་བར་བྱེད།

（鳩）23.24 若煩惱性實　而有所屬者　云何當可斷　誰能斷其性

（蔣）23.24 若某些煩惱，彼等自性有，云何當可斷，誰能斷其有？

།གལ་ཏེ་ལ་ལའི་ཉོན་མོངས་པ། །གང་དག་རང་བཞིན་གྱིས་མེད་ན།
།ཇི་ལྟ་བུར་ན་སྤོང་བར་འགྱུར། །མེད་པ་སུ་ཞིག་སྤོང་བར་བྱེད།

（鳩）23.25 若煩惱虛妄　無性無屬者　云何當可斷　誰能斷無性

（蔣）23.25 若某些煩惱，彼等無自性，云何當可斷，誰能斷其無？

第二十三品——觀顛倒品——終。

# 第二十四品
## ──觀四諦品──

།གལ་ཏེ་འདི་དག་ཀུན་སྟོང་ན། །འབྱུང་བ་མེད་ཅིང་འཇིག་པ་མེད།
།འཕགས་པའི་བདེན་པ་བཞི་པོ་རྣམས། །ཁྱོད་ལ་མེད་པར་ཐལ་བར་འགྱུར།

（鳩）24.1 若一切皆空　無生亦無滅　如是則無有　四聖諦之法

（蔣）24.1 若一切皆空，無生亦無滅，於汝則應無，四聖諦之法。

།འཕགས་པའི་བདེན་པ་བཞི་མེད་པས། །ཡོངས་སུ་ཤེས་དང་སྤོང་བ་དང་།
།སྒོམ་དང་མངོན་དུ་བྱ་བ་དག །འཐད་པར་འགྱུར་བ་མ་ཡིན་ནོ།

（鳩）24.2 以無四諦故　見苦與斷集　證滅及修道　如是事皆無

（蔣）24.2 以無四諦故，知苦及斷集，證滅及修道，是事不應理。

།དེ་དག་ཡོད་པ་མ་ཡིན་པས། །འབྲས་བུ་བཞི་ཡང་ཡོད་མ་ཡིན།
།འབྲས་བུ་མེད་ན་འབྲས་གནས་མེད། །ཞུགས་པ་དག་ཀྱང་ཡོད་མ་ཡིན།

（鳩）24.3 以是事無故　則無四道果　無有四果故　得向者亦無

（蔣）24.3 以無彼等故，則無四道果，得果者亦無，向果者亦無。

།གལ་ཏེ་སྐྱེས་བུ་གང་ཟག་བརྒྱད། །དེ་དག་མེད་ན་དགེ་འདུན་མེད།
།འཕགས་པའི་བདེན་རྣམས་མེད་པའི་ཕྱིར། །དམ་པའི་ཆོས་ཀྱང་ཡོད་མ་ཡིན།

（鳩）24.4 如無八賢聖　則無有僧寶　以無四諦故　亦無有法寶

（蔣）24.4 若無八賢聖，則無有僧寶。無四聖諦故，正法亦非有。

།ཆོས་དང་དགེ་འདུན་ཡོད་མིན་ན། །སངས་རྒྱས་ཇི་ལྟར་ཡོད་པར་འགྱུར།
།དེ་སྐད་སྟོང་པ་ཉིད་སྨྲ་ན། །དཀོན་མཆོག་གསུམ་ལ་གནོད་པ་ནི།

（鳩）24.5 以無法僧寶　亦無有佛寶　如是說空者　是則破三寶

（蔣）24.5 以無法僧寶，豈能有佛寶？如是說空者，是則破三寶。

།བྱེད་ཅིང་འབྲས་བུ་ཡོད་པ་དང་། །ཆོས་མ་ཡིན་པ་ཆོས་ཉིད་དང་།
།འཇིག་རྟེན་པ་ཡི་ཐ་སྙད་ནི། །ཀུན་ལའང་གནོད་པ་བྱེད་པ་ཡིན།

（鳩）24.6 空法壞因果　亦壞於罪福　亦復悉毀壞　一切世俗法

（蔣）24.6 空性壞非法，壞法性及果，世間之名言，亦復悉毀壞。

།དེ་ལ་བཤད་པ་ཁྱོད་ཀྱིས་ནི། །སྟོང་ཉིད་དགོས་དང་སྟོང་ཉིད་དང་།
།སྟོང་ཉིད་དོན་ནི་མ་རྟོགས་པས། །དེ་ཕྱིར་དེ་ལྟར་གནོད་པ་ཡིན།

（鳩）24.7 汝今實不能　知空空因緣　及知於空義　是故自生惱

（蔣）24.7 汝今因不知，空性及空義，以及其目的，故成如是破。

།སངས་རྒྱས་རྣམས་ཀྱིས་ཆོས་བསྟན་པ། །བདེན་པ་གཉིས་ལ་ཡང་དག་བརྟེན།
།འཇིག་རྟེན་ཀུན་རྫོབ་བདེན་པ་དང་། །དམ་པའི་དོན་གྱི་བདེན་པའོ།

24.8 諸佛依二諦，爲眾生說法。一以世俗諦，二第一義諦。

།གང་དག་བདེན་པ་དེ་གཉིས་ཀྱི། །རྣམ་དབྱེ་རྣམ་པར་མི་ཤེས་པ།
།དེ་དག་སངས་རྒྱས་བསྟན་པ་ནི། །ཟབ་མོའི་དེ་ཉིད་རྣམ་མི་ཤེས།

（鳩）24.9 若人不能知　分別於二諦　則於深佛法　不知眞實義

（蔣）24.9 若誰尙未知，二諦之分別，則於佛所說，深義不得知。

།ཐ་སྙད་ལ་ནི་མ་བརྟེན་པར། །དམ་པའི་དོན་ནི་བསྟན་མི་ནུས།
།དམ་པའི་དོན་ནི་མ་རྟོགས་པར། །མྱ་ངན་འདས་པ་ཐོབ་མི་འགྱུར།

（鳩）24.10 若不依俗諦　不得第一義　不得第一義　則不得涅槃

（蔣）24.10 不依名言故，不能示勝義，不知勝義故，不能得涅槃。

།སྟོང་པ་ཉིད་ལ་བལྟ་ཉེས་ན། །ཤེས་རབ་ཆུང་རྣམས་ཕུང་བར་འགྱུར།
།ཇི་ལྟར་སྦྲུལ་ལ་གཟུང་ཉེས་དང་། །རིག་སྔགས་ཉེས་པར་བསྒྲུབས་པ་བཞིན།

（鳩）24.11 不能正觀空　鈍根則自害　如不善咒術　不善捉毒蛇

（蔣）24.11 於空持謬觀，鈍根則自害，如不善捉蛇，及誤修咒術。

།དེ་ཕྱིར་ཞན་པས་ཆོས་འདི་ཡི། །གཏིང་རྟོགས་དཀའ་བར་མཁྱེན་གྱུར་ནས།
།ཐུབ་པའི་ཐུགས་ནི་ཆོས་བསྟན་ལས། །རབ་ཏུ་ལོག་པར་གྱུར་པ་ཡིན།

24.12 世尊知是法，甚深微妙相，非鈍根所及，是故不欲說。

།སྐྱོན་དུ་ཐལ་བར་འགྱུར་བ་ནི། །སྟོང་ལ་འཐད་པ་མ་ཡིན་པས།
།ཁྱོད་ནི་སྟོང་ཉིད་སྤོང་བྱེད་པ། །གང་དེ་ང་ལ་མི་འཐད་དོ།

（鳩）24.13 汝謂我著空　而為我生過　汝今所說過　於空則無有

（蔣）24.13 所言應成過，於空不應理；汝破空諸過，於我皆非有。

（佛護引文）24.13 汝說吾空論，應成一切過，

所破諸過失，於空不應理。

།གང་ལ་སྟོང་པ་ཉིད་རུང་བ། །དེ་ལ་ཐམས་ཅད་རུང་བར་འགྱུར།
།གང་ལ་སྟོང་ཉིད་མི་རུང་བ། །དེ་ལ་ཐམས་ཅད་རུང་མི་འགྱུར།

24.14 以有空義故，一切法得成；若無空義者，一切則不成。

།ཁྱོད་ནི་རང་གི་སྐྱོན་རྣམས་ནི། །ང་ལ་ཡོངས་སུ་སྒྱུར་བྱེད་པ།
།རྟ་ལ་མངོན་པར་ཞོན་བཞིན་དུ། །རྟ་ཉིད་བརྗེད་པར་གྱུར་པ་བཞིན།

（鳩）24.15 汝今自有過　而以迴向我　如人乘馬者　自忘於所乘

（蔣）24.15 汝今以己過，全數拋向我，如人乘馬者，自忘所乘馬。

།གལ་ཏེ་དངོས་རྣམས་རང་བཞིན་ལས། །ཡོད་པར་རྗེས་སུ་ལྟ་བྱེད་ན།
།དེ་ལྟ་ཡིན་ན་དངོས་པོ་རྣམས། །རྒྱུ་རྐྱེན་མེད་པར་ཁྱོད་ལྟའོ།

（鳩）24.16 若汝見諸法　決定有性者　即爲見諸法　無因亦無緣

（蔣）24.16 若汝見諸法，皆是有自性，即爲見諸法，無因亦無緣。

།འབྲས་བུ་དང་ནི་རྒྱུ་ཉིད་དང། །བྱེད་པ་པོ་དང་བྱེད་དང་བྱ།
།སྐྱེ་བ་དང་ནི་འགག་པ་དང་། །འབྲས་བུ་ལ་ཡང་གནོད་པ་བྱེད།

（鳩）24.17 即爲破因果　作作者作法　亦復壞一切　萬物之生滅

（蔣）24.17 即爲破因果，作作者所作，亦復壞一切，生滅及諸果。

།རྟེན་ཅིང་འབྲེལ་པར་འབྱུང་བ་གང་། །དེ་ནི་སྟོང་པ་ཉིད་དུ་བཤད།
།དེ་ནི་བརྟེན་ནས་གདགས་པ་སྟེ། །དེ་ཉིད་དབུ་མའི་ལམ་ཡིན་ནོ།

（鳩）24.18 眾因緣生法　我說即是無　亦爲是假名　亦是中道義

（蔣）24.18 何法是緣起，說彼皆空性，即觀待施設，亦復是中道。

།གང་ཕྱིར་རྟེན་འབྱུང་མ་ཡིན་པའི། །ཆོས་འགའ་ཡོད་པ་མ་ཡིན་པ།
།དེ་ཕྱིར་སྟོང་པ་མ་ཡིན་པའི། །ཆོས་འགའ་ཡོད་པ་མ་ཡིན་ནོ།

（鳩）24.19 未曾有一法　不從因緣生　是故一切法　無不是空者

（蔣）24.19 未曾有一法，不是緣起有，是故一切法，無不是空者。

།གལ་ཏེ་འདི་ཀུན་མི་སྟོང་ན། །འབྱུང་བ་མེད་ཅིང་འཇིག་པ་མེད།
།འཕགས་པའི་བདེན་པ་བཞི་པོ་རྣམས། །ཁྱོད་ལ་མེད་པར་ཐལ་བར་འགྱུར།

（鳩）24.20 若一切不空　則無有生滅　如是則無有　四聖諦之法

（蔣）24.20 若一切不空，則無有生滅。如是汝應無，四聖諦之法。

།རྟེན་ཅིང་འབྲེལ་འབྱུང་མ་ཡིན་ན། །སྡུག་བསྔལ་ཡོད་པར་ག་ལ་འགྱུར།
།མི་རྟག་སྡུག་བསྔལ་གསུངས་པ་དེ། །རང་བཞིན་ཉིད་ལས་ཡོད་མ་ཡིན།

（鳩）24.21 苦不從緣生　云何當有苦　無常是苦義　定性無無常

（蔣）24.21 若不是緣起，豈能有痛苦？所說無常苦，皆非自性有。

།རང་བཞིན་ཉིད་ལས་ཡོད་ཡིན་ན། །ཅི་ཞིག་ཀུན་ཏུ་འབྱུང་བར་འགྱུར།
།དེ་ཕྱིར་སྟོང་ཉིད་གནོད་བྱེད་ལ། །ཀུན་འབྱུང་ཡོད་པ་མ་ཡིན་ནོ།

（鳩）24.22 若苦有定性　何故從集生　是故無有集　以破空義故

（蔣）24.22 若苦有自性，何法從集生？以破空性故，集諦則非有。

（佛護引文）24.22 若苦無自性，何法從集生？

以破空性故，集諦則非有。

།སྡུག་བསྔལ་རང་བཞིན་གྱིས་ཡོད་ན། །འགོག་པ་ཡོད་པ་མ་ཡིན་ནོ།
།རང་བཞིན་གྱིས་ནི་ཡོངས་གནས་ཕྱིར། །འགོག་ལ་གནོད་པ་བྱེད་པ་ཡིན།

（鳩）24.23 苦若有定性　則不應有滅　汝著定性故　即破於滅諦

（蔣）24.23 若苦有自性，則不應有滅，自性周遍故，則破於滅諦。

།ལམ་ལ་རང་བཞིན་ཡོད་ན་ནི། །སྒོམ་པ་འཐད་པར་མི་འགྱུར་རོ།
།ཅི་སྟེ་ལམ་དེ་བསྒོམ་བྱ་ན། །ཁྱོད་ཀྱི་རང་བཞིན་ཡོད་མ་ཡིན།

（鳩）24.24 苦若有定性　則無有修道　若道可修習　即無有定性

（蔣）24.24 若道有自性，修則不應有；若道可修習，汝自性應無。

（佛護引文）24.24 若道有自性，修則不應有；

若道可修習，汝應無事物。

།གང་ཚེ་སྡུག་བསྔལ་ཀུན་འབྱུང་དང་། །འགོག་པ་ཡོད་པ་མ་ཡིན་ན།
།ལམ་གྱི་སྡུག་བསྔལ་འགོག་པ་ནི། །གང་ཞིག་ཐོབ་པར་འགྱུར་བར་འདོད།

（鳩）24.25 若無有苦諦　及無集滅諦　所可滅苦道　竟爲何所至

（蔣）24.25 何時無苦集，爾時滅非有，由道滅苦時，說何爲所得？

།གལ་ཏེ་རང་བཞིན་ཉིད་ཀྱིས་ནི། །ཡོངས་སུ་ཤེས་པ་མ་ཡིན་ན།
།དེ་ནི་ཇི་ལྟར་ཡོངས་ཤེས་འགྱུར། །རང་བཞིན་གནས་པ་མ་ཡིན་ནམ།

（鳩）24.26 若苦定有性　先來所不見　於今云何見　其性不異故

（蔣）24.26 若不以自性，周遍得知者，彼今豈遍知？自性莫不住？

（佛護引文）24.26 若不以自性，周遍得知者，

彼今豈遍知？事物莫不住？

།དེ་བཞིན་དུ་ནི་ཁྱོད་ཉིད་ཀྱི། །སྤང་དང་མངོན་དུ་བྱ་བ་དང་།
།བསྒོམ་དང་འབྲས་བུ་བཞི་དག་ཀྱང་། །ཡོངས་ཤེས་བཞིན་དུ་མི་རུང་ངོ་།

（鳩）24.27 如見苦不然　斷集及證滅　修道及四果　是亦皆不然

（蔣）24.27 如汝不得知，斷集及證滅，修道及四果，是亦皆不然。

།རང་བཞིན་ཡོངས་སུ་འཛིན་པ་ཡིས། །འབྲས་བུ་རང་བཞིན་ཉིད་ཀྱིས་ནི།

།ཐོབ་པ་མིན་པ་གང་ཡིན་དེ། །ཇི་ལྟར་འཐོབ་པར་ནུས་པར་འགྱུར།

（鳩）24.28 是四道果性　先來不可得　諸法性若定　今云何可得

（蔣）24.28 遍執自性故，若以自性力，不能得之果，何云豈可得？

།འབྲས་བུ་མེད་ན་འབྲས་གནས་མེད། །ཞུགས་པ་དག་ཀྱང་ཡོད་མ་ཡིན།
།གལ་ཏེ་སྐྱེས་བུ་གང་ཟག་བརྒྱད། །དེ་དག་མེད་ན་དགེ་འདུན་མེད།

（鳩）24.29 若無有四果　則無得向者　以無八聖故　則無有僧寶

（蔣）24.29 無果不得果，向者亦非有，以無八聖眾，故無有僧寶。

།འཕགས་པའི་བདེན་རྣམས་མེད་པའི་ཕྱིར། །དམ་པའི་ཆོས་ཀྱང་ཡོད་མ་ཡིན།
།ཆོས་དང་དགེ་འདུན་ཡོད་མིན་ན། །སངས་རྒྱས་ཇི་ལྟར་ཡོད་པར་འགྱུར།

（鳩）24.30 無四聖諦故　亦無有法寶　無法寶僧寶　云何有佛寶

（蔣）24.30 以無聖諦故，正法亦非有。若無法及僧，云何能有佛？

།ཁྱོད་ཀྱིས་སངས་རྒྱས་བྱང་ཆུབ་ལ། །མ་བརྟེན་པར་ཡང་ཐལ་བར་འགྱུར།
།ཁྱོད་ཀྱིས་བྱང་ཆུབ་སངས་རྒྱས་ལ། །མ་བརྟེན་པར་ཡང་ཐལ་བར་འགྱུར།

（鳩）24.31 汝說則不因　菩提而有佛　亦復不因佛　而有於菩提

（蔣）24.31 汝應成如是，佛不待菩提；汝應成如是，菩提不待佛。

།ཁྱོད་ཀྱི་རང་བཞིན་ཉིད་ཀྱིས་ནི། །སངས་རྒྱས་མིན་པ་གང་ཡིན་དེས།
།བྱང་ཆུབ་སྤྱོད་ལ་བྱང་ཆུབ་ཕྱིར། །བརྩལ་ཀྱང་བྱང་ཆུབ་ཐོབ་མི་འགྱུར།

（鳩）24.32 雖復勤精進　修行菩提道　若先非佛性　不應得成佛

（蔣）24.32 汝說以自性，未得正覺者，彼勤菩薩行，亦不得菩提。

།འགའ་ཡང་ཆོས་དང་ཆོས་མིན་པ། །ནམ་ཡང་བྱེད་པར་མི་འགྱུར་ཏེ།

།མི་སྟོང་པ་ལ་ཅི་ཞིག་བྱ། །རང་བཞིན་ལ་ནི་བྱ་བ་མེད།

（鳩）24.33 若諸法不空　無作罪福者　不空何所作　以其性定故

（蔣）24.33 任誰皆不能，造作法非法，不空何所作？自性中無作。

།ཆོས་དང་ཆོས་མིན་མེད་པར་ཡང་། །འབྲས་བུ་ཁྱོད་ལ་ཡོད་པར་འགྱུར།
།ཆོས་དང་ཆོས་མིན་རྒྱུས་བྱུང་བའི། །འབྲས་བུ་ཁྱོད་ལ་ཡོད་མ་ཡིན།

（鳩）24.34 汝於罪福中　不生果報者　是則離罪福　而有諸果報

（蔣）24.34 雖離法非法，其果汝應有；由法非法生，汝無有其果。

（佛護引文）24.34 由法非法生，汝無有其果；

雖離法非法，其果汝應有。

།ཆོས་དང་ཆོས་མིན་རྒྱུས་བྱུང་བའི། །འབྲས་བུ་གལ་ཏེ་ཁྱོད་ལ་ཡོད།
།ཆོས་དང་ཆོས་མིན་ལས་བྱུང་བའི། །འབྲས་བུ་ཅི་ཕྱིར་སྟོང་མ་ཡིན།

（鳩）24.35 若謂從罪福　而生果報者　果從罪福生　云何言不空

（蔣）24.35 由法非法生，若汝有其果，法非法生果，云何言不空？

།རྟེན་ཅིང་འབྲེལ་པར་འབྱུང་བ་ཡི། །སྟོང་པ་ཉིད་ལ་གནོད་བྱེད་གང་།
།འཇིག་རྟེན་པ་ཡི་ཐ་སྙད་ནི། །ཀུན་ལ་གནོད་པ་བྱེད་པ་ཡིན།

（鳩）24.36 汝破一切法　諸因緣空義　則破於世俗　諸餘所有法

（蔣）24.36 若有誰破除，緣起之性空，彼則破一切，世間之名言。

（佛護引文）24.36 汝破除一切，世間之名言；

汝破除一切，緣起之性空。

།སྟོང་པ་ཉིད་ལ་གནོད་བྱེད་ན། །བྱ་བ་ཅི་ཡང་མེད་འགྱུར་ཞིང་།

།རྩོམ་པ་མེད་པ་བྱ་བར་འགྱུར། །མི་བྱེད་པ་ཡང་བྱེད་པོར་འགྱུར།

（鳩）24.37 若破於空義　即應無所作　無作而有作　不作名作者

（蔣）24.37 若破除空性，所作則應無，無勤亦有作，無作成作者。

（佛護引文）24.37 所作則應無，亦無其發起，

若破除空性，無作亦成作。

།རང་བཞིན་ཡོད་ན་འགྲོ་བ་རྣམས། །མ་སྐྱེས་པ་དང་མ་འགགས་དང་།
།ཐེར་ཟུག་ཏུ་ནི་གནས་འགྱུར་ཞིང་། །གནས་སྐབས་སྣ་ཚོགས་བྲལ་བར་འགྱུར།

（鳩）24.38 若有決定性　世間種種相　則不生不滅　常住而不壞

（蔣）24.38 有情自性有，則無生無滅，亦住於恆常，遠離種種相。

（佛護引文）24.38 若事物是有，無種種有情，

無生亦無滅，亦住於恆常。

།གལ་ཏེ་སྟོང་པ་ཡོད་མིན་ན། །མ་ཐོབ་ཐོབ་པར་བྱ་བ་དང་།
།སྡུག་བསྔལ་མཐར་བྱེད་ལས་དང་ནི། །ཉོན་མོངས་ཐམས་ཅད་སྤོང་བའང་མེད།

（鳩）24.39 若無有空者　未得不應得　亦無斷煩惱　亦無苦盡事

（蔣）24.39 如果空非有，不得尚未得，亦無離苦業，斷惑亦不能。

།གང་གིས་རྟེན་ཅིང་འབྲེལ་པར་འབྱུང་། །མཐོང་བ་དེ་ནི་སྡུག་བསྔལ་དང་།
།ཀུན་འབྱུང་དང་ནི་འགོག་པ་དང་། །ལམ་ཉིད་དེ་དག་མཐོང་བ་ཡིན།

（鳩）24.40 是故經中說　若見因緣法　則為能見佛　見苦集滅道

（蔣）24.40 何者見緣起，是故能觀見，苦諦及集諦，滅諦及道諦。

第二十四品——觀四諦品——終。

## 第二十五品
## ——觀涅槃品——

།གལ་ཏེ་འདི་དག་ཀུན་སྟོང་ན། །འབྱུང་བ་མེད་ཅིང་འཇིག་པ་མེད།
།གང་ཞིག་སྤོང་དང་འགགས་པ་ལས། །མྱ་ངན་འདའ་བར་འགྱུར་བར་འདོད།

（鳩）25.1 若一切法空　無生無滅者　何斷何所滅　而稱爲涅槃

（蔣）25.1 若一切皆空，無生亦無滅，由斷滅何法，故許爲涅槃？

།གལ་ཏེ་འདི་ཀུན་མི་སྟོང་ན། །འབྱུང་བ་མེད་ཅིང་འཇིག་པ་མེད།
།གང་ཞིག་སྤོང་དང་འགགས་པ་ལས། །མྱ་ངན་འདའ་བར་འགྱུར་བར་འདོད།

（鳩）25.2 若諸法不空　則無生無滅　何斷何所滅　而稱爲涅槃

（蔣）25.2 若一切非空，無生亦無滅，由斷滅何法，故許爲涅槃？

།སྤངས་པ་མེད་པ་ཐོབ་མེད་པ། །ཆད་པ་མེད་པ་རྟག་མེད་པ།
།འགག་པ་མེད་པ་སྐྱེ་མེད་པ། །དེ་ནི་མྱ་ངན་འདས་པར་བརྗོད།

（鳩）25.3 無得亦無至　不斷亦不常　不生亦不滅　是說名涅槃

（蔣）25.3 無斷除無得，無斷亦無常，無滅亦無生，此稱爲涅槃。

།རེ་ཞིག་མྱ་ངན་འདས་དངོས་མིན། །རྒ་ཤིའི་མཚན་ཉིད་ཐལ་བར་འགྱུར།
།རྒ་དང་འཆི་བ་མེད་པ་ཡི། །དངོས་པོ་ཡོད་པ་མ་ཡིན་ནོ།

（鳩）25.4 涅槃不名有　有則老死相　終無有有法　離於老死相

（蔣）25.4 涅槃非事物，應成老死相。遠離老死之，事物皆非有。

།གལ་ཏེ་མྱ་ངན་འདས་དངོས་ན། །མྱ་ངན་འདས་པ་འདུས་བྱས་འགྱུར།
།དངོས་པོ་འདུས་བྱས་མ་ཡིན་པ། །འགའ་ཡང་གང་ན་ཡོད་མ་ཡིན།

（鳩）25.5 若涅槃是有　涅槃即有爲　終無有一法　而是無爲者

（蔣）25.5 涅槃是事物，則其成有爲；事物非有爲，是事終非有。

།གལ་ཏེ་མྱ་ངན་འདས་དངོས་ན། །ཇི་ལྟར་མྱང་འདས་དེ་བརྟེན་མིན།
།དངོས་པོ་བརྟེན་ནས་མ་ཡིན་པ། །འགའ་ཡང་ཡོད་པ་མ་ཡིན་ནོ།

（鳩）25.6 若涅槃是有　云何名無受　無有不從受　而名爲有法

（蔣）25.6 涅槃是事物，涅槃豈非依？事物若離依，是事終非有。

།གལ་ཏེ་མྱ་ངན་འདས་དངོས་མིན། །དངོས་མེད་ཇི་ལྟར་རུང་བར་འགྱུར།
།གང་ལ་མྱ་ངན་འདས་དངོས་མིན། །དེ་ལ་དངོས་མེད་ཡོད་མ་ཡིན།

（鳩）25.7 有尚非涅槃　何況於無耶　涅槃無有有　何處當有無

（蔣）25.7 涅槃非事物，豈有非事物？涅槃非事物，則無非事物。

།གལ་ཏེ་མྱ་ངན་འདས་དངོས་མིན། །ཇི་ལྟར་མྱང་འདས་དེ་བརྟེན་མིན།
།གང་ཞིག་བརྟེན་ནས་མ་ཡིན་པའི། །དངོས་མེད་ཡོད་པ་མ་ཡིན་ནོ།

（鳩）25.8 若無是涅槃　云何名不受　未曾有不受　而名爲無法

（蔣）25.8 涅槃非事物，涅槃豈非依？以非觀待故，非事物則無。

།འོང་བ་དང་ནི་འགྲོ་བའི་དངོས། །བརྟེན་ཏམ་རྒྱུར་བྱས་གང་ཡིན་པ།
།དེ་ནི་བརྟེན་མིན་རྒྱུར་བྱས་མིན། །མྱ་ངན་འདས་པ་ཡིན་པར་བསྟན།

（鳩）25.9 受諸因緣故　輪轉生死中　不受諸因緣　是名爲涅槃

（蔣）25.9 來去之事物，觀待或作因，非待不作因，即是說涅槃。

།འབྱུང་བ་དང་ནི་འཇིག་པ་དག །སྤང་བར་སྟོན་པས་བཀའ་སྩལ་ཏོ།
།དེ་ཕྱིར་མྱ་ངན་འདས་པར་ནི། །དངོས་མིན་དངོས་མེད་མིན་པར་རིགས།

（鳩）25.10 如佛經中說　斷有斷非有　是故知涅槃　非有亦非無

（蔣）25.10 諸生及諸滅，佛說皆斷故，知涅槃應離，事物非事物。

།གལ་ཏེ་མྱ་ངན་འདས་པ་ནི། །དངོས་དང་དངོས་མེད་གཉིས་ཡིན་ན།
།དངོས་དང་དངོས་པོ་མེད་པ་དག །ཐར་པར་[12]འགྱུར་ན་དེ་མི་རིགས།

（鳩）25.11 若謂於有無　合爲涅槃者　有無即解脫　是事則不然

（蔣）25.11 若涅槃是二，事物非事物，事物非事物，即解脫非理。

།གལ་ཏེ་མྱ་ངན་འདས་པ་ནི། །དངོས་དང་དངོས་མེད་གཉིས་ཡིན་ན།
།མྱ་ངན་འདས་པ་མ་བརྟེན་མིན། །དེ་གཉིས་བརྟེན་ནས་ཡིན་ཕྱིར་རོ།

（鳩）25.12 若謂於有無　合爲涅槃者　涅槃非無受　是二從受生

（蔣）25.12 若涅槃是二，事物非事物，涅槃非不依，彼觀待二故。

།ཇི་ལྟར་མྱ་ངན་འདས་པ་ནི། །དངོས་དང་དངོས་མེད་གཉིས་ཡིན་ཏེ།
།མྱ་ངན་འདས་པ་འདུས་མ་བྱས། །དངོས་དང་དངོས་མེད་འདུས་བྱས་ཡིན།

（鳩）25.13 有無共合成　云何名涅槃　涅槃名無爲　有無是有爲

（蔣）25.13 涅槃豈是二，事物非事物？涅槃是無爲，其二是有爲。

།ཇི་ལྟར་མྱ་ངན་འདས་པ་ལ། །དངོས་དང་དངོས་མེད་གཉིས་ཡོད་དེ།
།དེ་གཉིས་གཅིག་ལ་ཡོད་མིན་ཏེ། །སྣང་བ་དང་ནི་མུན་པ་བཞིན།

（鳩）25.14 有無二事共　云何是涅槃　是二不同處　如明暗不俱

（蔣）25.14 若涅槃中有，事物非事物，彼二不同處，如明暗不俱。

12 雖然對勘本版寫的是ཐལ་བར་འགྱུར་ན།，但根據佛護論的「དངོས་པོ་དང་དངོས་པོ་མེད་པ་དག་ཐར་པ་ཡིན་པར་འགྱུར་བས་དེ་ཡང་མི་རིགས།」的說法，應該為誤。

།དངོས་མིན་དངོས་པོ་མེད་མིན་པ། །མྱ་ངན་འདས་པར་གང་སྟོན་པ།
།དངོས་པོ་མེད་དང་དངོས་པོ་དག །གྲུབ་ན་དེ་ནི་གྲུབ་པར་འགྱུར།

（鳩）25.15 若非有非無　名之為涅槃　此非有非無　以何而分別

（蔣）25.15 說涅槃非二，事物非事物；成立其是二，則成其非二。

།གལ་ཏེ་མྱ་ངན་འདས་པ་ནི། །དངོས་མིན་དངོས་པོ་མེད་མིན་ན།
།དངོས་མིན་དངོས་པོ་མེད་མིན་ཞེས། །གང་ཞིག་གིས་ནི་དེ་མངོན་བྱེད།

（鳩）25.16 分別非有無　如是名涅槃　若有無成者　非有非無成

（蔣）25.16 若涅槃不是，事物非事物，所言其非二，以何而明晰？

།བཅོམ་ལྡན་མྱ་ངན་འདས་གྱུར་ནས། །ཡོད་པར་མི་མངོན་དེ་བཞིན་དུ།
།མེད་དོ་ཞེ་འམ་གཉིས་ཀ་དང་། །གཉིས་མིན་ཞེས་ཀྱང་མི་མངོན་ནོ།

（鳩）25.17 如來滅度後　不言有與無　亦不言有無　非有及非無

（蔣）25.17 如來滅度後，不說有或無，有無亦不說，以及非有無。

།བཅོམ་ལྡན་བཞུགས་པར་གྱུར་ན་ཡང་། །ཡོད་པ་མི་མངོན་དེ་བཞིན་དུ།
།མེད་དོ་ཞེ་འམ་གཉིས་ཀ་དང་། །གཉིས་མིན་ཞེས་ཀྱང་མི་མངོན་ནོ།

（鳩）25.18 如來現在時　不言有與無　亦不言有無　非有及非無

（蔣）25.18 如來在世時，不說有或無，有無亦不說，以及非有無。

།འཁོར་བ་མྱ་ངན་ལས་འདས་པ་ལས། །ཁྱད་པར་ཅུང་ཟད་ཡོད་མ་ཡིན།
།མྱ་ངན་འདས་པ་འཁོར་བ་ལས། །ཁྱད་པར་ཅུང་ཟད་ཡོད་མ་ཡིན།

（鳩）25.19 涅槃與世間　無有少分別　世間與涅槃　亦無少分別

（蔣）25.19 輪迴與涅槃，絲毫異非有；涅槃與輪迴，絲毫異非有。

།མྱ་ངན་འདས་མཐའ་གང་ཡིན་པ། །དེ་ནི་འཁོར་བའི་མཐའ་ཡིན་ཏེ།

།དེ་གཉིས་ཁྱད་པར་ཅུང་ཟད་ནི། །ཤིན་ཏུ་ཕྲ་བའང་ཡོད་མ་ཡིན།

（鳩）25.20 涅槃之實際　及與世間際　如是二際者　無毫釐差別

（蔣）25.20 涅槃之邊際，即輪迴邊際，如是二者間，無毫釐差別。

།གང་འདས་ཕན་ཆད་མཐའ་སོགས་དང་། །རྟག་ལ་སོགས་པར་ལྟ་བ་དག
།མྱ་ངན་འདས་དང་ཕྱི་མཐའ་དང་། །སྔོན་གྱི་མཐའ་ལ་བརྟེན་པ་ཡིན།

（鳩）25.21 滅後有無等　有邊等常等　諸見依涅槃　未來過去世

（蔣）25.21 滅後之邊際，及見常邊等，皆依涅槃邊，以及前後際。

།དངོས་པོ་ཐམས་ཅད་སྟོང་པ་ལ། །མཐའ་ཡོད་ཅི་ཞིག་མཐའ་མེད་ཅི།
།མཐའ་དང་མཐའ་མེད་ཅི་ཞིག་ཡིན། །མཐའ་དང་མཐའ་མེད་མིན་པ་ཅི།

（鳩）25.22 一切法空故　何有邊無邊　亦邊亦無邊　非有非無邊

（蔣）25.22 諸法皆空故，何爲有無邊，亦有亦無邊，非有非無邊？

།དེ་ཉིད་ཅི་ཞིག་གཞན་ཅི་ཡིན། །རྟག་པ་ཅི་ཞིག་མི་རྟག་ཅི།
།རྟག་དང་མི་རྟག་གཉིས་ཀ་ཅི། །གཉིས་ཀ་མིན་པ་ཅི་ཞིག་ཡིན།

（鳩）25.23 何者爲一異　何有常無常　亦常亦無常　非常非無常

（蔣）25.23 何者爲一異，常法及無常，亦常亦無常，非常非無常？

།དམིགས་པ་ཐམས་ཅད་ཉེར་ཞི་ཞིང་། །སྤྲོས་པ་ཉེར་ཞི་ཞི་བ་སྟེ།
།སངས་རྒྱས་ཀྱིས་ནི་གང་དུ་ཡང་། །སུ་ལའང་ཆོས་འགའ་མ་བསྟན་ཏོ།

（鳩）25.24 諸法不可得　滅一切戲論　無人亦無處　佛亦無所說

（蔣）25.24 所緣皆寂滅，戲論皆寂滅，於誰或何處，佛未曾說法。

第二十五品——觀涅槃品——終。

# 第二十六品
## ——觀十二因緣品——

།མ་རིག་བསྒྲིབས་པས་ཡང་སྲིད་ཕྱིར། །འདུ་བྱེད་རྣམ་པ་གསུམ་པོ་དག
།མངོན་པར་འདུ་བྱེད་གང་ཡིན་པའི། །ལས་དེ་དག་གིས་འགྲོ་བར་འགྲོ།

（鳩）26.1 眾生癡所覆　爲後起三行　以起是行故　隨行墮六趣

（蔣）26.1 無明覆再生，行相有三者，以是造行故，隨業往生趣。

།འདུ་བྱེད་རྐྱེན་ཅན་རྣམ་པར་ཤེས། །འགྲོ་བ་རྣམས་སུ་འཇུག་པར་འགྱུར།
།རྣམ་པར་ཤེས་པ་ཞུགས་གྱུར་ན། །མིང་དང་གཟུགས་ནི་ཆགས་པར་འགྱུར།

（鳩）26.2 以諸行因緣　識受六道身　以有識著故　增長於名色

（蔣）26.2 行緣故有識，有情往生趣，以識入住故，將成名及色。

།མིང་དང་གཟུགས་ནི་ཆགས་གྱུར་ན། །སྐྱེ་མཆེད་དྲུག་ནི་འབྱུང་བར་འགྱུར།
།སྐྱེ་མཆེད་དྲུག་ལ་བརྟེན་ནས་ནི། །རེག་པ་ཡང་དག་འབྱུང་བར་འགྱུར།

（鳩）26.3 名色增長故　因而生六入　情塵識和合　而生於六觸

（蔣）26.3 已成名色時，將成有六處，觀待六處已，是故而生觸。

（佛護引文）26.3 已成名色時，將成有六處，

觀待六處已，由彼而生觸。

།མིང་དང་གཟུགས་དང་དྲན་བྱེད་ལ། །བརྟེན་ནས་སྐྱེ་བ་ཁོ་ན་སྟེ།
།དེ་ལྟར་མིང་དང་གཟུགས་བརྟེན་ནས། །རྣམ་པར་ཤེས་པ་སྐྱེ་བར་འགྱུར།

（蔣）26.4 唯待名與色，及依憶念生，如是依名色，進而生起識。

།མིང་[13]དང་གཟུགས་དང་རྣམ་པར་ཤེས། །གསུམ་པོ་འདུས་པ་གང་ཡིན་པ།
།དེ་ནི་རེག་པའོ་རེག་དེ་ལས། །ཚོར་བ་ཀུན་ཏུ་འབྱུང་བར་འགྱུར།

（鳩）26.5 因於六觸故　即生於三受

（蔣）26.5 名與色及識，三者結合時，是事即為觸，由觸遍生受。

།ཚོར་བའི་རྐྱེན་གྱིས་སྲེད་པ་སྟེ། །ཚོར་བའི་དོན་དུ་སྲེད་པར་འགྱུར།
།སྲེད་པར་གྱུར་ན་ཉེ་བར་ལེན། །རྣམ་པ་བཞི་པོ་ཉེར་ལེན་འགྱུར།

（鳩）26.6 以因三受故　而生於渴愛　因愛有四取

（蔣）26.6 受之緣生愛，起愛於受境，愛已後近取，即近取四相。

།ཉེར་ལེན་ཡོད་ན་ལེན་པ་པོའི། །སྲིད་པ་རབ་ཏུ་འབྱུང་བར་འགྱུར།
།གལ་ཏེ་ཉེ་བར་ལེན་མེད་ན། །གྲོལ་བར་འགྱུར་ཏེ་སྲིད་མི་འགྱུར།

（鳩）26.7 因取故有有　若取者不取　則解脫無有

（蔣）26.7 近取故而有，取者之輪迴，若近取非有，離有則解脫。

།སྲིད་པ་དེ་ཡང་ཕུང་པོ་ལྔ། །སྲིད་པ་ལས་ནི་སྐྱེ་བ་འགྱུར།
།རྒ་ཤི་དང་ནི་མྱ་ངན་དང་། །སྨྲེ་སྔགས་འདོན་བཅས་སྡུག་བསྔལ་དང་།

（鳩）26.8 從有而有生　從生有老死　從老死故有　憂悲諸苦惱

（蔣）26.8 輪迴有五蘊，從彼而有生，老死及憂傷，悲哀及苦惱。

།ཡིད་མི་བདེ་དང་འཁྲུག་པ་རྣམས། །དེ་དག་སྐྱེ་ལས་རབ་ཏུ་འབྱུང་།
།དེ་ལྟར་སྡུག་བསྔལ་ཕུང་པོ་ནི། །འབའ་ཞིག་པ་འདི་འབྱུང་བར་འགྱུར།

---

13 雖然對勘本版寫的是 མིག，應該為誤。

（鳩）26.9 如是等諸事　皆從生而有　但以是因緣　而集大苦陰

（蔣）26.9 意不安紛爭，皆從生而有，以是有生故，成唯苦之蘊。

།འཁོར་བའི་རྩ་བ་འདུ་བྱེད་དེ། །དེ་ཕྱིར་མཁས་རྣམས་འདུ་མི་བྱེད།
།དེ་ཕྱིར་མི་མཁས་བྱེད་པོ་ཡིན། །མཁས་མིན་དེ་ཉིད་མཐོང་ཕྱིར་རོ།

（鳩）26.10 是謂爲生死　諸行之根本　無明者所造　智者所不爲

（蔣）26.10 行是輪迴根，學者皆不造，見眞實義故，造者皆非智。

（佛護引文）26.10 諸學者不造，諸行輪迴根，

見眞實義故，造者皆非智。

།མ་རིག་འགགས་པར་གྱུར་ན་ནི། །འདུ་བྱེད་རྣམས་ཀྱང་འབྱུང་མི་འགྱུར།
།མ་རིག་འགག་པར་འགྱུར་བ་ནི། །ཤེས་པས་དེ་ཉིད་བསྒོམས་པས་སོ།

（鳩）26.11 以是事滅故　是事則不生

（蔣）26.11 以滅無明故，諸行亦不生，觀修眞實義，無明盡消滅。

།དེ་དང་དེ་ནི་འགགས་གྱུར་པས། །དེ་དང་དེ་ནི་མངོན་མི་འབྱུང་།
།སྡུག་བསྔལ་ཕུང་པོ་འབའ་ཞིག་པ། །དེ་ནི་དེ་ལྟར་ཡང་དག་འགག །

（鳩）26.12 但是苦陰聚　如是而正滅

（蔣）26.12 以滅某某故，彼彼不現起，如是而正滅，唯苦之蘊體。

第二十六品——觀十二因緣品——終。

## 第二十七品
## ──觀邪見品──

།འདས་དུས་བྱུང་མ་བྱུང་ཞེས་དང་། །འཇིག་རྟེན་རྟག་པ་ལ་སོགས་པར།
།ལྟ་བ་གང་ཡིན་དེ་དག་ནི། །མདོན་གྱི་མཐའ་ལ་བརྟེན་པ་ཡིན།

（鳩）27.1 我於過去世　爲有爲是無　世間常等見　皆依過去世

（蔣）27.1 過去是及非，以及世間常，此等所有見，皆依前邊際。

།མ་འོངས་དུས་གཞན་འབྱུང་འགྱུར་དང་། །མི་འབྱུང་འཇིག་རྟེན་མཐའ་སོགས་པར།
།ལྟ་བ་གང་ཡིན་དེ་དག་ནི། །ཕྱི་མའི་མཐའ་ལ་བརྟེན་པ་ཡིན།

（鳩）27.2 我於未來世　爲作爲不作　有邊等諸見　皆依未來世

（蔣）27.2 未來是及非，以及世間邊，此等所有見，皆依後邊際。

།འདས་པའི་དུས་ན་བྱུང་གྱུར་ཞེས། །བྱ་བ་དེ་ནི་མི་འཐད་དོ།
།སྔོན་ཚེ་རྣམས་སུ་གང་བྱུང་བ། །དེ་ཉིད་འདི་ནི་མ་ཡིན་ནོ།

（鳩）27.3 過去世有我　是事不可得　過去世中我　不作今世我

（蔣）27.3 謂我昔是誰，此言不應理，無論昔是誰，彼人非此人。

།དེ་ཉིད་བདག་ཏུ་འགྱུར་སྙམ་ན། །ཉེ་བར་ལེན་པ་ཐ་དད་འགྱུར།
།ཉེ་བར་ལེན་པ་མ་གཏོགས་པར། །ཁྱོད་ཀྱི་བདག་ནི་གང་ཞིག་ཡིན།

（鳩）27.4 若謂我即是　而身有異相　若當離於身　何處別有我

（蔣）27.4 若念彼是我，近取則成異，遠離近取外，何謂汝之我？

།ཉེ་བར་ལེན་པ་མ་གཏོགས་པའི། །བདག་ཡོད་མ་ཡིན་གྲུབ་པའི་ཚེ།
།ཉེ་བར་ལེན་ཉིད་བདག་ཡིན་ན། །ཁྱོད་ཀྱི་བདག་ནི་མེད་པ་ཡིན།

（鳩）27.5 離有無身我　是事為已成　若謂身即我　若都無有我

（蔣）27.5 遠離近取外，我則不應有，近取若是我，則無汝之我。

།ཉེ་བར་ལེན་ཉིད་བདག་མ་ཡིན། །དེ་འབྱུང་བ་དང་འཇིག་པ་ཡིན།
།ཉེ་བར་བླང་བ་ཇི་ལྟ་བུར། །ཉེ་བར་ལེན་པོ་ཡིན་པར་འགྱུར།

（鳩）27.6 但身不為我　身相生滅故　云何當以受　而作於受者

（蔣）27.6 近取不是我，近取是生滅，以是近取故，豈是近取者？

།བདག་ནི་ཉེ་བར་ལེན་པ་ལས། །གཞན་དུ་འཐད་པ་ཉིད་མ་ཡིན།
།གལ་ཏེ་གཞན་ན་ལེན་མེད་པར། །གཟུང་ཡོད་རིགས་ན་གཟུང་དུ་མེད།

（鳩）27.7 若離身有我　是事則不然　無受而有我　而實不可得

（蔣）27.7 遠離近取外，我亦非他法，異則雖無蘊，得我卻不能。

།དེ་ལྟར་ལེན་ལས་གཞན་མ་ཡིན། །དེ་ནི་ཉེར་ལེན་ཉིད་ཀྱང་མིན།
།བདག་ནི་ཉེ་བར་ལེན་མེད་མིན། །མེད་པ་ཉིད་དུའང་དེ་མ་ངེས།

（鳩）27.8 今我不離受　亦不即是受　非無受非無　此即決定義

（蔣）27.8 我非異於蘊，我亦非近取，我非無近取，我亦非絕無。

།འདས་པའི་དུས་ན་མ་བྱུང་ཞེས། །བྱ་བ་དེ་ཡང་མི་འཐད་དོ།
།སྔོན་ཚེ་རྣམས་སུ་གང་བྱུང་བ། །དེ་ལས་འདི་གཞན་མ་ཡིན་ནོ།

（鳩）27.9 過去我不作　是事則不然　過去世中我　異今亦不然

（蔣）27.9 謂我昔非誰，此言不應理，無論昔是誰，彼非異於此。

།གལ་ཏེ་འདི་ནི་གཞན་གྱུར་ན། །དེ་མེད་པར་ཡང་འབྱུང་བར་འགྱུར།
།དེ་བཞིན་དེ་ནི་གནས་གྱུར་ཅིང་། །དེར་མ་ཤི་བར་སྐྱེ་བར་འགྱུར།

（鳩）27.10 若謂有異者　離彼應有今　我住過去世　而今我自生

（蔣）27.10 此若異於彼，雖無亦仍生，且於轉生時，不死亦仍生。

།ཆད་དང་ལས་རྣམས་ཆུད་ཟ་དང་། །གཞན་གྱིས་བྱས་པའི་ལས་རྣམས་ནི།
།གཞན་གྱིས་སོ་སོར་སྤྱོད་པ་དང་། །དེ་ལ་སོགས་པར་ཐལ་བར་འགྱུར།

（鳩）27.11 如是則斷滅　失於業果報　彼作而此受　有如是等過

（蔣）27.11 斷與業失壞，他人所造業，由他各別受，應成此等過。

།མ་བྱུང་བ་ལས་འབྱུང་མིན་ཏེ། །འདི་ལ་སྐྱོན་དུ་ཐལ་བར་འགྱུར།
།བདག་ནི་བྱས་པར་འགྱུར་བ་དང་། །འབྱུང་བའམ་རྒྱུ་མེད་ཅན་དུ་འགྱུར།

（鳩）27.12 先無而今有　此中亦有過　我則是作法　亦爲是無因

（蔣）27.12 無則不能生，應成此過失：將是我所造，且成無因生。

།དེ་ལྟར་བདག་བྱུང་བདག་མ་བྱུང་། །གཉིས་ཀ་གཉིས་ཀ་མ་ཡིན་པར།
།འདས་ལ་ལྟ་བ་གང་ཡིན་པ། །དེ་དག་འཐད་པ་མ་ཡིན་ནོ།

（鳩）27.13 如過去世中　有我無我見　若共若不共　是事皆不然

（蔣）27.13 我是或不是，是二及非二，一切過去見，皆不應成立。

།མ་འོངས་དུས་གཞན་འབྱུང་འགྱུར་དང་། །འབྱུང་བར་མི་འགྱུར་ཞེས་བྱ་བར།
།ལྟ་བ་གང་ཡིན་དེ་དག་ནི། །འདས་པའི་དུས་དང་མཚུངས་པ་ཡིན།

（鳩）27.14 我於未來世　爲作爲不作　如是之見者　皆同過去世

（蔣）27.14 謂於未來時，當是及不是，此等一切見，皆同過去時。

།གལ་ཏེ་ལྷ་དེ་མི་དེ་ན། །དེ་ལྟ་ན་ནི་རྟག་པར་འགྱུར།
།ལྷ་ནི་མ་སྐྱེས་ཉིད་འགྱུར་ཏེ། །རྟག་ལ་སྐྱེ་བ་མེད་ཕྱིར་རོ།

（鳩）27.15 若天即是人　則墮於常邊　天則爲無生　常法不生故

（蔣）27.15 若天即是人，是則將成常，天則爲不生，是常不生故。

།གལ་ཏེ་ལྷ་ལས་མི་གཞན་ན། །དེ་ལྟ་ན་ནི་མི་རྟག་འགྱུར།
།གལ་ཏེ་ལྷ་མི་གཞན་ཡིན་ན། །རྒྱུད་ནི་འཐད་པར་མི་འགྱུར་རོ།

（鳩）27.16 若天異於人　是則爲無常　若天異人者　是則無相續

（蔣）27.16 若人異於天，如是則無常；若人異於天，相續不應理。

།གལ་ཏེ་ཕྱོགས་གཅིག་ལྷ་ཡིན་ལ། །ཕྱོགས་གཅིག་མི་ནི་ཡིན་གྱུར་ན།
།རྟག་དང་མི་རྟག་འགྱུར་བ་ཡིན། །དེ་ཡང་རིགས་པ་མ་ཡིན་ནོ།

（鳩）27.17 若半天半人　則墮於二邊　常及於無常　是事則不然

（蔣）27.17 若一邊是天，另一邊是人，是常亦無常，此亦不應理。

།གལ་ཏེ་རྟག་དང་མི་རྟག་པ། །གཉིས་ཀ་གྲུབ་པར་གྱུར་ན་ནི།
།རྟག་པ་མ་ཡིན་མི་རྟག་མིན། །འགྲུབ་པར་འགྱུར་བར་འདོད་ལ་རག

（鳩）27.18 若常及無常　是二俱成者　如是則應成　非常非無常

（蔣）27.18 若能是二俱，是常亦無常，是則方可立，非常非無常。

།གལ་ཏེ་གང་ཞིག་གང་ནས་གར། །འོང་ཞིང་གང་དུའང་འགྲོ་འགྱུར་ན།
།དེ་ཕྱིར་འཁོར་བ་ཐོག་མེད་པར། །འགྱུར་ན་དེ་ནི་ཡོད་མ་ཡིན།

（鳩）27.19 法若定有來　及定有去者　生死則無始　而實無此事

（蔣）27.19 何者從何來，以及何處去，輪迴則無始，然無彼輪迴。

（佛護引文）27.19 何者從何來，何者去何處，

故彼非有始，常則彼非有。

།གལ་ཏེ་རྟག་པ་འགའ་མེད་ན། །མི་རྟག་གང་ཞིག་ཡིན་པར་འགྱུར།
།རྟག་པ་དང་ནི་མི་རྟག་དང་། །དེ་གཉིས་བསལ་བར་གྱུར་པའོ།

27.20 今若無有常，云何有無常，及常亦無常，非常非無常。

།གལ་ཏེ་འཇིག་རྟེན་མཐའ་ཡོད་ན། །འཇིག་རྟེན་ཕ་རོལ་ཇི་ལྟར་འགྱུར།
།གལ་ཏེ་འཇིག་རྟེན་མཐའ་མེད་ན། །འཇིག་རྟེན་ཕ་རོལ་ཇི་ལྟར་འགྱུར།

（鳩）27.21 若世間有邊　云何有後世　若世間無邊　云何有後世

（蔣）27.21 若世間有邊，云何有後世？若世間無邊，云何有後世？

།གང་ཕྱིར་ཕུང་པོ་རྣམས་ཀྱི་རྒྱུན། །འདི་ནི་མར་མེའི་འོད་དང་མཚུངས།
།དེ་ཕྱིར་མཐའ་ཡོད་ཉིད་དང་ནི། །མཐའ་མེད་ཉིད་ཀྱང་མི་རིགས་སོ།

（鳩）27.22 五陰常相續　猶如燈火炎　以是故世間　不應邊無邊

（蔣）27.22 蘊等之續流，猶燈火之光，是故不成立，有邊及無邊。

།གལ་ཏེ་སྔ་མ་འཇིག་འགྱུར་ཞིང་། །ཕུང་པོ་འདི་ལ་བརྟེན་བྱས་ནས།
།ཕུང་པོ་འདི་ནི་མི་འབྱུང་ན། །དེས་ན་འཇིག་རྟེན་མཐའ་ཡོད་འགྱུར།

（鳩）27.23 若先五陰壞　不因是五陰　更生後五陰　世間則有邊

（蔣）27.23 前者已壞滅，觀待彼蘊體，不生此蘊故，世間則有邊。

།གལ་ཏེ་སྔ་མ་མི་འཇིག་ཅིང་། །ཕུང་པོ་འདི་ལ་བརྟེན་བྱས་ནས།
།ཕུང་པོ་དེ་ནི་མི་འབྱུང་ན། །དེས་ན་འཇིག་རྟེན་མཐའ་མེད་འགྱུར།

（鳩）27.24 若先陰不壞　亦不因是陰　而生後五陰　世間則無邊
眞法及說者　聽者難得故　如是則生死　非有邊無邊

（蔣）27.24 若前者不壞，觀待彼蘊體，不生此蘊故，世間則無邊。

།གལ་ཏེ་ཕྱོགས་གཅིག་མཐའ་ཡོད་ལ། །ཕྱོགས་གཅིག་མཐའ་ནི་མེད་འགྱུར་ན།
།འཇིག་རྟེན་མཐའ་ཡོད་མཐའ་མེད་འགྱུར། །དེ་ཡང་རིགས་པ་མ་ཡིན་ནོ།

（鳩）27.25 若世半有邊　世間半無邊　是則亦有邊　亦無邊不然

（蔣）27.25 若一方有邊，另一方無邊，是故不成立，世間有無邊。

།ཇི་ལྟ་བུར་ན་ཉེར་ལེན་པོའི། །ཕྱོགས་གཅིག་རྣམ་པར་འཇིག་འགྱུར་ལ།
།ཕྱོགས་གཅིག་རྣམ་པར་འཇིག་མི་འགྱུར། །དེ་ལྟར་དེ་ནི་མི་རིགས་སོ།

（鳩）27.26 彼受五陰者　云何一分破　一分而不破　是事則不然

（蔣）27.26 近取者豈能，其一方壞滅，另一方不壞，此亦不應理。

།ཇི་ལྟ་བུར་ན་ཉེར་བླང་བ། །ཕྱོགས་གཅིག་རྣམ་པར་འཇིག་འགྱུར་ལ།
།ཕྱོགས་གཅིག་རྣམ་པར་འཇིག་མི་འགྱུར། །དེ་ལྟར་དེ་ཡང་མི་རྟོགས་སོ།

（鳩）27.27 受亦復如是　云何一分破　一分而不破　是事亦不然

（蔣）27.27 近取蘊豈能，其一方壞滅，另一方不壞，此亦不應理。

།གལ་ཏེ་མཐའ་ཡོད་མཐའ་མེད་པ། །གཉིས་ཀ་གྲུབ་པར་གྱུར་ན་ནི།
།མཐའ་ཡོད་མ་ཡིན་མཐའ་མེད་མིན། །འགྲུབ་པར་འགྱུར་བར་འདོད་ལ་རག

（鳩）27.28 若亦有無邊　是二得成者　非有非無邊　是則亦應成

（蔣）27.28 若能成二俱，有邊及無邊，則許非二俱，非有及非無。

།ཡང་ན་དངོས་པོ་ཐམས་ཅད་དག །སྟོང་ཕྱིར་རྟག་ལ་སོགས་ལྟ་བ།
།གང་དག་གང་དུ་གང་ལ་ནི། །ཅི་ལས་ཀུན་དུ་འབྱུང་བར་འགྱུར།

（鳩）27.29 一切法空故　世間常等見　何處於何時　誰起是諸見

（蔣）27.29 諸事物皆空，是故常等見，由何於何處，由何起諸見？

（佛護引文）27.29 諸事物皆空，是故常等見，
由何於何處，爲何起諸見？

第二十七品——觀邪見品——終。

།གང་གིས་ཐུགས་བརྩེ་ཉེར་བཟུང་ནས། །ལྟ་བ་ཐམས་ཅད་སྤང་བའི་ཕྱིར།
།དམ་པའི་ཆོས་ནི་སྟོན་མཛད་པ། །གཽ་ཏམ་དེ་ལ་ཕྱག་འཚལ་ལོ།

瞿曇大聖主，憐愍說是法，悉斷一切見，我今稽首禮。

國家圖書館出版品預行編目資料

中觀根本論釋・佛護論／佛護論師 造；蔣揚仁欽 譯註／.——初版.——臺北市：商周出版：家庭傳媒城邦分公司發行, 2019.08 面； 公分.——（人與宗教；53）

ISBN 978-986-477-711-2（精裝）

1. 中觀部

222.12 108012338

# 中觀根本論釋・佛護論

作　　者／佛護論師
譯　　者／蔣揚仁欽
責任編輯／林宏濤、楊如玉

版　　權／黃淑敏、林心紅
行銷業務／莊英傑、李衍逸、黃崇華
總 經 理／彭之琬
事業群總經理／黃淑貞
發 行 人／何飛鵬
法律顧問／元禾法律事務所　王子文律師
出　　版／商周出版
台北市中山區民生東路二段 141 號 9 樓
電話：(02) 2500-7008 傳真：(02) 2500-7759
E-mail:bwp.service@cite.com.tw
發　　行／英屬蓋曼群島商家庭傳媒股份有限公司城邦分公司
台北市中山區民生東路二段 141 號 2 樓
書虫客服服務專線：02-25007718；25007719
服務時間：週一至週五上午 09:30-12:00；下午 13:30-17:00
24 小時傳真服務：02-25001990；25001991
郵撥帳號：19863813　戶名：書虫股份有限公司
讀者服務信箱：service@readingclub.com.tw
城邦讀書花園：www.cite.com.tw
香港發行所／城邦（香港）出版集團有限公司
香港灣仔駱克道 193 號東超商業中心 1 樓　Email：hkcite@biznetvigator.com
電話：(852) 25086231　傳真：(852) 25789337
馬新發行所／城邦 ( 馬新 ) 出版集團　Cite (M) Sdn. Bhd. (458372 U)
41, Jalan Radin Anum, Bandar Baru Sri Petaling,
57000 Kuala Lumpur, Malaysia.
Tel: (603) 90578822 Fax:(603) 90576622　email:cite@cite.com.my

排　　版／丫鍾鍾
封面設計／王小美
印　　刷／高典印刷事業有限公司
經 銷 商／聯合發行股份有限公司 電話：(02) 29178022　傳真：(02) 29170053
地址：新北市新店區寶橋路 235 巷 6 弄 6 號 2 樓

■ 2019 年 8 月初版
■ 2023 年 7 月 24 日初版 3.5 刷

Printed in Taiwan

**定價／ 1200 元**

城邦讀書花園
www.cite.com.tw

[Original Title in Sanskrit =] बुद्धपालितमूलमध्यमकवृत्ति
[Original Title in Tibetan =] Buddhapālita-mūla-madhyamaka-vṛtti
[Title in English =] Buddhapālita's Commentary on the "Fundamental Treatise"
 ISBN 978-986-477-711-2

請於此處用膠水黏貼

商周出版

# 讀者回函卡

感謝您購買我們出版的書籍！請費心填寫此回函卡，我們將不定期寄上城邦集團最新的出版訊息。

不定期好禮相贈
立即加入：商周
Facebook 粉絲

姓名：________________ 性別：☐男 ☐女

生日：西元________年________月________日

地址：________________

聯絡電話：________________ 傳真：________________

E-mail：

學歷：☐ 1. 小學 ☐ 2. 國中 ☐ 3. 高中 ☐ 4. 大學 ☐ 5. 研究所以上

職業：☐ 1. 學生 ☐ 2. 軍公教 ☐ 3. 服務 ☐ 4. 金融 ☐ 5. 製造 ☐ 6. 資訊
☐ 7. 傳播 ☐ 8. 自由業 ☐ 9. 農漁牧 ☐ 10. 家管 ☐ 11. 退休
☐ 12. 其他________________

您從何種方式得知本書消息？

☐ 1. 書店 ☐ 2. 網路 ☐ 3. 報紙 ☐ 4. 雜誌 ☐ 5. 廣播 ☐ 6. 電視
☐ 7. 親友推薦 ☐ 8. 其他________________

您通常以何種方式購書？

☐ 1. 書店 ☐ 2. 網路 ☐ 3. 傳真訂購 ☐ 4. 郵局劃撥 ☐ 5. 其他______

您喜歡閱讀那些類別的書籍？

☐ 1. 財經商業 ☐ 2. 自然科學 ☐ 3. 歷史 ☐ 4. 法律 ☐ 5. 文學
☐ 6. 休閒旅遊 ☐ 7. 小說 ☐ 8. 人物傳記 ☐ 9. 生活、勵志 ☐ 10. 其他

對我們的建議：________________



請於此處用膠水黏貼